Wolfgang Rohr   Staatsrecht

Staatsrecht

mit Grundzügen des Europarechts

Ein Basisbuch

Von
Professor Wolfgang Rohr

Carl Heymanns Verlag KG · Köln · Berlin · Bonn · München

Die Deutsche Bibliothek – CIP-Einheitsaufnahme

Rohr, Wolfgang:
Staatsrecht: mit Grundzügen des Europarechts: Ein Basisbuch / von Wolfgang Rohr.
Köln ; Berlin ; Bonn ; München: Heymanns, 2001

ISBN 3-452-25004-0

Das Werk ist urheberrechtlich geschützt. Die dadurch begründeten Rechte, insbesondere die der Übersetzung, des Nachdrucks, der Entnahme von Abbildungen, der Funksendung, der Wiedergabe auf fotomechanischem Wege und der Speicherung in Datenverarbeitungsanlagen, bleiben vorbehalten.

© Carl Heymanns Verlag KG · Köln · Berlin · Bonn · München   2001
50926 Köln
E-Mail: service@heymanns.com
http://www.heymanns.com

ISBN 3-452-25004-0

Gesamtherstellung: MVR Druck GmbH, Brühl

Gedruckt auf säurefreiem und alterungsbeständigem Papier

VORWORT

Zur inhaltlichen Darstellung: Staatsrecht, so hört man manchmal, sei ein sehr theoretisches und schwieriges Rechtsgebiet. Dass diese Meinung nicht richtig sein muss, beweist hoffentlich dieses Buch. Es soll Ihnen verständlich und anschaulich, aber auch wissenschaftlich fundiert und vollständig das Staatsrecht vermitteln. Zugleich soll es Ihnen in den Grundzügen das Europarecht nahe bringen, das nicht nur eine immer größer werdende Bedeutung bekommt, sondern auch mit dem Staatsrecht der Bundesrepublik Deutschland eng verknüpft ist. Damit Sie Staatsrecht richtig verstehen, sind die einzelnen Themen nicht nur anhand zahlreicher Beispiele und kleinerer Fälle veranschaulicht, sondern es sind auch ihre Bezüge zu anderen Rechtsgebieten – insbesondere dem Verwaltungsrecht und dem Zivilrecht – und die historischen Entstehungsbedingungen und die Verfassungswirklichkeit aufgezeigt. Als Grundlage für das erfolgreiche Bestehen staatsrechtlicher Prüfungen ist das Buch – wo immer angebracht – klausurorientiert aufgebaut, enthält alle wichtigen Prüfungsschemata und z.T. auch Hilfestellungen für die Formulierung von Lösungen. Als praktische Hilfestellung für das Lernen sind wichtige Vorschriften des Staatsrechts, insbesondere die unmittelbar kommentierten, im Wortlaut – kursiv – abgedruckt, ebenso – nicht kursiv – grundlegende Auszüge aus Urteilen, insbesondere des Bundesverfassungsgerichts (BVerfG) und des Europäischen Gerichtshofs (EuGH).

Zum Umgang mit Rechtsprechung und Literatur: Da das Bundesverfassungsgericht die alleinige Kompetenz besitzt, das Grundgesetz verbindlich auszulegen, hat es das Staatsrecht maßgeblich geprägt und steht demzufolge im Vordergrund der zitierten Quellen. Entsprechendes gilt für den Europäischen Gerichtshof hinsichtlich des EG-Rechts. Dabei ist im Sinne des Leseflusses grundsätzlich nur das jeweils neueste Urteil und auch nur die jeweils einschlägige Seite zitiert. Dort finden Sie bei Bedarf auch immer einen Überblick über alle früheren Urteile in gleicher Sache. Noch sparsamer geht das Buch mit der Zitierung von Literatur um: Soweit diese – wie häufig – die Rechtsprechung des BVerfG bzw. des EuGH nur wiedergibt und bestätigt, ist sie nicht ausdrücklich zitiert worden. Ebenso sind Streitfragen, die sich inzwischen durch eine ständige Rechtsprechung des BVerfG bzw. des EuGH für die praktische Rechtsanwendung erledigt haben, nicht in aller Breite dargestellt worden. Wollen Sie sich insofern – evtl. für eine Hausarbeit – doch näher informieren, sollten Sie in die Literatur sehen, die in den „Hinweisen auf weiterführende Literatur ..." (S. XXVIII ff.) genannt ist.

Zum Repetitorium im Teil 7: Es ist aufgenommen, um Ihnen anhand von exemplarischen (aber immerhin 568) Fragestellungen eine Selbstkontrolle zu ermöglichen. Sie sollten es nicht sofort durcharbeiten, nachdem Sie das entsprechende inhaltliche Kapitel gelesen haben. Lassen Sie etwas Zeit vergehen und versuchen Sie es dann. Sehen Sie bei den angegebenen Randnummern erst nach, wenn Sie für sich eine Antwort gefunden haben oder auch nach langem Überlegen auf keine gekommen sind! Tragen Sie die Antwort nicht stichwortartig in das Repetitorium ein, weil dieses dann seinen Sinn für künftige Eigenkontrollen verliert. Wenn Sie irgendwann der Ansicht sein sollten, Sie würden die Fragen in der angegebenen Reihenfolge im Wesentlichen richtig beantworten können, sollten Sie in dem gesamten Repetitorium willkürlich hin und her springen. Sie werden sich wundern, was sich dabei für neue Lücken auftun.

Zu den Grundfällen im Teil 8: Sie sollen Ihnen die wichtigsten Fallgestaltungen staatsrechtlicher Klausuren verdeutlichen: Zum einen die wichtigsten prozessualen wie die Verfassungsbeschwerde in ihren unterschiedlichen Varianten, das Organstreitverfahren, das Bund-Länder-Streitverfahren, das Verfahren der konkreten Normenkontrolle und die drei wichtigsten Streitverfahren vor dem Europäischen Gerichtshof; zum anderen die wichtigsten materiellen, vor allem die verschiedenen Arten der Grundrechtsprüfung. Damit will ich Ihnen weniger Inhalte vermitteln als vielmehr aufzeigen, wie man solche Fälle konkret „anpackt": Wie man prozessuale Prüfungen vornimmt, wie man Falllösungen aufbaut und in welcher Ausführlichkeit bzw. Kürze und mit welchen möglichen Formulierungen die einzelnen Aspekte dargestellt werden. Gleichzeitig dienen sie als Wiederholung der darin behandelten Themen. Eine komplette Fallsammlung zum Staatsrecht kann der Teil 8 allerdings nicht sein, da dieses Buch in seinem Umfang begrenzt sein muss. Zu den Einzelaspekten, die in den Falllösungen nicht vorkommen, finden Sie aber bei der Darstellung des Staats- und des Europarechts ausreichend prüfungsbezogene Hinweise, Prüfungsschemata und Beispiele, so dass Sie keine Schwierigkeiten haben werden, sie in einer Klausur fallorientiert zu behandeln. Suchen Sie dennoch Fälle auch zu den nicht behandelten Einzelaspekten, finden Sie entsprechende Hinweise auf Fallsammlungen in den „Hinweisen auf weiterführende Literatur ..." (S. XXIX). Die Grundfälle sollten Sie im Übrigen erst bearbeiten, wenn Sie zu allen – jeweils am Ende – angegebenen inhaltlichen Themen ausreichende Kenntnisse besitzen. Und Sie sollten sich, bevor Sie in die Lösungen sehen, eine genaue Vorstellung von dem Lösungsweg gemacht haben!

Zu dem, was möglicherweise fehlt: Vielleicht vermissen Sie geschlossene Abhandlungen zur Allgemeinen Staatslehre und zur Verfassungsgeschichte, da solche oft in Lehrbüchern enthalten sind. Alles, was hiervon für das Verständnis des Staatsrechts wichtig ist, ist dennoch in diesem Buch enthalten, nur nicht in geschlossener Form, sondern jeweils zu Beginn der einzelnen Teile des Staatsrechts (also der Grundrechte, des Rechtsstaats-, des Demokratie-, des Sozialstaats- und des Bundesstaatsprinzips) und zu Beginn der Darstellung des Europarechts. Damit wird ein unmittelbarer Bezug zum geltenden Recht und somit hoffentlich ein besseres Verständnis für das geltende Recht hergestellt, was bei einer geschlossenen Darstellung kaum möglich ist. Wollen Sie sich aber doch einen Überblick über bestimmte geschichtliche Epochen insgesamt verschaffen, schauen Sie einfach im Sachregister (S. 533 ff.) unter dem entsprechenden Stichwort nach, also etwa unter „Deutsches Reich 1871", „Weimarer Republik", „Drittes Reich" oder „Parlamentarischer Rat".

Zu dem, was man eventuell noch zusätzlich braucht: Wenn Sie einzelne Inhalte vertiefen oder eine Hausarbeit im Staatsrecht anfertigen wollen, stellt sich die Frage, welche zusätzlichen Quellen empfehlenswert sind. Dem ist ein besonderer Abschnitt des Vorspanns gewidmet: „Hinweise auf weiterführende Literatur...": S. XXVIII ff.. Er enthält nicht nur zahlreiche Hinweise auf weiterführende Literatur, sondern auch auf wichtige Internet-Seiten und den Umgang mit der Rechtsprechung des BVerfG und des EuGH. Sehen Sie da doch mal gleich hinein! Auch am Ende der einzelnen Kapitel finden Sie Hinweise auf neuere Literatur – i.d.R. Zeitschriftenaufsätze – zu der gerade erfolgten Darstellung.

Zum Schluss: Es bleibt mir nur übrig, Ihnen viele Erkenntnisse und viel Spaß beim Erlernen des Staatsrechts anhand dieses Buches und als Folge davon ein erfolgreiches Bestehen von Prüfungen im Staatsrecht zu wünschen. Eine große Bitte noch: Wenn Sie meinen, dass Sie einen Fehler entdeckt haben oder dass man dieses Buch – ohne seinen Umfang erheblich zu erweitern – noch irgendwie verbessern könnte, teilen Sie mir das bitte mit. Meine Adresse: Am Langdiek 6, 22453 Hamburg – Tel.: 040/580032 – http://www.W.Rohr@freenet.de. Und noch ein besonderer Dank: Er gilt Frau Gesa Schack für die gründliche Durchsicht des Manuskripts.

Hamburg, im Juni 2001 *Wolfgang* Rohr

INHALTSÜBERSICHT

Vorwort	V
Inhaltsverzeichnis	VIII
Verzeichnis zitierter Literatur	XXI
Verzeichnis benutzter Abkürzungen	XXIV
Hinweise auf weiterführende Literatur, Rechtsprechung und Internet-Seiten	XXVIII
TEIL 1 : GRUNDFRAGEN DES STAATSRECHTS	1
TEIL 2 : GRUNDRECHTE	32
Abschnitt 1 : Allgemeine Grundrechtslehren	32
Abschnitt 2 : Einzelne Grundrechte	97
TEIL 3 : STAATLICHE GRUNDPRINZIPIEN	231
Abschnitt 1 : Das Rechtsstaatsprinzip	231
Abschnitt 2 : Das Sozialstaatsprinzip	254
Abschnitt 3 : Das Demokratieprinzip	261
Abschnitt 4 : Das republikanische Prinzip	279
Abschnitt 5 : Das Bundesstaatsprinzip	280
Abschnitt 6 : Umweltschutz	310
TEIL 4 : STAATSORGANE UND IHRE AUFGABEN	312
Abschnitt 1 : Bundestag	312
Abschnitt 2 : Bundesrat	335
Abschnitt 3 : Bundesregierung	342
Abschnitt 4 : Bundespräsident	351
Abschnitt 5 : Bundesverfassungsgericht	357
TEIL 5 : NOTSTANDSVERFASSUNG	374
TEIL 6 : GRUNDZÜGE DES EUROPARECHTS	376
Abschnitt 1 : Der Europarat	376
Abschnitt 2 : Die Europäische Union	380
Abschnitt 3 : Die Europäische Gemeinschaft als Kern der Europäischen Union	391
Abschnitt 4 : Die Organisation für Sicherheit und Zusammenarbeit in Europa	447
TEIL 7 : REPETITORIUM	450
TEIL 8 : GRUNDFÄLLE MIT MUSTERLÖSUNGEN	490
Sachregister	533

INHALTSVERZEICHNIS

Vorwort V

Verzeichnis zitierter Literatur XXI

Verzeichnis benutzter Abkürzungen XXIV

Hinweise auf weiterführende Literatur, Rechtsprechung und Internet-Seiten XXVIII

Teil 1 : Grundfragen des Staatsrechts

1. Begriff des Staates 1
2. Staatszugehörigkeit 3
   - 2.1 Deutsche mit deutscher Staatsangehörigkeit 4
   - 2.2 Deutsche ohne deutsche Staatsangehörigkeit 12
3. Verhältnis von Staat und Gesellschaft 15
4. Entstehung und Entwicklung der Verfassung 16
   - 4.1 Entstehung des Grundgesetzes 16
   - 4.2 Verfassungsentwicklung 1949-1968 17
   - 4.3 DDR-Verfassung 1968/1974 17
   - 4.4 Vereinigung Deutschlands 1990 18
   - 4.5 Verfassungsänderungen 1994 19
5. Staatsrecht und Verfassungsrecht 20
6. Wesen der Verfassung 21
   - 6.1 Verfassung als rechtliche Grundordnung 21
   - 6.2 Funktionen der Verfassung 21
   - 6.3 Verfassungswandel 22
   - 6.4 Verfassungswirklichkeit 22
7. Rang der Verfassung 23
   - 7.1 Verhältnis zum sonstigen nationalen Recht 23
   - 7.2 Verhältnis zum Recht der Europäischen Union 23
   - 7.3 Verhältnis zum Völkerrecht 23
   - 7.4 Übersicht 24
8. Auslegung der Verfassung 25
   - 8.1 allgemeine Auslegungsregeln 25
   - 8.2 Besonderheiten der Verfassungsauslegung 27
9. Änderung der Verfassung 29
   - 9.1 Voraussetzungen der Verfassungsänderung 29
   - 9.2 Grenzen der Verfassungsänderung 29

Teil 2 : Grundrechte

Abschnitt 1 : allgemeine Grundrechtslehren — 32

1. Begriff der Grundrechte — 32
2. geschichtliche Entwicklung der Grundrechte — 32
3. internationaler und supranationaler Schutz der Grundrechte — 36
   3.1 internationaler Schutz durch die UNO — 36
   3.2 supranationaler europäischer Schutz — 38
4. nationaler Schutz der Grundrechte — 38
   4.1 Landesverfassungen — 38
   4.2 Grundgesetz — 39
5. Arten und Funktionen der Grundrechte — 40
   5.1 Abwehrrechte — 41
   5.2 Mitwirkungsrechte — 41
   5.3 Leistungs- und Teilhaberechte — 41
   5.4 Einrichtungsgarantien — 44
   5.5 objektive Wertentscheidungen — 45
6. Grundrechtsberechtigung — 49
   6.1 Grundrechtsträgerschaft — 49
   6.2 Grundrechtsmündigkeit — 51
   6.3 Grundrechtsverzicht — 52
   6.4 Grundrechtsverwirkung — 53
7. Grundrechtsbindung — 55
   7.1 Grundrechtsbindung bei öffentlich-rechtlichem Handeln — 55
   7.2 Grundrechtsbindung bei privatrechtlichem Handeln des Staates — 55
   7.3 Grundrechtsbindung von Privaten — 58
8. Grundfragen der Einschränkbarkeit von Grundrechten — 62
   8.1 Grundstruktur der Prüfung von Grundrechtseinschränkungen — 62
   8.2 Arten und Umfang der Prüfung von Grundrechtseinschränkungen — 63
   8.3 Ablauf der Prüfung von Grundrechtseinschränkungen — 66
9. Prüfung eines Eingriffs in den Schutzbereichs eines Grundrechts — 67
   9.1 persönlicher Schutzbereich — 67
   9.2 sachlicher Schutzbereich — 67
10. Prüfung des Schranken-Bereichs eines Grundrechts — 72
    10.1 verfassungsunmittelbare Schranken — 72
    10.2 Gesetzesvorbehalte — 73
    10.3 immanente Schranken — 74
11. Prüfung des Schranken-Schranken-Bereichs eines Grundrechts bei einem Eingriff durch eine Rechtsnorm — 76
    11.1. formelle Rechtmäßigkeitsanforderungen — 76
        (1) Zuständigkeit — 76
        (2) Verfahrensanforderungen — 77
        (3) Formanforderungen — 77

11.2	materielle Rechtmäßigkeitsanforderungen	78
	(1) Bestimmtheit	79
	(2) Verhältnismäßigkeit	81
	(3) Vertrauensschutz	85
	(4) Allgemeinheit	86
	(5) Wesensgehaltsgarantie	87
12.	Prüfung des Schranken-Schranken-Bereichs eines Grundrechts bei einem Eingriff durch einen Einzelakt	91
12.1	Ermächtigungsgrundlage	92
12.2	Verhältnismäßigkeit	93
13.	Prüfung der Vereinbarkeit eines Hoheitsaktes mit Gleichheitsrechten	94
14.	Mehrheit von Grundrechten	95
14.1	Anwendungsvorrang	95
14.2	Schrankenvorrang	96
14.3	Kombination von Grundrechten	96

Abschnitt 2 : einzelne Grundrechte 97

Art. 1 I	Schutz der Menschenwürde	97
	1. historischer Hintergrund, internationaler und europäischer Schutz	97
	2. Bedeutung	98
	3. Träger	99
	4. Bindung und Schutzverpflichtung	99
	5. Unantastbarkeit	100
Art. 2 I	freie Entfaltung der Persönlichkeit	102
	1. historischer Hintergrund, internationaler und europäischer Schutz	102
	2. Bedeutung	102
	3. Schutzbereich	102
	4. Schranken-Bereich	107
	5. Schranken-Schranken-Bereich	109
Art. 2 II	Recht auf Leben, körperliche Unversehrtheit, Freiheit der Person	112
	1. historischer Hintergrund, internationaler und europäischer Schutz	112
	2. Bedeutung	112
	3. Recht auf Leben	112
	4. Recht auf körperliche Unversehrtheit	114
	5. Freiheit der Person	115
Art. 3 I	Gleichheit vor dem Gesetz	117
	1. historischer Hintergrund, internationaler und europäischer Schutz	117
	2. Bedeutung	117
	3. Subsidiarität	118
	4. Bindung	118
	5. Grundstruktur	119
	6. Feststellung einer Ungleich- bzw. Gleichbehandlung	120
	7. Prüfung der Zulässigkeit einer Ungleich- bzw. Gleichbehandlung	121
	8. Folge eines Verstoßes gegen Art. 3 I	126
Art. 3 II	Gleichberechtigung von Männern und Frauen	128
	1. historischer Hintergrund, internationaler und europäischer Schutz	128
	2. Bedeutung	130

	3. Diskriminierungsverbot des S. 1	130
	4. Gleichbehandlungsgebot des S. 2	131
Art. 3 III	Besondere Differenzierungsverbote	132
	1. historischer Hintergrund, internationaler und europäischer Schutz	132
	2. Bedeutung	132
	3. inhaltliche Aussage	132
Art. 4	Glaubens- und Gewissensfreiheit	135
	1. historischer Hintergrund, internationaler und europäischer Schutz	135
	2. Bedeutung	135
	3. Zusammenhang mit anderen Vorschriften	136
	4. Struktur des Art. 4	137
	5. Schutzbereich	138
	6. Schranken-Bereich	140
Art. 5 I, II	Meinungs-, Informations-, Presse-, Rundfunk- und Filmfreiheit	142
	1. historischer Hintergrund, internationaler und europäischer Schutz	142
	2. Bedeutung	142
	3. Struktur	143
	4. Schutzbereiche	143
	5. Schranken-Bereich	146
	6. Schranken-Schranken-Bereich	148
Art. 5 III	Freiheit von Kunst und Wissenschaft	149
	1. historischer Hintergrund, internationaler und europäischer Schutz	149
	2. Bedeutung	149
	3. Struktur	149
	4. Freiheit der Kunst	150
	5. Freiheit der Wissenschaft	152
Art. 6	Schutz von Ehe und Familie	154
	1. historischer Hintergrund, internationaler und europäischer Schutz	154
	2. Bedeutung	154
	3. Schutz von Ehe und Familie	155
	4. Elternrecht	157
	5. Schutz- und Fürsorgeanspruch der Mutter	158
	6. Gleichstellung unehelicher Kinder	159
Art. 7	Schulwesen	160
	1. historischer Hintergrund, internationaler und europäischer Schutz	160
	2. Bedeutung	160
	3. Aufsicht des Staates über das gesamte Schulwesen	161
	4. Religionsunterricht als ordentliches Lehrfach	163
	5. Recht zur Errichtung privater Schulen	164
	6. Verbot privater Vorschulen	165
Art. 8	Versammlungsfreiheit	166
	1. historischer Hintergrund, internationaler und europäischer Schutz	166
	2. Bedeutung	166
	3. Übersicht	167
	4. Grundrechtsträgerschaft	168
	5. Schutzbereich	168
	6. Schranken-Bereich	171
	7. Schranken-Schranken-Bereich	173

Art. 9	Vereinigungsfreiheit	177
	1. historischer Hintergrund, internationaler und europäischer Schutz	177
	2. Bedeutung	177
	3. Übersicht	179
	4. Grundrechtsträgerschaft	179
	5. allgemeine Vereinigungsfreiheit	179
	6. Koalitionsfreiheit	183
Art. 10	Brief-, Post- und Fernmeldegeheimnis	186
	1. historischer Hintergrund, internationaler und europäischer Schutz	186
	2. Bedeutung	186
	3. Grundrechtsadressaten	186
	4. Schutzbereich	187
	5. Schranken-Bereich	188
Art. 11	Freizügigkeit	190
	1. historischer Hintergrund, internationaler und europäischer Schutz	190
	2. Bedeutung	190
	3. Schutzbereich	191
	4. Schranken-Bereich	192
Art. 12 I	Berufsfreiheit	193
	1. historischer Hintergrund, internationaler und europäischer Schutz	193
	2. Bedeutung	193
	3. Schutzbereich	193
	4. Schranken-Bereich	195
	5. Schranken-Schranken-Bereich	195
Art. 12 II,III	Freiheit von Arbeitszwang und Zwangsarbeit	199
	1. historischer Hintergrund, internationaler und europäischer Schutz	199
	2. Bedeutung	199
	3. Freiheit vor Arbeitszwang	199
	4. Freiheit vor Zwangsarbeit	199
Art. 13	Unverletzlichkeit der Wohnung	200
	1. historischer Hintergrund, internationaler und europäischer Schutz	200
	2. Bedeutung	201
	3. Schutzbereich	201
	4. Schranken-Bereich	202
Art. 14,15	Gewährleistung von Eigentum und Erbrecht	204
	1. historischer Hintergrund, internationaler und europäischer Schutz	204
	2. Bedeutung	204
	3. Schutzbereich	205
	4. Schranken-Bereich	206
	5. Schranken-Schranken-Bereich	211
Art. 16	Schutz der Staatsangehörigkeit	215
	1. historischer Hintergrund, internationaler und europäischer Schutz	215
	2. Bedeutung	215
	3. Entziehung der Staatsangehörigkeit	215
	4. Verlust der Staatsangehörigkeit	216
	5. Auslieferung	216

Art. 16 a	Asylrecht	217
	1. historischer Hintergrund, internationaler und europäischer Schutz	217
	2. Bedeutung	219
	3. Schutzbereich	220
	5. Anerkennungsverfahren	227
Art. 17	Petitionsrecht	229
	1. historischer Hintergrund, internationaler und europäischer Schutz	229
	2. Bedeutung	229
	3. Schutzbereich	229
	4. Schranken-Bereich	230

Teil 3 : staatliche Grundprinzipien

Abschnitt 1 : Das Rechtsstaatsprinzip — 231

1. geschichtliche Entwicklung des Rechtsstaates — 231

2. Regelungsort des Rechtsstaates — 233

3. Begriff und Ziele des Rechtsstaates — 233

4. Merkmale des Rechtsstaates — 234

5. Grundsatz der Gesetzmäßigkeit — 235
   5.1 Vorrang des Gesetzes — 235
   5.2 Vorbehalt des Gesetzes — 235

6. Rechtsschutz gegenüber staatlichem Handeln durch unabhängige Gerichte — 240
   6.1 Rechtsschutzgarantie des Art. 19 IV — 240
   6.2 Rechtsstellung der Richter — 243
   6.3 Garantien für das gerichtliche Verfahren — 244

7. Das Gewaltenteilungsprinzip — 246
   7.1 historischer Hintergrund — 246
   7.2 Grundaussage des Grundgesetzes — 247
   7.3 gegenseitige Kontrolle, Hemmung und Mäßigung der Gewalten — 247
   7.4 Trennung der Gewalten — 250
   7.5 sinnvolle Zuordnung von staatlichen Aufgaben — 253

Abschnitt 2 : Das Sozialstaatsprinzip — 254

1. geschichtliche Entwicklung des Sozialstaatsprinzips — 254

2. Inhalt des Sozialstaatsprinzips — 255

3. insbesondere : Sozialrecht als Konkretisierung des Sozialstaatsprinzips — 257

4. Rechtswirkungen des Sozialstaatsprinzips — 260

Abschnitt 3 : Das Demokratieprinzip — 261

1. geschichtliche Entwicklung des Demokratieprinzips — 261

2. Grundmerkmale des Demokratieprinzips — 263

3.	repräsentative Demokratie	264
	3.1 Begriff und Abgrenzung	264
	3.2 geschichtliche Entwicklung	265
	3.3 Regelung in den Bundesländern	266
	3.4 Regelung des Grundgesetzes	267
4.	pluralistische Demokratie	269
	4.1 Parteien	269
	4.2 Verbände	273
	4.3 Massenmedien	273
5.	streitbare Demokratie	274
	5.1 Begriff und Abgrenzung	274
	5.2 geschichtlicher Hintergrund	274
	5.3 Haltung des Grundgesetzes	274
	5.4 freiheitliche demokratische Grundordnung	275
	5.5 Konkretisierungen im Grundgesetz	275

Abschnitt 4 : Das republikanische Prinzip 279

1. Begriff und Abgrenzung 279

2. geschichtliche Entwicklung 279

3. Regelung im Grundgesetz 279

Abschnitt 5 : Das Bundesstaatsprinzip 280

1. Begriff des Bundesstaates 280

2. geschichtliche Entwicklung des Bundesstaates 281

3. Wesen des Bundesstaates 282
   3.1 Staatlichkeit von Bund und Ländern 282
   3.2 Vorrang des Bundesrechts vor dem Landesrecht 283
   3.3 Recht des Bundes zum Bundeszwang 283
   3.4 Verpflichtung zur Bundestreue 283

4. Verteilung der Zuständigkeiten auf Bund und Länder 285
   4.1 Grundsatz der Zuständigkeitsverteilung 285
   4.2 Zuständigkeitsverteilung im Bereich der Gesetzgebung 285
   4.3 Zuständigkeitsverteilung im Bereich der Verwaltung 290
   4.4 Zuständigkeitsverteilung im Bereich der Rechtsprechung 294

5. Finanzverfassung 296
   5.1 Kostentragung 296
   5.2 Gesetzgebungskompetenzen 298
   5.3 Steuerverteilung 298
   5.4 Steuerzerlegung 301
   5.5 Finanzausgleich 302

6. Kooperativer Föderalismus 306
   6.1 Kooperation durch finanzielle Hilfe 306
   6.2 Kooperation auf Regierungsebene 306
   6.3 Kooperation auf Verwaltungsebene 307
   6.4 Kooperation durch Staatsverträge 307

Inhaltsverzeichnis

6.5	Vertretungen der Länder bei Bund	307
7.	Neugliederung des Bundesgebietes	308

Abschnitt 6 : Umweltschutz — 310

1.	natürliche Grundlagen als Schutzgut des Art. 20 a	310
2.	rechtliche Bedeutung des Art. 20 a	310
3.	Umfang der Schutzverpflichtung des Art. 20 a	311
4.	Begrenzung der Schutzverpflichtung des Art. 20 a	312

Teil 4 : Staatsorgane und ihre Aufgaben

Abschnitt 1 : Bundestag — 312

1.	geschichtlicher Hintergrund	312
2.	Wahlrecht	312
	2.1 Wahlgrundsätze	313
	2.2 Wahlsysteme	314
	2.3 Wahlrecht des BWahlG	315
3.	Gliederung und Arbeitsweise	322
	3.1 Gliederung	322
	3.2 Arbeitsweise	323
4.	Rechtsstellung der Abgeordneten	323
5.	Aufgaben	326
	5.1 Gesetzgebung	326
	5.2 Wahl	332
	5.3 Kontrolle	332
	5.4 Mitwirkung an der Europäischen Union	333
	5.5 Artikulation (Repräsentation)	333
6.	Bilanz	334

Abschnitt 2 : Bundesrat — 335

1.	geschichtlicher Hintergrund	335
2.	Zusammensetzung	335
3.	Gliederung und Arbeitsweise	336
	3.1 Gliederung	336
	3.2 Arbeitsweise	337
4.	Aufgaben	337
	4.1 Mitwirkung an der Gesetzgebung	337
	4.2 Mitwirkung an der Verwaltung	338
	4.3 Mitwirkung an der Europäischen Union	339
5.	Bilanz	341

Abschnitt 3 : Bundesregierung 342

1. historischer Hintergrund 342
2. parlamentarisches Regierungssystem 343
3. Zustandekommen der Bundesregierung 343
   3.1 Wahl des Bundeskanzlers 343
   3.2 Ernennung der Bundesminister 344
4. Willensbildung 345
   4.1 Gestaltungsprinzipien des Grundgesetzes 345
   4.2 Verfassungswirklichkeit 346
5. Aufgaben 347
6. parlamentarische Abhängigkeit und Verantwortung 347
7. Lösung von Regierungskrisen 348

Abschnitt 4 : Bundespräsident 351

1. historischer Hintergrund 351
2. Wahl 352
3. Rechtsstellung 352
   3.1 Unvereinbarkeit 352
   3.2 Vertretung 353
   3.3 Gegenzeichnung 353
   3.4 Verantwortung 353
4. Aufgaben 354
5. insbesondere : das Prüfungsrecht des Bundespräsidenten 354
   5.1 formelles Prüfungsrecht 355
   5.2 materielles Prüfungsrecht 355

Abschnitt 5 : Bundesverfassungsgericht 357

1. historischer Hintergrund 357
2. Stellung 357
3. Gliederung und Arbeitsweise 358
   3.1 Gliederung 358
   3.2 Arbeitsweise 359
4. Zuständigkeiten 359
   4.1 Übersicht 359
   4.2 Verfassungsstreitverfahren 360
   4.3 Normenkontrollverfahren 361
   4.4 Verfassungsbeschwerde 363
   4.5 Anklageverfahren 369
   4.6 Wahlprüfungsverfahren 370
   4.7 durch Bundesgesetz zugewiesene Streitigkeiten 370

5.	Inhalt und Wirkung der Entscheidungen	371
6.	Bilanz	372

Teil 5 : Notstandsverfassung

1. Äußerer Notstand 374
    1.1 Spannungsfall 374
    1.2 Verteidigungsfall 374

2. Innerer Notstand 375
    2.1 drohende Gefahr für den Bestand oder die freiheitliche demokratische Grundordnung des Bundes oder eines Landes 375
    2.2 Naturkatastrophen und besonders schwere Unglücksfälle 375

Teil 6 : Grundzüge des Europarechts

Abschnitt 1 : Europarat 376

Abschnitt 2 : Europäische Union 380

1. Entwicklung der Europäischen Gemeinschaften und der Europäischen Union 380
2. Struktur der Europäischen Union 381
3. Europäischer Rat 382
4. Rechtsnatur der Europäischen Union 383
5. Ziele der Europäischen Union 385
6. Grundwerte der Europäischen Union 385
7. Gemeinsame Außen- und Sicherheitspolitik 386
8. polizeiliche und justitielle Zusammenarbeit in Strafsachen 388
9. verstärkte Zusammenarbeit 389
10. Vertragsänderung, Beitritt, Austritt und Ausschluss 390

Abschnitt 3 : Die Europäische Gemeinschaft als Kern der Europäischen Union 391

1. Aufgaben der Europäischen Gemeinschaft 391
    1.1 Übersicht 391
    1.2 insbesondere : Wirtschafts- und Währungsunion 393

2. Organe und Institutionen der Europäischen Gemeinschaft 394
    2.1 Übersicht 394
    2.2 Rat 396
    2.3 Europäisches Parlament 399
    2.4 Kommission 404
    2.5 Europäischer Gerichtshof (EuGH) 407
    2.6 Rechnungshof 412
    2.7 Wirtschafts- und Sozialausschuss 412
    2.8 Beschäftigungsausschuss 413

	2.9	Ausschuss der Regionen	413
	2.10	Europäische Investitionsbank	413
	2.11	Europäisches System der Zentralbanken und Europäische Zentralbank	414
3.	Rechtsquellen der Europäischen Gemeinschaft	415
	3.1	Primäres Gemeinschaftsrecht	415
	3.2	Sekundäres Gemeinschaftsrecht	417
4.	Grundrechte und rechtsstaatlichen Garantien der Europäischen Gemeinschaft	422
5.	Grundfreiheiten der Europäischen Gemeinschaft	426
	5.1	freier Warenverkehr	426
	5.2	freier Personenverkehr	428
	5.3	freier Dienstleistungsverkehr	429
	5.4	freier Kapital- und Zahlungsverkehr	430
	5.5	allgemeine Diskriminierungsverbot	431
6.	Unionsbürgerschaft	432
7.	Verhältnis zwischen der Europäischen Gemeinschaft und den Mitgliedstaaten	433
	7.1	Übertragung von Kompetenzen auf die Europäische Gemeinschaft	433
	7.2	Verhältnis des Gemeinschaftsrechts zum nationalen Recht	435
8.	Umsetzung und der Vollzug des Gemeinschaftsrechts	439
	8.1	Pflicht zur Zusammenarbeit	439
	8.2	normative Umsetzung des Gemeinschaftsrechts	439
	8.3	Vollzug des Gemeinschaftsrechts	440
9.	Einwirkungsmöglichkeiten der Bundesländer auf die Europäische Gemeinschaft	442
10.	Haftung für Verstöße gegen Gemeinschaftsrecht	443
	10.1	Haftung der Europäischen Gemeinschaft	443
	10.2	Haftung der Mitgliedsstaaten	444
11.	Finanzierung der Aufgaben der Europäischen Gemeinschaft	446

Abschnitt 4 : Organisation für Sicherheit und Zusammenarbeit in Europa — 447

1.	Schlussakten		447
	1.1	Schlussakte von Helsinki 1975	447
	1.2	Schlussakte von Paris 1990	447
	1.3	Schlussakte von Moskau 1991	448
	1.4	Schlussakte von Helsinki 1992	448
	1.5	Schlussakte von Budapest 1994	448
2.	Organisation		448
3.	Bedeutung		449

Teil 7 : Repetitorium

⇒ Grundfragen des Staatsrechts — 450

⇒ allgemeine Grundrechtslehren — 453

⇒ einzelne Grundrechten — 461

⇒ Rechtsstaatsprinzip	471
⇒ Sozialstaatsprinzip	473
⇒ Demokratieprinzip	474
⇒ republikanisches Prinzip	475
⇒ Bundesstaatsprinzip	476
⇒ Umweltschutz	478
⇒ Bundestag	478
⇒ Bundesrat	480
⇒ Bundesregierung	480
⇒ Bundespräsident	481
⇒ Bundesverfassungsgericht	481
⇒ Notstandsverfassung	483
⇒ Europarecht	484

Teil 8 : Grundfälle mit Musterlösungen

Grundfall 1 : 490
- Verfassungsbeschwerde nach Art. 93 I Nr. 4 a GG gegen ein Gesetz
- Einschränkbarkeit von Grundrechten durch Gesetz
- Unverletzlichkeit der Menschenwürde nach Art. 1 I
- allgemeine Handlungsfreiheit nach Art. 2 I
- Recht auf körperliche Unversehrtheit nach Art. 2 II 1 GG

Grundfall 2 : 492
- Verfassungsbeschwerde nach Art. 93 I Nr. 4 a GG gegen einen Einzelakt
- Verfassungsbeschwerde nach Art. 93 I Nr. 4 a GG gegen einen Einzelakt
- Einschränkbarkeit eines Grundrechts durch einen Einzelakt
- inzidente Überprüfung der Verfassungsmäßigkeit des ermächtigenden Gesetzes
- Recht auf körperliche Unversehrtheit nach Art. 2 II 1 GG

Grundfall 3 : 493
- Verfassungsbeschwerde nach Art. 93 I Nr. 4 a GG gegen eine Gerichtsurteil
- Ausstrahlungswirkung der Grundrechte auf das einfache Recht
- immanente Schranken von Grundrechten
- Grundrecht auf Leben aus Art. 2 II 1 GG
- Grundrecht auf Glaubensfreiheit aus Art. 4 I GG

Grundfall 4 : 494
- konkretes Normenkontrollverfahren nach Art. 100 GG
- Vereinbarkeit eines Gesetzes mit den Grundrechten
- allgemeine Handlungsfreiheit des Art. 2 I GG
- allgemeines Gleichheitsrecht des Art. 3 I GG

Grundfall 5 : 495
- Organstreitverfahren nach Art. 93 I Nr. 1 GG
- Rechtstellung der Fraktionen und der einzelnen Abgeordneten
- Bedeutung von Ausschüssen

Grundfall 6 : 496
- Bund-Länder-Streitverfahren nach Art. 93 I Nr. 3 GG
- Zuständigkeitsverteilung zwischen Bund und Ländern
- Grundsatz der Bundestreue

Grundfall 7 : 497
- Nichtigkeitsklage vor dem EuGH nach Art. 230 EGV
- Anforderungen an die Begründung von Entscheidungen der Organe der EG

Grundfall 8 : 497
- Vertragsverletzungsverfahren vor dem EuGH nach Art. 226 EGV
- Notwendigkeit der Umsetzung von Richtlinien in innerstaatliches Recht

Grundfall 9 : 498
- Vorabentscheidungsverfahren vor dem EuGH nach Art. 234 EGV
- Grundsatz des gleichen Entgelts bei gleicher Arbeit nach Art. 141 EGV

Musterlösung zum Grundfall 1   499

Musterlösung zum Grundfall 2   505

Musterlösung zum Grundfall 3   510

Musterlösung zum Grundfall 4   513

Musterlösung zum Grundfall 5   519

Musterlösung zum Grundfall 6   525

Musterlösung zum Grundfall 7   527

Musterlösung zum Grundfall 8   529

Musterlösung zum Grundfall 9   531

Sachregister   533

VERZEICHNIS ZITIERTER LITERATUR

Ahlt	Europarecht, 2. Aufl. 1996
Alexy	Theorie der Grundrechte, 2. Aufl. 1994
Alternativkommentar	Kommentar zum Grundgesetz für die Bundesrepublik Deutschland, 1989 (zitiert: AltK/Verfasser)
Arndt	Europarecht, 3. Aufl. 1998
Badura	Staatsrecht, 2. Aufl. 1996
Baltes-Rogowaski	Sozialrecht, 1986
Battis-Gusy	Einführung in das Staatsrecht, 4. Aufl. 1999
Becker	Grundzüge des Öffentlichen Rechts, 7.Aufl. 2000
Becker/Stammen	Vorgeschichte der Bundesrepublik Deutschland, 1979
Benda	Notwendigkeit und Möglichkeit positiver Aktionen zugunsten von Frauen im öffentlichen Dienst, 1982
Benda/Klein	Verfassungsprozessrecht, 1991
Bethge	Zur Problematik bei Grundrechtskollisionen, 1977
	Der Grundrechtseingriff, 1998
Beutler u.a.	Die Europäische Union, 4. Aufl. 1994
Bischof	Europarecht für Anfänger, 2. Aufl. 1996
Bleckmann	Staatsrecht I – Staatsorganisationsrecht, 1993
	Staatsrecht II – Die Grundrechte 4. Aufl. 1997
	Europarecht, 6. Aufl. 1997
Bonner Kommentar	Kommentar zum Bonner Grundgesetz, 11 Bände, Loseblatt (zitiert : BK/ Verfasser)
Bull	Allgemeines Verwaltungsrecht, 6. Aufl. 2000
Bundesfinanzministerium	Finanzbericht 2001
Bumke	Der Grundrechtsvorbehalt, 1998
Calliess/Ruffert u.a.	Kommentar zu EU-Vertrag und EG-Vertrag, 1999
Doehring	Allgemeine Staatslehre, 2. Aufl. 2000
Degenhart	Staatsrecht I, 15. Aufl. 1999
Dietel u.a.	Kommentar zum Versammlungsgesetz, 12. Aufl. 2000 (zit. Dietel)
Dreier (Hrsg)	Grundgesetz-Kommentar, Band I (Art. 1 – 19) 1996; Band II (Art. 20 – 82) 1998, Band III (Art. 83 ff.) 2000 (zitiert : Dreier/Verfasser)
Eckhoff	Der Grundrechtseingriff, 1992
Eichenhofer	Sozialrecht, 3. Aufl. 2000
Emmert	Europarecht, 1996
Fleury	Verfassungsprozessrecht, 3. Aufl. 2000
Fritz u.a.	Gemeinschaftskommentar zum Staatsangehörigkeitsrecht, Loseblatt, Stand 2000
Fischer	Europarecht, 2. Aufl. 1997
Geiger	Kommentar zum EG-und EU-Vertrag, 3. Aufl. 2000
Geißler	Die Sozialstruktur Deutschlands, 2. Aufl. 1996
Giemulla u.a.	Verwaltungsrecht, 6. Aufl. 1997
Golsong u.a.	Internationaler Kommentar zur Europäischen Menschenrechtskonvention, Loseblatt
Grabitz/Hilf	Kommentar zur Europäischen Union, Loseblatt, Stand 2000
Groeben u.a.	Handkommentar zum Vertrag über die Europäische Union, Stand 1997

Grote	Fälle zu den Grundrechten, 2. Aufl. 2001
Handbuch des Staatsrechts der Bundesrepublik Deutschland, Bd. I –VIII, 1987 – 1995	
Heckel	Deutsches Privatschulrecht, 1955
Heller	Staatslehre 1934, Neudruck 6. Aufl. 1983
Herdegen	Europarecht, 2. Aufl. 1999
Hesse	Grundzüge des Verfassungsrechts der Bundesrepublik Deutschland, 20. Aufl. 1999
Hofmann	Das Gleichberechtigungsgebot des Art. 3 II GG in Rechtsprechung und Lehre, 1986
Ipsen	Staatsrecht I : Staatsorganisationsrecht, 12. Aufl. 2000
	Staatsrecht II : Grundrechte, 4. Aufl. 2001
Isensee-Kirchhof	Handbuch des Staatsrechts der Bundesrepublik Deutschland, 9 Bände, 1987 - 2000 (zitiert: Verfasser, HdStR)
Jarass-Pieroth	Grundgesetz für die Bundesrepublik Deutschland, Kommentar, 5. Aufl. 2000 (zitiert : JP/Verfasser)
Katz	Staatsrecht, 14. Aufl. 1999
Koenig-Haratsch	Europarecht, 3. Aufl. 2000
Denningen u.a. (Hrsg)	Kommentar zum Grundgesetz (AK-GG), 3. Aufl. 2000
Kimms/Schlünder	Verfassungsrecht II – Grundrechte, 1998
Kremser/Leisner	Verfassungsrecht III – Staatsorganisation, 1999
Laufer/Münch	Das föderative System der Bundesrepublik Deutschland, 1997
Lechner-Zuck	Kommentar zum Bundesverfassungsgerichtsgesetz, 4. Aufl. 1996
Lehmann	Grundrechte als Institution, 4. Aufl. 1999
Lenz	Kommentar zum EG-Vertrag 1994
Leibholz/Rinck/	Kommentar zum Grundgesetz anhand der Rechtsprechung des Bundesverfassungsgerichts, Loseblatt
Loewenstein	Staatsrecht und Staatspraxis in Großbritannien, 1967
Manssen	Grundrechte, 2000
v. Mangoldt (Hrsg)	Das Bonner Grundgesetz, Kommentar, 4. Aufl. 1999/2000
Maunz-Zippelius	Deutsches Staatsrecht, 30. Aufl. 1999
Maunz/Dürig/Herzog/Scholz	Kommentar zum Grundgesetz, 5 Bände, Loseblatt (zitiert : MD/Verfasser)
Maunz/Schmidt u.a.	Bundesverfassungsgerichtsgesetz, Loseblatt-Kommentar
Maurer	Allgemeines Verwaltungsrecht, 13. Aufl. 2000 (zit. : Maurer VR)
	Staatsrecht, 1999 (zit.: Maurer StR)
Mössner	Staatsrecht, 3. Aufl. 2000
Montesquieu	Esprit des lois, 1748
v.Münch (Hrsg)	Grundgesetz-Kommentar, Bd. 1 : 5. Aufl. 2000; Bd. 2 : 3. Aufl. 1995, Bd. 3 : 3. Aufl. 1996 (zitiert : v.Münch/Verfasser)
v.Münch	Grundbegriffe des Staatsrechts I, 6. Aufl. 2000 (zitiert : v.Münch StR)
Niclauß	Demokratiegründung in Westdeutschland, 1974
Oppermann	Europarecht, 2. Aufl. 1997
Ott/Wächtler	Kommentar zum Versammlungsgesetz, 6. Aufl. 1996
Peters	Geschichtliche Entwicklung und Grundfragen der Verfassung, 1969
Pestalozza	Verfassungsprozessrecht, 3. Aufl. 1991
Pechstein-Koenig	Die Europäische Union, 3. Aufl. 2000
Pieper	Grundrechte, 8. Aufl. 1999
Pieroth-Schlinck	Grundrechte, 15. Aufl. 1999
Reuter	Bundesrat und Bundesstaat, 8 . Aufl. 1994

Richter/Schuppert	Casebook Verfassungsrecht, 3. Aufl. 1996
Sachs (Hrsg)	Grundgesetz-Kommentar, 2.Aufl. 1999 (zitiert : achs/Verfasser)
Sachs	Verfassungsrecht II – Grundrechte, 2000
Säcker	Das Bundesverfassungsgericht, 5. Aufl. 1998
Sarcevic	Das Bundesstaatsprinzip, 2000
Schlaich	Das Bundesverfassungsgericht, 4. Aufl. 1997
Schmalz	Allgemeines Verwaltungsrecht, 1994 (zitiert : Schmalz VR)
	Staatsrecht, 4. Aufl. 2000 (zitiert : Schmalz StR)
	Grundrechte, 3. Aufl. 1997 (zitiert : Schmalz GRe)
Schmid	Die Familie in Art. 6 des Grundgesetzes, 1969
Schmidt/Bleibtreu/Klein	Kommentar zum Grundgesetz, 9. Aufl. 1999
Schwacke/Stolz/Schmidt	Staatsrecht, 4. Aufl. 1999
Schwarze	EU-Kommentar, 2000
Schweitzer-Hummer	Europarecht, 5. Aufl. 1996
Sproll	Allgemeines Verwaltungsrecht, 1998
Smend	Verfassung und Verfassungsrecht, 1928 (abgedruckt in : Staatsrechtliche Abhandlungen, 2. Aufl. 1968)
Stein/Frank	Staatsrecht, 17. Aufl. 2000
Stern	Das Staatsrecht der Bundesrepublik Deutschland, Band I 1977, Band II 1984, Band III 1988, Bände IV und V 1999 (zitiert : Stern I / II / III)
Streinz	Europarecht, 4. Aufl. 1999
Windhorst	Verfassungsrecht I – Grundlagen, 1994
Wolff	Verwaltungsrecht I, 10. Aufl. 1994
Zippelius	Allgemeine Staatslehre, 13. Aufl. 1999
Zuck	Das Recht der Verfassungsbeschwerde, 2. Aufl. 1988
Zucker	Kompendium Europarecht, 1997

VERZEICHNIS BENUTZTER ABKÜRZUNGEN

a.A.	anderer Auffassung
a.a.O.	am angegebenen Ort
abw.	abweichend
Abs.	Absatz
AdR	Ausschuss der Regionen
a.E.	am Ende
a.F.	alte Fassung
AG	Aktiengesellschaft
allg.	allgemein
Anm.	Anmerkung
AöR	Archiv des öffentlichen Rechts
Art.	Artikel
Aufl.	Auflage
AsylbLG	Asylbewerberleistungsgesetz
AsylVfG	Asylverfahrensgesetz
Aufl.	Auflage
AuslG	Ausländergesetz
BAG	Bundesarbeitsgericht
BAG AP	Nachschlagewerk des Bundesarbeitsgerichts
BAGE	Entscheidungssammlung des Bundesarbeitsgerichts (Band, Seite)
BAT	Bundesangestellten-Tarifvertrag
BayVBl	Bayrische Verwaltungsblätter (Jahr, Seite)
Bd.	Band
BGB	Bürgerliches Gesetzbuch
BGBl.	Bundesgesetzblatt
BGH	Bundesgerichtshof
BGHSt	Entscheidungssammlung des Bundesgerichtshofs in Strafsachen (Band, Seite)
BGHZ	Entscheidungssammlung des Bundesgerichtshofs in Zivilsachen (Band, Seite)
BK	Bonner Kommentar
BRat	Bundesrat
BReg	Bundesregierung
BSHG	Bundessozialhilfegesetz
BSG	Bundessozialgericht
BSGE	Entscheidungssammlung des Bundessozialgerichts (Band, Seite)
BT	Bundestag
BT-Dr	Bundestags-Drucksache
BVerfG	Bundesverfassungsgericht
BVerfGE	Amtliche Entscheidungssammlung des Bundesverfassungsgerichts (Band, Seite)
BVerfGG	Gesetz über das BVerfG
BVerwG	Bundesverwaltungsgericht
BVerwGE	Amtliche Entscheidungssammlung des Bundesverwaltungsgerichts (Band, Seite)
BWahlG	Bundeswahlgesetz
bzw.	beziehungsweise
CDU	Christlich Demokratische Union
CSU	Christlich Soziale Union
DB	Der Betrieb
DDR	Deutsche Demokratische Republik

ders.	derselbe
d.h.	das heißt
DÖV	Die Öffentliche Verwaltung (Jahr, Seite)
DVBl	Deutsches Verwaltungsblatt (Jahr, Seite)
DVP	Deutsche Verwaltungspraxis (Jahr, Seite)
DWiR	Deutsche Zeitschrift für Wirtschaftsrecht
E	Amtliche Sammlung (Band, Seite)
EA	Europa-Archiv (Jahr, Seite)
EAG	Europäische Atomgemeinschaft
EAGV	Vertrag über die Europäische Atomgemeinschaft
EG	Europäische Gemeinschaft
EGKS	Europäische Gemeinschaft für Kohle und Stahl
EGKSV	Vertrag über die Europäische Gemeinschaft für Kohle und Stahl
EGMR	Europäischer Gerichtshof für Menschenrechte
EGV	Vertrag über die Europäische Gemeinschaft
EAG	Europäische Atomgemeinschaft (Euratom)
EGKS	Europäische Gemeinschaft für Kohle und Stahl (Montanunion)
EGMR	Europäischer Gerichtshof für Menschenrechte
EMRK	Europäische Menschenrechtskonvention des Europarats
EP	Europäisches Parlament
ESZB	Europäisches System der Zentralbanken
EU	Europäische Union
EuGH	Europäischer Gerichtshof
EuGH Slg.	Amtliche Sammlung des Europäischen Gerichtshofs (Jahr, Seite)
EuGRZ	Europäische Grundrechte-Zeitschrift (Jahr, Seite)
EuR	Europarecht (Jahr, Seite)
Euratom	Europäische Atomgemeinschaft
Europol	Europäisches Polizeiamt
EUV	Vertrag über die Europäische Union
EUZW	Europäische Zeitschrift für Wirtschaftsrecht (Jahr, Seite)
EWG	Europäische Wirtschaftsgemeinschaft
EWGV	Vertrag über die Europäische Wirtschaftsgemeinschaft
EWI	Europäisches Währungsinstitut
EZB	Europäische Zentralbank
f.	und ein(e) folgende (z.B. Seite, Artikel)
ff.	und mehrere folgende (z.B. Seiten, Artikel)
FDP	Freie Demokratische Partei Deutschlands
GASP	Gemeinsame Außen- und Sicherheitspolitik
gem.	gemäß
GG	Grundgesetz
ggf.	gegebenenfalls
GO	Geschäftsordnung
HdStR	Handbuch des Staatsrechts der Bundesrepublik Deutschland
h.A.	herrschende Ansicht
h.L.	herrschende Lehre
h.M.	herrschende Meinung
HRG	Hochschulrahmengesetz
Hrsg.	Herausgeber
HS.	Halbsatz
HV	Verfassung der Freien und Hansestadt Hamburg

i.d.F.	in der Fassung von
i.d.R.	in der Regel
i.e.S.	im engeren Sinne
i.S.v.	im Sinne von
i.V.m.	in Verbindung mit
Hrsg.	Herausgeber
HS	Halbsatz
JA	Juristische Arbeitsblätter (Jahr, Seite)
JR	Juristische Rundschau (Jahr, Seite)
Jura	Juristische Ausbildung (Jahr, Seite)
JuS	Juristische Schulung (Jahr, Seite)
JZ	Juristenzeitung (Jahr, Seite)
KG	Kommanditgesellschaft
KJ	Kritische Justiz (Jahr, Seite)
KO	Konkursordnung
KSZE	Konferenz für Sicherheit und Zusammenarbeit in Europa
LS	Leitsatz
MD	Maunz-Dürig
m.w.N.	mit weiteren Nachweisen
n.F.	neue Fassung
Nr.	Nummer
NJW	Neue Juristische Wochenschrift (Jahr, Seite)
Nr.	Nummer
NVwZ	Neue Zeitschrift für Verwaltungsrecht (Jahr, Seite)
o.ä.	oder ähnlich
OHG	Offene Handelsgesellschaft
OSZE	Organisation für Sicherheit und Zusammenarbeit in Europa
OVG	Oberverwaltungsgericht
PJZS	polizeiliche und justitielle Zusammenarbeit in Strafsachen
Rn	Randnummer
S.	Seite / Satz
Slg	Amtliche Entscheidungssammlung des EuGH (Jahr, Seite)
sog.	sogenannte/r/s
SPD	Sozialdemokratische Partei Deutschlands
StAZ	Das Standesamt (Jahr, Seite)
std.Rpsr.	ständige Rechtsprechung
StGH	Staatsgerichtshof
StVollzG	Strafvollzugsgesetz
u.a.	unter anderem / und andere
UN	United Nations (Vereinte Nationen)
UNO	United Nations Organisation (Vereinte Nationen)
UWG	Gesetz gegen unlauteren Wettbewerb
VerwArch	Verwaltungsarchiv (Jahr, Seite)
vgl.	vergleiche
VO	Verordnung
VwBlBW	Verwaltungsblatt Baden-Württemberg
VwGO	Verwaltungsgerichtsordnung
VwVfG	Verwaltungsverfahrensgesetz
VVDStRL	Veröffentlichung der Vereinigung der Deutschen Staatsrechtslehrer (Jahr, Seite)
WEU	Westeuropäische Union
WRV	Weimarer Reichsverfassung
WSA	Wirtschafts- und Sozialausschuss

WWU	Wirtschafts- und Währungsunion
ZAR	Zeitschrift für Ausländerrecht und Ausländerpolitik (Jahr, Seite)
z.B.	zum Beispiel
ZBR	Zeitschrift für Beamtenrecht (Jahr, Seite)
ZBJI	Zusammenarbeit in den Bereichen Justiz und Inneres
Ziff.	Ziffer
ZIRP	Zusammenarbeit in der Innen- und Rechtspolitik
Zparl	Zeitschrift für Parlamentsrecht (Jahr, Seite)
ZRP	Zeitschrift für Rechtspolitik (Jahr, Seite)
z.T.	zum Teil

HINWEISE AUF WEITERFÜHRENDE LITERATUR, RECHTSPRECHUNG UND INTERNET-SEITEN

Zu weiterführender Literatur

Was brauchen Sie außer diesem Buch sonst noch ? Natürlich die staats- und europarechtlichen Gesetzestexte (insbesondere GG, BVerfGG, BWahlG, ParteienG, EU- und EG-Vertrag), auch wenn einige Vorschriften schon hier im Buch wiedergegeben sind. Sie sind im Sartorius I und II, aber auch in kleinen gebundenen Textausgaben, die in jeder juristischen Buchhandlung erhältlich sind, enthalten. Die staatsrechtlichen Texte (einschließlich EU-Vertrag) erhalten Sie auch kostenlos von der Bundeszentrale für politische Bildung (Berliner Freiheit 7, 53111 Bonn). Da ein Lehrbuch nie jede Einzelheit darstellen kann und das auch nicht die Zielsetzung dieses Buchs ist, werden Sie (hoffentlich) schnell in die Situation kommen, irgendeine Frage vertiefen zu wollen. Auf aktuelle Aufsätze habe ich am Ende der jeweiligen Kapitel hingewiesen, ebenso z.T. auf sonstige Literatur zu den staatsrechtlichen Nebengesetzen. Hinweise auf Lehrbücher und Kommentare zum Grundgesetz und zum EU – und EG-Vertrag sind dagegen dort nicht enthalten. Deshalb sollen die notwendigen Hinweise hier erfolgen :

Zur Allgemeinen Staatslehre : Wenn Sie zum Staatsbegriff, zur Entstehung und zum Untergang von Staaten, zu Staatenverbindungen, Staatszwecken, Regierungssystemen oder historischen und rechtsvergleichenden Aspekten der einzelnen Grundprinzipien des Grundgesetzes mehr lesen wollen als hier in diesem Buch enthalten ist, kann ich Ihnen von den vielen Lehrbüchern eigentlich nur zwei empfehlen : In erster Linie das von Doehring und in zweiter Linie (weil schwieriger geschrieben) das von Zippelius (beide „Allgemeine Staatlehre"). Eine gute und aktuelle Kurzdarstellung der Allgemeinen Staatslehre enthält das Lehrbuch zum Staatsrecht von Schwacke/Stolz/Schmidt in seinem ersten Teil.

Zur Verfassungsgeschichte der Neuzeit : Eigentlich brauche ich Ihnen hierzu keine weiterführende Literatur empfehlen, da alle zum Verständnis des Staatsrechts notwendigen verfassungsgeschichtlichen Aspekte in diesem Buch aufgezeigt sind, wenn auch nicht in geschlossener Form, sondern – um den unmittelbaren Bezug und damit ein erhöhtes Verständnis herzustellen – jeweils bei der Darstellung der einzelnen Teile des Staatsrechts. Wenn Sie dennoch eine vertiefte und geschlossene Darstellung der Verfassungsgeschichte suchen, empfehle ich Ihnen Duchardt („Deutsche Verfassungsgeschichte 1495 – 1806") und Botzenhart („Deutsche Verfassungsgeschichte 1806 – 1949"). Eine brauchbare Kurzdarstellung enthält das Lehrbuch zum Staatsrecht von Schwacke/Stolz/Schmidt in seinem zweiten Teil.

Zum Staatsrecht : Hier ist zu differenzieren :

- Grundgesetz-Kommentare sind zu empfehlen, wenn Sie bestimmte Einzelfragen nachschlagen wollen. Der Kleinste ist der von Jarass/Pieroth. Wenn Sie sich einen Kommentar kaufen wollen, dann ihn (5. Aufl. 2000 = 82 DM). Ansonsten würde ich, da Jarass/Pieroth wegen seines verhältnismäßig geringen Umfangs manchmal inhaltlich recht knapp ist, eher zu dem Kommentar von Sachs raten, der umfassend und sehr verständlich geschrieben ist. Andere – ebenfalls brauchbare – Kommentare sind die von Schmidt-Bleibtreu-Klein und von v.Münch (3 Bände). Leibholz-Rinck-Hesselberger stellt in dem zweibändigen Loseblatt-Kommentar nur die Rechtsprechung des BVerfG dar und eignet sich als solcher eher als Hilfsmittel für die Anfertigung von Hausarbeiten. Das gilt insbesondere auch für die beiden großen Kommentare, den von Maunz-Dürig in 5 Bänden (der allerdings weitgehend völlig veraltet ist) und den elfbändigen Bonner Kommentar (der auch in vielen Teilen veraltet ist).

- Lehrbücher : Wollen Sie zum Vergleich etwas in einem anderen Lehrbuch nachlesen, eignen sich viele, etwa die von Katz („Staatsrecht"), Maunz-Zippelius („Deutsches Staatsrecht"), Badura („Staatsrecht"), Maurer („Staatsrecht", mit einem nur kurzen Grundrechtsteil) oder – mehr auf Verständnis als auf Vollständigkeit ausgerichtet – die von Stein („Staatsrecht") oder Battis-Gusy („Einführung in das Staatsrecht"). Einige Lehrbücher stellen nur Teilbereiche des Staatsrechts dar, dann i.d.R. aber mit eingebauten kleinen Fällen : Zu den Grundrechten die von Schmalz („Grundrechte"), Pieroth/Schlinck („Grundrechte – Staatsrecht II") und Manssen („Grundrechte"). Zum Teil wird der Grundrechtsbereich sogar in zwei sich ergänzenden Bänden dargestellt : So die allgemeinen Grundrechtslehren von Windhorst („Verfassungsrecht I") und die einzelnen Grundrechte von Kimms/Schlunder („Verfassungsrecht II"). Nur das Staatsorganisationsrecht stellen dar die Lehrbücher von Kremser/Leisner („Verfassungsrecht III"), Schmalz („Staatsrecht") und Degenhardt („Staatsrecht"). Falls Sie Anfänger sind und Sie die obige Übersicht verwirrt, mein Tipp : Als umfassendes Buch das von Katz, speziell zu den Grundrechten die von Schmalz und Pieroth/Schlinck, und speziell zum Staatsorganisationsrecht die von Schmalz und Degenhart.

- Aufsätze in juristischen Fachzeitschriften vertiefen bestimmte Aspekte mehr als es ein Kommentar oder Lehrbuch tut. Auf die umfassendsten und aktuellsten Aufsätze wird in dem Buch – am Ende eines Kapitels – jeweils hingewiesen. Wollen Sie – etwa bei der Anfertigung einer Hausarbeit – auch auf thematisch sehr spezielle oder auf nicht mehr aktuelle ältere Aufsätze zurückgreifen, finden Sie in den großen Kommentaren – am Anfang oder Ende der Kommentierung eines Artikels – umfangreiche Kataloge aller bisher erschienenen Aufsätze zum Inhalt dieses Artikels. Begrenztere Kataloge enthalten kleinere Kommentare (z.B. Jarass/Pieroth) und auch einige Lehrbücher.

- Fallsammlungen sind neben diesem fallorientierten Lehrbuch nicht unbedingt nötig. Wenn Sie dennoch in welche hineinsehen wollen : Brauchbare geben heraus : Brauner/Stollmann/Weiß („Fälle und Lösungen zum Staatsrecht"), Kisker/Höfling („Fälle zum Staatsorganisationsrecht"), Schmalz („Verfassungsrecht – Fälle mit Lösungen"), Ipsen („Fallrepetitorium Staatsrecht") und Schulz („Verfassungsrecht – Fälle und Lösungen").

Zum Europarecht : Zunächst ein Hinweis : Nehmen Sie nur solche Bücher zur Hand, die 1999 oder später herausgekommen sind, da nur sie die umfangreichen Änderungen durch den Vertrag von Amsterdam berücksichtigen. Ich nenne im Folgenden auch solche, die bei Drucklegung dieses Buches noch nicht auf diesem aktuellen Stand waren, es aber vermutlich innerhalb kurzer Zeit sein werden. Achten Sie aber immer auf den Stand 1999 und jünger.

- Kommentare sind zu empfehlen, wenn Sie bestimmte Einzelfragen nachschlagen wollen. Der von Geiger zum EG-Vertrag ist zwar handlich, aber auch inhaltlich recht knapp. Größere Kommentare sind die von Callies/Ruffert und von Schwarze zum EU- und EG-Vertrag, von Lenz zum EG-Vertrag und von Hailbronner zum EG-Vertrag. Der fünfbändige Kommentar von Groeben/Thiesing/Ehlermann („Kommentar zum EU– und EG-Vertrag") eignet sich insbesondere als Hilfsmittel für Hausarbeiten. Zur Europäischen Menschenrechtskonvention gibt es nur einen Kommentar : den von Golsong u.a.

- Lehrbücher gibt es viele, etwa die von Herdegen, Streinz, Koenig/Haratsch, Oppermann, Bleckmann, Fischer, Arndt, Matzat, und Fastenrath (alle „Europarecht"). Falls Sie Schwierigkeiten bei diesem Angebot bekommen, empfehle ich Ihnen das von Herdegen, das vollständig und doch gleichzeitig besonders verständlich geschrieben ist.

- Aufsätze : Wollen Sie ein bestimmtes Problem weiter vertiefen, so finden Sie auch zum Europarecht hier im Buch am Ende eines Kapitels Hinweise auf die umfassendsten und aktuellsten Aufsätze. Wollen Sie – etwa bei der Anfertigung einer Hausarbeit – auch auf thematisch sehr spezielle oder auf ältere (und damit nicht mehr aktuelle) Aufsätze zurückgreifen, finden Sie in den großen Kommentaren – am Anfang oder Ende der Kommentierung eines Artikels – umfangreiche Kataloge aller bisher erschienenen Aufsätze zum Inhalt dieses Artikels. Begrenztere Kataloge enthalten kleinere Kommentare (z.B. Geiger) und auch einige Lehrbücher.

- Fallsammlungen geben heraus Arndt („Fälle zum Europarecht"), Koenig/Pechstein („Entscheidungen des EuGH – Studienauswahl"), Godziers („Europarecht, Sammlung höchstrichterlicher Rechtsprechung") und Hummer („Europarecht in Fällen"). Zum Einstieg würde ich Ihnen Arndt empfehlen, der am anschaulichsten die Falllösungen darstellt.

Zum näheren Umgang mit Entscheidungen des BVerfG und des EuGH

Dass das BVerfG wegen seiner maßgeblichen Bedeutung für die Auslegung des Grundgesetzes und entsprechend der EUGH bzgl. des EG-Rechts in diesem Buch in erheblichem Maße zitiert wird, ist bereits oben erwähnt, ebenso dass grundsätzlich nur die jeweils neueste Entscheidung (Urteil bzw. Beschluss) und auch nur die jeweils einschlägige Seite zitiert ist. Wenn Sie wissen wollen, ob und wann das BVerfG oder der EuGH die betreffende Meinung auch schon früher vertreten hat, müssen Sie in die zitierte Entscheidung sehen. Dort werden Sie dann alle entsprechenden früheren Entscheidungen genannt finden.

Aber nicht nur, um das zu erfahren, sollten Sie in Entscheidungen des BVerfG und des EuGH sehen, sondern auch, um die Gründe von wichtigen Entscheidungen nachzulesen. In diesem Buch sind zwar einige Auszüge aus grundlegenden Entscheidungen abgedruckt. Das reicht aber nicht aus. Wo finden Sie nun Entscheidungen des BVerfG und des EuGH ?

- Alle Entscheidungen der Senate des BVerfG sind in vollem Umfang in der Amtlichen Sammlung des BVerfG abgedruckt. Dort finden Sie dagegen nicht die zahlreichen Beschlüsse der Kammern des BVerfG, die Verfassungsbeschwerden vorprüfen, ablehnen oder statt geben. Entscheidungen des EuGH finden Sie in vollem Wortlaut in der Amtlichen Sammlung des EuGH.

- Viele wichtige Entscheidungen - auch Beschlüsse der Kammern des BVerfG – werden auch in den juristischen Fachzeitschriften (wie insbesondere der Neuen Juristischen Wochenschrift, dem Deutschen Verwaltungsblatt oder der Öffentlichen Verwaltung) abgedruckt. Der Abdruck erfolgt i.d.R. nur in Auszügen, dafür aber schneller als in der Amtlichen Sammlung, die erst in die Bibliotheken gelangt, wenn ein Band voll ist. Für Studienzwecke zu empfehlen ist insbesondere die Rechtsprechungsübersicht von Alpmann und Schmidt, die in Auszügen auch die wichtigsten Entscheidungen des BVerfG und des EuGH veröffentlicht. Das Besondere daran : Die Urteile sind klausurmäßig aufbereitet.

- Wenn Sie die wichtigsten Entscheidungen des BVerfG lieber – auszugsweise – in kompakter Form auf dem Tisch haben wollen, ist die zweibändige Studienauswahl von Grimm/Kirchhof im Mohr-Siebek-Verlag (mit über 1400 Seiten) zu empfehlen, die die wichtigsten Urteile in gekürzter Form enthält und für 70 DM zu erwerben ist. Entsprechendes geben Koenig/Pechstein im gleichen Verlag in einem Band zum EuGH heraus. Zum anderen ist auf das „Casebook Verfassungsrecht" von Richter/Schuppert (Beck) hinzuweisen, das zu wichtigen Artikeln des Grundgesetzes (u.a. allen Grundrechten) Kommentierungen und ausgewählte Auszüge aus Urteilen des BVerfG enthält (68 DM).

- Wollen Sie die Entscheidungen des BVerfG lieber im PC haben : Beck bietet eine CD mit über 2500 Entscheidungen (ab 1981 nahezu alle Urteile) in ungekürzter Form für 98 DM an.
- Im Internet finden Sie alle Entscheidungen des BVerfG – auch Kammerbeschlüsse – ab 1998 ungekürzt unter http://www.bundesverfassungsgericht.de. Dort gibt es auch aktuelle Informationen zum BVerfG.
- Alle Entscheidungen des EuGH ab 1997 finden Sie ungekürzt im Internet unter http://europa.eu.int/eur-lex/.

Eine Hilfestellung möchte ich Ihnen noch geben, weil es sie sonst nirgends gibt. Entscheidungen des BVerfG werden – soweit sie in die Amtlichen Sammlung aufgenommen sind – grundsätzlich nach dieser zitiert, weil sie dort vollständig abgedruckt sind. Dabei weiß man aber als Anfänger nicht, ob eine nach dieser Sammlung zitierte Entscheidung nun eine ältere oder eine neuere ist, wenn im gleichen Zusammenhang etwa andere Entscheidungen oder Aufsätze mit Jahresangabe zitiert werden (Die Fachzeitschriften werden nach Jahren zitiert) und man sich nun fragt, was von beiden neueren Datums ist ? Deshalb gebe ich Ihnen hier eine Orientierung über das Erscheinungsjahr der einzelnen Bände (Die Entscheidungen in einem Band stammen nicht immer aus dem betreffenden Jahr, sondern z.T. auch aus dem vorangegangenen Jahr).

Band	Jahr	Band	Jahr	Band	Jahr	Band	Jahr	Band	Jahr
1	1952	22	1968	43	1977	64	1984	85	1992
2	1953	23	1968	44	1977	65	1984	86	1993
3	1954	24	1969	45	1976	66	1984	87	1993
4	1955	25	1969	46	1978	67	1985	88	1993
5	1956	26	1970	47	1978	68	1985	89	1994
6	1957	27	1970	48	1979	69	1985	90	1994
7	1958	28	1970	49	1979	70	1986	91	1995
8	1959	29	1971	50	1979	71	1986	92	1995
9	1959	30	1971	51	1980	72	1987	93	1996
10	1960	31	1972	52	1980	73	1987	94	1997
11	1961	32	1972	53	1980	74	1987	95	1997
12	1962	33	1973	54	1981	75	1988	96	1998
13	1962	34	1973	55	1981	76	1988	97	1998
14	1963	35	1974	56	1981	77	1988	98	1999
15	1964	36	1974	57	1982	78	1989	99	1999
16	1964	37	1974	58	1982	79	1989	100	1999
17	1965	38	1975	59	1982	80	1990	101	2000
18	1965	39	1975	60	1982	81	1990	102	
19	1966	40	1976	61	1983	82	1991	103	
20	1967	41	1976	62	1983	83	1991	104	
21	1967	42	1977	63	1983	84	1992	105	

Bei den Entscheidungen des EuGH kann das oben genannte Problem nicht auftauchen, da die Amtliche Sammlung des EuGH nach Jahren zitiert wird.

Zu weiterführenden Internet-Seiten

Die Nutzung des Internets ist zum Erlernen des Staats- und Europarechts zwar nicht unabdingbar, in vielen Fälle aber doch recht nützlich. Deshalb die folgenden Hinweise :

- Das Juristische Internetprojekt Saarbrücken gibt unter http://www.jura.uni-sb.de eine umfassende Übersicht über juristische – und damit auch staats- und europarechtliche – Informationsmöglichkeiten im Internet. Von hier aus können Sie alle staatsrechtlichen Gesetze und das Bundesgesetzblatt ab 1949 abrufen. Sie finden Pressemitteilungen der obersten Bundesgerichte, juristische Foren, vereinzelte Lehrmaterialen und vor allem Linksammlungen zu juristischen Fragen und einen Katalog mit weltweiten juristischen Quellen. Außerdem gelangen Sie auch von hier aus in den Server der Europäischen Union mit den gleichen Quellen wie unter http://europa.eu.int/eur-lex/ (s.u.).

- Die obersten Bundesorgane haben jeweils eigene Internet-Seiten, auf denen sie sich selbst vorstellen : http://www.bundestag.de, http://www.bundesregierung.de, http://www.bundespraesident.de, http://www.bundesrat.de und http://www.bundesverfassungsgericht.de. Hinzuweisen ist insbesondere darauf, dass man über die Seite des Bundestages auch alle Drucksachen ab der 13. Wahlperiode einsehen kann. Die Seite des BVerfG ermöglicht auch, die Entscheidungen ab 1998 im Volltext aufzurufen. Außerdem enthält sie neben statistischen Angaben auch Links zu anderen deutschen und ausländischen Gerichten.

- Der Server der Europäischen Union heißt http://http://www.europa.eu.int/. Hier finden Sie aktuelle Informationen zur EU und ihren einzelnen Organen. Das gesamte Recht der Europäischen Union finden Sie unter http://www.europa.eu.int/eur-lex/ : unter anderem den EU- und den EG-Vertrag, eine Sammlung des sekundären EG-Rechts, die Verordnungen und Richtlinien in der jeweils geltenden Fassung, das Amtsblatt der EG seit 1998 im Volltext und Urteile des EuGH seit 1997 im Volltext.

- Das Europäische Dokumentationszentrum der Universität Mannheim veröffentlicht unter http://www.uni-mannheim.de/users/ddz/edz/edz.html u.a. einen Katalog mit Links zu allen Informationsangeboten der EU und eine Liste aller EU-Datenbanken.

- Suchen Sie weitere juristische Quellen im Internet, möchte ich Sie auf entsprechende Bücher hinweisen, die Ihnen weiterhelfen : Müller, PC-Ratgeber für Juristen, 1999; Kröger/Kuner, Internet für Juristen, 3. Aufl. 2001; Diringshofen, Internet für Juristen, 3. Aufl. 2001; Krichbaum/Gruber/Strümpell, Recht & Gesetz online, 2001; Prinz, Internet für Juristen, 2000; Tiedemann, Internet für Juristen, 2000. Sie enthalten nicht nur eine Fülle von Adressen, sondern geben auch allgemeine Hinweise zum Umgang mit dem Internet. Auf dem allerneuesten Stand kann ein solches Buch angesichts der Entwicklung des Internets allerdings nicht sein.

- Natürlich können Sie für spezielle Fragen auch die bekannten allgemeinen Suchmaschinen bemühen, die Ihnen zum Teil jedoch Unmengen an Seiten präsentieren. So wurden etwa zum Stichwort „Menschenwürde" von fireball.de 14.711, von yahoo.de 11.400 und von altavista.de 10.983 Fundstellen angezeigt. Ähnliches erlebt man auch bei anderen Stichworten. Sie müssen, um damit etwas anfangen zu können, die Suche also weiter eingrenzen. Genaue Antworten auf bestimmte Fragen finden Sie aber auch dann nicht immer.

TEIL 1
GRUNDFRAGEN DES STAATSRECHTS

1. BEGRIFF DES STAATES

1.1 Funktion des juristischen Staatsbegriffs

Der juristische Staatsbegriff beantwortet die Fragen, wann in völkerrechtlicher Hinsicht ein Staat entstanden ist und ob er noch fortexistiert oder gegebenenfalls aufgehört hat zu existieren. Dabei ist das Völkerrecht wertneutral, um möglichst alle territorialen Gebilde an seine Regelungen zu binden und nicht viele von ihnen von vornherein davon auszugrenzen. Ein Staat, der vom Völkerrecht rechtlich in Frage gestellt wird, wird nämlich das Völkerrecht auch nicht akzeptieren. Deshalb verzichtet der juristische Staatsbegriff (vgl. Doehring Rn 33 ff., § 2 (3); Zippelius § 10 I) bei seinen Mindestanforderungen an Staaten auf

- die äußere Souveränität, also die Unabhängigkeit gegenüber anderen Staaten,
- die Legalität, also die rechtmäßige Entstehung,
- die Legitimität, also die Billigung durch die Bevölkerung und
- die völkerrechtliche Anerkennung durch andere Staaten.

Nach der 1900 von Jellinek konzipierten und seit Beginn des 20. Jahrhunderts geltenden Dreielementenlehre ist lediglich das Vorhandensein eines Staatsgebietes, eines Staatsvolkes und einer Staatsgewalt nötig.

1.2 Merkmale des juristischen Staatsbegriffs

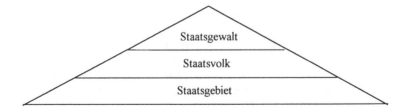

Staatsgebiet

ist ein eingegrenzter Teil der Erdoberfläche, der zum dauernden Aufenthalt von Menschen geeignet ist (Zippelius § 12 I). Die Grenzen des Staatsgebiets sind (Doehring, Rn 67 ff, § 2 -4c -; Zippelius § 12 III; Schwacke/Stolz/Schmidt S. 4 f.) :

- Nach oben hin ist es durch die Erdathmosphäre (bis etwa 80 – 100 km) begrenzt. Im Weltall ist die Ausübung von Staatsgewalt also nicht möglich (sog. „Weltraumvertrag" 1967).
- Nach unten hin wird es durch die tatsächliche Beherrschbarkeit begrenzt.

- Zum Meer hin gehört - seit der Seerechtskonvention der UNO 1982 - ein Streifen von 12 Seemeilen zum Staatsgebiet. Kein Staatsgebiet mehr ist die angrenzende Wirtschaftszone von 188 Seemeilen: Hier ist der Anliegerstaat alleine berechtigt, die Meeresschätze (Bodenschätze, Fische) auszubeuten. Auch der Festlandsockel, ein Meergebiet mit einer Wassertiefe bis zu 200 Metern, ist über die 12-Meilen-Grenze hinaus kein Staatsgebiet. In seinem Bereich ist der Anliegerstaat aber zur alleinigen Ausbeutung der Bodenschätze berechtigt. Besondere Regelungen hierzu bestehen, wenn ein Meer - wie etwa die Nordsee - nur aus einem Festlandsockel besteht. Streitigkeiten, die im Zusammenhang mit allen Fragen des Seerechts entstehen, entscheidet der Internationale Seegerichtshof der UNO in Hamburg.

3   Die rechtliche Bedeutung des Staatsgebiets besteht in der Bestimmung des räumlichen Geltungsbereichs der Staatsgewalt: Ein Staat darf nur auf seinem eigenen Staatsgebiet Hoheitsgewalt ausüben (Gebietshoheit).

- Positiv bedeutet das, dass die Staatsgewalt sich auf alle Personen und Sachen bezieht, die sich auf diesem Staatsgebiet befinden.

  Beispiel: Ein deutsches Gericht darf einen in Deutschland lebenden oder nur durchreisenden Ausländer wegen einer Straftat verurteilen, selbst wenn er diese im Ausland begangen hat (vgl. § 7 StGB).

- Negativ bedeutet das, dass ein Staat auf dem Staatsgebiet eines fremden Staates keine Staatsgewalt ausüben darf.

  Beispiel: Die deutsche Polizei darf aus eigener Machtvollkommenheit auf französischem Staatsgebiet keine Verhaftung eines gesuchten deutschen Straftäters durchführen.

  Innerhalb der Europäischen Union gibt es von diesem Verbot inzwischen Ausnahmen, die aufgrund zwischenstaatlicher Verträge vereinbart worden sind. Solche Ausnahmen sind völkerrechtlich unproblematisch, da sich der betroffene Staat mit ihnen einverstanden erklärt hat.

Staatsvolk

4   ist die Summe der Staatsangehörigen (Doehring, Rn 52, § 2 - 4b- ; Zippelius § 11 I; Schwacke/Stolz/Schmidt, S 7 f.). Das Staatsvolk ist somit von der Nation zu unterscheiden. Diese ist ein durch Geschichte, Kultur, Sprache und Zusammengehörigkeitsgefühl verbundenes Volk.

Dementsprechend sind zu unterscheiden:

- Nationalstaat = Ein Staat, der nur eine Nation umfasst (z.B. Portugal)
- Nationalitätenstaat = Ein Staat, der mehrere Nationen umfasst (z.B. Schweiz, Kanada)
- Nationalstaat mit völkischer Minderheit = Ein Staat, der im Wesentlichen eine Nation umfasst, daneben aber auch eine oder mehrere Minderheiten, die einer anderen Nation angehören (z.B. Spanien mit den Basken, Italien mit den Südtirolern, Deutschland mit den Dänen in Nordschleswig und den Sorben in Brandenburg)

5   Für den Erwerb der Staatsangehörigkeit gibt es mehrere Prinzipien, die von den Staaten - in Reinform oder in Kombinationen - gewählt werden können (Doehring, Rn 53, § 2 - 4b -) :

- Nach dem Territorialprinzip erwirbt jemand die Staatsangehörigkeit des Staates, auf dessen Staatsgebiet er geboren wird (z.B. USA).
- Nach dem Abstammungsprinzip erwirbt jemand durch Geburt die Staatsangehörigkeit seiner Eltern (z.B. Frankreich).
- Nach dem Wohnsitzprinzip erwirbt jemand die Staatsangehörigkeit des Staates, in dem er seinen ständigen Wohnsitz hat (z.B. Israel).

Staatsgewalt

ist die ursprüngliche, umfassende und unteilbare Herrschaftsmacht über das Staatsgebiet (Gebietshoheit) und das Staatsvolk (Personalhoheit).

Herrschaftsmacht hat, wer in der Lage ist, Anordnungen zu erteilen und notfalls zwangsweise durchzusetzen.

Ursprünglich ist Herrschaftsmacht, wenn sie - bei den Bundesländern eines Bundesstaates im Rahmen ihrer Kompetenzen - letztverantwortlich und unabhängig ist, d.h. von niemandem mehr kontrolliert wird und sich eigenständig ohne Einwirkung von außen selbst organisieren kann ("innere Souveränität).

Umfassend ist Herrschaftsmacht, wenn nicht von vornherein auf bestimmte einzelne Aufgabenbereiche beschränkt ist (wie z.b. innerstaatliche Körperschaften wie Gemeinden oder Universitäten oder - zumindest noch - die Europäische Union)

Unteilbar ist Herrschaftsmacht, wenn es neben ihr keine selbständige weltliche Herrschaftsmacht gibt, sie also das Gewaltmonopol besitzt.

- Eine geteilt Staatsgewalt wie z.B. im Mittelalter (Aufteilung der Staatsgewalt auf Fürsten und Stände) darf es also nicht geben (Zippelius § 9 III).
- Im Bundesstaat dagegen ist die nicht Staatsgewalt aufgeteilt, sondern nur die Ausübung der Staatsgewalt: auf Bund und Länder. Dass die Länder nur Teilzuständigkeiten besitzen, spricht also nicht gegen ihre Staatsqualität (Zippelius § 9 IV).

Bei der Frage der Entstehung von Staaten gilt das Effektivitätsprinzip: Danach ist eine neue Staatsgewalt entstanden, wenn sie sich endgültig militärisch und politisch durchgesetzt hat und dem Staat eine gewisse Ordnung gegeben hat.

Repetitorium zum Staatsbegriff: Rn 1001

Weiterführende Literatur: Doehring, Allgemeine Staatslehre, Zippelius, Allgemeine Staatslehre § 2; Schwacke/Stolz/Schmidt, Staatsrecht, 1.Teil Nr.1

2. DIE STAATSZUGEHÖRIGKEIT

Die Staatszugehörigkeit zur Bundesrepublik Deutschland regelt Art. 116 I[1]. Danach sind Deutsche im Sinne des Grundgesetzes vorbehaltlich anderweitiger gesetzlicher Regelung die deutschen Staatsangehörigen und die sog. Statusdeutschen ohne deutsche Staatsangehörigkeit.

```
                    Deutsche
                   /        \
    deutsche Staatsangehörige   Statusdeutsche ohne deutsche
                                      Staatsangehörigkeit
         Art. 116 I 1. Alt.           Art. 116 I 2. Alt.
```

Der Gesetzesvorbehalt des Art. 116 I bezieht sich entgegen seinem Wortlaut nach h.M. nur auf die Statusdeutschen, nicht aber auf die Deutschen mit deutscher Staatsangehörigkeit (z.B. MD/Maunz Rn 3; JP/Jarass Rn 1).

---

[1] *Artikel sind – soweit nichts Abweichendes angegeben – im ganzen Buch solche des Grundgesetzes*

2.1 Deutsche mit deutscher Staatsangehörigkeit

8   Die Regelung des § 8 des Reichs- und Staatsangehörigkeitsgesetzes aus dem Jahr 1913 (RuStAG), nach der die Einbürgerung eines Ausländers eine reine Ermessensentscheidung war, stand lange im Mittelpunkt der öffentlichen Diskussion, weil viele ältere Ausländer sich bereits seit langem in der Bundesrepublik aufhielten und viele junge Ausländer in der Bundesrepublik aufwuchsen, ohne einen Anspruch auf Einbürgerung zu besitzen. Die Folge war, dass mit Wirkung zum 30.6.1993 Vorschriften über Anspruchseinbürgerungen in das Ausländergesetz (AuslG) aufgenommen wurden. Einen Anspruch auf Einbürgerung hatte danach ein Ausländer im Wesentlichen nur (§§ 85, 86)

- nach Vollendung seines 16. und vor Vollendung seines 23. Lebensjahres, wenn er seit acht Jahren rechtmäßig seinen gewöhnlichen Aufenthalt im Bundesgebiet hatte,
- im übrigen wenn er seit 15 Jahren rechtmäßig seinen gewöhnlichen Aufenthalt im Bundesgebiet hatte und seinen Lebensunterhalt selbst bestreiten konnte.

Voraussetzung war - neben fehlender Verurteilung wegen einer Straftat - vor allem die Aufgabe der bisherigen Staatsangehörigkeit. Davon konnte nur in Härtefällen eine Ausnahme gemacht werden (§ 87).

1999 wurden die Voraussetzungen für den Erwerb der deutschen Staatsangehörigkeit weiter erleichtert und bilden die heutige Rechtslage. Sie ist geregelt im Staatsangehörigkeitsgesetz in der Fassung vom 15.7.1999 (StAG) und in den §§ 86 ff Ausländergesetz (AuslG) vom 15.7.1999, deren neue Regelungen zum 1.1.2000 in Kraft traten. Konkretisiert werden diese Regelungen durch eine Verwaltungsvorschrift der Bundesregierung vom 18.10.2000 (StAR-VwV). Die wichtigsten Regelungen sind zum

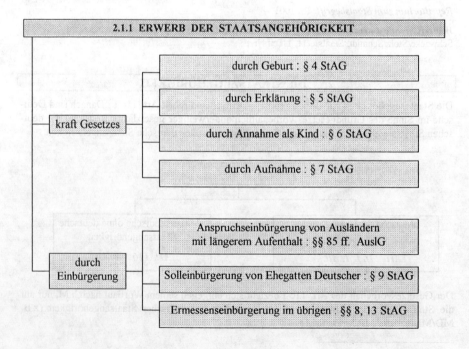

(1) Erwerb durch Geburt : § 4 StAG

„(1) Durch die Geburt erwirbt ein Kind die deutsche Staatsangehörigkeit, wenn ein Elternteil die deutsche Staatsangehörigkeit besitzt. Ist bei der Geburt des Kindes nur der Vater deutscher Staatsangehöriger und ist zur Begründung der Abstammung nach den deutschen Gesetzen die Anerkennung oder Feststellung der Vaterschaft erforderlich, so bedarf es zur Geltendmachung des Erwerbs einer nach den deutschen Gesetzen wirksamen Anerkennung oder Feststellung der Vaterschaft; die Anerkennungserklärung muss abgegeben oder das Feststellungsverfahren muss eingeleitet sein, bevor das Kind das 23. Lebensjahr vollendet hat.

(2)...

(3) Durch die Geburt im Inland erwirbt ein Kind ausländischer Eltern die deutsche Staatsangehörigkeit, wenn ein Elternteil

1. seit acht Jahren rechtmäßig seinen gewöhnlichen Aufenthalt im Inland hat und

2. eine Aufenthaltsberechtigung oder seit drei Jahren eine unbefristete Aufenthaltserlaubnis besitzt. ....."

Das wesentlich Neue an § 4 ist dessen Absatz 3. Damit wird zum einen das lange geltende Abstammungsprinzip durch das Territorialprinzip ergänzt. Zum anderen wird eine dadurch im Regelfall eintretende doppelte Staatsangehörigkeit in Kauf genommen. Das geschieht jedoch nur für einen Übergangszeitraum. Der den § 4 ergänzende § 29 regelt, dass der, der nach § 4 III Deutscher geworden ist und eine ausländische Staatsangehörigkeit besitzt, nach Erreichen der Volljährigkeit erklären muss, ob er die deutsche oder die ausländische Staatsangehörigkeit behalten will. Will er die ausländische Staatsangehörigkeit behalten, so geht die deutsche Staatsangehörigkeit verloren; ebenso, wenn er bis zur Vollendung des 23. Lebensjahres keine Erklärung abgibt. Erklärt er, dass er die deutsche Staatsangehörigkeit behalten will, ist er verpflichtet, die Aufgabe oder den Verlust der ausländischen Staatsangehörigkeit nachzuweisen. Wird dieser Nachweis nicht bis zur Vollendung des 23. Lebensjahres erbracht, so geht die deutsche Staatsangehörigkeit verloren, es sei denn, dass er vorher eine Genehmigung zur Beibehaltung der deutschen Staatsangehörigkeit erhalten hat. Diese ist zu erteilen, wenn die Aufgabe oder der Verlust der ausländischen Staatsangehörigkeit nicht möglich oder nicht zumutbar ist oder bei einer Einbürgerung nach Maßgabe des § 87 AuslG Mehrstaatigkeit hinzunehmen wäre oder hingenommen werden könnte. Die zuständigen Behörden haben die Betroffenen unverzüglich nach Vollendung des 18. Lebensjahres auf die obige Rechtslage hinzuweisen.

(2) Erwerb durch Erklärung : § 5 StAG

„Durch die Erklärung, deutscher Staatsangehöriger werden zu wollen, erwirbt das vor dem 1. Juli 1993 geborene Kind eines deutschen Vaters und einer ausländischen Mutter die deutsche Staatsangehörigkeit, wenn eine nach den deutschen Gesetzen wirksame Anerkennung oder Feststellung der Vaterschaft erfolgt ist, das Kind seit drei Jahren rechtmäßig seinen gewöhnlichen Aufenthalt im Bundesgebiet hat und die Erklärung vor der Vollendung des 23. Lebensjahres abgegeben wird."

Diese Vorschrift, die in ihrer jetzigen Fassung am 1.7.1998 in Kraft getreten ist, betrifft nur noch Altfälle. Für die nach diesem Datum geborenen Kinder hat sie keine Bedeutung mehr.

(3) Erwerb durch Annahme als Kind durch einen Deutschen : § 6 StAG

„Mit der nach den deutschen Gesetzen wirksamen Annahme als Kind durch einen Deutschen erwirbt das Kind, das im Zeitpunkt des Annahmeantrags das achtzehnte Lebensjahr noch nicht vollendet hat, die Staatsangehörigkeit. Der Erwerb der Staatsangehörigkeit erstreckt sich auf die Abkömmlinge des Kindes."

(4) Erwerb durch Aufnahme: § 7 StAG

12 *„Ein Deutscher im Sinne des Artikels 116 Abs. 1 des Grundgesetzes, der nicht die deutsche Staatsangehörigkeit besitzt, erwirbt mit der Ausstellung der Bescheinigung gemäß § 15 Abs. 1 oder 2 des Bundesvertriebenengesetzes die deutsche Staatsangehörigkeit. Der Erwerb der deutschen Staatsangehörigkeit erstreckt sich auf diejenigen Kinder, die ihre Deutscheneigenschaft von dem nach Satz 1 Begünstigten ableiten."*

Auf den Hintergrund dieser Regelung wird unter Rn 23 ff. näher eingegangen.

(5) Erwerb durch Einbürgerung: §§ 8 - 10 StAG, §§ 85 ff. AuslG

13 Zahlen zum Anteil der ausländischen Bevölkerung in Deutschland

Ausländer insgesamt
1989 : 5.037.100 Ausländer insgesamt = 6,4 % der Gesamtbevölkerung
1994 : 6.990.500 Ausländer insgesamt = 8,6 % der Gesamtbevölkerung
1999 : 7.343.600 Ausländer insgesamt = 9,0 % der Gesamtbevölkerung

wichtigste Herkunftsländer (Zahlen : 1999) :

		Veränderung gegenüber 1998
Türkei	2.053.600	- 2,7
Jugoslawien	732.200	+ 2,5
Italien	615.900	+ 0,6
Griechenland	364.400	+ 0,2
Polen	291.700	+ 2,8
Kroatien	214.000	+ 2,4
Österreich	186.100	+ 0,5
Bosnien und Herzegowina	167.700	- 11,8
Portugal	132.600	+ 0,0
Spanien	129.600	- 0,9

Quelle: Statistisches Jahrbuch 2000, S. 65

Die Regelungen zur Einbürgerung sind im Einzelnen:

14 **§ 8 (1) StAG: Ermessenseinbürgerung von Ausländern**

„Ein Ausländer, der sich im Inland niedergelassen hat, kann von dem Bundesstaat, in dessen Gebiete die Niederlassung erfolgt ist, auf seinen Antrag eingebürgert werden, wenn er
1. handlungsfähig nach Maßgabe von § 68 Abs. 1 des Ausländergesetzes oder gesetzlich vertreten ist,
2. keinen Ausweisungsgrund nach § 46 Nr. 1 bis 4, § 47 Abs. 1 oder 2 des Ausländergesetzes erfüllt,
3. an dem Orte seiner Niederlassung eine eigene Wohnung oder ein Unterkommen gefunden hat und
4. an diesem Orte sich und seine Angehörigen zu ernähren imstande ist."

Statusdeutsche (s.u. Rn 23) sind, da sie deutschen Staatsangehörigen grundsätzlich gleichgestellt sind, keine Ausländer i.S.d. § 8 (BVerfGE 83, 50). Im Rahmen des nach § 8 bestehenden Ermessens sind nach Nr. 8.1.2 StAR-VwV zusätzlich zu verlangen:

- Einordnung in die deutschen Lebensverhältnisse, insbesondere Beherrschung der deutschen Sprache
- bei über fünfzehnjährigen Antragstellern ein mindestens achtjähriger rechtmäßiger Aufenthalt in Deutschland
- Besitz einer Aufenthaltserlaubnis oder Aufenthaltsberechtigung,
- Kenntnisse der staatlichen Ordnung der Bundesrepublik und Gewähr des Bekennens zur freiheitlichen demokratischen Grundordnung
- Aufgabe oder Verlust der bisherigen Staatsangehörigkeit.

Von der Voraussetzung der Aufgabe oder des Verlustes der bisherigen Staatsangehörigkeit können Ausnahmen gemacht werden,

- wenn das Ausscheiden aus der bisherigen Staatsangehörigkeit absehbar ist,
- wenn der Heimatstaat das Ausscheiden nicht ermöglicht,
- wenn bei über Sechzigjährigen das Ausscheiden mit unverhältnismäßigen Schwierigkeiten verbunden ist und die Verweigerung der Einbürgerung eine besondere Härte bedeuten würde,
- wenn über Vierzigjährigen das Ausscheiden aus der bisherigen Staatsangehörigkeit verweigert wird und sie seit 20 Jahren nicht mehr in ihrem Heimatstaat und seit über 10 Jahren in der Bundesrepublik waren,
- bei Asylberechtigten und Kontingentflüchtlingen,
- bei herausragendem öffentlichen Interesse an der Einbürgerung auch unter Hinnahme von Mehrstaatigkeit und
- wenn ehemalige Deutsche durch Eheschließung mit Ausländern die deutsche Staatsangehörigkeit verloren haben.

Diese Ausnahmen werden in der StAR-VwV unter 8.1.3 konkretisiert und z.T. erweitert.

Nach dem Inkrafttreten der §§ 85 ff. AuslG mit der Regelung eines Einbürgerungsanspruchs und – im Zusammenhang mit der StAR-VwV – meist geringeren Voraussetzungen für die Einbürgerung spielt § 8 nur noch eine geringe Rolle als Auffangtatbestand für Fälle, die von §§ 85 ff. AuslG nicht erfasst sind.

§ 9 (1) StAG: Solleinbürgerung von Ehegatten Deutscher

„Ehegatten Deutscher sollen unter den Voraussetzungen des § 8 eingebürgert werden, wenn
1. sie ihre bisherige Staatsangehörigkeit verlieren oder aufgeben oder ein Grund für ,die Hinnahme von Mehrstaatigkeit' nach Maßgabe von § 87 des Ausländergesetzes vorliegt und
2. gewährleistet ist, dass sie sich in die deutschen Lebensverhältnisse einordnen, es sei denn, dass der Einbürgerung erhebliche Belange der Bundesrepublik Deutschland, insbesondere solche der äußeren oder inneren Sicherheit sowie der zwischenstaatlichen Beziehungen entgegenstehen."

Zu den Voraussetzungen der Hinnahme von Mehrstaatigkeit siehe Rn 190. Die Gewährleistung der Einordnung in die deutschen Lebensverhältnisse setzt nach Nr. 9.1.2 StAR-VwV voraus :

- Aufenthalt in der Bundesrepublik i.d.R. seit drei Jahren
- Bestehen der ehelichen Lebensgemeinschaft mit dem deutschen Ehegatten seit zwei Jahren
- Fähigkeit, sich ohne nennenswerte Probleme im Alltag in deutscher Sprache ausdrücken zu können
- Besitz einer Aufenthaltserlaubnis oder Aufenthaltsberechtigung
- Kenntnisse der staatlichen Ordnung der Bundesrepublik und Gewähr des Bekennens zur freiheitlichen demokratischen Grundordnung

Die Einbürgerung nach § 9 darf bei Erfüllung seiner Voraussetzungen nur ausnahmsweise versagt werden, wenn ein atypischer Fall vorliegt. Ein solcher kann nach Nr. 9 StAR-VwV etwa vorliegen, wenn es sich um eine Scheinehe oder eine gescheiterte Ehe handelt. § 9 wird angesichts der Regelung des § 85 II AuslG in der Zukunft nur eine geringe Rolle spielen.

16 **§ 13 StAG : Anspruchseinbürgerung ehemaliger Deutscher**

„Ein ehemaliger Deutscher, der sich nicht im Inland niedergelassen hat, kann von dem Bundesstaate, dem er früher angehört hat, auf seinen Antrag eingebürgert werden, wenn er den Erfordernissen des § 8 Abs. 1 Nr. 1, 2 entspricht; dem ehemaligen Deutschen steht gleich, wer von einem solchen abstammt oder als Kind angenommen ist...".

17 **§ 85 AuslG : Anspruchseinbürgerung für Ausländer mit längerem Aufenthalt**

„(1) Ein Ausländer, der seit acht Jahren rechtmäßig seinen gewöhnlichen Aufenthalt im Inland hat, ist auf Antrag einzubürgern, wenn er
1. sich zur freiheitlichen demokratischen Grundordnung des Grundgesetzes für die Bundesrepublik Deutschland bekennt und erklärt, dass er keine Bestrebungen verfolgt oder unterstützt oder verfolgt oder unterstützt hat, die gegen die freiheitliche demokratische Grundordnung, den Bestand oder die Sicherheit des Bundes oder eines Landes gerichtet sind oder eine ungesetzliche Beeinträchtigung der Amtsführung der Verfassungsorgane des Bundes oder eines Landes oder ihrer Mitglieder zum Ziele haben oder die durch Anwendung von Gewalt oder darauf gerichtete Vorbereitungshandlungen auswärtige Belange der Bundesrepublik Deutschland gefährden, oder glaubhaft macht, dass er sich von der früheren Verfolgung oder Unterstützung derartiger Bestrebungen abgewandt hat,
2. eine Aufenthaltserlaubnis oder eine Aufenthaltsberechtigung besitzt,
3. den Lebensunterhalt für sich und seine unterhaltsberechtigten Familienangehörigen ohne Inanspruchnahme von Sozial- oder Arbeitslosenhilfe bestreiten
4. seine bisherige Staatsangehörigkeit aufgibt oder verliert und
5. nicht wegen einer Straftat verurteilt worden ist.
Von der in Satz 1 Nr. 3 bezeichneten Voraussetzung wird abgesehen, wenn der Ausländer aus einem von ihm nicht zu vertretenden Grunde den Lebensunterhalt nicht ohne Inanspruchnahme von Sozial- oder Arbeitslosenhilfe bestreiten kann.
(2) Der Ehegatte und die minderjährigen Kinder des Ausländers können nach Maßgabe des Absatzes 1 mit eingebürgert werden, auch wenn sie sich noch nicht seit acht Jahren rechtmäßig im Inland aufhalten. Absatz 1 Satz 1 Nr. 1 findet keine Anwendung, wenn ein minderjähriges Kind im Zeitpunkt der Einbürgerung das 16. Lebensjahr noch nicht vollendet hat.
(3) Bei einem Ausländer, der das 23. Lebensjahr noch nicht vollendet hat, ist Absatz 1 Satz 1 Nr. 3 nicht anzuwenden."

Staatszugehörigkeit

Von dem Einbürgerungsanspruch des § 85 macht § 86 AuslG Ausnahmen für die Fälle, dass

1. der Einbürgerungsbewerber nicht über ausreichende Kenntnisse der deutschen Sprache verfügt,
2. tatsächliche Anhaltspunkte die Annahme rechtfertigen, dass der Einbürgerungsbewerber Bestrebungen verfolgt oder unterstützt hat, die gegen die freiheitliche demokratische Grundordnung, den Bestand oder die Sicherheit des Bundes oder eines Landes gerichtet sind oder eine ungesetzliche Beeinträchtigung der Amtsführung der Verfassungsorgane des Bundes oder eines Landes oder ihrer Mitglieder zum Ziele haben oder die durch Anwendung von Gewalt oder darauf gerichtete Vorbereitungshandlungen auswärtige Belange der Bundesrepublik Deutschland gefährden, es sei denn, der Einbürgerungsbewerber macht glaubhaft, dass er sich von der früheren Verfolgung oder Unterstützung derartiger Bestrebungen abgewandt hat, oder
3. ein Ausweisungsgrund nach § 46 Nr. 1 AuslG vorliegt.

Von der Voraussetzung des Ausscheidens aus der bisherigen Staatsangehörigkeit nach § 85 I 1 Nr. 4 macht § 87 AuslG mehrere Ausnahmen :

Nach Abs. 1 *ist* davon abzusehen, wenn der Ausländer seine bisherige Staatsangehörigkeit nicht oder nur unter besonders schwierigen Bedingungen aufgeben kann. Das ist anzunehmen, wenn

1. das Recht des ausländischen Staates das Ausscheiden aus dessen Staatsangehörigkeit nicht vorsieht,
2. der ausländische Staat die Entlassung regelmäßig verweigert und der Ausländer der zuständigen Behörde einen Entlassungsantrag zur Weiterleitung an den ausländischen Staat übergeben hat,
3. der ausländische Staat die Entlassung aus der Staatsangehörigkeit aus Gründen versagt hat, die der Ausländer nicht zu vertreten hat, oder von unzumutbaren Bedingungen abhängig macht oder über den vollständigen und formgerechten Entlassungsantrag nicht in angemessener Zeit entschieden hat,
    Beispiel nach Nr. 87.1.2.3 der StAR-VwV: Zu vertreten hat der Ausländer die Gründe, wenn er seine Verpflichtungen gegenüber seinem Herkunftsstaat verletzt hat, etwa durch Steuerrückstände, und die Entlassungsverweigerung darauf beruht. Unzumutbare Bedingung ist etwa eine Gebühr für die Entlassung aus der Staatsangehörigkeit in Höhe von drei Bruttomonatseinkommen. Nicht angemessen i.S.d. 3. Alternative ist ein Zeitraum von zwei Jahren nach Einreichung des Entlassungsantrages.
4. der Einbürgerung älterer Personen ausschließlich das Hindernis eintretender Mehrstaatigkeit entgegensteht, die Entlassung auf unverhältnismäßige Schwierigkeiten stößt und die Versagung der Einbürgerung eine besondere Härte darstellen würde,
    Beispiel nach Nr. 87.1.2.4 der StAR-VwV : Der Ausländer muss eine gesundheitlich nicht zumutbare Reise in den Herkunftsstaat unternehmen, um die Entlassung erreichen zu können. Eine sich daraus ergebende Härte liegt etwa vor, wenn der Ausländer sich seit 15 Jahren rechtmäßig in der Bundesrepublik aufgehalten sind oder alle in Deutschland wohnenden Familienangehörigen bereits die deutsche Staatsangehörigkeit besitzen.
5. dem Ausländer bei Aufgabe der ausländischen Staatsangehörigkeit erhebliche Nachteile insbesondere wirtschaftlicher oder vermögensrechtlicher Art entstehen würden, die über den Verlust der staatsbürgerlichen Rechte hinausgehen,
    Beispiel nach Nr. 87.1.2.5 der StAR-VwV: Die Nachteile übersteigen ein Bruttojahreseinkommen des Bewerbers

> 6. oder der Ausländer politisch Verfolgter ist oder als Flüchtling behandelt wird.
> *Dazu gehören nach Nr. 87.1.2.6 der StAR-VwV Asylberechtigte nach Art. 16 a GG, sonstige politisch Verfolgte i.S.d. § 3 AsylVerfG, Kontingentflüchtlinge, im Ausland nach dem Abkommen über die Rechtsstellung der Flüchtlinge anerkannten Flüchtlinge und jüdische Emigranten aus der ehemaligen UdSSR und ihren Nachfolge- sowie den baltischen Staaten, die wie Kontingentflüchtlinge behandelt werden*

Nach Abs. 2 *ist* ferner davon abzusehen, wenn der Ausländer die Staatsangehörigkeit eines anderen Mitgliedstaates der Europäischen Union besitzt und Gegenseitigkeit besteht.

Nach Abs. 3 *kann* davon abgesehen werden, wenn der ausländische Staat die Entlassung aus der bisherigen Staatsangehörigkeit von der Leistung des Wehrdienstes abhängig macht und der Ausländer den überwiegenden Teil seiner Schulausbildung in deutschen Schulen erhalten hat und im Bundesgebiet in deutsche Lebensverhältnisse und in das wehrpflichtige Alter hineingewachsen ist.

20 Die Voraussetzung der fehlenden Verurteilung wegen einer Straftat nach § 85 I 1 Nr. 5 regelt § 88 AuslG :

> Nach § 88 I gelten Ausnahmen von der Voraussetzung für
> 1. die Verhängung von Erziehungsmaßregeln oder Zuchtmitteln nach dem Jugendgerichtsgesetz,
> 2. Verurteilungen zu Geldstrafe bis zu 180 Tagessätzen und
> 3. Verurteilungen zu Freiheitsstrafe bis zu sechs Monaten, die zur Bewährung ausgesetzt und nach Ablauf der Bewährungszeit erlassen worden ist. Ist der Ausländer zu einer höheren Strafe verurteilt worden, wird im Einzelfall entschieden, ob die Straftat außer Betracht bleiben kann.
>
> Nach § 88 II erhält der Ausländer im Falle der Verhängung von Jugendstrafe bis zu einem Jahr, die zur Bewährung ausgesetzt ist, eine Einbürgerungszusicherung für den Fall, dass die Strafe nach Ablauf der Bewährungszeit erlassen wird.

Mit diesen Ausnahmen und Konkretisierungen legt das AuslG die Voraussetzungen des Einbürgerungsanspruchs abschließend fest. Die allgemeinen Einbürgerungsvoraussetzungen des § 8 StAG – insbesondere Wohnung und Unterkommen am Niederlassungsort – finden weder unmittelbar noch analog Anwendung. Die Einbürgerung darf über die in § 86 AuslG geregelten Ausschlussgründe hinaus auch nicht verweigert werden, wenn die sozialen und kulturellen Integrationsvoraussetzungen eindeutig nicht erfüllt sind (Berlit in Fritz Rn 32).

21 Zur größenmäßigen Entwicklung der verschiedenen Arten der Einbürgerungen (bei denen das neue ab 2000 geltende Recht noch nicht berücksichtigt werden konnte) :

Jahr	Einbürgerungen insgesamt	Anspruchseinbürgerungen	Ermessenseinbürgerungen	Darunter Einbürgerungen unter Hinnahme von Mehrstaatigkeit
1981	31.674	22.235	9.439	4.204
1983	35.492	25.151	10.341	3.993
1985	321.110	21.019	10.091	3.803
1987	34.664	23.781	10.883	3.146
1989	64.194	50.784	13.410	4.332
1991	134.930	114.335	20.595	6.700
1993	186.361	154.493	31.868	13.082
1995	313.606	281.718	31.888	19.587
1997	278.662	239.500	39.162	12.653
1999	248.206	184.622	63.584	10.570 *
2001				

Quellen : bis 1997 : Statistisches Jahrbuch 2000, S. 66; 1999 : Statistisches Bundesamt
* ohne Hamburg

2.1.2 VERLUST DER STAATSANGEHÖRIGKEIT

Er ist in den §§ 17 ff. RuStG geregelt. Danach geht die Staatsangehörigkeit verloren : 22

- Nach § 18 auf Antrag durch Entlassung, wenn dem Deutschen eine beantragte ausländische Staatsangehörigkeit zugesichert worden ist. Ausnahmen gelten nach § 19 für unter elterlicher Sorge oder unter Vormundschaft stehende Personen und nach § 22 für Beamte, Richter, Soldaten der Bundeswehr und sonstigen Personen, die in einem öffentlich-rechtlichen Dienst- oder Amtsverhältnis stehen, solange ihr Dienst- oder Amtsverhältnis nicht beendet ist, und für Wehrpflichtige.

- Nach § 25 durch Erwerb einer beantragten ausländischen Staatsangehörigkeit.

- Nach § 25 durch Verzicht bei Besitz weiterer Staatsangehörigkeiten.

- Nach § 27 durch die Annahme als Kind durch einen Ausländer, wenn der Deutsche dadurch die Staatsangehörigkeit des Annehmenden erwirbt und nicht mit einem deutschen Elternteil weiter verwandt bleibt.

- Nach § 28 durch den freiwilligen Eintritt in die Streitkräfte oder einen vergleichbaren bewaffneten Verband eines ausländischen Staates, dessen Staatsangehörigkeit er besitzt.

Repetitorium : Rn 1002

Weiterführende Literatur : Scholz/Uhle, Staatsangehörigkeitsrecht und Grundgesetz, NJW 1999, 1510; Huber, Das neue Staatsangehörigkeitsrecht und sein verfassungsrechtliches Fundament, NJW 1999, 2769; Fritz u.a., Gemeinschaftskommentar zum Staatsangehörigkeitsrecht, 2000; Göbel-Zimmermann/Masuch, Die Neuregelung des Staatsangehörigkeitsrechts, DÖV 2000, 95; Weber, Das neue Staatsangehörigkeitsrecht, DVBl 2000, 369

Internet : http://www.bmi.bund.de

2.2 Deutsche ohne deutsche Staatsangehörigkeit

23 Art. 116 I regelt den Begriff des Deutschen, der für die gesamte Rechtsstellung in der Bundesrepublik von maßgeblicher Bedeutung ist. Er erfasst mit diesem Begriff nicht nur die deutschen Staatsangehörigen, sondern gleichberechtigt auch die sog. Statusdeutschen:

> *„Deutscher im Sinne dieses Grundgesetzes ist vorbehaltlich anderweitiger gesetzlicher Regelung, wer die deutsche Staatsangehörigkeit besitzt oder als Flüchtling oder Vertriebener deutscher Volkszugehörigkeit oder als dessen Ehegatte oder Abkömmling in dem Gebiet des Deutschen Reiches nach dem Stand vom 31. Dezember 1937 Aufnahme gefunden hat."*

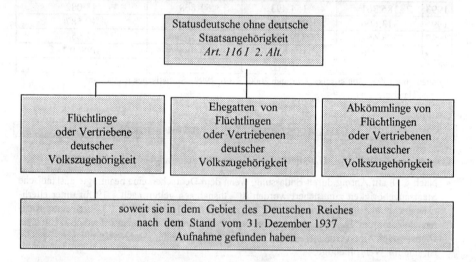

2.2.1 geschichtlicher Hintergrund des Art. 116 I

24 Vom Mittelalter bis in das 19. Jahrhundert hinein haben sich Deutsche in mehreren großen Bewegungen in weiten Teilen Ost- und Südosteuropas angesiedelt, sich dort aber weiterhin zum Deutschtum bekannt („deutsche Volkszugehörige" oder „Volksdeutsche"). Hauptsiedlungsgebiete waren das Wolgagebiet in Russland und das Banat und Siebenbürgen in Rumänien. Ab Mitte des 19. Jahrhunderts wurden viele deutsche Volkszugehörige aufgrund des Aufkommens nationalstaatlicher Ideen nach Deutschland verdrängt bzw. assimiliert. 1939 gab es noch ca. 13,5 Mio deutsche Volkszugehörige. Zwischen 1939 und 1945 wurden viele von ihnen in das Deutsche Reich bzw. nach Sibirien umgesiedelt. Zwischen 1944 und 1949 flohen etwa 9 Mio deutsche Volkszugehörige vor der Roten Armee nach Deutschland bzw. wurden, wenn sie zurückgeblieben waren, ausgebürgert und nach Deutschland ausgewiesen. Zwischen 1949 und 1990 kamen als Aussiedler etwa 2 Mio deutsche Volkszugehörige nach Deutschland. Danach: 1992: 230.565 – 1993: 218.888 – 1994: 222.591 – 1995: 217.898 – 1996: 177.751 – 1997: 134.419 – 1998: 103.080 – 1999: 104.916 (Quelle : Statistik des Bundesverwaltungsamtes).

2.2.2 rechtlicher Hintergrund des Art. 116 I

25 Der rechtliche Status der nach Deutschland gekommenen deutschen Volkszugehörigen konnte bis zum Inkrafttreten des Grundgesetzes nicht völlig geklärt werden, weil die völkerrechtliche

Zulässigkeit der erfolgten Ein- bzw. Ausbürgerungen fraglich war. Die in Deutschland aufgenommenen deutschen Volkszugehörigen wurden daher im Wege einer Übergangsregelung durch Art. 116 I den deutschen Staatsangehörigen gleichgestellt. Damit besitzen sie fast die gleiche staatsbürgerliche Rechtsstellung wie die deutschen Staatsangehörigen, da die staatsbürgerlichen Rechte nach dem Grundgesetz i.d.R. „Deutsche" besitzen und nicht nur deutsche Staatsangehörige. Eine Ausnahme bildet nur Art. 16 I.

2.2.3 Gleichstellung der Aussiedler durch das BVG

Die nach 1949 als deutsche Volkszugehörige nach Deutschland gekommenen Aussiedler werden nicht unmittelbar von Art. 116 I erfasst. Sie werden jedoch durch §§ 1 und 4 des Bundesvertriebenengesetz (BVFG) den Vertriebenen im Sinne des Art. 116 I gleichgestellt. Wer deutscher Volkszugehöriger ist, definiert § 6 BVFG.

26

§ 1 Bundesvertriebenengesetz (BVFG)

27

> *„(1) Vertriebener ist, wer als deutscher Staatsangehöriger oder deutscher Volkszugehöriger seinen Wohnsitz in den ehemals unter fremder Verwaltung stehenden deutschen Ostgebieten oder in den Grenzen außerhalb der Grenzen des Deutschen Reiches nach dem Gebietsstand vom 31. Dezember 1937 hatte und diesen im Zusammenhang mit den Ereignissen des zweiten Weltkrieges infolge Vertreibung, insbesondere durch Ausweisung oder Flucht, verloren hat...*
> *(2) Als Vertriebener gilt, wer als deutscher Staatsangehöriger oder deutscher Volkszugehöriger ...*
> *3. nach Abschluss der allgemeinen Vertreibungsmaßnahmen vor dem 1. Juli 1990 oder danach im Wege des Aufnahmeverfahrens vor dem 1. Januar 1993 die ehemals unter fremder Verwaltung stehenden deutschen Ostgebiete, Danzig, Estland, Lettland, Litauen, die ehemalige Sowjetunion, Polen, die Tschechoslowakei, Ungarn, Rumänien, Bulgarien, Jugoslawien, Albanien oder China verlassen hat oder verlässt, es sei denn, dass er erst nach dem 8.5.1945 einen Wohnsitz in diesen Gebieten begründet hat (Aussiedler)*
> *(3) Als Vertriebener gilt auch, wer ohne selbst deutscher Staatsangehöriger oder deutscher Volkszugehöriger zu sein, als Ehegatte eines Vertriebenen seinen Wohnsitz... in den in Abs. 1 genannten Gebieten verloren hat."*

§ 4 Bundesvertriebenengesetz (BVFG)

28

> *„(1) Spätaussiedler ist in der Regel ein deutscher Volkszugehöriger, der die Republiken der ehemaligen Sowjetunion, Estland, Lettland oder Litauen nach dem 31. Dezember 1992 im Wege des Aufnahmeverfahrens verlassen und innerhalb von sechs Monaten im Geltungsbereich des Gesetzes seinen ständigen Aufenthalt genommen hat, wenn er zuvor*
> *1. sei dem 8. Mai 1945 oder*
> *2. nach seiner Vertreibung oder der Vertreibung eines Elternteils sei dem 31. März 1952 oder*
> *3. seit seiner Geburt, wenn er vor dem 1. Januar 1993 geboren ist und von einer Person abstammt, die die Stichtagsvoraussetzung ... nach Nummer 1 oder... Nummer 2 erfüllt...*
> *seinen Wohnsitz in den Vertreibungsgebieten hatte.*
> *(2) Spätaussiedler ist auch ein deutscher Volkszugehöriger aus den Aussiedlungsgebieten des § 1 Abs. 2 Nr. 3 außer den in Absatz 1 genannten Staaten, de im übrigen die Voraussetzungen des Absatzes 1 erfüllt und glaubhaft macht, dass er am 31. Dezember 1992 oder danach Benachteiligungen oder Nachwirkungen früherer Benachteiligungen auf Grund deutscher Volkszugehörigkeit unterlag.*
> *(3) Der Spätaussiedler ist Deutscher im Sinne des Artikels 116 Abs. 1 des Grundgesetzes. Sein nichtdeutscher Ehegatte ... und seine Abkömmlinge erwerben diese Rechtsstellung mit der Aufnahme im Geltungsbereich des Gesetzes. Sie sind auf Antrag ... einzubürgern."*

29 § 6 Bundesvertriebenengesetz (BVFG)

> *„(1) Deutscher Volkszugehöriger im Sinne dieses Gesetzes ist, wer sich in seiner Heimat zum deutschen Volkstum bekannt hat, sofern dieses Bekenntnis durch bestimmte Merkmale, wie Abstammung, Sprache, Erziehung, Kultur bestätigt wird.*
> *(2) Wer nach dem 31. Dezember 1923 geboren ist, ist deutscher Volkszugehöriger, wenn*
> *1. er von einem deutschen Staatsangehörigen oder deutschen Volkszugehörigen abstammt,*
> *2. ihm die Eltern, ein Elternteil oder andere Verwandte bestätigende Merkmale, wie Sprache, Erziehung, Kultur vermittelt haben und*
> *3. er sich bis zum Verlassen des Aussiedlungsgebietes zur deutschen Nationalität erklärt, sich bis dahin auf andere Weise zum deutschen Volkstum bekannt hat oder nach dem Recht des Herkunftsstaates zur deutschen Nationalität gehörte. Die Voraussetzungen nach Nummer 2 gelten als erfüllt, wenn die Vermittlung bestätigender Merkmale wegen der Verhältnisse in Herkunftsgebiet nicht möglich oder nicht zumutbar war; die Voraussetzungen nach Nummer 3 gelten als erfüllt, wenn das Bekenntnis zum deutschen Volkstum mit Gefahr für Leib und Leben oder schwerwiegenden beruflichen oder wirtschaftlichen Nachteilen verbunden gewesen wäre, jedoch aufgrund der Gesamtumstände der Wille, der deutschen Volksgruppe und keiner anderen anzugehören, unzweifelhaft ist."*

30 Zur Feststellung der obigen Voraussetzungen wird seit 1996 u.a. in dem Herkunftsland ein Sprachtest durchgeführt, um festzustellen, ob der Antragsteller ein einfaches Gespräch in deutscher Sprache führen kann. Ihn bestehen immer weniger Antragsteller : von 69,3 % noch im Jahr 1996 abnehmend bis zu 48,3 % im ersten Halbjahr 2000 (Quelle : Bundesverwaltungsamt).

2.2.4 „Aufnahme gefunden" als weitere Voraussetzung des Art.116 I

31 Die von Art. 116 I vorausgesetzte Aufnahme kann - anders als die Verwendung des Perfekts vermuten lässt - jederzeit, also auch nach Inkrafttreten des Grundgesetzes erfolgt sein bzw. erfolgen (BVerfGE 17, 231). Notwendig ist dafür ein Verhalten der Behörden, aus dem geschlossen werden kann, dass dem Betroffenen der ständige Aufenthalt nicht verweigert wird (BVerwGE 90, 178; Sachs/Kokott Rn 31). Aufgenommen werden muss er als Aussiedler, was nicht der Fall ist, wenn er sich bereits anderswo integriert hat (BVerwGE 9, 232).

2.2.5 Folgen der Eigenschaft als Statusdeutscher

32 Auf Statusdeutsche sind alle Vorschriften des Grundgesetzes, die für „Deutsche" gelten, anwendbar. Die wichtigste rechtliche Konsequenz ergibt sich aus § 7 StAG:

> *„Ein Deutscher im Sinne des Artikels 116 Abs. 1 des Grundgesetzes, der nicht die deutsche Staatsangehörigkeit besitzt, erwirbt mit der Ausstellung der Bescheinigung gemäß § 15 Abs. 1 oder 2 des Bundesvertriebenengesetzes[1] die deutsche Staatsangehörigkeit. Der Erwerb der deutschen Staatsangehörigkeit erstreckt sich auf diejenigen Kinder, die ihre Deutscheneigenschaft von dem nach Satz 1 Begünstigten ableiten."*

[1] wonach der Spätaussiedler, sein Ehegatte und seine Abkömmlinge zum Nachweis der Spätaussiedlereigenschaft eine Bescheinigung erhalten

Repetitorium zur Staatszugehörigkeit : Rn 1002

Weiterführende Literatur : Ziemske, die deutsche Staatsangehörigkeit nach dem Grundgesetz, 1995; Goes, Mehrstaatigkeit in Deutschland, 1997; Hailbronner/Rennert, Deutsches Staatsangehörigkeitsrecht, 1997; Wallrabenstein, Das Verfassungsrecht der Staatsangehörigkeit, 1999; Makarow/ v.Mangoldt, Deutsches Staatsangehörigkeitsrecht, Loseblatt-Kommentar

3. VERHÄLTNIS VON STAAT UND GESELLSCHAFT

Im angelsächsischen Bereich wurde der Staat immer als ein Teil der Gesellschaft angesehen. Die kontinentale Staatsidee beruhte hingegen auf der Unterscheidung von Staat und Gesellschaft. Die national-konservative Staatsrechtslehre des 19. und frühen 20. Jahrhunderts ging davon aus, dass der Staat den gesellschaftlichen Kräften wesensmäßig übergeordnet sei. Als in Deutschland 1919 die Souveränität des Monarchen endgültig durch die Souveränität des Volkes abgelöst wurde, der Staat also seine Legitimation durch Wahlen erhielt, war die Grundlage einer Trennung von Staat und Gesellschaft entfallen. Dennoch waren in der Weimarer Reichsverfassung noch Anzeichen eines dualistischen Verhältnisses von Staat und Gesellschaft zu finden, so z.B. in der starken Stellung des gewissermaßen über dem Staat und den politischen Kräften stehenden Reichspräsidenten als Staatsoberhaupt. Auch nach Inkrafttreten des Grundgesetzes hielten einige Staatsrechtler noch an der Unterscheidung zwischen Staat und Gesellschaft fest, z.B. Forsthoff (Rechtsstaat im Wandel, 1976, S. 60 f.) :

„Echte Staatlichkeit steht über dem Ringen der gesellschaftlichen Kräfte. Sie ist ihnen gegenüber neutral und hat in dieser Neutralität mit der Freiheit zu echter Sachentscheidung ihre spezifische Autorität und Würde. ... Ein solcher, auf dem ständigen Ausgleich der gesellschaftlichen Kräfte mit der neutralen Gewalt beruhender Staat erscheint mir als der Prototyp der den deutschen Verhältnissen angemessenen parlamentarischen Demokratie. Sie ist offen nach der Seite des Volkes, ohne Gefahr zu laufen, von den jeweils sozial Mächtigen im Dienste ihrer Zwecke instrumentalisiert zu werden."

Gesellschaft und Staat sind jedoch nicht voneinander getrennt, sondern im Rahmen des demokratischen Verfassungsstaates zu einem erheblichen Teil zu einer Einheit geworden. Durchstaatlichung der Gesellschaft und Vergesellschaftung des Staates entsprechen einander (vgl. Zippelius § 27 III) :

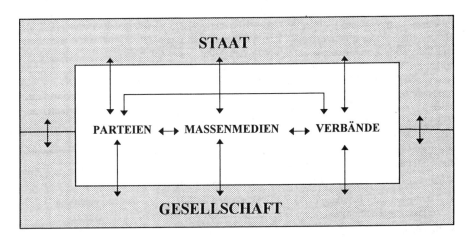

- Zum einen ist der Staat in seinem Handeln auf die Gesellschaft ausgerichtet : „Gesellschaftliches Leben ist ohne die organisierende, planende, verantwortliche Gestaltung durch den Staat nicht mehr möglich" (Hesse § 1 II). Der Staat ist insoweit das „politische Teilsystem im gesellschaftlichen Gesamtsystem" (Katz Rn 49).
  Beispiele : Erlass von Sozialrecht, Wirtschaftsrecht, Berufsrecht, Verkehrsrecht, Strafrecht

- Zum anderen entsteht der Staat durch die Gesellschaft, besteht personell aus Teilen von ihr und unterliegt im Hinblick auf sein Personal, seine Aufgaben und seine Tätigkeit einer ständigen gesellschaftlichen Einflussnahme. Hesse § 1 II: „Umgekehrt konstituiert sich der demokratische Staat erst im gesellschaftlichen Zusammenwirken".

Beispiele: Wahl der Parlamente durch die Bevölkerung, personelle Besetzung und inhaltliche Bestimmung der Tätigkeit der Parlamente durch die Parteien, meinungsbildende und kontrollierende Einflussnahme durch Presse, Rundfunk und Verbände auf die staatlichen Organe.

Im Einzelnen wird hierauf an späterer Stelle eingegangen, insbesondere in den Abschnitten über das Wahlrecht (Rn 699 ff.) und den Pluralismus (Rn 572 ff.).

Repetitorium: Rn 1003

Weiterführende Literatur: Hesse, Bemerkungen zur heutigen Problematik und Tragweite der Unterscheidung von Staat und Gesellschaft, DÖV 1975, 437; Böckenförde, Staat und Gesellschaft, 1976; Achterberg, Die gegenwärtigen Probleme der Staatslehre, DÖV 1978, 668; Leisner, Antithesen-Theorie für eine Staatslehre der Demokratie, JZ 1998, 861

4. ENTSTEHUNG UND ENTWICKLUNG DER VERFASSUNG

4.1 Entstehung des Grundgesetzes

35 In der ersten Hälfte des Jahres 1948 vertieften sich die Spannungen zwischen der UdSSR und den West-Alliierten immer mehr: Die Tätigkeit des Kontrollrats, der bis dahin die alliierte Hoheitsgewalt über ganz Deutschland ausgeübt hatte, kam zum Erliegen, die Währungsreform wurde nur in den westlichen Besatzungszonen durchgeführt und drei Tage danach begann die Blockade West-Berlins durch die UdSSR. In dieser Situation beauftragten die drei West-Alliierten am 1.7.1948 („Frankfurter Dokumente") die Ministerpräsidenten der inzwischen entstandenen westdeutschen Länder, u.a. eine verfassunggebende Versammlung einzuberufen, die für den Bereich der drei Westzonen eine Verfassung mit demokratischem, rechtsstaatlichem und föderalistischem Grundcharakter ausarbeiten sollte. Diese sollte dann nach Genehmigung durch die Alliierten von der Bevölkerung in den Ländern in einem Referendum angenommen werden. Mit Rücksicht auf den Wunsch nach einer Wiedervereinigung des westlichen und des östlichen Teils Deutschlands waren die Ministerpräsidenten jedoch nur bereit, am Entstehen einer provisorischen Verfassung mitzuwirken. Die Folge war die Bildung des Parlamentarischen Rates, dessen Mitglieder von den Parlamenten der Länder gewählt wurden.

36 Weitgehende Übereinstimmung gab es im Parlamentarischen Rat hinsichtlich der Ausgestaltung des künftigen Staates als

- repräsentative, parlamentarische und streitbare Demokratie
- Rechtsstaat mit Bindung aller staatlichen Gewalten an die Grundrechte und einem starken Verfassungsgericht insbesondere zum Schutz der Grundrechte
- Republik.

37 Die Auseinandersetzungen bezogen sich zum einen auf die bundesstaatliche Ausgestaltung. Konträre Auffassungen gab es hier vor allem zum Umfang der Gesetzgebungs- und Verwaltungskompetenzen des Bundes, zur Finanzverfassung und zur Stellung der Ländervertretung auf Bundesebene. Da alle diese Fragen geregelt werden mussten, musste für sie ein Kompromiss gefunden werden, der dann Eingang in das spätere Grundgesetz gefunden hat. Das war nicht nötig hinsichtlich der Ausgestaltung der Wirtschaftsverfassung. Die Fragen, welche Einflussmöglichkeiten der Staat auf die Wirtschaft haben, wie stark die Sozialverpflichtung des

Entstehung und Entwicklung der Verfassung

Eigentums ausfallen, ob die Arbeitnehmer Mitbestimmungsrechte erhalten und welchen Umfang das soziale Sicherungssystem haben sollte, konnte vorläufig offen bleiben und dem künftigen Gesetzgeber zur Entscheidung überantwortet werden.

Die Alliierten nahmen im November 1948 direkten Einfluss auf die Beschlussfassung des Parlamentarischen Rats mit der Zielrichtung, eine zu große Machtfülle des Bundes zu Lasten der Länder zu verhindern. Eine zweite Intervention mit der gleichen Zielrichtung im März 1948 blieb dann wegen der Ablehnung durch den Parlamentarischen Rat ohne Auswirkung. Daraufhin wurde das Grundgesetz am 8.5.1949 endgültig vom Parlamentarischen Rat beschlossen. So wurde es auch von den Alliierten genehmigt, allerdings mit dem Vorbehalt, dass Berlin "keine abstimmungsberechtigte Mitgliedschaft im Bundestag oder Bundesrat erhalten und auch nicht durch den Bund regiert werden" sollte. Nach Zustimmung fast aller Landtage trat das Grundgesetz am 24.5.1949 in Kraft.

Weiterführende Literatur : Sachs, Die Entstehung des Grundgesetzes, Jura 1984, 519; Kröger, Die Entstehung des Grundgesetzes, NJW 1989, 1318; Kröger, Die Bundesrepublik Deutschland, Entstehung und Entwicklung bis1969, 1995; Feldkamp, Der Parlamentarische Rat, 1998

4.2 Verfassungsentwicklung 1949 - 1968

- Am 30.5.1949 wurde die erste Verfassung der DDR beschlossen, die am 7.10.1949 in Kraft trat. Sie sah einen bundesstaatlichen Aufbau vor und entsprach eher sozialdemokratischen Vorstellungen als dass man sie als Grundlage eines sich entwickelnden kommunistischen Staates bezeichnen könnte.
- Im gleichen Jahr wurde durch den Zusammenschluss der Länder Baden, Württemberg-Baden und Württemberg-Hohenzollern das Land Baden-Württemberg gebildet.
- 1955 wurde die Bundesrepublik durch Inkrafttreten des bereits aus dem Jahr 1952 stammenden Deutschlandvertrages weitgehend souverän. Die Alliierten behielten jedoch ihre Rechte "in Bezug auf Berlin und auf Deutschland als Ganzes einschließlich der Wiedervereinigung Deutschlands und einer friedensvertraglichen Regelung", außerdem "in Bezug auf die Stationierung von Streitkräften in Deutschland und den Schutz der Sicherheit dieser Streitkräfte".
- 1956 trat das Saarland - mit Wirkung zum 01.01.1957 - der Bundesrepublik bei.
- 1968 wurde nach heftigen innenpolitischen Kontroversen die sogenannte "Notstandsverfassung" verabschiedet, eine umfassende Änderung bzw. Ergänzung des Grundgesetzes. Ihr Ziel ist es, die staatlichen Organe in die Lage zu versetzen, auf Situationen eines äußeren oder inneren Notstandes adäquat reagieren zu können. Dargestellt ist sie unter Rn 813 ff.

4.3 DDR – VERFASSUNG 1968/74

1968 trat die zweite DDR-Verfassung in Kraft, die der Realität eines sozialistischen Staates eher entsprach als die Verfassung aus dem Jahr 1949. 1974 wurde sie umfangreich geändert, insbesondere wurden alle Bezüge zu einer gesamtdeutschen Nation, die 1968 noch in zahlreichen Artikeln enthalten waren, herausgenommen. Das eigene Selbstverständnis der DDR drückt sich vor allem in Art. 1 der 1974er Verfassung aus :

„Die Deutsche Demokratische Republik ist ein sozialistischer Staat der Arbeiter und Bauern. Sie ist die politische Organisation der Werktätigen in Stadt und Land unter Führung der Arbeiterklasse und ihrer marxistisch-leninistischen Partei. ..."

Die entscheidende gesellschaftliche Kraft der DDR war die - in der Verfassung nicht nähergeregelte - SED. Sie war - wie die ganze DDR auch (Art. 47) - aufgebaut nach dem Prinzip des demokratischen Zentralismus, d.h. zentraler Entscheidung durch demokratisch legitimierte Organe. Zentralisiert war die Macht dabei im Politbüro, dessen 16 Mitglieder vom 200-köpfigen Zentralkomitee gewählt wurden. Der nur alle 5 Jahre tagende Parteitag war im Wesentlichen ein reines Akklamationsorgan. Die Staatsorgane spielten im Verhältnis zur SED im Machtgefüge der DDR keine Bedeutung, weil sie sich als bloße Durchführungsorgane der SED verstanden. Dabei handelte es sich um

- den Staatsrat, das aus 25 Personen bestehende Staatsoberhaupt
- den Ministerrat, die aus etwa 40 Ministerien bestehende Regierung und
- die Volkskammer, das aus 490 Abgeordneten bestehende Parlament. In ihr waren neben der SED auch vier andere Parteien (CDU, DBD, LDPD, NDPD) vertreten, die alle den Führungsanspruch der SED anerkannt hatten : Christlich-Demokratische Union Deutschlands (CDU), Liberal-Demokratische Partei Deutschlands (LDPD), National-Demokratische Partei Deutschlands (NDPD) und die Demokratische Bauernpartei Deutschlands (DBD). Vertreten waren auch die wichtigsten Massenorganisationen : der Freie Deutsche Gewerkschaftsbund FDGB, die Freie Deutsche Jugend (FDJ), der Demokratische Frauenbund Deutschlands (DFD) und der Kulturbund. Der Umfang der Fraktionen war festgelegt und konnte durch die Wahlen zur Volkskammer nicht verändert werden.

Nominiert wurden die Abgeordneten durch die Nationale Front, in der alle Parteien und Massenorganisationen zusammengeschlossen waren, auch solche, die selbst nicht in der Volkskammer vertreten waren. Die Nationale Front stellte für alle in der Volkskammer vertretenen Organisationen eine Einheitsliste, d.h. eine gemeinsame Kandidatenliste, auf, in der nicht zwischen den einzelnen Organisationen ausgewählt, sondern die nur als Block bestätigt werden konnte. Mit dieser Liste stellte sich die Nationale Front dem - i.d.R. fast 100%igen - Votum der Wähler.

Weiterführende Literatur : Roggemann, Die DDR-Verfassungen, 1968; Brunner, Einführung in das Recht der DDR, 1979; Mampel, Die sozialistische Verfassung der DDR, 1992

4.4 Vereinigung Deutschlands 1990

41 Nach dem Zusammenbruch der DDR wurde zwischen der DDR und der Bundesrepublik zunächst am 18.5.1990 ein Vertrag über die Schaffung einer Währungs-, Wirtschafts- und Sozialunion geschlossen. Danach folgte am 31.08.1990 der Einigungsvertrag. Er regelt den nach Art. 23 GG erfolgten Beitritt der DDR zum Grundgesetz. Neben zahlreichen - inzwischen gegenstandslos gewordenen - Übergangsregelungen bestimmte der Einigungsvertrag Berlin zur Hauptstadt und formulierte die Präambel des Grundgesetzes und Art. 146 so, dass statt des provisorischen Charakters der Bundesrepublik nun die Vollendung der Einheit Deutschlands zum Ausdruck kam. Weiterhin empfiehlt der Vertrag dem Bundestag und dem Bundesrat, sich mit bestimmten im Zusammenhang mit der Einigung aufgeworfenen Fragen zur Änderung des Grundgesetzes zu beschäftigen, und zwar mit dem Verhältnis zwischen Bund und Ländern, der Aufnahme von Staatszielbestimmungen und der Anwendung des Art. 146.

Ergänzt wurde der Einigungsvertrag durch den zwischen den vier Alliierten, der Bundesrepublik und der DDR geschlossenen Vertrag über die abschließende Regelung in Bezug auf Deutschland ("Zwei-plus-Vier-Vertrag") vom 12.9.1990. Seine wesentlichen Inhalte sind:

- Volle Souveränität des vereinten Deutschlands und Berlins,
- Oder-Neiße-Grenze als Ostgrenze Deutschlands,
- Verzicht Deutschlands auf Gebietsansprüche,
- Bekenntnis zum Frieden,
- Verzicht auf Herstellung, Besitz und Verfügungsgewalt über atomare, biologische und chemische Waffen,
- Reduzierung der Bundeswehr auf 370.000 Mann,
- Abzug der alliierten Truppen.

Der Zwei-plus-Vier-Vertrag seinerseits wurde ergänzt durch einen zwischen Deutschland und Polen geschlossenen Grenzvertrag vom 14.11.1990.

Weiterführende Literatur : Stark, Deutschland auf dem Weg zur staatlichen Einheit, JZ 1990, 289; Rauschning, Die Wiedervereinigung vor dem Hintergrund der Rechtslage Deutschlands, JuS 1991, 977; Kirchhoff/Klein, Die Wiedervereinigung und damit zusammenhängende Rechtsprobleme, 1991

4.5 Verfassungsänderungen 1994

Aufgrund der Bestimmung im Einigungsvertrag zur möglichen künftigen Änderung des Grundgesetzes (s.o. Rn 41) wurde eine „Gemeinsame Verfassungskommission" aus je 32 Vertretern von Bundestag und Bundesrat gebildet. Sie sollte entsprechende Änderungsvorschläge erarbeiten. Da diese mit 2/3-Mehrheit erfolgen mussten, wurden im wesentlichen nur solche vorgeschlagen, die zwischen den beiden großen Parteien SPD und CDU unstreitig waren. Die wichtigsten Änderungen des Grundgesetzes, die anschließend von Bundestag und Bundesrat beschlossen wurden, sind :

42

- die Verpflichtung zur Förderung der tatsächlichen Gleichberechtigung von Männern und Frauen in Art. 3 II
- das Verbot der Benachteiligung Behinderter in Art. 3 III 2
- die Verpflichtung zum Schutz der natürlichen Lebensgrundlagen in Art. 20 a
- den Europa-Artikel 23
- die Erleichterung der Neugliederung in Art. 29 VIII
- die Einrichtung eines Bundestagsausschusses für Angelegenheiten der EU und einer Europakammer des Bundesrats in Art. 45 und 52
- geringfügige Veränderungen der Zuständigkeitsvorschriften Art. 72, 74 und 75
- eine stärkere Beteiligung des Bundesrats im Gesetzgebungsverfahren gemäß Art. 76

Repetitorium zur Entstehung und Entwicklung der Verfassung : Rn 1004

Weiterführende Literatur : Isensee, Mit blauem Auge davongekommen - Zur Arbeit und Resultaten der Gemeinsamen Verfassungskommission, NJW 1993, 2583; Schneider, Das Grundgesetz – auf Grund gesetzt ?, NJW 1994, 558; Jahn, Empfehlungen der Gemeinsamen Verfassungskommission zur Änderung und Ergänzung des Grundgesetzes, DVBl. 1994, 177; Vogel, Die Reform des Grundgesetzes nach der deutschen Einheit, DVBl. 1994, 497; Sannwald, Die Ergebnisse der Gemeinsamen Verfassungskommission, ZRP 1994, 65; Kloepfer, Verfassungsänderung statt Verfassungsreform, 1996

5. STAATSRECHT UND VERFASSUNGSRECHT

43 Staatsrecht ist die Gesamtheit aller Regelungen über die Grundlagen, die Organisation und die Tätigkeit des Staates und das Verhältnis zwischen dem Bürger und dem Staat. Staatsrecht wird deshalb vielfach auch umschrieben mit dem Begriff "Verfassung im materiellen Sinn". Verfassungsrecht dagegen ist die Gesamtheit der Regelungen, die in einem förmlichen Verfahren der Verfassungsgebung zustande gekommen sind und damit den Inhalt der geschriebenen Verfassung bilden. Verfassungsrecht wird deshalb vielfach auch mit dem Begriff "Verfassung im formellen Sinn" umschrieben. Beide Begriffe sind nicht identisch. So umfaßt das Staatsrecht auch Regelungen, die nicht zum Verfassungsrecht gehören, z.B auf Bundesebene

- das Parteiengesetz mit näheren Regelungen über das Parteienrecht
- das Bundeswahlgesetz mit der Regelung des Wahlsystems
- das Wahlprüfungsgesetz
- die Geschäftsordnungen der obersten Verfassungsorgane
- das Abgeordnetengesetz
- das Bundesverfassungsgerichtsgesetz mit Regelungen über Organisation und Verfahren des Bundesverfassungsgerichts
- das Bundesverfassungsschutzgesetz
- die Gesetze über die Zusammenarbeit von Bund und Ländern und von Bundesregierung und Bundestag in Angelegenheiten der Europäischen Union.

Im Hinblick auf diese Bereiche enthält die Verfassung nur allgemein gehaltene Ermächtigungen, so zu den genannten Beispielen insbesondere in Art. 21 III, 38 III, 40 I und 94 II. Andererseits enthält das Verfassungsrecht Regelungen, die nicht zum Staatsrecht zu zählen sind, z.B. die Art. 26, 34, 48 III oder 138.

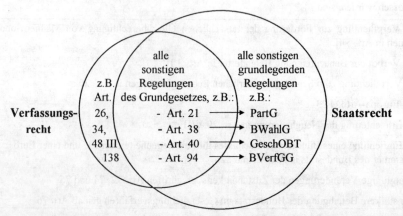

Die Bedeutung des Unterschiedes liegt zum einen in dem höheren Rang des Verfassungsrechts (Art. 20 III) gegenüber Regelungen, die "nur" Staatsrecht enthalten, andererseits in der - im Verhältnis zu einfachen Gesetzen - erschwerten Änderbarkeit des Verfassungsrechts (Art. 79). Eine ähnliche Unterscheidung zwischen Staatsrecht und Verfassungsrecht findet sich im Übrigen auch auf der Ebene der Verfassungsordnung der Länder.

Repetitorium: Rn 1003

Weiterführende Literatur: Stern, Staatsrecht und Verfassungsrecht in ihrer Wechselbezüglichkeit, 1988, S. 845 ff.

6. WESEN DER VERFASSUNG

6.1 Verfassung als rechtliche Grundordnung

Die Verfassung ist die rechtliche Grundordnung eines Staates. Als solche bindet sie alle staatlichen Gewalten und ist insbesondere vorrangig gegenüber allen anderen innerstaatlichen Rechtsnormen (vgl. Art. 1 III, 20 III). Weiterhin ist sie nur unter erschwerten Voraussetzungen änderbar (vgl. Art. 79 II). Schließlich kann eine Verfassung sogar bestimmen, dass ihre Grundwerte überhaupt nicht änderbar sind (vgl. Art. 79 III, s.u. Rn 66).

44

6.2 Funktionen der Verfassung

Die wesentlichen Funktionen der Verfassung kann man etwa wie folgt umschreiben (ähnlich Katz Rn 102):

45

Konstituierung durch Errichtung des Staates (vgl. Präambel des GG)	Werteorientierung durch Festlegung und Fortentwicklung der Grundwerte, die für Staat und Gesellschaft maßgeblich sind (vgl. Art. 1 ff.)
Stabilisierung durch - Regelung des staatlichen Aufbaus (vgl. Art. 20 - 37, 70 ff.) - Festlegung der staatlichen Organe (vgl. Art. 38 - 69) - Bereitstellung von Verfahren zur Konfliktbeilegung (vg. Art. 92 ff.)	**Rationalisierung** durch - die Verpflichtung zu einer vorhersehbaren und damit berechenbaren Ausübung der Staatsgewalt (insbesondere durch das Rechtsstaatsprinzip) - Festlegung der grundlegenden Staatszielbestimmungen (Vgl. Art. 20)
Machtbegrenzung durch - Trennung, Hemmung und gegenseitige Kontrolle der staatlichen Gewalten (vgl. Art. 20 II 2) - Bindung aller staatlichen Gewalten an geltendes Recht (vgl. Art. 20 III) - Eröffnung eines umfassenden Rechtsschutzes für den Einzelnen gegen staatliches Handeln (vgl. Art. 19 IV)	**Freiheitssicherung** durch - Gewährleistung individueller Grundrechte des Einzelnen gegen den Staat (vgl. Art. 1 III) - Einräumung demokratischer Mitwirkungsrechte, insbesondere des Wahlrechts (vgl. Art. 5, 8, 9, 38 I)

Hinweis: Die obigen Ausführungen beziehen sich - soweit es um die angeführten Beispiele geht - nur auf das Verhältnis von Staatsrecht und Verfassungsrecht des Bundes. Sie gelten natürlich auch - dann mit den jeweiligen landesspezifischen Beispielen - für das Verhältnis von Staatsrecht und Verfassungsrecht der Länder.

46 Die Frage stellt sich, wie es – angesichts einer derartigen Bedeutung von Verfassungen – Staaten geben kann, die keine geschriebene Verfassung besitzen wie Großbritannien, Neuseeland und Israel. Die Antwort: In diesen Staaten gibt es eine starke geschichtliche und demokratische bzw. (Israel) religiöse Tradition, die bisher eine geschriebene Verfassung nicht absolut zwingend erfordert hat. Beispiel Großbritannien: Dort „vollzieht sich der politische Prozess von jeher und auch heute noch auf der Grundlage von ungeschriebenen Konventionalregeln, die für die Machtträger ebenso verbindlich sind, als wenn sie in statuarischer Form eingekleidet wären. Die politische Ordnung ist damit derart im Volksbewußtsein verwurzelt, daß die aristotelische Kategorie der politeia auf Großbritannien voll zutreffen erscheint." (Loewenstein S. 44)

6.3 Verfassungswandel

47 Die Regelungen, die die Verfassungsfunktionen konkretisieren, sind vielfach sehr allgemein und offen formuliert (z.B. "Sittengesetz" in Art. 2 I, "Gemeinwohl" in Art. 14 II oder "sozial" und "demokratisch" in Art. 20 I). Sie eröffnen damit einen weiten Spielraum, um die Verfassung den sich verändernden politischen, gesellschaftlichen, wirtschaftlichen und technischen Verhältnissen bzw. Anschauungen anpassen zu können, ohne ihren Wortlaut zu verändern.

Die Aufgabe, diesen "Verfassungswandel" vorzunehmen, ist in erster Linie Aufgabe des Bundesverfassungsgerichts. Dieses hat z.B. aus dem Demokratieprinzip abgeleitet, dass alle wesentlichen Entscheidungen – also z.B. die Frage der Zulässigkeit von Atomenergie, Gentechnologie oder Privatfernsehen – vom Parlament zu treffen sind. Oder: Es hat – nachdem es das zuvor anders gesehen hatte – in das Demokratieprinzip hineininterpretiert, dass die Ausgaben der Parteien aufgrund ihrer zunehmenden Bedeutung der Parteien für die politische Willensbildung bis zur Hälfte – aber auch nicht mehr – vom Staat finanziert werden dürfen. Andererseits: Die Befugnis des Bundesverfassungsgerichts zum Verfassungswandel endet dort, wo aufgrund des klaren Wortlauts der Verfassung eine Verfassungsänderung notwendig ist.

Beispiel: Aufgrund der hohen deutschen Sozialleistungen und der offenen Grenzen in Europa wurden die meisten Asylanträge in Deutschland gestellt, auch wenn die Antragsteller zuvor durch einen verfolgungsfreien Staat gereist waren, in dem sie Asyl hätten beantragen können. Die Zurückweisung solcher Antragsteller mit der Begründung, das Asylrecht sei für solche Fälle nicht geschaffen worden, war ohne eine Änderung des uneingeschränkt garantierten Asylrechts nicht möglich.

6.4 Verfassungswirklichkeit

48 Auch der noch so optimal wahrgenommene Verfassungswandel kann nicht verhindern, dass zwischen dem verfassungsmäßigen Ideal- und dem verfassungsmäßigen Ist-Zustand eine Differenz entsteht. Dieser Ist-Zustand, die "Verfassungswirklichkeit" stellt keine Verfassungswidrigkeit dar, sofern sie sich im Rahmen des Spielraums bewegt, den die Verfassung eröffnet.

Beispiel: Eine Koalitionsvereinbarung, in der sich der Bundeskanzler gegenüber dem kleineren Koalitionspartner verpflichtet, dessen Politik in einem bestimmten Politikbereich durchzusetzen, verstößt nicht gegen Art. 65 Satz 1, wonach der Bundeskanzler die Richtlinien der Politik bestimmt. Grund: Art. 65 berechtigt den Bundeskanzler, verpflichtet ihn aber nicht ausnahmslos.

Repetitorium zum Wesen der Verfassung: Rn 1005
Weiterführende Literatur: Hennis, Verfassung und Verfassungswirklichkeit, 1968; Bryde, Verfassungsentwicklung, 1982; Böckenförde, Anmerkungen zum Begriff des Verfassungswandels,, Festschrift für Lerche, 1993, 3

7. RANG DER VERFASSUNG

7.1 Verhältnis zum sonstigen nationalem Recht

Das Grundgesetz geht jedem anderen nationalen Recht vor und bindet Gesetzgebung, vollziehende Gewalt und Rechtsprechung. Dieser Vorrang ergibt sich für die Organe des Bundes und der Länder aus Art. 20 III und speziell für die Grundrechte aus Art. 1 III.

49

Die Landesverfassungen sind im Verhältnis zum Grundgesetz grundsätzlich eigenständige Regelungsbereiche. Art. 28 I 1 schränkt das jedoch insoweit ein, als dass sie die "Grundsätze" der verfassungsmäßigen Ordnung des Grundgesetzes (also im wesentlichen Art. 1 und 20) zu beachten haben. Regeln sie gleiche Sachverhalte wie das Grundgesetz, geht dieses nach Art. 31 („Bundesrecht bricht Landesrecht") vor. Für den einzigen praktisch relevanten Fall der Regelung von Grundrechten in den Landesverfassungen gilt allerdings Art. 142, wonach die Landesverfassungen „in Übereinstimmung" mit Art. 1-18 Grundrechte gewähren können (wovon nach ganz h.M. auch weitergehende Grundrechte erfasst werden).

50

Der Vorrang einer Landesverfassung vor dem sonstigen Landesrecht ergibt sich aus Wortlaut oder Sinn der jeweiligen Landesverfassung.

7.2 Verhältnis zum Recht der Europäischen Union

Das EU-Recht geht als supranationales Recht dem gesamten nationalen Recht, also auch dem Grundgesetz und den Landesverfassungen, vor (Art. 23 I 2). Streitig war lange Zeit lediglich, ob dieser Vorrang auch gegenüber den Grundrechten des Grundgesetzes existierte. Der EuGH hatte diesen Vorrang seit jeher betont (vgl. Rn 958 ff.). Das BVerfG ist 1986 dieser Rechtsprechung gefolgt (vgl. Rn 962).

51

7.3 Verhältnis zum Völkerrecht

7.3.1 Völkervertragsrecht

Das sind bilaterale Verträge zwischen zwei Staaten (wie z.B. der deutsch-polnische Vertrag), supranationale Konventionen von Staatenbünden (wie etwa die Europäische Menschenrechtskonvention des Europarats) oder weltweit geltende Abkommen der UNO (wie z.B. das Abkommen zur Regelung der Rechtsstellung der Flüchtlinge). Sie haben alleine aufgrund ihrer Vereinbarung keinen Vorrang gegenüber nationalem Recht. In der Bundesrepublik werden sie gemäß Art. 59 II aufgrund eines Bundesgesetzes innerstaatlich wirksam. Sie gelten dann im Range eines Bundesgesetzes und stehen somit im Range dem Grundgesetz nach. Eine Ausnahme bildet die Regelung des Art. 16a IV.

52

7.3.2 allgemeine Regeln des Völkerrechts

Das ist die Bezeichnung für das Völkergewohnheitsrecht.

53

Beispiele: Immunität ausländischer Staaten und ihrer Organe hinsichtlich hoheitlicher Aktivitäten; angemessener Rechtsschutz für Ausländer; die Gebietshoheit von Staaten; der Grundsatz, dass Verträge eingehalten werden müssen.

Sie sind nach Art. 25 kraft ihrer völkerrechtlichen Geltung "Bestandteil des Bundesrechts" und "gehen den Gesetzen vor", sind ihrem Rang nach also zwischen dem Grundgesetz und den Bundesgesetzen einzuordnen.

7.4 Übersicht

54 Optisch dargestellt ergibt der Rang der Verfassung folgendes Bild (in das zugleich auch die anderen Aspekte der Normenhierarchie aufgenommen worden sind):

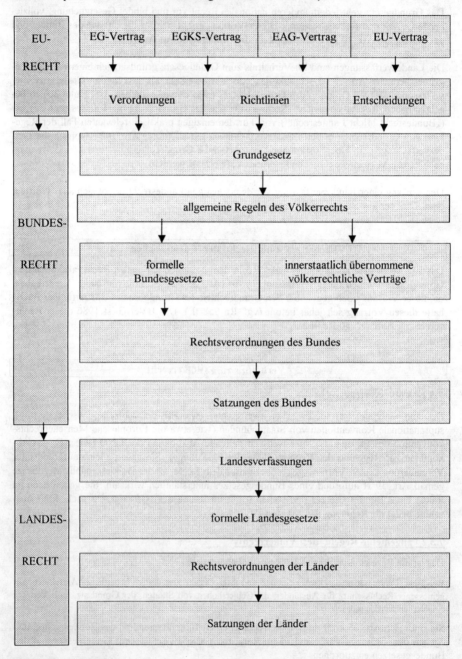

Repetitorium: Rn 1006

8. AUSLEGUNG DER VERFASSUNG

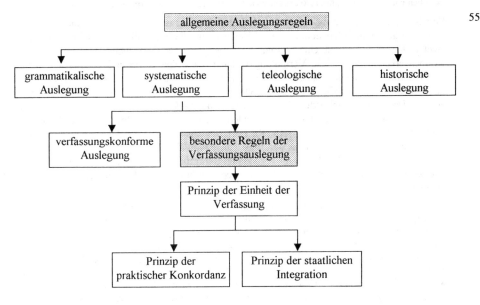

8.1 allgemeine Auslegungsregeln

Die Auslegung der Verfassung erfolgt zunächst nach den vier Methoden, die für die Auslegung jedes Gesetzes gelten.

8.1.1 grammatikalische Auslegung (Auslegung nach dem Wortsinn)

Sie ist der Ausgangspunkt jeder Auslegung. Bei ihr geht es um die Erfassung des Wortsinns der Norm. Dieser ist - soweit es die grammatikalischen Regeln erlauben - vorläufig weit zu fassen.

Beispiel: Unter den Begriff „Gesetz" in Art. 80 I fällt nach dem weit gefassten Wortlaut sowohl ein Bundes- als auch ein Landesgesetz.

8.1.2 systematische Auslegung (Auslegung nach dem Bedeutungszusammenhang)

Ihr liegt der Gedanke zugrunde, dass die Rechtsordnung ein einheitliches Ganzes ist und dass jede Vorschrift mit der Gesamtregelung des Rechts im Einklang stehen muss. Bei verschiedenen Auslegungsmöglichkeiten ist also die zu wählen, die zur Widerspruchsfreiheit führt. Dabei muss der Bedeutungszusammenhang, in dem die im Einzelfall anzuwendende Norm steht, ermittelt werden. Hierbei kann es im Einzelfall sinnvoll sein zu fragen, in was für einer Art von Gesetz (Verfassung, Strafgesetzbuch, Bauordnung usw.), in was für einem Abschnitt des Gesetzes (Grundrechte, Zuständigkeitsverteilung usw.) sich die Norm befindet. Oder: Steht sie im allgemeinen Teil (> weite Auslegung !) oder im besonderen Teil (> enge Auslegung !) eines Gesetzes ? Oder: Wird der gleiche Begriff an anderer Stelle ebenfalls verwendet und dort in einem klar erkennbaren Sinn verstanden ?

Beispiel: Dafür, dass mit „Gesetz" in Art. 80 I nur ein Bundesgesetz gemeint ist, spricht entscheidend, dass Art. 80 GG sich innerhalb des Abschnitts „Die Gesetzgebung des Bundes" (Art. 70 – 82) befindet. Der oben vorläufig weit gefasste Wortlaut von „Gesetz" wird also insofern eingeengt.

Eine besondere Ausprägung der systematischen Auslegung ist die verfassungskonforme Auslegung. Sie geht von Folgendem aus: Eine Rechtsnorm, die gegen die Verfassung verstößt, ist nichtig. Allerdings spricht eine Vermutung dafür, dass der Gesetzgeber verfassungsmäßige Normen erlassen will. Diese Vermutung verlangt, dass eine Norm in Zweifelsfällen verfassungskonform auszulegen ist, d.h. so, dass sie mit der Verfassung vereinbar ist (BVerfGE 2, 282). Hierbei spielt der Grundsatz der Wechselwirkung eine wichtige Rolle. Nach diesem muss ein grundrechtseinschränkendes Gesetz im Lichte der Bedeutung dieses Grundrechts gesehen und so interpretiert werden, dass der besondere Wertgehalt dieses Grundrechts auf jeden Fall gewahrt bleibt (BVerfGE 7, 208; siehe Rn 198). Sind als Ergebnis der Auslegung also mehrere Auslegungsmöglichkeiten denkbar und führt eine davon zur Verfassungsmäßigkeit der Norm, so ist diese daher maßgeblich. Die verfassungskonforme Auslegung findet jedoch dort ihre Grenze, wo sie mit dem Wortlaut und dem Zweck der Norm in einen eindeutigen Widerspruch geraten würde (vgl. BVerfGE 88, 165 ff.).

Beispiel: Nach § 121 StPO darf die Untersuchungshaft über ein halbes Jahr hinaus nur aufrechterhalten werden, wenn ein wichtiger Grund vorliegt. Ist die personelle Überlastung des zuständigen Strafgerichts, die dazu führt, dass nicht rechtzeitig vor Ablauf der Halbjahresfrist eine Hauptverhandlung stattfinden kann, ein wichtiger Grund iSd § 121 StPO ? Sowohl die bejahende als auch die verneinende Auslegung wären denkbar. Die bejahende Auslegung würde aber dazu führen, dass ein Untersuchungshäftling (der bis zum Beweis seiner Schuld als unschuldig gilt) übermäßig lang, vielleicht jahrelang in Haft gehalten werden könnte aufgrund eines Umstandes, für den nicht er, sondern der Staat die Verantwortung trägt. Diese Auslegung würde daher dem hohen Wertgehalt des eingeschränkten Grundrechts des Art. 2 II 2 auf Freiheit der Person nicht entsprechen. § 121 StPO wäre mit dieser Auslegung also verfassungswidrig. Also ist die verfassungskonforme Auslegung zu wählen, nach der die personelle Überlastung des Strafgerichts kein wichtiger Grund für die Fortdauer der Untersuchungshaft ist (BVerfGE 36, 273).

8.1.3 teleologische Auslegung (Auslegung nach Sinn und Zweck)

58   Sie ist die entscheidende Auslegungsmethode. Ihr Ziel ist die Ermittlung des Gegenwartszwecks der Norm. Normzweck ist zum einen der spezielle Zweck, der mit der Verwendung des fraglichen Begriffs in der Norm verfolgt wird, zum anderen aber auch der Zweck, dem das Gesetz als Ganzes dient. Bei der Ermittlung des Normzwecks ist auch zu berücksichtigen, ob es sich um eine Ausnahmevorschrift handelt (die grundsätzlich eng auszulegen ist) oder ob in der Norm ein allgemeiner Rechtsgedanke Ausdruck gefunden hat (so daß die Norm "großzügiger" ausgelegt werden kann).

Beispiel: Sinn und Zweck des Art. 80 I ist, dass die Bundesregierung in die Lage versetzt werden soll, Durchführungsbestimmungen zu Gesetzen zu erlassen. Würde unter den Begriff „Gesetz" auch ein Landesgesetz fallen, so würde die Bundesregierung Vorschriften erlassen können, die zur Zuständigkeit der Länder gehören. Das aber kann nicht Sinn des Art. 80 I sein. Das Ergebnis der systematischen Auslegung wird also bestätigt.

8.1.4 historische Auslegung (Auslegung nach der Entstehungsgeschichte)

59   Sie fragt nach dem Willen des historischen Gesetzgebers. Er kann sich ergeben aus amtlichen Gesetzesbegründungen, Sitzungsberichten von Parlamentsausschüssen usw. Auch kann es sinnvoll sein, die rechtsgeschichtliche Entwicklung der Norm, also z.B. vorher bestehende ähnliche oder abweichende Regelungen, das wirtschaftliche, soziale und politische Umfeld, in dem die Norm erlassen wurde, mit zu untersuchen. Die historische Auslegung kann, da eine

Auslegung der Verfassung

Rechtsnorm grundsätzlich aus der Gegenwart heraus auszulegen ist, nicht entscheidend sein (jedenfalls nicht bei alten Gesetzen). Sie kann jedoch bei bestehenden Zweifeln einen Anhaltspunkt für oder gegen ein bestimmtes Auslegungsergebnis aufzeigen.

Beispiel: Im obigen Beispiel könnte man daran denken, in den Sitzungsberichten des Parlamentarischen Rates nach Meinungen zum Begriff „Gesetz" in Art 80 I zu suchen. Das wäre jedoch angesichts des klaren Ergebnisses, das aufgrund der systematischen und der teleologischen Auslegung gefunden worden ist, falsch (Selbst wenn man sich auf diese Suche machen würde, würde man in den Berichten nichts finden !).

8.2 Besonderheiten der Verfassungsauslegung

Die Besonderheiten der Verfassungsauslegung ergeben sich daraus, dass die Verfassung mehr als andere Gesetze auf Dauer angelegt ist und somit auch künftigen Entwicklungen und Anschauungen Rechnung tragen soll. Das ist oft nur durch erhebliche Unbestimmtheit und Offenheit der einzelnen Regelungen möglich (z.b. "demokratisch" oder "sozial"). Zum Teil geschieht das auch dadurch, daß das Verhältnis von Verfassungsbestimmungen zueinander bewußt offengelassen ist (z.B. das Verhältnis der Versammlungsfreiheit der Demonstranten zur Bewegungsfreiheit der durch die Demonstration behinderten Autofahrer). Die genauen Inhalte von Verfassungsbestimmungen sind daher mit den herkömmlichen Auslegungsmethoden oft nur schwer zu erfassen. Verfassungsauslegung ist also nicht nur rein juristische Auslegung, sondern oft auch politische Entscheidung und Rechtsgestaltung. Insofern kommt dem BVerfG eine - im Verhältnis zu anderen Gerichten - besondere Stellung zu, die der Tätigkeit des Gesetzgebers nahe kommt. Deshalb sind bei der Verfassungsauslegung in Ergänzung zu den allgemeinen Auslegungsmethoden besondere Kriterien zu beachten :

8.2.1 Prinzip der Einheit der Verfassung

Es besagt, dass die Verfassung nur als eine widerspruchsfreie Einheit verstanden werden darf. Die einzelnen Bestimmungen der Verfassung können also nicht isoliert gesehen und ausgelegt werden, sondern nur als Teile eines zusammenhängenden Ganzen. Einzelne Verfassungsbestimmungen erfahren also Einschränkungen daraus, dass noch andere Verfassungsbestimmungen existieren, mit denen sie bei isolierter Auslegung in Konflikt geraten würden. Sie sind also zunächst so auszulegen, daß sie mit den Grundentscheidungen der Verfassung Demokratie, Sozialstaat usw. vereinbar sind (BVerfGE 30, 19; 34, 287). Weiterhin sind Widersprüche zwischen einzelnen Verfassungsnormen zu vermeiden und scheinbare Kollisionen auszugleichen.

Beispiel: Eltern, die aus religiösen Gründen ihrem totkranken Kind die lebensrettende Operation verweigern, berufen sich auf die Glaubensfreiheit des Art. 4. Diese ist ihrem Wortlaut nach auch nicht durch Gesetz oder andere Verfassungsbestimmungen einschränkbar. An anderer Stelle im Grundgesetz (Art. 2 II 1) ist aber das Recht auf Leben garantiert. Aufgrund des Gedankens der Einheit der Verfassung ergibt sich nun, dass die Glaubensfreiheit im Zusammenhang mit dem Recht auf Leben gesehen und entsprechend einschränkend interpretiert werden muss. Eine Verweigerung der lebensrettenden Operation würde dagegen einseitig die Glaubensfreiheit in den Vordergrund stellen, so als gäbe es das Recht auf Leben gar nicht. Die Kollision zwischen Art. 4 und Art. 2 II 1 muss daher „in ein rechtes Verhältnis zueinander gebracht" werden. (BVerfGE 31, 19).

8.2.2 Prinzip der praktischen Konkordanz

Das Prinzip praktischer Konkordanz ist eine Fortführung des Gedankens der Einheit der Verfassung. Es besagt, dass bei einer Kollision zweier Verfassungswerte keine abstrakte Abwägung vorgenommen werden darf („Wert X ist höherrangig als Wert Y"), sondern eine Lösung erreicht werden muss, die beiden Verfassungswerten Grenzen setzt, um beide zu optimaler

Wirksamkeit gelangen zu lassen. Es ist also nach Möglichkeit ein Ausgleich, eine Harmonisierung, eine Optimierung zwischen den kollidierenden Verfassungswerten zu erreichen. Bei unüberbrückbaren Gegensätzen ist jedoch eine Abwägung vorzunehmen. Die im konkreten Einzelfall schwächere Norm darf dabei jedoch nur so weit zurückgedrängt werden, wie das zwingend ist; ihr sachlicher Grundwertgehalt muß in jedem Fall respektiert werden (BVerfGE 59, 261).

> Kürzer BVerfGE 81, 293 : In diesen Fällen ist ein verhältnismäßiger Ausgleich der gegenläufigen, gleichermaßen verfassungsmäßig geschützten Interessen mit dem Ziel ihrer Optimierung herbeizuführen... Dies geschieht durch eine fallbezogene Abwägung der jeweiligen Belange."

Beispiel : Im obigen Beispiel erfährt die Glaubensfreiheit der Eltern keine nennenswerte Einschränkung, wenn das Kind doch operiert wird. Es wird nur ein einzelnes und wohl nicht das wichtigste Element ihres Glaubens betroffen. Das Recht des Kindes auf Leben als das wichtigste Grundrecht dagegen würde zerstört werden. Der Ausgleich zwischen beiden Rechten kann nur so aussehen, dass die Glaubensfreiheit nicht die Verweigerung der Operation umfasst. Das Ergebnis ist, obwohl vielleicht auf den ersten Blick das Recht auf Leben einseitig den Vorrang erhält, eine Optimierung beider Grundrechte : Beide bleiben erhalten. Eines erhält lediglich eine geringfügige Einschränkung, behält aber einen weiten Anwendungsbereich. Dass das Recht auf Leben als Ausgleich auch eine geringfügige Einschränkung erfährt, ist dagegen nicht möglich. Bei diesem Grundrecht gibt es nun einmal entweder alles oder gar nichts.

8.2.3 Prinzip der staatlichen Integration

63   Auch das Prinzip der staatlichen Integration ist eine Konsequenz aus dem Prinzip der Einheit der Verfassung. Es gebietet, dass Verfassungsnormen, die Kompetenzen und Funktionen zuweisen, so auszulegen sind, dass sie eine möglichst große integrierende Wirkung entfalten. Eine Bedeutung hat dieses Prinzip also vor allem beim Gewaltenteilungsprinzip und im Bund-Länder-Verhältnis mit der Folge, dass sich hier – auch ohne eine konkretere Regelung – besondere Pflichten zur Abstimmung, Koordination und Rücksichtnahme ergeben (BVerfGE 62, 38 ff.).

Beispiel : Der Bundeskanzler muss nach einem wichtigen Staatsbesuch den Bundestag über die Ergebnisse des Staatsbesuchs informieren, da der Bundestag das Gesetzgebungsrecht über die auswärtigen Angelegenheiten hat (Art. 71 Nr. 1). Oder : Der Bund muss, bevor er einen völkerrechtlichen Vertrag abschließt, der die Interessen der Länder berührt, diese zuvor anhören.

Repetitorium zur Verfassungsauslegung : Rn 1007

Weiterführende Literatur : Häberle, Die offene Gesellschaft der Verfassungsinterpretation, JZ 1975, 257; Böckenförde, Die Methoden der Verfassungsinterpretation, NJW 1976, 2089, Stark, Die Verfassungsauslegung, HdStR VII (1992), 1; Brugger, Konkretisierung des Rechts und Auslegung der Gesetze, AöR 119 (1994), 1; Starck, Praxis der Verfassungsauslegung, 1994; Treder, Methoden und Technik der Rechtsanwendung, 1998

9. ÄNDERUNG DER VERFASSUNG

Voraussetzungen und Grenzen der Änderung des Grundgesetzes sind in dessen Art. 79 geregelt (Auf die Änderung der Landesverfassungen soll hier nicht eingegangen werden, da jede Landesverfassung insoweit eigenständige Regelungen enthält).

9.1 Voraussetzungen der Verfassungsänderung

1. Änderung oder Ergänzung des Grundgesetzes 64

Art. 79 I 1: „Das Grundgesetz kann nur durch ein Gesetz geändert werden, das den Wortlaut des Grundgesetzes ausdrücklich ändert oder ergänzt."

Es gilt also der Grundsatz : Keine Verfassungsänderung ohne Verfassungstextänderung. Das ist eine Abkehr von der Praxis der Weimarer Republik. Es soll verhindert werden, dass die Verfassung durch Gesetze, die mit verfassungsändernder Mehrheit beschlossen worden sind, inhaltlich geändert wird, ohne dass diese Änderung aus dem Text des Grundgesetzes ersichtlich wird. Damit sollen zwei Ziele erreicht werden : Zum einen sollen heimliche und unüberlegte Verfassungsänderungen vermieden werden. Zum anderen soll die Verfassung für den Bürger überschaubar sein. Das wäre aber nicht der Fall, wenn er nicht wüsste, ob der Text, den er liest, noch Gültigkeit besitzt oder in der Zwischenzeit geändert oder ergänzt worden ist.

Von dieser Regel gibt es im Satz 2 des Art. 79 I Ausnahmen für bestimmte völkerrechtliche Verträge, bei denen eine Klarstellung im Grundgesetz ausreicht, dass sie den Bestimmungen des Grundgesetzes nicht entgegenstehen (einziger Anwendungsfall bisher war 1954 der Art. 142 a). Nicht einmal eine solche Klarstellung ist nötig im Fall des Art. 23 I 3. Durch verfassungsrechtliche Regelungen der Europäischen Union kann also das Grundgesetz geändert werden, ohne dass das aus dem Text des GG ersichtlich wird.

2. doppelte 2/3-Mehrheit 65

Art. 79 I 2 : „Ein solches Gesetz bedarf der Zustimmung von zwei Dritteln der Mitglieder des Bundestages und zwei Dritteln der Stimmen des Bundesrates."

9.2 Grenzen der Verfassungsänderung

Art. 79 III : „Eine Änderung dieses Grundgesetzes, durch welche die Gliederung des Bundes in Länder, die grundsätzliche Mitwirkung der Länder bei der Gesetzgebung oder die in den Artikeln 1 und 20 niedergelegten Grundsätze berührt werden, ist unzulässig." 7

66

Die „Unantastbarkeits-" oder „Ewigkeitsgarantie" des Art. 79 III ist eine Reaktion auf die formal-legale Aufhebung grundlegender Teile der Weimarer Reichsverfassung durch das Ermächtigungsgesetz 1933.

Erfasst von dem Änderungsverbot sind:

- die Gliederung des Bundes in Länder

    Es müssen mindestens zwei Länder bestehen (MD/Dürig Rn 34), die ein Mindestmaß an Eigenständigkeit besitzen (MD/Dürig Rn 35; Sachs/Lücke Rn 26), nämlich

    ⇨ einen „Kernbestand eigener Aufgaben und eigenständiger Aufgabenerfüllung" (BVerfGE 87, 196) und

- ➪ „die freie Bestimmung über seine Organisation einschließlich der in der Landesverfassung enthaltenen organisatorischen Grundentscheidungen sowie

- ➪ die Garantie der verfassungskräftigen Zuweisung eines angemessenen Anteils am Gesamtsteueraufkommen" (BVerfGE 34, 9, 20).

- **grundsätzliche Mitwirkung der Länder bei der Gesetzgebung**
  Damit ist die Gesetzgebung des Bundes gemeint (Sachs/Lücke Rn 28). Geschützt ist nicht der konkrete Umfang der Mitwirkung und auch nicht die Einrichtung des Bundesrates.

- **die in Art. 1 niedergelegten Grundsätze**

  Geschützt sind insoweit:

  - ➪ die Menschenwürde, Abs. 1

  - ➪ der Menschenwürdekern von Grundrechten, Abs. 1, 2. Einen solchen Kern besitzen die Grundrechte, die einen starken Persönlichkeitsbezug besitzen wie z.B. 2 - 5 I 1, 10 – 14, 16a, 103, 104 (Sachs/Lücke Rn 32).

  - ➪ die Grundrechtsbindung aller staatlichen Gewalten, Abs. 3. Nicht aber werden über Abs. 3 alle folgenden Grundrechte, soweit sie über den Menschenwürdekern hinaus Schutz gewähren bzw. - wie z.B. Art. 8, 9, 17 - gar keinen Menschenwürdekern besitzen, geschützt. Das ergibt sich daraus, dass die Formulierung „Art.1 und 20" bewusst gewählt worden ist. Ansonsten hätte es „1 bis 20" heißen müssen (BVerfGE 84, 121).

67
- **die in Art. 20 niedergelegten Grundsätze**

  Geschützt ist insoweit:

  - ➪ das republikanische Prinzip (Abs. 1: „Bundes*republik*")

  - ➪ das Bundesstaatsprinzip, Abs. 1: Auch hierüber werden die über „Gliederung des Bundes in Länder" erfassten Aspekte (s.o.) geschützt.

  - ➪ das Sozialstaatsprinzip (Abs. 1: *„sozial"*)

  - ➪ das Demokratieprinzip (Abs. 1: *„demokratisch"*, Abs. 2 S. 1: *„Wahlen"*). Zu ihm gehören zwingend auch die Wahlgrundsätze des Art. 38 I 1, die Gründungsfreiheit für Parteien nach Art. 21 I und die für die demokratische Willensbildung unerlässlichen Inhalte der Grundrechte der Art. 5 I, 8 I und 9 I, die damit am Schutz durch Art. 79 III teilhaben (Sachs/Lücke Rn 40; v.Münch/Bryde Rn 41; Stern III 2, S. 1122 f.)

  - ➪ das Gewaltenteilungsprinzip (Abs. 2 S. 2: *„besondere Organe der Gesetzgebung, der vollziehenden Gewalt und der Rechtsprechung"*) das die in Art. 97 I geregelte richterliche Unabhängigkeit mit umfasst (Sachs/Lücke Rn 44; BK/Evers Rn 193 ff.).

  - ➪ die Gesetzmäßigkeit des Staates (Abs. 3). Zwar regelt Abs. 3 nur den Vorrang der Verfassung und des Gesetzes. Der Vorbehalt des Gesetzes, der sich im Hinblick auf belastende Maßnahmen aus den Grundrechten ergibt, ist damit aber dem Grunde nach mitgeschützt, weil die Bindung an Gesetze leerliefe, wenn keine Gesetze nötig wären (Sachs/Lücke Rn 46; BK/Evers Rn 193 ff.)

Nicht geschützt sind : 68

↳ das Widerstandsrecht des Abs. 4, da es erst 1968 eingefügt wurde und damit nicht an der durch den Verfassungsgeber erfolgten Garantie teilnehmen kann (Sachs/Lücke Rn 47).

↳ das Rechtstaatsprinzip als solches (BVerfGE 30, 24; 84, 121; v.Mangoldt/Klein Anm VI 3 d dd; Sachs/Lücke Rn 46). Geschützt wird es gegenüber dem Verfassungsgesetzgeber nur, soweit rechtsstaatliche Teilaspekte in Art. 1 und 20 geregelt sind, also die Grundsätze der Art. 1 III und 20 II 2, III, nicht also z.B. die Rechtsschutzgarantie des Art. 19 IV (BVerfGE 30, 24).

Repetitorium zur Änderung der Verfassung : Rn 1008

Weiterführende Literatur : Stern, Die Bedeutung der Unantastbarkeitsgarantie des Art. 79 III GG für die Grundrechte, Jus 1985, 329; Even, Die Bedeutung der Unantastbarkeitsgarantie des Art. 79 Abs. 3 GG für die Grundrechte, 1988; Merkel, Die verfassungsgebende Gewalt des Volkes, 1996; Wegge, Zur normativen Bedeutung des Demokratiegebots nach Art. 79 Abs. 3 GG, 1996

TEIL 2
GRUNDRECHTE

ABSCHNITT 1:
ALLGEMEINE GRUNDRECHTSLEHREN

1. BEGRIFF DER GRUNDRECHTE

69 "Grundrechte" sind verfassungsrechtlich verbürgte Rechte des Individuums gegenüber dem Staat. „Menschenrechte" sind dagegen nach der Lehre des Naturrechts (s.u. Rn 75) Rechte, die dem Menschen als solchem kraft seines Menschseins zustehen, einerlei, ob sie durch die jeweilige Verfassungsordnung anerkannt werden oder nicht.

Zum Teil (z.B. Katz Rn 594) werden, ohne dass damit der naturrechtliche Begriff der Menschenrechte bestritten werden soll, als Menschenrechte auch die Grundrechte bezeichnet, die nach ihrem Wortlaut für alle Menschen gelten (z.B. Art. 3 I: "Alle Menschen sind vor dem Gesetz gleich"). Die Grundrechte, die nur für Deutsche gelten (z.B. Art. 11: "Alle Deutschen genießen Freizügigkeit ... ") werden demgegenüber als Bürgerrechte bezeichnet.

2. GESCHICHTLICHE ENTWICKLUNG DER GRUNDRECHTE

70 Die geschichtliche Entwicklung der Grundrechte ist durch das Streben nach Gerechtigkeit gekennzeichnet. Den Anstoß für Überlegungen zum Inhalt der Gerechtigkeit gaben die Sophisten im 5. Jahrhundert v. Chr., indem sie nicht mehr die Götter, sondern die Menschen zum "Maß aller Dinge" erklärten. Platon (5./4. Jh. v. Chr.) kam als Folge davon zu der Erkenntnis, dass die Menschen nach Anlagen und Fähigkeiten verschieden sind. Aristoteles (4. Jh. v. Chr.) entwickelte diesen Gedanken weiter, indem er die Lehre vertrat, dass die Menschen von Natur aus zum Teil zum Dienen und zum Teil zum Herrschen veranlagt und befähigt seien. Gerechtigkeit herrsche also, wenn diesem Unterschied Rechnung getragen werde. Rechte des einzelnen Individuums, also Grundrechte als individuelle Rechte jedes einzelnen Menschen, waren danach folglich ausgeschlossen.

71 Anders schien es die Philosophie der Stoiker in Rom (3. Jh. v. - 3. Jh. nach Chr.) gesehen zu haben, weil sie alle Menschen von Natur aus für frei und gleich erklärte. Allerdings blieb diese Aussage im Wesentlichen auf den religiös-philosophischen Bereich beschränkt, wirkte sich also - anders als die Lehre von Aristoteles - kaum auf den staatlichen Bereich aus.

72 Das Gleiche gilt für das Christentum, das zwar auch von der Gleichheit und Freiheit der Menschen ausgeht, diese Vorstellung aber primär transzendental, also als Freiheit und Gleichheit vor Gott - aber nicht im weltlichen Sinne - versteht.

73 Individuelle Rechte entwickelten sich erst sehr viel später in England. Die Magna Charta Libertatum von 1215, die manchmal als Grundlage der modernen Grundrechtsentwicklung bezeichnet wird, enthielt jedoch noch keine Garantien individueller Rechte, sondern war eine vertragliche Regelung der Rechte des Adels gegenüber dem König, also eine Regelung der Rechte eines Standes gegenüber einem anderen Stand.

Geschichte der Grundrechte 33

Erst die Reformation mit ihrem Streben nach Religionsfreiheit bewirkte, dass die Freiheit des Individuums langsam aus den ständischen Bindungen herausgelöst wurde. So enthielten erstmals die Habeas Corpus Akte von 1679 und die Bill of Rights von 1689 vereinzelte Rechte, allerdings nicht für jeden Menschen, sondern nur für Engländer. Als erste Verankerung individueller Rechte haben sie aber zur Entwicklung der Grundrechte beigetragen.

Die entscheidenden Impulse jedoch gab die Aufklärung. Sie suchte die Antworten auf die Fragen der Welt nicht im christlichen Offenbarungsglauben, sondern in der Vernunft, die sie als Triebfeder der gesamten Entwicklung der Welt ansah. Dieser unerschütterliche Glaube an die Vernunft wirkte sich auch auf die Staatsphilosophie aus. Deren Vertreter (etwa Rousseau, Montesquieu, Voltaire, Hobbes, Locke, Lessing, Herder) meinten, die Menschen seien von Natur frei und gleich an Rechten. Staaten könnten also vernünftigerweise nur durch einen Vertrag zwischen dem Volk und dem Herrscher entstanden sein. Ziel dieses Gesellschaftsvertrages sei der Schutz der ursprünglichen Freiheit und Gleichheit der Menschen, also der Menschenrechte, oder – anders ausgedrückt – des Naturrechts. Zu seinem Schutz sei dem Herrscher treuhänderisch Herrschaftsmacht übertragen worden. Würde er diese treuhänderische Bindung missbrauchen, so sei das Volk zum Widerstand berechtigt.

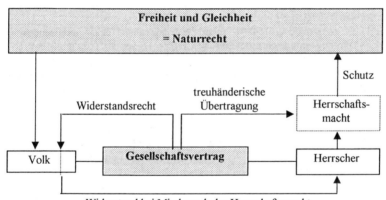

Diese Lehre wurde die Grundlage der amerikanischen und der französischen Revolution und in deren Folge der gesamten modernen Grundrechtsentwicklung in der Welt. Zum erstenmal kommt sie in der Verfassung von Virginia 1776 zum Ausdruck :

„Artikel 1. Alle Menschen sind von Natur aus gleichermaßen frei und unabhängig und besitzen gewisse angeborene Rechte, deren sie, wenn sie den Status einer Gesellschaft annehmen, durch keine Abmachung ihre Nachkommenschaft berauben oder entkleiden können, und zwar den Genuss des Lebens und der Freiheit und dazu die Möglichkeit, Eigentum zu erwerben und zu besitzen und Glück und Sicherheit zu erstreben und zu erlangen.
Artikel 2. Alle Macht kommt dem Volke zu und wird folglich von ihm hergeleitet. Beamte sind seine Treuhänder und Diener und ihm jederzeit verantwortlich.
Artikel 3. Die Regierung ist oder sollte eingerichtet sein für das gemeinsame Beste, für den Schutz und die Sicherheit des Volkes, der Nation oder Allgemeinheit; von all den verschiedenen Arten und Formen der Regierungen ist die die beste, die fähig ist, den höchsten Grad von Glück und Sicherheit zu erzielen, und die am wirksamstem gegen die Gefahr einer Misswirt-

> *schaft gesichert ist; und wenn irgendeine Regierung sich diesen Zwecken nicht gewachsen oder feindlich zeigt, so hat eine Mehrheit der Gemeinschaft ein unbezweifelbares, unveräußerliches und unverletzbares Recht, dieselbe zu reformieren, umzugestalten oder abzuschaffen, so wie es für das allgemeine Wohl am nützlichsten zu erachten ist."*

77 Die gleichen Inhalte mit ähnlichen Formulierungen finden sich in der Folgezeit unter anderem in der Unabhängigkeitserklärung der USA 1776, der französische Menschenrechtserklärung von 1789 und der französischen Verfassung von 1791.

78 In Deutschland wurde die Garantie von Grundrechten vor allem vom liberalen Bürgertum im Kampf gegen die feudale Gesellschaftsordnung und den absolutistischen Polizeistaat gefordert. Diese waren geprägt durch Unfreiheit des Einzelnen, Ungleichheit des Rechts, ständische Privilegien und Willkür des Staates und standen damit der Entfaltung der kapitalistischen Produktion im Wege. Die Forderungen des Bürgertums waren dementsprechend Freiheit, Schutz des Eigentum, Gleichheit und Sicherheit. Freiheit meinte vor allem Vertrags- und Gewerbefreiheit und Freizügigkeit, Eigentum die Garantie des erworbenen Vermögens, Gleichheit vor allem die Abschaffung der ständischen Privilegien, also der Privilegien des Adels wie der Steuerfreiheit. Sicherheit schließlich hieß Schutz gegen willkürliche und nicht vorhersehbare Eingriffe des Staates.

79 Die Paulskirchenversammlung 1848/49 schuf dementsprechend einen umfassenden Katalog liberaler, gegen die Exekutive gerichteter Freiheitsrechte. Dieser, als Teil der nie in Kraft getretenen Paulskirchen-Verfassung konzipiert, wurde jedoch 1851, soweit er Geltung erlangte, wieder aufgehoben, nachdem das Ziel der 1848er Revolution, die Deutsche Reichseinheit auf der Basis von Demokratie und Rechtsstaatlichkeit herzustellen, gescheitert war.

80 Das Bürgertum konnte aber in den deutschen Partikularstaaten eine Beteiligung an der Macht und eine Sicherung seiner - insbesondere wirtschaftlichen - Interessen erreichen. Das erfolgte durch den Erlass von Verfassungen, denen das Prinzip der Gewaltenteilung, die Anerkennung von Grundrechten, die Geltung von allgemeingültigen Gesetzen und die Garantie des Rechtsschutz durch unabhängige Gerichte zugrunde lagen.

81 Die Struktur eines solchen bürgerlich-liberalen Rechtsstaates des 19. Jahrhunderts kann am Beispiel der preußischen Verfassung von 1850 verdeutlicht werden. Hier wurden die Grundrechte als Abwehrrechte gegen die monarchische Exekutive formuliert, also nicht als umfassende den gesamten Staat bindende Menschenrechte. Gesichert wurde die Grundrechtsbindung dadurch, dass die Exekutive nur aufgrund eines Gesetzes in Grundrechte eingreifen konnte. Ausgenommen von der Grundrechtsgeltung und damit auch dem Vorbehalt eines Gesetzes waren die sogenannten "besonderen Gewaltverhältnisse" (wie etwa das Beamtenverhältnis), im Hinblick auf die die Exekutive ein selbständiges Verordnungsrecht behielt. Geschützt wurde die Grundrechtsbindung der Exekutive durch das Preußische Oberverwaltungsgericht.

Der Schutz der Grundrechte war also nicht Ziel des Staates, weil nicht der Staat insgesamt an die Grundrechte gebunden war, sondern nur die Exekutive. Die Grundrechtsgeltung wurde vielmehr auf ein formales Prinzip verkürzt: den Grundsatz der Gesetzmäßigkeit der Verwaltung, ergänzt durch den Grundsatz des Rechtsschutzes vor unabhängigen Gerichten. Der Rechtsstaat wurde zum Gesetzesstaat und damit zum „formellen Rechtsstaat". Das reichte nach damaliger Auffassung aus, weil der Glaube an die inhaltliche Gerechtigkeit des Gesetzgebers unerschütterlich war. Eine Bindung auch des Gesetzgebers an die Grundrechte war deshalb nicht vorgesehen. Gesetze - und nicht die Grundrechte - waren damit die oberste Legitimation.

Zur Veranschaulichung kann folgende Übersicht dienen:

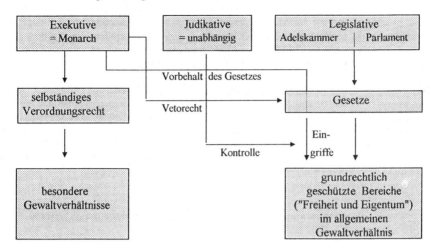

Die Verfassung des Norddeutschen Bundes 1867 und die Reichsverfassung 1871 enthielten - außer der Niederlassungs- und Gewerbefreiheit - keine Grundrechte. Begründet wurde das damit, dass die Grundrechte bereits in den Landesverfassungen, wie insbesondere der preußischen Verfassung (s.o.), garantiert seien.

82

Die Grundrechte der Weimarer Reichsverfassung 1919 waren als Freiheitsrechte - wie in den Verfassungen des 19. Jahrhunderts auch - ihrem Wortlaut nach gegen die Exekutive gerichtet. In Lehre und Rechtsprechung bildete sich jedoch schnell die Meinung heraus, die Freiheitsrechte seien nicht nur - gegen die Exekutive gerichtete - Abwehrrechte, sondern enthielten zum Teil gleichzeitig auch Garantien privatrechtlicher Einrichtungen wie z.B. das Eigentum oder die Ehe. An diesen Charakter der Grundrechte als Einrichtungsgarantien aber sei auch der Gesetzgeber gebunden. Zum Schutz dieser Bindung nahmen der Staatsgerichtshof und das Reichsgericht die Kompetenz für sich in Anspruch, den Reichstag auf diese insoweit bestehende Grundrechtsbindung zu überprüfen. Eine Bindung des Gesetzgebers an Grundrechte in ihrer Eigenschaft als individuelle Abwehrrechte wurde aber auch vom Staatsgerichtshof und vom Reichsgericht nicht erklärt. Erst recht war der verfassungsändernde Gesetzgeber nicht an die Grundrechte gebunden, auch nicht, soweit sie als Einrichtungsgarantien verstanden wurden. Neben den Freiheitsrechten enthielt die Weimarer Reichsverfassung erstmals mehrere soziale Grundrechte. Diese waren jedoch lediglich als Programmsätze ausgestaltet und wurden unabhängig davon aufgrund der wirtschaftlichen und sozialen Entwicklung der Weimarer Republik gegenstandslos. Aber auch die Freiheitsrechte der Weimarer Republik hatten nicht lange Bestand. Anfang 1933 wurden die meisten durch die Reichstagsbrandverordnung des Reichspräsidenten bis auf weiteres, d.h. aufgrund der weiteren Entwicklung auf Dauer, außer Kraft gesetzt.

83

Eine grundlegende Umkehr im Grundrechtsverständnis erfolgte erst 1945. Vor allem aufgrund der Erfahrungen mit dem „Dritten Reich" entwickelte sich eine Renaissance des Naturrechts, also der Vorstellung, jeder Staat sei an die ursprünglichen Menschenrechte auf Freiheit und Gleichheit gebunden. Diese Vorstellung wurde Grundlage der Entstehung und Entwicklung der Vereinten Nationen (s.u. Rn 85). Auch das Grundgesetz bekennt sich seit 1949 in Art. 1 II dazu: „Das Deutsche Volk bekennt sich ... zu unverletzlichen und unveräußerlichen Men-

84

schenrechten als Grundlage jeder menschlichen Gemeinschaft, des Friedens und der Gerechtigkeit in der Welt." Die Konsequenz daraus ist nicht nur die Bindung auch des Gesetzgebers an die - im wesentlichen mit den Menschenrechten identischen - Grundrechte des Grundgesetzes durch Art. 1 III, sondern sogar die Bindung des verfassungsändernden Gesetzgebers an die Menschenrechte durch Art. 79 III („Eine Änderung dieses Grundgesetzes, durch welche die in den Artikeln 1 ... genannten Grundsätze berührt werden, ist unzulässig").

Weiterführende Literatur : Birtsch, Grund- und Freiheitsrechte im Wandel von Gesellschaft und Geschichte 1981; Pieroth, Geschichte der Grundrechte, Jura 1984, 568; Birtsch, Grund- und Freiheitsrechte von der ständischen zur spätbürgerlichen Gesellschaft, 1987; Hartung, Die Entwicklung der Menschen- und Bürgerrechte von 1776 bis zur Gegenwart, 5. Aufl. 1985; Hofmann, Zur Herkunft der Menschenrechtserklärungen, JuS 1988, 841; Gusy, Die Grundrechte in der Weimarer Zeit, Zeitschrift für neuere Rechtsgeschichte 1993, 163; Kröger, Grundrechtsentwicklung in Deutschland – von ihren Anfängen bis zur Gegenwart, 1998; Hofmann, Menschenrechte und Demokratie, JZ 2001, 1

3. INTERNATIONALER UND SUPRANATIONALER SCHUTZ DER GRUNDRECHTE

3.1 internationaler Schutz durch die UNO

85 Die UNO ist bereits mit ihrer Entstehung 1945 durch Art. 1 ihrer Charta auf den Schutz der Menschenrechte verpflichtet worden. Als Folge davon beschloss sie 1948 die Allgemeine Menschenrechtserklärung. Diese ist nicht als verbindliches Völkerrecht, sondern mehr als moralische Zielvorstellung einer künftigen Weltordnung gedacht. Als solche hat sie aber nicht unbedingt weniger Bedeutung erlangt, als wenn sie als Völkerrecht beschlossen worden wäre : Immerhin ist sie u.a. die Grundlage der Dissidentenbewegung im Ostblock in den 80er Jahren gewesen. Ihrem Inhalt nach umfasst sie nicht nur die klassischen bürgerlichen und politischen Grundrechte, sondern auch wirtschaftliche, soziale und kulturelle Rechte :

Art. 1	Bekenntnis zur angeborenen Freiheit und Gleichheit der Menschen an Würde und Rechten
Art. 2	Verbot unterschiedlicher Behandlung hinsichtlich der Wahrnehmung der sich aus der Charta ergebenden Rechte und Freiheiten
Art. 3	Recht auf Leben, Freiheit und Sicherheit der Person
Art. 4	Verbot von Sklaverei und Leibeigenschaft
Art. 5	Verbot von Folter, grausamer, unmenschlicher oder erniedrigender Behandlung oder Strafe
Art. 6	Recht, überall als rechtsfähig anerkannt zu werden.
Art. 7	Gleichheit vor dem Gesetz und Schutz gegen jede Diskriminierung
Art. 8	Anspruch auf Rechtsschutz bei den innerstaatlichen Gerichten gegenüber Grundrechtsverletzungen
Art. 9	Verbot willkürlicher Verhaftung und Ausweisung
Art. 10	Anspruch auf ein gerechtes und öffentliches Verfahren
Art. 11	Unschuldsvermutung, Verbot der rückwirkenden Geltung und Verschärfung von Strafgesetzen

Art. 12	Schutz von Privatleben, Familie, Wohnung, Briefwechsel, Ehre und Ruf
Art. 13	Recht auf Freizügigkeit innerhalb eines Staates und auf Auswanderung
Art. 14	Recht auf politisches Asyl
Art. 15	Schutz der Staatsangehörigkeit
Art. 16	Freiheit der Eheschließung und Familiengründung, Gleichheit von Männern und Frauen in der Ehe, Schutz der Familie
Art. 17	Schutz des Eigentums
Art. 18	Gedanken-, Gewissen- und Religionsfreiheit
Art. 19	Meinungs- und Informationsfreiheit
Art. 20	Versammlungs- und Vereinsfreiheit
Art. 21	allgemeines und gleiches Wahlrecht, Recht auf gleichen Zugang zu öffentlichen Ämtern
Art. 22	Anspruch auf soziale Sicherheit und darauf, in den Genuss der wirtschaftlichen, sozialen und kulturellen Rechte zu gelangen, die für die Würde und die freie Entfaltung der Persönlichkeit unentbehrlich sind
Art. 23	Recht auf freie Berufswahl, gerechte und befriedigende Arbeitsbedingungen, Schutz vor Arbeitslosigkeit, Recht auf gleichen Lohn für gleiche Arbeit, Recht auf gerechte und befriedigende, für eine menschenwürdigen Existenz ausrechende Entlohnung, Recht auf Bildung von Gewerkschaften
Art. 24	Recht auf Erholung, Freizeit, vernünftige Begrenzung der Arbeitszeit und regelmäßigen bezahlten Urlaub
Art. 25	Recht auf angemessenen Lebensstandard und soziale Sicherheit, Anspruch von Müttern und Kindern auf Fürsorge und Unterstützung.
Art. 26	Recht auf eine unentgeltliche grundlegende Bildung; vorrangiges Recht der Eltern, die Art der Bildung für ihre Kinder zu wählen.
Art. 27	Recht, am kulturellen Leben der Gemeinschaft teilzuhaben, sich an den Künsten zu erfreuen und am wissenschaftlichen Fortschritt teilzuhaben. Recht auf Urheberschutz.
Art. 28	Recht auf eine soziale und internationale Ordnung, in der die in dieser Charta enthaltenen Rechte und Freiheiten verwirklicht werden können.
Art. 29	Beschränkungen dieser Rechte und Freiheiten sind nur zulässig zum Schutz der Rechte und Freiheiten Anderer, der Moral, der öffentlichen Ordnung und des allgemeinen Wohls in einer demokratischen Gesellschaft.

Den vollständigen Text finden Sie im Sartorius II und im Internet unter http://www.europa.eu.int.

Dieser Menschenrechtserklärung folgten etliche Menschenrechtskonventionen, die von zahlreichen Staaten – von der Bundesrepublik Deutschland ausnahmslos – in innerstaatliches Recht übernommen worden sind, insbesondere:

allgemeine Grundrechtslehren

- Konvention über die Verhütung und Bestrafung des Völkermordes 1948
- Abkommen über die Rechtsstellung der Flüchtlinge 1951
  Es ist die Grundlage der Asylpraxis der meisten europäischen Staaten. Seine wichtigsten Vorschriften sind bei der Darstellung des Asylrechts des Art. 16 a abgedruckt (> Rn 480)
- Konvention über die politischen Rechte der Frau 1953
- Konvention über bürgerliche und politische Rechte und Konvention über wirtschaftliche, soziale und kulturelle Rechte 1966: Beide Konventionen knüpfen an die Allgemeine Menschenrechtserklärung an, sind aber - in präziser Gesetzessprache formuliert - völkerrechtlich verbindlich und 1976 für alle Unterzeichnerstaaten in Kraft getreten.
- Übereinkommen zur Beseitigung jeder Form von Diskriminierungen der Frauen 1979
- Übereinkommen gegen Folter und andere grausame, unmenschliche oder erniedrigende Behandlung oder Strafe 1984
- Übereinkommen über die Rechte des Kindes 1989

Den Text der Konventionen finden Sie im Sartorius II.

Zur Durchsetzung dieser Menschenrechte sind von der UNO zwar mehrere Organe wie z.B. die Menschenrechtskommission geschaffen worden. Wirksame Machtmittel haben diese Organe aber nie erhalten.

3.2 supranationaler europäischer Schutz

87 Ein wirksamer Schutz der Grundrechte ist dagegen in durch den Europarat und durch die Europäische Union erfolgt. Hierauf wird weiter unten eingegangen, im Einzelnen auf:

- die Europäische Menschenrechtskonvention > Rn 821
- die Grundrechte des EG-Vertrages > Rn 926
- die durch den EuGH entwickelten ungeschriebenen Grundrechte des EG-Rechts > Rn 928
- die Grundrechtscharta 2000 des Europäischen Rates > Rn 933
- die Grundfreiheiten des EG-Vertrages > Rn 935 ff.
- die Rechtsprechung des BVerfG und des EuGH zum Vorrang des EG-Rechts vor den Grundrechten des Grundgesetzes > Rn 958 ff.

88 Dem Schutz der Grundrechte verpflichtet hat sich auch die Organisation für Sicherheit und Zusammenarbeit in Europa (OSZE). Hierauf wird eingegangen unter > Rn 993 ff.

4. NATIONALER SCHUTZ DER GRUNDRECHTE

4.1 Landesverfassungen

89 Alle Landesverfassungen, die vor dem Grundgesetz in Kraft getreten sind (Bayern, Hessen, Rheinland-Pfalz, Bremen) enthalten Grundrechte, meistens sogar umfassende Kataloge. In der Regel sind die Rechte garantiert, die später in das Grundgesetz aufgenommen worden sind, aber auch soziale Grundrechte (wie z.B. Rechte auf Arbeit, Wohnraum oder Arbeitsschutz),

kulturelle Grundrechte (insbesondere bezüglich des Schulwesens) und ökologische Grundrechte (wie z.b. Rechte auf Naturgenuss und auf Zugang zu allen Seen).

Von den Verfassungen, die nach dem Grundgesetz in Kraft getreten sind, enthalten einige keine Grundrechte (Hamburg, Schleswig-Holstein). Andere (Niedersachsen, Nordrhein-Westfalen, Baden-Württemberg) garantieren Grundrechte, überwiegend aber nur solche, die über das Grundgesetz hinausgehen und das Schulwesen betreffen (wie z.b. Rechte auf Bildung, Schulgeld- und Lehrmittelfreiheit), erklären aber im übrigen, dass die Grundrechte des Grundgesetzes auch Inhalt der Landesverfassung sind. Die Verfassungen der neuen Bundesländer und Berlins dagegen enthalten überwiegend umfassende Grundrechtskataloge, die zum Teil die Grundrechte des Grundgesetzes wiederholen, aber auch über sie hinausgehen bzw. sie konkretisieren (z.b. Brandenburg: Rechte auf Würde im Sterben, auf Datenschutz, auf begründeten Bescheid innerhalb angemessener Frist, auf Mitwirkung von Studenten und Beschäftigten an der Hochschulselbstverwaltung, von Bürgerinitiativen auf Information und jedes Bürgers auf umfassende Akteneinsicht).

Das Verhältnis der Grundrechte der Landesverfassungen zu denen des Grundgesetzes regelt Art. 142. Danach bleiben Bestimmungen der Landesverfassungen auch insoweit in Kraft, als sie in Übereinstimmung mit den Art. 1 - 18 Grundrechte gewährleisten. Übereinstimmung in diesem Sinne liegt nach herrschender Meinung nicht nur bei Inhaltsgleichheit, sondern auch bei einem weitergehenden Schutz vor. 90

Weiterführende Literatur: Tjarks, Zur Bedeutung der Landesgrundrechte, 1999

4.2 Grundgesetz

Das Grundgesetz enthält Grundrechte zunächst in dem Grundrechtskatalog des Abschnitts I in den Art. 1 bis 19. Aber auch an anderer Stelle finden sich Rechte, über deren Rechtscharakter man sich streiten könnte: Art. 93 I Nr. 4 a eröffnet die Verfassungsbeschwerde, wenn jemand behauptet, „in einem seiner Grundrechte oder in einem seiner in Artikel 20 Abs. 4, 33, 38, 101, 103 und 104 enthaltenen Rechte verletzt zu sein". Aus dieser Formulierung kann nun aber nicht abgeleitet werden, dass es sich bei diesen „Rechten" nicht um echte Grundrechte handelt. Die systematische Auslegung ergibt, dass diese Rechte nicht in den Katalog, sondern an späterer Stelle aufgenommen wurden, weil sie dort systematisch besser hingehören: beispielsweise der gleiche Zugang zu jedem öffentlichen Amt in Art. 33, die Vorschrift über den öffentlichen Dienst; das Wahlrecht in Art. 38, die erste Vorschrift über den Bundestag; die Rechte des Art. 104 mit dem Richtervorbehalt im Abschnitt über die Rechtsprechung usw.. Auch teleologisch ergibt sich, dass zumindest die meisten dieser Rechte echte Grundrechte sind. Beispiele: Art. 33 I ist – wie Art. 3 II und III auch – eine Konkretisierung des Gleichheitssatzes des Art. 3 I; Art. 104 regelt Freiheitsentziehungen und damit besonders schwere Freiheitsbeschränkungen des Art. 2 II 2; das Wahlrecht des Art. 38 ist die Grundlage jeder Demokratie; das Widerstandsrecht des Art. 20 IV ist eines der ältesten Menschenrechte. Die historische Auslegung bestätigt dieses Ergebnis: Als die Nr. 4 a im Jahr 1969 in Art. 93 eingefügt wurde, war man sich über den Grundrechtscharakter dieser Rechte bis auf zwei Ausnahmen einig: Art. 101 und 103. 91

BVerfGE 21, 373: „Sie gehören formell nicht zu den Grundrechten i.S.d. Art. 19. Sie gewähren auch inhaltlich keine Individualgarantien wie die Art. 1 bis 17, sondern enthalten objektive Verfahrensgrundsätze, die für jedes gerichtliche Verfahren gelten und daher jedem zugute kommen müssen, der nach den Verfassungsnormen parteifähig ist oder von dem Verfahren unmittelbar betroffen wird".

Weil man also wegen Art. 101 und 103 alle in Art. 93 I Nr. 4 a genannten Rechte nicht einheitlich bezeichnen konnte, wurde die Formulierung „Rechte" gewählt, zumal es für die Einräumung der Verfassungsbeschwerde auf die genaue Bezeichnung nicht ankam. Bis auf Art. 101 und 103 sind also alle genannten Rechte echte Grundrechte, für die z.B. auch die Garantien des Art. 19 gelten (BVerfGE 21, 373).

Repetitorium : Rn 1009

5. ARTEN UND FUNKTIONEN DER GRUNDRECHTE

Es sind folgende Arten und Funktionen der Grundrechte zu unterscheiden:

- subjektiv-öffentliche (d.h. einklagbare) Rechte als Abwehrrechte
- Mitwirkungsrechte,
- Leistungs- und Teilhaberechte,
- Einrichtungsgarantien,
- objektive Wertentscheidungen.

Diese verschiedenen Aspekte stehen nicht etwa nebeneinander. Sie überschneiden und ergänzen sich vielmehr. Die einzelnen Grundrechte haben somit in aller Regel einen mehrdimensionalen Charakter (in der folgenden Übersicht mit einer gestrichelten Linie gekennzeichnet), der eine Verstärkung ihrer Geltungskraft bewirkt.

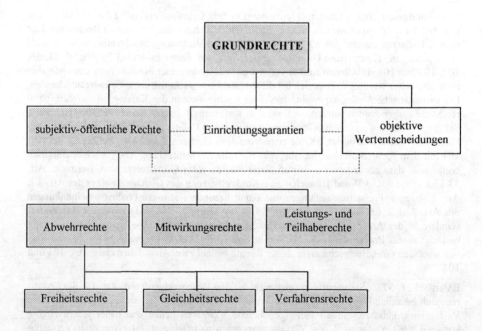

Arten und Funktionen der Grundrechte

5.1 Abwehrrechte

Grundrechte als Abwehrrechte verbieten dem Staat ein bestimmten Verhalten und wehren es damit ab. Das ist die Zielsetzung der Grundrechte, die im 18. und 19. Jahrhundert vom Bürgertum gegen die Monarchie erkämpft wurden. Dieser Abwehrcharakter ist aber auch heute noch eine wichtige, wenn nicht die wichtigste Funktion der Grundrechte.

93

Bei den Abwehrrechten lassen sich drei Gruppen unterscheiden:

94

- Freiheitsrechte verbieten unzulässige Eingriffe in die von ihnen garantierten Freiheitsbereiche. Freiheitsrechte enthalten die Art. 2, 4, 5, 6 II, 7 II, IV, 8 - 14 (zum Teil, z.B. Katz Rn 573, werden nur die Freiheitsrechte als Abwehrrechte bezeichnet)
- Gleichheitsrechte verbieten unzulässige Ungleich- bzw. Gleichbehandlungen. Gleichheitsrechte enthalten die Art. 3, 21 (Chancengleichheit), 33 I, III und 38 I (Wahlgleichheit)
- Verfahrensrechte verbieten eine andere als die geregelte Art des Verfahrens. Verfahrensrechte enthalten die Art. 16, 17, 20 IV, 19 IV und 101 - 104.

Die Abwehrfunktion der Grundrechte kann am besten am Beispiel der Freiheitsrechte aufgezeigt werden:

95

- Droht eine Verletzung, d.h. ein ungerechtfertigter Eingriff, so ergibt sich aus dem Freiheitsrecht ein Unterlassungsanspruch (BVerwGE 71, 109)
  Beispiel : Anspruch auf Nichtdurchführung der angedrohten Ausweisung

- Ist eine Verletzung bereits eingetreten und stellt sie eine andauernde Beeinträchtigung des Grundrechts dar, so ergibt sich aus dem Freiheitsrecht ein Beseitigungsanspruch (BVerwGE 75,115)
  Beispiel : Anspruch auf Widerruf ehrverletzender Äußerungen

- Unterlassungs- und Beseitigungsansprüche können im Wege des gerichtlichen Rechtsschutzes eingeklagt werden (also gegenüber Verwaltungs- und Realakten durch eine verwaltungsgerichtliche Klage und gegenüber Urteilen und Beschlüssen durch die entsprechenden Rechtsmittel und durch die Verfassungsbeschwerde).

5.2 Mitwirkungsrechte

gewähren Rechte auf Mitwirkung im Staat. Zu ihnen gehören vor allem die Art. 33 I - III und 38 GG; Dazu zu rechnen sind wohl auch Art. 17 (der von Katz - Rn 597 - als Abwehrrecht behandelt wird) und Art. 20 IV.

96

5.3 Leistungs- und Teilhaberechte

Leistungs- bzw. Teilhaberechte zielen darauf ab, die Rechts- oder Interessensphäre zu erweitern, insbesondere einen Anspruch auf eine Geld- oder Sachleistung einzuräumen.
Beachte : Der Begriff der Leistung ist hier enger als sonst, z.B. im BGB (§ 241) oder in der VwGO (allgemeine Leistungsklage), da grundrechtliche Leistungsrechte nicht auf Beseitigung und Unterlassung gerichtet sind.

97

5.3.1 ORIGINÄRE LEISTUNGSRECHTE

98 Originäre Leistungsansprüche sind ausdrücklich nur geregelt in

- Art. 6 IV : Anspruch von Müttern auf Fürsorge der Gemeinschaft (der heute - da in zwischen durch das Mutterschutzgesetz konkretisiert - keine praktische Bedeutung mehr hat).
- Art. 16 a : Anspruch politische Verfolgter auf Asyl
- Art. 33 II : Recht auf gleichen Zugang zu jedem öffentlichen Amt
- Art. 101 I 1 : Anspruch auf den gesetzlichen Richter
- Art. 103 I : Anspruch auf rechtliches Gehör

99 Im übrigen lässt sich ein unmittelbarer Leistungsanspruch ausnahmsweise in solchen Fällen denken, in denen auch unter dem Gesichtspunkts des Abwehrcharakters der Grundrechte die entsprechende Leistung notwendig ist, insbesondere um die „drohende Lahmlegung" (BVerwGE 27, 361) des betreffenden Grundrechts zu verhindern.

Beispiele :

- Art. 1 I (oder einem speziellen Freiheitsrecht in Verbindung mit Art. 1 I) : Anspruch auf Schutz durch den Staat bei Gefährdung der Menschenwürde (BVerfGE 82, 85)
- Art. 2 I oder ein spezielles Grundrecht: Stellt der Staat ein bestimmtes grundrechtsrelevantes Verhalten unter Erlaubnisvorbehalt (z.B. Bau eines Hauses), so muss er in den Fällen, in denen eine Versagung der Erlaubnis nicht gerechtfertigt ist, einen Anspruch auf die Erlaubnis einräumen. Tut er das nicht, ergibt sich ein solcher Anspruch direkt aus dem Grundrecht (BVerfGE 20, 155).
- Art. 2 II oder ein anderes hochrangiges Freiheitsrecht : Anspruch auf Schutz durch den Staat bei Gefährdungen (BVerfGE 81, 255). Dabei ist allerdings zu beachten, dass der Staat, insbesondere der Gesetzgeber, hinsichtlich der Entscheidung über Art und Umfang des Schutzes einen weiten Ermessensspielraum besitzt (s.u. Rn 114).
- Art. 3 I i.V.m. dem Rechtsstaats- und dem Sozialstaatsprinzip : Anspruch auf Gewährung von Prozesskostenhilfe für Unbemittelte, um den Zugang zu den Gerichten zu ermöglichen (BVerfGE 81, 347).
- Art. 7 IV : Anspruch von Privatschulen auf staatliche Förderung, weil ohne eine solche Förderung das Grundrecht aus Art. 7 IV nicht effektiv wahrgenommen werden könnte (BVerwGE 70, 290; 74, 134; BVerfGE 75, 40).
- Art. 17 : Anspruch auf einen Petitionsbescheid
- Art. 19 IV : Anspruch auf Tätigwerden eines Gerichts

In solchen Ausnahmefällen richtet sich der Anspruch aber in der Regel nur auf den Erlass gesetzlicher Vorschriften über Art und Umfang der Gewährung der Leistung. Nur wenn eine solche gesetzliche Regelung fehlt und sich der Anspruch auch ohne eine gesetzliche Regelung hinreichend genau bestimmen lässt, lässt sich unmittelbar aus dem Grundrecht ein Anspruch gegen die Verwaltung ableiten.

100 Im übrigen besteht Einigkeit darin, dass sich aus Gleichheits- und insbesondere Freiheitsrechten keine weitergehenden originären Leistungsrechte ableiten lassen. So ergibt sich etwa aus Art. 12 kein Anspruch auf einen Arbeitsplatz (BVerfGE 91, 166 f) und aus Art. 14 kein Anspruch

auf Verschaffung von Eigentum. Solche sozialen Grundrechte scheitern daran, dass Leistungsrechte nur im Rahmen des Möglichen und nach sorgfältiger Abwägung der öffentlichen Interessen und der privaten Interessen gewährt und daher grundsätzlich nur durch den Gesetzgeber geschaffen werden können, der dabei einen weiten Spielraum besitzt (BVerfGE 33, 333). In aller der Regel werden daher originäre Leistungsansprüche ausdrücklich abgelehnt.

Beispiele:
- kein Anspruch aus der Pressefreiheit des Art. 5 I 2 auf Auskunft gegenüber einer öffentlich-rechtlichen Rundfunkanstalt (BVerwGE 70, 310).
- kein Anspruch aus der Wissenschaftsfreiheit des Art. 5 III auf Akteneinsicht und Auskunft zu wissenschaftlichen Zwecken gegenüber Behörden (BVerwG DÖV 1986, 475)
- kein Anspruch aus der Meinungs- und Versammlungsfreiheit der Art. 5 und 8 auf Erstattung von Fahrkosten für eine Sozialhilfeempfängerin mit vier Kindern, die an einer Demonstration gegen die Kürzung von Sozialhilfeleistungen teilgenommen hat (BVerwGE 72, 118).

5.3.2 derivative Leistungs-/Teilhaberechte

Von derivativen Leistungs- bzw. Teilhaberechten spricht man, wenn der Staat im Anwendungsbereich eines Grundrechts Leistungen gewährt und es nach Sinn und Zweck des Grundrechts geboten ist, ein Recht auf diese Leistungen auch anderen als den begünstigten Personen zu gewähren. 101

5.3.2.1 Leistungsrechte

Ausgangspunkt ist dabei Art. 3 I. Ein Anspruch aus Art. 3 I setzt voraus, dass der Staat Leistungen gewährt und bestimmte Personen ohne sachlich gerechtfertigten Grund davon ausschließt. Solange der Staat die Leistungen gewährt, ist er verpflichtet, sie auch diesen Personen zu gewähren (BVerfGE 45, 386; BVerwGE 55, 349). 102

Schließt dagegen der Gesetzgeber in gleichheitswidriger Weise bestimmte Personengruppen von Begünstigungen aus, so können diese nicht ohne weiteres auch die Begünstigung verlangen. Wegen des gesetzgeberischen Ermessens kann hier nur festgestellt werden, dass das Gesetz gegen Art. 3 I verstößt. Wie der Gesetzgeber diesen Verfassungsverstoß heilt, ist seinem Ermessen überlassen. Nur wenn feststeht, dass er die Begünstigung bestehen lassen will, ist ein Gleichbehandlungsanspruch nach Art. 3 I begründet (im Einzelnen s.u. Rn 305).

Zu beachten ist schließlich, dass Art. 3 I einen Anspruch nur auf Gleichheit im Recht, nicht aber im Unrecht einräumt (vgl. Rn 302).

5.3.2.2 Teilhaberechte

Eine besondere Rechtsprechung hat sich entwickelt, soweit der Leistungsanspruch auf Teilhabe an einer staatlichen Einrichtung gerichtet ist. 103

Hintergrund (nach BVerfGE 33, 330) :

"Der verfassungsrechtliche Grundrechtsschutz erschöpft sich indessen nicht in der den Freiheitsrechten herkömmlich beigemessenen Schutzfunktion gegen Eingriffe der öffentlichen Gewalt. Das Bundesverfassungsgericht hat mehrfach ausgesprochen, dass die Grundrechte zugleich als objektive Normen eine Wertordnung statuieren, die als verfassungsrechtliche Grundentscheidung für alle Bereiche des Rechts Geltung beansprucht. Je stärker der moderne Staat sich der sozialen Sicherung und kulturellen Förderung zuwendet, desto mehr tritt im Verhältnis zwischen Bürger und Staat neben das ursprüngliche Postulat grundrechtlicher

> Freiheitssicherung gegenüber dem Staat die komplementäre Forderung nach grundrechtlicher Verbürgung der Teilhabe an staatlichen Leistungen."

104 Rechtsgrundlage (nach BVerfGE 33, 330):
ist das jeweilige Freiheitsrecht in Verbindung mit Art. 3 I und dem Sozialstaatsprinzip (BVerfGE 33, 330).

105 Voraussetzungen (nach BVerfGE 33, 330):
- Eine öffentliche Einrichtung ist der Allgemeinheit zur Verfügung gestellt.
  Beispiele : Universität, Stadtreinigung, Nahverkehrsunternehmen

- Der Staat besitzt in diesem Bereich ein faktisches Monopol, so dass die Grundrechtsverwirklichung im Wesentlichen nur durch Zugang zu der Einrichtung erfolgen kann.
  Beispiele : Die Grundrechtsverwirklichung nach Art. 12, einen akademischen Beruf zu ergreifen, kann im Wesentlichen nur im Wege des Studiums an einer staatlichen Universität erfolgen. Die Fortbewegung über längere Strecken kann ohne eigenes Kfz nur unter Benutzung öffentlicher Verkehrsmittel erfolgen.

106 Rechtsfolge (nach BVerfGE 33, 330 f.):
- Anspruch auf gleichen Zugang und gleiche Beteiligung :
  - Anspruch auf ein dem Art. 3 I entsprechendes, d.h. nach sachgerechten Kriterien ausgestaltetes Auswahlverfahren (beim Hochschulzugang : Abiturnote, soziale Gesichtspunkte, Wartezeit, Ausländerquote usw.)

  - Anspruch auf Ausschöpfung aller Kapazitäten
  (Würden sie nicht voll ausgeschöpft, würde es bzgl. des Hochschulzugangs zwischen den Studienplatzinhabern und den Nicht-Studienplatzinhabern zu einer Ungleichbehandlung kommen, die mit der Begründung, es gebe keine Kapazitäten mehr, sachlich nicht gerechtfertigt wäre.)

- Anspruch auf Erweiterung der Kapazitäten der Einrichtung nur "unter dem Vorbehalt des Möglichen im Sinne dessen, was der Einzelne vernünftigerweise von der Gesellschaft beanspruchen kann. Dies hat in erster Linie der Gesetzgeber in eigener Verantwortung zu beurteilen, der bei seiner Haushaltswirtschaft auch andere Gemeinschaftsbelange zu berücksichtigen und nach der ausdrücklichen Vorschrift des Art. 109 Abs. 2 GG den Erfordernissen des gesamtwirtschaftlichen Gleichgewichts Rechnung zu tragen hat ...". Ein unbeschränkter Anspruch auf Erweiterung der Kapazitäten liefe auf ein Missverständnis von Freiheit hinaus, bei dem verkannt würde, dass sich persönliche Freiheit auf die Dauer nicht losgelöst von Funktionsfähigkeit und Gleichgewicht des Ganzen verwirklichen lässt und dass ein unbegrenztes subjektives Anspruchsdenken auf Kosten der Allgemeinheit unvereinbar mit dem Sozialstaatsgedanken ist. Es würde dem Gebot sozialer Gerechtigkeit, das sich im Gleichheitssatz konkretisiert, geradezu zuwiderlaufen, die nur begrenzt verfügbaren öffentlichen Mittel unter Vernachlässigung anderer wichtiger Gemeinschaftsbelange bevorzugt einem privilegierten Teil der Bevölkerung zugute kommen zu lassen" (BVerfGE 33, 330 f.).

5.4 Einrichtungsgarantien

107 Die Lehre, dass Grundrechte zum Teil - neben ihrem Charakter als subjektive Abwehrrechte - auch Einrichtungsgarantien sind, ist in der Weimarer Zeit entwickelt worden, um die Bindung

Arten und Funktionen der Grundrechte

des Gesetzgebers an die Grundrechte zu begründen (s.o. Rn 83). Diese Lehre ist auch unter der Geltung des Grundgesetzes im Sinne einer grundrechtserweiternden Funktion beibehalten worden, obwohl das angesichts der Grundrechtsbindung des Gesetzgebers nach Art. 1 III nicht zwingend war.

Einrichtungsgarantien sind geschichtlich gewordene privatrechtliche Rechtsinstitute (= Institutsgarantien) und öffentlich-rechtliche Einrichtungen (institutionelle Garantien).

Beispiele :
- Presse, Rundfunk, Wissenschaft, Art. 5
- Ehe und Familie, Art. 6
- Privatschulen, Art. 7 IV
- privates Vereinswesen, Art. 9 I
- Tarifautonomie, Art. 9 III
- Eigentum und Erbrecht, Art. 14
- kommunale Selbstverwaltung, Art. 28 II
- Berufsbeamtentum, Art. 33 V
- Kirchen, Art. 140

Bei einigen Grundrechten ist es umstritten, ob sie auch objektive Einrichtungen garantieren, so z.B. bzgl. Art. 5 I : Pressefreiheit = auch Institut der freien Presse oder deren institutioneller Eigenständigkeit ? (vgl. Bonner Kommentar Rn 88 ff.; BVerfGE 66, 133f.) oder bzgl. Art. 5 III : Wissenschaft = auch Institution der Universitäten? (vgl. Oppermann Hdb. StR VI 837 ff.)

Keinesfalls darf bereits aus der objektiven Formulierung eines Grundrechts auf den Schutz einer objektiven Einrichtung geschlossen werden: z.B. "die Freiheit der Kunst" oder "das Brief-, Post- und Fernmeldegeheimnis".

Die rechtliche Bedeutung der Einrichtungsgarantien besteht in zweierlei: 108

- Zum einen dürfen Einrichtungsgarantien weder abgeschafft noch in ihren wesentlichen Strukturen angetastet werden (BVerfGE 24, 389).
- Zum anderen ist der Staat verpflichtet, den zur Verwirklichung der Einrichtungsgarantien nowendigen Normenkomplex zu schaffen, zum Beispiel für das Eigentum Übertragungs- und Schutzvorschriften wie die §§ 929 ff., 985, 1004 BGB und für Ehe und Familie das Familienrecht des BGB.

Subjektive Rechte des Einzelnen können aus den Charakter eines Grundrechts als Einrichtungsgarantie dagegen nicht abgeleitet werden.

5.5 objektive Wertentscheidungen

Neben dem Charakter als Einrichtungsgarantien hat das BVerfG seit Anbeginn seiner Rechtsprechung Grundrechten eine weitere objektiv-rechtliche Bedeutung zuerkannt. Es bezeichnet die Grundrechte als "verfassungsrechtliche Grundentscheidungen" (E 39, 41), "objektive Wertentscheidungen" (E 49, 142), "wertentscheidende Grundsatznormen" (E 80, 93) oder "objektive Grundentscheidungen" (E 81, 254) und die Gesamtheit der Grundrechte als "objektive 109

Wertordnung" (E 7, 204). Dadurch verstärkt das BVerfG die subjektiv-rechtliche Bedeutung der Grundrechte, indem es den Abwehrcharakter insbesondere der Freiheitsrechte erweitert.

110 Diese objektiv-rechtliche Verstärkung der Grundrechte hat folgende Auswirkungen :

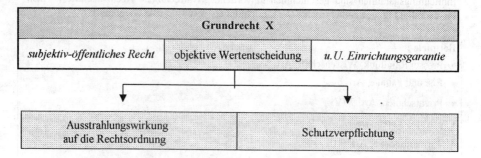

5.5.1 AUSSTRAHLUNGSWIRKUNG AUF DIE RECHTSORDNUNG

111
BVerfGE 7, 204 : „Ohne Zweifel sind die Grundrechte in erster Linie dazu bestimmt, die Freiheitssphäre des Einzelnen vor Eingriffen der öffentlichen Gewalt zu sichern; sie sind Abwehrrechte des Bürgers gegen den Staat. Ebenso richtig ist aber auch, dass das Grundgesetz, das keine wertneutrale Ordnung sein will, in seinem Grundrechtsabschnitt auch eine objektive Wertordnung aufgerichtet hat. Dieses Wertsystem, das seinen Mittelpunkt in der innerhalb der sozialen Gemeinschaft sich frei entfaltenden menschlichen Persönlichkeit und ihrer Würde findet, muss als verfassungsrechtliche Grundentscheidung für alle Bereiche des Rechts gelten; Gesetzgebung, Verwaltung und Rechtsprechung empfangen von ihm Richtlinien und Impulse"

Für die Verwaltung und die Rechtsprechung bedeutet das: Sie haben, da viele Rechtsnormen unbestimmte Rechtsbegriffe enthalten und Ermessen einräumen, bei der Auslegung und Anwendung einen erheblichen Spielraum, den sie wegen ihrer Bindung an die Grundrechte nur grundrechtskonform ausfüllen dürfen (BVerfGE 8, 221). Diese grundrechtskonforme Auslegung gilt zunächst für die öffentlich-rechtlichen Normen, die das Verhältnis des Staates zu den Bürgern regeln. Hier allerdings wäre der Rückgriff auf die Grundrechte als objektive Wertentscheidungen nicht nötig, da insoweit die Ausstrahlungswirkung der Grundrechte bereits aus ihrer Eigenschaft als - Verwaltung und Rechtsprechung bindenden - höherrangiges Verfassungsrecht folgt (vgl. Art. 1 III). Das BVerfG ist darüber hinausgegangen und hat die Ausstrahlungswirkung der Grundrechte auch in einem Bereich bejaht, in dem sie ihrer klassischen Funktion nach gar nicht gelten: im Zivilrecht. Hierauf wir näher unten Rn 149 ff. unter „mittelbarer Drittwirkung" eingegangen. Auf die dortigen Ausführungen sei daher an dieser Stelle verwiesen.

5.5.2 SCHUTZVERPFLICHTUNGEN FÜR DEN STAAT

5.5.2.1 Begründung und Folge von Schutzpflichten

112 Aus dem Wertgehalt der Grundrechte folgert das BVerfG insbesondere die Pflicht aller staatlichen Organe, sich schützend und fördernd vor die in den Grundrechten enthaltenen Rechtsgüter zu stellen und sie vor rechtswidrigen Eingriffen - den Staaten selbst oder Dritter - zu bewahren (BVerfG NJW 81, 165 f).

Konkret besteht eine solche Schutzpflicht, wenn der Einzelne auf Hilfe durch den Staat angewiesen ist. Je bedeutsamer ein Schutz ist und je weniger sich der Betroffene wehren kann, desto höher ist die staatliche Schutzpflicht. In jedem Fall besteht eine Schutzpflicht, wenn ohne die Hilfe des Staates das Grundrecht "entgegen dem Willen des Grundgesetzes zum Erliegen käme" (BVerwGE 27, 361).

Beispiel : keine oder schwache Schutzpflicht, wenn Rechtsschutz durch Gerichte möglich ist; starke Schutzverpflichtung bei einer akuten Lebengefährdung

Über die Art und Weise, wie eine Schutzpflicht zu erfüllen ist, "haben in erster Linie die staatlichen Organe in eigener Verantwortung zu entscheiden" (BVerfG NJW 1981,1658). Die konkrete Entscheidung hängt dabei von vielen Faktoren ab, insbesondere von der Art, der Nähe und dem Ausmaß der drohenden Gefahr, von der Art und dem Rang der beteiligten staatlichen und privaten Interessen sowie von den schon vorhandenen Regelungen und den schon getroffenen Maßnahmen (BVerfGE 56,78).

Beispiele : Beim Schutz des ungeborenen Lebens ist der Spielraum so eng, dass das BVerfG den Gesetzgeber sogar zum Erlass von Strafvorschriften verpflichtet hat (E 39, 1). Beim Schutz des (geborenen) Lebens vor Gefahren, die sich aus der Lagerung von chemischen Waffen ergeben können, ist der Spielraum dagegen sehr weit. Hier ist notwendig, dass „die öffentliche Gewalt Schutzvorkehrungen entweder überhaupt nicht getroffen hat oder dass offensichtlich die getroffenen Regelungen und Maßnahmen gänzlich ungeeignet oder völlig unzulänglich sind, das Schutzziel zu erreichen" (BVerfGE 77, 215).

5.5.2.2 Bedeutung insbesondere für die Verwaltung

Die Verwaltung kann eine Schutzpflicht nur erfüllen, wenn die Voraussetzungen des Gesetzesvorbehalts bezogen auf den Störer vorliegen.

113

Beispiel : Eingriffsermächtigungen nach den Sicherheits- und Ordnungsgesetzen der Länder

Sofern eine gesetzliche Regelung vorhanden ist, kann die Schutzpflicht

- bei unbestimmten Rechtsbegriffen zur verfassungskonformen Auslegung zwingen

    Beispiel : Die Überlastung der Justiz ist kein „wichtiger Grund" zur Fortsetzung der Untersuchungshaft über ein halbes Jahr hinaus (s.o. Rn 198)

- bei Ermessen ermessensreduzierend wirken.

    Beispiel : Verpflichtung der Polizei, einem wehrlosen Opfer zu helfen

Droht ein Grundrecht zum Erliegen zu kommen, ist die Verwaltung verpflichtet, die Leistungen zu gewähren, die notwendig ist, damit "die drohende Lahmlegung (des) Freiheitsrechts abgewendet wird" (BVerwGE 27, 361).

Beispiel : Sozialhilfe zur Erhaltung der Menschenwürde

5.5.2.3 Bedeutung insbesondere für den Gesetzgeber

(1) Verpflichtung zum Schutz gegen Störer

Der Gesetzgeber hat ein besonders weites Ermessen, wenn es um den Schutz der Grundrechte geht, weil „es regelmäßig eine höchst komplexe Frage ist, wie eine positive staatliche Schutz- und Handlungspflicht, die erst im Wege der Verfassungsinterpretation aus den in den Grundrechten verkörperten Grundentscheidungen hergeleitet wird, durch aktive gesetzgeberische Maßnahmen zu verwirklichen ist ... Die Entscheidung, die häufig Kompromisse erfordert, gehört nach dem Grundsatz der Gewaltenteilung und dem demokratischen Prinzip in die Verant-

114

wortung des vom Volk unmittelbar legitimierten Gesetzgebers und kann vom BVerfG in der Regel nur begrenzt nachgeprüft werden, sofern nicht Rechtsgüter von höchster Bedeutung auf dem Spiele stehen" (BVerfGE 56, 81; NJW 1988, 3266).

Schutzverpflichtungen des Gesetzgebers werden insbesondere dann bedeutsam, wenn die Verwaltung mangels Eingriffsgesetzes nicht gegen den Störer vorgehen kann.

Beispiel: keine Stillegung eines Kernkraftwerkes wegen des vorhandenen Restrisikos, da keine bevorstehende Gefahr i.S.d. Sicherheits- und Ordnungsgesetze

Eine Schutzpflicht kann sich dabei nicht nur auf ein erstmaliges Handeln richten, sondern auch eine Nachbesserungspflicht erzeugen, insbesondere dann, "wenn der Staat durch die Schaffung von Genehmigungsvoraussetzungen und durch die Erteilung von Genehmigungen eine eigene Mitverantwortung für etwaige Grundrechtsbeeinträchtigungen übernommen hat" (BVerfGE 53, 58).

Beispiel: neue und anerkannte wissenschaftliche Erkenntnisse über eine erhebliche Verbesserung der Sicherheit von Kernkraftwerken

Bei einer in Betracht kommenden Nachbesserungspflicht gilt: Hier kann das BVerfG einen Verfassungsverstoß erst dann feststellen, „wenn evident ist, dass eine ursprünglich rechtmäßige Regelung wegen zwischenzeitlicher Änderung der Verhältnisse verfassungsrechtlich untragbar geworden ist und der Gesetzgeber gleichwohl weiterhin untätig geblieben ist oder offensichtlich fehlsame Nachbesserungsmaßnahmen getroffen hat" (BVerfGE 56, 81). Einen solchen Verfassungsverstoß hat das BVerfG noch nie festgestellt, aber bereits häufig abgelehnt, z.B. E 65, 55 (Fluglärm), NJW 1966, 651 (Gefährdung durch die Ozonkonzentration).

(2) Verpflichtung zur Ermöglichung des Grundrechtsgebrauchs durch Schaffung von Organisations- und Verfahrensgarantien

115 Der in der Rechtsprechung des BVerfG jüngste Aspekt zur Ausdehnung des Anwendungsbereichs der Grundrechte besteht darin, dass das Gericht aus einzelnen Grundrechten Organisations- und Verfahrensgarantien ableitet, soweit diese zur effektiven Wahrnehmung der betreffenden Grundrechte notwendig sind. Dabei geht es davon aus, dass ein "ordnungsgemäßes Verfahren" oft die entscheidende Grundlage für die Durchsetzung eines Grundrechts ist.

Beispiele:
- zu Art. 2 I: Organisations- und Verfahrensvorkehrungen zum Schutz des Rechts auf informationelle Selbstbestimmung (E 65, 49 f) > Datenschutzgesetze des Bundes und der Länder (vgl. Rn 255)
- zu Art. 5 I: Erlass einer Rundfunkordnung zur Gewährleistung der Rundfunkfreiheit (E 57, 319) > Mediengesetze der Länder (vgl. Rn 343)
- zu Art. 16 a: wirksames Verfahren zur Überprüfung von Asylanträgen (E 56, 235) > Asylverfahrensgesetz des Bundes (vgl. Rn 494)

5.5.2.4 Bedeutung insbesondere für den Grundrechtsträger

116 Dieser hat in jedem Fall einen Anspruch auf fehlerfreie Ermessensausübung. Gegenüber dem Gesetzgeber geht dieser allerdings nur dahin, dass dieser Vorkehrungen zum Schutz der Grundrechte trifft, "die nicht gänzlich ungeeignet oder völlig unzulänglich sind" (BVerfGE 77, 215). Einen Anspruch gegen die Verwaltung auf eine konkrete Maßnahme hat er nur, wenn eine Verpflichtung zum Handeln besteht, insbesondere das Ermessen soweit reduziert ist, dass nur diese konkrete Maßnahme verfassungsgemäß ist.

Repetitorium zu Arten und Funktionen der Grundrechte: Rn 1010

Weiterführende Literatur: Böckenförde, Grundrechtstheorie und Grundrechtsinterpretation, NJW 1974, 1529; Bethge, Aktuelle Probleme der Grundrechtsdogmatik, Staat 1985, 351; Alexy, Grundrechte als subjektive Rechte und als objektive Normen, Staat 1990, 49; Dietlein, Die Lehre von den grundrechtlichen Schutzpflichten, 1992; Dreier, Subjektiv- und objektiv-rechtliche Grundrechtsgehalte, Jura 1994, 505; Heintschel v. Heinegg/Haltern, Grundrechte und Leistungsansprüche des Bürgers gegenüber dem Staat, JA 1995, 305; Jean'Heur, Grundrechte im Spannungsfeld zwischen subjektiven Freiheitsgarantien und objektiven Grundsatznormen, JZ 1995, 161; Mayer, Die Nachbesserungspflicht des Gesetzgebers, 1996; Borowski, Grundrechte als Prinzipien, 1998; Rohr, Der grundrechtliche Schutzanspruch, DVP 1999, 227

6. GRUNDRECHTSBERECHTIGUNG

Bei ihr geht es um die Frage, ob der Betreffende überhaupt berechtigt ist, sich auf das Grundrecht zu berufen. Dabei sind verschiedene Aspekte zu unterscheiden:

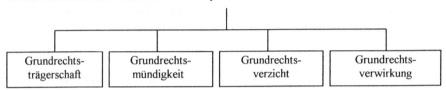

6.1 Grundrechtsträgerschaft

Bei der Grundrechtsträgerschaft geht es um die Frage, ob eine Person oder Vereinigung Träger eines bestimmten Grundrechts ist.

117

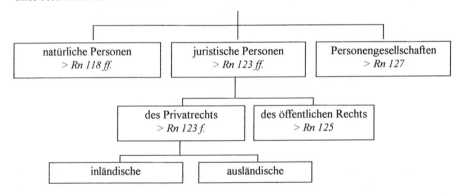

6.1.1 NATÜRLICHE PERSONEN

6.1.1.1 Grundsatz

Bei natürlichen Personen entspricht die Grundrechtsträgerschaft der Rechtsfähigkeit (vgl. § 1 BGB). Jede natürliche Person ab Vollendung der Geburt besitzt sie daher.

118

6.1.1.2 Ausnahmen

(1) Ausländer:
Bestimmte Grundrechte (Art. 8, 9, 11, 12) gelten nicht für Ausländer. Diese können sich in diesen Fällen aber auf Art. 2 I berufen, wobei dieser jedoch wertungsmäßig einen geringeren Schutz bietet (BVerfGE 78, 196 f; ablehnend z.B. Maurer Rn 30). Im Einzelnen siehe hierzu Rn 248. Hiervon zu unterscheiden ist:

119

- Die Geltung unterverfassungsrechtlicher Normen für Ausländer. So genießen z.B. nach Art. 11 EMRK, § 1 I VersG und § 1 VereinsG auch Ausländer Versammlungs- und Vereinigungsfreiheit.
- Die Geltung von Grundrechten des EU-Rechts für Ausländer: z.B. Niederlassungs- oder Dienstleistungsfreiheit (vgl. Rn 939 ff., 944 ff).

120   (2) noch nicht geborene Menschen (Embryo, nasciturus):
Auf sie ist zum einen das Recht auf Leben nach Art. 2 II 1 (vgl. Rn 268) anwendbar. BVerfGE 39, 36 f: "Leben im Sinne ... eines menschlichen Individuums besteht nach gesicherter biologisch-physiologischer Erkenntnis jedenfalls vom 14. Tage nach der Empfängnis ... an". Das Gleiche gilt für Art. 1 I (BVerfGE 88, 251). Folglich erstreckt sich die staatliche Schutzpflicht (vgl. Rn 112 ff., 270) auf sie, was insbesondere im Zusammenhang mit der Zulässigkeit bzw. Strafbarkeit der Abtreibung eine Rolle spielt (s.u. Rn 270).

121   (3) Tote :
Sie genießen nach dem BVerfG (E 30, 194) den Schutz durch Art. 1 I : Es würde mit dem ... Verbot der Unverletzlichkeit der Menschenwürde unvereinbar sein, wenn der Mensch, dem Würde kraft seines Personenseins zukommt, in diesem allgemeinen Achtungsanspruch nach seinem Tod herabgewürdigt oder erniedrigt werden dürfte".

122   6.1.1.3 offene Fragen :
Bei einigen Grundrechten ist fraglich, wer Grundrechtsträger ist: Steht beispielsweise die Pressefreiheit dem Verleger, dem Chefredakteur und/oder den einzelnen Journalisten zu ? Sind Träger des Grundrechts der Wissenschaftsfreiheit nur die Professoren oder auch die Assistenten, die Studenten und die Gymnasiallehrer ? Hierauf gibt es keine generelle Antwort. Die Antwort kann sich vielmehr nur aus der Auslegung des betreffenden Grundrechts ergeben.

6.1.2 JURISTISCHE PERSONEN

6.1.2.1 juristische Personen des Privatrechts

(z.B. rechtsfähige Vereine, Aktiengesellschaften, GmbHs)

123   (1) inländische
Ihre Grundrechtsträgerschaft richtet sich nach Art. 19 III. Danach gelten die Grundrechte auch für juristische Personen, „soweit sie ihrem Wesen nach auch auf diese anwendbar sind." Dabei kommt es darauf an, ob da betreffende Grundrecht „menschenbezogen" ist, ob es also nur individuell oder aber auch kooperativ wahrgenommen werden kann.

Anwendbar sind danach z.B. die Art. 2 I, 3 I, 9, 10, 13, 14, 17, 19 IV,101, 103 I. Nicht anwendbar sind z.B. die Art. 1 I, 2 II und 3 II, III, 6, 16, 33, 102, 104. Bei einigen Grundrechten ist eine pauschale Antwort nicht möglich. Bei ihnen ist vielmehr ihre Anwendbarkeit im Einzelfall zu prüfen, z.B. bei Art. 4, 5, 8 und 12 (vgl. BVerfGE 21, 277).

124   (2) ausländische
Für sie gelten trotz Art. 19 die justiziellen Grundrechte der Art. 101 I 2 und 103 I. Grund: Diese gewährleisten "keine Individualgrundrechte wie Art. 1 - 18, sondern enthalten objektive Verfahrensgrundsätze, die für jedes gerichtliche Verfahren gelten und daher auch jedem zugute kommen müssen, der nach den Verfahrensnormen parteifähig ist oder von dem Verfahren unmittelbar betroffen wird" (BVerfGE 21, 373).

6.1.2.2 juristische Personen des öffentlichen Rechts

(1) Grundsatz

Grundsätzlich sind juristische Personen des öffentlichen Rechts keine Grundrechtsträger. Das ergibt sich aus dem Wesen der Grundrechte (BVerfG DVBl 2001, 63). BVerfGE 61, 101: "Ihre Sinnmitte bildet der Schutz der privaten natürlichen Person gegen hoheitliche Eingriffe".

Dieser Ausschluss erfasst auch

- das privatrechtliche Handeln des Staates (BVerfGE 61, 82)
  Beispiele: Kauf von Büromaterial durch Behörden, Beauftragung von Handwerkern, Einstellung von Angestellten, Nutzung von Grundeigentum durch eine Gemeinde

- das Handeln von privatrechtlichen juristischen Personen, soweit diese öffentliche Aufgaben erfüllen und sich im Besitz der öffentlichen Hand befinden (BVerfGE 45, 63)
  Beispiele: Nahverkehrsunternehmen, Staatstheater, Wohnungsbaugesellschaften

(2) Ausnahmen

- Die prozessualen Grundrechte der Art. 101 I 2 und 103 I müssen jedem Beteiligten eines Gerichtsverfahren und daher auch juristischen Personen des öffentlichen Rechts zustehen.

- Bestimmte Grundrechte gelten auch für solche juristischen Personen des öffentlichen Rechts, "die von den ihnen durch die Rechtsordnung übertragenen Aufgaben her unmittelbar einem durch bestimmte Grundrechte geschützten Lebensbereich zugeordnet sind" (BVerfGE 75, 196), "die den Bürgern auch zur Verwirklichung ihrer individuellen Grundrechte dienen und die als eigenständige, vom Staat unabhängige oder jedenfalls distanzierte Einrichtungen bestehen" (BVerfGE 61, 103).
  Beispiele: Kirchen können sich auf Art. 4 I, II berufen, Rundfunkanstalten auf Art. 5 I, Universitäten auf Art. 5 III, Gemeinden auf Art. 28 II

6.1.3 PERSONENVEREINIGUNGEN

Art. 19 III gilt analog auch für Vereinigungen des Privatrechts, die zwar keine juristischen Personen, aber doch teilrechtsfähig sind.
Beispiele: nichtrechtsfähige Vereine, nichtrechtsfähige Handelsgesellschaften wie OHG und KG und BGB-Gesellschaften (BVerfGE 23, 12)

Weiterführende Literatur: v. Mutius, Grundrechtsfähigkeit, Jura 1983, 30; Fehnemann, Die Innehabung und Wahrnehmung von Grundrechten im Kindesalter; Klinge, Todesbegriff, Totenschutz und Verfassung, 1996; Gröpf, Der Begriff der inländischen juristischen Person nach Art. 19 Abs. 3 GG im Kontext der Europäischen Union, DÖV 2001, 192

6.2 Grundrechtsmündigkeit

Bei der Grundrechtsmündigkeit geht es um die Frage, ob Personen (insbesondere Minderjährige) die ihr zustehenden Grundrechte rechtlich selbständig geltend machen können oder ob ihre gesetzlichen Vertreter für sie handeln müssen.

6.2.1 GESETZLICHE REGELUNGEN

129 Zum Teil ist die Grundrechtsmündigkeit gesetzlich geregelt:

- bzgl. der Religionsfreiheit: § 5 Gesetz über religiöse Kindererziehung: i.d.R. 14 Jahre
- bzgl. des Rechts auf Eheschließung: § 1 EheG: i.d.R. 18 Jahre
- bzgl. des Rechts auf Asyl: § 12 AsylVerfG: 16 Jahre
- bzgl. des Wahlrechts: Art. 38 I 1 GG: 18 Jahre

6.2.2 GRUNDSATZ

130 Im übrigen ist grundsätzlich auf die geistige Reife, die Einsichts- und Entscheidungsfähigkeit des Grundrechtsträgers in Bezug auf das jeweilige Grundrecht abzustellen, nicht dagegen auf starre Altersgrenzen (BVerfGE 59, 387; BVerwG NJW 89, 1875).

Zu dem gleichen Ergebnis kommen diejenigen, die den Begriff der Grundrechtsmündigkeit für entbehrlich halten, z.B. Schmalz Rn 64: "Aus dem Haben eines Rechts (folgt) zugleich das Recht zur Ausübung. Sachlich notwendige Einzelwertungen lassen sich mit Hilfe der Leitbegriffe begründen: Ein fünfjähriges Kind kann sich in der Regel nicht künstlerisch betätigen. Ist es aber ein Wunderkind, macht es von der Kunstfreiheit Art. 5 III Gebrauch und übt diese aus."

6.2.3 EINSCHRÄNKUNGEN

131
- Einschränkungen können sich demgegenüber aus dem elterlichen Erziehungsrecht bzw. einem Vormundschaftsrecht ergeben (vgl. §§ 1626 ff, 1909 BGB). Dieses überlagert, soweit es rechtmäßig und nicht missbräuchlich ausgeübt wird, die Grundrechtsmündigkeit (BVerfGE 72, 132).
- Eine weitere Einschränkung ergibt sich, wenn die Grundrechtsausübung durch ein rechtlich nachteiliges Rechtsgeschäft erfolgt (z.B. Ergreifung eines Berufs nach Art 12). Hier ist in Analogie zu §§ 106 ff. BGB Geschäftsfähigkeit notwendig.

Weiterführende Literatur: v. Mutius, Grundrechtsmündigkeit, Jura 1987, 272

6.3 Grundrechtsverzicht

6.3.1 TOTALVERZICHT ?

132 Auf Grundrechte kann nach einhelliger Meinung nicht von vornherein verzichtet werden mit der Folge, dass der Grundrechtsinhaber sie auf Dauer verliert. Das ergibt sich aus Art. 1 I, wonach die Menschenwürde - und damit auch der Menschenwürdekern der folgenden Grundrechte - „unantastbar" ist, aus Art. 1 II, der von "unveräußerlichen" und damit unverzichtbaren Menschenrechten spricht, und daraus, dass Grundrechte neben ihrem Abwehrcharakter auch objektive Wertentscheidungen sind (s.o. Rn 109), über die der Einzelne nicht verfügen kann.

6.3.2 AUSÜBUNGSVERZICHT ?

133 Deshalb kommt nur ein begrenzter Verzicht auf den Schutz durch ein bestimmtes Grundrecht, insbesondere durch eine Einwilligung, in Betracht. Einen Grundrechtsschutz gegen sich selbst kann es nicht durchgängig geben.

Beispiele: Ein Wohnungsinhaber lässt Polizisten ohne Durchsuchungsbefehl seine Wohnung durchsuchen; ein Sexualstraftäter willigt in seine Kastration ein.

Grundrechtsberechtigung 53

Davon zu unterscheiden ist der Nichtgebrauch eines Grundrechts.

Beispiele: Nimmt jemand an Demonstrationen nicht teil, so ist das ein negativer Gebrauch von Art. 8, aber kein Verzicht auf ihn. Oder: Ruft ein Hauseigentümer die Polizei, damit diese einen Einbrecher festnimmt, so macht er von seinem Eigentums- und Hausrecht Gebrauch. Ein Eingriff der Polizei in Art. 13 und 14 liegt gar nicht vor.

6.3.3 WIRKSAMKEIT EINES VERZICHTS

Diese hängt von der Eigenart des jeweiligen Grundrechts, von der Art des Eingriffs und der Situation des Grundrechtsträgers ab. 134

- Soweit ein Grundrecht in erster Linie der persönlichen Entfaltungsfreiheit dient (insbes. Art. 2 I, 12 I, 13 I, 14 I), spricht eine Vermutung für die Möglichkeit eines begrenzten Verzichts. Steht dagegen stärker der Wertgedanke im Vordergrund (insbes. bei Art. 2 II, 3, und 4) oder dient das Grundrecht dem Prozess der politischen Willensbildung (insbes. Art. 5, 8 und 9), spricht das gegen die Möglichkeit eines Verzichts.

- Soweit danach ein Verzicht in Betracht kommt, muss er freiwillig erfolgen, also nicht durch Zwang, Drohung, Täuschung oder unter Ausnutzung einer Notlage des Betroffenen verursacht sein.

- Zu berücksichtigen sind auch die Schwere und Dauer des Eingriffs und die Gefahr des Missbrauchs der Einwilligungsmöglichkeit.

6.3.4 BEHANDLUNG DES PROBLEMKREISES „VERZICHT" BEI FALLÖSUNGEN

- Regelt eine gesetzliche Regelung die zu prüfende Maßnahme, so geht diese vor. So darf eine Blutprobe nach § 81 a StPO nur durch einen Arzt erfolgen. Das Einverständnis eines Autofahrers, dass diese von einem Polizisten vorgenommen wird, ist also irrelevant. 135

- Fehlt eine solche oder greift sie nicht ein, kommt ein eventueller Verzicht in Betracht. Ist er – s.o. Rn 134 – wirksam, hat das die Folge, dass eine Grundrechtseingriff zu verneinen ist (BGH NJW 1972, 1414, Bleckmann JZ 1988, 57).

6.4 Grundrechtsverwirkung

Art. 18 lässt als Ausprägung des Prinzips streitbarer Demokratie (s.u. Rn 594) in bestimmten Fällen eine Verwirkung von Grundrechen zu. 136

„Wer die Freiheit der Meinungsäußerung, insbesondere die Pressefreiheit (Artikel 5 Abs. 1), die Lehrfreiheit (Artikel 5 Abs. 3), die Versammlungsfreiheit (Artikel 8), die Vereinigungsfreiheit (Artikel 9), das Brief-, Post- und Fernmeldegeheimnis (Artikel 10), das Eigentum (Artikel 14) oder das Asylrecht (Artikel 16a) zum Kampfe gegen die freiheitliche demokratische Grundordnung missbraucht, verwirkt diese Grundrechte. Die Verwirkung und ihr Ausmaß werden durch das Bundesverfassungsgericht ausgesprochen."

Antragsberechtigung 137

Berechtigt, einen Verwirkungsantrag zu stellen, sind nach § 36 BVerfGG der Bundestag, der Bundesrat, die Bundesregierung und die Landesregierungen.

Antragsgegner

kann jede natürliche oder - im Rahmen des Art. 19 III (> Rn 123) - juristische Person sein. Für Vereinigungen ist Art. 9 II (> Rn 600) und für Parteien Art. 21 II (> Rn 601) die speziellere Vorschrift gegenüber Art. 18.

Voraussetzung der Verwirkung

ist der Missbrauch eines der genannten Grundrechte zum Kampfe gegen die freiheitliche demokratische Grundordnung (zu deren Merkmalen siehe Rn 597). Das setzt eine nachhaltig aggressiv-kämpferische Haltung gegen die Grundordnung voraus (v.Münch/Krebs Rn 5), die auch objektiv zu einer Gefährdung der Grundordnung führt. Da Art. 18 nicht repressiv vergangenes Verhalten bestrafen, sondern eine künftige Gefahr abwenden soll, ist eine Prognose über die künftige Gefährlichkeit notwendig (MD/Dürig Rn 41).

Inhalt der Entscheidung

Nach § 35 BVerfGG entscheidet das BVerfG (mit Zweidrittel-Mehrheit, § 15 II 2 BVerfGG), welche Grundrechte der Antragsgegner verwirkt hat. Die Verwirkung kann nach § 39 I 2 BVerfGG befristet werden. Nach § 39 II BVerfGG kann das BVerfG für die Dauer der Verwirkung dem Antragsgegner das aktive und passive Wahlrecht sowie die Fähigkeit zur Bekleidung öffentlicher Ämter entziehen und bei juristischen Personen deren Auflösung anordnen.

Bedeutung des Art. 18

Art. 18 hat bisher keine nennenswerte Bedeutung erlangt. Lediglich vier Anträge nach Art. 18 sind von Bundesregierungen gestellt worden. Zwei davon blieben ohne Erfolg (BVerfGE 11, 282; 68, 23). Zwei weitere wurden nach § 24 BVerfGG als offensichtlich unbegründet zurückgewiesen (vgl. Butzer/Clever DÖV 94, 637).

Repetitorium zur Grundrechtsberechtigung: Rn 1011

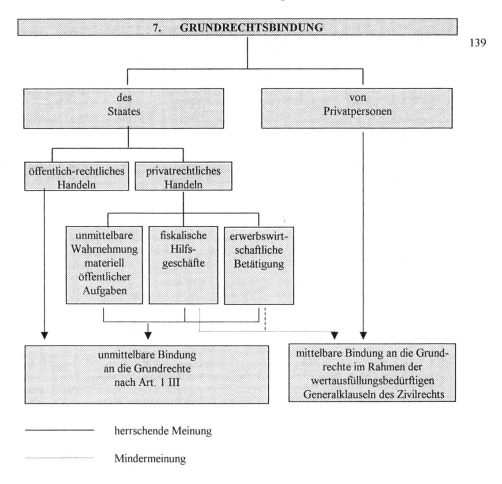

7.1 Grundrechtsbindung des Staates bei öffentlich-rechtlichem Handeln

Art. 1 III : „*Die nachfolgenden Grundrechte binden Gesetzgebung, vollziehende Gewalt und Rechtsprechung als unmittelbar geltendes Recht.*"

Unstreitig erfasst Art. 1 III jegliches öffentlich-rechtliche Handeln des Staates.

7.2 Grundrechtsbindung des Staates bei privatrechtlichem Handeln

Soweit Grundrechte auch im Privatrechtsbereich gelten, können Grundrechtsverletzungen nicht im Rahmen der Schrankensystematik der Freiheitsrechte (Norm-, Schranken-, Schranken-Schranken-Bereich) geprüft werden, da diese Systematik eindeutig nur auf hoheitliche Maßnahmen zugeschnitten ist. Grundrechte können sich daher im Privatrechtsbereich nur auswirken als Anspruchsgrundlagen, gesetzliche Verbote (§ 134 BGB) oder als Auslegungsgrundsätze. Nur insoweit ist auch eine Verletzung von Grundrechten möglich. Welche rechtliche Bedeutung den Grundrechten im Einzelnen zukommt, hängt von ihrer Bindungswirkung ab.

7.2.1 UNMITTELBARE WAHRNEHMUNG EINER MATERIELL ÖFFENTLICHEN AUFGABE (Verwaltungsprivatrecht)

141 **Beispiele** : privatrechtliche Wasserwerke, Elektrizitätsbetriebe, Nahverkehrsunternehmen, Staatstheater

Soweit der Staat in privatrechtlichen Formen unmittelbar eine materiell öffentliche Aufgabe wahrnimmt, ist er unstreitig nach Art. 1 III unmittelbar an die Grundrechte gebunden (z.B. BGHZ 91, 98; Pieroth-Schlinck Rn 171). Es darf ihm hier nicht möglich sein, sich durch schlichte Änderung der Rechtsform des Handelns der Bindung an die Grundrechte zu entziehen („keine Flucht in die Privatsphäre").

7.2.2 FISKALISCHE HILFSGESCHÄFTE UND ERWERBSWIRTSCHAFTLICHE BETÄTIGUNG

142 **Beispiele** für fiskalische Hilfsgeschäfte : Kauf von Büromöbeln, Werkverträge mit Handwerkern, Anmietung von Büroflächen zur Nutzung als Behörde, Arbeitsverträge mit Angestellten und Arbeitern

Beispiele für erwerbswirtschaftliche Betätigung : Vermietung städtischer Flächen an Werbeunternehmen, Beteiligung an Stahlunternehmen, Verkauf von ausrangierten Feuerwehrfahrzeugen

Ob der Staat auch hier unmittelbar an die Grundrechte gebunden ist, war früher streitig. Zum Teil wurde die unmittelbare Grundrechtsbindung verneint mit der Begründung, hier würde der Staat nicht anders handeln wie eine Privatperson auch. Deshalb dürfe er auch nicht weitergehenden Bindungen unterworfen werden. BGHZ 66, 91 (1961) : „Die Rechtsbeziehungen der Beteiligten tragen ... von vornherein und ausschließlich privatrechtlichen Charakter. Somit können sie nicht von der unmittelbaren Bindung an die Grundrechtsnormen erfasst werden ..." (auch MD/Dürig Art. 1 III Rn 135 (1958); weitere Nachweise über ältere Literatur bei v.Mangoldt-Klein Art. 1 III Fußnoten 146 f; aus neuerer Zeit nur Katz Rn 609).

143 Die besseren Argumente sprechen demgegenüber für eine unmittelbare Grundrechtsbindung :

- Art. 1 III bindet den Staat umfassend an die Grundrechte. Eine Ausnahme für bestimmte Arten der Tätigkeit ist dort nicht vorgesehen.

- Der Staat ist auch bei fiskalischen Hilfsgeschäften und erwerbswirtschaftlicher Betätigung Sachwalter der Allgemeinheit und nicht grundrechtsgeschützter Privater. Seine Grundmotivation ist das öffentliche Interesse, nicht aber der private Nutzen. Dementsprechend unterliegt er auch in diesen Bereichen dem öffentlichen Recht, was etwa die Bereitstellung und die Kontrolle der Ausgabe von Steuergeldern betrifft (Haushaltsgesetze, Kontrolle durch Rechnungshöfe und Parlamente). Hesse Rn 348 : „Die Verfassung kennt nur konstituierte Staatlichkeit. Der von ihr konstituierte Staat hat nirgends wie ein Privater das Recht zur Beliebigkeit. Es geht der Verfassung in den Grundrechten nicht nur um die Formen, sondern auch um die sachliche Gestaltung des staatlichen Wirkens. Deshalb verbietet sich die Annahme eines Reservats staatlichen Wirkens, das, weil es sich in Formen des Privatrechts vollzieht, dem Geltungsanspruch der Verfassung nicht untersteht."

144 - Konkret wird fast nur die Geltung des allgemeinen Gleichheitssatzes des Art. 3 I als Problem gesehen. Dieser enthält aber kein Differenzierungs-, sondern nur ein Willkürverbot (s.u. Rn 287 f.). Solange die Verwaltung für eine Ungleichbehandlung einen sachlichen Grund hat, liegt kein Verstoß gegen Art. 3 I vor. Sie kann also den günstigsten Anbieter wählen, den, der bisher am qualifiziertesten gearbeitet hat, am schnellsten liefert, den besten Kundendienst bietet usw. Je nach zu erfüllender Aufgabe kann die Verwaltung also die relevanten Aspekte in den Vordergrund stellen, also z.B. den Zeitpunkt der Lieferung höher bewerten als den Preis oder umgekehrt. Sie kann sich also im Rahmen des Gleichheitssatzes ohne

Probleme den jeweiligen Bedürfnissen anpassen. Dieser Spielraum ist nur überschritten, wenn sich für die Ungleichbehandlung "keine vernünftigen Erwägungen finden lassen, die sich aus der Natur der Sache ergeben oder sonst wie einleuchtend sind" (BVerfGE 20,246), eine Grenze, die für eine an sachlichen Kriterien orientierten Verwaltung keinerlei Problem sein kann. Das Gleiche gilt für die speziellen Gleichheitssätze des Art. 3 II, III. Warum sollte die Verwaltung den Kauf von Büromöbeln oder die Vergabe eines Werkvertrages von der religiösen oder politischen Haltung des Bewerbers, von seinem Geschlecht oder seiner Herkunft abhängig machen können ? Die Gründe dafür können sich nicht aus den Erfordernissen sachgerechter und effektiver Verwaltung ergeben, sondern stellen angesichts der Wertordnung des Grundgesetzes Willkür dar. Dem Staat darf als Sachwalter der Allgemeinheit aber nicht erlaubt sein, willkürlich zu handeln.

Dementsprechend bejaht die heute herrschende Meinung die unmittelbare Grundrechtsbindung (z.B. Sachs-Höfling Art. 1 Rn 96; Jarass-Pieroth Art. 1 Rn 18; Stark in v.Mangoldt-Klein-Stark Art. 1 II Rn 144; v.Münch/Kunig Art. 20 Rn 40; Pieroth-Schlink Rn 171; Hesse Rn 347 f.; Gusy JA 1988, 30; Schmalz VR Rn 669; Bull Rn 324; Wolff § 23 Rn 21: "mindestens Art. 3 und 19 IV GG", ebenso Sproll Rn 61; Maurer § 9 I 1 : „zumindest der Gleichheitssatz"). 145

Unabhängig davon ist darauf hinzuweisen, dass der rechtsdogmatische Unterschied zwischen der Verneinung und der Bejahung einer unmittelbaren Grundrechtsbindung der fiskalischen Verwaltung sich in der Praxis nur selten auswirkt. Auch ohne eine unmittelbare Grundrechtsbindung sind der Möglichkeit, willkürlich zu handeln, schnell Grenzen gesetzt : 146

- Zunächst schränken zahlreiche verwaltungsinterne Bindungen und Kontrollen - wie Vergaberichtlinien und Rechnungshöfe - die Möglichkeit zu willkürlichem Handeln ein.
- Bei Vorliegen einer Monopolstellung verbietet § 26 des Gesetzes gegen Wettbewerbsbeschränkungen unsachliche Ungleichbehandlungen, also genau das, was Art. 3 I auch verbietet.
- Die Generalklauseln des Zivilrechts verbieten unter dem Aspekt der mittelbaren Drittwirkung der Grundrechte (s.u. Rn 149) Handlungen (§ 242 BGB), Vertragsklauseln (§ 138 BGB), Schädigungen von Gewerbebetrieben (§ 823 I BGB) und Wettbewerbsmaßnahmen (§ 1 UWG), die mit den Grundrechten nicht vereinbar sind. Sie werden von der Rechtsprechung des BGH in Bezug auf die Verwaltung auch restriktiver angewandt als in Bezug auf Privatpersonen. Ein Beispiel zur Frage der Schadensersatzpflicht nach § 823 I BGB wegen Verletzung des Rechts am eingerichteten und ausgeübten Gewerbebetrieb (hierzu siehe Rn 150 f.) ist BGH NJW 1977, 628 f.:

"Das Berufungsgericht verkennt .., dass die öffentliche Hand im fiskalischen Bereich ... grundsätzlich ebenso wie ein Privater das Recht der freien Auswahl des Geschäftspartners genießt .... Ein Unterschied zwischen Beschaffungsgeschäften der öffentlichen Hand einerseits und solchen eines Privatmanns andererseits mag darin bestehen, dass das dem Privatmann bei der Wahl seiner Geschäftspartner (von den Schranken des Kartellgesetzes abgesehen) im Zweifel nicht verboten ist, auch willkürlich zu verfahren und an sich sachfremde Tendenzen zu verfolgen. Demgegenüber sind für die öffentliche Hand auch im fiskalischen Bereich gewisse Bindungen und Schranken zu beachten, die für Privatpersonen nicht in entsprechender Weise gelten ... Können sich demnach für die öffentliche Hand auch insoweit Anforderungen ergeben, die über diejenigen des Kartellrechts hinausgehen, dann können jedenfalls nur willkürliche, d.h. mit dem Zweck der Beschaffung nicht zusammenhängende Beweggründe für die Ausschließung eines Bewerbers unstatthaft sein und daher einen rechtswidrigen Eingriff in seinen Gewerbebetrieb darstellen."

Damit hat der BGH die Geltung des Willkürverbots und damit die des Art. 3 I, der lediglich ein Willkürverbot ist (vgl. Rn 287 f.), auch für fiskalische Hilfsgeschäfte anerkannt. Ob Art. 3 I damit unmittelbar oder mittelbar über Art. 823 I BGB gilt, macht im Ergebnis keinen Unterschied.

7.3 Grundrechtsbindung von Privaten

7.3.1 UNMITTELBARE DRITTWIRKUNG ?

147   Eine ausdrücklich geregelte Bindung von Privaten enthält lediglich Art. 9 III 2 : Danach sind Abreden, die das Recht, zur Wahrung und Förderung der Arbeits- und Wirtschaftsbedingungen Vereinigungen zu bilden (und ihnen beizutreten), nichtig.

Vom Bundesarbeitsgericht wurde lange die Auffassung vertreten, dass die Grundrechte auch darüber hinaus zwischen Privaten gelten. Der Hintergrund : Die Freiheitsbereiche und Gleichbehandlungen, die die Grundrechte schützen sollen, werden zwar auch heute noch durch den Staat eingeschränkt, aber in immer stärkerem Maße durch Private. So wird die Berufsfreiheit mit der häufigen Folge der Arbeitslosigkeit in erster Linie von privaten Arbeitgebern beeinträchtigt. Frauen werden im beruflichen Bereich vielfach von privaten Arbeitgebern gegenüber Männern benachteiligt.

> Die Begründung des BAG im Einzelnen (E 1, 193 f.): "Zwar nicht alle, aber doch eine Reihe bedeutsamer Grundrechte der Verfassung sollen nicht nur Freiheitsrechte gegenüber der Staatsgewalt garantieren, sie sind vielmehr als Ordnungsgrundsätze für das soziale Leben, die in einem aus dem Grundrecht näher zu entwickelnden Umfang unmittelbare Bedeutung auch für den Rechtsverkehr der Bürger untereinander haben. So dürfen sich privatrechtliche Abmachungen, Rechtsgeschäfte und Handlungen nicht in Widerspruch setzen zu dem, was man das Ordnungsgefüge, den ordre public einer konkreten Staats- und Rechtsordnung nennen kann. In einem Staatswesen, dessen Grundgesetz, wie es in der Bundesrepublik der Fall ist, der öffentlichen Gewalt, insbesondere auch den Gesetzgebern des Bundes und der Länder verbietet, die Menschenwürde anzutasten, Diskriminierung der Rasse, der Religion, der Abstammung usw. vorzunehmen und die im Rahmen der allgemeinen Gesetze geübte Freiheit der religiösen, politischen oder sozialen Meinungsäußerung einzuschränken, sind ‚Grundwertungen der Menschenwürde, der bürgerlichen Gleichheit und der geistigen Freiheit in dieses Ordnungsgefüge eingegangen, mit denen sich auch die Ordnung im Betrieb oder Verträge und Maßnahmen der Rechtsgenossen nicht in offenen, den freiheitlich-demokratischen Rechtsstaat missachtenden Widerstreit setzen dürfen. Solche Grundrechte berühren also nicht nur das Verhältnis des einzelnen Bürgers zum Staat, sondern auch das der Bürger dieses Staates als Rechtsgenossen untereinander. Auch das normative Bekenntnis des GG zum sozialen Rechtsstaat (Art. 20, 28 GG), das für die Auslegung des GG und anderer Gesetze von grundlegender Bedeutung ist, spricht für die unmittelbare, privatrechtliche Wirkung der Grundrechtsbestimmungen, die für den Verkehr der Rechtsgenossen untereinander in einer freiheitlichen und sozialen Gemeinschaft unentbehrlich sind."

148   Diese Rechtsprechung konnte sich nicht durchsetzen. Weder das BVerfG noch die Literatur sind ihr gefolgt. Die Argumente :

> MD/Herzog Rn 102 ff. : „Es ist verfassungsrechtlich unhaltbar, die Drittwirkung der Grundrechte schon a limine zu leugnen, etwa weil der historischen Entwicklung nach die Grundrechte nur Abwehrrichtung gegen die Staatsgewalt hätten oder weil zwischen subjektiven Privatrechten eine dogmatische Beziehung bestehe ... Folgt man der vom Grundgesetz aufgestellten Prä-

misse, mit dem Grundrechtsschutz erfolge vor allem ein Schutz vorgegebener sittlicher Werte, so tritt die Erkenntnis hinzu, dass solche Werte als absolute Werte trotz ihrer Positivierung nicht nach Richtungen fragen, vielmehr im positiven Recht- gleichgültig wer als Angreifer auftritt – zur Einheit in der Rechtsmoral zwingen..... Es bedarf keiner Erörterung, dass der vorgeschlagene Weg der Grundrechtseinbeziehung in das Privatrecht die Privatautonomie – und damit das ganze Privatrechtssystem selbst – an der Wurzel trifft... Die Argumentation, es könne dem Privaten nicht erlaubt sein, was dem Staat verboten ist, verkennt, dass es das Privatrecht mit Rechtssubjekten zu tun hat, die alle Grundrechtsträger und ihrerseits alle sittlicher Werte, so tritt die Erkenntnis hinzu, dass solche Werte als absolute Werte trotz Inhaber von Freiheitsrechten sind."

Stein § 26 V : "Die Gefährlichkeit dieser Ansicht liegt erstens in einer viel zu weitgehenden Beschränkung der Privatautonomie. Wenn die einzelnen Menschen ebenso wie der Staat an Gleichheitssatz gebunden wären, dürften sie ihre Freunde nicht gegenüber anderen bevorzugen und müssten z.B. der Auswahl ihres Ehepartners den Gleichheitssatz beachten, d.h. von sachgemäßen Kriterien ausgehen. Zweitens würde die Ausgestaltung der Privatrechtsverhältnisse weitgehend vom Gesetzgeber auf die Gerichte verlagert, die ja diese unmittelbare Drittwirkung zu vollziehen hätten."

7.3.2 MITTELBARE DRITTWIRKUNG

Anerkannt in Literatur und Rechtsprechung ist demgegenüber seit jeher die mittelbare Drittwirkung der Grundrechte über die zivilrechtlichen Generalklauseln. Grundlegend dazu neben Dürig (Festschrift für Nawiasky, S. 157 ff) insbesondere BVerfGE 7, 204 (ebenso E 58, 396) : 149

"So beeinflusst (das Wertsystem der Grundrechte, s.o. Rn 109) selbstverständlich auch das bürgerliche Recht; keine bürgerlich-rechtliche Vorschrift darf in Widerspruch zu ihm stehen, jede muss in seinem Geiste ausgelegt werden. Der Einfluss grundrechtlicher Wertmaßstäbe wird sich vor allem bei denjenigen Vorschriften des Privatrechts geltend machen, die zwingendes Recht enthalten, d.h. die aus Gründen des gemeinen Wohls auch für die Geltung der Rechtsbeziehung zwischen den einzelnen verbindlich sein sollen und deshalb der Herrschaft des Privatwillens entzogen sind. Diese Bestimmungen haben nach ihrem Zweck eine nahe Verwandtschaft zum öffentlichen Recht. Das muss sie in besonderem Maße dem Einfluss des Verfassungsrechts aussetzen. Der Rechtsprechung bieten sich zur Realisierung dieses Einflusses vor allem die "Generalklauseln", die, wie § 826 BGB, zur Beurteilung menschlichen Verhaltens auf außer-zivilrechtliche, ja zunächst überhaupt außerrechtliche Maßstäbe, wie die "guten Sitten", verweisen. Denn bei der Entscheidung darüber, was diese sozialen Gebote jeweils im Einzelfall fordern, muss in erster Linie von der Gesamtheit der Wertvorstellungen ausgegangen werden, die das Volk in einem bestimmten Zeitpunkt seiner geistig-kulturellen Entwicklung erreicht und in seiner Verfassung fixiert hat. Deshalb sind mit Recht die Generalklauseln als die "Einbruchstellen" der Grundrechte in das bürgerliche Recht bezeichnet worden."

Solche Generalklauseln enthalten insbesondere 150

- § 242 BGB : „Der Schuldner ist verpflichtet, die Leistung so zu bewirken, wie *Treu und Glauben* mit Rücksicht auf die Verkehrssitte es erfordern."
- § 138 I BGB : „Ein Rechtsgeschäft, das gegen die *gute Sitten* verstößt, ist nichtig."
- § 564 b I BGB : „Ein Mietverhältnis über Wohnraum kann der Vermieter ... nur kündigen, wenn er ein *berechtigtes Interesse* an der Beendigung des Mietverhältnisses hat."

allgemeine Grundrechtslehren

- § 823 I BGB : „Wer vorsätzlich oder fahrlässig das Leben, dem Körper, die Gesundheit, die Freiheit, das Eigentum oder ein *sonstiges Recht* eines anderen widerrechtlich verletzt, ist dem anderen zum Ersatze des daraus entstehenden Schadens verpflichtet."

- § 826 BGB : „Wer in einer gegen die *gute Sitten* verstoßender Weise einem anderen vorsätzlich Schaden zufügt, ist dem anderen zum Ersatze des Schadens verpflichtet."

- § 1004 BGB : „ (1) Wird das Eigentum in anderer Weise als durch Entziehung oder Vorenthaltung des Besitzes beeinträchtigt, so kann der Eigentümer von dem Störer die Beseitigung der Beeinträchtigung verlangen. Sind weitere Beeinträchtigungen zu besorgen, so kann der Eigentümer auf Unterlassung klagen. (2) Der Anspruch ist ausgeschlossen, wenn der Eigentümer *zur Duldung verpflichtet* ist."

- § 1 UWG: „Wer im geschäftlichen Verkehre zu Zwecken des Wettbewerbs Handlungen vornimmt, die gegen die *guten Sitten* verstoßen, kann auf Unterlassung und Schadensersatz in Anspruch genommen werden"

151 Muss bei der Lösung eines zivilrechtlichen Falles eine dieser Generalklauseln angewendet werden, ist daher wie folgt vorzugehen : Ausgangspunkt ist die Auslegung der Generalklausel (1. Schritt). Es ist zu überlegen, ob diese Generalklausel bereits von der Rechtsprechung grundrechtskonform ausgelegt worden ist. Das ist weitgehend bei den aus den Grundrechten entwickelten „sonstigen Rechten" des § 823 I BGB, dem allgemeinen Persönlichkeitsrecht und dem Recht am eingerichteten und ausgeübten Gewerbebetrieb, der Fall :

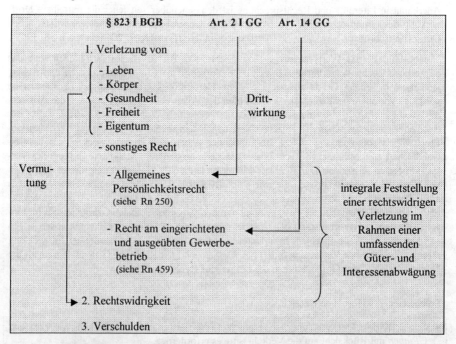

Gibt es eine solche Rechtsprechung nicht oder ist sie nicht bekannt, ist von der Generalklausel auf die Verfassungsebene überzuwechseln (2. Schritt). Hier ist zu überlegen, welches Grundrecht betroffen wäre, wenn die Grundrechte unmittelbar zwischen Privatpersonen gelten würden. Das Problem ist hierbei, dass in der Regel mehrere miteinander kollidierende Grundrechte einschlägig sind. Hier darf keine abstrakte Abwägung vorgenommen werden („Grundrecht A ist höherrangig als Grundrecht B"). Ziel muss vielmehr eine Lösung sein, die beiden Verfassungswerten Grenzen setzt, um beide zu optimaler Wirksamkeit gelangen zu lassen (vgl. Rn 62). Es ist also nach Möglichkeit ein Ausgleich, eine Harmonisierung, eine Optimierung, eine „praktischen Konkordanz" (Hesse Rn 72) zwischen beiden Grundrechten zu erreichen. Das im konkreten Einzelfall schwächere Grundrecht darf nur so weit zurückgedrängt werden, wie das zwingend ist; ihr sachlicher Grundwertgehalt muss in jedem Fall respektiert werden (BVerfGE 59, 261). Je nach Ergebnis ist der Überschneidungsbereich ganz oder zum Teil dem Grundrecht A oder dem Grundrecht B zuzuordnen. Im letzteren Fall zeigt die Optimierung die immanenten Schranken des Grundrechts auf (vgl. Rn 186). Diese Wertung - wieder zurückgewechselt auf die Ebene des Zivilrechts, ist bei der Auslegung der Generalklausel zugrunde zu legen mit der Folge, dass die zivilrechtliche Lösung der grundrechtlichen Wertung entsprechen muss (4. Schritt). Vom Ablauf her ist also in folgenden Schritten vorzugehen:

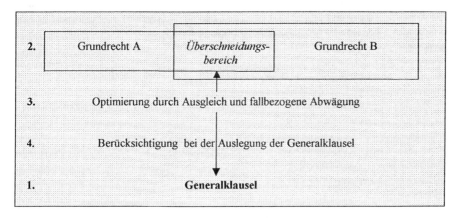

Beispiel: Der Mustervertrag eines Altenheimes enthält eine Klausel, wonach die Leitung einen Heimbewohner ohne dessen Zustimmung in ein Krankenhaus überweisen bzw. in eine Pflegeheim verlegen kann. Diese Klausel könnte gegen § 138 I BGB verstoßen, wonach ein Rechtsgeschäft, das gegen die guten Sitten verstößt, nichtig ist.
1. Schritt: Auslegung der Generalklausel: Was „gute Sitten" für den vorliegenden Fall bedeutet, lässt sich im Wege der grammatikalischen Auslegung nicht ausreichend klar beantworten. Die systematische Auslegung geht davon aus, dass die Rechtsordnung ein einheitliches Ganzes ist und jede Vorschrift mit der Gesamtregelung des Rechts im Einklang stehen muss. Dabei ist zu bedenken, dass das Grundgesetz in dem Grundrechtsabschnitt eine objektive Wertordnung aufgestellt hat, die als solche für alle Bereiche des Rechts gilt und dementsprechend auch die Auslegung des § 138 I BGB als wertausfüllungsbedürftige Generalklausel beeinflusst.
2. Schritt: Wechsel von der Generalklausel auf die Verfassungsebene: Auf der Ebene des Grundgesetzes ergibt sich eine Kollision zwischen dem Recht der Heimleitung auf allgemeine Handlungsfreiheit aus Art. 2 I und dem allgemeinen Persönlichkeitsrecht der Bewohner aus Art. 2 I. Bei einer solchen Kollision ist zu entscheiden, welches Grundrecht für die konkret zu entscheidende Frage das höhere Gewicht hat.
3. Schritt: Optimierung durch Ausgleich und fallbezogene Abwägung: Ziel der Abwägung muss sein, nach Möglichkeit einen Ausgleich, eine Harmonie zwischen den kollidierenden Grundrechten zu erreichen. Das ist hier jedoch nicht möglich. Es ist daher eine fallbezogene Abwägung vorzunehmen. Da die Klausel ohne berechtigten Anlass einer Entmündigung der Bewohner gleichkommt, ist das Persönlichkeitsrecht der Bewohner höher zu bewerten.

4. Schritt : Übertragung der verfassungsrechtlichen Wertung auf die Ebene des Zivilrechts : Diese Wertung ist auf der Ebene des Zivilrechts bei der Auslegung des § 138 I BGB zugrunde zu legen mit der Folge, dass die Vertragsklausel sittenwidrig und damit nichtig ist, weil sie diese grundrechtliche Wertung ignoriert (OLG Düsseldorf 12 O 132/90).

Repetitorium zur Grundrechtsbindung : Rn 1012

8. GRUNDFRAGEN DER EINSCHRÄNKBARKEIT VON GRUNDRECHTEN

8.1 Grundstruktur der Prüfung von Grundrechtseinschränkungen

153 Freiheitsrechte sind im Hinblick auf das, was sie schützen, zunächst weit formuliert. So schützt z.B. Art. 2 II 2 als Grundrecht auf Freiheit der Person die körperliche Bewegungsfreiheit im umfassenden Sinn. Jede Einschränkung der Bewegungsfreiheit ist daher ein Eingriff in dieses Grundrecht. Ein solcher Eingriff stellt jedoch per se noch nichts Negatives dar, da er auch berechtigt sein kann und in den meisten Fällen auch berechtigt sein wird. Daher sollte man insoweit nicht von „Verletzung" sprechen. „Verletzung" sollte als Begriff vielmehr nur für rechtswidrige Eingriffe benutzt werden.

⇨ Ob ein Eingriff in ein Grundrecht im Einzelfall vorliegt, ist unter der Überschrift „Schutzbereich" zu prüfen : s.u. Rn 161 ff.

Ist der Schutzbereich von vornherein weit formuliert, so muss das Grundrecht zum Schutz Einzelner oder der Allgemeinheit Grenzen haben. So muss etwa ein Schwerverbrecher für eine Zeitlang in eine Strafvollzugsanstalt eingewiesen werden können. Daher muss das Grundrecht zu diesen Grenzen Stellung nehmen. Das kann auf drei Arten geschehen :

- indem es diese Grenzen selbst aufzeigt : s.u. Rn 178
- indem es den Gesetzgeber ermächtigt, Grenzen zu regeln : s.u. Rn 179
- indem es - wenn es selbst zu den Grenzen schweigt - zu verstehen gibt, dass sich die Grenzen nur aus der Verfassung selbst ergeben dürfen : s.u. Rn 185

⇨ Diese Fragen regelt der Schranken-Bereich : s.u. Rn 177 ff.

Eine Lösung kann sich auch daraus alleine noch nicht ergeben, da die Schrankenbestimmungen meist viel zu pauschal sind. So sagt das Grundgesetz in Art. 2 II 3 nur kurz, dass in die zuvor genannten Grundrechte, also auch das auf Freiheit der Person, „aufgrund eines Gesetzes eingegriffen werden" darf. Wie weit dieser Eingriff gehen darf, sagt das Grundrecht aber selber nicht. Deshalb muss auch die Schrankenziehung, zu der Art. 2 II 3 ermächtigt, ihrerseits Schranken unterliegen.

So müssen zunächst formelle Anforderungen eingehalten werden wie die Zuständigkeit und die Verfahrens- und Formvorschriften. Vor allem sind materielle Schranken zu beachten. So darf z.B. ein nicht vorbestrafter Ladendieb unter dem Gesichtspunkt materieller Gerechtigkeit - obwohl der Wortlaut des Art. 2 II 3 und der des § 242 StGB das nicht verbietet - nicht zu einer Freiheitsstrafe von 5 Jahren verurteilt werden. Es ist hier also insbesondere der Grundsatz der Verhältnismäßigkeit zu beachten, aber auch die Grundsätze des Vertrauensschutzes, der Bestimmtheit, der Allgemeinheit und das Verbot des Eingriffs in den Wesensgehalt.

⇨ Diese Schrankenziehung regelt der Schranken-Schranken-Bereich : s.u. Rn 189 ff.

Einschränkbarkeit von Grundrechten

SCHUTZBEREICH

Greift die Maßnahme überhaupt in den Schutzbereich des Grundrechts ein?

> Ist das Schutzgut betroffen? > s.u. Rn 164

> Liegt ein Eingriff vor? > s.u. Rn 165 ff.

SCHRANKEN-BEREICH

Lässt das Grundrecht überhaupt einen Eingriff durch den Hoheitsakt zu?

> Gesetzesvorbehalt? > s.u. Rn 179 ff.

> verfassungsunmittelbare Schranke? > s.u. Rn 178

> immanente Schranke? > s.u. Rn 185 ff.

SCHRANKEN-SCHRANKEN-BEREICH

Nur ein rechtmäßiger Eingriff kann ein Grundrecht wirksam einschränken. Daher:
Ist der Eingriff seinerseits rechtmäßig?

> Ist er formell rechtmäßig? > s.u. Rn 190 ff.

> Ist er materiell rechtmäßig? > s.u. Rn 193 ff.

8.2 Arten und Umfang der Prüfung von Grundrechtseinschränkungen

Im Staatsrecht gibt es zwei häufige Aufgabenstellungen: 154

- „Prüfen Sie die Verfassungsmäßigkeit des Gesetzes"
- „Prüfen Sie die Vereinbarkeit (des Hoheitsaktes) mit den Grundrechten"

Der Anschein, dass es nur bei der zweiten Aufgabenstellung um die Prüfung von Grundrechten geht, trügt. Auch bei der ersten spielt die Prüfung der Vereinbarkeit mit den Grundrechten häufig eine wichtige Rolle, da die Grundrechte wesentliche materielle Kriterien sind, an denen sich ein Gesetz zu orientieren hat. Insofern muss die Antwort auf die beiden Aufgabenstellungen vom Ablauf, nicht aber unbedingt vom Inhalt her unterschiedlich ausfallen.

Das Gleiche gilt - wenn es um einen belastenden Verwaltungsakt geht - für die übliche verwaltungsrechtliche Aufgabenstellung: "Prüfen Sie die Rechtmäßigkeit des Verwaltungsakts". Hier sind - wie bei der Prüfung der Verfassungsmäßigkeit eines Gesetzes - zuerst die formellen Rechtmäßigkeitsanforderungen wie Zuständigkeit, Verfahren und Form zu prüfen und erst danach die materiellen Anforderungen wie insbesondere die Ermächtigungsgrundlage und die Verhältnismäßigkeit. Aber auch hier bildet - da jeder belastende Verwaltungsakt immer ein Grundrecht einschränkt - die Grundrechtsprüfung i.d.R. das entscheidende Problem, nur dass der unmittelbare Ansatz der Prüfung nicht das Grundrecht ist, sondern auf das Grundrecht erst später - i.d.R. bei der Prüfung der Angemessenheit des Verwaltungsakts - einzugehen ist. Insofern wäre - wenn denn die jeweilige Aufgabenstellung nicht von vornherein eine Festlegung enthalten würde - die Art der Prüfung der Rechtmäßigkeit eines belastenden Verwaltungsakts lediglich eine Frage des Fingerspitzengefühls: 155

- Liegt schon auf den ersten Blick das Problem des Falles offensichtlich in der Grundrechtsfrage - etwa bei der Untersagung der politischen Betätigung eines Lehrers im Dienst, dem Verbot einer Demonstration oder der Warnung vor einer religiösen Sekte - oder beruft sich der Betroffene selbst auf ein Grundrecht, so wäre es angebracht, das Grundrecht als Prüfungsansatz zu wählen.

- Ist das nicht der Fall - etwa wenn lediglich die Einhaltung von formellen Anforderungen, der Bestimmtheit oder der Möglichkeit problematisch zu sein scheint - so wäre es angebracht, die übliche Reihenfolge - zuerst Prüfung der formellen, dann der materiellen Anforderungen - zu wählen.

156 Ein wesentlicher Unterschied besteht aber doch : Genau genommen ist ein Grundrecht auch schon dann verletzt, wenn ein in ein Grundrecht eingreifender untergesetzlicher Hoheitsakt - also insbesondere ein Verwaltungsakt wie etwa eine Abbruchverfügung - „nur" an irgendeinem „einfachrechtlichen" Fehler leidet : etwa einem Verstoß gegen die örtliche Zuständigkeit, einer verweigerten Akteneinsicht, dem Fehlen einer Unterschrift, einer zu unbestimmt formulierten Aussage oder einer widersprüchlichen Begründung. Der Grund : Nur ein in vollem Umfang rechtmäßiger Verwaltungsakt kann ein Grundrecht rechtmäßig einschränken. Leidet ein Verwaltungsakt an irgendeinem Rechtsfehler - und sei dieser noch so „harmlos" - so verletzt er immer das jeweils betroffene Grundrecht.

157 Solche Fehler des einfachen Rechts werden aber oft nicht geprüft, wenn nach der Aufgabenstellung das Grundrecht im Vordergrund steht. Hier beschränken sich staatsrechtliche Falllösungen i.d.R. auf die Prüfung von spezifischen Verfassungsverletzungen. Das Gleiche tut auch das Bundesverfassungsgericht bei der Prüfung von Verfassungsbeschwerden gegen Einzelakte (s.u. Rn 796), weil - unter dem Gesichtspunkt der Zuständigkeitsverteilung - die Überprüfung einfachen Rechts Aufgabe der Untergerichte, nicht aber des Bundesverfassungsgerichts ist (ausführlich dazu Zuck Rn 471 ff.).

Was sind nun spezifische Verfassungsverletzungen ?

- Zum einen sind das alle unmittelbaren Verfassungsverstöße. Das können Verstöße gegen formelle Regelungen der Verfassung sein wie Vorschriften über Zuständigkeit, Verfahren und Form. Vor allem kommen aber Verstöße gegen materielle Regeln der Verfassung in Betracht : etwa der Grundsatz der Verhältnismäßigkeit, die Wesensgehaltsgarantie oder der Gleichheitsgrundsatz.

- Es können aber auch Verstöße sein, die auf den ersten Blick möglicherweise nur als Verstöße gegen einfaches Recht erscheinen. Das sind zum einen insbesondere Subsumtionsfehler, bei denen der Fehler aber nicht etwa in einem „einfachen" Subsumtionsirrtum besteht (wie etwa der falschen Berechnung einer Gebühr), sondern in der Verkennung von Bedeutung und Tragweite des eingeschränkten Grundrechts liegt. Ein Beispiel dazu ist unter Rn 198 erläutert.

Steht also bei der Prüfung das Grundrecht im Vordergrund und sind dabei nur spezifische Verfassungsverletzungen zu prüfen, so kann die Prüfung auch nur mit der Aussage enden, dass unter verfassungsspezifischen Aspekten das betreffende Grundrecht verletzt bzw. nicht verletzt ist.

158 Der genaue Unterschied zwischen den verschiedenen aufgezeigten Möglichkeiten der Grundrechtsprüfung veranschaulicht die Übersicht auf der nächsten Seite auf. Steht bei der Prüfung das Grundrecht im Vordergrund, sind die Anforderungen des „nur" einfachen Rechts, die in einem Grundrechtsfall normalerweise nicht zu prüfen sind, kursiv gedruckt.

Einschränkbarkeit von Grundrechten 65

1. Prüfen Sie die Verfassungsmäßigkeit der Rechtsnorm	2. Prüfen Sie die Vereinbarkeit der Rechtsnorm mit den Grundrechten	3. Prüfen Sie die Vereinbarkeit des Einzelaktes mit den Grundrechten	4. Prüfen Sie die Rechtmäßigkeit des Einzelaktes
	I. Vereinbarkeit mit Freiheitsrechten ?	**I. Vereinbarkeit mit Freiheitsrechten ?**	
	1. Schutzbereich	1. Schutzbereich	
	2. Schranken-Bereich	2. Schranken-Bereich	
	3. Schranken-Schranken-Bereich	3. Schranken-Schranken-Bereich	
1. formelle Verfassungsmäßigkeit - Zuständigkeit - Verfahren - Form	3.1 formelle Verfassungsmäßigkeit - Zuständigkeit - Verfahren - Form	3.1 *formelle Rechtmäßigkeit* - *Zuständigkeit* - *Verfahren* - *Form*	**1. formelle Rechtmäßigkeit** - Zuständigkeit - Verfahren - Form
2. materielle Verfassungsmäßigkeit : 2.1 Vereinbarkeit mit Freiheitsrechten ? - Schutzbereich - Schranken-Bereich - Schranken-Schranken-Bereich	3.2 materielle Verfassungsmäßigkeit	3.2 materielle Rechtmäßigkeit • wirksame Ermächtigungsgrundlage • Tatbestand der Ermächtigungsgrundlage - *einfachgesetzliche Subsumtion* - grundrechtskonforme Auslegung	**2. materielle Rechtmäßigkeit** • Tatbestand der Ermächtigungsgrundlage - einfachgesetzliche Subsumtion - grundrechtskonforme Auslegung
• Bestimmtheit	• Bestimmtheit	• *Bestimmtheit* • *Möglichkeit*	• Bestimmtheit • Möglichkeit
• Verhältnismäßigkeit > Geeignetheit > Erforderlichkeit > Angemessenheit - Vorteile > Nachteil = Grundrechtseingriff - Abwägung	• Verhältnismäßigkeit > Geeignetheit > Erforderlichkeit > Angemessenheit - Vorteile - Nachteile des Grundrechtseingriffs - Abwägung	• Verhältnismäßigkeit > Geeignetheit > Erforderlichkeit > Angemessenheit - Vorteile - Nachteile des Grundrechtseingriffs - Abwägung	• Verhältnismäßigkeit > Geeignetheit > Erforderlichkeit > Angemessenheit - Vorteile - Nachteil = Grundrechtseingriff - Abwägung
• Vertrauensschutz • Allgemeinheit • Wesensgehalt	• Vertrauensschutz • Allgemeinheit • Wesensgehalt	• *sonstige Ermessensfehlerfreiheit*	• sonstige Ermessensfehlerfreiheit
2.2 Vereinbarkeit mit Gleichheitsrechten ?	**II. Vereinbarkeit mit Gleichheitsrechten ?**	**II. Vereinbarkeit mit Gleichheitsrechten ?**	- Vereinbarkeit mit Gleichheitsrechten
2.3 Vereinbarkeit mit sonstigem materiellen Verfassungsrecht ? (z.B. Rechtsstaatsprinzip)			

159 Eine Übersicht über vier Aufbauschemata auf einer Seite kann natürlich nicht alle nötigen und möglichen Differenzierungen aufzeigen. Erreicht werden soll an dieser Stelle zunächst nur ein grober Eindruck davon, dass bei allen Fragestellungen die Grundrechte zu prüfen sind, wenn auch aufgrund unterschiedlicher Ansätze und an unterschiedlicher Stelle.

- **Das 1. Schema** soll mehr die Parallelität zu den anderen Schemata aufzeigen als einen üblichen Aufbau wiedergeben. Der dargestellte Ablauf der Prüfung der materiellen Verfassungsmäßigkeit ist nur einer von vielen möglichen : Je nach Problematik können auch andere Aspekte als die Grundrechte im Vordergrund stehen (z.B. die Zuständigkeit, die Zustimmung des Bundesrats oder die Vereinbarkeit mit dem Rechtsstaatsprinzip)
- **Das 2. Schema** wird im Einzelnen auf Rn 160 ff. erläutert.
- **Das 3. Schema** ist bereits auf der vorletzten Seite dargestellt worden, soweit hier zwischen Verstößen gegen „einfaches" Recht und grundrechtsspezifischen Fehlern unterschieden wird. Soll bei der Prüfung eines Einzelakts auch die Wirksamkeit der Ermächtigungsgrundlage mitgeprüft werden, so muss in 3.2 entsprechend der Klammer das 2. Schema integriert werden. Im Einzelnen wird das 3. Schema auf Rn 223 ff. erläutert.
- **Das 4. Schema** ist Gegenstand verwaltungsrechtlicher Lehrbücher und Lehrveranstaltungen und soll daher hier nicht in seinen Einzelheiten erläutert werden. Nur zwei Hinweise :
  > Zur Prüfung des Tatbestandes der Ermächtigungsgrundlage : Hier ist - ebenso wie beim 3. Schema - unterschieden zwischen einfachgesetzlicher Subsumtion und grundrechtskonformer Auslegung. Das ist in verwaltungsrechtlichen Falllösungen in der Regel allerdings ein einheitlicher Prüfungsaspekt. Gewählt wurde diese Differenzierung in der Übersicht, um den Unterschied zum 3. Schema aufzuzeigen, bei dem die Ermächtigungsgrundlage i.d.R. nur unter dem Gesichtspunkt der grundrechtskonformen Auslegung geprüft wird (nicht also z.B., ob ein Gebührenbescheid entsprechend der Ermächtigungsgrundlage richtig berechnet worden ist).
  > Zum Ort der Grundrechtsprüfung : Zum Teil wird die Prüfung der Verhältnismäßigkeit des Grundrechtseingriffs nicht vor die Prüfung der sonstigen Ermessensfehlerfreiheit - im Sinne des § 40 VwVfG - vorgezogen, sondern in diese Prüfung integriert, also bei der Frage der Ermessensüberschreitung behandelt. Es ließe sich auch denken, die Prüfung der Gleichheitsrechte aus der Prüfung der Ermessensfehler herauszulösen und als eigenständigen Prüfungspunkt einzubauen. Eine Bedeutung für die Richtigkeit des Ergebnisses der Prüfung hat ein solcher abweichender Aufbau jedenfalls nicht.

8.3 Ablauf der Prüfung von Grundrechtseinschränkungen

160
- Sind bei einem Grundrechtsfall Freiheitsrechte und Gleichheitsrechte zu prüfen, sind i.d.R. die Freiheitsrechte zuerst und erst danach die Gleichheitsrechte zu prüfen, es sei denn, ein möglicher Verstoß gegen ein Gleichheitsrecht steht im Vordergrund der Problematik.

- Sind mehrere Freiheitsrechte zu prüfen, so ist zu Beginn ihr Konkurrenzverhältnis zueinander zu klären : s.u. Rn 230 ff. Danach nachrangige Grundrechte wie etwa Art. 2 I sind - nach Erläuterung der Nachrangigkeit - nicht weiter zu prüfen. Gleichrangige Grundrechte wie z.B. Art. 5 und 8 können - zur Vermeidung von Doppelprüfungen – zusammen, aber auch nacheinander geprüft werden. Im letzteren Fall kann, soweit jeweils möglich, auf bereits bei einem zuvor geprüften Grundrecht erfolgte Prüfungspunkte verwiesen werden (z.B. auf die formellen Anforderungen, auf den Bestimmtheitsgrundsatz usw.).

- Beruft sich eine - natürliche oder juristische - Person auf die Verletzung eines Grundrechts, so ist zunächst zu klären, ob diese Person überhaupt die Grundrechtsberechtigung besitzt.

- Systematisch müsste jetzt weiter die Grundrechtsbindung geprüft werden : Ist derjenige, dem eine Grundrechtsverletzung vorgeworfen wird, gar nicht an die Grundrechte gebunden, entfällt ebenfalls die weitere Grundrechtsprüfung. Wird dem Staat der Vorwurf einer Grundrechtsverletzung gemacht, reicht hier ein kurzer Hinweis auf Art.1 III GG.

- Nach diesen Vorüberlegungen erfolgt die Prüfung des Eingriff in das in Betracht kommende Grundrecht. Diese Prüfung soll im Folgenden erläutert werden.

Weiterführende Literatur : Brüning, Die gutachterliche Prüfung von Freiheitsrechten, JA 2000, 728

9. PRÜFUNG EINES EINGRIFFS IN DEN SCHUTZBEREICH EINES GRUNDRECHTS

Hier geht es um die Frage : Greift die staatliche Maßnahme in den Schutzbereich des Grundrechts ein ? Die Terminologie entspricht der in Rechtsprechung und Literatur überwiegend verwendeten Ausdrucksweise. Der Schutzbereich wird aber zum Teil auch als "Tatbestand" oder "Normbereich" bezeichnet, der Eingriff auch als "Einschränkung" der "Beschränkung". 161

9.1 persönlicher Schutzbereich

Die Frage, ob derjenige, der sich auf ein Grundrecht beruft, überhaupt Träger dieses Grundrechts ist (> Rn 117 ff.), kann vor die Prüfung der Einschränkbarkeit des Grundrechts vorgezogen werden. Ebenso möglich ist aber auch, dass man diese Frage hier beim Schutzbereich prüft. Das bietet sich vor allem an, wenn sich jemand auf mehrere Grundrechte beruft und dabei die Grundrechtsträgerschaft u.U. unterschiedlich zu beantworten ist. 162

9.2 sachlicher Schutzbereich

Der Begriff „Schutzbereich" darf nicht den Eindruck erwecken, dass alles, was von ihm erfasst wird, auch letztlich geschützt wird. So erfasst z.B. Art. 2 I seinem Schutzbereich nach auch das Recht, einen anderen zu bestehlen. Dass eine solche Handlung aber letztlich nicht von Art. 2 I geschützt sein kann, müsste klar sein. Nur kommt man zu diesem Ergebnis nicht schon bei der Prüfung des Schutzbereichs, sondern erst am Ende der Prüfung des Art. 2 I, also erst nach Prüfung des Schranken-Schranken-Bereichs. Der Schutzbereich eines Grundrechts ist also quasi nur der Einstieg in die Grundrechtsprüfung. Deshalb sollte ein Eingriff in den Schutzbereich auch nur als solcher bezeichnet werden, aber nicht - wie z.T. üblich - als „Verletzung". Der Begriff „Verletzung" sollte wegen seiner negativen Besetzung vielmehr nur für rechtswidrige Eingriffe verwandt werden. 163

Der sachliche Schutzbereich eines Freiheitsrechts bestimmt, dass das betreffende Verhalten "frei" ist (vgl. z.B. Art. 5 I 1). Dieser Schutzbereich wird aber erst bedeutsam, wenn das betreffende Schutzgut bedroht wird, also ein Eingriff erfolgt oder bevorsteht. Der Eingriff gehört daher mit zum Tatbestand des Freiheitsrechts. Zu prüfen ist daher, ob der Hoheitsakt in den Schutzbereich eingreift.

In der Regel kann zunächst der Schutzbereich bestimmt und dann das Vorliegen eines Eingriffs geprüft werden. In etlichen Fällen können beide Prüfungen aber nicht klar voneinander getrennt werden. Beispiel: Greift die Anhebung des Diskontsatzes wegen ihrer zinserhöhenden Wirkung in das Grundrecht auf Berufsfreiheit eines Unternehmers ein? Hier muss in einer integrierten Prüfung geklärt werden, ob dieses Grundrecht Schutz auch gegen eine derartige Maßnahme gewähren will.

9.2.1 SCHUTZGUT

164 Jedes Freiheitsrecht regelt ein bestimmtes Schutzgut. Es besteht aus dem jeweiligen Leitbegriff (z.B. "Versammlung" in Art. 8 I), abzüglich etwaiger eingrenzender Tatbestandsmerkmale (z.B. "friedlich und ohne Waffen" in Art. 8 II). Dabei ist anerkannt, dass der Gesetzgeber eine gewisse Gestaltungsfreiheit im Hinblick auf die Bestimmung des Schutzbereichs besitzt. Diese darf sich jedoch nur auf eine Präzisierung und Konkretisierung erstrecken : Siehe Rn 169.

9.2.2 EINGRIFF

165 Wann ein Eingriff in ein Grundrecht vorliegt, ist nicht einfach zu beantworten, da Grundrechte "nicht schon vor jeder nachteiligen Betroffenheit eines Einzelnen schützen können" (BVerwGE 71,192), es also Maßnahmen gibt, die die Ausübung irgendeiner grundrechtlichen Freiheit behindern und dennoch nicht als Eingriffe angesehen werden können.

Beispiele : kein Eingriff in Art. 14, wenn ein Strafgefangener seinen PKW nicht benutzen kann; kein Eingriff in Art. 12, wenn ein Taxifahrer sich an die Geschwindigkeitsregeln halten muss.

Eindeutige Abgrenzungskriterien gibt es insoweit jedoch nicht. Klar ist lediglich, dass die hoheitliche Einwirkung auf das Grundrecht nachteilig sein muss (Rn 166) und nicht völlig unerheblich sein darf (Rn 170). Welche weiteren Kriterien heranzuziehen sind, ist dagegen schwieriger zu beurteilen. Hierauf wird unter Rn 171 ff. eingegangen.

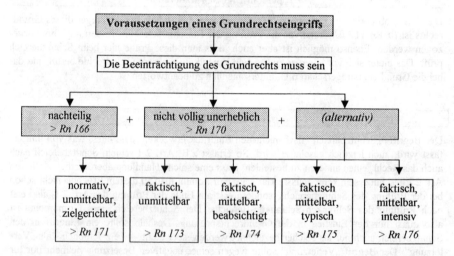

9.2.2.1 Nachteiligkeit

166 **(1) Die Einwirkung auf das Schutzgut muss nachteilig sein.**

- Das ist der Fall, wenn der Grundrechtsgebrauch eingeschränkt oder ausgeschlossen wird.
  Beispiel : Verbot einer Versammlung, planungsrechtliches Bauverbot

- Es reicht aber auch, wenn eine Belastung - wie etwa eine Verurteilung zum Schadensersatz - an einen in der Vergangenheit liegenden Grundrechtsgebrauch anknüpft und damit von einem künftigen Grundrechtsgebrauch abschrecken kann.
  Beispiel : Verurteilung zum Schadensersatz wegen einer beleidigenden Äußerung ist nicht nur ein Eingriff in Art. 2 I, sondern auch in die Meinungsfreiheit des Art. 5 I.

- Auch eine Gefährdung des Schutzgutes kann ein Eingriff sein, obwohl bei ihr noch keine Verminderung des Schutzgutes vorliegt. Die Schutzfunktion der Grundrechte würde nämlich nicht ausreichen, wenn sie erst bei der Verletzung des Schutzgutes beginnen würde. Sie könnte sogar zu spät kommen, was insbesondere am Beispiel des Grundrechts auf Leben einleuchtend sein muss.

  Beispiele für eine Gefährdung des Grundrechts des Art. 2 II 1: der Bau von Atomkraftwerken (BVerfGE 53, 75) oder die Stationierung von Atomwaffen (BVerfGE 66, 58).

(2) Die Nachteiligkeit entfällt nicht, wenn der Belastung ausgewichen werden kann. 167

Beispiel : Notwendigkeit der Eidesleistung für die Ernennung als Beamter oder die Übernahme eines Kreistagsmandats (BVerfGE 79, 76).

Kann das Grundrecht aber auch ohne die nachteilige Einwirkung ausgeübt werden, so lässt da den Eingriffscharakter zwar nicht entfallen, führt aber zu einer milderen Beurteilung der Schwere des Eingriffs bei der Beurteilung der Verhältnismäßigkeit der Maßnahmen.

Beispiel : A kann nur in der X-Stadt nicht Notar werden, wohl aber in anderen Städten.

(3) Eine nachteilige Einwirkung liegt nicht vor, wenn der Grundrechtsträger in die Beeinträchtigung eingewilligt hat. 168

Zu der Frage der Wirksamkeit eines solchen Verzichts s.o. Rn 134.

(4) Eine nachteilige Einwirkung liegt vor, wenn der Gesetzgeber einen durch die Rechtsordnung geprägten grundrechtlichen Leitbegriff ausgestaltet. 169

- Hier will der Gesetzgeber nicht etwas, was der Schutzbereich des Grundrechts bereits garantiert, nachträglich einschränken, sondern das Grundrecht erst inhaltlich ausgestalten bzw. durch Verfahrens- und Formregelungen erst wirksam werden lassen. Zu Teil ermächtigt das Grundgesetz ausdrücklich dazu, wie in Art. 4 III 2, 12 a II 3, Art. 16 a II, III, 19 IV. Eine Ausgestaltung kann aber auch unabhängig davon notwendig sein.

  Beispiele : Die Grundrechte auf Leben, körperliche Unversehrtheit und Religion sind dem Gesetzgeber vorgegeben und damit ohne gesetzliche Regelungen wahrnehmbar. Erst die Rechtsordnung aber macht z.B. aus einem bestimmten Zusammenleben von Mann und Frau eine Ehe i.S.d. Art. 6 I oder aus einer bestimmten Art des Habens einer Sache das Eigentum i.S.d. Art. 14. Ein Eingriff in Art. 6 I liegt also nicht vor, wenn eine Eheschließung nicht in beliebiger Form, sondern nur vor dem Standesamt erfolgen kann; kein Eingriff in Art. 14, wenn Eigentum nur in den im BGB geregelten Formen übertragen werden kann. Im Hinblick auf das Eigentum ermächtigt das Grundgesetz in Art. 14 I 2 sogar ausdrücklich zu einer Inhaltsbestimmung. Der Inhalt der Eigentumsgarantie ergibt sich also erst aus den Gesetzen, die den Inhalt des Eigentums konkretisieren (BVerfGE 74, 214; BVerwG DÖV 1998, 602).

- Bestimmte Grundrechte ließen sich zwar theoretisch auch ohne gesetzliche Regelung wahrnehmen, sind aber dennoch zum Teil auf eine gesetzliche Ausgestaltung angelegt.

  Beispiel : Art. 9 I gewährt nicht das Recht, sich irgendwie zu vereinigen, sondern - jedenfalls im wirtschaftlichen Bereich, in dem ein großes Bedürfnis nach Rechtssicherheit besteht - das Recht, sich im Rahmen der gesetzlichen Ausgestaltung der Vereinigungsfreiheit zu betätigen. Es liegt also kein Eingriff in Art. 9 I vor, wenn bei der Gründung eines Unternehmens eine der gesetzlich vorgesehenen Unternehmensformen gewählt werden muss.

- Die Gefahr besteht, dass unter dem Deckmantel von - geschriebenen oder ungeschriebenen - Ausgestaltungsvorbehalten in Wirklichkeit Eingriffe erfolgen. Die Fälle bloßer Ausgestaltung müssen folglich eng begrenzt sein (vgl. BVerfGE 79, 269). Belastende Eingriffe sind daher grundsätzlich als Eingriffe zu werten.

Beispiele : Wenn ein Gesetz etwa bestehende Eigentümerbefugnisse verringert, enthält es für in der Vergangenheit bereits erworbenes Eigentum Eingriffe. Soweit sich die Neuregelung auf künftige Fälle bezieht, handelt es sich um Inhaltsbestimmungen und damit um Ausgestaltungen (Pieroth/Schlinck Rn 987; vgl. Rn 461). Beispiel : Das Anlegen und Betreiben von Brunnen auf privaten Grundstücken war bisher zulässig, wird jetzt aber verboten. Für Grundeigentümer, die bereits einen Brunnen besitzen, ist diese Regelung ein Eingriff in ihr Eigentum, für Eigentümer, die bisher noch keinen Brunnen hatten, dagegen Bestimmung des Inhalts ihres Eigentums.

- Im übrigen ist die Grenze zwischen Ausgestaltung und Eingriff überschritten, wenn die Regelung mit der Tradition bricht (Pieroth/Schlinck Rn 213).

    Beispiel nach Pieroth/Schlinck Rn 214 : Der Übergang vom Verschuldens- zum Zerrüttungsprinzip im Scheidungsrecht veränderte nicht die herkömmliche - monogamische, einverständlich begründete, grundsätzlich auf Lebenszeit angelegte - Ehe und war daher Ausgestaltung. Eine Eherechtsreform, nach der Ehen nur 5 Jahre dauern und danach bei Bedarf neu begründet werden müssten, wäre dagegen ein Eingriff.

- Vielfach können Zweifel bestehen, ob eine Regelung noch Ausgestaltung oder schon Eingriff ist. Auch das BVerfG lässt insoweit keine klare Abgrenzung erkennen (vgl. Dreier/Bauer Art. 9 Rn 85). Im Zweifel sollte daher ein Eingriff angenommen werden, damit die Grundsätze des Schranken-Schranken-Bereichs wie insbesondere die Grundsätze der Verhältnismäßigkeit und des Vertrauensschutzes angewandt werden können (Schmalz Rn 123).

9.2.2.2 Keine völlige Unerheblichkeit

Die Beeinträchtigung darf nicht völlig unerheblich sein.

Beispiele: Messung von Hirnströmen (BVerfGE 17, 14 f), vorübergehende Unterbrechung des Kontakts zwischen Rechtsanwalt und einsitzendem Mandanten (BVerfGE 49, 68), nur wenige Stunden dauernde Festnahme von Redakteuren im Hinblick auf die Beeinträchtigung der Pressefreiheit des Verlagsunternehmens (BVerfGE 20, 172).

Andererseits BVerfGE 35, 375 f.: "Das als unverletzlich gewährleistete Grundrecht der Glaubens- und Bekenntnisfreiheit steht (...) in enger Beziehung zur Menschenwürde als dem obersten Wert im System der Grundrechte und muss wegen seines Ranges extensiv ausgelegt werden (...). Das in ihm verkörperte Freiheitsrecht, von staatlichen Zwängen in weltanschaulich-religiösen Fragen unbehelligt zu bleiben, kann einen Minderheitenschutz selbst vor verhältnismäßig geringfügigen Beeinträchtigungen jedenfalls dort rechtfertigen, wo - wie im Bereich der staatlichen Gerichtsbarkeit - die Inanspruchnahme dieses Schutzes nicht mit Rechten einer Bevölkerungsmehrheit zur Ausübung ihrer Glaubensfreiheit kollidiert."

9.2.2.3 Kriterien des "klassischen" Eingriffsbegriffs

Nach dem „klassischen" Eingriffsbegriff liegt ein Eingriff in ein Grundrecht nur vor bei

- **Beeinträchtigungen, die normativ, unmittelbar und zielgerichtet sind**

    ⇒ normativ = rechtlich - durch Gesetze, Verwaltungsakte, Urteile - regelnd, insbesondere durch Ge- und Verbote und Verweigerung von Erlaubnissen, und nicht bloß faktisch.

    ⇒ unmittelbar = Die Beeinträchtigung des Grundrechts muss sich unmittelbar ergeben und nicht nur mittelbar, also nicht über weitere (Zwischen-) Ursachen.

    ⇒ zielgerichtet = Die Grundrechtsbeeinträchtigung muss Ziel und nicht bloß unbeabsichtigte Nebenwirkung sein.

Der "klassische" Eingriffsbegriff ist - weil zu eng - zwar überholt (BVerfGE 46, 137). Bedeutsam ist er aber noch insoweit, als beim Vorliegen seiner Voraussetzungen stets ein Eingriff vorliegt (Sachs/Dreier, vor Art. 1 Rn 82; Pieroth/Schlinck Rn 239).

Einschränkbarkeit von Grundrechten - Schutzbereich　　　　　　　　　71

Beispiele : das Verbot einer Versammlung ist danach ein Eingriff in Art. 8, eine Abbruchverfügung ein Eingriff in Art. 14, das Inhaftierung eines zu Freiheitsstrafe Verurteilen ein Eingriff in Art. 2 II 2, die Erlaubnispflicht für die Ausübung des Gaststättengewerbes ein Eingriff in Art. 12.

9.2.2.4 Kriterien des „neueren" Eingriffsbegriffs

Es ist heute in Rechtsprechung und Literatur anerkannt, dass Grundrechte auch jenseits der　　172
engen Voraussetzungen des klassischen Eingriffsbegriffs geschützt werden müssen.

Beispiele : Das Recht auf Leben muss auch vor faktischen und unbeabsichtigten Eingriffen schützen. Beleidigungen werden kaum normativ erfolgen, müssen aber dennoch Eingriffe in das allgemeine Persönlichkeitsrecht sein.

Art. 1 III macht die umfassende Bindung des Staates an die Grundrechte nicht davon abhängig, dass der Eingriff durch einen Rechtsakt, zielgerichtet und ohne Zwischenursache erfolgt. In Grundrechte kann daher auch durch Realakte (schlichtes Verwaltungshandeln) eingegriffen werden, ebenso durch Rechtsakte, die nicht zielgerichtet die Grundrechtsbeeinträchtigung, sondern ganz oder schwergewichtig einen anderen Zweck verfolgen (vgl. BVerfGE 6, 278; 52, 54; ; 66, 60; 76, 42; BVerwGE 71, 183; 82, 76; 87, 37; Dreier vor Art. 1 Rn 82 m.w.N.; Bleckmann § 12 Rn 40 ff.; Eckhoff Fn 328).

Allgemein kann man sagen, dass - über die Situationen des klassischen Eingriffsbegriffs hinaus - ein Eingriff dann vorliegt, wenn die Grundrechtsbeeinträchtigung staatlichem Handeln zuzurechnen ist (BVerfGE 66, 60; Pieroth-Schlinck Rn 240; Windhorst Rn 28; Discher JuS 1993, 463). Das ist in folgenden Situationen der Fall :

- **faktische unmittelbare Beeinträchtigungen**　　　　　　　　　　　　　　　　　173

   Wenn ein Realakt ohne Zwischenursachen zu einer Grundrechtsbeeinträchtigung führt, liegt immer ein Eingriff vor, einerlei ob die Beeinträchtigung zielgerichtet erfolgte oder nicht.

   Beispiel : Die Kugel des Polizisten trifft den verfolgten Verbrecher oder versehentlich einen Passanten = Eingriffe in Art. 2 II 1.

- **faktische mittelbare Beeinträchtigungen, die beabsichtigt sind**　　　　　　　　174

   Beispiel : Die Bundesregierung warnt die Öffentlichkeit vor einer Sekte. Das hat eine Beeinträchtigung der Tätigkeit dieser Sekte und damit des Art. 4 I zur Folge. Diese Beeinträchtigung ist zwar nicht unmittelbar durch die Warnung, sondern aufgrund eines freien Willensentschlusses von Einzelnen, der Sekte nicht beizutreten, erfolgt. Da diese mittelbare Folge aber beabsichtigt ist, stellt sie einen Eingriff in das Grundrecht der Sekte aus Art. 4 I dar (BVerwGE 82, 76).

- **faktische mittelbare Beeinträchtigungen, die typische Nebenfolgen sind**　　　　175

   Hier sind die mittelbaren Beeinträchtigungen zwar nicht beabsichtigt, aber typische, objektiv vorhersehbare Nebenfolgen des hoheitlichen Handelns (vgl. Windhorst Rn 50).

   Beispiel : Die Planfeststellung einer Straße hat die regelmäßige mittelbare Folge, dass von der späteren Straße Verkehrslärm ausgeht und die Anlieger in ihrer Gesundheit beeinträchtigt werden.

- **faktische mittelbare Beeinträchtigungen, die besonders intensiv sind**　　　　　176

   Hier sind die mittelbaren Grundrechtsbeeinträchtigungen derart intensiv, dass sie einem „klassischen" Grundrechtseingriff durch Rechtsakt (s.o. Rn 171) gleichstehen. In seiner Rechtsprechung zu Art. 14 stellt das BVerwG darauf ab, ob die Beeinträchtigung „schwer und unerträglich" ist (z.B. E 50, 286), ebenso in der Rechtsprechung zu Art. 2 II 1 (z.B. E 54, 221). Erfasst werden von dem Intensitätskriterium im übrigen nicht nur konkrete Beeinträchtigungen, sondern auch (bloße) Gefährdungen :

allgemeine Grundrechtslehren

> "Bloße Gefährdungen liegen im allgemeinen noch im Vorfeld verfassungsrelevanter Grundrechtsbeeinträchtigungen (z.B. Bau eines Kenkraftwerks). Sie können jedoch unter besonderen Voraussetzungen Grundrechtsverletzungen gleich zu achten sein ... Eine solche Grundrechtsverletzung liegt jedenfalls vor, wenn ernsthaft zu befürchten ist, dass das Leben eingebüßt wird oder ein schwerwiegender Schaden an der Gesundheit erfolgt" (BVerfGE 51, 346).

Beispiele: Der Bau eines Kraftwerks in unmittelbarer Nähe von Wohnhäusern ist ein Eingriff in das Rechte der Anwohner aus Art. 14 bzw. 2 II 1. Das gesetzliche Verbot von Organtransplantationen ist ein Eingriff in das Recht auf Leben bzw. körperliche Unversehrtheit der Personen, die auf eine Organspende angewiesen sind, sie aber aufgrund der gesetzlichen Regelung nicht erhalten können (BVerfG NJW 1999, 3399).

Da besonders intensive Beeinträchtigungen i.d.R. vorhersehbar sind, ist das Kriterium der Intensität grundsätzlich nur nachrangig heranzuziehen (vgl. BVerwGE 90, 112).

Repetitorium zum Schutzbereich: Rn 1013

10. PRÜFUNG DES SCHRANKEN-BEREICHS EINES GRUNDRECHTS

177   Hier geht es um die Frage: Lässt das Grundrecht überhaupt eine Einschränkung zu?

Die Zulässigkeit einer Einschränkung regeln die Grundrechte in unterschiedlicher Weise:
- Zum Teil regeln sie Schranken des Grundrechts selbst (s.u. Rn 178).
- Zum Teil ermächtigen sie den Gesetzgeber, das Grundrecht einzuschränken (s.u. Rn 179).
- Zum Teil sind die Schranken aus anderen Verfassungswerten abzuleiten (s.u. Rn 185).

10.1 verfassungsunmittelbare Schranken

178   Einige Grundrechte sind schon nach dem Verfassungstext ausdrücklich beschränkt, z.B.:
- Art. 2 I   : Rechte anderer, Sittengesetz; nicht die verfassungsmäßige Ordnung (>Rn 258)
- Art. 5 II   : Jugend, Ehre
- Art. 5 III 2   : Treue zur Verfassung
- Art. 9 II   : Strafgesetze, verfassungsmäßige Ordnung, Gedanke der Völkerverständigung
- Art. 13 III 1 : gemeine Gefahr, Lebensgefahr

Die Begrenzung ergibt sich hier unmittelbar aus dem Grundrecht selbst. Eine weitere begrenzende Regelung durch den Gesetzgeber ist daher nicht zwingend notwendig. Soweit dieser aber trotzdem solche verfassungsunmittelbaren Schranken in einfachen Gesetzen regelt, darf er die betreffenden Grundrechte nicht selbst beschränken. Er darf nur deklaratorisch bereits stehende Schranken feststellen bzw. verdeutlichen (z.B. ein Verbot nach Art. 9 II aufgrund des Vereinsgesetzes) bzw. Exekutive und Justiz dazu ermächtigen. Dennoch aber lässt sich durch solche Gesetze in der Praxis nicht immer eine Schrankenziehung vermeiden. Damit bei einer solchen Schrankenziehung die rechtsstaatlichen Garantien eingreifen, sollte auf solche Gesetze und auf sie gestützte Einzelakte – also z.B. Vereinsverbote – grundsätzlich auch der Schranken-Schranken-Bereich angewandt werden.

Einschränkbarkeit von Grundrechten - Schranken-Bereich   73

10.2 Gesetzesvorbehalte

Gesetzesvorbehalte ermächtigen den Gesetzgeber, Grundrechte selbst einzuschränken (z.B. Art. 8 II : „durch Gesetz") oder die Befugnis zur Einschränkung auf Exekutive oder Justiz zu übertragen (z.B. Art. 8 II : „aufgrund eines Gesetzes"). Im letzten Fall hat er natürlich auch das Recht, die Regelung selbst „durch Gesetz" vorzunehmen. Ermächtigt der Gesetzgeber zur Grundrechtseinschränkung durch Rechtsverordnung oder Satzung, so können die Verordnungs- bzw. Satzungsgeber ihrerseits die Ermächtigung zur Grundrechtseinschränkung auf die Verwaltung weiterübertragen. 179

Beispiel : Das Straßenverkehrsgesetz (StVG) ermächtigt in § 6 den Bundesverkehrsminister, durch Rechtsverordnung Vorschriften über das Verhalten im Straßenverkehr zu erlassen. Der Bundesverkehrsminister hat solche Regelungen zum Teil in der Straßenverkehrsordnung selbst erlassen (z.B. in § 12 das Verbot, an unübersichtlichen Stellen zu halten), zum Teil die Befugnis, den Verkehr zu regeln, auf die Straßenverkehrsbehörden übertragen (z.B. in § 41 zum Aufstellen von Halteverbotsschildern).

Der Möglichkeit, dass der Gesetzgeber dazu ermächtigt, Grundrechtseinschränkungen in Rechtsverordnungen oder Satzungen zu regeln, sind aber Grenzen gesetzt. Zum Teil verlangt das Grundgesetz eine unmittelbare Regelung in einem förmlichen Gesetz (Art. 14 I 2 : "Inhalt und Schranken werden durch die Gesetze bestimmt"; 104 I 2 : „Die Freiheit der Person kann nur aufgrund eines förmlichen Gesetzes ... beschränkt werden". Das Gleiche muss für die Rechte aus Art. 2 II 1 auf Leben und körperliche Unversehrtheit gelten.). Zum Teil ergibt sich eine Grenze aus der Wesentlichkeits-Rechtsprechung, nach der alle wesentlichen Fragen vom Gesetzgeber selbst geregelt und nicht auf Exekutive und Rechtsprechung delegiert werden dürfen (s.u. Rn 513 ff.). 180

Gesetzesvorbehalte enthalten die Grundrechte der Art. 2, 5 I, 8 I, 10 I, 11 I, 12 I, 13 I, 14 I und 16. Sie werden in diesen Grundrechten in unterschiedlichen Formulierungen und damit i.d.R. unterschiedlichen gedanklichen Ansätzen zum Ausdruck gebracht. Diese Unterschiede werden im Folgenden aufgezeigt. Eine praktische Bedeutung haben sie lediglich bei der Frage der Anwendbarkeit des Art. 19 I (s.u. Rn 192, 213). 181

- **Einschränkungsvorbehalte**

= Terminologie etwa von Bleckmann S. 294; anders z.B. Hesse Rn 307: "Einschränkungsvorbehalte" oder Bonner Kommentar Art. 19 Rn 7: "Beschränkungsvorbehalte". 182

Die meisten Grundrechte sind vom Grundgesetz selbst inhaltlich fertig umgrenzt. Der Gesetzgeber wird jedoch - anders als bei den Regelungsvorbehalten - "ermächtigt, über den sachlichen Gehalt des Grundrechts zu verfügen, nämlich seinen natürlichen .... Geltungsbereich von außen her einzuengen ...." (BVerfGE 7, 404). Solche Einengungen sind immer Eingriffe, auf die der Schranken-Schranken-Bereich anzuwenden ist.

Fälle : Art. 2 II 3, 6 III, 8 II, 10 II, 11 II, 13 II, III, 14 III, 16 I 2

- **Schrankenvorbehalte**

Zum Teil stellen Grundrechte ihren eigenen Anwendungsbereich von vornherein unter den Vorbehalt von Schranken, die sich aus vorhandenen gesetzlichen Regelungen ergeben. 183

Fälle: Art. 5 II : "allgemeine Gesetze", Art. 2 I : „verfassungsmäßige Ordnung"

Schrankenvorbehalte könnten insofern den Eindruck erwecken, als ob die Grundrechtsgarantie nur insoweit durch die Verfassung erfolgt, als gesetzliche Regelungen noch einen Anwendungsbereich offen lassen. Aber auch hier gewährt vom Prinzip her die Verfassung das Grundrecht. Schrankenvorbehalte ermächtigen also zu Eingriffen, auf die der Schranken-Schranken-Bereich anzuwenden ist.

allgemeine Grundrechtslehren

- **Regelungsvorbehalte**

184 = Terminologie etwa von Hesse Rn 306; z.T. werden die Regelungsvorbehalte auch als "Schranken" (v. Münch/Krebs Art.19 Rn 6), bzw. zusammen mit den Eingriffsvorbehalten als "Gesetzesvorbehalte" bezeichnet (Katz E V 4.2).

In bestimmten Fällen legt das Grundgesetz das Grundrecht nicht selbst endgültig fest, sondern überlässt diese Feststellung der Regelung durch den einfachen Gesetzgeber.

Fälle : Art. 12 I 2 („Die Berufsausübung kann durch Gesetz geregelt werden") und 14 I 2 („Inhalt und Schranken werden durch die Gesetze bestimmt"), nicht dagegen Art. 4 III 2 und 16 a II, III, die lediglich zu Verfahrensregelungen ermächtigen.

Regelungsvorbehalte könnten insofern den Eindruck erwecken, als ob die Grundrechtsgarantie gar nicht durch die Verfassung, sondern durch das einfache Recht erfolgt. Auch hier jedoch gewährt vom Prinzip her die Verfassung das Grundrecht. Das Grundrecht verweist aber zu seiner eigenen Begrenzung auf bestehende gesetzliche Regelungen bzw. ermächtigt den Gesetzgeber zu einer Bestimmung der Grenzen der Grundrechts „von innen her, d.h. der im Wesen des Grundrechts selbst angelegten Grenzen" (BVerfGE 7, 404). "In Fällen solcher Regelungsvorbehalte verfließen die Übergänge zwischen Ausgestaltung und Begrenzung" (Hesse § 10 I). Regelungsvorbehalte sollten daher im Zweifel als Ermächtigungen für Eingriffe verstanden werden, auf die die Anforderungen des Schranken-Schranken-Bereichs - wie insbesondere die Verhältnismäßigkeit - Anwendung finden.

10.3 immanente Schranken

185 Im Grundgesetz sind einige Grundrechte enthalten, die ihrem Wortlaut nach nicht einschränkbar sind. Aus der Einheit der Verfassung (s.o. Rn 61) folgt aber, dass alle Grundrechte, also auch solche ohne ausdrücklichen Vorbehalt, durch im Einzelfall höherrangige andere Verfassungswerte immanent begrenzt werden (BVerfGE 83, 139).

Fälle : Art. 4, 5 III, 8 I (Versammlungen in geschlossenen Räumen), 9 I, III, 16 a, 17

Als Verfassungswerte in diesem Sinne kommen Grundrechte, aber auch alle anderen Verfassungswerte in Betracht : z.B. die Bundesflagge nach Art. 22 (BVerfGE 1990, 1983), die Nationalhymne (BVerfGE 81, 308), die Verteidigungsfähigkeit der Bundesrepublik (BVerfGE 28, 261) oder der Jugendschutz (BVerfGE 83, 139). Streitig ist, ob reine Kompetenznormen wie z.B. die des Art. 74 Nr. 11a zur Regelung der Kernenergie ausreichen (dafür BVerfGE 32, 46; 53, 56; kritisch Selk JuS 1990, 895; Pieroth AöR 114 (1989), 445 ff.). Insbesondere ist streitig, ob der Tierschutz Verfassungsrang hat : bejahend HbgOVG NVwZ 1994, 594 unter Berufung auf Art. 74 Nr. 20 und Art. 1 I; Caspar ZRP 1998, 441 unter Berufung auf Art. 1 I; Kuhlmann, NuR 95, 1 unter Berufung auf Art. 20 a; zustimmend Schmalz GRe Rn 171, verneinend BVerwG NVwZ 1998, 855; HessVGH DÖV 1994, 394; Trute Jura 96, 462).

186 Kollidiert ein Grundrecht mit einem anderen Verfassungswert, darf keine abstrakte Abwägung vorgenommen werden („Wert X ist höherrangig als Wert Y"). Ziel muss vielmehr eine Lösung sein, die beiden Verfassungswerten Grenzen setzt, um beide zu optimaler Wirksamkeit gelangen zu lassen. Es ist also nach Möglichkeit ein Ausgleich, eine Harmonisierung, eine Optimierung, eine „praktische Konkordanz" (Hesse Rn 72) zwischen den kollidierenden Verfassungswerten zu erreichen (s.o. Rn 62). Ist das im Einzelfall nicht vertretbar, muss eine fallbezogene Abwägung erfolgen. Dabei darf die im konkreten Einzelfall schwächere Norm nur so weit zurückgedrängt werden, wie das zwingend ist; ihr sachlicher Grundwertgehalt muss in jedem Fall respektiert werden (BVerfGE 59, 261).

Einschränkbarkeit von Grundrechten - Schranken-Bereich 75

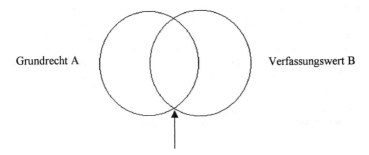

Optimierung durch Ausgleich und notfalls fallbezogene Abwägung.

Je nach Fallsituation ist der Überschneidungsbereich ganz oder zum Teil dem Grundrecht oder dem anderen Verfassungswert zuzuordnen, je nachdem, ob ein Ausgleich möglich ist oder eine fallbezogene Abwägung erfolgen muss. Da sei an den beiden folgenden Beispielen aufgezeigt :

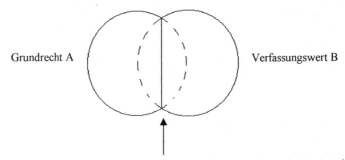

immanente Schranken von Grundrecht A und Verfassungswert B aufgrund eines Ausgleichs

Beispiel : Die sich aus Art. 4 II ergebende Befugnis zum kirchlichen Glockenläuten kann u.U. mit dem Grundrecht auf Schutz der Gesundheit aus Art. 2 II 1 kollidieren. Hier lässt sich eine Optimierung im Wege des Ausgleichs erreichen, indem das Glockenläuten untersagt wird, soweit es über die Grenzen des BImSchG (§ 8 I 2) hinausgeht, also eine erhebliche Belästigung darstellt oder aber vor 6 Uhr morgens erfolgt (BVerwGE 68, 66). Damit wird auf die Grundrechte Dritter Rücksicht genommen und gleichzeitig den Kirchen eine nur geringfügige Beschränkung auferlegt. Damit ist eine befriedigende Lösung im Wege gegenseitigen Nachgebens erreicht, ohne dass ein Grundrecht einseitig hinter dem anderen zurückstehen muss.

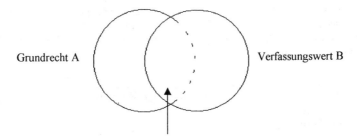

immanente Schranke von Grundrecht A aufgrund einer fallbezogenen Abwägung, bei der sich Verfassungswert B als höherrangig herausgestellt hat

Beispiel : Ein Graffiti-Künstler sprüht eine fremde Hauswand an. Es kollidieren Art. 5 III und Art. 14. Eine Optimierung durch Ausgleich ist hier nicht möglich. Es muss daher eine fallbezogene Abwägung erfolgen, die hier zugunsten von Art. 14 erfolgen muss. Das im konkreten Einzelfall schwächere Grundrecht des Art. 5 III darf aber nur so weit zurückgedrängt werden, wie das zwingend ist. Das ist der Fall, wenn dem Künstler das Besprühen fremder Hauswände verboten wird. Der sachliche Grundwertgehalt des Art. 5 III wird dabei respektiert, da dem Künstler viele Möglichkeiten künstlerischer Betätigung verbleiben.

Weitere Beispiele zur Optimierung bei Grundrechtskollisionen finden Sie bei der Darstellung der Grundrechte, die nur immanenten Schranken unterliegen, insbesondere Art. 4 und 5 III (s.u. Rn 331, 356, 360).

188 Verfassungsimmanente Einschränkungen von Grundrechten können nach der Wesentlichkeitsrechtsprechung (Rn 513 ff.) nur durch Gesetz oder aufgrund eines Gesetzes erfolgen (BVerfGE 91, 261; BVerwGE 90, 122). Jedes Grundrecht, das keinen ausdrücklichen Gesetzesvorbehalt enthält, ist also so zu lesen, als enthielte es folgenden Zusatz : "Dieses Grundrecht kann nur durch Gesetz oder auf Grund eines Gesetzes eingeschränkt werden, soweit dies zum Schutz eines höherrangigen anderen Verfassungswertes zwingend erforderlich ist". Auf Gesetze und die auf sie gestützten Einzelakte, die immanente Schranken konkretisieren, ist auch der Schranken-Schranken-Bereich anzuwenden. Es ist jedoch zu berücksichtigen, dass die notwendige Abwägung mit Grundrechten Dritter oder die Allgemeinheit schützenden Verfassungswerten bereits im Schranken-Bereich erfolgt ist. Für den Schranken-Schranken-Bereich verbleibt also nur noch die Prüfung, ob der Hoheitsakt auch im übrigen verfassungsmäßig ist, insbesondere die formellen Anforderungen eingehalten worden sind.

Repetitorium zum Schranken-Bereich : Rn 1014

Grundfall zur immanenten Beschränkung eines Grundrechts : Rn 1070 (1103)

Weiterführende Literatur : Bumke, Der Grundrechtsvorbehalt – Untersuchungen über die Begrenzung und Ausgestaltung der Grundrechte, 1998

11. PRÜFUNG DES SCHRANKEN-SCHRANKEN-BEREICHS EINES GRUNDRECHTS BEI EINEM EINGRIFF DURCH EINE RECHTSNORM

189 Hier geht es um die Frage : Ist der Eingriff seinerseits rechtmäßig ? Nur ein in jeder Hinsicht rechtmäßiger Hoheitsakt kann nämlich ein Grundrecht wirksam einschränken. Der zu prüfende Hoheitsakt ist hier also auf alle formellen und materiellen Rechtmäßigkeitsanforderungen hin zu untersuchen. Bei Vollzugsakten erfolgt die Überprüfung aber grundsätzlich nur im Hinblick auf grundrechtsspezifische Fehler : s.o. Rn 157 ! Da die Prüfung deshalb zu einem erheblichen Teil unterschiedlich ist, je nachdem, ob eine Rechtsnorm oder ein Vollzugsakt in Frage steht, wird zunächst (Rn 190 ff.) die Prüfung einer Rechtsnorm und später (Rn 223 ff.) die Prüfung eines Einzelakts erläutert.

11.1 formelle Rechtmäßigkeitsanforderungen

190 **(1) ZUSTÄNDIGKEIT**

- Gesetze : Sie ist in den Art. 70 ff. geregelt (s.u. Rn 623 ff.)

Einschränkbarkeit von Grundrechten – Schranken-Schranken-Bereich

- Bundes-Rechtsverordnungen : Nach Art. 80 I können die Bundesregierung, ein Bundesminister oder die Landesregierungen ermächtigt werden, Rechtsverordnungen zu erlassen.
- Landes-Rechtsverordnungen : Siehe die Regelung der jeweiligen Landesverfassung.
- *Satzungen : Die Zuständigkeit für ihren Erlass ergibt sich aus dem ermächtigenden Gesetz. Fehler sind insoweit aber „lediglich" Verstöße gegen einfaches Recht (s.o. Rn 156).*

(2) VERFAHRENSANFORDERUNGEN

191

- Bundesgesetze:
  - Anforderungen an das Gesetzgebungsverfahren : Art. 76 ff (s.u. Rn 721)
  - Erfordernis der Zustimmung des Bundesrates (s.u. Rn 724)
- Landesgesetze : siehe die Regelungen der jeweiligen Landesverfassung
- Bundes-Rechtsverordnungen : u.U. Zustimmung des Bundesrats nach Art. 80 II (Rn 737)
- Landes-Rechtsverordnungen: siehe die Regelung der jeweiligen Landesverfassung
- *Satzungen : Verfahrensanforderungen können sich nur aus dem ermächtigenden Gesetz ergeben. Fehler sind insoweit aber „lediglich" Verstöße gegen einfaches Recht (s.o. Rn 156).*

(3) FORMANFORDERUNGEN

192

- Bundesgesetze :
  - Art. 82 : Verkündung im Bundesgesetzblatt
  - Art. 19 I 2 : Zitiergebot

> *(Art.19 I 1 : „Soweit nach diesem Grundgesetz ein Grundrecht durch Gesetz oder aufgrund eines Gesetzes eingeschränkt werden kann, muss das Gesetz allgemein und nicht nur für den Einzelfall gelten.")*
> *Art 19 I 2 : „Außerdem muss das Gesetz das Grundrecht unter Angabe des Artikels nennen."*

Das Zitiergebot hat gegenüber dem Gesetzgeber eine Warn- und Besinnungsfunktion (BVerfGE 64, 80). Er soll gezwungen werden, sich der von ihm vorgenommenen Grundrechtseinschränkung bewusst zu werden und dadurch angehalten sein, die Folgen seiner Entscheidung besonders sorgfältig zu bedenken. Daneben hat das Zitiergebot gegenüber dem Rechtsanwender eine Informationsfunktion. Diese an sich begrüßenswerte Ziele sind jedoch nicht durchweg einzuhalten, insbesondere weil jedes belastende Gesetz ein Grundrecht, zumindest das des Art. 2 I, einschränkt. Der bei der Schaffung des Art. 19 I 2 offenkundig maßgebende Gedanke, Grundrechtseinschränkungen seien die Ausnahme und dann als solche zu dokumentieren, trifft also nicht zu. Das Zitiergebot müsste also in jedem belastenden Gesetz berücksichtigt werden.

> BVerfG NJW 1999, 3399 „ Als Formvorschrift bedarf die Norm enger Auslegung, wenn sie nicht zur leeren Förmlichkeit erstarren und den Gesetzgeber in seiner Arbeit unnötig behindern soll. Das Zitiergebot ... findet ... nur Anwendung auf Grundrechte, die aufgrund ausdrücklicher Ermächtigung vom Gesetzgeber eingeschränkt werden dürfen. Das BVerfG hat darüber hinaus stets betont, dass Art. 19 I 2 GG nur für Gesetze gilt, die darauf abzielen, ein Grundrecht über die in ihm selbst angelegten Grenzen hinaus einzuschränken."

Art. 19 I 2 gilt daher nicht für Grundrechte, die einem Schranken-, Regelungs- oder Ausgestaltungsvorbehalt (s.o. Rn 169, 183, 184) unterliegen, also nicht für die - wichtigen -

Art. 2 I, 5 II, 12 I und 14 I (a.A. Dreier Rn 8 m.w.N.); außerdem nicht für Enteignungsgesetze i.S.d. Art. 14 III (BVerfGE 24, 398). Die Vorschrift gilt also grundsätzlich nur für Grundrechte, die einen Einschränkungsvorbehalt enthalten (Art. 2 II, 6, 8, 10, 11, 13, 16 I).

Beispiel für die Notwendigkeit der Beachtung des Zitiergebots : § 20 VersG : „Das Grundrecht des Art. 8 des Grundgesetzes wird durch die Bestimmungen dieses Abschnitts eingeschränkt."

Aber auch bei solchen Grundrechten findet Art. 19 I 2 nur dann Anwendung, wenn der staatliche Hoheitsakt auf den Grundrechtseingriff abzielt, also nicht in den Fällen faktischer Grundsrechtseingriffe (BVerfG NJW 1999, 3399; v.Münch/Krebs Rn 16).

Außerdem findet Art. 19 I 2 "keine Anwendung auf solche, nach Inkrafttreten des Grundgesetzes erlassenen Gesetze, die lediglich bereits geltende Grundrechtsbeschränkungen unverändert oder mit geringen Abweichungen wiederholen. Art. 19 Abs. 1 Satz 2 soll lediglich verhindern, dass neue, dem bisherigen Recht fremde Möglichkeiten des Eingriffs in Grundrechte geschaffen werden, ohne dass der Gesetzgeber sich darüber Rechenschaft legt und dies ausdrücklich zu erkennen gibt" (BVerfGE 5, 16).

Beispiel : Die 1972 erfolgte Änderung des § 112 a StPO, wodurch der Kreis der Straftaten, bei denen die Wiederholungsgefahr Haftgrund ist, erweitert wurde (BVerfG 33, 185)

- Landesgesetze : Siehe die entsprechenden Regelungen der jeweiligen Landesverfassung.
- Bundes-Rechtsverordnungen : Zitierung der Ermächtigungsgrundlage, Art. 80 I 3; i.d.R. Verkündung im Bundesgesetzblatt, Art. 82 I 2; nicht das Zitiergebot des Art. 19 I 1, da es nur für formelle Gesetze gilt (JP/Jarass Rn 1; Sachs/Krüger Rn 18)
- Landes-Rechtsverordnungen : siehe die Regelung der jeweiligen Landesverfassung
- *Satzungen : Formanforderungen können sich nur aus dem ermächtigenden Gesetz ergeben. Fehler sind insoweit aber „lediglich" Verstöße gegen einfaches Recht (s.o. Rn 156).*

11.2 materielle Rechtmäßigkeitsanforderungen

193 Die materiellen Rechtmäßigkeitsanforderungen sind im Wesentlichen die gleichen, ob man hier ein formelles - also ein vom Parlament erlassenes - Gesetz oder ein materielles Gesetz - also eine Rechtsverordnung oder Satzung - prüft. Hiervon gibt es jedoch zwei Ausnahmen :
- Die wichtigere Ausnahme : Soweit Rechtsverordnungen oder Satzungen in Grundrechte eingreifen, benötigen sie eine gesetzliche Ermächtigungsgrundlage : Zum Teil ergibt sich das unmittelbar aus den Grundrechten (z.B. Art. 2 II 3 : „nur aufgrund eines Gesetzes"), zum Teil, wenn das Grundrecht keinen ausdrücklichen Gesetzesvorbehalt enthält (wie z.B. Art. 5 III) aufgrund der Wesentlichkeitstheorie (s.u. Rn 513), für Rechtsverordnungen im übrigen auch aus Art. 80 I 1. Da die Rechtsverordnung bzw. Satzung nur rechtmäßig in das Grundrecht eingreifen kann, wenn das ermächtigende Gesetz seinerseits verfassungsmäßig ist, muss im Prinzip seine Verfassungsmäßigkeit an dieser Stelle geprüft werden. Zwei Hinweise dazu sind wichtig :

Wird zwischen Gesetz und Einzelakt eine Rechtsverordnung oder Satzung geschoben, so wird das Gesetz nur selten bereits selbst eine Grundrechtseinschränkung enthalten, sondern i.d.R. erst die Rechtsverordnung oder Satzung. So ergeben sich fast alle Belastungen von Verkehrsteilnehmern nicht bereits aus dem StVG, sondern erst aus der StVO und der StVZO, zu deren Erlass das StVG ermächtigt. Dennoch könnte in einem solchen Fall das Gesetz wegen eines nicht grundrechtsspezifischen Fehlers (etwa Unzuständigkeit) verfassungswidrig sein. Insofern bietet sich bei der Prüfung des Gesetzes eher das Schema 1 als das Schema 2 (Rn 158) an. Die Verfassungsmäßigkeit der meisten Gesetze ist heute allerdings unbestritten. Insofern könnte sich deren Prüfung aus praktischen Gründen erübrigen. Das ist in einer systematischen Grundrechtsprüfung allerdings nur zulässig, wenn die Aufgabenstellung einen entsprechenden Hinweis enthält.

- Die zweite Ausnahme ist das Allgemeinheitsgebot des Art. 19 I 1, das nach h.M. nur für formelle Gesetze gilt. Darauf wird unten Rn 213 eingegangen.

(1) BESTIMMTHEIT

Die formelle Komponente des Rechtsstaatsprinzips zielt auf Rechtssicherheit im Sine von Voraussehbarkeit und Berechenbarkeit staatlicher Entscheidungen (vgl. Rn 507) ab. Das bedeutet für den Bürger unter anderem, dass er erwarten darf, dass sich der Staat bei belastenden Eingriffen in seine Rechtssphäre so bestimmt wie nur möglich äußert. Dieses ergibt sich auch aus dem Grundsatz der Gesetzmäßigkeit der Verwaltung. „Dieser ...fordert nicht irgendeine, sondern eine begrenzte und näher bestimmte Ermächtigung der Exekutive zur Vornahme belastender Verwaltungsakte" (BVerfGE 8, 325). Es ergibt sich aus dem Gewaltenteilungsprinzip, das verletzt wäre, wenn die Exekutive nicht mehr nach bestimmt formulierten Richtlinien des Gesetzgebers, sondern mangels solcher praktisch an dessen Stelle handeln würde (BVerfG a.a.O.), ebenso aus der Rechtsschutzgarantie des Art. 19 IV, die verlangt, dass die Anwendung der Normen durch die Exekutive von den Gerichten umfassend überprüft wird, was aber kaum möglich wäre, wenn die Rechtsnormen selbst völlig unbestimmt wären (BVerfG a.a.O.). 194

Gesetze dürfen daher in den Rechtskreis des Einzelnen nur eingreifen, wenn der Eingriff nach Inhalt, Zweck und Ausmaß hinreichend bestimmt und begrenzt ist, so dass er messbar und in gewissem Ausmaß für den Betroffenen voraussehbar und berechenbar ist (BVerfGE 56, 12). 195

Hilfskriterien zur Prüfung (die je nach Fallsituation heranzuziehen sind):

- Unbestimmte Rechtsbegriffe sind damit grundsätzlich vereinbar, da die Vielfalt der Verwaltungsaufgaben eine gewisse Offenheit der gesetzlichen Voraussetzungen verlangt. Immer aber muss die Ermächtigungsgrundlage selbst so bestimmt sein, dass bereits aus ihr hinreichend ersichtlich ist, welche Folgen auf den Bürger zukommen können.
  Beispiel für Unbestimmtheit in BVerfGE 20, 158 : „Im Gesetz fehlt jeder Hinweis, nach welchen Merkmalen die Behörde zu entscheiden hat... Nicht das Gesetz, sondern die Verwaltung bestimmt abschließend die Gesichtspunkte, die die Versagung einer Genehmigung rechtfertigen können". 196

- Wie intensiv sind die Auswirkungen der Regelung für die Betroffenen ? Je intensiver sie sind, desto höhere Anforderungen sind an die Bestimmtheit der Ermächtigung zu stellen, desto genauer müssen die Kriterien sein, nach denen die Verwaltung zu entscheiden hat (BVerfGE 56, 13).
  Beispiel : Die Ermächtigung zur Anordnung von Untersuchungshaft muss viel genauer sein als die zum Aufstellen von Verkehrsschildern (vgl. § 112 StPO einerseits und § 6 StVG andererseits). 197

- Eine eventuelle Unbestimmtheit eines Gesetzes wird eingeengt durch den Gedanken der Wechselwirkung zwischen Grundrecht und einschränkendem Gesetz. Er besagt, dass ein Gesetz auch dann, wenn der entsprechende Gesetzesvorbehalt keine besonderen Begrenzungen enthält, nicht einseitig ein Grundrecht einschränken kann, sondern seinerseits im Lichte der Bedeutung dieses Grundrechts gesehen und so interpretiert werden muss, dass der Wertgehalt dieses Grundrechts auf jeden Fall gewahrt bleibt. Es findet also eine Wechselwirkung zwischen Grundrecht und einschränkendem Gesetz statt (BVerfGE 7, 208). 198

allgemeine Grundrechtslehren

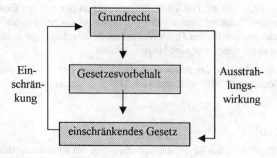

Beispiel § 121 StPO : „Solange kein Urteil ergangen ist, das auf Freiheitsstrafe oder eine freiheitsentziehende Maßregel der Besserung und Sicherung erkennt, darf der Vollzug der Untersuchungshaft wegen derselben Tat über sechs Monate hinaus nur aufrechterhalten werden, wenn die besondere Schwierigkeit oder der besondere Umfang der Ermittlungen oder ein anderer wichtiger Grund das Urteil noch nicht zulassen und die Fortdauer der Haft rechtfertigen." Die Frage ist, ob „ein anderer wichtiger Grund" hinreichend bestimmt ist. Diese Vorschrift schränkt dass Grundrecht auf Freiheit der Person aus Art. 2 II 2 ein. Dieses Grundrecht unterliegt nach Art. 2 II 3 einem Gesetzesvorbehalt, der seinem Wortlaut nach keine Einschränkungen enthält („In diese Rechte darf nur aufgrund eines Gesetzes eingegriffen werden"). Das bedeutet jedoch nicht, dass dieser Vorbehalt dazu ermächtigt, das Grundrecht auf Freiheit der Person einseitig einzuschränken. Die Möglichkeit, dass „ein anderer wichtiger Grund" die Fortdauer der U-Haft rechtfertigt, muss vielmehr in ihrer das Grundrecht auf Freiheit der Person einschränkenden Wirkung ihrerseits im Lichte der Bedeutung dieses Grundrechts gesehen und so interpretiert werden, dass der besondere Wertgehalt dieses Rechts auf jeden Fall gewahrt bleibt. Ein wichtiger Grund im Sinne des § 121 StPO kann daher nur ein solcher sein, der ein ähnliches Gewicht wie die beiden genannten Gründe hat und dem Wertgehalt des Grundrechts aus Art. 2 II 2 Rechnung trägt. Insoweit wird die relative Unbestimmtheit des § 121 StPO durch den Gedanken der Wechselwirkung eingeengt mit der Folge, dass die Vorschrift als hinreichend bestimmt angesehen werden kann (BVerfGE 36, 264).

Die Frage, welche Aspekte im Einzelnen wichtige Gründe i.S.d. § 121 StPO sind, gehört dagegen systematisch nicht bereits hierher zur Klärung der Frage, ob das Gesetz hinreichend bestimmt ist, sondern erst zur Klärung, ob ein konkreter Vollzugsakt, also hier eine konkrete Verlängerung der U-Haft, dem Wertgedanken des Art. 2 II 2 GG entspricht. Diese Frage wird also erst unten bei der Prüfung des Vollzugsaktes (Rn 223) relevant (siehe auch Rn 57).

199
- Sind unbestimmte Begriffe durch Beispiele, durch nachfolgende Vorschriften oder durch die Rechtsprechung konkretisiert?

Beispiele :

1. Nach § 243 I 1 StGB wird der Diebstahl „in besonders schweren Fällen" härter bestraft als der einfache Diebstahl. „Besonders schwerer Fall" ist dabei nicht zu unbestimmt, da Satz 2 fortfährt : „Ein besonders schwerer Fall liegt in der Regel vor, wenn ..." Es folgen sieben Beispiele für besonders schwere Fälle, an deren Schwere sich dann auch dort nicht konkret genannten Fälle zu orientieren haben.

2. § 1 II StVO, nach dem sich „jeder Verkehrsteilnehmer hat sich so zu verhalten (hat), dass kein Anderer geschädigt, gefährdet oder mehr, als nach den Umständen unvermeidbar, behindert oder belästigt wird", ist nicht zu unbestimmt, da die StVO in den folgenden Vorschriften diese allgemeine Verhaltenspflicht konkretisiert. Auf § 1 StVO wird daher nur selten ein Verbot gestützt.

3. Der Begriff „öffentliche Sicherheit und Ordnung" in den Polizei- und Ordnungsgesetzen ist nicht zu unbestimmt, da er seit langem durch die Rechtsprechung definiert und konkretisiert worden ist.

- Wird die Vorschrift nur von Richtern angewandt ? Dann ist es vertretbar, nicht so hohe Anforderungen an die Bestimmtheit zu stellen.

    Beispiel : Nach § 81 a StPO darf „eine körperliche Untersuchung des Beschuldigten zur Feststellung von Tatsachen, die für das Verfahren von Bedeutung sind", nur durch den Richter angeordnet werden. Die Gefahr, dass aufgrund dieser Vorschrift unverhältnismäßige Maßnahmen getroffen werden, ist nach Auffassung des BVerfG durch die Einschaltung des rechtskundigen Richters ausreichend gemindert (E 16, 201).

- Bei einer Regelvorschrift sind im Zweifel höhere Anforderungen an die Bestimmtheit als bei Ausnahmevorschriften.

    Beispiel : Nach § 14 HmbFriedhofsG können Ausnahmen von der Friedhofsbestattung „in besonderen Fällen" zugelassen werden. Diese Ausnahmevorschrift soll ermöglichen, dass bei Erlass des Gesetzes nicht vorhersehbaren atypischen Fällen Rechnung getragen werden kann. Sie kann deshalb weitgehend offen sein, zumal durch sie keine Belastung erfolgt (BVerfGE 50, 263).

- Liegt die mögliche Unbestimmtheit darin, dass es sich um eine Ermessensnorm handelt ? Ermessen ist aber nicht freies, sondern immer pflichtgemäßes, d.h. unter Beachtung des Gesetzeszwecks und der Verfassung, insbesondere der Verhältnismäßigkeit und des Gleichheitssatzes, anzuwendendes Ermessen!

    Beispiel : Wenn nach den Wegegesetzen Sondernutzungserlaubnisse erteilt werden „können", dann nicht orientiert an frei gewählten Kriterien wie z.B. auch Geschlecht und Schönheit des Antragstellers, sondern am Zweck der Wegegesetze, an dem Umfang der möglichen Beeinträchtigung des Verkehrs und - im Interesse der Gleichbehandlung - an der bisherigen Praxis.

Falllösungen zur Bestimmtheit : Rn 1085, 1097, 1113

(2) VERHÄLTNISMÄSSIGKEIT

Der Grundsatz der Verhältnismäßigkeit hat das Ziel, dass bei belastenden Eingriffen aufgrund von Ermessensnormen dem Einzelfall Rechnung getragen wird.

> BVerfGE 19, 348 : „Er ergibt sich aus dem Rechtsstaatsprinzip, im Grunde bereits aus dem Wesen der Grundrechte selbst, die als Ausdruck des allgemeinen Freiheitsanspruchs des Bürgers gegenüber dem Staat von der öffentlichen Gewalt jeweils nur soweit beschränkt werden dürfen, als es zum Schutz öffentlicher Interessen unerlässlich ist."

Anwendbar ist er, wenn der Staat einen Ermessensspielraum sein. Der Gesetzgeber hat einen solchen Spielraum aufgrund der offenen Formulierungen der Verfassung fast immer, Rechtsprechung und Exekutive nur zum Teil. Nicht anwendbar ist der Grundsatz der Verhältnismäßigkeit bei zwingenden Normen, da hier eine aus Verhältnismäßigkeitserwägungen erfolgte Nichtanwendung eines vorgesehenen Mittels gegen den Vorrang des Gesetzes verstoßen würde (Beispiel : Nichtauflösung einer verbotenen Versammlung entgegen § 15 III VersG).

Erscheint bei einer zwingenden Norm das Ergebnis ihrer Anwendung aber als unverhältnismäßig (im obigen Beispiel : Wenn die Versammlung entgegen der Annahme bei Erlass des Verbots friedlich verläuft, die Auflösung dagegen zur gewalttätigen Eskalation führen würde, so im Fall der Brokdorf-Großdemonstration 1981), ist zu überlegen, ob das zugrunde liegende Gesetz unverhältnismäßig und damit unwirksam ist, ob der zugrunde liegende Einzelakt (im obigen Beispiel das Verbot der Versammlung) ausnahmsweise nichtig ist oder - in die Zukunft betrachtet - nicht wegen der veränderten Erkenntnisse aufgehoben werden müsste.

Die Verhältnismäßigkeit umfasst drei Elemente :

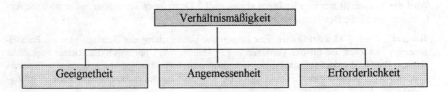

Bei der Beurteilung der einzelnen Elemente kommt es auf Prognosen bzw. Wertungen an. Dabei hat der Gesetzgeber einen weiten Beurteilungsspielraum (BVerfG NJW 1999, 3401), Rechtsprechung und Verwaltung dagegen einen engeren, da sie die sich nur im Rahmen des jeweiligen Gesetzeszwecks bewegen dürfen. Sind die Prognosen bzw. Wertungen vertretbar, sollte ihnen gefolgt werden. Die Prüfung sollte deswegen negativ erfolgen, also gefragt werden, ob die Maßnahme ungeeignet, unangemessen bzw. nicht erforderlich ist (Schmalz GRe Rn 157). Eine solche negative Prüfung rechtfertigt sich auch aus dem Gedanken, dass der Grundsatz der Verhältnismäßigkeit dem Staat Grenzen ziehen soll und erst die Überschreitung dieser Grenzen zur Rechtswidrigkeit führt.

Die Verhältnismäßigkeit ist im übrigen aus der Sicht des Zeitpunkts zu beurteilen ist, in dem die Maßnahme getroffen wurde. Deshalb kommt es darauf an, ob die Maßnahme *voraussichtlich* geeignet, angemessen oder erforderlich ist. Im Einzelnen :

(2.1) Geeignetheit (Zwecktauglichkeit)

205 Geeignet ist eine Maßnahme, wenn sie das angestrebte Ziel voraussichtlich erreicht oder zumindest fördert (BVerfGE 63, 115).

> Welches ist das angestrebte Ziel ?

> Wird es durch die Maßnahme voraussichtlich erreicht oder zumindest gefördert ? Negativ zu fragen ist also, ob die Maßnahme zur Erreichung des Zwecks ungeeignet ist (s.o. Rn 204)

(2.2) Angemessenheit

206 (Verhältnismäßigkeit i.e.S., Grundsatz der Proportionalität, Übermaßverbot)
Angemessen ist eine Maßnahme, wenn sie „voraussichtlich keinen Nachteil herbeiführt, der erkennbar außer Verhältnis zu dem verfolgten Zweck steht" (BVerfGE 44, 373) bzw. wenn „die dem Eingriff entgegenstehenden Interessen im konkreten Fall ersichtlich wesentlich schwerer wiegen als diejenigen Belange, deren Wahrung die staatliche Maßnahme dienen soll" (BVerfG NJW 1999, 3401). Es ist also negativ vereinfacht zu fragen, ob die bezweckten Nachteile voraussichtlich größeres Gewicht haben als die herbeigeführten Vorteile.

> Welches sind die bezweckten Vorteile der Maßnahme ?

> Welches sind die durch die Maßnahme herbeigeführten Nachteile ?

> Sind die Nachteile voraussichtlich größer als die Vorteile ?

Für diese Abwägung gilt aufgrund der Wechselwirkungslehre (s.o. Rn 198) die Regel: Je größer die zu bekämpfenden Gefahren sind, desto größer sind die Nachteile, die in Kauf genommen werden müssen (BVerfGE 41, 398). Oder umgekehrt : Je geringer die zu bekämpfenden Gefahren, je unbedeutender die zu schützenden Interessen, desto größer ist das Gewicht des eingeschränkten Grundrechts. Kriterien dafür sind je nach Fallproblematik z.B.:

- Steht hinter dem Grundrechtseingriff ein legitimes staatliches Interesse?
  Beispiele : Schutz von Leben, Freiheit, Eigentum; nicht dagegen z.B. die „"Besserung" der Bürger (BVerfGE 22, 180)

- Hat das Ziel des Eingriffs Gesetzes- oder gar Verfassungsrang? Wenn Verfassungsrang: welchen?
  Beispiele : „Nur" Gesetzesrang hat etwa der Verbraucherschutz. Verfassungsrang haben das Recht auf Leben und das Petitionsrecht, davon das Recht auf Leben einen höheren Rang.

- Wie intensiv wird in das Grundrecht eingegriffen? Nur geringfügig oder schwer?

- Sind bei schweren Eingriffen Ausnahmen geregelt? Beispiele : Übergangsregelungen zur schonenden Einführung der neuen Regelungen? Ausnahmeregelungen für besondere Härtefälle (BVerfGE 68, 284)? Entschädigungsregelungen bei Eingriffen in das Eigentum, wenn ohne sie der Eingriff unzumutbar wäre (vgl. Rn 469)?

- Greift die Maßnahme in den Kernbereich der Menschenwürde ein? (> s.u. Rn 242). Dann ist sie ausnahmslos unverhältnismäßig.

- Handelt es sich bei der konkreten Grundrechtsausübung um eine grundsätzlich oder im Einzelfall gemeinschaftsnützliche oder gemeinschaftsschädliche Tätigkeit?
  Beispiele : Grundsätzlich gemeinschaftsnützlich ist etwa die Durchführung von Sportveranstaltungen, grundsätzlich gemeinschaftsschädlich etwa der Handel mit Rauschgift oder der Besitz von Schusswaffen.

- Hat der Grundrechtsträger bei einem gesetzlichen Genehmigungsvorbehalt einen Anspruch auf die Genehmigung, wenn der Grundrechtsausübung keine Interessen Einzelner oder der Allgemeinheit entgegenstehen, oder ist Erteilung der Genehmigung auch dann in das Ermessen der Verwaltung gestellt?

207

BVerfGE 20, 155 : „Aus der im Rahmen des Art. 2 Abs. 1 GG gewährleisteten allgemeinen Handlungsfreiheit folgt unmittelbar das Recht, die hieraus sich ergebenden Einzelbefugnisse zu verwirklichen. Das bedeutet jedoch nicht, dass der Gesetzgeber schlechthin gehindert wäre, die Ausübung solcher Befugnisse zu überwachen; er kann - unter Berücksichtigung der verfassungsrechtlichen Grundentscheidungen - ein präventives Prüfungsverfahren anordnen und darf die Rechtsausübung von einer behördlichen Erlaubnis abhängig machen. Voraussetzung ist jedoch, dass das angewendete Mittel den Grundsätzen rechtsstaatlichen Verwaltungshandelns, insbesondere dem Gebot der Verhältnismäßigkeit entspricht. Das Prüfungsverfahren muss der Gefahr angepasst sein, der es begegnen soll. ... Einem rechtsstaatlich ausgestaltetem Erlaubnisvorbehalt kommt in diesem Bereich legitimerweise die Aufgabe zu, die Behörden rechtzeitig zur vorbeugenden Prüfung bei solchen Umständen und Vorgängen einzuschalten, die erfahrungsgemäß häufig Ordnungswidrigkeiten mit sich bringen. Die gesetzliche Verpflichtung, eine Erlaubnis einzuholen, besagt daher nicht, dass die erlaubnispflichtige Tätigkeit als solche verboten sei, sonder nur, dass mit der Rechtsausübung erst begonnen werden darf, wenn die Gesetzmäßigkeit des Vorhabens in einem geordneten Verfahren geprüft und festgestellt ist... Da das Grundrecht aus Art. 2 Abs. 1 GG aber nicht nur die allgemeine Handlungsfreiheit als solche, sondern auch die Ausübung der in ihr enthaltenen Befugnisse gewährleistet, muss der Grundrechtsträger notwendigerweise einen Rechtsanspruch auf die Erlaubnis haben, wenn die gesetzlichen Voraussetzungen des objektiven Rechts vorliegen. Dem Wesen des Grundrechts entspricht ein Erlaubnisvorbehalt hiernach dann, wenn er das materielle, aus dem Grundrecht fließende Recht als solches unberührt lässt und dem Grundrechtsträger in dem einfachen Gesetz, das den Erlaubnisvorbehalt enthält, das Recht eingeräumt ist, die Aufhebung der formellen Ausübungsschranke zu verlangen."

allgemeine Grundrechtslehren

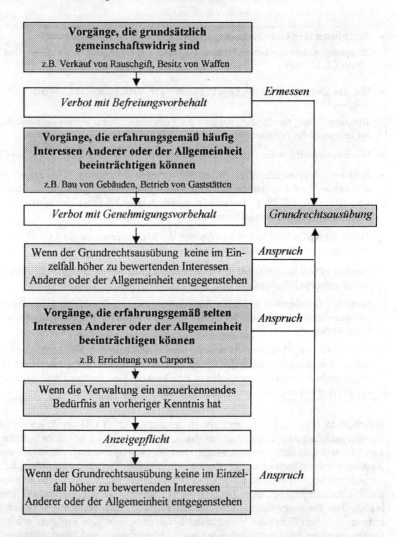

208 In manchen Fällen ist es schwierig, Vor- und Nachteile einer Maßnahme genau festzustellen, zu bewerten und gegeneinander abzuwägen, wie z.B. bei Prüfungen, Berufsanforderungen, Strafen, Bußgeldern oder Abgaben. In solchen Fällen bemüht das BVerfG häufig den Aspekt der Zumutbarkeit. (z.B. BVerfGE 77, 111 : „ Bei einer Abwägung zwischen der Schwere des Eingriffs und dem Gewicht der ihn rechtfertigenden Gründe müssen die Grenzen der Zumutbarkeit gewahrt sein.", ebenso E 81, 92; 85, 261; 90, 173).

Beispiele zur Angemessenheit sind bei den einzelnen Grundrechte genannt (Rn 234 ff.).

(2.3) Erforderlichkeit
209 (Prinzip des geringstmöglichen Eingriffs, Gebot der Notwendigkeit)

Erforderlichkeit ist eine Maßnahme, wenn ihr Ziel voraussichtlich nicht durch eine andere Maßnahme erreicht werden kann, die gleich wirksam, aber weniger belastend ist (BVerfG NJW 1999, 3402).

> Welche andere Maßnahme kommt in Betracht?
> Ist diese selbst voraussichtlich geeignet, angemessen und erforderlich?
> Ist sie voraussichtlich gleich wirksam wie die angeordnete Maßnahme?
> Ist sie voraussichtlich weniger belastend?

Falllösungen zur Verhältnismäßigkeit : Rn 1086, 1098, 1101, 1114
Weiterführende Literatur : Kluth, Das Übermaßverbot, JA 1999, 606; Michael, Die drei Argumentationsstrukturen des Grundsatzes der Verhältnismäßigkeit, JuS 2001, 148

(3) VERTRAUENSSCHUTZ

Die formelle Komponente des Rechtsstaatsprinzips zielt auf Rechtssicherheit im Sine von Voraussehbarkeit und Berechenbarkeit staatlicher Entscheidungen (s.u. Rn 507) ab. Das bedeutet für den Bürger vor allem Schutz von berechtigtem Vertrauen in den Staat, d.h. er soll sich auf den Bestand erworbener Rechte verlassen und belastende Maßnahmen voraussehen und sich rechtzeitig darauf einstellen können. Andererseits muss der Staat seine Rechtsordnung veränderten Erkenntnissen und Bedingungen anpassen können. Das Spannungsfeld zwischen diesen beiden Aspekten hat das BVerfG zu lösen versucht. Es differenziert dabei zwischen zwei verschiedenen Fallkonstellationen, der echten und der unechten Rückwirkung :

210

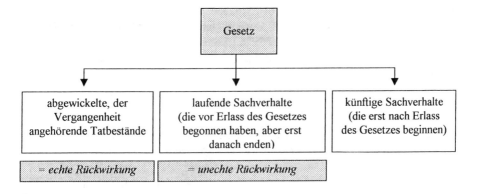

(3.1) echte Rückwirkung

Eine echte Rückwirkung liegt vor, wenn eine Rechtsnorm „nachträglich ändernd in abgewickelte, der Vergangenheit angehörende Tatbestände eingreift" (BVerfG DVBl 97, 620).
Der 2. Senat des BVerfG bezeichnet die echte Rückwirkung dagegen seit einiger Zeit als „Rückwirkung von Rechtsfolgen", die vorliegt, wenn eine Rechtsnorm den Beginn ihres zeitlichen Anwendungsbereichs auf einen Zeitpunkt festlegt, der vor dem Zeitpunkt liegt, zu dem die Norm rechtlich existent, d.h. gütig geworden ist (BVerfGE 63, 353; 72, 41).
Beispiel : Erhöhung der Strafbarkeit auch für bereits begangene und abgeurteilte Straftaten, Erhöhung einer Steuer mit Wirkung auch schon für das abgelaufene Steuerjahr

211

Eine echte Rückwirkung ist wegen eines Verstoßes gegen den Vertrauensschutz der Betroffenen grundsätzlich unzulässig (BVerfG DVBl 97, 423), jedoch - unter dem Gesichtspunkt der Vergangenheitsanknüpfung - zulässig, wenn das Rückwirkungsinteresse höher zu bewerten ist als das Vertrauensinteresse. Folgende Fälle sind zu unterscheiden :

allgemeine Grundrechtslehren

- Durch die Rückwirkung wird kein oder nur ein ganz unerheblicher Schade verursacht (BVerfGE 72, 258 f.).
- Der Bürger musste in dem Zeitpunkt, auf den der Eintritt der Rechtsfolge zurückbezogen wird, mit der Rückwirkung rechnen (BVerfGE 72, 261).
- Die Rückwirkung dient der Klärung einer unklaren oder verworrenen Rechtslage (vgl. Fiedler NJW 88, 162 f.).
- Die Rückwirkung dient der Ersetzung einer ungültigen durch eine gültige Norm (BVerfGE 72, 260).
- Es liegen sonstige zwingende Gründe des Gemeinwohls vor (BVerfGE 72, 260).

(3.2) unechte Rückwirkung

212   Eine unechte Rückwirkung liegt vor, wenn eine Rechtsnorm „auf gegenwärtige, noch nicht abgeschlossene Sachverhalte und Rechtsbeziehungen für die Zukunft einwirkt und damit zugleich die betroffene Rechtsposition nachträglich entwertet" (BVerfG DVBl 97, 422).

Der 2. Senat des BVerfG bezeichnet die unechte Rückwirkung dagegen seit einiger Zeit als „tatbestandliche Rückerstreckung", die vorliegt, wenn eine Rechtsnorm "den Eintritt ihrer Rechtsfolgen von Umständen aus der Zeit vor ihrer Verkündung abhängig" macht (BVerfGE 72, 242).

Beispiel : Verschärfung der Prüfungsanforderungen auch für Studenten, die ihr Studium bereits begonnen haben; Erhöhung einer Steuer auch für das laufende Steuerjahr

Eine solche Rückerstreckung ist, da oft unvermeidbar, i.d.R. höher zu bewerten als das Vertrauensinteresse der Betroffenen. BVerfGE 76, 356: "Ist das Vertrauen in den Bestand der begünstigenden Regelung nicht generell schutzwürdiger als das öffentliche Interesse an einer Änderung, ist die Regelung mit der Verfassung vereinbar".

Weiterführende Literatur : Rührmair, Die Bedeutung der Grundrechte für die verfassungsrechtlichen Anforderungen an rückwirkende Gesetze, NJW 1999, 908

(4) ALLGEMEINHEIT, ART. 19 I 1

„Soweit nach diesem Grundgesetz ein Grundrecht durch Gesetz oder aufgrund eines Gesetzes eingeschränkt werden kann, muss das Gesetz allgemein und nicht nur für den Einzelfall gelten."

213   Gesetz i.S.d. Art. 19 I 1 ist nach h.M. nur ein formelles Gesetz (v.Münch/Krebs Rn 4; Sachs/Krüger Rn 12; JP/Jarass Rn 1; a.A. Schmalz GRe Rn 141). Dafür spricht, dass nach allgemeiner Meinung (auch Schmalz Rn 145) das Zitiergebot des Art. 19 I 2, das sprachlich an das Allgemeinheitsgebot anschließt („Außerdem muss das Gesetz ..") nur für formelle Gesetze gilt. Die Nichtanwendbarkeit des Art. 19 I 1 auf Rechtsverordnungen und Satzungen ist im Ergebnis aber ohne große Bedeutung, da diese Arten von Rechtsnormen kaum Einzelfälle regeln werden, auch wenn sie es dürfen.

Die inhaltliche Aussage des Art. 19 I 1 ergibt sich aus den folgenden Aussagen :

- BVerfGE 64, 79 : "Art. 19 Abs. 1 GG dient der Sicherung derjenigen Grundrechte, die aufgrund eines speziellen, vom Grundgesetz vorgesehenen Gesetzesvorbehalts über die im Grundrecht selbst angelegten Grenzen hinaus eingeschränkt werden können" (ähnlich E 83, 154).

Das sind also die Fälle der Einschränkungsvorbehalte : Art. 2 II 3, 6 III, 8 II, 10 II, 11 II, 13 II, III, 16 I 2 (vgl. Rn 182). Nicht darunter fällt der Einschränkungsvorbehalt des Art. 14

Einschränkbarkeit von Grundrechten – Schranken-Schranken-Bereich 87

III, da dieser ausdrücklich Einzelenteignungen auch durch Gesetz zulässt. Eine abweichende Meinung in der Literatur (Dreier Rn 10, Sachs/Krüger Rn 13 m.w.N.) bezieht den Art. 19 I 1 seinem Sinn nach auf alle Arten von Gesetzesvorbehalten.

- BVerfGE 10, 24 : "Es kommt darauf an, ob sich wegen der abstrakten Fassung des gesetzlichen Tatbestandes nicht genau übersehen lässt, auf wie viel und welche Fälle das Gesetz Anwendung findet"
  Das Gesetz muss also abstrakt-generell formuliert sein.

- BVerfGE 13, 228 f. :"Um ein Einzelfallgesetz handelt es sich noch nicht, weil bei Erlass des Gesetzes nur ein Fall von dieser Vorschrift betroffen wurde und dies den gesetzgebenden Organen bekannt war, wenn der Einzelfall nur den Anstoß zu der Regelung angegeben hat und "die gesetzlichen Tatbestandsmerkmale so abstrakt gefasst" sind, "dass ... nicht nur ein einmaliger Eintritt der vorgesehenen Rechtsfolge möglich ist"..

  Beispiel : Eine Regelung im Apothekengesetz, die sich auf Bahnhofsapotheken bezieht, verstieß nicht gegen Art. 19 I 1, weil es zum Zeitpunkt des Erlasses der Regelung nur eine Bahnhofsapotheke in Deutschland gab (BVerfGE 13, 228 f.)

- BVerfGE 10, 244 f. : "Von einem getarnten Individualgesetz kann nur dann gesprochen werden, wenn der Gesetzgeber ausschließlich einen bestimmten Einzelfall oder eine bestimmte Gruppe von Einzelfällen regeln will und zur Verdeckung dieser Absicht generell formulierte Tatbestandsmerkmale dergestalt in einer Norm zusammenfasst, dass diese nur auf jene konkreten Sachverhalte Anwendung finden kann, die dem Gesetzgeber vorschwebten und auf die die Norm zugeschnitten ist".

Falllösungen zum Allgemeinheitsgebot : Rn 1087, 1099, 1115

(5) WESENSGEHALTSGARANTIE, ART. 19 II

„*In keinem Fall darf ein Grundrecht in seinem Wesensgehalt angetastet werden.*"

(5.1) Anwendungsbereich
Wegen der "kräftigen Formulierung" (Maunz § 17 I) muss angenommen werden, dass Art. 19 II nicht nur - wie Art. 19 I - für Einschränkungsvorbehalte, sondern für alle Arten von Gesetzesvorbehalten gilt, also auch für Art. 2 I, 5 II, 12 I 2 und 14 I. Das ist heute herrschende Meinung (Nachweise bei Dreier Fn 18). 214

(5.2) Inhalt
Was Art. 19 II schützt, ist bis heute umstritten. Vertreten werden folgende Meinungen: 215

Art. 19 II soll die Allgemeinheit schützen	Art. 19 II soll den Einzelnen schützen	Art. 19 II schützt die Allgemeinheit und den Einzelnen
	Dabei schützt Art. 19 II einen absoluten Kern jeden Grundrechts	Art. 19 II gewährt nur einen relativen Schutz, also einen Schutz gegenüber unverhältnismäßigen Eingriffen

216   **(5.2.1)   objektive Theorie : Art. 19 II soll die Allgemeinheit schützen**

BVerfGE 2, 285: "Für die Auslegung dürfte die Bedeutung maßgebend sein. ... die das Grundrecht nach der getroffenen Einschränkung noch für das soziale Leben im Ganzen besitzt".

217   **(5.2.2) subjektive Theorie : Art. 19 II soll den Einzelnen schützen**
(5.2.2.1)   absolut-subjektive Theorie :
Art. 19 II schützt dabei einen absoluten Kern jeden Grundrechts.

BVerfGE 7, 411: "Der Wesensgehalt eines Grundrechts darf nach dem klaren Wortlaut des Art. 19 Abs. 2 GG "in keinem Falle" angetastet werden; die Frage, unter welchen Voraussetzungen ein solcher Eingriff ausnahmsweise trotzdem zulässig ist, ist gegenstandslos".

BVerwGE 47, 358: "Die Revision hat verkannt, dass der Wesensgehalt nur denjenigen Gehalt des Grundrechts umfasst, der die notwendige Folgerung des gemäß Art. 79 Abs. 3 GG unverbrüchlichen Gebots der Wahrung der Menschenwürde (Art. 1 Abs. 1 Satz 1 GG) für das betreffende Einzelgrundrecht darstellt".

BVerfGE 34, 245: "Überdies darf nach Art. 19 Abs. 2 GG auch das Grundrecht aus Art. 2 Abs. 1 GG nicht in seinem Wesensgehalt angetastet werden (BVerfGE 27, 344, 350 f; 32, 373). Selbst überwiegende Interessen der Allgemeinheit können einen Eingriff in den absolut geschützten Kernbereich privater Lebensgestaltung nicht rechtfertigen; eine Abwägung nach Maßgabe des Verhältnisgrundsatzes findet nicht statt".

v.Münch/Krebs Rn 25 : „Die Formulierung des BVerfG „Eine Abwägung nach Maßgabe des Verhältnisgrundsatzes findet nicht statt" stimmt. Einen solchen nicht relativierbaren Gehalt weist das Grundrecht des Art. 1 I auf, das die Würde des Menschen für 'unantastbar' erklärt."

218   (5.2.2.2)   relativ-subjektive Theorie :
Art. 19 II gewährt dabei nur einen relativen Schutz, also einen Schutz gegenüber unverhältnismäßigen Eingriffen.

Hesse Rn 332 : "Überschritten sind diese Schranken, wo ein Grundrecht aus unzureichendem Anlass begrenzt wird, weil eine solche Begrenzung nicht verhältnismäßig sein kann. Sie sind vollends missachtet, wo eine Begrenzung dazu führt, dass das begrenzte Grundrecht im Leben des Gemeinwesens keine Wirksamkeit mehr entfalten kann... Der Wesensgehalt eines Grundrechts beginnt also dort, wo die – differenzierenden – Möglichkeiten zulässiger Begrenzung enden. Da eine unzulässige Grundrechtsbegrenzung bereits als solche verfassungswidrig ist, hat Art. 19 Abs. 2 GG nur deklaratorische Bedeutung".

BGH DÖV 53, 343: "Es kann nicht darauf ankommen, was nach der Einschränkung übrig bleibt. Ein Grundrecht wird vielmehr in seinem Wesensgehalt angetastet, wenn durch den Eingriff die wesensgemäße Geltung und Entfaltung des Grundrechts stärker eingeschränkt wurde, als dies der sachliche Grund und Anlass, der zu dem Eingriff geführt hat, unbedingt und zwingend gebietet".

(5.2.3) objektiv-subjektive Theorie : Art. 19 II schützt die Allgemeinheit und den Einzelnen

JP/Jarass Rn 7 : „Die Bestimmung des Wesensgehalts kann absolut unter Bezug auf die verbleibende Bedeutung des Grundrechts im allgemeinen oder absolut für den betreffenden Grundrechtsinhaber oder relativierend mit Hilfe des Verhältnismäßigkeitsgrundsatzes erfolgen."

v.Münch/Krebs Rn 22: „Alles spricht dafür, die Auslegungsvarianten des Art. 19 II nicht im Sinne eines alternativen 'Entweder – Oder' auszuschließen, sondern die unterschiedlichen Vorstellungen so weit als möglich im Sinne eines 'Sowohl – Als auch' in das Verständnis des Art. 19 II zu integrieren."

Was ist nun richtig ?

- Schutz der Allgemeinheit oder des Einzelnen ? Art. 1 bis 18 regeln individuelle Rechte des Einzelnen. Art. 19 I regelt die Einschränkbarkeit dieser individuellen Rechte. Dass der danach folgende Satz „In keinem Fall darf ein Grundrecht in seinem Wesensgehalt angetastet werden" jetzt plötzlich nicht mehr den Einzelnen schützen soll, sondern die Allgemeinheit, kann nicht einleuchten. Auch die Argumentation von v.Münch/Krebs ist nicht überzeugend. Sie geht zunächst unzulässig einengend davon aus, dass beim Schutz des Einzelnen durch Art. 19 II ein absoluter Kern des Grundrechts garantiert sein muss. Aber auch unabhängig davon : Der völlige Entzug des Eigentums in der Form der Enteignung eines Grundstücks ist aufgrund des Art. 14 III zulässig. Diese Vorschrift geht als spezielle Regelung einer bestimmten Einzelfrage daher dem Art. 19 II vor, welchen Inhalt dieser auch haben mag (Es ist auch noch nie der Inhalt des Allgemeinheitsgebots des Art. 19 I 1 angezweifelt worden mit der Begründung, nach Art. 14 III sei eine Enteignung - die immer einen Einzelfall regelt - durch Gesetz möglich). Auch die lebenslange Freiheitsstrafe spricht nicht dagegen. Dem Verfassungsgeber war bei Abschaffung der Todesstrafe durch Art. 102 die lebenslange Freiheitsstrafe als nächsthöhere Strafe bekannt. Dass er sie auch verbieten wollte, ist nicht anzunehmen. Sie ist deshalb mit Art. 2 II 3 vereinbar (BVerfGE 45, 253), der damit ebenfalls eine spezielle Regelung gegenüber Art. 19 II darstellt. Die von v.Münch/Krebs gezogene Schlussfolgerung ist somit nicht schlüssig.

Richtig dürfte dagegen im Anschluss an BVerfGE 2, 285 sein, dass eine Grundrechtseinschränkung mit der Folge, dass das Grundrecht für das soziale Leben im Ganzen keine Bedeutung mehr hat, Art. 19 II verletzt, weil dann das Grundrecht inhaltlich völlig ausgehöhlt wäre. Das spricht aber nicht gegen den Schutz des Einzelnen durch Art. 19 II, sondern für dessen erweiterten Schutz auch dieser Situation.

- Absoluter oder relativer Kern ? Die absolut-subjektive Theorie kann nicht durchweg richtig sein. Grundrechte sind aus ihrer Gemeinverträglichkeit heraus auszulegen. Es muss daher in Extremfällen möglich sein, ein Grundrecht unter strengster Beachtung des Verhältnismäßigkeitsprinzips auch einmal völlig zu entziehen, z.B. in den Fällen der lebenslangen Sicherungsverwahrung oder des rechtmäßigen Todesschusses durch einen Polizisten oder Soldaten. Der absolut-subjektive Theorie ist allerdings zu konzedieren, dass die meisten Grundrechte Konkretisierungen der Menschenwürde sind und insofern einen unantastbaren Menschenwürdekern besitzen, worauf auch das BVerwG (E 47, 358) hinweist. Dieser Menschenwürdekern wird daher auch von Art. 19 II geschützt. Im übrigen aber kann Art. 19 II nur einen relativen Schutz gewährleisten, also den Grundsatz der Verhältnismäßigkeit meinen (Nachweise bei Dreier Fn 44). Allerdings sollte man in Fällen geringfügiger Unverhältnismäßigkeit - z.B. einer etwas zu hohen Gebühr - nicht gleich von einer Verletzung der Wesensgehaltsgarantie sprechen. Die „hohe Schutzschwelle des Art. 19 II" (Dreier Rn 14) dürfte erst bei schwerwiegenden Verletzungen der Verhältnismäßigkeit erreicht sein.

221 **Was ist die Folge davon ?**
Richtigerweise bietet sich also eine kombinierte Prüfung des Art. 19 II an (ebenso v.Münch/Krebs Rn 22; JP/Jarass Rn 7, Schmalz, GRe 155). Sie würde alle richtigen Aspekte der einzelnen - zum Teil einseitig vertretenen Theorien - in sich aufnehmen :

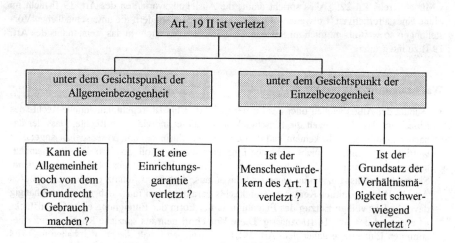

222 Allerdings erscheint diese Prüfung im Normalfall überflüssig :

- Fälle, in denen als Folge des Hoheitsaktes die Allgemeinheit von dem Grundrecht keinen Gebrauch mehr machen kann oder in denen eine Einrichtungsgarantie verletzt ist, sind kaum denkbar.
- Realistischer ist schon eine Verletzung des Art. 1 I. Dieser sollte aber als eigenständiger Aspekt oder zumindest im Rahmen der Angemessenheit geprüft werden. Eine Prüfung erst im Rahmen der Wesensgehaltsgarantie ist nicht nötig und auch konstruktiv unbefriedigend : Wie soll die Angemessenheit bejaht oder verneint werden, ohne auf einen im konkreten Fall möglichen Verstoß gegen Art. 1 I einzugehen ? Das ist argumentativ gar nicht möglich.
- Schließlich ist die Prüfung der Verhältnismäßigkeit der Kern jeder Grundrechtsprüfung. Sie noch einmal im Rahmen Art. 19 II zu wiederholen, macht daher keinen Sinn.
- Ein Eingehen auf Art. 19 II ist daher nur in dem - kaum realistischen - Fall angebracht, dass ein Grundrecht in seiner Allgemeinbezogenheit verletzt ist. Ebenso Schmalz Rn 155 : „Hier wird vorgeschlagen, Art. 19 II nur heranzuziehen, um Eingriffe abzuwehren, durch die ein Grundrecht im Ganzen entwertet wird, im übrigen Art. 19 II nicht mehr anzuwenden, weil die Vorschrift insbesondere aufgrund der Rspr. des BVerfG durch das Verhältnismäßigkeitsprinzip, das eine angemessene Problemlösung ermöglicht, verdrängt worden ist."

Falllösungen zu Wesensgehaltsgarantie : Rn 1088, 1100, 1116

Fälle zur Einschränkbarkeit eines Grundrechts durch Gesetz mit Musterlösung : Rn 1068 (1077 ff.), 1071 (1108 ff.)

Repetitorium zum Schranken-Schranken-Bereich : Rn 1015

Einschränkbarkeit von Grundrechten – Schranken-Schranken-Bereich 91

12. PRÜFUNG DES SCHRANKEN-SCHRANKEN-BEREICHS EINES GRUNDRECHTS BEI EINEM EINGRIFF DURCH EINEN EINZELAKT

Einzelakte in diesem Sinn sind insbesondere Verwaltungsakte, Realakte, gerichtliche Urteile und Beschlüsse. 223

Da die Prüfung des Normbereichs und des Schranken-Bereichs im Hinblick auf Rechtsnormen und Einzelakte keinen Unterschied aufweist, gilt deren Darstellung (Rn 161 ff., 177 ff.) auch hier. Das folgende Prüfungsschema knüpft daher dort an, wo sich Unterschiede ergeben, also im Schranken-Schranken-Bereich, vgl. Rn 189 ff.

Die Prüfung des Schranken-Schranken-Bereichs ist im Hinblick auf Einzelakte in staatsrechtlichen Falllösungen grundsätzlich anders vorzunehmen als im Hinblick auf Rechtsnormen. Der Grund : Einzelakte können zwar in rechtmäßiger Weise nur dann ein Grundrecht einschränken, wenn sie selbst in jeder Hinsicht rechtmäßig sind. Jeder Rechtsverstoß, und sei es ein „bloßer" Verstoß etwa gegen eine Verfahrens- oder Formvorschrift, bedeutet daher, dass der Einzelakt das betroffene Grundrecht verletzt (s.o. Rn 156). Eine solche umfassende Prüfung auch der Vereinbarkeit mit einfachem Gesetzesrecht ist aber eigentlicher Gegenstand von verwaltungsrechtlichen, straf- oder zivilprozessualen Klausuren und Lehrbüchern. Wird in einer staatsrechtlichen Aufgabenstellung nach der Vereinbarkeit eines Vollzugsaktes mit einem Grundrecht gefragt, so ist der Vollzugsakt dagegen grundsätzlich nur auf verfassungsspezifische Fehler, nicht aber auf Verstöße gegen „einfaches" Recht hin zu überprüfen, s.o. Rn 157 (Fragen Sie aber sicherheitshalber bei dem aufgabenstellenden Dozenten nach !). Auch das BVerfG überprüft bei Verfassungsbeschwerden gegen Einzelakte nur verfassungsspezifische Verstöße (siehe Rn 796). Die Prüfung von Verstößen gegen „einfaches" Recht ist ausschließlich Aufgabe der Fachgerichte.

Verfassungsspezifische Fehler von Einzelakten können sein :
- das Fehlen einer verfassungsmäßigen wirksamen Ermächtigungsgrundlage (s.u. Rn 226 ff.)
- eine Auslegung der Ermächtigungsgrundlage, die Bedeutung und Tragweite des eingeschränkten Grundrechts verkennt (s.u. Rn 57, 198, 227)
- die Unverhältnismäßigkeit der Grundrechtseinschränkung (s.u. Rn 203 ff.)
- ein Verstoß gegen den Wesensgehalt des eingeschränkten Grundrechts (s.u. Rn 214 ff.)
- ein Verstoß gegen ein Gleichheitsrecht (s.u. Rn 281 ff.)

Diese Fehler sind im Folgenden dargestellt, mit einer Ausnahme : Oben Rn 220 ist bereits festgestellt worden, dass der Wesensgehalt eines Grundrechts im Prinzip identisch ist mit dem Grundsatz der Verhältnismäßigkeit. Zwei Ausnahmen davon (1. Die Allgemeinheit kann von dem Grundrecht keinen Gebrauch mehr machen. 2. Es wird eine Einrichtungsgarantie verletzt.) können bei Vollzugsakten nie eingreifen. Die dritte Ausnahme (Verletzung des Menschenwürdekerns des Art. 1 I) kann zwar bei Einzelakten vorkommen, kann aber hier - wie auch bei der Prüfung von Gesetzen - ggf. als eigenständiger Punkt oder als - unüberwindbarer - Nachteil im Rahmen der Verhältnismäßigkeit geprüft werden. Eine eigenständige Prüfung des Art. 19 II bei Einzelakten erscheint daher entbehrlich. 224

In der folgenden Darstellung sind daher nur die verbleibenden verfassungsspezifischen Anforderungen erläutert. Die Aspekte, deren Verletzung „nur" einen Verstoß gegen einfaches Recht darstellt, und daher in einer staatsrechtlichen Klausur grundsätzlich nicht zu prüfen sind (vgl. Rn 156 f.), sind nur kurz – kursiv gedruckt – erwähnt.

> **FORMELLE RECHTMÄßIGKEITSANFORDERUNGEN**
>
> - *Zuständigkeit*
> Die Zuständigkeit ergibt sich aus dem jeweils ermächtigenden Gesetz, aus allgemeinen Zuständigkeitsgesetzen (z.B. Verwaltungsbehördengesetze der Länder oder Gerichtsverfassungsgesetze). Zuständigkeitsverstöße sind nie spezifische Verfassungsverstöße (s.o. Rn 157).
>
> - *Verfahrensanforderungen*
> Sie ergeben sich aus den einzelnen Verfahrensgesetzen (z.B. §§ 9 ff. VwVfG). Verstöße dagegen sind aber nur Verstöße gegen einfaches Recht, also keine spezifischen Verfassungsverstöße (s.o. Rn 157).
>
> - *Formanforderungen*
> Sie ergeben sich aus den einzelnen Verfahrensgesetzen, für Verwaltungsakte z.B. aus den §§ 37 III, 39 VwVfG. Formverstöße sind nur Verstöße gegen einfaches Recht, also keine spezifischen Verfassungsverstöße insbesondere (s.o. Rn 157).

Es verbleibt in einer staatsrechtlichen Klausur also grundsätzlich nur die Prüfung der materiellen Rechtmäßigkeit.

12.1 ERMÄCHTIGUNGSGRUNDLAGE

12.1.1 Existenz einer verfassungsmäßigen Ermächtigungsgrundlage

Einzelakte, die in Grundrechte eingreifen, benötigen eine gesetzliche Ermächtigungsgrundlage. Das ergibt sich zum Teil unmittelbar aus den Grundrechten, soweit diese einen Gesetzesvorbehalt enthalten (Art. 2 II 3, 5 II, 8 II, 10 II, 11 II, 12 I 2, 14 I 2), ansonsten - bei verfassungsunmittelbaren Schranken (wie z.B. bei Art. 9 II) und immanenten Schranken (wie z.B. bei Art. 5 III) aufgrund der Wesentlichkeitslehre (s.u. Rn 513 ff.).

- Wenn ein ermächtigendes Gesetz nicht vorhanden ist, verstößt der Einzelakt ohne weiteres gegen das Grundrecht.

- Ist ein ermächtigendes Gesetz vorhanden (z.B. das StVG), so muss es seinerseits verfassungsmäßig sein. Die Verfassungsmäßigkeit ist dann ggf. an dieser Stelle zu prüfen. Innerhalb der Prüfung des Einzelaktes ist also ggf. das ermächtigende Gesetz zu prüfen. Ist zwischen Gesetz und Einzelakt eine Rechtsverordnung oder Satzung geschoben (z.B. die StVO), so ist ggf. auch deren Verfassungsmäßigkeit hier zu untersuchen, bevor die Prüfung des Vollzugsaktes fortgesetzt wird. Ob bei dieser Prüfung der Ermächtigungsgrundlage nach dem Schema 1 oder dem Schema 2 (s.o. Rn 158) vorgegangen wird, spielt im Ergebnis keine Rolle. Häufig wird jedoch das ermächtigende Gesetz oder die dazu ergangene Rechtsverordnung/Satzung noch keinen unmittelbaren Grundrechtseingriff enthalten, sondern erst die Einzelakte, zu denen ermächtigt wird. Dennoch könnte in einem solchen Fall das Gesetz wegen eines nicht grundrechtsspezifischen Fehlers (etwa Unzuständigkeit) verfassungswidrig sein. In solchen Fällen bietet sich bei der Prüfung des Gesetzes also eher das Schema 1 als das Schema 2 an.

Die Verfassungsmäßigkeit der meisten Gesetze ist heute allerdings unbestritten, auch soweit sie zum Teil sehr vage gehaltene Eingriffsermächtigungen - wie etwa die allgemeinen Polizei- und Ordnungsgesetze der Länder - enthalten. Insofern könnte sich deren Prüfung aus praktischen Gründen erübrigen. Das ist in einer systematischen Grundrechtsprüfung allerdings nur zulässig, wenn die Aufgabenstellung einen entsprechenden Hinweis enthält.

- Ist eine Ermächtigungsgrundlage vorhanden und wirksam, muss sie richtig angewandt worden sein, da nur dann der Eingriff "aufgrund eines Gesetzes" erfolgt. Hierzu die folgenden Prüfungsaspekte:

12.1.2 Tatbestand der Ermächtigungsgrundlage

Ein mögliche Fehler kann sein :

- *Tatsachen, die der Tatbestand verlangt, liegen nicht vor (z.B. wenn der wegen Diebstahl Verurteilte trotz gegen ihn sprechender Indizien gar keinen Diebstahl begangen hat). Ein solcher Fehler ist „nur" ein Verstoß gegen einfaches Recht (in dem Beispiel gegen § 242 StGB).*
- *Die Ermächtigungsgrundlage ist unter Verstoß gegen einfaches Recht falsch ausgelegt worden.*

  Beispiel : Jemand, der unbefugt Strom abgezweigt hat, wird wegen Diebstahls nach § 242 StGB zu einer Geldstrafe verurteilt. Hier ist das Merkmal „fremde bewegliche Sache" falsch ausgelegt worden, weil Strom nach § 90 BGB keine Sache ist. Das ist eine falsche Auslegung auf der Ebene des einfachen, aber nicht auf der des Verfassungsrechts, da sie nicht unter Verkennung von Bedeutung und Tragweite des eingeschränkten Grundrechts aus Art. 2 I erfolgt ist. Man kann dem verurteilenden Richter also „nur" mangelhafte Kenntnisse des Strafrechts und des § 90 BGB, aber nicht der Grundrechte vorwerfen.

- Die Ermächtigungsnorm ist nicht verfassungskonform ausgelegt worden. Die Auslegung weist also einen die spezifische Verfassungsverstöße darstellen. Das sind solche, bei denen die Wechselwirkung zwischen Grundrecht und einschränkendem Gesetz (s.o. Rn 198) nicht oder nicht ausreichend beachtet worden ist, die also unter Verkennung von Bedeutung und Tragweite des jeweils eingeschränkten Grundrechts erfolgt sind.

  Beispiel : Hier soll an das Beispiel unter Rn 198 angeknüpft werden mit der Frage, ob die personelle Überlastung des zuständigen Gerichts ein „wichtiger Grund" i.S.d. § 121 StPO für die Fortdauer der Untersuchungshaft ist. Wäre sie ein wichtiger Grund, so würde das dazu führen, dass ein Untersuchungshäftling (der bis zum Beweis seiner Schuld als unschuldig gilt) übermäßig lang, vielleicht jahrelang in Haft gehalten werden könnte aufgrund eines Umstandes, für den nicht er, sondern der Staat die Verantwortung trägt. Diese Auslegung würde daher dem hohen Wertgehalt des eingeschränkten Grundrechts des Art. 2 II 2 auf Freiheit der Person nicht entsprechen und damit dem Gedanken der Wechselwirkung nicht Rechnung tragen. Die personelle Überlastung des Strafgerichts ist daher kein wichtiger Grund i.S.d. § 121 StPO für die Fortdauer der Untersuchungshaft (BVerfGE 36, 264). Zu diesem Ergebnis könnte man auch schon bei der Prüfung des § 121 StPO selbst kommen, richtigerweise aber erst bei der Prüfung einer konkreten Verlängerung der U-Haft.

- *Bestimmtheit*
  Ein Verstoß gegen den Bestimmtheitsgrundsatz ist schwergewichtig ein Verstoß gegen einfaches Recht wie z.B. die Regelung des § 37 I VwVfG für Verwaltungsakte, auch wenn sich dieser Grundsatz letztlich aus dem Rechtsstaatsprinzip und damit aus der Verfassung ableiten lässt.

- *Möglichkeit der Befolgung*
  Auch die - rechtliche und tatsächliche - Unmöglichkeit der Befolgung eines Verwaltungsakts oder Urteils ist schwergewichtig ein Verstoß gegen einfaches Recht.

12.2 VERHÄLTNISMÄSSIGKEIT (s.o. Rn 203 ff.)

Ein Verstoß gegen die Verhältnismäßigkeit ist immer ein grundrechtsspezifischer Verstoß, auch wenn dieser Grundsatz vereinzelt in Gesetzen geregelt ist. Der Grund : „Er ergibt sich ... im Grunde bereits aus dem Wesen der Grundrechte selbst, die ... nur soweit beschränkt werden dürfen, als es zum Schutz öffentlicher Interessen unerlässlich ist" (BVerfGE 19, 348).

Vielleicht mag auf den ersten Blick verwirren, dass bei der Prüfung eines Einzelaktes die Verhältnismäßigkeit ggf. zweimal zu prüfen ist : einmal bei der Prüfung der Verfassungsmäßigkeit des ermächtigenden Gesetzes (s.o. Rn 203 ff.) und dann noch einmal beim Einzelakt selber. Beide Prüfungen stehen jedoch in einer Beziehung zueinander : Wenn das Gesetz unverhältnismäßig ist, hat ein darauf gestützter Vollzugsakt keine Ermächtigungsgrundlage und verletzt schon damit das Grundrecht. Eine Prüfung der Verhältnismäßigkeit findet dann nicht mehr statt.

Beispiel : Sieht ein Gesetz eine Bedürfnisprüfung für Apotheken vor, so schränkt es in unverhältnismäßiger Weise den Art. 12 I ein und ist damit nichtig. Eine auf diese Vorschrift gestützte Ablehnung einer Apothekenzulassung erfolgt also ohne gesetzliche Grundlage und verletzt damit ebenfalls Art. 12 I. Eine Prüfung, ob sie verhältnismäßig ist, erübrigt sich daher und wäre auch nicht sinnvoll : Eine rechtswidriger Eingriff in Art. 12 I kann nie verhältnismäßig sein !

Andererseits : Wenn das ermächtigende Gesetz verhältnismäßig ist, muss es nicht auch sein Vollzugsakt ein. Gesetze enthalten vielfach Ermessen, das trotz seiner Weite i.d.R. verfassungsrechtlich nicht zu beanstanden, weil es verfassungs- und insbesondere grundrechtskonform auszulegen und anzuwenden ist, also gar nicht zu unverhältnismäßigen Eingriffen ermächtigt. Der Verstoß gegen die Verhältnismäßigkeit wird in diesen Fällen daher regelmäßig erst bei der Anwendung des Gesetzes erfolgen.

Beispiel : § 242 BGB regelt als Strafe für Diebstahl Freiheitsstrafe bis zu fünf Jahren oder Geldstrafe. Trotz dieser Weite des Strafrahmens ist § 242 StGB verfassungsmäßig, weil die Vorschrift nicht zu unverhältnismäßigen Strafen ermächtigen will und auch davon auszugehen ist, dass der anwendende Richter i.d.R. den Grundsatz der Verhältnismäßigkeit beachten wird (vgl. Rn 200). Wird dennoch ein nicht vorbestrafter Ladendieb zu fünf Jahren Freiheitsstrafe verurteilt, so liegt darin ein Verstoß gegen die Verhältnismäßigkeit, also auf der Ebene des Einzelaktes.

Weitere Beispiele siehe im Abschnitt über die einzelnen Grundrechte (Rn 234 ff.).

> *sonstige Ermessensfehlerfreiheit*
>
> *Ein Verstoß dagegen ist schwergewichtig ein Verstoß gegen einfaches Recht (z.B. § 40 VwVfG). Soweit hierbei - als Fall der Ermessensüberschreitung - auch Freiheitsrechte geprüft werden könnten, sind diese bereits von den obigen Prüfungspunkten erfasst. Ein möglicher Verstoß gegen ein Gleichheitsgrundrecht sollte nicht als Fall der Ermessensüberschreitung, sondern als eigenständiger Aspekt geprüft werden : siehe Rn 159.*

13. PRÜFUNG DER VEREINBARKEIT EINES HOHEITSAKTES MIT GLEICHHEITSRECHTEN

229 Die Prüfung der Vereinbarkeit eines Hoheitsaktes mit Gleichheitsrechten (siehe hierzu Rn 281 ff.) kann innerhalb der Prüfung eines Freiheitsrechts erfolgen, da ein Hoheitsakt, der ein Freiheitsrecht einschränkt, zu seiner Rechtfertigung in jeder Hinsicht rechtmäßig, also auch mit den Gleichheitsrechten vereinbar sein muss. Die Prüfung kann aber auch getrennt von dem Freiheitsrecht erfolgen (vgl. hierzu ausführlich Rn 233).

Repetitorium zum Schranken-Schranken-Bereich : Rn 1015

Fall zur Einschränkbarkeit eines Grundrechts durch einen Einzelakt mit Musterlösung : Rn 1069 (1092 ff.), 1070 (1103 ff.)

14. MEHRHEIT VON GRUNDRECHTEN

Sind auf einen Sachverhalt dem Wortlaut nach mehrere Grundrechte anwendbar, stellt sich die Frage, wie deren Verhältnis zueinander aussieht, insbesondere ob ein Grundrecht ein anderes verdrängt.

14.1 Anwendungsvorrang

- **Spezialität**

Spezialität liegt vor, wenn ein Grundrecht die Merkmale eines anderen umfasst, aber zusätzliche, zu einem engeren Anwendungsbereich führende, Voraussetzungen enthält. Dann verdrängt dieses spezielle Grundrecht das entsprechende allgemeine Grundrecht. 230

Es gibt zwei eindeutige Fälle der Spezialität:

- Gegenüber Art. 2 I als Grundrecht der allgemeinen Handlungsfreiheit sind alle anderen Freiheitsrechte spezieller, da sie alle ebenfalls die allgemeine Handlungsfreiheit schützen, aber einengend jeweils nur in einem bestimmten Bereich (s.u. Rn 247 f.)

- Gegenüber Art. 3 als dem allgemeinen Gleichheitsrecht sind alle anderen spezieller, da alle das Gebot der Gleichbehandlung enthalten, aber einengend jeweils nur für einen bestimmten Bereich (s.u. Rn 284 f.)

Im übrigen handelt es sich um eine Frage der Auslegung. Sie kann ergeben, dass sich auch innerhalb der speziellen Gleichheits- und Freiheitsrechte Grundrechtskonkurrenzen mit der Folge ergeben können, dass ein Grundrecht gegenüber dem anderen spezieller ist.

Beispiel: Im Fall meinungsäußernder Kunst verdrängt Art. 5 III das Grundrecht der Meinungsfreiheit aus Art. 5 I (BVerfGE 75, 377).

- **praktisch-funktionaler Vorrang**

Hier ergibt sich der Vorrang nicht aus dem Gedanken der Spezialität, sondern aus der Sachnähe bei der Lösung konkreter Fälle. Dabei erhält das Grundrecht den Vorrang, das die "stärkere sachliche Beziehung zu dem zu prüfenden Sachverhalt hat und sich deshalb als der adäquate Maßstab erweist" (BVerfGE 13, 296). 231

Beispiel: BVerfGE 65, 112: "Prüfungsmaßstab für die Frage, ob sich die unterschiedliche Behandlung von abhängig Beschäftigten und nicht erwerbstätigen Müttern rechtfertigen lässt, ist vornehmlich Art. 3 Abs. 1 GG. Insoweit hat der allgemeine Gleichheitssatz nach seinem Sinngehalt gegenüber Art. 6 Abs. 4 GG die stärkere sachliche Beziehung zu dem zu prüfenden Sachverhalt ... Im Rahmen der Prüfung am Maßstab des Art. 3 Abs. 1 GG ist allerdings Art. 6 Abs. 4 GG zu beachten, wonach jede Mutter Anspruch auf den Schutz und die Fürsorge der Gemeinschaft hat. Dies hat zur Folge, dass sich die dem Gesetzgeber im Rahmen des allgemeinen Gleichheitssatzes zukommende Gestaltungsfreiheit verengt ... Insbesondere verbieten sich Unterscheidungen, die der Normierung des Art. 6 Abs. 4 GG zuwiderlaufen würden".

Aus diesem Beispiel wird auch deutlich, dass das nachrangige Grundrecht nicht völlig verdrängt wird. "Es geht um die Bestimmung des Prüfungsschwerpunktes, nicht um die völlige Ausklammerung eines Maßstabs" (Teltinger AöR 1983, 130).

14.2 Schrankenvorrang

232 Hier geht es um die Handhabung zweier Grundrechte, die nebeneinander anwendbar sind (= Idealkonkurrenz, also kein Anwendungsvorrang), die aber unterschiedliche Schranken enthalten.

Beispiel : Auf eine religiöse Prozession sind Art. 4 und 8 GG anwendbar.

Hier gilt heute als h.M., dass die Frage, ob der Eingriff verfassungsmäßig ist, anhand des Grundrechts zu beantworten ist, das die für den Bürger günstigere und damit für den Staat strengere Schranke enthält.

Im obigen Beispiel also an Art. 4, da dieser nur immanenten Schranken unterliegt, und nicht an Art. 8, der einem Gesetzesvorbehalt unterliegt.

14.3 Kombination von Grundrechten

233 Sind auf einen Sachverhalt mehrere Grundrechte anwendbar, ohne dass eines das andere verdrängt, so sind alle Grundrechte grundsätzlich nacheinander und unabhängig voneinander zu prüfen.

Beispiel : Auf eine politisch motivierte Demonstration sind Art. 5 und auf Art. 8 nebeneinander anwendbar.

In der Rechtsprechung des BVerfG finden sich demgegenüber häufiger Grundrechtskombinationen (die von dem praktisch-funktionalen Vorrang - s.o. Rn 231 zu unterscheiden sind), z.B. E 61, 319: "Art. 3 Abs. 1 in Verbindung mit Art. 6 Abs. 1". Damit soll bei der Bestimmung des Normbereichs eines Grundrechts der Wertgehalt eines im konkreten Fall einschlägigen anderen Grundrechts mit einbezogen werden. Das ist aber im Interesse einer klaren Prüfung grundsätzlich zu vermeiden. Eine Ausnahme davon bildet die - weil fast schon gewohnheitsrechtlich geltende - Kombination von Art. 2 I i.V.m. 1 I als Grundlage des allgemeinen Persönlichkeitsrechts (s.u. Rn 252).

Auch im Schranken-Schranken-Bereich könnte sich eine Grundrechtskombination anbieten, da ein ein Grundrecht einschränkender Hoheitsakt zu seiner Rechtfertigung in jeder Hinsicht formell und materiell rechtmäßig, also auch mit anderen Grundrechten vereinbar sein muss.

Beispiel : Ein berufsregelndes Gesetz verstößt gegen Art. 12, auch wenn sein einziger Mangel in einem Verstoß gegen Art. 3 I liegt, da Art. 12 nur in verfassungsmäßiger Weise eingeschränkt werden kann. Der Verstoß gegen Art. 3 I bedeutet also gleichzeitig einen Verstoß gegen Art. 12. Insofern könnte man hier von einem Verstoß gegen Art. 12 i.V.m. Art. 3 I sprechen, wobei Art. 3 I als selbständiger Aspekt oder aber innerhalb der Angemessenheit des Eingriffs in Art. 12 geprüft werden könnte.

Bei der Prüfung der materiellen Rechtmäßigkeit eines Eingriffs in ein Grundrecht kann die Einbeziehung auch anderer Grundrechte aber leicht zu einer verschachtelten und unübersichtlichen Prüfung führen. Sie sollte deshalb möglichst vermieden werden. Statt dessen sollten die einschlägigen Grundrechte nacheinander geprüft werden (so beispielsweise auch BVerfGE 80, 278 f.: Erst Prüfung des Art. 12 und danach Prüfung des Art. 3 I). Am Ende der Prüfung der einzelnen Grundrechte müsste dann aber die Aussage erfolgen, dass das gewonnene Ergebnis unter dem Vorbehalt der Prüfung der anderen Grundrechte steht.

ABSCHNITT 2:
EINZELNE GRUNDRECHTE

Die meisten einzelnen Grundrechte sind im Grundrechtsabschnitt der Art. 1 – 19 geregelt. Diese werden im Folgenden nacheinander kommentiert. Dabei werden – in prüfungssystematischer Weise - jedoch nur die jeweils wichtigsten Besonderheiten dargestellt. Es werden also zum einen nicht alle von der Rechtsprechung entschiedenen Detailfragen behandelt. Insofern sei auf die einzelnen Kommentare zum Grundgesetz verwiesen, die vorne im Literaturverzeichnis genannt sind, insbesondere auf die von Sachs, Dreier, Jarass-Pieroth und v.Münch. Es fehlen zum anderen aber auch Aspekte, die bereits bei der Darstellung der allgemeinen Grundrechtslehren behandelt worden sind : Dass etwa die Freiheitsrechte nur im Rahmen der Verhältnismäßigkeit einschränkbar sind, dass Grundrechte ohne Gesetzesvorbehalt immanenten Schranken unterliegen usw. Das wird nicht bei jedem Grundrecht jeweils wiederholt. Dementsprechend sind Abschnitte wie etwa der Schranken-Schranken-Bereich auch nur angesprochen, wenn es insoweit bei dem betreffenden Grundrecht über die allgemeinen Lehren hinaus etwas Besonderes zu erwähnen gibt. Das erklärt, warum die Struktur der Darstellung der einzelnen Grundrechte nicht immer gleich ist.

234

Etliche Grundrechte sind aber aus systematischen Gründen auch außerhalb des Gundrechtskaloges geregelt (zu ihrem Grundrechtscharakter siehe Rn 91). Sie werden deshalb auch dort behandelt, wo sie systematisch hingehören : also etwa das Widerstandsrecht des Art. 20 IV im Kapitel über die streitbare Demokratie (Rn 602), das Wahlrecht des Art. 38 I im Abschnitt über den Bundestag (Rn 690) oder die justitiellen Rechte der Art 101, 103 und 104 im Abschnitt über die Rechtsprechung (Rn 535 ff.).

ART. 1 I GG : SCHUTZ DER MENSCHENWÜRDE

„Die Würde des Menschen ist unantastbar. Sie zu achten und zu schützen ist Verpflichtung aller staatlichen Gewalt."

1. historischer Hintergrund, internationaler und europäischer Schutz

„Würde ist ein Begriff, auf dem sozusagen zweieinhalbtausend Jahre Philosophiegeschichte lasten" (Pieroth-Schlink Rn 353). Erste Ansätze zur Anerkennung einer individuellen Würde des einzelnen Menschen gibt es bereits in der griechisch-römischen Philosophie der Stoa, insbesondere artikuliert durch Cicero. Christentum, Humanismus und Aufklärung haben den Gedanken der Würde weiterentwickelt und ihn zur Grundlage des heutigen Menschenbildes gemacht. In den klassischen Grundrechtsdokumenten wie etwa der Französischen Menschenrechtserklärung 1789 ist er allerdings noch nicht ausdrücklich verankert. In Deutschland ist er erstmals in der Weimarer Reichsverfassung erwähnt. Nach deren Art. 151 muss das Wirtschaftsleben dem „Ziel der Gewährleistung eines menschenwürdigen Daseins für alle entsprechen". Nach den Erfahrungen mit dem nationalistischen Unrechtsregime mit seiner totalitären Inanspruchnahme des Einzelnen und seiner massenhaften Verletzung elementarster humanitärer Mindeststandards nahm im Parlamentarischen Rat die Verankerung der Menschenwürde eine zentrale Rolle ein, die äußerlich durch die Regelung als ersten Satz der neuen Verfassung zum Ausdruck kam. International bekennt sich vor allem die Menschenrechtserklärung der UNO in Art. 1 zur Menschenwürde. In der Europäischen Menschenrechtskonvention 1950 ist sie dagegen nicht ausdrücklich erwähnt. Die Europäische Union hat mit Art. 1 der Grundrechtscharta

235

2000 ein Bekenntnis zum Schutz der Menschenwürde abgelegt, das durch Art. 4 f. (Verbot von Folter, unmenschlicher Strafe, Sklaverei usw.) konkretisiert wird (vgl. Rn 933).

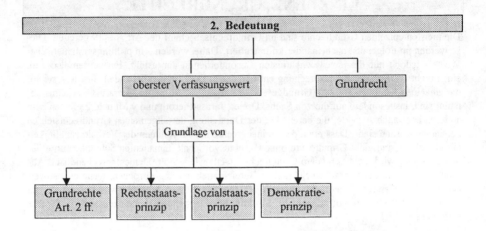

2.1 oberster Verfassungswert

236 Art. 1 I ist der „oberste Wert" (BVerfGE 54, 357), das „tragende Konstitutionsprinzip" (BVerfGE 87, 228), die „strukturierende Fundamentalnorm" (Sachs/Höfling Rn 5) des Grundgesetzes. Das kommt formal durch seine Stellung als erster Satz des Grundgesetzes und durch seinen Schutz durch die Unabänderlichkeitsgarantie des Art. 79 III (s.o. Rn 66) zum Ausdruck. Inhaltlich ergibt es sich daraus, dass der von Art 1 I gewollte Schutz des Eigenwerts des Menschen Grundlage zahlreicher anderer Verfassungsprinzipien ist:

- Das gilt zunächst für die dem Art. 1 I folgenden Grundrechte. Sie haben – soweit sie einen starken Persönlichkeitsbezug besitzen wie z.B. 2 - 5 I 1, 10 – 14, 16a, 103, 104 – einen Menschenwürdekern, der nach Art. 79 III auch durch Verfassungsänderung nicht antastbar ist. Dieser Menschenwürdekern ist nicht mit dem Wesensgehalt des Art. 19 II identisch (v.Münch/Kunig Rn 26; a.A. MD/Dürig Rn 42). Auch Grundrechte ohne Menschenwürdekern wie z.B. Art. 9 oder 17 besitzen doch einen Wesensgehalt. Auch dürfte z.B. der Menschenwürdekern des Art. 14 enger sein als dessen Wesensgehalt. Methodisch ergibt sich aus dem Menschenwürdekern von Grundrechten ein grundsätzlicher Vorrang der Prüfung der nachfolgenden Grundrechte vor Art. 1 I (BVerfGE 56, 393), auch wenn die Bedeutung des Art. 1 I einer Nachrangigkeit - wie etwa des Art. 2 I gegenüber konkreteren Freiheitsrechten - entgegensteht (JP/Jarass Rn 3; Sachs/Höfling Rn 57).
  Beispiele: Eine Ehrverletzung ist primär am allgemeinen Persönlichkeitsrecht des Art. 2 I, eine menschenunwürdige Unterbringung eines Strafgefangenen an Art. 2 II 1, eine Diskriminierung eines Ausländers an Art. 3 III und das Mithören von intimen Telefongesprächen an Art. 10 zu beurteilen.

  Wird insoweit die Gewährleistung der Menschenwürde ausreichend berücksichtigt, bedarf es keines Rückgriffs auf Art. 1 I mehr. Ist das nicht der Fall, kann und muss auf Art. 1 I als „letzte Verteidigungslinie" (Vitzhum JZ 1985, 203) zurückgegriffen werden.

- Weiter gilt es für das Rechtsstaatsprinzip. Auswirkungen sind hier etwa das Recht auf ein faires Strafverfahren (BVerfGE 57, 274), insbesondere der Anspruch auf rechtliches Gehör (BVerfGE 63, 337), das Verbot der Strafe ohne Schuld (BVerfGE 57, 274), oder die konkrete und realisierbare Chance für Strafgefangene, wieder in Freiheit zu kommen (BVerfGE 45, 245).

- Auch das Sozialstaatsprinzip ist mit seiner Garantie des Existenzminimums Ausfluss des Art. 1 I (BVerfGE 82, 85).

- Schließlich ergeben sich auch die Grundlagen der Demokratie aus dem Gedanken der Menschenwürde, insbesondere die demokratischen Teilhaberechte wie das Wahlrecht und die Meinungs- und Versammlungsfreiheit (Häberle, HdStR I Rn 60; für die Meinungsfreiheit auch BVerfGE 54, 155).

2.2 Grundrecht

Neben seinem Rechtscharakter als oberstes Verfassungsprinzip ist Art. 1 I trotz seiner objektiv-rechtlichen Formulierung auch ein Grundrecht. Das ist nicht unstreitig (dagegen z.b. Dreier Rn 71, Neumann KritVjschr 1993, 285; offengelassen bei JP/Jarass Rn 3), aber heute h.M. (Nachweise zur Literatur und Rechtsprechung bei Höfling JuS 1995, 857). Dass Art. 1 I dem Wortlaut nach nur eine Verpflichtung enthält, spricht nicht dagegen, da sich aus einer Norm, die den Staat zum Schutze des Einzelnen verpflichtet, immer korrespondierend ein subjektives Recht für den Einzelnen ergibt, was für andere objektiv-rechtlich formulierte Grundrechte wie Art. 3 I, 3 III, 4 II, III, 5 III, 6 I, 10 I, 13 I, 14 I oder 16 II auch unstreitig ist. Art. 1 I ist also zu lesen : Jeder hat ein Recht darauf, dass seine Würde geachtet und geschützt wird. 237

Der Grundrechtscharakter des Art. 1 I hat aber keine große praktische Bedeutung. Der Grund : Wenn ein staatlicher Hoheitsakt gegen die Menschenwürde verstößt, ist i.d.R. gleichzeitig auch ein Freiheitsrecht verletzt, da ein unter Verstoß gegen Art. 1 I zustande gekommener Hoheitsakt rechtswidrig ist und damit nicht rechtmäßig ein Freiheitsrecht einschränken kann (zum Menschenwürdekern der Freiheitsrechte siehe auch oben unter Rn 236). Jeder kann daher unter Berufung auf das eingeschränkte Freiheitsrecht einen Verstoß gegen Art. 1 I geltend machen, unabhängig davon, ob Art. 1 I ein Grundrecht ist oder nicht (JP/Jarass Rn 2a).

Ein Verstoß gegen Art. 1 I wird dabei im Schranken-Schranken-Bereich entweder als eigenständiger Prüfungspunkt oder als Aspekt im Rahmen der Prüfung der Verhältnismäßigkeit - s.o. Rn 206 - oder als Teil der Wesensgehaltsgarantie - s.o. Rn 220 - festgestellt. Dementsprechend prüft das BVerfG - auch wenn es den Grundrechtscharakter des Art. 1 I anerkennt (E 15, 255; 61, 137) - nur selten Art. 1 I alleine, sondern i.d.R. Art. 1 I zusammen mit einem anderen Grundrecht (z.B. „Art. 1 I i.V.m. 2 I", BVerfGE 89, 82).

3. Träger

Zur Klarstellung BVerfGE 39, 41 :"Wo menschliches Wesen existiert, kommt ihm Menschenwürde zu; es ist nicht entscheidend, ob der Träger sich dieser Würde bewusst ist und sie selbst zu wahren weiß. Die von Anfang an im menschlichen Sein angelegten potentiellen Fähigkeiten genügen, um die Menschenwürde zu begründen." 238

Träger des Art. 1 I sind daher insbesondere auch das ungeborene Leben (BVerfGE 39, 41), Kinder (BVerfGE 74, 124), Geisteskranke (BGHZ 35, 8) und in gewissen Grenzen auch Verstorbene (BVerfGE 30, 194), vgl oben Rn 121. Nicht geschützt sind dagegen über Art. 19 III juristische Personen, da sie keine personale Würde besitzen.

4. Bindung und Schutzverpflichtung

Der Staat ist nach Art. 1 I 2 nicht nur verpflichtet, die Menschenwürde zu achten, sondern auch, sie positiv zu schützen. Diese sich bereits aus dem Wertgehalt der Grundrechte ergebende Verpflichtung (s.o. Rn 112 ff.) ist hier ausnahmsweise ausdrücklich geregelt. Im Hinblick auf die Art und Weise der Erfüllung dieser Schutzverpflichtung hat der Staat in der Regel einen 239 weiten Ermessensspielraum. Auch insoweit gilt nichts grundsätzlich anderes als für die Schutzverpflichtung im Hinblick auf die sonstigen Grundrechte.

5. Unantastbarkeit

240 Wie eine Verletzung des Art. 1 I zu prüfen ist, ist nicht von vornherein klar. Man könnte - ähnlich wie bei den Freiheitsrechten - von einem weiten Schutzbereich ausgehen (etwa noch BVerfGE 27, 206 : "Der Mensch ist danach eine mit der Fähigkeit zu eigenverantwortlicher Lebensgestaltung begabte Persönlichkeit. Um seiner Würde willen muss ihm eine möglichst weitgehende Entfaltung seiner Persönlichkeit gesichert werden."). Dieser müsste dann aber wegen seiner Weite - ähnlich wie bei den Freiheitsrechten im Rahmen des Schranken- und des Schranken-Schranken-Bereichs - einschränkbar sein. Zum Grund :

BVerfGE 30, 20: "Das Menschenbild des GG ist nicht das eines isolierten souveränen Individuums; das GG hat vielmehr die Spannung Individuum - Gemeinschaft im Sinne einer Gemeinschaftsbezogenheit und Gemeinschaftsgebundenheit der Person entschieden, ohne dabei deren Eigenwert anzutasten. Das heißt aber: der Einzelne muss sich die Schranken seiner Handlungsfreiheit gefallen lassen, die der Gesetzgeber zur Pflege und Förderung des sozialen Zusammenlebens in den Grenzen des bei dem gegebenen Sachverhalt allgemein Zumutbare zieht, vor ausgesetzt, dass die Eigenständigkeit der Person gewahrt bleibt."

241 Diese Vorgehensweise wäre aber nur schwerlich mit dem Wortlaut des Art. 1 I vereinbar, wonach die Menschenwürde „unantastbar" ist. Danach unterliegt die Menschenwürde keinen Beschränkungsmöglichkeiten, auch nicht zugunsten anderer Verfassungsgüter. Die Folge davon muss der Verzicht auf eine positive Begriffsbestimmung der Menschenwürde sein (Sachs-Höfling Rn 12; v.Münch/Kunig Rn 22). „Seine besondere Normstruktur sperrt sich gegen das gängige grundrechtliche Argumentationsschema" (Höfling JuS 1995, 856). Die Menschenwürde kann daher nur negativ, d.h. vom Verletzungsvorgang her, bestimmt werden. So auch in der Folgezeit das BVerfG, zuletzt in NJW 1993, 3315 : „Was den Grundsatz der Unantastbarkeit der Menschenwürde angeht, so hängt alles von der Festlegung an, unter welchen Umständen sie verletzt sein kann. Das lässt sich nicht generell sagen, sondern nur immer nur in Ansehung des konkreten Falles."

242 Für diese vom Verletzungsvorgang her zu erfolgende Prüfung hat sich weitgehend die Objekt-Formel durchgesetzt:

"Art. 1 I GG verbietet, den Menschen unter Verletzung seines verfassungsrechtlich geschützten Wert- und Achtungsanspruchs zum bloßen Objekt herabzuwürdigen" (BVerfGE 50, 176). Oder anders ausgedrückt: "Der Mensch muss immer Zweck an sich bleiben" (BVerfGE 45, 228), er darf nicht "nicht zum bloßen Gegenstand" gemacht (BVerfGE 63, 337), nicht „zu einem bloßen Mittel, zu einer vertretbaren Größe herabgewürdigt" (MD/Dürig Rn 28), nicht „als bloßes Instrument" (JP/Jarass Rn 4) benutzt werden.

In dem - "erkennbar ergebnisorientiert argumentierenden" (v. Münch/Kunig Rn 23) - Abhörurteil hatte das BVerfG (E 30, 25) dagegen noch zusätzlich eine negative subjektive Zielsetzung verlangt : "Hinzukommen muss, dass (der Mensch) einer Behandlung ausgesetzt wird, die seine Subjektqualität prinzipiell in Frage stellt, oder dass in der Behandlung im konkreten Fall eine willkürliche Missachtung der Würde des Menschen liegt. Die Behandlung des Menschen ...muss also ... Ausdruck der Verachtung des Wertes, der den Menschen kraft seines Personseins zukommt, also in diesem Sinne eine 'verächtliche Behandlung' sein". Das hatte schon in dem abweichenden Votum zu diesem Urteil zu Kritik geführt (E 30, 39) und wurde später vom BVerfG nur noch vereinzelt - ohne dass dabei in den Entscheidungen konkret auf das Erfordernis einer subjektiven Zielsetzung eingegangen wurde - wieder aufgegriffen : "Art. 1 I verbietet, den Menschen zum bloßen Objekt im Staat zu machen oder ihn einer Behandlung auszusetzen, die seine Subjektsqualität prinzipiell in Frage stellt." (E 50, 175; 87, 228; NJW 1993, 3315). Meist wurde dagegen die reine Objekt-Formel benutzt (E 45, 228; 50, 176, 205; 57, 275; 63, 336; 69, 34; 72, 116). Zu recht : Weder kann eine gute Absicht eine objektive Verletzung der Menschenwürde „heilen", noch reicht die Herabwürdigungsabsicht aus, wenn die Intensität des Eingriffs den Grad der Würdeverletzung nicht erreicht (v.Münch/Kunig Rn 24; Sachs/Höfling Rn 15).

Die Objekt-Formel ist allerdings zu allgemein, um einfache Lösungen zu ermöglichen. „Sie ist zu unbestimmt" (Pieroth-Schlinck Rn 388) „läuft Gefahr, als beliebig einsetzbare Floskel instrumentalisiert zu werden, zur bloßen Phrase zu verkommen, die im Kampf um die ö-Tüpfelchen auf computergefertigten Telefonrechnungen herhalten muss" (Höfling JuS 1993, 860). Sie ermöglicht daher nur „eine erste Annäherung, sie weist die Auslegungsrichtung" (Sachs/Höfling a.a.O.), sie bietet lediglich einen „Merkposten .... für Gehalte und Spezifizierungen" (v.Münch/Kunig Rn 23). Da eine einfache Subsumtion darunter i.d.R. nicht möglich ist, kommt es also entscheidend auf die Beurteilung der Einzelfälle an. Dabei können Fallgruppen helfen, um Einzelfälle einzuordnen. Solche Fallgruppen können aber nicht abschließend sein, zumal über ihren Inhalt und ihre Anzahl keine Einigkeit herrscht. Sie lassen sich auch nicht immer - weder abstrakt noch bei der Einordnung konkreter Fälle - deutlich voneinander abgrenzen. Mit diesen Vorbehalten könnte man – ähnlich Pieroth/Schlinck Rn 361 – aufgrund der Rechtsprechung den BVerfG folgende drei Fallgruppen mit einzelnen Beispielen nennen :

243

244

Missachtung der Individualität, Identität und Integrität der Persönlichkeit

Beispiele : Folter und andere grausamen oder erniedrigenden Strafen (BVerfGE 45, 228), Benutzung von Hypnose, Zerstörung der Persönlichkeit durch überlange Haftdauer (BVerfGE 45, 187), vollständige Isolierung in der Haft (BVerfGE 57, 170 ff.), Klonen von Menschen (v.Münch/Kunig Rn 36), Zwang gegenüber einem Angeklagten im Strafprozess, gegen sich selbst auszusagen (BVerfGE 55,150; 56,43); Nichtanhörung eines Betroffenen vor einer Entmündigung (BVerfGE 10, 317)

willkürliche Ungleichbehandlung, Diskriminierung und Demütigung

Beispiele : Sklaverei, Leibeigenschaft, rassische Diskriminierung, öffentliche Herabwürdigung

Beeinträchtigung des materiellen Existenzminimums

Beispiele : Besteuerung des Existenzminimums (BVerfGE 82, 85), Unterbringung einer siebenköpfigen Familie in einem einzigen Raum (OVG Berlin NJW 80, 2484), unwürdige Unterbringung von Strafgefangenen (BVerfGE 35,135 f; 45,228).

Ähnliche Fallgruppen, die sich von den obigen nur der Formulierung bzw. der Anzahl nach, aber nicht im Ergebnis unterscheiden, nennen Sachs/Höfling Rn 19 ff. und JuS 1995, 861 (4 Gruppen) und Battis-Gusy Rn 317 (6 Gruppen). Der Nachteil : Je mehr Fallgruppen, desto unklarer die Abgrenzung. Eine umfangreiche Darstellung von Einzelfällen ohne Fallgruppen befindet sich bei v.Münch/Kunig Rn 36.

Grundfall zu Art. 1 I mit Musterlösung : Rn 1068, 1077, 1086
Repetitorium zu Art. 1 I : Rn 1016
Weiterführende Literatur : Höfling, Die Unantastbarkeit der Menschenwürde – Annäherung an einen schwierigen Verfassungsrechtssatz, JuS 1995, 857; Enders, Die Menschenwürde in der Verfassungsordnung, 1997; Laufs, Fortpflanzungsmedizin und Menschenwürde, NJW 2000, 2716

ART. 2 I GG : FREIE ENTFALTUNG DER PERSÖNLICHKEIT

„Jeder hat das Recht auf freie Entfaltung seiner Persönlichkeit, soweit er nicht die Rechte anderer verletzt und nicht gegen die verfassungsmäßige Ordnung oder das Sittengesetz verstößt."

1. historischer Hintergrund, internationaler und europäischer Schutz

245　Wegbereiter der Idee einer umfassenden individuellen und selbstbestimmten Freiheit waren zuerst Vertreter der neueren Naturrechtslehre wie Locke in England und Kant in Deutschland (Fundstellen bei Dreier Fn 5 f.). Die erste Verankerung eines allgemeinen Freiheitsrechts findet sich in Art. 4 der Französischen Menschenrechtserklärung 1789 : "Die Freiheit besteht darin, alles tun zu können, was einem anderen nicht schadet." In Deutschland wurde ein solches Recht erstmals vom Parlamentarischen Rat mit Art. 2 I geschaffen, der in einem Entwurf des Redaktionsausschusses noch einen anderen Wortlaut hatte : „Jedermann ist frei zu tun und zu lassen, was die Rechte anderer nicht verletzt und nicht gegen die verfassungsmäßige Ordnung oder das Sittengesetz verstößt" (Das Zitat in BVerfGE 6, 36 - s.u. Rn 247 - ist demgegenüber nicht korrekt). International ist kein dem Art. 2 I vergleichbares Menschenrecht anerkannt. In der Europäischen Union hat sich der EuGH zu einem Grundrecht der allgemeinen Handlungsfreiheit bekannt (Slg. 1987, 2338) und die Grundrechtscharta 2000 zum Schutz des Privatlebens und der personenbezogene Daten in Art. 7, 8 (vgl. Rn 933).

2. Bedeutung

246　Art. 2 I ist das Hauptfreiheitsrecht des Grundgesetzes und ist damit in seinen beiden Ausprägungen „umfassender Ausdruck der persönlichen Freiheitssphäre und zugleich Ausgangspunkt aller subjektiven Abwehrrechte des Bürgers gegen den Staat" (BVerfGE 49, 23). Der Auffangcharakter des Art. 2 I im Verhältnis zu den speziellen Freiheitsrechten bedeutet insofern zum einen eine Lückenlosigkeit des grundrechtlichen Freiheitsschutzes. Zum anderen ist Art. 2 I aber nicht lediglich „Lückenfüller" für Freiheitsbetätigungen, an die bei der Formulierung der besonderen Freiheitsrechte nicht gedacht worden ist, sondern besitzt einen weiten und bedeutsamen eigenständigen Anwendungsbereich, wie z.B. die Garantie der Vertrags- und Wettbewerbsfreiheit oder den Schutz der engeren Persönlichkeitssphäre des Einzelnen.

3. Schutzbereich

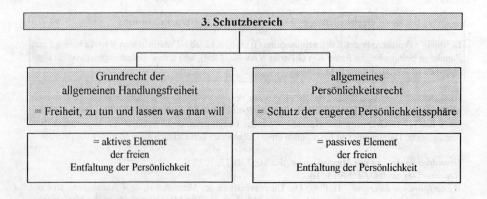

3.1 Grundrecht der allgemeinen Handlungsfreiheit

Es ist das aktive Element der freien Entfaltung der Persönlichkeit. BVerfGE 6, 36:

> "Das Grundgesetz kann mit der freien Entfaltung der Persönlichkeit nicht nur die Entfaltung innerhalb eines Kernbereichs der Persönlichkeit gemeint haben, die das Wesen des Menschen als geistig-sittliche Person ausmacht, denn es wäre nicht verständlich, wie die Entfaltung innerhalb dieses Kernbereichs gegen das Sittengesetz, die Rechte anderer oder sogar gegen die verfassungsmäßige Ordnung einer freiheitlichen Demokratie verstoßen könnte. Gerade diese Beschränkungen zeigen vielmehr, dass das Grundgesetz in Art. 2 I die Handlungsfreiheit im umfassenden Sinn meint ... Es waren nicht rechtliche Erwägungen, sondern sprachliche Gründe, die den Gesetzgeber bewogen haben, die ursprüngliche Fassung "Jeder kann tun und lassen, was er will" durch die jetzige Fassung zu ersetzen".

Art. 2 I schützt also die allgemeine Handlungsfreiheit und ist damit ein Auffanggrundrecht für alle Formen menschlichen Verhaltens, die von den speziellen Freiheitsrechten, die jeweils spezielle Aspekte der Handlungsfreiheit schützen, nicht erfasst sind. Das ist heute unstreitig.

grundrechtlicher Schutz der Handlungsfreiheit

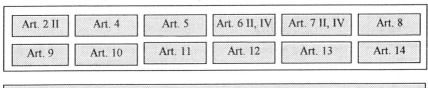

Art. 2 II	Art. 4	Art. 5	Art. 6 II, IV	Art. 7 II, IV	Art. 8
Art. 9	Art. 10	Art. 11	Art. 12	Art. 13	Art. 14

Art. 2 I : jedes sonstige Tun und Unterlassen

Art. 2 I wird verdrängt, wenn die in Frage stehende Betätigungsform von dem Schutzbereich eines speziellen Freiheitsrechts erfasst wird. Ob sich bei dessen weiterer Prüfung herausstellt, dass es verletzt oder nicht verletzt ist, wirkt sich auf den Ausschluss des Art. 2 I nicht aus (vgl. BVerfGE 79, 304; Stern III/2 § 92 I 2 b; Schmalz GRe, Rn 398). Prüfungsgegenstand eines berufsregelnden Gesetzes ist also alleine Art. 12, unabhängig davon, ob es mit Art. 12 vereinbar ist oder nicht. Ein Rückgriff auf Art. 2 I ist also in jedem Fall unzulässig. Welche Betätigungsformen bleiben nun für Art. 2 I übrig ? Eine vollständige Übersicht darüber kann es wegen der Vielgestaltigkeit menschlichen Verhaltens nicht geben, sondern nur **Beispiele :**

- persönliche Verhaltensweisen wie Taubenfüttern im Park (BVerfGE 54, 143), Reiten im Wald (BVerfGE 80, 54), Rauchen (BGHZ 79, 111), Genuss von Rauschmitteln (BVerfGE 90, 171), freie Wahl des Vornamens (BVerfG StAZ 1983, 70), Autofahren (BVerwGE 30, 238)
- wirtschaftliche Betätigungen wie die Vertrags- und Wettbewerbsfreiheit (BVerfGE 74, 151; 32, 316)
- die Freiheit, über das eigene Vermögen zu verfügen. Staatliche Abgaben wie insbesondere Steuern, Beiträge, Gebühren, Geldstrafen und Geldbußen greifen daher in Art. 2 I ein (BVerfGE 87, 169).
- Betätigungen von Ausländern, die von speziellen, weil nur für Deutsche geltenden Freiheitsrechten nicht erfasst sind (BVerfGE 78, 196; Stern III/1 1045; Quaritsch HbStR V 376; Pieroth-Schlink 139; a.A. Erichsen HbStR VI 1205 ff, Maurer Rn 30). Allerdings ist zu berücksichtigen, dass die Wertung des Grundgesetzes, dass diese Grundrechte nur für Deutsche gelten, nicht auf dem Umweg über Art. 2 I völlig ignoriert werden kann. Art. 2 I gewährt für Ausländer daher insoweit nur einen schwächeren Schutz (Degenhart, JuS 1990, 168; Pieroth AöR 1990, 42; JP/Jarass Rn 9).
- sozialschädliche Verhaltensweisen wie etwa Diebstahl, Betrug oder Mord. Dafür, sie von Art. 2 I auszunehmen (so Stark in v.Mangoldt/Klein Rn 10), gibt es keinen überzeugenden Grund : Nur dadurch, dass solche Verhaltensweisen von Art. 2 I erfasst werden, ist wegen der Weite dieses Grundrechts keine positive Wertung verbunden. Die Schranken des Art. 2 I machen demgegenüber deutlich, dass letztlich nur gemeinverträgliche Freiheit geschützt wird (Sachs/Murswick Rn 53).

104 *einzelne Grundrechte*

249 Die Weite des Normbereichs des Art. 2 I bedeutet nicht, dass der Grundrechtsinhaber in den entsprechenden Betätigungsformen letztlich immer geschützt wird, was schon alleine aus den Ausführungen zu den sozialschädlichen Verhaltensweisen deutlich werden muss. Die Bedeutung der aufgrund des Art. 2 I sich ergebende Lückenlosigkeit des grundrechtlichen Freiheitsschutzes liegt insbesondere in Folgendem : Art. 19 IV und die Prozessordnungen (z.B. § 42 II VwGO) sehen als Voraussetzung einer Klage gegen staatliches Handeln die Geltendmachung einer Rechtsverletzung vor. Da jede belastende staatliche Maßnahme immer in ein Grundrecht eingreift, wegen seines weiten Schutzbereichs zumindest in das des Art. 2 I, kann sich der Betroffene immer gerichtlich gegen sie wehren. Da ein Grundrecht nur rechtmäßig eingeschränkt ist, wenn alle Rechtmäßigkeitsanforderungen beachtet sind, kann der Betroffene dabei alle Rechtsverstöße geltend machen, und zwar nicht nur solche, die unmittelbar grundrechtsspezifisch sind wie etwa die Unverhältnismäßigkeit, sondern auch solche, die „nur" Verstöße gegen einfaches Recht sind wie etwa Verstöße gegen Zuständigkeits- und Verfahrensvorschriften. Art. 2 I bewirkt somit nicht nur einen umfassenden Freiheits-, sondern damit auch einen umfassenden Rechtsschutz gegen die Exekutive. Entsprechendes gilt auch für das vorgerichtliche Widerspruchsverfahren. Hier muss – analog § 42 II VwGO – ebenfalls i.d.R. eine Rechtsverletzung geltend gemacht werden.

3.2 allgemeines Persönlichkeitsrecht

250 Es ist das passive Element der freien Entfaltung der Persönlichkeit. Es schützt in Verbindung mit Art. 1 I die engere Persönlichkeitssphäre des Menschen. Grundlegend BVerfGE 54, 153 (ähnlich in DVBl 2000, 353) :

> „Seine Aufgabe ist es, im Sinne ... der "Würde des Menschen" die engere persönliche Lebenssphäre ...zu gewährleisten, die sich durch die traditionellen konkreten Freiheitsgarantien nicht abschließend erfassen lassen; diese Notwendigkeit besteht namentlich auch im Blick auf moderne Entwicklungen und die mit ihnen verbundenen neuen Gefährdungen für den Schutz der menschlichen Persönlichkeit. Wie der Zusammenhang mit Art. 1 Abs. 1 GG zeigt, enthält das allgemeine Persönlichkeitsrecht des Art. 2 Abs. 1 GG ein Element der "freien Entfaltung der Persönlichkeit", das sich als Recht auf Respektierung des geschützten Bereichs von dem "aktiven" Element dieser Entfaltung, der allgemeinen Handlungsfreiheit abhebt. Demgemäß müssen auch die tatbestandlichen Voraussetzungen des allgemeinen Persönlichkeitsrechts enger gezogen werden als diejenigen der allgemeinen Handlungsfreiheit: Es erstreckt sich nur auf Eingriffe, die geeignet sind, die engere Persönlichkeitssphäre zu beeinträchtigen".

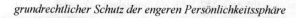
grundrechtlicher Schutz der engeren Persönlichkeitssphäre

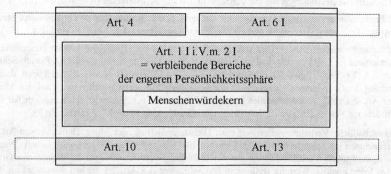

Art. 2 I : freie Entfaltung der Persönlichkeit

Die engere Persönlichkeitssphäre des Menschen wird auch durch andere Grundrechte geschützt : durch die Glaubens- und Gewissensfreiheit des Art. 4, den Schutz von Ehe und Familie nach Art. 6 I, das Brief-, Post- und Fernmeldegeheimnis nach Art. 10 und durch die Unverletzlichkeit der Wohnung nach Art. 13. Diese Grundrechte gehen, soweit sie die engere Persönlichkeitssphäre schützen, als speziellere Regelungen dem allgemeinen Persönlichkeitsrecht vor (JP/Jarass Rn 1). Zum Teil gehen diese Grundrechte jedoch über den Schutz der engeren Persönlichkeitssphäre hinaus, wie etwa der Schutz auch von Gewerbebetrieben durch Art. 10 und 13. Vielfach sind spezielle Grundrechte und allgemeines Persönlichkeitsrecht auch nebeneinander anwendbar.

Beispiel : An Art. 10 ist die Kontrolle von Briefen eines Strafgefangenen zu beurteilen, am allgemeinen Persönlichkeitsrecht dagegen, ob er überhaupt Briefe schreiben und erhalten darf.

251

Die vom BVerfG vorgenommene dogmatische Konstruktion als Kombinationsrecht aus „Art. 2 I i.V.m. 1 I GG" (BVerfGE 63, 142) ist nicht von vornherein klar (weitergehend Höfling JuS 1995, 862 : Sie „wirft mehr Fragen auf als sie Lösungen auch nur anzudeuten vermag"). Zu klären ist zunächst die dogmatische Grundlage des Schutzbereichs. Sie kann angesichts des eindeutig die Persönlichkeit schützenden Art. 2 I nur diese Vorschrift alleine sein, aber nicht Art. 2 I i.V.m. Art. 1 I, zumal bei Art. 1 I recht auf eine positive Umschreibung seines Schutzbereichs verzichtet wird (s.o. Rn 240). Es kommen also nicht beide Grundrechte kumulativ zur Anwendung (Sachs/Murswiek Rn 63). Art. 1 I ist lediglich zum einen „Interpretationsrichtlinie" für Inhalt und Gewährleistungsumfang (Sachs/Murswiek Rn 63) und zum anderen ein Hinweis auf den unantastbaren Kern des allgemeinen Persönlichkeitsrechts (vgl. BVerfGE 27, 351; 75, 380), der systematisch jedoch im Schranken-Schranken-Bereich zu prüfen ist (s.u. Rn 262). Dass Art. 1 I unantastbarer Kern auch jedes anderen Grundrechts ist, aber in ihre dogmatische Grundlage - anders als beim allgemeinen Persönlichkeitsrecht - nicht mit einbezogen wird, ist damit zu erklären, dass der Menschenwürdekern bei ihnen selten, beim allgemeinen Persönlichkeitsrecht aber häufiger tangiert ist.

252

Da sich das allgemeine Persönlichkeitsrecht mit dem Schutz der „engeren Persönlichkeitssphäre" nicht ausreichend klar definieren lässt (BVerfGE 79, 268), kann sein Inhalt aufgrund der bisherigen Rechtsprechung nur anhand von Fallgruppen dargestellt werden :

253

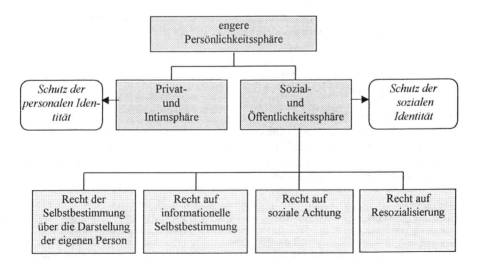

254 **Die Privat- und Intimsphäre** erfasst den „Innenraum, in dem (der Einzelne) sich selbst besitzt, in den er sich zurückziehen kann, zu dem die Umwelt keinen Zutritt hat, in dem man in Ruhe gelassen wird und ein Recht auf Einsamkeit genießt" (BVerfGE 27, 6), in der er das Recht hat, „eine Sphäre der Intimität zu begründen und sie dem Einblick und Zugriff anderer zu entziehen" (v.Münch/Kunig Rn 32; ähnlich Sachs/Murswiek Rn 69). Dieses Ziel wird partiell auch von Art. 10 (Schutz des telekommunikationstechnisch gesprochenen oder geschriebenen Wortes) und Art. 13 (räumliche Abschirmung der Wohnung) verfolgt.

Beispiele : Recht auf Gestaltung des Geschlechtslebens (BVerfGE 47, 37); Geheimheit von privaten Tagebuchaufzeichnungen (BVerfGE 80, 373 ff.); Schutz gegen heimliche Tonbandaufnahmen (BVerfGE 34, 246) und gegen die Verbreitung erfundener das Privatleben betreffender Interviews (BGH NJW 1965, 685); Schutz gegen Verbreitung der eigenen Ehescheidungs- (BVerfGE 27, 350) und Patientenakten (BVerfGE 32, 374) ; Recht, nicht gegen den ausdrücklich erklärten Willen Werbematerial aufgedrängt zu bekommen (BVerfG NJW 1991, 911)

255 **Die Sozial- und Öffentlichkeitssphäre** ist die Sphäre, in der der Einzelne in Beziehung mit Dritten steht, insbesondere selbst in der Öffentlichkeit auftritt. Sie umfasst

- Das Recht auf Selbstbestimmung über die Darstellung der eigenen Person

  „Der Einzelne soll - ohne Beschränkung auf seine Privatsphäre - grundsätzlich selbst entscheiden können, wie er sich Dritten oder der Öffentlichkeit gegenüber darstellen will, ob und inwieweit von Dritten über seine Persönlichkeit verfügt werden kann" (BVerfGE 54, 155; ähnlich E 63, 142).

  Beispiele : Recht, in Straf- oder ähnlichen Verfahren nicht zur Selbstbezichtigung gezwungen zu werden (BVerfGE 38, 114); Rechte am eigenen Bild (BVerfG DVBl 2000, 353) und am eigenen Wort (BVerfGE 54, 155)

- Das Recht auf informationelle Selbstbestimmung

  Danach hat der Einzelne das Recht, „selbst über die Preisgabe und Verwendung seiner persönlichen Daten zu bestimmen" (BVerfGE 65, 43; 84, 194). Näher geregelt ist dieses Recht heute in den Datenschutzgesetzen des Bundes und der Länder.

- Das Recht auf soziale Geltung

  Es schützt zum einen vor Beeinträchtigungen der persönlichen Ehre, also gegen herabsetzende Äußerungen und Verhaltensweisen und vor unwahren Behauptungen über die eigene Person (BVerfGE 45, 154).

  Beispiele : Recht gegenüber der Presse, von der Unterschiebung nicht getaner Äußerungen verschont zu bleiben (E 24, 282; 54, 154; 54, 217) ; Recht auf Gegendarstellung gegenüber unrichtigen Presseberichten über die eigene Person (BVerfGE 63, 142)

- Das Recht auf Resozialisierung

  Danach muss ein verurteilter Straftäter „die Chance haben, sich nach Verbüßung seiner Strafe wieder in die Gemeinschaft einzuordnen" (BVerfGE 35, 235).

  Beispiel : Ein zu lebenslanger Freiheitsstrafe Verurteilter muss die Chance haben, „je seine Freiheit wiedererlangen zu können" (BVerfGE 45, 239).

256 Die obige Unterteilung der Sozial- und Öffentlichkeitssphäre (ähnlich bei Jarass NJW 1989, 858) ist nicht zwingend. Andere sind ebenfalls denkbar. So werden z.T. die Rechte auf informationelle Selbstbestimmung und Resozialisierung dem Selbstdarstellungsrecht zugeordnet (Sachs/Murswiek, Rn 69 ff.) oder die soziale Geltung als Unterfall der Selbstdarstellung des Einzelnen gesehen (Jarass NJW 1989, 859). Auch über die Zuordnung von Beispielen gibt es keine Einigkeit. So wird z.B. - wie oben - der

Schutz von Ehescheidungs- und Patientenakten vom BVerfG der Privatsphäre zugeordnet (E 54, 154), von Sachs/Murswiek (Rn 71) dagegen der Öffentlichkeitssphäre. Eine Bedeutung für das Ergebnis haben diese Unterschiede aber nicht, weil es für die Frage der Verletzung des allgemeinem Persönlichkeitsrechts auf diese Zuordnungsfragen nicht entscheidend ankommt (s.u. Rn 262 f.).

Eingriffe in den Schutzbereich des allgemeinen Persönlichkeitsrechts sind nicht nur durch den Staat möglich, sondern - praktisch bedeutsamer - auch durch Privatpersonen, da das allgemeine Persönlichkeitsrecht im Wege mittelbarer Drittwirkung bei der Auslegung des Privatrechts heranzuziehen ist, insbesondere als "sonstiges Recht" i.S.d. § 823 I BGB geschützt wird (s.o. Rn 151). Die Folge ist, dass bei seiner Verletzung nach § 1004 BGB analog Unterlassung und Widerruf und - entgegen § 253 BGB - nach § 847 BGB analog Schmerzensgeld verlangt werden kann (BGHZ 39, 131 ff). Häufige Fälle sind hier die Verletzungen des allgemeinen Persönlichkeitsrechts durch Presseorgane. 257

Art. 2 I enthält drei Schranken. Sie beziehen sich nicht nur auf das Grundrecht der allgemeinen Handlungsfreiheit, sondern auch auf das allgemeine Persönlichkeitsrecht. Auch wenn dieses Recht mit auf den - nicht einschränkbaren - Art. 1 I gestützt wird (s.o. Rn 252), ist es doch einschränkbar, da sein Schutzbereich weiter ist als der des Art. 1 I. Die Schranken gelten allerdings nur, wenn der Staat in das Persönlichkeitsrecht eingreift. Eingriffe durch Privatpersonen sind dagegen im Rahmen der Rechtskonstruktion des § 823 BGB zu prüfen (s.o. Rn 151).

„verfassungsmäßige Ordnung"

Dieser Begriff wird auch in anderen Vorschriften verwandt und dort aus deren Normzweck heraus unterschiedlich interpretiert : In Art. 9 II als „freiheitliche demokratische Grundordnung" und in Art. 20 III als „Verfassung". Wenn der Schutzbereich des Art. 2 I extrem weit die allgemeine Handlungsfreiheit, d.h. jedes - und sogar jedes sozialschädliche Verhalten - schützt, muss eine derart weit gefasste Handlungsmöglichkeit durch Gesetze und nicht nur durch die freiheitliche demokratische Grundordnung oder das Grundgesetz einschränkbar sein. Der Begriff „verfassungsmäßige Ordnung" i.S.d. Art. 2 I ist daher aus dessen Normzweck heraus als verfassungsmäßige Rechtsordnung zu verstehen, d.h. der Gesamtheit aller Normen, die formell und materiell verfassungsmäßig sind (std. Rspr. seit BVerfGE 6, 38). Der Sache nach bedeutet das also einen Gesetzesvorbehalt wie etwa in Art. 2 II 3 auch (Sachs-Murswiek Rn 90). Der Eingriff muss also auf formell-gesetzliche Ermächtigungsgrundlage zurückzuführen sein. Eine bloße Verwaltungsvorschrift reicht dagegen nicht aus (BGH NJW-RR 1997, 1148). 258

„Rechte Anderer"

sind alle subjektiven Rechte des Privatrechts. Nicht darunter fallen Grundrechte und andere subjektiv-öffentliche Rechte (so aber v.Münch/Kunig Rn 20), da sie mangels Drittwirkung von Privaten nicht verletzt werden und somit auch nicht die Freiheit Anderer beschränken können (so richtig Sachs/Murswiek Rn 91). 259

Rechte Anderer können sich nur aus der Rechtsordnung ergeben und werden damit voll von der weiten Auslegung der Schranke der verfassungsmäßigen Ordnung erfasst, haben also als selbständige Schranke keine Bedeutung. Außerdem bedürfen staatliche Eingriffe in Art. 2 I nach dem Vorbehalt des Gesetzes immer einer gesetzlichen Grundlage, können also nicht allein auf Rechte Anderer gestützt werden (BVerwGE 72, 266; JP/Jarass Rn 15, Art, 20 Rn 31; Schwabe JuS 1987, 391, Schmalz Rn 407). Dementsprechend prüft auch das BVerfG als Schranke des Art. 2 I lediglich die verfassungsmäßige Ordnung (z.B. E 80, 153).

„Sittengesetz"

260 ist als Begriff nicht eindeutig. Das BVerfG hat darunter die „allgemein anerkannten Wertvorstellungen unserer Rechtsgemeinschaft" verstanden (E 6, 435; ebenso JP/Jarass Rn 19). Andere verstehen darunter die Inhalte der Begriffe „gute Sitten" und „Treu und Glauben" der §§ 138, 242 und 826 BGB (MD/Dürig Rn 16, Pieroth-Schlink Rn 388), andere wiederum setzen ihn richtigerweise mit der Menschenwürde gleich (Sachs/Murswiek Rn 98, v.Münch/Kunig Rn 28). Einigkeit besteht aber darin, dass das Sittengesetz als Schranke des Art. 2 I praktisch keine Rolle spielt, da es ebenfalls von der Schranke der verfassungsmäßigen Ordnung erfasst wird. Grund : Versteht man das Sittengesetz als die grundlegenden Moralvorstellungen, wird es von der Rechtsordnung in weitestem Umfang geschützt, wie etwa im Zivilrecht oder im Strafrecht. Setzt man es mit Art. 1 I gleich, ist der Schutz sogar umfassend, da das geltende Recht Verstöße gegen die Menschenwürde nicht zulässt. Zumindest gibt es kein praktisches Bedürfnis für ein über die Rechtsordnung hinausgehenden Rückgriff auf das Sittengesetz. Es ist daher als Schranke „funktionslos geworden" (v.Münch/Kunig Rn 28). Hinzu kommt, dass man im Hinblick auf den Vorbehalt des Gesetzes verlangen muss, dass Moralvorstellungen nur aufgrund eines Gesetzes ein Grundrecht beschränken können (JP/Jarass Rn 16). Die Schranke des Sittengesetzes geht daher in der Schranke der verfassungsmäßigen Ordnung auf (JP/Jarass Rn 19; v.Münch/Kunig Rn 28; Sachs/Murswiek Rn 99; Pieroth-Schlink Rn 388).

Das Verhältnis der drei Schranken des Art. 2 I zueinander sieht also wie folgt aus :

Art. 2 I : freie Entfaltung der Persönlichkeit

5. Schranken-Schranken-Bereich

5.1 Verhältnismäßigkeit von Eingriffen in die allgemeine Handlungsfreiheit

Im Hinblick auf das Grundrecht der allgemeinen Handlungsfreiheit gelten hier - wie bei anderen Grundrechten auch - die allgemeinen Grundsätze, die oben (Rn 189 ff.) dargestellt sind.

261

5.2 Verhältnismäßigkeit von Eingriffen in das allgemeinen Persönlichkeitsrecht

5.2.1 Grundfragen der Prüfung der Verhältnismäßigkeit

262

Um bei der Prüfung der Verhältnismäßigkeit dem unterschiedlichen Bedürfnis an der Einschränkbarkeit des allgemeinen Persönlichkeitsrechts Rechnung zu tragen, hatte das BVerfG die oben Rn 253 ff. dargestellte Sphärentheorie entwickelt.

Hier nun spielt der Art. 1 I als unantastbare Grenze der Einschränkbarkeit hinein. Insoweit gilt zwar im Prinzip nichts Anderes als bei den übrigen Freiheitsrechten, da auch sie einen Menschenwürdekern besitzen, in den aufgrund von Verhältnismäßigkeitserwägungen nicht eingegriffen werden darf. Beim allgemeinen Persönlichkeitsrecht ist dieser Kern aber eher in Gefahr, angetastet zu werden und spielt deshalb in der Rechtsprechung auch hier eine größere Rolle. Der durch Art. 1 I geschützte und damit unantastare Kern des allgemeinen Persönlichkeitsrecht ist der „Kernbereich privater Lebensgestaltung" (seit E 6, 32). „Selbst schwerwiegende Interessen der Allgemeinheit können Eingriffe in diesen Bereich nicht rechtfertigen; eine Abwägung nach Maßgabe des Verhältnismäßigkeitsgrundsatzes findet nicht statt" (BVerfGE 80, 374).

Dieser Kernbereich wurde nach der früheren Rechtsprechung des BVerfG durch die Intimsphäre gebildet, in die deswegen nicht eingegriffen werden darf (E 6,41; 38, 320). In die sie umgebende sonstige Privatsphäre darf zwar eingegriffen werden, aber nur unter besonders strenger Beachtung des Grundsatzes der Verhältnismäßigkeit (E 27, 350; 34, 245). In die weitergehende Sozial- und Öffentlichkeitssphäre dagegen darf aufgrund „normaler" Verhältnismäßigkeitserwägungen eingegriffen werden (E 35, 39, 220).

Diese Unterscheidung nach Sphären ist zwar geeignet, um die richtige Richtung anzudeuten. Sie darf aber nicht Allheilmittel zur Lösung von Einzelfällen verstanden werden, da sich die einzelnen Sphären hinsichtlich ihrer Schutzbedürftigkeit nicht klar voneinander trennen lassen (so auch vielfach die Meinung in der Literatur, z.B. v.Mangoldt-Klein/Stark Rn 11; v.Münch/Kunig Rn 41; kritisch dazu Geis, JZ 1991, 112).

Zum Einen lassen sich Intim- und sonstige Privatsphäre nicht klar trennen.

263

Beispiel : Die Einordnung von privaten Tagebuchaufzeichnungen ist unklar : Würden sie zum Intimbereich gehören, wären sie in einem Strafprozess nicht verwertbar. Das muss aber nach Auffassung des BVerfG in bestimmten Fällen möglich sein (BVerfGE 80, 374 ff., anders die vier die Entscheidung nicht mittragenden Richter) Deshalb : „Die Zuordnung eines Sachverhalts zum unantastbaren Bereich privater Lebensgestaltung oder zu jenem Bereich des privaten Lebens, der unter bestimmten Voraussetzungen dem staatlichen Zugriff offen steht,... lässt sich nicht abstrakt beschreiben; es kann befriedigend nur unter Berücksichtigung der Besonderheiten des einzelnen Falles beantwortet werden." (BVerfGE 80, 374). Dafür kommt es darauf an (zustimmend Sachs/Murswiek Rn 105; kritisch Geis JZ 1991, 115) :

- ob der Betroffene auf Geheimhaltung Wert legt. Ist das nicht der Fall, so ist „der Kernbereich schon wegen dieses Umstandes in aller Regel nicht berührt" (BVerfG a.a.O.).
- ob der Sachverhalt „nach seinem Inhalt höchstpersönlichen Charakters ist und in welcher Art und Intensität er aus sich heraus die Sphäre Anderer oder die Belange der Gemeinschaft berührt." (BVerfG a.a.O. Zustimmend Sachs/Murswiek Rn 105; kritisch Geis JZ 1991, 115, nach dem dadurch das Merkmal des Sozialbezuges so extensiv interpretiert wird, dass als Schutzgut des Menschenwürdekerns des allgemeinen Persönlichkeitsrechts „nahezu nichts übrigbleibt".

Auch die Abgrenzung von Privat- und Intimsphäre und Sozial- und Öffentlichkeitssphäre ist unter dem Gesichtspunkt der Einschränkbarkeit nicht abstrakt möglich.

Beispiel ist die Erhebung personenbezogener Daten : Aufgrund der durch die heutige Datenverarbeitung ermöglichten Verknüpfung „kann ein für sich gesehen bangloses Datum einen neuen Stellenwert bekommen; insoweit gibt es ... kein bangloses Datum mehr" (BVerfGE 58, 132). Es kommt daher nicht darauf an, ob Daten einer „äußeren" oder einer „inneren" Sphäre zuzurechnen sind, sondern nur darauf, ob unter Berücksichtigung des Ziels des Eingriffs, seiner Folgen und der vorgesehenen Schutzvorkehrungen der Grundsatz der Verhältnismäßigkeit gewahrt ist. (Zustimmend Sachs/Murswiek Rn 105; kritisch Geis JZ 1991, 115, nach dem das BVerfG dadurch den Menschenwürdekern des allgemeinen Persönlichkeitsrechts „zugunsten eines eher diffusen 'allgemeinen' Schutzbereichs auflöst".)

264 Als zusätzliche Kriterien sind daher insbesondere heranzuziehen :

- die Schwere des Eingriffs und seine Folgen für den Betroffenen. Dabei ist auch zu berücksichtigen, ob dieser den Eingriff evtl. provoziert hat.

Beispiel : Ein Passant ist von einem Demonstranten körperlich angegriffen worden. Er filmt den Angreifer heimlich, um ein zuverlässiges Beweismittel für einen Schadensersatzprozess zu gewinnen (OLG Düsseldorf NJW-RR 1998, 241).

- die Motive und Zwecke, die der Eingreifende verfolgte. So sind etwa Rachegelüste sehr gering, die Aufklärung der Bevölkerung über ein wichtiges Ereignis dagegen hoch zu bewerten. Dabei kann sich der Eingreifende u.U. auf das Grundrecht der Meinungsfreiheit, die Presse auf das Grundrecht der Pressefreiheit berufen. Die Presse unterliegt dabei jedoch höheren Sorgfaltsanforderungen als Privatpersonen. Schon bei den Recherchen muss sie die allgemeinen journalistischen Sorgfaltspflichten beachten (LG Berlin NJW 1997, 1373; OLG Saarbrücken NJW 1977, 1376). Bei der Abwägung „kann es darauf ankommen, ob Fragen, die die Öffentlichkeit wesentlich angehen, ernsthaft und sachbezogen erörtert oder lediglich private Angelegenheit, die nur die Neugier befriedigen, ausgebreitet werden" (BVerfG DVBl. 2000,353). Auch das Grundrecht der Kunstfreiheit kann u.U. den Eingriff rechtfertigen, etwa in Form einer Satire oder Karikatur.

- die Art und Weise des Eingriffs. Dabei muss zwischen dem verfolgten Zweck und dem eingesetzten Mittel ein angemessenes Verhältnis bestehen. Der Eingreifende darf also nicht überreagieren, etwa berechtigte Kritik mit unnötigen Diffamierungen ergänzen oder mit einer Karikatur ohne Grund in die Intimsphäre des Betroffenen eingreifen.

5.2.2 insbesondere : Verhältnismäßigkeit von Einschränkungen des Rechts auf informationelle Selbstbestimmung

265 Die Verhältnismäßigkeit einer Einschränkung des Rechts auf informationelle Selbstbestimmung hat das BVerfG (E 65, 1) in differenzierender Weise an folgende Voraussetzungen geknüpft :

allgemein für jede Art der Datenverarbeitung :

„Angesichts der bereits dargelegten Gefährdungen durch die Nutzung der automatischen Datenverarbeitung hat der Gesetzgeber mehr als früher auch organisatorische und verfahrensrechtliche Vorkehrungen zu treffen, welche der Gefahr einer Verletzung des Persönlichkeitsrechts entgegenwirken.... dabei kann nicht allein auf die Art der Angaben abgestellt werden. Entscheidend sind ihre Nutzbarkeit und Verwendungsmöglichkeit. Diese hängen einerseits von dem Zweck, dem die Erhebung dient, und andererseits von den der Informationstechnologie eigenen Verarbeitungs- und Verknüpfungsmöglichkeiten ab. Dadurch kann ein für sich gesehen bangloses Datum einen neuen Stellenwert bekommen; insoweit gibt es unter den Bedingungen der automatischen Datenverarbeitung kein "bangloses" Datum mehr..."

Art. 2 I : freie Entfaltung der Persönlichkeit

für individualisierte (bzw. noch individualisierte) Daten :

„... Ein überwiegendes Allgemeininteresse wird regelmäßig überhaupt nur an Daten mit Sozialbezug bestehen, unter Ausschluss unzumutbarer intimer Angaben und von Selbstbezichtigungen. ...Ein Zwang zur Angabe personenbezogener Daten setzt voraus, dass der Gesetzgeber den Verwendungszweck bereichsspezifisch und präzise bestimmt und dass die Angaben für diesen Zweck geeignet und erforderlich sind. Damit wäre die Sammlung nicht anonymisierter Daten auf Vorrat zu unbestimmten oder noch nicht bestimmbaren Zwecken nicht zu vereinbaren. ...Die Verwendung der Daten ist auf den gesetzlich bestimmten Zweck begrenzt. Schon angesichts der Gefahren der automatischen Datenverarbeitung ist ein - amtshilfefester - Schutz gegen Zweckentfremdung durch Weitergabe- und Verwertungsverbote erforderlich. Als weitere verfahrensrechtliche Schutzvorkehrungen sind Aufklärungs-, Auskunfts- und Löschungspflichten wesentlich. Wegen der für den Bürger bestehenden Undurchsichtigkeit der Speicherung und Verwendung von Daten ...ist die Beteiligung unabhängiger Datenschutzbeauftragter von erheblicher Bedeutung...."

für Daten, die für statistische Zwecke erhoben werden:

Hier „kann eine enge und konkrete Zweckbindung der Daten nicht verlangt werden. ... Es müssen klar definierte Verarbeitungsvoraussetzungen geschaffen werden, die sicherstellen, dass der einzelne unter den Bedingungen einer automatischen Erhebung und Verarbeitung der seine Person betreffenden Angaben nicht zum bloßen Informationsobjekt wird. ... Gerade weil es von vornherein an zweckorientierten Schranken fehlt, die den Datensatz eingrenzen, bringen Volkszählungen tendenziell die ... Gefahr einer persönlichkeitsfeindlichen Registrierung und Katalogisierung des einzelnen mit sich. Deshalb sind an die Datenerhebung und -verarbeitung für statistische Zwecke besondere Anforderungen zum Schutz des Persönlichkeitsrechts der auskunftspflichtigen Bürger zu stellen. Unbeschadet des multifunktionalen Charakters der Datenerhebung und -verarbeitung zu statistischen Zwecken ist Voraussetzung, dass diese allein als Hilfe zur Erfüllung öffentlicher Aufgaben erfolgen... Selbst bei der Erhebung von Einzelangaben, die für statistische Zwecke gebraucht werden, muss der Gesetzgeber schon bei der Anordnung der Auskunftspflicht prüfen, ob sie insbesondere für den Betroffenen die Gefahr der sozialen Abstempelung ... hervorrufen können und ob das Ziel der Erhebung nicht auch durch eine anonymisierte Ermittlung erreicht werden kann. ...(Ferner) bedarf es ferner besonderer Vorkehrungen für Durchführung und Organisation der Datenerhebung und -verarbeitung, da die Information während der Phase der Erhebung - und zum Teil auch während der Speicherung - noch individualisierbar sind; zugleich sind Löschungsregelungen für solche Angaben erforderlich, die als Hilfsangaben verlangt wurden und die eine Deanonymisierung leicht ermöglichen würden.... Nur unter dieser Voraussetzung kann und darf vom Bürger erwartet werden, die von ihm zwangsweise verlangten Auskünfte zu erteilen."

Repetitorium : Rn 1017

Grundfälle zu Art. 2 I mit Musterlösung : Rn 1068 (1077 ff., 1089), 1071 (1109 ff., 1110)

Weiterführende Literatur : Degenhart, Die allgemeine Handlungsfreiheit des Art. 2 I GG, JuS 1990, 161; ders.: Das allgemeine Persönlichkeitsrecht, Art 2 I i.V.m. 1 I GG, JuS 1992, 361; Geis, Der Kernbereiche des Persönlichkeitsrechts, JZ 1991, 112; Kunig, Das Grundrecht informationeller Selbstbestimmung, Jura 1993, 595; Kriele, Ehrenschutz und Meinungsfreiheit, NJW 1994, 1897; Stürmer, Die verlorene Ehre des Bürgers, JZ 1994, 865; Tettinger, Das Recht der persönlichen Ehre in der Wertordnung des Grundgesetzes, JuS 1997, 769; Scholz/Konrad, Meinungsfreiheit und allgemeines Persönlichkeitsrecht, AöR 1998, 60; Ladeur, Persönlichkeitsschutz und „Comedy", NJW 2000, 1977

einzelne Grundrechte

ART. 2 II : RECHTE AUF LEBEN, KÖRPERLICHE UNVERSEHRTHEIT, FREIHEIT DER PERSON

„*Jeder hat das Recht auf Leben und körperliche Unversehrtheit. Die Freiheit der Person ist unverletzlich. In diese Rechte darf nur aufgrund eines Gesetzes eingegriffen werden.*"

1. historischer Hintergrund, internationaler und europäischer Schutz

266 Die Rechte auf Leben und körperliche Unversehrtheit sind zwar in der Tradition menschenrechtlichen Denkens verwurzelt, erstmalig aber durch das Grundgesetz - als Reaktion auf die lebens- und menschenverachtende Praxis des nationalsozialistischen Staates (BVerfGE 39, 36) - in einer Verfassung verankert. Das Recht auf Freiheit der Person hat dagegen zahlreiche Vorgänger : insbesondere in englischen Rechtsverbürgungen (Petition of Rights 1628, Habeas-Corpus-Akte 1679) und in der Weimarer Reichsverfassung (Art. 114 I 1). International sind diese Rechte in Art. 3, 5, 9 der Menschenrechtserklärung der UNO anerkannt (vgl. Rn 85), im europäischen Bereich durch Art. 3, 5 der Europäischen Menschenrechtskonvention (vgl. Rn 821) und durch die Grundrechtscharta 2000 in Art. 2, 3 und 6 (vgl. Rn 933)

2. Bedeutung

267 Die Grundrechte des Art. 2 II schützen die physische Existenz des Menschen. Insbesondere die Rechte auf Leben und körperliche Unversehrtheit schützen die „vitale Basis der Menschenwürde" (BVerfGE 39, 42). Das Recht auf Leben stellt dabei einen „Höchstwert" dar (BVerfGE 49, 53), zumal es Grundvoraussetzung für die Ausübung aller anderen Grundrechte ist. Aber auch körperliche Unversehrtheit und Freiheit der Person sind faktische Voraussetzungen für die Wahrnehmung zahlreicher Freiheitsrechte. Alle drei Grundrechte sind nicht nur subjektiv-öffentliche Abwehrrechte, sondern auch wertentscheidende Grundsatznormen (vgl. Rn 109 ff.) mit der Verpflichtung aller staatlichen Organe, sich schützend vor sie zu stellen.

3. Recht auf Leben

3.1 Schutzbereich

268 3.1.1 Begriff des Lebens

Das Grundrecht auf Leben schützt die biologisch-physische Existenz des Menschen. Das Leben beginnt nach der h.M. bereits mit der Verschmelzung von Ei und Samenzelle (Sachs/Murswiek Rn 145 m.w.N.), spätestens aber mit der Einnistung des befruchteten Eies in die Gebärmutter (offengelassen in BVerfGE 88, 251). Das Ende des Lebens ist der Hirntod, d.h. das endgültige Erlöschen aller Hirnströme (vgl. Isensee/Lorenz , § 128 Rn 15 m.w.N.)

269 3.1.2 Eingriff in das Leben

Für die Bejahung eines Eingriffs ist nicht entscheidend, ob die Einwirkung gewollt oder ungewollt ist (z.B. ein Unfall mit Todesfolge). Auch eine Selbsttötung ist ein Eingriff, da das Recht auf Leben - wie die Menschenwürde auch - keinen negativen Schutzbereich besitzt (v.Münch-Kunig Rn 50 m.w.N.). Ein Eingriff liegt im übrigen nicht erst bei einer Verletzung, sondern bereits bei einer ernsthaften Gefährdung des Lebens vor (BVerfGE 51, 347), vgl. oben Rn 166.

3.1.3 Schutz des Lebens

270

Bedeutsamer als das Verbot von Eingriffen in das Recht auf Leben ist die staatliche Schutzverpflichtung gegenüber dem Leben (zu den Schutzpflichten allgemein s.o. Rn 112 ff.). Sie „gebietet dem Staat, sich schützend und fördernd vor (das) Leben zu stellen; d.h. vor allem, es auch vor rechtswidrigen Eingriffen von Seiten anderer zu bewahren ... Da das menschliche Leben einen Höchstwert darstellt, muss diese Schutzverpflichtung besonders ernst genommen werden" (BVerfGE 46, 164).

Relevant wird sie etwa in Form von

- sorgfältigen Genehmigungsverfahren bei latent gefährlichen Anlagen (Atomkraftwerken, Chemieanlagen)
- Bekämpfung der Gewaltkriminalität
- Schutz der Umwelt
- Organisation der Verkehrssicherheit
- Lebensmittelkontrollen
- Schutz des ungeborenen Lebens gegen einen Schwangerschaftsabbruch. Wie diese Schutzpflicht wahrgenommen wird, steht - wie sonst auch bei Schutzpflichten, s.o. Rn 112 ff. - im Ermessen des Staates. Begrenzt wird das Ermessen durch die Schutzverpflichtung, die der Staat auch gegenüber den Rechten der Schwangeren hat : „ausgehend vom Anspruch ...auf Schutz und Achtung ihrer Menschenwürde vor allem ihr Recht auf Leben und körperliche Unversehrtheit sowie ihr Persönlichkeitsrecht". Es ist dabei nicht ermessensfehlerhaft, wenn er während der Frühphase der Schwangerschaft die Schutzpflicht gegenüber dem ungeborenen Leben auf eine Zwangsberatung der Schwangeren mit dem Ziel, die Frau zum Austragen des Kindes zu ermutigen, beschränkt. Das setzt voraus, dass „ein Angebot sozialer Hilfen für Mutter und Kind auch tatsächlich bereitsteht" (BVerfGE 88, 258, 282 in Abkehr von dem ersten Abtreibungsurteil E 39, 1 ff., das noch „im äußersten Fall" eine Strafandrohung für unerlässlich hielt.); vgl. im Einzelnen das Schwangeren- und Familienhilfegesetz mit Regelungen der Beratung, sozialen Hilfen wie z.B. dem Anspruch auf einen Kindergartenplatz und der Durchführung von Schwangerschaftsabbrüchen.

3.2 Schranken-Bereich

271

In das Recht auf Leben darf nach Art. 2 II 2 nur aufgrund eines Gesetzes eingegriffen werden. Die Todesstrafe fällt wegen ihrer Abschaffung durch Art. 102 nicht darunter, aber z.B. der polizeiliche Todesschuss als Nothilfemaßnahme etwa zu Rettung einer Geisel oder die Pflicht für Soldaten und Polizei- und Feuerwehrbeamte, notfalls ihr Leben einzusetzen.

3.3 Schranken-Schranken-Bereich

272

Da das Leben einen Höchstwert darstellt, kann ein Eingriff nur zur Abwehr eines rechtswidrigen Angriffs verhältnismäßig sein, grundsätzlich zur Rettung von Menschenleben, aber u.U. auch zum Schutz anderer hochwertiger Rechtsgüter (z.B. die körperliche Unversehrtheit gegenüber Folter und Vergewaltigung, Bestand und Verfassungsordnung der Bundesrepublik gegenüber einem Putsch oder militärischen Angriff).

einzelne Grundrechte

4. Recht auf körperliche Unversehrtheit

4.1 Schutzbereich

4.1.1 Begriff der körperlichen Unversehrtheit

273 Körperliche Unversehrtheit ist die gesamte körperliche, gesundheitliche und seelische Beschaffenheit des Menschen.

4.1.2 Eingriff in die körperliche Unversehrheit

274 Ein Eingriff in die körperliche Unversehrheit liegt in jeder Einwirkung auf die Substanz des Körpers im biologisch-medizinischen Sinn, welche

- die Beschaffenheit der Körpersubstanz verändert (z.B. Operation, Blutentnahme)
- die Gesundheit beeinträchtigt (z.B. durch übermäßigen Straßen- oder Fluglärm)
- Schmerzen hervorruft (z.B. kräftiges Zupacken eines Polizisten)das Befinden eines Menschen in der Weise verändert, die der Zufügung von Schmerzen gleichzusetzen ist (z.B. Anspucken)
- wesentliche Funktionsstörungen zur Folge hat (z.B. Lähmungen)

Eingeschränkt wird sie auch durch Einwirkungen psychischer Art, soweit diese in ihren Auswirkungen der Zufügung von Schmerzen nahe kommen, z.B. Hervorrufung von Angstzuständen oder von hochgradiger Nervosität (v.Münch-Kunig Rn 63; BVerfGE 56,73 ff.). Ob die Einwirkung gewollt oder ungewollt ist (z.B. Infizierung mit einer Krankheit, Beeinträchtigung durch Umweltschadstoffe), ist nicht entscheidend. Eine Einschränkung des Rechts liegt im übrigen nicht erst bei einer Verletzung, sondern bereits bei einer ernsthaften Gefährdung der körperlichen Unversehrtheit vor (BVerfGE 66, 58), vgl. oben Rn 166.

4.1.3 Schutz der körperlichen Unversehrtheit

275 Auch bei der körperlichen Unversehrtheit ist das Problem des Eingriffs geringer als das der Wahrnehmung der staatlichen Schutzverpflichtung (zu den Schutzpflichten allgemein s.o. Rn 114 ff.). Insofern kann auf die Ausführungen zum Schutz des Lebens weitgehend verwiesen werden. Bezogen auf die körperliche Unversehrtheit ließen sich als weitere Beispiele etwa anführen :
Schutz gegen Straßenlärm, Schutz gegen Fluglärm oder Vorschriften gegen ruhestörenden Lärm

4.2 Schranken-Bereich

276 In das Recht auf körperliche Unversehrtheit darf nach Art. 2 II 2 nur aufgrund eines Gesetzes eingegriffen werden. Ein solches Gesetz ist etwa die Regelung der StPO über Entnahme von Blutproben oder ein Gesetz, das einen Impfzwang auferlegt.

4.3 Schranken-Schranken-Bereich

277 Eine spezielle Schranken-Schranke enthält Art. 104 I 2 :

„Festgehaltene Personen dürfen weder körperlich noch seelisch misshandelt werden."

Im übrigen können gezielte Eingriffe wegen der fundamentalen Bedeutung des Grundrechts auf körperliche Unversehrtheit nur als Notwehrmaßnahmen oder aber als unbedeutende Eingriffe (z.B. Impfung oder Blutentnahme) verhältnismäßig sein.

5. Freiheit der Person

5.1 Schutzbereich

Freiheit der Person ist die körperliche Bewegungsfreiheit, also die Freiheit, jeden Ort aufzusuchen oder zu verlassen (BVerfGE 94, 198). Eingeschränkt wird Art. 2 II 2, wenn es (Allein- oder Teil-) Zweck des Eingriffs ist, die Bewegungsfreiheit einzuschränken (Sachs/Murswiek Rn 233). Die Auferlegung einer Verhaltenspflicht, die mit einer körperlichen Bewegung verbunden ist, einschließlich der Pflicht, an einem bestimmten Ort zu erscheinen (z.b. Schulpflicht, Vorladung zum Verkehrsunterricht), ist daher keine Einschränkung des Art. 2 II 2 (BVerfGE 22, 26; MD/Dürig Rn 50; Sachs/Murswieck Rn 239; a.A. Pieroth/Schlinck Rn 414), außer wenn sie mit unmittelbarem Zwang durchgesetzt wird. Auch eine Maßnahme, die nicht die Fortbewegung als solche, sondern nur ihre Art und Weise betrifft (z.B. Verkehrsampeln oder Verkehrsschilder), ist nach h.M. keine Einschränkung des Art. 2 II 2. Ebenfalls keine Einschränkung ist die Verhinderung eines Ortswechsels. Diese wird von Art. 11 bzw. - wenn sie sich als Regelung der Berufsausübung darstellt – von Art. 12 erfasst.

278

Beispiele: Festhalten, Durchsuchung, Verhaftung, Einsperren in einen Raum oder eine Anstalt

5.2 Schranken-Bereich

Art. 104 I 1 stellt in Konkretisierung des Gesetzesvorbehalts des Art 2 II 3 klar:

279

„Die Freiheit der Person kann nur auf Grund eines förmlichen Gesetzes und nur unter Beachtung der darin vorgeschriebenen Formen beschränkt werden.".

Solche Gesetze sind etwa das Strafgesetzbuch und die Strafvollzugsgesetze im Hinblick auf Freiheitsstrafen, die Strafprozessordnung im Hinblick auf vorläufige Festnahmen und Untersuchungshaft oder die Sicherheits- und Ordnungsgesetze im Hinblick auf Festhalten und Durchsuchung von Personen und Ingewahrsam-Maßnahmen.

5.3 Schranken-Schranken-Bereich

Neben den allgemeinen Schranken-Schranken wie insbesondere die Verhältnismäßigkeit enthält Art. 104 I 2 - IV besondere für den Fall der Freiheitsentziehung. Das ist das Festhalten an einem eng begrenzten Ort (BVerwGE 62, 328, BGHZ 82, 267; MD/Dürig Rn 6), das - in Abgrenzung zu reinen Freiheitsbeschränkungen - von einer gewissen Dauer sein muss (BVerwGE 82, 245; BGHZ 82, 263; JP/Jarass Art. 104 Rn 10), also jede Form von Gewahrsam und Haft.

280

„(1) S.2: Festgehaltene Personen dürfen weder seelisch noch körperlich misshandelt werden.
(2) Über die Zulässigkeit und Fortdauer einer Freiheitsentziehung hat nur der Richter zu entscheiden. Bei jeder nicht auf richterlicher Anordnung beruhenden Freiheitsentziehung ist unverzüglich eine richterliche Entscheidung herbeizuführen. Die Polizei darf aus eigener Machtvollkommenheit niemanden länger als bis zum Ende des Tages nach dem Ergreifen in eigenem Gewahrsam halten. Das Nähere ist gesetzlich zu regeln.
(3) Jeder wegen des Verdachtes einer strafbaren Handlung vorläufig Festgenommene ist spätestens am Tage nach der Festnahme dem Richter vorzuführen, der ihm die Gründe der Festnahme mitzuteilen, ihn zu vernehmen und ihm Gelegenheit zu Einwendungen zu geben hat. Der Richter hat unverzüglich entweder einen mit Gründen versehenen schriftlichen Haftbefehl zu erlassen oder die Freilassung anzuordnen.
(4) Von jeder richterlichen Entscheidung über die Anordnung oder Fortdauer einer Freiheitsentziehung ist unverzüglich ein Angehöriger des Festgehaltenen oder eine Person seines Vertrauens zu benachrichtigen.".

einzelne Grundrechte

Die etwas schwierige Struktur des Art. 104 bedarf der Veranschaulichung :

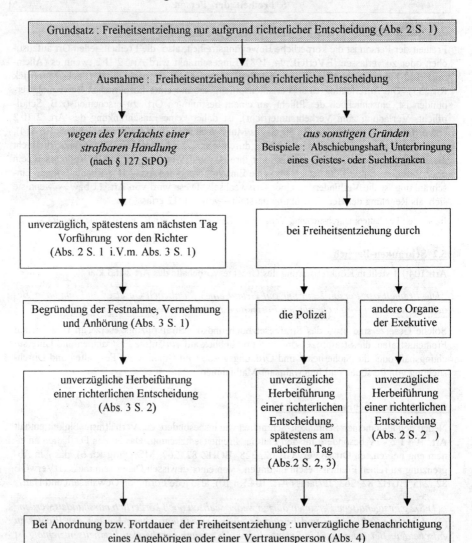

Repetitorium : Rn 1018

Grundfälle zu Art. 2 II mit Musterlösungen : Rn 1068 (1077, 1079 ff.), 1069 (1092, 1094 ff.), 1070 (1103, 1117)

Weiterführende Literatur : Hantel, Das Grundrecht auf Freiheit der Person nach Art. 2 II 2, 104 GG, JuS 1990, 865 Gusy, Freiheitsentziehung und Grundgesetz, NJW 1992, 457; Walther, Schwangerschaftsabbruch zwischen Recht und Unrecht, NJW 1993, 2337; Hoerster, Das Recht auf Leben der menschlichen Leibesfrucht, JuS 1995, 192

ART. 3 I: GLEICHHEIT VOR DEM GESETZ

„Alle Menschen sind vor dem Gesetz gleich."

1. historischer Hintergrund, internationaler und europäischer Schutz

Der allgemeine Gleichheitssatz hat seinen Ursprung in der Forderung des Bürgertums nach Abschaffung der Privilegien des Adels. Aufgenommen wurde er zuerst in die Französische Menschenrechtserklärung 1789 (Art. 1), in Deutschland - bezogen nur auf Staatsangehörige - erstmals in die preußische Verfassung von 1850 (Art. 137) und später in die Weimarer Reichsverfassung 1919 (Art. 109 I). 281

Die UNO hat das Gleichheitsprinzip in Art. 1 und 7 ihrer Erklärung der Menschenrechte (vgl. Rn 85) und in dem Pakt über bürgerliche und politische Rechte (Art. 26) verankert. Die Europäische Union bekennt sich in ständiger Rechtsprechung des EuGH zu dem allgemeinen Gleichheitssatz, seit 1992 auch in Art. 6 II EU-Vertrag als „gemeinsame Verfassungsüberlieferung der Mitgliedsstaaten" und seit 2000 in der Grundrechtscharta in Art. 20 (vgl. Rn 933).

2. Bedeutung

Die Gleichheit vor dem Gesetz ist als „überpositiver Rechtsgrundsatz" (BVerfGE 84, 121) durch Art. 3 I zu positivem Recht gemacht worden und stellt damit zusammen mit dem Rechtsstaats- und Sozialstaatsprinzip und den Freiheitsrechten eine elementare Konkretisierung des Gerechtigkeitsgedankens dar und ist als Konkretisierung der Menschenwürde und Grundbedingung des demokratischen Staates zudem durch Art. 79 III geschützt (BVerfGE 84, 121). 282

Art. 3 I steht zwar selbständig neben den Freiheitsrechten, weil er nicht wie diese einen bestimmten Freiheitsbereich schützt, sondern ein bestimmtes Verfahren garantiert. Er steht mit ihnen aber in enger Verbindung:

- Verletzt ein Hoheitsakt ein Freiheitsrecht eines Einzelnen oder einer Gruppe, so steht damit gleichzeitig fest, dass der Einzelne bzw. die Gruppe im Vergleich zu anderen Einzelnen bzw. Gruppen unter Verstoß gegen Art. 3 I ungleich behandelt wird.
  Beispiel: Die Verurteilung eines Unschuldigen zu Freiheitsstrafe verstößt gegen Art. 2 II 2, gleichzeitig aber auch gegen Art. 3 I im Verhältnis zu denen, die schuldig verurteilt worden sind.

- Umgekehrt gilt das Gleiche: Verstößt ein Hoheitsakt gegen Art. 3 I, so wird gleichzeitig ein Freiheitsrecht des Betroffenen verletzt.
  Beispiel: Eine Kraftfahrzeugsteuer nur für Opel-Fahrer verstößt gegen Art. 3 I. Weil sie damit rechtswidrig ist, verstößt sie gleichzeitig auch gegen Art. 2 I, da Art. 2 I nur durch rechtmäßige Hoheitsakte rechtmäßig eingeschränkt werden kann.

Deshalb spricht das BVerfG oft von einem Verstoß gegen (das Freiheitsrecht) „Art. ... i.V.m. Art. 3 I GG". In der praktischen Prüfung sollte man dabei das Grundrecht in den Vordergrund stellen, auf das sich das Schwergewicht des Vorwurfs bezieht. 283

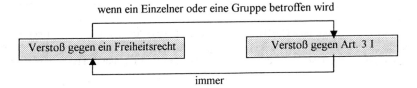

3. Subsidiarität

284 Art. 3 I ist das allgemeine Gleichheitsrecht. Ihm gehen daher die speziellen Gleichheitsrechte, die i.d.R. thematisch ausgerichtete Diskriminierungsverbote enthalten, vor.

Art. 3 II Gleichberechtigung von Mann und Frau	Art. 3 III allgemeine Differenzierungsverbote
Art. 6 I Verbot der Diskriminierung von Ehe und Familie	Art. 6 I Zulässigkeit der Differenzierung zwischen ehelichen und nichtehelichen Lebensgemeinschaften
Art. 6 IV Zulässigkeit der Differenzierung zugunsten von Müttern	Art. 6 V Gleichstellung nichtehelicher Kinder
Art. 12 a I, IV Ungleichbehandlungen von Männern und Frauen hinsichtlich des Wehrdienstes	Art. 12 a II 2 gleiche Dauer von Wehrdienst und Ersatzdienst
Art. 19 I 1 Unzulässigkeit von Einzelfallgesetzen	Art. 21 Chancengleichheit der Parteien
Art. 33 I staatsbürgerliche Gleichheit in jedem Land	Art. 33 II gleicher Zugang zu jedem öffentlichen Amt
Art. 33 III Gleichheit von Rechten unabhängig von Bekenntnis und Weltanschauung	Art. 38 I 1, 28 I 1 allgemeine und gleiche Wahlen
Art. 101 I 1 Verbot von Ausnahmegerichten	Art. 140 GG i.V.m. Art. 136 I, II WRV weltanschauliche Neutralität des Staates

Art. 3 I
allgemeines Gleichheitsrecht

= erfasst Gleichheitsaspekte, die nicht in den Anwendungsbereich
der obigen speziellen Gleichheitsrechte fallen

4. Bindung

Die Formulierung "vor dem Gesetz" könnte bedeuten, dass Art. 3 I nur für die Rechtsanwendungsgleichheit, also die Gesetzesanwendung durch Verwaltung und Rechtsprechung, gelten soll. Wegen Art. 1 III ist aber auch der Gesetzgeber an Art. 3 I gebunden (BVerfGE 1, 52).

5. Grundstruktur

Der Aufbau der Prüfung des Art. 3 I - und auch jedes anderen Gleichheitsrechts - unterscheidet sich grundlegend von der Prüfung eines Freiheitsrechts : Ein Gleichheitsrecht enthält ein Ge- oder Verbot, aber keinen - eine bestimmte Freiheitssphäre garantierenden - Schutzbereich, keinen Schranken-Bereich, aufgrund dessen in den Schutzbereich eingegriffen werden kann und keinen Schranken-Schranken-Bereich, der der Konkretisierung des Schranken-Bereichs wiederum Schranken setzt. Dementsprechend sind auch Art. 19 I und II, die nur auf freiheitsbeschränkende Gesetze zugeschnitten sind, nicht zu prüfen. 285

Beispiel : Das sich aus Art. 3 I ergebende Verbot, zwei Prüfungskandidaten bei völlig gleichen Prüfungsleistungen unterschiedliche Zensuren zu geben, schützt keinen bestimmten Freiheitsbereich, sondern verbietet ein bestimmtes Verfahren. Dass dieses Verbot eingeschränkt werden kann (wie etwa das Grundrecht auf Freiheit der Person durch Inhaftierung eines Verbrechers eingeschränkt werden kann), macht keinen Sinn, weil die Einschränkung - also hier des Verbots, für gleiche Leistungen unterschiedliche Zensuren zu geben - ein Verstoß gegen Art. 3 I wäre, also genau das, was Art. 3 I verbietet.

Mit der Aussage, dass alle Menschen vor dem Gesetz gleich sind, ist dem Wortlaut nach nur die **Rechtsanwendungsgleichheit** erfasst. Verwaltung und Rechtsprechung sind also an den Gleichheitssatz gebunden. Aber auch der Gesetzgeber ist nach Art. 1 III an den Gleichheitssatz gebunden. Art. 3 I regelt daher auch die **Rechtssetzungsgleichheit**. 286

Was Art. 3 I inhaltlich regelt, ergibt sich aus dem Wortlaut nur unzureichend. Dass alle Menschen gleich sind, kann nicht bedeutend, dass alle gleich zu behandeln sind. Eine Gleichbehandlung völlig unterschiedlicher Sachverhalte wäre Willkür. 287

Beispiel : Arme und Reiche gleich zu besteuern oder ihnen in gleichem Maße Sozialhilfe zu gewähren, wäre eine willkürliche Gleichbehandlung und als solche nicht mit Art. 3 I vereinbar. Art. 3 I verlangt vielmehr mit seinem Gebot ungleicher Behandlung ungleicher Sachverhalte, dass Reiche mehr Steuern zahlen müssen wie Arme und dass nur Arme Sozialhilfe bekommen, nicht aber Reiche.

Es muss daher einleuchten, dass Art. 3 I nur verlangen kann :

> „**Gleiche Sachverhalte müssen gleich, ungleiche Sachverhalte dagegen ihrer Eigenart entsprechend ungleich behandelt werden**" (BVerfGE 3, 135; 93, 196).

Das Problem ist nun, dass es keine allgemeingültigen Maßstäbe für die Beantwortung der Frage gibt, was gleiche und was ungleiche Sachverhalte sind.

Beispiel : Nach dem Kindergeldgesetz erhalten die Eltern eines Kindes - unabhängig von ihrem Einkommen - für das erste Kind einen gleichen Betrag als Kindergeld. Werden hierdurch gleiche oder ungleiche Sachverhalte gleich geregelt ? Orientiert man sich an den Kosten der Kindererziehung, sind es im wesentlichen gleiche Sachverhalte. Orientiert man sich dagegen am Einkommen der Eltern, sind es wesentlich ungleiche Sachverhalte, je nachdem, ob die Eltern reich oder arm sind.

Es kommt also darauf an, welche Aspekte für die Regelung wesentlich waren. Art. 3 I muss also in seiner Aussage weiter verdeutlicht werden :

> „**Wesentlich gleiche Sachverhalte müssen gleich, wesentlich ungleiche Sachverhalte dagegen ihrer Eigenart entsprechend ungleich behandelt werden**" (BVerfGE 90, 239). Oder : „Der Gleichheitssatz verbietet, wesentlich Gleiches ungleich, und gebietet, wesentlich Ungleiches entsprechend seiner Eigenart ungleich zu behandeln. Dabei ist es grundsätzlich Sache des Gesetzgebers, diejenigen Sachverhalte auszuwählen, an die er dieselbe Rechtsfolge knüpft, die er also im Rechtssinn als gleich ansehen will. Der Gesetzgeber muss allerdings eine Auswahl sachgerecht treffen." (BVerfGE 90, 196)

288 Für die praktische Rechtsanwendung kann als Ausgangspunkt daher die Formel gelten :
Art. 3 I verbietet ohne sachlichen Grund erfolgte Ungleichbehandlungen und Gleichbehandlungen.

Im konkreten Fall ist also in folgender Reihenfolge zu prüfen :
1. Liegt eine Ungleich- oder eine Gleichbehandlung vor ?
2. Gibt es für die Ungleich- bzw. Gleichbehandlung einen sachlichen Grund ?

Der erste Punkt wird unten unter 6. (Rn 289) näher erläutert, der zweite unten unter 7. (Rn 291).

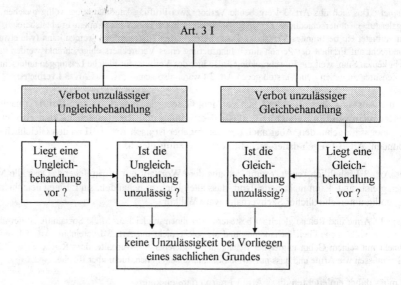

6. Feststellung einer Ungleich- bzw. Gleichbehandlung

6.1 Feststellung einer Ungleichbehandlung

289 Eine Ungleichbehandlung kann vorliegen
- innerhalb einer zu prüfenden Regelung

  Beispiel : unterschiedliche Steuersätze im Einkommensteuergesetz
- gegenüber Sachverhalten, die von einer anderen Regelung erfasst sind

  Beispiel : Besoldung von Beamten nach dem BBesoldungsG, von Angestellten nach dem BAT
- gegenüber Sachverhalten, die nicht von der zu prüfenden, aber auch nicht von einer anderen Regelung erfasst werden

  Beispiel : Notwendigkeit eines Führerscheins für Motorradfahrer, nicht aber für Radfahrer

Zu beachten ist, dass eine Ungleichbehandlung nur vorliegen kann, wenn die Vergleichsfälle in den Kompetenzbereich der handelnden Stelle fallen. Daran fehlt es, wenn sie von verschiedenen Trägern öffentlicher Gewalt geregelt werden, da der Gleichheitssatz einen Träger öffentlicher Gewalt nur in seinem Zuständigkeitsbereich binden kann (BVerfGE 79, 158).

Beispiel : Wenn das Land X 200,--DM und das Land Y 300,--DM Hundesteuer erhebt, liegt keine Ungleichbehandlung i.S.d. Art. 3 I vor.

6.2 Feststellung einer Gleichbehandlung

Eine Gleichbehandlung kann vorliegen 290

- innerhalb der zu prüfenden Regelung
  Beispiel : gleiche Gebühr für die Genehmigung von Einfamilienhäusern, egal wie groß die Häuser sind, wieviel Arbeit die Prüfung des Bauantrages gemacht hat usw.

- gegenüber Sachverhalten, die von einer anderen Regelung erfasst werden
  Beispiel : gleiche Gebühr für die Genehmigung von Einfamilienhäusern nach der Bauordnung und für die Genehmigung von Gaststättenkonzessionen nach dem Gaststättengesetz

7. Prüfung der Zulässigkeit einer Ungleich- bzw. Gleichbehandlung

7.1 sachlicher Grund als Zulässigkeitskriterium

Eine Ungleichbehandlung vergleichbarer Sachverhalte bzw. die Gleichbehandlung verschiedener Sachverhalte verletzt Art. 3 I, wenn es für sie keinen sachlichen Grund gibt (BVerfGE 71, 53; ähnlich E 90, 196), vgl. Rn 288. Dabei sind die Anforderungen an das Vorliegen eines sachlichen Grundes unterschiedlich, je nachdem, wer - Gesetzgeber, Exekutive oder Rechtsprechung - eine Gleich- oder Ungleichbehandlung vornimmt und je nachdem, um welchen Regelungsgegenstand es sich handelt. Die folgenden Ausführungen beziehen sich zwar schwergewichtig Anforderungen an den Gesetzgeber. Sie gelten aber - s.u. Rn 296 ff. - weitgehend auch für die Verwaltung. 291

7.2 sachliche Gründe für den Gesetzgeber

Der Gesetzgeber hat grundsätzlich eine weite Gestaltungsfreiheit. Er braucht im konkreten Fall nicht die zweckmäßigste, vernünftigste oder gerechteste Lösung zu wählen (BVerfGE 83, 401). Er ist vielmehr grundsätzlich frei, "die Merkmale als Vergleichspaar zu wählen, an denen er Gleichheit oder Ungleichheit der gesetzlichen Regelung orientiert" (BVerfGE 75, 157), solange er dafür einen "sachlichen ... Grund" hat (BVerfGE 83, 23). Sachliche Gründe können dabei grundsätzlich "alle vernünftigen Erwägungen" sein (BVerfGE 86, 63), solange sie sich "am Gerechtigkeitsgedanken" (BVerfGE 86, 87) und "an Gesetzlichkeiten, die in der Natur der Sache selbst liegen" (BVerfGE 80, 118) orientieren. 292

Beispiele für sachliche Gründe :

- der eigentliche Zweck der betreffenden Regelung
- die Praktikabilität der Regelung (BVerfGE 41, 188)
- finanzielle Gesichtspunkte (BVerfGE 75, 72)
- die Rechtssicherheit (BVerfGE 72, 327)
- die Grundkonzeption des betreffenden Regelungsbereichs (BVerfGE 22, 171)
- die Tradition, die allerdings nur vorübergehend legitimieren darf (BVerfGE 62, 279)

Zu beachten ist hierbei : 293

„Was dabei in Anwendung des Gleichheitssatzes sachlich vertretbar oder sachfremd ist, lässt sich nicht abstrakt und allgemein feststellen, sondern nur stets in Bezug auf die Eigenart des konkreten Sachbereichs, der geregelt werden soll" (BVerfGE 90, 195). „Dabei sind je nach Sachbereich Unterschiede zu machen, wobei die Anforderungen vom bloßen Willkürverbot bis zu einer strengen Bindung an Verhältnismäßigkeitserfordernisse reichen." (BVerfGE 88, 96).

einzelne Grundrechte

Zu unterscheiden sind also :

1. Fälle, bei denen das Willkürverbot gilt :

294 Hier ist eine großzügige Prüfung eines sachlichen Grundes möglich, da der Gesetzgeber einen weiten Spielraum hat. Dieser ist erst überschritten, wenn er keinerlei sachlichen Grund für die Regelung hat, diese also willkürlich ist.

> BVerfG DVBl 1996, 503 : „ ... wenn die ungleiche Behandlung der geregelten Sachverhalte mit Gesetzlichkeiten, die in der Natur der Sache selbst liegen, und mit einer am Gerechtigkeitsgedanken orientierten Betrachtungsweise nicht mehr vereinbar ist, d.h. wenn die gesetzliche Differenzierung sich nicht auf einen vernünftigen oder sonst einleuchtenden Grund zurückführen lässt."

Zu beachten ist, dass die Feststellung von „Willkür" in diesem Sinne nicht ein subjektiver Schuldvorwurf ist, sondern die objektive Feststellung, dass keinerlei sachlicher Grund ersichtlich ist.

Solche Fälle liegen etwa vor

- bei der Ungleichbehandlung von Sachverhalten und nicht Personengruppen. Hier ist es nämlich "grundsätzlich Sache des Betroffenen, sich auf diese Regelungen einzustellen und nachteiligen Auswirkungen durch eigenes Verhalten zu begegnen" (BVerfGE 88, 96).
  Beispiel: Unterschiedliche Geschwindigkeitsbegrenzungen für Landstraßen und Autobahnen

- im Bereich der gewährenden Staatstätigkeit (BVerfGE 78, 121) insbesondere bei der Gewährung von Subventionen (BVerfGE 17, 216)

- bei der Sanierung des Staatshaushalts (BVerfGE 64, 169)

- bei wirtschaftslenkenden und wirtschaftsordnenden Maßnahmen (BVerfGE 50, 338)

- bei einem unübersichtlichen Sachbereich (BVerfGE 37, 118)

- bei komplexen Zusammenhängen, insbesondere, wenn noch Erfahrungen gesammelt werden müssen (BVerfGE 78, 288)

- bei Sachverhalten, denen man ohne Typisierung und Generalisierung nur schwer Herr werden kann (BVerfGE 71, 157) wie etwa im Sozialversicherungs- oder Steuerrecht. Hier können Gruppen gebildet werden, auch wenn das in Einzelfällen in Grenzbereichen Härten bedeuten kann (BVerfGE 77, 338). Allerdings kann eine generalisierende bzw. typisierende Behandlung von Sachverhalten nur hingenommen werden, wenn "nur eine kleine Zahl von Personen" betroffen und "der Verstoß gegen den Gleichheitssatz im Einzelfall nicht sehr intensiv ist" (BVerfGE 87, 255).

- bei technischen Regelungen "ohne unmittelbaren menschlichen Bezug" (BVerfGE 38, 229)

- wenn die Differenzierung im Grundgesetz angelegt ist wie z.B. die in Art. 33 IV, V zwischen Beamten und anderen Angehörigen des öffentlichen Dienstes (BVerfGE 52, 303) oder die Angleichung bzw. Besserbehandlung sozial Schwacher aufgrund des Sozialstaatsprinzips (BVerfGE 56, 143)

- bei Übergangsregelungen (BVerfGE 44, 287)

- bei Stichtagsregelungen für die Schaffung von Ansprüchen (BVerfGE 80, 311)

2. Fälle, bei denen der Grundsatz der Verhältnismäßigkeit gilt:

Hier ist eine strenge Prüfung eines sachlichen Grundes notwendig, da der Gesetzgeber einen engen Spielraum hat. Ein sachlicher Grund liegt nur vor, wenn der Grund für die Ungleich- oder Gleichbehandlung höher wiegt als das Interesse der ungleich oder gleich behandelten Gruppen am Unterbleiben der Regelung.

Solche Fälle liegen etwa vor:

- wenn Gleichbehandlungen erfolgen. Bei ihnen kommt es darauf an, ob eine Regelung für einen Teil der Betroffenen "Unterschiede von solcher Art und solchem Gewicht zur Folge hätte, dass ihr gegenüber die gleichartige Behandlung nicht mehr zu rechtfertigen wäre" (BVerfGE 72, 150). Die Ungleichheit muss also "in dem in Betracht kommenden Zusammenhang so bedeutsam" sein, "dass ihre Beachtung nach einer am Gerechtigkeitsgedanken orientierten Betrachtungsweise geboten erscheint" (BVerfGE 55, 69)

- wenn verschiedene Personengruppen – und nicht nur verschiedene Sachverhalte – ungleich behandelt werden (BVerfGE 88, 96), d.h. wenn die Benachteiligten durchgängig von der Ungleichbehandlung belastet werden, weil sie den begünstigenden Sachverhalt in ihrer Person nicht oder nur schwer erfüllen können (BVerfGE 88, 12), wenn es sich also um "personenbezogene Merkmale" handelt (BVerfGE 89, 376).

  Beispiel: Gewerbesteuer für "normale" Gewerbetreibende, nicht aber für Landwirte.

  Hier müssen die Unterschiede "von solcher Art und solchem Gewicht sein, dass sie die ungleiche Behandlung rechtfertigen" (BVerfGE 87, 255). Ungleichbehandlung und rechtfertigender Grund müssen also in einem angemessenen Verhältnis zueinander stehen" (BVerfGE 82, 146).

  Diese neue Rechtsprechung des BVerfG ist etwas missverständlich. Sie darf nicht so verstanden werden, als ob der Gesetzgeber nur dort ungleich behandeln darf, wo relevante Unterschiede bereits vorhanden sind. Er kann vielmehr auch Unterschiede erst schaffen.

  Beispiel: Wenn der Gesetzgeber die Rechtsstellung von Beamten anders regelt als die von Angestellten, so schafft er damit relevante Unterschiede und bestimmt deren Art und Gewicht.

  Daher kann die Rechtfertigung auch nicht in den Unterschieden selbst liegen, sondern in den Zwecken, die der Gesetzgeber mit der Ungleichbehandlung verfolgt

- wenn die Regelung sich nachteilig auf die Wahrnehmung von Grundrechten auswirkt (BVerfGE 88, 97)

  Beispiel: Im Rahmen des Entzugs von Fahrerlaubnissen erfolgte strengere Bewertung medizinisch-psychologischer Gutachten bei Cannabis- als bei Alkoholkonsum (BVerfGE 89, 89)

7.3 sachliche Gründe für die Exekutive

Die Exekutive wird durch den Gleichheitssatz gebunden, soweit sie Handlungsspielräume besitzt. Hier ist zu differenzieren:

7.3.1 normsetzende Exekutive

Soweit die Exekutive Rechtsverordnungen oder Satzungen erlässt, gelten die Ausführungen unter Rn 292 ff. im Wesentlichen entsprechend, jedoch mit einem großen Unterschied: Kriterien für sachliche Gründe werden nicht nur durch die Verfassung vorgegeben, sondern können sich aufgrund der Gesetzesbindung der Exekutive auch aus einfachen Gesetzen ergeben. Das vor allem deswegen, weil sich nach Art. 80 I 3 Inhalt, Zweck und Ausmaß der der Exekutive erteilten Ermächtigung aus dem ermächtigenden Gesetz ergeben müssen.

Beispiel : Der Gesetzgeber hat bei Erlass des Straßenverkehrsgesetzes einen weiten Spielraum für Gleich- und Ungleichbehandlungen. Wendet er diesen in einer bestimmten mit Art. 3 I vereinbaren Richtung an, ist die Bundesregierung bei Erlass der Straßenverkehrsordnung daran gebunden.

7.3.2 normanwendende Exekutive

7.3.2.1 Anwendungsbereich des Art. 3 I

297 Wenn die Verwaltung Gesetze anwendet, ist sie an diese gebunden (Art. 20 III GG). Soweit diese Gesetze selbst mit Art. 3 I vereinbar sind, enthalten sie Regelungen, die sachgerechte Gleich- und Ungleichbehandlungen beinhalten. Werden diese durch die Verwaltung richtig umgesetzt, wird damit die von Art. 3 I geforderte Rechtsanwendungsgleichheit verwirklicht. Eine selbständige Bedeutung gegenüber der Verwaltung besitzt Art. 3 I insoweit nicht.

Beispiel : Gewährt die Verwaltung Sozialhilfe nur an Arme, so ist das gegenüber den Reichen zwar eine Ungleichbehandlung, die aber nicht an Art. 3 I zu messen ist, sondern an den Vorschriften des BSHG.

Unmittelbar anwendbar gegenüber der Verwaltung ist Art. 3 I also nur, soweit sie nicht durch Gesetze gebunden ist, sondern Ermessens- oder Beurteilungsspielräume besitzt. Insoweit gelten für sie die Ausführungen unter Rn 292 ff. entsprechend. Zu beachten ist aber : Ergeben sich - wie in der Regel - diese Spielräume im Rahmen der Anwendung von Gesetzen, insbesondere von Ermessensvorschriften, so können - und werden in der Regel - sich Kriterien für sachliche Gründe aus dem jeweils ermächtigenden Gesetz ergeben. Gründe für Gleich- und Ungleichbehandlungen müssen sich also im Rahmen des jeweiligen Gesetzeszwecks halten.

Beispiel : Räumt ein Wegegesetz Ermessen hinsichtlich der Erteilung von Erlaubnissen für Sondernutzungen auf Fußwegen ein, so kann die Verwaltung entsprechend dem Gesetzeszweck Ungleichbehandlungen vornehmen, je nachdem, ob eine beantragte Sondernutzung den Fußgängerverkehr wenig oder stark beeinträchtigt. Ungleichbehandlungen unter dem Gesichtspunkt, ob die Antragsteller bisher immer ihre Steuern gezahlt haben oder nicht, würden sich dagegen nicht mehr im Rahmen des Gesetzeszwecks des Wegegesetzes halten und wären daher unzulässig.

7.3.2.2 Selbstbindung durch bisherige Verwaltungspraxis

298 Soweit Art. 3 I für die Verwaltung unmittelbar gilt, ergibt sich aus einer gleichmäßigen Anwendung eines Ermessens- oder Beurteilungsspielraums eine Selbstbindung der Verwaltung. Ein Abweichen von einer entsprechenden Praxis - im Einzelfall oder generell für die Zukunft - ist also, da ansonsten eine willkürliche Ungleichbehandlung erfolgen würde, nur bei Vorliegen eines sachlichen Grundes zulässig.

Beispiel : Wenn nach einer gesetzlichen Vorschrift Gartenlauben mit einer Grundfläche bis zu 15 qm genehmigt werden können, dürfte es grundsätzlich ermessensfehlerfrei sein, wenn die Behörde immer 15 oder aber immer nur 12 qm genehmigt. Hat sie aber bisher immer 15 qm genehmigt, so darf sie grundsätzlich nicht im Einzelfall nur 12 qm genehmigen. Hierfür müsste es einen besonderen sachlichen Grund dafür geben, den Antragsteller anders zu behandeln als alle anderen. Das könnte ein atypischer Fall sein oder aber der erste Fall einer generellen Änderung der Praxis für die Zukunft.

7.3.2.3 Selbstbindung durch Verwaltungsvorschriften

299 *(1) Verpflichtung zur Gleichbehandlung*

Soweit Ermessens- oder Beurteilungsspielräume der Verwaltung durch Verwaltungsvorschriften konkretisiert sind, ergibt sich aus diesen eine Bindung der Verwaltung, da davon auszugehen ist, dass sich die Verwaltung an Verwaltungsvorschriften hält. Der Inhalt der Verwaltungsvorschriften wird also als bisherige Praxis angesehen. Ein Abweichen von einer Verwaltungsvorschrift ist damit eine Ungleichbehandlung im Verhältnis zu den bisher entschiedenen

Fällen. Eine solche Ungleichbehandlung ist folglich nur bei Vorliegen eines sachlichen Grundes zulässig.

Im obigen Gartenlauben-Beispiel würde also das Gleiche gelten, wenn die ständige Genehmigung von 15 qm ihre Grundlage in einer entsprechenden Verwaltungsvorschrift hätte.

(2) Verpflichtung zur Ungleichbehandlung 300

Liegt im konkreten Fall gegenüber der Regelung in der Verwaltungsvorschrift eine atypische Situation vor, so kann nicht nur, sondern es muss von der Verwaltungsvorschrift abgewichen werden, auch wenn diese noch so zwingend formuliert ist. Grund : Eine Behandlung entsprechend der Verwaltungsvorschrift wäre eine Gleichbehandlung. Da aber der atypische Fall ein im Verhältnis zu den in der Verwaltungsvorschrift erfassten (Normal-)Fällen ein ungleicher ist, muss er auch ungleich behandelt werden. Eine Gleichbehandlung wäre willkürlich (BVerwG NJW 1980, 75).

Beispiel : Lehrern, die im Ausland tätig waren, kann bei ihrer Rückkehr auf Antrag ein Überbrückungsgeld gezahlt werden. In einer Verwaltungsvorschrift, die den Betroffenen bekannt ist, ist dafür eine zwingende Ausschlussfrist von 14 Tagen nach Rückkehr vorgesehen. Eine zurückkehrende Lehrerin liegt vom Tag ihrer Rückkehr an drei Wochen lang schwerkrank im Krankenhaus. Erst danach stellt sie den Antrag. Ihn entsprechend der Verwaltungsvorschrift zurückzuweisen, wäre eine Gleichbehandlung, die - da der Verfasser der Verwaltungsvorschrift an einen solchen atypischen Fall nicht gedacht haben wird - sachlich nicht gerechtfertigt wäre. Die Lehrerin hat also aus Art. 3 I einen Anspruch darauf, dass ihrem Antrag auch jetzt noch entsprochen wird (OVG Münster NVwZ 1989, 169).

(3) Gerichtliche Geltendmachung des Gleichheitssatzes 301

Bei der gerichtlichen Geltendmachung des Gleichheitssatz bei Abweichen von einer Verwaltungsvorschrift ist zu differenzieren :

Hat sich die Verwaltung bei einer Ermessens-Verwaltungsvorschrift auf eine bestimmte Ermessensausübung festgelegt, so ist diese - soweit keine Ermessensfehler vorliegen, vgl. § 114 VwGO - rechtmäßig. Daran ist deshalb auch das Verwaltungsgericht gebunden, da es nur die Rechtmäßigkeit, nicht aber die Zweckmäßigkeit des Verwaltungshandelns überprüfen kann. Es muss folglich zur Gleichbehandlung verurteilen.

Beispiel : Im obigen Gartenlauben-Beispiel muss das Gericht also zur Genehmigung von 15 qm verurteilen, wenn kein sachlicher Grund für ein Abweichen von der Verwaltungsvorschrift vorliegt.

Anders beim Abweichen von einer norminterpretierenden Verwaltungsvorschrift : Die Verwaltung hat im Hinblick auf die Auslegung eines unbestimmten Rechtsbegriffs auf der Tatbestandsseite einer Norm kein Ermessen. Abgesehen von den seltenen Fällen, in denen ein Beurteilungsspielraum anerkannt ist (wie z.B. bei Prüfungsentscheidungen und beamtenrechtlichen Beurteilungen), kann daher nur eine Auslegung des unbestimmten Begriffs rechtmäßig sein. Eine Verwaltungsvorschrift, die eine bestimmte Auslegung vorschreibt, kann somit nur der Versuch sein, die einzig rechtmäßige Auslegung zu treffen. Ob das der Fall ist, kann und muss das Verwaltungsgericht voll überprüfen. Es ist also nicht über den Gleichheitssatz an die Verwaltungsvorschrift gebunden.

Beispiel : Nach § 4 I StVG ist eine Fahrerlaubnis zu entziehen, wenn ihr Inhaber „ungeeignet" zum Führen eines Kraftfahrzeugs ist. Die frühere Verwaltungsvorschrift hierzu regelte im Wesentlichen, dass ungeeignet ist, wer 18 Punkte in der Flensburger Verkehrssünderkartei angesammelt hat. Wurde jetzt in einem Einzelfall eine Fahrerlaubnis bereits bei 16 Punkten entzogen, so war das Gericht an die Interpretation des Begriffs durch die Verwaltungsvorschrift nicht gebunden. Es musste vielmehr selbst beurteilen, welche Punktzahl den Begriff „ungeeignet" richtig interpretiert (BVerwGE 51, 376).

7.3.2.4 Keine Gleichheit im Unrecht

302 Ein Anspruch auf Gleichheit im Unrecht ergibt sich aus Art. 3 I nicht (BVerfGE 50, 166; BVerwGE 92, 157). Der Grundsatz des Vorrangs des Gesetzes nach Art. 20 III kann nicht durch rechtswidrige Verwaltungspraxis unterlaufen werden, da die Geltung von Gesetzen nicht zur Disposition der Verwaltung steht. Art. 3 I findet daher seine Grenze in der Bindung der Verwaltung an die Gesetze. Eine rechtswidrig erfolgte Maßnahme ist also keine Rechtfertigung für eine entsprechende Gleichbehandlung.

Beispiel : Wird in rechtswidriger Weise gegenüber einzelnen Steuerzahlern eine Steuer erlassen, so kann sich ein nicht begünstigter Steuerzahler nicht auf Art. 3 I mit dem Ziel berufen, auch von der Zahlung der Steuer befreit zu werden.

Abweichend von der h.M. werden zum Teil Ausnahmen davon für möglich gehalten, wenn im Einzelfall der Vertrauensschutzgrundsatz höher als der Grundsatz der Gesetzmäßigkeit der Verwaltung zu bewerten ist. Eine Gleichheit im Unrecht lässt sich aber auch dann nur für die Vergangenheit rechtfertigen (v. Mangoldt Rn 185; Berg JuS 80, 418; HessVGH NVwZ 86, 683).

7.4 sachliche Gründe für die Rechtsprechung

303 Für den Bereich der Rechtsprechung gilt in noch stärkerem Maße als für die Verwaltung, dass die Beachtung des Gleichheitssatzes durch die richtige Rechtsanwendung erfolgt, diese also im Vordergrund steht. Aber auch hier muss der Gleichheitssatz beachtet werden, soweit Gerichte Ermessens- und Beurteilungsspielräume haben oder Lücken im Recht füllen (BVerfGE 84, 199). Insoweit gelten die obigen Aussagen zur Verwaltung entsprechend. Allerdings gibt es nach dem BVerfG (E 19, 47) keine Selbstbindung der Rechtsprechung, da ansonsten jede Rechtsentwicklung und Rechtsfortbildung behindert würde (Zur Kritik daran vgl. v. Münch/Gubelt Rn 44). Bei einer im Fluss befindlichen Entwicklung der Rechtsprechung auf einem Teilgebiet kann allerdings der Gleichheitssatz verletzt sein, wenn einzelne Entscheidungen "so sehr die Bahnen organischer Fortentwicklung der Rechtsprechung verließen, dass sie als willkürlich bezeichnet werden müssten" (BVerfGE 18, 240).

8. Folge eines Verstoßes gegen Art. 3 I

8.1 Folge eines Verstoßes durch den Gesetzgeber

304 Ein Verstoß gegen ein Freiheitsrecht hat zur Folge, dass dieser Verstoß abgestellt werden muss und der Bürger den Freiraum zurückerhält, den er vor der betreffenden Maßnahme hatte. Eine mit Art. 3 I unzulässige Ungleichbehandlung zweier Gruppen kann dagegen auf verschiedene Weise behoben werden: Gruppe 1 kann so gestellt werden wie Gruppe 2, Gruppe 2 kann so gestellt werden wie Gruppe 1 oder beide Gruppen werden auf eine neue dritte Art gleichgestellt. Diese Möglichkeiten gibt es im Prinzip unabhängig davon, ob ein Bürger sich gegen eine Begünstigung oder eine Belastung wendet. Dennoch ist es angebracht, zwischen diesen beiden Fällen zu unterscheiden:

305 #### 8.1.1 Der Bürger erstrebt eine Begünstigung, die unter Verstoß gegen Art. 3 I nicht er, aber andere durch ein Gesetz erhalten haben

Hier kann ein Gericht ihm diese Begünstigung nicht verschaffen, da es ansonsten in den Gestaltungsspielraum des Gesetzgebers eingreifen würde. Dem Gesetzgeber muss also überlassen bleiben, den Verstoß gegen Art. 3 I durch eine Neuregelung auszuräumen.

Art. 3 I : Gleichheit vor dem Gesetz

Beispiel : Der Gesetzgeber regelt einen Zuschuss für den Bau eines Eigenheimes für Beamte, ohne dass es einen sachlichen Grund dafür gibt, ihn nicht auch Angestellten und Arbeitern zu gewähren.

Bestimmte Ausnahmen davon lässt das BVerfG für seine eigene Rechtsprechung zu:

- wenn bis zum Inkrafttreten einer gesetzlichen Neuregelung eine Übergangsregelung nötig ist, um eine unerträgliche Rechtsunsicherheit zu vermeiden (etwa E 84,20)
- wenn ein Verfassungsauftrag eine bestimmte begünstigende Behandlung des Bürgers verlangt und der Gesetzgeber diese nicht vornimmt (etwa E 22, 361)
- wenn der Gesetzgeber ein Regelungssystem geschaffen hat und daran festhalten will, dieses aber nur konsequent und stimmig ist, wenn eine Begünstigung auf eine übersehene Gruppe ausgedehnt wird (etwa E 55, 113 bzgl. Ungleichbehandlungen im Sozialrecht).

Liegen diese Voraussetzungen für eine Ausdehnung einer Begünstigung nicht vor, erklärt das BVerfG die Norm nicht für nichtig, um zu vermeiden, dass die von der Norm begünstigten Bürger ihre Begünstigung nicht verlieren. Außerdem würde der beschwerdeführende Bürger dann erst recht Nichts erhalten. Das BVerfG stellt daher nur die Verfassungswidrigkeit der Regelung fest und fordert gleichzeitig den Gesetzgeber - evtl. mit Fristsetzung - auf, eine verfassungsmäßige Rechtslage herzustellen (etwa E 82, 155).

Beispiel : Im Fall des Eigenheimzuschusses würde daher die gesetzliche Regelung für verfassungswidrig erklärt mit der Aufforderung an den Gesetzgeber, eine verfassungsmäßige Rechtslage herzustellen. Das kann dieser dann tun, indem er die Regelung aufhebt oder aber sie auch auf Angestellte und Arbeiter erstreckt.

8.1.2 Der Bürger wendet sich gegen eine durch ein Gesetz erfolgte Belastung, die für ihn - unter Verstoß gegen Art. 3 I - größer ist als für andere. 306

In diesen Fällen erklärt das BVerfG diese Regelung für nichtig, wenn es "keinem Zweifel unterliegt, dass der Gesetzgeber die sonstige Regelung auch ohne den verfassungswidrigen Teil aufrechterhalten hätte" (E 4, 250; 88, 101).

Liegen diese Voraussetzungen nicht vor, erfolgt - anders als bei ungleichen Begünstigungen - s.o. Rn 305 - auch keine Feststellung der Verfassungswidrigkeit der belastenden Einzelregelung, weil dadurch in das gesetzgeberische Ermessen eingegriffen würde. Es stellt vielmehr die Nichtigkeit der gesamten Regelung fest (etwa E 9, 302).

8.2 Folge eines Verstoßes durch Verwaltung und Rechtsprechung

Wird ein Bürger durch Verwaltung oder Rechtsprechung in gegen Art. 3 I verstoßender Weise 307

- belastet, hat er aus Art. 3 I einen Anspruch darauf, dass diese Belastung aufgehoben wird.
- von einer rechtmäßigen Begünstigung ausgeschlossen, hat er aus Art. 3 I einen Anspruch darauf, dass auch er die Begünstigung erhält.

Repetitorium : Rn 1019

Grundfälle zu Art. 3 I mit Musterlösungen : Rn 1068 (1077, 1090), 1071 (1109, 1118)

Weiterführende Literatur : Pietzcker, Zu den Voraussetzungen des Anspruchs auf Gleichbehandlung nach Art. 3 I GG, JZ 1989, 305; Huster, Rechte und Ziele - Zur Dogmatik des allgemeinen Gleichheitssatzes, 1993; Jarass, Folgerungen aus der neueren Rechtsprechung des BVerfG für die Prüfung von Verstößen gegen Art. 3 I GG, NJW 1997, 2545; Zur Dogmatik des Gleichheitssatzes in der Europäischen Union, EuGRZ 1997, 1; Sachs, Die Maßstäbe des allgemeinen Gleichheitssatzes – Willkürverbot und neue Formel, JuS 1997, 124; Krugmann, Gleichheit, Willkür und Evidenz, JuS 1998, 7; Odendahl, Der allgemeine Gleichheitssatz, Willkürverbot und neue Formel als Prüfungsmaßstab, JA 2000, 170

ART. 3 II : GLEICHBERECHTIGUNG VON MÄNNERN UND FRAUEN

Männer und Frauen sind gleichberechtigt. Der Staat fördert die tatsächliche Durchsetzung der Gleichberechtigung von Frauen und Männern und wirkt auf die Beseitigung bestehender Nachteile hin.

1. historischer Hintergrund, internationaler und europäischer Schutz

308 Trotz des naturrechtlichen Gedankens der angeborenen Gleichheit aller Menschen hat die Gleichberechtigung von Männern und Frauen in den frühen Menschenrechterklärungen und Verfassungen keinen Niederschlag gefunden. In Deutschland wird sie zum ersten Mal - als Regelprinzip - durch die Weimarer Reichsverfassung 1919 geschützt. Art. 109 II : „Männer und Frauen haben grundsätzlich dieselben staatsbürgerlichen Rechte und Pflichten." An diese Vorschrift war aber der Gesetzgeber nicht gebunden.

Im Parlamentarischen Rat gab es zwar - wegen der unklaren Auswirkungen auf das damals noch patriarchalisch ausgerichtete Ehe- und Familienrecht - erhebliche Widerstände gegen die Regelung des Art. 3 II 1, mehr als gegen das Verbot der Diskriminierung wegen des Geschlechts in Art. 3 III. Aufgenommen wurde Art. 3 II 1 dann mit dem erklärten Ziel, die mehrdeutigen Begriffe Benachteiligung und Bevorzugung in Art. 3 III durch das konkrete Gebot der Rechtsgleichheit zu präzisieren (Hofmann S. 20 ff).

Da 1949 zahlreiche Gesetze, insbesondere in den Bereichen des Ehe- und Familienrechts, mit dem neuen Art. 3 II nicht vereinbar waren und auch nicht sofort geändert werden konnten, wurde der Art. 117 I aufgenommen, der das dem Art. 3 II entgegenstehende Recht bis zu seiner Anpassung in Kraft ließ, jedoch nicht länger als bis zum 31.3.1953. Diese Frist wurde vom Gesetzgeber jedoch nicht eingehalten. Das notwendige Gleichberechtigungsgesetz trat jedoch erst 1957 in Kraft. Dieses verwirklichte die von Art. 3 II geforderte Gleichberechtigung allerdings nur unzureichend. Erst 1977 wurde die Gleichberechtigung durch das 1. Gesetz zur Reform des Ehe- und Familienrechts voll verwirklicht.

Art. 3 II 2 ist 1994 nach langen kontroversen Diskussionen um die genaue Formulierung hinzugefügt worden (vgl. Vogel, Festschrift Benda, 1995, S. 395 ff).

309 Die UNO bekennt sich zur Gleichberechtigung von Männern und Frauen in Art. 2 der Menschenrechtserklärung (vgl. Rn 85), in Art. 26 des Pakts über bürgerliche und politische Rechte und in Art. 3 des Pakts über wirtschaftliche, soziale und kulturelle Rechte. Auf europäischer Ebene schützt die Europäischen Menschenrechtskonvention nach Art. 14 die von ihr garantierten Rechte unabhängig von dem Geschlecht (vgl. Rn 821). Vor allem aber wird die Gleichberechtigung von Männern und Frauen durch das - den Art. 3 II weitgehend überlagernde - Recht der Europäischen Union geschützt : im Primärrecht durch den Grundsatz des gleichen Entgelts für gleiche Arbeit in Art. 141 EGV, im Sekundärrecht durch zahlreiche Richtlinien, die Verbote unmittelbarer und mittelbarer Diskriminierungen für nahezu alle Bereiche des Berufslebens und der sozialen Sicherheit (Übersicht bei Lenz, EG-Vertrag, Art. 141 Rn 4) enthalten, durch eine umfangreiche Rechtsprechung des EuGH (z.B. EuGH Slg.1986, 1622) und durch Art. 21, 23 der Grundrechtscharta 2000 (vgl. Rn 933).

310 Wegen ihrer weitreichenden Auswirkungen auf die nationale Gesetzgebung ist besonders hervorzuheben die „**Richtlinie des Rates der Europäischen Union vom 9.2.1976 zur Verwirklichung des Grundsatzes der Gleichbehandlung von Männern und Frauen hinsichtlich des Zugangs zur Beschäftigung, zur Berufsbildung und zum beruflichen Aufstieg sowie in bezug auf die Arbeitsbedingungen**" (RL 76/207/EWG).

Die wichtigsten Inhalte der Richtlinie lauten :

„*Artikel 1* (1) Diese Richtlinie hat zum Ziel, dass in den Mitgliedstaaten der Grundsatz der Gleichbehandlung von Männern und Frauen hinsichtlich des Zugangs zur Beschäftigung, einschließlich des Aufstiegs, und des Zugangs zur Berufsbildung sowie in bezug auf die Arbeitsbedingungen und in bezug auf die soziale Sicherheit unter den in Absatz 2 vorgesehenen Bedingungen verwirklicht wird...
(2) Der Rat erlässt im Hinblick auf die schrittweise Verwirklichung der Gleichberechtigung im Bereich der sozialen Sicherheit auf Vorschlag der Kommission Bestimmungen, in denen dazu insbesondere der Inhalt, die Tragweite und die Anwendungsmodalitäten angegeben sind.

Artikel 2 (1) Der Grundsatz der Gleichbehandlung im Sinne der nachstehenden Bestimmungen beinhaltet, dass keine unmittelbare oder mittelbare Diskriminierung auf Grund des Geschlechts - insbesondere unter Bezugnahme auf den Ehe- oder Familienstand - erfolgen darf.

Artikel 3 (1) Die Anwendung des Grundsatzes der Gleichbehandlung beinhaltet, dass bei den Bedingungen des Zugangs - einschließlich der Auswahlkriterien - zu den Beschäftigungen oder Arbeitsplätzen - unabhängig vom Tätigkeitsbereich oder Wirtschaftszweig - und zu allen Stufen der beruflichen Rangordnung keine Diskriminierung auf Grund des Geschlechts erfolgt.
(2) Zu diesem Zweck treffen die Mitgliedstaaten die notwendigen Maßnahmen, um sicherzustellen, dass die mit dem Grundsatz der Gleichbehandlung unvereinbaren Rechts- und Verwaltungsvorschriften beseitigt werden und dass die mit dem Grundsatz der Gleichbehandlung unvereinbaren Bestimmungen in Tarifverträgen oder Einzelarbeitsverträgen, in Betriebsordnungen sowie in den Statuten der freien Berufe nichtig sind, für nichtig erklärt oder geändert werden können.

Artikel 4 Die Anwendung des Grundsatzes der Gleichbehandlung in bezug auf den Zugang zu allen Arten und Stufen der Berufsberatung, der Berufsbildung, der beruflichen Weiterbildung und Umschulung beinhaltet, dass die Mitgliedstaaten die erforderlichen Maßnahmen treffen, um sicherzustellen,
a) dass die mit dem Grundsatz der Gleichbehandlung unvereinbaren Rechts- und Verwaltungsvorschriften beseitigt werden;
b) dass die mit dem Grundsatz der Gleichbehandlung unvereinbaren Bestimmungen in Tarifverträgen oder Einzelarbeitsverträgen, in Betriebsordnungen sowie in den Statuten der freien Berufe nichtig sind, für nichtig erklärt oder geändert werden können;
c) dass Berufsberatung, Berufsbildung, berufliche Weiterbildung um Umschulung - vorbehaltlich der in einigen Mitgliedstaaten bestimmten privaten Bildungseinrichtungen gewährten Autonomie - auf allen Stufen zu gleichen Bedingungen ohne Diskriminierung auf Grund des Geschlechts zugänglich sind.

Artikel 5 (1) Die Anwendung des Grundsatzes der Gleichbehandlung hinsichtlich der Arbeitsbedingungen einschließlich der Entlassungsbedingungen beinhaltet, dass Männern und Frauen dieselben Bedingungen ohne Diskriminierung auf Grund des Geschlechts gewährt werden.
(2) Zu diesem Zweck treffen die Mitgliedstaaten die erforderlichen Maßnahmen, um sicherzustellen,
a) dass die mit dem Gleichbehandlungsgrundsatz unvereinbaren Rechts- und Verwaltungsvorschriften beseitigt werden;
b) dass die mit dem Grundsatz der Gleichbehandlung unvereinbaren Bestimmungen in Tarifverträgen oder Einzelarbeitsverträgen, in Betriebsordnungen sowie in den Statuten der freien Berufe nichtig sind, für nichtig erklärt oder geändert werden können.

Artikel 6 Die Mitgliedstaaten erlassen die innerstaatlichen Vorschriften, die notwendig sind, damit jeder, der sich wegen Nichtanwendung des Grundsatzes der Gleichbehandlung im Sinne der Artikel 3, 4 und 5 auf seine Person für beschwert hält, nach etwaiger Befassung anderer zuständiger Stellen seine Rechte gerichtlich geltend machen kann."

2. Bedeutung

311 Die rechtliche Gleichberechtigung von Männern und Frauen wurde bereits 1919 durch das allgemeine Wahlrecht eingeläutet. In den anderen Bereichen des Rechts ist sie aber erst durch Art. 3 II - wenn auch in Etappen bis 1977, s.o. Rn 308 - verwirklicht worden. Damit ist eine geschichtliche Epoche der Ungleichbehandlung beendet. Allerdings gibt es zwischen der rechtlichen Gleichstellung und der gesellschaftlichen Wirklichkeit immer noch eine erhebliche Diskrepanz, vor allem im Berufsleben unter den Aspekten des Einkommens und der Karrierechancen (vgl. ausführlich Geißler S. 275 ff.). Der Gesetzgeber hat zum Teil versucht, die faktische Ungleichheit abzubauen, insbesondere durch Gleichstellungsregelungen im Arbeitsrecht (s.u. Rn 314) und durch - heftig umstrittene - Gleichstellungsgesetze, die sich auf den Bereich des öffentlichen Dienstes beziehen (s.u. Rn 313). Das 1994 eingefügte Gleichbehandlungsgebot des Satzes 2 des Art. 3 II stellt demgegenüber keine grundlegende Neuerung dar, sondern ist im wesentlichen nur eine Klarstellung des schon bis dahin geltenden Rechtslage dar (s.u. Rn 313).

3. Diskriminierungsverbot des S. 1

312 Mit der Aussage, dass Männer und Frauen gleichberechtigt sind, enthält Art. 3 II ein Diskriminierungsverbot, das gegenüber Art. 3 I ein spezielles Gleichheitsrecht darstellt. Verboten ist also jede unterschiedliche Behandlung von Männern und Frauen wegen ihres Geschlechts. Nicht notwendig ist, dass das Geschlecht das alleinige Kriterium einer Ungleichbehandlung ist. Es reicht vielmehr aus, dass es Teil eines Motivbündels ist (BVerfGE 89, 288).

Dem steht nicht entgegen, dass in bestimmten Fällen eine Differenzierung und damit eine Ungleichbehandlung von Männern und Frauen erfolgen kann bzw. muss :

- Wenn andere verfassungsrechtliche Regelungen eine Ungleichbehandlung zulassen

  Beispiele : Mutterschutz nach Art. 6 IV; Wehrpflicht nur für Männer nach Art. 12 a; das Sozialstaatsprinzip reicht nach h.M. dagegen nicht aus, weil Art. 3 II die gesetzgeberische Gestaltungsfreiheit, die bei der Verwirklichung des Sozialstaatsprinzips besteht, gerade ausschließen soll (v.Münch/Gubelt Rn 88).

- Wenn der Sachverhalt, der an Art. 3 II gemessen werden soll, nur in einem Geschlecht verwirklicht wird

  Beispiel : Schwangerschaft

- Wenn „differenzierende Regelungen zur Lösung von Problemen, die ihrer Natur nach nur bei Männern oder bei Frauen auftreten können, zwingend erforderlich sind" (BVerfGE 85, 207; NJW 1995, 1734). Mit dieser neuen Formel hat das BVerfG die frühere Rechtsprechung (zuletzt E 68, 390) abgelöst, nach der auch funktionale, also arbeitsteilige Unterschiede zwischen Männern und Frauen (etwa Erziehung der Kinder oder Verrichtung der Hausarbeit) eine differenzierende Regelung zulassen. Die neue Formel verbindet demgegenüber biologische Unterschiede mit einer strengen Prüfung der Verhältnismäßigkeit unter Berücksichtigung auch mittelbarer Auswirkungen für die Betroffenen.

  Beispiele für danach unzulässige Regelungen : gemeindliche Feuerwehrdienstpflicht nur für Männer mit der Begründung der schwächeren körperlichen Konstitution von Frauen (BVerfG NJW 1995, 1734 : aufgrund neuerer Erkenntnisse und der technischen Entwicklung nicht mehr „zwingend erforderlich"), Unvereinbar auch : Nachtarbeitsverbot für Frauen (BVerfGE 85, 206), Beschäftigungsverbot für Frauen auf Baustellen (VGH München NJW 1982, 2570), Ausrichtung des Erwerbs der Staatsangehörigkeit des Kindes allein auf den Vater (BVerfGE 37, 217).

4. Gleichbehandlungsgebot des S. 2

Die Verpflichtung, zur Durchsetzung der Gleichberechtigung Nachteile, die ein Geschlecht de facto trifft, abzubauen, wurde schon seit jeher aus dem Gedanken der Schutzverpflichtung gegenüber dem Wertgehalt des Art. 3 II abgeleitet (zuletzt BVerfGE 89, 286). Der 1994 eingefügte Satz 2 des Art. 3 II (dessen beide Aussagen nur schwer gegeneinander abgrenzbar sind) stellt insoweit lediglich eine Klarstellung und damit Verstärkung dar (BVerfG NJW 1995, 1734). 313

Ziel ist die Förderung der Chancengleichheit. Bei der Erfüllung dieser Verpflichtung kann auch eine bevorzugende Ungleichbehandlung von Frauen erfolgen (BT-Drucksache 12/6000,50). Art. 3 III 2 kann aber nicht so verstanden werden, dass Frauen stets und ohne Rücksicht auf Auswahlkriterien zu bevorzugen sind. Die Begriffe „Gleichstellung" oder „Quote" sind bewusst nicht in die Vorschrift aufgenommen worden. Starre Quoten, die eine paritätische Repräsentanz von Männern und Frauen in allen gesellschaftlichen Bereichen zum Ziel haben, würden deshalb über das Ziel der tatsächlichen Förderung hinausgehen (Sachs Rn 283 ff; EuGH EuZW 1995, 1762).

Ob sich diese Gesetze aus Art. 3 S. 2 rechtfertigen lassen oder aber, da sie eine Benachteiligung konkurrierender Männer bewirken, gegen die Diskriminierungsverbote des Art. 3 II 1, III verstoßen, ist äußerst umstritten (für Zulässigkeit z.B. Benda S. 159 ff; Fuchsloch NJW 1991, 443; Battis/Eisenhardt ZRP 1994, 18; Kokott NJW 1995, 1051; v.Münch/Kunig Rn 34; gegen Zulässigkeit z.B. OVG NW NVwZ 1992, 1226; OVG Berlin ZBR 1993, 94; Hess. VGH NVwZ 1994, 1229; OVG Lüneburg NVwZ 1996, 496; OVG Münster JuS 1996, 837; Sachs ZBR 1994, 139; Hofmann NVwZ 1995, 662).

Das BVerfG hat zu dieser Frage bisher noch nicht Stellung genommen. Soweit Gleichstellungsgesetze einen unbedingten und ausnahmslosen Vorrang von Frauen regeln, ist insoweit eine Klärung erfolgt, als der EuGH das als Verstoß gegen die Art. 2 der Gleichberechtigungsrichtlinie 76/207/EWG erachtet hat (EUZW 1995, 763 bzgl. des Bremer Gleichstellungsgesetzes) und diese Rechtsprechung vom Bundesarbeitsgericht übernommen worden ist (EuZW 1996, 474). Offen bleibt, ob Gleichstellungsgesetze, die zugunsten von Männern Härtklauseln enthalten, mit Art. 3 II vereinbar sind. Gegen Art. 2 I der EU-Richtlinie 76/207/EWG jedenfalls verstoßen sie nicht (EuGH NJW 1979, 3429).

Das Gleichbehandlungsgebot, insbesondere das der Gleichstellungsrichtlinie der EU, ist insbesondere im Arbeitsrecht umgesetzt worden. Die wichtigsten Regelungen dazu enthält das BGB im Abschnitt über den Dienstvertrag: 314

- § 611 a : Schadensersatzanspruch, wenn ein Arbeitnehmer bei Begründung eines Arbeitsverhältnisses und während des Arbeitsverhältnisses wegen seines Geschlechts benachteiligt wird.

- § 611 b : Verbot, einen Arbeitsplatz nur für Männer oder nur für Frauen auszuschreiben.

- § 612 III : Verbot der unterschiedlichen Bezahlung von Männern und Frauen bei gleicher oder gleichwertiger Arbeit

Repetitorium : Rn 1020

Weiterführende Literatur : Huster, Frauenförderung zwischen individueller Gerechtigkeit und Gruppenparität, AöR 1993, 109; Sielmann, Die Horizontalwirkung des Art. 3 II GG; Fuchsloch, Das Verbot der mittelbaren Geschlechtsdiskriminierung, 1995; Die Grundgesetz-Änderung in Art. 3 II GG, DÖV 1995, 837;Sacksofsky, Das Grundrecht auf Gleichberechtigung, 1996; Di Fabio, Die Gleichberechtigung von Mann und Frau, AöR 1997, 404

ART. 3 III : BESONDERE DIFFERENZIERUNGSVERBOTE

„Niemand darf wegen seines Geschlechts, seiner Abstammung, seiner Rasse, seiner Sprache, seiner Heimat und Herkunft, seines Glaubens, seiner religiösen und politischen Anschauungen benachteiligt oder bevorzugt werden. Niemand darf wegen seiner Behinderung benachteiligt werden."

1. historischer Hintergrund, internationaler und europäischer Schutz

315   Historisch hat Art. 3 III keine Vorläufer. Im Parlamentarischen Rat gab es - abgesehen von dem Verbot der Diskriminierung wegen des Geschlechts, dazu s.o. unter Art. 3 II - keine nennenswerten Kontroversen zum Inhalt des Art. 3 III 1, da dessen Inhalt sich vor allem aber aufgrund der menschenverachtenden Diskriminierungspraxis des nationalsozialistischen Staates geradezu aufdrängte.

Art. 3 III 2 ist 1994 aufgenommen worden. Eine weitergehende Ergänzung, insbesondere zum Schutz der sexuellen Identität, fand dagegen in der Verfassungskommission (siehe Rn 42) keine Mehrheit (BT-Dr. 12/6000, S. 54). Ebenso umstritten war die für einen neuen Art. 20 b vorgeschlagene Regelung, dass der Staat die „Identität der ethnischen, kulturellen und sprachlichen Minderheiten" achtet (BT-Dr. 12/6000, S. 74). Sie wurde zwar von der Verfassungskommission vorgeschlagen, scheiterte aber im Bundestag.

Die UNO regelt das Verbot von Diskriminierungen in Art. 2 der Allgemeinen Menschenrechtserklärung (vgl. Rn 85) und in Art. 26 des Pakts über bürgerliche und politische Rechte. 1950 wurde es als Art. 14 in die Europäische Menschenrechtskonvention aufgenommen (vgl. Rn 821), zu der sich später der Europäische Gerichtshof in ständiger Rechtsprechung und 1992 auch der EU-Vertrag (Art. 6 II) bekannte (vgl. Rn 929). Art. 12 I EGV regelt ein Verbot der Diskriminierung aus Gründen der Staatsangehörigkeit. Die Grundrechtscharta 2000 der Europäischen Union enthält Diskriminierungsverbote in Art. 21, 25 und 26 (vgl. Rn 933).

2. Bedeutung

316   Nach geschichtlichen Epochen, die unter anderem gekennzeichnet waren zum einen durch Privilegierungen - wie etwa die des Adels im Hinblick auf die Steuerpflicht oder des Besitzbürgertums im Hinblick auf das Wahlrecht - , zum anderen durch Diskriminierungen - wie etwa der von Frauen, politisch Andersdenkenden und insbesondere von Juden im Dritten Reich - gehören spezielle Differenzierungsverbote, wie sie in Art. 3 III verankert sind, heute zum Standard der Rechtsgleichheit aller zivilisierten Staaten. Sie beruhen letztlich auf dem Gedanken des Schutzes der Menschenwürde (MD/Herzog Rn 1; v.Mangoldt Rn 254; Dreier/Heuen Rn 102) und nehmen damit am Schutz durch Art. 79 III teil.

3. inhaltliche Aussage

317   Art. 3 III verbietet eine Benachteiligung bzw. Bevorzugung *wegen* der dort genannten Aspekte. Er enthält damit nicht nur ein Diskriminierungsverbot, sondern auch ein absolutes Differenzierungsverbot (BVerfGE 85, 206; v.Münch/Gubelt Rn 104, Sachs/Osterloh Rn 252). Was „wegen" bedeutet, ist umstritten (Überblick über die verschiedenen Meinungen bei Dreier/Heun Rn 104 ff.). Die frühere Rechtsprechung verlangte, dass die Ungleichbehandlung wegen eines Kriteriums des Art. 3 III Ziel der Maßnahme, also subjektiv bezweckt war (so noch BVerfGE 75, 70; BVerwGE 75, 62, 65). Da diese Einschränkung zu einem weitgehenden Leerlaufen des Art. 3 III führen würde, reicht es nach heute h.M. aus, wenn die Ungleichbe-

handlung objektiv an ein Kriterium des Art. 3 III anknüpft, auch wenn sie subjektiv in erster Linie andere Ziele verfolgt (BVerfGE 85, 206, JP/Jarass Rn 76 ff., Dreier/Heun Rn 106).

Beispiel : Konfessionelle Privatschulen wurden durch das HmbPrivatschulG mehr gefördert als nichtkonfessionelle. Das erfolgt unter der Zielsetzung, nach Erlass des neuen Gesetzes das Vertrauen dieser Schulen in die bisherige Förderungspraxis nicht zu enttäuschen. Nach BVerfGE 75, 70 war das kein Verstoß gegen Art. 3 III, da die Bevorzugung nicht mit der Zielsetzung erfolgte, bestimmte Schule wegen ihrer konfessionellen Ausrichtung zu begünstigen bzw. andere wegen nichtkonfessionellen Ausrichtung zu benachrichtigen, sondern aus einem anderen Grund, nämlich dem des Vertrauensschutzes. Nach neuerer Rechtsprechung (BVerfGE 85, 206) müsste man einen Verstoß gegen Art. 3 III annehmen, da die unterschiedlichen Konfessionen (Mit-)Ursachen für die Ungleichbehandlungen waren.

Von dem Verbot begrifflicher Einschränkung des Art. 3 III ist die sich aus dem Gedanken verfassungsimmanenter Schranken (siehe Rn 185), also dem Vorrang anderer Verfassungswerte, sich ergebende Einschränkung zu unterscheiden (BVerfGE 85, 209).   318

Beispiele : Die sich aus Art. 33 V ergebende politische Treuepflicht der Beamten im Verhältnis zum Verbot der Benachteiligung wegen der politischen Anschauungen, der sich aufgrund des öffentlichrechtlichen Charakters der Kirchen nach 140 ergebende Kirchensteuereinzug durch die Finanzämter im Verhältnis zum Verbot der Benachteiligung wegen des Glaubens, die nach Art. 33 II erforderliche Eignung von Beamten im Verhältnis zum Verbot der Benachteiligung wegen der Sprache.

Bei der Abwägung zwischen diesen anderen Verfassungswerten und Art. 3 III ist jedoch eine besonders strenge Verhältnismäßigkeitsprüfung vorzunehmen (Sachs/Osterloh Rn 254).

Die einzelnen Gründe, derentwegen eine Diskriminierung nicht erfolgen darf, sind begrifflich weitgehend unstreitig :

- **Geschlecht** hat nach dem Willen des Parlamentarischen Rats als Kriterium neben Art. 3 II keine selbständige Bedeutung (s.o. Rn 308), auch wenn es z.T. vom BVerfG als Diskriminierungsverbot statt des Art. 3 II 1 herangezogen wird (z.B. E 85, 206). Art. 3 II 1 enthält daneben aber keine weitergehenden oder speziellen Anforderungen (BVerfGE 85, 206).

- **Abstammung** ist die natürliche biologische Beziehung eines Menschen zu seinen Vorfahren (BVerfGE 9,122).

- **Rasse** ist eine Gruppe mit bestimmten biologisch vererbbaren Eigenschaften.

- **Sprache** ist die Muttersprache, die von einem Menschen bevorzugt gebrauchte Sprache oder ein Dialekt.

- **Heimat** ist die „örtliche Herkunft des Menschen nach Geburt oder Ansässigkeit" (BVerfGE 23,262). Die Staatsangehörigkeit fällt nicht darunter. Allerdings wird eine Unterscheidung nach der Staatsangehörigkeit i.d.R. mittelbar eine Unterscheidung nach der Heimat sein. Das hat zur Folge, dass im Rahmen der Prüfung des einschlägigen Art. 3 I eine strenge Verhältnismäßigkeitsprüfung vorzunehmen ist (BVerfGE 88, 96). Das gilt aber nicht für den Bereich der Europäischen Union. Hier ist eine Differenzierung wegen der Staatsangehörigkeit nach Art. 12 EGV in jedem Fall verboten (vgl Rn 949).

- **Herkunft** ist die „von den Vorfahren hergeleitete ständisch-soziale Verwurzelung und Verwurzelung" (BVerfGE 48, 287). Auch die Herkunft kann bei Differenzierung nach der Staatsangehörigkeit mittelbar betroffen sein. Auch hier ist dann Art. 3 I besonders streng zu handhaben.

> - **Glaube und religiöse Anschauungen** sind das Gleiche wie die Freiheit des Glaubens und des religiösen und weltanschaulichen Bekenntnisses in Art. 4 I.
>
> - **politische Anschauungen** entspricht der politischen Freiheit, wie sie in Art. 5 I, 8, 9 und 21 zum Ausdruck kommt.
>
> - **Behinderung** liegt vor, wenn eine Abweichung von medizinischen Regelzustand zu einer nicht nur vorübergehenden und nicht nur geringfügigen Beeinträchtigung der Freiheit führt, am Leben in der Gemeinschaft, insbesondere am Arbeitsleben, teilzunehmen (BK Rn 871)

319   Neben Art. 3 III enthält das Grundgesetz weitere Differenzierungsverbote, die zum Teil die Aussagen des Art. 3 III wiederholen, zum Teil sie konkretisieren : Art. 6 V, 33 I - III, 38 I 1.

Repetitorium : Rn 1021

Weiterführende Literatur : Stopp, Die Behandlung ethnischer Minderheiten als Gleichheitsproblem, 1994; Jürgens, Der Diskriminierungsschutz im GG, DVBl. 1997, 410

ART. 4 : GLAUBENS- UND GEWISSENSFREIHEIT

„(1) Die Freiheit des Glaubens, des Gewissens und die Freiheit des religiösen und weltanschaulichen Bekenntnisses sind unverletzlich.
(2) Die ungestörte Religionsausübung wird gewährleistet.
(3) Niemand darf gegen sein Gewissen zum Kriegsdienst mit der Waffe gezwungen werden. Das Nähere regelt ein Bundesgesetz."

1. historischer Hintergrund, internationaler und europäischer Schutz

Die erste ideengeschichtliche Grundlage der Glaubensfreiheit ist die Reformation, die die Trennung von Staat und Kirche forderte. Ansätze religiöser Freiheiten wurden im Augsburger Religionsfrieden 1555 und im Westfälischen Frieden 1648 garantiert. Ab Ende des 18. Jahrhunderts wurde die Glaubens- und Gewissensfreiheit in die modernen Grundrechtskataloge aufgenommen, 1791 in die Bill of Rights zur Bundesverfassung der USA, 1789 in die Französische Menschenrechtserklärung (Art. 10), in Deutschland 1849 in den Verfassungsentwurf der Paulskirchenverfassung (Art. 5), 1850 in die preußische Verfassung (Art. 12-19) und 1919 in die Weimarer Reichsverfassung (Art. 135 II). Nach der Religionsfeindlichkeit des Nationalsozialismus erhob der Parlamentarische Rat 1949 die Glaubens- und Gewissensfreiheit wieder zum Grundrecht und schuf - als Novum in der deutschen Verfassungsgeschichte - mit überwältigender Mehrheit das Recht auf Kriegsdienstverweigerung aus Gewissensgründen.

Die UNO bekennt sich zur Glaubens- und Gewissensfreiheit in Art. 18 der Menschenrechtserklärung (vgl. Rn 85) und in Art. 16 des Pakts über bürgerliche und politische Rechte und der Europarat in Art. 9 der Europäischen Menschenrechtskonvention (vgl. Rn 821). Die Europäische Union bekennt sich durch ihr Bekenntnis zur EMRK (Art. 6 II EUV) und in Art. 10 der Grundrechtscharta 2000 zur Glaubens- und Gewissensfreiheit (vgl. Rn 933).

2. Bedeutung

Die Grundrechte des Art. 4 schützen die Kernelemente der Persönlichkeit, da sie das garantieren, womit sich der Einzelne als moralische Person rechtfertigt. Sie sind damit in besonderem Maße Ausprägungen des allgemeinen Persönlichkeitsrechts und der Menschenwürde (BVerfGE 35, 376). Der Parlamentarische Rat hat dem Rechnung getragen, indem es die Grundrechte des Art. 4 vorbehaltlos gewährleistet hat.

Als das Grundrecht auf Glaubensfreiheit 1949 beschlossen wurde, war der weitaus größte Teil der Bevölkerung Mitglied einer der beiden Kirchen. Insofern erschien die Privilegierung der Kirchen durch Art. 140 GG i.V.m. 137 WRV (insbesondere Status als Körperschaften des öffentlichen Rechts, Steuereinzug durch staatliche Finanzämter) nicht als Problem. Im Laufe der Jahre hat sich jedoch eine zunehmende Säkularisierung der Bevölkerung ergeben, was an einer zunehmenden Zahl von Kirchenaustritten deutlich wird (jährlich zwischen 300.000 und 400.000; Anteil der Kirchenmitglieder an der Gesamtbevölkerung 1997 = 66,7 %). Dem trägt allerdings Art. 4 insofern Rechnung, als er mit der Glaubensfreiheit nicht nur den transzendenten Glauben, sondern auch die säkulare Weltanschauung schützt. Ebenso ist die ursprünglich religiös vermittelte Gewissensfreiheit unabhängig von einem religiösen Glauben geschützt. Ihr Hauptanwendungsfall ist die Verweigerung des Kriegsdienstes mit der Waffe nach Art. 4 III. Zugleich hat Art. 4 auch auf religiösem Gebiet einen neuen Anwendungsbereich durch eine Zunahme der Zahl von Sekten, was nicht immer unproblematisch ist, wie etwa die Diskussionen um die Scientology-Sekte zeigen.

3. Zusammenhang mit anderen Vorschriften

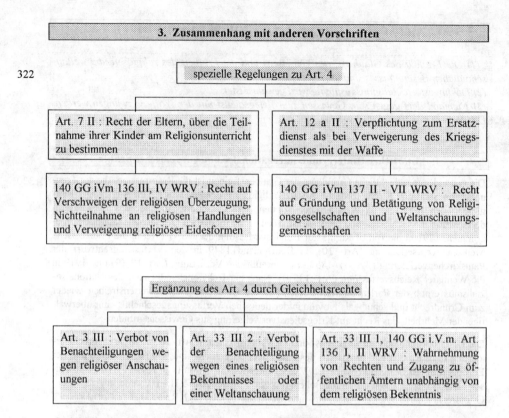

323 Hinzuweisen ist insbesondere auf Art. 140. Da im Parlamentarischen Rat keine Einigung über eine Neuregelung des Verhältnisses von Staat und Kirche erzielt werden konnte, wurden die meisten Religions- (nicht nur Kirchen-) Artikel der WRV (Art. 136, 137, 138, 139, 141) übernommen. Die Gewährleistungen des Art. 4 und des Art. 140 bilden ein organisches Ganzes und müssen daher aufeinander abgestimmt ausgelegt werden (BVerfGE 70, 176), zumal sie sich zu einem erheblichen Teil überschneiden und Art. 140 nach dem BVerfG (E 19, 135) keine selbständigen Grundrechte enthält und dementsprechend auch nicht in Art. 93 I Nr. 4 a, der die Verfassungsbeschwerde regelt, genannt ist. Verletzungen des Art. 140 können dennoch im Wege der Verfassungsbeschwerde geltend gemacht werden, da regelmäßig gleichzeitig die weit auszulegenden Art. 4 bzw. Art. 3 III verletzt sein werden. Auch wenn es für das Ergebnis regelmäßig keine Rolle spielt, ist die Auffassung des BVerfG abzulehnen, da die Art. 136 ff. WRV überwiegend einen subjektivrechtlichen und damit grundrechtlichen oder grundrechtsgleichen Charakter haben (Sachs/Ehlers Art. 140 Rn 3). Auch Art. 93 I Nr. 4 a lässt sich auf sie anwenden, da dort von Grundrechten gesprochen wird, ohne dass ausdrücklich auf den Katalog der Art. 1 – 19 verwiesen ist. Das Verfahrensrecht hat dem materiellen Recht zu folgen (Sachs/Ehlers Art. 140 Rn 3). Hinweis : Auf die Schrankenregelungen des Art. 140 wird unten (> Rn 332 f.) eingegangen.

Durch die genannten Vorschriften kommt insgesamt der Grundsatz der weltanschaulich-religiösen Neutralität des Staates zum Ausdruck (BVerfGE 33, 28; BK Rn 19 ff; MD/Herzog Rn 19), der allerdings nur mit Einschränkungen gilt : die Kirchen sind Körperschaften des öffentlichen Rechts (Art. 140 GG i.V.m. Art. 137 V WRV), der Religionsunterricht ist in den

Art. 4 : Glaubens- und Gewissensfreiheit

öffentlichen Schulen mit Ausnahme der bekenntnisfreien Schulen ordentliches Lehrfach (Art. 6 III 1 GG) , auch haben die Länder aufgrund des Art. 7 einen Gestaltungsspielraum im Rahmen des Schulwesens auch in weltanschaulich-religiöser Hinsicht, der aber gegen das Neutralitätsgebot des Art. 4 in verhältnismäßiger Weise abzuwägen ist (BVerfGE 41, 108; 53, 202).

Zum Verhältnis zu anderen Grundrechten : Einen Vorrang besitzt Art. 4 nicht nur gegenüber dem allgemeinen Freiheitsrecht des Art. 2 I, sondern auch gegenüber der Meinungsfreiheit des Art. 5 I (BVerfGE 32, 107) und nach h.M. auch gegenüber der Versammlungsfreiheit des Art. 8 (z.B. Sachs/Kokott Art. 4 Rn 106, a.A. MD/Herzog Art. 4 Rn 96) und der Vereinigungsfreiheit des Art. 9 (z.B. Sachs/Kokott Art. 4 Rn 107, a.A. MD/Herzog Art. 4 Rn 97).

324

4. Struktur des Art. 4

Das BVerfG hat geklärt, dass Art. 4 ein einheitliches Grundrecht der Glaubens- und Gewissensfreiheit darstellt, die Absätze 2 und 3 also nur Konkretisierungen des Absatzes 1 sind (E 24, 245; anders Hesse Rn 383, der die Gewissensfreiheit als das einzige Grundrecht des Art. 4 versteht, das alle anderen in Art. 4 genannten Gewährleistungen umfasst). Daraus ergibt sich folgendes Bild :

325

innerer Schutzbereich	äußerer Schutzbereich
Glaubensfreiheit (=Religions- und Weltanschauungsfreiheit), Art. 4 I	
innere - positive oder negative - Glaubensüberzeugung, Art. 4 I	äußere Glaubensverwirklichung : • religiöses und weltanschauliches Bekenntnis, Art. 4 I • Zusammenschluss zu Religions- und Weltanschauungsgemeinschaften und Betätigung dieser Gemeinschaften, Art. 4 I (ausdrücklich garantiert in Art. 137 WRV) • Religionsausübung, Art. 4 II • sonstige Glaubensverwirklichung, Art. 4 I • negative Glaubensfreiheit, Art. 4 I, II (Zum Teil in Art. 136 II, III WRV ausdrücklich genannt : Verschweigen der religiösen Überzeugung, Nichtteilnahme an religiösen Handlungen und Verweigerung religiöser Eidesformen)
Gewissensfreiheit, Art. 4 I	
innere - positive oder negative - Gewissensüberzeugung, Art. 4 I	äußere Gewissensverwirklichung • Kriegsdienstverweigerung, Art. 4 III • sonstige Gewissensverwirklichung, Art. 4 I • negative Gewissensfreiheit, Art. 4 I

5. Schutzbereich

5.1 Glaubensfreiheit (Abs. 1, 2)

5.1.1 Leitbegriffe

326 Glaube ist jede religiöse und weltanschauliche Überzeugung (BVerfGE 33, 106). Religion ist die „subjektive Gewissheit von der Eingliederung des Einzelnen in einen jenseitigen, nicht von den Menschen gesetzten Maßstäben zu beurteilenden und durch wissenschaftliche Erkenntnisquellen nicht erschöpfend zu erklärenden Zusammenhang" (Sachs/Kokott Rn 17). Der Glaube an einen personalisierten Gott ist also nicht unbedingt nötig. Weltanschauungen sind dagegen gedankliche Systeme, „die eine wertende Stellungnahme zum Sinn des Weltgeschehens bieten, ohne dabei auf Gott, das Jenseits oder die Idee der Transzendenz zurückzugreifen" (Sachs/Kokott Rn 18), wie etwa der wissenschaftliche Marxismus. Eine genaue Abgrenzung mag im Einzelfall schwierig sein, hat aber keine Auswirkung auf das Ergebnis, da Religion und Weltanschauung gleichermaßen geschützt sind und auch den selben Schranken unterliegen.

Bei dieser weiten Auslegung des Art. 4 besteht die Gefahr, dass das Grundrecht im Hinblick auf seine Grenzen konturenlos wird und dass Art. 4 aufgrund seiner vorbehaltlosen Geltung missbraucht wird. Dieser Gefahr versucht das BVerfG dadurch zu begegnen, dass es verlangt, dass es sich „auch tatsächlich, nach geistigem Gehalt und äußerem Erscheinungsbild, um eine Religion und eine Religionsgemeinschaft handeln" muss (E 83, 353). Es reicht also nicht aus, dass jemand nur behauptet, sein Handeln sei glaubensbedingt. Diese Behauptung muss vielmehr für einen Außenstehenden plausibel sein (BVerwG NVwZ 89, 60; Pieroth-Schlink Rn 512).

Beispiele: Die Ablehnung des Friedhofzwangs für Urnen unter Berufung auf religiöse Gründe wegen der "mit christlicher Symbolik ausgestatteten Friedhöfe" ist nicht plausibel (BVerfGE 50, 262). Eine Berufung auf Art. 4 ist auch nicht möglich, wenn eine Sekte sich von ihrer Zielsetzung her ausschließlich erwerbswirtschaftlich betätigt. Dann ist die Religion nur ein Vorwand (BVerwGE 90, 118 bzgl. der Osho-Bewegung ; BAG NJW 1996, 143 bzgl. Scientology, insoweit a.A. LG Hamburg NJW 88, 2617). Zur Begründung von Gewissensentscheidungen s.u. Rn 330.

5.1.2 individuelle Glaubensfreiheit

327 Geschützt ist neben dem Bilden und Haben eines Glaubens vor allem das Recht, sich zu dem Glauben zu bekennen und ihn zu verbreiten (BVerfGE 69, 33) und das Recht, sein gesamtes Verhalten an den Lehren seines Glaubens auszurichten, soweit dieses Verhalten für den Betreffenden aufgrund seines Glaubens innerlich verpflichtend ist (BVerfGE 41, 49). Gleiches gilt für die Weltanschauungsfreiheit.

Beispiele: die – über Art. 7 II hinausgehende - am Glauben ausgerichtete Erziehung der Kinder (BVerfGE 52, 296), das Abwerben von einem anderen Glauben (BVerfGE 12, 4) oder die Verweigerung eines Eides aus Glaubensgründen (BVerfGE 79, 75), die im übrigen auch durch Art. 136 IV WRV geschützt ist.

5.1.3 kollektive Glaubensfreiheit

328 Diese schützt den Zusammenschluss zu Religions- und Weltanschauungsgemeinschaften und die Betätigung dieser Gemeinschaften. Konkretisiert wird dieser Aspekt der Glaubensfreiheit in Art. 137 WRV :

- Ausschluss einer Staatskirche, Art. 137 I
- Freiheit der Vereinigung zu Religions- und Weltanschauungsgemeinschaften, Art. 137 II, VII

Hierbei handelt es sich um eine Sonderregelung gegenüber Art. 9. Dementsprechend sind auch die Schranken des Art. 9 II nicht anzuwenden. Die Folge davon ist, dass das Vereinsgesetz, das die Möglichkeit des Verbots von Vereinigungen regelt, nach seinem § 2 II ausdrücklich nicht für Religions- und Weltanschauungsgemeinschaften gilt.

- Selbstverwaltungsgarantie, Art. 137 III

Beispiele : Einrichtung einer eigenen, den staatlichen Rechtsschutz verdrängenden kirchlichen Gerichtsbarkeit (BVerfG NVwZ 89, 452) oder die Einrichtung eines theologischen Studienganges (BVerwGE 101, 311)

- Erwerb der Rechtsfähigkeit nach bürgerlichem Recht, Art. 137 III

Sondervorschriften für Religionsgemeinschaften sind also unzulässig. Diese haben vielmehr ein Recht auf Eintragung in das Vereinsregister, sofern sie nicht eine andere Rechtsform (nicht eingetragener Verein oder Körperschaft des öffentlichen Rechts) erstreben.

- Bestandssicherung für Körperschaften des öffentlichen Rechts und Anspruch für andere Gemeinschaften auf Erwerb dieser Rechtsstellung, wenn „sie durch ihre Verfassung und die Zahl ihrer Mitglieder die Gewähr der Dauer bieten", Art. 137 V.

Das bedeutet nicht, dass Gemeinschaften mit diesem Status öffentlich-rechtlich handeln können, da sie nicht Teile der Staatsorganisation sind (BVerfGE 66, 19). Ausnahme ist das Recht zur Erhebung von Steuern nach Art. 137 VI. Den Status einer Körperschaften des öffentlichen Rechts haben schon in der Weimarer Zeit die katholische und die evangelische Kirche gehabt, inzwischen auch die jüdischen Gemeinden, die Freireligiösen und die Mormonen. Für den Neuerwerb dieses Status scheint Art. 137 V WRV zu eng formuliert zu sein. Das BVerwG hat deshalb – in Übereinstimmung mit der h.L. – entschieden, dass eine Gemeinschaft, die vom Staat als Körperschaft des öffentlichen Rechts und damit als Kooperationspartner anerkannt werden will, sich innerhalb der verfassungsimmanenten Grenzen bewegen müsse. Das sei aber nicht der Fall, wenn eine Gemeinschaft wie die Zeugen Jehovas jegliche Teilnahme ihrer Mitglieder an demokratischen Wahlen und damit an der fundamentalen Legitimation des demokratischen Staates ablehne (NJW 1997, 2396).

5.1.4 negative Glaubensfreiheit

Erfasst wird von Art. 4 auch die negative Glaubensfreiheit, d.h. die Freiheit, keine religiöse oder weltanschauliche Überzeugung zu haben (BVerfGE 52, 241) bzw. eine bestimmte Überzeugung zu verschweigen (BVerfGE 65, 39). z.T. konkretisiert wird dieser negative Aspekt auch durch Art. 136 III, IV WRV : Verschweigen der religiösen Überzeugung, Nichtteilnahme an religiösen Handlungen und Verweigerung religiöser Eidesformen.

5.2 Gewissensfreiheit (Abs. 1, 3)

Gewissen ist „jede ernstliche sittliche, d.h. an den Kategorien von „gut" und „böse" orientierte Entscheidung, die der Einzelne einer bestimmten Lage als für sich bindend und unbedingt verpflichtend erfährt, so dass er gegen sie nicht ohne ernste Gewissensnot handeln könnte" (BVerfGE 48,73). Ob die Entscheidung „berechtigt" ist, spielt dagegen keine Rolle (BAGE 62, 69). Geschützt ist neben dem Bilden und Haben eines Gewissens vor allem das Handeln entsprechend der Gewissensentscheidung, soweit dieses für den Betreffenden aufgrund seiner Gewissensentscheidung innerlich verpflichtend ist (BVerfGE 78, 395).

Beispiele : die aus Gewissensgründen erfolgte Verweigerung des allgemeinen ärztlichen Bereitschaftsdienstes durch einen Augenarzt (BVerwGE 41, 268) oder die Verweigerung des Kriegsdienstes entsprechend Art. 4 III. Letztere ist nur geschützt, wenn sie sich auf den Dienst mit der Waffe nicht nur im

einzelne Grundrechte

Krieg, sondern auch im Frieden bezieht (BVerfGE 80, 358) und „schlechthin", also nicht nur für bestimmte Kriege, Situationen oder Waffen erfolgt (BVerfGE 69, 23; BVerwGE 83, 371).

Ob eine Handlung aus Gewissensgründen oder (lediglich) aus moralischen, rechtlichen oder politischen Gründen erfolgt, ist im Einzelfall schwierig festzustellen. Indizien für Gewissensentscheidungen sind etwa der unmittelbare Bezug zum Gewissen, die Unausweislichkeit der geforderten Belastung, die Bereitschaft, Nachteile in Kauf zu nehmen oder die Übereinstimmung mit der sonstigen Lebensführung.

Beispiele : Für eine Gewissensentscheidung bei der Ablehnung des Kriegsdienst mit der Waffe spricht, dass die Folge davon ein – im Verhältnis zum Wehrdienst – längerer Zivildienst ist, den der Kriegsdienstverweigerer bereit ist, in Kauf zu nehmen.

6. Schranken-Bereich

6.1 Glaubensfreiheit

6.1.1 immanente Schranken

331 Da Art. 4 weder eine ausdrückliche Schranke noch einen Gesetzesvorbehalt enthält, unterliegt er lediglich immanenten Schranken, also den Schranken, die sich aus im Einzelfall höherrangigen anderen Verfassungswerten ergeben (vgl. Rn 185 ff.).

Beispiele : Das Recht der Glaubenswerbung wird begrenzt durch die Glaubensfreiheit des Umworbenen, wenn zwischen beiden – wie etwa in Abhängigkeitsverhältnissen – keine „Waffengleichheit" besteht (BVerfGE 12, 4), die Befugnis zum kirchlichen Glockenläuten durch die Rechte Betroffener aus Art. 2 II 1, soweit es über die Grenzen des BImSchG hinausgeht (BVerwGE 68, 66). Keinen Beschränkungen unterliegt dagegen, da insoweit kein entgegenstehender Verfassungswert einschlägig ist, das Schächten von Tieren oder die Verweigerung eines Eides aus religiösen Gründen (BVerwG NVwZ 1996, 62; BVerfGE 79, 75)

6.1.2 Gesetzesvorbehalte ?

(1) Einfügung eines allgemeinen Gesetzesvorbehalts in Art. 4 ?

332 Der Parlamentarische Rat hat bewusst auf einen allgemeinen Gesetzesvorbehalt in Art. 4 verzichtet, da damals im Wesentlichen nur die beiden christlichen Kirchen als Religionsgemeinschaften existierten und an deren Rechts- und Verfassungstreue kein Zweifel bestand. Inzwischen gibt es aber eine Fülle von religiös ausgerichteten Sekten, die z.T. ihre Mitglieder in psychische und finanzielle Abhängigkeit bringen und ein hohes Maß an Gegnerschaft gegenüber der Umwelt aufweisen. Die Enquete-Kommission des Bundestages zu dem Thema „Sogenannte Sekten und Psychogruppen" hat sich 1998 deshalb auch mit der Frage beschäftigt, ob zur Bekämpfung dieser Gefahren ein Gesetzesvorbehalt in Art. 4 aufgenommen werden sollte, und diese Frage verneint, weil die Begrenzung der Religionsfreiheit durch immanente Schranken ausreichend sei, um notwendige Regelungen zu ermöglichen (Zur Sache 5/98, S. 256 ff.).

(2) Gesetzesvorbehalte aus Art. 140 GG i.V.m. Art. 136 ff WRV ?

333 Nach Art. 136 I WRV werden „die bürgerlichen und staatsbürgerlichen Rechte und Pflichten" durch die Ausübung der Religionsfreiheit weder bedingt noch beschränkt". Das könnte ein Schrankenvorbehalt (ähnlich dem der „allgemeinen Gesetze" in Art. 5 II) sein. Nach dem BVerfG (E 33, 30; zustimmend Sachs/Kokott Art. 4 Rn 83) ist Art. 136 I WRV jedoch „im Lichte der gegenüber früher (Art. 135 WRV) erheblich verstärkten Tragweite des Grundrechts auf Glaubens- und Gewissensfreiheit auszulegen; er wird ... von Art. 4 I überlagert" und ent-

hält danach keinen Gesetzesvorbehalt, was praktisch eine Außerkraftsetzung des Art. 136 I WRV bedeutet. Vermutlich geht das BVerfG davon aus, dass der Parlamentarische Rat bei der pauschalen Übernahme der Art. 136 ff. WRV den Widerspruch zu dem bewusst ohne Schranken formulierten Art. 4 nicht bemerkt hat. Das BVerwG (DVBl 2001, 487) und der überwiegende Teil der Literatur (u.a. Sachs/Ehlers Art. 140 Rn 4; BK/Zippelius Art. 140 Rn 89; JP/Jarass Art. 4 Rn 17; Pieroth/Schlink Rn 538) lehnen demgegenüber diese „Überlagerung" ab und geben Art. 136 I WRV eine eigenständige Bedeutung. Sie zählen zu den staatsbürgerlichen Pflichten zu allererst die Gesetzesbefolgungspflicht und sehen damit in Art. 136 I WRV den Vorbehalt der allgemeinen Gesetze, also solcher, die sich nicht speziell gegen die Religionsfreiheit richten. Dabei verlangen sie, dass die Auslegung und die Anwendung der allgemeinen Gesetze im Lichte der hohen Bedeutung der Religionsfreiheit erfolgen müssen.

Nach Art. 137 III, VII WRV ordnen und verwalten die Religions- und Weltanschauungsgemeinschaften „ihre Angelegenheiten selbständig innerhalb der Schranken des für alle geltenden Gesetzes". Diese Regelung wird vom BVerfG – anders als die des Art. 136 I WRV – als gesetzliche Schrankenregelung verstanden. Dabei ist jedoch der „Wechselwirkung zwischen Kirchenfreiheit und Schrankenzweck durch entsprechende Güterabwägung Rechnung zu tragen. Dabei ist dem Selbstverständnis der Kirchen eine besonderes Gewicht beizumessen" (E 72, 289).

6.2 Gewissensfreiheit

Die Gewissensfreiheit im Hinblick auf den Kriegsdienst mit der Waffe unterliegt nach Art. 12 a II der ausdrücklichen Schranke der Verpflichtung zu einem Ersatzdienst. Im Übrigen unterliegt die Gewissensfreiheit lediglich immanenten Schranken, also den sich aus im Einzelfall höherrangigen anderen Verfassungswerten ergebenden Schranken (vgl. Rn 185 ff.). 334

Beispiele: Die Ablehnung des Kriegsdienstes mit der Waffe findet bis zum Zeitpunkt der rechtskräftigen Anerkennung ihre Grenze in der Grundentscheidung für die militärische Landesverteidigung nach Art. 87 a (BVerfGE 28, 261). Im Arbeitsrecht, wo sich Art. 4 I über den Aspekt der mittelbaren Drittwirkung der Grundrechte (s.o. Rn 149 ff.) auswirkt, wird eine Gewissensentscheidung, eine bestimmte Arbeit – z.B. Waffen herzustellen – nicht zu verrichten, durch die Vertragsfreiheit des Arbeitgebers begrenzt, wenn dieser bereit ist, den Arbeitnehmer anderweitig einzusetzen (BAG NJW 1990, 203).

Keine Einschränkungsmöglichkeit eröffnet dagegen Art. 4 III 2, nach dem das „Nähere" ein Bundesgesetz „regelt". Das ist eine Ermächtigung nur zur Ausgestaltung eines Verfahrens zur Prüfung der Gewissensentscheidung, das jedoch sachgerecht, geeignet und zumutbar sein muss (BVerfGE 69, 25). Die Anforderungen an die Gewissensentscheidung dürfen dabei nicht zu hoch angesetzt werden. Es genügt ein Glaubhaftmachen (BVerwGE 14, 149).

Repetitorium: Rn 1022

Grundfall zu Art. 4 mit Musterlösung: Rn 1070 (1103, 1105 ff.)

Weiterführende Literatur: Klier, Verfassungsprobleme der Gewissensfreiheit, NVwZ 1991, 1033; Fehlau, Die Schranken der freien Religionsausübung, JuS 1993, 441; Isak, Das Selbstverständnis der Kirchen und Religionsgesellschaften, 1994; Muckel, Religiöse Freiheit und staatliche Letztentscheidung, 1997; Abel, Die aktuelle Entwicklung der Rechtsprechung zu neueren Glaubensgemeinschaften, NJW 1997, 426; Das Grundrecht der Glaubens- und Gewissenfreiheit, 1997; Tillmann, Zur Verleihung des Körperschaftsstatus an Religionsgesellschaften, DÖV 1999, 441; Hillgruber, Staat und Religion, DVBl. 1999, 1155; Muckel, Die Grenzen der Gewissensfreiheit, NJW 2000, 689; Czermak, Religionsfreiheit im Wandel, NJW 2000, 896; Abel, Die aktuelle Entwicklung der Rechtsprechung zu neueren Glaubens- und Weltanschauungsgemeinschaften, NJW 2001, 410

ART. 5 I, II : MEINUNGS-, INFORMATIONS-, PRESSE-, RUNDFUNK- UND FILMFREIHEIT

„(1) Jeder hat das Recht, seine Meinung in Wort, Schrift und Bild frei zu äußern und zu verbreiten und sich aus allgemein zugänglichen Quellen ungehindert zu unterrichten. Die Pressefreiheit und die Freiheit der Berichterstattung durch Rundfunk und Film werden gewährleistet. Eine Zensur findet nicht statt.

(2) Diese Rechte finden ihre Schranken in den Vorschriften der allgemeinen Gesetze, den gesetzlichen Bestimmungen zum Schutze der Jugend und in dem Recht der persönlichen Ehre."

1. historischer Hintergrund, internationaler und europäischer Schutz

335 Meinungs- bzw. Pressefreiheit sind in allen der Aufklärung folgenden Grundrechtskatalogen garantiert : Art. 12 der Bill of Rights von Virginia 1776 : Presse- (und damit indirekt auch die Meinungs-)freiheit; der erste Zusatzartikel zur amerikanischen Verfassung 1787 : Meinungs- und Pressefreiheit; Art. 10 und 11 der französischen Menschenrechtserklärung 1789 : Meinungsfreiheit; § 143 der Paulskirchenverfassung 1849 und Art. 27 der preußischen Verfassung 1850 : Meinungs- und Pressefreiheit, Art. 118 WRV : Meinungsfreiheit. Rundfunk- und Filmfreiheit werden erstmals durch das Grundgesetz gewährleistet, ebenso die Informationsfreiheit.

Zur Meinungs- und Informationsfreiheit bekennt sich die UNO in Art. 19 der Menschenrechtserklärung (vgl. Rn 85) und in Art. 19 des Pakts über bürgerliche und politische Rechte, der Europarat in Art. 10 EMRK (vgl. Rn 821) und die Europäische Union durch ihr Bekenntnis zur EMRK (Art. 6 II EUV), und durch Art. 11 der Grundrechtscharta 2000 (vgl. Rn 933), darin auch zur Medienfreiheit.

2. Bedeutung

336 Die Grundrechte des Art. 5 I bilden die Gewährleistung einer freien individuellen und vor allem öffentlichen Meinungsbildung und sind insoweit konstituierend für die freiheitliche Demokratie.

BVerfGE 7, 208 : „Das Grundrecht auf freie Meinungsäußerung ist als unmittelbarster Ausdruck der menschlichen Persönlichkeit in der Gesellschaft eines der vornehmsten Menschenrechte überhaupt ...Für eine freiheitlich-demokratische Staatsordnung ist es schlechthin konstituierend, denn es ermöglicht erst die ständige geistige Auseinandersetzung, ... die ihr Lebenselement ist ... Es ist in gewissem Sinn die Grundlage der Freiheit überhaupt."

BVerfG 20, 174 : „Eine freie Presse ist ein Wesenselement des freiheitlichen Staates; insbesondere ist eine freie, regelmäßig erscheinende politische Presse für die moderne Demokratie unentbehrlich. Soll der Bürger politische Entscheidungen treffen, so muss er umfassend informiert sein, aber auch die Meinungen kennen und gegeneinander abwägen können, die andere sich gebildet haben. Die Presse hält diese ständige Diskussion in Gang ... In der repräsentativen Demokratie steht die Presse zugleich als ständiges Verbindungs- und Kontrollorgan zwischen dem Volk und seinen gewählten Vertretern in Parlament und Regierung."

BVerfGE 35, 222 : „Hörfunk und Fernsehen gehören in gleicher Weise wie die Presse zu den unentbehrlichen Massenkommunikationsmitteln, denen sowohl für die Verbindung zwischen dem Volk und den Staatsorganen wie für deren Kontrolle als auch für die Integration der Gemeinschaft in allen Lebensbereichen eine maßgebende Wirkung zukommt. Sie verschaffen dem Bürger die erforderliche umfassende Information über das Zeitgeschehen und über Entwicklungen im Staatswesen und im gesellschaftlichen Leben."

3. Struktur

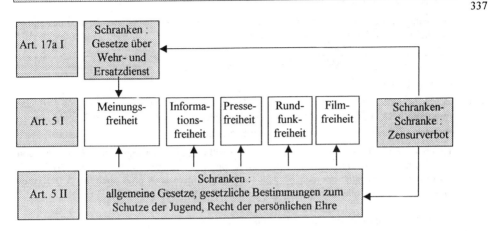

Art. 5 I enthält nicht nur Grundrechte. Das Zensurverbot des Satzes 3 ist vielmehr eine Schranke für die Ausübung der Schranken, denen Art. 5 I nach Art. 5 II und 17 a I unterliegt. Die Schranken des Art. 5 II beziehen sich nur auf die Grundrechte des Art. 5 I, nicht aber auf die des Art. 5 III (dazu siehe Rn 356, 360). Eine weitere Schranke ergibt sich aus Art. 17 a I.

4. Schutzbereiche

4.1 Recht, seine Meinung in Wort, Schrift und Bild frei zu äußern und zu verbreiten

Eine Meinung ist jede Wertung bzw. „jede Ansicht, Auffassung, Anschauung, Überzeugung, Einschätzung, Stellungnahme und jedes (Wert-)Urteil" (Dreier/Schulze-Fielitz Rn 44). Gekennzeichnet wird eine Meinung also durch „das Element der Stellungnahme, des Dafürhaltens, des Meinens im Rahmen einer geistigen Auseinandersetzung; auf den Wert, die Richtigkeit, die Vernünftigkeit der Äußerung kommt es nicht an" (BVerfGE 61, 8). Umfasst sind auch Tatsachenmitteilungen, soweit sie Voraussetzung der Bildung einer Meinung sind (BVerfGE 65,41), es sei denn, sie sind „erwiesen oder bewusst unwahr" (BVerfG NJW 1993, 916).

Geschützt ist das Äußern und Verbreiten einer Meinung nach Art. 5 I „in Wort, Schrift und Bild". Hierbei handelt es sich nur um Beispiele (BK/Degenhardt Rn 163, Sachs/Bethge Rn 44). Erfasst ist also auch jede andere denkbare Form, also etwa Gesten, Musik, Uniformen oder Symbole. Geschützt sind dabei der Inhalt, die Form und die Art und Weise der Äußerung (BVerfGE 76,192).

4.2 Recht, sich aus allgemein zugänglichen Quellen ungehindert zu unterrichten

Allgemein zugängliche Quellen sind solche, die „technisch geeignet und bestimmt ist, der Allgemeinheit, d.h. einem individuell nicht bestimmbaren Personenkreis, Informationen zu verschaffen" (BVerfGE 33, 65).

Beispiele: alle inländischen und ausländischen Medien (Zeitungen, Bücher, Sender usw.), nicht aber Behördenakten (BVerwG NJW 83, 2954).

Schränkt der Staat die Allgemeinzugänglichkeit ein, so fällt die Quelle damit nicht aus dem Schutz des Art. 5 I heraus, weil ansonsten das Grundrecht leer laufen könnte. Eine Beschränkung muss sich vielmehr an den Schranken des Art. 5 II messen lassen (BVerfGE 27, 84).

einzelne Grundrechte

Beispiel : Eine ausländischen Zeitung ist eine allgemein zugängliche Quelle, auch wenn der deutsche Staat ihren Bezug verbietet.

Geschützt ist die – nicht zwingend kostenlose - schlichte Entgegennahme als auch das aktive Beschaffen von Informationen (BVerfGE 27, 82).

4.3 Pressefreiheit

4.3.1 Begriff der Presse

340 Presse ist jedes zur Verbreitung an die Allgemeinheit bestimmte Druckerzeugnis (z.B. Jarass/Pieroth Rn 20, Sachs/Bethge Rn 68), unabhängig von seinem Inhalt (BVerfGE 66, 134).
Beispiele : Zeitungen, Bücher, Plakate, Flugblätter, Schallplatten.

Geschützt sind alle mit der Pressearbeit wesensmäßig zusammenhängenden Tätigkeiten „von der Beschaffung der Information bis zu Verbreitung der Nachricht oder Meinung" (BVerfGE 20,176), also nicht nur die redaktionelle Tätigkeit, sondern auch etwa auch der Anzeigenteil (BVerfGE 21, 278) oder der Zugang zu Presseberufen (BVerfGE 20, 175).

4.3.2 Pressefreiheit als subjektives Recht und Einrichtungsgarantie

BVerfGE 20, 176 : „Wird damit zunächst ... ein subjektives Grundrecht für die im Pressewesen tätigen Personen und Unternehmen gewährt, das seinen Trägern Freiheit gegenüber staatlichem Zwang verbürgt und ihnen in gewissen Zusammenhängen eine bevorzugte Rechtsstellung sichert, so hat die Bestimmung zugleich eine objektiv-rechtliche Seite. Sie garantiert das Institut „freie Presse". Der Staat ist ...verpflichtet, in seiner Rechtsordnung überall, wo der Geltungsbereich einer Norm die Presse berührt, dem Postulat ihrer Freiheit Rechnung zu tragen. Freie Gründung von Presseberufen, freier Zugang zu den Presseberufen, Auskunftspflichten der öffentlichen Behörden sind prinzipielle Folgerungen daraus; doch ließe sich etwa auch an eine Pflicht des Staates denken, Gefahren abzuwehren, die einem freien Pressewesen aus der Bildung von Meinungsmonopolen erwachsen könnten."

4.3.3 Regelung der Presse durch Landespressegesetze

341 Diese enthalten i.d.R. Regelungen über

- die Zulassungsfreiheit
- die Freiheit der Presse
- die Sorgfaltspflicht der Presse
- persönliche Anforderungen an verantwortliche Redakteure
- das Informationsrecht gegenüber Behörden
- die Pflicht zum Abdruck eines Impressums
- die Pflicht zum Abdruck von Gegendarstellungen

4.3.4 Schutz der Presse durch die Strafprozessordnung (StPO) :

342 Sie enthält weitergehende Rechte :

- § 53 I Nr. 5 : Zeugnisverweigerungsrecht von Journalisten
- § 97 II : Beschränkung von Beschlagnahmen, soweit das Zeugnisverweigerungsrecht reicht
- § 98 : Beschlagnahmen im übrigen nur auf Anordnung eines Richters

4.4 Freiheit der Berichterstattung durch Rundfunk

Rundfunk ist die Veranstaltung und Verbreitung von Darstellungen aller Art für die Allgemeinheit mit Hilfe elektrischer Schwingungen (OVG NW DÖV 78, 519), also Hörfunk und Fernsehen. Geschützt sind „alle mit der Veranstaltung von Rundfunk wesensmäßig zusammenhängenden Tätigkeiten, von der Beschaffung der Informationen bis zu ihrer Verbreitung" (BVerfGE 77,74; siehe auch oben Rn 340).

„Diese Aufgabe erfordert zunächst die Freiheit des Rundfunks von staatlicher Beherrschung und Einflussnahme" (BVerfG DVBl 86, 30). Das ist durch den besonderen Schutz durch die Rundfunkfreiheit des Art. 5 I erfolgt. Dieses Grundrecht unterliegt - ebenso wie das der Pressefreiheit - nur den in Art. 5 II enthaltenen Schranken (siehe unten Rn 345 ff.). Ebenso ist auch der Rundfunk durch die besonderen Schutzvorschriften der StPO (s.o. Rn 342) privilegiert. Darüber hinaus hat das Bundesverfassungsgericht in fünf Urteilen der besonderen Bedeutung des Rundfunks durch zahlreiche rechtliche Vorgaben Rechnung getragen, insbesondere das Verhältnis zwischen dem öffentlich-rechtlichen Rundfunk (Marktanteil 1997 = 39,7 %) und dem privaten Rundfunk (Marktanteil 1997 = 60,3 %) geklärt.

343

1961 E 12, 205 : Keine Bundeskompetenz zur Regelung des Rundfunks. Da die Rundfunkfreiheit wegen begrenzter Frequenzen nur von Wenigen wahrgenommen werden kann, müssen Landesrundfunkgesetze für privaten Rundfunk – ähnlich regeln wie bei den öffentlich-rechtlichen Rundfunkanstalten – eine binnenpluralistische Struktur (d.h. Mitwirkung aller gesellschaftlich relevanten Kräfte in den Rundfunkgremien) und Programmgrundsätze (umfassende Information, inhaltliche Ausgewogenheit, Sachlichkeit, gegenseitige Achtung) verlangen.

1981 E 57, 314 : Diese Anforderungen an privaten Rundfunk gelten auch bei unbegrenzten Frequenzen, da auch hier - aus finanziellen Gründen - die Rundfunkfreiheit nur von Wenigen wahrgenommen werden kann. Dabei kann der Gesetzgeber, statt sich für eine binnenpluralistische Struktur zu entscheiden auch Außenpluralismus , d.h. Pluralismus aller Rundfunkanstalten in ihrer Gesamtheit, ausreichen lassen.

1986 E 73, 118 : Nur der öffentlich-rechtliche Rundfunk hat die Aufgabe der „Grundversorgung" der Bevölkerung. Von privaten Rundfunkanstalten kann dagegen wegen ihrer Angewiesenheit auf hohe Einschaltquoten eine umfassende Information nicht verlangt werden, ebenso kein Binnenpluralismus, wohl aber „ein Mindestmaß an inhaltlicher Ausgewogenheit, Sachlichkeit und gegenseitiger Achtung".

1987 E 74, 297 : Ein Monopol privater Veranstalter zur Durchführung regionaler Rundfunkprogramme ist danach mit Art. 5 I nicht vereinbar. Das 5. Fernsehurteil ist die Grundlage des 1987 zwischen den Ländern geschlossenen Staatsvertrages zur Neuordnung des Rundfunkwesens geworden, der 1991 neu beschlossen wurde. Er regelt das Nebeneinander von öffentlich-rechtlichem und privatem Rundfunk, die Finanzierung des öffentlich-rechtlichen Rundfunks und für den bundesweit verbreiteten privaten Rundfunk Programmgrundsätze und Meinungsvielfalt : Ein Veranstalter darf jeweils nur ein Voll- und ein Spartenprogramm im Hörfunk und Fernsehen verbreiten. Auf der Grundlage dieses Staatsvertrages haben die Länder jeweils ein - nur den privaten Rundfunk betreffendes - Mediengesetz erlassen.

1991 E 83, 238 : An den privaten Rundfunk können – müssen aber nicht – geringere Anforderungen wie beim öffentlich-rechtlichen Rundfunk an die Breite des Programmangebots gestellt werden. Für die Zulassung privater Rundfunkveranstalter ist das Ausmaß der durch die Bewerber zu erwartenden Meinungsvielfalt ein sachgerechtes Auswahlkriterium.

einzelne Grundrechte

Das 5. Fernsehurteil ist die Grundlage des 1987 zwischen den Ländern geschlossenen Staatsvertrages zur Neuordnung des Rundfunkwesens, der 1991 neu beschlossen worden ist. Er regelt

- das Nebeneinander von öffentlich-rechtlichem und privatem Rundfunk, unter anderem auch die Finanzierung des öffentlich-rechtlichen Rundfunks
- Programmgrundsätze für den bundesweit verbreiteten privaten Rundfunk : Achtung der Menschenwürde, Förderung der internationalen Verständigung
- die Meinungsvielfalt im bundesweit verbreiteten privaten Rundfunk : Ein Veranstalter darf jeweils nur ein Voll- und ein Spartenprogramm im Hörfunk und Fernsehen verbreiten.

Auf der Grundlage dieses Staatsvertrages haben die Länder jeweils ein - nur den privaten Rundfunk betreffendes - Mediengesetz erlassen.

Das 6. Fernseh-Urteil 1991 hat zu dem 4. Fernseh-Urteil 1986 eine wichtige Klarstellung gebracht.

„Danach ist nicht der Schluss gerechtfertigt, „dass privaten Veranstaltern nur ein Grundstandard gleichgewichtiger Vielfalt auferlegt werden dürfe. Ein solcher .. genügt ... nur für die laufende Kontrolle, nicht für die Zulassung privater Veranstalter. Angesichts des für den öffentlich-rechtlichen Rundfunk uneingeschränkt geltenden Gebots gleichgewichtiger Vielfalt kann vielmehr eine Lockerung auf Seiten der privaten Anbieter zu einer Verzerrung des Gleichgewichts im Gesamtprogramm führen, die unter dem Normziel von Art. 5 Abs. 1 GG nur in engen Grenzen hinnehmbar erscheint. Sie findet ihre verfassungsrechtliche Rechtfertigung, aber auch Grenze, an dem Grundsatz, dass privater Rundfunk vom Gesetzgeber nicht unter Anforderungen gestellt werden darf, die seine Veranstaltungen in hohem Maße erschweren, wenn nicht ausschließen würde." (E 83, 316)

4.5 Freiheit der Berichterstattung durch Film

344 Film ist ein Massenmedium, bei dem ein chemisch-optischer Bildträger in der Öffentlichkeit vorgeführt wird (Jarass/Pieroth Rn 41). Darunter fallen auch Videobänder oder Bildplatten (z.B. MD/Herzog Rn 198; BK-Degenhart Rn 732., a.A. Sachs/Bethge Rn 68 : Presse). Geschützt sind alle mit der Veranstaltung von Filmen wesensmäßig zusammenhängenden Tätigkeiten, von der Herstellung bis zur Verbreitung der Filme.

5. Schranken-Bereich

5.1.1 Schranken des Art. 5 II

5.1.1 allgemeine Gesetze

345 sind solche, „die sich nicht gegen eine Meinung als solche richten, sondern dem Schutz eines schlechthin, ohne Rücksicht auf eine bestimmte Meinung zu schützenden Rechtsguts" dienen (BVerfGE 71, 114). Die Zielrichtung eines allgemeinen Gesetzes darf somit nicht Art. 5 I sein. Das Erfordernis der Allgemeinheit soll also verhindern, dass Gesetze einzelne Meinungen ihrem Inhalt nach verbieten und sich somit gezielt gegen die freie Meinungsbildung richten.

Beispiel : § 35 II BRRG (inhaltsgleich die entsprechenden Vorschriften der Landesbeamtengesetze) lautet : „Der Beamte hat bei politischer Betätigung diejenige Mäßigung und Zurückhaltung zu wahren, die sich aus seiner Stellung gegenüber der Gesamtheit und aus der Rücksicht auf die Pflichten seines Amtes ergibt." Dieses Gesetz zielt nicht darauf ab, aus dem Gesamtspektrum aller Meinungen bestimmte Äußerungen, etwa linke oder rechte, zu verbieten und somit die Meinungsbildung durch Beamte in eine bestimmte Richtung steuern zu wollen. § 35 II BRRG sagt vielmehr, dass Beamte sich insgesamt politisch zurückhalten sollen, unabhängig davon, welche politische Meinung sie konkret haben. Ihr Ziel ist also nicht die Verengung des durch Art. 5 I geschützten Meinungsspektrums. Ihr Ziel ist vielmehr ein anderes Rechtsgut als das des Art. 5 I, nämlich die durch Art. 33 V garantierte Neutralität des Berufsbeamtentums, die gefährdet wäre, wenn Beamte in ihrer Eigenschaft als Sachwalter der Allgemeinheit sich einseitig politisch äußern würden und somit den Eindruck erwecken könnten, sie würden nicht alle Bürger, insbesondere nicht solche, die eine andere politische Meinung haben, gleichbehandeln.

Das BVerfG legt in seiner Rechtsprechung das Schwergewicht weniger auf den ersten („nicht gegen eine Meinung als solche") als vielmehr auf den zweiten Teil der obigen Formel („Schutz eines schlechthin, ohne Rücksicht auf eine bestimmte Meinung, zu schützenden Rechtsgutes"), so dass praktisch jedes Gesetz allgemein i.S.d. Art. 5 II ist. Zu den allgemeinen Gesetzen gehören auch Gesetze, die die Grundrechte der Presse- und Rundfunkfreiheit als Einrichtungsgarantien inhaltlich ausgestalten : s.u. Rn 341, 343.

Wenn sich allgemeine Gesetze auch nicht gegen bestimmte Meinungen als solche richten, schränken sie doch die Meinungsfreiheit ein.

Beispiele : Einem Beamten, dem – aufgrund des allgemeinen Gesetzes § 35 II BRRG - verboten wird, sich in seiner Eigenschaft als Beamter in der Öffentlichkeit einseitig gegen die von der Regierung betriebene Verkehrspolitik zu äußern, wird auch dann in seiner Meinungsfreiheit eingeschränkt, wenn das entsprechende Verbot primär die Zielrichtung der Wahrung der Neutralität des Berufsbeamtentums hat.

Allgemeine Gesetze i.S.d. Art. 5 II müssen daher dem Wertgehalt der Schutzgüter des Art. 5 I Rechnung tragen. BVerfGE 7, 208 : „ Die sich aus den allgemeinen Gesetzen sich ergebenden Grenzen der Grundrechte des Art. 5 Abs. 1 GG müssen ihrerseits im Lichte dieser Grundrechte gesehen werden; (sie) sind aus der Erkenntnis der Bedeutung der Freiheit der Meinungsäußerung, der Presse-, Rundfunk- und Filmfreiheit im freiheitlichen demokratischen Staat auszulegen und so in ihrer diese Grundrechte beschränkenden Wirkung selbst wieder einzuschränken." Diese Wechselwirkungslehre (siehe auch Rn 198) stellt also letztlich eine besondere Variante des Grundsatzes der Verhältnismäßigkeit dar (Sachs/Bethge Rn 146). Die allgemeinen Gesetze lassen in verfassungskonforme Auslegung also nur solche Einschränkungen der Grundrechte des Art. 5 I zu, die im konkreten Fall höher zu bewerten sind als das betroffene Grundrecht.

346

Beispiel : Nach § 35 II BRRG kann einem Lehrer nicht verboten werden, in einer Diskussion über die Vor- Nachteile der Kernenergie, die den Schülern eine Meinungsbildung ermöglichen soll, seine eigene Meinung zu äußern, wenn diese als eine von mehreren möglichen dargestellt wird. Hier würde Art. 5 I höher zu bewerten sein. Trägt er seine Meinung aber lediglich in Form einer Anti-Atomkraft-Plakette zur Schau, so liegt darin eine verengende Beeinflussung der Meinungsbildung der Schüler, so dass Art. 33 V höher wiegt als Art. 5 I (BVerwG DVBl 1990, 646).

5.1.2 gesetzliche Bestimmungen zum Schutze der Jugend

Der Jugendschutz ist eine selbständige Schranke neben den allgemeinen Gesetzen, kann als Schranke also – anders als die allgemeinen Gesetze – auch gegen bestimmte Meinungen gerichtet sein. Ziel des Jugendschutzes ist die Abwehr drohender Gefahren für die Jugend, wie sie vor allem von Medienprodukten ausgehen können, die Gewalttätigkeiten oder Verbrechen glorifizieren, Hass auf andere Menschen provozieren, den Krieg verherrlichen oder sexuelle Vorgänge in grob schamverletzender Weise darstellen (BVerfGE 30, 347).

347

5.1.3 Recht der persönlichen Ehre

Dieses ist bereits durch das allgemeine Persönlichkeitsrecht (s.o. Rn 250) und in der Regel auch über die Schranke der allgemeinen Gesetze geschützt (BVerfGE 34, 282). Eine besondere Ausprägung ist das Gegendarstellungsrecht, das auch in allen Landespresse- und Landesmediengesetzen geregelt ist.

348

5.2 Schranken des Art. 17 a I

„Gesetze über Wehrdienst und Ersatzdienst können bestimmen, dass für die Angehörigen der Streitkräfte und des Ersatzdienstes während der Zeit des Wehr- oder Ersatzdienstes das Grundrecht, seine Meinung in Wort, Schrift und Bild frei zu äußern und zu verbreiten (Art. 5 Abs. 1 Satz 1 erster Halbsatz) ... eingeschränkt werden."

349 Art. 17 a I wird überwiegend als spezielle Vorschrift im Verhältnis zu Art. 5 II angesehen (BVerwGE 43, 23; Dreier/Heun Rn 9; Sachs/Kokott Rn 21; MD/Dürig Rn 28), was bedeutet, dass Gesetze über Wehr- und Ersatzdienst gezielt bestimmte Meinungen verbieten können, weil sie keine allgemeinen i.S.d. Art. 5 II zu sein brauchen (siehe Rn 345). Nach dem Grundsatz der Verhältnismäßigkeit dürfte das aber nur im Spannungsfall zulässig sein (Sachs/Kokott Rn 19). So weit gehen die Gesetze über Wehr- und Ersatzdienst aber nicht. Die in ihnen geregelten Einschränkungen sind im Wesentlichen : Zurückhaltungsgebot für Offiziere (§10 VI SoldatenG), Betätigungsverbot und Mäßigungsgebot während des Dienstes (§ 15 SoldatenG, § 29 ZDG), Achtungsgebot gegenüber Vorgesetzen auch außerhalb des Dienstes (§ 17 SoldatenG).

6. Schranken-Schranken-Bereich

350 Besonders erwähnt ist hierzu in Art. 5 I 3 das Zensurverbot. Dieses ist kein selbständiges Grundrecht, sondern bildet eine Schranke für die Beschränkungsmöglichkeiten nach Art. 5 II. Das Gleiche muss auch für die des Art. 17 a I gelten. Ansonsten hätte es sich angeboten, bei der Einfügung dieser Vorschrift auch die Möglichkeit der Einschränkung des Zensurverbots aufzunehmen, auch wenn dieses selbst kein Grundrecht ist. Zensur i.S.d. Art. 5 I 3 ist die Vorzensur (BVerfGE 83, 155), d.h. „ein präventives Verfahren, vor dessen Abschluss ein Werk nicht veröffentlicht werden darf" (BVerfGE 87,330). Eine „Nachzensur", d.h. die nachträgliche - insbesondere gerichtliche - Überprüfung der Einhaltung der Schranken des Art. 5 II ist dagegen zulässig.

Repetitorium : Rn 1023

Weiterführende Literatur : Schmidt/Glaeser, Die Rundfunkfreiheit in der Rechtsprechung des Bundesverfassungsgerichts, AöR 1987, 215; Degenhart, Duale Rundfunkordnung, Jura 1988, 21; Brugger, Rundfunkfreiheit und Verfassungsinterpretation, 1991; Stark, „Grundversorgung" und Rundfunkfreiheit, NJW 1992, 3257; Bethge, Verfassungsrechtliche Aspekte des föderalen Rundfunkfinanzausgleichs, DÖV 1994, 445; Reupert, Die Filmfreiheit, NVwZ 1994, 1155; Grimm, Die Meinungsfreiheit in der Rechtsprechung des BVerfG, NJW 1995, 1697; Lerche, Aktuelle Fragen der Informationsfreiheit, Jura 1995, 561; Grimm, Die Meinungsfreiheit in der neueren Rechtsprechung des BVerfG, NJW 1995, 1697; Di Fabio, Information als Gestaltungsmittel, JuS 1997, 1; Hesse, Zur aktuellen Entwicklung des Rundfunkrechts, BayVBl. 1997, 132; Scholz/Konrad, Meinungsfreiheit und allgemeines Persönlichkeitsrecht, AöR 1998, 60

ART. 5 III : FREIHEIT VON KUNST UND WISSENSCHAFT

„Kunst und Wissenschaft, Forschung und Lehre sind frei. Die Freiheit der Lehre entbindet nicht von der Treue zur Verfassung."

1. historischer Hintergrund, internationaler und europäischer Schutz

Die Kunstfreiheit wurde erstmals durch die Weimarer Reichsverfassung gewährleistet (Art. 142). International wird sie durch den Pakt über wirtschaftliche, soziale und kulturelle Rechte 1966 der UNO geschützt (Art. 15). Im europäischen Bereich hat der Europäische Gerichtshof für Menschenrechte die Meinungsfreiheit des Art. 10 EMRK auch auf künstlerische Betätigungen ausgedehnt (EuGRZ 1988, 543). Die Europäische Union hat durch ihr Bekenntnis zur EMRK (Art. 6 II EUV) somit auch die Gewährleistung der Kunst übernommen(vgl. Rn 929). Außerdem bekennt sich die Grundrechtscharta 2000 in Art. 13 dazu (vgl. Rn 933).

351

Die Wissenschaftsfreiheit war durch die Paulskirchenverfassung 1849 (Art. 153) und durch die Weimarer Reichsverfassung (Art. 142) garantiert. International wird sie durch den Pakt über wirtschaftliche, soziale und kulturelle Rechte 1966 der UNO geschützt (Art. 15). Die Europäische Union hat sich durch ihr Bekenntnis zu den Grundrechten der Mitgliedsstaaten (Art. 6 II EUV) indirekt auch zur Wissenschaftsfreiheit bekannt (vgl. Rn 929). Ein direktes Bekenntnis enthält die Grundrechtscharta 2000 in Art. 13 (vgl. Rn 933).

2. Bedeutung

Beide Grundrechte schützen die schöpferische Kraft des Menschen : die Kunstfreiheit die emotionale, die Wissenschaftsfreiheit die rationale Kreativität. Als Schutz der Selbstverwirklichung des Künstlers ist die Kunstfreiheit „der Menschenwürde zugeordnet" (BVerfGE 30, 193). Gleichzeitig ist sie auch ein wichtiges Kommunikationsgrundrecht. Die Wissenschaftsfreiheit hat über die Selbstverwirklichung und Kommunikation hinaus eine „Schlüsselfunktion ...für die gesamtgesellschaftliche Entwicklung" (BVerfGE 35, 114), für den Fortschritt insbesondere in Technik, Wirtschaft und Medizin. Der Bedeutung der Grundrechte der Kunst- und Wissenschaftsfreiheit trägt das Grundgesetz Rechnung, indem es sie ohne Gesetzesvorbehalt - also nur durch andere Verfassungswerte begrenzt - gewährleistet, was auch eine Reaktion auf die staatliche Ausrichtung von Kunst und Wissenschaft während des Dritten Reiches war.

352

3. Struktur

353

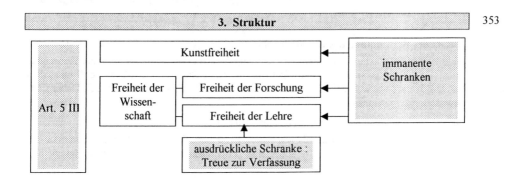

einzelne Grundrechte

Diese Grundrechte des Art. 5 III sind nicht durch Gesetz einschränkbar. Sie unterliegen auch nicht den Schranken des Art. 5 II, sondern nur immanenten Schranken, also im Einzelfall höherrangigen anderen Verfassungswerten (vgl. Rn 185). Nur die Freiheit der Lehre unterliegt einer ausdrücklichen Schranke : der Treue zur Verfassung.

4. Freiheit der Kunst

4.1 Grundrechtsträger

354
- ist nicht nur derjenige, der das Kunstwerk herstellt, sondern auch
- der, der das Kunstwerk der Öffentlichkeit zugänglich macht, wie etwa ein Verleger (BVerfGE 36, 331) und
- künstlerische Einrichtungen wie Kunst- und Musikhochschulen sowie die in ihnen tätigen Personen (BVerwGE 62, 59),
- nicht aber die, die Kunst lediglich nutzen (BVerfG NJW 1985, 263).

4.2 Schutzbereich

355 Eine allgemein anerkannte Definition des Begriffs Kunst gibt es bis heute nicht. „Der Begriff Kunst leidet unter der Schwierigkeit oder... Unmöglichkeit seiner Definition" (v.Münch/Wendt Rn 89) bzw. sogar „darunter, dass eine Definition der Kunst ihrem eigentlichen Wesen widerspricht, eine Abgrenzung in der Rechtsanwendung aber unausweichlich ist" (BVerfGE 83, 138; JP/Jarass Rn 85).

Versuche einer Definition sind etwa :

- „Kunst ist jeder schöpferisch-individuale Akt sinnlich anschaulicher Formgebung ..., der der objektivierte Ausdruck eines persönlichen Erlebnisses seines Schöpfers ist und auf kommunikative Sinnvermittlung nach außen gerichtet ist." (MD/Scholz Rn 29)

- „Kunst ist ein schöpferischer Akt, der sich durch eine wie auch immer geartete erkennbare geistige Struktur in kunsttypischer oder in ähnlicher neuer Formgebung auszeichnet und der als solcher nicht unter den besonderen Schutz anderer Grundrechte fällt." (v.Mangoldt Rn 186)

- „Das Wesentliche der künstlerischen Betätigung ist die freie schöpferische Gestaltung, in der Eindrücke, Erfahrungen, Erlebnisse des Künstlers durch das Medium einer bestimmten Formensprache zu unmittelbarer Anschauung gebracht werden. Alle künstlerische Tätigkeit ist ein Ineinander von bewussten und unbewussten Vorgängen, die rational nicht aufzulösen sind." (BVerfGE 67, 226)

Ansatz der Bestimmung des Kunstbegriffs
muss sein zu verhindern, dass der Staat einseitig festlegt, was Kunst ist. Für die Kunst gilt grundsätzlich das Gebot der Staatsfreiheit (Sachs/Bethge Rn 183). Der Kunstbegriff muss daher vom Ansatz her weit gefasst werden (BGH NJW 1986, 1274; MD/Scholz 86). Dabei sind gewisse Indizien heranzuziehen :

Für das Vorliegen von Kunst spricht (JP/Jarass Rn 85)
- wenn der Urheber das Werk als Kunstwerk betrachtet. Das alleine kann als Kriterium jedoch nicht ausreichen. Es wäre sonst eine „kopernikanische Wende" (Sachs/Bethge Rn 184).

- wenn ein in Kunstfragen kompetenter Dritter es für vertretbar hält, das in Frage stehende Gebilde als Kunstwerk anzusehen,
- wenn bei formaler typologischer Betrachtung die Gattungsanforderungen eines bestimmten Werktyps (etwa Malen, Dichten etc.) erfüllt sind oder sich das Werk im Wege einer fortgesetzten Interpretation immer neuen Deutungen erschließt.

Nicht gegen Kunst spricht,
- wenn die Mehrheit der Bevölkerung das betreffende Werk nicht als Kunst ansieht. Kunst kann „im Einzelfall extrem elitär und minoritär sein" (Sachs/Bethge Rn 185).
- wenn ein politischer, religiöser oder sonstiger Zweck angestrebt wird (BVerfGE 67, 227).
- wenn das „Niveau" niedrig ist (BVerfGE 81, 305). Kunst schließt Satire, Parodie und Persiflage ein. Auch stehen eine Vulgärsprache oder pornographische Elemente der Annahme von Kunst nicht entgegen (BVerfGE 83, 139).

Geschützt wird durch die Kunstfreiheit

- der „Werkbereich" : die eigentliche künstlerische Betätigung
- der „Wirkbereich" : die Darbietung und Verbreitung der Kunst (BVerfGE 7,251). Dazu gehört nicht die wirtschaftliche Verwertung, also die Einnahmeerzielung (BVerfGE 71, 176). Sie wird durch andere Grundrechte geschützt. Auch ergibt sich aus der Kunstfreiheit kein Anspruch auf staatliche Förderung (BVerwG NJW 1980, 718), da der Staat bei der Wahrnehmung seiner Verpflichtung zur Förderung der Kunst einen erheblichen Spielraum besitzt (i.E. BVerfGE 36, 331).

4.3 Schranken-Bereich

Da die Kunstfreiheit keinem Gesetzesvorbehalt und keinen ausdrücklichen Schranken unterliegt, findet sie ihre Grenze nur in ihren immanenten Schranken, also in anderen Verfassungswerten, wenn diese im Einzelfall höher zu bewerten sind (BVerfGE 67, 228), vgl. Rn 185. Das wird im Werkbereich kaum möglich sein, wohl aber im Wirkbereich.

356

Beispiele :

- Jugendschutz begrenzt, wenn er im Einzelfall höherrangig ist, als Verfassungswert - Art. 5 II - die Kunstfreiheit. Die Verbreitung jugendgefährdender Kunstwerke an Jugendliche kann daher u.U. verboten werden (BVerfGE 83, 139).
- Verunstaltende Bauwerke finden ihre Grenzen in berechtigten Eigentumsinteressen von Nachbarn - Art 14 - (BVerwG NVwZ 1991, 983).
- Theaterbetriebe unterliegen den Schranken der Bestimmungen von Personal- und Betriebsräten - Art. 9 III - (BVerwGE 62, 57).
- Von einem Künstler abgeschlossene vertragliche Vereinbarungen begrenzen i.d.R. seine Kunstausübung - Art. 2 I - (BGHZ 55, 80).

Repetitorium zur Kunstfreiheit : Rn 1024

Weiterführende Literatur : Henschel, Die Kunstfreiheit in der Rechtsprechung des BVerfG, NJW 1990, 1937; Isensee, Kunstfreiheit im Streit mit Persönlichkeitsschutz, AfP 1993, 619; Zöbeley, Warum lässt sich Kunst nicht definieren ? NJW 1998, 1372

5. Freiheit der Wissenschaft

5.1 Grundrechtsträger

357 ist jeder, der eigenverantwortlich in wissenschaftlicher Weise tätig ist oder werden will (BVerfGE 35, 112). Das Grundrecht ist also nicht auf wissenschaftliche Tätigkeit an Hochschulen beschränkt. Soweit es diese erfasst, schützt es in erster Linie die Hochschullehrer, aber auch Studenten, soweit sie wissenschaftlich tätig sind (BVerfGE 55, 67). Grundrechtsträger sind auch die Einrichtungen, die Wissenschaft betreiben und organisieren, insbesondere also die wissenschaftlichen Hochschulen und ihre Fakultäten (MD/Scholz Rn 124). Auch die Fachhochschulen gehören dazu, wenn auch bei ihnen das Verhältnis von Forschung und Lehre nicht gleichrangig ist, sondern die Lehre im Vordergrund steht. Das „Forschungsspektrum der Fachhochschule ist durch ihren Ausbildungsauftrag markiert" (BVerfGE 64, 359).

5.2 Schutzbereich

5.2.1 geschützte Tätigkeiten :

358
- **Wissenschaft** ist der Oberbegriff für Forschung und Lehre (BVerfGE 35, 113).
- **Forschung** ist der „ nach Inhalt und Form ... ernsthafte und planmäßige Versuch zur Ermittlung der Wahrheit" (BVerfGE 47, 367) bzw. „das ernsthafte Bemühen, das Gewusste mit dem Wissbaren in Übereinstimmung zu bringen" (BVerwGE 23, 120). Vorausgesetzt wird dabei ein gewisse Kenntnisstand sowie ein methodisch geordnetes Vorgehen (MD/Scholz Rn 91). Geschützt sind alle Aktivitäten der Forschung mit allen vorbereitenden und unterstützenden Tätigkeiten, die Organisation der Forschung und die Veröffentlichung der Forschungsergebnisse (MD/Scholz Rn 84).
- **Lehre** ist die eigenverantwortliche Vermittlung eigener und fremder Forschungsergebnisse. Geschützt ist dabei die Bestimmung des Hochschullehrers über Inhalt, Methoden und Ablauf der Lehrveranstaltungen (BVerfGE 55, 68).

5.2.2 Inhalt der Wissenschaftsfreiheit

359 Die Wissenschaftsfreiheit gewährt zunächst „ein Recht auf Abwehr jeder staatlichen Einwirkung auf den Prozess der Gewinnung und Vermittlung wissenschaftlicher Erkenntnisse" (BVerfGE 47, 367). Erfasst sind davon Einwirkungen auf den einzelnen Wissenschaftler und auf die wissenschaftliche Institution.

Weiterhin verlangt die Wissenschaftsfreiheit in ihrer Eigenart als wertentscheidende Grundsatznorm (s.o. Rn 109) , dass der Staat „die Pflege der freien Wissenschaft und ihrer Vermittlung ... durch die Bereitstellung von personellen, finanziellen und organisatorischen Mittel zu ermöglichen und zu fördern" hat (BVerfGE 88, 136), wobei er einen erheblichen Gestaltungsspielraum besitzt (BVerfGE 66, 177).

Schließlich ergibt sich für den einzelnen Hochschullehrer aus Art. 5 III i.V.m. Art. 3 I ein Teilhabeanspruch (vgl. Rn 103). Er bezieht sich auf jeden Fall auf eine bedarfsgerechte Ausstattung (MD/Scholz Rn 177). In Betracht kommt auch ein Anspruch auf Beteiligung an Forschungsgeldern. Erfüllt ist ein solcher Anspruch, wenn die Verteilung der Mittel nach sachgerechten Kriterien erfolgt ist (BVerwGE 52, 349). Auf eine ausschließliche Orientierung der Verteilung am Bedarf des einzelnen Hochschullehrers ist der Anspruch dagegen nicht gerichtet (BVerwG MDR 1978, 252).

Soweit sich der Gesetzgeber bei der Organisationsstruktur von Hochschulen dafür entscheidet, dass neben den Hochschullehrern auch andere Gruppen mitbestimmen können, muss er „der herausgehobenen Stellung der Hochschullehrer Rechnung tragen" (BVerfGE 35, 330). Soweit gruppenmäßig zusammengesetzte Kollegialorgane über Angelegenheiten zu entscheiden haben, die die Forschung und Lehre unmittelbar betreffen, müssen daher folgende Grundsätze beachtet werden (BVerfGE 35, 330 f.) :

- „Die Gruppe der Hochschullehrer muss homogen, d.h. nach Unterscheidungsmerkmalen zusammengesetzt sein, die sie gegen andere Gruppen eindeutig abgrenzen". Sie muss also aus akademischen Forschern und Lehrern bestehen, die „aufgrund der Habilitation oder eines sonstigen Qualifikationsbeweises mit der selbständigen Vertretung eines wissenschaftlichen Fachs in Forschung und Lehre betraut sind."
- „Bei Entscheidungen, die unmittelbar die Lehre betreffen, muss der Gruppe der Hochschullehrer der ihrer besonderen Stellung verbleibende Einfluss verbleiben. Diesem Erfordernis wird genügt, wenn diese Gruppe über die Hälfte der Stimmen verfügt."
- „Bei Entscheidungen, die unmittelbar Fragen der Forschung oder die Berufung der Hochschullehrer betreffen, muss der Gruppe der Hochschullehrer ein weitergehender, ausschlaggebender Einfluss vorbehalten bleiben."

   Das heißt, dass hier nicht nur die Mehrheit der Mitglieder des betreffenden Gremiums, sondern zusätzlich auch die Mehrheit der diesem Gremium vertretenen Professoren der Entscheidung zustimmen muss.

- „Bei allen Entscheidungen über Fragen von Forschung und Lehre ist eine undifferenzierte Beteiligung der Gruppe der nichtwissenschaftlichen Bediensteten auszuschließen."

Diese Grundsätze sind im Hochschulrahmengesetz (§§ 38, 44 f.) und in den Hochschulgesetzen der Länder vollständig übernommen und konkretisiert worden.

5.3 Schranken-Bereich

Die Wissenschaftsfreiheit unterliegt keinem Gesetzesvorbehalt. Art. 5 III enthält lediglich eine ausdrückliche Schranke : Nach seinem Satz 2 „entbindet die Freiheit der Lehre nicht von der Treue zur Verfassung." Diese Verpflichtung ist enger als die allgemeine beamtenrechtliche Treuepflicht, da sie nicht wie diese Mäßigungs- und Neutralitätskriterien unterliegt. Entstehungsgeschichtlich ist sie eine Reaktion auf Gefährdungslagen während der Weimarer Republik und gehört damit in den Gesamtzusammenhang der Regelungen des Grundgesetzes, die das Prinzip der streitbaren Demokratie konkretisieren (Art. 9 II, 18, 21 II, 98 II).

360

Im übrigen unterliegt die Wissenschaftsfreiheit lediglich immanenten Schranken, d.h. im Einzelfall höherrangigen anderen Verfassungswerten. Als solche kommen insbesondere in Betracht

- die Menschenwürde und die Rechte auf Leben und körperliche Unversehrtheit bei Experimenten an Menschen und menschlichen Embryonen (vgl. Rn 244 ff.)
- die Menschenwürde bei Experimenten an Leichen (vgl. Rn 121, 238)
- das allgemeine Persönlichkeitsrecht des Art. 2 I (vgl. Rn 250 ff.)
- der Umweltschutz nach Art. 20 a (vgl. Rn 682 ff.)
- die hergebrachten Grundsätze des Berufsbeamtentums aus Art. 33 V, etwa die Amtsverschwiegenheit (BVerwGE 37, 269).

Repetitorium zur Wissenschaftsfreiheit : Rn 1024

Weiterführende Literatur : Dickert, Naturwissenschaften und Forschungsfreiheit; Classen, Wissenschaftsfreiheit außerhalb der Hochschule, 1994; Trute, Die Forschung zwischen grundrechtlicher Freiheit und staatlicher Institutionalisierung, 1994

ART. 6 : SCHUTZ VON EHE UND FAMILIE

„(1) Ehe und Familie stehen unter dem besonderen Schutz der staatlichen Ordnung.
(2) Pflege und Erziehung der Kinder sind das natürliche Recht der Eltern und die zuvörderst ihnen obliegende Pflicht.
(3) Gegen den Willen der Erziehungsberechtigten dürfen Kinder nur aufgrund eines Gesetzes von der Familie getrennt werden, wenn die Erziehungsberechtigten versagen oder wenn die Kinder aus anderen Gründen zu verwahrlosen drohen.
(4) Jede Mutter hat Anspruch auf den Schutz und die Fürsorge der staatlichen Gemeinschaft.
(5) Den unehelichen Kindern sind durch die Gesetzgebung die gleichen Bedingungen für ihre leibliche und seelische Entwicklung und ihre Stellung in der Gesellschaft zu schaffen wie den ehelichen Kindern."

1. historischer Hintergrund, internationaler und europäischer Schutz

361 Regelungen wie die in Art. 6 hat es, da der Schutz von Ehe und Familie nicht erkämpft werden musste, erstmals erst in der Weimarer Reichsverfassung gegeben (Art. 119 - 122). Im Nationalsozialismus wurden Ehe und Familie als Keimzelle des arischen Herrenrasse ideologisch vereinnahmt. Im Parlamentarischen Rat gab es über die Regelungen des Art. 6 II - V schnell Einigkeit. Die Garantie von Ehe und Familie in Art. 6 I erfolgte aber erst nach heftigen Auseinandersetzungen zwischen den Befürwortern CDU/CSU und FDP und der Kritikerin SPD (Einzelheiten bei Schmid S. 264 ff.).

Zu dem Recht, eine Ehe zu schließen und eine Familie zu gründen, bekennt sich die UNO in Art. 16 I der Menschenrechtserklärung (vgl. Rn 85) und in Art. 23 des Pakts über bürgerliche und politische Rechte, der Europarat in Art. 12 EMRK (vgl. Rn 821) und die Europäische Union durch ihr Bekenntnis zur EMRK in Art. 6 II EUV (vgl. Rn 929) und durch Art. 9 und 33 der Grundrechtscharta 2000 (vgl. Rn 933). Diese enthält auch spezielle Rechte zum Schutz von Kindern (Art. 24, 32).

2. Bedeutung

362 Das Regelungsmodell, von dem der Parlamentarische Rat bei der Schaffung des Art. 6 ausging, war der Idealtypus der bürgerlichen Kleinfamilie mit der traditionellen Rollenverteilung zwischen dem als Ernährer fungierenden Mann und der Haushalt und Kinder betreuenden Frau. Diese Rollenverteilung war auch noch kennzeichnend für die ersten beiden Jahrzehnte der Bundesrepublik. Seitdem aber hat sich - ohne dass der Text des Art. 6 verändert wurde - ein erheblicher Strukturwandel vollzogen (Zahlen dazu unten) : ein Rückgang der Heiratsneigung, eine Zunahme von Scheidungen, kinderlosen Ehen, nichtehelichen und gleichgeschlechtlichen Lebensgemeinschaften und Single-Haushalten. Dennoch bleibt die Bedeutung von Ehe und Familie bestehen. Die Familie ist als häufig sozial schwache Einheit in besonderem Maße auf den Schutz des Staates angewiesen. Die Ehe ihrerseits ist in starkem Maße auf die Familie bezogen, da der Entschluss zur Eheschließung bei jungen Menschen immer weniger ein Entschluss für die Ehe als solche ist, als immer häufiger ein Entschluss für die Familie (Nave-Herz, Kinderlose Ehen, 1988 S. 28).

Ein Dauerthema im Zusammenhang mit Art. 6 war die Frage der Behandlung von gleichgeschlechtlichen Lebensgemeinschaften. Für eine entsprechende Ausdehnung des Schutzes durch Art. 6 gab es bisher keine verfassungsändernde Mehrheit. Deshalb konzentrierte sich die Diskussion vorrangig auf den Schutz bzw. die Nichtdiskriminierung durch den einfachen Gesetzgeber. Dieser hat am 10.11.2000 das Lebenspartnerschaftsgesetz (LPartG) verabschiedet, das am 1.8.2001 in Kraft treten soll. Es regelt als Folgen einer vor einer Behörde eingegangenen Lebenspartnerschaft insbesondere die Verpflichtung zu Fürsorge, Unterstützung und gemeinsamer Lebensgestaltung (§ 2), die Möglichkeit eines gemeinsamen Namens (§ 3), die Regelung der vermögensrechtlichen Verhältnisse (§§ 6 ff.), die Verpflichtung zum gegenseitigen Unterhalt (§ 5, 12), Sorgerechte (§ 9) und ein Erbrecht (§ 10). Aufgehoben werden kann die Lebenspartnerschaft – unter Einhaltung einer ein- bzw. dreijährigen Frist – durch gerichtliches Urteil (§ 15). Das Gericht kann Entscheidungen über die gemeinsame Wohnung treffen. Bei Bedürftigkeit besteht ein Unterhaltsanspruch gegen den ehemaligen Partner (§ 16).

Von geringer unmittelbarer Bedeutung ist - weil inzwischen weitgehend erfüllt - der Anspruch von Müttern auf Schutz und Fürsorge nach Art. 6 IV und die Pflicht zur Gleichstellung unehelicher Kinder nach Art. 6 V (s.u. Rn 375).

	1960	1970	1980	1990	1999
Eheschließungen	698.028	575.233	496.603	516.388	430.674
Scheidungen (ehemalige Bundesrepublik)	48.878	76.520	96.222	122.869	163.368[1]
nichteheliche Lebensgemeinschaften	?	136.000[2]	516.000[3]	963.000	2.054.000
Geburten (ehemalige Bundesrepublik)	968.629	810.808	620.657	727.199	664.018
Geburten (neue Länder und Ost-Berlin)	292.985	236.928	245.132	178.476	106.726
nichteheliche Geburten (ehemalige Bundesrepublik)	61.330	44.280	46.923	76.300	117.338
nichteheliche Geburten (neue Länder und Ost-Berlin)	33.991	31.522	55.998	62.455	53.296

Quelle : Statistisches Jahrbuch 2000, S. 67 ff.   [1] Jahr 1998   [2] Jahr 1972   [3] Jahr 1982

In rechtlicher Hinsicht ist Art. 6 zum einen ein Abwehrrecht mit dem Ziel, Eingriffe in Ehe und Familie abzuwehren (BVerfGE 6, 71). Daneben ist er eine Einrichtungsgarantie (vgl. Rn 107), die den überkommenen Ordnungskern des Ehe- und Familienrechts gegenüber dem Gesetzgeber festschreibt (BVerfGE 80, 92). Schließlich ist er wertentscheidende Grundsatznorm (vgl. Rn 109) mit der Verpflichtung, Ehe und Familie zu schützen (BVerfGE 6, 72). Auf diese drei Rechtsgehalte wird im Folgenden noch näher eingegangen.

3. Schutz von Ehe und Familie

3.1 Schutzbereich des Art. 6 I

Ehe i.S.d. Art. 6 I ist die „Vereinigung eines Mannes und einer Frau zu einer umfassenden, grundsätzlich unauslösbaren Lebensgemeinschaft. Dabei liegt Art. 6 I das Bild der 'verweltlichten' bürgerlich-rechtlichen Ehe zugrunde, zu der es auch gehört, dass die Ehegatten unter den vom Gesetz normierten Voraussetzungen geschieden werden können ..." (BVerfGE 53, 245). 363

Nicht geschützt sind also gleichgeschlechtliche und sonstige nichteheliche Lebensgemeinschaften. Sie werden lediglich durch Art. 2 I geschützt (BVerfG NJW 1993, 3058; E 29, 176), der jedoch mit der „verfassungsmäßigen Ordnung" - anders als Art. 6 I - einen Gesetzesvorbehalt enthält. Aus Art. 6 folgt im Verhältnis zu Art. 2 I allerdings nicht die Pflicht, „nichtehelichen Lebensgemeinschaften jedwede rechtliche Anerkennung zu versagen und mit allen Mitteln darauf hinzuwirken, dass ihnen die zu ihrer Führung erforderlichen finanziellen und sonstigen Mittel entzogen werden (BVerfGE 82, 15). Siehe hierzu oben Rn 362 !

Geschützt sind alle Aspekte von der Eheschließung über das eheliche Zusammenleben bis zur Ehescheidung (BVerfGE 53, 250). Geschützt ist auch die Ehe nach dem Tod eines Ehepartners (BVerfGE 62, 329), nicht aber die geschiedene Ehe (BVerwGE 15, 316).

364 Familie i.S.d. Art. 6 I ist „die umfassende Gemeinschaft zwischen Eltern und Kindern" (BVerfGE 80, 90). Eltern sind die Elternteile zusammen, aber auch je für sich (BVerfGE 79, 211). Erfasst sind auch Adoptiveltern (BVerfGE 24, 150), nicht aber Pflegeeltern (BVerfGE 79, 60) und Großeltern (BVerfGE 19, 329). Unter den Begriff Kinder fallen eheliche und nichteheliche (BVerfGE 79, 267), minderjährige und volljährige (BVerfGE 57, 178), Adoptiv-, Stief- oder Pflegekinder (BVerfGE 79, 267).

Geschützt sind die Familiengründung und alle Bereiche des familiären Zusammenlebens (BVerfGE 80, 92).

3.2 Art. 6 I als Abwehrrecht

3.2.1 Ausgestaltung

365 Art. 6 I ist zwar ohne Gesetzesvorbehalt gewährleistet. Das schließt jedoch nicht aus, dass der Gesetzgeber die Begriffe Ehe und Familie ausgestaltet, was insbesondere im Ehe- und Familienrecht erfolgt ist (EheG : Eheschließung und -scheidung; §§ 1353 ff BGB : Rechtswirkungen in der Ehe; 1360a ff. BGB : Unterhalt in der Familie). Zu einer solchen Ausgestaltung ist er auch ohne einen Gesetzesvorbehalt berechtigt und verpflichtet (vgl. Rn 169). Bei dieser Ausgestaltung hat er zwar einen erheblichen Gestaltungsspielraum. Er muss dabei aber von dem in Art. 6 I verankerten Leitbild von Ehe und Familie ausgehen, darf dieses also nicht antasten (z.B. gleichgeschlechtliche Partnerschaften zu Ehen erklären). Tut er es doch, handelt es sich um einen Eingriff.

3.2.2 Eingriffe

366 in Art. 6 I sind nur zulässig zur Konkretisierung immanenter Schranken, also im Einzelfall höherrangiger anderer Verfassungswerte (vgl. Rn 185).

Beispiele: Durch den Vollzug von Untersuchungs- und Strafhaft wird in Art. 6 I eingegriffen, wenn der Häftling verheiratet und/oder Kinder hat, weil eine effektive Fortführung von Ehe bzw. Familie während der Zeit der Haft nicht möglich ist (BVerfGE 29, 326; zu Grundrechtseingriffen aufgrund mittelbarer Auswirkungen vgl. Rn 172 ff.). Das gilt schon für die Behinderung des Kontaktes zwischen Strafgefangenen und seiner Ehefrau durch eine Trennscheibe (BVerfGE 89, 326). Solche Eingriffe werden i.d.R. durch die hinter den Strafrechtsvorschriften stehenden Rechtsgüter mit Verfassungsrang (Eigentum, Vermögen, Leben, Körper usw.) gerechtfertigt. Ein Eingriff in Art. 6 I muss auch vorliegen, wenn ein Ausländer ausgewiesen wird, dessen Ehepartner oder Kinder Deutsche sind und in Deutschland bleiben wollen (ebenso Schmalz Rn 346; Zuleeg DÖV 1988, 588). Die Ausweisung ist also nur zulässig, wenn die sich aus dem Grundgesetz ableitbaren Sicherheitsbedürfnisse im konkreten Fall höher zu bewerten sind als die Beeinträchtigung der Ehe (im Einzelnen JP/Pieroth Rn 25 f.).

3.3 Art. 6 I als Einrichtungsgarantie

367 Als Einrichtungsgarantie (vgl. Rn 107) gewährleistet Art. 6 I den Bestand der privatrechtlichen Einrichtungen Ehe und Familie und schreibt den „Ordnungskern" des Ehe- und Familienrechts fest, also die „bestimmenden Merkmale des Bildes von Ehe und Familie, das der Verfassung zugrunde liegt" (BVerfGE 80, 92). Diesen Kern hat der Gesetzgeber bei der Ausgestaltung und Veränderung des Ehe- und Familienrechts (s.o. Rn 365) zu beachten.

Beim Gleichberechtigungsgesetz war das ebenso der Fall (BVerfGE 67, 365, 368) wie beim Übergang zum Zerrüttungsprinzip im Scheidungsrecht (BVerfGE 53, 245), bei der Beschränkung der Ehelich-

Art. 6 : Schutz von Ehe und Familie 157

keitsanfechtung (BVerfGE 38, 254), der Regelung der Schlüsselgewalt (BVerfGE 81, 7) und bei Neuregelung des Ehenamensrechts (BVerfGE 94, 21), nicht dagegen in den Fällen der §§ 1568 II BGB (BVerfGE 55, 141) und 1579 II BGB (BVerfGE 57, 388).

3.4 Art. 6 I als wertentscheidende Grundsatznorm

Art. 6 I verpflichtet den Gesetzgeber, Ehe und Familie zu schützen und zu fördern. Diese sich schon aus der Eigenschaft des Art. 6 I als wertentscheidender Grundsatznorm (vgl. Rn 109) ergebende Pflicht erschien dem Verfassungsgeber als so bedeutsam, dass er sie - ähnlich wie bei Art. 1 I 2 - in den Wortlaut des Art. 6 I aufgenommen hat. Die Schutzverpflichtung bezieht sich dabei nicht nur auf die Ausgestaltung des Ehe- und Familienrechts, sondern etwa auch des Steuerrechts, des Sozialrechts oder des Ausländerrechts (Einzelheiten bei JP/Pieroth Rn 18 ff., Sachs/Schmitt-Kammler Rn 30 ff., Dreier/Gröschner Rn 55 ff.).

368

Beispiele: Im Bereich der Arbeitslosenhilfe hat der Staat die Pflicht, den Eheleuten das Existenzminimum zu belassen (BVerfGE 87, 259). Im Steuerrecht muss er für einen angemessenen Familienlastenausgleich und die Steuerfreiheit des Existenzminimums der Familienmitglieder sorgen (BVerfGE 82, 85; 87, 169). Bei der Ausbildungsförderung dürfen Unterhaltsleistungen eines Darlehensnehmers nicht als Teil seines Einkommens berücksichtigt werden (BVerwG NJW 1996, 944). Bei der Beitragsbemessung im Sozialversicherungsrecht müssen Eltern mit Kindern gegenüber kinderlosen Erwachsenen begünstigt werden (BVerfG 3.4.2001, 1 BvR 681/94).

4. Elternrecht

4.1 Schutzbereich des Art. 6 II 1

Das Elternrecht i.S.d. Art. 6 II konkretisiert den Schutz der Familie nach Art. 6 I. Es umfasst das Recht zur Pflege und Erziehung der Kinder. Pflege ist die Sorge für das körperliche Wohl, Erziehung die Sorge für seelische und geistige Entwicklung, die Bildung und Ausbildung des minderjährigen Kindes (JP/Pieroth Rn 29). § 1612 BGB unterscheidet insofern zwischen Personensorge (Nach § 1631 I „insbesondere das Recht und die Pflicht, das Kind zu pflegen, zu erziehen, zu beaufsichtigen und seinen Aufenthalt zu bestimmen") und Vermögenssorge, also die „Sorge für das Vermögen des Kindes". Bei einem nichtehelichen Kind steht das Grundrecht nicht nur der Mutter, sondern auch dem Vater zu (BVerfGE 92, 176). Dem Elternrecht entspricht nach Art. 6 II eine den Eltern „zuvörderst" obliegende Pflicht, außerdem ein entsprechendes Recht des Kindes (BVerfGE 68, 269).

369

4.2 Art. 6 II 1 als Abwehrrecht

4.2.1 Ausgestaltung

Ebenso wie Art. 6 I ist Art. 6 II 1 auf eine Ausgestaltung durch den Gesetzgeber angewiesen. Das ist vor allem durch die familienrechtlichen Vorschriften zur elterlichen Sorge (§§ 1612 ff. BGB) erfolgt. Regelungen wie z.B. die des § 1631 II („Entwürdigende Erziehungsmaßnahmen sind unzulässig") stellen daher keine Eingriffe in das Elternrecht dar, sondern sind Teil der Definition von „Erziehung" (Pieroth/Schlinck Rn 709).

370

4.2.2 Eingriffe

in das Elternrecht sind zulässig zu Wahrnehmung des Wächteramtes des Staates nach Art. 6 II 2, etwa die Übertragung des Sorgerechts auf nur einen Elternteil (BVerfGE 84, 179 ff; Pieroth/Schlinck Rn 709) oder einen Dritten (BVerfG NJW 1994, 1209). Nach dem Vorbehalt des Gesetzes (Rn 511) sind solche Eingriffe nur aufgrund eines Gesetzes zulässig (vgl. § 1628 BGB). Einen ausdrücklichen Gesetzesvorbehalt mit qualifizierenden Voraussetzungen enthält Art. 6 III für den Fall der zwangsweisen Trennung von Kindern von ihrer Familie.

371

4.2.3 immanente Schranken

372 Schließlich unterliegt Art. 6 II immanenten Schranken (vgl. Rn 185). Zum einen dem allgemeinen Persönlichkeitsrecht (Rn 250) des Kindes, das mit fortschreitendem Alter immer mehr an Gewicht bekommt unter gleichzeitigem Zurückdrängen des Erziehungsrechts der Eltern. Endgültig erlischt dieses mit Volljährigkeit des Kindes (BVerfGE 72, 137; zur Grundrechtsmündigkeit s.o. Rn 128). Bei Interessenkollisionen zwischen dem Kind und seinen Eltern kommt den Interessen des Kindes grundsätzlich der Vorrang zu (BVerfGE 79, 211).

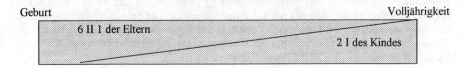

Regelungen, die dieser abgestuften Grundrechtsmündigkeit Rechnung tragen, zeigen also lediglich die immanenten Schranken des Art. 6 II auf, sind aber keine Eingriffe i.e.S. (BVerfGE 59, 362). Zu nennen sind dabei insbesondere :

> § 1626 II BGB : „Bei der Pflege und Erziehung berücksichtigen die Eltern die wachsende Fähigkeit und das wachsende Bedürfnis des Kindes zu selbständigem verantwortungsbewusstem Handeln. Sie besprechen mit dem Kind, soweit es nach dessen Entwicklungsstand angezeigt ist, Fragen der elterlichen Sorge und streben Einvernehmen an."
>
> § 1631a BGB „(1) In Angelegenheiten der Ausbildung und des Berufes nehmen die Eltern insbesondere auf Eignung und Neigung des Kindes Rücksicht. Bestehen Zweifel, so soll der Rat eines Lehrers oder einer anderen geeigneten Person eingeholt werden.
> (2) Nehmen die Eltern offensichtlich keine Rücksicht auf Eignung und Neigung des Kindes und wird dadurch die Besorgnis begründet, dass die Entwicklung des Kindes nachhaltig und schwer beeinträchtigt wird, so entscheidet das Vormundschaftsgericht. Das Gericht kann erforderliche Erklärungen der Eltern oder eines Elternteils ersetzen."

Eine weitere immanente Schranke ergibt sich aus Art. 7, der das Elternrecht insofern begrenzt, als auch die Schule einen Erziehungsauftrag hat, der mit den Vorstellungen der Eltern über Erziehung ihrer Kinder in Kollision geraten kann. Hierauf wird bei Art. 7 eingegangen.

4.3 Art. 6 II 1 als Einrichtungsgarantie

373 Ebenso wie Art. 6 I ist auch Art. 6 II 1 eine Einrichtungsgarantie und schützt als solche die „wesentlichen Elemente" des Elternrechts gegen den Gesetzgeber, wenn dieser das Elternrecht inhaltlich ausgestaltet (BVerfGE 84, 180).

4.4 Art. 6 II 1 als wertentscheidende Grundsatznorm

374 Schließlich ist Art. 6 II 1 auch wertentscheidende Grundsatznorm (BVerfGE 4, 57), die insbesondere - über die notwendigen Ausgestaltungen (s.o. Rn 370) und die Wahrnehmung des Wächteramtes nach Art. 6 II 2 hinaus - Schutzverpflichtungen des Staates erzeugt.

5. Schutz- und Fürsorgeanspruch der Mutter gegenüber der Gemeinschaft (Abs. 4)

375 Art. 6 IV soll - als spezielle Ausprägung des Sozialstaatsprinzips (BVerfGE 32, 279) - die besonderen Belastungen durch Schwangerschaft und Mutterschaft ausgleichen. Deshalb bezieht

er sich insbesondere auf werdende Mütter (BVerfGE 88, 258), aber auch die ersten Jahre der Mutterschaft, nicht aber auf die ganze Lebenszeit einer Mutter (BVerwGE 61, 84). Erfasst ist auch nicht eine Mutterschaft aufgrund Adoption (BSG NJW 1981, 2719).

Art. 6 IV ist zunächst ein - ausnahmsweise unmittelbar gegen den Gesetzgeber gerichtetes - Grundrecht (BVerwGE 47, 27; BVerfGE 56, 70), auch wenn es keinen konkreten Maßstab dafür enthält, worauf es im Einzelnen gerichtet ist (BVerwGE 91, 134). Neben seinem Charakter als Leistungsrecht ist Art. 6 IV auch ein Diskriminierungsverbot (BVerfGE 65, 113). So darf z.B. Schwangerschaft einer Beamtenbewerberin nicht als Eignungsmangel i.S.d. Art. 33 II gesehen werden (BVerfGE 44, 215).

Als Grundrecht ohne Gesetzesvorbehalt unterliegt Art.6 IV nur immanenten Schranken. Kollisionen können sich dabei insbesondere mit der Arbeitskampffreiheit der Arbeitgeber aus Art. 9 III ergeben (BAGE 53, 213), da der Staat alleine zur Tragung der Kosten des Mutterschutzes verpflichtet ist (BVerfGE 37, 125).

Die Hauptbedeutung des Art. 6 IV liegt weniger in seinem Grundrechtscharakter als vielmehr in der sich aus ihm ergebenden staatlichen Schutzverpflichtung (BVerfGE 60, 74; 85, 372). Diese Verpflichtung ist weitgehend durch das Mutterschutzgesetz erfüllt (Inhalte : Beschäftigungsverbote und Kündigungsschutz vor und nach der Entbindung, Mutterschaftsgeld). Unzureichend erscheint aber die schwache Berücksichtigung von Erziehungszeiten im Rentenrecht (v.Münch Rn 22).

6. Gleichstellung unehelicher Kinder (Abs. 5)

Die Verpflichtung des Gesetzgebers nach Art. 6 V, für die unehelichen Kinder gleiche Bedingungen wie für eheliche Kinder zu schaffen, erklärt sich aus der früheren staatlichen und gesellschaftlichen Diskriminierung unehelicher Kinder und ihrer Mütter. Die staatliche Diskriminierung bestand in der Fiktion des § 1616 II BGB : „Ein uneheliches Kind gilt als mit seinem Vater nicht verwandt." Als Folge davon hatten uneheliche Kinder gegen ihren Vater weder einen Unterhalts- noch einen Erbanspruch. Erst 1969 erging - auf massiven Druck des BVerfG hin (E 25, 173) - ein Gesetz zur Erfüllung der Verpflichtung aus Art. 6 V (NichtehelichenG). Die Fiktion der Nichtverwandtschaft entfiel mit der Folge eines Unterhaltsanspruchs des jetzt „nichtehelichen" Kindes. Im Erbrecht erhielt es aber nur einen eingeschränkten Erbanspruch (§§ 1934 a ff : Erbersatzanspruch und vorzeitiger Erbausgleich). Diese erbrechtliche Einschränkung ist 1997 durch das Erbrechtsgleichstellungsgesetz weggefallen, so dass Art. 6 V heute erfüllt ist und somit keine unmittelbare Bedeutung mehr hat.

376

Repetitorium : Rn 1025

Weiterführende Literatur : Schwab, Familie im Umbruch, FamRZ 1995, 513; Kingren, Die verfassungsrechtliche Stellung der nichtehelichen Lebensgemeinschaft, 1995; ders. Das Grundrecht von Ehe und Familie, Jura 1997, 401; Jestaedt, Staatliche Rollen in der Eltern-Kind-Beziehung, DVBl. 1997, 693; Pauly, Sperrwirkungen des verfassungsrechtlichen Ehebegriffs, NJW 1997, 1955; Sacksofsky, Steuerung der Familie durch Steuern, NJW 2000, 1896

einzelne Grundrechte

ART. 7 : SCHULWESEN

„(1) Das gesamte Schulwesen steht unter der Aufsicht des Staates.
(2) Die Erziehungsberechtigten haben das Recht, über die Teilnahme des Kindes am Religionsunterricht zu bestimmen.
(3) Der Religionsunterricht ist in den öffentlichen Schulen mit Ausnahme der bekenntnisfreien Schulen ordentliches Lehrfach. Unbeschadet des staatlichen Aufsichtsrechtes wird der Religionsunterricht in Übereinstimmung mit den Grundsätzen der Religionsgemeinschaften erteilt. Kein Lehrer darf gegen seinen Willen verpflichtet werden, Religionsunterricht zu erteilen.
(4) Das Recht zur Errichtung von privaten Schulen wird gewährleistet. Private Schulen als Ersatz für öffentliche Schulen bedürfen der Genehmigung des Staates und unterstehen den Landesgesetzen. Die Genehmigung ist zu erteilen, wenn die privaten Schulen in ihren Lehrzielen und Einrichtungen sowie in der wissenschaftlichen Ausbildung ihrer Lehrkräfte nicht hinter den öffentlichen Schulen zurückstehen. Die Genehmigung ist zu versagen, wenn die wirtschaftliche und rechtliche Stellung der Lehrkräfte nicht genügend gesichert ist.
(5) Eine private Volksschule ist nur zuzulassen, wenn die Unterrichtsverwaltung ein besonderes pädagogisches Interesse anerkennt oder, auf Antrag von Erziehungsberechtigten, wenn sie als Gemeinschaftsschule, als Bekenntnis- oder Weltanschauungsschule errichtet werden soll und eine öffentliche Volksschule dieser Art in der Gemeinde nicht besteht.
(6) Vorschulen bleiben aufgehoben."

1. historischer Hintergrund, internationaler und europäischer Schutz

377 Die Staatlichkeit des Schulwesens ist seit jeher verfassungsrechtlich geregelt : in § 1 II 12 des preußischen Allgemeinen Landrechts, § 153 der Paulskirchenverfassung 1849, Art. 23 der preußischen Verfassung 1850 und Art. 144 WRV (mit demselben Wortlaut wie Art. 6 I GG).

Der Parlamentarischen Rat hat sich bei der Konzeption des Art. 7 weitgehend - mit überwiegend gleichem Wortlaut - an Art. 144, 147 und 149 WRV orientiert. Ein Vorstoß der CDU/CSU, die Eltern über den religiös-weltanschaulichen Charakter der Schulen entscheiden zu lassen, fand keine Mehrheit (Heuss JöR 1, 103). Ein wesentlicher Unterschied zur WRV erfolgte bei der - nicht in Art. 7 geregelten - Frage der Zuständigkeit für das Schulwesen. Während Art. 10 WRV noch eine Rahmenkompetenz des Reiches vorsah, ist das Schulwesen nach dem Grundgesetz (Art. 70) ausschließliche Kompetenz der Länder.

Zum Recht auf Bildung bekennt sich die UNO in Art. 26 der Menschenrechtserklärung (vgl. Rn 85) und in Art. 13 des Pakts über wirtschaftliche, soziale und kulturelle Rechte, der Europarat im Zusatzprotokoll 1952 zur Europäischen Menschenrechtskonvention. Hierzu bekennt sich auch die Europäische Union durch ihr Bekenntnis zur EMRK (Art. 6 II EUV) und durch Art. 14 der Grundrechtscharta 2000 (vgl. Rn 933). Außerdem hat die EU 1992 Kompetenzen im Bildungsbereich erhalten : Im der beruflichen Bildung besitzt sie eigene Regelungskompetenzen (Art. 150 EUV), im Bereich der allgemeinen Bildung ist sie dagegen auf eine Förderung der Mitgliedstaaten beschränkt (Art. 149 EUV).

2. Bedeutung

378 Die traditionelle Staatlichkeit des Schulwesens erhält unter der Geltung des Grundgesetzes eine besondere Bedeutung : Für die reale Wahrnehmung etlicher Grundrechte, insbesondere der Berufsfreiheit, sind Bildungsvoraussetzungen unerlässlich und erhalten mit zunehmender Konkurrenz auf dem Wirtschafts- und Arbeitsmarkt im nationalen und internationalen Bereich eine immer größere Bedeutung. Insofern stellt Art. 6 eine wichtige sozialstaatliche Regelung

dar. Schule ist weiterhin Grundvoraussetzung für die individuelle Entfaltung des Einzelnen und findet ihre Rechtfertigung damit auch in dem Schutz der Menschenwürde nach Art. 1 I (Dreier/Gröschner Rn 10). Schulbildung ist schließlich auch Bedingung für das Funktionieren freier Wahlentscheidungen und damit eng mit dem Demokratieprinzip verbunden.

Art. 7 enthält nur die Regelung weniger Grundfragen : die organisationsrechtliche Grundregelung in Abs. 1, Einrichtungsgarantien in Abs. 1, 3 und 4 und Grundrechte in Abs. 2, Abs. 3 S. 2 und 3 und in Abs. 4 und 5. Im Übrigen haben die Länder aufgrund ihrer ausschließlichen Gesetzgebungskompetenz im Bereich des Schulwesens einen weiten Gestaltungsspielraum, den sie durch ihre Verfassungen und ihre Schulgesetze konkretisiert haben.

3. Aufsicht des Staates über das gesamte Schulwesen (Abs. 1)

3.1 Schulwesen

ist die Gesamtheit der Einrichtungen, die sich mit der Vermittlung von Bildungsgütern in Schulen befassen. Darunter fallen also sowohl öffentliche als auch private Schulen, nicht aber Hochschulen (Universitäten, wissenschaftliche Hochschulen und Fachhochschulen), da diese von Art. 5 III erfasst werden (BVerfGE 37, 320). 379

Für die Bestimmung des Schulbegriffs wird meist auf die ausführliche Definition von Heckel aus dem Jahr 1955 zurückgegriffen (z.B. Dreier/Gröschner Rn 21, Katz Rn 757). Danach sind Schulen „auf eine gewisse Dauer berechnete, an fester Stätte unabhängig vom Wechsel der Lehrer und Schüler in überlieferten Formen organisierte Einrichtungen der Erziehung und des Unterrichts, die durch planmäßige und methodische Unterweisung eines größeren Personenkreises in einer Mehrzahl allgemeinbildender oder berufsbildender Fächer bestimmte Bildungs- und Erziehungsziele zu verwirklicht bestrebt sind und die nach Sprachsinn und allgemeiner Auffassung als Schule angesehen werden" (Heckel S. 218).

Schulen sind also z.B. nicht Fernunterricht, Volkshochschulen, Lehrgänge, Arbeitsgemeinschaften, Vortragsreihen, Privatunterricht und Kindergärten (JP/Pieroth Rn 2).

3.2 Schulaufsicht

ist über den allgemeinen juristischen Sprachgebrauch hinaus die Gesamtheit der staatlichen Befugnisse „zur zentralen Ordnung und Organisation des Schulwesens mit dem Ziel, ein Schulsystem zu gewährleisten, das allen jungen Bürgern gemäß ihren Fähigkeiten die dem heutigen gesellschaftlichen Leben entsprechenden Bildungsmöglichkeiten eröffnet. Dem Staat steht die Schulplanung und die Möglichkeit der Einwirkung auf die Errichtung, Änderung oder Aufhebung der einzelnen Schule zu" (BVerfGE 26, 238) einschließlich der Festlegung der Ausbildungsgänge und Unterrichtsziele (BVerfGE 59, 377) und der Schulpflicht (BVerfGE 34, 187). Der Staat hat also ein „Vollrecht" über die Schule (Sachs/Lecheler Rn 17). Dabei kann er aber auch - im Rahmen der von ihm vorgegebenen Erziehungsziele - Formen von Schulautonomie zulassen, die aber keine der Hochschulautonomie vergleichbare Freiheit zum Inhalt haben dürfen (Pieroth DVBl 1994, 951). Aufsichtsbefugnisse im engeren Sinn hat er, wenn Schulen nicht unmittelbar von ihm selbst durchgeführt werden, sondern von kommunalen oder privaten Schulträgern. Hier kommt - anders als im eigenen Schulbereich mit Fach- und Dienstaufsicht - i.d.R. nur die Rechtsaufsicht in Betracht. In jedem Fall bedürfen alle grundlegenden Entscheidungen im Schulwesen nach der Wesentlichkeitstheorie (Rn 513) einer gesetzliche Grundlage (BVerfGE 45, 417;47, 78; 58, 268). 380

3.3 Grenzen der Schulaufsicht

können sich aus anderen im Einzelfall höherrangigen Verfassungswerten ergeben (Rn 185) :

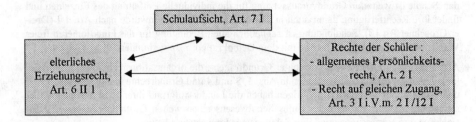

381 • dem elterlichen Erziehungsrecht aus Art. 6 II 1. Für dessen Inhalt, Sorge für die seelische und geistige Entwicklung, Bildung und Ausbildung der Kinder (s.o. Rn 369) ist nach Art. 7 I aber auch der Staat zuständig (BVerfGE 47, 72), der damit nicht auf das Wächteramt des Art. 6 II 2 beschränkt ist. Er kann daher unabhängig von den Eltern eigene Erziehungsziele verfolgen. Art. 7 I ist daher dem 6 II 1 nicht nach-, sondern gleichgeordnet (BVerfGE 52, 236; NJW 1998, 2518; anders Sachs/Lecheler Rn 36, der Art. 7 I als lex specialis sieht). Eltern und Staat nehmen also eine gemeinsame Erziehungsaufgabe wahr, die sich „nicht in einzelne Komponenten zerlegen", sondern „in einem sinnvoll aufeinander bezogenen Zusammenwirken zu erfüllen" ist. (BVerfG NJW 1998, 2518). Da die Erziehung nach Art. 6 II 1 aber „zuvörderst" Aufgabe der Eltern ist, ist es ihre Aufgabe, den Gesamtplan der Erziehung ihrer Kinder aufzustellen. „Der Staat muss deshalb in der Schule die Verantwortung der Eltern für den Gesamtplan der Erziehung ihrer Kinder achten und für die Vielfalt der Anschauungen in Erziehungsfragen soweit offen sein, weil es sich mit einem geordneten staatlichen Schulsystem verträgt (BVerfGE 34, 198; NJW 1998, 2518) Der Staat darf daher durch schulorganisatorische Maßnahmen nie den ganzen Werdegang des Kindes regeln wollen" (BVerfGE 34, 183).

Im Einzelnen ergeben sich nach der Rechtsprechung folgende Zuordnungen zu Art. 7 I bzw. Art. 6 II 1 :

> Art. 7 I zuzuordnen ist die allgemeine Schulpflicht (BVerfG NJW 1987, 180), die Festlegung der Schulformen, der Bildungsziele, der Ausbildungsgänge, der Fächer, der Lernziele und der Lehrmethoden (BVerfGE 59, 377). Die Eltern können also z.B. nicht verlangen, dass ihnen eine ihren Wünschen entsprechende Schule zur Verfügung gestellt wird (BVerwGE 35, 112). Sie haben kein Mitwirkungsrecht bei organisatorischen Schulmaßnahmen und -reformen (BVerfGE 34, 182; E 51, 289), bei der Festlegung der ersten Pflichtfremdsprache (BVerwGE 64, 314), bei der Zeugnis- und Notengebung in der Grundschule (BVerwG NJW 1982, 250) oder bei der Auswahl und Verwendung von Schulbüchern (BVerwGE 79, 300). Sie haben auch kein Recht auf Beteiligung an der Schulselbstverwaltung. Soweit die Länder in ihren Schulgesetzen dennoch solche Rechte unterhalb der Ebene von Mitentscheidungsrechten gewähren, ist das von Art. 7 nicht gefordert, verstößt aber auch nicht dagegen (BVerfGE 59, 381).

> Art. 6 II zuzuordnen ist ein Recht der Eltern, zur Entscheidung über den Gesamtplan der Erziehung ihrer Kinder zwischen verschiedenen Schulformen zu wählen, deren inhaltliche Bestimmung und Ausgestaltung aber Sache des Staates ist (BVerfGE 34, 197). Verletzt ist das Wahlrecht erst, wenn es bloß eine einzige Schulform mit einem einzigen Ausbildungsgang gibt (BVerfGE 53, 196). Die Eltern haben weiterhin ein Recht auf Unterrichtung über Vorgänge in der Schule, deren Verschweigen die Ausübung ihres elterlichen Erziehungsrechts beeinträchtigen könnten (z.B. die Einführung von Sexualkundeunterricht, BVerfGE 59, 381).

382 • dem Recht des einzelnen Schülers aus Art. 2 I auf eine „möglichst ungehinderte Entfaltung seiner Persönlichkeit und damit seiner Anlagen und Befähigungen" (BVerfGE 56, 158).

„Möglichst" soll dabei die Verhältnismäßigkeit von Freiheitsbeschränkungen im Schulbereich zum Ausdruck bringen (Dreier/Gröschner Rn 60). Diese muss sich nicht nur an dem Anlass und der Intensität der Beschränkung orientieren, sondern auch daran, dass das Persönlichkeitsrecht des Schü-

Art. 7 : Schulwesen

lers mit zunehmendem Alter ein immer stärkeres Gewicht erhält (BVerfGE 47, 499; zum Verhältnis Elternrecht und Persönlichkeitsrecht des Kindes vgl. Rn 372).

- dem Recht auf gleichen Zugang zu schulischen Bildungseinrichtungen (BVerfGE 33,303) Dieses ergibt sich für allgemeinbildende Schulen im Grund- und Hauptschulbereich aus Art. 3 I i.V.m. 2 I, für weiterführende und berufsbildende Schulen aus Art. 3 I i.V.m. 12 (BVerfGE 5, 273). Zum Teilhabecharakter von Grundrechten allgemein s.o. Rn 103)

- nicht einem darüber hinausgehenden allgemeinen Recht auf Bildung, das aus dem Grundgesetz weder unmittelbar noch mittelbar abzuleiten ist (zutreffend Dreier/Gröschner Rn 61 entgegen BVerwGE 47, 206), ebenso nicht einem Recht auf Schülermitbestimmung, da das Demokratieprinzip des Art. 20 II 1 sich nicht auf den Schulbereich erstreckt (Dreier/Gröschner Rn 62). Unabhängig kann der Landesgesetzgeber Schülermitverantwortung regeln, solange die Letztverantwortlichkeit der Schulleitung erhalten bleibt.

4. Religionsunterricht als ordentliches Lehrfach (Abs. 3, 2)

Religionsunterricht als ordentliches Lehrfach steht in einem Beziehungsgeflecht mit anderen Verfassungsbestimmungen : 383

Trennung von Staat und Kirche, Art. 140 GG i.V.m. Art. 137 I WRV

↕

Religionsunterricht als ordentliches Lehrfach, Art. 7 III

↑ ↑ ↑ ↑ ↑

elterliches Erziehungsrecht, Art. 6 II 1	elterliches Entscheidungsrecht über die Teilnahme der Kinder am Religionsunterricht, Art. 7 II	Glaubensfreiheit der Schüler, Art. 4 I	Recht der Lehrer, keinen Religionsunterricht zu erteilen, Art. 7 III 3	Verbot der Benachteiligung aus religiösen Gründen, Art. 33 III 2
		↕ Glaubensfreiheit der Lehrer, Art. 4 I		

Art. 7 III ist eine Ausnahme von der grundsätzlichen Trennung von Staat und Kirche nach Art. 140 GG i.V.m. Art. 137 I WRV. Begrenzt wird er durch das elterliche Entscheidungsrecht des Art. 7 II als Konkretisierung des elterlichen Erziehungsrechts des Art. 6 II 1 und durch das sich aus Art. 4 ergebende Recht der Kinder, selbst über ihre Teilnahme am Religionsunterricht zu entscheiden (MD/Maunz Rn 32; Pieroth/Schlink Rn 675). Die Kollision zwischen Art. 4, 6 II 2 und 7 III hat das Gesetz über die religiöse Kindererziehung versucht, im Sinne einer - verfassungsmäßigen (BGHZ 21, 351) - Harmonisierung (Rn 186) zu lösen : Nach dessen § 5 geht das Recht, über das religiöse Bekenntnis zu entscheiden, mit Vollendung seines 14. Lebensjahres auf das Kind über. Schließlich wird Art. 7 III auch durch die Rechte der Lehrer aus Art. 6 III 2 und 33 III 2 als Konkretisierung des Art. 4 I begrenzt.

5. Recht zur Errichtung von privaten Schulen (Abs. 4, 5)

5.1 Art. 7 IV 1 als Abwehrrecht

384 Privatschulen sind alle Schulen, die nicht von einem Träger öffentlicher Gewalt betrieben werden. Nicht darunter fallen Schulen der Kirchen, obwohl diese Körperschaften des öffentlichen Rechts sind (MD/Maunz Rn 71), ebenso nicht private Hochschulen (BVerfGE 37, 320). Geschützt ist die Errichtung und der Betrieb von Privatschulen, insbesondere die eigenverantwortliche Gestaltung des Unterrichts im Hinblick auf die Erziehungsideale, die weltanschauliche Basis und die Lehrinhalte (BVerfGE 88, 46), die Wahl der Schüler und der Lehrer. Privatschulen dürfen auch nicht aufgrund ihrer andersartigen Erziehungsformen und -inhalte benachteiligt werden (BVerfGE 90, 114).

Der Genehmigungsvorbehalt für private Ersatzschulen „hat den Sinn, die Allgemeinheit vor unzureichenden Bildungseinrichtungen zu schützen" (BVerfGE 27, 203). Art. 7 differenziert hier zwischen privaten Volksschulen und sonstigen Privatschulen. Letztere haben einen Anspruch auf Genehmigung, wenn die in Abs. 4 genannten Voraussetzungen erfüllt sind. Private Volksschulen dagegen müssen außerdem die zusätzlichen in Abs. 5 genannten Voraussetzungen erfüllen. „Dahinter steht eine sozialstaatliche und egalitär-demokratischem Gedankengut verpflichtete Absage an Klassen, Stände und sonstige Schichtungen.... Ein besonderes pädagogisches Interesse ... setzt ... eine sinnvolle Alternative zum bestehenden öffentlichen und privaten Schulangebot voraus, welche die pädagogische Erfahrung bereichert und der Entwicklung des Schulsystems insgesamt zugute kommt" (BVerfGE 88, 53).

5.2 Art. 7 IV 1 als Einrichtungsgarantie

385 In Art. 7 IV und V kommt das dualistische Schulsystem, also das Nebeneinander von staatlichen und privaten Schulen, zum Ausdruck. Art. 7 IV 1 ist daher nicht nur ein Grundrecht, sondern auch eine Einrichtungsgarantie, die den Bestand der Privatschule als Institution gewährleistet (BVerfGE 90, 114). Trotzdem aber kann der Staat den öffentlichen Schulen einen grundsätzlichen Vorrang einräumen (BVerfGE 88, 55; BVerwGE 75, 278; kritisch Jach DÖV 1990, 508 ff.). So ist es ihm z.B. nicht verwehrt, eine öffentliche Schule neben einer bestehenden Privatschule zu errichten, auch wenn dadurch möglicherweise die wirtschaftliche Grundlage der Privatschule gefährdet wird (BVerfGE 37, 319).

5.3 Art. 7 IV 1 als wertentscheidende Grundsatznorm

386 Art. 7 IV, V ist auch wertentscheidende Grundsatznormen. Unter diesem Gesichtspunkt - auch unter dem der Art. 1 I, 2 I, 4 I, 6 II 1 und des Sozialstaatsprinzips (BVerfGE 75, 62) - muss der Staat das private Ersatzschulwesen positiv schützen und fördern (vgl. Rn 112). Ein solche Schutzpflicht spielt deshalb eine konkrete Rolle, weil Privatschulen überwiegend, es sei denn es handelt sich um reine Eliteschulen, unüberwindbare Probleme hätten, wenn sie sich allein mit Schulgeldern der Eltern finanzieren müssten. Wie der Staat seine Förderungspflicht erfüllt, ist seinem Ermessen überlassen. Dabei ist er nicht verpflichtet, die Privatschulen finanziell den öffentlichen Schulen gleichzustellen. Eine Pflicht zur finanziellen Unterstützung ergibt sich vielmehr erst bei einer Gefahr des Privatschulwesens als Institution, und zwar nur bis zur Höhe des Existenzminimums und nur „unter dem Vorbehalt dessen, was vernünftigerweise von der Gesellschaft erwartet werden kann", worüber in erster Linie der Gesetzgeber unter Berücksichtigung anderer Gemeinschaftsbelange und der Erfordernisse des gesamtwirtschaftlichen Gleichgewichts zu befinden hat (BVerfGE 75, 68). Einen Subventionsanspruch besitzen Privatschulen dagegen wegen des staatlichen Ermessens nicht (BVerfGE 75, 61; 90, 128). Die Privatschulgesetze der Länder sehen jedoch i.d.R. einen solchen Anspruch vor.

6. Verbot privater Vorschulen (Abs. 6)

Art. 7 VI hat lediglich rechtshistorische Bedeutung, da es das Verbot privater Vorschulen bereits seit 1919 gibt (Art. 147 III WRV). In der Zeit davor waren private Vorschulen private Grundschulen, die der Vorbereitung auf den späteren Besuch einer weiterbildenden Schule dienten und in erheblichem Maße sozial differenzierend wirkten.

387

Repetitorium : Rn 1026

Weiterführende Literatur : Jach, Schulvielfalt als Verfassungsgebot, 1991; Niehus, Schul- und Prüfungsrecht, 1994; Jarass, Zum Grundrecht auf Bildung und Ausbildung, DÖV 1995, 674; Oebbecke, Reichweite und Voraussetzungen der grundrechtlichen Garantie des Religionsunterrichts, DVBl. 1996, 336; de Wall, Das Grundrecht auf Religionsunterricht, NVwZ 1997, 465; Jach, Autonomie der staatlichen Schule und freies Schulwesen, 1998

ART. 8 : VERSAMMLUNGSFREIHEIT

„(1) Alle Deutschen haben das Recht, sich ohne Anmeldung oder Erlaubnis friedlich und ohne Waffen zu versammeln.
(2) Für Versammlungen unter freiem Himmel kann dieses Recht durch Gesetz oder aufgrund eines Gesetzes beschränkt werden."

1. historischer Hintergrund, internationaler und europäischer Schutz

388 Zur Versammlungsfreiheit bekannten sich bereits die Verfassung der USA 1789 und die französische Verfassung 1791, in Deutschland die Paulskirchenverfassung 1849 (§ 161), die preußischen Verfassung 1850 (Art. 29) und später die Weimarer Verfassung 1919 (Art. 123).

Der Parlamentarische Rat hat sich ohne Diskussion an Art. 123 WRV angelehnt, dessen Wortlaut aber zum Teil umformuliert. Seit 1949 ist Art. 8 nicht geändert worden.

Die UNO bekennt sich zur Versammlungsfreiheit in Art. 20 I der Menschenrechtserklärung(vgl. Rn 85) und in Art. 21 des Pakts über bürgerliche und politische Rechte, der Europarat in Art. 11 EMRK (vgl. Rn 821) und die Europäische Union durch ihr Bekenntnis zur EMRK (Art. 6 II EUV) und durch Art. 12 der Grundrechtscharta 2000 (vgl. Rn 933).

2. Bedeutung

389 Das Grundrecht der Versammlungsfreiheit gehört zusammen mit Art. 5 und Art. 9 zu den demokratischen Kommunikationsrechten. In Deutschland wurde es erst seit Ende der 60er Jahre verstärkt in Anspruch genommen. Das erklärt auch, dass die erste grundlegende Entscheidung des BVerfG zu Art 8 erst aus dem Jahr 1985 stammt. In ihr äußert sich das BVerfG (E 69, 345) auch zur grundlegenden Bedeutung der Versammlungsfreiheit :

„Die grundsätzliche Bedeutung der Versammlungsfreiheit wird insbesondere erkennbar, wenn die Eigenart des Willensbildungsprozesses im demokratischen Gemeinwesen berücksichtigt wird. Über die freiheitliche demokratische Grundordnung heißt es im KPD-Urteil, sie gehe davon aus, dass die bestehenden, historisch gewordenen staatlichen und gesellschaftlichen Verhältnisse verbesserungsfähig und -bedürftig seien; damit werde eine nie endende Aufgabe gestellt, die durch stets erneute Willensentscheidung gelöst werden müsse (BVerfGE 5, 85, 197). Der Weg zur Bildung dieser Willensentscheidungen werde als ein Prozess von 'trial and error' beschrieben, der durch ständige geistige Auseinandersetzung, gegenseitige Kontrolle und Kritik die beste Gewähr für eine (relativ) richtige politische Linie als Resultante und Ausgleich zwischen den im Staat wirksamen politischen Kräften gebe (a.a.O. S. 135). An diese Erwägungen knüpft das Urteil zur Parteienfinanzierung an und betont, in einer Demokratie müsse die Willensbildung vom Volk zu den Staatsorganen und nicht umgekehrt verlaufen; das Recht des Bürgers auf Teilhabe an der politischen Willensbildung äußere sich nicht nur in der Stimmabgabe bei Wahlen, sondern auch in der Einflussnahme auf den ständigen Prozess der politischen Meinungsbildung, die sich in einem demokratischen Staatswesen frei, offen, unreglementiert und grundsätzlich staatsfrei vollziehen müsse (BVerfGE 20, 56, 98 f.). An diesem Prozess sind die Bürger in unterschiedlichem Maße beteiligt. Große Verbände, finanzstarke Geldgeber oder Massenmedien können beträchtliche Einflüsse ausüben, während sich der Staatsbürger eher als ohnmächtig erlebt. In einer Gesellschaft, in welcher der direkte Zugang zu den Medien und die Chance, sich durch sie zu äußern, auf wenige beschränkt ist, verbleibt dem Einzelnen neben seiner organisierten Mitwirkung in Parteien und Verbänden im allgemeinen nur eine kollektive Einflussnahme durch Inanspruchnahme der Versammlungsfreiheit für Demonstrationen. Die ungehinderte Ausübung des Freiheitsrechts wirkt nicht nur dem Bewusstsein politischer Ohnmacht und gefährlichen Tendenzen zur Staatsverdrossenheit entgegen. Sie liegt letztlich auch und deshalb im wohlverstandenen Gemeinwohlinteresse, weil sich im Kräfteparallelogramm der politischen Willensbildung im allgemeinen erst dann eine relativ richtige Resultante herausbilden kann, wenn alle Vektoren einigermaßen kräftig entwickelt sind."

3. Übersicht 390

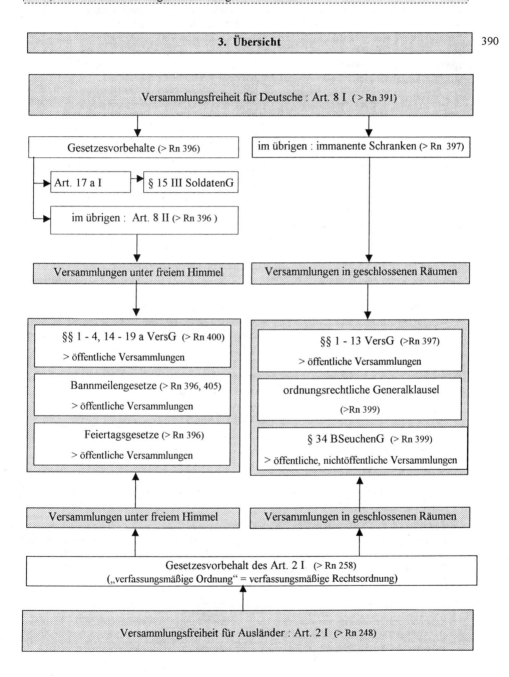

4. Grundrechtsträgerschaft

391 Grundrechtsträger nach Art 8 I sind nur Deutsche (i.S.d. Art. 116 I). Ausländer können sich also nur auf die allgemeine Handlungsfreiheit des Art. 2 I berufen (Sachs/Höfling Rn 46, JP/Jarass Rn 9). Diese enthält einen Gesetzesvorbehalt, da unter „verfassungsmäßiger Ordnung" die verfassungsmäßige Rechtsordnung, also die Gesamtheit aller verfassungsmäßigen Rechtsnormen, zu verstehen ist (s.o. Rn 258). Damit können Versammlungen von Ausländern aufgrund eines Gesetzes eingeschränkt werden. Allerdings verdrängt auch hier das VersG als spezielles Gesetz die meisten anderen Gesetze, da es nach seinem § 1 - über Art. 8 I hinaus - auch für Ausländer gilt.

> § 1 VersG (Versammlungsrecht) "(1) Jedermann hat das Recht, öffentliche Versammlungen und Aufzüge zu veranstalten und an solchen Veranstaltungen teilzunehmen.
> (2) Dieses Recht hat nicht,
> 1. wer das Grundrecht der Versammlungsfreiheit gemäß Artikel 18 des Grundgesetzes verwirkt hat,
> 2. wer mit der Durchführung oder Teilnahme an einer solchen Veranstaltung die Ziele einer nach Artikel 21 Abs. 2 des Grundgesetzes durch das Bundesverfassungsgericht für verfassungswidrig erklärten Partei oder Teil- oder Ersatzorganisation einer Partei fördern will,
> 3. eine Partei, die nach Artikel 21 Abs. 2 des Grundgesetzes durch das Bundesverfassungsgericht für verfassungswidrig erklärt worden ist, oder
> 4. eine Vereinigung, die nach Artikel 9 Abs. 2 des Grundgesetzes verboten ist."

Im Ergebnis ist der Schutz der Versammlungsfreiheit für Ausländer dennoch grundsätzlich schwächer als der für Deutsche. Zum einen regelt das AuslG (das nicht vom VersG verdrängt wird) in § 37 Beschränkungen der politischen Betätigung von Ausländern. Zum anderen ist aus der Beschränkung des Schutzes des Art. 8 auf Deutsche die Wertung abzuleiten, dass der Schutz für Ausländer nicht den gleichen Stellenwert haben soll. Bei Anwendung der Ermessensnormen des VersG ist also - zumindest in der Theorie - die Bedeutung des eingeschränkten Art. 8 I höher zu bewerten als die Bedeutung des „nur" eingeschränkten Art. 2 I. Das gilt indessen nicht für Ausländer aus EU-Staaten. Art. 12 EGV, nach dem „jede Diskriminierung aus Gründen der Staatsangehörigkeit verboten" ist, bewirkt eine europarechtskonforme Auslegung des VersG mit der Folge, dass EU-Ausländer und Deutsche gleich zu behandeln sind.

5. Schutzbereich (Abs. 1)

5.1 Recht, sich zu versammeln

5.1.1 Begriff der Versammlung

392 Eine Versammlung ist nach eine Zusammenkunft mehrerer Personen, die innerlich miteinander verbunden sind. Im Einzelnen :

1. *Mehrere Personen* müssen zusammenkommen.

   Nach h.M. reichen - unter Berufung auf den keine Einschränkung enthaltenden Wortlaut des Art. 8 I - zwei Personen aus (z.B. MD/Herzog Rn 48; Dreier/Höfling Rn 9; Dreier/Schulze-Fielitz Rn 13 m.w.N.) Nach einer Mindermeinung müssen es zumindest drei sein (AltK/Hoffmann-Riem Rn 12; Höllein NVwZ 1994, 635).

2. Diese Personen müssen *innerlich miteinander verbunden* sein.

   Keine Versammlung ist also z.B. eine bloße Ansammlungen (BVerfGE 69, 342), also z.B. ein Auflauf Neugieriger bei einem Verkehrsunfall. Hier liegt bei den betreffenden Personen zwar die gleiche Absicht vor, aber keine innere Verbindung, keine Gemeinsamkeit.

2.1 Nach einer engen Auffassung muss die innerliche Verbindung der *„Zweck einer gemeinsamen Willensbildung und -äußerung in einer öffentlichen Angelegenheit"* sein (BayOLG NJW 1970, 480; BVerwGE 26, 137 für Versammlungen unter freiem Himmel, Hofmann BayVBl 1987, 104; VGHBW DÖV 1995, 16). Art. 8 wird also als Komplementärgrundrecht zum Demokratieprinzip gesehen.

Beispiele : Demonstration mit einer politischen Forderung, Parteitag einer politischen Partei

2.2 Nach einer mittleren Meinung muss die innerliche Verbindung der *„Zweck einer gemeinsamen Willensbildung und -äußerung"* sein. Auf den Gegenstand der Willensbildung oder -äußerung kommt es nicht an. Dieser kann also auch eine private Angelegenheiten sein (BVerfGE 69, 343, 344; BVerwGE 56, 69; 82, 38; v.Münch/Kunig Rn 14; Dietlein NVwZ 1992, 1066; Hesse Rn 405; Dreier/Schultze-Fielitz Rn 14; AltK/Hoffmann-Riem Rn 12). Die Versammlungsfreiheit wird also als Komplementärgrundrecht im Verhältnis zur Meinungsfreiheit des Art. 5 gesehen, d.h. als „Freiheit zur kollektiven Meinungskundgabe" (BVerfGE 69, 345).

Beispiele : Erfasst werden hiernach etwa auch eine Zusammenkunft, in der eine Belegschaft Kampfmaßnahmen gegen ihren Arbeitgeber diskutiert, oder die Mitgliederversammlung eines Turnvereins. Rein unterhaltende Zusammenkünfte wie Konzerte oder Sportveranstaltungen sind dagegen nicht erfasst, es sei denn, dass damit ausnahmsweise eine Meinungsäußerung verbunden ist (Dreier/Schulze-Fielitz Rn 14).

2.3 Nach einer weiten Auffassung reicht es für die innerliche Verbindung aus, wenn ein *gemeinsamer Wille* vorhanden ist (Sachs/Höfling Rn 14; Schmalz GRe Rn 656; JP/Pieroth Rn 2; Kloepfer HbStR VI § 143 Rn 16; Kniesel DÖV 1992, 47; Deutelmoser NVwZ 1999, 240; Pieroth-Schlinck Rn 693; MD/Herzog Rn 50, nach dem sogar der Wunsch ausreicht, „beieinander zu sein und beieinander zu bleiben"). Art. 8 wird also als Komplementärgrundrecht auch im Verhältnis zu Art. 2 I gesehen.

Beispiele : Danach fallen unter den Versammlungsbegriff also auch Kongresse, Betriebsversammlungen, Straßenfeste, Vereinsabende, Familientreffen, Wandergruppen oder gemeinsames Musizieren. Bei Konzerten, Kinovorstellungen und Sportfesten wird i.d.R. differenziert : Ist gerade die Zusammenkunft mit den anderen von besonderer Bedeutung, wie z.B. bei Kultfilmen oder Rockkonzerten, so liegt ein für eine Versammlung ausreichender gemeinsamer Wille vor. Anders, wenn die Zuschauer/hörer reine Konsumenten sind (Pieroth/Schlinck Rn 694; Kniesel DÖV 92, 471). Herzog (MD Rn 51) differenziert nicht und lässt es ausreichen, dass „die Teilnehmer sich ihres Beisammenseins bewusst sind und an diesem auch festhalten wollen".

3. Unerheblich ist, ob die Zusammenkunft

- öffentlich, d.h. für jedermann, oder privat, d.h. nur aufgrund individueller Einladung zugänglich ist (Dreier/Schulze-Fielitz Rn 15). Das VersG dagegen bezieht sich im Wesentlichen nur auf öffentliche Versammlungen (§ 1, Ausnahmen nur in §§ 3, 17 a, 21, 23, 27 II, 28, 29, 30).
- „ortsfest" ist oder sich fortbewegt (also „Aufzug" i.S.d. §§ 1, 2, 14, 15, 16, 17a VersG ist).
- eine verbale oder eine nichtverbale Ausdrucksform hat (BVerfGE 69, 342) wie etwa bei Schweigemärschen oder Menschenketten.
- geplant oder spontan ist (BVerfGE 85, 75).
- von langer oder kurzer Zeitdauer ist.

5.1.2 Geschützt sind

- die Veranstaltung und Leitung der Versammlung, insbesondere die Entscheidung über Ort, Zeit, Art und Inhalt (BVerfGE 69, 343),

- vorbereitende Maßnahmen wie z.B. die Ankündigung der Versammlung und die Anreise zur Versammlung (BVerfGE 84, 209),
- die Teilnahme an der Versammlung, es sei denn, sie erfolgt nur zu dem Zweck, die Versammlung zu verhindern (BVerfGE 84, 209),
- die Durchführung der Versammlung, es sei denn, sie ist auf die Verhinderung einer anderen Versammlung gerichtet (BVerfGE 84, 203),
- nicht das Tragen von Uniformen während der Versammlung. § 3 I VersG ist daher verfassungsrechtlich zulässig (BVerfGE 57, 35).

> § 3 (1) VersG : „Es ist verboten, öffentlich oder in einer Versammlung Uniformen, Uniformteile oder gleichartige Kleidungsstücke als Ausdruck einer gemeinsamen politischen Gesinnung zu tragen."

- grundsätzlich nicht eine Forderung, ein bestimmtes Grundstück oder einen bestimmten Raum für die Versammlung zur Verfügung gestellt zu bekommen. Da aber „dem Inhaber eines Grundrechts ein Anspruch auf solche Maßnahmen zuwachsen (kann), die zum Schutz seines grundrechtlich gesicherten Freiheitsraums unerlässlich sind", lassen sich von diesem Grundsatz Ausnahmen denken, deren Regelung jedoch „in erster Linie Aufgabe des Gesetzgebers" ist (BVerwGE 91, 135 - Bonner Hofgartenwiese).

5.2 friedlich und ohne Waffen

394 **Unfriedlich** verhält sich ein Teilnehmer einer Versammlung, wenn er „äußerliche Handlungen von einiger Gefährlichkeit wie etwa Gewalttätigkeiten oder aggressive Ausschreitungen gegen Personen oder Sachen" vornimmt (BVerfGE 73, 248). Eine Sitzblockade alleine fällt nicht darunter, wenn sich die Teilnehmer auf passives Verhalten beschränken (BVerfGE 69, 361 gegen BGHSt 59, 36; vgl. auch BVerfGE 73, 248 und BVerfG NJW 1995, 1141). Verhalten sich nur einige Teilnehmer unfriedlich, andere aber friedlich, so erfasst der Schutz des Art. 8 nur die friedlichen (BVerfGE 69, 361). Es ist also auf den einzelnen Teilnehmer, nicht aber auf die Versammlung insgesamt abzustellen (MD/Herzog Rn 116).

395 **Waffen** sind zum einen technische Waffen i.S.d. § 1 WaffenG wie Pistolen, Schlagringe, „Molotow-Cocktails" usw., unabhängig davon, ob sie als Waffen benutzt werden sollen. Nach h.M. sind Waffen sind aber auch solche im untechnischen Sinn, also sonstige Gegenstände, die ihrer Art nach zur Verletzung von Personen oder zur Beschädigung von Sachen geeignet sind und zu diesem Zweck mitgeführt werden, wie etwa Eisenstangen oder Baseball-Schläger (z.B. MD/Herzog Rn 66). Da insoweit aber schon Unfriedlichkeit vorliegt, wird diese Erweiterung z.T. für überflüssig gehalten (Sachs/Höfling Rn 36 m.w.N.). Unabhängig davon ist das Mitführen auch untechnischer Waffen nach § 2 III VersG verboten.

> § 2 (3) VersG : „Niemand darf bei öffentlichen Versammlungen oder Aufzügen Waffen oder sonstige Gegenstände, die ihrer Art nach zur Verletzung von Personen oder zur Beschädigung von Sachen geeignet und bestimmt sind, mit sich führen, ohne dazu behördlich ermächtigt zu sein. Ebenso ist es verboten, ohne behördliche Ermächtigung Waffen oder die in Satz 1 genannten Gegenstände auf dem Weg zu öffentlichen Versammlungen oder Aufzügen mit sich zu führen, zu derartigen Veranstaltungen hinzuschaffen oder sie zur Verwendung bei derartigen Veranstaltungen bereitzuhalten oder zu verteilen."

Keine Waffen dürften sog. Schutzwaffen sein, wie etwa Motorradhelme, Schutzschilde oder Gasmasken (h.M., vgl. z.B. Sachs/Höfling Rn 36 m.w.N.). Dennoch hat der Gesetzgeber ihre Mitnahme in dem neuen § 17a VersG verboten (s.u. Rn 396), was verfassungsrechtlichen Bedenken unterliegt (Sachs/Höfling Rn 60 m.w.N.).

Art. 8 : Versammlungsfreiheit

6. Schranken-Bereich

6.1 Gesetzesvorbehalte

Den wichtigsten Gesetzesvorbehalt enthält Art. 8 II, und zwar „für Versammlungen unter freiem Himmel". Damit sind räumlich nicht abgegrenzte Versammlungen gemeint, die unkontrolliert für jedermann zugänglich sind (Sachs/Höfling Rn 55), ohne dass es auf das Fehlen eines Daches ankommt. Alle anderen Versammlungen sind solche „in geschlossenen Räumen". Konkretisiert wird Art 8 II vor allem durch

- das Gesetz über Versammlungen und Aufzüge (VersG), dessen wichtigste Vorschriften unten abgedruckt und erläutert werden.

- die Bannmeilengesetze des Bundes und der Länder, die § 16 III VersG konkretisieren. Sie verbieten öffentliche Versammlungen innerhalb von Bannmeilen um das BVerfG und die Gesetzgebungsorgane von Bund und Länder, damit diese Organe unbeeinflusst vom äußerem Druck ihre Arbeit verrichten können. Soweit dieses Verbot ausnahmslos gilt, erscheint es verfassungsrechtlich bedenklich (Tsatsos/Wietschel ZRP 1994, 212; Sachs/Höfling Rn 62). Siehe hierzu den Fall 7.5 unter Rn 405.

396

§ 16 VersG : „(1) Öffentliche Versammlungen unter freiem Himmel und Aufzüge sind innerhalb des befriedeten Bannkreises der Gesetzgebungsorgane des Bundes und der Länder sowie des Bundesverfassungsgerichts verboten.
(2) Die befriedeten Bannkreise für die Gesetzgebungsorgane des Bundes und für das Bundesverfassungsgericht werden durch Bundesgesetz, die befriedeten Bannkreise für die Gesetzgebungsorgane der Länder durch Landesgesetze bestimmt.
(3) Das Weitere regeln die Bannmeilengesetze des Bundes und der Länder.".

- die Feiertagsgesetze der Länder, die i.d.R. Demonstrationen während des Hauptgottesdienstes nicht zulassen (verfassungsrechtliche Bedenken dagegen bei Sachs/Höfling Rn 63).

Andere Gesetze sind vom VersG als speziellem Gesetz ausgeschlossen, wenn begrifflich eine Versammlung i.S.d. § 1 vorliegt und es um die Abwehr von Gefahren geht, die typischerweise im Verlauf von Versammlungen entstehen können. Solche Gesetze sind insbesondere die Wegegesetze mit der Erlaubnispflicht für Sondernutzungen öffentlicher Wege, die Straßenverkehrsordnung mit der Erlaubnispflicht für stationäre Veranstaltungen § 29 II) und die allgemeinen Sicherheits- und Ordnungsgesetze der Länder.

Nicht ausgeschlossen sind dagegen Gesetze, die nicht spezifisch gegen Versammlungen angewandt werden, also etwa bau-, feuer- und gesundheitspolizeiliche Vorschriften.

Einen zweiten Gesetzesvorbehalt enthält Art. 17 a I. Danach kann die Versammlungsfreiheit für Angehörige der Streitkräfte und des Ersatzdienstes durch Gesetz eingeschränkt werden. Dieser Vorbehalt gilt - anders als der des Art. 8 II - für alle Versammlungen. Konkretisiert ist er nur für die Soldaten : Nach § 15 III SoldatenG dürfen Soldaten nicht in Uniform an politischen Veranstaltungen, also auch nicht an entsprechenden Versammlungen teilnehmen.

6.2 immanente Schranken

Versammlungen von Deutschen in geschlossenen Räumen unterliegen - abgesehen von dem Sonderfall des Art. 17 a - nur immanenten Schranken, also im Einzelfall höherrangigen anderen Verfassungswerten (vgl. Rn 185). In Betracht kommen hier körperliche Unversehrtheit und Eigentum, aber auch Aspekte der streitbaren Demokratie wie Art. 9 II, 18 und 21. Die Abwägung zwischen Art. 8 und diesen Verfassungswerten kann nach dem Vorbehalt des Gesetzes (vgl. Rn 517) nur aufgrund eines Gesetzes erfolgen. Solche Gesetze sind :

397

398 • das VersG. Die dort in §§ 5 ff. enthaltenen Regelungen sind überwiegend Ausdruck immanenter Schranken, wie z.B. die Verbotsmöglichkeit nach § 5 Nr. 4 oder die Auflösungsmöglichkeit nach § 13 Nr. 2. Zum Teil richten sie sich aber auch gegen Verhaltensweisen, die von Art. 8 gar nicht geschützt sind, begrenzen insoweit den Art. 8 also auch nicht, wie z.B. die Verbotsmöglichkeit nach § 5 Nr. 2 und die 3 Auflösungsmöglichkeit nach § 13 Nr. 3.

> *II : Öffentliche Versammlungen in geschlossenen Räumen*
> *§ 5 VersG (Verbot von Versammlungen) „Die Abhaltung einer Versammlung kann nur im Einzelfall und nur dann verboten werden, wenn*
> *1. der Veranstalter unter die Vorschriften des § 1 Abs. 2 Nr. 1 bis 4 fällt, und im Falle der Nummer 4 das Verbot durch die zuständige Verwaltungsbehörde festgestellt worden ist,*
> *2. der Veranstalter oder Leiter der Versammlung Teilnehmern Zutritt gewährt, die Waffen oder sonstige Gegenstände im Sinne von § 2 Abs. 3 mit sich führen,*
> *3. Tatsachen festgestellt sind, aus denen sich ergibt, dass der Veranstalter oder sein Anhang einen gewalttätigen oder aufrührerischen Verlauf der Versammlung anstreben,*
> *4. Tatsachen festgestellt sind, aus denen sich ergibt, dass der Veranstalter oder sein Anhang Ansichten vertreten oder Äußerungen dulden werden, die ein Vergehen oder ein von Amts wegen zu verfolgendes Vergehen zum Gegenstand haben.*
> *§§ 6-12a (Ausschlussrecht bestimmter Personen, Versammlungsleiter, Ordner, Ausschluss von Störern, Pflichten und Befugnisse von Polizeibeamten) ...*
> *§ 13 VersG (Auflösung von Versammlungen) (1) Die Polizei (§ 12) kann die Versammlung nur dann und unter Angabe des Grundes auflösen, wenn*
> *1. der Veranstalter unter die Vorschriften des § 1 Abs. 2 Nr. 1 bis 4 fällt, und im Falle der Nummer 4 das Verbot durch die zuständige Verwaltungsbehörde festgestellt worden ist,*
> *2. die Versammlung einen gewalttätigen oder aufrührerischen Verlauf nimmt oder unmittelbare Gefahr für Leben und Gesundheit der Teilnehmer besteht,*
> *3. der Leiter Personen, die Waffen oder sonstige Gegenstände im Sinne von § 2 Abs. 3 mit sich führen, nicht sofort ausschließt und für die Durchführung des Ausschlusses sorgt,*
> *4. durch den Verlauf der Versammlung gegen Strafgesetze verstoßen wird, die ein Verbrechen oder von Amts wegen zu verfolgendes Vergehen zum Gegenstand haben, oder wenn in der Versammlung zu solchen Straftaten aufgefordert oder angereizt wird und der Leiter dies nicht unverzüglich unterbindet."*

399 • Die ordnungsrechtliche Generalklausel der Polizei- und Ordnungsgesetze der Länder. 5 ff. VersG beziehen sich nur auf öffentliche Versammlungen. Auf nichtöffentliche Versammlungen sind sie daher nicht anwendbar, auch nicht analog, da der Gesetzgeber sie - bis auf wenige Ausnahmen, s.o. Rn 392 - bewusst nicht regeln wollte, insoweit also keine Gesetzeslücke vorhanden ist (Deger NVwZ 1999, 268; Ketteler DÖV 1990, 955). Es verbleibt als Ermächtigungsgrundlage also nur die ordnungsrechtliche Generalklausel (VGHBW DVBl 1190, 1044; OVG Lüneburg NVwZ 1988, 638; trotz „Zweifeln" OVGNW 1989, 886). Das erscheint vom Ansatz her jedoch unschlüssig : Nach dem Willen des Gesetzgebers haben nichtöffentliche Versammlungen wegen ihrer geringen Außenwirkung ein höheres Schutzbedürfnis als öffentliche Versammlungen. Deswegen hat er die Verbotsmöglichkeiten des VersG nicht auf sie erstreckt. Wenn als Folge davon ein Gesetz herangezogen wird, das geringere Anforderungen an Eingriffe stellt wie das VersG, würde die Wertung des Gesetzgebers unterlaufen. Nichtöffentliche Versammlungen können in verfassungskonformer Auslegung der ordnungsrechtlichen Generalklausel daher nur durch höherrangige andere Verfassungswerte wie Leben und körperliche Unversehrtheit begrenzt werden (Ketteler DÖV 1990, 955; Dietel Rn 214; Dreier/Schulze-Fielitz Rn 42).

- § 43 BSeuchenG, der Verbote von (öffentlichen und nichtöffentlichen) Versammlungen zur Verhinderung der Verbreitung übertragbarer Krankheiten ermöglicht und insoweit dem Schutz des höherrangigen Grundrechts auf Leben und körperliche Unversehrtheit dient.

7. Schranken-Schranken-Bereich

Im Folgenden wird - entsprechend der Wortwahl des Art. 8 und des BVerfG - der Begriff „Versammlung" als Oberbegriff für ortsfeste und sich fortbewegende Versammlungen benutzt, anders also als das VersG, das eine sich fortbewegende Versammlung „Aufzug" nennt. Der im allgemeinen Sprachgebrauch und auch vom BVerfG benutzte Begriff „Demonstration" meint eine sich fortbewegende Versammlung, die auf eine gemeinsame Meinungskundgabe gerichtet sind.

Das Hauptproblem des Schranken-Schranken-Bereichs ist das (vorheriges) Verbot bzw. die (nachträgliche) Auflösung einer Versammlung nach § 15 VersG. Deshalb beziehen sich die folgenden Fallsituationen auch hierauf.

§ 15 VersG „(1) Die zuständige Behörde kann die Versammlung oder den Aufzug verbieten oder von bestimmten Auflagen abhängig machen, wenn nach den zur Zeit des Erlasses der Verfügung erkennbaren Umständen die öffentliche Sicherheit oder Ordnung bei Durchführung der Versammlung oder des Aufzuges unmittelbar gefährdet ist.
(2) Sie kann eine Versammlung oder einen Aufzug auflösen, wenn sie nicht angemeldet sind, wenn von den Angaben der Anmeldung abgewichen oder den Auflagen zuwidergehandelt wird oder wenn die Voraussetzungen zu einem Verbot nach Absatz 1 gegeben sind.
(3) Eine verbotene Veranstaltung ist aufzulösen."

Öffentliche Sicherheit umfasst „den Schutz zentraler Rechtsgüter wie Leben, Gesundheit, Freiheit, Ehre, Eigentum und Vermögen des Einzelnen sowie die Unversehrtheit der Rechtsordnung und der staatlichen Einrichtungen. Unter öffentlicher Ordnung wird die Gesamtheit der ungeschriebenen Regeln verstanden, deren Befolgung nach den jeweils herrschenden sozialen und ethischen Anschauungen als unerlässliche Voraussetzung eines geordneten menschlichen Zusammenlebens innerhalb eines bestimmten Gebiets angesehen wird" (BVerfGE 69, 352; ähnlich Drews/Wacke §§ 16, 17). Die öffentliche Ordnung ist als Schutzgut subsidiär gegenüber der öffentlichen Sicherheit.

7.1 Verhältnismäßigkeit des Verbots bzw. der Auflösung einer Versammlung nach § 15 VersG allgemein

BVerfGE 69, 353 : „Für die verfassungsrechtliche Beurteilung bedeutsam sind zwei Einschränkungen, die im Gesetz selbst angelegt sind und die zur Folge haben, dass Verbote und Auflösungen im Wesentlichen nur zum Schutz elementarer Rechtsgüter in Betracht kommen können, während eine bloße Gefährdung der öffentlichen Ordnung im Allgemeinen nicht genügen wird. Verbot oder Auflösung setzen zum einen als ultima ratio voraus, dass das mildere Mittel der Auflagenerteilung ausgeschöpft ist. Das beruht auf dem Grundsatz der Verhältnismäßigkeit. Dieser begrenzt aber nicht nur das Ermessen in der Auswahl der Mittel, sondern ebenso das Entschließungsermessen der zuständigen Behörden. Die grundrechtlich geschützte Versammlungsfreiheit hat nur dann zurückzutreten, wenn eine Güterabwägung unter Berücksichtigung der Bedeutung des Freiheitsrechts ergibt, dass dies zum Schutz anderer gleichwertiger Rechtsgüter notwendig ist. Demgemäß rechtfertigt keinesfalls jedes beliebige Interesse eine Einschränkung dieses Freiheitsrechts.... Die behördliche Eingriffsbefugnis wird zum anderen dadurch begrenzt, dass Verbote und Auflösung nur bei einer unmittelbaren Gefährdung der öffentlichen Sicherheit oder Ordnung statthaft sind.... Erforderlich ist im konkreten Fall jeweils eine Gefahrenprognose. Demgemäß bestimmt das Gesetz, dass (diese) auf erkennbaren Umständen beruhen muss, ... bloßer Verdacht oder Vermutungen können nicht ausreichen".

Als milderes Mittel als Verbot bzw. Auflösung einer ganzen Versammlung kommt neben der Erteilung von Auflagen auch ein Vorgehen gegen einzelne Störer (§§ 11, 17 a IV, 18 III, 19 IV VersG) und ausdrücklich zugelassene flankierende Maßnahmen (Bild- und Tonaufnahmen durch die Polizei nach § 12 a, 19 a VersG) in Betracht.

402 **7.2 Verhältnismäßigkeit des Verbots bzw. der Auflösung einer Versammlung nach § 15 VersG wegen befürchteter Verkehrsbehinderungen ?**

Beispiel : Eine Demonstration soll durch die Innenstadt führen. Die Polizei befürchtet, dass es zu erheblichen Behinderungen des fließenden Verkehrs kommen wird und so zahlreiche Autofahrer nicht rechtzeitig ihr Ziel erreichen.

BVerfGE 69, 353 (Brokdorf) „Belästigungen, die sich zwangsläufig aus der Massenhaftigkeit der Grundrechtsausübung ergeben und sich ohne Nachteil für den Versammlungszweck nicht vermeiden lassen, werden Dritte im Allgemeinen ertragen müssen. Aus bloßen verkehrstechnischen Gründen werden Versammlungsverbote um so weniger in Betracht kommen, als in aller Regel ein Nebeneinander der Straßenbenutzung durch Demonstranten und fließendem Verkehr durch Auflagen erreichbar ist."

403 **7.3 Verhältnismäßigkeit des Verbots bzw. der Auflösung einer Versammlung nach § 15 VersG bei erfolgten bzw. befürchteten Gewalttätigkeiten ?**

Beispiel : Zu einer Großdemonstration gegen den Bau des Kernkraftwerks Brokdorf 1981 werden etwa 50.000 Teilnehmer erwartet, darunter etwa 1.200 Gewalttäter.

BVerfGE 69, 361 (Brokdorf) : „Steht kollektive Unfriedlichkeit nicht zu befürchten, ist also nicht damit zu rechnen, dass eine Demonstration im Ganzen einen gewalttätigen und aufrührerischen Verlauf nimmt (vgl. § 13 Abs. 1 Nr. 2 VersG) oder dass der Veranstalter oder sein Anhang einen solchen Verlauf anstreben (vgl. § 5 Nr. 3 VersG) oder zumindest billigen, dann muss für die friedlichen Teilnehmer ... der Schutz der Versammlungsfreiheit auch dann erhalten bleiben, wen einzelne andere Demonstranten oder eine Minderheit Ausschreitungen begehen... Würde unfriedliches Verhalten Einzelner für die gesamte Veranstaltung und nicht nur für die Täter zum Fortfall des Grundrechtsschutzes führen, hätten diese es in der Hand, Demonstrationen umzufunktionieren und entgegen dem Willen der anderen Teilnehmer rechtswidrig werden zu lassen ...; praktisch könnte dann jede Großdemonstration verboten werden, da sich nahezu immer Erkenntnisse über unfriedliche Absichten eines Teils der Teilnehmer beibringen lassen... Die unter Gesetzesvorbehalt stehende Grundrechtsgewährleistung schließt es jedoch nicht aus, auf der Grundlage des § 15 VersG auch gegen die gesamte Demonstration behördliche Maßnahmen zum Schutz der öffentlichen Sicherheit bis hin zu einem Verbot anzuordnen. Jedoch ist bevorzugt eine nachträgliche Auflösung zu erwägen, die den friedlichen Teilnehmern die Chance einer Grundrechtsausübung nicht von vornherein abschneidet und dem Veranstalter den Vorrang bei der Isolierung unfriedlicher Teilnehmer belässt. Ein vorbeugendes Verbot der gesamten Veranstaltung wegen befürchteter Ausschreitungen einer gewaltorientierten Minderheit ist hingegen ... nur unter strengen Voraussetzungen ... statthaft. Dazu gehört eine hohe Wahrscheinlichkeit in der Gefahrenprognose ... sowie die vorherige Ausschöpfung aller sinnvoll anwendbaren Mittel, die eine Grundrechtsverwirklichung der friedlichen Demonstranten ermöglichen. ..."

Im obigen Beispiel war danach die Auflösung rechtswidrig (vgl auch BVerfG NJW 2000, 1407).

7.4 Verhältnismäßigkeit des Verbots bzw. der Auflösung einer Versammlung nach § 15 VersG bei Verstoß gegen die Anmeldepflicht?

404

> *§ 14 VersG „(1) Wer die Absicht hat, eine öffentliche Versammlung unter freiem Himmel oder einen Aufzug zu veranstalten, hat dies spätestens 48 Stunden vor der Bekanntgabe der zuständigen Behörde unter Angabe des Gegenstandes der Versammlung oder des Aufzuges anzumelden.*
> *(2) In der Anmeldung ist anzugeben, welche Person für die Leitung der Versammlung oder des Aufzuges verantwortlich sein soll".*

§ 15 II VersG (s.o. Rn 400) knüpft an § 14 VersG an und ermöglicht die Auflösung einer Versammlung, wenn sie nicht angemeldet worden ist. §§ 14 und 15 II VersG schränken damit Art. 8 ein, der gerade das Recht gewährt, „sich ohne Anmeldung ... zu versammeln". Sachs/Höfling Rn 58 hält § 14 I VersG für verfassungswidrig, weil er das verfassungsrechtlich vorgegebene Regel-Ausnahme-Verhältnis von Freiheit und Eigentum umkehrt. Nach dem BVerfG ist - in Übereinstimmung mit der h.M. - zu differenzieren :

- Lange geplante Versammlungen

> BVerfGE 85, 74 : „Die Anmeldepflicht verstößt grundsätzlich nicht gegen Art. 8 GG. Die Vorschrift hat den Sinn, den Behörden diejenigen Informationen zu vermitteln, die sie benötigen, um Vorkehrungen zum störungsfreien Verlauf der Veranstaltung und zum Schutz von Interessen Dritter oder der Gesamtheit treffen zu können.... Auch die ... Anmeldefrist von 48 Stunden vor Bekanntgabe der Versammlung lässt sich für den Regelfall verfassungsrechtlich nicht beanstanden. Sie gibt der Verwaltung die Möglichkeit, erforderlichenfalls Auflagen zu Ort und Zeit der Versammlung anzuordnen ... die dann bereits bei der Bekanntgabe berücksichtigt werden können."

- Spontanversammlungen

> BVerfGE 85, 75 : „Darunter sind Versammlungen zu verstehen, die sich aus einem momentanen Anlass ungeplant und ohne Veranstalter entwickeln. Eine Anmeldung ist hier aus tatsächlichen Gründen unmöglich. Ein Beharren auf der Anmeldepflicht müsste folglich zu einer generellen Unzulässigkeit von Spontanversammlungen führen. Das wäre mit dem Grundrecht der Versammlungsfreiheit nicht vereinbar. "

- Großdemonstrationen

> BVerfGE 59, 359 : Es ist ... „nicht geboten, Großdemonstrationen ähnlich wie Spontandemonstrationen von der Anmeldepflicht des § 14 VersG auszunehmen. Wegen der Vielschichtigkeit der Trägerorganisation bei Großveranstaltungen erscheint allerdings eine verfassungskonforme Interpretation des § 14 i.V.m. § 15 Abs. 2 VersG dann angezeigt, wenn sich einzelne Gruppen oder Personen außerstande sehen, eine Gesamtanmeldung oder -leitung vorzunehmen. Schon ein nur beschränkt erteiltes Mandat und eine nur begrenzt vorhandene Bereitschaft, sich dialogfähig zu zeigen und Verantwortlichkeit zu übernehmen, darf bei der Prüfung etwaiger Sanktionen wegen unterbliebener Anmeldung nicht außer acht bleiben. Das Fehlen eines gesamtverantwortlichen Anmelders hat lediglich zur Folge, dass die Eingriffsschwelle der zuständigen Behörden bei Störungen - ähnlich wie bei einer Spontandemonstration - absinken kann, sofern die Behörde ihrerseits alles getan hat, um in Erfüllung ihrer Verfahrenspflichten - etwa durch ein Angebot zur fairen Kooperation - die Durchführung einer friedlich konzipierten Demonstration zu ermöglichen".

7.5 Verhältnismäßigkeit des Verbots bzw. der Auflösung einer Versammlung innerhalb eines Bannkreises nach § 15 III VersG ?

> § 16 VersG „(1) Öffentliche Versammlungen unter freiem Himmel und Aufzüge sind innerhalb des befriedeten Bannkreises der Gesetzgebungsorgane des Bundes und der Länder sowie des Bundesverfassungsgerichts verboten.
> (2) Die befriedeten Bannkreise für die Gesetzgebungsorgane des Bundes und für das Bundesverfassungsgericht werden durch Bundesgesetz, die befriedeten Bannkreise für die Gesetzgebungsorgane der Länder durch Landesgesetze bestimmt.
> (3) Das Weitere regeln die Bannmeilengesetze des Bundes und der Länder.
>
> § 15(3) VersG : Eine verbotene Veranstaltung ist aufzulösen."

Beispiel : Eine Demonstration von Schülern gegen den Entwurf eines neuen Schulgesetzes findet unmittelbar vor dem Landtagsgebäude innerhalb der Bannmeile statt.

§ 16 I VersG verbietet öffentliche Versammlungen innerhalb von Bannkreisen um das BVerfG und die Gesetzgebungsorgane von Bund und Ländern. Damit soll erreicht werden, dass diese Organe unbeeinflusst von äußerem Druck ihre Arbeit verrichten können. Da dieses Verbot ausnahmslos gilt und bei einem Verstoß dagegen nach § 15 III VersG zwingend zur Auflösung führt, erscheint es verfassungsrechtlich bedenklich, etwa für den Fall, dass eine Versammlung im konkreten Fall gar keinen unmittelbaren Druck auf das betreffende Organ ausüben kann (Tsatsos/Wietschel ZRP 1994, 212; Sachs/Höfling Rn 62). Insoweit ist es daher verfassungskonform dahingehend auszulegen, dass ein Rechtsanspruch auf Durchführung der Versammlung besteht, wenn eine Störung der Tätigkeit des betreffenden Organs konkret nicht möglich ist (VG Hamburg NVwZ 1985, 678; Ott/Wächtler Rn 2). Dem entsprechen mittlerweile die meisten Bannmeilengesetze auch (z.B. § 5 des Gesetzes über befriedete Bezirke für Verfassungsorgane des Bundes).

Repetitorium : Rn 1027

Weiterführende Literatur : Alberts, Zum Spannungsfeld zwischen Art. 8 und dem Versammlungsgesetz, NVwZ 1992, 38; Höllein, Das Verbot rechtsextremistischer Veranstaltungen, NVwZ 1994, 635; Gintzel/Kniesel, Kommentar zum Versammlungsgesetz, 11. Aufl. 1994; Zeitler, Versammlungsrecht, 1994; Krüger, Versammlungsrecht, 1994; Breitbach, Die Bannmeile als Ort von Versammlungen, 1994; Rühl, Versammlungsrechtliche Maßnahmen gegen rechtsradikale Demonstrationen und Aufzüge, NJW 1995, 561; Ott/Wächter, Kommentar zu Versammlungsgesetz, 6. Aufl. 1996; Kniesel, Die Versammlungs- und Demonstrationsfreiheit, NJW 1996, 2006; Welsing, Bannmeile und Art. 8, Die Polizei, 1996, 196; Deger, Sind Chaos-Tage und Techno-Paraden Versammlungen ?, NJW 1997, 923; Sascha, Das neue Bannmeilengesetz der „Berliner Republik", NVwZ 2000, 369; Kniesel, Versammlungs- und Demonstrationsfreiheit, NJW 2000, 2857; Brenneisen, Der exekutive Handlungsrahmen im Schutzbereich des Art. 8 GG, DÖV 2000, 275; Hermanns, Grundfragen des Rechts der Versammlungsfreiheit, JA 2001, 79; Tölle, Polizei- und ordnungsbehördliche Maßnahmen bei rechtsextremistischen Versammlungen, NVwZ 2001, 153; Battis/Grigoleit, Neue Herausforderungen für das Versammlungsrecht ?, NVwZ 2001, 121

ART. 9 : VEREINIGUNGS- UND KOALITIONSFREIHEIT

„*(1) Alle Deutschen haben das Recht, Vereine und Gesellschaften zu bilden.
(2) Vereinigungen, deren Zwecke oder deren Tätigkeit den Strafgesetzen zuwiderlaufen oder die sich gegen die verfassungsmäßige Ordnung oder gegen den Gedanken der Völkerverständigung richten, sind verboten.
(3) Das Recht, zur Wahrung und Förderung der Arbeits- und Wirtschaftsbedingungen Vereinigungen zu bilden, ist für jedermann gewährleistet. Abreden, die dieses Recht einschränken oder zu behindern suchen, sind nichtig, hierauf gerichtete Maßnahmen sind rechtswidrig. Maßnahmen nach den Art. 12a, 35 Abs.2 und 3, Art. 87a Abs.4 und Art. 91 dürfen sich nicht gegen Arbeitskämpfe richten, die zur Wahrung und Förderung der Arbeits- und Wirtschaftsbedingungen von Vereinigungen im Sinne des Satzes geführt werden.*"

1. historischer Hintergrund, internationaler und europäischer Schutz

Die Vereinigungs- und die Koalitionsfreiheit gehören nicht zu den klassischen Menschenrechten, sondern haben sich erst im 19. Jahrhundert zu Grundrechten verdichtet. Die erste Verankerung der Vereinigungsfreiheit erfolgte in der Paulskirchenverfassung 1849 (§ 162), die zweite in der Weimarer Reichsverfassung (Art. 124). Diese garantiert auch erstmalig die Koalitionsfreiheit (Art. 159, 165). Im Parlamentarischen Rat war die Garantie der Vereinigungs- und der Koalitionsfreiheit im Wesentlichen unstreitig (JöR 1 (1951) S. 116 ff.). 1968 erfolgte im Rahmen der Notstandsregelungen die Ergänzung des Absatzes 3 durch den jetzigen Satz. 3.

406

Zur Vereinigungs- und Koalitionsfreiheit bekennt sich die UNO in Art. 20 und 23 Nr.4 der Menschenrechtserklärung (vgl. Rn 85) und in Art. 22 I des Pakts über bürgerliche und politische Rechte und der Europarat in Art. 11 der Europäischen Menschenrechtskonvention (vgl. Rn 821). Die Europäische Union bekennt sich zu ihnen zunächst durch ihr Bekenntnis zur EMRK (Art. 6 II EUV), durch die Rechtsprechung des EuGH (Slg. 1974, 925; 1990, 117) und durch Art. 12 und 28 der Grundrechtscharta 2000 (vgl. Rn 933). Weiter sind Teilaspekte dieser Grundrechte Gegenstand gemeinschaftsrechtlicher Regelungen : das die Unternehmensgründung umfassende Niederlassungsrecht (Art. 43 ff.), das Recht auf Verbändebildung der Arbeitgeber (Art. 48 EGKSV) und der die Koalitionsfreiheit voraussetzende Art. 139 EGV.

2. Bedeutung

Art. 9 I schützt den freien Zusammenschluss des Einzelnen mit anderen zu selbstgewählten Zwecken „in Vereinen, Verbänden und Assoziationen aller Art" (BVerfGE 38, 303), schützt insoweit also die „Freiheit der Persönlichkeitsentfaltung und Persönlichkeitsentwicklung in Gruppenform" (AK/Rinken Rn 42). Daneben ist Art. 9 I aber auch ein demokratisches Grundrecht und stellt insoweit zusammen mit Art. 8 eine Komplementärgarantie zur Meinungsfreiheit dar (Dreier/Bauer Rn 18). Schließlich schützt Art. 9 I auch die wirtschaftliche Vereinigungsfreiheit, insbesondere die Gründung von Personen- und Kapitalgesellschaften. Ergänzt wird diese durch die Koalitionsfreiheit des Abs. 3, die darauf angelegt ist, „die strukturelle Unterlegenheit der einzelnen Arbeitnehmer beim Abschluss von Arbeitsverträgen durch kollektives Handeln auszugleichen und damit ein annähernd gleichgewichtiges Aushandeln der Löhne und Arbeitsbedingungen zu ermöglichen" (BVerfGE 84, 229).

407

Die praktische Bedeutung des Art. 9 ist erheblich, da Vereinigungen fast alle Bereiche der gesellschaftlichen Vielfalt erfassen (Zahlen aus dem Statistischen Jahrbuch 2000) : Wirtschaft (insbesondere AGs, GmbHs, OHGs, KGs), Arbeit (Arbeitgeberverbände und Gewerkschaften;

einzelne Grundrechte

der Deutsche Gewerkschaftsbund umfasste 1998 knapp 8,3 Mio. Mitglieder), Soziales Leben (etwa die Wohlfahrts-, Frauen- oder Seniorenverbände), Freizeit (neben Kleingärtner- oder Hobbyvereinen insbesondere die Sportverbände : der Deutsche Sportbund umfasste 1999 87.052 Vereine mit über 23 Mio. Mitglieder), Verkehr (Alleine der ADAC besaß 1999 über 13 Mio. Mitglieder), Umwelt (Umwelt- und Naturschutzverbände), Religion (die Religionsgesellschaften und religiösen Sekten), Kultur (etwa die Weiterbildungs-, Literatur- oder Wissenschaftsvereinigungen).

> Zur Bedeutung der Verbände für die politische Willensbildung : siehe Rn 592

3. Übersicht

Die Klammerzusätze mit den Randnummern verweisen auf die Teile der Darstellung des Art. 9, in denen die jeweiligen Aspekte erläutert sind, bzw. auf andere Teile des Buches.

408

```
  immanente      §§ 43 ff    Parteien-    allg. Gesetze    immanente
  Schranken      BVerfGG     gesetz       Art. 140 GG      Schranken
  (> Rn 415)     (>Rn 600)   (>Rn 586)    (> Rn 333)       (> Rn 331)
       ↑             ↑            ↑             ↑              ↑
                Koalitionen zur Förderung
                der Arbeits- und                              Religions- und
                Wirtschaftsbedingungen    Parteien            Weltanschauungs-
       ?        - Art. 9 III -            - Art. 21 -         gemeinschaften
  (>6.2.1)                                                    - Art. 140 -
                (> Rn  416)               (> Rn 585)          (> Rn 326)

                              spezielle Regelungen
                                      ↑
                        allgemeine Vereinigungsfreiheit

       Vereinigungsfreiheit für Deutsche       Vereinigungsfreiheit für Ausländer :
                  - Art. 9 I -                            - Art. 2 I -
                  (> Rn 409)                              (> 248)

       Schranken des     immanente                  Schranke der
       Art. 9 II         Schranken                  verfassungsmäßigen Ordnung
       (> Rn 413)        (> 415)                    (> Rn 258)

       Vereinsgesetz    ←                           Polizei- und
                                                   Ordnungsgesetze
```

4. Grundrechtsträgerschaft

Grundrechtsträger nach Art 9 I sind nur Deutsche (i.S.d. Art. 116 I). Ausländer können sich also nur auf die allgemeine Handlungsfreiheit des Art. 2 I berufen. Diese enthält einen Gesetzesvorbehalt, da unter „verfassungsmäßiger Ordnung" die verfassungsmäßige Rechtsordnung, also die Gesamtheit aller verfassungsmäßigen Rechtsnormen, zu verstehen ist (s.o. Rn 258). Damit können Vereinigungen von Ausländern - anders als solche von Deutschen nach Art. 9 - aufgrund eines Gesetzes eingeschränkt werden. Das Vereinsgesetz nimmt diese Differenzierung jedoch nicht auf, sondern gilt - wie auch das VersammlungsG - nach seinem § 1 für Deutsche und für Ausländer. Im Ergebnis ist der Schutz der Vereinigungsfreiheit für Ausländer dennoch grundsätzlich schwächer als der für Deutsche, das aus der Beschränkung des Schutzes des Art. 9 auf Deutsche ist die Wertung abzuleiten ist, dass der Schutz für Ausländer nicht den gleichen Stellenwert haben soll. Bei Anwendung der Ermessensnormen des VereinsG ist also die Bedeutung des eingeschränkten Art. 8 I höher zu bewerten als die Bedeutung des „nur" eingeschränkten Art. 2 I. Das gilt indessen nicht für Ausländer aus EU-Staaten. Art. 12 EGV, nach dem „jede Diskriminierung aus Gründen der Staatsangehörigkeit verboten" ist, bewirkt eine europarechtskonforme Auslegung des VereinsG mit der Folge, dass EU-Ausländer und Deutsche gleich zu behandeln sind (Dreier/Bauer Rn 26).

409

Neben dem Einzelnen schützt Art. 9 auch die Vereinigung selbst, ohne dass es dafür eines Rückgriffes auf Art. 19 III bedarf (BVerfGE 84, 378; Dreier/Bauer Rn 29 m.w.N., a.A. Sachs/Höfling Rn 26 m.w.N.).

5. allgemeine Vereinigungsfreiheit (Abs. 1, 2)

5.1. Schutzbereich

5.1.1 Begriff der Vereinigung

Art. 9 I erfasst „Vereine und Gesellschaften". Das sind lediglich Unteraspekte des damit maßgeblichen Begriffs „Vereinigungen" i.S.d. Art. 9 II. Nach h.M. wird dieser Begriff zutreffend durch den Vereinsbegriff des Vereinsgesetzes umschrieben (Sachs/Höfling Rn 8, 12 m.w.N.)

410

> *§ 1 VereinsG : „Verein im Sinne dieses Gesetzes ist ohne Rücksicht auf die Rechtsform jede Vereinigung, zu der sich eine Mehrheit natürlicher oder juristischer Personen für längere Zeit zu einem gemeinsamen Zweck freiwillig zusammengeschlossen und einer organisierten Willensbildung unterworfen hat."*

Eine Vereinigung ist also ein

- Zusammenschluss mehrerer Personen

  Das können natürliche, aber auch juristischen Personen sein. Zumindest müssen es zwei sein (h.M., vgl. Dreier/Bauer Rn 34 m.w.N.). Für Art. 9 unerheblich sind daher die Mindestzahlen des Vereinsrecht (vgl. §§ 56 bzw. 73 BGB : 7 bzw. 3).

- auf freiwilliger Grundlage

  Damit sind nicht erfasst privatrechtliche (z.B. die Technischen Überwachungsvereine) und öffentlich-rechtliche Zwangszusammenschlüsse (wie insbesondere die Kammern : Industrie- und Handels-, Handwerks-, Rechtsanwälte-, Ärzte-, Steuerberaterkammern usw.)

- zu einem gemeinsamen Zweck

  Thematisch ist dieser nicht begrenzt. Erfasst sind also z.B. wirtschaftliche, politische, sportliche, kulturelle oder gesellige, aber auch gesetzliche verbotene Zwecke (Sachs/Höfling Rn 14; v.Münch/Löwer Rn 32; Dreier/Bauer Rn 37).

- für längere Zeit und mit organisierter Willensbildung

Dieses Merkmal der Stabilität darf „nicht zu sehr strapaziert werden" (Sachs/Höfling Rn 15; ähnlich Dreier/Bauer Rn 36; v.Münch/Löwer Rn 29). Insbesondere dürfen die Anforderungen an § 2 I VereinsG nicht ohne weiteres auf Art. 9 übertragen werden (Sachs/Höfling Rn 15; v.Münch/Löwer Rn 29). Das zeitliche Moment soll Vereinigungen vor allem von Versammlungen als Augenblicksverbänden abgrenzen. Vorübergehende Zusammenschlüsse wie etwa zu einer Bürgerinitiative werden also auch erfasst (Sachs/Höfling Rn 15; Dreier/Bauer Rn 36). Auch an die „organisierte Willensbildung" sind nur geringe Anforderungen zu stellen. Es sind weder Organe noch eine Satzung oder regelmäßige Zusammenkünfte notwendig. Es reicht, wenn die Vereinigung ihre Mitglieder benennen kann und eine Gesamtwillensbildung zum Ziel hat, die nicht einmal zwingend durch Mehrheitsentscheidungen erfolgen muss (v. (v.Münch/Löwer Rn 29; a.A. Dreier/Bauer Rn 36).

5.1.2 Geschütztes Verhalten

411 In positiver Hinsicht schützt Art. 9 I, Vereinigungen „zu bilden". Das umfasst die Entscheidung über Zeitpunkt, Zweck, Rechtsform, Namen und Sitz der Vereinigung (sog. Vereinsautonomie), die Freiheit des Beitritts und Verbleibens, die Organisations- und interne Betätigungsfreiheit (BVerfGE 80, 253; h.L., z.B. Sachs/Höfling Rn 16 m.w.N.) und den „vereinssichernde Außenkontakt" (Sachs/Höfling Rn 19, Dreier/Bauer Rn 40) wie Mitgliederwerbung und Selbstdarstellung (BVerfGE 84, 378). Nicht - sondern nur von den materiellen Grundrechten wie Art. 2 I, 4, 5 III, 12 und 14 - erfasst ist dagegen die nach außen auf Verwirklichung des Vereinigungszwecks gerichtete Betätigung (BVerfGE 70, 25; Sachs/Höfling Rn 20; Dreier/Bauer Rn 40; a.A. MD/Scholz Rn 86).

In negativer Hinsicht schützt Art. 9 I die Freiheit, einer Vereinigung fernzubleiben oder aus ihr auszutreten (BVerfGE 50, 354; h.L., z.B. Sachs/Höfling Rn 21 m.w.N.). Streitig ist dagegen, ob sich diese Freiheit auch auf öffentlich-rechtliche Zwangsvereinigungen erstreckt. Überwiegend wird das verneint, da sich der positive Schutzbereich des Art. 9 I auch nicht auf sie bezieht (BVerfG NJW 1995, 515; BVerwGE 59, 236; v.Münch/Löwer Rn 17; Merten HbStR VI § 144 Rn 58 ff; JP/Jarass Rn 5; Schmalz Rn 677). Zum Teil wird das dagegen mit der Begründung bejaht, Art. 9 I schütze allgemein das Prinzip freier sozialer Gruppenbildung und müsse daher auch das Fernbleiben von öffentlich-rechtlichen Vereinigungen erfassen (Sachs/Höfling Rn 21; Hesse Rn 413; Pieroth/Schlinck Rn 730; Dreier/Bauer Rn 42 m.w.N).

Die Folge der h.M. ist, dass das Fernbleiben von einer öffentlichen Vereinigung durch Art. 2 I geschützt ist, der durch Gesetz einschränkbar ist. Zwangsmitgliedschaften in öffentlich-rechtlichen Vereinigungen sind daher mit Art. 2 I vereinbar, wenn sie - abgesehen von sonstigen Anforderungen - verhältnismäßig sind, was der Fall ist, wenn sie eine „legitime öffentliche Aufgabe" wahrnehmen sollen (BVerfGE 10, 102). Nach der abweichenden Literaturmeinung kann eine solche Zwangsmitgliedschaft, da von Art. 9 I erfasst, nur durch höherrangige Verfassungswerte gerechtfertigt werden.

5.1.3 Ausgestaltung des Schutzbereichs

412 Art. 9 I bedarf - da ohne Gesetzesvorbehalt - der gesetzlichen Ausgestaltung, damit die Vereinigungsfreiheit wirksam wahrgenommen werden kann (BVerfGE 84, 378; Sachs/Höfling Rn 36; Murswiek JuS 1992, 119), vgl. auch oben Rn 169.

BVerfGE 50, 354 :"Vereinigungsfreiheit ist ... auf Regelungen angewiesen, welche die freien Zusammenschlüsse und ihr Leben in die allgemeine Rechtsordnung einfügen, die Sicherheit des Rechtsverkehrs gewährleisten, Rechte der Mitglieder sichern und den schutzwürdigen Belangen Dritter Rechnung tragen ..."

Art. 9 : Vereinigungs- und Koalitionsfreiheit

Beispiele : Ausgestaltungen sind danach etwa § 56 BGB, der Mindestzahl von 7 Personen für die Gründung eines rechtsfähigen Vereins verlangt, oder die Regelungen über das Mindestkapital von GmbHs oder AGs oder die über Pflicht zur Eintragung im Vereins- bzw. Handelsregister. Eingriffe sind dagegen etwa Vereinsverbote oder das Verbot der Werbung (BVerfGE 84, 372).

5.2 Schranken-Bereich

„Das Schrankenregime der Vereinigungsfreiheit ist eine komplizierte Konstruktion" (Sachs/Höfling Rn 38)

5.2.1 Schranken des Art. 9 II

Es besteht heute weitgehend Einigkeit darüber, dass Art. 9 II nicht eine Begrenzung des Schutzbereichs, sondern eine Schrankenregelung enthält (Dreier/Bauer Rn 49 m.w.N.). Dabei handelt es sich entgegen dem Wortlaut nicht um eine ausdrückliche Schranke, die aus sich heraus ein Verbot bewirkt. Das folgt aus einem Vergleich mit Art. 21 II, dem Grundsatz der Rechtsicherheit und dem Gebot eines effektiven Grundrechtsschutzes aus Art. 19 IV (Dreier/Bauer Rn 49). Art. 9 II enthält vielmehr eine Eingriffsermächtigung für entsprechende Verbote, die - nach der Wesentlichkeitslehre (Rn 513) - einer gesetzlichen Grundlage bedürfen. Eine Vereinigung ist also nicht schon dann verboten, wenn die Voraussetzungen des Art. 9 II erfüllt sind, sondern erst aufgrund einer konstitutiven Verbotsverfügung (h.M., z.B. Sachs/Höfling Rn 38 m.w.N.). Dem trägt auch das Vereinsgesetz Rechnung :

413

> § 3 I VereinsG : *„Ein Verein darf erst dann als verboten (Artikel 9 Abs. 2 des Grundgesetzes) behandelt werden, wenn durch Verfügung der Verbotsbehörde festgestellt ist, dass seine Zwecke oder seine Tätigkeit den Strafgesetzen zuwiderlaufen oder dass er sich gegen die verfassungsmäßige Ordnung oder den Gedanken der Völkerverständigung richtet; in der Verfügung ist die Auflösung des Vereins anzuordnen (Verbot)."*

Verboten werden können Vereinigungen aufgrund des Art. 9 II, wenn ihr Zweck oder ihre Tätigkeit

- den Strafgesetzen zuwiderlaufen,

  Strafgesetze in diesem Sinn sind nur die allgemeinen Strafgesetze, die ein Verhalten unabhängig davon sanktionieren, ob es vereinsmäßig begangen wird oder nicht (MD/Scholz Rn 125; Sachs/Höfling Rn 43; JP/Jarass Rn 16; Dreier/Bauer Rn 51).

- sich gegen die verfassungsmäßige Ordnung

  Unter verfassungsmäßiger Ordnung ist nicht - wie bei Art. 2 I - die gesamte Rechtsordnung zu verstehen, sondern - wegen des Zusammenhangs mit Art. 18 I 1 und 21 II 1 - die freiheitliche demokratische Grundordnung (BVerwGE 47, 351; h.L., vgl. Dreier/Bauer Rn 52 m.w.N.; a.A. JP/Jarass Rn 17 und MD/Scholz Rn 127, die - wie in Art. 20 III - darunter die gesamte Verfassung verstehen).

- oder gegen den Gedanken der Völkerverständigung richten

  Insoweit knüpft Art. 9 II an das Verbot des Art. 26 I an. Ein Verstoß dagegen erfüllt daher den Verbotstatbestand des Art. 9 II, also z.B. bei dem Ziel der Führung eines Angriffskrieges oder dem Kampf gegen das "Weltjudentum" Eine bloße Kritik an anderen Ländern reicht dagegen nicht aus. (h.M., z.B. Sachs/Höfling Rn 45 m.w.N.) „Richten" bedeutet - wie „darauf ausgehen" in Art. 21 II 1- eine kämpferisch-aggressive Haltung" (BVerwGE 37, 358; h.L.).

Das Vereinsgesetz lässt nach §§ 14 f. für Vereine, deren Mitglieder oder Leiter sämtlich oder überwiegend Ausländer sind (Ausländervereine) und für Vereine mit Sitz im Ausland (ausländische Vereine) ein Verbot auch dann zu, wenn sie durch politische Betätigung die innere oder äußere Sicherheit, die öffentliche Ordnung oder sonstige erhebliche Belange der Bundesrepublik Deutschland oder eines ihrer Länder verletzen oder gefährden. Anstelle des Vereinsverbots können auch Betätigungsverbote erlassen werden, die sich auch auf bestimmte Handlungen oder bestimmte Personen beschränken. Im übrigen erklärt das VereinsG die Gesetze zum Schutz der öffentlichen Sicherheit oder Ordnung für ebenfalls anwendbar.

414 Verbotsbehörde ist nach § 3 II VereinsG für alle Vereine der jeweilige Landesinnenminister, wenn sich Organisation und Tätigkeit des Vereins auf das Gebiet eines Landes beschränken, ansonsten der Bundesinnenminister.

Verbotsfolgen sind nach dem VereinsG für alle Vereine

- Auflösung des Vereins (§ 3 I 2)
- Beschlagnahme und Einziehung des Vereinsvermögens (§§ 3 I 2, 10-13)
- Verbot der Bildung von Ersatzorganisationen (§ 8)
- Verbot der Benutzung von Kennzeichen des verbotenen Vereins (§ 9)
- Strafsanktionen bei Zuwiderhandlungen (§ 20)

Vereinsverbote seit Inkrafttreten des Vereinsgesetzes 1964, Stand 25.1.2001	Bund	Länder
Verbote insgesamt	55	60
• ausländische Vereine	44	15
• rechtsextreme Vereine	11	15
• linksextreme Vereine	-	1
• kriminelle Vereine	10	3
Verbotsgründe : Verstöße gegen		
• die verfassungsmäßige Ordnung	9	12
• den Gedanken der Völkerverständigung	8	4
• Strafgesetze	13	29
• die öffentliche Sicherheit und Ordnung	12	-
• sonstige erhebliche Belange der Bundesrepublik	8	-
• das Verbot der Bildung von Ersatzorganisationen	2	5

Quelle : Bundesministerium des Innern

5.2.2 immanente Schranken

415 Neben Art. 9 II kommen höherrangige andere Verfassungswerte als immanente Schranken des Art. 9 I in Betracht. Zur Konkretisierung dieser Schranken ist - nach der Wesentlichkeitslehre (Rn 513) - eine gesetzliche Regelung notwendig ((JP/Jarass Rn 20 m.w.N.).

Beispiele : Fusionsverbote zum Schutz der Wettbewerbsfreiheit (Sachs/Höfling Rn 40), Vereinigungsverbote innerhalb des Strafvollzuges (JP/Jarass Rn 20), Regelung der Mitbestimmung der Arbeitnehmer in Kapitalgesellschaften

6. Koalitionsfreiheit (Abs. 3)

6.1 Schutzbereich

6.1.1 Begriff der Koalition

Danach ist das Recht gewährleistet, Vereinigungen zur Wahrung und Förderung der Arbeits- und Wirtschaftsbedingungen (= „Koalitionen") zu bilden. Eine Koalition setzt voraus : 416

- Zusammenschluss mehrerer Personen auf freiwilliger Grundlage zu einem gemeinsamen Zweck für längere Zeit und mit organisierter Willensbildung, also eine Vereinigung i.S.d. Art. 9 I (vgl. oben Rn 410)
- Wahrung und Förderung der Arbeits- und Wirtschaftsbedingungen als Zweck. Arbeitsbedingungen beziehen sich z.b. auf Lohn, Arbeitszeit, Urlaub oder Arbeitsschutz. Wirtschaftsbedingungen beziehen sich auf darüber hinausreichende Fragen wirtschafts- und sozialpolitischen Charakters wie z.b. Mitbestimmung oder Bekämpfung der Arbeitslosigkeit. Koalitionen sind also die Gewerkschaften und Arbeitgeberverbände sowie deren Spitzenorganisationen, nicht aber rein wirtschaftliche Vereinigungen wie z.B. Verbraucherverbände oder Kartelle.
- Gegnerunabhängigkeit (BVerfGE 50, 368; BVerwGE 50, 368), die als Mindestvoraussetzung die wirtschaftliche Unabhängigkeit von dem sozialen Gegenspieler voraussetzt.
- Gegnerfreiheit (BVerfGE 50, 373). Die Mitglieder müssen also entweder Arbeitgeber oder Arbeitnehmer sein.

Nicht notwendig sind dagegen (wenn auch in der Regel vorhanden)

- die Tariffähigkeit (BVerfGE 19, 312),
- die Bereitschaft zum Arbeitskampf (BVerfGE 18, 33).
- eine ausreichende Durchsetzungsfähigkeit (BVerfG NJW 1995, 3377; Dreier/Bauer Rn 74)
- die überbetriebliche Organisation (die z.B. bei der Postgewerkschaft nicht vorhanden ist). Sie ist jedoch ein Indiz für die Gegnerunabhängigkeit.

6.1.2 geschütztes Verhalten

Geschützt ist über Abs. 1 hinaus das Recht, „durch spezifisch koalitionsmäßige Betätigung die in Abs. 3 genannten Zwecke zu verfolgen" (BVerfGE 77, 62; BAGE 48, 311), also insbesondere 417

- gewerkschaftliche Präsenz in Betrieben, Betriebs- und Personalräten (BVerfGE 50, 372)
- der Abschluss von Tarifverträgen (BVerfGE 84, 224),
- der Streik (BVerfGE 88, 114; BAGE 48, 166), i.E. aber nicht für Beamte (s.u. Rn 420)
  Er muss verhältnismäßig sein, darf also erst als ultima ratio nach Ausschöpfung aller Verständigungsmöglichkeiten begonnen werden und in Art und Intensität nicht über das hinausgehen, was zur Durchsetzung des angestrebten Zieles erforderlich ist.
- die Abwehraussperrung als Reaktion auf eng begrenzte Teilstreiks
  Grundlegend hierzu BAGE 33, 140. Ausgewählte Leitsätze des Urteils :
  „1. Das geltende die Tarifautonomie konkretisierende Tarifrecht setzt voraus, dass die sozialen Gegenspieler das Verhandlungsgleichgewicht mit Hilfe von Arbeitskämpfen herstellen und wahren können.

> 2. Das bedeutet in der Praxis, dass regelmäßig zunächst die Gewerkschaften auf das Streikrecht angewiesen sind, weil sonst das Zustandekommen und die inhaltliche Angemessenheit von Tarifverträgen nicht gewährleistet wären.
> 3. Abwehraussperrungen sind jedenfalls insoweit gerechtfertigt, wie die angreifende Gewerkschaft durch besondere Kampftaktiken ein Verhandlungsübergewicht erzielen kann. Das ist bei eng begrenzten Teilstreiks anzunehmen, weil durch sie konkurrenzbedingte Interessengegensätze der Arbeitgeber verschärft und die für Verbandstarifverträge notwendige Solidarität der Verbandsmitglieder nachhaltig gestört werden kann.
> 4. Der zulässige Umfang von Abwehraussperrungen richtet sich nach dem Grundsatz der Verhältnismäßigkeit (Übermaßverbot). Maßgebend ist der Umfang des Angriffsstreiks. Je enger der Streik innerhalb des Tarifgebiets begrenzt ist, desto stärker ist das Bedürfnis der Arbeitgeberseite, den Arbeitskampf auf weitere Betriebe des Tarifgebietes auszudehnen. Der Beschluss eines Arbeitgeberverbandes, eng begrenzte Teilstreiks mit einer unbefristeten Aussperrung aller Arbeitnehmer des Tarifgebiets zu beantworten, ist im allgemeinen unverhältnismäßig. Aussperrungsmaßnahmen, die einen unverhältnismäßigen Aussperrungsbeschluss befolgen, sind rechtswidrig."

Das BVerfG hat diese Rechtsprechung für mit Art. 9 III vereinbar erklärt (BVerfGE 84, 225).

Nicht geschützt ist dagegen

- die allgemeine politische Betätigung einer Koalition (BVerfGE 57, 37)
- der wilde Streik, der nicht von einer Koalition geführt wird
- der politische Streik, der sich nicht gegen den Koalitionspartner richtet

6.1.3 Eingriffe

418 Eingriffe in die Koalitionsfreiheit können nicht nur durch den Staat erfolgen, sondern nach Art. 9 III 2 auch durch Private, also insbesondere Arbeitgeber.

Beispiele : Eingriffe sind etwa Maßnahmen, die den Beitritt zu oder den Verbleib in einer Koalition behindern, eine staatliche Zwangsschlichtung (BVerfGE 18, 30) oder Differenzierungsklauseln, mit denen Arbeitgeber verpflichtet werden sollen, tarifgebundenen Arbeitnehmern höhere Leistungen zu gewähren als nicht tarifgebundenen (BAGE 20, 218).

Von Eingriffen, die nur im Rahmen der Schranken des Art. 9 II zulässig sind, sind notwendige Ausgestaltungen (vgl. Rn 169) zu unterscheiden.

> BVerfGE 50, 368 : „Mehr noch als die in Art. 9 I gewährleistete allgemeine Vereinigungsfreiheit bedarf die Koalitionsfreiheit von vornherein der gesetzlichen Ausgestaltung. ... Das Grundrecht räumt nicht einen unbegrenzten und unbegrenzbaren Handlungsspielraum ein; es ist vielmehr Sache des Gesetzgebers, die Tragweite der Koalitionsfreiheit dadurch zu bestimmen, dass er die Befugnisse der Koalitionen im Einzelnen gestaltet und näher regelt."

Den „weiten Spielraum zur Ausgestaltung" (BVerfGE 58, 248) hat der Gesetzgeber vor allem durch das Tarifvertragsgesetz ausgefüllt. Dementsprechend sind nicht nur die Vorschriften über Abschluss, Inhalt und Bindung von Tarifverträgen, sondern auch die über deren Allgemeinverbindlicherklärung mit Art. 9 III vereinbar (BVerfGE 55, 21).

6.2 Schranken-Bereich

6.2.1 Schranken des Art. 9 II ?

Ob die Schranken des Art. 9 II auch auf die Koalitionsfreiheit des Art. 9 III angewandt werden können, ist umstritten. Wegen der systematischen Stellung des Art. 9 III wird das zum Teil abgelehnt, so wie auch die Schranken des Art. 5 II nicht auf die Grundrechte des Art. 5 III Anwendung finden. BVerfG 84, 288 : „Die Koalitionsfreiheit ist ein vorbehaltlos gewährtes Grundrecht. Grundsätzlich können ihr daher nur zur Wahrung verfassungsrechtlich geschützter Güter Schranken gesetzt werden." (ebenso Sachs/Höfling Rn 127; JP/Jarass Rn 38; AK/Kittner Rn 36).

419

In der Literatur wird dagegen überwiegend die Anwendbarkeit des Art. 9 II mit der Begründung bejaht, die Koalitionsfreiheit sei nur ein Spezialfall der Vereinigungsfreiheit des Art. 9 I und müsse daher auch deren Schranken unterliegen (MD/Scholz Rn 337; v.Münch/Löwer Rn 89; Dreier/Bauer Rn 90; v.Mangoldt/Klein Anm. VI 1).

Im Ergebnis ist diese Streitfrage ohne Bedeutung : Eine Koalition, deren „Zwecke oder deren Tätigkeit den Strafgesetzen zuwiderlaufen oder die sich gegen die verfassungsmäßige Ordnung oder gegen den Gedanken der Völkerverständigung richten" würde, wäre keine Koalition mehr, da die Zielsetzungen des Art. 9 II und des Art. 9 III völlig verschieden sind (Pieroth/Schlinck Rn 755). Mangels Anwendungsbereich kann es dann aber keinen Sinn machen, abstrakt doch die Anwendbarkeit des Abs. 2 auf Abs. 3 zu bejahen.

6.2.2 immanente Schranken

Je nach Meinung zur Anwendbarkeit der Schranken des Abs. 2 unterliegt die Koalitionsfreiheit auch bzw. nur immanenten Schranken. Als solche kommen insbesondere in Betracht :

420

- die durch Art. 12 geschützte Unternehmensautonomie (BAGE 64, 295 : die verletzt wäre, „wenn ihr die Tarifautonomie keinerlei tariffreien Betätigungsbereich lassen würde".)
- die Grundrechte auf Leben und körperliche Unversehrtheit aus Art. 2 II 1, die gefährdet sein können, wenn lebensnotwendige Bedürfnisse befriedigende Einrichtungen wie Krankenhäuser, Feuerwehren oder Polizeieinrichtungen bestreikt werden
- die hergebrachten Grundsätze des Berufsbeamtentums i.S.d. Art. 33 V, die einen Streik für Beamte verbieten (BVerfGE 44, 264; BVerwGE 53, 330; h.L.). Entsprechendes gilt für Richter und Soldaten (Sachs/Höfling Rn 134).

Nicht in Betracht kommen Regelungen über den Spannungs- und Verteidigungsfall. Maßnahmen, die zu ihrer Regelung ergriffen werden, dürfen sich nach Art. 9 III 3 nicht gegen Arbeitskämpfe richten.

Repetitorium : Rn 1028

Weiterführende Literatur : Schwarze, Die verfassungsrechtliche Garantie des Arbeitskampfes, JuS 1994, 653; Schulte-Westenberg, Arbeitskampf – Was ist die negative Koalitionsfreiheit noch wert ?, NJW 1996, 1256; Turner, Nochmals : Pflichtmitgliedschaft und negative Vereinsfreiheit, NJW 1997, 853; Pfohl, Koalitionsfreiheit und öffentlicher Dienst, ZBR 1997, 78; Planker, Das Vereinsverbot in der verwaltungsgerichtlichen Rechtsprechung, NVwZ 1998, 113

ART. 10 : BRIEF-, POST- UND FERNMELDEGEHEIMNIS

„(1) Das Brief-, Post- und Fernmeldegeheimnis sind unverletzlich.
(2) Beschränkungen dürfen nur aufgrund eines Gesetzes angeordnet werden. Dient die Beschränkung dem Schutze der freiheitlichen demokratischen Grundordnung oder des Bestandes oder Sicherung des Bundes oder eines Landes, so kann das Gesetz bestimmen, dass sie dem Betroffenen nicht mitgeteilt wird und dass an die Stelle des Rechtsweges die Nachprüfung durch von der Volksvertretung bestellte Organe oder Hilfsorgane tritt."

1. historischer Hintergrund, internationaler und europäischer Schutz

421 Die ersten Bekenntnisse zum Briefgeheimnis erfolgten in der Verfassung von Hessen 1831 (§ 38) und in der Paulskirchenverfassung 1849 (§ 142). Die Weimarer Reichsverfassung stellte daneben auch das Post-, Telegraphen- und Fernsprechgeheimnis unter grundrechtlichen Schutz (Art. 117). Der Parlamentarische Rat fasste die beiden letzteren mit dem moderneren Begriff des Fermeldegeheimnisses zusammen und übernahm im übrigen Art. 117 WRV. Abs. 2 Satz 2 wurde 1968 im Rahmen der „Notstandsverfassung" (vgl. Rn 813) eingefügt.

Die UNO bekennt sich zu diesen Grundrechten nicht ausdrücklich. Der Europarat garantiert in Art. 8 EMRK (vgl. Rn 821) den Schutz des Privatlebens und des Briefgeheimnisses (was auch den Schutz des Fernmeldegeheimnisses erfasst, EuGRZ 1975, 1985, 20). Die Europäische Union schützt diese Rechte durch ihr allgemeines Bekenntnis zur EMRK (Art. 6 II EUV), auch wenn sie in der Rechtsprechung des EuGH bisher noch keine Rolle gespielt haben.

2. Bedeutung

422 Art. 10 ist eine wichtige Konkretisierung des allgemeinen Persönlichkeitsrechts des Art. 2 I i.V.m. 1 I. Daneben steht Art. 10 in engem Kontakt mit der Meinungsfreiheit des Art. 5 I, indem er den Meinungsaustausch zwischen Kommunikationspartnern ohne Kenntnisnahme Dritter ermöglicht (Sachs/Krüger Rn 10).

BVerfGE 85, 386 : "Art. 10 Abs. 1 gehört zu den Grundrechten, die die Privatsphäre schützen. Gegenstand des Schutzes sind Kommunikationen, die wegen der räumlichen Distanz zwischen den Beteiligten auf Übermittlung durch Dritte, typischerweise die Post, angewiesen sind. Das Grundrecht soll jener Gefahr für die Vertraulichkeit der Mitteilung begegnen, die sich gerade aus der Einschaltung eines Übermittlers ergibt. Seine besondere Bedeutung gewinnt es aus der Erfahrung, dass der Staat unter Berufung auf seine eigene Sicherheit sowie die Sicherheit seiner Bürger häufig zum Mittel der Überwachung der privaten Kommunikation gegriffen hat."

Art. 10 ist nicht nur ein subjektiv-öffentliches Abwehrrecht, sondern auch eine Einrichtungsgarantie (vgl. Rn 107) und eine wertentscheidende Grundsatznorm. Als solche wirkt sie mittelbar in das Privatrecht hinein (vgl. Rn 109) und verpflichtet alle staatlichen Organe, Verletzungen durch Private zu verhindern.

3. Grundrechtsadressaten

423 Grundrechtsadressat des Art. 10 ist - wie bei allen Grundrechten - nach Art. 1 III nur der Staat, wobei insbesondere die Sicherheitsorgane (Polizei, Verfassungsschutz, Bundesnachrichtendienst) in Betracht kommen. Ob die Post auch nach ihrer Umwandlung in die Post AG noch Grundrechtsadressat war, war streitig. Solange sie sich noch mehrheitlich im Besitz des Staates

befand, wurde das z.T. noch bejaht (BVerwG NVwZ 1998, 1084; Müller-Dehn DÖV 1996, 865) und z.T. schon verneint (Sachs/Krüger Rn 20; v.Münch/Löwer Rn 9; Dreier/Hermes Rn 42). Nach der völligen Privatisierung der Post Ende 2000 hat sich dieser Streit erledigt. Sowohl Post als auch Telekom kommen daher nicht mehr als Adressat des Art. 10 in Betracht (v.Münch/Löwer Rn 9 m.w.N.).

Die sich daraus ergebende Schutzlücke hat der Gesetzgeber dadurch ausgefüllt, dass er den Schutz des Brief- und Fernmeldegeheimnisses auf der Ebene des einfachen Rechts erheblich verstärkt hat : durch die §§ 85 ff. TelekommunikationsG (TKG) und durch die §§ 39 PostG. Hinzu kommen Strafvorschriften in den §§ 95 TKG und in § 206 StGB.

4. Schutzbereich (Abs. 1)

4.1 Schutzgüter

4.1.1. Briefgeheimnis 424

Briefe sind alle den mündlichen Verkehr ersetzenden, an einen individuellen Empfänger gerichteten schriftlich fixierten Mitteilungen (BVerfGE 67, 171). Gleichzusetzen sind Sendungen, die auch schriftliche Mitteilungen enthalten können wie Pakete (Dreier/Hermes Rn 26).

Das Briefgeheimnis schützt zum einen den Inhalt des Briefes, zum anderen aber auch die äußeren Umstände des Briefverkehrs. In Art. 10 wäre also z.B. eingegriffen, wenn systematisch registriert würde, wer an wen wie oft schriftliche Mitteilungen schickt bzw. erhält (Sachs/Krüger Rn 12; Dreier/Hermes Rn 25).

Im Hinblick auf diesen zweiten Aspekt kann es für den Schutz durch Art. 10 nicht darauf ankommen, ob die Sendung verschlossen ist oder nicht. Bei einer unverschlossenen Sendung wird der Absender i.d.R. sich lediglich des Risiko bewusst sein, dass der Inhalts des Briefes bekannt wird, aber nicht auf die Geheimheit der äußeren Umstände des Briefverkehrs verzichten wollen.

Beispiele : Briefe im allgemeinen Sprachgebrauch, Telegramme, Postkarten, Drucksachen und Pakete

4.1.2 Postgeheimnis 425

Das Postgeheimnis ist nach der völligen Privatisierung der Post obsolet geworden (s.o. Rn 423).

4.1.3 Fernmeldegeheimnis

Das Fernmeldegeheimnis schützt die Vertraulichkeit aller mit Mitteln des Fernmeldeverkehrs 426 (Telefon, Telegramm, Telex, Teletext, Telefax, Bildschirmtext, E-Mails usw.) weitergegebenen Mitteilungen (BVerfGE 67, 172).

4.2 Eingriffe

Ein Eingriff liegt vor, wenn sich der Staat von dem Inhalt des Kommunikationsvorganges 427 (Brief, Telefongespräch usw.) Kenntnis verschafft, es zulässt, dass andere sich Kenntnis verschaffen (JP/Jarass Rn 9) oder erlangte Kenntnisse an Dritte (auch an andere Behörden) weiterleiten (BVerfGE 30, 22). Ein Eingriff ist nicht dadurch ausgeschlossen, dass er betriebsbedingt ist (BVerfGE 85, 397; JP/Jarass Rn 9; a.A. BVerwG NJW 1984, 2112 und BK/Badura Rn 49, die eine Begrenzung des Schutzbereichs bejahen).

einzelne Grundrechte

Beispiel : Ein Einriff ist also z.B. auch das Öffnen unzustellbarer Sendungen oder die Installation einer Fangschaltung (BVerfGE 85, 398).

Von dem Abhören von Telefongesprächen durch Polizei und Staatschutzorgane, was einen Eingriff in Art. 10 darstellt, sind die „Lauschangriffe" zu unterscheiden, bei denen nicht Telefonleitungen angezapft, sondern Richtmikrophone benutzt und sog. Wanzen installiert werden. Sie sind nicht Eingriffe in Art. 10, sondern in Art. 13.

5. Schranken-Bereich (Abs. 2)

428 Aufgrund des Gesetzesvorbehalts des Satzes 1 sind zahlreiche Regelungen erlassen worden, aufgrund derer in die Rechte des Art. 10 eingegriffen werden kann :

Zum Zweck der Strafverfolgung (§§ 94 ff, 99, 100, 100 a, b StPO), der Untersuchungshaft (§ 119 III StPO), des Strafvollzuges (§§ 28, 29, 31 StVollzG), im Interesse des Postbetriebes (§ 5 II PostG), zur zollamtlichen Überwachung von Postsendungen (§ 6 VII ZollG) oder zum Schutz der Gläubiger im Konkurs (§ 121 I 1 KO). Weitere Einzelfälle bei Sachs/Krüger Rn 33.

Die Staatsschutzklausel des Satz 2 ist 1968 im Rahmen der „Notstandsverfassung" zusammen mit Art. 19 IV 3 in das Grundgesetz eingefügt worden. Die Verfassungsmäßigkeit dieser Änderung ist bis heute umstritten. Nach Ansicht der Gegner war die Änderung nicht durch Art. 79 III gedeckt, weil sie mit der durch Art. 1 I geschützten Menschenwürde nicht vereinbar sei. Auch verstoße sie gegen das Gewaltenteilungs- und das Gesetzmäßigkeitsprinzip des Art. 20 II 2, III, weil beide Prinzipien ohne die Garantie umfassenden Rechtsschutzes in ihrem Kern betroffen würden (z.B. Dreier/Hermes Rn 54; Sachs/Krüger Rn 50; Hesse Rn 378; Rupp NJW 1971, 275, Gusy NJW 1981, 1581). Das BVerfG hat die Änderung demgegenüber in einer 5:3 Entscheidung im Wege verfassungskonformer Auslegung für verfassungsmäßig erklärt (E 30, 1 ff mit Begründung der abweichenden Meinung der überstimmten Richter auf S. 33 ff.).

Die wichtigsten Leitsätze des Urteils (E 30, 1) :

„2. Art. 10 Abs. 2 Satz 2 GG kann im Hinblick auf den Grundsatz der Verhältnismäßigkeit nur so verstanden werden, daß er die nachträgliche Benachrichtigung des Überwachten fordert in den Fällen, in denen eine Gefährdung des Zweckes der Überwachungsmaßnahme und eine Gefährdung des Schutzes der freiheitlich demokratischen Grundordnung oder des Bestandes oder der Sicherung des Bundes oder eines Landes ausgeschlossen werden kann.

3. Art. 10 Abs. 2 Satz 2 GG fordert in Rücksicht auf den Grundsatz der Verhältnismäßigkeit, dass das Gesetz zu Art. 10 GG die Zulässigkeit des Eingriffs in das Brief-, Post- und Fernmeldegeheimnis beschränken muss auf den Fall, dass konkrete Umstände den Verdacht eines verfassungsfeindlichen Verhaltens rechtfertigen und dass dem verfassungsfeindlichen Verhalten im konkreten Fall nach Erschöpfung anderer Möglichkeiten der Aufklärung nur durch den Eingriff in das Brief-, Post- und Fernmeldegeheimnis beigekommen werden kann...

4. Art. 10 Abs. 2 Satz 2 GG verlangt, dass das Gesetz zu Art. 10 GG eine Nachprüfung vorsehen muss, die materiell und verfahrensmäßig der gerichtlichen Kontrolle gleichwertig ist, auch wenn der Betroffene keine Gelegenheit hat, in diesem "Ersatzverfahren" mitzuwirken.

5. Art. 79 Abs. 3 GG verbietet eine prinzipielle Preisgabe der dort genannten Grundsätze, hindert jedoch nicht, durch verfassungsänderndes Gesetz auch elementare Verfassungsgrundsätze systemimmanent zu modifizieren.

7. Das Prinzip der Gewaltenteilung erlaubt, dass Rechtsschutz gegenüber Maßnahmen der Exekutive ausnahmsweise nicht durch Gerichte, sondern durch vom Parlament bestellte oder gebildete unabhängige Institutionen innerhalb des Funktionsbereichs der Exekutive gewährt wird."

Art. 10 : Brief- Post- und Fernmeldegeheimnis

429

Gebrauch gemacht worden ist von der Ermächtigung in Absatz 2 durch das „Gesetz zur Beschränkung des Brief-, Post- und Fernmeldegeheimnisses (Gesetz zu Art. 10 GG), das i.d.R. einfach nur „G 10" bezeichnet wird und vom BVerfG in verfassungskonformer Auslegung für verfassungsmäßig erklärt worden ist (BVerfGE 67, 154; für Verfassungswidrigkeit Dreier/Hermes Rn 69). Es erlaubt den Verfassungsschutzbehörden des Bundes und der Länder, dem Militärischen Abschirmdienst und dem Bundesnachrichtendienst für Zwecke des Staats- und Verfassungsschutzes die heimliche Überwachung des Brief-, Post- und Fernmeldeverkehrs verdächtiger Personen. Kontrolliert werden diese Geheimdienste insoweit durch einen fünf Abgeordnete umfassenden Ausschuss des Bundestages. Erheblich erweitert wurde das G 10 1994 durch das Verbrechensbekämpfungsgesetz, das u.a. eine verdachtslose Rasterfahndung ermöglicht.

Repetitorium : Rn 1029

Weiterführende Literatur : Schäfer, Grundrechtsschutz bei der Fernmeldeüberwachung, DÖV 1996, 459; Müller-Dehn, Das Postgeheimnis nach § 5 PostG und die Postreform, DÖV 1996, 863; Stern, Postrecht der Bundesrepublik Deutschland, 1997, Briegel, G-10-Kommentar, 1997; Grundfragen im Bereich von Postwesen und Telekommunikation, DÖV 1998, 437; Huber, Post aus Pullach – Das G 10 – Urteil des BVerfG vom 14.7.1999, NVwZ 2000, 393

ART. 11 : FREIZÜGIGKEIT

„(1) Alle Deutschen genießen Freizügigkeit im ganzen Bundesgebiet.
(2) Dieses Recht darf nur durch Gesetz oder aufgrund eines Gesetzes und nur für die Fälle eingeschränkt werden, in denen eine ausreichende Lebensgrundlage nicht vorhanden ist und der Allgemeinheit daraus besondere Lasten entstehen würden oder in denen es zur Abwehr einer drohenden Gefahr für den Bestand oder die freiheitliche demokratische Grundordnung des Bundes oder eines Landes, zur Bekämpfung von Seuchengefahr, Naturkatastrophen oder besonders schweren Unglücksfällen, zum Schutze der Jugend vor Verwahrlosung oder um strafbaren Handlungen vorzubeugen, erforderlich ist."

1. historischer Hintergrund, internationaler und europäischer Schutz

430 Die Freizügigkeit ist historisch eng mit der Glaubens- und Gewissensfreiheit verbunden gewesen. Erstmals wurde sie 1215 in der Magna Charta Libertatum (Art. 41 f.) garantiert. In Deutschland wurde sie durch die Paulskirchenverfassung 1849 (§ 133) geschützt, ebenso später durch die Weimarer Reichsverfassung (Art. 111). Vom Parlamentarischen Rat wurde Art. 11 mit seinen detaillierten Gesetzesvorbehalten vor dem Hintergrund der durch Vertreibung, Flucht und Evakuierung gekennzeichneten Lage nach dem zweiten Weltkrieg formuliert. Wegen des noch nicht bewältigten Flüchtlingsproblems wurde er aber erst nach einigem Zögern aufgenommen (JöR 1 (1951) S. 128). Auch wurde nicht die Ausreisefreiheit aufgenommen, weil man diese notfalls durch ein - durch Art. 11 II nicht gedecktes - einfaches Gesetz beschränken können wollte, wohl um einer möglichen größeren Auswanderungswelle begegnen zu können (vgl. JöR 1 (1951) S. 128).

Zur Freizügigkeit bekennt sich - unter Einschluss der Ausreisefreiheit - die UNO in Art. 13 der Menschenrechtserklärung 1948 (vgl. Rn 85) und in Art. 12 des Pakts über bürgerliche und politische Rechte 1966 und der Europarat in Art. 2 des 4. Zusatzprotokolls zur Europäischen Menschenrechtskonvention 1950 (vgl. Rn 821). Die Europäische Union garantiert in den Art. 39 ff. EGV umfassend die grenzüberschreitende Freizügigkeit für Arbeitnehmer, Freiberufler und Unternehmen (vgl. Rn 939 ff.). Bekräftigt wird das durch Art. 15 und 16 der Grundrechtscharta 2000 (vgl. Rn 933).

2. Bedeutung

431 Die Freizügigkeit hat als Ausdruck individueller Selbstbestimmung Auswirkung auf die Ausübung zahlreicher anderer grundrechtlich geschützter Bereiche : insbesondere auf die persönliche, religiöse und familiäre Lebensgestaltung, den kulturellen Austausch und die wirtschaftliche Flexibilität von Arbeitnehmern und Unternehmen. Anhand der kaum überwindbaren innerdeutschen Grenze bis 1989 hat sich der Zusammenhang zwischen politischer Unterdrückung, wirtschaftlicher Misere und fehlender Freizügigkeit gezeigt. Schließlich gewährt die Freizügigkeit auch das für die meisten Menschen bedeutsame Recht zum Bleiben, das „Recht auf Heimat".

Die konkrete Bedeutung des Art. 11 ist dagegen gering. Der Staat einer modernen Industriegesellschaft, die auf hohe Mobilität angelegt ist, wird die Freizügigkeit kaum einschränken. Dementsprechend hat Art. 11 in der bisherigem Rechtsprechung des BVerfG auch keine nennenswerte Rolle gespielt. Lediglich in Krisenzeiten, für die Art. 11 vom Parlamentarischen Rat auch gedacht war (s.o. Rn 430), könnte die Lenkung von Bevölkerungsbewegungen auf der Grundlage der Schranken des Art. 11 angebracht sein.

Art. 11 : Freizügigkeit 191

3. Schutzbereich

Freizügigkeit ist das „Recht, an jedem Ort Aufenthalt und Wohnsitz zu nehmen" (BVerfGE 80, 150). Aufenthalt ist dabei die vorübergehende Niederlassung (das „Verweilen", JP/Jarass Rn 2), Wohnsitz die ständige Niederlassung an einem Ort (Pieroth/Schlinck Rn 791; vgl. § 7 I BGB). 432

Ortswechsel bedeutet nicht, dass eine andere Gemeinde aufgesucht werden muss (h.L., a.A. nur MD/Dürig Rn 23). Das würde angesichts der Zufälligkeit von Gemeindegrenzen einerseits und der Großflächigkeit mancher Gemeinden andererseits zu willkürliche Ergebnissen führen, bei denen der Schutz durch Art. 11 vom Zufall abhängen würde (v.Münch/Kunig Rn 12).

In Abgrenzung zur allgemeinen Handlungsfreiheit des Art. 2 I wird für einen (vorübergehenden) Aufenthalt an einem anderen Ort verlangt, dass er „bei objektiver Betrachtung unter zeitlichen, räumlichen und finalen Gesichtspunkten ... eine solche Bedeutung aufweist, dass er auch unter Berücksichtigung der Persönlichkeitsrelevanz den besonderen ... Schutzgehalt des Art. 11 aktiviert" (v.Münch/Kunig Rn 13). Dabei kann (Pieroth/Schlinck Rn 791) oder muss er von einer gewissen Dauer sein (Sachs/Krüger Rn 16; AK/Rittstieg Rn 32), wobei dafür „mehr als ein flüchtiger Aufenthalt" (AK/Rittstieg Rn 32) bis hin zu einer Übernachtung (JP/Jarass Rn 2) verlangt werden. Zum Teil werden Bedeutung und Dauer auch als Alternativen (Pieroth/Schlinck Rn 791) bzw. eine Dauer als mögliches Indiz für die Bedeutung gesehen (v.Münch/Kunig Rn 14).

Abzulehnen ist demgegenüber, wenn

- verlangt wird, dass der „alltägliche Lebenskreis" verlassen wird (BK/Randelzhofer Rn 28). Hierdurch werden ohne Grund Personenkreise ohne alltäglichen Lebenskreis wie Schausteller ausgeschlossen. Allerdings wird das Verlassen eines vorhandenen alltäglichen Lebenskreises ein gewichtiges Indiz für die Bedeutung des Ortswechsels sein.

- auf Bedeutung und Dauer als Abgrenzungskriterien ganz verzichtet und Art. 11 allgemein als Grundrecht des Ortswechsels, der Reisefreiheit und der räumlichen Bewegungsfreiheit gesehen wird (Dreier/Pernice Rn 14). In Konsequenz hieraus wäre auch die vorübergehende Beschränkung eines Spazierganges oder eines Einkaufbummels wegen eines Unglücksfalls ein Eingriff in Art. 11. Dieser wäre nach Art. 11 II aber nur zulässig, wenn es sich um einen „besonders schweren" Unglücksfall handeln würde, was aber eine nicht einleuchtende Einschränkung wäre.

Beispiele für Eingriffe in Art. 11: Verbot für den Gemeinschuldner nach § 101 I KO, ohne Erlaubnis seinen Wohnort zu verlassen, Verpflichtung für Soldaten, eine Gemeinschaftsunterkunft zu beziehen (vgl. § 18 SG), Verpflichtung zum Verlassen eines Ortes, Verbot der Einreise in das Bundesgebiet (BVerfGE 80, 150).

Nicht erfasst ist die Ausreisefreiheit, die nur über Art. 2 I geschützt ist (BVerfGE 72, 245; Pieroth/Schlinck Rn 863 mit näherer Begründung; a.A. Hesse Rn 371), auch nicht die rein berufliche Niederlassung, da insoweit Art. 12 die speziellere Regelung ist (BVerwGE 12, 140). Das Gleiche gilt für berufsbezogene Regelungen, selbst wenn sie mittelbar auch die Freizügigkeit tangieren.

Beispiel : die Residenzpflichten für bestimmte Berufe, also die Pflicht, am Ort der Berufsausübung seinen Wohnsitz zu haben, wie z.B. für Rechtsanwälte und Notare.

4. Schranken-Bereich

4.1 Schranken des Art. 11 II

433 Art. 11 II enthält einen qualifizierten Gesetzesvorbehalt, der nur aus bestimmten Gründen eine Einschränkung der Freizügigkeit durch oder aufgrund eines Gesetzes erlaubt :

- Sozialvorbehalt (für „Fälle, in denen eine ausreichende Lebensgrundlage nicht vorhanden ist und der Allgemeinheit daraus besondere Lasten entstehen würden")

  Eine ausreichende Lebensgrundlage ist nicht vorhanden, „wenn nach Alter, Beruf und Gesundheit ... (nicht) zu erwarten ist, dass (der Bürger) sich den Lebensmindestbedarf selbst zu verdienen vermag, sofern ihm die Arbeitsaufnahme nicht durch behördliche Maßnahmen unmöglich gemacht wird" (BVerwGE 6, 175). Der Vorbehalt bezieht sich damit auf finanzielle, nicht aber auf Raumnot (BVerwGE 3, 138). Besondere Lasten sind - in einengender Auslegung - solche, die über die allgemeinen Lasten wie die Folgen von Alter, Krankheit oder Armut, die die Gemeinschaft aufgrund des Sozialstaatsprinzips zu tragen hat, hinausgehen (MD/Dürig Rn 57). Der Vorbehalt hat daher eine Bedeutung nur für Zeiten umfangreicher Flüchtlings- und Aussiedlerströme (Hailbronner HbStR VI, § 131 Rn 52).

- Notstandsvorbehalt („zur Abwehr einer drohenden Gefahr für den Bestand oder die freiheitliche demokratische Grundordnung des Bundes oder eines Landes").

  Dieser Vorbehalt, für den es bisher keinen Anwendungsfall gibt, bezieht sich auf den inneren Notstand des Art. 91 und würde z.B. Ausgangssperren oder Evakuierungen ermöglichen.

- Seuchen-, Katastrophen- und Unglücksvorbehalt (zur Bekämpfung von Seuchengefahr, Naturkatastrophen oder besonders schweren Unglücksfällen)

  Zur Bekämpfung von Seuchengefahren sind durch die §§ 34 ff. BundesseuchenG Einschränkungen des Art. 11 geregelt (z.B. Verbot öffentlicher Veranstaltungen zur Verhinderung des Ausbreitens einer Seuche). Zu den anderen Alternativen gibt es bisher keine Einschränkungen.

- Jugendschutzvorbehalt („zum Schutze der Jugend vor Verwahrlosung")

  Er ermöglicht Beschränkungen der Freizügigkeit zum Zweck des Jugendschutzes (vgl. § 2 II JSchG) und zur Unterbringung von Jugendlichen in Heimen (vgl. §§ 42 f. SGB VIII).

- Kriminalvorbehalt („um strafbaren Handlungen vorzubeugen")

  Er wird konkretisiert durch die Bestimmungen über die Führungsaufsicht (§§ 68 ff. StGB) und Weisungen im Falle der Strafaussetzung zur Bewährung (§§ 56, 56 c, 57 III StGB).

4.2 Schranken des Art. 17 a II

434 Nach Art. 17 a II kann die Freizügigkeit auch aufgrund von Gesetzen eingeschränkt werden, die „der Verteidigung einschließlich des Schutzes der Zivilbevölkerung dienen". Das sind das WehrpflichtG (§§ 3 II, 48 I Nr. 5 b, c), das SoldatenG (§ 46 III), das ZivildienstG (§ 31) und das KatatrophenschutzG (§ 12).

Repetitorium : Rn 1030

Weiterführende Literatur : Zimmermann, Rechtliche Möglichkeiten von Zuzugsbeschränkungen für Aussiedler, ZRP, 1991, 85;Alberts, Freizügigkeit als polizeiliches Problem, NVwZ 1997, 45; Baer, Zum „Recht auf Heimat" ...., NJW 1997, 27; Füßer, Das Grundrecht der wirtschaftlichen Freizügigkeit, DÖV 1999, 96

ART. 12 I : BERUFSFREIHEIT

„*Alle Deutschen haben das Recht, Beruf, Arbeitsplatz und Ausbildungsstätte frei zu wählen. Die Berufsausübung kann durch Gesetz geregelt werden.*"

1. historischer Hintergrund, internationaler und europäischer Schutz

Die Berufsfreiheit wurde erstmalig in der französischen Verfassung 1793 (Art. 17), in Deutschland in der Paulskirchenverfassung 1849 (§ 133) und später in der Weimarer Reichsverfassung 1919 (Art. 111) garantiert. Die UNO bekennt sich zu ihr in Art. 19 der Menschenrechtserklärung 1948 (vgl. Rn 85) und in Art. 6 des Pakts über wirtschaftliche, soziale und kulturelle Rechte 1966, der Europarat in der Europäischen Menschenrechtskonvention 1950 indirekt durch das Verbot von Zwangsarbeit in Art. 4 (vgl. Rn 821). Die Europäische Union bekennt sich durch Art. 6 II EUV u.a. zu den Grundrechten, „wie sie sich aus den gemeinsamen Verfassungsüberlieferungen der Mitgliedstaaten ...ergeben", damit also auch zur Berufsfreiheit, außerdem durch Art. 15 der Grundrechtscharta 2000 (vgl. Rn 933). In der Rechtsprechung des EuGH hat sie bisher jedoch nur eine untergeordnete Rolle gespielt (etwa EuGH Slg. 1979, 3727). Von Bedeutung für den Freiheitsschutz der Berufsfreiheit sind jedoch die Grundfreiheiten des EG-Rechts, insbesondere die Freizügigkeit der Arbeitnehmer (vgl. Rn 939 ff.).

435

2. Bedeutung

Die Berufsfreiheit ist als Abwehrrecht zum einen ein bedeutsames Grundrecht für den Einzelnen, um sich in der Gesellschaft entfalten zu können. Vor allem gewährleistet sie den meisten Menschen die Möglichkeit, sich eine wirtschaftliche Grundlage ihrer Existenz zu schaffen (BVerfGE 81, 254). Demgegenüber ist allerdings die Zahl der Arbeitslosen in der Vergangenheit drastisch gestiegen : von 2,6 Mio im Jahr 1991 auf 4,4 Mio im Jahr 1997, seitdem jedoch wieder abnehmend auf 3,9 Mio im Jahr 2000. Da ein Freiheitsrecht ohne die tatsächliche Voraussetzung, es in Anspruch zu nehmen, wertlos ist, gewährt Art. 12 über seinen Abwehrcharakter hinaus als Grundrecht der freien Wahl der Ausbildungsstätte ein Teilhaberecht auf Zugang zu staatlichen Ausbildungseinrichtungen, besonders, wenn der Staat – wie im Hochschulwesen – ein faktisches Monopol besitzt und die Teilnahme an der Ausbildungseinrichtung Voraussetzung für die Wahl bestimmter Berufe ist (vgl. Rn 103, 446).

436

3. Schutzbereich (Abs.1 S. 1)

3.1 Freiheit der Berufswahl

Ein Beruf ist jede Tätigkeit, die auf Dauer berechnet ist und der Schaffung und Erhaltung einer Lebensgrundlage dient (BVerfGE 54, 313).

437

- Auf Dauer berechnet ist eine nicht nur vorübergehende oder gelegentliche Tätigkeit. Allerdings braucht sie nicht ständig ausgeübt werden (JP/Jarass Rn 4).
- Der Schaffung und Erhaltung einer Lebensgrundlage dient eine Tätigkeit, wenn sie objektiv geeignet ist, eine Lebensgrundlage zu schaffen oder zu erhalten. Unbeachtlich ist, wie lange der Betreffende sie tatsächlich wahrnimmt oder ob er von ihr allein leben kann. Doppelberufe werden davon auch erfasst (BVerfGE 54, 245; BVerwGE 21, 195), Nebentätigkeiten dagegen nach der Rechtsprechung nicht (BVerfGE 33,48; BVerwGE 67, 294; a.A. z.B. MD/Scholz Rn 203, v.Münch/Gubelt Rn 10, Pieroth-Schlinck Rn 812).
- Vielfach wird noch verlangt, dass die Tätigkeit erlaubt, d.h. nicht generell verboten ist (z.B. beiläufig BVerfGE 68, 281; grundlegend BVerwGE 87, 40). Das führt jedoch zu einer un-

zulässigen Verkürzung des Schutzbereichs des Art. 12, da ansonsten gegenüber einem gesetzlichen Verbot eines Berufs eine Berufung auf Art. 12 gar nicht möglich wäre (Sachs/Tettinger Rn. 36; JP/Jarass Rn 7, auch BVerwGE 96, 297 = DVBl 1995, 48 zum Betrieb von Spielbanken). Die Zulässigkeit eines Verbots muss sich vielmehr an den Anforderungen des Schranken-Schranken-Bereichs, insbesondere also am Grundsatz der Verhältnismäßigkeit messen lassen. Aus dem gleichen Grund ist die Auffassung abzulehnen, ein Tätigkeit sei kein Beruf, wenn sie schlechthin gemeinschaftsschädlich ist (BVerwGE 22, 289; v.Münch/Gubelt Rn 9). Hier besteht zudem die Gefahr des definitorischen Missbrauchs, so dass auch Tätigkeiten wie Prostitution und Waffenhandel unter den Schutzbereich fallen (Sachs/Tettinger Rn. 36; Pieroth-Schlinck Rn 811).

Erfasst werden von Art. 12 selbständige und unselbständige Berufe (BVerfGE 54, 322), Berufe des öffentlichen Dienstes (BVerfGE 73, 315) und staatlich gebundene Berufe wie z.B. der des Notars (BVerfGE 47, 319).

Die Berufsfreiheit umfasst die Berufswahl, die Berufsausübung, den Berufswechsel (BVerfGE 62, 146) und die Berufsbeendigung (BVerfGE 62, 146). Erfasst sind auch die Gewerbefreiheit (BVerfGE 50, 262) und die Unternehmerfreiheit i.S. freier Gründung und Führung von Unternehmen, wenn die Voraussetzungen des Berufsbegriffs erfüllt sind (BVerfGE 50, 365).

3.2 Freiheit der Wahl des Arbeitsplatzes

438 schützt die Befugnis, einen konkreten Arbeitsplatz ohne örtliche Beschränkung nach eigener Wahl anzunehmen, beizubehalten oder aufzugeben (BVerfGE 85, 372).

3.3 Freiheit der Wahl der Ausbildungsstätte

439 Ausbildungsstätte ist jede Einrichtung, die über die allgemeine Schulbildung hinaus für einen Beruf ausbildet.
Beispiele : weiterführende Schulen wie die Sekundarstufe II des Gymnasiums (BVerfGE Fach- und Hochschulen, der Vorbereitungsdienst für die Ablegung des 2. juristischen Staatsexamens (BVerfGE 39, 371), die privaten Betriebe hinsichtlich der Lehrlingsausbildung (OVG Münster OVGE 16, 157)

Da Ausbildung und Berufswahl eng miteinander verbunden sind, wäre es dem Staat bei einer Monopolstellung der staatlichen Ausbildungseinrichtungen möglich, die Freiheit der Berufswahl zu unterlaufen. Aus Art. 12 ergibt sich daher ein Recht auf Aufnahme in eine bestimmte Ausbildungsstätte als sog. Teilhaberecht (vgl. Rn 103), wenn die Ausbildungseinrichtung durch den Staat rechtlich und tatsächlich monopolisiert ist :

BVerfGE 33, 331 : „ Die Anerkennung dieser Berechtigung steht nicht im Belieben des Gesetzgebers. Dabei kann dahingestellt bleiben, ob "Teilhaberechte" in gewissem Umfang bereits daraus hergeleitet werden könnten, dass der soziale Rechtsstaat eine Garantenstellung für die Umsetzung des grundrechtlichen Wertsystems in die Verfassungswirklichkeit einnimmt. Selbst wenn grundsätzlich daran festzuhalten ist, dass es auch im modernen Sozialstaat der nicht einklagbaren Entscheidung des Gesetzgebers überlassen bleibt, ob und wieweit er im Rahmen der darreichenden Verwaltung Teilhaberechte gewähren will, so können sich doch, wenn der Staat gewisse Ausbildungseinrichtungen geschaffen hat, aus dem Gleichheitssatz in Verbindung mit Art. 12 Abs. 1 GG und dem Sozialstaatsprinzip Ansprüche auf Zutritt zu diesen Einrichtungen ergeben. Das gilt besonders, wo der Staat - wie im Bereich des Hochschulwesens - ein faktisches, nicht beliebig aufgebbares Monopol für sich in Anspruch genommen hat und wo - wie im Bereich der Ausbildung zu akademischen Berufen - die Beteiligung an staatlichen Leistungen zugleich notwendige Voraussetzung für die Verwirklichung von Grundrechten ist. Hier kann es in einem freiheitlichen Rechts- und Sozialstaat nicht mehr der freien Entscheidung der

> staatlichen Organe überlassen bleiben, den Kreis der Begünstigten nach ihrem Gutdünken abzugrenzen und einen Teil der Staatsbürger von den Vergünstigungen auszuschließen, zumal dies im Ergebnis auf eine Berufslenkung hinauslaufen würde. Hier folgt vielmehr daraus, dass der Staat Leistungen anbietet, ein Recht jedes hochschulreifen Staatsbürgers, an der damit gebotenen Lebenschance prinzipiell gleichberechtigt beteiligt zu werden. Art. 12 Abs. 1 GG in Verbindung mit Art. 3 Abs. 1 GG und dem Sozialstaatsgebot gewährleistet also ein Recht des die subjektiven Zulassungsvoraussetzungen erfüllenden Staatsbürgers auf Zulassung zum Hochschulstudium seiner Wahl."

Zu Einschränkung dieses Rechts durch einen numerus clausus sieh unten Rn 446.

3.4 Einschränkungen der Berufsfreiheit

sind zum einen Regelungen, die die berufliche Betätigung ganz oder teilweise unterbinden oder sonst dafür sorgen, dass sie „nicht in der gewünschten Weise ausgeübt werden kann" (BVerfGE 82, 223), also Beschränkungen des „Ob" und des „Wie" der beruflichen Betätigung. Aber auch andere Vorschriften können aufgrund ihrer mittelbaren oder tatsächlichen Auswirkungen die Berufsfreiheit einschränken (BVerfGE 81, 121). Sie müssen jedoch „in einem engen Zusammenhang mit der Ausübung des Berufs stehen und objektiv eine berufsregelnde Tendenz deutlich erkennen lassen." (BVerfGE 55, 25 ff.)

Beispiele : wirtschaftslenkende Abgaben (BVerfGE 38, 85), eine Negativliste unwirtschaftlicher Arzneimittel im Hinblick auf Arzneimittelhersteller (BVerfG NJW 1999, 3404), nicht aber „normale" Steuern und sonstigen Abgaben (BVerfGE 81, 85).

440

4. Schranken-Bereich (Abs. 1 S. 2)

Bei der Auslegung des Vorbehalts des Abs.1 S.2 sind drei Aspekte zu berücksichtigen :

- Zum einen ist die Wahl des Arbeitsplatzes nur ein Teilaspekt der Berufsausübung.
- Auch ist die Wahl der Ausbildungsstätte lediglich ein Teil der Berufswahl.
- Schließlich besteht auch zwischen Berufsausübung und Berufswahl ein untrennbarer Zusammenhang : So stellt die Aufnahme der Berufstätigkeit sowohl die Bestätigung der Berufswahl als auch den Beginn der Berufsausübung dar. Auch ist die laufende Berufsausübung der sich ausdrückende Wille zur Fortsetzung des Berufs.

441

Die vier in Art. 12 I genannten Freiheiten stellen daher richtigerweise lediglich untrennbare Teilaspekte eines einheitlichen Grundrechts der Berufsfreiheit dar (BVerfGE 7, 401; 54, 246). Der Vorbehalt des Art. 12 I 2 bezieht sich demzufolge über seinen Wortlaut hinaus auch auf die Berufswahl. Dabei bleibt jedoch „der im Wortlaut des Art. 12 I 2 deutlich zum Ausdruck kommende Wille der Verfassung zu beachten, dass die Berufswahl frei sein soll, die Berufsausübung dagegen geregelt werden darf. Dem entspricht nur eine Auslegung, die annimmt, dass die Regelungsbefugnis die beiden Phasen nicht in gleicher Intensität erfasst, dass der Gesetzgeber vielmehr um so stärker beschränkt ist, je mehr er in die Freiheit der Berufswahl eingreift." (BVerfGE 7, 402)

5. Schranken-Schranken-Bereich

An die Verhältnismäßigkeit sind also unterschiedliche Anforderungen zu stellen, je nachdem, wie weit über die Regelung der Berufsausübung hinaus in die Freiheit der Berufswahl einge-

442

griffen wird. Das BVerfG unterscheidet hier drei Stufen, die eine Kombination von Erwägungen zur Angemessenheit und zur Erforderlichkeit darstellen.

Unter dem Gesichtspunkt der Angemessenheit gilt die übliche Erwägung : Je gravierender die Belastung ist, desto bedeutsamer müssen die mit der Regelung verfolgten Zwecke sein.

Unter dem Gesichtspunkt der Erforderlichkeit
- ist zunächst zu prüfen, ob es nicht auf der Stufe, auf der die Regelung erfolgt, ein weniger belastendes Mittel mit gleichem Erfolg gibt.
- ist weiter zu prüfen, ob es ein solches Mittel nicht auf einer milderen Stufe gibt. Der Gesetzgeber muss also Regelungen „jeweils auf der Stufe vornehmen, die den geringsten Eingriff in die Freiheit der Berufswahl mit sich bringt, und darf die nächste Stufe erst dann betreten, wenn mit hoher Wahrscheinlichkeit dargetan werden kann, dass die befürchteten Gefahren mit (verfassungsmäßigen) Mitteln der vorausgehenden Stufe nicht wirksam bekämpft werden können." (BVerfGE 7, 408)

1. Stufe : Regelungen der Berufsausübung

443 Das sind Regelungen, die auf die Freiheit der Berufswahl nicht zurückwirken, sondern nur die Art und Weise der Berufstätigkeit regeln.

„Hier können in weitem Maße Gesichtspunkte der Zweckmäßigkeit zur Geltung kommen, ... um Nachteile und Gefahren für die Allgemeinheit abzuwehren. ... Der Grundrechtsschutz beschränkt sich insoweit auf die Abwehr in sich verfassungswidriger, weil etwa übermäßig belastender und nicht zumutbarer gesetzlicher Auflagen." (BVerfGE 7, 406; 83,19).

Beispiele für danach zulässige Ausübungsregelungen : die Gebührenordnung für Ärzte (BVerfGE 68, 327), die Pflicht zur Anbringung eines Fahrpreisanzeigers in Taxen (OLG Köln MDR 1965, 320), die Beschränkung der Kassenzulassung für Chefärzte (BVerfGE 16, 294), das Nachtbackverbot (BVerfGE 41, 360), die Beschränkung des Wettbewerbs nach dem UWG (BVerfGE 32, 317) oder das Werbeverbot für Steuerberater (BVerfGE 60, 231).

Beispiele für danach (seltene) unzulässige Ausübungsregelungen : Werbeverbot für Apotheker, soweit es sich auf eine angemessene Werbung für nicht apothekenpflichtige Waren erstreckt (OVG Koblenz NJW 1988, 2323), Unentgeltlichkeit der Tätigkeit von Rechtsanwälten als Vormund in großem Umfang (BVerfGE 54, 271), Verbot von reinen Werbefahrten im Rahmen des Straßenverkehrs (BVerfGE 40, 371).

2. Stufe : Subjektive Zulassungsvoraussetzungen für die Berufswahl

444 Das sind solche, die persönliche Eigenschaften und Fähigkeiten des Betroffenen regeln (wie z.B. Kenntnisse, Fähigkeiten oder Charaktereigenschaften).

Sie müssen dem Schutz von wichtigen Gemeinschaftsgütern dienen (BVerfGE 69, 218), "wobei sie zu dem angestrebten Zweck der ordnungsgemäßen Erfüllung der Berufstätigkeit nicht außer Verhältnis stehen dürfen" (BVerfGE 7, 407). Wichtige Gemeinschaftsgüter sind solche, die sich nicht unbedingt aus der Verfassung ergeben müssen (wie z.B. die Volksgesundheit), sondern für die es ausreicht, dass sie sich aus den wirtschafts-, sozial- und gesellschaftspolitischen Vorstellungen und Zielen des Gesetzgebers ergeben, die dieser also selbst in den Rang eines wichtigen Gemeinschaftsguts erhebt (z.B. die Erhaltung des Leistungsstandes des Handwerks, BVerfGE 13, 107). Die Bestimmung von wichtigen Gemeinschaftsgütern durch den Gesetzgeber findet ihre Grenze nur dort, wo sie „offensichtlich fehlsam und mit der Wertordnung des Grundgesetzes unvereinbar ist" (BVerfGE 13, 107).

Art. 12 I : Berufsfreiheit

Beispiele für danach zulässige subjektive Zulassungsvoraussetzungen : Erlaubniszwang für den Beruf des Heilpraktikers (BVerfGE 78, 192), Erfordernis der Verfassungstreue für den Zugang zum öffentlichen Dienst (BVerfGE 46, 54), Erfordernis der Zuverlässigkeit für die Zulassung zu den Berufen des Apothekers (BVerwG MDR 1965, 603) oder des Einzelhändlers (BVerwGE 39, 251)

Beispiele für danach unzulässige subjektive Zulassungsvoraussetzungen : ausnahmslose Untersagung der Wiederzulassung eines aus der Rechtsanwaltschaft ausgeschlossenen früheren Rechtsanwalts (BVerfGE 72, 63), Nachweis künstlerischer Planungsfähigkeit zur Führung der Berufsbezeichnung „Architekt" (BVerwG DVBl 1967, 150).

3. Stufe : objektive Zulassungsvoraussetzungen für die Berufswahl

Das sind solche, „die mit den persönlichen Eigenschaften und Möglichkeiten des Berufsbewerbers nichts zu tun haben und auf deren Erfüllung er keinen Einfluss nehmen kann" (BVerfGE 7, 406) wie insbesondere eine Bedürfnisprüfung.

445

Hier gilt ein besonders strenger Maßstab für die Beachtung der Verhältnismäßigkeit : „Im allgemeinen wird nur die Abwehr nachweisbarer oder höchstwahrscheinlicher schwerer Gefahren für ein überragend wichtiges Gemeinschaftsgut diesen Eingriff in die freie Berufswahl legitimieren können" (BVerfGE 7, 408; 25, 11). Ein überragend wichtiges Gemeinschaftsgut liegt vor, wenn es sich aus der Verfassung ableiten lässt (v.Münch/Gubelt Rn 67) wie z.B. die Volksgesundheit (BVerfGE 17, 276), die Sicherung der Ernährung der Bevölkerung (BVerfGE 25, 16), geordnete Verhältnisse im öffentlichen Verkehr (BVerwGE 3, 24), nicht jedoch die Einheitlichkeit der Regelung (BVerfGE 11, 183), die Verkehrssicherheit (BVerfGE 40, 221) oder die Bekämpfung der Arbeitslosigkeit (BVerfGE 21, 251).

Beispiele für danach zulässige objektive Zulassungsvoraussetzungen : Bedürfnisprüfung beim Linienverkehr (11, 184), Höchstzahlen für den gewerblichen Güterkraftverkehr (BVerfGE 40, 196), der numerus clausus bei Beamteneinstellungen (MD/Scholz Rn 362).

Beispiele für danach unzulässige objektive Zulassungsvoraussetzungen : Bedürfnisprüfung für Apotheken (BVerfGE 7, 415), für den Gelegenheitsverkehr mit Mietwagen (BVerfGE 11, 186), für Kreditinstitute (BVerwGE 8, 14) oder den Handel mit unedlen Metallen (BVerwGE 5, 283)

Einer objektiven Zulassungsvoraussetzung gleichzusetzen ist der numerus clausus für Hochschulen (BVerfGE 33, 338). Er ist nur zulässig, wenn die Funktionsfähigkeit der entsprechenden Hochschuleinrichtung (die durch die Wissenschaftsfreiheit des Art. 5 III Verfassungsrang hat und damit ein überragend wichtiges Gemeinschaftsgut ist) unmittelbar bedroht ist, indem die Effektivität der Forschungs- und Lehrveranstaltungen erheblich in Frage gestellt wird (BVerfGE 66, 179). Voraussetzung dafür ist, dass die vorhandenen Ausbildungskapazitäten erschöpfend ausgenutzt worden sind (BVerfGE 33, 338; 66, 179). Regelungen hierzu finden sich in § 29 HRG. Weitere Voraussetzung ist, dass der Gesetzgeber die Verteilung der Studienplätze nach sachgerechten Kriterien regelt (BVerfGE 33, 345; 43, 314). Einzelheiten hierzu enthalten die §§ 31 ff. HRG.

446

Noch weitergehend als objektive Zulassungsvoraussetzungen, bei denen der Beruf noch von einigen gewählt werden kann, sind allgemeine Berufsverbote wie das Arbeitsvermittlungsmonopol, das frühere Postmonopol oder gemeindliche Verkehrs-, Versorgungs- und Entsorgungsmonopole. Das BVerfG wendet hier die Grundsätze für objektive Zulassungsvoraussetzungen entsprechend an (BVerfGE 21, 261). Noch bestehende Verwaltungsmonopole müssen regelmäßig daraufhin überprüft werden, ob den ursprünglichen Gemeinwohlbelangen noch ein derartiges Gewicht zukommt, dass sie die Beibehaltung des Monopols rechtfertigen (Sachs/Tettinger Rn 113).

447

Stufen der Angemessenheit

	Gegenstand der Regelung	Ziel der Regelung	Maßstab der Regelung	Stufen der Erforderlichkeit 2.	Stufen der Erforderlichkeit 1.
1.	Regelungen der Berufsausübung (= solche, die das „Wie", also die Art und Weise der Berufstätigkeit regeln)	Schutz des Gemeinwohls	Zweckmäßigkeit, Verbot übermäßig belastender und unzumutbarer Auflagen		geringer belastendes Mittel auf Stufe 1 ?
2.	Subjektive Zulassungsvoraussetzungen für die Berufswahl (= solche, die persönliche Eigenschaften und Fähigkeiten des Betroffenen regeln)	Schutz von wichtigen Gemeinschaftgütern (= Verfassungswerte, aber auch solche Werte, die der Gesetzgeber in den Rang eines wichtigen Gemeinschaftsguts erhebt.	Verhältnismäßigkeit	geringer belastendes Mittel auf Stufe 2 ?	geringer belastendes Mittel auf Stufe 1 ?
3.	objektive Zulassungsvoraussetzungen für die Berufswahl (= solche, die mit den persönlichen Eigenschaften und Möglichkeiten des Berufsbewerbers nichts zu tun haben und auf deren Erfüllung er keinen Einfluss nehmen kann)	Schutz von überragend wichtigen Gemeinschaftsgütern (= solche, die sich aus der Verfassung ableiten lassen)	Abwehr nachweisbarer oder höchstwahrscheinlicher schwerer Gefahren	geringer belastendes Mittel auf Stufe 3 ?	geringer belastendes Mittel auf Stufen 1 oder 2 ?

Repetitorium : Rn 1031

Weiterführende Literatur : Ipsen, Stufentheorie und Übermaßverbot, JuS 1990, 634; Hufen, Berufsfreiheit – Erinnerungen an ein Grundrecht, NJW 1994, 2913; Russel, Faktische Beeinträchtigungen der Berufsfreiheit, JA 1998, 406; Brandt, 40 Jahre Stufentheorie, JA 1998, 82

ART. 12 II, III : FREIHEIT VON ARBEITSZWANG UND ZWANGSARBEIT

„(2) Niemand darf zu einer bestimmten Arbeit gezwungen werden, außer im Rahmen einer herkömmlichen allgemeinen, für alle gleichen öffentlichen Dienstleistungspflicht.
(3) Zwangsarbeit ist nur bei einer gerichtlich angeordneten Freiheitsentziehung zulässig."

1. historischer Hintergrund, internationaler und europäischer Schutz

Art. 12 II, III ist eine Reaktion auf „die im nationalsozialistischen System üblichen Formen der Zwangsarbeit mit ihrer Herabwürdigung der menschlichen Persönlichkeit" (BVerfGE 74, 116). Der Europarat hat in Art. 4 der EMRK (vgl. Rn 821) und die EU in Art. 5 der Grundrechtscharta 2000 ein Verbot von Zwangs- und Pflichtarbeit aufgenommen (vgl. Rn 933).   449

2. Bedeutung

Art. 12 II, III bilden ein einheitliches und gegenüber Art. 12 I selbständiges Grundrecht (BVerfGE 74, 115). Gegenüber den Regelungen des Art. 12 a ist es nachrangig, so dass die Wehr- und die Zivildienstpflicht nicht an Art. 12 II, III zu messen sind (v.Münch-Gubelt Art. 12 Rn 26).

3. Freiheit vor Arbeitszwang (Abs. 2)

Arbeitszwang ist jede   450

- hoheitlich angeordnete
- körperliche oder geistige Tätigkeit,
- die persönlich vorzunehmen ist (BVerwGE 22, 29) und
- nicht nur einen unbedeutenden Aufwand verursacht (BVerwG a.a.O.)

Beispiele: Keinen Arbeitszwang bilden z.B., weil an das Eigentum anknüpfend, die Verkehrssicherungspflicht (BVerwGE 22, 29) oder wegen der Geringfügigkeit die Streupflicht (VGH Kassel DVBl 79, 83)

Eine Dienstleistungspflicht ist (JP/Jarass Rn 75 ff.)

- herkömmlich, wenn sie seit langem besteht.
- allgemein, wenn sie von dem betreffenden Hoheitsträger jedem auferlegt wird, der zur Erfüllung der Pflicht in der Lage ist.
- gleich, wenn sie alle Pflichtigen in gleicher Weise belastet.

Beispiele: Zulässig sind danach z.B. die Pflicht zur Deichhilfe und die Feuerdienstpflicht (BVerfGE 22, 383) oder die Arbeitspflicht als Erziehungsmaßregel nach dem Jugendstrafrecht (BVerfGE 74, 122).

Handelt es sich bei der fraglichen Tätigkeit um Modalitätseinwirkungen auf eine bereits ausgeübte Berufstätigkeit (z.B. Sonntagsdienst für Apotheken oder Notdienst für Ärzte), so ist Art. 12 I die speziellere Norm gegenüber Art. 12 II (BVerwGE 35, 149).

4. Freiheit vor Zwangsarbeit (Abs. 3)

Zwangsarbeit ist als besonders schwerer Unterfall des Arbeitszwangs die hoheitliche Verpflichtung, die gesamte Arbeitskraft über eine erhebliche Zeit zur Verfügung zu stellen (v.Münch/Gubelt Rn 90). Ermächtigungen dazu sind in §§ 7 II Nr. 4, 17 StVollzG enthalten.

ART. 13 : UNVERLETZLICHKEIT DER WOHNUNG

„(1) Die Wohnung ist unverletzlich.
(2) Durchsuchungen dürfen nur durch den Richter, bei Gefahr im Verzuge auch durch die in den Gesetzen vorgesehenen anderen Organe angeordnet und nur in der dort vorgeschriebenen Form durchgeführt werden.
(3) Begründen bestimmte Tatsachen den Verdacht, dass jemand eine durch Gesetz einzeln bestimmte besonders schwere Straftat begangen hat, so dürfen zur Verfolgung der Tat auf Grund richterlicher Anordnung technische Mittel zur akustischen Überwachung von Wohnungen, in denen der Beschuldigte sich vermutlich aufhält, eingesetzt werden, wenn die Erforschung des Sachverhalts auf andere Weise unverhältnismäßig erschwert oder aussichtslos wäre. Die Maßnahme ist zu befristen. Die Anordnung erfolgt durch einen mit drei Richtern besetzten Spruchkörper. Bei Gefahr im Verzuge kann sie auch durch einen einzelnen Richter getroffen werden.
(4) Zur Abwehr dringender Gefahren für die öffentliche Sicherheit, insbesondere einer gemeinen Gefahr oder einer Lebensgefahr, dürfen technische Mittel zur Überwachung von Wohnungen nur auf Grund richterlicher Anordnung eingesetzt werden. Bei Gefahr im Verzuge kann die Maßnahme auch durch eine andere gesetzlich bestimmte Stelle angeordnet werden; eine richterliche Entscheidung ist unverzüglich nachzuholen.
(5) Sind technische Mittel ausschließlich zum Schutze der bei einem Einsatz in Wohnungen tätigen Personen vorgesehen, kann die Maßnahme durch eine gesetzlich bestimmte Stelle angeordnet werden. Eine anderweitige Verwertung der hierbei erlangten Erkenntnisse ist nur zum Zwecke der Strafverfolgung oder der Gefahrenabwehr und nur zulässig, wenn zuvor die Rechtmäßigkeit der Maßnahme richterlich festgestellt ist; bei Gefahr im Verzuge ist die richterliche Entscheidung unverzüglich nachzuholen.
(6) Die Bundesregierung unterrichtet den Bundestag jährlich über den nach Absatz 3 sowie über den im Zuständigkeitsbereich des Bundes nach Absatz 4 und, soweit richterlich überprüfungsbedürftig, nach Absatz 5 erfolgten Einsatz technischer Mittel. Ein vom Bundestag gewähltes Gremium übt auf der Grundlage dieses Berichts die parlamentarische Kontrolle aus. Die Länder gewährleisten eine gleichwertige parlamentarische Kontrolle.
(7) Eingriffe und Beschränkungen dürfen im übrigen nur zur Abwehr einer gemeinen Gefahr oder einer Lebensgefahr für einzelne Personen, auf Grund eines Gesetzes auch zur Verhütung dringender Gefahren für die öffentliche Sicherheit und Ordnung, insbesondere zur Behebung der Raumnot, zur Bekämpfung von Seuchengefahr oder zum Schutze gefährdeter Jugendlicher vorgenommen werden."

1. historischer Hintergrund, internationaler und europäischer Schutz

451 Der Gedanke, dass die engere räumliche Lebenssphäre besonders schützenswert ist, war schon in der Antike verbreitet. Zum erstenmal geregelt wurde er in der Verfassung von Virginia 1776 (Art. 10), später in der Paulskirchenverfassung 1849 (§ 140), der Strafprozessordnung 1877 und in der Weimarer Reichsverfassung 1919 (Art. 115).

Die UNO bekennt sich zur Versammlungsfreiheit in Art. 12 der Menschenrechtserklärung 1848 (vgl. Rn 85) und in Art. 17 des Pakts über bürgerliche und politische Rechte 1966, der Europarat in Art. 8 der EMRK 1950 (Vgl. Rn 821) und die Europäische Union durch ihr Bekenntnis zur EMRK in Art. 6 II EUV und durch Art. 7 der Grundrechtscharta 2000 (vgl. Rn 933), auch wenn die Versammlungsfreiheit in der Rechtsprechung des EuGH bisher nur eine untergeordnete Rolle gespielt hat (EuGH Slg.1989, 2924).

2. Bedeutung

Das Grundrecht der Unverletzlichkeit der Wohnung hat das Ziel, im Interesse der Achtung der Menschenwürde und der freien Entfaltung der Persönlichkeit dem Einzelnen einen elementaren Lebensraum zu sichern, über dessen Zugang er grundsätzlich selbst bestimmen soll und in den daher nur unter engen Voraussetzungen eingegriffen werden darf (BVerfGE 89, 6, 12). Da Persönlichkeitsentfaltung auch im Beruf erfolgt, schützt Art. 13 nicht nur die Wohnung im engeren Sinn, sondern auch Büro- und Geschäftsräume, wenn auch in geringerem Maße. Neuen Gefahren ist die Wohnung durch technische Möglichkeiten wie Infrarotkameras, Richtmikrophone und Abhöreinrichtungen ausgesetzt, die die für Wohnungen typische räumliche Abgrenzung überwinden können. Andererseits bedarf die wirksame Bekämpfung der internationalen Kriminalität u.U. gerade solcher Mittel. Diesem Ziel jedenfalls dient die 1998 erfolgte Änderung des Art. 13.

452

3. Schutzbereich (Abs. 1)

Wohnung ist weit auszulegen und umfasst daher jeden Bereich individueller Persönlichkeitsentfaltung, den ein Mensch der allgemeinen Zugänglichkeit durch räumliche Abtrennung entzieht (vgl. BVerfGE 32, 72). Erfasst werden also neben Wohnungen im allgemeinen Sprachgebrauch auch Nebenräume wie z.B. Keller und Garagen, aber auch etwa Wohnwagen oder Hotelzimmer (BGHZ 31, 289). Geschützt sind auch Geschäfts- und Betriebsräume (BVerfGE 76, 88), soweit sich in ihnen privates Leben und Wirken entfaltet, also nicht etwa jedermann zugängliche Verkaufsräume (Pieroth/Schlink Rn 876). Dieser weite Wohnungsbegriff ist durch das einfache Recht z.T. ausdrücklich übernommen (z.B. § 104 StPO, der die Zulässigkeit nächtlicher Hausdurchsuchungen regelt : „Wohnung, Geschäftsräume und das befriedete Besitztum…"), ansonsten im Wege verfassungskonformer Auslegung zu berücksichtigen.

453

Ein Eingriff in Art. 13 ist jedes ohne Einwilligung des rechtmäßigen Besitzers erfolgte körperliche Eindringen in die Wohnung wie der Zutritt, die Durchsuchung, aber auch das Verweilen (BVerfGE 89, 12). Ein Eingriff ist aber auch jedes mit technischen Hilfsmitteln bewirkte nichtkörperliche Eindringen in die Wohnung (vgl. § 13 Abs. 3 – 6), wie z.B. das Eindringen durch Infrarotkameras oder Richtmikrophone (Sachs/Kühne Rn 22).

Aufgrund der Ausdehnung des Schutzbereichs des Art. 13 auf reine Geschäfts- und Betriebsräume ergeben sich Probleme mit dem Schranken-Bereich. In zahlreichen verwaltungsrechtlichen Gesetzen sind für Mitarbeiter der Wirtschafts-, Arbeits- und Steueraufsicht das Recht eingeräumt, solche Räume zu betreten und Prüfungen vorzunehmen, etwa von Geschäftsbüchern, Waren und Einrichtungen. Würde man solche Maßnahmen als Eingriffe ansehen, ließen sie sich i.d.R. nicht aufgrund der Schranken des Art. 13 rechtfertigen. Andererseits kann nicht angenommen werden, dass mit der Schaffung des Art. 13 solche herkömmlichen Betretungs- und Prüfungsrechte verboten werden sollten. Die Rechtsprechung hat die Lösung dieses Problems über eine einschränkende Interpretation des Begriffs des Eingriffs vorgenommen (ablehnend Pieroth-Schlink Rn 876) : Danach sind solche Räume „zur Aufnahme sozialer Kontakte bestimmt …". Bei ihnen wird das durch Art. 13 I anerkannte Schutzbedürfnis „durch den Zweck, den sie nach dem Willen ihres Inhabers selbst erfüllen sollen, gemindert. Die Tätigkeiten, die der Inhaber in diesen Räumen vornimmt, wirken notwendig nach außen und können deshalb auch die Interessen anderer oder die der Allgemeinheit berühren. Dann ist es folgerichtig, dass die mit dem Schutz dieser Interessen beauftragten Behörden in gewissem Rahmen diese Tätigkeiten auch an Ort und Stelle kontrollieren und zu diesem Zweck die Räume betreten dürfen. Dieser zweckbestimmte Vorgang ist nicht eigentlich eine Störung des Hausfriedens. Der Betriebsinhaber wird demgemäß in aller Regel das Betreten der Räume durch Behördenvertreter nicht als einen Eingriff in sein Hausrecht empfinden. Sein psychischer Widerstand mag sich gegen die Besichtigung und Prüfung selbst richten … die er etwa als unnötig, belästigend und deshalb unzumutbar ansieht; in dem bloßen Betreten der Räume, die er durch ihre Zweckbestimmung selbst nach außen geöffnet hat, wird er im allgemeinen eine Beeinträchtigung seiner Grundrechtssphäre nicht erblicken" (BVerfG 32, 75; BFHE 154, 437). Behördliche Prüfungen im Rahmen der Wirtschafts-, Arbeits- und Steueraufsicht sind also i.d.R. keine „Eingriffe und Beschränkungen" i.S.d. Art. 13 VII, ebenso i.d.R. keine Durchsuchungen i.S.d. Art. 13 II, da dabei nicht generell in den Räumen nach einem Gegenstand oder einer Person gesucht werden wird.

4. Schranken-Bereich (Abs. 2-7)

4.1 Durchsuchungen nach Abs. 2

454 Durchsuchung i.S.d. Abs.2 ist „das ziel- und zweckgerichtete Suchen nach Personen oder Sachen oder zur Ermittlung eines Sachverhalts" mit dem Zweck, „etwas aufzuspüren, was der Inhaber der Wohnung von sich aus nicht offen legen oder herausgeben will" (BVerfGE 76, 89; BVerwGE 47, 37). Welchem Ziel die Durchsuchung dient, ob etwa strafprozessualen, vollstreckungsrechtlichen oder polizeirechtlichen Zwecken, ist unerheblich. Dem Art. 13 II Rechnung tragende Ermächtigungen für Durchsuchungen finden sich z.B. in den §§ 102 ff. StPO, §§ 758 ff. ZPO, §§ 99, 200, 287 AO, § 4 VereinsG, in den Verwaltungsvollstreckungsgesetzen des Bundes und der Länder und in den allgemeinen Sicherheits- und Ordnungsgesetzen der Länder.

Aus welchen Gründen ein Richter im Einzelnen eine Durchsuchung anordnen darf, ergibt sich nicht aus Art. 13 II, sondern aus den entsprechenden Gesetzen, die zu Durchsuchungen ermächtigen. Auf jeden Fall muss der richterliche Durchsuchungsbefehl den Grundsatz der Verhältnismäßigkeit wahren (BVerfGE 95, 97) und dabei für eine angemessene Begrenzung der Zwangsmaßnahmen sorgen sowie die Messbarkeit und Kontrollierbarkeit des Grundrechtseingriffs gewährleisten (BVerfGE 42, 220).

Ein richterlicher Durchsuchungsbefehl ist nicht notwendig bei Gefahr im Verzug, d.h. wenn die durch die Anrufung des Richters bedingte Verzögerung den Zweck der Durchsuchung vereiteln könnte (BVerfGE 51, 111; BVerwGE 28, 291). Hier können auch andere Organe, insbesondere die Staatsanwaltschaft und die Polizei, die Durchsuchung anordnen.

4.2 Einsatz technischer Mittel zur Überwachung nach Abs. 3 – 6

455 Der Einsatz technischer Mittel zur Überwachung wurde vor der Einfügung der Abs. 3 – 6 als Eingriff i.S.d. Abs. 7 angesehen und, soweit die dort einschlägige Voraussetzung „Verhütung dringender Gefahren für die öffentliche Sicherheit und Ordnung" erfüllt war, gerechtfertigt (Sachs/Kühne Rn 39; Schwabe JZ 1993, 871). Die 1998 eingefügten Abs. 3 – 6, deren Einführung unter dem Schlagwort „großer Lauschangriff" heftig umstritten war, haben die Eingriffsbefugnisse insofern erweitert, als Abhörmaßnahmen nicht nur zur Verhinderung, sondern jetzt auch zur Aufklärung von Straftaten zulässig sind. Zum Schutz Betroffener bieten sie demgegenüber die Vorteile der präziseren Eingriffsvoraussetzungen und der Einschaltung des Richters, im Fall des Abs. 2 sogar eines Richterkollegiums (vgl. im Einzelnen die ausführliche Regelung des § 100 c StPO).

4.3 Eingriffe und Beschränkungen nach Abs. 7

456 sind alle Beeinträchtigungen des Normbereichs, die weder Durchsuchungen noch Einsatz technischer Mittel zur Überwachung sind (vgl. BVerwGE 28, 286; BVerfGE 32, 73). Sie dürfen nur zu den in Abs. 7 genannten Zwecken erfolgen:

- zur Abwehr einer gemeinen Gefahr. Es muss sich also um Gefahr für eine unbestimmte Zahl von Menschen und Sachen handeln, die in ihrer Bedeutung einer Lebensgefahr nahe kommt (Pieroth-Schlinck Rn 888) wie etwa Überschwemmungen oder Erdbeben.

- zur Abwehr einer Lebensgefahr für einzelne Personen. Beispiel wäre die zeitweise Unterbringung eines Unfallverletzten in einer Wohnung.

- auf Grund eines Gesetzes auch zur Verhütung dringender Gefahren für die öffentliche Sicherheit und Ordnung. Dieser Begriff wird wie im Polizei- und Ordnungsrecht verstanden. Die in Abs. 3 genannten Fälle wie Raumnot usw. sind nur Beispielsfälle und schließen daher weitere Fälle nicht aus.

Repetitorium : Rn 1032

Weiterführende Literatur : Kunig, Grundrechtlicher Schutz der Wohnung, Jura 1992, 476; Guttenberg, Die heimliche Überwachung von Wohnungen, NJW 1993, 567; Der Lauschangriff im Polizeirecht der Länder, NJW 1994, 85; Voßkuhle, Behördliche Betretungs- und Nachschaurechte, DVBl. 1994, 611; Braun, Der so genannte „Lauschangriff" im präventivpolizeilichen Bereich, NVwZ 2000, 375

ART. 14, 15:
GEWÄHRLEISTUNG VON EIGENTUM UND ERBRECHT

Art. 14
„*(1) Das Eigentum und das Erbrecht werden gewährleistet. Inhalt und Schranken werden durch die Gesetze bestimmt.*
(2) Eigentum verpflichtet. Sein Gebrauch soll zugleich dem Wohle der Allgemeinheit dienen.
(3) Eine Enteignung ist nur zum Wohle der Allgemeinheit zulässig. Sie darf nur durch Gesetz oder auf Grund eines Gesetzes erfolgen, das Art und Ausmaß der Entschädigung regelt. Die Entschädigung ist unter gerechter Abwägung der Interessen der Allgemeinheit und der Beteiligten zu bestimmen. Wegen der Höhe der Entschädigung steht im Streitfalle der Rechtsweg vor den ordentlichen Gerichten offen."

Art. 15
„*Grund und Boden, Naturschätze und Produktionsmittel können zum Zwecke der Vergesellschaftung durch ein Gesetz, das Art und Ausmaß der Entschädigung regelt, in Gemeineigentum oder in andere Formen der Gemeinwirtschaft überführt werden. Für die Entschädigung gilt Art. 14 Abs. 3 Satz 3 und 4 entsprechend.*"

1. historischer Hintergrund, internationaler und europäischer Schutz

457 Das Eigentum hat bereits in der Antike eine erhebliche Rolle als individuelles Recht gespielt. In der Aufklärung wurde, insbesondere von Hobbes und Locke, die enge Verbindung von Freiheit und Eigentum herausgearbeitet. Aufgabe des Staates wurde es demgemäß, Freiheit und Eigentum zu schützen. Konsequent erklärte die französische Menschenrechtserklärung 1789 das Eigentum für unverletzlich und unentziehbar (Art. 17). Zum Recht auf Eigentum bekannten sich später die Paulskirchenverfassung 1849 (§ 164), die Preußische Verfassung von 1850 (Art. 9) und die Weimarer Reichsverfassung (Art. 153 f.). Deren Regelung wurde vom Parlamentarischen Rat 1949 im Wesentlichen durch Art. 14 GG übernommen.

Zur Garantie des Eigentums bekennt sich die UNO in Art. 17 der Menschenrechtserklärung 1948 (vgl. Rn 85). In die EMRK des Europarats ist sie erst 1952 durch Art. 1 des 2. Zusatzprotokolls gelangt (vgl. Rn 821). Die Europäische Union bekennt sich zur Eigentumsgarantie durch ihr Bekenntnis zur EMRK und zu den Grundrechten, „wie sie sich aus den gemeinsamen Verfassungsüberlieferungen der Mitgliedstaaten ...ergeben" (Art. 6 II EUV) außerdem durch Art. 17 der Grundrechtscharta 2000 (vgl. Rn 933). Dem steht Art. 295 EGV, nach dem der EGV die Eigentumsordnungen in den Mitgliedstaaten unberührt lässt, nicht entgegen (Dreier/Wieland Rn 18). Der EuGH hat den europäischen Eigentumsschutz in mehreren Entscheidungen konkretisiert (z.B. EuGH Slg. 1979, 3474; 1980, 1010; 1982, 4280; 1991, 415; 1994, 4973). Dabei kommt er, wenn es um eine staatlich verursachte Beeinträchtigung der Substanz von Unternehmen geht, tendenziell zu einem etwas schwächeren Schutz als Art. 14 ihn gewährt (Übersicht bei Dreier/Wieland Rn 17).

2. Bedeutung

458 Die Eigentumsgarantie des Art. 14 ist „eine Wertentscheidung von besonderer Bedeutung" (BVerfGE 14, 277). „Ihr kommt im Gesamtgefüge des Grundgesetzes die Aufgabe zu, dem Träger des Grundrechts einen Freiraum im vermögensrechtlichen Bereich zu sichern und ihm dadurch eine eigenverantwortliche Gestaltung seines Lebens zu ermöglichen." (BVerfGE 50, 399 f.). Sie steht damit in engem Zusammenhang mit der individuellen Entfaltungsmöglichkeit (BVerfGE 53, 290). Sie hat aber auch einen erheblichen Bezug zur wirtschaftlichen Betäti-

gungsfreiheit (BVerfGE 78, 73) und stellt insoweit - zusammen mit dem Sozialstaatsgebot - eine grundlegende Entscheidung in der sonst von „relativer Offenheit" (BVerfGE 50, 338) geprägten Wirtschaftsverfassung dar. Art. 14 ist nicht nur ein subjektiv-öffentliches Abwehrrecht, sondern stellt darüber hinaus auch eine Einrichtungsgarantie des Privateigentums dar und garantiert insofern einen Kernbestand an Regelungen, die den Bestand des Privateigentums sichern und seine Privatnützigkeit ermöglichen (BVerfGE 58, 339). Als wertentscheidende Grundsatznorm schließlich wirkt die Eigentumsgarantie in die Auslegung zivilrechtlicher Vorschriften hinein (s.o. Rn 111, 149).

3. Schutzbereich

3.1 Eigentum

Eigentum i.S.d. Art. 14 umfasst 459

3.1.1 alle vermögenswerten privaten Rechtspositionen. Darunter fallen insbesondere

- das Eigentum im Sinne des Sachenrechts des BGB, also an beweglichen und unbeweglichen Sachen.

  Beispiele : Das Grundeigentum schützt nicht nur den Bestand des Eigentums, sondern auch die Baufreiheit (Sachs/Wendt Rn 45), die Grundstücksnutzungen, die bereits rechtmäßig verwirklicht wurden (BVerwGE 84, 334; BGHZ 87, 72) und das Anliegerrecht so weit, wie die angemessene Nutzung des Grundeigentums eine Benutzung der nahen Straße erfordert (BVerwG NJW 1981, 412).

- Hypotheken, Grund- und Rentenschulden (BVerfGE 14, 276)

- GmbH-Anteile, Aktien, Gesellschaftsrechte usw. (BVerfGE 14, 276)

- Urheber-, Patent- und Warenzeichenrechte (BVerfGE 49, 392)

- Bergbauberechtigungen (BVerfGE 77, 136), Jagdausübungsrechte (BGHZ 112, 399) usw.

- schuldrechtliche Forderungen (BVerfGE 83, 210)

- das Recht am eingerichteten und ausgeübten Gewerbebetrieb (BGHZ 92, 37; BVerwGE 81, 54; vom BVerfG neuerdings offengelassen : E 68, 222)

  Dieses Recht wird im Wege mittelbarer Drittwirkung als „sonstiges Recht" i.S.d. § 823 I BGB auch zivilrechtlich geschützt wird (s.o. Rn 151). Es schützt neben dem Bestand des Betriebes auch das „Recht auf Fortsetzung des Betriebes im bisherigen Umfange nach den schon getroffenen betrieblichen Maßnahmen" (BGHZ 98, 351). Geschützt sind auch betriebliche Vorteile, auf deren Bestand der Betriebsinhaber von Rechts wegen vertrauen kann (BGHZ 23, 164), nicht also bestehende Geschäftsbeziehungen und der erworbene Kundenstamm (BVerfGE 77, 118; a.A. MD/Papier Rn 95), künftige Verdienstmöglichkeiten (BVerfGE 30, 355; BVerwGE 95, 349), der Lagevorteil gegenüber einer Änderung von Straßen (BGHZ 48, 60) oder eine für den Betrieb günstige Gesetzeslage (BGHZ 45, 83).

Nicht erfasst wird vom Eigentumsbegriff das Vermögen als solches. Art. 14 gewährt also keinen Schutz gegen die Auferlegung von Geldleistungen (BVerfGE 4, 17). Eine Ausnahme davon kommt nur bei einer sog. konfiskatorischen Besteuerung in Betracht, d.h. wenn die Geldleistungspflicht den Pflichtigen übermäßig belastet und seine Vermögensverhältnisse grundlegend beeinträchtigen würde" (BVerfGE 14, 24).

3.1.2 vermögenswerte öffentlich-rechtliche Rechtspositionen,

"wenn sie dem einzelnen eine Rechtsposition verschaffen, die derjenigen des Eigentümers entspricht" (BVerfGE 53, 289). Entsprechungskriterium ist dabei Leistung in Form von Arbeit bzw. Kapital. Es kommt also darauf an, ob das vermögenswerte subjektiv-öffentliche Recht "im Zusammenhang mit einer eigenen Leistung" steht oder "ausschließlich auf einem Anspruch (beruht), den der Staat in Erfüllung seiner Fürsorgepflicht durch Gesetz einräumt" (BVerfGE 69, 299 ff.).

Beispiel : Ein Rentenanspruch ist danach Eigentum (BVerfGE 76, 293), ebenso die kassenärztliche Zulassung (BGHZ 81, 33) oder ein Anspruch auf Arbeitslosengeld (BVerfGE 72, 18), nicht dagegen ein Sozialhilfeanspruch.

3.1.3 Geschützt werden
Bestand, Nutzung und Veräußerung des Eigentums (BVerfGE 52, 31).

3.2 Erbrecht

460 ist das Recht des Erblassers, sein Vermögen an den zu vererben, an den er es vererben möchte, sowie das Recht des Erben, mit dem Tod des Erblassers in dessen vermögensrechtliche Position einzutreten.

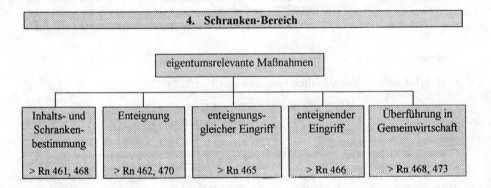

4.1 Inhalts- und Schrankenbestimmung (Art.14 I 2)

461 ist die „die generelle und abstrakte Festlegung von Rechten und Pflichten hinsichtlich solcher Rechtsgüter, die als Eigentum im Sinne der Verfassung zu betrachten sind. Sie ist auf die Normierung objektiv-rechtlicher Vorschriften gerichtet, die den Inhalt des Eigentumsrechts vom Inkrafttreten des Gesetzes an für die Zukunft in allgemeiner Form bestimmen" (BVerfG NJW 2000, 798).

Beispiele : die baurechtlichen Regelungen zur Bebaubarkeit von Grundstücken oder die Nutzungsbeschränkungen nach dem Natur-, Landschafts- oder Denkmalschutzrecht

Der Inhalt der Eigentumsgarantie ergibt sich also erst aus den Gesetzen, die den Inhalt des Eigentums konkretisieren (BVerfGE 74, 214).

„Auch die Baufreiheit, die vom Schutz des Eigentumsgrundrechts umfasst wird, ist nur nach Maßgabe des einfachen Rechts gewährleistet. Verfassungsrechtlichen Schutz genießt eine Eigentumsposition im Bereich des Baurechts nur im Rahmen der mit ihr zulässigerweise verbundenen, gesetzlich definierten Befugnisse." (BVerwG DÖV 1998, 602).

Inhaltsbestimmungen müssen nicht unmittelbar durch Gesetz erfolgen. Es reicht auch eine Festlegung durch Rechtsverordnung aufgrund einer gesetzlichen Ermächtigung (BVerfGE 9, 343).

An Inhaltsbestimmungen wird von Art. 14 – anders als an Enteignungen – nicht die Anforderung gestellt, dass sie eine gesetzliche Entschädigungsregelung enthalten müssen. In bestimmten Fällen sind sie aber nur verhältnismäßig, wenn eine Entschädigung geregelt ist. Hierauf wird unter Rn 469 näher eingegangen.

4.2 Enteignung (Art. 14 III)

4.2.1 Begriff der Enteignung

Enteignung ist „ die vollständige oder teilweise Entziehung konkreter subjektiver Eigentumspositionen i.S.d. Art. 14 Abs. 1 S. 1 GG zur Erfüllung bestimmter öffentlicher Aufgaben (BVerfG NJW 2000, 798)."

462

Entziehung ist insbesondere die Übertragung von Grundeigentum auf den Staat, aber auch etwa die Eintragung einer Grunddienstbarkeit zu Lasten eines Grundstücks. Reine Nutzungsbeschränkungen – wie nach dem Bau-, Natur- oder Denkmalschutzrecht – sind dagegen keine Entziehungen in diesem Sinn, sondern Inhalts- und Schrankenbestimmungen i.S.d. Art. 14 I 2. Für eine zielgerichtete Entziehung kommen als hoheitliche Rechtsakte in erster Linie Verwaltungsakte, aber auch Gesetze in Betracht, nicht aber reine Realakte wie etwa die Herstellung einer Straße. Gezielt ist der Entzug, wenn er bewusst und gewollt ist, also nicht etwa zufällig und unbeabsichtigt erfolgt.

Beispiel : Wird bei einem Straßenbau aufgrund eines Fehlers versehentlich ein Teil eines fremden Grundstücks mit in Anspruch genommen, so liegt insoweit keine Enteignung vor, auch wenn der Straßenbau selbst bewusst und gewollt aufgrund eines Planfeststellungsbeschlusses und damit eines Verwaltungsakts erfolgt.

4.2.2 Form der Enteignung

Die Enteignung kann nach Art. 14 III durch oder aufgrund eines Gesetzes erfolgen.

463

Der Regelfall ist, dass eine gesetzliche Regelung zu einer Enteignung durch Verwaltungsakt ermächtigt. Die Enteignung erfolgt dann „auf Grund eines Gesetzes" (= "Administrativenteignung").
Beispiele : § 85 ff. BauGB bzgl. der Verwirklichung von Bebauungsplänen, § 19 f. FStrG bzgl. des Baus von Fernstraßen, § 30 PBefG bzgl. des Baus von Straßenbahnanlagen oder § 44 WaStrG bzgl. des Baus von Wasserstraßen. Art. 14 I 2 ermöglicht aber auch, dass die Enteignung unmittelbar „durch Gesetz" erfolgt (=Legalenteignung"). Die in dem betreffenden Gesetz geregelte Enteignung wird also mit Inkrafttreten des Gesetzes wirksam, ohne dass ein weiterer Vollzugsakt notwendig ist. Beispiel : Nach der Flutkatastrophe 1962 wurden in Hamburg durch das Deichordnungsgesetz zahlreiche in dem Gesetz genannte Deichgrundstücke enteignet und in öffentliches Eigentum überführt, um auf ihnen verbesserte Deiche zu errichten (zu seiner Verhältnismäßigkeit siehe Rn 472).

4.2.3 Anforderungen an das Enteignungsgesetz

Nach Art. 14 III 2 muss der Gesetzgeber in dem Gesetz, durch das oder aufgrund dessen enteignet wird, „Art und Ausmaß der Entschädigung" regeln (sog. Junktim-Klausel). Dafür reicht es aus, dass das Gesetz auf die Entschädigungsregelungen der allgemeinen Enteignungsgesetze der Länder verweist (BVerfGE 56, 263 f.).

464

Beispiele : § 19 FStrG bzgl. des Baus von Fernstraßen, § 30 PBefG bzgl. des Baus von Straßenbahnanlagen oder § 44 WaStrG bzgl. des Baus von Wasserstraßen. Diese allgemeinen Enteignungsgesetze haben als selbständige Rechtsgrundlage für Enteignungen und entsprechende Entschädigungen jedoch nur eine geringe Bedeutung, da sich die meisten Enteignungsfälle nach Spezialgesetzen richten. Allerdings regeln die Spezialgesetze häufig nur die besonderen Voraussetzungen der Enteignung und verweisen im übrigen, insbes. hinsichtlich des Verfahrens und der Entschädigung, auf das allgemeine Enteignungsgesetz (z.B. § 19 Abs. 5 FStrG).

Fraglich ist, ob sog. salvatorische Entschädigungsklauseln dem Art. 14 III 2 entsprechen. Sie finden sich vor allem in Natur-, Landschafts- und Denkmalschutzgesetzen und regeln eine Entschädigung abstrakt „für den Fall, dass eine Maßnahme aufgrund dieses Gesetzes enteignende Wirkung haben sollte" (so z.B. Art. 20 Bayr. Denkmalschutz) . Das BVerfG hat das offengelassen (BVerfGE 58, 346 betr. § 19 III WHG). Der BGH toleriert solche Klauseln (BGHZ 99, 29; ebenso Ossenbühl, Staatshaftungsrecht S. 206). Das BVerwG hält sie für verfassungswidrig (BVerwG NJW 1990, 2572 , ebenso Maurer Allg. Verwaltungsrecht § 26 Rn 63, Windhorst/Sproll, Staatshaftungsrecht S. 213).

Fehlt eine Entschädigungsregelung, ist das Gesetz verfassungswidrig und darf daher nicht angewandt werden (BVerfGE 24, 418) Die Verwaltung darf nicht von sich aus diesen Mangel durch Zahlung einer Entschädigung beheben wollen (BVerfGE 58, 323).

4.3 Abgrenzung der Enteignung von anderen eigentumsrelevanten Maßnahmen

Die Abgrenzung der Enteignung von der Inhaltsbestimmung i.S.d. Art. 14 I 2 ist bereits unter Rn 461 und 462 erfolgt. Keine Enteignung sind auch

4.3.1 der enteignungsgleiche Eingriff

465 An sich darf eine Entschädigung nach Art. 14 III nur bei einer rechtmäßigen Enteignung erfolgen. Ist der Eingriff in das Eigentum rechtswidrig und schuldhaft, kann Ersatz über den Amtshaftungsanspruch beansprucht werden. Für den Fall, dass der Eingriff rechtswidrig und schuldlos war, fehlt jedoch eine ausdrückliche Haftungsgrundlage. Diese Lücke schloss der BGH früher im Wege des Erst-recht-Schlusses : Wenn schon eine rechtmäßige Enteignung nach Art. 14 III zur Entschädigung führt, dann erst recht eine rechtswidrige. Diese – enteignungsgleicher Eingriff genannt – müsse daher analog Art. 14 III entschädigt werden (BGHZ 6, 270). Das Sonderopfer ergab sich dabei alleine aus der Rechtswidrigkeit des Eingriffs (BGHZ 32, 208). Mit einem weiteren Erst-recht-Schluss wurde dieser enteignungsgleiche Eingriff ausgedehnt : Wenn schon ein ohne Verschulden erfolgter rechtswidriger Eingriff in das Eigentum eine Entschädigung nach Enteignungsgrundsätzen zur Folge hat, dann erst recht ein schuldhafter (BGHZ 7, 296). Damit wurde – im Hinblick auf Vermögensbeeinträchtigungen – ein Konkurrenzanspruch zum Amtshaftungsanspruch geschaffen. Das BVerfG hat 1981 dieser Rechtsprechung des BGH weitgehend den Boden entzogen. In dem berühmten Nassauskiesungsbeschluss vom 15.7.1981(BVerfGE 58, 300 ff.) hat es u.a. die analoge Anwendung des Art. 14 III für unzulässig erklärt. Danach kann aufgrund des Art. 14 III nur bei einer rechtmäßigen Enteignung eine Entschädigung verlangt werden. Ist eine Enteignung dagegen rechtswidrig – etwa weil ohne Rechtsgrundlage oder aufgrund eines Gesetzes ohne eine dem Art. 14 III entsprechenden Entschädigungsregelung erfolgt – so gewährt Art. 19 IV dem Betroffenen die Möglichkeit, sich vor den Verwaltungsgerichten dagegen zu wehren. Der Betroffene kann aber darauf nicht verzichten und analog Art. 14 III eine Entschädigung verlangen. Ein solches Wahlrecht würde der sich aus Art. 14 III und Art. 19 IV ergebenden Wertung des Grundgesetzes widersprechen. Art. 14 III gewährt daher einen Entschädigungsanspruch nur bei einer rechtmäßigen Enteignung, also einer, die aufgrund einer - dem Art. 14 III entsprechenden - Entschädigungsregelung erfolgt ist (BVerfGE 58, 319). Dennoch gewährt der BGH auch weiterhin in bestimmten Fällen einer rechtswidriger Belastung des Eigentums einen Entschädigungsanspruch auf Grund des Rechtsinstitus des enteignungsgleichen Eingriffs. Dabei handelt es sich um Fälle, in denen es sich bei dem Eingriffsakt begrifflich nicht um einen Enteignungsakt handelt und der Betroffene diesen auch nicht entsprechend Art. 19 IV gerichtlich abwehren konnte. Nach dem BGH hat ein solcher Anspruch nämlich nichts mit Art. 14 zu tun. Der

BGH leitet ihn vielmehr aus dem (ursprünglich sich aus §§ 74, 75 EinlALR ergebenden, heute aber gewohnheitsrechtlich anerkannten) Rechtsinstitut der Aufopferung her.

Beispiele : Fehlschaltung einer Verkehrsampel, die zu einem Verkehrsunfall führt (OVG Hamm NVwZ 1986, 509); Ablehnung einer Baugenehmigung entgegen geltendem Recht (BGH NVwZ 1992, 1119), übermäßige Immissionen durch Kläranlagen oder Mülldeponien (BGH NJW 1980, 770; BGH NJW 1978, 1051; BGH NJW 1977, 1917).

Die Voraussetzungen eines solchen Anspruchs :

- Beeinträchtigung des Eigentums, die begrifflich nicht Enteignung ist
- durch rechtswidriges hoheitliches Handeln
- Unmittelbarkeit zwischen hoheitlichem Handeln und Eigentumsbeeinträchtigung
- Sonderopfer (das sich aus der Rechtswidrigkeit des Eingriffs ergibt)
- Kein Ausschluss des Anspruchs gemäß § 254 BGB analog. Der Betroffene darf es also nicht schuldhaft unterlassen haben, den Schaden durch Einlegen eines Rechtsbehelfs zu vermeiden (BGHZ 90, 29).

4.3.2 der enteignende Eingriff

Manchmal führt ein an sich rechtmäßiges Handeln bei einzelnen Betroffenen zu - meist atypischen und deshalb nicht vorhersehbaren - Nebenfolgen (z.B. nichtvorhersehbare Geruchsbelästigung durch eine Kläranlage). Auch in diesen Fällen haben die Betroffenen nicht das vom BVerfG beanstandete Wahlrecht, den Eingriff anzufechten oder ihn hinzunehmen und statt dessen eine Entschädigung zu fordern. Das vom BGH entwickelte Institut des enteignenden Eingriffs ist daher ebenfalls nicht durch die Rechtsprechung des BVerfG zu Art. 14 gegenstandslos geworden. Der BGH leitet den Anspruch aus enteignendem Eingriff - wie den aus enteignungsgleichem Eingriff - aus dem gewohnheitsrechtlich geltenden Aufopferungsrecht ab. Bei dem enteignenden Eingriff handelt es sich also um „Nebenfolgen an sich rechtmäßigen Verwaltungshandelns, die bei Betroffenen zu Nachteilen führen, die aus rechtlichen oder tatsächlichen Gründen hinzunehmen sind, die aber die Grenze des eigentumsrechtlich Zumutbaren überschreiten" (BGH NJW 1992, 3232). Da solche Folgen weitgehend über sog. salvatorische Entschädigungsklauseln (s.u. Rn 469) erfasst sind, verbleiben als Anwendungsbereich für den enteignenden Eingriff im Wesentlichen nur noch Zufallschäden, die so unvorhersehbar sind, dass es für sie keine salvatorischen Entschädigungsklauseln gibt.

466

Voraussetzungen eines solchen Anspruchs :

- Beeinträchtigung des Eigentums, die begrifflich nicht Enteignung ist
- durch rechtmäßiges hoheitliches Handeln
- Unmittelbarkeit zwischen hoheitlichem Handeln und Eigentumsbeeinträchtigung
- Sonderopfer (das vorliegt, wenn das Eigentum entgegen seiner Eigenart in nicht unerheblicher Weise beeinträchtigt wird)

Beispiel : Beschädigung eines Gebäudes aufgrund ordnungsgemäß durchgeführter Straßenbau- oder Kanalisationsarbeiten

4.3.3 die Aufopferung

Obwohl sowohl der enteignungsgleiche als auch der enteignende Eingriff aus dem Aufopferungsgewohnheitsrecht abgeleitet werden, wird als Aufopferung selbst nur der - rechtmäßige oder rechtswidrige - Eingriff in ein nichtvermögenswerte Recht wie körperliche Unversehrtheit oder Bewegungsfreiheit – bezeichnet, soweit dieser Eingriff ein Sonderopfer zur Folge hat und

467

einzelne Grundrechte

spezialgesetzlich (wie z.B. durch §§ 51 ff. BSeuchenG für Impfschäden) nicht geregelt ist. Die „Aufopferung" hat also mit der Eigentumsgarantie des Art. 14 nichts zu tun.

Beispiele des Aufopferungsanspruchs sind etwa : Verletzung eines Passanten durch einen Polizisten bei einer Verbrecherjagd (BGHZ 20, 81), Behandlung eines Soldaten mit einem unerprobten Medikament (BGHZ 20, 61), rechtswidrige Einziehung zum Wehrdienst (BGH NJW 1976, 186).

4.3.4 Zusammenfassung

betroffenes Objekt	Rechtmäßig-keit	Rechts-institut	Rechtsgrundlage der Entschädigung
vermögenswertes Recht	rechtmäßig	Enteignung – s.o. Rn 462 –	Enteignungsgesetz i.V.m. Art. 14 III
		ausgleichspflichtige Inhaltsbestimmung – s.u. Rn 461–	spezialgesetzliche Regelung i.V.m. Art. 14 I 2
		enteignender Eingriff – s.o. Rn 466 –	
	rechtswidrig	enteignungsgleicher Eingriff – s.o. Rn 465 –	Aufopferungs-gewohnheitsrecht
nicht-vermögenswertes Recht		Aufopferung – s.o. Rn 467 –	

4.4 Überführung in Gemeinwirtschaft (Art. 15)

468 Art. 15 ist ein wesentliches Element des Kompromisses zwischen den bürgerlichen Parteien und der SPD im Parlamentarischen Rat. Einerseits eröffnet er die theoretische Möglichkeit einer grundlegenden Umgestaltung der Wirtschaftsordnung, andererseits enthält er mit der Verpflichtung zur Entschädigung eine entscheidende Sozialisierungsbremse. Unter anderen ihretwegen ist Art. 15 bisher ohne praktische Anwendung geblieben.

Gemeinwirtschaft ist die Ausrichtung einer Wirtschaftstätigkeit an der gesellschaftlichen Bedarfsdeckung oder der Verfolgung sonstiger Gemeinwohlziele (v.Münch/Bryde Rn 11). Als Beispiel nennt Art. 15 das Gemeineigentum. Es ist Eigentum öffentlich-rechtlicher Träger (Staat, Gemeinden und andere Selbstverwaltungskörperschaften), dessen Nutzung am Gemeinwohl orientiert ist (v.Münch/Bryde Rn 12).

Zweck der Überführung von Eigentum in Gemeinwirtschaft muss die Vergesellschaftung sein. Sie ist der Übergang von einer auf private Gewinnerzielung gerichteten auf eine gemeinnützige Organisationsform (v.Münch/Bryde Rn 7).

Vergesellschaftet werden können nach Art. 15 :
- Grund und Boden. Das sind Grundstücke einschließlich ihrer Bestandteile wie z.B. Häuser (MD/Maunz Rn 11).
- Naturschätze. Das sind sowohl Bodenschätze als auch Naturkräfte wie z.B. Wasserkraft oder Atomkraft (MD/Maunz Rn 13).
- Produktionsmittel. Dieser Begriff wird zum Teil eng verstanden als Mittel, die der Erzeugung von Gütern dienen (z.B. MD/Papier Rn 14), zum Teil weit als jedes Wirtschaftsunternehmen (z.B. v.Münch/Bryde Rn 19).

Durchgeführt werden darf die Vergesellschaftung nur durch ein Gesetz, das Art und Ausmaß der Entschädigung regelt, für die Art. 14 III 3 und 4 entsprechend gilt.

5. Schranken-Schranken-Bereich

5.1 Inhalts- und Schrankenbestimmung (Art. 14 I 2)

Für ihre Verhältnismäßigkeit muss der Gesetzgeber „die schutzwürdigen Interessen des Eigentümers und die Belange des Gemeinwohls zu einem gerechten Ausgleich und in ein ausgewogenes Verhältnis bringen. Der Kernbereich der Eigentumsgarantie darf dabei nicht ausgehöhlt werden" (BVerfG NJW 2000, 798). Dabei sind aber auch „die grundgesetzliche Anerkennung des Privateigentums durch Art. 14 Abs. 1 Satz 1 als auch das Sozialgebot des Art. 14 Abs. 2 zu beachten" (BVerfGE 81, 220). Inhaltsbestimmungen sind – im Unterschied zu Enteignungen – grundsätzlich entschädigungslos hinzunehmen, wie etwa die Festsetzungen eines Bebauungsplans für ein neues Wohngebiet. Es ist aber auch möglich, dass eine inhaltsbestimmende gesetzliche Regelung in atypischen Ausnahmefällen für die Betroffenen zu schwerwiegenden Belastungen führt, die ohne eine Entschädigung nicht zumutbar sind. Auch in diesen Fällen bleibt die Regelung eine Inhaltsbestimmung und schlägt nicht etwa in eine Enteignung um (BVerfGE 83, 211). Die Verhältnismäßigkeit des Gesetzes kann aber u.U. nur bejaht werden, wenn es gleichzeitig für diese Fälle eine angemessene Entschädigung regelt (BVerfGE 58, 137; 79, 192; BGH DVBl 1996, 671). Verfassungsrechtlicher Ansatz für die Entschädigung ist also nicht Art. 14 III, sondern Art. 14 I 2. Damit hat das BVerfG die vorgenommene strikte Trennung zwischen entschädigungsloser Inhaltsbestimmung und entschädigungspflichtiger Enteignung wieder relativiert.

Beispiele für entsprechende Entschädigungsregelungen sind etwa § 42 BImSchG für den Fall, dass der Verkehrslärm bestimmte Immissionswerte überschreitet oder § 8 a V BFernstrG für den Fall, dass durch Straßenbauarbeiten und die dadurch bedingten Zugangsbehinderungen die an der Straße liegenden Gewerbebetriebe in ihrer Existenz gefährdet sind. Im Natur-, Landschafts- und Denkmalschutzrecht gibt es dagegen noch überwiegend sog „salvatorische Entschädigungsklauseln", die ohne konkrete Nennung des Entschädigungstatbestandes allgemein für den Fall, dass eine Maßnahme „enteignende Wirkung" hat, einen Anspruch auf angemessene Entschädigung gewähren, z.B. § 31 I 2 DenkmalSchRhPf oder § 7 LandschaftsGNW. Solche werden von der Rechtsprechung als ausreichende Entschädigungsregelungen nicht nur für Enteignungen, sondern auch für ausgleichspflichtige Inhaltsbestimmungen angesehen (BVerwGE 91, 10; BGHZ 126, 383; BGH DVBl 1996, 672). Die Begründung dafür ergibt sich aus dem Gedanken, dass der Gesetzgeber nicht alle im Einzelfall denkbaren übermäßigen Belastungen übersehen kann und salvatorische Entschädigungsklauseln deshalb eine flexible Möglichkeit schaffen, zu gerechten Lösungen zu gelangen (BGH DVBl 1993, 1093).

469

Wann eine Maßnahme in diesem Sinn „enteignende Wirkung" hat und damit eine Sonderopfer verursacht, orientiert sich in erster Linie an dem Kriterium der Schwere und Zumutbarkeit der Beeinträchtigung (BGHZ 99, 31). Diese wird im Natur-, Landschafts- und Denkmalschutzrecht aufgrund des Aspektes der Situationsgebundenheit ermittelt. Der BGH (DVBl 1996, 674) umschreibt diesen so :

„Danach wird jedes Grundstück durch seine Situation geprägt. Darauf muss der Eigentümer bei der Ausübung seiner Befugnisse im Hinblick auf die soziale Bindung des Eigentums Rücksicht nehmen. Eine situationsbedingte Belastung des Grundstücks ist anzunehmen, wenn ein – als Leitbild gedachter – vernünftiger und einsichtiger Eigentümer, der auch das Gemeinwohl nicht aus dem Auge verliert, von sich aus im Blick auf die Lage und die Umweltverhältnisse seines Geländes von bestimmten Formen der Nutzung absehen würde. Entscheidend ist auch, ob eine zulässige Nutzungsmöglichkeit, die sich nach Art und Beschaffenheit des Grundstücks objektiv anbietet, untersagt oder wesentlich eingeschränkt wird."

Eine die Sozialbindung aktualisierende Situation kann sich etwa daraus ergeben, dass das Grundstück mit einem nach den Denkmalvorschriften schutzwürdigen Bauwerk bebaut ist (BGH DVBl 1996, 674), an einem hochwassergefährdeten Fluss liegt und deshalb immanent durch die Notwendigkeit von Deichschutzmaßnahmen beschränkt ist (BGH NJW 1992, 3233) oder sich in einem landschaftlich besonders schutzwürdigen Gebiet befindet (BGH DVBl 1957, 861). Die Grenze einer solchen situationsgebundenen Belastung ist aber z.B. überschritten, wenn die Privatnützigkeit des Eigentums aufgehoben wird, indem sie dem Eigentümer keine rechtlich zulässige private Verwendungsart mehr belassen wird.

Beispiel : Die Zumutbarkeitsgrenze ist überschritten, wenn in existenzbedrohender oder -vernichtender Weise in einen bestandsgeschützten Gewerbebetrieb eingegriffen wird (BGH DVBl 1996, 674), etwa wenn aufgrund der Unterstellung einer Gegend unter Naturschutz eine in diesem Gebiet befindliche Kiesgrube stillgelegt werden muss (BGHZ 60, 126).

Von der ausgleichspflichtigen Inhaltsbestimmung zu unterscheiden sind Regelungen, die vorrangig aus sozialstaatlichen Gründen eine Billigkeitsentschädigung für Belastungen vorsehen, die auch ohne eine Entschädigungsregelung verhältnismäßig wären (BVerwGE 84, 368; BGH NJW 1998, 2450). Beispiele wären § 48 IV und § 74 II 3 VwVfG, § 14 IV 2 BFernStrG, § 8 IV AbfG oder § 66 TierseuchenG (hierzu BGH NJW 1998, 544). Die Abgrenzung gegenüber der ausgleichspflichtige Inhaltsbestimmung ist jedoch schwierig, allerdings ohne praktische Bedeutung, da solche Regelungen im Wege des Erst-recht-Schlusses auch dann anzuwenden sind, wenn im Einzelfall eine aus Verhältnismäßigkeitserwägungen ausgleichspflichtige Inhaltsbestimmung vorliegt (BVerwG DVBl 1991, 1150).

5.2 Enteignung (Art. 14 III)

470 Zwei Aspekte, die für die Beurteilung ihrer Verhältnismäßigkeit zu berücksichtigen sind, sind bereits in Art. 14 III genannt : der Gemeinwohlzweck und die Entschädigungsfolge. Eine Enteignung muss aber auch im übrigen verhältnismäßig sein.

5.2.1 zum Wohl der Allgemeinheit

Die Enteignung muss zum Wohl der Allgemeinheit erfolgen. Dieses abstrakte Erfordernis hat der Gesetzgeber in dem jeweiligen Enteignungsgesetz zu konkretisieren (BVerfGE 74, 286). Dabei kann er aber nicht jedes öffentliche, etwa fiskalische Interesse für ausreichend erklären. Notwendig ist vielmehr, dass die Enteignung zum Zweck der Verwirklichung eines vom Gemeinwohl geforderten Vorhabens, mit dem eine staatliche Aufgabe erledigt werden soll, notwendig ist (BVerfGE 56, 278).

Dabei ist nicht ausgeschlossen, dass die Enteignung zugunsten eines privatrechtlich organisierten Unternehmens erfolgt. Voraussetzung ist aber, dass ihm „durch Gesetz oder aufgrund eines Gesetzes die Erfüllung einer dem Gemeinwohl dienenden Aufgabe zugewiesen und sichergestellt ist, dass es zum Nutzen der Allgemeinheit geführt wird." (BVerfGE 66, 257). Dabei muss sich der Nutzen für das Allgemeinwohl nicht aus dem Unternehmensgegenstand selbst ergeben. Es reicht vielmehr aus, dass er eine mittelbare Folge der Unternehmenstätigkeit ist (BVerfGE 74, 284).

Beispiele wären etwa Energieversorgungsunternehmen im Hinblick auf Versorgung der Bevölkerung mit Energie (BVerfGE 74, 288) oder der Bau einer Teststrecke durch Daimler-Benz im Hinblick auf die Verbesserung der regionalen Wirtschaftsstruktur und die Schaffung von Arbeitsplätzen (BVerfGE 74, 288).

5.2.2 angemessene Entschädigung

Nach Art. 14 III 3 ist die Entschädigung ist unter gerechter Abwägung der Interessen der Allgemeinheit und der Beteiligten zu bestimmen.

471

Entschädigung ist zu unterscheiden von Schadensersatz, bei dem der Betroffene so gestellt werden soll, als wenn das schädigende Ereignis nicht eingetreten wäre (vgl. § 249 BGB), ihm also z.B. auch entgangenen Gewinn erstattet wird (vgl. § 252 BGB). Entschädigung ist demgegenüber ein Wertausgleich, der lediglich die erlittene Vermögenseinbuße ausgleichen und den Betroffenen in die Lage versetzten soll, sich eine gleichwertige Sache zu beschaffen (BGHZ 39, 189). Dabei wird grundsätzlich der Verkehrswert zugrunde gelegt (BVerfGE 46, 285; BGHZ 67, 192; gesetzliche Regelungen etwa §§ 93, 194 BauGB, § 17 I LandbeschG, § 20 II BundesleistungsG), der nur in begründeten Ausnahmefällen unterschritten werden darf, wenn das „situationsbedingte Besonderheiten des Sachverhalts und die Zeitumstände" erfordern (BVerfGE 46, 285; BGHZ 67, 192). Zu erstatten sind auch unmittelbare Folgeschäden (BGH NVwZ 1966, 493) wie etwa Kosten für einen Umzug oder eine Betriebsverlegung, die Wertminderung eines Grundstücks bei einer Teilenteignung (Maurer, Allg. Verwaltungsrecht § 26 Rn 70), nicht aber mittelbare wie z.B. entgangener Gewinn.

Die Entschädigung hat grundsätzlich in Geld zu erfolgen. Möglich ist aber auch eine andere Art, etwa bei der Enteignung eines Grundstücks die Stellung von Ersatzland (z.B. §§ 100 f. BauGB).

5.2.3 Verhältnismäßigkeit im übrigen

Die Enteignung muss – wie jede im Ermessen des Staates stehende Maßnahme – verhältnismäßig, also geeignet, angemessen und erforderlich sein. Insbesondere darf sie nur das letzte Mittel sein, um den angestrebten Zweck zu erreichen.

472

An der Erforderlichkeit fehlt es z.B., wenn ein benötigtes Grundstück aufgrund eines privatrechtlichen Kaufvertrages erworben werden kann oder wenn statt der Entziehung eines Rechts auch eine dingliche Belastung ausreicht.

Unverhältnismäßig kann eine Enteignung auch sein, weil sie durch Gesetz erfolgt. Die Möglichkeit der Legalenteignung scheint nach dem Wortlaut des Art. 14 III 2 eine gleichberechtigte Alternative zur Administrativenteignung zu sein. Sie führt jedoch zu einer erheblichen Verkürzung des Rechtsschutzes der Betroffenen, da es eine Klagemöglichkeit unmittelbar gegen ein Gesetz grundsätzlich nicht gibt. Deshalb ist die Legislativenteignung nur in besonderen Ausnahmesituationen verhältnismäßig (BVerfGE 24, 401; 45, 330; BVerfG DVBl 1997, 42). Im Fall des Hamburger Deichordnungsgesetzes (s.o. Rn 463) lag eine solche vor, da eine Enteignung durch Verwaltungsakt wegen des notwendigen Verwaltungsverfahrens und vor allem wegen der zu erwartenden Gerichtsverfahren nicht vertretbar war, weil die Bevölkerung schnell vor weiteren Sturmfluten geschützt werden musste (BVerfG NJW 1969, 309).

5.3 Überführung in Gemeinwirtschaft (Art. 15)

473 Die Überführung der in Art. 15 genannten Gütern Gemeinwirtschaft wird durch Art. 15 zum legitimen Ziel gesetzgeberischer Tätigkeit erklärt. Über die Voraussetzungen des Art. 15 hinaus gibt des daher keine weiteren materiellen Anforderungen, also nicht das Gemeinwohlerfordernis des Art. 14 III oder den Grundsatz der Verhältnismäßigkeit.

Repetitorium : Rn 1033

Weiterführende Literatur : Körner, Denkmalschutz und Eigentumsschutz, 1992; Ossenbühl, Inhaltsbestimmung des Eigentums und Enteignung, JuS 1993, 200; Rinne, Die eigentumsmäßig geschützte Rechtsposition, JA 1993, 193; Burgi, Die Enteignung durch teilweisen Rechtsentzug, NVwZ 1994, 527; Burmeister/Röger, Die „unbegrenzte Naturschutzpflicht des Eigentums", JuS 1994, 840; Detterbeck, Salvatorische Entschädigungsklauseln vor dem Hintergrund der Eigentumsdogmatik des BVerfG, DÖV 1994, 273; Eschenbach, Der verfassungsrechtliche Schutz des Eigentums, 1996; Bull, Vom Eigentumszum Vermögensschutz – Ein Irrweg, NJW 1996, 281; Schönfeld, Die Eigentumsgarantie und Nutzungsbeschränkungen des Grundeigentums, 1996; Vogel, Vom Eigentumsschutz zum Vermögensschutz, NJW 1996, 1257; Eschenbach, Die Enteignung, Jura 1997, 519; Sieckmann, Modelle des Eigentumsschutzes, 1998; Kösch, Inhaltsbestimmung oder Enteignung ?, JA 1998, 727; Glos, Der Schutz obligatorischer Rechte durch die Eigentumsgarantie, 1999; Rohr, Die Entschädigung aus Enteignung und Aufopferung, DVP 1999, 443; Papier, Weiterentwicklung der Rechtsprechung zur Eigentumsgarantie, DVBl 2000, 1398; Jarass, Inhalts- und Schrankenbestimmung oder Enteignung, NJW 2000, 2841

ART. 16: SCHUTZ DER STAATSANGEHÖRIGKEIT

„(1) Die deutsche Staatsangehörigkeit darf nicht entzogen werden. Der Verlust der Staatsangehörigkeit darf nur aufgrund eines Gesetzes und gegen den Willen des Betroffenen nur dann eintreten, wenn der Betroffene dadurch nicht staatenlos wird.

(2) Kein Deutscher darf an das Ausland ausgeliefert werden. Durch Gesetz kann eine abweichende Regelung für Auslieferungen an einen Mitgliedstaat der Europäischen Union oder an einen internationalen Gerichtshof getroffen werden, soweit rechtsstaatliche Grundsätze gewahrt sind."

1. historischer Hintergrund, internationaler und europäischer Schutz

Das Verbot der Entziehung der Staatsangehörigkeit des Art. 16 I hat keine historischen Vorläufer in früheren Verfassungen. Art. 16 I ist vor allem die Reaktion auf die Praxis des Dritten Reiches, Massenausbürgerungen aus politischen, rassischen und religiösen Gründen vorzunehmen; im damaligen Sprachgebrauch: Deutsche „aus der Volksgemeinschaft auszuschließen". 474

Ein Verbot der Auslieferung von Deutschen ist erstmals 1871 im Strafgesetzbuch (§ 9) geregelt worden. Zu einer Verfassungsgarantie wurde es erst durch die Weimarer Reichsverfassung (Art. 112 III). Dabei bezog sich das Verbot lediglich auf die Auslieferung zum Zweck der Strafverfolgung, nicht aber zu anderen Zwecken.

Zum Verbot der Entziehung der Staatsangehörigkeit bekennt sich – allerdings auf ein Willkürverbot beschränkt – die UNO in Art. 15 der Menschenrechtserklärung 1948 („Niemandem darf seine Staatsangehörigkeit willkürlich entzogen, noch ihm das Recht versagt werden, seine Staatsangehörigkeit zu wechseln"). Die Europäischen Menschenrechtskonvention 1950 enthält ein solches Verbot nicht. Ein Verbot der Auslieferung kennen internationale und europäische Grundrechtskonventionen ebenfalls nicht. Zu einem Schutz bei Ausweisungen von Ausländern bekennt sich dagegen die Europäische Union in Art. 19 der Grundrechtscharta 2000 (vgl. Rn 933), und zwar zum Verbot der Kollektivausweisung und zum Verbot der Einzelausweisung, wenn als ihre Folge Tod, Folter oder eine unmenschliche oder erniedrigende Strafe droht.

2. Bedeutung

Art 16 I soll verhindern, dass die Möglichkeit, die Staatsangehörigkeit als politisches Kampf- und Säuberungsinstrument zu missbrauchen, sich nicht noch einmal wiederholt. Daneben soll die Vorschrift auch der Entstehung von Staatenlosigkeit entgegenwirken. Art. 16 II beruht „seinem Grundgedanken nach auf dem Recht jedes Staatsbürgers, sich in seinem Heimatstaat aufhalten zu dürfen, und auf der Verpflichtung dieses Staates, seine im Staatsgebiet lebenden Bürger in jeder Weise zu schützen" (BVerfGE 29, 192). Rechtspolitisch ist das Auslieferungsverbot angesichts der damit verbundenen Erschwerung einer wirksamen Strafverfolgung nicht unumstritten, zumal andere Staaten, insbesondere die des angelsächsischen Rechtskreises, ein solches Auslieferungsverbot nicht kennen (Dreier/Lübbe-Wolff Rn 60). Allerdings bewirkt das Verbot der Auslieferung nicht, dass Deutsche für im Ausland begangene Straftaten nicht bestraft werden können. Dem trägt das Strafgesetzbuch in den §§ 5 ff Rechnung. 475

3. Entziehung der Staatsangehörigkeit

ist jede staatliche Maßnahme, durch die jemand ohne oder gegen seinen Willen seine Staatsangehörigkeit verliert (v.Münch/Schnapp Rn 11). Ausgenommen von dem grundsätzlichen Ver- 476 bot der Entziehung sind nach Sinn und Zweck des Art. 16 I 1 Rücknahmen fehlerhafter Einbürgerungen nach § 48 VwVfG (BVerwGE 14, 150).

4. Verlust der Staatsangehörigkeit

477 ist jede staatliche Maßnahme, durch die jemand seine Staatsangehörigkeit verliert (v.Münch/Schnapp Rn 14; Sachs/Kokott Rn 17). Insofern ist auch eine Entziehung ein Verlust und damit Satz 1 die spezielle Vorschrift im Verhältnis zu Satz 2. Dessen Anwendungsbereich reduziert sich daher auf die Fälle, die nicht Entziehung sind.

Ein automatischer Verlust der Staatsangehörigkeit erfolgt - ohne Verstoß gegen Art. 16 - nach dem StAG (s.o. Rn 22),

- wenn ein Deutscher, der im Inland weder seinen Wohnsitz noch seinen dauernden Aufenthalt hat, auf eigenen Antrag oder den seines gesetzlichen Vertreters eine ausländische Staatsangehörigkeit erwirbt (§ 25),
- wenn ein Deutscher von einem Ausländer als Kind angenommen wird und er dadurch die Staatsangehörigkeit des Annehmenden erwirbt und nicht mit einem deutschen Elternteil weiter verwandt bleibt (§ 27),
- wenn ein Deutscher freiwillig in die Streitkräfte oder einen vergleichbaren bewaffneten Verband eines ausländischen Staates, dessen Staatsangehörigkeit er besitzt, eintritt (§ 28).

Die Entlassung bzw. der Verzicht (§§ 18-25 StAG) verstößt ebenfalls nicht gegen Art. 16, da sie nur auf Antrag erfolgt : s.o. Rn 22

5. Auslieferung

478 ist die zwangsweise Entfernung einer Person aus dem Hoheitsbereich des Staates und die Überführung in den Bereich einer ausländischen Hoheitsgewalt auf Ersuchen des ausländischen Staates (BVerfGE 10, 139). Während sich das Auslieferungsverbot des Art. 12 III WRV nur auf den Zweck der Strafverfolgung bezog, erfasst Art. 16 II auch die Überstellung an einen fremden Staat zu anderen Zwecken, etwa zur Durchführung zivil- oder verwaltungsrechtlicher Verfahren (Sachs/Kokott Rn 28; BK/Kimminich Rn 68, 111; MD/Randelzhofer Rn 6).

Davon zu unterscheiden sind :

- die Ausweisung = die ohne Ersuchen eines ausländischen Staates ergehende Anordnung, sich aus dem Hoheitsgebiet zu entfernen
- die Abschiebung = die zwangsweise Durchsetzung der einem Ausländer obliegenden Ausreisepflicht

Repetitorium : Rn 1034

Weiterführende Literatur : Lübbe-Wolff, Entziehung und Verlust der deutschen Staatsangehörigkeit, - Art. 16 I GG, Jura, 1996, 57

ART. 16 a : ASYLRECHT

„(1) Politisch Verfolgte genießen Asylrecht.

(2) Auf Absatz 1 kann sich nicht berufen, wer aus einem Mitgliedsstaat der Europäischen Gemeinschaften oder aus einem anderen Drittstaat einreist, in dem die Anwendung des Abkommens über die Rechtsstellung der Flüchtlinge und der Konvention zum Schutze der Menschenrechte und Grundfreiheiten sichergestellt ist. Die Staaten außerhalb der Europäischen Gemeinschaften, auf die die Voraussetzungen des Satzes 1 zutreffen, werden durch Gesetz, das der Zustimmung des Bundesrates bedarf, bestimmt. In den Fällen des Satzes 1 können aufenthaltsbeendende Maßnahmen unabhängig von einem hiergegen eingelegten Rechtsbehelf vollzogen werden.

(3) Durch Gesetz, das der Zustimmung des Bundesrates bedarf, können Staaten bestimmt werden, bei denen aufgrund der Rechtslage, der Rechtsanwendung und der allgemeinen politischen Verhältnisse gewährleistet erscheint, dass dort weder politische Verfolgung noch unmenschliche oder erniedrigende Bestrafung oder Behandlung stattfindet. Es wird vermutet, dass ein Ausländer aus einem solchen Staat nicht verfolgt wird, solange er nicht Tatsachen vorträgt, die die Annahme begründen, dass er entgegen dieser Vermutung politisch verfolgt wird.

(4) Die Vollziehung aufenthaltsbeendender Maßnahmen wird in den Fällen des Absatzes 3 und in anderen Fällen, die offensichtlich unbegründet sind oder als offensichtlich unbegründet gelten, durch das Gericht nur ausgesetzt, wenn ernstliche Zweifel an der Rechtmäßigkeit der Maßnahme bestehen; der Prüfungsantrag kann eingeschränkt werden und verspätetes Vorbringen unberücksichtigt bleiben. Das Nähere ist durch Gesetz zu bestimmen.

(5) Die Absätze 1 bis 4 stehen völkerrechtlichen Verträgen von Mitgliedsstaaten der Europäischen Gemeinschaften untereinander und mit dritten Staaten nicht entgegen, die unter Beachtung der Verpflichtungen aus dem Abkommen über die Rechtsstellung der Flüchtlinge und der Konvention zum Schutze der Menschenrechte und Grundfreiheiten, deren Anwendung in den Vertragsstaaten sichergestellt sein muss, Zuständigkeitsregelungen für die Prüfung von Asylbegehren einschließlich der gegenseitigen Anerkennung von Asylentscheidungen treffen."

1. historischer Hintergrund, internationaler und europäischer Schutz

Seit etwa dem 4. Jahrhundert wurde das Recht der christlichen Kirche, in Kirchengebäuden Asyl zu gewähren, faktisch und später auch rechtlich anerkannt. Im 14. Jahrhundert begann eine gegenläufige Entwicklung, die im 16. Jahrhundert in Frankreich und im 18. und 19. Jahrhundert in Deutschland zu einer Verneinung bzw. Aufhebung des kirchlichen Asylrechts führte (Landau, Asylrecht S. 320). In der Natur- und Menschenrechtsdebatte des 18. und 19. Jahrhunderts spielte das Asylrecht keine Rolle, ebenso nicht in den europäischen und amerikanischen Menschenrechtserklärungen des 18., 19. und frühen 20. Jahrhunderts. Erst die nationalsozialistischen und stalinistischen Verfolgungen schufen das Bewusstsein für die Notwendigkeit eines Rechts auf Asyl. Dementsprechend fand es 1948 Aufnahme in die Menschenrechtserklärung der UNO (Art. 14 I, vgl. Rn 85) und in einzelne europäische Verfassungen (neben dem Grundgesetz etwa auch die französische Verfassung von 1946). 479

Der bedeutsamste Schutz von Flüchtlingen erfolgte 1951 durch das UNO-Abkommen über die Rechtsstellung der Flüchtlinge ("Genfer Flüchtlingskonvention"). Es verpflichtet nicht nur zum Schutz von Flüchtlingen, sondern gewährt ihnen in Art. 33 auch ein subjektiv-öffentliches Recht. Es ist die Grundlage der Asylpraxis der meisten europäischen Staaten (Überblick bei Wollenschläger EuGRZ 1990, 1 ff.). Auch die Bundesrepublik Deutschland hat es in inner- 480 staatliches Recht übernommen (BGBl. 1953, 559) und gewährt nach ihm den meisten Flüchtlingen Schutz, auch wenn Art. 16 a einen noch weitergehenderen Schutz gewährt.

Die wichtigsten Regelungen der Flüchtlingskonvention sind :

„Art. 1 (Definition des Begriffs „Flüchtling") A. Im Sinne dieses Abkommens findet der Ausdruck „Flüchtling" auf jede Person Anwendung :
1. ...
2. die ... aus begründeter Furcht vor Verfolgung wegen ihrer Rasse, Religion, Nationalität, Zugehörigkeit zu einer bestimmten sozialen Gruppe oder wegen ihrer politischen Überzeugung sich außerhalb des Landes befindet, dessen Staatsangehörigkeit sie besitzt, und den Schutz dieses Landes nicht in Anspruch nehmen kann oder wegen dieser Befürchtungen nicht in Anspruch nehmen will; ...
C. Eine Person, auf die die Bestimmungen des Absatzes A zutreffen, fällt nicht unter dieses Abkommen,
1. wenn sie sich freiwillig erneut dem Schutz des Landes, dessen Staatsangehörigkeit sie besitzt, unterstellt; oder
2. wenn sie nach dem Verlust ihrer Staatsangehörigkeit diese freiwillig wiedererlangt hat; oder
3. wenn sie eine neue Staatsangehörigkeit erworben hat und den Schutz des Landes, dessen Staatsangehörigkeit sie erworben hat, genießt; oder
4. wenn sie freiwillig in das Land, das sie aus Furcht vor Verfolgung verlassen hat oder außerhalb dessen sie sich befindet, zurückgekehrt ist und sich dort niedergelassen hat; oder
5. wenn sie nach Wegfall der Umstände, aufgrund deren sie als Flüchtling anerkannt worden ist, es nicht mehr ablehnen kann, den Schutz des Landes in Anspruch zu nehmen, dessen Staatsangehörigkeit sie besitzt. Hierbei wird jedoch unterstellt, dass die Bestimmungen dieser Ziffer auf keinen Flüchtling im Sinne der Ziffer 1 des Abschnittes A dieses Artikels Anwendung findet, der sich auf zwingende, aus früheren Verfolgungen beruhende Gründe berufen kann, um die Inanspruchnahme des Schutzes des Landes abzulehnen, dessen Staatsangehörigkeit er besitzt;
6. wenn es sich um eine Person handelt, die keine Staatsangehörigkeit besitzt, falls sie nach Wegfall der Umstände, auf Grund deren sie als Flüchtling anerkannt worden ist, in der Lage ist, in das Land zurückzukehren, in dem sie ihren gewöhnlichen Wohnsitz hat. Dabei wird jedoch unterstellt, dass die Bestimmungen dieser Ziffer auf keinen Flüchtling im Sinne der Ziffer 1 des Abschnittes A dieses Artikels Anwendung findet, der sich auf zwingende, aus früheren Verfolgungen beruhende Gründe berufen kann, um die Rückkehr in das Land abzulehnen, in dem er seinen gewöhnlichen Aufenthalt hatte.
Art. 31 (Flüchtlinge, die sich nicht rechtmäßig im Aufnahmeland aufhalten) (1)Die vertragschließenden Staaten werden wegen unrechtmäßiger Einreise oder Aufenthalts keine Strafen gegen Flüchtlinge verhängen, die unmittelbar aus einem Gebiet kommen, in dem ihr Leben oder ihre Freiheit im Sinne von Artikel 1 bedroht waren und die ohne Erlaubnis in das Gebiet der vertragschließenden Staaten einreisen oder sich dort aufhalten, vorausgesetzt, dass sie sich unverzüglich bei den Behörden melden und Gründe darlegen, die ihre unrechtmäßige Einreise oder ihren unrechtmäßigen Aufenthalt rechtfertigen. ...
Art. 32 (Ausweisung) (1) Die vertragschließenden Staaten werden einen Flüchtling, der sich rechtmäßig in ihrem Gebiet befindet, nur aus Gründen der öffentlichen Sicherheit oder Ordnung ausweisen
(2) Die Ausweisung eines Flüchtlings darf nur in Ausführung einer Entscheidung erfolgen, die in einem durch gesetzliche Bestimmungen geregelten Verfahren ergangen ist. Soweit nicht zwingende Gründe für die öffentliche Sicherheit entgegenstehen, soll dem Flüchtling gestattet werden, Beweise zu seiner Entlastung beizubringen, ein Rechtsmittel einzulegen und sich zu diesem Zweck vertreten zu lassen. ...

> *Art. 33 (Verbot der Ausweisung und Zurückweisung) (1) Keiner der vertragschließenden Staaten wird einen Flüchtling auf irgendeine Weise über die Grenzen von Gebieten ausweisen oder zurückweisen, in denen sein Leben oder seine Freiheit wegen seiner Rasse, Religion, Staatsangehörigkeit, seiner Zugehörigkeit zu einer bestimmten sozialen Gruppe oder wegen seiner politischen Überzeugung bedroht sein würde.*
>
> *(2) Auf die Vergünstigung dieser Vorschrift kann sich jedoch ein Flüchtling nicht berufen, der aus schwerwiegenden Gründen als eine Gefahr für die Sicherheit des Landes anzusehen ist, in dem er sich befindet, oder der eine Gefahr für die Allgemeinheit dieses Staates bedeutet, weil er wegen eines Verbrechens oder eines besonderen schweren Vergehens rechtskräftig verurteilt wurde."*

Die Europäische Menschenrechtskonvention des Europarats kennt ein Asylrecht unmittelbar nicht. Aus dem in Art. 3 geregelten Verbot von Folter und unmenschlicher und erniedrigender Strafe und Behandlung folgt jedoch ein Verbot der Ausweisung, Auslieferung oder Abweisung in einen Staat, in dem dem Betreffenden Entsprechendes droht (EGMR NJW 1991, 3079). Die Europäische Union hat sich 1996 in Art. 63 EGV und 2000 durch Art. 18 der Grundrechtscharta (vgl. Rn 933) zu dem Schutz des Asylrechts entsprechend der Genfer Flüchtlingskonvention bekannt.

481

2. Bedeutung

Die Bedeutung des Asylrechts des Art. 16 a liegt in seinem Charakter als susidiärer und selektiver Schutz der Menschenrechte (Dreier/Lübbe-Wolff Rn 15). Subsidiär ist der Schutz insofern, als primär jeder Staat selbst verpflichtet ist, die Menschenrechte seiner Staatsangehörigen schützen, der asylgewährende Staat also erst sekundär an die Stelle des diese Schutzpflicht verletzenden Staates tritt (ähnlich BVerfGE 80, 343). Aus dieser Subsidiarität ergibt sich auch, dass der Schutz des Asylrechts nur bei gravierenden Menschenrechtsverletzungen des Verfolgerstaates eingreift und bei inländischen Fluchtalternativen ganz entfällt (BVerfGE 81, 66). Selektiv ist der Schutz insofern, als er sich nur auf die Verletzung von Menschenrechten im klassisch-liberalen Sinn bezieht und das auch nur soweit, wie diese diskriminierenden Charakter hat (vgl. BVerwGE 67, 187), also nicht bei Nachteilen eingreift, die „jemand aufgrund der allgemeinen Zustände in seinem Heimatstaat zu erleiden hat." (BVerfGE 80, 334)

482

1949 wurde das Asylrecht unter dem Eindruck der Verfolgungen des Dritten Reiches als uneinschränkbares Grundrecht im Grundgesetz verankert. Seit etwa 1988 stieg die Zahl der Asylbewerber - bei gleichbleibend niedriger Anerkennnungsquote - immer stärker an. 1993 wurde das Asylrecht des Art. 16 II 2 in den neuen Art. 16 a als ersten Absatz übernommen und vor allem durch die neuen Absätze 2 bis 7 eingeschränkt. Hintergrund waren insbesondere die immer höheren Asylbewerberzahlen, die z.T. allerdings auch durch Unterbesetzung der die Anträge bearbeitenden Stellen bedingt waren, aber auch die im Rahmen der Europäischen Union erfolgten Bemühungen um eine Harmonisierung des Asylrechts. Die Begrenzungen der Absätze 2 bis 7 führten in Verbindung mit den konkretisierenden einfachgesetzlichen Regelungen (AsylVfG und AsylbLG) in der Folgezeit zu einem nennenswerten Rückgang der Asylbewerberzahlen.

483

Der neue Art. 16 a wird vor allem unter rechtstechnischen Aspekten kritisiert. Etwa Dreier/Lübbe-Wolff Rn 16 (ähnlich Voßkuhle DÖV 1994, 53) : „Regelungstechnisch ist Art. 16 a ein verfassungsfunktionswidriger Missgriff... Die... komplizierten und selbst für Experten schwer durchschaubaren Detailregelungen der Absätze 2 bis 5 erzeugen ein hohes Risiko baldigen erneuten Änderungsbedarfs und lassen im übrigen schon mangels Verständlichkeit eine längerfristig konsensbildende Funktion nicht zu. Sie belasten zudem die Verfassung mit allen Ungereimtheiten eines hastig gestrickten Parteienkompromisses."

484

Jahr	Asylbe-werber	Anerken-nungsquote	Asylbe-rechtigte	Jahr	Asylbe-werber	Anerken-nungsquote	Asylbe-rechtigte
1972	5.289	39,8 %	2.844	1988	103.076	8,6 %	7.621
1973	5.595	33,0 %	2.047	1989	121.318	5,0 %	5.991
1974	9.424	32,4 %	4.133	1990 *	193.063	4,4 %	8.518
1975	9.627	22,2 %	2.928	1991	256.112	6,9 %	11.597
1976	11.123	18,4 %	2.654	1992	438.191	4,3 %	9.189
1977	16.410	10,0 %	1.854	1993	322.599	3,2 %	16.396
1978	33.136	10,3 %	2.307	1994	127.210	7,3 %	25.578
1979	51.493	15,9 %	6.573	1995	127.937	9,0 %	18.100
1980	107.818	12,0 %	12.783	1996	116.000	7,4 %	14.389
1981	49.391	7,7 %	8.531	1997	104.353	4,9 %	8.443
1982	37.423	6,8 %	6.209	1998	98.644	3,9 %	5.883
1983	19.737	13,7 %	5.032	1999	95.113	3,0 %	4.114
1984	35.278	26,6 %	6.566	2000	78.760		
1985	73.832	29,1 %	11.224	2001			
1986	99.650	15,9 %	8.853	2002			
1987	57.379	9,4 %	8.231	2003			

Quelle : Bundesamt für die Anerkennung ausländischer Flüchtlinge * ab 1991 Gesamt-Deutschland

3. Schutzbereich (Abs. 1)

politische
- Merkmale der Genfer Flüchtlingskonvention > Rn 485
- alternative Merkmale > Rn 485

Verfolgung
- grundsätzlich durch den Staat > Rn 486
- gezielte Rechtsverletzung > Rn 487
- von bestimmter Intensität > Rn 488
- in eigener Person des Betroffenen > Rn 489
- gegenwärtig > Rn 490
- keine Fluchtalternative > Rn 491
- keine provozierten Nachfluchtgründe > Rn 492
- Wahrscheinlichkeit der Verfolgung > Rn 493

3.1 Politisch

> „ meint nicht einen gegenständlich abgegrenzten Bereich von Politik, sondern kennzeichnet eine Eigenschaft oder Qualität, die Maßnahmen in jedem Sachbereich ... annehmen können. Eine notwendige Voraussetzung liegt darin, dass sie im Zusammenhang mit Auseinandersetzungen um die Gestaltung und Eigenart der allgemeinen Ordnung des Zusammenlebens ... steht, also einen öffentlichen Bezug hat, und von einem Träger überlegener, in der Regel hoheitlicher Macht ausgeht, der der Verletzte unterworfen ist." (BVerfG DVBl 90, 102).

485

Der politische Charakter der Verfolgung ist damit aus den der Maßnahme zugrunde liegenden Motiven abzuleiten. Das BVerwG hat ihn – in Anlehnung an Art. 1 A Nr. 2 der Genfer Flüchtlingskonvention (s.o. Rn 480) – seit jeher bejaht, wenn der Ausländer wegen seiner Rasse, Religion, Nationalität, Zugehörigkeit zu einer sozialen Gruppe oder politischen Überzeugung verfolgt zu werden droht (zuletzt BVerwGE 95, 46). Es kommt aber auch eine Verfolgung aus anderen Gründen in Betracht, wenn die Verfolgung in den elementaren Bereich des Menschen eingreift und sein Personensein in den Grundlagen verletzt oder zerstört (BVerfGE 74, 158; BVerwGE 74, 40). Der Begriff der politischen Verfolgung des Art. 16 a ist also nicht völlig identisch mit dem Flüchtlingsbegriff der Genfer Flüchtlingskonvention (BVerfGE 9, 181; Roth, ZAR 1988, 164).

Beispiele: Verfolgung wegen Homosexualität (BVerwGE 79, 146) oder wegen der Heirat eines Menschen einer anderen Religion (BVerwGE 90, 127 : Ehe zwischen iranischem Moslem und polnischer Katholikin)

Der politische Charakter der Verfolgung ergibt sich dagegen nicht alleine aus der Intensität der Verfolgung. Auch drohende Folter oder Todesstrafe sind nur dann asylbegründend, wenn sie wegen asylerheblicher Merkmale drohen, nicht aber wegen politisch nicht motivierter Kriminalität (BVerfGE 81, 151). Sie bewirken in diesen Fällen aber einen Abschiebeschutz nach § 53 AuslG. Politisch motivierte Kriminalität, wie sie im „politischen Strafrecht" eines Staates zum Ausdruck kommt, ist dagegen grundsätzlich asylerheblich. Allerdings müssen davon Ausnahmen gelten :

> BVerfGE 80, 338 : „Demgemäß ist eine Verfolgung dann eine politische, wenn sie dem einzelnen in Anknüpfung an asylerhebliche Merkmale gezielt Rechtsverletzungen zufügt, die ihn ihrer Intensität nach aus der übergreifenden Friedensordnung der staatlichen Einheit ausgrenzen ... Auch Maßnahmen der staatlichen Selbstverteidigung können asylbegründend sein. Es ist mit der Asylgewährleistung des GG nicht vereinbar, generell demjenigen Asyl zu versagen, der sich gegen seinen Staat politisch betätigt hat und von diesem Staat deswegen verfolgt wird ... Liegt mithin die betätigte politische Überzeugung im Schutzbereich des Asylgrundrechts, so kann eine staatliche Verfolgung von Taten, die aus sich heraus eine Umsetzung politischer Überzeugung darstellen - insbesondere separatistische und politisch-revolutionäre Aktivitäten -, grundsätzlich politische Verfolgung sein, und zwar auch dann, wenn der Staat hierdurch das Rechtsgut des eigenen Bestandes oder seiner politischen Identität verteidigt. Es bedarf einer besonderen Begründung, die sich an bestimmten Abgrenzungskriterien orientiert, um sie gleichwohl aus dem Bereich politischer Verfolgung herausfallen zu lassen: Ein solches Kriterium ist zunächst der Rechtsgüterschutz. Politische Verfolgung liegt demnach grundsätzlich dann nicht vor, wenn der Staat Straftaten - seien sie auch politisch motiviert - verfolgt, die sich gegen Rechtsgüter seiner Bürger richten: Die Verfolgung kriminellen Unrechts in diesem Sinne ist keine politische Verfolgung ... Allerdings kann die Verfolgung von Straftaten ... in politische Verfolgung umschlagen, wenn objektive Umstände darauf schließen lassen, dass der Betroffene gleichwohl wegen eines asylerheblichen Merkmals verfolgt wird. Das ist insbesondere dann zu vermuten, wenn er eine Behandlung erleidet, die härter ist als die sonst zur Verfolgung ähnlicher - nicht politischer - Straftaten von vergleichbarer Gefährlichkeit im Verfolgerstaat übliche.

> Eine andere Grenze hat die Asylverheißung für politische Straftäter dort, wo das Tun des Asylsuchenden wegen der von ihm eingesetzten Mittel von der Bundesrepublik in Übereinstimmung mit der von ihr mitgetragenen Völkerrechtsordnung grundsätzlich missbilligt wird ("Attentatsklausel"). Die genannte Grenze ist überschritten, wenn der Asylsuchende seine politische Überzeugung unter Einsatz terroristischer Mittel betätigt hat, also insbesondere unter Einsatz gemeingefährlicher Waffen oder durch Angriffe auf das Leben Unbeteiligter. Asylbegründend ist die Verfolgung des politischen Feindes, nicht die Abwehr des Terrors."

3.2 Verfolgung

486 (1) betrifft dagegen die Art des Eingriffs. Sie muss grundsätzlich **durch den Staat** erfolgen.

> BVerfGE 80, 135 : Es ... „kommen auch Verfolgungsmaßnahmen Dritter ... in Betracht. Dies setzt allerdings voraus, dass sie dem jeweiligen Staat zuzurechnen sind... Hierfür kommt es darauf an, ob der Staat dem Betroffenen mit den ihm an sich zur Verfügung stehenden Mitteln Schutz gewährt... Es begründet die Zurechnung, wenn er zur Schutzgewährung entweder nicht bereit ist oder wenn er sich nicht in der Lage sieht, die ihm an sich verfügbaren Mittel im konkreten Fall gegenüber Verfolgungsmaßnahmen bestimmter Dritte, etwa solchen des staatstragenden Klerus oder der staatstragenden Partei, hinreichend einzusetzen. Anders liegt es, wenn die Schutzgewährung die Kräfte eines konkreten Staates übersteigt... So fehlt es an politischer Verfolgung, solange der Staat bei offenen Bürgerkriegen im umkämpften Gebiet faktisch nunmehr die Rolle einer militärisch kämpfenden Bürgerkriegspartei einnimmt, als übergreifende Ordnungsmacht aber nicht mehr besteht. Daher sind ... Maßnahmen des zur Bürgerkriegspartei gewordenen Staates keine politische Verfolgung ..., wenn und soweit sie typisch militärisch es Gepräge aufweisen und der Rückeroberung des Gebietes dienen... Anderes gilt freilich dann, wenn die staatlichen Kräfte den Kampf in einer Weise führen, die auf die physische Vernichtung von auf der Gegenseiten stehenden oder ihr zugerechneten und nach asylerheblichen Merkmalen bestimmten Personen gerichtet ist, obwohl diese keinen Widerstand mehr leisten wollen oder können oder an dem militärischen Geschehen nicht oder nicht mehr beteiligt sind..."

487 (2) Weiterhin muss die Verfolgung eine **gezielte Rechtsverletzung** darstellen.

> BVerfG 80, 335 „Daran fehlt es bei Nachteilen, die jemand aufgrund der allgemeinen Zustände in seinem Heimatstaat zu erleiden hat, wie Hunger, Naturkatastrophen, aber auch bei den allgemeinen Auswirkungen von Unruhen, Revolutionen und Kriegen."

488 (3) Die Verfolgung muss **von einer bestimmten Intensität** sein, die sich nicht nur als Beeinträchtigung, sondern als - ausgrenzende - Verfolgung darstellt (BVerfGE 74, 64). Dabei ist eine Beschränkung auf bestimmte „asylwürdige" Rechtsgüter nicht gerechtfertigt (BVerfGE 54, 356). Auch ist das Maß der notwendigen Intensität nicht abstrakt vorgegeben. Es muss der humanitären Intention entnommen werden, die das Asylrecht trägt, demjenigen Aufnahme und Schutz zu gewähren, der sich in einer für ihn ausweglosen Lage befindet (vgl. BVerfGE 74, 64).

> BVerfGE 54, 356 : „Voraussetzungen und Umfang des politischen Asyls sind wesentlich bestimmt von der Unverletzlichkeit der Menschenwürde... Zu dem asylrechtlich geschützten Bereich der persönlichen Freiheit gehören grundsätzlich auch die Rechte auf freie Religionsausübung und ungehinderte berufliche und wirtschaftliche Betätigung... Soweit nicht eine unmittelbare Gefahr für Leib, Leben oder persönliche Freiheit besteht, können Beeinträchtigungen der bezeichneten Rechtsgüter allerdings ein Asylrecht nur dann begründen, wenn sie nach ihrer Intensität und Schwere die Menschenwürde verletzen und über das hinausgehen, was die Bewohner des Heimatstaates aufgrund des dort herrschenden Systems allgemein hinzunehmen haben. Das Asylrecht soll jedenfalls nicht allgemein jedem, der in seiner Heimat benachteiligt wird und etwa in wirtschaftlicher Not leben muss, die Möglichkeit eröffnen, seine Heimat zu verlassen, um in der Bundesrepublik Deutschland seine Lebenssituation zu verbessern."

Die Menschenwürde ist in diesen Fällen verletzt, wenn das wirtschaftliche Existenzminimum vernichtet wird und auch durch andere zumutbare Arbeit außerhalb des bisherigen Berufs nicht sichergestellt werden kann (BVerfGE 81, 65; BVerwGE 87, 148).

(4) Die gezielte Maßnahme muss den Ausländer **in eigener Person** treffen. Bei Ehegatten und Kindern ist jedoch anerkannt, dass sie gewissermaßen stellvertretend verfolgt werden können (BVerwGE 79, 246). § 26 AsylVfG räumt ihnen daher unter bestimmten Voraussetzungen die Rechtsstellung von Asylberechtigten ein :

> „(1) Der Ehegatte eines Asylberechtigten wird als Asylberechtigter anerkannt, wenn
> 1. die Anerkennung des Ausländers als Asylberechtigter unanfechtbar ist,
> 2. die Ehe schon in dem Staat bestanden hat, in dem der Asylberechtigte politisch verfolgt wird,
> 3. der Ehegatte einen Asylantrag vor oder gleichzeitig mit dem Asylberechtigten oder unverzüglich nach der Einreise gestellt hat und
> 4. die Anerkennung des Asylberechtigten nicht zu widerrufen oder zurückzunehmen ist.
> (2) Absatz 1 Nr. 3 und 4 gilt entsprechend für die im Zeitpunkt ihrer Asylantragstellung minderjährigen ledigen Kinder eines Asylberechtigten. Für im Bundesgebiet nach der Anerkennung des Asylberechtigten geborene Kinder ist der Asylantrag innerhalb eines Jahres nach der Geburt zu stellen.
> (3) Absatz 2 gilt nicht für Kinder eines Ausländers, der nach Absatz 2 als Asylberechtigter anerkannt worden ist."

Stellvertretende politische Verfolgung kann aber auch bei anderen Verwandten vorliegen, wenn sie in über das übliche Maß hinaus in die Verfolgung ihres Verwandten, etwa als Informant, einbezogen werden (BVerwG NVwZ 1994, 1122). Gehört jemand einer Gruppe an, die wegen gemeinsamer asylerheblicher Merkmale wie Rasse, Religion oder politischer Überzeugung verfolgt wird, so kann das die Gefahr eigener Verfolgung auch der bisher individuell noch nicht verfolgten Gruppenmitglieder zur Folge haben. Die Rechtsprechung bejaht die insoweit notwendige Verfolgungsdichte, wenn sich der Betreffende mit den bisher verfolgten Gruppenmitgliedern in einer nach Ort, Zeit und Wiederholungsträchtigkeit vergleichbaren Lage befindet. Es darf sich also nicht nur um vereinzelt erfolgte Übergriffe handeln. Die Verfolgungshandlungen müssen vielmehr im Verfolgungszeitraum und Verfolgungsgebiet auf alle sich dort aufhaltenden Gruppenmitglieder abzielen und sich in quantitativer und qualitativer Hinsicht so ausweiten, dass für jeden Gruppenangehörigen die aktuelle Gefahr eigener Betroffenheit entsteht (BVerfGE 83, 231).

(5) Die Verfolgung muss dem Asylsuchenden in seiner Heimat **gegenwärtig** drohen. Das ist z.B. nicht der Fall, wenn jemand erst mehrere Jahre nach einer abgeschlossenen Verfolgung seinen Heimatstaat verlässt (BVerwGE 87, 175) oder wenn er nach Änderung der politischen

Verhältnisse in seinen – verfolgungsfreien – Heimatstaat zurückkehren kann, wenn eine Wiederholung der Verfolgung mit hinreichender Wahrscheinlichkeit ausgeschlossen werden kann (BVerfGE 54, 356).

491 (6) Weiterhin darf **keine Fluchtalternative** bestehen. Es ist also zum einen eine landesweite Schutzlosigkeit notwendig, die fehlt, wenn im Heimatstaat verfolgungsfreie Räume, also inländische Fluchtalternativen, bestehen.

> BVerfGE 80, 65 : „Eine inländische Fluchtalternative besteht in anderen Landesteilen, wenn der Betroffene dort nicht in eine ausweglose Situation gerät. Das setzt voraus, dass in den in Betracht kommenden Gebieten vor politischer Verfolgung hinreichend sicher ist und ihm jedenfalls dort auch keine anderen Nachteile und Gefahren drohen, die nach ihrer Intensität und Schwere einer asylerheblichen Rechtsgutsbeeinträchtigung aus politischen Gründen gleichkommen, sofern diese existenzielle Gefährdung am Herkunftsort nicht bestünde."

Ob das für eine inländische Fluchtalternative erforderliche wirtschaftliche Existenzminimum gewährleistet ist, beurteilt sich grundsätzlich nach einer generalisierenden Betrachtungsweise, die die Berücksichtigung individueller Umstände aber nicht ausschließt.

Beispiele: Behinderung, hohes Alter, keine Verwandte oder Freunde, bei denen der Betroffene Obdach oder Unterstützung finden kann und ohne eine solche Unterstützung kein Leben über dem Existenzminimum möglich wäre (BVerwGE 88, 374)

Es darf aber auch keine ausländische Fluchtalternative bestehen, da dann keine drohende Gefahr vorliegen würde. Eine ausländische Fluchtalternative liegt vor, wenn der Betroffene in einem Staat Aufnahme und Schutz vor Verfolgung gefunden hat (BVerwGE 77, 152). Das ist i.d.R. bei einem Aufenthalt von mehr als drei Monaten der Fall (§ 27 III AsylVfG; BVerwGE 88, 230).

492 (7) Es dürfen **keine provozierten Nachfluchtgründe** Grund der Verfolgung sein. Das Asylrecht beruht auf dem Zufluchtgedanken, mithin auf dem Kausalzusammenhang Verfolgung-Flucht-Asyl (BVerfGE 74, 60). Eine Verfolgung drohen kann aber auch bei Nachfluchttatbeständen, d.h. solchen, die erst nach dem Verlassen des Heimatstaates entstanden sind (BVerfGE 80, 344), wobei eine „beachtliche Wahrscheinlichkeit" der Verfolgung bestehen muss (BVerwGE 88, 374). Ein Asylanspruch kommt aber nicht in Betracht, wenn der Nachfluchttatbestand von dem Ausländer selbst geschaffen worden ist (BVerwGE 88, 95), außer wenn er „sich als Ausdruck und Fortführung einer schon während des Aufenthalts im Heimatstaat vorhanden und erkennbar bestätigten festen Überzeugung darstellt" (BVerfGE 74, 64) oder Folge einer zum Nachfluchtverhalten drängenden, zumindest latenten Gefährdungslage im Heimatstaat ist (BVerwGE 82, 175). Droht im Fall von Nachfluchttatbeständen die Gefahr politischer Verfolgung nur in einem Teil des Heimatstaates, so kann der Betroffene auf Gebiete verwiesen werden, in denen er vor politischer Verfolgung hinreichend sicher ist (BVerfGE 80, 344).

> *Das AsylVfG regelt Nachfluchtgründe in § 28 : „Ein Ausländer wird in der Regel nicht als Asylberechtigter anerkannt, wenn die Gefahr politischer Verfolgung auf Umständen beruht, die er nach Verlassen seines Herkunftslandes aus eigenem Entschluss geschaffen hat, es sei denn, dieser Entschluss entspricht einer festen, bereits im Herkunftsland erkennbar betätigten Überzeugung. Satz 1 findet insbesondere keine Anwendung, wenn der Ausländer sich auf Grund seines Alters und Entwicklungsstandes im Herkunftsland noch keine feste Überzeugung bilden konnte."*

(8) An die **Wahrscheinlichkeit der Verfolgung** sind unterschiedliche Maßstäbe anzulegen : 493

> „Gefordert ist die "beachtliche Wahrscheinlichkeit" für eine Verfolgung bei der Rückkehr des Betroffenen, eine "herabgesetzte Wahrscheinlichkeitsprognose" hingegen gilt, wenn er vor seiner Ausreise bereits tatsächlich Verfolgung erlitten hat. In diesem Fall ist zu fordern, dass keine ernsthaften Zweifel an seiner Sicherheit im Falle seiner Rückkehr bestehen dürfen... Ergibt die rückschauende Betrachtung, dass der Asylsuchende vor landesweiter politischer Verfolgung geflohen ist, so kommt eine Anerkennung als Asylberechtigter regelmäßig in Betracht. Ergibt sich eine lediglich regionale Verfolgungsgefahr, so bedarf es der weiteren Feststellung, dass der Asylsuchende landesweit in einer ausweglosen Lage war. Das ist der Fall, wenn er in den anderen Landesteilen vor politischer Verfolgung nicht hinreichend sicher war. Hinsichtlich der Sicherheit vor politischer Verfolgung in anderen Landesteilen ist der "herabgestufte" Wahrscheinlichkeitsmaßstab anzulegen." (BVerfGE 80, 344)

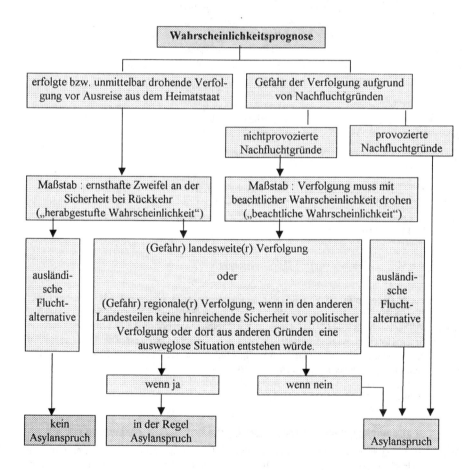

4. Schranken-Bereich (Abs. 2 - 5)

494 Das Asylrecht unterliegt zwar in den Absätzen 2 und 3 Gesetzesvorbehalten. Hierbei handelt es sich aber nicht um Vorbehalte, die zu einer Einschränkung des Asylrechts ermächtigen, sondern um bloße Ausgestaltungsvorbehalte, aufgrund derer der Inhalt des Grundrechts für den Einzelfall näher konkretisiert werden kann (s.o. Rn 169) bzw. Verfahrensregelungen.

Abs. 2 : Einreise aus sicherem Drittstaat

Abs. 2 ist ein Ausfluss des Territorialitätsprinzips und basiert auf dem Gedanken, dass der Flüchtling, der aus einem sicheren Drittstaat einreist, „keines Schutzes in der Bundesrepublik mehr bedarf" (BT-Dr 12/4152 S.4). Dabei wird unwiderleglich vermutet, dass alle Mitgliedstaaten der Europäischen Union sichere Drittstaaten sind, weil bei ihnen die Anwendung der Europäischen Menschenrechtskonvention und der Genfer Flüchtlingskonvention, nach deren § 33 eine Ausweisung oder Zurückweisung eines politisch Verfolgten untersagt ist (s.o. Rn 480), sichergestellt sind. Sichere Drittstaaten, die nicht Mitgliedstaaten der Europäischen Union sind, sind - ebenfalls mit unwiderlegbarer Vermutung eines ausreichenden Schutzes von Flüchtlingen - durch die Anlage I zu § 26 AsylVfG festgelegt worden : Norwegen, Polen, Schweiz und Tschechische Republik. Damit sind alle Anrainer-Staaten Deutschlands sichere Drittstaaten.

Ausreichend ist die Einreise *aus* einem sicheren Drittstaat. Ob der Asylbewerber in diesem Staat bleiben wollte, dort einen stationären Aufenthalt genommen oder die Flucht dort als beendet angesehen hat, ist für Abs. 2 unerheblich (Sachs/Bonk Rn 50; BVerwGE 90, 135). *Aus* einem sicheren Drittstaat reist auch ein, wer nur durch ihn durchgereist ist, nicht aber, wer ihn auf dem Luftweg ohne Zwischenlandung überflogen hat (BT-Dr 12/4450 S. 20; Sachs/Bonk Rn 49).

Dass der Betreffende sich nicht auf Abs. 1 berufen kann, bedeutet nicht nur, dass er kein Asylrecht besitzt, sondern auch, dass er keinen Anspruch auf ordnungsgemäße Prüfung seines Asylantrages und demzufolge auch kein entsprechendes vorläufiges Bleiberecht besitzt (Begr. BT-Dr 12/4450 S.20).

Abs. 3, 4 : Herkunft aus sicherem Herkunftsstaat

Absatz 3, der Absatz 2 ergänzt, beruht auf dem Personalitätsprinzip und schließt Angehörige bestimmter Staaten aufgrund von Regelvermutungen generell vom Asylrecht aus. Nach der Anlage II zu § 29 a AsylVfG sind das Bulgarien, Ghana, Rumänien, Senegal, Slowakische Republik, Tschechische Republik und Ungarn. Die Freiheit vor politischer Verfolgung muss in dem sicheren Herkunftsstaat grundsätzlich landesweit bestehen, so dass eine Verweisung auf eine inländische Fluchtalternative nur in Ausnahmefällen zulässig ist (BT-Dr 12/4152 S. 4). Die Rechtsfolgen für Asylbewerber aus sicheren Herkunftsstaaten i.S.d. Abs. 3 sind nach Absatz 4 spezielle Regelungen zur Vollziehung aufenthaltsbeendender Maßnahmen. Konkretisiert werden diese durch die §§ 15, 36 IV AsylVfG.

Abs. 5 : Zuständigkeit eines anderen Staates für die Prüfung des Asylantrages

Nach Abs. 5 („steht nicht entgegen") nimmt das Völkervertragsrecht einen höheren Rang ein als die Asylrechtsbestimmungen des Art. 16 a I - IV und die dazu ergangenen Gesetze. Damit soll eine Internationalisierung des Asylrechts durch völkerrechtliche Verträge erreicht werden, ohne dass jeweils der Art. 16 a geändert werden müsste. Damit ist Abs. 5 unter anderem eine Spezialregelung gegenüber Art. 23.

5. Anerkennungsverfahren

Das Verfahren, nach dem die Prüfung von Asylanträgen erfolgt, ist im Asylverfahrensgesetz (AsylVfG) geregelt. Danach entscheidet über einen Asylantrag ein Bediensteter des Bundesamtes für die Anerkennung ausländischer Flüchtlinge, ein sog. Einzelentscheider (§ 5 II). Er kann den Antrag positiv bescheiden oder ihn als unbeachtlich zurückweisen :

495

„§ 29 (1) Ein Asylantrag ist unbeachtlich, wenn offensichtlich ist, dass der Ausländer bereits in einem sonstigen Drittstaat vor politischer Verfolgung sicher war und die Rückführung in diesen Staat oder in einen anderen Staat, in dem er vor politischer Verfolgung sicher ist, möglich ist.

(3) Ein Asylantrag ist ferner unbeachtlich, wenn auf Grund eines völkerrechtlichen Vertrages ein anderer Vertragsstaat, der ein sicherer Drittstaat (§ 26a) ist, für die Durchführung eines Asylverfahrens zuständig ist oder die Zuständigkeit übernimmt. § 26a Abs. 1 bleibt unberührt."

„§ 29a (1) Der Asylantrag eines Ausländers aus einem Staat im Sinne des Artikels 16a Abs. 3 Satz 1 des Grundgesetzes (sicherer Herkunftsstaat) ist als offensichtlich unbegründet abzulehnen, es sei denn, die von dem Ausländer angegebenen Tatsachen oder Beweismittel begründen die Annahme, dass ihm abweichend von der allgemeinen Lage im Herkunftsstaat politische Verfolgung droht.

(2) Sichere Herkunftsstaaten sind die in Anlage II bezeichneten Staaten."

„§ 30 (1) Ein Asylantrag ist offensichtlich unbegründet, wenn die Voraussetzungen für eine Anerkennung als Asylberechtigter und die Voraussetzungen des § 51 Abs. 1 des Ausländergesetzes offensichtlich nicht vorliegen.

(2) Ein Asylantrag ist insbesondere offensichtlich unbegründet, wenn nach den Umständen des Einzelfalles offensichtlich ist, dass sich der Ausländer nur aus wirtschaftlichen Gründen oder um einer allgemeinen Notsituation oder einer kriegerischen Auseinandersetzung zu entgehen, im Bundesgebiet aufhält.

(3) Ein unbegründeter Asylantrag ist als offensichtlich unbegründet abzulehnen, wenn
1. in wesentlichen Punkten das Vorbringen des Ausländers nicht substantiiert oder in sich widersprüchlich ist, offenkundig den Tatsachen nicht entspricht oder auf gefälschte oder verfälschte Beweismittel gestützt wird,
2. der Ausländer im Asylverfahren über seine Identität oder Staatsangehörigkeit täuscht oder diese Angaben verweigert,
3. er unter Angabe anderer Personalien einen weiteren Asylantrag oder ein weiteres Asylbegehren anhängig gemacht hat,
4. er den Asylantrag gestellt hat, um eine drohende Aufenthaltsbeendigung abzuwenden, obwohl er zuvor ausreichend Gelegenheit hatte, einen Asylantrag zu stellen,
5. er seine Mitwirkungspflichten nach § 13 Abs. 3 Satz 2, § 15 Abs. 2 Nr. 3 bis 5 oder § 25 Abs. 1 gröblich verletzt hat, es sei denn, er hat die Verletzung der Mitwirkungspflichten nicht zu vertreten oder ihm war die Einhaltung der Mitwirkungspflichten aus wichtigen Gründen nicht möglich, oder
6. er nach § 47 des Ausländergesetzes vollziehbar ausgewiesen ist.

(4) Ein Asylantrag ist ferner als offensichtlich unbegründet abzulehnen, wenn die Voraussetzungen des § 51 Abs. 3 des Ausländergesetzes vorliegen.

(5) Ein beim Bundesamt gestellter Antrag ist auch dann als offensichtlich unbegründet abzulehnen, wenn es sich nach seinem Inhalt nicht um einen Asylantrag im Sinne des § 13 Abs. 1 handelt."

Gegen eine ablehnende Entscheidung des Einzelentscheiders kann der Antragsteller binnen zwei Wochen das Verwaltungsgericht anrufen (§ 74).

Ein Asylantrag hat für die Dauer des Asylverfahrens eine Aufenthaltsgestattung zur Folge (§ 55 I), die räumlich beschränkt ist (§ 56 I) und mit Auflagen verbunden werden kann (§ 60 I). Die Unterbingung des Antragstellers regeln §§ 44 ff..

Den sozialen Status des Antragstellers regelt das Asylbewerberleistungsgesetz (AsylbLG). Danach wird den Asylbewerbern der notwendige Lebensunterhalt gewährt, vorrangig in Form von Sachleistungen (§ 3) und einem Taschengeld.

Eine Arbeitserlaubnis erhält der Antragsteller nicht, muss aber u.U. Arbeit für gemeinnützige Zwecke leisten (§ 3 AsylbLG).

Repetitorium : Rn 1034

Weiterführende Literatur : Brugger, Schutz für Flüchtlinge – gegen das Grundrecht auf Asyl, JZ 1993, 119; Classen, Sichere Drittstaaten ..., DVBl 1993, 700; Franzen, Der neue Art. 16 a GG als „Grundrechtsverhinderungsvorschrift", DVBl. 1993, 300; Schoch, Das neue Asylrecht gemäß Art., 16 a GG, DVBl 1993, 1161; Hehl, Die Neuregelung des Asylrechts, ZRP 1993, 301; Henkel, Das neue Asylrecht, NJW 1993, 2705; Marx, Die Drittstaatenreglung des Art. 16 a II GG ..., DÖV 1993, 273;Rennert, Fragen zur Verfassungsmäßigkeit des neuen Asylverfahrensrechts, DVBl. 1994, 717; Marx, Asylverfahrensrecht, 3. Aufl. 1995; Frowein/Zimmermann, Die Asylrechtsreform des Jahres 1993 und das BVerfG, JZ 1996, 753; Lübbe-Wolff, Das Asylgrundrecht nach der Entscheidung des BVerfG vom 14.6.96, NVwZ 1996, 625; Mohr, Die Fortsetzung einer Grundrechtsdemontage – Zu den Asylurteilen des BVerfG, NJW 1996, 404; Huber, Auswirkungen der Urteile des BVerfG vom 14.5.1996 auf die Rechtsweggarantie des Art. 19 IV GG, NVwZ 1997, 1080; Schoenemann, Das deutsche Asylrecht im Lichte der europäischen Asylrechtsharmonisierung ..., NVwZ 1997, 1049, Wegner, Neueste Änderungen des Ausländer – und Asylrechts, NVwZ 1997, 1086, Zimmermann, Der Vertrag von Amsterdam und das deutsche Asylrecht, NVwZ 1998, 450; Bundesamt für die Anerkennung ausländischer Flüchtlinge, Asylpraxis, 2000

Internet : http://www.bmi.bund.de

ART. 17 : PETITIONSRECHT

"Jedermann hat das Recht, sich einzeln oder in Gemeinschaft mit anderen schriftlich mit Bitten oder Beschwerden an die zuständigen Stellen und an die Volksvertretung zu wenden."

1. historischer Hintergrund, internationaler und europäischer Schutz

Das Petitionsrecht ist seit dem 17. Jahrhundert verfassungsrechtlich verankert : 1689 in den Bill of Rights in England, 1791 in der Verfassung der USA und in den französischen Verfassungen 1791 und 1793. In Deutschland wurde es erstmals in der Paulskirchenverfassung 1849 (§ 159) und später in der preußischen Verfassung 1850 (Art. 32), der Reichsverfassung 1871 (Art. 23) und in der Weimarer Reichsverfassung 1919 (Art. 126) verankert. 1949 lehnte man sich bei der Schaffung des Art. 17 an Art. 126 WRV an, erweiterte jedoch den Personenkreis von „Deutschen" auf „jedermann" und ersetzte als Adressaten die „zuständige Behörde" durch den weitergehenden Begriff der „zuständigen Stelle".

496

Dem internationalen Recht der UNO ist ein Petitionsrecht ebenso fremd wie der Europäischen Menschenrechtskonvention des Europarats. In der Europäischen Union hat jeder Unionsbürger das Petitionsrecht gegenüber allen Organen und Einrichtungen der EU (Art. 21 EGV), andere natürliche und juristische Personen mit Wohnsitz/Sitz in der EU nur gegenüber dem Europäischen Parlament (Art. 194 EGV), was durch Art. 44 der Grundrechtscharta 2000 bekräftigt wird (vgl. Rn 933). Außerdem können sich Unionsbürger und andere natürliche und juristische Personen mit Wohnsitz/Sitz in der EU an den Bürgerbeauftragten des Europäischen Parlaments wenden (Art. 21, 195 EGV).

2. Bedeutung

Das Petitionsrecht gewährt die Möglichkeit, außerhalb der förmlichen Verwaltungs- und Gerichtsverfahren Interessen und Rechte gegenüber den zuständigen Stellen und der Volksvertretung geltend zu machen, und zwar – im Unterschied zu den Verwaltungs- und Gerichtsverfahren - ohne Kostenrisiko, ohne Bindung an Fristen und ohne die Notwendigkeit, eine eigene Beschwer geltend zu machen. Damit eröffnet es eine wichtige Möglichkeit der Einflussnahme durch den Einzelnen, um auf die Beseitigung von Ungerechtigkeiten hinzuwirken, auch wenn nicht ausgeschlossen werden kann, dass auch Querulanten sich dieses Mittels bedienen.

497

Petitionen an den Bundestag in den Wahlperioden															
1.	27.200	2.	33.000	4.	29.993	5.	23.232	6.	22.882	7.	49.207	8.	48.846		
9.	27.308	10	49.118	11	52.528	12	81.881	13		14		15			

Quelle : Bundestag-Dr 13/10500

3. Schutzbereich

Begriff der Petition

Er umfasst Bitten und Beschwerden. Beide Begriffe lassen sich weder exakt definieren noch voneinander abgrenzen. Sie sind dadurch charakterisiert, dass sie ein bestimmtes Verhalten staatlicher Stellen wünschen oder verlangen. Damit ist der Begriff der Petition weiter als das, was die nichtförmlichen Rechtsbehelfe – Gegenvorstellung, Aufsichtsbeschwerde und Dienstaufsichtsbeschwerde – erfassen.

498

Form einer Petition

ist die Schriftform. Im Hinblick auf ihren Zweck darf die Petition nicht anonym sein (Sachs/Krüger Rn 9). Weitere Erfordernisse wie etwa Fristen gibt es nicht.

499 **Adressaten einer Petition**

sind zum einen alle zuständigen Stellen, d.h. alle nationalen Einrichtungen der unmittelbaren und mittelbaren Staatsverwaltung, und zwar unabhängig von der öffentlich- oder privatrechtlichen Organisationsform (Dreier/Bauer Rn 26). Das Erfordernis der Zuständigkeit ist jedoch nicht streng organisationsrechtlich zu verstehen, da die instanzielle Zuständigkeit nicht eingehalten werden muss (BVerfGE 2, 229). Eine unzuständige Behörde darf eine Petition jedoch nicht zurückweisen, sondern muss sie an die zuständige weiterleiten (BVerwG DÖV 76, 315; MD/Dürig Rn 64). Die Meinung, auch ausländische und internationale Stellen seien erfasst (Dreier/Bauer Rn 26; MD/Dürig Rn 55) kann nicht richtig sein, da ein nationales Grundrecht nur nationale Organe binden kann (Sachs/Krüger Rn 10; BK/Dagtoglou Rn 103).

Adressat können auch Volksvertretungen sein. Das sind nicht nur die Parlamente von Bund und Ländern, sondern auch die kommunalen Vertretungen (vgl. Art. 28 I 2; OVG Münster DVBl 78, 895). Petitionsadressaten können dabei auch Teile dieser Vertretungen sein, also z.B. Fraktionen oder einzelne Abgeordnete (v.Münch/Rauball Rn 13).

Folge einer Petition

ist die Verpflichtung, die Petition entgegenzunehmen, sachlich zu prüfen und dem Petenten in einem Bescheid mitzuteilen, wie sich die Petition erledigt hat. Hierauf hat der Petent ein einklagbares Recht (BVerwG DÖV 1976, 315; Sachs/Krüger Rn 14). Ob sich aus Art. 17 auch eine Pflicht zu einer inhaltlichen Begründung ergibt, ist streitig. Zum Teil wird das angenommen (z.B. v.Münch/Rauball Rn 14; Sachs/Krüger Rn 14; OVG Bremen JZ 90, 965), von der Rechtsprechung jedoch überwiegend abgelehnt (z.B. BVerfG DVBl 1993, 32; BVerwG BayVBl 91, 152).

4. Schranken-Bereich

500 Art. 17 unterliegt mangels Gesetzesvorbehalt nur immanenten Schranken (s.o. Rn 185). Als im Einzelfall höherrangiger Verfassungswert käme etwa die über das allgemeine Persönlichkeitsrecht des Art. 2 I geschützte Ehre in Betracht (BVerfG NJW 1991, 1476). Für Angehörige der Streitkräfte und des Ersatzdienstes enthält Art. 17 a I besondere Regelungen in Bezug auf Sammelpetitionen.

Repetitorium: Rn 1035

Weiterführende Literatur: Siegfried, Begründungspflicht bei Petitionsbescheiden, DÖV 1990, 279; Rühl, Der Umfang der Begründungspflicht von Petitionsbescheiden, DVBL. 1993, 14; Schick, Petitionen, 3. Aufl. 1996

TEIL 3
STAATLICHE GRUNDPRINZIPIEN

ABSCHNITT 1 :
DAS RECHTSSTAATSPRINZIP

1. GESCHICHTLICHE ENTWICKLUNG DES RECHTSSTAATES

Der Begriff des Rechtsstaates taucht zum ersten Mal in der Wende vom 18. zum 19. Jahrhundert auf. Er wurde zur Kampfansage des liberalen Bürgertums gegen die feudale Gesellschaftsordnung und den absolutistischen Polizeistaat mit dem Ziel, Freiheit und Gleichheit vor allem im Bereich der wirtschaftlichen Entfaltung gegenüber dem Staat durchzusetzen. Damit ist die Geschichte des Rechtsstaates zu einem erheblichen Teil identisch mit der Geschichte der Grundrechte, da das wesentliche materielle Element des Rechtsstaates die Geltung der Grundrechte ist und die formellen Aspekte des Rechtsstaates - wie Gewaltenteilung, Gesetzmäßigkeit und Rechtsschutz - insbesondere die Funktion haben, die Grundrechte zu schützen. Deshalb sei weitgehend auf die Darstellung der geschichtlichen Entwicklung der Grundrechte im 19. und 20. Jahrhundert verwiesen (s.o. Rn 78 ff.). Ergänzend ist darauf hinzuweisen, dass das Ziel der rechtsstaatlichen Verfassungen, die das Bürgertum im 19. Jahrhundert erkämpft hatte, nicht die umfassende Bindung des Staates an die Grundrechte war. An die Grundrechte war vielmehr nur die Exekutive gebunden. Sie durfte in Grundrechte nur aufgrund eines Gesetzes eingreifen. Der Rechtsstaat wurde also auf ein formales Prinzip verkürzt : den Grundsatz der Gesetzmäßigkeit der Verwaltung, ergänzt durch den Grundsatz des Rechtsschutzes vor unabhängigen Gerichten. Der Rechtsstaat wurde zum Gesetzesstaat und damit zum „formellen Rechtsstaat". Gesetze - und nicht die Grundrechte - waren damit die oberste Legitimation („Gesetzespositivismus"). 501

Dieses formelle Rechtsstaatsverständnis leitete seine Berechtigung aus dem Gedanken her, dass der Gesetzgeber aufgrund seiner demokratischen Legitimation kein Unrecht begehen könne. Aufgrund der Entstehung und des Ablaufs des „Dritten Reiches" musste man sich jedoch eines Besseren belehren lassen : Es wurde nicht nur aufgrund eines Gesetzes (sog. „Ermächtigungsgesetz" vom 24.3.1933) der Kernbereich der Weimarer Reichsverfassung aufgehoben und ein Unrechtsregime etabliert. Auch während des „Dritten Reiches" wurde durch Gesetz Unrecht geschaffen, wie etwa durch die Nürnberger Rassegesetze 1935, durch die Juden zu Menschen zweiter Klasse gestempelt wurden. In Auszügen : 502

Gesetz zur Behebung der Not von Volk und Reich (Ermächtigungsgesetz) vom 24. 3.1933

„Art. 1 : Reichsgesetze können außer in dem in der Reichsverfassung vorgesehenen Verfahren auch durch die Reichsregierung beschlossen werden....
Art. 2 : Die von der Reichsregierung beschlossenen Reichsgesetze können von der Reichsverfassung abweichen, soweit sie nicht die Einrichtung des Reichstages und des Reichsrats als solche zum Gegenstand haben. Die Rechte des Reichspräsidenten bleiben unberührt.
Art. 3 : Die von der Reichsregierung beschlossenen Reichsgesetze werden vom Reichskanzler ausgefertigt und im Reichsgesetzblatt verkündet.
Art. 5 : Dieses Gesetz tritt mit dem Tage seiner Verkündung in Kraft. Es tritt mit dem 1. April 1937 außer Kraft. Es tritt ferner außer Kraft, wenn die gegenwärtige Reichsregierung durch eine andere abgelöst wird."

> **Gesetz zum Schutze des deutschen Blutes und der deutschen Ehre vom 15. 9.1935**
>
> „§ 1 : Eheschließungen zwischen Juden und Staatsangehörigen deutschen oder artverwandten Blutes sind verboten. Trotzdem geschlossene Ehen sind nichtig, auch wenn sie zur Umgehung dieses Gesetzes im Auslande geschlossen sind...
> § 2 : Außerehelicher Verkehr zwischen Juden und Staatsangehörigen deutschen oder artverwandten Blutes ist verboten.
> § 3 : Juden dürfen weibliche Staatsangehörige deutschen oder artverwandten Blutes unter 45 Jahren nicht in ihrem Haushalt beschäftigen.
> § 4 : Juden ist das Hissen der Reichs- und Nationalflagge und das Zeigen der Reichsfarben verboten...
> § 5 : 1. Wer dem Verbot des § 1 zuwiderhandelt, wird mit Zuchthaus bestraft.
> 2. Der Mann, der dem Verbot des § 2 zuwiderhandelt, wird mit Gefängnis oder mit Zuchthaus bestraft.
> 3. Wer den Bestimmungen der §§ 3 und 4 zuwiderhandelt, wird mit Gefängnis bis zu einem Jahr und mit Geldstrafe oder mit einer dieser Strafen bestraft."

> **Reichsbürgergesetz vom 15. 9.1935**
>
> „§ 2 : Reichsbürger ist nur der Staatsangehörige deutschen oder artverwandten Blutes, der durch sein Verhalten beweist, daß er gewillt und geeignet ist, in Treue dem deutschen Volk und Reich zu dienen."

Das „Dritte Reich" ist allerdings nicht so weit gegangen, den Holocaust, also die Ermordung von Millionen Juden und anderen „Nichtariern", auf eine gesetzliche Grundlage zu stellen. Damit wäre dieses Verbrechen offenkundig geworden. Das zu vermeiden, war aber wichtiger, als den Anschein zu erwecken, man handele nur aufgrund von Gesetzen.

503 Aufgrund dieser Erfahrungen mit dem „Dritten Reich" wurde nach 1945 das formelle Rechtsstaatsverständnis um ein materielles ergänzt. Das erfolgte zum einen im internationalen Bereich durch die Gründung und Tätigkeit der UNO, die sich zum Schutz der Menschenrechte – als gegenüber staatlichem Recht höherrangigen Rechten – bekannte : in ihrer Charta 1945, in der Allgemeinen Menschenrechtserklärung 1948, in den – von den meisten Staaten in innerstaatliches Recht übernommenen – Pakten über bürgerliche und politische Rechte und über wirtschaftliche, soziale und kulturelle Rechte 1966 und in zahlreichen einzelnen Erklärungen (s.o. Rn 86). Der Europarat schloss sich dem 1950 durch die Verabschiedung der Europäische Menschenrechtskonvention an, die mittlerweile in allen Mitgliedsstaaten in innerstaatliches Recht übernommen worden ist (s.u. Rn 821).

504 Im nationalen Bereich wurde der Staat – auch als verfassungsändernder Gesetzgeber - 1949 durch das Grundgesetz vorab an oberste – im „Dritten Reich" missachtete - Grundwerte gebunden (vgl. Art. 1 II, 79 III) und sein Ziel in der Herstellung einer materiell gerechten Rechtszustandes gesehen. Nur ein Aspekt davon ist, dass – erstmals in der deutschen Geschichte - auch der Gesetzgeber an die Grundrechte gebunden wurde (Art. 1 III, 20 III) mit der Konsequenz, dass er insoweit auch der Kontrolle durch das BVerfG unterworfen wurde (Art. 93 I Nr. 2, 4a, Art. 100). Zum anderen wurde aufgrund der Erfahrungen des 19. Jahrhunderts und der Weimarer Republik der bürgerlich-liberale zu einem sozialen Rechtsstaat weiterentwickelt (vgl. Art. 20 I, 28 I) .

Weiterführende Literatur : Die Staatsrechtslehre des Nationalsozialismus, DVBl 2000, 1237

2. REGELUNGSORT DES RECHTSSTAATES

Eine ausdrückliche Regelung des Rechtsstaatsprinzips enthält das Grundgesetz nicht. Es ergibt sich jedoch aus Art. 28 I 1 („Die verfassungsmäßige Ordnung in den Ländern muss den Grundsätzen des .... Rechtsstaates im Sinne dieses Grundgesetzes entsprechen") in Verbindung mit den einzelnen Konkretisierungen wie insbesondere dem Grundsatz der Gesetzmäßigkeit in Art. 20 III, den Grundrechten in den Art. 1 ff. und der Rechtsschutzgarantie in Art. 19 IV. Das Rechtsstaatsprinzip ist aber mehr als nur die Summe seiner Einzelregelungen. Es ergibt sich auch „aus der Gesamtkonzeption des Grundgesetzes", also aus „verbindenden, innerlich zusammenhaltenden allgemeinen Grundsätzen und Leitideen, die der Verfassungsgeber, weil sie das vorverfassungsmäßige Gesamtbild geprägt haben, von dem er ausgegangen ist, nicht in einem besonderen Rechtssatz konkretisiert hat." (BVerfGE 2, 381). Es ist damit über ausdrücklich geregelten Konkretisierungen hinaus ein eigenständiges Prinzip und damit Auffangtatbestand für nicht geregelte Fälle (Ipsen Rn 756; Schmalz StR Rn 85; siehe unten 4.). Die neuere Rechtsprechung stellt demgegenüber überwiegend als Grundlage nur auf Art. 20 III i.V.m. Art. 28 I 1 ab (BVerfGE 35, 47; 39, 143; NJW 1995, 1814).

505

3. BEGRIFF UND ZIELE DES RECHTSTAATES

Eine Definition des Rechtsstaates enthält das Grundgesetz nicht (wie auch keine Definition der anderen staatlichen Grundprinzipien). Sie lässt sich daher nur aus seiner Zielsetzung und seinen verfassungsrechtlichen Konkretisierungen ableiten. Ausgewählte Versuche einer solchen Definition sind etwa :

506

- „Staat, in welchem die staatlichen Machtäußerungen anhand von Gesetzen messbar sind und der auf die Idee der Gerechtigkeit bezogen ist" (v. Münch, Grundbegriffe Rn 187)
- „Staat, in dem staatliche Macht auf der Grundlage von verfassungsmäßig erlassenen Gesetzen mit dem Ziel der Gewährleistung von Freiheit, Gerechtigkeit und Rechtssicherheit ausgeübt wird" (Stern I S.615)
- „Staat, in dem „das Recht primärer Ordnungsfaktor für das staatliche und gesellschaftliche Zusammenleben ... und jede Ausübung staatlicher Macht an das Recht gebunden ist" (Schmalz, StR Rn 86)
- Staat, der „nicht nur die Voraussehbarkeit, sondern auch die Rechtssicherheit und die materielle Richtigkeit oder Gerechtigkeit staatlichen Handelns zum Ziel hat" (BVerfGE 7, 92).

Bei diesen Begriffsbestimmungen ist zu bedenken, dass das Rechtsstaatsprinzip keinen in allen Einzelheiten konkreten und eindeutigen Inhalt haben kann. „*Wegen der umfassenden, einem ständigen Wandlungsprozess unterworfenen Bedeutung des Begriffs muss es als ein von vornherein zum Scheitern verurteilter Versuch angesehen werden, alle seine Merkmale eindeutig und abschließend festzulegen. Das Rechtsstaatsprinzip kann demzufolge nur in seinen wesentlichen Elementen umschrieben werden*" (Katz Rn 169).

In den obigen Definitionen, insbesondere denen von v.Münch und des BVerfG, sind die beiden allgemeinen Ziele des Rechtsstaatsprinzips schon zum Ausdruck gekommen :

507

- formelles Ziel ("formeller Rechtsstaat") : Rechtssicherheit i.S.v. Vorhersehbarkeit und Berechenbarkeit staatlicher Entscheidungen.

- materielles Ziel ("materieller Rechtsstaat") : Gerechtigkeit im Sinne von Freiheit und Gleichheit im staatlichen und staatlich beeinflußbaren Bereich.

Eine klare Abgrenzung beider Ziele ist kaum möglich, aber auch nicht nötig. So dienen etwa die Grundrechte primär dem Ziel einer gerechten Staatsordnung. Gleichzeitig schaffen sie aber auch Rechtssicherheit dahingehend, dass aufgrund ihrer Garantie der Staat in die durch sie geschützten Bereiche nicht ohne weiteres eingreifen kann.

508 Die isolierte Verfolgung der beiden Ziele führt oft zu unterschiedlichen Ergebnissen und damit zu einem Konflikt mit dem jeweils anderen Ziel.

Beispiel : Dem Ziel der Gerechtigkeit entspricht es, wenn ein als rechtswidrig erkanntes Gerichtsurteil aufgehoben wird. Die Rechtssicherheit verlangt dagegen, dass das nicht unbegrenzt lange, sondern nur innerhalb bestimmter Fristen erfolgen kann, damit man sich nach deren Ablauf auf die Beständigkeit des Urteils verlassen kann.

Da keines dieser beiden Ziele von vornherein Vorrang vor dem jeweils anderen hat, ist es daher „in erster Linie Sache des Gesetzgebers, einen solchen Konflikt bald nach der Seite der Rechtssicherheit, bald nach der Seite der materiellen Gerechtigkeit hin zu entscheiden. Geschieht dies ohne Willkür, so kann die gesetzgeberische Entscheidung aus Verfassungsgründen nicht beanstandet werden." (BVerfGE 35, 47)

4. MERKMALE DES RECHTSSTAATES (ÜBERBLICK)

509 Die einzelnen Merkmale des Rechtsstaatsprinzips sind überwiegend ausdrücklich im Grundgesetz geregelt, z.T. aber auch ungeschriebene Rechtsgrundsätze, die vor allem aus den beiden allgemeinen Zielen (s.o. Rn 507) abzuleiten sind.

geschriebene Merkmale	ungeschriebene Merkmale
• Grundrechtsgeltung mit Bindung aller staatlichen Gewalten, Art. 1 – 19, 79 III (siehe Rn 91 ff., 140 ff., 235 ff., 84)	• Verhältnismäßigkeit staatlichen Handelns (siehe Rn 203 ff.)
• Gesetzmäßigkeit aller staatlichen Gewalten, Art. 20 III , 79 I - III (siehe Rn 510 ff., 65 ff.)	• Bestimmtheit staatlichen Handelns (siehe Rn 194 ff.)
• Rechtsschutz gegenüber der öffentlichen Gewalt durch unabhängige Gerichte, Art. 19 IV, 92, 97, 101, 103 (siehe Rn 527 ff.)	• Vertrauensschutz gegenüber staatlichem Handeln (siehe Rn 210 ff.)
• Gewaltenteilung, Art. 20 II 2 (siehe Rn 539 ff.)	• öffentlich-rechtliches Entschädigungssystem, das eine Haftung des Staates zumindest für rechtswidrig-schuldhafte Schäden vorsieht – vgl. Stern I § 20 III 4b, Schmalz StR Rn 166 – (siehe Rn 465 ff.)

Von den geschriebenen Merkmalen ist die Grundrechtsgeltung bereits dargestellt. Die weiteren werden im Folgenden behandelt. Die ungeschriebenen Merkmale sind bereits bei der Behandlung der Grundrechte erörtert worden :

• die ersten drei bei den Grenzen der Einschränkbarkeit von Grundrechten, da sie i.d.R. im Zusammenhang mit Grundrechtseinschränkungen eine Rolle spielen;

• das öffentlich-rechtliche Entschädigungssystem, soweit es sich nicht – wie die Enteignung oder die Amtshaftung – aus konkreten Regelungen ergibt, bei der Darstellung des Art. 14 (enteignungsgleicher Eingriff :Rn 465; enteignender Eingriff: Rn 466; Aufopferung : Rn 467).

Repetitorium : Rn 1036

Weiterführende Literatur : Sobota, Das Prinzip Rechtsstaat, 1997; Sommermann, Die Inhalte des Rechtsstaatsprinzips, JuS 1997, 988; Schneider, Gesetzgebung und Einzelfallgerechtigkeit, ZRP 1998, 323; Gauck, Rechtsstaat und Gerechtigkeit, ZRP 1998, 379; Rührmair, Die Bedeutung der Grundrechte für die verfassungsrechtlichen Anforderungen an rückwirkende Gesetze, NJW 1999, 908

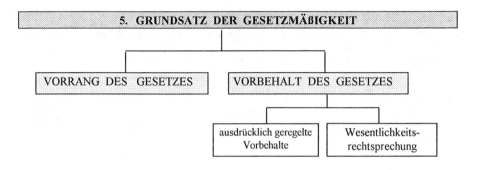

5.1 Vorrang des Gesetzes

Nach dem Vorrang des Gesetzes darf kein staatliches Handeln gegen höherrangiges Recht verstoßen. Für den Gesetzgeber bedeutet das - z.T. auch Vorrang der Verfassung genannt - die Bindung an die Verfassung : für den einfachen Gesetzgeber an alle Bestimmungen der Verfassung (Art. 20 III), für den verfassungsändernden Gesetzgeber (Art. 79 I, II) an die Grundwerte der Verfassung (Art. 79 III). Für die vollziehende und die rechtsprechende Gewalt bedeutet es die Bindung an Gesetz und Recht (Art. 20 III). Dabei ist „Gesetz" jedes formelle und jedes materielle Gesetz, erfasst also die Verfassung, Parlamentsgesetze, Rechtsverordnungen, Satzungen und unmittelbar anwendbares EU-Recht (BVerfGE 74, 248; 78, 227). Die Wendung Gesetz „und Recht" ist tautologischer Natur. Sie soll zum einen die Geltung auch von Gewohnheitsrecht betonen und zum anderen – als Reaktion auf das nationalsozialistische Unrecht – zum Ausdruck bringen, dass Recht als Ausdruck der Gerechtigkeit ausnahmsweise einem absolut ungerechten Gesetz vorgehen kann (Schmalz StR Rn 105; Stern I § 20 IV 4a). Allerdings sind im Grundgesetz beide miteinander versöhnt, weil es selbst zentrale Gerechtigkeitsanforderungen für Gesetze, insbesondere durch die Regelung der Grundrechte enthält (Sachs Rn 64; vgl. auch BVerfGE 84, 121). Subjektive Gerechtigkeitsvorstellungen können daher nicht an die Stelle der positivierten Wertordnung des Grundgesetzes gesetzt werden (vgl. BVerfGE 3, 182; v.Münch/Schnapp Rn 36). Insofern stellt Art. 20 III auch keinen Widerspruch zu Art. 97 I (*"Die Richter sind unabhängig und nur dem Gesetz unterworfen."*) dar (v.Münch/Schnapp Rn 36).

510

5.2 Vorbehalt des Gesetzes

Der Vorbehalt des Gesetzes beantwortet die Frage, wann für ein Handeln der vollziehenden und der rechtsprechenden Gewalt eine gesetzliche Ermächtigungsgrundlage nötig ist. Von Bedeutung ist der Vorbehalt vor allem, wenn für den betreffenden Sachbereich keine gesetzliche Regelung existiert. Ist dagegen ein Gesetz vorhanden, so erschöpft sich der Grundsatz der Gesetzmäßigkeit in aller Regel im Vorrang mit der Aussage, dass nicht gegen dieses Gesetz verstoßen werden darf. Allerdings kann es u.U. angebracht sein, auch in diesem Fall den Vorbehalt zu bemühen unter der Fragestellung, ob die Regelungen des Gesetzes ausreichend sind, etwa wenn es sehr allgemein gehalten ist und zahlreiche Ermessensspielräume enthält.

511

5.2.1 AUSDRÜCKLICHE GEREGELTE VORBEHALTE

512 Nach dem Wortlaut des Grundgesetzes gilt der Vorbehalt für

> - Grundrechtseingriffe : vgl. z.B. Art. 2 II 3, 5 II, 8 II, 10 II, 11 II, 12 I 2, 13 II GG. Ein typisches Beispiel ist etwa die Formulierung in Art. 2 II 3 : „In diese Rechte darf nur aufgrund eines Gesetzes eingegriffen werden."
>
> - einige andere enumerativ aufgezählte wesentliche Entscheidungen : z.B. Art. 21 III (Parteienrecht), Art. 24 (Übertragung von Hoheitsrechten auf zwischenstaatliche Einrichtungen, 59 II (völkerrechtliche Verträge), 80 I (Erlass von Rechtsverordnungen), 87 I 2, III 1 (Errichtung neuer Bundesbehörden) und 110 (Haushaltsplan des Bundes).

Keine klare - bejahende oder verneinende - Aussage enthält das Grundgesetz zur Frage, ob der Vorbehalt auch über diese Bereiche hinaus gilt, etwa für Begünstigungen oder für Maßnahmen, die nicht eindeutig als Grundrechtseingriffe oder als Begünstigungen zu charakterisieren sind (wie etwa die Entscheidung über den Bau von Eisenbahntrassen, Atomkraftwerken oder gentechnischen Anlagen).

5.2.2 WESENTLICHKEITSLEHRE

5.2.2.1 Grundlagen

513 Das BVerfG hat die Geltung des Vorbehalts über die im Grundgesetz eindeutig geregelten Fälle hinaus für alle wesentlichen Maßnahmen bejaht, unabhängig davon, ob sie Grundrechtseingriffe im klassischen Sinn sind oder nicht :

> BVerfGE 40, 248 : „Die von der konstitutionellen, bürgerlich-liberalen Staatsauffassung des 19. Jahrhunderts geprägte Formel, ein Gesetz sei nur dort erforderlich, wo „Eingriffe in Freiheit und Eigentum" in Rede stehen, wird dem heutigen Verfassungsverständnis nicht mehr voll gerecht...Im Rahmen einer demokratisch-parlamentarischen Staatsverfassung ... liegt es näher anzunehmen, daß die Entscheidung aller grundsätzlichen Fragen, die den Bürger unmittelbar betreffen, durch Gesetz erfolgen muß, und zwar losgelöst von dem in der Praxis fließenden Abgrenzungsmerkmal des Eingriffs. Staatliches Handeln, durch das dem Einzelnen Leistungen und Chancen gewährt und angeboten werden, ist für eine Existenz in Freiheit oft nicht weniger bedeutungsvoll als das Unterbleiben eines Eingriffs. Hier wie dort kommt dem vom Parlament beschlossenen Gesetz gegenüber dem bloßen Verwaltungshandeln die unmittelbarere demokratische Legitimation zu, und das parlamentarische Verfahren gewährleistet ein höheres Maß an Öffentlichkeit der Auseinandersetzung und Entscheidungssuche und damit auch größere Möglichkeiten eines Ausgleichs widerstreitender Interessen. All dies spricht für eine Ausdehnung des allgemeinen Gesetzesvorbehalts über die überkommenen Grenzen hinaus. Auch außerhalb des Bereichs des Art. 80 GG ... hat der Gesetzgeber die grundlegenden Entscheidungen selbst zu treffen und zu verantworten."
>
> BVerfGE 47, 79 : „Als entscheidender Fortschritt dieser Rechtsauffassung ist es anzusehen, daß der Vorbehalt des Gesetzes von seiner Bindung an überholte Formeln (Eingriffe in Freiheit und Eigentum) gelöst und von seiner demokratisch-rechtsstaatlichen Funktion her auf ein neues Fundament gestellt wird, auf dem aufbauend Umfang und Reichweite dieses Instituts neu bestimmt werden können ...Bei der Abgrenzung im einzelnen wird man mit großer Behutsamkeit vorgehen und sich die Gefahren einer zu weitgehenden Vergesetzlichung ... vor Augen halten müssen"

Grundsatz der Gesetzmäßigkeit

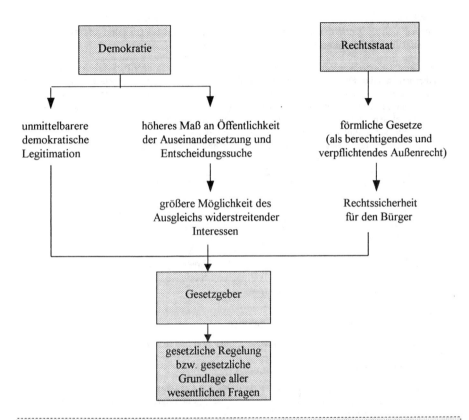

BVerfG NJW 1998, 2510: „Wann es danach einer Regelung durch den parlamentarischen Gesetzgeber bedarf, lässt sich nur im Hinblick auf den jeweiligen Sachbereich und die Eigenart des betroffenen Regelungsgegenstandes beurteilen. Die verfassungsrechtlichen Wertungskriterien sind dabei den tragenden Prinzipien des Grundgesetzes, insbesondere den darin verbürgten Grundrechten zu entnehmen. Danach bedeutet wesentlich im grundrechtsrelevanten Bereich i.d.R. wesentlich für die Verwirklichung der Grundrechte."

BVerfGE 47, 78: „Ob eine Maßnahme wesentlich ist und damit dem Parlament selbst vorbehalten bleiben muss oder zumindest nur aufgrund einer inhaltlich bestimmten parlamentarischen Ermächtigung ergehen darf, richtet sich zunächst allgemein nach dem Grundgesetz. Hier vermittelt der Schutz der Grundrechte einen wichtigen Gesichtspunkt. Die meisten Grundrechtsartikel sehen ohnehin vor, daß Eingriffe nur durch Gesetz oder aufgrund eines Gesetzes zulässig sind. Außerdem entspricht ihre Sicherung durch Einschaltung des Parlaments dem Ansatz nach der überkommenen Vorbehaltslehre, ohne daß allerdings zwischen Eingriffen und Leistungen zu unterscheiden ist. Im grundrechtsrelevanten Bereich bedeutet somit wesentlich in der Regel wesentlich für die Verwirklichung der Grundrechte."

BVerfG NJW 1998, 2510: „Die Tatsache, dass eine Frage politisch umstritten ist, führt dagegen für sich genommen nicht dazu, dass diese als wesentlich verstanden werden müsste."

Beispiel wäre die Rechtschreibreform 1998, die – obwohl heftig umstritten – vom BVerfG nicht als eine wesentliche Maßnahme angesehen wurde. Andererseits waren etliche wesentliche Entscheidungen auch politisch umstritten wie etwa die zur Kernenergie und zur Gentechnologie.

238 staatliche Grundprinzipien : Rechtsstaatsprinzip

515 Was sind nun konkret wesentliche Maßnahmen und was nicht ? Die ursprüngliche Unklarheit darüber hat sich aufgrund der langjährigen Rechtsprechung des BVerfG und anderer Gerichte zu Einzelfällen weitgehend gelegt.

Zunächst sind Grundrechtseingriffe wesentliche Maßnahmen (1.), von dem Parkverbotsschild bis hin zur Inhaftierung oder Enteignung. Die meisten Entscheidungen zur Wesentlichkeit betreffen sonst grundrechtsrelevante Maßnahmen (2.) wie etwa grundlegende Schulreformen. Andererseits sind wesentliche Maßnahmen nicht ausschließlich Grundrechtseingriffe bzw. grundrechtsrelevante Maßnahmen. Es lassen sich vielmehr auch wesentliche Maßnahmen ohne Grundrechtsrelevanz denken (3.) wie etwa die Festlegung der Nationalhymne. Maßnahmen ohne Grundrechtsrelevanz werden allerdings überwiegend nicht wesentlich sein (4.) wie etwa innerbehördliche Organisationsmaßnahmen.

wesentliche Maßnahmen

| 1. Grundrechts- eingriffe | 2. sonst grundrechtsrelevante Maßnahmen | 3. Maßnahmen ohne Grundrechtsrelevanz | 4. |

5.2.2.2 Fallgruppen wesentlicher Maßnahmen

Im Einzelnen lassen sich als Fallgruppen wesentlicher Maßnahmen unterscheiden :

516 • Grundrechtseingriffe:

Ihre Wesentlichkeit ergibt sich bereits ausdrücklich aus dem Grundgesetz, wonach in die Grundrechte nur durch oder aufgrund eines Gesetzes eingegriffen werden dar, vgl. Art. 2 II 3, 5 II, 8 II, 10 II, 11 II, 12 I 2, 13 II.

517 • Abgrenzung kollidierender Grundrechte = "Gemengelagen" (BVerfGE 47, 81) :

„Wenn miteinander konkurrierende Freiheitsrechte aufeinandertreffen und deren jeweilige Grenzen fließend oder nur schwer auszumachen sind. Diese gilt vor allem, wenn die betroffenen Grundrechte nach dem Wortlaut der Verfassung vorbehaltlos gewährleistet sind .... Hierbei ist der Gesetzgeber verpflichtet, die Schranken der widerstreitenden Freiheitsgarantien jedenfalls so weit selbst zu bestimmen, wie sie für die Ausübung dieser Freiheitsrechte wesentlich sind " (BVerfGE 83, 142).

Beispiel : Konflikt zwischen der Glaubensfreiheit Minderjähriger aus Art. 4 I, dem Recht der Eltern zur Erziehung aus Art. 6 II und zur Bestimmung der Teilnahme ihrer Kinder am Religionsunterricht aus Art. 7 II, nicht aber das Verhältnis von Art. 2 I, 6 II und 7 I im Hinblick auf die 1998 erfolgte Rechtschreibreform, da diese keine wesentlichen Auswirkungen auf die Rechte der Eltern und Schüler hatte (BVerfG NJW 1998, 2521).

518 • Regelung möglicher Grundrechtsgefährdungen durch den Staat bei besonders empfindlichen Grundrechtspositionen (BVerfG DVBl 89, 870)

Beispiel : Subventionierung von Presseunternehmen durch den Staat (BVerfG DVBl 89, 870)

519 • Lösung von Kapazitätsproblemen bei grundrechtlichen Teilhaberechten = Rechten auf Teilhabe an staatlichen Einrichtungen (BVerwG DVBl 89, 1099)

Beispiel : Regelung der Auswahlkriterien beim numerus clausus (BVerfGE 45, 397)

- Regelungen, die eine nennenswerte Auswirkung auf die Verwirklichung von Grundrechten haben (BVerfGE 33, 336 f.)   520

Beispiele : Festsetzung der Voraussetzungen der Versetzung in die nächsthöhere Klasse, Festlegung von Pflichtfächern (BVerwGE 64, 309), Regelung einer Bedürfnisprüfung für einen Beruf (VGH Mannheim VwBlBW 1999, 389)

- "sonstige Entscheidungen mit weitreichenden Auswirkungen auf die Bürger, insbesondere auf ihren Freiheits- und Gleichheitsbereich, auf die allgemeinen Lebensverhältnisse, wegen der notwendigerweise damit verbundenen Art und Intensität der Regelung" (BVerfGE 49, 127)   521

Beispiele : Grundentscheidung für die friedliche Nutzung der Kernenergie (BVerfGE 49, 126), Grundentscheidung für die Zulässigkeit privaten Rundfunks (BVerfGE 57, 319); Genehmigung gentechnischer Anlagen (VGH Kassel NJW 1990, 336)

- sonstige Entscheidungen, die – obwohl ohne Grundrechtsrelevanz – wegen ihrer allgemeinen Bedeutung durch das Parlament getroffen werden müssen.   522

Beispiele : Bestimmung des Sitzes der Bundesregierung (Hufen NJW 1991, 1324), Festlegung der Nationalhymne (Hultzsch JuS 1992, 584), Entschädigung der Abgeordneten (VerfGH NW DVBl 1995, 922)

5.2.3 FOLGE DER GELTUNG DES VORBEHALTS

Die Feststellung, dass der Vorbehalt des Gesetzes eingreift, besagt zunächst nur, dass die betreffenden Maßnahmen eine gesetzliche Grundlage benötigen (= Gesetzesvorbehalt). Damit reicht auch eine Regelung durch Rechtsverordnung oder Satzung aus, weil diese beiden Arten von Rechtsnormen ihrerseits eine gesetzliche Ermächtigungsgrundlage benötigen. Diese muss lediglich Inhalt, Zweck und Ausmaß der Ermächtigung erkennen lassen (für Rechtsverordnungen vgl. Art. 80 I 2). Inwieweit der Gesetzgeber darüber hinaus selbst Regelungen treffen muss und die Entscheidung darüber nicht auf die vollziehende oder rechtsprechende Gewalt delegieren darf (=Parlamentsvorbehalt), ergibt sich zum Teil unmittelbar aus dem Grundgesetz. Zum Teil muss der Gesetzgeber die Entscheidung selbst treffen wie etwa die Regelung von Inhalt und Schranken des Eigentums nach Art. 14 I. Zum Teil verlangt das Grundgesetz auch bestimmte qualifizierte Anforderungen an grundrechtseinschränkende Gesetze : so in Art. 10 II, 11 II, 13 II, VII und 14 III. Soweit das Grundgesetz keine ausdrücklichen Regelungen enthält, ergibt sich der notwendige Regelungsumfang des Gesetzgebers aus dem Umfang der Wesentlichkeit der betreffenden Frage. Je wesentlicher sie ist, desto umfassender bzw. detaillierter muss die gesetzliche Regelung sein (vgl. BVerfGE 83, 152).   523

„Welche Fragen als wesentlich vom Parlament selbst in Gesetzesform geregelt werden müssen, lässt sich jedoch nicht allgemein sagen, sondern hängt ab vom jeweiligen Sachbereich, von der Art und der Intensität der getroffenen Regelung sowie von ihren Auswirkungen auf die allgemeinen Lebensverhältnisse und die Grundrechte der Bürger. .... Die Besonderheiten des jeweiligen Regelungsgegenstands bestimmen die erforderliche Regelungsdichte. Geringere Anforderungen können etwa dann zu stellen sein, wenn der Sachverhalt vielgestaltig oder wenn zu erwarten ist, dass sich die tatsächlichen Verhältnisse rasch ändern werden" (BVerfGE 58, 278).

Die notwendige Regelung kann also eine pauschale Ermächtigung sein (etwa im Gebührenrecht oder im Verkehrsrecht), eine Regelung der Grundzüge (etwa im Atomrecht), aber auch eine Regelung sogar von Einzelheiten (etwa im Steuerrecht).

staatliche Grundprinzipien : Rechtsstaatsprinzip

> Maurer VR § 5 Rn 11: "Es besteht sonach eine Stufenfolge ..., die allerdings im Hinblick auf die unterschiedlichen Anforderungen an die Regelungsdichte nicht in bestimmten Absätzen, sondern gleichsam gleitend verläuft. Wenn auch die Tendenz der Wesentlichkeitstheorie einsichtig und billigenswert ist, so lässt sich doch nicht verkennen, dass sich mit ihr im Einzelfall kaum eindeutige Ergebnisse erzielen lassen."

Ausmaß der Wesentlichkeit

Regelungsauftrag für den Gesetzgeber

Ausfüllung der gesetzlichen Ermächtigung durch die vollziehende Gewalt

524 **Beispiele :**
1. Die Ermächtigung zur Regelung von Halte- und Parkverboten durch die – von Bundesverkehrsminister erlassene – Straßenverkehrsordnung ist § 6 Nr. 3 Straßenverkehrsgesetz : "Das Bundesministerium für Verkehr wird ermächtigt, Rechtsverordnungen ... zu erlassen über .... 3. die sonstigen zur Erhaltung der Sicherheit und Ordnung auf den öffentlichen Straßen .... Maßnahmen über den Straßenverkehr." Diese pauschale Ermächtigung reicht aus, da die auf ihrer Grundlage erlassenen Beschränkungen des Straßenverkehrs nur unerheblich in die Grundrechte der Verkehrsteilnehmer eingreifen.

2. Nach Art. 12 kann die Berufsfreiheit auch aufgrund eines Gesetzes - also durch Rechtsverordnung - geregelt werden. Die Regelung einer Bedürfnisprüfung für einen Beruf aber „greift sowohl nach den wirtschaftlichen Folgen für die Betroffenen so intensiv in den Schutzbereich des Art. 12 I ein, dass sie vom Gesetzgeber selbst einer zumindest ausdrücklich ermächtigenden Regelung hätte zugeführt werden müssen" (VGH Mannheim VwBlBW 1999, 389)

3. Der Bund hat in § 9 a III AtomG bestimmt, dass die Länder Landessammelstellen für die Zwischenlagerung der in ihrem Gebiet angefallenen radioaktiven Abfälle einrichten müssen. Das genügt als gesetzliche Regelung. Dagegen : „Die Entscheidung über den Ort der Zwischenlagerung muss nicht unmittelbar durch den Gesetzgeber selbst getroffen werden. Planerische Festlegungen dieser Art beruhen auf zahlreichen Gesichtspunkten, die sachgerecht gewichtet und gegeneinander abgewogen werden müssen. Solche Planungsaufgaben bedingen notwendigerweise eine Gestaltungsfreiheit des Planungsträgers" (BayVerfGH BayVBl 1984, 528).

5.2.4 NICHTGELTUNG DES VORBEHALTS

525 Bereits oben Rn 513 ist erwähnt worden, dass man „sich die Gefahren einer zu weitgehenden Vergesetzlichung vor Augen halten" muss (BVerfGE 47, 79). Hinzu kommt :

> BVerfGE 49, 124 : „Das Grundgesetz spricht dem Parlament nicht einen allumfassenden Vorrang bei grundlegenden Entscheidungen zu... Die konkrete Ordnung der Verteilung und des Ausgleichs staatlicher Macht, die das Grundgesetz gewahrt wissen will, darf nicht durch einen aus dem Demokratieprinzip fälschlich abgeleiteten Gewaltenmonismus in Form eines allumfassenden Parlamentsvorbehalts unterlaufen werden. Aus dem Umstand, dass allein die Mitglieder des Parlaments unmittelbar vom Volk gewählt werden, folgt nicht, dass andere Institutionen und Funktionen der Staatsgewalt der demokratischen Legitimation entbehrten."

Einen „Totalvorbehalt" gibt es also nicht. Insbesondere gilt der Vorbehalt nach h.M. nicht für rein begünstigendes Verwaltungshandeln, es sei denn, es handelt sich dabei ausnahmsweise um wesentliche Maßnahmen (z.B. BVerwGE 90, 126; Degenhardt Rn 287; Stern I § 20 IV 4 b, a.A. Maurer VR § 6 Rn 14). Angesichts der zunehmenden Vergesetzlichung der Leistungsverwaltung spielt dieser dem Vorbehalt nicht unterliegende Bereich jedoch eine zunehmend geringere Rolle. Insbesondere der gesamte Bereich der Sozialverwaltung ist gesetzlich durchnormiert. Für den Fall, dass im Sozialleistungsbereich eine Einzelfrage einmal nicht gesetzlich geregelt ist und damit scheinbar – wegen Nichteingreifen des Vorbehalts – ein Freiraum der Verwaltung eröffnet ist, beugt zudem § 31 SGB-AT vor : „ Rechte .. in den Sozialleistungsbereichen dieses Gesetzbuchs dürfen nur begründet werden.., soweit ein Gesetz es vorschreibt oder zulässt."

Soweit keine gesetzlichen Regelungen bestehen, also etwa in weiten Bereichen der Subventionsverwaltung, wird das Nichteingreifen des Vorbehalts auch von praktischem Interesse. Ist die Verwaltung hier völlig frei ? Soweit das begünstigende Verwaltungshandeln mit Geldleistungen verbunden ist, kann das wegen der Etathoheit des Parlaments nicht der Fall sein. Es ist in diesen Fällen also, wenn schon kein Gesetz, dann aber doch grundsätzlich eine irgendwie geartete parlamentarische Legitimation notwendig (BVerwG DVBl 78, 213). Im Regelfall wird dies die Ermächtigung in dem Haushaltsplan sein, für bestimmte Bereiche bestimmte Geldbeträge auszugeben (BVerwGE 58, 48; OVG Münster NVwZ 1991, 798). Es reicht aber auch eine sonstige Willensäußerung des Parlaments aus, die die Exekutive zu finanziellen Leistungen ermächtigt. In Notfällen – etwa Naturkatastrophen – ist aber auch eine solche Äußerung nicht notwendig. Hier reicht das Sozialstaatsprinzip als Ermächtigungsgrundlage aus. Die Verfassung kann auch in einem anderen Fall eine ausreichende Grundlage für eine Leistung sein : Wenn die Verwaltung im Rahmen ihres Ermessens eine Leistung gewährt, dann hat jemand, der sich in absolut gleicher Lage wie der Leistungsempfänger befindet, nach Art. 3 I einen Anspruch auf Gleichbehandlung. Art. 3 I ist in diesem Fall also Ermächtigungsgrundlage für eine entsprechende Leistung der Verwaltung (BVerwG NJW 1972, 2325; s.o. Rn 307). 526

Repetitorium : Rn 1037
Weiterführende Literatur : Kopke, Die verfassungswidrige Rechtschreibreform, NJW 1996, 1081; Gassner, Parlamentsvorbehalt und Bestimmtheitsgrundsatz, DÖV 1996, 18; Cremer, Art. 80 I 2 GG und Parlamentsvorbehalt..., AöR 122 (1997), 248; Böckenförde, Organisationsgewalt und Gesetzesvorbehalt, NJW 1999, 1235

6. RECHTSSCHUTZ GEGENÜBER STAATLICHEM HANDELN DURCH UNABHÄNGIGE GERICHTE

6.1 Rechtsschutzgarantie des Art. 19 IV

„Wird jemand durch die öffentliche Gewalt in seinen Rechten verletzt, so steht ihm der Rechtsweg offen. Soweit eine andere Zuständigkeit nicht begründet ist, ist der ordentliche Rechtsweg gegeben. Artikel 10 Abs. 2 Satz 2 bleibt unberührt."

6.1.1 VORAUSSETZUNGEN

6.1.1.1 Rechtsverletzung

Obwohl Art. 19 IV Teil des Grundrechtsabschnittes ist, sind „Rechte" i.S.d. Vorschrift nicht nur Grundrechte, sondern im Sinne einer umfassenden Rechtsschutzgarantie alle gegen den Staat gerichteten subjektive Rechte des Einzelnen, also auch solche aus einfachen Gesetzen (Sachs/Krüger Rn 127). Nach Art. 19 IV ist der Rechtsweg bei einer Rechtsverletzung eröff- 527 net. Das ist aber zu eng formuliert, da Art. 19 IV den Rechtsweg eröffnen will, damit geprüft wird, ob eine Rechtsverletzung vorliegt. Die Geltendmachung einer Rechtsverletzung muss deshalb – wie in § 42 II VwGO - ausreichen (BVerfGE 61, 111). Dafür ist lediglich erforderlich, dass nach dem Vortrag des Klägers eine Rechtsverletzung möglich ist.

6.1.1.2 durch die öffentliche Gewalt

528
- Die gesetzgebende Gewalt fällt trotz der weiten Fassung des Art. 19 IV nicht unter diesen Begriff. Grund : Eine gerichtliche Kontrolle des Gesetzgebers ist der deutschen Verfassungtradition fremd. Hätte das Grundgesetz damit brechen wollen, hätte dies ausdrücklicher geschehen müssen (BVerfGE 24, 50; 45, 334).

- Die rechtsprechende Gewalt fällt ebenfalls nicht darunter, da Art. 19 IV Rechtsschutz durch, aber nicht gegen den Richter gewähren will (BVerfGE 76, 98).

- Die vollziehende Gewalt ist damit alleiniger Adressat. Das jedenfalls dann, wenn sie öffentlich-rechtlich handelt oder unmittelbar materiell öffentliche Aufgaben in Formen des Privatrechts wahrnimmt (MD/Schmidt-Aßmann Rn 64), nach h.M. aber auch bei fiskalischen Hilfsgeschäften und erwerbswirtschaftlicher Betätigung, da auch insoweit eine Grundrechtsbindung zu bejahen ist (s.o. Rn 142 ff.). Als Maßnahmen der vollziehenden Gewalt erfasst Art. 19 IV nicht nur Einzelakte, sondern auch Rechtsverordnungen und Satzungen (BVerwG NVwZ 1990, 163). Allerdings lässt Art. 19 IV insoweit Rechtsschutz nur bei konkreten Streitfällen über die Feststellungsklage zu (BVerfGE 31, 369).

6.1.2 RECHTSFOLGE : OFFENSTEHEN DES RECHTSWEGES

6.1.2.1 Zugang zu Gerichten

529
Rechtsweg meint lediglich Zugang zu Gerichten, d.h. zum Rechtsschutz durch Richter (Art. 92). Art. 19 IV garantiert dagegen z.B. keine bestimmte Gerichtsbarkeit, nicht mehrere Instanzen (BVerfGE 65, 90), kein bestimmtes Verfahren und keine Kostenfreiheit des Zugangs (BVerfGE 10, 268).

Eine Übersicht über die Gerichte der Bundesrepublik finden Sie unter Rn 642 f.

6.1.2.2 Subsidiarität des ordentlichen Rechtsweges

530
Diese hat angesichts der generalklauselartigen Zuständigkeitsregelungen der Prozessordnungen (z.B. § 40 I VwGO, § 33 FGO, § 51 SGG) kaum praktische Bedeutung.

6.1.2.3 umfassender Rechtsschutz

531
Art. 19 IV gewährt vom Ansatz her einen Anspruch auf vollständige Überprüfung des angegriffenen Hoheitsaktes (BVerfGE 84, 49).

- Der Gesetzgeber kann jedoch Gestaltungs-, Ermessens- und Beurteilungsspielräume vorsehen und damit die Kontrolldichte reduzieren, da insoweit keine rechtliche Bindung besteht (BVerfG NVwZ 1995, 701; BVerwGE 75, 279). Die Einhaltung der gesetzlichen Grenzen solcher Spielräume – z.B. bei Prüfungen - sind jedoch gerichtlich überprüfbar (BVerfGE 84, 53; BVerwGE 75, 279).

- Eine weitere Ausnahme enthält Art. 19 IV in seinem Satz 3 selbst.

- Eine weitere Ausnahme ist vom BVerfG anerkannt für die Ablehnung von Gnadenentscheidungen weil Gnade „vor Recht" ergeht, es sich somit nicht um Rechtsakte handelt (E 45, 255). Die h.L. bejaht dagegen auch für diesen Fall die Anwendbarkeit des Art. 19 IV, da das Gnadenwesen heute weitgehend rechtlich normiert ist (z.B. Stern III 1 S. 1374 m.w.N., BK/Schenke Rn 232, MD/Schmidt-Aßmann Rn 80, Dreier/Schulze-Fielitz Rn 39).

Rechtsschutz 243

6.1.2.4 Effektivität des Rechtsschutzes

Diese sich aus Art. 19 IV ergebende Folge bedeutet insbesondere : 532

- Rechtsschutz muss in angemessener Zeit erfolgen. Kommt er so spät, dass er sich nicht mehr auswirken kann, ist er nicht mehr effektiv (BVerfGE 60, 269). Eine insoweit erfolgte Verletzung des Art. 19 IV ist bisher – was angesichts z.t. langer Verfahren verwundert – nur selten festgestellt worden. Allerdings ist die Bundesrepublik mehrfach wegen Verstoßes gegen Art. 6 I EMRK, der den Abschluss von Gerichtsverfahren „innerhalb einer angemessenen Frist" vorschreibt, gerügt worden (EGMR NJW 1979, 477; EuGRZ 1988, 20).

- Die Prozessordnungen müssen einstweiligen Rechtsschutz – vgl. z.B. die Regelungen in §§ 80 V, 123 VwGO - vorsehen, wenn ohne ihn schwere, anders nicht abwendbare Nachteile entstehen würden, zu deren nachträglicher Beseitigung die Entscheidung in der Hauptsache nicht mehr in der Lage wäre (BVerfGE 79, 74).

- Die Verwaltung darf ein dem Gerichtsverfahren vorgeschaltetes Verwaltungsverfahren nicht so anlegen, dass der gerichtliche Rechtsschutz unzumutbar erschwert wird (BVerfGE 69, 49). Deswegen müssen auch belastende Verwaltungsentscheidungen i.d.R. begründet werden (BVerfGE 49, 67). Erst recht darf die Verwaltung ein späteres Gerichtsverfahren nicht ausschalten (BVerfGE 69, 49), etwa durch sofortige Abschiebung eines Ausländers. In Asylverfahren ist der Rechtsschutz allerdings durch die gegenüber Art. 19 IV spezielleren Regelungen des Art. 16 a II, IV (BVerfGE 94, 104) modifiziert und beschränkt (s.o. Rn 495).

Weiterführende Literatur : Herzog, Verfassung und Verwaltungsgerichte – Zurück zu mehr Kontrolldichte ?, NJW 1992, 2601; Vosskuhle, Rechtsschutz gegen Richter, 1993; Schmidt-Jortzig, Effektiver Rechtsschutz als Kern des Rechtsstaatsprinzips, NJW 1994, 2569; Geiger, Der Kampf um Art. 19 IV GG, ZRP 1998, 252; Böhm, Gerichtliche Kontrolle von Verwaltungsentscheidungen, DÖV 2000, 990

6.2 Rechtsstellung der Richter

6.2.1 SACHLICHE UNABHÄNGIGKEIT : ART. 97 I 533

„Die Richter sind unabhängig und nur dem Gesetz unterworfen."

Sachliche Unabhängigkeit besitzen die Richter gegenüber

- der vollziehenden Gewalt. Da bedeutet vor allem Unzulässigkeit von Einzelweisungen (BVerfGE 60, 214), Verwaltungsvorschriften und sonstiger vermeidbarer Einflussnahme (BVerfGE 55, 389) auf die rechtsprechende Tätigkeit. Diese umfasst nicht nur den Erlass von Urteilen, sondern auch vorbereitende, begleitende und nachfolgende Sach- und Verfahrenshandlungen (BGHZ 102, 372) wie z.B. Terminbestimmung (BVerwGE 46, 71) oder Geschäftsverteilung (BVerwGE 50, 16). Die Dienstaufsicht darf sich nicht als Maßregelung konkreter richterlicher Entscheidungen darstellen (BVerfGE 38, 151).

- der rechtsprechenden Gewalt. Gerichte können also von der Rechtsprechung übergeordneter Gerichte abweichen und ihre bisherige Rechtsprechung ändern (BVerwG NJW 1996, 867). Zulässig, weil im Wesen der Rechtsprechung begründet, ist dagegen die Bindung an ein Urteil eines übergeordneten Gerichts in der gleichen Sache (MD/Herzog Rn 22).

- der Gesetzgebung (BVerfGE 38, 21). Diese ist bisher jedoch als Problem nicht aktuell geworden.

- privater und gesellschaftlicher Einflussnahme, soweit diese grundrechtlich nicht geschützt ist (MD/Herzog Rn 39).

6.2.2 PERSÖNLICHE UNABHÄNGIGKEIT : ART 97 II

> *„Die hauptamtlich und planmäßig endgültig angestellten Richter können wider ihren Willen nur kraft richterlicher Entscheidung und nur aus Gründen und unter den Formen, welche die Gesetze bestimmen, vor Ablauf ihrer Amtszeit entlassen oder dauernd oder zeitweise ihres Amtes enthoben oder an eine andere Stelle oder in den Ruhestand versetzt werden...."*

Weiterführende Literatur : Schmidt-Jortzig, Stellung und Funktion des Richters im demokratischen Rechtsstaat, NJW 1991, 2377; ; Schmidt-Räntsch, Deutsches Richtergesetz, 5. Aufl. 1995; Papier, Die richterliche Unabhängigkeit und ihre Schranken, NJW 2001, 1089

6.3 Garantien für das gerichtliche Verfahren

Sie ergeben sich im Wesentlichen aus den Art. 101 -104, auf einfachgesetzlicher Ebene aus dem Gerichtsverfassungsgesetz und den Verfahrensgesetzen (z.B. VwGO), aber auch aus der Europäischen Menschenrechtskonvention.

6.3.1 RECHT AUF DEN GESETZLICHEN RICHTER (ART 101)

> *„ (1) Ausnahmegerichte sind unzulässig. Niemand darf seinem gesetzlichen Richter entzogen werden.*
> *(2) Gerichte für besondere Sachgebiete können nur durch Gesetz errichtet werden."*

Das Recht auf den gesetzlichen Richter ist ein wichtiger Aspekt der rechtsstaatlichen Rechtssicherheit (BVerfGE 20, 344) und des rechtsstaatlichen Objektivitätsgebots (BVerfGE 82, 194). Art. 101 ist ein einheitliches Grundrecht : Abs. 1 S. 1 und Abs. 2 sind Spezialfälle von Abs. 1 S. 2. „Richter" ist umfassend zu verstehen und meint den einzelnen Richter, das Gericht als Spruchkörper und das Gericht als organisatorische Einheit (BVerfGE 40, 361). Das Gebot des gesetzlichen Richters besagt, dass die Zuständigkeit des jeweils entscheidenden Richters im voraus abstrakt-generell aufgrund eines Gesetzes (BVerfGE 82, 298) und ergänzend dazu aufgrund von Geschäftsverteilungsplänen (BVerfGE 19, 59) und Mitwirkungsplänen der Vorsitzenden (BVerfG NJW 1995, 2703) festgelegt sein muss. Insbesondere sind daher nach Abs. 1 S. 1 Ausnahmegerichte verboten, die zur Entscheidung einzelner konkreter oder individuell bestimmter Fälle berufen sind (BVerfGE 14, 72). Zulässig sind dagegen nach Abs. 2 Gerichte für besondere Sachgebiete, wenn sie durch Gesetz errichtet sind : z.B. ärztliche Berufsgerichte (BVerfGE 71, 178) oder Ehrengerichte für Rechtsanwälte (BVerfGE 26, 192).

Weiterführende Literatur : Lamprecht, Ist das BVerfG noch gesetzlicher Richter ?, NJW 2001, 419

6.3.2 ANSPRUCH AUF RECHTLICHES GEHÖR VOR GERICHT (ART. 103 I)

> *„Vor Gericht hat jedermann Anspruch auf rechtliches Gehör."*

Der Anspruch auf rechtliches Gehör ist das prozessuale „Urrecht" des Menschen (BVerfGE 55, 6) und ist damit Ausfluss nicht nur des Rechtsstaatsprinzips (BVerfGE 74, 224), sondern auch der Menschenwürde (BVerfGE 63, 337). Träger des Grundrechts ist jeder, der an einem gerichtlichen Verfahren beteiligt oder von dem Verfahren „unmittelbar rechtlich betroffen wird" (BVerfGE 92, 183) wie z.B. der Vater des nichtehelichen Kindes im Adoptionsverfahren (BVerfGE 92, 183). Das Recht setzt zunächst Kenntnis des dem Rechtsstreit zugrunde liegenen ach- und Streitstandes voraus wie z.B. alle Äußerungen der Gegenseite (BVerfGE 55, 99), von Amts wegen eingeführte Tatsachen und Beweismittel (BVerfGE NJW 1991, 2757) oder beigezogene Gerichtsakten (BVerfGE NJW 1994, 1210). Weiter gewährt Art. 103 I das Recht, sich vor Erlass einer Entscheidung (BVerfGE 83, 35) mindestens schriftlich in tatsächlicher und rechtlicher Hinsicht zu äußern (BVerfGE 86, 144) und Anträge zu stellen (BVerfGE 69, 148) und in der mündlichen Verhandlung seinen Standpunkt darzulegen (BSG NJW 1992, 1190). Das Gericht ist verpflichtet, den Vortrag der Beteiligten zur Kenntnis zu nehmen und bei seiner Entscheidung in Erwägung zu ziehen (BVerfG NJW 1995, 2096). Art. 103 I bedeutet dagegen nicht eine umfassende Frage-, Aufklärungs- und Informationspflicht des Gerichts, insbesondere nicht in Bezug auf dessen Rechtsansichten (BVerfGE 86, 145).

6.3.3 GEBOT DER GESETZLICHKEIT VON STRAFGESETZEN (ART. 103 II) 537

„Eine Tat kann nur bestraft werden, wenn die Strafbarkeit gesetzlich bestimmt war, bevor die Tat begangen wurde."

Art. 103 II ist Ausdruck nicht nur des Rechtsstaatsprinzips (BVerfGE 78, 382), sondern auch des allgemeinen Willkürverbots (BVerfGE 64, 394). Strafbarkeit bedeutet jede missbilligende hoheitliche Reaktion auf ein schuldhaftes Verhalten (BVerfGE 26, 204). Art. 103 II erfasst daher neben dem Kriminalstrafrecht und dem Ordnungswidrigkeitenrecht (BVerfGE 87, 411) auch das Disziplinar- und Standesrecht (BVerfGE 60, 233; BVerwGE 93, 274; BGH NJW 1991, 1242; a.A. BK/Rüping Rn 78 und MD/Schmidt-Aßmann Rn 196).

- Art. 103 II als spezieller Gesetzesvorbehalt : Er ist strenger als der normale Gesetzesvorbehalt (s.o. Rn 523) und verlangt, dass die Voraussetzungen der Strafbarkeit und die Art der Strafe in Parlamentsgesetzen geregelt sind (BVerfGE 87, 411), verbietet also eine Regelung durch die vollziehende Gewalt aufgrund einer gesetzlichen Ermächtigung. Weiterhin verbietet Art. 103 II der rechtsprechenden Gewalt, Straftatbestände oder Strafen durch - weit zu verstehende (BVerfGE 87, 411) - Analogie oder durch Gewohnheitsrecht zu begründen oder zu verschärfen (BVerfGE 92, 12; BGHSt 38, 151).

- Art. 103 II als spezieller Bestimmtheitsgrundsatz : Er stellt höhere Anforderungen als der allgemeine Bestimmtheitsgrundsatz (s.o. Rn 194; BVerfGE 49, 181) : Der Einzelne soll von vornherein wissen, was strafrechtlich verboten ist und welche Strafe für den Fall eines Verstoßes droht. Das schließt die Verwendung von unbestimmten Begriffen zwar nicht aus (BVerfGE 92, 2). Je schwerer die angedrohte Strafe ist, desto präziser muss jedoch die Strafnorm sein (BVerfG NJW 1993, 1900).

- Art. 103 II als spezielles Rückwirkungsverbot : Im Unterschied zum allgemeinen Rückwirkungsverbot (s.o. Rn 210) verbietet die Vorschrift ausnahmslos jede Rückwirkung (BVerfGE 30, 385), d.h. rückwirkende Strafbegründung und -verschärfung (BVerfGE 81, 135)

6.3.4 VERBOT DER MEHRFACHBESTRAFUNG (ART.103 III) 538

„Niemand darf wegen derselben Tat auf Grund der allgemeinen Strafgesetze mehrmals bestraft werden."

Mit den allgemeinen Strafgesetzen ist das Kern- und Nebenstrafrecht (BVerfGE 27, 185), nicht aber das Berufsstrafrecht (BVerfGE 66, 357), das Disziplinarrecht (BVerfGE 66, 657) und das Ordnungswidrigkeitenrecht (BVerfGE 43, 105; Sachs/Degenhart Rn 84 a.A. JP/Pieroth Rn 59) gemeint. Über den Wortlaut hinaus verbietet Art.103 III auch die wiederholte Verfolgung (BVerfGE 12, 66). Auch bei Freispruch greift Art. 103 III ein (BVerfGE 12, 66).

Repetitorium : Rn 1038

7. DAS GEWALTENTEILUNGSPRINZIP

7.1 historischer Hintergrund

539 Montesquieu, ein Angehöriger des französischen Hochadels, griff in seinem Buch „Esprit des Lois" 1748 auf die schon von Aristoteles vorgenommene Unterscheidung der Staatsgewalten in Exekutive, Legislative und Judikative zurück und übertrug sie auf die politischen Größen des damaligen Frankreich : König, Adel und Bürgertum. Das Ziel war ein Modell der Gewaltenbalance und der Gewaltenbeschränkung.

> Es ist „eine ständige Erfahrung, dass jeder geneigt ist, die Gewalt, die er hat, zu missbrauchen; er geht soweit, bis er Schranken findet. Ja selbst die Tugend hat Schranken nötig. Um den Missbrauch der Gewalt unmöglich zu machen, müssen die Dinge so geordnet werden, dass die eine Gewalt die andere im Zaume hält. Wenn in derselben Person oder der gleichen obrigkeitlichen Körperschaft die gesetzgebende Gewalt mit der vollziehenden Gewalt vereinigt ist, gibt es keine Freiheit; dann steht zu befürchten, dass derselbe Monarch oder derselbe Senat tyrannische Gesetze macht, um sie tyrannisch zu vollziehen. Auch besteht keine Freiheit, wenn die richterliche Gewalt nicht von der gesetzgebenden und der vollziehenden Gewalt getrennt ist. Wäre sie mit der gesetzgebenden Gewalt verbunden, so wäre die Macht über Leben und Freiheit der Bürger eine willkürliche; denn der Richter wäre zugleich Gesetzgeber. Wäre sie mit der vollziehenden Gewalt verknüpft, so hätte der Richter die Macht zur Bedrückung" (XI 4,6).

Nach dem Modell von Montesquieu sollte

- die Exekutive der König allein erhalten.

- die Legislative sollte von allen drei Gewalten ausgeübt werden. Ein Gesetz sollte durch Zustimmung beider Häuser des Parlaments, der Adelsvertretung und der Volksvertretung, zustande kommen und einem Vetorecht des Königs unterliegen.

- Die Judikative (= Zivil- und Strafgerichtsbarkeit), für Montesquieu „en quelque facon nulle", d.h. politisch irrelevant, sollte je nach der sozialen Herkunft der Richter durch gewählte Vertreter aus dem Adel oder dem Bürgertum ausgeübt werden.

Diese Gewaltenteilungslehre Montesquieus wurde als Prinzip nicht nur von den späteren französischen Verfassungen übernommen, sondern lag allen bürgerlichen Verfassungen Europas im 19. Jahrhundert zugrunde. Ein Beispiel dafür ist die preußische Verfassung des Jahres 1850, die bereits unter Rn 81 dargestellt worden ist. Ihre Grundelemente

- Trennung von gesetzgebender, vollziehender und rechtsprechender Gewalt,

- Grundrechtsbindung der vollziehenden Gewalt,

- Vorbehalt des Gesetzes bei Grundrechtseingriffen,

- Rechtsschutz gegen Maßnahmen der Exekutive vor unabhängigen Gerichten

liegen auch dem Grundgesetz zugrunde, auch wenn sich Erweiterungen ergeben haben : die Grundrechtsbindung auch der rechtsprechenden und insbesondere der gesetzgebenden Gewalt (Art. 1 III) und der Vorbehalt des Gesetzes nicht nur bei Grundrechtseingriffen, sondern auch bei sonst wesentlichen Maßnahmen (s.u. Rn 513).

7.2 Grundaussage des Grundgesetzes

Im Grundgesetz ist das Gewaltenteilungsprinzip in allgemeiner Form in Art. 20 II 2 geregelt, wonach die Staatsgewalt (außer durch das Volk in Wahlen und Abstimmungen) „durch besondere Organe der Gesetzgebung, der vollziehenden Gewalt und der Rechtsprechung ausgeübt" wird. Die notwendige inhaltliche Definition dieser Gewalten hat unter Berücksichtigung ihrer historischen Entwicklung zu erfolgen. Danach ist (vgl. Erichsen NVwZ 1992, 410) :

540

- Gesetzgebung der Erlass allgemeinverbindlicher Regelungen für das Zusammenleben im Staat
- Rechtsprechung die Entscheidung von Rechtsstreitigkeiten durch ein neutrales staatliches Organ und die Verhängung von Strafen (BVerfGE 22, 79)
- Vollziehende Gewalt alle staatliche Tätigkeit, die weder Gesetzgebung noch Rechtsprechung ist (also insbesondere die Entwicklung politischer Ziele, die Vorbereitung von Gesetzen und der Vollzug von Gesetzen im Einzelfall)

Welche Funktionen hat das Gewaltenteilungsprinzip?

541

BVerfGE 34, 58 : "Die Teilung der Gewalten ist ein tragendes Organisations- und Funktionsprinzip. Das Grundgesetz will die politische Machtverteilung, das Ineinandergreifen der drei Gewalten und die daraus sich ergebende Mäßigung der Staatsherrschaft ... Das Prinzip der Gewaltenteilung ist für den Bereich des Bundes jedoch nicht rein verwirklicht. Es bestehen zahlreiche Gewaltenverschränkungen und -balancierungen. Nicht absolute Trennung, sondern gegenseitige Kontrolle, Hemmung und Mäßigung der Gewalten ist dem Verfassungsaufbau des Grundgesetzes zu entnehmen."
BVerfG NJW 1998, 430 : „Zu berücksichtigen ist auch, dass ... die Trennung der Gewalten auch darauf zielt, dass staatliche Entscheidungen möglichst richtig, das heißt von den Organen getroffen werden, die dafür nach ihrer Organisation, Zusammensetzung, Funktion und Verfahrensweise über die besten Voraussetzungen verfügen."

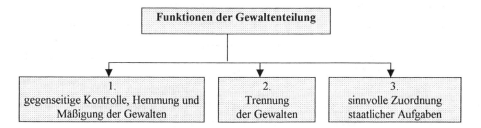

7.3 gegenseitige Kontrolle, Hemmung und Mäßigung der Gewalten

Da dem Verfassungsaufbau des Grundgesetzes nicht die absolute Trennung der Gewalten entspricht, ist die Regelung der Gewaltentrennung nach Art. 20 II 2 nachrangig gegenüber allen Regelungen, die eine gegenseitige Kontrolle, Hemmung und Mäßigung der Gewalten und damit insgesamt ein System der Gewaltenverschränkung und –balancierung („checks and balances") vorsehen. Sie können daher nicht unter Berufung auf das Prinzip der Gewaltenteilung in Frage gestellt werden. Art. 20 II 2 erfüllt damit lediglich die Funktion eines Auffangtatbestandes für nicht durch die Verfassung geregelte Gewaltenverschränkungen. Außerdem kann er in Zweifels- und Grenzfällen als Auslegungsgrundsatz herangezogen werden (BVerfGE 58, 1).

542

248 staatliche Grundprinzipien : Rechtsstaatsprinzip

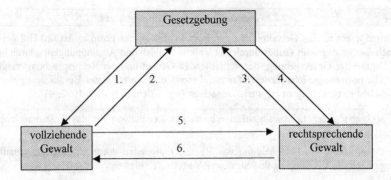

543

	1. Einwirkung der Gesetzgebung auf die vollziehende Gewalt
Art. 2 ff.	Die vollziehende Gewalt darf nur aufgrund von Gesetzen in Grundrechte eingreifen.
Art. 20 I	Die vollziehende Gewalt bedarf aufgrund des Demokratieprinzips für sonst wesentliche Maßnahmen einer gesetzlicher Ermächtigungsgrundlage
Art. 20 III	Die vollziehende Gewalt ist an Gesetze gebunden
Art. 43 IV	Der Bundestag kann die Anwesenheit der Regierungsmitgliedern verlangen
Art. 44 I	Recht des Bundestages zur Einsetzung von Untersuchungsausschüssen
Art. 54 III	Wahl des Bundespräsidenten durch die Bundesversammlung.
Art. 59 II	Verträge, die der Bundespräsident im Name des Bundes mit ausländischen Staaten schließt, bedürfen der Ratifizierung durch ein Bundesgesetz
Art. 61 I	Bundestag und Bundesrat können den Bundespräsidenten vor dem Bundesverfassungsgericht anklagen.
Art. 63 I	Der Bundeskanzler wird vom Bundestag gewählt.
Art. 67 I	Der Bundestag kann dem Bundeskanzler das Misstrauen aussprechen
Art. 80 I	Der Gesetzgeber kann die Exekutive durch Gesetz zwar zum Erlass von Rechtsverordnungen ermächtigen. Dabei müssen aber Inhalt, Zweck und Ausmaß der Ermächtigung im Gesetz bestimmt werden.

544

	2. Einwirkung der vollziehenden Gewalt auf die Gesetzgebung
Art 43 II	Die Mitglieder der Bundesregierung haben zu allen Sitzungen des Bundestages und seiner Ausschüsse Zutritt
Art. 63 IV	Unter den genannten Voraussetzungen hat der Bundespräsident die Möglichkeit, den Bundestag aufzulösen.
Art. 68 I	Auch im Zusammenhang mit der Vertrauensfrage kann der Bundespräsident unter den genannten Voraussetzungen den Bundestag auflösen.
Art. 76 1	Die Bundesregierung hat das Recht zur Gesetzesinitiative und kann somit den Bundestag rechtsverbindlich zum Tätigwerden veranlassen.
Art. 81 I	Bundespräsident und Bundesregierung können durch Erklärung des Gesetzgebungsnotstandes den Bundestag in begrenztem Umfang von der Gesetzgebung ausschalten

Gewaltenteilung

Art 82 I	Gesetze werden vom Bundespräsidenten nach Gegenzeichnung ausgefertigt und im Bundesgesetzblatt verkündet
Art. 113 I	Beabsichtigt der Bundestag, über die im Haushaltsentwurf der Bundesregierung vorgesehenen Ausgaben hinauszugehen, so bedarf er hierfür der Zustimmung der Bundesregierung

3. Einwirkung der rechtsprechenden Gewalt auf die Gesetzgebung 545

Art 93 I Nr. 2	Das BVerfG entscheidet im abstrakten Normenkontrollverfahren über Gesetze
Art. 93 I Nr.4a	Das BVerfG entscheidet bei Verfassungsbeschwerden über Gesetze
Art. 100 I	Das BVerfG entscheidet im konkreten Normenkontrollverfahren über Gesetze

4. Einwirkung der Gesetzgebung auf die rechtsprechende Gewalt 546

Art 20 III	Bindung der Rechtsprechung an Gesetze
Art. 40 IV	Aussetzung von Strafverfahren gegen Abgeordnete.
Art. 94 I	Wahl der Mitglieder des BVerfG je zur Hälfte von Bundestag und Bundesrat
Art. 95 II	Beteiligung des Bundestages am Richterwahlausschuss, der gemeinsam mit dem jeweils zuständigen Bundesminister über die Berufung der Richter an den obersten Gerichtshöfen des Bundes entscheidet.
Art. 98 II	Der Bundestag hat die Möglichkeit der Richteranklage vor dem BVerfG

5. Einwirkung der vollziehenden Gewalt auf die Rechtsprechung 547

Art. 60 I	Der Bundespräsident ernennt und entlässt die Bundesrichter
Art. 60 II	Der Bundespräsident übt im Einzelfall das Begnadigungsrecht aus
Art. 95 II	Der jeweils zuständige Bundesminister ist an der Wahl der Richter an den obersten Gerichtshöfen des Bundes beteiligt

6. Einwirkung der Rechtsprechung auf die vollziehende Gewalt 548

Art. 19 IV	Die Gerichte gewähren Rechtsschutz gegen die vollziehende Gewalt
Art. 61 II	Das BVerfG entscheidet über die Präsidentenanklage und kann dabei den Amtsverlust des Bundespräsidenten erklären
Art. 93 I Nr.2	Das BVerfG entscheidet im abstrakten Normenkontrollverfahren auch über Rechtsverordnungen der vollziehenden Gewalt
Art. 93 I Nr.4a	Das BVerfG entscheidet im Verfahren der Verfassungsbeschwerde auch über Akte der vollziehenden Gewalt
Art. 104 II	Über die Zulässigkeit und Dauer einer von der vollziehenden Gewalt veranlassten Freiheitsentziehung entscheidet der Richter.

Der mögliche Eindruck, die Einwirkungsmöglichkeiten zwischen Gesetzgebung und vollziehender Gewalt seien wegen der größeren Zahl auch die bedeutsamsten und damit die die Gewaltenteilung am meisten prägenden, täuscht. Zunächst sind die Einwirkungsmöglichkeiten des Bundespräsidenten i.d.R. nur formaler Natur bzw. – wie die nach Art. 68 und 81 – nur für 549

Ausnahmesituationen relevant. Vor allem aber ist das Verhältnis zwischen Parlament und Regierung geprägt durch das parlamentarische Regierungssystem, das in der Praxis Parlamentsmehrheit und Regierung zu einer politischen Einheit macht, innerhalb der gewaltenteilende Elemente zwar eine gewisse, aber nicht die entscheidende Rolle spielen. Die eigentliche Gewaltenteilung verläuft vielmehr zwischen Parlamentsmehrheit und Regierung auf der einen und der Opposition auf der anderen Seite. Die der Opposition zur Verfügung stehenden Mittel, um diese Rolle wahrzunehmen, d.h. vor allem die Regierung zu kontrollieren, sind aber oft nur unzureichend ausgeprägt. Um so bedeutsamer für das Ziel der Gewaltenteilung sind die Einwirkungsmöglichkeiten der rechtsprechenden auf die beiden anderen Gewalten, also insbesondere die umfassende verwaltungs- und verfassungsgerichtliche Kontrolle der Verwaltung und die Normenkontrolle des Bundestages durch das BVerfG.

7.4 Trennung der Gewalten

7.4.1 GRUNDLAGEN

550 Da das Gewaltenteilungsprinzip des Art. 20 II 2 gegenüber den Regelungen des Grundgesetzes, die eine gegenseitige Kontrolle, Hemmung und Mäßigung der Gewalten vorsehen (s.o. Rn 543 ff.), nachrangig ist, kommt es nur zur Anwendung

- bei Regelungen, die nicht im Grundgesetz enthalten sind (s.u. Rn 552), insbesondere durch den einfachen Gesetzgeber getroffen sind,

- bei Regelungen des Grundgesetzes, die nicht eindeutig sind und daher der Auslegung anhand des allgemeinen Gewaltenteilungsprinzips bedürfen (s.u. Rn 553).

- bei Regelungen, die nachträglich in das Grundgesetz aufgenommen worden sind (s.u. Rn 554). Der Grund : Nach Art. 79 III dürfen Verfassungsänderungen u.a. die in Art. 20 niedergelegten Grundsätze – also auch das Gewaltenteilungsprinzip des Abs. 2 Satz 2 – nicht berühren. Art. 20 II 2 wirkt sich daher nicht nur gegenüber dem einfachen, sondern auch gegenüber dem verfassungsändernden Gesetzgeber aus.

551 Da Art. 20 II 2 keine klare Aussage dazu enthält, inwieweit im Falle seiner Anwendbarkeit Gewaltentrennung zu erfolgen hat, andererseits das Grundgesetz in seinen konkreten Regelungen nicht vom Prinzip der Gewaltentrennung, sondern von dem der Gewaltenverschränkung und -balancierung geprägt ist, gewährt das BVerfG dem Gesetzgeber insoweit einen weiten Spielraum, indem es Gewaltenüberschneidungen zulässt und nur einen Kernbereich jeder Gewalt für unantastbar erklärt :

„Kann somit der Sinn der Gewaltenteilung zwar nicht in einer scharfen Trennung der Funktionen der Staatsgewalt gesehen werden, so muss doch andererseits die in der Verfassung vorgenommene Verteilung der Gewichte zwischen den drei Gewalten bestehen bleiben. Keine Gewalt darf ein von der Verfassung nicht vorgesehenes Übergewicht über eine andere Gewalt erhalten. Keine Gewalt darf der für die Erfüllung ihrer verfassungsmäßigen Aufgaben erforderlichen Zuständigkeiten beraubt werden... Der Kernbereich der verschiedenen Gewalten ist unveränderbar. Damit ist es ausgeschlossen, daß eine der Gewalten die ihr von der Verfassung zugeschriebenen typischen Aufgaben preisgibt." (BVerfGE 34, 58).

Was zum Kernbereich einer Gewalt gehört, muss durch eine abwägende und wertende Argumentation ermittelt werden. Dabei sind Art, Umfang und Gewicht der Zuständigkeitsüberschneidung zu berücksichtigen und insbesondere die für sie sprechenden Gründe. Ist die Überschneidung historisch überkommen und bewährt, so spricht das z.B. gegen einen Eingriff in den Kernbereich der anderen Gewalt (BVerfGE 9, 280; 28, 87).

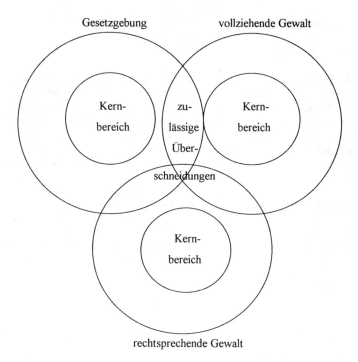

7.4.2 GEWALTENÜBERSCHNEIDUNGEN IN SACHLICHER HINSICHT

Gewaltenüberschneidungen können zum einen in sachlicher Hinsicht erfolgen. Das ist der Fall, wenn eine Gewalt Aufgaben einer anderen Gewalt wahrnimmt.

Fall 1 : Nach der Reichsabgabenordnung war bei Steuervergehen den Finanzämtern die Durchführung von Steuerstrafverfahren zugewiesen. Ergab die Untersuchung, dass der Verdacht begründet war, konnte das Finanzamt durch Strafbefehl auf eine Geldstrafe erkennen. Gegen den Strafbefehl konnten die Beschuldigten eine Entscheidung durch das ordentliche Gericht beantragen, das ohne Bindung an den Strafbefehl aufgrund mündlicher Verhandlung entschied. Da diese Überschneidung nicht durch eine spezielle Verfassungsvorschrift für zulässig erklärt ist, ist sie anhand des Gewaltenteilungsprinzips zu beurteilen und die Frage zu stellen : Wurde hierdurch in den Kernbereich der rechtsprechenden Gewalt eingegriffen ? 552

> BVerfGE 22, 79 : „Nach dem Grundgesetz stellt sich die Verhängung einer Kriminalstrafe als ein so schwerwiegender Eingriff in die Rechtssphäre des Staatsbürgers dar, dass sie unter allen Umständen nur durch den Richter vorgenommen werden darf. Dieses autoritative Unwerturteil wiegt so schwer, dass es nach der grundgesetzlichen Ordnung nur vom Richter ausgesprochen werden kann... Ein Vorverfahren ist in diesem Bereich auch dann unzulässig, wenn es auf Antrag in ein gerichtliches Verfahren übergeleitet werden kann."

Fall 2 : 1979 fassten die Außen- und Verteidigungsminister der NATO den Beschluss, nukleare Mittelstreckenraketen der USA u.a. auf dem Gebiet der Bundesrepublik Deutschland zu installieren. Gegenüber dem Bundestag vertrat die Bundesregierung die Auffassung, die Zu- 553 stimmung zu diesem Beschluss falle allein in ihre Kompetenz. Wurde in den Kernbereich der gesetzgebenden Gewalt eingegriffen, weil es sich bei der Frage der Nachrüstung um eine wesentliche Maßnahme handelt, für deren Entscheidung nach dem Demokratieprinzip grundsätzlich das Parlament zuständig ist (vgl. Rn 513 ff.) ?

> BVerfGE 58, 1 : Die Konzentration politischer Macht, die darin läge, dem Bundestag in auswärtigen Angelegenheiten - über die ihm im Grundgesetz zugeordneten Befugnisse hinaus - zentrale Entscheidungsbefugnisse exekutivischer Natur zuzuordnen, liefe dem derzeit vom Grundgesetz normierten Gefüge der Verteilung von Macht, Verantwortung und Kontrolle zuwider... Die konkrete Ordnung der Verteilung und des Ausgleichs staatlicher Macht, die das Grundgesetz gewahrt wissen will, darf nicht durch einen aus dem Demokratieprinzip fälschlich abgeleiteten Gewaltenmonismus in Form eines allumfassenden Parlamentsvorbehalts unterlaufen werden. Auch der Grundsatz der parlamentarischen Verantwortung der Regierung setzt notwendigerweise einen Kernbereich exekutivischer Eigenverantwortung voraus. Die Demokratie, die das Grundgesetz verfasst hat, ist eine rechtsstaatliche Demokratie, und das bedeutet im Verhältnis der Staatsorgane zueinander vor allem eine gewaltenteilende Demokratie. Die Organisation der grundgesetzlichen Demokratie beruht indes ...nicht darauf, alle Handlungen und Entscheidungen, die ... von politisch weittragender oder existentieller Bedeutung sind, dem Parlament zuzuweisen oder es daran in Gesetzesform zu beteiligen. Auch die Exekutive, und innerhalb ihrer besonders die Regierung, ist als "politische" Gewalt ausgestaltet und nicht etwa von vornherein auf politisch weniger bedeutsame Entscheidungen beschränkt.

554 **Fall 3 :** 1968 erfolgte die Ergänzung des Art. 10 um den Absatz 2 Satz 2. Danach kann ein Gesetz, das das Brief-, Post- und Fernmeldegeheimnis insbesondere zum Schutz der freiheitlichen demokratischen Grundordnung einschränkt, u.a. bestimmen, dass für Beschränkungen aufgrund dieses Gesetzes an die Stelle des Rechtsweges die Nachprüfung durch von der Volksvertretung bestellte Organe und Hilfsorgane tritt. War diese Verfassungsänderung mit dem Gewaltenteilungsprinzip, an dem sie sich aufgrund des Art. 79 III i.V.m. Art. 20 II 2 messen lassen musste, vereinbar ? Das BVerfG hat das bejaht :

> „Das Prinzip der Gewaltenteilung erlaubt auch, dass Rechtsschutz gegenüber Maßnahmen der Exekutive ausnahmsweise nicht durch Gerichte, sondern durch vom Parlament bestellte oder gebildete, unabhängige Institutionen innerhalb des Funktionsbereiches der Exekutive gewährt wird. ... Die Ersetzung der gerichtlichen Kontrolle durch eine unabhängige Institution im Felde der Exekutive darf zwar nicht nach Gutdünken und Willkür vorgesehen werden, aber jedenfalls für einen Fall, in dem ein zwingender, sachlich einleuchtender Grund es erfordert, und dadurch nicht der der rechtsprechenden Gewalt vorbehalte Kernbereich berührt wird" (E 30, 28).

7.4.3 Gewaltenüberschneidung in personeller Hinsicht

555 Gewaltenüberschneidungen können andererseits auch in personeller Hinsicht vorliegen. Das ist der Fall, wenn eine Person zugleich mehreren Gewalten angehört. Wenn die Gewaltenteilung in sachlicher Hinsicht wirksam sei soll, muss sie auch weitgehend durch eine Gewaltenteilung in personeller Hinsicht („Inkompatibilität") ergänzt werden. Würde etwa ein Verwaltungsbeamter gleichzeitig Verwaltungsrichter sein und als solcher seine eigenen – als Verwaltungsbeamter erlassenen - Verwaltungsakte überprüfen, würde der Grundgedanke der Gewaltenteilung ad absurdum geführt.

Das Grundgesetz hat diese personelle Unvereinbarkeit allerdings nur in Teilbereichen geregelt :
- Nach Art. 55 darf der Bundespräsident u.a. „weder der Regierung noch einer gesetzgebenden Körperschaft des Bundes oder eines Landes angehören."
- Nach Art. 94 I 3 dürfen die Richter des BVerfG „weder dem Bundestage, dem Bundesrate, der Bundesregierung noch entsprechenden Organen eines Landes angehören."

Im übrigen enthält das Grundgesetz für das Verhältnis Gesetzgebung einerseits und vollziehende und rechtsprechende Gewalt andererseits nur eine Ermächtigung zur Regelung einer Unvereinbarkeit :

„Art. 137 I : Die Wählbarkeit von Beamten, Angestellten des öffentlichen Dienstes, Berufssoldaten, Soldaten auf Zeit und Richtern im Bund, in den Ländern und den Gemeinden kann gesetzlich beschränkt werden."

Die Kritik daran, dass das Grundgesetz insoweit keine Verpflichtung zur Regelung von Unvereinbarkeiten geregelt hat (z.B. v.Münch NJW 1998, 34), erscheint berechtigt. Allerdings hat der Gesetzgeber von der Ermächtigung des Art. 137 I weitgehend Gebrauch gemacht : so z.B. der Bundesgesetzgeber in § 57 BBG, §§ 33 f. BRRG, § 25 SoldatenG und § 4 I DRiG.

7.5 sinnvolle Zuordnung staatlicher Aufgaben

Schließlich erfüllt das Gewaltenteilungsprinzip das Ziel, staatliche Aufgaben sinnvoll zuzuordnen. Es soll erreicht werden, dass „staatliche Entscheidungen möglichst richtig, d.h. von Organen getroffen werden, die dafür nach ihrer Organisation, Zusammensetzung, Funktion und Verfahrensweise über die besten Voraussetzungen verfügen" (Papier, DVP 1999, 363). Dieser Aspekt spielt z.B. eine Rolle zur Beurteilung von Entscheidungen im Bereich der Außenpolitik. Vom BVerfG ist er z.B. auch herangezogen worden zur Beurteilung der Zuständigkeit für die Rechtschreibregeln (BVerfGE 98, 256) :

556

„Wie Rechtschreibregeln und davon gegebenenfalls abweichender Schreibgebrauch unter dem Gesichtspunkt der Erlernbarkeit der Schriftsprache durch Schülerinnen und Schüler zu beurteilen sind, ob und auf welche Weise Vereinfachungen für das Schreibenlernen in den Schulen herbeigeführt werden können, ohne dass die Lesbarkeit von Texten wesentlich beeinträchtigt wird, und wie gegebenenfalls neue Rechtschreibregeln und Schreibweisen in den Schulunterricht eingeführt werden sollten, sind pädagogische, sprachwissenschaftliche und schulpraktische Fragen, für deren Beantwortung die zuständigen Fachverwaltungen grundsätzlich besser ausgerüstet erscheinen als die Landesparlamente und deren Behandlung deshalb auch in der Vergangenheit nahezu ausschließlich der Exekutive anvertraut war."

Repetitorium : Rn 1039

Weiterführende Literatur : Merten, Gewaltentrennung im Rechtsstaat, 1989; v. Unruh, Grundlagen und Problem der Verteilung der Staatsgewalt; JA 1990, 290; Vogel, Gewaltenvermischung statt Gewaltenteilung ?, NJW 1996, 1505

ABSCHNITT 2 :
DAS SOZIALSTAATSPRINZIP

1. GESCHICHTLICHE ENTWICKLUNG DES SOZIALSTAATSPRINZIPS

557 Industrialisierung, Bevölkerungswachstum, Verstädterung und sozialpolitisches Versagen des Staates führten in der ersten Hälfte des 19. Jahrhunderts zu einer zunehmenden Verarmung breiter Schichten der Bevölkerung. Zur Beseitigung dieser Not wurden verschiedene Ansätze propagiert.

558 Einige Daten sollen die Entwicklung im 19. Jahrhundert aufzeigen :

1848	Paulskirchenverfassung : ohne soziale Regelungen
1848	Kommunistisches Manifest von Karl Marx
1850	preußische Verfassung : ohne soziale Regelungen
1860	Gründung der ersten Gewerkschaft
1863	Gründung der SPD
1871	Reichsverfassung : ohne soziale Regelungen
1878	Gesetz gegen die gemeingefährlichen Bestrebungen der Sozialdemokratie (Sozialistengesetz): Verbot der politischen und gewerkschaftlichen Arbeiterbewegung
1883-89	Bismarck´sche Sozialgesetzgebung
1883 :	Krankenversicherungsgesetz : 13 Wochen lang freie ärztliche Behandlung und 50 % des Lohns; Kostentragung : zwei Drittel der Arbeitgeber, ein Drittel der Arbeitnehmer
1884 :	Unfallversicherungsgesetz : von der 14. Woche der Arbeitsunfähigkeit an freie ärztliche Behandlung und zwei Drittel des Lohns als Rente
1889 :	Invaliditäts- und Altersversicherungsgesetz : Arbeitgeber, Arbeitnehmer und der Staat teilen sich die Kosten der Versicherung
1919	Weimarer Reichsverfassung : Sie war ein Kompromiss zwischen Arbeiterschaft und Bürgertum : Zwar enthielt sie kein ausdrückliches Bekenntnis zum Sozialstaat, aber zahlreiche sozialstaatliche Einzelregelungen in den Art. 151 ff. : z.B. Sozialpflichtigkeit des Eigentums, gerechte Verteilung von Grund und Boden, Möglichkeit der Vergesellschaftung, Schutz der Arbeitskraft, Koalitionsfreiheit, Sozialversicherungssystem, Arbeitslosenunterstützung, Schutz des Mittelstandes. Diese Regelungen lie-

fen allerdings angesichts der tatsächlichen Entwicklung der Weimarer Republik - Weltwirtschaftskrise, Inflation und Massenarbeitslosigkeit – weitgehend leer.

1933-45 Das „Dritte Reich" baute einerseits die hohe Arbeitslosigkeit durch umfangreiche Arbeitsbeschaffungsmaßnahmen – die allerdings weniger sozial- als vielmehr rüstungspolitisch motiviert waren – weitgehend ab. Andererseits unterdrückte es jegliche Form sozialer Teilhabe durch Abschaffung von Gewerkschaften, Koalitionsfreiheit, Streikrecht, Mitbestimmung von Betriebsräten und Selbstverwaltung durch Arbeitnehmer und –geber.

1945-49 Alle in dieser Zeit in Kraft getretenen Länderverfassungen (Bayern, Bremen, Hessen, Rheinland-Pfalz, Saarland) enthalten – bis auf den heutigen Tag - zahlreiche soziale Regelungen, z.B. Recht auf Arbeit, gesunde Arbeitsbedingungen, Achtstundentag, Urlaub, Schutz bei Krankheit, Arbeitslosigkeit und im Alter, Koalitionsfreiheit

2. INHALT DES SOZIALSTAATSPRINZIPS

Das Grundgesetz enthält nur wenige vereinzelte Regelungen mit sozialstaatlichem Bezug : 559

- Art. 1 I	: Schutz der Menschenwürde
- Art. 2 I	: freie Entfaltung der Persönlichkeit
- Art. 2 II 1	: Recht auf Leben und körperliche Unversehrtheit
- Art. 3 I	: Verbot willkürlicher Gleich- und Ungleichbehandlung
- Art 3 II	: Gleichberechtigung von Männern und Frauen
- Art. 3 III	: Diskriminierungsverbote
- Art. 6 I	: Schutz von Ehe und Familie
- Art. 6 IV	: Anspruch von Müttern auf Schutz und Fürsorge der Gemeinschaft
- Art. 6 V	: Gleichstellung unehelicher Kinder
- Art. 9 III	: Koalitionsfreiheit
- Art. 12	: Berufsfreiheit
- Art. 13	: Schutz der Wohnung
- Art. 14 II	: Sozialbindung des Eigentums
- Art. 15	: Möglichkeit der Vergesellschaftung
- Art. 34	: Amtshaftung
- Art. 74	: Gesetzgebungskompetenzen zur Regelung des Sozialrechts
- Art. 120	: Kriegsfolgelasten
- Art. 120 a	: Lastenausgleich

Im übrigen ist das Sozialstaatsgebot nur als allgemeines Prinzip in Art. 20 I („sozialer Bundesstaat") für den Bund und in Art. 28 I („sozialer Rechtsstaat") für die Länder genannt. 560

Seine Grundaussage ist, dass der Staat verpflichtet ist, für „soziale Gerechtigkeit" zu sorgen (BVerfGE 59, 266). Eine erschöpfende Definition des Sozialstaatsprinzips kann es demgegenüber wegen seiner nur allgemeingehaltenen Formulierung und wegen seiner Abhängigkeit von gesellschaftlichen Anschauungen und wirtschaftlichen Entwicklungen nicht geben. Das Sozialstaatsprinzip ist daher „ein der konkreten Ausgestaltung in hohem Maße fähiges und bedürftiges Prinzip" (BVerfGE 5, 85, 198). Deshalb hat das BVerfG aus dem Sozialstaatsprinzip auch nur wenige konkretere Aussagen abgeleitet. Diese sind zwar zu individuellen Fallgestaltungen erfolgt. Man kann aus ihnen aber allgemeine Inhalte des Sozialstaatsprinzips ableiten (ähnlich Katz Rn 221 ff.):

Bereich	Ziel	Konkretisierungen z.B.
Daseinsvorsorge	verlangt „gleichmäßige Förderung des Wohls aller Bürger" (E 9, 133)	Wirtschaftspolitik Gesundheitsrecht Bildungsrecht Versorgung mit Wasser, Strom und Elektrizität öffentlicher Nahverkehr
soziale Sicherheit	verlangt „staatliche Vor- und Fürsorge für Einzelne oder Gruppen der Gesellschaft, die aufgrund persönlicher Lebensumstände oder gesellschaftlicher Benachteiligung in ihrer persönlichen und sozialen Entfaltung behindert sind" (E 45, 387).	Rentenversicherung Krankenversicherung Unfallversicherung Pflegeversicherung Arbeitslosenversicherung Sozialhilfe Kinder- und Jugendhilfe Schwerbehindertenhilfe
soziale Förderung	verlangt, „die Gleichheit fortschreitend bis zu dem vernünftigerweise zu fordernden Maße zu verwirklichen" (E 5, 206).	Ausbildungsförderung Arbeitsförderung Wohngeld Kindergeld Erziehungsgeld und -urlaub
soziale Entschädigung	verlangt, „dass die staatliche Gemeinschaft in der Regel Lasten mitträgt, die aus einem von der Gesamtheit zu tragenden Schicksal, namentlich durch Eingriffe von außen, entstanden sind und mehr oder weniger zufällig nur einige Bürger oder bestimmte Gruppen getroffen haben." (E 27, 283).	Lastenausgleich Kriegsopferversorgung Soldatenversorgung Verbrechensopferversorgung Impfschädenausgleich Solidaritätszuschlag
soziale Freiheit	verlangt, schädliche Auswirkungen schrankenloser Freiheit zu verhindern, ... wirkliche Ausbeutung, nämlich Ausnutzung der Arbeitskraft zu unwürdigen Bedingungen und unzureichendem Lohn zu unterbinden" (E 5, 206).	Kündigungsschutz Arbeitsschutzrecht Mieterschutz Betriebsverfassungsrecht Mitbestimmung

3. INSBESONDERE : SOZIALRECHT ALS KONKRETISIERUNG DES SOZIALSTAATSPRINZIPS

Das Sozialrecht umfasst nur einen - wenn auch sehr bedeutsamen - Teil des Regelungskomplexes, durch den das Sozialstaatsprinzip - insbesondere durch den Gesetzgeber - umgesetzt worden ist. Das soll mit der folgenden Übersicht verdeutlicht werden :

561

Das Sozialrecht ist im Sozialgesetzbuch geregelt bzw. konzeptionell angelegt. Mit diesem Gesetzbuch „unternimmt der Gesetzgeber den Versuch, die unterschiedlich strukturierten und aus unterschiedlichen Traditionen stammenden Teile des Sozialrechts in einem Gesetzbuch zu vereinigen, um das Sozialrecht für Verwaltung, Rechtsprechung und vor allem für den Bürger transparenter zu machen." (Baltes-Rogowaski, Sozialrecht S. 5). Im Unterschied etwa zum BGB, das in einem Gesetzgebungsakt entstanden ist, ist das SGB stufenweise entstanden - und entsteht noch weiter. Neben den allgemeinen Vorschriften (SGB I und X) sind in den anderen Büchern bereits die meisten Bereiche des Sozialrechts geregelt. Soweit das noch nicht der Fall ist, gelten die entsprechenden Gesetze nach Art. II § 1 SGB I aber als besondere Teile des SGB, so dass die allgemeinen Regelungen bereits auf sie Anwendung finden.

562

soziale Rechte des SGB I	konkrete Regelungen
§ 3 Bildungs- und Arbeitsförderung *(1) Wer an einer Ausbildung teilnimmt, die seiner Neigung, Eignung und Leistung entspricht, hat ein Recht auf individuelle Förderung seiner Ausbildung, wenn ihm die hierfür erforderlichen Mittel nicht anderweitig zur Verfügung stehen.* *(2) Wer am Arbeitsleben teilnimmt oder teilnehmen will, hat ein Recht auf* *1. Beratung bei der Wahl des Bildungswegs und des Berufs,* *2. individuelle Förderung seiner beruflichen Weiterbildung (Fortbildung und Umschulung),* *3. Hilfe zur Erlangung und Erhaltung eines angemessenen Arbeitsplatzes und* *4. wirtschaftliche Sicherung bei Arbeitslosigkeit und bei Zahlungsunfähigkeit des Arbeitgebers.*	§ 18 SGB I, BaföG, SGB III
§ 4 Sozialversicherung *(1) Jeder hat im Rahmen dieses Gesetzbuchs ein Recht auf Zugang zur Sozialversicherung.* *(2) Wer in der Sozialversicherung versichert ist, hat im Rahmen der gesetzlichen Kranken-, Pflege-, Unfall- und Rentenversicherung einschließlich der Alterssicherung für Landwirte ein Recht auf* *1. die notwendigen Maßnahmen zum Schutz, zur Erhaltung, zur Besserung und zur Wiederherstellung der Gesundheit und der Leistungsfähigkeit und*	§§ 21-23 SGB I, SGB V, SGB VI, SGB VII, SGB XI

2. wirtschaftliche Sicherung bei Krankheit, Mutterschaft, Minderung der Erwerbsfähigkeit und Alter. Ein Recht auf wirtschaftliche Sicherung haben auch die Hinterbliebenen eines Versicherten.	
§ 5 Soziale Entschädigung bei Gesundheitsschäden 1 Wer einen Gesundheitsschaden erleidet, für dessen Folgen die staatliche Gemeinschaft in Abgeltung eines besonderen Opfers oder aus anderen Gründen nach versorgungsrechtlichen Grundsätzen einsteht, hat ein Recht auf 1. die notwendigen Maßnahmen zur Erhaltung, zur Besserung und zur Wiederherstellung der Gesundheit und der Leistungsfähigkeit und 2. angemessene wirtschaftliche Versorgung. Ein Recht auf angemessene wirtschaftliche Versorgung haben auch die Hinterbliebenen eines Beschädigten.	§ 24 SGB I, BundesversorgungsG (BVG), BundesseuchenG, OpferentschädigungsG (OEG), SoldatenversorgungsG (SVG)
§ 6 Minderung des Familienaufwands Wer Kindern Unterhalt zu leisten hat oder leistet, hat ein Recht auf Minderung der dadurch entstehenden wirtschaftlichen Belastungen.	§ 25 SGB I, BKindergeldG, BErziehungsgeldG
§ 7 Zuschuss für eine angemessene Wohnung Wer für eine angemessene Wohnung Aufwendungen erbringen muss, die ihm nicht zugemutet werden können, hat ein Recht auf Zuschuss zur Miete oder zu vergleichbaren Aufwendungen.	§ 26 SGB I, WohngeldG
§ 8 Kinder- und Jugendhilfe Junge Menschen und Personensorgeberechtigte haben im Rahmen dieses Gesetzbuchs ein Recht, Leistungen der öffentlichen Jugendhilfe in Anspruch zu nehmen. Sie sollen die Entwicklung junger Menschen fördern und die Erziehung in der Familie unterstützen und ergänzen.	§ 27 SGB I, SGB VIII
§ 9 Sozialhilfe Wer nicht in der Lage ist, aus eigenen Kräften seinen Lebensunterhalt zu bestreiten oder in besonderen Lebenslagen sich selbst zu helfen, und auch von anderer Seite keine ausreichende Hilfe erhält, hat ein Recht auf persönliche und wirtschaftliche Hilfe, die seinem besonderen Bedarf entspricht, ihn zur Selbsthilfe befähigt, die Teilnahme am Leben in der Gemeinschaft ermöglicht und die Führung eines menschenwürdigen Lebens sichert.	§ 28 SGB I, BSozialhilfeG (BSHG)
§ 10 Eingliederung Behinderter Wer körperlich, geistig oder seelisch behindert ist oder wem eine solche Behinderung droht, hat unabhängig von der Ursache der Behinderung ein Recht auf die Hilfe, die notwendig ist, um 1. die Behinderung abzuwenden, zu beseitigen, zu bessern, ihre Verschlimmerung zu verhüten oder ihre Folgen zu mildern, 2. ihm einen seinen Neigungen und Fähigkeiten entsprechenden Platz in der Gemeinschaft, insbesondere im Arbeitsleben, zu sichern.	§ 28 SGB I, § 567 RVO, §§ 15 ff SGB VI, §§ 56 ff. AFG, § 30 SchwbG, § 40 f. BSHG

Die finanziellen Dimensionen des Sozialrechts sollen folgende Übersichten veranschaulichen : 563

UMFANG DER STAATLICHEN SOZIALLEISTUNGEN			
Direkte Leistungen	Ausgaben in Mrd DM		
	1992	1995	1998
Rentenversicherung	290,9	361,1	398,3
Krankenversicherung	210,4	240,0	245,9
Arbeitsförderung	110,5	129,2	133,3
Sozialhilfe	43,9	53,5	50,1
Beamtenpensionen	47,8	56,0	63,8
Lohn- und Gehaltsfortzahlung	48,3	55,2	42,9
Jugendhilfe	20,6	29,2	30,9
betriebliche Alterversorgung	22,6	24,1	27,8
Kindergeld	22,0	21,2	0,1
Unfallversicherung	16,7	20,0	21,0
Soziale Entschädigungen	15,5	14,0	11,0
Zusatzversorgung im öffentlichen Dienst	12,5	13,6	14,6
Familienzuschläge für Beamte	12,1	13,0	13,4
Beihilfen für Beamte	11,3	14,0	15,5
Vermögensbildung	11,7	10,5	10,0
Pflegeversicherung		10,3	30,7
Erziehungsgeld	8,0	7,2	7,2
Wohngeld	7,4	6,2	7,6
Altershilfe für Landwirte	5,3	6,2	6,8
sonstige Arbeitgeberleistungen	5,5	4,6	4,3
Öffentlicher Gesundheitsdienst	3,3	3,4	3,3
Versorgungswerke	2,4	2,6	3,2
Ausbildungsförderung	2,5	1,9	1,6
Wiedergutmachung	1,8	3,0	4,0
Lastenausgleich und sonstige Entschädigungen	1,0	1,2	0,7
Gesamt	939,4	1101,2	1147,9
indirekte Leistungen (z.B. Steuerermäßigungen)	?	78	124

Angaben : Bundesarbeitsministerum (aus Globus-Kartendienst)

SOZIALER SCHUTZ IN DER EUROPÄISCHEN UNION

Ausgaben 1997, 1998 in Prozent der Wirtschaftsleistung (Bruttoinlandsprodukt)

	1997	1998		1997	1998		1997	1998
Schweden	33,7	33,3	Deutschland	29,9	29,3	Luxemburg	24,8	24,5
Dänemark	31,4	30,0	Österreich	28,8	28,4	Griechenland	23,6	24,5
Frankreich	30,8	30,5	Belgien	28,5	27,5	Portugal	22,5	23,4
Niederlande	30,3	28,5	Großbritannien	26,8	26,8	Spanien	21,4	21,6
Finnland	29,9	27,2	Italien	25,9	25,2	Irland	17,5	16,1

Angaben : Eurostat (aus Globus-Kartendienst)

4. RECHTSWIRKUNGEN DES SOZIALSTAATSPRINZIPS

564 In erster Linie richtet sich das Sozialstaatsprinzip an den Gesetzgeber. Da es ein „ein der konkreten Ausgestaltung in hohem Maße fähiges und bedürftiges Prinzip" (BVerfGE 5, 85, 198) ist, hat der Gesetzgeber bei seiner Ausgestaltung einen weiten Gestaltungsspielraum (BVerfGE 59, 231, 263). „Art. 20 Abs. 1 bestimmt nur das 'Was', das Ziel, die gerechte Sozialordnung; er lässt aber für das 'Wie', für die Erreichung des Ziels, alle Wege offen" (BVerfGE 22, 204).

565 Der verfassungsändernde Gesetzgeber darf nach Art. 79 III in Verbindung mit Art. 20 I das Sozialstaatsprinzip nicht antasten. Da der Inhalt des Sozialstaatsprinzips aber nicht eindeutig zu bestimmen ist, ist auch der Umfang des Schutzes durch Art. 79 III nicht eindeutig. Zumindest ist festzustellen, „dass ein bequemes Sichzurückziehen des Staates in eine bloße Rechtsbewahrungsrolle (Nachtwächterstaat) und ein Sichselbstüberlassen der vom Staat getrennten Gesellschaft unantastbar der Vergangenheit angehören." (MD/Maunz Art. 79 Rn 49)

566 Subjektive Ansprüche lassen sich unmittelbar aus dem Sozialstaatsprinzip wegen seiner Offenheit nicht ableiten. Zur Entstehung eines Anspruchs ist daher eine gesetzliche Regelung nötig (BVerfGE 27, 283). Eine Ausnahme bildet allenfalls das Recht auf ein menschenwürdiges Dasein, das die Rechtsprechung aber nicht allein aus dem Sozialstaatsprinzip ableitet, sondern dabei zusätzlich auf Art. 1 und 2 zurückgreift (BVerwGE 1, 161).

Beispiel : Anspruch eines Obdachlosen auf eine Obdachlosenunterkunft mit Strom- und Wasseranschluss (OVG Lüneburg, FamR 1971, 669; VGH Kassel NJW 1984, 2305).

Nach Inkrafttreten des BSHG hat dieses Recht jedoch keine praktische Bedeutung mehr gespielt, sondern wird durch die spezialgesetzlichen Regelungen verdrängt (s.o. Rn 562).

567 Eine unmittelbare Bedeutung spielt das Sozialstaatsprinzip als verbindliche Auslegungsmaxime für alle übrigen Rechtsnormen : für die Verfassung selbst (BVerfGE 33, 330), vor allem aber für Rechtsnormen des einfachen Rechts (BVerfGE 1, 105), soweit diese unbestimmte Rechtsbegriffe oder Ermessen enthalten.

Repetitorium : Rn 1040

Weiterführende Literatur : Krause, Sozialstaat und Sozialrecht, JuS 1986, 349; Badura, 40 Jahre Sozialstaat, DÖV 1989, 491; Brohm, Soziale Grundrechte und Staatszielbestimmungen, JZ 1994, 213; Bieback, Verfassungsrechtlicher Schutz gegen Abbau und Umstrukturierung von Sozialleistungen, 1997; Neumann, Sozialstaatsprinzip und Grundrechtsdogmatik, DVBl. 1997, 92

ABSCHNITT 3:
DAS DEMOKRATIEPRINZIP

1. GESCHICHTLICHE ENTWICKLUNG DES DEMOKRATIEPRINZIPS

Die geschichtliche Entwicklung des Demokratieprinzips ist durch viele Aspekte geprägt. Hier soll nur auf einige eingegangen werden. Auf andere wird an anderen - spezielleren - Stellen, auf die insoweit hier verwiesen werden soll, eingegangen (siehe Rn 573). 568

1.1 Grundlegung in der Antike

Die Anfänge der Demokratie lassen sich bis in die Antike zurückverfolgen. Seit dem 9. Jahrhundert vor Chr. wurden in den Städten Griechenlands alle grundlegenden Entscheidungen von den Vollbürgern (die allerdings nur eine Minderheit der Bevölkerung umfassten) im Rahmen von Volksversammlungen getroffen. Öffentliche Ämter wurden nur auf Zeit vergeben; die Amtsinhaber waren zu öffentlicher Rechenschaft verpflichtet. So kritisch diese Form der Demokratie aus heutiger Sicht auch betrachtet werden mag, so hat sie doch mit zur Begründung der modernen Demokratie beigetragen, weil hier zum ersten Mal der Mensch als Einzelwesen eine Rolle spielte und eine Form der Selbstregierung praktiziert wurde. Philosophisch begründet wurde die Demokratie vor allem durch Aristoteles (384 - 322 v. Chr.). Er unterscheidet in seiner Verfassungslehre zwei grundlegende Herrschaftszwecke, nämlich die gute Herrschaft, die das Wohl Aller zum Ziel hat, und die schlechte Herrschaft, die nur das eigene Wohl der Herrschenden verfolgt. Daraus ergeben sich für ihn folgende Staatsformen (vgl. Zippelius §§ 20, 22): 569

Art der Herrschaft	gute Herrschaftsform	entartete Herrschaftsform
Herrschaft eines Einzelnen	Monarchie	Tyrannis
Herrschaft einiger	Aristokratie	Oligarchie
Herrschaft aller	Politie	Demokratie

Die beste Verfassungsform war für Aristoteles die Politie, für die in der Antike allerdings bereits die Bezeichnung Demokratie üblich war. Ihre negative Erscheinungsform wurde von den Schülern des Aristoteles dann auch nicht mehr Demokratie, sondern Ochlokratie (Pöbelherrschaft) genannt. Die negative Bedeutung des Begriffs Demokratie in den Schriften des Aristoteles wirkte aber lange nach, weswegen - bis zur Französischen Revolution - demokratische Erscheinungsformen in der Regel als Republik bezeichnet wurden.

1.2 Entwicklung im Mittelalter

Die Staatsformen des Mittelalters waren durch ein Nebeneinander monarchischer, aristokratischer und demokratischer Erscheinungsformen geprägt. Ansätze demokratischer Mitbestimmung gab es dabei vor allem in den Städten des Spätmittelalters, die meist eine aristokratische Verfassung hatten. In ihnen erkämpften sich in zunehmendem Maße Handwerker in Verbindung mit ihren Zünften einen Anteil der Macht, die von den Patriziern, in der Regel reichen Kaufleuten, gehalten wurde. Der Grundsatz „Stadtluft macht frei" verschaffte überdies allen Bürgern eine bessere Rechtsstellung als den Untertanen absoluter Monarchien. 570

1.3 Entwicklung in der Neuzeit

Die moderne Geschichte der Demokratie seit der Französischen Revolution ist entscheidend geprägt worden durch die Auseinandersetzung zweier Demokratiemodelle, dem der identitären und dem der Konkurrenzdemokratie.

571 **Die Identitätstheorie** wurde maßgeblich von Jean-Jacques Rousseau (1712-1778) geprägt. Sie geht von einer Identität von Regierenden und Regierten aus. Nach ihr gibt es in jeder Gesellschaft einen objektiv erkennbaren allgemeinen Willen, der auf das Gemeinwohl abzielt und „beständig der richtige ist". Intermediäre Gewalten wie Parteien und Verbände, die Sonderinteressen vertreten, werden nicht anerkannt, da sie die Einheit von Regierenden und Regierten in Frage stellen würden. Als demokratische Legitimation werden vielmehr nur Volksabstimmungen anerkannt, weil durch sie der allgemeine Wille am ehesten ermittelt werden kann. Repräsentation wird dagegen abgelehnt, da der Volkswille nicht vertreten werden kann. Gewählte Delegierte (Räte) haben folglich ein imperatives Mandat, sind also direkt an die Aufträge und Weisungen der Wähler gebunden und jederzeit abrufbar, damit die Identität der Regierenden mit den Regierten gewahrt bleibt. Da der allgemeine Wille objektiv und richtig ist, muss er aber nicht unbedingt mir der Summe der Einzelwillen übereinstimmen. Er kann daher unter Umständen auch durch eine Gesetzgeber erkannt werden, dessen „höhere Einsicht ... sich über den Gesichtspunkt des einzelnen Menschen erhebt".

572 **Die Konkurrenztheorie** wurde in ihrem Kern gegen Ende des 18. Jahrhunderts in den USA unter Rückgriff auf das englische Modell entwickelt und im 20. Jahrhundert um den Gedanken der Legitimität des Pluralismus (Pluralismustheorie) erweitert. Sie geht davon aus, dass es in jeder Gesellschaft eine gleichberechtigte Konkurrenz unterschiedlicher Interessen und Meinungen gibt, von denen keine von vornherein den Anspruch erheben kann, die richtige und damit durchsetzungsberechtigte zu sein. Ein vorgegebenes Gemeinwohl existiert nicht. Gemeinwohl kann daher allenfalls das Resultat eines Kompromisses sein, der im politischen Konkurrenzkampf jeweils neu gefunden werden muss. Damit in diesem System die Minderheit zur Mehrheit werden kann, ist ein Grundkonsens über die Spielregeln dieses Konkurrenzkampfes und ein ausgeprägter Minderheitenschutz unentbehrlich. Entscheidungen müssen von einem frei gewählten Parlament getroffen werden, da die Bevölkerung eines Flächenstaates aufgrund ihres Umfangs und ihrer Unterschiedlichkeit nicht in der Lage ist, sich selbst zu regieren, sondern auf Repräsentation angewiesen ist. Die in das Parlament gewählten Vertreter sind als Repräsentanten an Aufträge und Weisungen ihrer Wähler nicht gebunden. Insofern ist Demokratie nicht Herrschaft durch das Volk, sondern Herrschaft mit Zustimmung des Volkes.

573 **Hinweis** : Aspekte, die auch hier bei der geschichtlichen Entwicklung des Demokratieprinzips abhandeln werden könnten, sind aus systematischen Gründen an anderer Stelle dargestellt :

- ⇨ die Entwicklung der repräsentativen Demokratie auf : Rn 578 f.
- ⇨ die Entwicklung der streitbaren Demokratie auf : Rn 595
- ⇨ die Entwicklung des Wahlrechts : Rn 688 f.
- ⇨ die Entwicklung des parlamentarischen Regierungssystems : Rn 746

2. GRUNDMERKMALE DES DEMOKRATIEPRINZIPS

Nach Art. 20 II 1 bedeutet Demokratie, dass alle Staatsgewalt vom Volk ausgeht. Was das im einzelnen bedeutet, ergibt sich nicht unmittelbar aus dem Wortlaut des Art. 20 selbst, sondern aus seiner ihm immanenten Grundaussage, die durch zahlreiche Vorschriften des Grundgesetzes konkretisiert wird. Eine allgemeingültige umfassende Definition der Demokratie gibt es wegen des ständigen Wandels, in dem sich dieses Prinzip befindet, nicht. Man kann Demokratie also nur in seinen wesentlichen Merkmalen umschreiben. Dabei ist zwischen Merkmalen des Kernbereichs, der von Art. 20 geschützt wird und wegen Art. 79 III unantastbar ist, und solchen des Randbereichs zu unterscheiden ist. 574

```
┌─────────────────────────────────┐
│          Randbereiche           │
│  ┌───────────────────────────┐  │
│  │  Kernbereich des Art. 20 I GG │  │
│  └───────────────────────────┘  │
│          Randbereiche           │
└─────────────────────────────────┘
```

Der Kernbereich, den Art. 20 GG garantiert, umfaßt das Grundprinzip der Konkurrenzdemokratie (s.o. Rn 572). Im einzelnen gehören nach h.M. folgende Merkmale (die nicht immer klar gegeneinander abgrenzbar sind, sondern sich zum Teil überschneiden) dazu : 575

- *„Willensbildung vom Volk zu den Staatsorganen, ... nicht umgekehrt von den Staatsorganen zum Volk hin. Den Staatsorganen ist es grundsätzlich verwehrt, sich in bezug auf diesen Prozess zu betätigen" (BVerfGE 20, 56)*

- *„Rückführbarkeit aller staatlichen Aufgaben und Befugnisse auf das Volk und Verantwortung dieser gegenüber dem Volk" (BVerfGE 83, 72).* Diese Legitimation *„erfordert eine ununterbrochene Legitimationskette vom Volk zu den mit staatlichen Aufgaben betrauten Organen und Amtswaltern. Die Legitimation muss jedoch nicht in jedem Fall durch unmittelbare Volkswahl geschehen. In aller Regel genügt es, dass sie sich mittelbar auf das Volk als Träger als Träger der Staatsgewalt zurückführen lässt" (BVerfGE 47, 275).*

- Mehrheitsprinzip *(BVerfGE 29, 165)*

- Gleichheitsprinzip (BVerfGE 3, 26 f.) : siehe Art. 3 I (Rn 281 ff.)

- Wahlen, die periodisch in nicht zu großen Abständen wiederkehren (BVerfGE 18, 154) : siehe Art. 39 I 1 (Rn 690)

- Wahlen, die allgemein, gleich, unmittelbar, frei (BVerfGE 44, 139) und geheim sind : siehe Art. 38 I 1 (Rn 691 ff.)

- Entscheidung aller wesentlichen Fragen durch das Parlament (BVerfGE 41, 78 ff.). Aber *: „Das Grundgesetz spricht dem Parlament nicht einen allumfassenden Vorrang bei grundlegenden Entscheidungen zu"* (BVerfGE 49, 124) : siehe Rn 513 ff.

- Unabhängigkeit und Verantwortlichkeit der Abgeordneten (BVerfGE 40, 319) : siehe Art. 38 I 2, 48 (Rn 711 ff.)

- Verantwortlichkeit der Regierung (BVerfGE 2, 11) : siehe Art. 63 ff. (Rn 757)

- Meinungs-, Presse-, Versammlungs- und Vereinigungsfreiheit (BVerfGE 7, 119) : siehe Art. 5, 8, 9 (Rn 335 ff., 388 ff., 406 ff.)

- Gründungsfreiheit für politische Parteien (BVerfGE 44, 145) : siehe Art. 21 I 2 (Rn 586)

- Mehrparteiensystem (BVerfGE 5, 224) : siehe Art. 21 (Rn 585)
- demokratische Willensbildung innerhalb der Parteien : siehe Art. 21 I 3 (Rn 588)
- Recht auf Bildung und Ausübung einer Opposition (BVerfGE 2, 11) : Rn 726
- Chancengleichheit der politischen Parteien bei Gründung und Betätigung (BVerfGE 6, 280) : Rn 589 f.

576 Die genaue Grenze zwischen dem Kernbereich des Demokratieprinzips und dem Randbereich, der von Art. 20 nicht geschützt ist, ist schwierig zu bestimmen. So gehören etwa die Grundprinzipien des Parteienrechts zum Kernbereich, einzelne Konkretisierungen dagegen zum Randbereich. Eindeutig zum Randbereich dürften insbesondere gehören :

- die Entscheidung für eine repräsentative Demokratie
- die Ausgestaltung des Wahlrechts durch das BWahlG, also die Entscheidung für ein bestimmtes Wahlsystem und die Regelung seiner Modalitäten
- die Ausgestaltung des parlamentarischen Regierungssystems, also etwa die Entscheidung für die Art der Bildung der Regierung, die innere Struktur und Willensbildung der Regierung oder die Stellung des Bundespräsidenten
- die Selbstverwaltung etwa von Gemeinden, Hochschulen, Sozialversicherungsträgern oder berufsständischen Körperschaften
- die Mitwirkungsmöglichkeiten von Personalvertretungen im öffentlichen Dienst
- die Mitwirkungsmöglichkeiten von Bürgern in Verwaltungsausschüssen
- die Mitwirkungsmöglichkeiten von Verbänden in den Gremien der öffentlich-rechtlichen Rundfunk- und Fernsehanstalten

Repetitorium : Rn 1041

weiterführende Literatur : Kriele, Das demokratische Prinzip im Grundgesetz, VVDStRL 29 (1971), 46; Heun, Das Mehrheitsprinzip in der Demokratie, 1983; Schrader, Rechtsbegriff und Rechtsentwicklung der Verfassungstreue im öffentlichen Dienst, 1985; Zwirner, Politische Treuepflicht des Beamten, 1987; Dreier, Das Demokratieprinzip des Grundgesetzes, Jura 1997, 249; Zippelius, Der Weg der Demokratie – ein Lernprozess, NJW 1998, 1528; Thieme, Demokratie – ein Staatsziel im Wandel, DÖV 1998, 751; Pünder, Verfassungsrechtliche Vorgaben für die Normierung neuer Steuerungsmodelle, DÖV 2001, 70

3. REPRÄSENTATIVE DEMOKRATIE

3.1 Begriff und Abgrenzung

577 Repräsentative Demokratie bedeutet die Ausübung der staatlichen Herrschaftsgewalt durch demokratisch legitimierte Vertreter, die das Volk repräsentieren, ihm gegenüber also nicht weisungsgebunden sind. Der Gegensatz dazu ist die unmittelbare Demokratie, bei der die staatliche Herrschaftsgewalt unmittelbar durch das Volk in Volksabstimmungen ausgeübt wird.

Dabei sind verschiedene Formen zu unterscheiden, deren Ausgestaltung nicht vorgegeben ist, sondern sich nach der jeweiligen Verfassung bestimmt (vgl. Zippelius § 23 II 7) :

- **Volksinitiative** ist ein Antrag eines Teils der Wähler an das Parlament, sich mit einer bestimmten Frage zu befassen. Je nach Verfassung kann oder muss die Volksinitiative auf den Erlass eines Gesetzes gerichtet sein.

- **Volksbegehren** ist eine Initiative eines Teils der Wähler an das Parlament, ein vorgelegten Gesetzentwurf zu beschließen. Übernimmt das Parlament den Gesetzentwurf des Volksbegehrens nicht, so ist die regelmäßige Folge, das es zu einem Volksentscheid kommt.

- **Volksentscheid (Referendum)** ist die Abstimmung der Bevölkerung über einen Gesetzentwurf und damit Volksgesetzgebung. In der Regel ist für das Zustandekommen eines Volksentscheides eine Mindestbeteiligung der Bevölkerung vorgesehen. Meistens können bestimmte Arten von Gesetzen nicht im Wege des Volksentscheides zustandekommen, etwa Haushalts-, Steuer- und Besoldungsgesetze.

- **Volksbefragung** ist die Befragung des Volkes zu einer bestimmten Frage, ohne dass durch das Ergebnis eine Bindungswirkung für die Staatsorgane entsteht

3.2 geschichtliche Entwicklung

Unmittelbar-demokratische Elemente gab es erstmals in der Weimarer Republik : 578

```
                         Vorlage
                    ↓              ↑
 ┌──────────────┐  ┌──────────────┐  ┌──────────────┐
 │Reichspräsident│  │  Reichstag  1/3│  │Reichsregierung│
 └──────────────┘  └──────────────┘  └──────────────┘
        ↓              ↓ +↓                ↑
                       ↓
     ┌────────┐                    Aussetzung    Gesetz-
     │ Gesetz │                    der Verkün-   entwurf
     └────────┘    wenn            dung eines    (außer :
        ↓         Entwurf          Gesetzes      - Haushalt
                  vom RT                         - Besoldung
                  nicht                          - Abgaben)
                  über-
                  nommen
     ┌─────────────────┐
     │ Volksentscheid  │            1/20 der Bev.   1/10 der Bev.
     └─────────────────┘
```

Zu einem Volksentscheid ist es in der Weimarer Republik zweimal gekommen : über das Gesetz über die entschädigungslose Enteignung der Fürstenhäuser und über das Gesetz gegen die Versklavung des deutschen Volkes. Beide Volksentscheide scheiterten an der zu geringen Zahl der Abstimmenden (weniger als 50 %).

Im Dritten Reich wurden drei Volksentscheide über folgende Fragen durchgeführt : 1933 : 579
War die Politik, die zum Austritt aus Völkerbund geführt hatte, richtig ? (95,1 % - Ja-Stimmen); 1934 : Sollen die Ämter von Reichspräsident und Reichskanzler vereinigt werden ? (89,9 % - Ja-Stimmen); 1938 : Sollen Österreich und Deutschland vereinigt werden ? (99,7 % - Ja-Stimmen in Deutschland und in Österreich)

3.3 Regelung in den Bundesländern

	Volksinitiative			Volksbegehren			Volksentscheid		
	Verfass. änderung	Landtag- auflösung	Gesetze	Verfass. änderung	Landtag- auflösung	Gesetze	Verfass. änderung a: Mindest- beteiligung b: notw. Mehrheit	Landtag- auflösung a: Mindest- beteiligung b: notw. Mehrheit	Gesetze a: Mindest- beteiligung b: notw. Mehrheit
Bad.-Württ	-	-	-	1/6 SB	1/6 SB	1/6 SB	a: - b: 1/2 SB	a: - b: 1/2 SB	a: - b: 1/2 + 1/3 SB
Bayern	-	-	-	1/10 SB	1 Mio SB	1/10 SB	a: - b: 1/2	a: - b: 1/2	a: - b: 1/2
Berlin	-	-	-	-	1/5 SB	-	-	a: 1/2 SB b: 1/2	-
Brandenburg	20 Tsd SB	150 Tsd SB	20 Tsd SB	80 Tsd SB	200 Tsd SB	80 Tsd SB	a: - b: 2/3 +, 1/2 SB	a: - b: 2/3 + 1/2 SB	a: - b: 1/2 + 1/4 SB
Bremen	-	-	-	1/5 SB	-	1/5 SB	a: b: 1/2 SB	-	a: 1/2 SB b: 1/2
Hamburg	10 Tsd SB	-	10 Tsd SB	1/20 SB	-	1/20 SB	-	-	a: - b: 1/2 + 1/5 SB
Hessen	-	-	-	1/5 WB	-	1/5 WB	-	-	a: - b: 1/2
Meck. Vorp.	35 Tsd SB	-	35 Tsd SB	200 Tsd SB	-	200 Tsd SB	a: - b: 2/3 + 1/2 SB	-	a: - b: 1/2 + 1/3 SB
Nieders.	70 Tsd SB	-	70 Tsd SB	1/10 SB	-	1/10 SB	a: b: 1/2 SB	-	a: - b: 1/2 + 1/4 SB
NRW	-	-	-	1/5 SB	1/5 SB	1/5 SB	a: - b: 1/2	a: - b: 1/2	a: - b: 1/2
Rhld-Pfalz	-	-	-	1/5 SB	1/5 SB	1/5 SB	a: - b: 1/2 SB	a:- b: 1/2	a:- b: 1/2
Saarland	-	-	-	1/5 SB	-	1/5 SB	-	-	a:- b: 1/2 SB
Sachsen	40 Tsd SB	-	40 Tsd SB	450 Tsd SB	-	450 Tsd SB	a:- b: 1/2 SB	-	a:- b: 1/2
Sachsen-A.	35 Tsd SB	-	35 Tsd SB	250 Tsd SB	-	250 Tsd SB	a:- b: 2/3 + 1/2 SB	-	a:- b: 1/2 + 1/4 SB
Schleswig-H	20 Tsd SB	-	20 Tsd SB	1/20 SB	-	1/20 SB	a: b: 2/3 + 1/2 SB	-	a:- b: 1/2 + 1/4 SB
Thüringen	-	-	-	1/5 SB	-	1/5 SB	-	-	a:- b: 1/2 + 1/3 SB

„SB" = Stimmberechtigte (idR Wahlberechtigte)
„1/4", „1/2" usw. = mindestens 25 bzw. 50 % der Abstimmenden bzw. Stimmberechtigten (SB)

3.4 Regelung des Grundgesetzes

Nach Art. 20 II 2 wird die Staatsgewalt „vom Volke in Wahlen und Abstimmungen und durch besondere Organe der Gesetzgebung, der vollziehenden Gewalt und der Rechtsprechung ausgeübt." Der Ausdruck „Volk" meint die Aktivbürgerschaft als Gesamtheit aller wahlberechtigten Bürger und ist nach h.M. auf deutsche Staatsangehörige beschränkt (BVerfG NJW 1991, 162 ff., Rupp ZRP 1989, 363 ff m.w.N.). „Wahlen" sind die periodisch wiederkehrenden Wahlen zu den Parlamenten und Kommunalvertretungen (BVerfGE 18, 154). „Abstimmungen" sind Volksbegehren und Volksentscheide.

581

Aufgrund der Regelungen des Grundgesetzes wird die Staatsgewalt jedoch in der Regel durch die Staatsorgane ausgeübt. Wahlen und Abstimmungen sind demgegenüber die Ausnahme. Sie sind nur möglich

- im Fall der Neugliederung des Bundesgebietes (Art. 29) und
- bei dem Beschluss einer neuen Verfassung (Art. 146)

Über die Frage, ob – entsprechend den Regelungen in den Ländern (s.o. Rn 580) – auch auf Bundesebene plebiszitäre Elemente (Volksinitiativen, Volksbegehren und Volksentscheide) eingeführt werden sollten, hat es auf politischer Ebene seit langem grundlegende Meinungsunterschiede gegeben. Thematisiert worden ist diese Frage in neuerer Zeit in der Gemeinsamen Verfassungskommission, die 1994 ihren Abschlussbericht vorgelegt hat (s.o. Rn 42). Die Befürworter plebiszitärer Elemente hatten folgende Argumente vorgebracht (Bundestag-Drucksache 12/6000, S, 84 f.) :

582

- Es sei ein in 40 Jahren gefestigtes demokratisches Selbstverständnis des deutschen Volkes entstanden.
- Dem könnten auch nicht angebliche negative Erfahrungen aus der Zeit der Weimarer Republik entgegen gehalten werden. Diese sei keineswegs an Volksentscheiden gescheitert.
- Erfahrungen in Staaten des Auslandes ließen erkennen, dass auch schwierige und komplexe Sachverhalte vom Volk sachgerecht beurteilt und entsprechend entschieden werden könnten.
- Die Einzelheiten könnten so festgelegt werden, dass Missbräuche ausgeschlossen seien. So könnte man bestimmte Gegenstände der politischen Willensbildung, z.B. den Bundeshaushalt der öffentliche Abgaben, von der Volksinitiative ausnehmen.
- Durch die Höhe der Abstimmungsquoren und die Bestimmung von Untergrenzen für die Beteiligung könnte die Durchsetzung von Sonderinteressen verhindert werden.
- Genügend lange Fristen könnten für eine umfassende Information der und Diskussion in der Bevölkerung vorgesehen werden.
- Dem Bundestag könne das Recht eingeräumt werden, einen Alternativ-Entwurf zur Abstimmung zu stellen.

Die Gegner plebiszitärer Elemente hatten dagegen argumentiert (Bundestag-Drucksache 12/6000, S, 85 f.) :

583

- „Selbst wenn in der Weimarer Republik nur relativ wenig plebiszitäre Entscheidungen getroffen wurden, habe die parlamentarische Demokratie damals doch unter dem permanenten Druck plebiszitärer Entscheidungsmöglichkeiten gestanden, was entscheidend zu ihrer Schwächung beigetragen habe."

- „Das bewährte System der parlamentarisch-repräsentativen Demokratie könne durch plebiszitäre Verfahren nachhaltig geschwächt werden."

- „Es könne eine Entwicklung dahingehend eintreten, das Parlament nur noch in weniger wichtigen Fragen entscheiden zu lassen." Auch werde dem Parlament in schwierigen, politisch sensiblen Fragen eine „Flucht aus der Verantwortung" ermöglicht.

- „Plebiszite seien nur dem Ja oder Nein zugänglich. Gerade die pluralistische Demokratie fordere jedoch Entscheidungs- und Gesetzgebungsverfahren, die auf ein Höchstmaß an Kompromissfindung -suche angelegt seien. Solche Verfahren ermögliche nur das parlamentarische Verfahren.

- Zudem wäre der Minderheitenschutz gefährdet, da weder die Gruppen, die für die „richtige" Entscheidung werben, noch die Stimmbürger dem Gemeinwohl verpflichtet seien.

- Angesichts der Komplexität politischer Entscheidungen bestehe die Gefahr, dass sich die Bürger nicht von objektiven Kriterien, sondern von der subjektiven Betroffenheit oder von mediengeprägten Stimmungen leiten ließen. Damit seien Entrationalisierung von Entscheidungen und Populismus zu befürchten.

- Plebiszite gäben aktiven Minderheiten und gut organisierten Vertretern partikularer Interessen das Instrumentarium, ihre Macht noch stärker als bisher auf Bundesebene durchzusetzen.

- Es sei zu befürchten, dass zahlreiche Plebiszite neben regelmäßigen Wahlen zu Abstimmungsmüdigkeit führten.

- Plebiszite zögen unweigerlich die Schwächung föderaler Strukturen nach sich, da dem Bundesrat die Möglichkeit der Mitgestaltung genommen wäre.

- Der Ausschluss bestimmter, insbesondere finanzwirksamer Politikbereiche wie Haushalt und Steuern würde wahrscheinlich dazu führen, die Politikverdrossenheit zu vergrößern.

- Die Parteiverdrossenheit würde nicht überwunden, sondern eher verstärkt, da auch die Parteien sich der Plebiszite bedienen würden und damit eine erneute Flucht aus der parlamentarischen Verantwortung erfolgen würde.

Da die Befürworter die notwendige 2/3-Mehrheit nicht erreichen konnte, sind 1994 plebiszitäre Elemente nicht in das Grundgesetz aufgenommen worden.

Repetitorium : Rn 1042

Weiterführende Literatur : Bugiel, Volkswille und repräsentative Entscheidung, 1991; Jürgens, Direkte Demokratie in den Bundesländern, 1993; Maurer, Plebiszitäre Elemente in der repräsentativen Demokratie, 1997; Hufschlag, Einführung plebiszitärer Komponenten in das GG ?, 1999; Jach, Der Ausschluss finanzwirksamer Gesetze von der Volksgesetzgebung, DVP 1999, 179; Birk/Wernsmann, Volksgesetzgebung über Finanzen – Finanzausschlussklauseln in den Landesverfassungen, DVBl 2000, 669

4. PLURALISTISCHE DEMOKRATIE

Bereits oben (s.o. Rn 572, 575) ist die Pluralismustheorie angesprochen worden : Sie ist die Rechtfertigung der gesellschaftlichen Vielfalt. Sie geht davon aus, dass von den miteinander konkurrierenden unterschiedlichen Interessen und Meinungen keine von vornherein den Anspruch erheben kann, die richtige und damit durchsetzungsberechtigte zu sein. Dieser Konkurrenzkampf wird von allen Individuen, vor allem aber den gesellschaftlichen Gruppierungen, insbesondere den Parteien, Verbänden und Massenmedien : 584

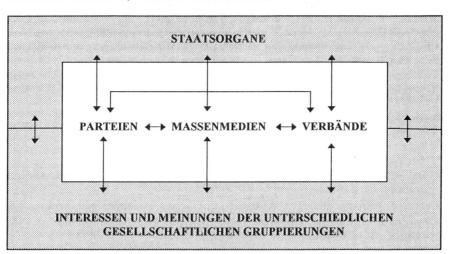

4.1 Parteien

4.1.1 BEDEUTUNG DER PARTEIEN

Die Bundesrepublik ist eine Parteiendemokratie. Ohne die Parteien wäre - trotz aller Kritik, die an ihnen zu Recht geübt wird - das repräsentativ-parlamentarische System der Bundesrepublik nicht funktionsfähig. Das BVerfG erläutert das in E 40, 145 so : 585

> Der Prozess „des vom Grundgesetz gewollten freien und offenen Prozesses der Meinungsbildung des Volkes ... setzt in der modernen parlamentarischen Demokratie die Existenz politischer Parteien voraus. Sie sind vornehmlich berufen, die Aktivbürger freiwillig zu politischen Handlungseinheiten mit dem Ziel der Beteiligung an der Willensbildung in den Staatsorganen organisatorisch zusammenzufassen. ... Sie sind Zwischenglieder zwischen dem Bürger und den Staatsorganen, Mittler, durch die der Wille der Bürger auch zwischen den Wahlgängen verwirklicht werden kann. Sie stellen sofern sie die Parlamentsmehrheit bilden und die Regierung stützen, die wichtigste Verbindung zwischen dem Volk und den politischen Führungsorganen des Staates her und erhalten sie aufrecht. Als Parteien der Minderheit bilden sie die politische Opposition und machen sie wirksam. Die politischen Parteien sammeln und leiten die auf die politische Macht und ihre Ausübung in Wahlen und Staatsorganen gerichteten Meinungen, Interessen und Bestrebungen, gleichen sie in sich aus und formen sie zu Alternativen, unter denen die Bürger auswählen können."

§ 1 I 1 PartG drückt das kürzer so aus : "Die Parteien sind ein verfassungsrechtlich notwendiger Bestandteil der freiheitlichen demokratischen Grundordnung."

4.1.2 ANERKENNUNG DER PARTEIEN DURCH ART. 21

586 Dieser Bedeutung trägt das Grundgesetz Rechnung, indem es in Art. 21 I die konstruktive Rolle der Parteien anerkennt : *„Die Parteien wirken bei der politischen Willensbildung des Volkes mit."* Damit hat das Grundgesetz sie „in den Rang einer verfassungsrechtlichen Institutionen erhoben." (BVerfGE 40, 145). Gleichzeitig versucht Art. 21 I, die Freiheit, demokratische Durchlässigkeit und Unabhängigkeit der Parteien zu sichern, indem er fortfährt : *"Ihre Gründung ist frei. Ihre innere Ordnung muss demokratischen Grundsätzen entsprechen. Sie müssen über die Herkunft und Verwendung ihrer Mittel sowie über ihr Vermögen öffentlich Rechenschaft geben."* Schließlich begrenzt Art. 21 die Freiheit der Parteien, indem er in Absatz 2 die Möglichkeit eröffnet, Parteien, die *„darauf ausgehen, die freiheitliche demokratische Grundordnung zu beseitigen ...",* durch das Bundesverfassungsgericht zu verbieten. Nach Art. 21 III regeln Bundesgesetze „das Nähere". Das sind das Parteiengesetz zu Art. 21 I und die §§ 43 ff. BVerfGG zu Art. 21 II.

4.1.3 BEGRIFF DER PARTEI

587 Parteien sind nach § 2 I 1 PartG (der Art. 21 richtig interpretiert, BVerfGE 79, 384):

- *„Vereinigungen von Bürgern,*
- *die dauernd oder für längere Zeit ...*
- *auf die politische Willensbildung Einfluss nehmen und an der Vertretung des Volkes im Deutschen Bundestag oder einem Landtag mitwirken wollen,*
- *wenn sie nach dem Gesamtbild der tatsächlichen Verhältnisse, insbesondere nach Umfang und Festigkeit ihrer Organisation, nach der Zahl ihrer Mitglieder und nach ihrem Hervortreten in der Öffentlichkeit eine ausreichende Gewähr für die Ernsthaftigkeit dieser Zielsetzung bieten."*

4.1.4 INNERPARTEILICHE DEMOKRATIE

588 Art. 21 I 3 sagt hierzu : *„Ihre innere Ordnung muss demokratischen Grundsätzen entsprechen."* Konkretisiert wird diese Aussage in den §§ 6 ff PartG. Die wichtigsten - sehr verkürzt wiedergegebenen - Anforderungen dieser Vorschriften an Parteien sind :

- schriftliche Satzung und schriftliches Programm (§ 6)
- derartige gebietliche Untergliederung, „dass den einzelnen Mitgliedern eine angemessene Mitwirkung an der Willensbildung der Partei möglich ist." (§ 7)
- Mitgliederversammlungen, durch die die Vorstände gewählt werden (§§ 8 f.)
- Unzulässigkeit allgemeiner und befristeter Aufnahmesperren (§ 10 I 3)
- gleiches Stimmrecht der Mitglieder (§ 10 II 1)
- jederzeitiges Recht eines Mitglieds zum Austritt (§ 10 II 2)
- Ausschluss von Mitgliedern nur bei schwerwiegenden Verstößen gegen Grundsätze oder Ordnung der Partei (§ 10 IV 1)
- grundsätzlich geheime Wahl der Vertreterversammlungen (§ 15 II)
- Wahl der Vorstände zumindest alle zwei Jahre (§ 11 I 1) in grundsätzliche geheimer Wahl (§ 15 II)
- Gestaltung des Antragsrechts derart, „dass eine demokratische Willensbildung gewährleistet bleibt, insbesondere auch Minderheiten ihre Vorschläge ausreichend zur Erörterung bringen können (§ 15 III)

4.1.5 CHANCENGLEICHHEIT DER PARTEIEN

Dieser Grundsatz „ist zwar im Grundgesetz nicht ausdrücklich statuiert, ergibt sich aber aus der Bedeutung, die der Freiheit der Parteigründung und dem Mehrparteienprinzip für die freiheitliche Demokratie zukommt" (BVerfGE 47, 198, 225).

Das BVerfG erläutert diesen Grundsatz so :

> „In einem freiheitlichen Staat, in dem der Mehrheitswille in den Grenzen der Rechtsstaatlichkeit entscheidet, müssen Minderheitsgruppen die Möglichkeit haben, zur Mehrheit zu werden. Demokratische Gleichheit fordert, dass der jeweils herrschenden Mehrheit und der oppositionellen Minderheit bei jeder Wahl aufs neue die grundsätzlich gleichen Chancen im Wettbewerb um die Wählerstimmen offengehalten werden. Die Gewährleistung gleicher Chancen im Wettbewerb ist ein unabdingbares Element des vom Grundgesetz gewollten freien und offenen Prozesses der Meinungs- und Willensbildung des Volkes... Damit die Wahlentscheidung in voller Freiheit gefällt werden kann, ist es unerlässlich, dass die Parteien, soweit irgend möglich, mit gleichen Chancen in den Wahlkampf eintreten... Der öffentlichen Gewalt ist jede unterschiedliche Behandlung der Parteien, durch die deren Chancengleichheit bei den Wahlen verändert werden kann, verfassungskräftig versagt, sofern sie sich nicht durch einen besonderen zwingenden Grund rechtfertigen lässt." (E 40, 125, 145)

Dieser Grundsatz gilt umfassend, also nicht nur für den Wahlvorgang selbst, sondern insbesondere auch für die Wahlvorbereitung und die Wahlwerbung (BVerfGE 40, 146) und den Wettbewerb der Parteien um die Erlangung von Spenden (BVerfGE 6, 280).

Der Grundsatz der Chancengleichheit ist in § 5 PartG konkretisiert worden :

> *"Wenn ein Träger öffentlicher Gewalt Parteien Einrichtungen zur Verfügung stellt oder andere öffentliche Leistungen gewährt, sollen alle Parteien gleichbehandelt werden. Der Umfang der Gewährung kann nach der Bedeutung der Parteien bis zu dem für die Erreichung ihres Zwecks erforderlichen Mindestmaß abgestuft werden. Die Bedeutung der Parteien bemisst sich insbesondere auch nach den Ergebnissen vorausgegangener Wahlen zu Volksvertretungen. Für eine Partei, die im Bundestag in Fraktionsstärke vertreten ist, muss der Umfang der Gewährung mindestens halb so groß sein wie für jede andere Partei sein"*

4.1.6 PARTEIENFINANZIERUNG

Da die Parteien ihre Kosten nie allein durch die Mitgliedsbeiträge und die Abgaben der Mandatsträger decken konnten, haben sie sich seit jeher zum Einen um staatliche Zuschüsse und zum anderen um Spenden Dritter bemüht. Die Fragen, die sich daraus ergaben, waren :

- Darf der Staat überhaupt die Arbeit der Parteien, die ja nicht Staatsorgane, sondern gesellschaftliche Vereinigungen sind, ganz oder zum Teil finanzieren oder darf die Arbeit der Parteien nur deren Basis - durch Mitgliedsbeiträge und Spenden - finanziert werden ?
- Dürfen Spenden an Parteien steuerlich geltend und damit indirekt vom Staat subventioniert werden ?
- Müssen Spenden an Parteien offengelegt werden, um mögliche Einflussnahmen auf Parteien für jedermann sichtbar zu machen ?

Bisher hat es zahlreiche gesetzliche Regelungen gegeben, die versuchten, auf diese Fragen eine Antwort zu geben. Die meisten wurden später vom BVerfG jeweils für verfassungswidrig erklärt, so dass eine Neuregelung erfolgen musste. Die letzte dieser Neuregelungen ist zwar (noch) die gegenwärtige Rechtslage. Verständlich ist sie aber nur vor dem Hintergrund der früheren - i.d.R. gescheiterten - Versuche, die Parteienfinanzierung zu regeln. Deshalb sollen diese kurz aufgezeigt werden :

1957 wurde im Einkommensteuergesetz und im Köperschaftssteuergesetz geregelt, dass Mitgliedsbeiträge und Spenden an politische Parteien bis zur Höhe von 5 % im Jahr vom zu versteuernden Einkommen abgezogen werden können.

1967 wurde das Parteiengesetz erlassen. Danach

- erhielten die politischen Parteien Steuermittel zur Finanzierung der Kosten "eines angemessenen Wahlkampfes" 2,50 DM pro Zweitstimme für die Parteien, die bei der letzten Wahl mindestens 0,5 % der gesamten Zweitstimmen erhalten haben. Im Laufe der Zeit stieg dieser Betrag auf 5,--DM an.
- mussten Spenden über 20.000 DM von natürlichen und über 200.000 DM von juristischen Personen im Rechenschaftsbericht der jeweiligen Partei veröffentlicht werden.

1980 wurde die Abzugsfähigkeit von Mitgliedsbeiträgen und Spenden - anders als nach der 1957 getroffenen Regelung - auf einen Festbetrag von 1800 / 3600 DM begrenzt.

1983 erfolgte eine Neuregelung :

- Mitgliedsbeiträge und Spenden konnten bis zu 1200 / 2400 DM zu 50 % von der Steuerschuld abgezogen werden
- Über die Beträge hinaus konnten Mitgliedsbeiträge und Spenden bis zu 5 % vom zu versteuernden Einkommen abgezogen werden.
- Es wurde ein Chancenausgleich-System eingeführt, wonach durch staatliche Ausgleichszahlungen die Parteien im Verhältnis zu ihrer Größe so gestellt wurden, als ob ihre Spender bzw. Mitglieder alle einen Steuersatz von 40 % hätten, der Staat also bei allen einen gleich hohen Steuerverzicht geleistet hätte.

1989 erfolgte eine Neuregelung :

- Die 5 % - Regelung des Jahres 1983 zur Abzugsfähigkeit von Mitgliedsbeiträgen und Spenden wurde durch einen Festbetrag von 60.000 / 120.000 DM ersetzt.
- Zusätzlich zu der Wahlkampfkostenerstattung erhielten erhielten alle Parteien, die mehr als 2 % der Zweitstimmen erhalten haben, als Basisfinanzierung einen gleich hohen Sockelbetrag in Höhe von 6 % der Gesamtsumme aller Wahlkampfkostenerstattungen, die der Staat bezogen auf die letzte Wahl gezahlt hatte.
- Spenden mussten ab 40.000 DM pro Jahr veröffentlicht werden.

1993 erfolgte die jetzt noch geltende Neuregelung :

- Als Obergrenze für staatliche Zuschüsse an politische Parteien wurden bis 1994 230 Mio DM pro Jahr festgelegt. Seitdem erfolgt durch eine vom Bundespräsidenten bestellte Kommission jährlich eine Anpassung entsprechend der Preissteigerungsrate.
- Jede Partei, die bei der letzten Wahl zum Bundestag oder zum Europäischen Parlament 0,5 % bzw. bei der letzten Landtagswahl 1 % der abgegebenen Stimmen erreicht hat, erhält für die ersten 5 Mio Stimmen jeweils 1,30 DM und für jede weitere Stimme 1 DM.
- Jede zusätzliche Mark, die eine Partei an Spenden oder Beiträgen einnimmt, wird vom Staat mit 0,50 DM bezuschusst.
- Höchstgrenze für die Absetzbarkeit von Beiträgen und Spenden ist 6000 / 12000 DM
- Unternehmen können Spenden an politische Parteien steuerlich nicht geltend machen.

Hinweis : Die Möglichkeit des Verbots von Parteien ist im Abschnitt über die streitbare Demokratie dargestellt : Rn 600

Repetitorium : Rn 1043

Weiterführende Literatur : Maurer, Die Rechtsstellung der politischen Parteien, JuS 1991, 881; Herzog, Verfassungsrechtliche Grundlagen des Parteienstaates, 1993; Huber, Der Parteienstaat als Kern des politischen Systems, JZ 1994, 689 : Sendler, Verfassungsmäßige Parteienfinanzierung ?, NJW 1994, 365; Drysch, Staatliche Parteienfinanzierung und kein Ende, NVwZ 1994, 218; Ipsen, Kandidatenaufstellung, innerparteiliche Demokratie und Wahlprüfungsrecht, Zparl 1994, 234; Wietschel, Der Parteibegriff, 1996; Morlok, Der Anspruch auf Zugang zu den politischen Parteien, Festschrift für Knöpfle, 1996, 231; Rieken/Römmele, Erste Wirkungen der neuen Parteienfinanzierung, ZPart 1997, 245; Das Recht auf politische Chancengleichheit, 1998, Storr, Der Parteienfinanzierungsstaat, 1998; 1998; Kißlinger, Das Recht auf politische Chancengleichheit, 1998; Alemann, Das Parteiensystem der Bundesrepublik Deutschland, 2000; Bäcker, Parteienfinanzierung ohne Kontrolle ?, NVwZ 2000, 284

4.2 Verbände

Verbände erfassen die unterschiedlichsten Bereiche der gesellschaftlichen Vielfalt : 592

- Wirtschaft und Arbeit : etwa die Arbeitgeberverbände oder die Gewerkschaften
- Soziales Leben: etwa die Wohlfahrts-, Frauen- oder Seniorenverbände
- Freizeit : etwa die Sportverbände, Kleingärtner- oder Hobbyvereine
- Religion und Weltanschauung : etwa die Religionsgesellschaften oder Umweltverbände
- Kultur : etwa die Weiterbildungs- , Literatur- oder Wissenschaftsvereinigungen

In der Bundesrepublik gibt es etwa 2500 solcher Verbände mit einer Mitgliederzahl, die um ein Vielfaches höher ist als die Zahl der Parteimitglieder : Sind etwa 5 % der Erwachsenen in Parteien organisiert, so etwa 65 % in Verbänden. Die Verbände haben damit in einem pluralistischen System die wichtige und legitime Aufgabe der Interessenartikulation ihrer Mitglieder und damit der Mitwirkung an der politischen Willensbildung. Viele Vereinigungen versuchen auch, unmittelbaren Einfluss auf die politischen Entscheidungsträger zu nehmen. So sind alleine beim Bundestag über 1.500 Interessenverbände registriert. Dem trägt das Grundgesetz Rechnung, indem es die Tätigkeit der Verbände durch die Grundrechte der Vereinigungsfreiheit des Art. 9 (s.o. Rn 406 ff.) und der Meinungsfreiheit des Art. 5 (s.o. Rn 335 ff.) schützt. Auch in anderen Rechtsnormen wird die Stellung der Verbände anerkannt, z.B. : in § 70 GeschOBT : „öffentliche Anhörungen von ...Interessenvertretern" oder in § 29 I Nr. 4 BNatSchG, der Naturschutzverbänden ein eigenständiges Klagerecht einräumt. Ein umfassendes Gesetz, das - ähnlich wie das Parteiengesetz bzgl. der Parteien - die Binnenstruktur und die Außenbeziehungen der Verbände regelt, gibt es jedoch bisher nicht.

4.3 Massenmedien

Auf die Bedeutung der Massenmedien – also der Presse, des Hörfunks und des Fernsehens – für einen demokratischen Staat ist bereits oben Rn 336 mit zwei Aussagen des BVerfG eingegangen worden. Dieser Bedeutung der Massenmedien entspricht ihr besonderer Schutz durch die Grundrechte der Presse- und der Rundfunkfreiheit (s.o. Rn 340, 343), die die Massenmedien von staatlicher Einflussnahme freihalten sollen (BVerfG DVBl 1986, 30). Darüber hinaus hat das Bundesverfassungsgericht in sechs Rundfunkentscheidungen der besonderen Bedeutung des Rundfunks durch zahlreiche rechtliche Vorgaben Rechnung getragen (s.o. Rn 343) . 593

5. STREITBARE DEMOKRATIE

5.1 Begriff und Abgrenzung

594 Streitbare (abwehrbereite, wehrhafte) Demokratie bezeichnet eine Demokratie, die die Demokratie und damit Selbstbestimmung und Pluralismus als Wert an sich versteht, der deswegen auch nicht mit - noch so großen - Mehrheitsentscheidungen abgeschafft werden kann. Die streitbare Demokratie bildet damit den Gegensatz zur liberalen Demokratie, die sich nur als Summe von Spielregeln zur Bildung demokratischer Mehrheitsentscheidungen versteht, unabhängig davon, was Gegenstand dieser Mehrheitsentscheidungen ist. Die Abschaffung der Demokratie auf demokratischem Wege wäre danach auch demokratisch.

5.2 geschichtlicher Hintergrund

595 Diesen bildet die Weimarer Republik, die sich selbst als liberal verstand. Zwei Zitate aus dieser Zeit kennzeichnen die unterschiedlichen Haltungen zu diesem Grundverständnis :

„Gewiss kann man diese Freiheit demokratisch missbraucht werden - wie wäre sie sonst Freiheit ? Unmöglich aber, vom Standpunkt des Demokratismus und des Liberalismus, ... kann das, was die entschiedene und unzweifelhafte Mehrheit des Volkes auf legalem Weg will und beschließt (und stürzte es selbst die Grundsäulen der gegenwärtigen Verfassung um) als Staatsstreich oder Rebellion gewertet werden !" (Richard Thoma, Staatsrechtler der Weimarer Republik)

„Schließlich muss noch eines Einwandes gedacht werden, den man nicht als Bolschewist und nicht als Faschist, sondern als Demokrat gegen die Demokratie machen kann. Sie ist diejenige Staatsform, die sich am wenigsten gegen ihre Gegner wehrt, es scheint ihr tragisches Schicksal zu sein, dass sie auch ihren ärgsten Feind an ihrer eigenen Brust nähren muss. Bleibt sie sich selbst treu, muss sie auch eine auf Vernichtung der Demokratie gerichtete Bewegung dulden, muss sie ihr wie jeder anderen politischen Überzeugung die gleiche Entwicklungsmöglichkeit gewähren. und so sehen wir das seltene Schauspiel, dass Demokratie in ihrem ureigensten Formen aufgehoben werden soll, dass das Volk die Forderung erhebt, ihm die Rechte wieder zu nehmen, die es sich selbst gegeben, weil man es verstanden hat, dieses Volk glauben zu machen, dass sein größtes Übel sein eigenes Recht sei." (Hans Kelsen, Staatsrechtler der Weimarer Republik)

In Konsequenz der liberalen Grundhaltung der Weimarer Republik konnte die Weimarer Demokratie 1933 durch das Ermächtigungsgesetz (s.o. Rn 502) auf formal-demokratischen Wege aufgehoben und durch ein totalitäres System ersetzt werden.

5.3 Haltung des Grundgesetzes

596 Es nimmt „aus dem Pluralismus von Zielen und Werten ... gewisse Grundprinzipien der Staatsgestaltung heraus, die, wenn sie einmal auf demokratische Weise gebilligt sind, als absolute Werte und unverzichtbare Schutzgüter anerkannt und deshalb entschlossen gegen alle Angriffe verteidigt werden sollen; soweit zum Zweck dieser Verteidigung Einschränkungen der politischen Betätigungsfreiheit der Gegner erforderlich sind, werden sie in Kauf genommen. Das Grundgesetz hat also bewusst den Versuch einer Synthese zwischen dem Prinzip der Toleranz gegenüber allen politischen Auffassungen und dem Bekenntnis zu gewissen unantastbaren Grundwerten der Staatsordnung unternommen" (BVerfGE 5, 139).

5.4 freiheitliche demokratische Grundordnung

Die Wertgebundenheit, für die sich das Grundgesetz entschieden hat, kommt in etlichen Vorschriften (z.B. Art.18, 21 II) durch den Begriff „freiheitliche demokratische Grundordnung" zum Ausdruck. Seinen Inhalt hat das BVerfG in dem SRP-Verbotsurteil entwickelt. E 2, 11 :

597

"... Der deutsche Verfassungsgesetzgeber hatte zu erwägen, ob nicht die absolute Freiheit, auf der Grundlage jedweder politischen Idee Parteien zu bilden, an der Anerkennung der tragenden Grundsätze jeder Demokratie ihre Schranken finden müsse und ob nicht Parteien, die mit den formalen Mitteln der Demokratie diese selbst beseitigen wollen, aus dem politischen Leben ausgeschaltet werden müssten. ... Die besondere Bedeutung der Parteien im demokratischen Staat rechtfertigt ihre Ausschaltung aus dem politischen Leben nicht schon dann, wenn sie einzelne Vorschriften, ja selbst ganze Institutionen der Verfassung mit legalen Mitteln bekämpfen, sondern erst dann, wenn sie oberste Grundwerte des freiheitlichen demokratischen Verfassungsstaates erschüttern wollen. Diese Grundwerte bilden die freiheitliche demokratische Grundordnung. Dieser Grundordnung liegt letztlich die Vorstellung zugrunde, dass der Mensch in der Schöpfungsordnung einen eigenen selbständigen Wert besitzt und Freiheit und Gleichheit dauernde Grundwerte der staatlichen Einheit sind. Daher ist die Grundordnung eine wertgebundene Ordnung. ... So lässt sich die freiheitliche demokratische Grundordnung als eine Ordnung bestimmen, die unter Ausschluss jeglicher Gewalt- und Willkürherrschaft eine rechtsstaatliche Herrschaftsordnung auf der Grundlage der Selbstbestimmung des Volkes nach dem Willen der jeweiligen Mehrheit und der Freiheit und Gleichheit darstellt. Zu den grundlegenden Prinzipien dieser Ordnung sind mindestens zu rechnen: [1]
- die Achtung vor den im Grundgesetz konkretisierten Menschenrechten,
- die Volkssouveränität,
- die Gewaltenteilung,
- die Verantwortlichkeit der Regierung,
- die Gesetzmäßigkeit der Verwaltung,
- das Mehrparteienprinzip,
- die Unabhängigkeit der Gerichte,
- die Chancengleichheit für alle politischen Parteien,
- das Recht auf verfassungsmäßige Bildung und Ausübung einer Opposition."

5.5 Konkretisierungen im Grundgesetz

Art. 5 III 2 : Beschränkung der Lehrfreiheit

598

„Die Freiheit der Lehre entbindet nicht von der Treue zur Verfassung."

Zum Art. 5 III 2 hat es bisher lediglich einen Anwendungsfall gegeben : das Verbot gegen den Hannoveraner Hochschullehrer Brückmann.

Art. 18 : Verwirkung von Grundrechten

599

„Wer die Freiheit der Meinungsäußerung, insbesondere die Pressefreiheit ..., die Lehrfreiheit ..., die Versammlungsfreiheit ..., die Vereinigungsfreiheit ..., das Brief-, Post- und Fernmeldegeheimnis ..., das Eigentum ... oder das Asylrecht ... zum Kampfe gegen die freiheitliche demokratische Grundordnung missbraucht, verwirkt diese Grundrechte. Die Verwirkung und ihr Ausmaß werden durch das Bundesverfassungsgericht ausgesprochen."

---

[1] Im Original ohne Hervorhebung durch Punkte

staatliche Grundprinzipien : Demokratieprinzip

Die Antragsberechtigung für ein Verfahren nach Art. 18 besitzen nach § 36 BVerfGG der Bundestag, die Bundesregierung und die Landesregierungen. Die Stellung des Antrages ist eine Ermessensentscheidung. Bisher ist keine Verwirkung von Grundrechten nach Art. 18 erfolgt.

600 **Art. 9 II : Verbot von Vereinigungen ohne Parteicharakter**

„Vereinigungen, deren Zweck oder deren Tätigkeit den Strafgesetzen zuwiderlaufen oder die sich gegen die verfassungsmäßige Ordnung oder gegen den Gedanken der Völkerverständigung richten, sind verboten."

Dieses Verbot ist im Einzelnen bereits bei der Darstellung des Art. 9 behandelt worden (> Rn 413). Deshalb sei hier darauf verwiesen.

601 **Art. 21 II : Verbot von Parteien**

Art. 21 II : „Parteien, die nach ihren Zielen oder nach dem Verhalten ihrer Anhänger darauf ausgehen, die freiheitliche demokratische Grundordnung zu beseitigen oder den Bestand der Bundesrepublik Deutschland zu gefährden, sind verfassungswidrig. Über die Frage der Verfassungswidrigkeit entscheidet das Bundesverfassungsgericht."

Die Antragsberechtigung für ein Verfahren nach Art. 21 II besitzen nach § 43 I BVerfGG der Bundestag, der Bundesrat und die Bundesregierung. Die Stellung des Antrages ist eine Ermessensentscheidung.

Zum Inhalt der freiheitlichen demokratischen Grundordnung s.o. Rn 597.

Zu den Wirkungen eines Verbots gehören die Auflösung der Partei und das Verbot, eine Ersatzorganistion zu schaffen (§ 46 III BVerfGG).

Bisher hat es zwei Anwendungsfälle des Art. 21 II gegeben :

- 1952 das Verbot der Sozialistischen Reichspartei Deutschlands (SRP)
- · 1956 das Verbot der Kommunistischen Partei Deutschlands (KPD)

602 **Art. 20 IV : Widerstandsrecht**

„Gegen jedermann, der es unternimmt, diese Ordnung zu beseitigen, haben alle Deutschen das Recht zum Widerstand, wenn andere Abhilfe nicht möglich ist."

Voraussetzungen :

- Jedermann : Erfasst wird damit sowohl der Staatsstreich durch staatliche Organe („Staatsstreich von oben") als auch durch gesellschaftliche Kräfte ("Staatsstreich von unten").
- Diese Ordnung als Schutzobjekt ist die verfassungsmäßige Ordnung iSd Abs.3 (Sachs/Krüger Rn 117).
- Unternehmen der Beseitigung ist der Versuch und die Vollendung, nicht aber bereits eine Vorbereitungshandlung (Sachs/Krüger Rn 117).
- Beseitigen ist - schon und erst - mit dem zumindest faktischen Ausfall eines der Kernelemente der Verfassung anzunehmen (MD/Herzog Rn 23).
- Keine Möglichkeit anderer Abhilfe. Das bedeutet : Es müssen „alle von der Rechtsordnung zur Verfügung gestellten Rechtsbehelfe so wenig Aussicht auf wirksame Abhilfe bieten, dass die Ausübung des Widerstandes das letzte verbleibende Mittel zur Wiederherstellung

des Rechts ist" (BVerfGE 5, 377). Die Unmöglichkeit anderer Abhilfe muss dabei offenkundig sein (MD/Herzog Rn 37).

Rechtsfolge :
Recht zum Widerstand bedeutet, dass ansonsten verbotenes Handeln gerechtfertigt ist, wenn es in der Absicht vorgenommen wird, die Beseitigung der verfassungsmäßigen Ordnung zu behindern (MD/Herzog 58). Das zulässige Handeln wird jedoch durch den Grundsatz der Verhältnismäßigkeit begrenzt.

Art. 33 V : politische Treuepflicht der Beamten 603

„Das Recht des öffentlichen Dienstes ist unter Berücksichtigung der hergebrachten Grundsätze des Berufsbeamtentums zu regeln."

„Es ist ein hergebrachter und zu beachtender Grundsatz des Berufsbeamtentums, dass den Beamten eine besondere politische Treuepflicht gegenüber dem Staat und seiner Verfassung obliegt" (BVerfG NJW 75, 1641). Darauf wird auch in Art. 33 IV („Dienst- und Treueverhältnis") und in Art. 5 III 2 („Treue zur Verfassung") Bezug genommen. Außerdem ist die Treuepflicht in allen Beamtengesetzen - in identischer Formulierung - geregelt, z.B. § 45 II BRRG : „Der Beamte muss sich durch sein gesamtes Verhalten zu der freiheitlichen demokratischen Grundordnung im Sinne des Grundgesetzes bekennen und für deren Erhaltung eintreten." Grundlegende - wenn auch nicht in allen Einzelheiten für Klarheit geschaffene - Ausführungen zur Treuepflicht hat das BVerfG in dem sog. Radikalenurteil (NJW 1975, 1661 ff) gemacht. Auszüge daraus :

Zum Inhalt der Treuepflicht : 604

„Gemeint ist damit nicht eine Verpflichtung, sich mit den Zielen oder einer bestimmten Politik der jeweiligen Regierung zu identifizieren. Gemeint ist vielmehr die Pflicht zur Bereitschaft, sich mit der Idee des Staates, dem der Beamte dienen soll, mit der freiheitlichen demokratischen, rechts- und sozialstaatlichen Ordnung dieses Staates zu identifizieren. Dies schließt nicht aus, an Erscheinungen dieses Staates Kritik üben zu dürfen, für Änderungen der bestehenden Verhältnisse - innerhalb des Rahmens der Verfassung und mit den verfassungsrechtlich vorgesehenen Mitteln - einzutreten zu können, solange in diesem Gewand nicht eben dieser Staat und seine verfassungsmäßige Ordnung in Frage gestellt werden. An einer „unkritischen" Beamtenschaft können Staat und Gesellschaft kein Interesse haben. Unverzichtbar ist aber auch, dass der Beamte den Staat - ungeachtet seiner Mängel - und die geltende verfassungsrechtliche Ordnung ... bejaht, sie als schützenswert anerkennt, in diesem Sinne sich zu ihnen bekennt und aktiv für sie eintritt. Das Entscheidende ist, dass die Treuepflicht gebietet, den Staat und seine geltende Verfassungsordnung, auch soweit sie im Wege einer Verfassungsänderung veränderbar sind, zu bejahen und dies nicht bloß verbal, sondern insbesondere in der beruflichen Tätigkeit dadurch, dass der Beamte die bestehenden verfassungsrechtlichen und gesetzlichen Vorschriften beachtet und erfüllt und sein Amt aus dem Geist dieser Vorschriften heraus führt. Die politische Treuepflicht fordert mehr als nur eine formal korrekte, im übrigen uninteressierte, kühle, innerlich distanzierte Haltung gegenüber Staat und Verfassung; sie fordert insbesondere, dass sich der Beamte von Gruppen und Bestrebungen distanziert, die diesen Staat, seine verfassungsmäßigen Organe und die geltende Verfassungsordnung angreifen, bekämpfen und diffamieren. Vom Beamten wird erwartet, dass er diesen Staat und seine Verfassung als eine hohen positiven Wert erkennt und anerkennt, für den einzutreten sich lohnt. Politische Treuepflicht bewährt sich in Krisenzeiten und in ernsthaften Konfliktsituationen, in denen der Staat darauf angewiesen ist, dass der Beamte Partei für ihn ergreift. Der Staat – und das heißt hier konkre-

> ter, jede verfassungsmäßige Regierung und die Bürger - muss sich darauf verlassen können, das der Beamte in seiner Amtsführung Verantwortung für diesen Staat, für „seinen" Staat zu tragen bereit ist, dass er sich in dem Staat, dem er dienen soll, zu Hause fühlt - jetzt und jederzeit und nicht erst, wenn die von ihm erstrebten Veränderungen durch entsprechende Verfassungsänderungen verwirklicht worden sind... Die hergebrachte Treuepflicht erhält unter der Geltung der Grundgesetzes ein besonderes Gewicht dadurch, dass diese Verfassung nicht wertneutral ist, sondern sich für zentrale Grundwerte entscheidet, sie in ihren Schutz nimmt und dem Staat aufgibt, sie zu sichern und sie zu gewährleisten... Diese Grundentscheidung der Verfassung schließt es aus, dass der Staat, dessen verfassungsmäßiges Funktionieren von der freien inneren Bindung seiner Beamten an die geltende Verfassung abhängt, zum Staatsdienst Bewerber zulässt und im Staatsdienst Bürger belässt, die die freiheitliche demokratische, rechts- und sozialstaatliche Ordnung ablehnen und bekämpfen." (1643)

605   Zum erfassten Personenkreis :

> „Die .. Treuepflicht ... gilt für jedes Beamtenverhältnis ... Sie ist auch einer Differenzierung je nach Art der dienstlichen Obliegenheiten des Beamten nicht zugänglich. Denn in diesem Zusammenhang ist von erheblicher Bedeutung, dass jeder Beamte, der sich gegen die freiheitliche demokratische Grundordnung ... betätigt, ...nicht nur als eine Gefahr im Hinblick auf die Erledigung der ihm obliegenden Dienstaufgaben anzusehen ist, sondern auch als eine Gefahr im Hinblick auf die naheliegende Möglichkeit der Beeinflussung seiner Umgebung, seiner Mitarbeiter, seiner Dienststelle seiner Behörde im Sinne seiner verfassungsfeindlichen politischen Überzeugung. Wie der Vollständigkeit halber zu bemerken ist, schulden auch die Angestellten im öffentlichen Dienst dem Dienstherrn Loyalität... Auch sie dürfen nicht den Staat, in dessen Dienst sie stehen, und seine Verfassungsordnung angreifen." (1644)

606   Zur Folge bei Verletzung der Treuepflicht :

> „In jedem Fall ist die Entfernung aus dem Dienst jedoch nur aufgrund eines begangenen konkreten Dienstvergehens möglich. Das Dienstvergehen besteht nicht einfachhin in der 'mangelnden Gewähr' des Beamten dafür, dass er jederzeit für die freiheitliche demokratische Grundordnung eintreten werde, sondern in der nachgewiesenen Verletzung jener Amtspflicht, 'sich durch sein gesamtes Verhalten zu der freiheitlichen demokratischen Grundordnung im Sinne des Grundgesetzes zu bekennen und für deren Erhaltung einzutreten'. Dabei ist zu beachten, dass sich der umschriebene Inhalt der Treuepflicht des Beamten nicht völlig mit dem Inhalt der disziplinarisch zu ahndenden Treuepflichtverletzung des Beamten deckt, weil zum letztgenannten Tatbestand ein Minimum an Gewicht und an Evidenz der Pflichtverletzung gehört. ... Das bloße Haben einer Überzeugung und die bloße Mitteilung, dass man diese habe, ist niemals eine Verletzung der Treuepflicht ... ;dieser Tatbestand ist überschritten, wenn der Beamte aus seiner politischen Überzeugung Folgerungen für seine Einstellung gegenüber der verfassungsmäßigen Ordnung..., für die Art der Erfüllung seiner Dienstpflichten, für den Umgang mit seinen Mitarbeitern oder für politische Aktivitäten im Sinne seiner politischen Überzeugung zieht." (1644)

Repetitorium : Rn 1044

Weiterführende Literatur : Schrader, Rechtsbegriff und Rechtsentwicklung der Verfassungstreue im öffentlichen Dienst, 1985; Zwirner, Politische Treuepflicht des Beamten, 1987; Dolzer, Der Widerstandsfall, HdStR VII, 1993, 455; Butzer/Clever, Grundrechtsverwirkung nach Art. 18 GG, DÖV 1994, 637; Brenner, Grundrechtsschranken und Verwirkung von Grundrechten, DÖV 1995, 60

ABSCHNITT 4
DAS REPUBLIKANISCHE PRINZIP

1. BEGRIFF UND ABGRENZUNG

Republik kann positiv nicht genau umschrieben werden, wohl aber negativ. Danach ist Republik ein Staat, der nicht Monarchie ist (Stern I S. 577; MD/Herzog Art. 20 Rn 5; Sachs/Sachs Art. 20 Rn 9; v.Münch/Kunig Art. 20 Rn 5). Eine Monarchie ist demgegenüber ein Staat, in dem das Staatsoberhaupt aufgrund familien- oder erbrechtlicher Umstände auf Lebenszeit in sein Amt gelangt. 607

Zu unterscheiden sind (Zippelius § 21) : Die

- ständische Monarchie (insbesondere 15./16. Jahrhundert)

  Bei ihr ist der Monarch in der Ausübung seiner Macht durch die Stände (Adel, Geistlichkeit, Städte) beschränkt.

- absolute Monarchie (insbesondere 17./18. Jahrhundert)

  Bei ihr ist alle Staatsgewalt beim Monarchen vereinigt.

- konstitutionelle Monarchie (insbesondere 19. Jahrhundert)

  Bei ihr ist die Staatsgewalt des Monarchen durch eine Verfassung beschränkt, die die Zuständigkeit oder Mitwirkung anderer Organe (etwa Ständeversammlung, Länderkammer, Parlament) vorsieht.

- parlamentarische Monarchie (insbesondere 20. Jahrhundert)

  Bei ihr liegt die Staatsgewalt nur noch formal beim Monarchen, dessen Aufgaben auf rein repräsentative Funktionen reduziert sind. Materiell dagegen liegt die Staatsgewalt beim Volk, das durch ein Parlament repräsentiert wird.

2. GESCHICHTLICHE ENTWICKLUNG

Die Republik ist überwiegend die Reaktion auf die Staatsform der Monarchie. Die Forderung nach Einführung der Republik war seit der Französischen Revolution die Forderung nach Ersetzung einer unfreiheitlichen durch eine freiheitliche Regierungsform. Die Republik konnte jedoch in der Regel nicht unmittelbar als Folge des Sturzes der absoluten Monarchie durchgesetzt werden, sondern überwiegend erst durch die spätere Abschaffung der konstitutionellen Monarchie, in Deutschland 1919. Heute noch existierende Monarchien sind weitestgehend parlamentarische Monarchien. 608

3. REGELUNG DES GRUNDGESETZES

Das Grundgesetz hat sich – im Anschluss an die Weimarer Reichsverfassung - in Art. 20 I für den Bund und in Art. 28 I für die Länder für die republikanische Staatsform entschieden.

Repetitorium : Rn 1045

Weiterführende Literatur : Isensee, Republik – Sinnpotential eines Begriffs, JZ 1981, 1; Henke, Zum Verfassungsprinzip der Republik, JZ 1981, 249; Schachtschneider, Res publica res populi, 1994

ABSCHNITT 5 :
DAS BUNDESSTAATSPRINZIP

1. BEGRIFF DES BUNDESSTAATES

609 Der Bundesstaat ist eine Erscheinungsform des Föderalismus. Deshalb ist sein Begriff zusammen mit dem des Föderalismus und dessen Gegenbegriff Unitarismus zu klären.

Föderalismus			Unitarismus
= Formen des Zusammenschlusses gleichberechtigter Gemeinschaften zu einem übergeordneten Ganzen			= Einheitlichkeit der Staatsgewalt, d.h. Konzentration der Staatsgewalt auf den Gesamtstaat
zwischenstaatlicher Föderalismus	*supranationaler Föderalismus*	*innerstaatlicher Föderalismus*	
Staatenbund / internationale Organisation	**Staatenverbund**	**Bundesstaat**	**Einheitsstaat**
Nur die Mitgliedstaaten sind Staaten. Das Ganze ist eine für bestimmte Zwecke eingegangene völkerrechtliche Verbindung einzelner Staaten	Nur die Mitgliedstaaten sind Staaten. Das Ganze ist eine supranationale Organisation mit eigenen Rechten.	Sowohl die Teile (Länder) als auch der Zusammenschluss (Bund) sind Staaten.	Nur der Gesamtstaat hat Staatscharakter, nicht aber etwaige Untergliederungen, die Verwaltungsbezirke oder kommunale Körperschaften sind.
Die Souveränität liegt bei den Mitgliedstaaten.	Die Souveränität liegt z.T. bei den Mitgliedstaaten, z.T. wird sie gemeinsam ausgeübt.	Die Souveränität liegt beim Bund.	Die Souveränität liegt beim Gesamtstaat.
Die Gesetzgebungshoheit liegt bei den Gliedstaaten, soweit sie nicht ausnahmsweise auf die Gemeinschaftsorgane delegiert ist.	Die Gesetzgebungshoheit liegt z.T. bei den Gliedstaaten, z.T. ist sie von diesen – auf ausdrückliche Einzelfälle begrenzt – auf die Gemeinschaftsorgane delegiert.	Die Gesetzgebungsbefugnisse sind zwischen den Gliedstaaten und dem Bund aufgeteilt.	Soweit der Staat Untergliederungen aufweist, haben diese keine eigenen Gesetzgebungsbefugnisse.
Die Gemeinschaftsorgane haben keine unmittelbaren Hoheitsbefugnisse gegenüber den einzelnen Staaten und ihren Bürgern.	Die Gemeinschaftsorgane haben z.T. unmittelbare Hoheitsbefugnisse gegenüber den einzelnen Staaten und ihren Bürgern.		
Beispiele : Rheinbund 1806, Deutscher Bund 1815, Europarat, UNO, NATO, OSZE	Beispiel : Europäische Union	Beispiele : Schweiz, USA, Deutsches Reich 1871, Weimarer Republik, Bundesrepublik Deutschland	Beispiele: Niederlande, Italien, Großbritannien Frankreich,

Die obige Übersicht weicht von der herkömmlichen Unterteilung von Staatenverbindungen in „Staatenbund – Bundesstaat – Einheitsstaat" ab, da diese zu eng geworden ist. Zum einen ist der Begriff des Staatenbundes fraglich geworden, weil er für historisch überkommene Verbindungen einzelner Staaten geprägt worden ist. Daraus schließt etwa Doehring (Rn 165), dass der Staatenbund „ein heute kaum noch interessierender Typus der Staatenverbindungen ist – er ist weitgehend ersetzt durch die moderne Einrichtung der internationalen Organisation." Andererseits „steht aber nichts im Wege, den Begriff des Staatenbundes auch auf Staatengemeinschaften dieser Integrationsstufe auszudehnen", so Zippelius (§ 39 II), der selbst aber Staatenbund und internationale Organisation – wenn auch ohne klare Grenzziehung – unterscheidet (§ 39 I, § 40). Zum anderen erfassen die Begriffe Staatenbund und internationale Organisation nicht die Erscheinungsform der Europäischen Union, die erhebliche eigene Kompetenzen und Eingriffsbefugnisse gegenüber den Mitgliedstaaten besitzt. Deshalb ist für sie 1993 vom BVerfG (E 89, 155 ff.) der Begriff „Staatenverbund" kreiert worden, um damit ein „Mehr" gegenüber einem Staatenbund zu kennzeichnen (> Rn 829).

610

Weiterführende Literatur : Doehring, Allgemeine Staatslehre, § 6, Zippelius, Allgemeine Staatslehre, §§ 39, 40; Schwacke/Stolz/Schmidt, Staatsrecht, 1.Teil Nr.4

2. GESCHICHTLICHE ENTWICKLUNG DES BUNDESSTAATES

1806-1813 Rheinbund : Er war ein Staatenbund aus 16 süddeutschen Partikularstaaten mit dem mit dem Ziel der militärischen Unterstützung Napoleons.

611

1815-1966 Deutscher Bund : Er war ein Staatenbund aus 39 Partikularstaaten einschließlich Österreich und Preußen mit dem Ziel des Schutzes der inneren und äußeren Sicherheit seiner Mitglieder. Da er zum einen unter der Konkurrenz der beiden Großmächte litt und zum anderen nicht in die Souveränitätsrechte der Einzelstaaten eingreifen durfte, erwies er sich als nicht entwicklungsfähig.

1867-1871 Norddeutscher Bund : Er war ein dezentralisierter Bundesstaat aus 22 norddeutschen Partikularstaaten unter der Vorherrschaft von Preußen.

1871-1919 Deutsches Reich : Es war identisch mit dem Norddeutschen Bund, lediglich erweitert um die um die süddeutschen Länder. Seine charakteristischen Merkmale, derentwegen man nur von einer verzerrten föderalistischen Struktur sprechen kann :

- Sonderrechte der süddeutschen Staaten (z.B. eigene Heeresverwaltungen)
- Vorherrschaft Preußens (65 % des Reichsgebiets, 62 % der Reichsbevölkerung, Personalunion zwischen preußischem König und deutschem Kaiser und zwischen preußischem Ministerpräsidenten und deutschem Reichskanzler)
- finanzielle Abhängigkeit des Reichs von den Ländern
- starke Stellung des Bundesrates (alleinige Gesetzesinitiative, absolutes Vetorecht gegen Gesetze des Reichstages)

1919-1933 Deutsches Reich (Weimarer Republik) : Er war ein zentralisierter Bundesstaat. Seine wichtigsten Merkmale :

- umfassende Gesetzgebungs- und Verwaltungskompetenzen des Reiches
- Reichsrat nur mit aufschiebendem Vetorecht gegen Gesetze des Reichstages

1933-1945 Deutsches Reich („Drittes Reich") : Es war ein zentralisierter Einheitsstaat.

1946-1947 In dieser Zeit entstanden die meisten der heutigen Bundesländer sowohl in den westlichen als auch in der östlichen Besatzungszone. Weil Preußen als Land aufgelöst war, mussten auf seinem ehemaligen Gebiet neue Länder entstehen. Etliche der heutigen Bundesländer sind also Neuschöpfungen der Alliierten wie insbesondere Schleswig-Holstein, Niedersachsen, Nordrhein-Westfalen und Rheinland-Pfalz.

1948-1949 In dieser Zeit entstand der Bundesstaat Bundesrepublik Deutschland (vgl. Rn 35 ff.). Einerseits war die bundesstaatliche Struktur eine zentrale Vorgabe der Westalliierten (vgl. Rn 35, 38). Andererseits war eine föderalistische Struktur aber auch – unabhängig von der Vorgabe der Alliierten – ein breiter Wunsch der Bevölkerung und – außer der KPD – aller politischen Parteien.

1952 wurde – auf der Grundlage des Art. 118 – aus den Ländern Baden, Württemberg-Baden und Württemberg-Hohenzollern das Land Baden-Württemberg geschaffen. Im gleichen Jahr wurden die gerade geschaffenen Länder in der DDR aufgelöst und durch 14 Verwaltungsbezirke ersetzt.

1956 trat das Saarland mit Wirkung zum 1.1.1957 der Bundesrepublik bei.

1990 wurden im Zuge der Vereinigung Deutschlands die 1952 in der DDR aufgelösten Länder wieder hergestellt.

3. WESEN DES BUNDESSTAATES

3.1 Staatlichkeit von Bund und Ländern

612 Dass die Bundesländer nicht souverän sind - weder gegenüber dem Bund noch gegenüber ausländischen Staaten - steht ihrem Staatscharakter nicht entgegen. Notwendig ist insoweit nur die sog. "innere Souveränität", d.h. die unabgeleitete und ungeteilte Staatsgewalt im Rahmen des den Ländern von der Verfassung des Gesamtstaates eingeräumten Aufgabenbereichs (s.o. Rn 6). Aus dem Staatscharakter der Länder ergeben sich insbesondere folgende Rechte :

- **Verfassungsautonomie der Länder**

613 Das ist das Recht zur Ausgestaltung einer eigenen Verfassung (BVerfGE 22, 270). Eingeengt ist die Verfassungsautonomie jedoch dadurch, dass die Bundesverfassung ein Mindestmaß an Homogenität zwischen Bundes- und Landesverfassung verlangen kann (BVerfGE 36, 361). Die Reichsverfassung 1871 kannte eine solche Homogenität noch nicht; anders aber schon die Weimarer Reichsverfassung 1919 (Art. 17). Das Grundgesetz regelt sie in Art. 28 I 1:

„*Die verfassungsmäßige Ordnung in den Ländern muss den Grundsätzen des republikanischen, demokratischen und sozialen Rechtsstaates im Sinne dieses Grundgesetzes entsprechen.*"

Wenn Art. 28 I 1 nur die „Grundsätze" für maßgeblich erklärt, wird damit nicht Uniformität, sondern nur ein Mindestmaß an grundsätzlicher Übereinstimmung verlangt. Eine vollständige Identität der Grundsätze des Art. 20 und des Art. 28 I 1 kann daher nicht gewollt sein (Sachs/Nierhaus Rn 9), erst recht nicht eine Gleichheit in Einzelfragen. Ein Verstoß könnte etwa vorliegen bei Einführung eines erblichen Staatsoberhaupts, da nicht republikanisch, oder einer Volksdemokratie, Räterepublik oder einer Einparteienherrschaft, da nicht demokratisch (Sachs/Nierhaus Rn 9). Das Verbot eines unsozialen Staates ist wirklichkeitsfremd, da die Gesetzgebungskompetenz für das Sozialrecht dem Bund und nicht den Ländern zusteht. Eine rechtsstaatswidrige Landesverfassung ist weitgehend ausgeschlossen, da die Grundrechtsbindung des Art. 1 III (Nierhaus AöR 1991, 72 ff.) und die Rechtsschutzgarantie des Art. 19 IV (MD/Schmidt-Aßmann Art.19 IV Rn 15 ff) auch ihnen gegenüber gilt.

- **Garantie eines Aufgabenbereichs der Länder**

Die Länder müssen "eine Grundsubstanz eigener unabgeleiteter Hoheitsgewalt und somit einen Kern eigener Aufgaben unentziehbar" besitzen (BVerfGE 349, 20). Dabei darf es sich nicht nur um "einen Rest von Gesetzgebungs-, Verwaltungs- und Rechtsprechungszuständigkeiten handeln" (BVerfGE 1, 18).

614

- **Garantie von Finanzmitteln der Länder,**

die für die Erfüllung der Aufgaben nach Nr. 3 erforderlich sind (BVerfGE 32, 338).

615

Weiterführende Literatur : Sacksofsky, Landesverfassungen und Grundgesetz, NVwZ 1993, 235; Kersten, Homogenitätsgebot und Landesverfassungsrecht, DÖV 1993, 896; Storr, Verfassungsgebung in den Ländern, 1995; Tiedemann, Landesverfassung und Bundesrecht, DÖV 1999, 200

3.2 Vorrang des Bundesrechts vor dem Landesrecht

Das Grundgesetz regelt diesen Vorrang dem Grundsatz nach in Art. 31 : „Bundesrecht bricht Landesrecht". Art. 31 ist damit eine Kollisionsnorm, die eingreift, wenn dieselbe Rechtsfrage sowohl vom Bundesrecht als auch vom Landesrecht geregelt wird. Diese Funktion besitzen aber auch andere Vorschriften des Grundgesetzes wie die Homogenitätsnorm des Art. 28 I und die Regelungen über die Gesetzgebungskompetenzen in Art. 70 ff.. Auch ist Art. 31 nachrangig gegenüber spezielleren Regelungen wie 25, 125a I 2 und 142. Der Anwendungsbereich des Art. 31 ist daher gering. Kompetenzüberschneidungen mit der Folge des Vorrangs des Bundesrechts lassen sich denken im Bereich der Grundsatzgesetzgebung (Art. 91a II, 109 III) oder im Verhältnis Bundesrecht – Landesverfassungsrecht.

616

3.3 Recht des Bundes zum Bundeszwang

gegenüber den Ländern, wenn diese die ihnen nach dem Bundesrecht obliegenden Pflichten nicht erfüllen. Im Grundgesetz : Art. 37

617

3.4 Verpflichtung zur Bundestreue

Einige Artikel des Grundgesetzes regeln für das Verhältnis des Bundes zu den Ländern und das der Länder zueinander bestimmte Pflichten zur gegenseitigen Rücksichtnahme und Hilfe, z.B. :

618

- Art. 35 :   Pflicht zur Rechts- und Amtshilfe von Bund und Ländern
- Art. 104 a IV : Finanzhilfen des Bundes
- Art. 106 III, IV : Anspruch der Länder auf Deckung ihrer Ausgaben
- Art. 107 :   Finanzausgleich zwischen den Ländern
- Art. 109 II :   Orientierung von Bund und Ländern an den Anforderungen des gesamtwirtschaftlichen Gleichgewichts

619 Diese Pflicht zur gegenseitigen Rücksichtnahme und Hilfe gilt aber auch darüber hinaus als – aus dem Wesen des Bundesstaates abgeleiteter – ungeschriebener Grundsatz der Bundestreue (z.T. auch Grundsatz bundesfreundlichen Verhaltens genannt).

> BVerfGE 31, 314 : „Seine Funktion ist die Festigung des Bundesstaates, zu der Bund und Länder beigetragen haben. Er hält die Egoismen des Bundes und der Länder in Grenzen, soweit sie kraft der ihm eingeräumten Kompetenzen die Freiheit und Möglichkeit hätten, „rücksichtslos" ihre eigenen Vorstellungen zu verwirklichen und nur ihren eigenen Interessen zu folgen. Er bindet Bund und Länder im Rahmen ihrer Kompetenzen in der Art und Weise der Ausübung dieser Kompetenzen, indem er fordert, dass sich Bund und Länder in gewissen Grenzen wechselseitig helfen, dass sie sich eines Mindestmaßes an fairem Verhandlungsstil, wo immer sie zusammenarbeiten müssen, befleißigen, dass sie den anderen Teil nicht in die Verlegenheit bringen, vertragsbrüchig zu werden, oder daran hindern, seine Kompetenzen in Freiheit wahrnehmen zu können, dass sie unterlassen, was in seiner Auswirkung zu unzumutbaren Belastungen der Finanzkraft einzelner Länder (oder des Bundes) oder zur empfindlichen Störung oder Zerrüttung des Gesamtgefüges der Haushalte von Bund und Ländern führen würde. Nach dem Prinzip der Bundestreue ist also bei jeder Wahrnehmung einer Kompetenz des Bundes oder der Länder zu beachten, daß sie neben der Rücksicht auf die eigenen Belange auch die Rücksicht auf die Belange der übrigen Teile des Bundesstaates, in diesem Sinn die Rücksicht auf das wohlverstandene Gesamtinteresse des Bundesstaates verlangt. Das Prinzip greift also dort ein, wo die Interessen des Bundes und der Länder auseinanderlaufen, und zwar so, dass der eine Teil (und damit mittelbar das Ganze) Schaden nimmt, wenn der andere Teil seine Maßnahmen (seine gesetzliche Regelung) ausschließlich seinen Interessen entsprechend treffen würde."

Einzelne Pflichten, die sich daraus ergeben können, sind z.B. :

- Pflicht zur Zurückhaltung beim Gebrauch von Kompetenzen (BVerfGE 4, 141)
- Pflicht zu gegenseitigen Hilfeleistungen (BVerfGE 1, 131)
- Pflicht zur gegenseitigen Kooperation, Koordination und gegebenenfalls Einigung (BVerfGE 12, 251)
- Pflicht der Länder zur Beachtung von völkerrechtlichen Verträgen des Bundes (BVerfGE 6, 328)
- Pflicht des Bundes zu gleichen Verfahrensweisen gegenüber den Ländern (BVerfGE 3, 57).

Beispiel : In Nordrhein-Westfalen wird 1981 ein Volksbegehren geplant, das auf den Erlass eines Gesetzes über die Förderung der Rückführung ausländischer Arbeitnehmer in ihre Heimat gerichtet ist. Die Zulassung des Volksbegehren wurde von der Landesregierung abgelehnt, weil es gegen den Grundsatz der Bundestreue verstoße. Die dagegen eingelegte Beschwerde wies der nordrhein-westfälische Verfassungsgerichtshof zurück. Ein Land dürfe von seinen Kompetenzen nur so Gebrauch machen, dass es die Belange des Gesamtstaates und die Belange der anderen Länder nicht in unvertretbarer Weise schädige oder beeinträchtige. Wenn die Auswirkungen eines Gesetzes nicht auf den Raum des Landes begrenzt blieben, müsse der Landesgesetzgeber Rücksicht auf die Interessen des Bundes und der anderen Länder nehmen. Das geplante Gesetz würde die gesamtstaatlichen Belange erheblich beeinträchtigen, da Probleme, die sich aus der hohen Ausländerquote ergäben, nicht nur das Land Nordrhein-Westfalen, sondern auch den Bund und die anderen Länder beträfen. Die Lösung könne nicht von einem Land isoliert gesucht werden, zumal die Gefahr bestehe, dass bundespolitische Belange unberücksichtigt blieben. Jede Regelung eines einzelnen Landes würde einen unzulässigen Druck auf den Bund und die anderen Länder ausüben (NVwZ 1982, 188).

Repetitorium : Rn 1046
Grundfall zur Bundestreue mit Musterlösung : Rn 1073 (1128, 1130 f.)

4. VERTEILUNG DER ZUSTÄNDIGKEITEN AUF BUND UND LÄNDER

4.1 Grundsatz der Zuständigkeitsverteilung

„Art. 30 : Die Ausübung staatlicher Befugnisse und die Erfüllung der staatlichen Aufgaben ist Sache der Länder, soweit dieses Grundgesetz keine andere Regelung trifft oder zulässt."

620

Konkretisiert wird Art. 30 durch

- Art. 70 für den Bereich der Gesetzgebung.
- Art. 83 für den Bereich der Verwaltung.
- Art. 92 für den Bereich der Rechtsprechung.

Art. 30 fordert zwar grundsätzlich eine ausdrückliche Verleihung einer Bundeszuständigkeit. Das schließt aber ungeschriebene Zuständigkeiten nicht aus, wenn diese im Grundgesetz implizit enthalten sind oder sich zumindest aus dem geschriebenen Verfassungsrecht mit Hilfe der allgemeinen Auslegungsregeln ableiten lassen. Damit kann eine ungeschriebene Zuständigkeit des Bundes begründet oder aber auch eine geschriebene Zuständigkeit des Bundes zugunsten der Länder eingeschränkt werden. Dabei handelt es sich um folgende Aspekte :

- Zuständigkeit kraft Natur der Sache : Wenn die Zuständigkeit „begriffsnotwendig" und „unter Ausschluss anderer Möglichkeiten zwingend" ist (BVerfGE 12, 251).

    Beispiel : die Bestimmung der Bundessymbole

621

- Zuständigkeit kraft Sachzusammenhang : Wenn eine ausdrücklich zugewiesene Materie

622

    - „verständlicherweise nicht geregelt werden kann, ohne dass zugleich eine nicht ausdrücklich geregelte Materie mitgeregelt wird" (BVerfGE 3, 423).

        Beispiel : die Regelung der Gebühren für gerichtliche Beurkundungen im Sachzusammenhang mit der Regelung des bürgerlichen Rechts nach Art. 70 I Nr. 1 (BVerfGE 11, 199) bzw.

    - mit einer anderen ungeschriebenen Materie in einem notwendigen unlösbaren Zusammenhang steht (= sog. Annexkompetenz).

        Beispiel : die Regelung der Bahnpolizei als Annex zur Regelung der Bundesbahn in Art. 73 I Nr. 6a (BVerfGE 3, 433).

4.2 Zuständigkeitsverteilung im Bereich der Gesetzgebung

„Art. 70 (1) : Die Länder haben das Recht der Gesetzgebung, soweit dieses Grundgesetz nicht dem Bunde Gesetzgebungszuständigkeiten verleiht.
Art. 70 (2): Die Abgrenzung der Zuständigkeit zwischen Bund und Ländern bemisst sich nach den Vorschriften dieses Grundgesetzes über die ausschließliche und die konkurrierende Gesetzgebung."

623

staatliche Grundprinzipien : Bundesstaatsprinzip

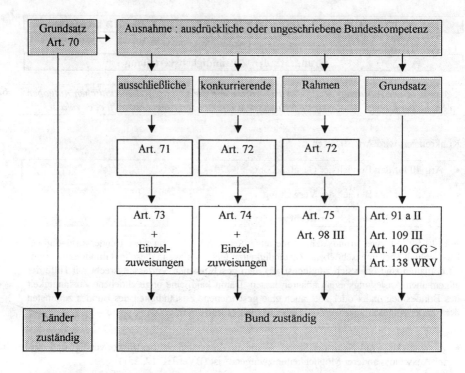

4.2.1 AUSSCHLIESSLICHE GESETZGEBUNGSZUSTÄNDIGKEIT DES BUNDES

624 Wo sind die einzelnen Materien genannt ?

Nicht nur in dem Katalog des Art. 73 (den Sie unbedingt lesen müssen !), sondern überwiegend in zahlreichen Einzelregelungen : Art. 4 III 2 (Kriegsdienstverweigerung), 16 a II 2 , III 2 (Asylrecht), 21 III (Parteienrecht), 23 I 2, III 2, VII (Übertragung von Kompetenzen auf die EU), 24 (Übertragung von Kompetenzen auf zwischenstaatliche Einrichtungen, 26 II 2 (Kriegswaffenrecht), 29 II, VI, VIII (Neugliederung), 38 III (Wahlrecht), 41 III (Wahlprüfungsrecht), 45b S.2 (Wehrbeauftragter), 45c 2 (Petitionsausschuss), 48 III 2 (Abgeordneten-Diäten), 54 VII (Bundesversammlung), 59 II 1 (völkerrechtliche Verträge), 84 V 1 (Einzelweisungen der Bundesregierung gegenüber den Ländern), 87 I 2, III 1 (Errichtung von Behörden), 87 b I 3, II (Aufgabenerweiterung der Bundeswehrverwaltung), 87 d I 2 (Luftverkehrsverwaltung), 87 e I 2, II, I 3, 4, IV 2 (Eisenbahnwesen), 87 f I, II (Post- und Telekommunikation), 91a II 2 (Bestimmung der Gemeinschaftsaufgaben), 93 II und 94 II (Zuständigkeiten, Verfahren und Wahl des BVerfG) , 95 III 2 (Richterwahl), 98 I (Rechtsstellung der Richter), 104a IV 2, V 2, , 106 III 3, V 2, VI 5, 106 a II, 107 I 2, 4 (Finanzverfassung), 108 (Finanzverwaltung), 109 III, IV 1, 4, 110 II 1, 112, 114 II (Haushaltsverfassung), 115 I, III, 115c, 115 l III ((Verteidigungsfall) und Art. 117 ff (Übergangsregelungen).

Was heißt „ausschließliche" Zuständigkeit des Bundes ?

„*Art. 71 : Im Bereich der ausschließlichen Gesetzgebung des Bundes haben die Länder die Befugnis zur Gesetzgebung nur, wenn und soweit sie hierzu in einem Bundesgesetz ausdrücklich ermächtigt werden.*"

Diese Möglichkeit der Ermächtigung der Länder hat der Bund bisher nur in verschwindend geringem Maße wahrgenommen : zugunsten von Schleswig-Holstein zur Regelung von Fragen, die sich auf die Insel Helgoland beziehen (1952 zur Freizügigkeit und 1956 zur Geltung der Gemeindeeinfuhrsteuer) und zugunsten des Saarlandes 1956 zur Regelung von auf saarländischem Recht beruhenden Monopolen.

4.2.2 KONKURRIERENDE GESETZGEBUNGSZUSTÄNDIGKEIT

Wo sind die einzelnen Materien genannt ? 625

Nicht nur in dem umfangreichen und bedeutsamen Katalog des Art. 74 (den Sie unbedingt lesen müssen !), sondern auch in zwei Einzelregelungen : Art. 74 a (Besoldung und Versorgung der Beamten) und 105 II (Steuern, wenn ihr Aufkommen ganz oder teilweise dem Bund zusteht oder die Voraussetzungen des Art. 72 II vorliegen).

Was heißt „konkurrierende" Gesetzgebung ? 626

„Art. 72 (1) Im Bereich der konkurrierenden Gesetzgebung haben die Länder die Befugnis zur Gesetzgebung, solange und soweit der Bund von seiner Gesetzgebungszuständigkeit nicht durch Gesetz Gebrauch gemacht hat.
(2) Der Bund hat in diesem Bereich das Gesetzgebungsrecht, wenn und soweit die Herstellung gleichwertiger Lebensverhältnisse im Bundesgebiet oder die Wahrung der Rechts- oder Wirtschaftseinheit im gesamtstaatlichen Interesse eine bundesgesetzliche Regelung erforderlich macht.
(3) Durch Bundesgesetz kann bestimmt werden, daß eine bundesgesetzliche Regelung, für die eine Erforderlichkeit im Sinne des Absatzes 2 nicht mehr besteht, durch Landesrecht ersetzt werden kann."

1. Die Sperrwirkung des Abs. 1
Abs. 1 ist 1994 neu gefasst worden und regelt die Sperrwirkung jetzt erst für den Abschluss des Gesetzgebungsverfahrens. Eine Teilregelung einer Materie durch den Bund schließt also die Länderzuständigkeit für die noch nicht geregelten Teile nicht aus.

2. Die Erforderlichkeitsklausel des Abs. 2
Abs. 2 ist ebenfalls 1994 neu gefasst worden. Die bis dahin gegoltene Fassung sei hier genannt, weil sie eine erhebliche Bedeutung für die heutige Zuständigkeitsverteilung hatte.

„Der Bund hat in diesem Bereich das Gesetzgebungsrecht, soweit ein Bedürfnis nach bundesgesetzlicher Regelung besteht, weil
1. eine Angelegenheit durch die Gesetzgebung einzelner Länder nicht wirksam geregelt werden kann oder
2. die Regelung einer Angelegenheit durch ein Landesgesetz die Interessen anderer Länder oder der Gesamtheit beeinträchtigen könnte oder
3. die Wahrung der Rechts- oder Wirtschaftseinheit, insbesondere die Wahrung der Einheitlichkeit der Lebensverhältnisse über das Gebiet eines Landes hinaus sie erfordert."

Nr. 1 und 2 haben in der Geschichte keine Rolle gespielt, umso mehr aber die Nr. 3. Sie war die Grundlage für Begründung von Bundeszuständigkeiten im Rahmen der konkurrierenden Gesetzgebung. Dabei hat das BVerfG die Subsumtion unter die Voraussetzungen der Nr. 3 mehr als eine politische als eine rechtliche Frage angesehen :

„Ob die Voraussetzungen des Art. 72 II gegeben sind, entscheidet der Bundesgesetzgeber nach seinem pflichtgemäßen Ermessen. Das BVerfG kann höchstens prüfen, ob der Gesetzgeber etwa sein Ermessen missbraucht hat." (BVerfGE 4, 127)

> Ob ein Bedürfnis nach bundesgesetzlicher Regelung besteht, "ist eine Frage pflichtgemäßen Ermessens des Bundesgesetzgebers, die ihrer Natur nach nicht justiziabel und daher einer Nachprüfung durch das BVerfG grundsätzlich entzogen ist" (BVerfGE 21, 224)
>
> "Wahrung der Rechts- und Wirtschaftseinheit und Wahrung der Einheitlichkeit der Lebensverhältnisse sind zwei Rechtsbegriffe. Sie sind jedoch so unbestimmt, dass ihre Konkretisierung weitgehend darüber entscheidet, ob zu ihrer Erreichung ein Bundesgesetz erforderlich ist" (BVerfGE 13, 233)

Die Folge : „Die bisherige Fassung der Bedürfnisklausel hat sich als eines der Haupteinfallstore für die Auszehrung der Länderkompetenzen erwiesen." (BT-Dr 12/6000 S. 33)

Die einzig relevante Neuerung des Abs. 2 (so auch BT-Dr 12/6633 S. 9) ist die neue Erforderlichkeitsklausel. Aber auch hier handelt es sich um einen unbestimmten Rechtsbegriff, dessen Auslegung primär dem Bundesgesetzgeber obliegt. Das BVerfG soll seine Anwendung aber überprüfen können. Dem dient auch die Einfügung der Nr. 2a in Art. 93 I :

> *„Das Bundesverfassungsgericht entscheidet bei Meinungsverschiedenheiten, ob ein Gesetz den Voraussetzungen des Art. 72 Abs. 2 entspricht, auf Antrag des Bundesrates, einer Landesregierung oder der Volksvertretung eines Landes."*

Die Überprüfung wird sich allerdings nur darauf beziehen können, ob der Gesetzgeber das Bedürfnis grundsätzlich fehlsam angenommen hat (Sachs/Degenhardt Rn 14)

3. Die Rückholklausel des Abs. 3

Die Anwendung des 1994 neu eingefügten Abs. 3 ist nach dem klaren Wortlaut eine Ermessensentscheidung. Eine Pflicht zur Ermächtigung der Länder bei Wegfall der Erforderlichkeit einer bundesgesetzlichen Regelung besteht also nicht, ebenso wenig eine Pflicht der Länder, die Rückholung auszuüben (Sachs/Degenhardt R. 38).

4.2.3 RAHMENGESETZGEBUNGSZUSTÄNDIGKEIT DES BUNDES

627 **Wo sind die einzelnen Materien genannt ?**

- Art. 75 : öffentliches Dienstrecht (soweit nicht Art. 74 a eingreift), allgemeine Grundsätze des Hochschulwesens, allgemeine Rechtsverhältnisse der Presse, Jagdwesen, Naturschutz, Landschaftspflege, Bodenverteilung, Raumordnung, Wasserhaushalt, Melde- und Ausweiswesen, Schutz deutschen Kulturgutes gegen Abwanderung ins Ausland.

- Art. 98 III : Rechtsstellung der Richter in den Ländern

628 **Was heißt „Rahmen"gesetzgebung ?**

> *„Art. 75 (1) Der Bund hat das Recht, unter den Voraussetzungen des Art. 72 Rahmenvorschriften für die Gesetzgebung der Länder zu erlassen ...*
> *(2) Rahmenvorschriften dürfen nur in Ausnahmefällen in Einzelheiten gehende oder unmittelbar geltende Regelungen enthalten.*
> *(3) Erlässt der Bund Rahmenvorschriften, so sind die Länder verpflichtet, innerhalb einer durch das Gesetz bestimmten angemessenen Frist die erforderlichen Landesgesetze zu erlassen."*

> BVerfGE 4, 129 : „Rahmen ...bedeutet, dass das Bundesgesetz nicht für sich allein bestehen kann, sondern darauf angelegt sein muss, durch Landesgesetze ausgefüllt zu werden... Das, was den Ländern zu regeln bleibt, muss von substantiellem Gewicht sein. ... Rahmenvorschriften .. brauchen sich zwar nicht auf Normen von grundsätzlicher Bedeutung beschränken, andererseits aber dürfen sie ihre Zweckbestimmung, nur eine Grenze für landesgesetzliche Eigenregelung zu bilden, nicht überschreiten".

„Rahmen" bedeutet aber nicht die Beschränkung auf Richtlinien. Rahmengesetze können vielmehr auch im Verhältnis zum Bürger unmittelbar geltendes Recht setzen, dürfen das allerdings nicht ausschließlich tun (BVerfGE 80, 157). Der Spielraum, der den Ländern bleiben muss, ist in der Praxis aber oft nur gering, so dass z.T. die Verfassungsmäßigkeit einiger Rahmengesetze bezweifelt wird (JP/Pieroth Rn 6).

4.2.4 GRUNDSATZGESETZGEBUNGSZUSTÄNDIGKEIT DES BUNDES

Wo sind die einzelnen Materien genannt ?   629

- Art. 91 a II (Erfüllung der Gemeinschaftsaufgaben)
- Art. 109 III (Haushaltsgrundsätze)
- Art. 140 GG iVm 138 WRV (Ablösung von Staatsleistungen an Religionsgesellschaften)

Was heißt „Grundsatz"gesetzgebung ?   630

Der Bund darf nur Grundsätze, aber keine umfassenden, erschöpfenden Detailregelungen erlassen.

4.2.5 GESETZGEBUNGSZUSTÄNDIGKEIT DER LÄNDER

Was bleibt für die Länder an Gesetzgebungszuständigkeiten „übrig" ?   631

- Zuständigkeit im Rahmen der konkurrierenden Gesetzgebung, soweit der Bund von seinem Gesetzgebungsrecht keinen Gebrauch gemacht hat, Art. 72 I
- Zuständigkeit im Rahmen der Rahmengesetzgebung, soweit der Bund von seinem Gesetzgebungsrecht keinen Gebrauch gemacht hat, Art. 75 I, 72 I
- Ausfüllung der Rahmengesetze des Art. 75
- Gesetzgebungsrecht über örtliche Verbrauchs- und Aufwandssteuern, Art. 105 II 2
- ausschließliche Gesetzgebungszuständigkeit nach Art. 70 I
  - Landesverfassung
  - Recht der inneren Landesverwaltung
  - Gemeinderecht
  - Schulrecht
  - Rundfunk- und Fernsehrecht
  - Presserecht
  - Polizei- und Ordnungsrecht
  - Wasserrecht
  - Wegerecht

4.3 Zuständigkeitsverteilung im Bereich der Verwaltung

632 Hier sind verschiedene Verwaltungstypen zu unterscheiden :

Bund	bundeseigene Verwaltung
Länder	Durchführung von Bundesgesetzen im Auftrag des Bundes
	Durchführung von Bundesgesetzen als eigene Angelegenheit
	landeseigene Verwaltung
Bund und Länder	Gemeinschaftsaufgaben

4.3.1 BUNDESEIGENE VERWALTUNG

633 **Wo sind die einzelnen Materien genannt ?**
In Art 87 - 87 f, 88, 89, 108 I, 114 II, 130 (lesen !)

Was heißt bundeseigene Verwaltung ?
Art. 86 : Danach „erlässt die Bundesregierung, soweit nicht das Gesetz Besonderes bestimmt, die allgemeinen Verwaltungsvorschriften. Sie regelt ...die Einrichtung der Behörden."

4.3.2 DURCHFÜHRUNG VON BUNDESGESETZEN DURCH DIE LÄNDER

Art. 83 : „Die Länder führen die Bundesgesetze als eigene Angelegenheit aus, soweit dieses Grundgesetz nichts anderes bestimmt oder zulässt".

634 Art. 83 stellt – als Konkretisierung des Art. 30 – auch für den Bereich der Verwaltung eine Vermutung für die Zuständigkeit der Länder auf. Die Durchführung der Bundesgesetze als eigene Angelegenheit ist geregelt in Art. 84. Etwas anderes i.S.d. Art. 83 bestimmt das Grundgesetz oder lässt es zu

- im Bereich der bundeseigenen Verwaltung : Art. 86 - 89 (s.o.)

- im Bereich der Durchführung der Bundesgesetze durch die Länder im Auftrage des Bundes (Auftragsverwaltung).

    > Fälle obligatorischer Auftragsverwaltung : - Art. 90 II : Bundesfernstraßen
    - 104 a III : i.d.R. Geldleistungsgesetze
    - 108 III : i.d.R. Steuerverwaltung

    > Fälle fakultativer Auftragsverwaltung : - Art. 87 b II : Verteidigungsgesetze
    - 87 c : Kernenergie
    - 87 d II : Luftverkehrsverwaltung

Die Unterschiede zwischen der Durchführung der Bundesgesetze als eigene Angelegenheit der Länder und der im Auftrag des Bundes wird am besten durch eine Synopse deutlich: 635

Durchführung als eigene Angelegenheit		Durchführung im Auftrag des Bundes	
Art.			Art.
84 I	Die Länder „regeln die Einrichtung der Behörden und das Verwaltungsverfahren, soweit nicht Bundesgesetze mit Zustimmung des Bundesrates etwas anderes bestimmen."	„Die Einrichtung der Behörden bleibt Angelegenheit der Länder, soweit nicht Bundesgesetze mit Zustimmung des Bundesrates etwas anderes bestimmen."	85 I
84 II	„Die Bundesregierung kann mit Zustimmung des Bundesrates allgemeine Verwaltungsvorschriften erlassen."	„Die Bundesregierung kann mit Zustimmung des Bundesrates allgemeine Verwaltungsvorschriften erlassen."	85 II 1
		„Sie kann die einheitliche Ausbildung der Beamten und Angestellten regeln."	85 II 2
		„Die Leiter der Mittelbehörden sind mit ihrem Einvernehmen zu bestellen."	85 II 3
84 III 1	„Die Bundesregierung übt die Aufsicht darüber aus, dass die Länder die Bundesgesetze dem geltenden Rechte gemäß ausführen."	„Die Bundesaufsicht erstreckt sich auf Gesetzmäßigkeit und Zweckmäßigkeit der Ausführung."	85 IV 1
84 III 2	„Sie kann zu diesem Zweck Beauftragte zu den obersten Landesbehörden entsenden ..."	„Die Bundesregierung kann zu diesem Zweck Bericht und Vorlage der Akten verlangen und Beauftragte zu allen Behörden entsenden."	85 IV 2
84 IV 1	„Werden Mängel, die sie bei der Ausführung... festgestellt hat, nicht beseitigt, so beschließt ...der Bundesrat, ob das Land das Recht verletzt hat..."		
84 V	„Der Bundesregierung kann durch Bundesgesetz, das der Zustimmung des Bundesrates bedarf, ... die Befugnis verliehen werden, für besondere Fälle Einzelweisungen zu erteilen...".	„Die Landesbehörden unterstehen den Weisungen der zuständigen obersten Bundesbehörden. ..."	85 III

636 Aus der Übersicht ergibt sich zum einen, dass der Bund auf die Durchführung seiner Gesetze durch die Länder – egal in welcher Form sie erfolgt – einen erheblichen Einfluss ausüben kann. So können die Behördeneinrichtung und das Verwaltungsverfahren unmittelbar in dem Gesetz mit geregelt sein. Hinzu kommt der Einfluss über allgemeine Verwaltungsvorschriften. Beides jedoch mit der Einschränkung, dass der Bundesrat zustimmen muss. Im Übrigen zeigt sich, dass im Fall des Art. 84 die Eigenverantwortung der Länder wesentlich stärker betont wird als im Fall des Art. 85. Dazu passen auch die Bezeichnungen der beiden Verwaltungstypen. So ist z.B. die Aufsicht des Bundes nach Abs. 3 nur eine Rechtsaufsicht und die Befugnis zu Einzelweisungen unterliegt erheblichen Restriktionen. Bei der Auftragsverwaltung dagegen umfasst die Aufsicht des Bundes auch die Fachaufsicht, er kann eine einheitliche Ausbildung der Beamten und Angestellten regeln (z.B. der Finanzbeamten nach Art. 108 II, III), einen personellen Einfluss auf die Leiter der Mittelbehörden nehmen und ohne Einschränkungen Einzelweisungen erteilen. Das sind erhebliche Einflussnahmen des Bundes, die allerdings unproblematisch erscheinen, da sie ermöglichen, notwendige gesamtstaatliche Interessen auch gegen den Widerstand einzelner Länder durchzusetzen. Im übrigen sind die Fälle der Auftragsverwaltung zahlenmäßig begrenzt und können nur mit Zustimmung des Bundesrates erweitert werden.

Art. 84 III – V werden in der Praxis kaum angewandt. Allerdings wird ihre bloße Existenz eine mahnende und disziplinierende Wirkung auf die Länder ausüben. Eine größere Rolle dagegen spielen bei der Auftragsverwaltung die Regelungen des Art. 85 III, IV.

4.3.3 LANDESEIGENE VERWALTUNG : ART. 30

637 Sie umfasst die Durchführung der Landesgesetze, aber auch die gesetzesfreie Verwaltung (also die, die nicht gesetzlich geregelt ist, wie z.B. überwiegend die Kulturverwaltung)

4.3.4 GEMEINSCHAFTSAUFGABEN DES ART. 91 a

638 Art. 91 a wurde 1969 in das Grundgesetz eingefügt, um eine bis dahin erfolgte Praxis verfassungsrechtlich zu legitimieren. Sein Absatz 1 lautet :

> *„Der Bund wirkt auf folgenden Gebieten bei der Erfüllung von Aufgaben der Länder mit, wenn diese Aufgaben für die Gesamtheit bedeutsam sind und die Mitwirkung des Bundes zur Verbesserung der Lebensverhältnisse erforderlich ist :*
> *1. Ausbau und Neubau von Hochschulen einschließlich der Hochschulkliniken,*
> *2. Verbesserung der regionalen Wirtschaftsstruktur*
> *3. Verbesserung der Agrarstruktur und des Küstenschutzes."*

Die Gemeinschaftsaufgaben des Art. 91 a stellen eine gemeinsame Planung und Finanzierung von Länderaufgaben durch Bund und Länder dar. Sie gehen damit weit mehr als etwa die Finanzhilfen des Art. 104 a IV (s.u. Rn 649) über eine reine Mitfinanzierung von Länderaufgaben hinaus. Deshalb sind sie auch formal nicht in den Abschnitt über die Finanzverfassung integriert, sondern im Anschluss an die Verwaltungskompetenzen geregelt. Ihr Sinn : In einem Staat, der eine ausgeglichene Wirtschafts- und Sozialordnung anstrebt, sind bestimmte Aufgaben - lediglich aufgrund einer formalen Zuständigkeit der Länder - nicht rein landestypisch, sondern weitgehend überregional bedingt und gesamtstaatlich wirksam. Es wäre daher nicht angemessen, sie allein der Initiative und Verantwortung der Länder zu überlassen. Vielmehr ist es angebracht, dass sich dann auch der Bund an ihrer Planung und insbesondere ihrer Finanzierung beteiligt. Eine entsprechende Zusammenarbeit hat es demzufolge auch schon vor der 1969 erfolgten Einfügung des Art. 91a in das Grundgesetz gegeben. Zu jeder der Gemeinschaftsaufgaben ist ein zustimmungspflichtiges Bundesgesetz erlassen worden, das die Aufgabe näher bestimmt, allgemeine Grundsätze für ihre Erfüllung und Bestimmungen über das Verfahren und über Einrichtungen für eine gemeinsame Rahmenplanung enthält. Diese erfolgt durch einen Planungsausschuss, in dem jedes Land eine Stimme und der Bund 16 Stimmen hat. Er beschließt mit den Stimmen des Bundes und einer Mehrheit der Stimmen der Länder für 5 Jahre einen Rahmenplan, in dem die einzelnen zu fördernden Projekte geregelt sind. Eine rechtliche Majorisierung eines Landes durch eine Mehrheitsentscheidung kann nicht erfolgen, da nach Art. 91a III 2 die Aufnahme eines Projekts in den Rahmenplan der Zustimmung des Landes bedarf, in dessen Gebiet es durchgeführt wird.

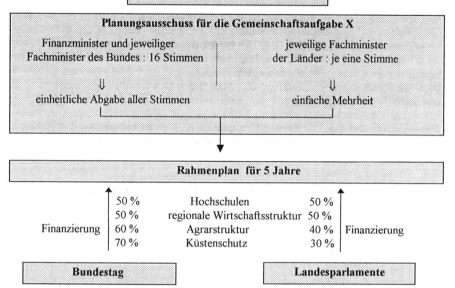

An den Gemeinschaftsaufgaben des Art. 91 a wurde ursprünglich heftige Kritik geübt (grundlegend etwa v.Münch VVDStRL 31 (1973), 54 ff. m.w.N.), insbesondere weil sie zu einer Vermischung der Zuständigkeiten und Verantwortungsbereiche führen. Auch die Enquete-Kommission des Bundestages für Verfassungsreform hat sich 1976 für eine Abschaffung des Art. 91a ausgesprochen (Schlussbericht Kapitel 11, Zur Sache 2/77, S. 95 ff.). Eine Mehrheit fand dieser Vorschlag aber nicht. In der Zwischenzeit ist die Kritik jedoch fast verstummt, weil man überwiegend mit Art. 91 a abgefunden hat.

639

Ausgaben für die Gemeinschaftsaufgaben im Jahr 2000 insgesamt	
Hochschulen	4,00 Mrd. DM
regionale Wirtschaftsstruktur	9,07 Mrd. DM
Agrarstruktur	2,52 Mrd. DM
Küstenschutz	0,26 Mrd. DM

Quelle : Finanzbericht 2001, S. 150

Weiterführende Literatur : Kölble, Reform der Gemeinschaftsaufgaben, DVBl. 1972, 701; Pruns, Gemeinschaftsaufgabe „Verbesserung der Agrarstruktur und des Küstenschutzes", DÖV 1973, 217; Marnitz, Die Gemeinschaftsaufgaben des Art. 91 a ..., 1974; Zitzelsberger, Gemeinschaftsaufgabe Hochschulbau, DÖV 1990, 724; Faber u.a., Gemeinschaftsaufgaben in Bund und Ländern im Hochschulbereich, 1991; Finanzbericht 2001 des Bundesfinanzministeriums, S. 29, 33, 150 ff.

4.3.5 GEMEINSCHAFTSAUFGABEN DES ART. 91 b

640 Auch Art. 91 b wurde 1969 in das Grundgesetz eingefügt, um eine bis dahin erfolgte Praxis verfassungsrechtlich zu legitimieren. Sein Wortlaut :

„Bund und Länder können auf Grund von Vereinbarungen bei der Bildungsplanung und bei der Förderung von Einrichtungen und Vorhaben der wissenschaftlichen Forschung von überregionaler Bedeutung zusammenarbeiten. Die Aufteilung der Kosten wird in der Vereinbarung geregelt."

Im Unterschied zu Art. 91 a sieht Art. 91 b ein freiwilliges Zusammenwirken zwischen Bund und Ländern vor. Das Organ, in dem diese Zusammenarbeit erfolgt, ist die Bund-Länder-Kommission für Bildungsplanung. Von den beiden Gemeinschaftsaufgaben des Art. 91 b ist nur die Forschungsförderung kostenträchtig. Aufgrund der dazu beschlossenen Rahmenvereinbarung werden überregionale Forschungseinrichtungen gefördert (wie z.B. - zu 50 % - die Deutsche Forschungsgemeinschaft und die Max-Planck-Gesellschaft oder - zu 90 % - die Fraunhofer-Gesellschaft).

Weiterführende Literatur : Dittmann, Bildungsplanung als Gemeinschaftsaufgabe, 1975, Karpen, Hochschulplanung und Grundgesetz, 1987; Finanzbericht 2001 des Bundesfinanzministeriums, S. 151

4.4 Zuständigkeitsverteilung im Bereich der Rechtsprechung

„Art. 92 : Die rechtsprechende Gewalt ist den Richtern anvertraut; sie wird durch das Bundesverfassungsgericht, durch die in diesem Grundgesetz vorgesehenen Bundesgerichte und durch die Gerichte der Länder ausgeübt."

641 Art. 92 stellt – als Konkretisierung des Art. 30 – auch für den Bereich der Rechtsprechung eine Vermutung für die Zuständigkeit der Länder auf. Bundesgerichte sind also nur zulässig, soweit das Grundgesetz sie ausdrücklich vorsieht. Das ist in den Art. 93 – 96 erfolgt. Zu beachten ist : Art. 92 regelt nur die Kompetenz zur Errichtung von Bundesgerichten. Die Kompetenz zur Regelung der Gerichtsverfassung und des Gerichtsverfahrens – auch der Gerichte der Länder ! – ergibt sich dagegen aus Art. 74 I Nr. 1. Da zur Gerichtsverfassung auch die Entscheidung über die Zuständigkeiten gehört, hat der Bund weitgehend die Möglichkeit, durch einfaches Bundesgesetz über die Verteilung der Gesetzgebungszuständigkeiten zu entscheiden.

642

ausschließliche Gerichtszuständigkeiten des Bundes (Art. 92, 96)				
Verfassungsrecht des Bundes	*gewerblicher Rechtsschutz*	*Disziplinar- und Beschwerderecht des Bundes*		*Staatsschutz-Strafrecht*
Art. 92	Art. 96 I, III	Art. 96 II	Art. 96 IV	Art. 96 V
Bundesverfassungsgericht (BVerfG)	Bundesgerichtshof (BGH)	Bundesverwaltungsgericht (BVerwG)	Bundesverwaltungsgericht (BVerwG)	Bundesgerichtshof (BGH)
	Bundespatentgericht	Wehrdienstgerichte	Bundesdisziplinargericht	Oberlandesgerichte

Zuständigkeitsverteilung zwischen Bund und Ländern

Mit Ausnahme des Bereichs des Verfassungsrechts gibt es jeweils erstinstanzliche Gerichte, gegen deren Urteile Rechtsmittel bei dem jeweiligen obersten Bundesgericht eingelegt werden können. Bei den Staatsschutz-Strafsachen ist es nicht ein Bundesgericht, sondern die Oberlandesgerichte, die insoweit für den Bund im Wege der Organleihe Bundesgerichtsbarkeit ausüben (Sachs/Detterbeck Rn 18; MD/Herzog Rn 46; JP/Pieroth Rn 4).

643

gemeinsame Gerichtszuständigkeiten von Bund und Ländern (Art. 95, 92) [1]					
	ordentliche Gerichtsbarkeit	Verwaltungs-gerichtsbarkeit	Finanz-gerichtsbarkeit	Sozial-gerichtsbarkeit	Arbeits-gerichtsbarkeit
	Zivil- und Strafrecht	Verwaltungs-recht [2]	Steuer- und Abgabenrecht	Sozialrecht [3]	Arbeitsrecht
Bundes-gerichte (Art. 95)	Bundes-gerichts-hof (BVerwG)	Bundes-verwaltungs-gericht (BVerwG)	Bundes-finanz-hof (BFH)	Bundes-sozial-gericht (BsozG)	Bundes-arbeits-gericht (BAG)
	Ober-landes-gerichte (25)	Ober-verwaltungs-gerichte (16)	Finanz-gerichte (19)	Landes-sozial-gerichte (16)	Landes-arbeits-gerichte (19)
Länder-gerichte (Art. 92)	Land-gerichte (116)	Verwaltungs-gerichte (52)		Sozial-gerichte (69)	Arbeits-gerichte (123)
	Amts-gerichte (693)				

Quelle: Statistisches Jahrbuch 2000, S. 345

[1] Die Zuständigkeiten der einzelnen Gerichte und die Rechtsmittel-Möglichkeiten zu der jeweils höheren Instanz sind im Gerichtsverfassungsgesetz (GVG) und den einzelnen Prozessordnungen geregelt (ZPO, StPO, VwGO, AO, SGG, ArbGG)

[2] Soweit nicht die Sozial- und Finanzgerichtsbarkeit zuständig sind.

[3] Soweit nicht die Verwaltungsgerichtsbarkeit zuständig ist.

644

ausschließliche Gerichtszuständigkeiten der Länder (Art. 101 II)				
Jugendrecht	Schiffahrtsrecht	Disziplinarrecht		Berufsrecht
Jugendgerichte	Schifffahrts-gerichte	Disziplinargerichte für Beamte	Richterdienst-gerichte	Berufsgerichte für Ärzte

Hinweis: Auf inhaltliche Fragen zur Rechtsprechung wird nicht hier, sondern in dem Abschnitt „Rechtsschutz" im Kapitel über das Rechtsstaatsprinzip eingegangen (Rn 527 ff.).

Repetitorium zur Zuständigkeitsverteilung: Rn 1047

5. FINANZVERFASSUNG

645 Die „Finanzverfassung" ist nicht etwa eine eigenständige Verfassung, sondern sie ist lediglich der Teil des Grundgesetzes, der die verfassungsrechtlichen Fragen der öffentlichen Finanzwirtschaft regelt (also insbesondere die Art. 104 a - 115). Der Begriff „Finanzverfassung" hat sich aber eingebürgert und soll deshalb auch hier benutzt werden.

Welche Fragen regelt die Finanzverfassung eines Bundesstaates und damit auch die des Grundgesetzes? Im Wesentlichen geht es dabei um folgende Fragen:

- Wer trägt im Verhältnis Bund - Länder die Kosten der staatlichen Ausgaben? Das Grundgesetz beantwortet diese Frage in Art. 104 a. > Rn 646 ff.
- Wer ist im Verhältnis Bund - Länder für den Erlass der Steuergesetze zuständig? Im Grundgesetz ist das in Art. 105 geregelt. > Rn 650 ff.
- Wer erhält im Verhältnis Bund - Länder den Ertrag der Steuern? Die Vorschrift des Grundgesetzes hierzu ist der Art. 106. > Rn 653 ff.
- Wie werden die Steuererträge, die die Länder insgesamt erhalten, auf die einzelnen Länder verteilt? Das Grundgesetz regelt das in Art. 107 I. > Rn 663
- Wie wird Ländern geholfen, die im Verhältnis zu anderen Ländern eine unterdurchschnittliche Finanzkraft besitzen? Das Grundgesetz regelt das vor allem in Art. 107. > Rn 664 ff.
- Wer führt im Verhältnis Bund - Länder die Steuergesetze durch? Diese Frage beantwortet das Grundgesetz in Art. 108.
- Nach welchen Grundsätzen wird die Finanzwirtschaft des Bundes durchgeführt? Die Regelungen hierzu enthalten die Art. 109 -115.

5.1 Kostentragung

5.1.1 GRUNDSATZ

646 Nach Art. 104 a I tragen Bund und Länder „gesondert die Ausgaben, die sich aus der Wahrnehmung ihrer Aufgaben ergeben, soweit das Grundgesetz nichts anderes bestimmt". Wer für eine bestimmte Aufgabe verantwortlich ist, hat danach auch die Kosten zu tragen. Die Finanzierungsverantwortung folgt also der Verwaltungsverantwortung (sog. Konnexitätsgrundsatz).

Von diesem Prinzip gibt es drei Ausnahmen:

5.1.2 AUFTRAGSVERWALTUNG

647 Zunächst die Fälle der Auftragsverwaltung. Hier trägt der Bund nach Art. 104 a II die Ausgaben. Die Fälle der Auftragsverwaltung - wie insbesondere Bundesfernstraßenbau, Verwaltung der Bundessteuern, Kernenergie- oder Luftverkehrsverwaltung - sind im Kern Aufgabenbereiche des Bundes. Dass hier der Bund dann die Kosten der Durchführung trägt, ist nur konsequent. Allerdings sind „Ausgaben" i.S.d. Art. 104 a II nur die sog. Zweckausgaben, also etwa beim Fernstraßenbau die Bezahlung der Bauunternehmer. Nach Art. 104 a V tragen die Länder dagegen auch bei der Auftragsverwaltung die entstehenden Verwaltungskosten, also vor allem die Personalkosten.

5.1.3 GELDLEISTUNGSGESETZE

Weiterhin die sog. Geldleistungsgesetze wie das Sparprämien-, das Wohngeld- oder das Bundesausbildungsförderungesetz. Diese Gesetze können zwar nach Art. 104a III selbst regeln, wer die Kosten trägt. Haben nach ihrer Regelung aber die Länder 25 % oder mehr der Kosten zu tragen, so bedarf das entsprechende Gesetz der Zustimmung des Bundesrates, um die Länder vor einer übermäßigen Kostenbelastung zu schützen.

648

5.1.4 FINANZHILFEN

Weiterhin die Finanzhilfen des Bundes nach Art. 104 a IV für besonders bedeutsame Investitionen der Länder und Gemeinden. Zulässig sind sie nur, wenn sie „zur Abwehr einer Störung des gesamtwirtschaftlichen Gleichgewichts oder zum Ausgleich unterschiedlicher Wirtschaftskraft im Bundesgebiet oder zur Förderung des wirtschaftlichen Wachstums" erforderlich sind. Sie haben die Funktion, die durch den Finanzausgleichs des Art. 107 angestrebte gleichmäßige Verteilung des Steueraufkommens auf die Länder für den Fall zu ergänzen, dass die Länder trotz des Finanzausgleichs wichtige Aufgaben nicht aus eigener Kraft erfüllen können. BVerfGE 39,111). Ihr Problem ist, dass sie die Länder in eine Abhängigkeit vom Bund bringen und damit ihre Eigenständigkeit berühren. Auf jeden Fall müssen sie eine Ausnahme bleiben und es muss sichergestellt sein, daß sie nicht zum Mittel der Einflußnahme des Bundes auf die Entscheidungsfreiheit der Länder werden (BVerfGE 39, 107). Der Bund darf sich daher nur begrenzt Planungs- und Einwirkungsmöglichkeiten vorbehalten. Er muss sich mit der Programmaufstellung begnügen, die Auswahl der einzelnen Projekte aber den Ländern überlassen (BVerfGE 86, 268), es sei denn, ein Programm beschränkt sich auf ein einzelnes Projekt BVerfGE 39, 121). Geregelt werden die einzelnen Finanzhilfen nach Art. 104 a IV durch zustimmungsbedürftige Bundesgesetze oder durch Verwaltungsvereinbarungen.

649

Die wichtigsten Beispiele für Finanzhilfen nach Art. 104 a IV sind :

Finanzhilfen	Förderungsbeträge
Förderung der Wirtschaftskraft der neuen Bundesländer	1995 – 2004 jährlich 6,6 Mrd DM
Stadtsanierung und -entwicklung	2001 – 2004 jährlich 600 Mio DM (davon 520 Mio DM für die neuen Bundesländer)
sozialer Wohnungsbau	2001 – 2004 jährlich 450 Mio DM (davon 175 Mio DM für die neuen Bundesländer)

Die Finanzhilfen des Bundes zur Verbesserung der Verkehrsverhältnisse der Gemeinden haben ihre Grundlage nicht in Art. 104 Art. IV, sondern in Art. 106 a. Danach steht den Ländern aus dem Steueraufkommen des Bundes ein Beitrag zur Finanzierung des öffentlichen Personennahverkehr zu. Dabei handelt es sich um einen Betrag von 12 Mrd DM, der ab 1998 entsprechend dem Wachstum der Umsatzsteuer gesteigert wird (siehe Rn 659).

5.2 Gesetzgebungskompetenz

650 Nach Art. 106 I hat der Bund die ausschließliche Gesetzgebungskompetenz für Zölle und Finanzmonopole. Unter dem Gesichtspunkt des Ertrags ist diese Regelung von nur geringer Bedeutung : Wegen der Zollunion der EU hat die Zuständigkeit für Zölle keine Bedeutung mehr. Und Finanzmonopole gibt es bis auf das Branntweinmonopol nicht mehr.

651 Nach Absatz 2 hat der Bund die konkurrierende Gesetzgebung über die übrigen Steuern,
- wenn ihm das Aufkommen dieser Steuern entweder ganz oder zum Teil zusteht (was zu etwa 86 % der Fall ist)
- oder die Voraussetzungen des Art. 72 II vorliegen, also die Notwendigkeit einer bundesgesetzlichen Regelung zur „Herstellung gleichwertiger Lebensverhältnisse im Bundesgebiet" oder zur „Wahrung der Rechts- oder Wirtschaftseinheit" (dazu s.o. Rn 626).

652 Was bleibt für die Länder übrig ? Nach Art. 105 II a „die Befugnis zur Gesetzgebung über die örtlichen Verbrauchs- und Aufwandsteuern, solange und soweit sie nicht bundesgesetzlich geregelten Steuern gleichartig sind".

Verbrauchssteuern knüpfen die Belastung an den Verbrauch von konsumierbaren Gütern (BVerfGE 98, 123). Aufwandsteuern belasten die Aufwendungen für das Halten von Verbrauchsgegenständen (BVerfGE 49, 354). Gleichartig ist als Begriff enger als sonst zu verstehen, um den Ländern einen substantiellen Kompetenzbereich zu erhalten (BVerfGE 65, 350). Die herkömmlichen 1970 üblicherweise bestehenden örtlichen Verbrauchs- und Aufwandsteuern dürfen den Ländern über die Auslegung dieses Begriffs nicht entzogen werden (BVerfGE 98, 125). Die dennoch verbleibende restriktive Aussage des Art. 105 II a bewirkt jedoch, dass in der finanzwirtschaftlichen Praxis die Steuerhoheit der Länder ohne Bedeutung ist. Sie bezieht sich lediglich auf wenig ertragreiche Bagatellsteuern (die im folgenden Abschnitt über die Steuerverteilung im Einzelnen genannt sind). Der Ertrag dieser - nach Art. 106 VI 1 den Gemeinden zustehenden - Steuern beträgt lediglich etwa 4 % des Steueraufkommens der Gemeinden bzw. 0,18 % des Gesamtsteueraufkommens und überschreitet damit oft kaum die Kosten ihrer Verwaltung. Deshalb haben einige Länder bereits auf ihre Erhebung verzichtet.

5.3 Steuerverteilung

653 Für die finanzielle Situation der Länder von größerer Bedeutung als die Gesetzgebungskompetenz ist die Frage, welche Steuererträge sie erhalten. Allein der Umstand, dass der Bund die meisten Steuergesetze erlässt, bedeutet noch nicht, dass er auch den Ertrag dieser Steuern erhält. Aus der Gesetzgebungskompetenz ergibt sich also nicht automatisch die Ertragskompetenz. Wer den Ertrag der Steuern erhält, ist in Art. 106 geregelt. Diese Vorschrift enthält eine Kombination des Trenn- und des Verbundsystems : Zum einen erhalten Bund, Länder und Gemeinden getrennt den Ertrag bestimmter Steuern, zum anderen erhalten sie im Verbund von den verbleibenden - aber bedeutsamsten - Steuern jeweils einen bestimmten Prozentsatz.

Finanzverfassung

	BUND	**LÄNDER**	**GEMEINDEN**
	Bundessteuern	**Landessteuern**	**Gemeindesteuern**
Trenn-system	Art. 106 Abs. 1 : Zölle ① Kapitalverkehrssteuer Wechselsteuer Solidaritätszuschlag Verbrauchssteuern : • Mineralölsteuer • Tabaksteuer • Kaffeesteuer • Schaumweinsteuer • Branntweinsteuer • Zwischenerzeugnissteuer Art. 106 VI 4, 5 : 2,5 % bzw. 5 % Gewerbesteuerumlage ②	Art. 106 Abs. 2 : Erbschaftssteuer Kraftfahrzeugsteuer Verkehrssteuern : • Grunderwerbssteuer • Feuerschutzsteuer • Rennwettsteuer • Lotteriesteuer Biersteuer Spielbankabgaben Art. 106 VI 4, 5 : 7,5 % bzw. 15 % Gewerbesteuerumlage ②	Art. 106 Abs. 6 : Grundsteuer Gewerbesteuer abzüglich② örtliche Verbrauchs- und Aufwandssteuern ③: • Hundesteuer • Vergnügungssteuer • Grunderwerbssteuer • Jagd- und Fischereisteuer • Getränkesteuer • Schankerlaubnissteuer • Kinosteuer • Zweitwohnungssteuer • Spielgerätesteuer • Verpackungssteuer
		Art. 106 VII 2 ⟶	Anteil am Aufkommen der Landessteuern ④
	Gemeinschaftssteuern		
	Art. 106 Abs. 3 – 5 a, 7		
Ver-bund-System	Lohn- und veranlagte ⑤ Einkommensteuer 42,5 % nicht veranlagte Steuer Steuer vom Ertrag 50 % Körperschaftssteuer 50 % Umsatzsteuer ⑥ 52 %	Lohn- und veranlagte ⑤ Einkommensteuer 42,5 % nicht veranlagte Steuer vom Ertrag 50 % Körperschaftssteuer 50 % Umsatzsteuer ⑥ ca. 46 % Art. 106 VII 1 ⟶	Lohn- und veranlagte ⑤ Einkommensteuer 15 % Umsatzsteuer ⑥ ca. 2 % Anteil am Aufkommen der Länder aus den Gemeinschaftssteuern ④

staatliche Grundprinzipien : Bundesstaatsprinzip

Aus der obigen Übersicht ergibt sich, dass Art. 106 eine Verbindung von zwei Systemen der Steuerverteilung vornimmt : zum einen dem Trennsystem, nach dem Bund, Länder und Gemeinden den Ertrag bestimmter Steuern ausschließlich erhalten; zum anderen dem Verbundsystem, wonach sie einen bestimmten Prozentsatz am Ertrag bestimmter Steuern erhalten.

Zu dem Inhalt der Übersicht sind einige Anmerkungen zu machen :

654 ① **Zölle** : Sie fließen voll der Europäischen Union zu.

655 ② **Gewerbesteuerumlage** : Sie dient als Ausgleich für die Beteiligung der Gemeinden an der Einkommensteuer. 1970 betrug sie noch 40 % und ist seitdem zugunsten der Gemeinden immer mehr abgesenkt worden. Heute muss differenziert werden : Die Gemeinden der neuen Bundesländer führen ca. 10 % , die der alten ca. 20 % ab, wovon der Bund jeweils 25 % erhält, also im Ergebnis 2,5 % bzw. 5 % und die Länder 7,5 % bzw. 15 %.

656 ③ **örtliche Verbrauchs- und Aufwandssteuern** : Auf ihre geringe Bedeutung ist bereits oben unter 5.2 (Rn 652) eingegangen worden.

657 ④ **Beteiligung der Gemeinden am Steueraufkommen der Länder** : Die Gemeinden erhalten auch nach Art. 106 VII 1 von dem Anteil der Länder an den Gemeinschaftssteuern einen bestimmten Prozentsatz zugewiesen. Wie hoch dieser ist, ist eine Ermessensentscheidung des jeweiligen Landesgesetzgebers mit der Folge, dass die Finanzausgleichsgesetze der Länder insoweit erhebliche Unterschiede aufweisen. Nach Art. 106 II 2 können – nicht müssen – die Länder außerdem den Gemeinden einen Anteil am Aufkommen der Landessteuern zuweisen.

658 ⑤ **Lohn- und veranlagte Einkommensteuer** : Art. 106 III enthält für ihre Verteilung zwar starre Prozentsätze für Bund und Länder (je 50 %). Diese werden aber nach Absatz 5 zugunsten eines Gemeindeanteils verringert. Der Umfang dieses Anteils wird durch zustimmungsbedürftiges Gesetz (Gemeindefinanzreformgesetz) festgelegt. Danach ergibt sich die in der obigen Übersicht enthaltene Verteilung.

659 ⑥ **Umsatzsteuer** : Die Anteile von Bund und Ländern an ihr sind vom Grundgesetz nicht festgelegt, sondern werden nach Art. 106 III durch zustimmungspflichtiges Bundesgesetz - in der Praxis für jeweils zwei Jahre - festgelegt. Damit besteht die erste Möglichkeit einer flexiblen Anpassung an veränderte Bedarfe von Bund und Ländern. Art. 106 III enthält allerdings Grundsätze dafür, wie diese Anteile zu bestimmen sind : Deckung der notwendigen Ausgaben von Bund und Ländern, billiger Ausgleich zwischen Bund und Ländern, Vermeidung einer Überbelastung der Steuerpflichtigen und Wahrung der Einheitlichkeit der Lebensverhältnisse im Bundesgebiet. Neu festzusetzen sind die Anteile nach Art. 106 IV, wenn sich das Verhältnis zwischen den Ausgaben des Bundes und der Länder wesentlich anders entwickelt. Alle diese Vorgaben dürfen aber natürlich nicht darüber hinwegtäuschen, dass die Regelung der Anteile aufgrund der Unbestimmtheit der Formulierungen letztlich eine politische Entscheidung ist, da Bund und Länder meistens eine recht unterschiedliche Auffassung darüber haben, welche Aufgaben tatsächlich notwendig sind. Der Einsatz rhetorischer Mittel dürfte daher eine größere Bedeutung haben als der reine Wortlaut der Vorgaben des Art. 106. Dennoch hat die Verteilung der Umsatzsteuer in der Vergangenheit ohne gravierende Probleme funktioniert. So ist entsprechend dem gestiegenen Bedarf der Länder deren Anteil von 1970 mit 30 % bis 1998 kontinuierlich auf 49,5 % gestiegen. Die Verteilung ab 1999 ist etwas komplizierter : Der Bund erhält wegen erhöhter Zuschüsse zur Rentenversicherung vorweg 5,63 % des Umsatzsteueraufkommens. Von dem verbleibenden Aufkommen steht den Gemeinden ein Anteil von 2,2

% zu. Von dem danach verbleibenden Aufkommen erhält der Bund 50,25 % und die Länder 49,75 %. Insgesamt erhalten der Bund somit 52 %, die Länder 45,92 % und die Gemeinden 2,08 %.

Von seinem Mehrwertsteuer-Anteil muss der Bund übrigens einen Teil (= 1,4 % des gesamten Mehrwertsteueraufkommens) an die Europäische Union abführen (vgl. Rn 991).

Nicht von der Übersicht erfasst sind drei weitere Aspekte, die zum Gesamtverständnis der Steuerverteilung unerlässlich sind :

- Art. 106 a : Danach steht den Ländern aus dem Steueraufkommen des Bundes ein Beitrag zur Finanzierung des öffentlichen Personennahverkehr zu. Der Hintergrund : Nach der Privatisierung der Bundesbahn ist die Verantwortung des Bundes für die S-Bahnen nach dem 1993 eingefügten Art. 143 a III ab 1996 erloschen. Diese Aufgabe haben also jetzt die Länder im Rahmen ihrer Verantwortung für den öffentlichen Personennahverkehr wahrzunehmen. Deshalb der Beitrag. Geeinigt hat man sich - im Regionalisierungsgesetz - auf einen - aus einer Erhöhung der Mineralölsteuer zu finanzierenden - Betrag von 12 Mrd DM, der ab 1998 entsprechend dem Wachstum der Umsatzsteuer gesteigert wird. 660

- Art.104 a IV : Danach leistet der Bund den Ländern aus seinem Steueraufkommen Finanzhilfen für besonders bedeutsame Investitionen der Länder und Gemeinden (s.o. Rn 649). 661

- Art. 107 II 3 : Danach leistet der Bund leistungsschwachen Ländern Ergänzungszuweisungen zur ergänzenden Deckung des allgemeinen Finanzbedarfs (s.u. Rn 668). 662

5.4 Steuerzerlegung

Bei der Steuerzerlegung geht es um die Frage, wie der Länderanteil an den Gemeinschaftssteuern auf die einzelnen Länder zerlegt wird. Geregelt ist diese Frage in Art. 107 I 1-3. Nach Satz 1 steht der Anteil an der Einkommens- und der Körperschaftssteuer zwar den einzelnen Ländern vom Grundsatz her insoweit zu, als die Steuern von den Finanzbehörden in ihrem Gebiet vereinnahmt werden. Dieses Prinzip des örtlichen Aufkommens ist jedoch auf Grund von Satz 2 und 3 durch ein zustimmungspflichtiges Bundesgesetz (Finanzausgleichsgesetz - FAG) modifiziert. 663

- Danach erfolgt die Zerlegung der Körperschaftssteuer nach dem Betriebsstättenprinzip. Die Sterzahlungen eines Konzerns etwa erhalten also die Länder, in denen der Konzern die Gewinne konkret durch seine Niederlassungen erwirtschaftet hat, nicht aber alleine das Land, in dem die Konzernzentrale ihren Sitz hat.

- Problematisch ist z.T. die Zerlegung der Lohnsteuer nach dem Wohnsitzprinzip, wonach das Land den Länderanteil der Lohnsteuer erhält, in dem der betreffende Arbeitnehmer seinen Wohnsitz hat. Vor allem die Stadtstaaten beklagen, dass ihre Infrastruktur auch von zahlreichen Pendlern genutzt wird, ohne dass diese dafür Steuern in dem Stadtstaat entrichten. Diesem Problem ist durch die „Einwohnerveredelung" zugunsten der Stadtstaaten Rechnung getragen worden. Danach wird ihre Bevölkerungszahl im Rahmen der Berechnung der Ausgleichszahlungen nach Art. 107 II 1 rechnerisch um 35 % erhöht mit der Folge, dass sie im Rahmen des Finanzausgleichs künstlich günstiger gestellt werden (s.u. Rn 666).

Die Umsatzsteuer schließlich wird nach Satz 4 zu 75 % nach der Einwohnerzahl der einzelnen Länder verteilt. Da sie letztlich jeden Endverbraucher trifft, hat sich das Grundgesetz für dieses Kriterium und nicht für das - nicht recht passende - des örtlichen Aufkommens entschieden.

5.5 Finanzausgleich

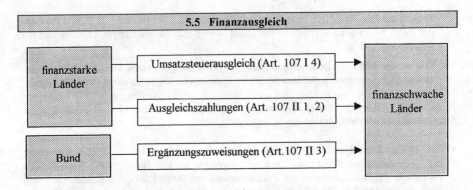

5.5.1 UMSATZSTEUERAUSGLEICH (ART. 107 I 4)

664 Die nach Art. 107 I 4 verbleibenden 25 % der Umsatzsteuer können nach Art. 107 I 4 2. Halbsatz als Ergänzungsanteile an Länder verteilt werden, "deren Einnahmen aus den Landessteuern und aus der Einkommenssteuer und der Körperschaftssteuer je Einwohner unter dem Durchschnitt der Länder liegen." Von dieser Ermächtigung macht das FAG Gebrauch. Danach werden die finanzschwachen Länder durch entsprechende Ergänzungsanteile auf 92 % der durchschnittlichen Steuerkraft aller Länder angehoben (§ 2 II). Das ist der erste Teil des Finanzausgleichs, dessen Ziel die Förderung der Einheitlichkeit der Lebensverhältnisse in den einzelnen Ländern ist. Der Umsatzsteuerausgleich hat seit der deutschen Einigung erheblich an Bedeutung gewonnen. So sind den neuen Ländern alleine 1995 auf diesem Wege 14,5 Mrd DM (= etwa 10 % des gesamten Umsatzsteueraufkommens) zugeflossen.

5.5.2 AUSGLEICHSZAHLUNGEN DER LÄNDER (ART. 104 II 1, 2)

665 Der zweite Teil des Finanzausgleichs ist der horizontale des Art. 107 II 1, 2. Hintergrund dieser Regelung ist, dass die Länder eine recht unterschiedliche Wirtschaftsstruktur und Wirtschaftskraft aufweisen und deshalb die insoweit schwächer gestellten Länder - aufgrund entsprechend geringerer Steuererträge - ihre Aufgaben nicht angemessen erfüllen könnten. Das aber würde gegen das Prinzip des Art. 109 I, nach dem die Länder eine selbständige und unabhängige Haushaltswirtschaft betreiben, verstoßen und wäre auch mit dem bundestaatlichen Prinzip der Solidargemeinschaft nicht vereinbar. Der horizontale Finanzausgleich soll nach Art. 107 II 1 sicherstellen, „dass die unterschiedliche Finanzkraft der Länder angemessen ausgeglichen wird" (BVerfGE 86, 214). Dabei sind auch die Finanzkraft und der Finanzbedarf der Gemeinden (Gemeindeverbände) zu berücksichtigen. „Angemessener Ausgleich" heißt dabei nicht Nivellierung der Unterschiede zwischen den Ländern, die deren Eigenstaatlichkeit und Eigenverantwortung nicht mehr berücksichtigt. Ziel darf lediglich sein, Unterschiede, „die im Hinblick auf die bundesstaatliche Solidargemeinschaft als unangemessen gelten müssen, in gewissem Umfang, wenn auch nicht voll auszugleichen" (BVerfGE 86, 214). Der Ausgleich erfolgt durch Ausgleichszahlungen der finanzstarken Länder an die finanzschwachen Länder. Die Einzelheiten dazu sind nach Art. 107 II 2 in einem zustimmungsbedürftigen Bundesgesetz zu regeln. Dieses ist das FAG.

666 § 10 FAG sieht vor, dass die Ausgleichszahlungen die Finanzkraft der ausgleichsberechtigten Länder auf 95 % der durchschnittlichen Finanzkraft aller Länder anheben sollen. Den ausgleichsverpflichteten Ländern muß aber mindestens 100 % der durchschnittlichen Finanzkraft verbleiben. Obwohl bei der Berechnung der Finanzkraft die Ausgaben der Länder eigentlich keine Rolle spielen dürfen, erhalten einige Länder wegen besonderer Belastungen dennoch - in verfassungsmäßiger Weise (BVerfGE 86, 239 ff) - besondere Begünstigungen eingeräumt.

Finanzverfassung

Zum einen erhalten bei der Berechnung der Ausgleichzahlungen zunächst die Länder mit Seehäfen (Hamburg, Bremen, Niedersachsen und Mecklenburg-Vorpommern) einen rechnerischen Bonus (insgesamt etwa 100 Mio. DM pro Jahr). Zum anderen findet für die Stadtstaaten Bremen, Hamburg und Berlin eine „Einwohnerveredelung" statt. Da diese Länder - s.o. Rn 663 - auch erhebliche Infrastrukturleistungen für die angrenzenden Bereiche der Nachbarländer erbringen, wird ihnen ein überdurchschnittlicher Pro-Kopf-Bedarf unterstellt. Ihre Einwohnerzahlen werden deshalb mit 135 % „veredelt" (§ 9 II FAG).

Wer ist Geber- und wer ist Nehmer-Land ? Hierauf gibt es keine pauschale Antwort, weil einige Länder häufiger das „Lager gewechselt" haben. Eindeutige Aussagen gibt es nur zu Baden-Württemberg und Hessen, die seit jeher Geberländer waren, und zu Niedersachsen, Rheinland-Pfalz und Bremen, die seit jeher Nehmer-Länder waren. Ebenso sind die neuen Bundesländer alle Nehmer-Länder. Einzelheiten sind aus der Übersicht Rn 670 ersichtlich. Auf die Frage, wie die Ausgleichzahlungen berechnet werden, soll hier nicht eingegangen werden. Die Regelungen dazu in § 10 Abs. 3 und 4 des Finanzausgleichsgesetzes übersteigen in ihrer Kompliziertheit alles, was man als Rechtsanwender sonst kennt. Ihre Wiedergabe würde – selbst wenn man versuchen sollte, ihren Inhalt zu vereinfachen – mehr zur Verwirrung als zur Erhellung beitragen. Bei Bedarf möge man diese Vorschriften selbst nachlesen. 667

5.5.3 ERGÄNZUNGSZUWEISUNGEN DES BUNDES (ART. 107 II 4)

Nach Art. 107 II 3 kann das FAG auch bestimmen, „dass der Bund aus seinen Mitteln finanzschwachen Ländern Zuweisungen zur ergänzenden Deckung ihres allgemeinen Finanzbedarfs (Ergänzungszuweisungen) gewährt." Diese dritte Art des Finanzausgleichs hat vom Ansatz her nachrangigen Charakter (BVerfGE 72, 403; 86, 261), da es sich um eine Kann-Vorschrift handelt und die Zuweisungen nur der „ergänzenden" Deckung des Finanzbedarfs der Länder dienen. Die Leistungsschwäche eines Landes als Voraussetzung für eine Zuweisung orientiert sich am Verhältnis seiner Einnahmen zu seinen Ausgabelasten. Es sind zu unterscheiden : 668

- Fehlbetragszuweisungen an die Länder, die im horizontalen Finanzausgleich ausgleichsberechtigt sind. Ihr Fehlbetrag, den sie auch nach den Länder-Ausgleichzahlungen noch im Verhältnis zum Länderdurchschnitt haben, wird zu 90 % durch den Bund aufgefüllt (§ 7 III FAG). Das bedeutet, dass diese Länder auf 99,5 % des Durchschnitts angehoben werden. Die Gesamtsumme betrug im Jahr 2000 6,9 Mrd DM.

- Sonderbedarfszuweisungen an Länder wegen „überdurchschnittlich hoher Kosten politischer Führung und der dezentralen Verwaltung" (§ 11 III FAG). Die Zuweisungen betragen pro Jahr – je nach Land – zwischen 164 und 219 Mio DM. 2000 waren es insgesamt 1,5 Mrd DM.

- Sonderbedarfszuweisungen „zum Abbau teilungsbedingter Sonderbelastungen sowie zum Ausgleich unterproportionaler kommunaler Finanzkraft" (§ 11 V FAG). Sie gehen bis zum Jahr 2004 an Berlin und die neuen Länder. Ihr Umfang beträgt je nach Land zwischen 2 und 3,6 Mrd DM pro Jahr. Insgesamt sind das ca. 14 Mrd DM pro Jahr.

- Übergangszuweisungen „zum Ausgleich überproportionaler Belastungen" (§ 11 V FAG) erhalten finanzschwache alte Länder, die durch die Einbeziehung der neuen Länder in den horizontalen Finanzausgleich seit 1995 besonders belastet sind. Im Anfangsjahr 1995 erhielten danach Bremen und das Saarland je 80 Mio DM, Schleswig-Holstein 227 Mio DM, Rheinland-Pfalz 451 Mrd DM und Niedersachsen 507 Mrd DM, insgesamt als 1,3 Mrd DM. Die Beträge werden degressiv 10 Jahre lang gezahlt. 2000 waren es noch 0,7 Mrd DM.

staatliche Grundprinzipien : Bundesstaatsprinzip

> • Sonderzuweisungen zum Zweck der Haushaltssanierung, d.h. zur Schuldentilgung, erhalten seit 1994 Bremen und das Saarland. Die Beträge verringern sich seit 1998 bis zum Jahr 2004 : bei Bremen von 1,8 Mrd DM auf 0,7 Mrd DM jährlich, beim Saarland von 1,6 Mrd DM auf 0,5 Mrd DM jährlich. Das BVerfG hat diese Regelung für verfassungsmäßig erklärt, da beide Länder sich in einer „extremen Haushaltsnotlage" befinden (E 86, 269 ff.).

669 Außerhalb des Finanzausgleichs nach Art. 107 gewährt der Bund den neuen Ländern übrigens als weitere flankierende Maßnahme zur Steigerung ihrer Wirtschaftskraft seit 1995 für die Dauer von 10 Jahren zusätzliche, für die Finanzierung von Investitionen bestimmte Finanzhilfen gemäß Art. 104 a IV (s.o. Rn 649) in Höhe von 6,6 Mrd DM jährlich.

670

	Ausgleichs-zahlungen der Länder	Ergänzungs-zuweisungen des Bundes	Summe je Einwohner	
	in Mrd DM		in DM	
Geberländer	1999	1999	1999	zum Vergleich : 1998
Baden-Württemberg	- 2,803	-	- 269	- 333
Bayern	- 2,532	-	- 210	- 240
Hamburg	- 0,117	-	- 68	- 361
Hessen	- 2,153	-	- 357	- 569
Nordrhein-Westfalen	- 3,449	-	- 192	- 172
Nehmerländer				
Berlin	+ 4,220	+ 3,780	+ 3579	+ 2525
Brandenburg	+ 1,04	+ 2,674	+ 1076	+ 1424
Bremen	+ 0,562	+ 1,619	+ 3250	+ 4506
Mecklenburg-Vorp.	+ 0,771	+ 2,007	+ 1541	+ 1594
Niedersachsen	+ 0,452	+ 1,860	+ 294	+ 295
Saarland	+ 0,180	+ 2,020	+ 2043	+ 2078
Sachsen	+ 1,773	+ 4,568	+ 1407	+ 1453
Sachsen-Anhalt	+ 1,123	+ 2,912	+ 1500	+ 1336
Schleswig-Holstein	+ 0,00	+ 0,320	+ 115	+ 117
Rheinland-Pfalz	+ 0,229	+ 1,058	+ 320	+ 400
Thüringen	+ 1,019	+ 2,670	+ 1506	+ 1546

Quelle zu den Ausgleichzahlungen und Ergänzungszuweisungen : Finanzbericht 2001, S. 161 f.

5.5.4 REFORM DES FINANZAUSGLEICHS

Nach zwei Klagen der Länder Schleswig-Holstein, Saarland, Hamburg und Bremen gegen von ihnen geltend gemachte Benachteiligungen im Rahmen des Finanzausgleichs (Urteile vom 24.6.1986 und vom 27.5.1992) musste sich das BVerfG 1999 erneut mit Kritik am Finanzausgleich beschäftigen. Geklagt hatten die Länder Bayern, Baden-Württemberg und Hessen. Sie kritisierten insbesondere, dass sie bis zu 80 % der Steuereinnahmen, die über dem Länderdurchschnitt liegen, abgeben müssten und nach dem Finanzausgleich eine geringere Finanzkraft aufweisen würden als alle Nehmer-Länder. Das BVerfG hat in seinem Urteil vom 11.11.99 (2 BvF 2/98) hierzu bewusst nicht eindeutig Stellung bezogen, sondern im Wesentlichen die Unbestimmtheit der Regelungen des FAG beanstandet und entschieden :

671

„1. Die Finanzverfassung verpflichtet den Gesetzgeber, das verfassungsrechtlich nur in unbestimmten Begriffen festgelegte Steuerverteilungs- und Ausgleichssystem durch abwendbare, allgemeine, ihn selbst bindende Maßstäbe gesetzlich zu konkretisieren und zu ergänzen.
2. Mit auf langfristige Geltung angelegten, fortschreibungsfähigen Maßstäben stellt der Gesetzgeber sicher, dass der Bund und alle Länder die verfassungsrechtlich vorgegebenen Ausgangstatbestände in gleicher Weise interpretieren, ihnen die selben Indikatoren zugrunde legen, die haushaltswirtschaftliche Planbarkeit und Voraussehbarkeit der finanzwirtschaftlichen Grundlagen gewährleisten und die Mittelverteilung transparent machen.
3. Die Finanzverfassung verlangt eine gesetzliche Maßstabregelung, die den rechtsstaatlichen Auftrag eines gesetzlichen Vorgriffs in die Zukunft in der Weise erfüllt, dass die Maßstäbe der Steuerzuteilung und des Finanzausgleichs bereits gebildet sind, bevor deren spätere Wirkungen konkret bekannt werden."

Zur Erfüllung dieser Vorgaben hat das BVerfG dem Gesetzgeber eine Frist bis Ende 2002 gesetzt und die Geltung des gegenwärtigen Finanzausgleichsgesetzes bis Ende 2004 befristet. Der Gesetzgeber muss also bis Ende 2002 die Grundlagen, die „Maßstäbe" des neuen Finanzausgleichs regeln. Zur Vorbereitung dieser gesetzlichen Regelung haben sich die Ministerpräsidenten der Länder im Juni 2001 auf folgende Regelung für die Jahre 2005 bis 2019 verständigt :
1. Das bisherige Finanzausgleichssystem (s.o. Rn 664 - 666) bleibt erhalten. 2. Ein Land braucht von seinen überdurchschnittlichen Steuereinnahmen jedoch nicht mehr als 72,5 % (bisher : 80 %) abgeben. 3. Erzielt ein Land mehr Steuern als im Vorjahr, kann es 12,5 % dieser Mehreinnahmen behalten, die dann nicht in den Länderfinanzausgleich eingerechnet werden. 4. Die Finanzkraft der Gemeinden wird nicht mehr zur Hälfte, sondern zu 64 % in die Berechnung des Finanzausgleichs einbezogen. 5. Von den Kosten der Seehäfen werden nur noch höchstens 75 Mio DM (zur Zeit über 100 Mio DM) umgelegt.
Erzielt wurde dieser Kompromiss u.a. dadurch, dass der Bund zusagte, die Länder dauerhaft in Höhe von ca. 1,5 Mrd DM jährlich zu entlasten.

Repetitorium : Rn 1048

Weiterführende Literatur : Küssner, Die Abgrenzung der Kompetenzen des Bundes und der Länder im Bereich der Steuergesetzgebung..., 1992; Finanzverfassungsreform und Steuergesetzgebungshoheit der Länder, DÖV 1993, 292; Bayer, Staatliche Gemeindefinanzierung und Verfassungsrecht, DVBl. 1993, 1287; Kluth, Umlagen nach Art, 106 Abs. 6 Satz 6 GG ..., DÖV 1994, 456; Kirchhof, Die Verwaltungshaftung zwischen Bund und Ländern, NVwZ 1994, 1105; Carl, Bund-Länder-Finanzausgleich im Verfassungsstaat, 1995; Häde, Finanzausgleich, 1996; Hidien, Ergänzungszuweisungen des Bundes ..., 1997; Korioth, Der Finanzausgleich zwischen Bund und Ländern, 1997; Laufer-Münch, Das föderative System der Bundesrepublik Deutschland, 7.Aufl. 1997, S. 150 ff.; Hidien, Länderfinanzausgleich und föderatives Schwächungsverbot, DÖV 1998, 501; Rohr, Grundfragen der Finanzverfassung, DVP 1998, 229; Beaucamp, Grundzüge der Finanzverfassung, JA 1998, 774; Hidien, Der bundesstaatliche Finanzausgleich in Deutschland, 1999; ders. : Handbuch des Länderfinanzausgleichs, 1999

6. KOOPARATIVER FÖDERALISMUS

672 Zu einem funktionierenden Bundesstaat gehört zum einen eine klare Abgrenzung der Kompetenzen. Das ist durch das Grundgesetz insbesondere durch die Art. 28, 30 – 32, 37, 70 ff, 83 ff., 92 ff, 104 a ff und die Regelungen über den Bundesrat (insbesondere Art. 50, 77, 80 II, 84 II, 85 II) erfolgt. Es gehört aber auch ein darüber hinaus gehendes kooperatives Zusammenwirken von Bund, Ländern und Gemeinden dazu, um übermäßige Reibungsverluste und Ungleichbehandlungen zu vermeiden und damit dem bundesstaatlichen Gesamtsystem im Interesse der Allgemeinheit zu effektiver Wirksamkeit zu verhelfen (umfassend dazu : Laufer/Münch S. 186 ff; auch v.Münch StR Rn 594 ff.). Dieses Zusammenwirken bezeichnet man im Anklang an den in den USA seit langem gebräuchlichen Begriff „cooperative federalism" als „kooperativer Föderalismus". In der Bundesrepublik ist er seit der Finanzreform 1966 thematisiert und in mehreren Bestimmungen über die finanzielle Zusammenarbeit von Bund und Ländern verfassungsrechtlich verankert worden. Dabei geht es vor allem um die Bewältigung von Aufgaben, die wegen der dafür erforderlichen Mittel nur durch gemeinsame Anstrengung von Bund und Ländern gelöst werden können. Salopp könnte man hier sagen : „Die Kasse ist wichtiger als die Kompetenz" (v.Münch StR Rn 594). Kooperativer Föderalismus geht aber darüber hinaus und umfasst auch andere – verfassungsrechtlich weitgehend nicht ausdrücklich geregelte – Formen der Zusammenarbeit. Soweit Aspekte des Kooperativen Föderalismus an anderer Stelle im Einzelnen dargestellt sind, wird darauf verwiesen. Im übrigen soll nur ein Überblick gegeben werden (der Überschneidungen nicht vermeiden kann) :

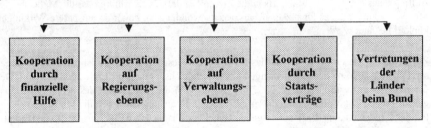

So positiv der Grundgedanke des Kooperativen Föderalismus auch ist, so sind doch auch die Gefährdungen nicht aus dem Auge zu verlieren : Zum einen wird die Möglichkeit zum Experiment und Wettbewerb verkürzt. Zum anderen kann das Verfahren der Verständigung zeitraubend sein. Auch können dadurch, dass eine Einigung immer nur auf dem kleinsten gemeinsamen Nenner möglich ist, durchgreifende Reformen erschwert oder gar verhindert werden (Laufer/Münch S. 187). Schließlich kann die präjudizierende Wirkung einer erfolgten Einigung demokratische Entscheidungsprozesse in den Ländern beeinträchtigen. Als Allheilmittel darf der Kooperative Föderalismus daher nicht verstanden werden (Hesse Rn 234).

6.1 Kooperation durch finanzielle Hilfe

673 • Gemeinschaftsaufgaben, Art. 91 a und b (siehe Rn 638 ff.)
• Finanzhilfen des Bundes, Art. 104 a IV (siehe Rn 649)
• horizontaler Finanzausgleich der Länder untereinander, Art. 107 II 1, 2 (siehe Rn 665 ff.)
• Ergänzungszuweisungen durch den Bund, Art. 107 II 3 (siehe Rn 668)

6.2 Kooperation auf Regierungsebene

674 • Konferenzen von Ressortministern der Länder, in denen – bei Einstimmigkeit – die Politik der Länder in den verschiedenen Bereichen koordiniert und angeglichen wird. Zum Teil

handelt es sich dabei um lockere Zusammenkünfte, zum Teil aber auch um Einrichtungen mit einer festen Organisation wie die Kultusministerkonferenz (KMK)
- Konferenzen der Ministerpräsidenten der Länder : In ihnen wird versucht, die Politik der Länder gegenüber der Bundesregierung abzusprechen.
- Konferenzen der Ministerpräsidenten mit der Bundesregierung : In ihnen werden wichtige politische, wirtschaftliche, soziale und finanzielle Fragen erörtert.
- Konferenzen von Ressortministern der Länder und des Bundes : In ihnen werden gemeinsame Probleme und Koordinierungen besprochen. Zum Teil sind sie zu festen Einrichtungen geworden wie etwa der Wissenschaftsrat nach Art. 91 b oder – auch unter Beteiligung von Vertretern der Gemeinden – der Finanzplanungsrat nach Art. 109 II und der Konjunkturrat nach dem Stabilitätsgesetz.

6.3 Kooperation auf Verwaltungsebene

Sie erfolgt zum einen im Bund-Länder-Verhältnis insbesondere aufgrund der weitgehenden Durchführung der Bundesgesetze durch die Länder. Obwohl der Bund hier weitgehende Einflussrechte auf die Landesverwaltungen hat (vgl. Art. 84 f.), verläuft die Kooperation nicht nur einseitig vom Bund zu den Ländern. Aufgrund der Verwaltungserfahrung der Länder fließen auch viele Vorschläge in die Ministerialverwaltung des Bundes ein und werden dort in Gesetzen, Rechtsverordnungen oder Verwaltungsvorschriften umgesetzt. Zum anderen erfolgt sie zwischen den Ländern. Hier sind zu nennen die Treffen der Leiter der Staats- und Senatskanzleien und unzählige Verwaltungsgremien, die von mehreren oder allen Bundesländern oder vom Bund und den Ländern gemeinsam gebildet werden, in denen Erfahrungen ausgetauscht, gemeinsame Vorhaben planungsmäßig vorbereitet und Organisationsproblem der Verwaltung erörtert werden. Zu nennen ist schließlich die Verpflichtung zur Amtshilfe nach Art. 35, 91.

675

6.4 Kooperation durch Staatsverträge

- z.T. zwischen einzelnen benachbarten Ländern über gemeinsame Einrichtungen wie Müllverbrennungsanlagen, Nahverkehrsmittel oder Rundfunkanstalten (wie z.B. den NDR)
- z.T. zwischen allen Ländern wie z.B. die Staatsverträge über das ZDF oder die Zentralstelle für die Vergabe von Studienplätzen
- z.T. zwischen Bund und Ländern wie z.B. über die Forschungsfinanzierung nach Art. 91 b

676

6.5 Vertretungen der Länder beim Bund

Sie stellen eine Besonderheit des deutschen Föderalismus dar. Die Aufgabe einer Landevertretung, die jedes Land in Berlin unterhält, ist,
- die Stimmabgabe des Landes im Bundesrat und die Vertretung des Landes in den Ausschüssen des Bundesrats zu organisieren,
- die Interessen des Landes gegenüber der Bundesregierung, den einzelnen Bundesministerien und dem Bundestag zu vertreten,
- die Landesregierung und die Landesbehörden über die Politik des Bundes gegenüber den Ländern und über notwendige Zusammenarbeit mit Bundesorganen zu informieren,
- die Interessen des Landes gegenüber der Europäischen Union wahrzunehmen,
- die Interessen des Landes gegenüber den Botschaften ausländischer Staaten wahrzunehmen.

677

Repetitorium : Rn 1049

Weiterführende Literatur : Laufer-Münch, Das föderative System der Bundesrepublik Deutschland, 7.Aufl. 1997, S. 186 ff.; Vedder, Intraföderale Staatsverträge, 1997

staatliche Grundprinzipien : Bundesstaatsprinzip

7. NEUGLIEDERUNG DES BUNDESGEBIETES

678 Am 1.7.1948 forderten die westlichen Militärgouverneure die westdeutschen Ministerpräsidenten auf, die – von ihnen gerade geschaffenen – Länder neu zu gliedern. Die Ministerpräsidenten wiesen diese Forderung jedoch zurück. Stattdessen wurde dann in das Grundgesetz der Art. 29 aufgenommen. Seine wichtigsten Regelungen :

> „(1) Das Bundesgebiet ist unter Berücksichtigung der landsmannschaftlichen Verbundenheit, der geschichtlichen und kulturellen Zusammenhänge, der wirtschaftlichen Zweckmäßigkeit und des sozialen Gefüges durch Bundesgesetz neu zu gliedern. Die Neugliederung soll Länder schaffen, die nach Größe und Leistungsfähigkeit die ihnen obliegenden Aufgaben wirksam erfüllen können.
> (2) Maßnahmen zur Neugliederung des Bundesgebietes ergehen durch Bundesgesetz, das der Bestätigung durch Volksentscheid bedarf. Die betroffenen Länder sind zu hören."

679 Die in den folgenden Absätzen geregelten Verfahrensgrundsätze wurden 1969, 1976 und 1994 mehrfach geändert. Eine Neugliederung fand jedoch nur im Südwesten der Bundesrepublik statt. Dort entstand 1952 aus den Ländern Baden, Württemberg-Baden und Württemberg-Hohenzollern das Bundesland Baden-Württemberg. Der einzige umfassende Vorschlag zur Neugliederung des ganzen Bundesgebiets erfolgte 1973 von einer durch das Bundesinnenministerium eingesetzten Sachverständigenkommission, nach ihrem Vorsitzenden meist „Ernst-Kommission" genannt. Sie schlug eine Gliederung des Bundesgebietes in fünf bzw. – als selbst für unbefriedigend erachtete Kompromisslösung – sechs Länder vor.

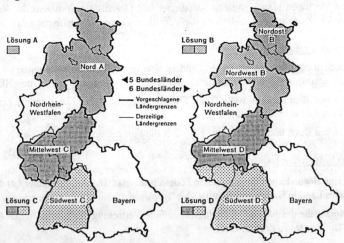

Dieser Vorschlag fand bei den Ländern nicht die breite Zustimmung, die für eine Neugliederung nötig gewesen wäre. Insbesondere im norddeutschen Bereich wurde er von allen beteiligten Ländern abgelehnt. Auch durch den Kompromissvorschlag der Kommission, in Norddeutschland zwei Staaten zu schaffen, ließen sich die betroffenen Länder nicht umstimmen, zumal diese Alternative einen Grundfehler aufwies : Der Nordost-Staat wäre finanziell weit über und der Nordwest-Staat weit unter dem Bundesdurchschnitt angesiedelt, ein Ergebnis, das der Zielrichtung der Neugliederung – wie die Kommission selbst einräumte – eindeutig widersprach. Beide Vorschläge wurden daher nicht weiter verfolgt.

Stattdessen wurde 1976 der Art. 29 I geändert und erhielt die heute noch geltende Fassung :

> *„Das Bundesgebiet kann neu gegliedert werden, um zu gewährleisten, dass die Länder nach Größe und Leistungsfähigkeit die ihnen obliegenden Aufgaben wirksam erfüllen können. Dabei sind die landsmannschaftliche Verbundenheit, die geschichtlichen und kulturellen Zusammenhänge, die wirtschaftliche Zweckmäßigkeit sowie die Erfordernisse der Raumordnung und der Landesplanungen zu berücksichtigen."*

Die Vorschrift wurde also zu einer Kann-Vorschrift. Außerdem wurden die Erfordernisse der Raumordnung und der Landesplanungen neu als Kriterien eingefügt.

Nach der Vereinigung der beiden Teile Deutschlands 1990 ergab sich die Notwendigkeit, das ehemalige Gebiet der DDR föderalistisch zu strukturieren. Die Möglichkeit, hier Länder zu schaffen, die den Anforderungen des Art. 29 I Rechnung getragen hätten, wurde jedoch aufgrund der Ablehnung durch die Bevölkerung verworfen. Stattdessen wurden die 1952 abgeschafften Länder Mecklenburg-Vorpommern, Brandenburg, Sachsen, Sachsen-Anhalt und Thüringen wieder neu geschaffen.

1994 wurde in Art. 29 in dem neuen Absatz 8 die Möglichkeit aufgenommen, dass statt einer Neugliederung des gesamten Bundesgebiets einzelne Länder für ihr Gebiet eine Neugliederung durchführen können. Sie erfolgt durch einen Staatsvertrag der beteiligten Länder, der der Bestätigung durch einen Volksentscheid bedarf. Der aufgrund dieser Änderung von den Ländern Berlin und Brandenburg unternommene Versuch einer Zusammenlegung beider Länder scheiterte 1996 aufgrund des negativen Votums der Brandenburger Bevölkerung.

Ist eine Neugliederung damit für immer unrealistisch geworden ?

In Hamburg wurde auch in den 90er Jahren – ganz anders als noch in den 70er – von der Politik und der Wirtschaft wegen der sich aus der Stadtstaatlichkeit ergebenden Problem eine Neugliederung Norddeutschlands gefordert, was die anderen davon betroffenen Länder jedoch ablehnten.

Auch über Norddeutschland hinaus ist die Diskussion nicht ganz verstummt : Die immer komplizierter werdende Finanzverfassung mit den durch sie verursachten finanziellen Abhängigkeiten einerseits und Unzufriedenheiten andererseits (s.o. Rn 671) lässt den Gedanken, durch Schaffung von in etwa finanziell gleich starken Ländern eine solide Struktur in die Finanzbeziehungen zwischen Bund und Ländern und zwischen den Ländern zu bringen, als vernünftig erscheinen. Allerdings werden die politischen Widerstände aller, die davon negativ betroffen wären, wahrscheinlich zu groß sein, um ein solches Vorhaben durchzuführen.

Repetitorium : Rn 1049

Weiterführende Literatur : Rutz, Die Gliederung der Bundesrepublik Deutschland in Länder, 1995; Laufer-Münch, Das föderative System der Bundesrepublik Deutschland, 7.Aufl. 1997, S. 251 ff.; Schmidt-Jortzig, Herausforderungen des Föderalismus in Deutschland, DÖV 1998, 746; v.Münch, Föderalismus, Beweglichkeit oder Beton ? NJW 2000, 2644

ABSCHNITT 6:
UMWELTSCHUTZ

> *„Art. 20 a : Der Staat schützt auch in Verantwortung für die künftigen Generationen die natürlichen Lebensgrundlagen im Rahmen der verfassungsmäßigen Ordnung durch die Gesetzgebung und nach Maßgabe von Gesetz und Recht durch die vollziehende Gewalt und die Rechtsprechung."*

682 Die Aufnahme eines Staatsziels Umweltschutz wurde bereits 1984 von einer Sachverständigenkommission der Bundesregierung gefordert, ohne dass sich aber eine verfassungsändernde Mehrheit für eine entsprechende Verfassungsänderung fand. In der Folgezeit nahmen alle Bundesländer ein solches Staatsziel in ihre Verfassungen auf. In das Grundgesetz erfolgte die Aufnahme des Art. 20 a erst 1994 als Ergebnis eines mühsam erreichten Kompromisses zwischen den Forderungen nach einer stärkeren bzw. einer schwächeren Verankerung des Umweltschutzes. Die Aufnahme auch des Tierschutzes in Art. 20 a fand dagegen gar keine Mehrheit (BT-Dr 12/6000 S. 65).

1. natürliche Lebensgrundlagen als Schutzgut des Art. 20 a

683 *Natürliche Lebensgrundlagen* meint die gesamte natürliche Umwelt des Menschen, vor allem die Umweltmedien Boden, Luft und Wasser und die Biosphäre (Tiere und Pflanzen), aber auch deren Beziehungen untereinander sowie zu den Menschen (Schmalz StR Rn 225; Sachs/Murswiek Rn 30).

Dabei wird nicht nur die Landschaft insgesamt geschützt, sondern auch ihre einzelnen konkreten Bestandteile wie etwa ein landwirtschaftlich genutztes Gebiet (BVerwG DVBl 95, 1008).

Der Schutz beschränkt sich dabei nicht auf die Teile, die für die Menschen gegenwärtig nützlich sind (*„auch in Verantwortung für die künftigen Generationen"*). Da es keine verlässlichen Aussagen zu der Frage geben kann, was für die künftigen Generationen zu den Lebensgrundlagen gehört, muss auch die Natur unabhängig von einem gegenwärtigen konkreten Bezug zu den Menschen als solche geschützt werden (Uhle DÖV 93, 953; Peters NVwZ 95, 555).

2. rechtliche Bedeutung des Art. 20 a

684 Art. 20 a enthält ein Staatsziel und kein Grundrecht (BT-Drucksache 12/6000, 47). Im Unterschied zu einem Grundrecht handelt es sich also nicht um einen subjektiven Anspruch des Einzelnen, sondern um eine objektive Verpflichtung des Staates. Als solche ist sie jedoch nicht etwa nur ein unverbindlicher Programmsatz, sondern rechtlich bindend.

3. Adressaten der Schutzverpflichtung des Art 20 a

685 In erster Linie wendet sich Art. 20 a an den Gesetzgeber. Er hat zum einen Art. 20 a beim Erlass umweltbeeinträchtigender Gesetze zu beachten. Zum anderen ist er verpflichtet, die zum Schutz der Umwelt erforderlichen Gesetze zu beachten.

Vollziehende Gewalt und Rechtsprechung stehen im Rahmen ihrer Schutzverpflichtung unter dem Vorbehalt von „Gesetz und Recht" :

- Die vollziehende Gewalt ist verpflichtet, den Gehalt des Art. 20 a bei der Auslegung von Gesetzen, bei der Ausübung von gesetzlich eingeräumtem Ermessen und im Bereich der gesetzesfreien Verwaltung zu beachten (BT-Drucksache 12/6000, 68). Hinzu kommt insbesondere auch der Planungsbereich, also vor allem die Bau-, Flächennutzungs- und Landschaftsplanung.

- Die Rechtsprechung muss Art. 20 a bei der Auslegung von Gesetzen beachten.

4. Umfang der Schutzverpflichtung des Art. 20 a

Als Staatsziel gibt Art. 20 a nur das Ziel vor, überlässt aber den Staatsorganen die Wahl der Mittel, um dieses Ziel zu verwirklichen. Insbesondere der Gesetzgeber besitzt bei der Wahrnehmung der Schutzpflicht einen weiten Gestaltungsspielraum. Art. 20 a ist zwar nur tätigkeitsbezogen („Der Staat *schützt*..."). Die geforderte Tätigkeit lässt sich aber nur im Hinblick auf das Ziel verstehen, das in der Vorschrift mitgenannt und damit mitgeschützt ist.

686

Art. 20 a verpflichtet den Staat nicht nur, Eingriffe in die Umwelt zu unterlassen, sondern auch dazu, Maßnahmen zur Erhaltung und Wiederherstellung der natürlichen Umwelt zu unterlassen. Insbesondere muss er Eingriffen von Privatpersonen entgegentreten. Soweit im Rahmen des Schutzes der Umwelt Grundrechte eingeschränkt werden, die unter Gesetzesvorbehalt stehen (z.B. Art.14), ist Art 20 a bei der Prüfung der Verhältnismäßigkeit zu berücksichtigen, bei Grundrechten ohne Gesetzesvorbehalt (z.B. Art. 5 III) bei der Prüfung der immanenten Schranken (BVerwG DVBl 95, 1008); siehe auch oben Rn 185.

5. Begrenzung der Schutzverpflichtung des Art. 20 a

Der Schutz der natürlichen Lebensgrundlagen steht unter dem Vorbehalt der „verfassungsmäßigen Ordnung". Damit soll „die prinzipielle Gleichordnung des Umweltschutzes mit anderen Verfassungsprinzipien und Verfassungsrechtsgütern" zum Ausdruck gebracht werden (BT-Drucksache 12/6000. 67). Der Begriff der verfassungsmäßigen Ordnung ist damit identisch mit dem des Art. 20 III.

687

Art. 20 a verpflichtet also nicht zu einem unbegrenzten Umweltschutz. Es ist vielmehr jeweils ein Ausgleich mit anderen Verfassungsgütern herzustellen. Weder der Umweltschutz noch andere Verfassungsgüter – etwa die allgemeine Handlungsfreiheit des Art. 2 I oder die Eigentumsgarantie des Art. 14 I – besitzen einen generellen Vorrang. Im Konfliktfall ist daher unter Berücksichtigung der Besonderheiten des Einzelfalles zu entscheiden, welches Rechtsgut für die konkret zu entscheidende Frage das höhere Gewicht hat. Ziel der Abwägung muss sein, nach Möglichkeit einen Ausgleich, eine Harmonie zwischen den kollidierenden Verfassungsgütern zu erreichen. Ist das nicht möglich, darf das schwächere Gut nur so weit zurückgedrängt werden, wie das logisch und systematisch zwingend erscheint; ihr sachlicher Grundwertgehalt muss in jedem Fall respektiert werden (vgl. oben Rn 186).

Repetitorium : Rn 1050

Weiterführende Literatur : Murswiek, Staatsziel Umweltschutz /Art. 20 a GG),, NVwZ 1996, 222; Steinberg, Verfassungsrechtlicher Umweltschutz durch Grundrechte und Staatszielbestimmung, NJW 1996, 1985; Schink, Umweltschutz als Staatsziel, DÖV 1997, 221; Westphal, Art.20 a GG – Staatsziel Umweltschutz, JuS 2000, 339

TEIL 4

STAATSORGANE UND IHRE AUGFGABEN

ABSCHNITT 1 : DER BUNDESTAG

1. GESCHICHTLICHER HINTERGRUND

688 Die Geschichte der Parlamente in Deutschland ist u.a. die Geschichte des Wahlrechts. Dabei standen im 19. Jahrhundert im Mittelpunkt des politischen Interesses die Wahlgrundsätze. Vor allem ging es darum, die Allgemeinheit und die Gleichheit der Wahlen durchzusetzen. Ein allgemeines Männerwahlrecht gab es bereits seit 1871 bei der Wahl des Reichstages des Deutschen Reiches, während in den Partikularstaaten zum größten Teil noch ein nicht allgemeines bzw. ungleiches Wahlrecht galt, das in der Regel an Grundbesitz und/oder Steuerzahlungen geknüpft war. Das bekannteste und damals wichtigste war das preußische Dreiklassenwahlrecht des Jahres 1849. Nach ihm wurden die Steuerzahler in drei Gruppen entsprechend dem Umfang ihrer Steuerzahlungen geteilt. Jede Gruppe wählte in jedem Wahlbezirk je eine Wahlmann, die zusammen mehrheitlich den Abgeordneten des Wahlkreises bestimmten. Obwohl damit zwar jeder Wähler formal ein gleiches Stimmrecht hatte, kamen die Stimmen der steuerschwächsten Wähler, die die dritte Gruppe bildeten, gegen die beiden anderen Gruppen praktisch nie zum Zuge.

Ein durchgehend allgemeines und gleiches Wahlrecht, das dann auch die Frauen umfasste, galt in Deutschland erst ab 1919. In der Weimarer Verfassung war es in Art. 22 verankert. Daran knüpft Art. 38 I 1 an, der insoweit nichts Neues enthält.

689 Die Wahlsysteme sind ein Diskussionsthema des 20. Jahrhunderts. Bis etwa 1900 galt noch überall in Europa das Mehrheitswahlsystem (dazu s.u. Rn 697), das den damaligen Verhältnissen einer noch weitgehend regional gegliederten Gesellschaft entsprach. Ab Anfang des 20. Jahrhunderts wurde in vielen Ländern das Verhältniswahlsystem (dazu s.u. Rn 698) gefordert und eingeführt. Zum einen beruhte es auf der neueren Staatslehre, die in starkem Maße den Gleichheitsgedanken und den Minderheitenschutz betonte. Vor allem aber war es die Folge davon, dass sich die Gesellschaft in zunehmendem Maße in Schichten gegliedert hatte, die sich nicht an regionalen Besonderheiten orientierten, sondern quer durch die ganze Bevölkerung vertreten waren. Damit einher ging die Entwicklung zu großflächig organisierten Massenparteien. Damit hatte der eng umgrenzte Wahlkreis einen erheblichen Teil seines Sinns verloren. Dementsprechend wurde auch in die Weimarer Reichsverfassung das Verhältniswahlrecht verankert (Art. 22).

2. WAHLRECHT

690 Der Bundestag wird von den Wahlberechtigten (allen Deutschen, die das 18. Lebensjahr vollendet haben, Art. 38 II 1) auf vier Jahre gewählt (Art. 39 I). Für die Wahl sind zunächst die in Art. 38 I 1 genannten Wahlgrundsätze maßgebend. Das Wahlsystem, das sich an diesen Grundsätzen zu orientieren hat, regelt das GG aber nicht selbst, sondern verweist in Art. 38 III zur näheren Regelung auf ein Bundesgesetz. Dieses ist das Bundeswahlgesetz (BWahlG).

2.1 Wahlgrundsätze

Die Wahlgrundsätze (vgl. Zippelius § 24 I), die heute in allen westlichen Demokratien Standard sind, sind auch im Grundgesetz als Grundlage des Wahlrechts geregelt : 691

Art. 38 I 1 GG : „Die Abgeordneten des Deutschen Bundestages werden in allgemeiner, unmittelbarer, freier, gleicher und geheimer Wahl gewählt."

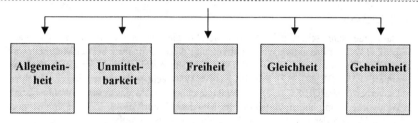

Allgemeinheit der Wahl

bedeutet Gleichheit hinsichtlich der Fähigkeit, zu wählen und gewählt zu werden. Dieser Grundsatz „untersagt den unberechtigten Ausschluss von Staatsbürgern von der Teilnahme an der Wahl. Er verbietet dem Gesetzgeber, bestimmte Bevölkerungsgruppen aus politischen, wirtschaftliche oder sozialen von der Ausübung des Wahlrechts auszuschließen und fordert, dass grundsätzlich jeder sein Wahlrecht in möglichst gleicher Weise soll ausüben können" (BVerfGE 58, 205). Begrenzungen sind jedoch zulässig, sofern für sie ein zwingender Grund besteht (BVerfGE 36, 141). 692

Beispiele : Ein Mindestalter für die Wahlberechtigung verstößt nicht dagegen, da es durch Art. 38 II geregelt ist. Aber auch ohne diese Regelung würde es nicht gegen den Grundgedanken der Allgemeinheit der Wahl verstoßen. Das Gleiche gilt nach ganz h.M. für die Beschränkung des Wahlrechts auf Deutsche, da Art. 20 II 1 die Ausübung der Staatsgewalt dem Volk zuweist und dieses die Summe der Staatsangehörigen ist (z.B. Katz Rn 310a, Sachs/Magiera Rn 81, Huber DÖV 1989, 519).

Unmittelbarkeit der Wahl

„verlangt, dass die Mitglieder einer Volksvertretung direkt ohne Einschaltung von Wahlmännern gewählt werden. (Sie) schließt jedes Wahlverfahren aus, bei denen zwischen Wähler und Wahlbewerber nach der Wahlhandlung eine Instanz eingeschaltet ist, die nach ihrem Ermessen den Vertreter auswählt und damit dem einzelnen Wähler die Möglichkeit nimmt, die zukünftigen Mitglieder der Volksvertretung durch die Stimmabgabe selbständig zu bestimmen" (BVerfGE 47, 279). 693

Beispiele : Die Listenwahl (siehe Rn 701) ist damit vereinbar, sofern die Wähler dabei das letzte und entscheidende Wort haben (BVerfGE 7, 85). Unvereinbar wäre damit also eine nachträgliche Änderung oder Ergänzung der Liste (BVerfGE 47, 280).

Freiheit der Wahl

bedeutet, „dass der Akt der Stimmangabe frei von Zwang und unzulässigem Druck bleibt" (BVerfGE 44, 139). Sie schützt damit vor allen Maßnahmen, die geeignet sind, die Entscheidungsfreiheit ernstlich zu beeinträchtigen (BVerfGE 66, 380). Sie gilt vor und nach der Wahl (MD/Maunz Rn 47; v.Münch Rn 37) und bezieht sich nach h.M. nicht nur auf das Wie, sondern auch auf das Ob der Wahl (v.Münch Rn 33; Stern I 248; JP/Pieroth Rn 7, Sachs/Magiera 694

Rn 85; a.A. z.B. MD/Maunz Rn 32). Die Freiheit der Wahl richtet sich auch gegen Private (BVerfGE 66, 380, MD/Maunz Rn 47), deren Einflussnahme auf die Wahl aber im Rahmen des Art. 5 I erlaubt ist (BVerfGE 48, 278).

Beispiele : Ein Wahlzwang wäre unzulässig. Werbung für eine Partei darf nicht in amtlicher Eigenschaft abgegeben werden (BVerwG NVwZ 1992, 795). Unzulässig ist, wenn die Regierung zur Öffentlichkeitsarbeit hergestellte Druckerzeugnisse einer Partei zur Wahlwerbung überlässt (BVerfGE 44, 154). Die Kündigung eines Arbeitnehmers wegen dessen Stimmabgabe ist nichtig (JP/Pieroth Rn 14)

Gleichheit der Wahl

695 besagt, „dass jedermann sein Wahlrecht in möglichst gleicher Weise soll ausüben können" (BVerfGE 82, 337). Für das aktive Wahlrecht verlangt dieser Grundsatz bei der Mehrheitswahl nur den gleichen Zählwert der Stimmen. Bei der Verhältniswahl ist auch der gleiche Erfolgswert garantiert (BVerfGE 82, 337). Für das passive Wahlrecht bedeutet er Chancengleichheit der Wahlbewerber (BVerfGE 85, 157). Die Wahlgleichheit gilt für das gesamte Wahlverfahren von der Wahlvorbereitung bis zur Zuteilung der Mandate (BVerfGE 42, 138), nach h.M. auch bereits für das Vorfeld der politischen Willensbildung wie den Wettbewerb um Spenden und Beiträge (BVerfGE 69, 1079; Sachs/Magiera Rn 91; a.A. v.Münch Rn 47: „nicht abgrenzbares Vorfeld"). Im Verhältnis zu dem allgemeinen Gleichheitssatz des Art. 3 I ist die Gleichheit der Wahl nach Art. 38 I lex specialis. Als solches weist sie eine „weit stärkere Formalisierung" auf (BVerfGE 4, 382). „Differenzierungen ... bedürfen stets eines besonderen rechtfertigenden Grundes" (BVerfGE 51, 77).

Beispiele : Jede Stimme muss den gleichen Zählwert haben. Der Erfolgswert kann jedoch unterschiedlich sein, je nachdem, für welches Wahlsystem sich der Gesetzgeber entscheidet. Entscheidet er sich für das Verhältniswahlsystem, so muss er sich an das Grundprinzip dieses Systems, der spiegelbildlichen Übertragung der Bevölkerungsmeinung auf das Parlament, halten. Die Sperrklausel des § 6 VI BWahlG ist jedoch mit der Wahlgleichheit vereinbar (BVerfGE 34, 99), desgleichen die Erhaltung von Überhangmandaten nach § 6 V BWahlG (BVerfGE 16, 140). Auf diese beiden Aspekte wird näher bei der Darstellung des Wahlrechts eingegangen (s.u. Rn 704, 708). Nicht gegen die Gleichheit verstößt bei den Ausnahmen von der Sperrklausel die Nichtberücksichtigung einer regionalen Landespartei (BVerfGE 6, 99), andererseits auch nicht die Berücksichtigung der Partei einer nationalen Minderheit (BVerfGE 6, 83).

Geheimheit der Wahl

696 bedeutet in erster Linie Stimmabgabe unter Ausschluss der Kenntnisnahme Dritter von dem Inhalt der Wahlentscheidung eines Wählers. Erfasst werden aber bereits auch die Wahlvorbereitungen, die notwendig zur Verwirklichung des Wahlrechts gehören. Die Geheimheit richtet sich – ebenso wie die Freiheit der Wahl – auch gegen Private (MD/Maunz Rn 54; JP/Pieroth Rn 17).

Beispiele : Eine Offenbarung der Wahlentscheidung durch den Wähler vor und nach der Wahl ist zulässig, nicht aber bei der Stimmabgabe (OVG Lüneburg, OVGE 12, 418; MD/Maunz Rn 54, JP/Pieroth Rn 17). Die Wahl mit Hilfe einer Vertrauensperson ist zulässig, wenn ansonsten das Wahlrecht gar nicht ausgeübt werden könnte (BVerfGE 21, 206).

2.2 Wahlsysteme

Um das Wahlrecht des BWahlG zu verstehen, ist es unerlässlich, die beiden Grundwahlsysteme zu kennen, da beide im BWahlG in Form einer Kombination geregelt sind. Es sind dies das Mehrheitswahlsystem und das Verhältniswahlsystem :

Mehrheitswahlsystem

Es ist dadurch gekennzeichnet, dass das Wahlgebiet in Wahlkreise eingeteilt wird, in denen der Kandidat zum Abgeordneten gewählt wird, der 697

- die meisten Stimmen erhält (also mehr als jeder andere). Das ist das relative Mehrheitswahlsystem, praktiziert z.B. in Großbritannien, den USA oder Kanada.
- die Mehrheit der Stimmen erhält (also mehr als 50 %). Das ist das absolute Mehrheitswahlsystem, praktiziert z.B. in Frankreich. Gewinnt im ersten Wahlgang kein Kandidat die absolute Mehrheit, so findet ein zweiter Wahlgang statt, in dem die erfolgreichsten Kandidaten des ersten Wahlganges antreten (in Frankreich die, die zumindest 12,5 % der Stimmen erhalten hatten). Gewählt wird dann nach relativem Mehrheitswahlrecht.

Verhältniswahlsystem

Es ist durch zwei Merkmale gekennzeichnet : Zunächst werden nicht Abgeordnete, sondern Parteien gewählt, genauer : von Parteien aufgestellte Kandidatenlisten. Dabei gibt es verschiedene Varianten : 698

- Die Zahl der Listen kann unterschiedlich sein : eine pro Partei (z.B. bei der Europawahl oder den Landtagswahlen) oder mehrere pro Partei (z.B. bei der Bundestagswahl).
- Die Listen können starr sein, d.h. die Reihenfolge der Kandidaten steht fest (z.B. bei der Bundestagswahl). Sie können auch flexibel sein, d.h. der Wähler hat Einfluss auf die Reihenfolge der Kandidaten (z.B. in Italien, Österreich, Belgien, Niederlande, Dänemark).
- Möglich ist auch, dass sie offen sind, d.h. der Wähler kann sich aus mehreren Listen eine eigene zusammenstellen (so. „Panaschieren", z.B. in der Schweiz und in Luxemburg).

Anschließend erhalten die Parteien Mandate entsprechend ihrem Anteil an den Wählerstimmen. Auch hier gibt es verschiedene Varianten :

- Feststehender Aspekt kann die Gesamtzahl der Mandate sein (z.B. bei der Bundestagswahl). Diese ist also unabhängig von der Höhe der Wahlbeteiligung. Feststehen kann aber auch die notwendige Zahl von Stimmen für ein Mandat (z.B. Weimarer Republik). Die Wahlbeteiligung entscheidet hier als über die Zahl der Parlamentssitze.
- Die Verteilung der Mandate kann daran geknüpft sein, dass die Parteien eine gewisse Hürde überspringen (so etwa eine 5 % - Klausel wie bei der Bundestagswahl oder bei der Wahl zu den Landtagen oder etwa eine 2 %- Klausel in Dänemark).

2.3 Wahlrecht des BWahlG

Der Gesetzgeber des BWahlG hat sich hat sich für eine Kombination beider Grundwahlsystem entschieden, um die jeweiligen Vorteile fruchtbar zu machen und gleichzeitig ihre Nachteile zu vermeiden. Schwergewichtig ist das Wahlsystem des BWahlG – wie noch zu zeigen ist – ein Verhältniswahlsystem, das Elemente des Mehrheitswahlsystems enthält, also ein „personalisiertes Verhältniswahlsystem". Sein Grundprinzip ist : 699

„Jeder Wähler hat zwei Stimmen, eine Erststimme für die Wahl eines Wahlkreisabgeordneten, eine Zweitstimme für die Wahl einer Landesliste." (§ 4 BWahlG)

Die folgende Übersicht über das Wahlverfahren wird auf den folgenden Seiten näher erläutert (Die Nummern in der Übersicht beziehen sich die jeweiligen Teile der Erläuterung). Die Übersicht orientiert sich an der Wahl 1998 und ist aus Platzgründen stark vereinfacht.

Staatsorgane : Bundestag

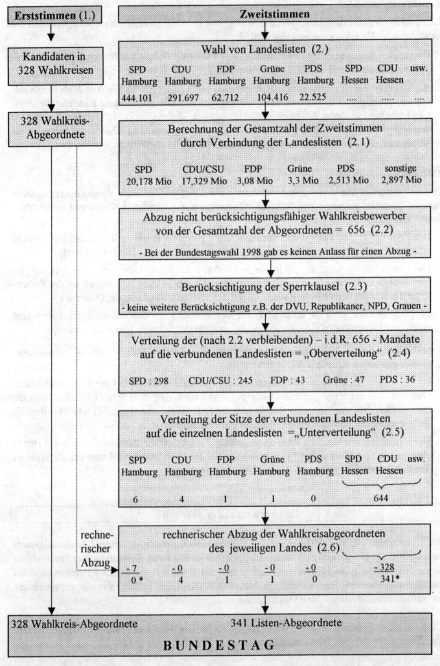

* Hat eine Partei in einem Land mehr Direktmandate errungen als ihr Mandate nach Verhältniswahl zustehen, bleiben ihr diese Mandate erhalten = Überhangmandate (siehe 2.6 = Rn 708)

Wahlrecht zum Bundestag 317

1. Wahl eines Wahlkreisabgeordneten mit der Erststimme (§ 5 BWahlG)

§ 5 BWahlG: *„In jedem Wahlkreis wird ein Abgeordneter gewählt. Gewählt ist der Bewerber, der die meisten Stimmen auf sich vereinigt..."* 700

Wahlkreisbewerber können von Parteien oder von Wählervereinigungen von mindestens 200 Wahlberechtigten aufgestellt werden (§ 20 BWahlG).

2. Wahl einer Landesliste mit der Zweitstimme

Landeslisten können nur von Parteien aufgestellt werden (§ 27 I 1 BWahlG). Das Verfahren der Verteilung der auf die Landeslisten entfallenden Zweitstimmen erfolgt in mehreren Schritten : 701

2.1 Berechnung der Gesamtzahl der Zweitstimmen (§ 6 I 1, 2 BWahlG)

Zunächst „werden die für jede Landesliste abgegebenen Zweitstimmen zusammengezählt" (§ 6 I 1 BWahlG). Die Landeslisten werden also - quasi zu einer Bundesliste - verbunden. Von der Berücksichtigung der Zweitstimmen gibt es nach § 6 I 2 BWahlG jedoch zwei Ausnahmen, die verhindern sollen, dass ein Wähler mit den beiden Stimmen einen doppelten Erfolg erzielen kann. Unberücksichtigt bleiben danach die Zweitstimmen der Wähler, die ihre Erststimme einem erfolgreichen Bewerber gegeben haben, 702

- der keiner Partei angehört bzw.
- für dessen Partei in dem betreffenden Land keine Landesliste zugelassen ist.

2.2 Abzug nicht berücksichtigungsfähiger Wahlkreisbewerber (§ 6 I 3 BWahlG)

Jetzt werden nach § 6 I 3 BWahlG von der Gesamtzahl der zu vergebenden Mandate (grundsätzlich 656) die Mandate der erfolgreichen Wahlkreisbewerber abgezogen, bei denen eine Verrechnung der Mandate auf die nach Landeslisten zu berechnenden Sitze nicht erfolgen kann, also 703

- die erfolgreichen parteilosen Wahlkreisbewerber, die nicht von politischen Parteien aufgestellt worden sind,
- die erfolgreichen Wahlkreisbewerber einer Partei, für die in dem betreffenden Land keine Landesliste zugelassen ist,
- die erfolgreichen Wahlkreisbewerber einer Partei, die wegen der Sperrklausel nach § 6 VI BWahlG bei der Verteilung der Sitze nicht berücksichtigt werden können.

2.3 Berücksichtigung der Sperrklausel (§ 6 VI BWahlG)

§ 6 VI BWahlG : *„Bei der Verteilung der Sitze auf die Landeslisten werden nur Parteien berücksichtigt, die mindestens 5 vom Hundert der im Wahlgebiet abgegebenen gültigen Zweitstimmen erhalten oder in mindestens drei Wahlkreisen einen Sitz errungen haben. Satz findet auf die von Parteien nationaler Minderheiten eingereichten Listen keine Anwendung".* 704

Die Sperrklausel besteht also aus zwei Teilen : der „5 % - Klausel" und der „Grundmandatklausel". Ihre Geschichte ist durch zwei Aspekte gekennzeichnet : Zum einen durch eine mehrfache Verschärfung mit der Folge, dass sich die Bundesrepublik parallel dazu für lange Zeit zum einem Drei-Parteien-System entwickelte. Zum anderen dadurch, dass bei der ersten Bundestagswahl nach der deutschen Einigung das Wahlgebiet unter dem Aspekt der Sperrklausel in zwei Teile geteilt wurde. Eine Partei musste also nur im Wahlgebiet Ost oder im Wahlgebiet West die 5 % - Hürde überspringen. Zu dem Grund für diese Besonderheit :

> BVerfGE 82, 338 : „Die erste gesamtdeutsche Wahl des Deutschen Bundestages ... findet unter besonderen, so nicht wiederkehrenden Umständen statt, denen der Wahlgesetzgeber bei einer Sperrklausel Rechnung tragen muss. Sie unterscheidet sich von anderen Wahlen dadurch, dass die politischen Parteien und Vereinigungen sich kurzfristig auf ein erweitertes Wahlgebiet einstellen müssen, ein Teil ... sich außerdem erst seit wenigen Monaten organisieren und politisch betätigen konnte.... Bei dieser Sachlage belastet eine auf das gesamte Wahlgebiet gezogene 5 v.H. - Sperrklausel die zum Teil bis heute nur auf dem Gebiet der DDR tätigen Parteien gegenwärtig ungleich stärker als die bisher nur in der Bundesrepublik tätigen Parteien ..."

	49	53	57	61 - 83	87	90	94	98	02
CDU/CSU	x	x	x	x	x		x	x	x
SPD	x	x	x	x	x		x	x	x
FDP	x	x	x	x	x		x	x	x
Bündnis 90/ Die Grünen					x	x [1)]		x	x
PDS						x [1)]		x	x
andere (Anzahl)	10	3	1						
Sperrklausel: Nötig für die Berücksichtigung der Zweitstimmen sind:	5 % in einem Land oder 1 Direktmandat	5 % im Bund oder 1 Direktmandat		5 % im Bund oder 3 Direktmandate		5 % im Wahlgebiet Ost oder West oder 3 Direktmandate		5 % im Bund oder 3 Direktmandate	

1) nur Wahlgebiet Ost

Die Sperrklausel ist mit der Wahlgleichheit des Art. 38 I 1 vereinbar :

> BVerfGE 82, 338 zur 5 % - Klausel : „Als ein Grund von hinreichend zwingendem Charakter, der Differenzierungen bei der Wahlrechtsgleichheit im System der Verhältniswahl rechtfertigt, ist in der Rechtsprechung des BVerfG wiederholt die Sicherung der Funktionsfähigkeit der zu wählenden Volksvertretung angesehen worden ... Das dem Verhältniswahlsystem eigene Prinzip, den politischen Willen der Wählerschaft in der zu wählenden Körperschaft möglichst wirklichkeitsnah abzubilden, kann eine Aufspaltung der Volksvertretung in viele kleine Gruppen zu Folge haben, die die Bildung einer stabilen Mehrheit erschweren oder verhindern würde. Soweit es zur Sicherung der Handlungs- und Entscheidungsfähigkeit des Parlaments geboten ist, darf der Gesetzgeber deshalb bei der Verhältniswahl den Erfolgswert der Stimmen unterschiedlich gewichten. Um dieses Zieles willen ist es grundsätzlich gestattet, die Funktionsfähigkeit des Parlaments durch eine Sperrklausel zu sichern. Dabei ist ein Quorum von 5 v.H. in aller Regel verfassungsrechtlich nicht zu beanstanden."

> BVerfGE 95, 408 zur Grundmandatsklausel : „Bei der Festlegung eines Kriteriums, das Rückschlüsse auf die Integrationskraft politischer Personen zulässt, ist der Gesetzgeber nicht darauf beschränkt, auf den Erfolg einer Partei in der Verhältniswahl abzustellen, wie dies mit der 5 %-Klausel geschehen ist. Vielmehr darf der Gesetzgeber eine besondere politische Kraft auch aus dem Ausmaß des Erfolges einer Partei in der Mehrheitswahl ableiten, die nach dem geltenden System der personalisierten Verhältniswahl der proportionalen Sitzverteilung vorgeschaltet ist.

> ...Wenn parteiangehörige Abgeordnete Direktmandate erringen, drückt sich in der Wahl dieser Kandidaten in aller Regel zugleich auch das Ausmaß der Billigung der politischen Anliegen der Partei aus, die diese nominiert hat. Daher kann der Gesetzgeber in einem sich bereits in Parlamentssitzen niederschlagenden Erfolg ein Indiz dafür sehen, dass diese Partei nach dem Wählervotum besondere Anliegen aufgegriffen hat, die eine Repräsentanz im Parlament rechtfertigen. Aus diesem Grunde darf er Grundmandatsparteien mit allen errungenen Zweitstimmen an der Verteilung der Listenmandate teilnehmen lassen. ...Die Regelung unterläuft nicht die mit der Sperrklausel verfolgte Sicherung der Funktionsfähigkeit des Parlaments. Nach bisherigen Erkenntnissen bleibt das Erringen von drei Wahlkreisen durch eine kleine Partei die seltene Ausnahme....Hinsichtlich der Zahl der Grundmandate enthält die Verfassung keine Vorgaben. Da die Sperrklauselregelung sicherstellt, dass die Gesamtregelung des § 6 Abs. 6 Satz 1 BWG bundesweit keine höhere Sperrwirkung als eine 5% Klausel entfaltet, ist es der Beurteilung des Gesetzgebers anheim gegeben, auf wie viel Wahlkreiserfolge er als Ausdruck eines besonderen politischen Gewichts abhebt."

2.4 Verteilung der Sitze auf die verbundenen Landeslisten = „Oberverteilung" (§ 6 II BWahlG)

Jetzt werden alle 656 (ab 2002 : 598) – und nicht etwa nur die nach der Direktwahl der Wahlkreisabgeordneten übrig bleibenden 328 – Abgeordneten auf die verbundenen Landeslisten der an der Sperrklausel nicht gescheiterten Parteien verteilt.

705

> § 6 II WahlG : „Die ... Sitze werden auf die Landeslisten ... wie folgt verteilt. Die Gesamtzahl der Sitze, vervielfacht mit der Zahl der Zweitstimmen, die eine Partei im Wahlgebiet erhalten hat, wird durch die Gesamtzahl der Zweitstimmen aller zu berücksichtigenden Landeslisten geteilt. Jede Landesliste erhält zunächst so viele Sitze, wie ganze Zahlen auf sie entfallen. Danach zu vergebende Sitze sind den Landeslisten in der Reihenfolge der höchsten Zahlenbruchteile, die sich bei der Berechnung nach Satz 2 ergeben, zuzuteilen...."

Dieses Verfahren - nach ihren Erfindern Hare-Niemeyer-Verfahren genannt - soll anhand eines einfachen Beispiels erläutert werden : 10 Sitze sind zu besetzen. Vier Parteien A, B, C und D haben 12.000, 9.000, 4.000 bzw. 3.000 Stimmen erhalten.

Stimmen	A : 12.000	B: 9.000	C : 4.000	D : 3.000
multipliziert mit der Summe der zu vergebenden Sitze = 10	120.000	90.000	40.000	30.000
Geteilt durch die Gesamtzahl der Zweitstimmen aller Landeslisten = 28.000	4,29	3,21	1,43	1,07
Sitze entsprechend ganzen Zahlen	4	3	1	1
Ermittlung der höchsten Zahlenbruchteile	0,29	0,21	0,43	0,07
Verteilung des verbleibenden Sitzes entsprechend des höchsten Zahlenbruchteils = 0,43			1	
Sitze	4	3	2	1

Bis 1985 wurde das 'Hondt'sche-Höchstzahlverfahren zur Berechnung der Sitzverteilung benutzt. Da es die größeren Parteien etwas begünstigte, wurde es durch das Hare-Niemeyer-System abgelöst, da dieses genauer dem mathematischen Proporz entspricht. Aber auch dieses System hat eine Schwäche : Es kann im – bisher noch nie aufgetretenen – Grenzfall dazu führen, dass eine absolute Mehrheit der Zweitstimmen für eine Partei nicht zu einer absoluten Sitzmehrheit dieser Partei führt. Um dieses Ergebnis zu vermeiden, enthält § 6 III BWahlG eine Korrektur des Verfahrens nach § 6 II BWahlG : Der Partei wird „von den nach Zahlenbruchteilen zu vergebenden Sitzen ... ein weiterer Sitz zugeteilt. Danach zu vergebende Sitze werden nach Absatz 2 Sätze 4 und 5 zugeteilt" (also in der Reihenfolge der höchsten Zahlenbruchteile*)*.

2.5 Verteilung der Sitze der verbundenen Landeslisten auf die einzelnen Landeslisten = „Unterverteilung" (§ 6 II BWahlG)

706 In einem weiteren Schritt werden – ebenfalls nach dem Hare-Niemeyer-Verfahren des § 6 II BWahlG – die der jeweiligen Partei insgesamt zustehenden Sitze auf die einzelnen Landeslisten verteilt. Es wird also ermittelt, aus welchen Ländern die Gesamtzahl der Abgeordneten einer Partei kommen.

2.6 rechnerischer Abzug der Wahlkreisabgeordneten (§ 6 IV, V BWahlG)

§ 6 IV BWahlG : „Von der für jede Landesliste so ermittelten Abgeordnetenzahl wird die Zahl der von der Partei in den Wahlkreisen des Landes errungenen Sitze abgerechnet. Die restlichen Sitze werden aus der Landesliste in der dort festgelegten Reihenfolge besetzt. Bewerber, die in einem Wahlkreis gewählt sind, bleiben auf der Landesliste unberücksichtigt..."

707 Die Briefwahl verstößt zwar trotz ihrer Gefahren nicht gegen die Geheimheit. Gesetzgeber und Behörden sind aber verpflichtet, dafür zu sorgen, dass die Geheimheit gewährleistet wird (BVerfGE 59, 127). An dieser Stelle zeigt sich der Grundcharakter des Wahlrechts, nach dem der Bundestag gewählt wird : Es ist zwar die Hälfte der Abgeordneten in den Wahlkreisen nach dem Mehrheitswahlsystem gewählt worden. Nach dem Verhältniswahlsystem ist aber nicht etwa die andere Hälfte der Sitze vergeben worden, sondern alle 656. Diese Zahl soll aber nicht um die Zahl der direkt gewählten Abgeordneten erhöht, sondern gehalten werden. Die Zahl der in den Wahlkreisen direkt gewählten Abgeordneten wird daher rechnerisch von der einer Partei zustehenden Sitze wieder abgezogen (so dass über die Landesliste konkret nur die verbleibende Zahl von Sitzen abgedeckt wird). Die politische Zusammensetzung des Bundestages richtet sich somit nach dem Verhältniswahlsystem. Das Mehrheitswahlsystem wirkt sich folglich nur bei der Frage aus, wie die Gruppe der Abgeordneten, die für die Landesorganisation einer Partei in den Bundestag kommt, zusammengesetzt ist : Kommen alle über die Landesliste oder einige oder alle als direkt gewählte Abgeordnete.

708 Von diesem Prinzip gibt es jedoch die Ausnahme der „Überhangmandate" :

§ 6 V BWahlG : „In den Wahlkreisen errungene Sitze verbleiben einer Partei auch dann, wenn sie die nach Absätze 2 und 3 ermittelte Zahl übersteigen. In einem solchen Fall erhöht sich die Gesamtzahl der Sitze (§ 1 Abs.1) um die Unterschiedszahl..."

Überhangmandate entstehen also, wenn eine Partei mehr Abgeordnete in der Direktwahl erreicht als ihr eigentlich nach dem Verhältniswahlsystem zustehen. Damit wird dem Gedanken Rechnung getragen, dass die Wahlkreisabgeordneten direkt von der Bevölkerung gewählt sind und damit eine unmittelbare Legitimation besitzen. Diese entfällt nicht deswegen, weil ihrer Partei über die Verhältniswahl eigentlich etwas weniger Abgeordnete zustehen.

Welche Bedeutung haben Überhangmandate in der Vergangenheit gespielt ?

1949	2	1953	3	1957	3	1961	5
1964 Wahlkreisreform								
1981	1	1983	2	1987	1	1990	6
1994	16	1998	13				

Die Frage stellt sich, ob Überhangsmandate mit der Gleichheit der Wahl i.S.d. Art. 38 I 1 vereinbar sind. Immerhin führen sie zu Ungleichbehandlungen bei der Gewichtung der Stimmen, da die Parteien als Folge davon unterschiedlich viele Zweitstimmen pro Mandat benötigen. So z.B. im Jahr 1994 die CDU 65.942, die SPD 68.017, die CSU 68.544, die FDP 69.328, die Grünen 69.884 und die PDS 68.873.

Da BVerfG (E 95, 408) hat zuletzt 1997 Überhangmandate in einer 4 : 4 – Entscheidung für zulässig erklärt (mit abweichendem Votum der vier unterlegenen Richter) :

"Die Regelung, dass Direktmandate einer Partei auch dann verbleiben, wenn sie die Zahl der Landeslistenmandate übersteigen (Überhangmandate), genügt den Anforderungen der Wahlrechtsgleichheit nach Art 38 Abs. 1 S. 1 GG und wahrt die Chancengleichheit der Parteien. ... Bei der Gestaltung des Wahlrechts ist dem Gesetzgeber ein weiter Spielraum eingeräumt. Überhangmandate sind vom Gesetzgeber gewollt; sie sind bedingt durch das geltende System der Verbindung der Verhältniswahl mit Elementen der Mehrheitswahl. Dies führt dazu, das die Abrechnung der Direktmandate nicht stets einen vollen Ausgleich der Sitzverteilung im Sinne des Proporzes unter den Parteien bewirken kann und soll. ... Entscheidet sich der Gesetzgeber dafür, dass - nicht ausgleichsfähige - Überhangmandate die Gesamtzahl der Mitglieder des Bundestages erhöhen und damit die Mehrheitsverhältnisse im Parlament beeinflussen können, so muss er die besonderen Anforderungen beachten, die der Grundsatz der Wahlrechtsgleichheit an eine Mehrheitswahl stellt. Im Hinblick darauf, dass eine unterschiedliche Größe der Wahlkreise das Entstehen von Überhangmandaten begünstigt und damit der Wahlrechtsgleichheit zuwider läuft, wird die gleiche Größe der Wahlkreise zu einer Bedingung der Wahlrechtsgleichheit. ... Die derzeitigen Wahlkreise sind von deutlich ungleicher Größe. Dies ist jedoch im Hinblick auf die bereits in Angriff genommene und für die übernächste Bundestagswahl vorgesehene Gesamtreform des Bundestages verfassungsrechtlich hinnehmbar. ...Nach dem Grundcharakter der Wahl als Verhältniswahl muss sich die Zahl der Überhangmandate jedoch in Grenzen halten. Es ist Sache des Gesetzgebers darüber zu befinden, wo diese Grenze liegt und wann sich aufgrund geänderter Verhältnisse ein Handlungsbedarf ergibt. Die in § 6 Abs. 6 BWahlG geregelte 5 %-Klausel kann hierfür ein Anhalt sein. Die gegenwärtige Erhöhung der gesetzlich bestimmten Sitze von 656 um 16 auf 672 erreicht jedenfalls diese angedeutete Grenze nicht und ist verfassungsrechtlich hinnehmbar."

Repetitorium zum Wahlrecht : Rn 1051

Weiterführende Literatur : Becht, Die 5 % - Klausel im Wahlrecht, 1990; Handbuch des Wahlrechts, 5. Aufl. 1994; Hoppe, Die Verfassungswidrigkeit der Grundmandatsklausel, DVBl 1995, 265; Mager/Marpmann, Überhangmandate und Gleichheit der Wahl, DVBl 1995, 273; Papier, Überhangmandate und Verfassungsrecht, JZ 1996, 265

3. GLIEDERUNG UND ARBEITSWEISE

3.1 Gliederung

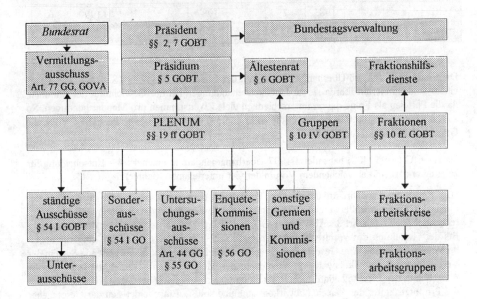

Präsidium (§ 5 GO BT) : Es besteht aus dem Präsidenten und den stellvertretenden Präsidenten. Es leitet die Sitzungen des Plenums.

Ältestenrat (§ 6 GO BT) : Er besteht aus dem Präsidium und 23 von den Fraktionen benannten Mitgliedern. Er unterstützt den Präsidenten bei der Führung der Geschäfte.

Ausschüsse (§§ 54 ff. GO BT) bereiten die Entscheidungen des Plenums vor. Sie werden von den Fraktionen (und u.U. Gruppen) entsprechend ihrer Größe besetzt.

Ständige Ausschüsse erledigen je nach ihrem Aufgabenbereich die laufende Aufgabe der Vorbereitung der Plenumsentscheidungen. Im Grundgesetz geregelt sind die Ausschüsse für Angelegenheiten der Europäischen Union (Art. 45), für auswärtige Angelegenheiten und für Verteidigung (Art. 45 a). Weitere ständige Ausschüsse sind insbesondere der Innen-, Finanz-, Haushalts-, Wirtschafts-, Rechts-, Petitionsausschuss.

Sonderausschüsse befassen sich mit speziellen Fragen (z.B. Deutsche Einheit)

Untersuchungsausschüsse (Art. 44, § 55 GO BT) untersuchen mit Beweiserhebungsrecht bestimmte Sachverhalte, die im Zusammenhang mit Aufgaben des Bundestag stehen. Der Bundestag kann einen Untersuchungsausschuss einsetzen, er muss es, wenn Viertel der Abgeordneten es verlangt. Untersuchungsausschüsse tagen grundsätzlich öffentlich. Die Öffentlichkeit kann jedoch ausgeschlossen werden. Gerichte und Verwaltungsbehörden sind zur Rechts- und Amtshilfe verpflichtet.

Enquete-Kommissionen (§ 56 GO BT) bereiten Entscheidungen über umfangreiche und bedeutsame Sachkomplexe vor (z.B. „Schutz der Umwelt").

Vermittlungsausschuss : Er vermittelt zwischen Bundestag und Bundesrat im Gesetzgebungsverfahren. Deshalb wird dort – Rn 722 – näher auf ihn eingegangen.

Fraktionen (§§ 10 ff. GOBT) sind Vereinigungen von mindestens 5 % der Abgeordneten, die einer Partei oder Parteien mit gleichgerichteter Zielrichtung angehören, die in keinem Bundesland miteinander in Konkurrenz treten. Sie besetzen die Ausschüsse und haben das Gesetzesinitiativrecht.

Gruppen (§ 10 IV GOBT) sind Zusammenschlüsse von Abgeordneten unterhalb der Fraktionsstärke. Sie haben die Rechte, die ihnen das Plenum mit ihrer Anerkennung als Gruppe zubilligt.

3.2 Arbeitsweise

Die Arbeitsweise des Bundestages ist durch mehrere Prinzipien gekennzeichnet : 710

- **Öffentlichkeit** des Plenums : Art. 42 I (nicht aber der Ausschüsse, § 69 GOBT)

- **Unmittelbarkeit** : Nur das Plenum kann Entscheidungen unmittelbar fällen, nicht dagegen die Ausschüsse. Diese habe nur die Aufgabe, Entscheidungen des Plenums vorzubereiten (Ausnahme : der Ausschuss für Angelegenheiten der EU, vgl. Art. 45)

- **Mündlichkeit**: Entscheidungen werden mündlich beantragt, begründet und getroffen.

- **Mehrheit** : Nach Art. 42 II ist das grundsätzlich die Mehrheit der abgegebenen Stimmen. Ausnahmen sind
    - Mehrheit der Mitglieder (= Mehrheit der gesetzliche Mitgliederzahl, Art. 121): z.B. Art. 63 II, III, 67 I, 68 I, 77 IV 2
    - Zweidrittel der Mitglieder : z.B. Art. 79 II
    - Zweidrittel der anwesenden Mitglieder : z.B. Art. 77 IV 2, §§ 80 II, 81 GOBT

Weiterführende Literatur : Demmler, Der Abgeordnete im Parlament der Fraktionen, 1994; Kürschner, Das Binnenrecht der Bundestagsfraktionen, 1995; Röper, Parlamentarier und Parlament, 1998

4. RECHTSSTELLUNG DER ABGEORDNETEN

- **freies Mandat** (Art. 38 I 2) : 711

> *„Sie sind Vertreter des ganzen Volkes, an Aufträge und Weisungen nicht gebunden und nur ihrem Gewissen unterworfen."*

Der erste Teil des obigen Satzes soll zum Ausdruck bringen, dass die Abgeordneten dem ganzen Volk und nicht nur ihren Wählern verpflichtet sind. Der zweite Teil schließt konsequent die Bindung an Aufträge und Weisungen – etwa der Wähler oder der Partei - aus. Die Berufung auf das Gewissen, d.h. die politische Überzeugung des Abgeordneten

(Sachs/Magiera Rn 47), ist weder begründungspflichtig noch rechtlich überprüfbar (v.Münch/Kunig Rn 76)

Beispiele : Verstöße wären z.B. Blankoverzichtserklärungen (BVerfGE 2, 74), das ruhende Mandat (HessStGH NJW 1977, 2065) oder Zahlungsversprechen für den Fall der Mandatsniederlegung (LG Braunschweig DVBl 1970, 519)

Beschränkungen des freien Mandats sind jedoch zulässig, wenn sie zur Sicherung der Ablaufs der Parlamentsarbeit geboten sind, dabei aber die Entscheidungsfreiheit und Selbstverantwortung des Abgeordneten wahren (BVerfGE 10, 14).

Beispiele : Zulässig ist auch die Einbindung in eine kooperative Fraktionsdisziplin, die ein geschlossenes Auftreten der Fraktion im Parlament ermöglichen soll (h.M., z.B. BK/Badura Rn 78, Stern I S. 1077). Ein rechtlicher durch die Fraktionsführung beschlossener Zwang, in einer bestimmten Weise abzustimmen, ist dagegen unzulässig (BVerfGE 11, 273).

712 • **Indemnität** (Art. 46 I) :

> „Ein Abgeordneter darf zu keiner Zeit wegen seiner Abstimmung oder wegen einer Äußerung, die er im Bundestag oder in einem seiner Ausschüsse getan hat, gerichtlich oder dienstlich verfolgt oder sonst außerhalb des Bundestages zur Verantwortung gezogen werden. Dies gilt nicht für verleumderische Beleidigungen."

Art. 46 I gewährt damit Schutz insbesondere gegen Strafverfahren, Bußgeldverfahren, Disziplinarverfahren und zivilrechtliche Unterlassungs- und Schadensersatzklagen. „Zu keiner Zeit" heißt, dass der Abgeordnete den Schutz der Indemnität auch nach Ausscheiden aus dem Bundestag genießt. „Sonst zur Verantwortung gezogen" meint etwa die Verfolgung durch Polizei oder Staatsanwaltschaft. Zulässig sind dagegen Sanktionen innerhalb des Bundestages. Diese, in den §§ 64 ff. GOBT geregelt, reichen vom Ordnungsruf bis zum Ausschluss von Sitzungen. Sanktionsmaßnahmen durch Privatpersonen sind nicht erfasst, können aber u.U. gegen Art. 48 II (s.u. Rn 714) verstoßen.

713 • **Immunität** (Art. 46 II):

> „Wegen einer mit Strafe bedrohten Handlung darf ein Abgeordneter nur mit Genehmigung des Bundestages zur Verantwortung gezogen oder verhaftet werden, es sei denn, dass er bei der Begehung der Tat oder des folgenden Tages festgenommen wird."

Die Immunität soll nicht nur den Abgeordneten schützen, sondern ist auch das Parlament.

714 • **Schutz vor Freiheitsbeschränkungen** (§ 46 III)

• **Zeugnisverweigerungsrecht und Beschlagnahmeverbot** (Art. 47)

• **Urlaubsanspruch für Bewerber um ein Abgeordnetenmandat** (Art. 48 I)

• **Kündigungs- und Entlassungsschutz** (Art. 48 II)

• „**Anspruch auf eine angemessene, ihre Unabhängigkeit sichernde Entschädigung**" (Art. 48 III 1)

Dabei ist davon auszugehen, dass die Inanspruchnahme des Abgeordneten durch sein Mandat – zumindest auf Bundesebene – von einer Neben- zu einer Hauptbeschäftigung geworden ist, die eine Berufstätigkeit neben dem Abgeordnetenmandat nur noch in eingeschränktem Maße zulässt (BVerfGE 76, 342). Entsprechend hat sich die Entschädigung (Diäten) von einer Aufwendungsentschädigung zu einer „Vollalimentation" des Abgeordneten und seiner Familie gewandelt (BVerfGE 40, 313). Sie bezieht sich aber nur auf die Zeit der Parlamentszugehörigkeit, ist also keine dauernde Vollalimentation (BVerfGE 76, 341). Als Einkommen unterliegen die Diäten wegen des Gleichheitssatzes der normalen Besteuerung (BVerfGE 40, 327). Einkommen aus einer beruflichen Tätigkeit bleiben unberücksichtigt, werden also nicht auf die Diäten angerechnet (BVerfGE 76, 343). Unzulässig sind jedoch Bezüge aus Beraterverträgen, die nur deswegen gezahlt werden, um die Interessen des Zahlenden im Parlament zu vertreten (BVerfGE 42, 328). Unzulässig ist auch die Weiterzahlung von Gehalt oder Ruhegehalt an Beamte (BVerfGE 40, 321). Treffen Abgeordnetenbezüge mit anderen Einkünften aus öffentlichen Kassen zusammen (z.B. für die Tätigkeit als Minister), ist eine gegenseitige Anrechnung zulässig und geboten (BVerfGE 76, 343).

Einzelheiten der Entschädigung sind im Abgeordnetengesetz (AbgG) geregelt, insbesondere : eine monatliche Grundentschädigung (§ 11), ein Übergangsgeld (§ 18), eine Alters-, Invaliden- und Hinterbliebenenversorgung (§§ 19 ff.) und Beihilfen in Krankheits-, Geburts- und Todesfällen (§§ 27 f.). Hinzu kommt eine Aufwandsentschädigung, u.a. für angestellte Mitarbeiter, ein eingerichtetes Büro und eine Pauschale für ein Büro außerhalb des Bundestages (§ 12).

- **„Recht der freien Benutzung aller staatlichen Verkehrsmittel"** (Art. 48 III 2)

Nach der Regelung des AbgG bezieht sich dieses Recht letztlich nur noch auf die Bundesbahn (§ 16 I 1). Flugkosten werden jedoch erstattet (§ 16 I 2).

Repetitorium : Rn 1052

Grundfall zur Rechtsstellung der Abgeordneten mit Musterlösung : Rn 1072 (1120 f., 1124 ff.)

Weiterführende Literatur : Wefelmeier, Repräsentation und Abgeordnetenmandat, 1991; Demmler, Der Abgeordnete im Parlament der Fraktionen, 1994; Röper, Parlamentarier und Parlament, 1998

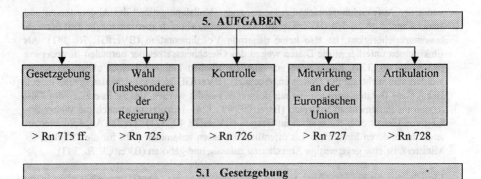

5.1 Gesetzgebung

5.1.1 BEDEUTUNG UND BEGRIFF

715 Durch den Erlass von Gesetzen setzt der Bundestag seine politischen Ziele durch. Begrenzt ist er dabei nur durch die Grenzen, die das Grundgesetz ihm setzt : die Zuständigkeitsvorschriften (Art. 70 ff) , die Verfahrensvorschriften (Art. 77, 79 II), die Formvorschriften (Art. 19 I 2, 79 I) und vor allem die materiellen Vorschriften (also insbesondere die Grundrechte und die staatlichen Grundprinzipien; bei Verfassungsänderungen sind es nach Art. 79 III die Art. 1 und 20).

Zunächst ist der Begriff der Gesetzgebung zu klären. Gesetzgebung im formellen Sinn ist der Erlass von Anordnungen durch die gesetzgebenden Körperschaften in dem von der Verfassung für die Gesetzgebung vorgesehenen Verfahren. Gesetzgebung im materiellen Sinn ist dagegen der Erlass abstrakt-genereller Regelungen durch den Staat. Oft werden sich beide Arten der Gesetzgebung decken, so bei fast allen Parlamentsgesetzen. Zum Teil kann aber auch Gesetzgebung nur im formellen Sinn erfolgen, ohne also abstrakt-generell zu sein, wie z.B. bei der Feststellung des Haushaltsplans nach Art. 110 II S. 1 oder bei der Zustimmung zu völkerrechtlichen Verträgen nach Art. 59 II S. 1. Auch im übrigen kann der Gesetzgeber vom Prinzip her Gesetze ohne abstrakt-generellen Inhalt erlassen. Soweit sie Grundrechte einschränken, ist das allerdings nach Art. 19 I 1 unzulässig. Soweit das nicht der Fall ist, entsteht leicht ein Konflikt mit dem Gleichheitssatz. Hinzu kommt der Aufwand eines nur für einen Einzelfall geltenden Gesetzes, so dass Einzelfallgesetze im Ergebnis die Ausnahme bilden.

5.1.2 RECHTSVERORDNUNGEN UND SATZUNGEN ALS MATERIELLE GESETZE

716 Andererseits gibt es eine Vielzahl nur materieller Gesetze („Gesetze im materiellen Sinn"), also abstrakt-generelle Regelungen durch die vollziehenden Gewalt : Das sind die Rechtsverordnungen und die Satzungen. Rechtsverordnungen haben vor allem den Sinn, das Parlament von politisch nicht sehr umstrittenen Detailregelungen zu entlasten. Sie sollen aber auch ermöglichen, dass die Regelungen, die wegen der sich wandelnden Verhältnisse häufiger angepasst und geändert werden müssen, ohne ein zeitraubendes Verfahren – wie es das Gesetzgebungsverfahren ist - erlassen werden. Ein Beispiel dazu sind die Straßenverkehrsordnung (u.a. mit der Beschreibung der Verkehrszeichen) und die Straßenverkehrszulassungsordnung (u.a. mit der Regelung der technischen Ausstattung von Kraftfahrzeugen), die in Konkretisierung des Straßenverkehrsgesetzes erlassen worden sind. Die Bedeutung der Rechtsverordnungen kann man daran erkennen, dass auf Bundesebene in den ersten 10 Wahlperioden des Bundestages 12.639 Rechtsverordnungen, aber nur 3.991 Gesetze verkündet wurden. Damit könnte sich die Gefahr ergeben, dass Gesetzgebung immer mehr von der vollziehenden Gewalt wahrgenommen und damit der Kernbereich der eigentlichen gesetzgebenden Gewalt ausgehöhlt wird, was mit dem Grundgedanken der Gewaltenteilung nicht vereinbar wäre (vgl. Rn 551).

Aufgabe der Gesetzgebung

Dem versucht das Grundgesetz in Art. 80 und das BVerfG in seiner Wesentlichkeitsrechtsprechung (> Rn 513) vorzubeugen. Art. 80 I 1 regelt (wie entsprechende Regelungen in den Landesverfassungen auch), dass Rechtsverordnungen nur aufgrund einer Ermächtigung in einem Gesetz erlassen werden können. Als Adressaten einer solchen Ermächtigung kommen die Bundesregierung, ein Bundesminister oder die Landesregierungen in Betracht. An die Stelle der Landesregierungen können nach Art. 80 IV auch die Landtage treten, die die Ermächtigung dann durch ein Gesetz ausfüllen. Die entscheidende Schranke der Verordnungsermächtigung ergibt sich aus Art. 80 I 2 : „Dabei müssen Inhalt, Zweck und Ausmaß der erteilten Ermächtigung im Gesetz bestimmt werden." Zu dem Sinn dieser Einschränkung : 717

> BVerfGE 58, 278 : „Das Parlament soll sich seiner Verantwortung als gesetzgebende Körperschaft nicht dadurch entäußern können, dass es einen Teil der Gesetzgebungsmacht der Exekutive überträgt, ohne die Grenzen dieser Kompetenzen bedacht und diese nach Tendenz und Programm so genau umrissen zu haben, dass schon aus der Ermächtigung erkennbar und vorhersehbar ist, was dem Bürger gegenüber zulässig sein soll."

Wie ermittelt man, ob Inhalt, Zweck und Ausmaß der erteilten Ermächtigung im Gesetz ausreichend bestimmt sind ? Darüber, dass diese drei Anforderungen nicht etwa in drei Vorschriften ausdrücklich geregelt sein können, besteht Einigkeit. Im übrigen zum Art. 80 I 2 : 718

> BVerfGE 58, 278 : „Er verlangt ... nicht, dass die Ermächtigung in ihrem Wortlaut so genau wie nur irgend möglich formuliert und gefasst ist; sie hat von Verfassungs wegen hinreichend bestimmt zu sein. Mithin hält eine Ermächtigungsnorm auch dann der verfassungsrechtlichen Prüfung am Maßstab der zu Art. 80 Abs. 1 GG entwickelten Rechtsgrundsätze stand, wenn sich die dort geforderte Bestimmtheit durch Auslegung nach den allgemein gültigen Auslegungsmethoden ermitteln lässt. Zur Klärung von Inhalt, Zweck und Ausmaß der Ermächtigung können - wie auch sonst bei der Auslegung einer Vorschrift - der Sinnzusammenhang der Norm mit anderen Bestimmungen und das Ziel, das die gesetzliche Regelung insgesamt verfolgt, berücksichtigt werden ... Auch die Entstehungsgeschichte der Norm kann insoweit herangezogen werden ...Welche Bestimmtheitsanforderungen im einzelnen erfüllt sein müssen, ist von den Besonderheiten des jeweiligen Regelungsgegenstandes sowie der Intensität der Maßnahme abhängig ... Geringere Anforderungen sind vor allem bei vielgestaltigen Sachverhalten zu stellen ... oder wenn zu erwarten ist, dass sich die tatsächlichen Verhältnisse alsbald ändern werden ... Es bleibt somit ausreichend Raum für eine sachgerechte und situationsbezogene Lösung bei der Abgrenzung von legislativen und exekutiven Kompetenzen. Es ist weiter zu berücksichtigen, dass das Erfordernis hinreichender Bestimmtheit die notwendige Ergänzung und Konkretisierung des aus dem Demokratie- und Rechtsstaatsprinzip folgenden Grundsatzes des Vorbehalts des Gesetzes darstellt. Es muss deshalb im Lichte dieses Verfassungsprinzips und seiner Auslegung durch die Rechtsprechung interpretiert werden. Die Bestimmtheit der Ermächtigungsnorm muss der Grundrechtsrelevanz der Regelung entsprechen, zu der ermächtigt wird. Greift die Regelung erheblich in die Rechtsstellung des Betroffenen ein, so müssen höhere Anforderungen an den Bestimmtheitsgrad der Ermächtigung gestellt werden, als wenn es sich um einen Regelungsbereich handelt, der die Grundrechtsausübung weniger tangiert."

Beispiele für eine genaue Prüfung des Art. 80 I 2 durch das BVerfG finden sich nicht nur in dem obigen Urteil, sondern auch in : E 20, 257; E 22, 180; E 233, 62; E 32, 860; 33, 358; 42, 191.

Formelle Anforderungen an den Erlass von Rechtsverordnungen sind die Angabe der Ermächtigungsgrundlage in der Verordnung (Art. 80 I 3), vielfach ein Zustimmung des Bundesrats (> Rn 724) und die Ausfertigung und Verkündung (Art. 82 I 2). 719

Weiterführende Literatur : Sommermann, Verordnungsermächtigung und Grundgesetz, JZ 1997, 434

720 Die Einschränkung des Art. 80 I 2 kann auf die Verleihung autonomer Satzungsgewalt an Körperschaften und Anstalten des öffentlichen Rechts (z.B. Gemeinden, Hochschulen, Rundfunk- und Fernsehanstalten oder berufsständische Körperschaften wie Industrie- und Handelskammern) nicht analog angewandt werden :

> BVerfGE 33, 156 : „Satzungen sind Rechtsvorschriften, die von einer dem Staat eingeordneten juristischen Person des öffentlichen Rechts im Rahmen der ihr gesetzlich verliehenen Autonomie mit Wirksamkeit für die ihr angehörigen und unterworfenen Personen erlassen werden. Die Verleihung von Satzungsautonomie hat ihren guten Sinn darin, gesellschaftliche Kräfte zu aktivieren, den entsprechenden gesellschaftlichen Gruppen die Regelung solcher Angelegenheiten, die sie selbst betreffen und die sie in überschaubaren Bereichen am sachkundigsten beurteilen können, eigenverantwortlich zu überlassen und dadurch den Abstand zwischen Normgeber und Normadressat zu verringern. Zugleich wird der Gesetzgeber davon entlastet, sachliche und örtliche Verschiedenheiten berücksichtigen zu müssen, die für ihn oft schwer erkennbar sind und auf deren Veränderungen er nicht rasch genug reagieren könnte. ... Die grundgesetzliche Ordnung setzt der Verleihung und Ausübung von Satzungsgewalt jedoch bestimmte Grenzen.... Aus Art. 80 Abs. 1 GG lässt sich eine solche Begrenzung nicht unmittelbar herleiten... Denn es macht einen erheblichen Unterschied aus, ob der Gesetzgeber seine ... Normsetzungsbefugnis an eine Stelle der bürokratisch-hierarchisch organisierten staatlichen Exekutive abgibt oder ob er innerhalb eines von vornherein durch Wesen und Aufgabenstellung der Körperschaft begrenzten Bereichs einen bestimmten Kreis von Bürgern ermächtigt, durch demokratisch gebildete Organe ihre eigenen Angelegenheiten zu regeln. Das Bedürfnis, eine Macht zu zügeln, die versucht sein könnte, praktisch-effiziente Regelungen auf Kosten der Freiheit der Bürger durchzusetzen ist, wie die geschichtliche Erfahrung bestätigt, im ersterwähnten Fall ungleich fühlbarer. Ihm trägt Art. 80 Abs. 1 Satz 2 GG Rechnung; für eine Erweiterung des Geltungsbereichs der Bestimmung auf eine Rechtsetzungsdelegation der hier vorliegenden Art gibt es keinen zulänglichen Grund. Trotzdem bleibt auch im Rahmen einer an sich zulässigen Autonomiegewährung der Grundsatz bestehen, dass der Gesetzgeber sich seiner Rechtsetzungsbefugnis nicht völlig entäußern und seinen Einfluss auf den Inhalt der von den körperschaftlichen Organen zu erlassenden Normen nicht gänzlich preisgeben darf. Das folgt sowohl aus dem Prinzip des Rechtsstaats wie aus dem der Demokratie. Der Gesetzgeber darf seine vornehmste Aufgabe nicht anderen Stellen innerhalb oder außerhalb der Staatsorganisation zu freier Verfügung überlassen... Das gilt besonders, wenn der Akt der Autonomieverleihung den autonomen Verband ... zugleich zu Eingriffen in den Grundrechtsbereich ermächtigt... Ob hiernach ein Berufsverband zu berufsregelnder Rechtsetzung ermächtigt werden darf und welche Anforderungen im Einzelfall an die Ermächtigung zu stellen sind, hängt von der jeweiligen Intensität des Eingriffs ab..."

5.1.3 Ablauf des Gesetzgebungsverfahrens bei formellen Gesetzen

721 Der Ablauf des Gesetzgebungsverfahrens ist geregelt in Art. 76 (Gesetzesinitative), Art. 77 (Beschlussverfahren und Beteiligung des Bundesrats) und Art. 82 (Ausfertigung und Verkündung des beschlossenen Gesetzes). Die wesentlichen Inhalte dieser Vorschriften werden im Folgenden optisch dargestellt. Nicht erwähnt sind die in die Art. 76 und 77 zahlreich enthaltenen Fristen. Diese möge man bei Bedarf in diesen Artikeln nachlesen.

Aufgabe der Gesetzgebung 329

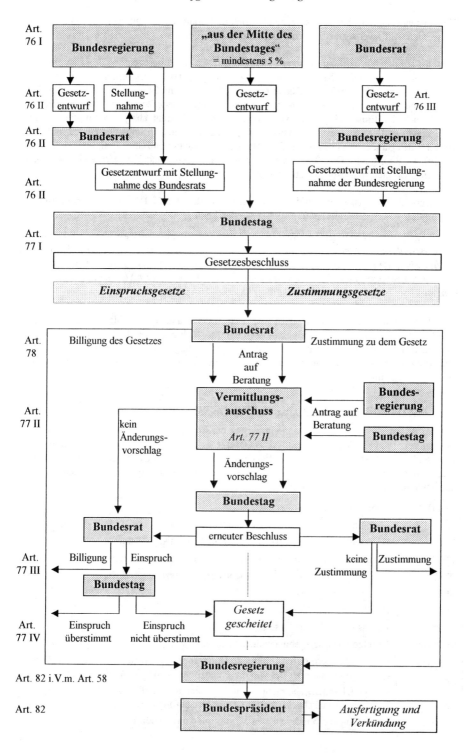

Die meisten Teile der Übersicht sprechen für sich und brauchen deshalb nicht nochmals erläutert werden. Auf zwei Aspekt ist dennoch besonders einzugehen :

722 Zunächst auf den Vermittlungsausschuss (VA), der in Art. 77 II geregelt und dessen Verfahren näher in einer eigenen Geschäftsordnung (GO VA) ausgestaltet ist : Er vermittelt – wie aus der Übersicht ersichtlich – zwischen Bundestag und Bundesrat im Gesetzgebungsverfahren. Bei Zustimmungsgesetzen bietet sich eine solche Vermittlung gerade zu an. Sie ist aber auch für den Bereich der Einspruchsgesetze vorgesehen. Der VA besteht aus je 16 Mitgliedern des Bundestages und des Bundesrats, die nach Art. 77 II 3 nicht an Weisungen gebunden sind. Die Vertreter des Bundestages werden im Verhältnis der Stärke der einzelnen Fraktionen bestimmt (§ 12 S. 1 i.V.m. § 54 GO BT). Die Vertreter des Bundesrates sind Vertreter je einer Landesregierung, oft die Ministerpräsidenten selber.

723 Besonders hinzuweisen ist weiterhin auf die Regelung des Art 77 IV, wonach der Einspruch des Bundesrates vom Bundestag überstimmt werden kann :

„*Wird der Einspruch mit der Mehrheit der Stimmen des Bundesrates beschlossen, so kann er durch Beschluss der Mehrheit der Mitglieder des Bundestages zurückgewiesen werden. Hat der Bundesrat den Einspruch mit einer Mehrheit von mindestens zwei Dritteln seiner Stimmen beschlossen, so bedarf die Zurückweisung durch den Bundestag einer Mehrheit von zwei Dritteln, mindestens der Mehrheit der Mitglieder des Bundestages"*

Die Überstimmung des Einspruchs nach Satz 1 ist in der Praxis kein Problem, da die notwendige Mehrheit ja zuvor das Gesetz beschlossen hat und auch nach dem Einspruch des Bundesrates dazu stehen wird. Die Überstimmung nach Satz 2 ist dagegen i.d.R. nicht möglich, da die Regierungsmehrheit im Bundestag – außer im Fall einer großen Koalition – kaum je zwei Drittel der Mandate umfassen wird.

5.1.4 ZUSTIMMUNGSPFLICHTIGKEIT VON GESETZEN

724 Wichtig ist vor allem die Frage, wann ein Gesetz ein Einspruchsgesetz und wann ein Zustimmungsgesetz ist. Der Grundsatz lautet, dass Gesetze Einspruchsgesetze sind. Zustimmungsgesetze sind vom Ansatz her also die Ausnahme und müssen als solche ausdrücklich im Grundgesetz als solche geregelt sein. Es gilt insoweit also das Enumerationsprinzip (BVerfGE 1, 79). Zustimmungsregelungen enthalten :

16 a II 2	Regelung sicherer Drittstaaten
16 a III 1	Regelung verfolgungsfreier Heimatstaaten
23 I 2	Übertragung von Hoheitsrechten auf die Europäische Union
23 VII	Regelung der Beteiligung des Bundesrats in Angelegenheiten der EU
29 VII	Regelung von kleineren Änderungen der Landeszugehörigkeit
74 II	Staatshaftungsgesetze
74 a II-IV	Besoldungs- und Versorgungsgesetze
79 II	verfassungsändernde Gesetze
81 II	Gesetze im Gesetzgebungsnotstand
84 I, 85 I	von den Ländern durchzuführende Bundesgesetze, die die Einrichtung der Landesbehörden und/oder das von diesen anzuwendende Verfahren regeln
84 V	von den Ländern als eigene Angelegenheit durchzuführende Gesetze, die die Befugnis zu Einzelweisungen der Bundesregierung regeln
87 III 2	Errichtung von bundeseigenen Mittel- und Unterbehörden

87 b I	bestimmte Gesetze zur Bundeswehrverwaltung
87 c	Regelung der Durchführung von Gesetzen zur Kernenergie als Auftragsverwaltung der Länder
87 d II	Regelung der Durchführung der Luftverkehrsverwaltung als Auftragsverwaltung der Länder
87 e V	Gesetze zur Verwaltung der Bundeseisenbahnen
87 f I	Gesetze zur Verwaltung des Postwesens und der Telekommunikation
91 a II 1	Gesetze zur Bestimmung der Gemeinschaftsaufgaben
96 V	Übertragung der Gerichtsbarkeit in Staatsschutzangelegenheiten auf die Länder
104 a III 3	Geldleistungsgesetze, die eine Kostentragung der Länder im Umfang von einem Viertel oder mehr vorsehen
104 IV 2	Regelung von Finanzhilfen an die Länder
104 V 2	Regelung der Verwaltungsausgaben von Bund und Ländern und deren gegenseitige Haftung
105 III	Bundesgesetze über Steuern, deren Aufkommen den Ländern oder Gemeinden ganz oder zum Teil zusteht
106 III 3	Regelung der Anteile von Bund und Ländern an der Umsatzsteuer
106 IV 2	Regelung des Ausgleichs zusätzlicher Belastungen für die Länder
106 V 2	Regelung der Beteiligung der Gemeinden an der Einkommensteuer
106 VI 5	Regelung der Gewerbesteuerumlage
106 a S. 2	Regelung der finanziellen Beteiligung des Bundes an den Kosten der Wahrnehmung des öffentlichen Personennahverkehrs
107 I 2, 4	Regelung der Erhebung der Einkommens- und Körperschaftssteuer
107 I 4	Regelung von Ergänzungszuweisungen aus dem Einkommen der Umsatzsteuer an finanzschwache Länder
108 II, IV, V	Regelung der Landessteuerverwaltung
109 III, IV	Regelung gemeinsamer Haushaltsgrundsätze für Bund und Länder
115 c I 2	Gesetze im Bereich der konkurrierenden Gesetzgebung im Verteidigungsfall
115 c III	Verwaltungs- und Finanzgesetze im Verteidigungsfall
115 k III 2	Änderung von Gesetzen nach Beendigung des Verteidigungsfalles
115 l I 1	Aufhebung von Gesetze des Gemeinsamen Ausschusses
120 a I 1	Regelung der Durchführung von Gesetzen zum Lastenausgleich
134 IV	Regelung der Rechtsnachfolge in das Reichsvermögen
135 V	Regelung der Rechtsnachfolge in das Landesvermögen
135 a	Regelung der Rechtsnachfolge in das Gemeinde- und DDR-Vermögen
143 a III 3	Regelung des Schienenpersonennahverkehrs der Bundesbahn
143 b II 3	Aufgabe der Kapitalmehrheit an die Postdienst AG

Den meisten – nicht allen – der obigen Fälle ist gemein, dass sie Materien betreffen, bei denen in besonderem Maße Länderinteressen berührt sind. Daraus darf aber nicht ein allgemeiner Grundsatz dergestalt abgeleitet werden, dass ein Zustimmungsrecht immer dann besteht, wenn Länderinteressen besonders betroffen sind (Sachs/Lücke Rn 14, v.Münch/Bryde Rn 20). Das wäre mit dem Enumerationsprinzip und dem Prinzip der Rechtsicherheit nicht vereinbar.

Die Zahl der Zustimmungsgesetze hat im Laufe der Legislaturperioden kontinuierlich zugenommen und beträgt zur Zeit etwa 60 % (vgl. Rn 745). Der Grund dafür ist nur zu einem geringen Teil in der Aufnahme neuer zustimmungspflichtiger Tatbestände in das Grundgesetz zu sehen. Eine wichtige Ursache ist demgegenüber die extensive Wahrnehmung der in Art. 84 I geregelten Möglichkeit, dass der Bund in den durch die Länder durchzuführenden Gesetzen das anzuwendende Verwaltungsverfahren mit regelt, was dann die Zustimmungspflicht des Bundesrates auslöst. Hierauf entfallen über zwei Drittel aller Zustimmungsfälle. Beigetragen hat auch die – von der Literatur weitgehend getragen - Rechtsprechung des BVerfG, nach der die Regelung einer einzigen Vorschrift über das Verwaltungsverfahren nicht nur diese Vorschrift, sondern das ganze Gesetz zustimmungspflichtig macht.

> BVerfGE 8, 294 : „Zustimmungspflichtig ist nicht die einzelne Vorschrift über das Verwaltungsverfahren. Der Ausdruck „Bundesgesetz" am Ende von Art. 84 I GG meint nicht – wie etwa Art. 100 I GG – das Gesetz im Sinne einer einzelnen Norm, sondern das Gesetz als gesetzgebungstechnische Einheit."

Die Zunahme ist auch dadurch zu erklären, dass auch Änderungen von Zustimmungsgesetzen der erneuten Zustimmungspflicht des Bundesrates bedürfen (BVerfGE 37, 363).

725
5.2 Wahl

Der Bundestag hat - als unmittelbar vom Volk gewähltes Bundesorgan - das Recht, in den im Grundgesetz geregelten Fällen andere Bundesorgane zu wählen, bei ihrer Wahl mitzuwirken bzw. sie abzuwählen oder auf ihre Abberufung hinzuwirken. Im einzelnen umfasst die Wahlfunktion :

- die Wahl des Bundeskanzlers (Art. 63). Dem entsprechen - negativ - die Möglichkeiten der Abwahl (§ 67) und der Verweigerung der Vertrauensfrage (Art. 68). Hierauf wird näher unten Rn 758 ff. eingegangen.

- die Beteiligung an der Wahl des Bundespräsidenten (Art. 54). Dem entspricht - negativ - die Möglichkeit der Anklage vor der Bundesverfassungsgericht (Art. 61).

- die Beteiligung an der Wahl der Bundesrichter (Art 94 I, 95 II). Dem entspricht - negativ - das Recht, beim BVerfG die Versetzung oder Entlassung eines Bundesrichters zu beantragen (Art. 98 II).

- die Wahl des Wehrbeauftragten (Art. 45 b)

726
5.3 Kontrolle

Diese Aufgabe soll zum einen dazu dienen, dass der Bundestag seine Wiederwahl- bzw. Abwahlfunktion wahrnehmen kann. Zum anderen ist sie vor allem die Funktion der Opposition, da die Parlamentsmehrheit in der Regel mit der Regierung „in einem Boot sitzt" und diese daher kaum - jedenfalls nicht öffentlich - kontrolliert. Die Kontrollfunktion umfasst :

- das Zitierrecht des Art. 43 I

- mündliche Anfragen an die Bundesregierung zur mündlichen oder schriftlichen Beantwortung, § 105 GeschOBT

- kleine - schriftliche- Anfragen von mindestens 5 % der Abgeordneten an die Bundesregierung zur schriftlichen Beantwortung, § 104 GeschOBT

- große - schriftliche - Anfragen von mindestens 5 % der Abgeordneten an die Bundesregierung mit anschließender Debatte im Plenum, § 100 ff. GeschOBT
- das Recht und auf Antrag eines Viertels der Abgeordneten die Pflicht zur Einsetzung von Untersuchungsausschüssen (Art. 44)
- das Recht und auf Antrag eines Viertels der Abgeordneten die Pflicht zur Einsetzung von Enquête-Kommissionen (§ 56 GeschOBT)
- das Recht zur Feststellung des Haushaltsplans (Art. 110)
- die Pflicht des Bundesfinanzministers zu Rechnungslegung (Art. 114 I)
- die Pflicht des Bundesrechnungshofes zur jährlichen Berichterstattung (Art. 114 II)
- das Petitionswesen (Art. 45 c, §§ 108 ff GeschOBT)

Weiterführende Literatur : Kunig, Politische Kontrolle der Bundesregierung durch das Parlament, Jura 1993, 220

5.4 Mitwirkung an der Europäischen Union

Die Regelungen des Grundgesetzes hierzu sind :

Art. 23 II : *„In Angelegenheiten der Europäischen Union wirken der Bundestag und durch den Bundesrat die Länder mit. Die Bundesregierung hat den Bundestag und den Bundesrat umfassend und zum frühestmöglichen Zeitpunkt zu unterrichten."*

Art. 23 III : *„Die Bundesregierung gibt dem Bundestag Gelegenheit zur Stellungnahme vor ihrer Mitwirkung an Rechtssetzungsakten der Europäischen Union. Die Bundesregierung berücksichtigt die Stellungnahme des Bundestages bei den Verhandlungen. Das Nähere regelt ein Gesetz."*

Das Gesetz, auf das in Art. 23 III verwiesen ist, ist das „Gesetz über die Zusammenarbeit von Bundesregierung und Deutschem Bundestag in Angelegenheiten der Europäischen Union" vom 12.3.1993. Danach ist die Bundesregierung verpflichtet, dem Bundestag die Entwürfe von Verordnungen und Richtlinien der Europäischen Union zuzusenden und ihn umfassend über den jeweiligen Stand der Beratungen zu unterrichten. Der Bundestag hat hierfür nach Art. 45 einen Ausschuss für die Angelegenheiten der Europäischen Union geschaffen. Dieser ist ermächtigt, für den Bundestag Stellungnahmen nach Art. 23 abzugeben. Tut er das, legt die Bundesregierung die Stellungnahme ihren Verhandlungen zugrunde.

Vergleicht man diese Stellung des Bundestages mit den Mitwirkungsrechten des Bundesrates in Angelegenheiten der Europäischen Union (s.u. Rn 739 ff.), muss man den Bundestag als den Verlierer, den Bundesrat dagegen als den Gewinner bei der 1993 erfolgten Entscheidung ansehen, inwieweit die beiden gesetzgebenden Körperschaften in den Prozess der europäischen Gesetzgebung einbezogen werden.

5.5 Artikulation (Repräsentation)

Diese Aufgabe bezeichnet die Verpflichtung des Bundestages, bei seiner Arbeit die Wünsche und den Willen der Wähler zu berücksichtigen. Inwieweit diese Funktion vom Bundestag

sein könnte, beantwortet werden. Unstreitig ist, dass die soziale Zusammensetzung des Bundestages auch nicht annähernd der der Bevölkerung entspricht. So sind etwa die Frauen im Verhältnis zu den Männern unterrepräsentiert, im beruflichen Bereich insbesondere die Arbeiter unter- und die Beamten überrepräsentiert. Allgemein kann man sagen, dass wohl kaum ein Parlament der westlichen Welt ein Spiegelbild seiner Bevölkerung darstellen dürfte. Die Auswirkung dieser Tatsachen auf die Wahrnehmung der Artikulationsfunktion ist jedoch nur schwer einschätzbar und jedenfalls hier nicht zu leisten.

Repetitorium zu den Aufgaben des Bundestages : Rn 1053

729

6. BILANZ

	49 bis 53	53 bis 57	57 bis 61	61 bis 65	65 bis 69	69 bis 72	72 bis 76	76 bis 80	80 bis 83	83 bis 87	87 bis 90	90 bis 94	94 bis 98	98 bis 02
Gesetzentwürfe der BReg	481	434	391	370	414	350	470	323	155	283	324	407	449	
Gesetzentwürfe des BRats	29	16	5	8	14	27	75	53	38	61	51	101	235	
Gesetzentwürfe aus der Mitte des BT	301	414	207	245	225	171	138	111	58	183	227	292	329	
Gesetzesbeschlüsse des BT	558	528	428	429	461	334	516	354	139	320	369	481	566	
Gesetze	545	510	424	425	453	333	506	339	136	320	366	348	551	
Plenarsitzungen	228	227	168	198	247	199	258	230	142	255	236	243	248	
Ausschusssitzungen	5311	4175	2435	2962	2751	1500	2249	1953	1172	1977	2267	2584	2479	

Quelle : Pressestelle des Bundestages

Internet-Informationen zum Bundestag : http://www.bundestag.de

ABSCHNITT 2

DER BUNDESRAT

1. GESCHICHTLICHER HINTERGRUND

Der Bundesrat des Kaiserreichs 1871

bestand aus Vertretern der Regierungen der Partikularstaaten, die bei Abstimmungen ein Stimmengewicht weitgehend orientiert an der Größe der jeweiligen Bevölkerung hatten : Preußen 17, Bayern, Sachsen, Württemberg je 4, Baden, Hessen je 3, Braunschweig, Mecklenburg-Schwerin je 2 Stimmen, Sachsen-Meiningen, Sachsen-Altenburg, Sachsen-Koburg-Gotha, Sachsen-Weimar, Mecklenburg-Strelitz, Oldenburg, Anhalt, Waldeck, Schwarzburg-Rudolstadt, Schwarzburg-Sondershausen, Reuß ältere Linie, Reuß jüngerer Linie, Schaumburg-Lippe, Lippe, Lübeck, Bremen, Hamburg je 1 Stimme. 730

Der Bundesrat war neben dem Kaiser das wichtigste Organ des Reiches. Er beschloss über die dem Reichstag zu unterbreitenden Vorlagen. Er musste den Gesetzen des Reichstages zustimmen, verfassungsändernden Gesetzen mit einer 3/4-Mehrheit. Er erließ die zur Durchführung der Reichsgesetze notwendigen Verwaltungsvorschriften.

Der Reichsrat der Weimarer Republik 1919

orientierte sich hinsichtlich des Stimmgewichts der Länder ebenfalls an der Größe der Bevölkerung : Preußen 26 , Bayern 11, Sachsen 7, Württemberg 4, Baden 3 Stimmen, Hamburg, Hessen, Thüringen je 2 Stimmen, Lübeck, Mecklenburg-Schwerin, Mecklenburg-Strelitz, Oldenburg, Schaumburg-Lippe, Braunschweig, Anhalt, Waldeck, Hessen-Nassau je 1 Stimme. 731

Der Reichsrat hatte gegenüber dem Bundesrat eine viel schwächere Stellung. Er hatte nicht das Recht zur Gesetzesinitiative. Vor allem hatte er gegenüber den Gesetzes des Reichstages nur das Recht zum Einspruch, der mit einer 2/3-Mehrheit des Reichstages zurückgewiesen werden konnte. Im Bereich der Verwaltung bedurften eine Reihe von Verordnungen der Zustimmung des Reichsrates.

Der Parlamentarische Rat

diskutierte vor allem zwei Modelle einer Ländervertretung auf Bundesebene : Zum einen der Bundesrat des Kaiserreichs 1871. Zum anderen der Senat der USA, der aus - je Staat zwei - von der Bevölkerung gewählten Vertretern besteht und eine gegenüber dem Parlament (Repräsentantenhaus) gleichberechtigte Stellung im Gesetzgebungsverfahren hat. Keines dieser Modelle konnte sich aufgrund der Mehrheitsverhältnisse im Parlamentarischen durchsetzen. Stattdessen einigte man sich im Wege des Kompromisses auf das Modell des heutigen Bundesrates. 732

2. ZUSAMMENSETZUNG

Art. 50 "(1)Der Bundesrat besteht aus Mitgliedern der Regierungen der Länder, die sie bestellen und abberufen. Sie können durch andere Mitglieder ihrer Regierungen vertreten werden. (2) Jedes Land hat mindestens drei Stimmen, Länder mit mehr als zwei Millionen Einwohnern haben vier, Länder mit mehr als sechs Millionen Einwohnern fünf, Länder mit mehr als sieben Millionen Einwohnern sechs Stimmen." 733

Staatsorgane : Bundesrat

Land	Einwohner (in Mio)	Stimmen	politische Zusammensetzung der Regierung	
			Stand April 2001	Stand ... *
Nordrhein-Westfalen	17,87	6	SPD - Grüne	
Bayern	11,98	6	CSU	
Baden-Württemberg	10,31	6	CDU - FDP	
Niedersachsen	7,76	6	SPD	
Sachsen	4,57	4	CDU	
Hessen	6,00	5	CDU - FDP	
Rheinland-Pfalz	3,97	4	SPD - FDP	
Berlin	3,47	4	CDU - SPD	
Sachsen-Anhalt	2,75	4	SPD	
Brandenburg	2,54	4	SPD - CDU	
Thüringen	2,51	4	CDU	
Schleswig-Holstein	2,72	4	SPD - Grüne	
Mecklenburg-Vorpommern	1,83	3	SPD - PDS	
Hamburg	1,71	3	SPD - Grüne	
Saarland	1,08	3	CDU	
Bremen	0,68	3	SPD - CDU	
gesamt	81,75	69		

* Da die Übersicht über die politische Zusammensetzung der Landesregierungen nicht lange aktuell sein wird, sollten Sie einen veränderten neuesten Stand hier selbst eintragen.

3. GLIEDERUNG UND ARBEITSWEISE

3.1 Gliederung

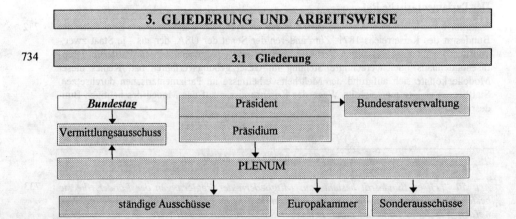

Zusammensetzung, Gliederung, Arbeitsweise des Bundesrates

Präsident (Art. 52 I, II, § 5-7 GO) : Der Bundesrat wählt jedes Jahr den Regierungschef eines Landes zu seinem Präsidenten. Dieser beruft den Bundesrat ein und vertritt ihn nach außen.

Präsidium (§ 9 GO): Es besteht aus dem Präsidenten und drei Vizepräsidenten. Es entscheidet über die inneren Angelegenheiten des Bundesrates.

Plenum : (Art. 52 II) : Es fasst seine Beschlüsse mit absoluter Mehrheit. Die Stimmen eines Landes können nur einheitlich abgegeben werden (Art. 50 III).

ständige Ausschüsse (§§ 11-12 GO) erledigen je nach Aufgabenbereich die laufende Aufgabe der Vorbereitung der Plenumsentscheidungen. In ihnen hat jedes Land eine Stimme.

Europakammer (Art. 52 a III) : Sie nimmt für den Bundesrat die Mitwirkung an der Europäischen Union wahr. Ihre Beschlüsse gelten als Beschlüsse des Bundesrats. Die Länder sind in der Europakammer mit dem gleichen Stimmgewicht vertreten wie im Plenum.

Sonderausschüsse befassen sich mit speziellen Fragen (z.B. Deutsche Einheit).

Vermittlungsausschuss : Er besteht aus je 16 Mitgliedern des Bundestages und des Bundesrats. Er vermittelt zwischen beiden Organen im Gesetzgebungsverfahren. Geregelt ist er in Art. 77 II und in einer eigenen Geschäftsordnung (GOVA).

3.2 Arbeitsweise

Die Arbeitsweise des Bundesrats ist durch mehrere Prinzipien gekennzeichnet :

- **Öffentlichkeit** des Plenums (Art. 52 III 3), nicht aber der Ausschüsse (§ 37 GO)

- **Unmittelbarkeit** : Nur das Plenum kann Entscheidungen unmittelbar fällen, nicht dagegen die Ausschüsse. Eine Ausnahme gilt nur für die Europakammer. Ihre Beschlüsse gelten als solche des Bundesrats (Art. 52 III a).

- **Mündlichkeit**: Entscheidungen werden mündlich beantragt, begründet und getroffen.

- **Mehrheit** : Nach Art. 52 III 1 ist das grundsätzlich die (absolute) Mehrheit der Stimmen. Ausnahme ist das Erfordernis einer Zweidrittel-Mehrheit der Stimmen (Art. 77 IV 2, 79 II).

4. AUFGABEN

Nach Art. 50 wirken „durch den Bundesrat die Länder bei der Gesetzgebung und Verwaltung des Bundes und in Angelegenheiten der Europäischen Union mit".

4.1 Mitwirkung an der Gesetzgebung

Das ist die wichtigste Aufgabe des Bundesrats. Sie ist bereits oben Rn 721 ff. im Abschnitt „Bundestag" mit behandelt.

4.2 Mitwirkung an der Verwaltung

4.2.1 RECHTSVERORDNUNGEN DER BUNDESREGIERUNG

737 **(1) Initiativrecht**

Nach Art. 80 III kann der Bundesrat, soweit Rechtsverordnungen der Bundesregierung seiner Zustimmung bedürfen, Vorschläge zu deren Inhalt machen.

(2) Zustimmungsrecht

Häufig ist für eine Rechtsverordnung der Bundesregierung bzw. eines Bundesministers die Zustimmung des Bundesrats erforderlich :

- Art. 80 II : Rechtsverordnungen
  - über die Benutzung der Einrichtungen des Postwesens und der Telekommunikation
  - über Erhebung des Entgeltes für die Benutzung der Eisenbahnen des Bundes und über den Bau und den Betrieb von Eisenbahnen
  - aufgrund von Bundesgesetzen, die der Zustimmung des Bundesrats bedürfen
  - aufgrund von Bundesgesetzen, die von den Ländern im Auftrage des Bundes oder als eigene Angelegenheiten ausgeführt werden

  Bedeutsam sind die beiden letzten Bereiche. Die Zustimmungsgesetze erfassen schon etwa 60 % aller Gesetze (vgl. Rn 745). Dass Bundesgesetze durch die Länder ausgeführt werden, ist sogar der Regelfall. Das Zustimmungserfordernis zu Rechtsverordnungen geht also weit über das zu Gesetzen hinaus.

  Nach Art. 80 II gilt es aber nur „vorbehaltlich anderweitiger bundesgesetzlicher Regelung". Das Zustimmungserfordernis kann daher durch Gesetz ausgeschlossen werden (z.B. §§ 292 I 1 HGB, 55 VI 2 BBesG) oder umgekehrt auf weitere Rechtsverordnungen ausgedehnt werden (z.B. §§ 27 PassG, 31 LMBG, 114 a, 133, 153 b GewO, 23 VwKostG, 6, 10 StVG, 3, 64 IV AuslG).

- Art. 109 IV 3 : Rechtsverordnungen zur Abwehr einer Störung des gesamtwirtschaftlichen Gleichgewichts

- Art. 119 : Rechtsverordnungen in Angelegenheiten der Flüchtlinge und Vertriebenen

4.2.2 VERWALTUNGSVORSCHRIFTEN DER BUNDESREGIERUNG

738 Nach Art. 84 II, 85 II bedürfen Verwaltungsvorschriften der Bundesregierung zu Bundesgesetzen, die – was der Regelfall ist – durch die Länder durchzuführen sind, der Zustimmung des Bundesrates. In zahlreichen Gesetzen ist das zudem ausdrücklich geregelt (z.B. §§ 14 AufenthG, 90 AsylVfG, 58 PBefG; 29 GastG, 27 PassG, 84 TierSchG, 26 b BNatSchG, 104 AuslG, 14 II GSG, 16 c TierSchG).

4.3 Mitwirkung an der Europäischen Union

739 Sie wird wahrgenommen von der Europakammer des Bundesrats, deren Beschlüsse nach Art. 53 III a als Beschlüsse des Bundesrats gelten. Inhaltlich erfolgt sie nach den Regelungen in Art. 23 II, IV – VI, die 1992 anlässlich des Vertrages über die Europäische Union (Maastricht-Vertrag) in das Grundgesetz aufgenommen wurden. Sie gehen dem Art. 24 I, dem Art. 32 und dem Art. 59 II vor (JP/Jarass Rn 3). Konkretisiert wird Art. 23, soweit er sich auf den

Bundesrat bezieht, durch das „Gesetz über die Zusammenarbeit von Bund und Ländern in Angelegenheiten der Europäischen Union vom 12.3.1993 (ZEUBLG), das gemäß Art. 23 VII erlassen wurde. Die wichtigsten Regelungen des Art. 23 sind:

> *(2) „In Angelegenheiten der Europäischen Union wirken der Bundestag und durch den Bundesrat die Länder mit. Die Bundesregierung hat den Bundestag und den Bundesrat umfassend und zum frühestmöglichen Zeitpunkt zu unterrichten."*

740

Der folgende Abs. 3 regelt die Beteiligung des Bundestages (s.o. Rn 727). Danach gibt die Bundesregierung vor ihrer Mitwirkung an Rechtssetzungsakten der EU dem Bundestag Gelegenheit zur Stellungnahme und „berücksichtigt" diese bei den Verhandlungen. Die Beteiligung des Bundesrates ist dagegen differenzierter und intensiver ausgeprägt:

> *(4) „Der Bundesrat ist an der Willensbildung des Bundes zu beteiligen, soweit er an einer entsprechenden innerstaatlichen Maßnahme mitzuwirken hätte oder soweit die Länder innerstaatlich zuständig wären."*

741

Der Bundesrat wirkt an der Gesetzgebung des Bundes zwar differenziert nach Einspruchs- und Zustimmungsgesetzen (vgl. Rn 721 ff.), im Ergebnis aber umfassend mit, so dass seine Beteiligung lückenlos ist (v.Münch/Rojahn Rn 63; Sachs/Streinz Rn 103). Hinzu kommt die Mitwirkung bei Maßnahmen, die in die Zuständigkeit der Länder fallen. Im Einzelnen erfolgt die Mitwirkung nach den beiden folgenden Absätzen in einem abgestuften Verfahren:

> *(5) S. 1: „Soweit in einem Bereich ausschließlicher Zuständigkeiten des Bundes Interessen der Länder berührt sind oder soweit im übrigen der Bund das Recht zur Gesetzgebung hat, berücksichtigt die Bundesregierung die Stellungnahme des Bundesrates."*

742

Welche Bereiche zur ausschließlichen Zuständigkeit des Bundes gehören, ist oben (Rn 624) dargestellt. Die Wendung „soweit im übrigen der Bund das Recht zur Gesetzgebung hat", meint die konkurrierende Gesetzgebung der Art. 74, 74 a, 105 II und die Rahmengesetzgebung des Art. 75. In beiden Bereichen hat der Bund das Gesetzgebungsrecht, soweit die Voraussetzungen des Art. 72 II vorliegen (vgl. im Einzelnen Rn 626). Ob er innerstaatlich von seinem Gesetzgebungsrecht schon Gebrauch gemacht hat, ist nach einhelliger Meinung unerheblich (z.B. MD/Randelzhofer Rn 207; v.Münch/Rojahn Rn 65; Scholz NVwZ 1993, 823). Dass die Bundesregierung hier die Stellungnahme des Bundesrates „berücksichtigt", bedeutet, dass sie die Argumente des Bundesrats zur Kenntnis nimmt, in ihre Entscheidung einbezieht und sich mit ihnen auseinandersetzt (Bundestag-Drs. 12/3896), ohne aber an sie gebunden zu sein.

> *(5) S. 2: „Wenn im Schwerpunkt Gesetzgebungsbefugnisse der Länder, die Einrichtung ihrer Behörden oder ihre Verwaltungsverfahren betroffen sind, ist bei der Willensbildung des Bundes insoweit die Auffassung des Bundesrates maßgeblich zu berücksichtigen; dabei ist die gesamtstaatliche Verantwortung des Bundes zu wahren. In Angelegenheiten, die zu Ausgabenerhöhungen oder Einnahmeminderungen für den Bund führen können, ist die Zustimmung der Bundesregierung erforderlich."*

743

„Gesetzgebungsbefugnisse der Länder" meint nicht nur die „ausschließliche Gesetzgebungsbefugnisse" wie in Abs. 6, sondern auch Materien der konkurrierenden Gesetzgebung, für die kein Bedürfnis nach einer bundesrechtlichen Regelung i.S.d. Art. 72 II vorliegt (MD/Scholz Rn 127). Die Formulierung „im Schwerpunkt" ist zwar „in hohem Maße auslegungsbedürftig" (v.Münch/Rojahn Rn 69), in der Zwischenzeit aber etwas näher konkretisiert:

In der „Vereinbarung zwischen der Bundesregierung und den Regierungen der Länder über die Zusammenarbeit in Angelegenheiten der Europäischen Union" vom 9.10.1993 heißt es dazu : „Hinsichtlich des Regelungsschwerpunkts des Vorhabens ist darauf abzustellen, ob eine Materie im Mittelpunkt des Vorhabens steht oder ganz überwiegend Regelungsgegenstand ist. Das ist nicht quantitativ bestimmbar, sondern das Ergebnis einer qualitativen Beurteilung."

Für die Folge des Abs. 5 S. 2 reicht es nicht, dass „die Interessen der Länder berührt" sind wie in Abs. 5 S. 1, sondern sie müssen „betroffen" sein. Das ist der Fall, wenn sich Rechtssetzungsvorhaben der EU unmittelbar auf die Verwaltungsorganisation oder Verwaltungsabläufe auswirken können (v.Münch/Rojahn Rn 67).

Beispiel (nach Wilhelm, BayVBl 1992, 709) : EU-Richtlinien über die Handhabung der Veterinärkontrollen an den Außengrenzen der Union sind mit der Einrichtung von Grenzkontrollstellen für die veterinärmedizinische Überprüfung verbunden.

Dass in den in Abs. 5 S. 2 genannten Fällen die Auffassung des Bundesrats „maßgeblich" zu berücksichtigen ist, bedeutet zumindest, dass im Konfliktfall die Auffassung des Bundesrats Vorrang hat gegenüber einer abweichenden Auffassung des Bundestages (v.Münch/Rojahn Rn 71; Sachs/Streinz Rn 108; Scholz NVwZ 1993, 823). Zum Teil wird darin sogar ein Letztentscheidungsrecht des Bundesrats gesehen (MD/Randelzhofer Rn 208; Breuer NVwZ 1994, 427; Scholz NJW 1993, 1691; Wilhelm BayVBl 1992, 709). Davon geht auch § 5 II ZEUBLG aus, nach bei fehlender Übereinstimmung zwischen Bundesregierung und Bundesrat der Wille des Bundesrats „maßgebend" ist, wenn der Bundesrat diesen mit einer 2/3-Mehrheit zum Ausdruck gebracht hat. Dagegen werden in der Literatur erhebliche verfassungsrechtliche Bedenken geäußert. „Maßgeblich" wird hier so verstanden, dass die Bundesregierung sich zwar nachhaltig für den Standpunkt des Bundesrats einsetzen muss, von diesem aber abweichen darf, wenn anders ein Kompromiss im Rat der EU nicht erreichbar ist (Sachs/Streinz Rn 110; ähnlich v.Münch/Rojahn Rn 72). In jedem Fall kann sich die Bundesregierung nach Abs. 5 S. 2 durchsetzen, wenn die „gesamtstaatliche Verantwortung des Bundes" es verlangt und wenn „Ausgabenerhöhungen oder Einnahmeminderungen für den Bund" die Folge sein können.

744 Am weitesten geht die Mitwirkung des Bundesrats, wenn im Schwerpunkt ausschließliche Gesetzgebungsbefugnisse der Länder betroffen sind :

(6) „Wenn im Schwerpunkt ausschließliche Gesetzgebungsbefugnisse der Länder betroffen sind, soll die Wahrnehmung der Rechte, die der Bundesrepublik Deutschland als Mitgliedstaat der Europäischen Union zustehen, vom Bund auf einen vom Bundesrat benannten Vertreter der Länder übertragen werden. Die Wahrnehmung der Rechte erfolgt unter Beteiligung und in Abstimmung mit der Bundesregierung; dabei ist die gesamtstaatliche Verantwortung des Bundes zu wahren".

Weiterführende Literatur : Scholz, Grundgesetz und Europäische Einigung, NJW 1992, 2593; Breuer, Die Sackgasse des neuen Europaartikels, NVwZ 1994, 417; Magiera, Die Grundgesetzänderung von 1992 und die Europäische Union, Jura 1994, 1; DÖV 1995, 187; Schmalenbach, Der neue Europaartikel 23 des Grundgesetzes, 1996; Geiger, Die Mitwirkung des deutschen Gesetzgebers an der Entwicklung der Europäischen Union, JZ 1996, 1093; Winkelmann, Die Bundesregierung als Sachwalter von Länderinteressen, DÖV 1996, 1; Lang, Die Mitwirkungsrechte des Bundesrates und des Budestages in Angelegenheiten der Europäischen Union gemäß Art. 23 Abs. 2 bis 7 GG, 1997; Britz, Zustimmungsbedürftigkeit von Bundesgesetzen und die Verwaltungsorganisation der Länder, DÖV 1998, 636

5. BILANZ

	53 bis 57	57 bis 61	61 bis 65	65 bis 69	69 bis 72	72 bis 76	76 bis 80	80 bis 83	83 bis 87	87 bis 90	90 bis 94	94 bis 98	98 bis 02
Gesetzentwürfe des BRats	16	5	8	14	27	75	53	38	61	51	108	147	
Anrufung des Vermittlungsausschusses	65	49	38	36	33	104	77	20	6	13	85	92	
Davon durch den BRat	59	46	33	31	31	96	69	17	6	13	71	74	
Gesetze	510	424	425	453	333	506	339	136	320	366	493	551	
davon zustimmungspflichtig	49,8 %	55,7 %	53,4 %	49,4 %	51,7 %	53,2 %	53,7 %	52,2 %	60,0 %	55,2 %	57,2 %	59,5 %	
gescheitert, da keine Zustimmung	6	-	3	2	1	8	9	2	-	1	9	10	
Einsprüche	1	3	-	-	1	5	7	6	-	1	5	13	
Davon zurückgewiesen durch BT	1	1	-	-	1	4	5	6	-	1	4	12	
Verordnungen	586	465	692	651	485	730	553	298	448	546	639	619	
Verwaltungsvorschriften	70	54	72	60	60	81	78	45	71	61	47	69	
EU-Vorlagen	-	28	475	897	685	1053	660	402	634	769	783	746	
Plenarsitzungen	69	54	50	56	43	55	51	28	2	53	51	54	
Ausschusssitzungen	604	475	443	545	384	523	503	289	541	593	794	732	
Unterausschusssitzungen	283	243	262	258	266	297	293	147	287	395	344	199	
Sitzungen der Europakammer											3	4	1

Quelle : Handbuch des Bundesrates 1999/2000

Repetitorium : Rn 1054

Weiterführende Literatur : Blanke, Der Bundesrat im Verfassungsgefüge des Grundgesetzes, Jura 1995, 57; Laufer-Münch, Das föderative System der Bundesrepublik Deutschland, 7.Aufl. 1997; Ziller/Oschatz, Der Bundesrat, 10. Aufl. 1998

Internet : http://www.bundesrat.de

ABSCHNITT 3 :
DIE BUNDESREGIERUNG

1. HISTORISCHER HINTERGRUND

746 Die Bildung der Bundesregierung nach dem Grundgesetz ist eine bewusste Abkehr von den entsprechenden Regelungen der Weimarer Reichsverfassung. Deshalb seien diese zum Verständnis der Regelungen des Grundgesetzes kurz aufgezeigt :

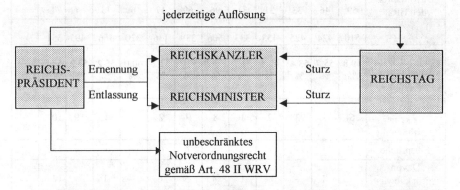

In der Weimarer Republik wurden der Reichskanzler und die Reichsminister vom Reichspräsidenten nach dessen politischem Ermessen ernannt und entlassen (Art. 53 WRV). Der Reichstag hatte dagegen keine positive Einflussmöglichkeit auf die Bildung der Reichsregierung. Reichskanzler und Reichsminister benötigten aber zu ihrer Amtsführung das Vertrauen des Reichstages : Jeder von ihnen musste zurücktreten, wenn der Reichstag ihm das Vertrauen entzog (Art. 54 WRV). Diese Regelungen sollten ein Gleichgewicht zwischen Präsident und Reichstag schaffen, was sich aber als unrealistisch herausstellte. Sie provozierten vielmehr Regierungskrisen dergestalt, dass der Reichstag einerseits der Reichsregierung das Vertrauen entzog, aber andererseits nicht bereit war, mit einer anderen Regierung konstruktiv zusammenzuarbeiten. Ab 1929 hat es im Reichstag nur noch solche negativen Mehrheiten gegeben. In solchen Fällen konnte der Reichspräsident zum einen den Reichstag auflösen. Da die Wahrscheinlichkeit, dass ein neuer Reichstag konstruktiver mit der Regierung zusammenarbeiten würde, gering war, wurde das Auflösungsrecht von Reichspräsidenten nie angewandt. Stattdessen wählte er die zweite Möglichkeit, Regierungskrisen zu lösen, indem er von dem Recht Gebrauch machte, von der Reichsregierung für wichtig erklärte Gesetzesinitiativen im Wege des Notverordnungsrechts als Gesetze zu verkünden. Grundlage dafür war

> Art. 48 II WRV : *„Der Reichspräsident kann, wenn im Deutschen Reich die öffentliche Sicherheit und Ordnung erheblich gestört oder gefährdet wird, die zur Wiederherstellung der öffentlichen Sicherheit und Ordnung nötigen Maßnahmen treffen, erforderlichenfalls mit Hilfe der bewaffneten Macht einschreiten. Zu diesem Zwecke darf er vorübergehend die in den Artikeln 114, 115, 117, 118, 123, 124 und 153 festgesetzten Grundrechte ganz oder zum Teil außer Kraft setzen".*

Die Folge dieser Regelungen war, dass ab 1929 – bei Selbstausschaltung des Reichstages – praktisch nur noch mit Hilfe dieses Notverordnungsrechts regiert wurde.

2. PARLAMENTARISCHES REGIERUNGSSYSTEM

Der Parlamentarische Rat hat aus den negativen Erfahrungen mit dem Weimarer Regierungssystem die Konsequenz gezogen, die Regierung nicht mehr zwischen Präsident und Parlament anzusiedeln, sondern sie ausschließlich dem Parlament zuzuordnen. Das entscheidend Neue am Regierungssystem des Grundgesetzes ist also die Wahl des Regierungschefs durch das Parlament. Damit bilden im Normalfall Regierungschef und Parlamentsmehrheit eine politische Einheit. Regierungskrisen wie in der Weimarer Zeit, also das dauerhafte Fehlen jeglicher Zusammenarbeit zwischen Regierung und Parlament, sind somit sehr unwahrscheinlich, da sich der Regierungschef grundsätzlich auf "seine" Mehrheit im Parlament stützen kann. Die Trennlinie der Gewaltenteilung existiert also nicht mehr zwischen Regierung und Parlament, sondern zwischen Parlamentsmehrheit und Opposition. Die Kontrollfunktion nimmt also in erster Linie nicht das Parlament als Ganzes wahr, sondern die Opposition. Die Konsequenz daraus, Kontrollrechte als Minderheitenrechte auszugestalten, hat der Parlamentarische Rat allerdings nur unzureichend gezogen.

747

Dieses so kurz skizzierte „parlamentarische Regierungssystem" ist abzugrenzen von dem präsidiellen Regierungssystem, das insbesondere den Verfassungen der USA, Russlands und Frankreichs zugrunde liegt. In ihm ist neben dem Parlament der Präsident die zweite – zumindest gleich wichtige – Säule des Systems. Der Präsident ist gleichzeitig Staatsoberhaupt. Weiterhin ist er gleichzeitig Regierung (USA) oder ernennt und entlässt die Regierung nach eigenem Gutdünken (Frankreich; in Russland muss die Duma zwar dem vom Präsidenten vorgeschlagenen Regierungschef zustimmen, kann aber vom Präsidenten aufgelöst werden, wenn sie den Kandidaten dreimal ablehnt). Er wird unmittelbar vom Volk gewählt und kann vom Parlament grundsätzlich nicht gestürzt werden. Er hat gegen Gesetze ein Vetorecht, das aber mit einer 2/3- Mehrheit überstimmt werden kann. Die Trennlinie der Gewaltenteilung verläuft also zwischen Präsident einerseits und Parlament andererseits.

748

3. ZUSTANDEKOMMEN DER BUNDESREGIERUNG

3.1 Die Wahl des Bundeskanzlers

erfolgt nach Art 63 u.U. in drei Wahlgängen :

749

- 1. Wahlgang, Art. 63 I, II :

Art. 63 I : „Der Bundeskanzler wird auf Vorschlag des Bundespräsidenten vom Bundestag ohne Aussprache gewählt".
Art. 63 II : "Gewählt ist, wer die Stimmen der Mehrheit des Bundestages auf sich vereinigt. Der Gewählte ist vom Bundespräsidenten zu ernennen."

Die beiden weiteren Wahlgänge sind vom Ansatz her die Ausnahme und könnten allenfalls dann realistisch werden, wenn die großen Parteien an Bedeutung verlieren und statt dessen eine größere Zahl von Parteien im Bundestag vertreten ist (was aber in gewissem Ausmaß durch die 5 % - Klausel des Wahlrechts erschwert wird). Hier wird die Regierungsbildung schwieriger werden, so dass es dann u.U. zu weiteren Wahlgängen kommen kann :

- **2. Wahlgang, Art. 63 III :**

> „Wird der Vorgeschlagene nicht gewählt, so kann der Bundestag binnen 14 Tagen nach dem Wahlgange mit mehr als der Hälfte seiner Mitglieder einen Bundeskanzler wählen".

- **3. Wahlgang, Art. 63 IV :**

> „Kommt eine Wahl innerhalb dieser Frist nicht zustande, so findet unverzüglich ein neuer Wahlgang statt, in dem gewählt ist, wer die meisten Stimmen erhält. Vereinigt der Gewählte die Stimmen der Mehrheit der Mitglieder des Bundestages auf sich, so muss der Bundespräsident ihn binnen sieben Tagen nach der Wahl ernennen. Erreicht der Gewählte diese Mehrheit nicht, so hat der Bundespräsident binnen sieben Tagen entweder ihn zu ernennen oder den Bundestag aufzulösen".

Auf den dritten Satz des Art. 63 IV wird weiter unten (Rn 759) eingegangen !

Die Amtszeit der Bundesregierung ergibt sich mittelbar aus Art. 69 II, 39 I, II : Danach beträgt sie normalerweise vier Jahre.

3.2 Die Ernennung der Bundesminister

Art. 64 I : „Die Bundesminister werden auf Vorschlag des Bundeskanzlers vom Bundespräsidenten ernannt und entlassen."

750   Da allein der Bundeskanzler dem Bundestag verantwortlich ist (Art. 63, 65, 67, 68) und die Aufgabe hat, die Richtlinien der Politik zu bestimmen und dafür die Verantwortung zu tragen (Art. 65 S. 1), muss er sich auch seine Minister aussuchen können. Dem trägt Art. 64 I konsequent Rechnung. Allerdings kann dieses Recht bei Koalitionsregierungen dadurch eingeschränkt sein, dass dem Partner aufgrund einer Koalitionsvereinbarung das Recht eingeräumt ist, eine bestimmte Zahl von Ministern zu benennen. Der Bundespräsident hat die Minister – trotz der etwas weniger stringenten Formulierung gegenüber der des Art. 63 II 1 – genauso zwingend zu ernennen wie den Bundeskanzler. Der Versuch von Bundespräsident Lübke, zwei Minister aus politischen Gründen zu verhindern, war daher zum Scheitern verurteilt.

Die Minister sind – ebenso wie der Kanzler – i.d.R. gleichzeitig Bundestagsabgeordnete, was wegen des parlamentarischen Regierungssystems unbedenklich und daher mit dem Gewaltenteilungsprinzip vereinbar ist. Vertreten werden sie von beamteten Staatssekretären und i.d.R. auch von sog. parlamentarischen Staatssekretären, die gleichzeitig Abgeordnete sind und den Minister im Bundestag vertreten (StaatssekretärG, §§ 14, 14 a, 23 f. GeschOBReg)

3.3 Die bisherigen Bundesregierungen

		Bundeskanzler		Koalitionspartner
September	1949	Konrad Adenauer	CDU/CSU	FDP, DP
Oktober	1953	Konrad Adenauer	CDU/CSU	FDP, DP, GB/BHE
Juli	1955	Konrad Adenauer	CDU/CSU	FDP, DP
Februar	1956	Konrad Adenauer	CDU/CSU	DP
März	1956	Konrad Adenauer	CDU/CSU	DP, DA (FVP)
März	1957	Konrad Adenauer	CDU/CSU	DP (FVP)
Oktober	1957	Konrad Adenauer	CDU/CSU	DP
November	1961	Konrad Adenauer	CDU/CSU	FDP
Oktober	1963	Ludwig Erhard	CDU/CSU	FDP
Oktober	1965	Ludwig Erhard	CDU/CSU	FDP
Oktober	1966	Ludwig Erhard	CDU/CSU	- (Minderheitsregierung)
Dezember	1966	Kurt Georg Kiesinger	CDU/CSU	SPD (Große Koalition)
Oktober	1969	Willy Brandt	SPD	FDP
Dezember	1972	Willy Brandt	SPD	FDP
Mai	1974	Helmut Schmidt	SPD	FDP
Dezember	1976	Helmut Schmidt	SPD	FDP
November	1980	Helmut Schmidt	SPD	FDP
September	1982	Helmut Schmidt	SPD	- (Minderheitsregierung)
Oktober	1982	Helmut Kohl	CDU/CSU	FDP
März	1983	Helmut Kohl	CDU/CSU	FDP
März	1987	Helmut Kohl	CDU/CSU	FDP
Januar	1991	Helmut Kohl	CDU/CSU	FDP
Oktober	1994	Helmut Kohl	CDU/CSU	FDP
September	1998	Gerhard Schröder	SPD	Bündnis 90/Die Grünen

4. WILLENSBILDUNG

4.1 Gestaltungsprinzipien des Grundgesetzes

Kanzlerprinzip

Es ist das dominierende Prinzip. Zum Ausdruck kommt es in :

- Art. 64 I (s.o. Rn 750) der dem Kanzler die Entscheidung über die Personen, die Zahl, den Aufgabenbereich und die Dauer des Verbleibs der Minister einräumt.
- Art. 65 S.1: Danach „bestimmt (der Bundeskanzler) die Richtlinien der Politik und trägt dafür die Verantwortung."

  Dieses Richtlinienkompetenz umfasst alle „grundlegenden und richtungsweisenden Entscheidungen, die auch Einzelfälle von besondere Bedeutung betreffen können" (JP/Pieroth Rn 3).
- Art. 65 S. 4 : Danach hat der Bundeskanzler den Vorsitz und die Geschäftsführung im Kabinett (vgl. hierzu auch §§ 1-9, 24 f. GeschOBReg).
- Art. 39 III : Danach kann der Bundeskanzler die Einberufung des Bundestages verlangen.

Das Kanzlerprinzip ist auch das durchgehende Strukturprinzip der Regierungen der parlamentarischen Demokratien des Auslands, aber auch der deutschen Bundesländer.

753 **Ressortprinzip**

Art. 65 S.2 : „Innerhalb dieser Richtlinien leitet jeder Bundesminister seinen Geschäftsbereich selbständig und unter eigener Verantwortung." Die Vorschrift schließt nicht aus, dass es Minister ohne Geschäftsbereich oder für Sonderaufgaben gibt.

Einige Minister haben eine besondere Stellung und sind deswegen die einzigen, die das Grundgesetz zwingend vorsieht :

- Der Bundesfinanzminister : Auf seinen Widerspruch hin muss die Bundesregierung über Entscheidungen von finanzieller Bedeutung in einer weiteren Sitzung erneut abstimmen (§ 26 I GOBReg). Zu über- und außerplanmäßigen Ausgaben ist seine Zustimmung nötig (Art. 112). Gegenüber Bundestag und Bundesrat muss er jährlich Rechenschaft ablegen (Art. 114 I).

- Der Verteidigungsminister : Er hat die Befehls- und Kommandogewalt über die Bundeswehr (Art. 65 a).

- Der Bundesjustizminister : Hält er eine Maßnahme der Bundesregierung für rechtswidrig, muss diese auf seinen Widerspruch hin in einer weiteren Sitzung erneut abstimmen (§ 26 GOBReg). Im Grundgesetz ist er in Art. 96 II 4 erwähnt.

754 **Kabinettsprinzip**

Danach muss die Bundesregierung als Kabinett entscheiden. Das ist der Fall :

- in allen Fällen in denen das Grundgesetz eine Entscheidung der Bundesregierung verlangt : Art. 32 III, 35, 37, 42 I, 43 II, 52 II, 53, 77 II 4, 81, 84 II - IV, 85 II - IV, 86, 87 a, 91, 108 VII, 111, 113,115 ff.

- bei Meinungsverschiedenheit zwischen einzelnen Bundesministern, Art. 65 S. 3

- in allen „Angelegenheiten von allgemeiner innen- oder außenpolitischer, wirtschaftlicher, sozialer, finanzieller und kultureller Bedeutung ..." (§ 15 I GOBReg). Diese Vorschrift entspricht auch der politischen Praxis, ist jedoch unter dem Aspekt des Art. 65 S. 1 problematisch.

Die Entscheidungen erfolgen mit einfacher Mehrheit. Bei Stimmengleichheit entscheidet die Stimme des Kanzlers (§ 24 GeschOBReg).

4.2 Verfassungswirklichkeit

755 Das die obigen Gestaltungsprinzipien dominierende Kanzlerprinzip ist ein Recht des Kanzlers und ein Grundmodell, das nicht mit der Verfassungswirklichkeit übereinstimmen muss. Es schließt zum einen nicht aus, dass der Kanzler Rücksicht auf seine Partei insgesamt, auf bestimmte Parteigruppierungen, auf die Bundestagsfraktion seiner Partei oder auf Interessenverbände nimmt. Zum anderen schließt es nicht aus, dass der Kanzler nach seiner Wahl die Richtlinien der künftigen Regierungspolitik – in sachlicher und in personeller Hinsicht – zusammen mit dem Koalitionspartner in einer Koalitionsvereinbarung festlegt. Dabei handelt es sich aber nicht um verbindliche und einklagbare Verträge, sondern um rechtlich unverbindliche politische Absichtserklärungen, an die der Kanzler sich aus politischen Gründen um des Erhalts der Koalition willen i.d.R. halten mag, die seine Richtlinienkompetenz aber rechtlich nicht eingrenzen (MD/Herzog Art. 65 Rn 12; HdbStR II/Schröder § 51 Rn 1, BK/Schenke Art. 63 Rn 25).

5. AUFGABEN

Die Aufgaben der Bundesregierung müssen aus ihrer Stellung als Exponent der Parlaments- 756
mehrheit und politisch einzig verantwortlichem und wichtigstem Organ der Exekutive abgeleitet werden. Danach hat sie zusammen mit dem Bundestag vor allem die Aufgabe der politischen Staatsleitung, aber auch die klassischen Aufgaben einer Exekutive. Im Einzelnen gehören dazu insbesondere :

- staatliche Planung, insbesondere Finanzplanung und Konjunktursteuerung
- Initiative, insbesondere für die Gesetzgebung (vgl. Art. 76 I, > Rn 721)
- Gestaltung der auswärtigen Angelegenheiten (vgl. Art. 59 II)
- Mitwirkung an der Europäischen Union (vgl. Art. 23, > Rn 740 ff.)
- Organisation der Bundesverwaltung und Vollzug der Bundesgesetze, soweit der Bund dafür zuständig ist (vgl. Art. 86 ff., > Rn 633)
- Erlass von Rechtsverordnungen aufgrund eines Gesetzes, das Inhalt, Zweck und Ausmaß der Ermächtigung bestimmt (vgl. Art. 80, > Rn 716)
- Erlass von Verwaltungsvorschriften für die Durchführung der Bundesgesetze durch die Länder (vgl. Art. 84 II, 85 II, > Rn 635, 738)
- Aufsicht über Durchführung der Bundesgesetze (vgl. Art. 84 III, V, 85 III, IV, > Rn 635 f.)
- Personalhoheit über die Beamten (BVerfGE 9, 283)
- Haushaltsplanung, Ausführung des Haushaltsplans und Rechnungslegung (Art. 110 – 114)
- Mitwirkung bei der Berufung der Bundesrichter (Art. 95)

6. PARLAMENTARISCHE ABHÄNGIGKEIT UND VERANTWORTUNG

Dass die Bundesregierung personell vom Parlament abhängig ist, ergibt sich aus : 757

- Art. 63 : Der Bundeskanzler wird vom Bundestag gewählt.
- Art. 67 : Der Bundeskanzler kann vom Bundestag abgewählt werden.
- Art. 69 II : Die Ämter des Bundeskanzler und der Minister enden mit Ablauf der Legislaturperiode des Bundestages.

Davon zu unterscheiden ist die parlamentarische Verantwortung der Regierung für den Inhalt ihrer Politik. Sie ist im Grundgesetz nicht konkret geregelt, folgt aber aus

- Art. 65, wonach der Bundeskanzler für die Bestimmung der Richtlinien der Politik „die Verantwortung" trägt, und aus
- Art. 67, der notfalls die Möglichkeit der Abwahl des Bundeskanzler vorsieht.

Eine solche rechtliche Verantwortlichkeit besteht alleine für den Bundeskanzler. Die Minister sind dagegen rechtlich nur dem Bundeskanzler gegenüber verantwortlich. Eine politische Verantwortung haben aber alle Regierungsmitglieder, was zum Ausdruck kommt in :

- Art. 43 : Er enthält das Recht des Bundestages und seiner Ausschüsse, die Anwesenheit jedes Mitglieds der Bundesregierung zu verlangen
- Art. 44 : Er enthält das Recht zu Errichtung von Untersuchungsausschüssen, deren Aufgabe es in erster Linie ist, Missstände in der Bundesregierung aufzudecken

7. LÖSUNG VON REGIERUNGSKRISEN

758 Bereits oben Rn 746 ist darauf hingewiesen worden, dass Regierungskrisen wie in der Weimarer Zeit, also das dauerhafte Fehlen jeglicher Zusammenarbeit zwischen Regierung und Parlament, in einem parlamentarischen Regierungssystem sehr unwahrscheinlich sind. Zu einer vorübergehenden Regierungskrise kann es jedoch kommen, etwa wenn ein die Regierung mittragender Koalitionspartner die Zusammenarbeit mit der Regierung aufkündigt. Hier wird sich in aller Regel schnell eine neue Koalition bilden, die dann bereit ist, mit einem neuen Regierungschef zusammenzuarbeiten. Die Lösung von Regierungskrisen regeln Art. 63 IV 3, 67, 68 und 81 in einem dem Grad der Krise angepassten Verfahren:

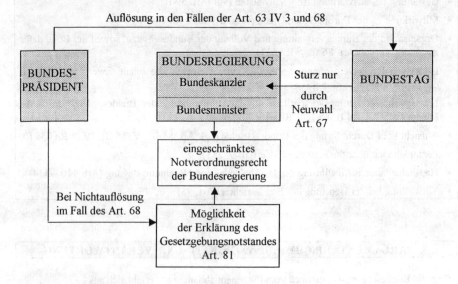

759 • **Auflösung im Fall des Art. 63 IV 3**

Bisher ist der Bundeskanzler immer im ersten Wahlgang gewählt worden. Sollte es dennoch einmal dazu kommen, dass er erst im dritten Wahlgang gewählt wird und dabei nicht die absolute Mehrheit der Mitglieder des Bundestages erreicht, hat der Bundespräsident nach Art. 63 IV 3 (vgl. Rn 749) ein Wahlrecht: Zum einen kann er den Gewählten dennoch ernennen. Das hat die Folge, dass der Kanzler dann eine Minderheitenregierung bilden wird. Zum anderen kann er aber auch den Bundestag auflösen.

760 • **„konstruktives" Misstrauensvotum, Art. 67:**

„(1) Der Bundestag kann dem Bundeskanzler das Misstrauen nur dadurch aussprechen, dass er mit der Mehrheit seiner Mitglieder einen Nachfolger wählt und den Bundespräsidenten ersucht, den Bundeskanzler zu entlassen. Der Bundespräsident muss dem Ersuchen entsprechen und den Gewählten ernennen.
(2) Zwischen dem Antrage und der Wahl müssen achtundvierzig Stunden liegen".

Von dem Misstrauensvotum der Weimarer Zeit unterscheidet sich das Misstrauensvotum des § 67 dadurch, dass es nur gegen den Kanzler und nicht mehr gegen einzelne Minister gerichtet sein kann und vor allem dadurch, dass es konstruktiv ist, d.h. einen Sturz nur durch eine Neuwahl ermöglicht.

Bisher hat es nur einen Anwendungsfall des Art. 67 gegeben : Die Abwahl von Bundeskanzler Helmut Schmidt durch die Wahl von Helmut Kohl zum neuen Bundeskanzler am 1.10.1982. Der Versuch, Bundeskanzler Willy Brandt 1972 durch Wahl von Rainer Barzel zu stürzen, ist dagegen gescheitert.

- **Auflösung im Fall des Art. 68**

(1) Findet ein Antrag des Bundeskanzlers, ihm das Vertrauen auszusprechen, nicht die Zustimmung der Mehrheit der Mitglieder des Bundestages, so kann der Bundespräsident auf Vorschlag des Bundeskanzlers binnen einundzwanzig Tagen den Bundestag auflösen. Das Recht zur Auflösung erlischt, sobald der Bundestag mit der Mehrheit seiner Mitglieder einen anderen Bundeskanzler wählt.

(2) Zwischen dem Antrage und der Abstimmung müssen achtundvierzig Stunden liegen.

§ 68 regelt eine Lösung einer Krisensituation, in die das parlamentarische Regierungssystem in Ausnahmesituationen gelangen kann : Die Mehrheit des Bundestages ist einerseits nicht bereit, mit dem Bundeskanzler zusammen zu arbeiten, andererseits aber auch nicht willens oder in der Lage, einen neuen Bundeskanzler zu wählen. In einer solchen Situation gibt es eine weitere Möglichkeit der Lösung der Regierungskrise : die Vertrauensfrage. Sie hat das Ziel, den Bundestag, der nicht den Weg der Neuwahl eines Kanzlers geht, vor dem Hintergrund des Auflösungsrechts des Bundespräsidenten bzw. der Möglichkeit des Gesetzgebungsnotstandes nach Art. 81 (s.u. Rn 762) zur Bejahung der Vertrauensfrage und damit zur Zusammenarbeit zwischen Bundesregierung und Bundestag zu bewegen. Besteht eine solche Kluft zwischen Regierung und Bundestagsmehrheit dagegen nicht, ist Art. 68 unanwendbar. Denkbar ist insoweit folgende Situation : Der Bundeskanzler kann sich zwar auf eine Mehrheit im Bundestag stützen, will er aber eine breitere Mehrheit erreichen. Da der Bundestag sich nicht selbst auflösen kann, stellt der Bundeskanzler jetzt die Vertrauensfrage, wohlwissend, dass aufgrund von Absprachen einige Abgeordnete „seiner" Mehrheit sich nicht für ihn stimmen und somit keine Mehrheit für die positive Beantwortung der Vertrauensfrage zustande kommt. Anschließend kann der Bundespräsident den Bundestag auflösen und der Bundeskanzler hofft auf eine breitere Zustimmung der Bevölkerung bei der anschließenden Bundestagswahl.

Da ein solcher Weg dazu führen würde, dass das Fehlen eines Selbstauflösungsrechts des Bundestag umgangen werden könnte, hat das BVerfG für diesen Fall den Anwendungsbereich des Art. 68 eingeschränkt :

BVerfGE 62, 1, Leitsätze 6 und 7 :
„6. Der Bundeskanzler, der die Auflösung des Bundestages auf dem Wege des Art. 68 GG anstrebt, soll dieses Verfahren nur anstrengen dürfen, wenn es politisch für ihn nicht mehr gewährleistet ist, mit den im Bundestag bestehenden Kräfteverhältnissen weiterzuregieren. Die politischen Kräfteverhältnisse im Bundestag müssen seine Handlungsfähigkeit so beeinträchtigen oder lähmen, dass er eine vom stetigen Vertrauen der Mehrheit getragene Politik nicht sinnvoll zu verfolgen vermag. Dies ist ungeschriebenes sachliches Tatbestandsmerkmal des Art. 68 Abs. 1 Satz 1 GG.

7. Eine Auslegung dahin, dass Art. 68 GG einem Bundeskanzler, dessen ausreichende Mehrheit im Bundestag außer Zweifel steht, gestattete, sich zum geeignet erscheinenden Zeitpunkt die Vertrauensfrage negativ beantworten zu lassen mit dem Ziel, die Auflösung des Bundestages zu betreiben, würde dem Sinn des Art. 68 GG nicht gerecht. Desgleichen rechtfertigen besondere Schwierigkeiten der in der laufenden Wahlperiode sich stellenden Aufgaben die Auflösung nicht."

Staatsorgane : Bundesregierung

Das BVerfG hat im Fall der obigen Vertrauensfrage mehrheitlich die Voraussetzungen des 6. Leitsatzes bejaht und die des 7. verneint und damit den Vorgang für verfassungsmäßig erklärt. Zwei überstimmte Richter haben dagegen mit der Begründung, die Regierung habe über eine gesicherte Mehrheit im Bundestag verfügt, einen Missbrauch des Art. 68 bejaht.

762 • **Gesetzgebungsnotstand nach Art. 81 :**

> *„(1) Wird im Falle des Artikels 68 der Bundestag nicht aufgelöst, so kann der Bundespräsident auf Antrag der Bundesregierung mit Zustimmung des Bundesrates für eine Gesetzesvorlage den Gesetzgebungsnotstand erklären, wenn der Bundestag sie ablehnt, obwohl die Bundesregierung sie als dringlich bezeichnet hat. Das Gleiche gilt, wenn eine Gesetzesvorlage abgelehnt worden ist, obwohl der Bundeskanzler mit ihr den Antrag des Artikels 68 verbunden hatte."*

Lehnt der Bundestag die Gesetzesvorlage nach Erklärung des Gesetzgebungsnotstandes erneut ab oder nimmt er sie in einer für die Bundesregierung als unannehmbar bezeichneten Fassung an, so gilt das Gesetz nach Abs. 2 S. 1 als zustande gekommen, soweit der Bundesrat ihm zustimmt. Das Gleiche gilt nach Abs. 2 S. 2, wenn die Vorlage vom Bundestag nicht innerhalb von vier Wochen nach der erneuten Einbringung verabschiedet wird. Schon nach dem Abs. 2, aber insbesondere nach den Abs. 3 und 4 wird die erheblich restriktivere Regelung des Art. 81 gegenüber der Regelung des Art. 48 II WRV (> Rn 746) und damit der erheblich geringere Anwendungsbereich des Art. 81 deutlich :

- Notwendig ist nach Abs. 1 und 2 ein Zusammenwirken von Bundesregierung und Bundesrat, was eine homogene parteipolitische Zusammensetzung von Bundesregierung und der Mehrheit im Bundesrat voraussetzt.
- Weitere Gesetze können im Wege des Notstandsverfahren nach Abs. 3 S. 1 nur in einem Zeitraum von sechs Monaten verabschiedet werden.
- Nach Ablauf dieser Frist ist während der Amtszeit des gleichen Bundeskanzlers nach Abs. 3 S. 2 eine weitere Erklärung des Gesetzgebungsnotstandes unzulässig.
- Im Verfahren nach Art. 81 darf nach dessen Abs. 4 das Grundgesetz nicht geändert werden.

Repetitorium : Rn 1055

Weiterführende Literatur : Schenke, Die Bildung der Bundesregierung, Jura 1982, 57; Maurer, Die Richtlinienkompetenz des Bundeskanzlers, Festschrift für Thieme, 1993, 123; Busse, Bundeskanzleramt und Bundesregierung, 1994; Brauneck, Die rechtliche Stellung des Bundeskanzleramtes, 1994

Internet : http://www.bundesregierung.de

ABSCHNITT 4 :

DER BUNDESPRÄSIDENT

1. HISTORISCHER HINTERGRUND

In der Weimarer Republik war der Reichspräsident das mächtigste staatliche Organ. Das war insoweit konsequent, als 1919 die Machtstellung des Staatsoberhaupts nicht grundsätzlich in Frage gestellt, sondern im Wesentlichen nur „demokratisch variiert" (Hesse Rn 655) werden sollte : 763

- Er wurde - auf 7 Jahre - unmittelbar vom Volk gewählt (Art. 41 WRV)
- Er ernannte und entließ den Reichskanzler und die Reichsminister nach eigenem politischen Ermessen (Art. 53 WRV).
- Er konnte jedes Gesetz zum Volksentscheid bringen (Art. 73 WRV).
- Er konnte den Reichstag jederzeit auflösen (Art. 25 WRV).
- Er konnte ohne nennenswerte inhaltliche Beschränkungen Notstandsmaßnahmen erlassen (Art. 48 II WRV). Siehe hierzu > Rn 746
- Er hatte den Oberbefehl über die Reichswehr (Art. 47 WRV).

Die Stellung des Bundespräsidenten nach dem Grundgesetz ist eine bewusste Abkehr von der Stellung des Reichspräsidenten nach der Weimarer Reichsverfassung. Deren präsidielles Regierungssystem mit einem unmittelbar gewählten Präsidenten, dem die Regierung zugeordnet war (vgl. Rn 342), hatte sich vor allem gegen Ende der Weimarer Republik als verhängnisvoll herausgestellt : Der Präsident, der selber nicht gerade ein Anhänger der neuen Demokratie war, regierte ab 1929 nur noch mit dem Notverordnungsrecht und ebnete somit – ungewollt – dem „Dritten Reich" den Weg.

Der Parlamentarische Rat hat daraus die Konsequenz gezogen, das Staatsoberhaupt weitgehend zu entmachten, d.h. ihm keine selbständige und maßgebliche Teilhabe an der obersten Staatsleitung mehr einzuräumen. Dazu gehört, dass die Möglichkeiten, das Parlament aufzulösen und mit einem Notverordnungsrecht zu regieren, weitestgehend beschränkt wurden (vgl. Rn 761 f.). Vor allem wurde ihm nicht mehr die Regierung zugeordnet, sondern ausschließlich dem Bundestag, womit sich das Grundgesetz eindeutig für ein parlamentarisches Regierungssystem (vgl. Rn 747) entschieden hat. Verblieben sind ihm – außer im Fall schwerwiegender Störungen des Regierungssystems (vgl. Rn 761 f.) – im Wesentlichen formale Kompetenzen und repräsentative Aufgaben. Konsequent dazu ist die unmittelbare Wahl des Präsidenten durch das Volk nicht wieder geregelt worden. Die – vor allem von der SPD favorisierte – Konsequenz, auf ein selbständiges Staatsoberhaupt ganz zu verzichten, hat der Parlamentarische Rat dagegen nicht gezogen. 764

Diese „Entmachtung" des Präsidenten bedeutet aber keine Entmachtung der Exekutive, sondern eine Verlagerung des Schwergewichts der Kompetenzen innerhalb der Exekutive vom Präsidenten auf die Regierung, und hier insbesondere auf den Bundeskanzler, was eine durchgehende Konsequenz der Entscheidung für eine parlamentarische Demokratie ist.

2. Wahl (Art. 54 GG)

765

„*(1) Der Bundespräsident wird ohne Aussprache von der Bundesversammlung gewählt. Wählbar ist jeder Deutsche, der das Wahlrecht zum Bundestage besitzt und das vierzigste Lebensjahr vollendet hat.*
(2) Das Amt des Bundespräsidenten dauert fünf Jahre. Anschließende Wiederwahl ist nur einmal zulässig.
(3) Die Bundesversammlung besteht aus den Mitgliedern des Bundestages und einer gleichen Anzahl von Mitgliedern, die von den Volksvertretungen der Länder nach den Grundsätzen der Verhältniswahl gewählt werden.
(4) – (7) ...... "

Die Bundesversammlung ist kein ständiges Organ, sondern tritt normalerweise nur alle fünf Jahre zusammen. Dass in ihr die Bundes- und die Landesebene paritätisch vertreten sind, soll zum Ausdruck bringen, dass der Bundespräsident seine Aufgaben nicht nur für den Gesamtstaat, sondern für den Bund und die Länder gleichermaßen wahrnehmen soll.

Gewählt wird der Bundespräsident nach Art. 54 VI notfalls in drei Wahlgängen : In den ersten beiden ist gewählt, wer die Mehrheit der Mitglieder der Bundesversammlung auf sich vereinigt. Im dritten Wahlgang reichen dagegen die meisten Stimmen, also die relative Mehrheit aus. Einzelheiten des Verfahrens regelt das Gesetz über die Wahl des Bundespräsidenten.

Die bisherigen Bundespräsidenten waren

1949 – 1954	Theodor Heuss	FDP
1954 – 1959	Theodor Heuss	FDP
1959 – 1964	Heinrich Lübke	CDU
1964 – 1969	Heinrich Lübke	CDU
1969 – 1974	Gustav Heinemann	SPD
1974 – 1979	Walter Scheel	FDP
1979 – 1984	Karl Carstens	CDU
1984 – 1989	Richard von Weizsäcker	CDU
1989 – 1994	Richard von Weizsäcker	CDU
1994 – 1999	Roman Herzog	CDU
1999 – 2004	Johannes Rau	SPD

3. Rechtsstellung

766

3.1 UNVEREINBARKEIT (ART. 55)

Der Bundespräsident darf danach „weder der Regierung noch einer gesetzgebenden Körperschaft des Bundes oder eines Landes angehören, ...kein anderes besoldetes Amt, keine Gewerbe und keinen Beruf ausüben und weder der Leitung noch dem Aufsichtsrat eines auf Erwerb gerichteten Unternehmen angehören". Das ist die gravierendste Unvereinbarkeitsregelung des Grundgesetzes. Die zu den Mitgliedern der Bundesregierung (Art. 66) und des BVerfG (Art. 94 I) sind demgegenüber schwächer ausgeprägt.

3.2 VERTRETUNG (ART. 57)

Sie erfolgt danach durch den Präsidenten des Bundesrates.

3.3 GEGENZEICHNUNG (ART. 58)

> *„Anordnungen und Verfügungen des Bundespräsidenten bedürfen zu ihrer Gültigkeit der Gegenzeichnung durch den Bundeskanzler oder durch den zuständigen Bundesminister. Dies gilt nicht für die Ernennung und Entlassung des Bundeskanzlers, die Auflösung des Bundestages gemäß Art. 63 und das Ersuchen gemäß Art. 69 Abs. 3."*

Die Gegenzeichnungspflicht verfolgt zwei Zwecke:

- Es soll verhindert werden, dass der Bundespräsident eigenständig Politik betreibt, die der der Bundesregierung bzw. des Bundestages zuwider laufen könnte.
- Da der Bundespräsident politisch niemandem verantwortlich ist, muss grundsätzlich ein demokratisch legitimiertes Organ die politische Verantwortung für alle Handlungen übernehmen, die er in Wahrnehmung seiner Aufgaben vornimmt.

Was „Anordnungen und Verfügungen" sind, ist umstritten. Nach bisher h.M. fallen darunter in weiter Auslegung nicht nur Rechtsakte, sondern alle amtlichen und politisch bedeutsamen Handlungen und Äußerungen, wozu auch Reden, Interviews, Empfänge usw. gehören (z.B. Stern II § 30 II 7 b, v.Münch/Hemmrich Rn 4, Katz Rn 388), wobei eingeräumt wird, dass die Gegenzeichnung auch in einer Billigung bestehen kann (Katz Rn 388). Die bisherigen Bundespräsidenten haben sich jedoch nicht entsprechend dieser weiten Auslegung verhalten. Auch nach einer neueren Meinung in der Literatur (z.B. MD/Herzog Rn 50, Sachs/Nierhaus Rn 18) wird diese weite Auslegung abgelehnt. Eine Ausnahme wird jedoch für den Bereich der auswärtigen Politik gemacht (also für außenpolitische Äußerungen, Staatbesuche usw.), da hier der Bundespräsident weniger als individuelles Verfassungsorgan als vielmehr als Vertreter der Bundesrepublik Deutschland auftritt (Sachs/Nierhaus Rn 17).

Die Aufzählung des Art. 58 S. 2 kann entgegen dem Wortlaut nicht abschließend sein. Nach dem Sinn und Zweck des Art. 58 sind von der Gegenzeichnung ebenfalls freigestellt (v.Mangoldt II Art. 58 Anm. IV 3, Sachs/Nierhaus Rn. 14, MD/Herzog Rn 36 ff.: nur die ersten drei) :

- das Verlangen der Einberufung des Bundestages nach Art. 39 III 3
- der Wahlvorschlag nach Art. 63 I
- die Anrufung des BVerfG nach Art. 93 I Nr. 1
- die Delegation von Befugnissen nach Art. 60 III
- die Erklärung des Gesetzgebungsnotstandes nach Art. 81
- die Ausübung der Notstandsbefugnisse nach Art. 115 a III 1, V 1 und Art. 115 h II 1
- schlichte Unterlassungen, z.B. die Nichtausfertigung eines Gesetzes

Umstritten ist die Gegenzeichnungspflicht bei der Ausübung des Gnadenrechts nach Art. 60 II (vgl. MD/Herzog Rn 40, Stern II S. 264, v.Münch/Hemmerich Rn 16).

3.4 VERANTWORTUNG (ART. 61)

„ Der Bundestag oder der Bundesrat können den Bundespräsidenten wegen vorsätzlicher Verletzung des Grundgesetzes oder eines anderen Bundesgesetzes vor dem Bundesverfassungsgericht anklagen ...." (Art. 61). Einen entsprechenden Anwendungsfall hat es noch nicht gegeben.

4. Aufgaben

767 Die Aufgaben des Bundespräsidenten ergeben sich nur zum Teil unmittelbar aus Einzelregelungen des Grundgesetzes. Im übrigen sind sie aus seiner Stellung als Staatsoberhaupt abzuleiten. Zu beachten ist hierbei der Umfang der Gegenzeichnungspflicht nach Art. 58 (Rn 766).

Integration

Das ist die Aufgabe, die staatliche Einheit herbeizuführen bzw. zu fördern. Das geschieht überwiegend dadurch, dass politische Entscheidungen für die Gesamtheit verbindlich gemacht werden wie bei der

- Ernennung des Bundeskanzlers, Art. 63
- Ernennung und Entlassung der Bundesminister, Art. 64
- Ausfertigung und Verkündung der Gesetze, Art. 82

Sie kann sich aber auch unabhängig von gesetzlichen Regelungen aus der Funktion des Staatsoberhaupts ergeben, wie etwa die Aufgabe, sich um Beilegung von Konflikten oder um die Wahrung des politischen Stils zu bemühen.

Repräsentation

Das ist die Aufgabe, die staatliche Einheit nach außen und innen zu repräsentieren. Zu dieser wichtigsten Funktion des Staatsoberhaupts gehören insbesondere die

- völkerrechtliche Vertretung des Bundes, Art. 59 I
- Ernennung und Entlassung der Bundesrichter, Bundesbeamten, Offiziere, Art. 60 I
- Ausübung des Begnadigungsrechts, Art. 60 II
- Staatsbesuche
- Ansprachen, Verleihung von Orden usw.

Reserve

Das ist die Aufgabe, bei Handlungsunfähigkeit anderer Organe eine Entscheidung herbeizuführen. Das ist die einzige Aufgabe, bei der der Bundespräsident echte politische Entscheidungsbefugnisse besitzt. Dazu gehören die

- Auflösung des Bundestages in den Fällen des Art. 63 IV und des 68 und die
- Mitwirkung im Gesetzgebungsnotstand des Art. 81

5. insbesondere : das Prüfungsrecht des Bundespräsidenten

768 Es bleibt die Frage zu klären, ob der Bundespräsident bei den rechtlich erheblichen Entscheidungen, die er trifft, eine inhaltliche Prüfung vornehmen darf bzw. muss oder ob seine Unterschrift rein formaler Natur ist. Diese Frage stellt sich deswegen, weil für die meisten seiner Rechtsakte entweder die Bundesregierung nach Art. 58 oder - bei der Ausfertigung von Gesetzen - der Bundestag die politische Verantwortung übernimmt. Hier ist zu unterscheiden :

5.1 FORMELLES PRÜFUNGSRECHT

Eindeutig hat der Bundespräsident ein formelles Prüfungsrecht. Er darf nicht nur, sondern er muss aufgrund seiner Bindung an das Grundgesetz sogar prüfen, ob die formellen Voraussetzungen des Rechtaktes, den er vornimmt, vorliegen, also z.B. 769

- im Fall des Art. 63 II und IV 2 und des Art. 67, ob die entsprechenden Mehrheitserfordernisse erfüllt sind,
- im Fall des Art. 64 I, ob der Vorschlag des Bundeskanzlers ordnungsgemäß erfolgt ist und die Kandidaten die formalen Voraussetzungen für eine Ernennung erfüllen oder
- im Fall des Art. 82 I 1, ob die Gesetze formell ordnungsgemäß beschlossen sind. Hier ergibt sich das Prüfungsrecht schon aus dem Wortlaut, da danach „die nach den Vorschriften des Grundgesetzes zustande gekommenen Gesetze" vom Bundespräsidenten ausgefertigt und verkündet werden.

5.2 MATERIELLES PRÜFUNGSRECHT

Ein materielles Prüfungs- bzw. Entscheidungsrecht steht dem Bundespräsidenten eindeutig zu, wo er Ermessensentscheidungen trifft. Hier kann und muss er aufgrund eigener Erwägungen entscheiden :

- im Fall des Art. 63 I, wen er als Bundeskanzler vorschlägt. 770

   Hier ist sein Vorschlagsrecht jedoch eingeengt durch das Kriterium der Mehrheitsfähigkeit (BK/Schenke Rn 77; Sachs/Oldiges Rn 16, a.A. : v.Münch/Meyn Rn 3). Er muss sich also daran orientieren, wer am ehesten in der Lage sein wird, eine handlungsfähige Regierung zu bilden, nicht aber daran, wer ihm politisch am ehesten zusagt.

- im Fall des Art. 63 IV 3 bei der Entscheidung, ob er den gewählten Kandidaten ernennt oder den Bundestag auflöst. 771

   Auch hier hat er sich daran zu orientieren, dass das Grundgesetz dem Präsidenten grundsätzlich keine politische Entscheidungsgewalt einräumt. Erweist sich also aufgrund seiner Einschätzung, dass ein Minderheitenkanzler auf Dauer von den Fraktionen toleriert werden wird, muss er ihn ernennen (BK/Schenke Rn 98; Sachs/Oldiges Rn 31, a.A. : v.Münch/Meyn Rn 27).

- im Fall des 68 I 1, ob er den Bundestag auflöst. 772

   Eine Einschränkung des Ermessens gibt es hier nicht (BVerfGE 62, 35; BK/Schenke Rn 169, v.Mangoldt Rn 27, v.Münch/Mager Rn 27, Sachs/Oldiges Rn 34).

Ob er ein materielles Prüfungsrecht auch im Übrigen hat, ist grundsätzlich zu verneinen. Diskutiert worden ist es nur in drei Fällen :

- Zum einen im Fall der Ernennung der Bundesminister gemäß Art. 64. Ein Recht auf politische Beurteilung des Vorgeschlagenen wird überwiegend abgelehnt, weil die Regierung alleine vom Vertrauen des Parlaments abhängig, der Bundespräsident dagegen parlamentarisch überhaupt nicht verantwortlich ist (BK/Schenke Rn 9, MD/Herzog Rn 14, 53, JP/Pieroth Rn 1). Ein Prüfungsrecht würde auch nicht dazu passen, dass der Bundespräsident wegen Art. 63 II letztlich keinen maßgeblichen Einfluss auf die Person des Kanzlers hat. Um so weniger kann er dann einem gewählten Kanzler in seine Personalpolitik hineinregieren (Hesse Rn 668). Eine Mindermeinung bejaht demgegenüber ein Prüfungs- und Ablehnungsrecht bei einer drohenden „gravierenden Verletzung des Staatswohls" (Schmalz StR Rn 414, Stern II § 30 III 4). 773

   Hier haben zwei Bundespräsidenten aus politischen Gründen den Vorschlag des Bundeskanzlers abgelehnt : Theodor Heus 1952 bzgl. Thomas Dehler als Justizminister und Heinrich Lübke 1965 bzgl. Gerhard Schröder als Außenminister.

774 • Zum anderen für die Ernennung und Entlassung von Bundesrichtern, Bundesbeamten und Offizieren gemäß Art. 60 I gelten. Auch hier kann es kein materielles Prüfungsrecht geben, da die Personalpolitik des Bundes nicht Aufgabe des Bundespräsidenten ist (Hesse Rn 668 m.w.N.)

Dennoch hat Bundespräsident Heinrich Lübke 1972 mit Erfolg die Ernennung des Berliner Staatsrats Creifels zum Bundesrichter verhindert, weil dieser in der NS-Zeit Gesetze kommentiert hatte.

775 • Schließlich bei der Ausfertigung der Gesetze gemäß Art. 82. Einigkeit besteht hier darin, dass ein Bundespräsident die Ausfertigung eines Gesetzes nicht ablehnen darf, weil er es politisch für unzweckmäßig hält. Bejaht wird es jedoch, soweit es um die Prüfung der Verfassungsmäßigkeit eines Gesetzes geht.

Die Begründungen dafür: Der Bundespräsident kann nicht „sehenden Auges" einen Verfassungsverstoß und damit auch einen Verstoß gegen seinen Amtseid nach Art. 56 begehen, indem er ein von ihm als verfassungswidrig erkanntes Gesetz unterzeichnet. Auch ist ein mit Vorschriften des Grundgesetzes nicht vereinbares Gesetz inhaltlich ein verfassungsänderndes Gesetz, so dass hierfür die besonderen formellen Anforderungen des Art. 79 I und II – die der Bundespräsident unstreitig zu prüfen hat – erfüllt sein müssen. Formelles und materielles Prüfungsrecht lassen sich daher insoweit nicht trennen (MD/Maunz Rn 2), was Schmalz (StR Rn 416) allerdings „weniger überzeugend" hält.

Dabei wird das Prüfungsrecht jedoch auf eine „Evidenzkontrolle" beschränkt, d.h. darauf, ob ein schwerwiegender und offenkundiger Verfassungsverstoß vorliegt (Schmalz Rn 419, Katz Rn 390, Sachs/Nierhaus Rn 11).

Die Ausfertigung von Gesetzen haben Bundespräsidenten bisher in sechs Fällen verweigert: z.B. das ArchitektenG 1969 und die Änderungen des WehrpflichtG 1976 und des LuftverkehrsG 1990 (hierzu Riedel/Schmidt DÖV 1991, 371).

Repetitorium : Rn 1056

Weiterführende Literatur : Braun, Die Bundesversammlung, Jura 1994, 217; Isensee/Leuze, Braucht die Republik einen Präsidenten?, NJW 1994, 1327; Kunig, Der Bundespräsident, Jura 1994, 217; Seltenreich, Volkswahl des Bundespräsidenten, KJ 1995, 238

Internet : http://www.bundespraesident.de

ABSCHNITT 5 :

DAS BUNDESVERFASSUNGSGERICHT

1. HISTORISCHER HINTERGRUND

Ein Verfassungsgericht hat es erstmals in der Weimarer Republik gegeben : den Staatsgerichtshof. Seine Kompetenzen waren nach dem Ausführungsgesetz zu Art. 108 WRV die Entscheidung über Streitigkeiten zwischen dem Reich und den Ländern und zwischen den Ländern und die Entscheidung über Anklagen gegen den Reichspräsidenten, den Reichskanzler und die Reichsminister. Darüber hinaus hat – neben dem Reichsgericht – der Staatsgerichtshof die Kompetenz für sich in Anspruch genommen, Gesetze auf ihre Vereinbarkeit mit Einrichtungsgarantien (also durch Grundrechte geschützte Einrichtungen wie z.b. das Eigentum, vgl. Rn 107) zu überprüfen. An diesen Charakter der Grundrechte sei - über den Wortlaut der WRV hinaus - auch der Gesetzgeber gebunden. Wenn diese Bindung einen Sinn haben solle, müsse sie auch überprüft werden. Dafür aber komme in erster Linie der Staatsgerichtshof in Betracht (vgl. auch Rn 83).

776

Im Parlamentarischen Rat gab es angesichts der Missachtung des Rechts im „Dritten Reich" eine breite Übereinstimmung, ein starkes Verfassungsgericht zu schaffen, das auch die Kompetenz haben solle, den Gesetzgeber in die Schranken des Verfassungsrechts zu verweisen. Damit war die Abkehr von unkritischer Gesetzesgläubigkeit, vom Rechtspositivismus als absoluter Bindung an den Wortlaut der Gesetze, vollzogen.

2. STELLUNG

Geregelt ist das BVerfG in den Art. 92 ff. GG, im Gesetz über das Bundesverfassungsgericht (BVerfGG*) und in der Geschäftsordnung des BVerfG (GO). Danach ergibt sich : Das BVerfG ist „ein allen übrigen Verfassungsorganen gegenüber selbständiger und unabhängiger Gerichtshof des Bundes." (§ 1 I), also nicht nur eine Gericht, sondern auch ein Verfassungsorgan. Als Gericht steht es nicht neben, sondern über den anderen Bundesgerichten. Als Verfassungsorgan übt es neben Bundestag, Bundesregierung, Bundespräsident und Bundesrat gleichberechtigt Staatsgewalt aus. Dazu gehört, dass es von keinem anderen Staatsorgan abhängig oder ihm gar unterstellt ist. Das wirkt sich z.B. darin aus, dass es einen eigenen Haushalt hat, sich eine Geschäftsordnung gibt und sein Verwaltungspersonal nicht dem Bundesjustizminister, sondern dem Präsidenten des BVerfG unterstellt ist.

777

Das BVerfG hat wegen der vielfachen Offenheit verfassungsrechtlicher Vorschriften in maßgeblicher Weise den Inhalt des Grundgesetzes, insbesondere der Grundrechte, mitgeprägt : Es hat die ausschließliche Kompetenz, im Streitfall mit verbindlicher Wirkung den Inhalt des Grundgesetzes festzustellen und die Funktion, das Verfassungsrecht gegenüber den anderen obersten Bundesorganen, aber auch gegenüber der Verwaltung und der Rechtsprechung durchzusetzen. Seine Entscheidungen binden deshalb nach § 31 „die Verfassungsorgane des Bundes und der Länder sowie alle Gerichte und Behörden." In den in § 31 II genannten Fällen – also bei Entscheidungen über die Verfassungsmäßigkeit von Gesetzen – haben seine Entscheidungen sogar Gesetzeskraft. Das bedeutet aber nicht, dass das BVerfG selbst gesetzgeberisch tätig werden darf. Es darf Gesetze für nichtig erklären. Es darf aber nicht selbst das ungültige Gesetz durch ein gültiges ersetzen.

778

*Paragraphen ohne Gesetzesangabe sind in dem Kapitel über das BVerfG solche des BVerfGG.

Beispiel : Stellt das BVerfG einen Verstoß gegen den Gleichheitssatz fest, weil eine Gruppe ohne sachlichen Grund nicht in eine Regelung mit einbezogen worden ist, kann das BVerfG nicht diese Einbeziehung vornehmen. Es ist vielmehr die politische Entscheidung des Bundestages, welche Konsequenzen aus dem Urteil zu ziehen sind : entweder Einbeziehung der nicht berücksichtigten Gruppe oder Streichung der ganzen Regelung (vgl Rn 305).

779 Das BVerfG darf also nicht politische Wertungen oder Zweckmäßigkeitserwägungen überprüfen. Es hat also den Grundsatz richterlicher Selbstbeschränkung („judicial-self-restraint") zu beachten. Allerdings wirken sich Entscheidungen des BVerfG vielfach dennoch auf die künftige Gesetzgebung aus, weil sich die Gesetzgebungsorgane zur Vermeidung von Verfassungsstreitverfahren oft sehr eng an der Rechtsprechung des BVerfG orientieren, die jedoch nicht für alle Zukunft Bestand haben muss. Auch erklärt das BVerfG bisweilen selbst, welchen Inhalt eine Norm haben könnte, die notwendig ist, um eine für nichtig erklärte Norm zu ersetzen, was den Gesetzgeber dann meist zu einer kritiklosen Übernahme des Vorschlags veranlasst.

780 Das Grundgesetz regelt viele Fragen nicht ausdrücklich oder nur sehr vage. Hier kommt dem BVerfG nicht nur die Aufgabe herkömmlicher Rechtsprechung, sondern in weitem Maße die Aufgabe der Rechtsfortbildung und Rechtsschöpfung zu. Als Beispiele sind die Urteile zum Schwangerschaftsabbruch, zur Mitbestimmung, zur Ordnung des Privatfernsehens, zur Parteienfinanzierung oder zur Stationierung amerikanischer Atomraketen genannt - Themen, zu denen das Grundgesetz keine konkreten Regelungen vorsieht. Verfassungsrechtsprechung ist damit weitgehend politische Rechtsprechung, die erheblich in die Gestaltungsfreiheit von Gesetzgeber und Regierung eingreift. Der sich daraus ergebenden Gefahr der politischen Einseitigkeit des BVerfG versuchen etliche Regelungen zu begegnen : so etwa die Wahl der Richter aufgrund einer 2/3-Mehrheitsentscheidung im Bundestag bzw. Bundesrat (§§ 6, 7), der Ausschluss der Wiederwahl nach § 4 III oder die Unvereinbarkeitsregelung des Art. 94 I 3.

3. GLIEDERUNG UND ARBEITSWEISE

3.1 Gliederung

781

```
                    Präsident
                    Vizepräsident

                       Plenum

        1. Senat = 8 Richter         2. Senat = 8 Richter

   Vorprüfungs-  Vorprüfungs-   Vorprüfungs-  Vorprüfungs-
   kammer        kammer          kammer         kammer
   = 3 Richter   = 3 Richter     = 3 Richter    = 3 Richter

   Vorprüfungs-  Vorprüfungs-   Vorprüfungs-  Vorprüfungs-
   kammer        kammer          kammer         kammer
   = 3 Richter   = 3 Richter     = 3 Richter    = 3 Richter

          wissenschaftliche Mitarbeiter („3. Senat")
```

Der Präsident und der Vizepräsident vertreten das Bundesverfassungsgericht nach außen und leiten seine Verwaltung. Außerdem sind sie - mit gleichem Stimmrecht wie die anderen Richter - Vorsitzende je eines Senats. Gewählt werden sie im Wechsel vom Bundestag und vom Bundesrat (§ 9 GO).

Das Plenum : Es besteht aus den beiden Senaten und entscheidet, wenn ein Senat in einer Rechtsfrage von einer Entscheidung des anderen Senats abweichen will (§ 16 GO).

Die Senate : Das Bundesverfassungsgericht besteht aus zwei Senaten mit je acht Richtern. Die Zuständigkeiten jedes Senats sind zwar genau in § 14 geregelt. Das Bundesverfassungsgericht kann jedoch, wenn das „unabweislich" ist, die Zuständigkeit selbst neu regeln (§ 14 GO).

Die Richter : Drei Richter jedes Senats werden aus dem Kreis der obersten Bundesrichter gewählt. Alle Richter müssen die Befähigung zum Richteramt haben. Sie dürfen keinem Verfassungsorgan des Bundes oder eines Landes angehören (Art. 94 I 3). Gewählt werden sie je zur Hälfte vom Bundestag und vom Bundesrat (Art. 94 I 2) mit 2/3-Mehrheit (§§ 6 V, 7 GO).

Die Vorprüfungskammern nehmen das bei Verfassungsbeschwerden vorgesehene Vorprüfungsverfahren (s.u. Rn 802) wahr (Art. 94 II 3, §§ 93 a - d). Gebildet werden sie von den Senaten jeweils auf die Dauer eines Geschäftsjahres (§ 15 a GO).

Die Wissenschaftlichen Mitarbeiter („3. Senat") sind in der Regel Richter, Staatsanwälte oder höhere Verwaltungsbeamte, die den Richtern zuarbeiten und in der Regel auf drei Jahre dem Bundesverfassungsgericht zugewiesen sind.

3.2 Arbeitsweise

Sie ist im einzelnen im BVerfGG bzw. in der Geschäftsordnung des Bundesverfassungsgericht geregelt. Besonders erwähnenswert davon ist :

- Bei der Beweiserhebung leisten alle Gerichte und Verwaltungsbehörden dem Bundesverfassungsgericht Rechts- und Amtshilfe (§ 27).
- Das Bundesverfassungsgericht kann im Streitfall aus wichtigem Grund einstweilige Anordnungen erlassen, um eine Zustand vorläufig zu regeln (§ 32).
- Das Bundesverfassungsgericht entscheidet grundsätzlich aufgrund mündlicher Verhandlung durch Urteil; wenn keine mündliche Verhandlung erfolgt - etwa wenn die Beteiligten ausdrücklich darauf verzichten - durch Beschluss (§ 25 I, II GO).
- Die Entscheidungen erfolgen mit der Mehrheit der Richter des Senats. Überstimmte Richter können ihre abweichende Meinung in einem Sondervotum veröffentlichen (§ 30).

782

4. ZUSTÄNDIGKEITEN

4.1 Übersicht

Für die Zuständigkeiten des BVerfG gibt es keine Generalklausel. Es gilt vielmehr das Enumerationsprinzip. Das BVerfG ist also nur dann zuständig, wenn eine Zuständigkeit ausdrücklich geregelt ist. Das ist vor allem in dem Katalog des Art. 93 erfolgt, der jedoch nicht vollständig ist, weil Art. 93 I Nr. 5 auf die Zuständigkeiten „in den übrigen im Grundgesetz vorgesehenen Fällen" verweist. Ausnahmsweise können dem BVerfG nach Art. 93 II auch durch Bundesgesetz Zuständigkeiten übertragen werden, was zur Zeit allerdings nicht der Fall ist.

783

Die Zuständigkeiten des BVerfG lassen sich in mehrere Gruppen ordnen :

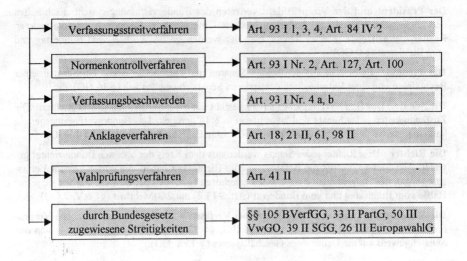

| 4.2 Verfassungsstreitverfahren |

4.2.1 ORGANSTREITVERFAHREN, Art. 93 I Nr. 1, §§ 13 Nr. 5, 63 ff.

Art. 93 I Nr. 1: „Das Bundesverfassungsgericht entscheidet über die Auslegung des Grundgesetzes aus Anlass von Streitigkeiten über den Umfang der Rechte und Pflichten eines obersten Bundesorgans oder anderer Beteiligter, die durch das Grundgesetz oder in der Geschäftsordnung eines obersten Bundesorgans mit eigenen Rechten ausgestattet sind;"

Die Zulässigkeit eines Organstreitverfahrens nach Art. 93 I Nr.1 setzt voraus :

(1) Parteifähigkeit des Antragstellers :

- „Oberste Bundesorgane" : Das sind Bundestag, Bundesregierung, Bundespräsident, Bundesrat, Bundesversammlung und der Gemeinsame Ausschuss nach Art. 53 a.
- „Andere Beteiligte..." : Das sind z.B. der Bundeskanzler und die Bundesminister (BVerfG 67, 127), der Bundestagspräsident (BVerfG 62, 26), Fraktionen (BVerfGE 90, 336), Ausschüsse (BVerfGE 2, 160), und der einzelne Abgeordnete (BVerfG 88, 208). Neben diesen Teilen oberster Bundesorgane sind auch antragsberechtigt die politischen Parteien aufgrund ihres Rechts nach Art. 21, an der politischen Willensbildung des Volkes mitzuwirken (BVerfGE 85, 284).
- Demgegenüber ist § 63 zu eng, wenn er nur die oben zuerst genannten vier Bundesorgane und ihre Teile für antragsberechtigt erklärt (JP/Pieroth Rn 5; Sachs/Sturm Rn 36).

(2) Antragsbefugnis : Sie liegt nach § 64 vor, wenn „der Antragsteller geltend macht (d.h. „schlüssig behauptet", BVerfGE 81 329), dass er oder das Organ, dem er angehört, durch eine Maßnahme oder Unterlassung des Antragsgegners in seinem ihm durch das Grundgesetz übertragenen Rechten und Pflichten verletzt oder unmittelbar gefährdet ist."

(3) Form und Frist : Nach § 64 muss die verletzte Vorschrift bezeichnet und eine Frist von sechs Monaten eingehalten werden.

Grundfall mit Musterlösung zum Organstreitverfahren : Rn 1072 (1081)

4.2.2 BUND-LÄNDER-STREITIGKEITEN, Art. 93 I Nr. 3, 4, §§ 13 Nr. 7, 8; 68 ff.

785

> *Art. 93 I Nr. 3 : „Das Bundesverfassungsgericht entscheidet bei Meinungsverschiedenheiten über Rechte und Pflichten des Bundes und der Länder, insbesondere bei der Ausführung von Bundesrecht durch die Länder und bei der Ausübung der Bundesaufsicht;"*

Parteifähig sind nach § 68 die Bundesregierung oder die Landesregierungen. Zur Antragsbefugnis, Form und Frist gilt nach § 69 das Gleiche wie bei der Organklage (s.o. Rn 784).

> *Art. 93 I Nr. 4: „Das Bundesverfassungsgericht entscheidet in anderen öffentlich-rechtlichen Streitigkeiten zwischen dem Bunde und den Ländern, zwischen verschiedenen Ländern oder innerhalb eines Landes, soweit nicht ein anderer Rechtsweg gegeben ist;"*

Die Bedeutung der 1. Alternative ist wegen der Subsidiarität nur gering, da regelmäßig der eine Antrag nach Art. 93 I Nr. 3 an das BVerfG oder – bei Streitigkeiten nichtverfassungsrechtlicher Art – der Rechtsweg zum BVerwG nach § 50 I VwGO in Betracht kommt. Praktisch bedeutsam ist nur die 2. Alternative. Streitigkeiten zwischen den Ländern müssen jedoch solche verfassungsrechtlicher Art sein. Für andere ist das BVerwG nach § 50 I VwGO zuständig. Für Streitigkeiten innerhalb eines Landes (dritte Alternative) ist i.d.R. das jeweilige Landesverfassungsgericht zuständig. Nur Schleswig-Holstein hat insoweit von der Möglichkeit nach Art. 99, das BVerfG zuständig zu machen, Gebrauch gemacht.

Grundfälle mit Musterlösung zum Bund-Länder-Streitverfahren : Rn 1073 (1128 ff.)

4.3 Normenkontrollverfahren

Abgesehen von Art. 126, der inzwischen keinen Anwendungsbereich mehr hat, kennt das Grundgesetz zwei Arten von Normenkontrollverfahren :

4.3.1 ABSTRAKTES NORMENKONTROLLVERFAHREN, Art. 93 I Nr. 2, 2 a, §§ 13 Nr. 6, 76 ff.

786

> *Art. 93 I Nr. 2 : „Das Bundesverfassungsgericht entscheidet bei Meinungsverschiedenheiten oder Zweifeln über die förmliche und sachliche Vereinbarkeit von Bundesrecht oder Landesrecht mit dem Grundgesetz oder die Vereinbarkeit von Landesrecht mit sonstigem Bundesrechte auf Antrag der Bundesregierung, einer Landesregierung oder eines Drittels der Mitglieder des Bundestages;"*

Art. 93 I Nr. 2 hat sich als wichtiges Kontrollinstrument der Länder einerseits und der Opposition andererseits erwiesen. Zu den Zulässigkeitsvoraussetzungen :

(1) Wer parteifähig ist, ist in der Vorschrift genannt.

(2) „Meinungsverschiedenheiten oder Zweifel" : Was das bedeutet, regelt § 76 enger als Art. 93 I Nr. 2 selbst und kann deswegen nicht abschließend sein. § 76 braucht deshalb neben Art. 93 I Nr. 2 im Grunde nicht geprüft werden (Sachs/Sturm Rn 48; Schlaich Rn 122).

(3) „Bundes- oder Landesrecht" meint Rechtsnormen jeder Rechtsqualität, also Gesetze, Rechtsverordnungen oder Satzungen, nicht jedoch Verwaltungsvorschriften (BVerfGE 12, 199). Eine präventive Kontrolle lässt Art. 93 I Nr. 2 nicht zu. Deshalb

muss die Rechtsnorm existent, also zumindest bereits verkündet, nicht notwendig aber bereits in Kraft getreten sein (Benda/Klein Rn 659 m.w.N.).

(4) Ein konkreter Anwendungsstreit oder ein konkretes Rechtsschutzinteresse ist nicht notwendig (BVerfGE 1, 219). Deswegen heißt es „abstraktes" Normenkontrollverfahren.

> *Art. 93 I Nr.2 a : „Das Bundesverfassungsgericht entscheidet bei Meinungsverschiedenheiten, ob ein Gesetz den Voraussetzungen des Artikels 72 Abs. 2 entspricht, auf Antrag des Bundesrates, einer Landesregierung oder der Volksvertretung eines Landes;"*

Die 1994 in Art. 93 eingefügte Nr. 2 a soll die gerichtliche Überprüfbarkeit der 1994 schärfer gefassten Bedürfnisklausel des Art. 72 II – die bis dahin als gerichtlich kaum nachprüfbare Ermessensnorm verstanden wurde (seit BVerfGE 2, 224 std. Rspr.) – verbessern. Sie steht gleichberechtigt neben der Nr. 2, kann also alternativ zu dieser geltend gemacht werden. Dabei ist sie zum einen enger als die Nr. 2, weil sie sich nur auf einen Aspekt des nachzuprüfenden Gesetzes bezieht, andererseits weiter, als auch der Bundesrat und die Landtage antragsberechtigt sind.

787 **4.3.2 KONKRETES NORMENKONTROLLVERFAHREN, Art. 100, §§ 13 Nr. 11, 80 ff.**

> *Art. 100 I : Hält ein Gericht ein Gesetz, auf dessen Gültigkeit es bei der Entscheidung ankommt, für verfassungswidrig, so ist das Verfahren auszusetzen und, wenn es sich um die Verletzung der Verfassung eines Landes handelt, die Entscheidung des für Verfassungsstreitigkeiten zuständigen Gerichtes des Landes, wenn es sich um die Verletzung dieses Grundgesetzes handelt, die Entscheidung des Bundesverfassungsgerichtes einzuholen. Dies gilt auch, wenn es sich um die Verletzung dieses Grundgesetzes durch Landesrecht oder um die Unvereinbarkeit eines Landesgesetzes mit einem Bundesgesetze handelt.*

Im Unterschied zu Art. 93 I Nr. 2, 2 a kommt bei dem „konkreten" Normenkontrollverfahren des Art. 100 darauf an, dass im zu entscheidenden Fall die Vorfrage der Gültigkeit einer Norm abzuklären ist. Voraussetzung der Zulässigkeit sind danach :

(1) Ein konkretes Gerichtsverfahren muss vor einem Gericht anhängig sein.

(2) Prüfungsgegenstand ist ein formelles und nachkonstitutionelles Gesetz. Formell ist es, wenn es vom Parlament erlassen ist. Um ein nachkonstitutionelles Gesetz handelt es sich zum einen, wenn es nach dem 23.5.1949 erlassen worden ist; zum anderen aber auch dann, wenn der Bundestag ein vorkonstitutionelles Gesetz „in seinen Willen aufgenommen", er also zum Ausdruck gebracht hat, dass es auch weiterhin angewandt werden soll, etwa wenn er es maßgeblich geändert hat (BVerfGE 48, 398). Der Gesetzesbegriff ist hier also enger als in Art. 93 I Nr. 2. Grund : Art. 93 I Nr. 2 dient der Klärung der Gültigkeit von Normen, Art. 100 dagegen soll nur den nachkonstitutionellen demokratischen Gesetzgeber schützen. Er soll „verhüten, dass jedes einzelne Gericht sich über den Willen des Bundes- oder Landesgesetzgebers hinwegsetzt, indem es die von ihnen beschlossenen Gesetze nicht anwendet" (BVerfG 63, 141).

3) Es kommt auf die Gültigkeit des Gesetzes bei der Entscheidung an. Die Entscheidung des Gerichts müsste also bei Gültigkeit der Norm anders ausfallen als bei ihrer Ungültigkeit (BVerfGE 79, 243).

(4) Das Gericht ist von der Verfassungswidrigkeit des Gesetzes überzeugt (BVerfGE 22, 378), weil es als Bundesgesetz mit dem Grundgesetz bzw. als Landesgesetz mit dem Grundgesetz oder mit einem Bundesgesetz unvereinbar ist.

Liegen diese Voraussetzungen vor, setzt das Gericht das Verfahren aus und legt die Entscheidung über die Gültigkeit des Gesetzes dem BVerfG zur Entscheidung vor. Dieses prüft nach den obigen Voraussetzungen die Zulässigkeit der Vorlage und gegebenenfalls dann – in gleichem Umfang wie bei Art. 93 I Nr. 2 – die Verfassungsmäßigkeit des Gesetzes (§§ 82, 78).

Grundfall mit Musterlösung zum konkreten Normenkontrollverfahren : Rn 1071 (1109 ff.)

4.4 Verfassungsbeschwerden

4.4.1 ALLGEMEINE VERFASSUNGSBESCHWERDE, Art. 93 I Nr. 4 a, §§ 8 a, 90 ff.

788

Art. 93 I Nr. 4 a : „Das Bundesverfassungsgericht entscheidet über Verfassungsbeschwerden, die von jedermann mit der Behauptung erhoben werden können, durch die öffentliche Gewalt in einem seiner Grundrechte oder in einem seiner in Artikel 20 Abs. 4, 33, 38, 101, 103 und 104 enthaltenen Rechte verletzt zu sein;"

Eine besondere Bedeutung unter den verfassungsgerichtlichen Zuständigkeiten spielt die Verfassungsbeschwerde. Sie macht ca. 96 % aller Verfahren des BVerfG aus. Pro Jahr werden i.d.R. über 5000 Beschwerden erhoben. Auch wenn die Erfolgsquote nur gering ist (2,6 %), hat sie dennoch im internationalen Maßstab eine eindeutige Vorbildfunktion. Vor allem ist sie die entscheidende Grundlage für die umfassende Rechtsprechung des BVerfG zu den Grundrechten, die von allen staatlichen Organen zu beachten ist. Deshalb – und wegen der hohen Relevanz in Prüfungsklausuren – soll auf die Verfassungsbeschwerde hier näher eingegangen werden. Geregelt ist sie in Art. 93 I Nr. 4 a und in §§ 90 ff.. Da § 90 I identisch ist mit Art. 93 I Nr. 4 a, ergeben sich alle Anforderungen an die Verfassungsbeschwerde aus dem BVerfGG.

Übersicht :

1. ZULÄSSIGKEIT

1.1 Beschwerdefähigkeit = Grundrechtsfähigkeit

1.2 Prozessfähigkeit = Grundrechtsmündigkeit

1.3 Beschwerdegegenstand = Akt öffentlicher Gewalt

1.4 Beschwerdebefugnis = Behauptung einer Grundrechtsverletzung

1.5 Erschöpfung des Rechtsweges

1.6 Subsidiarität

1.7 allgemeines Rechtsschutzbedürfnis

1.8 Form

1.9 Frist

2. ANNAHME ZUR ENTSCHEIDUNG

3. BEGRÜNDETHEIT

Staatsorgane : Bundesverfassungsgericht

1. ZULÄSSIGKEIT

789 **1.1 Beschwerdefähigkeit = Grundrechtsfähigkeit**

„Jedermann" kann die Verfassungsbeschwerde erheben (Art. 93 I Nr. 4 a, § 90 I). Da die Verfassungsbeschwerde sich auf Grundrechte und grundrechtsgleiche Rechte bezieht, ist die Beschwerdefähigkeit identisch mit der Grundrechtsträgerschaft (vgl. Rn 117 ff.).

790 **1.2 Prozessfähigkeit = Grundrechtsmündigkeit**

Die Prozessfähigkeit ist identisch mit der Grundrechtsmündigkeit (Maunz/Schmidt-Bleibtreu/Klein/Ulsamer Rn 35), die bereits oben erläutert worden ist (vgl. Rn 128 ff.).

791 **1.3 Beschwerdegegenstand = Akt öffentlicher Gewalt**

Beschwerdegegenstand ist jeder Akt öffentlicher Gewalt (Art. 93 I Nr. 4 a, § 90 I), also – in Parallele zur Grundrechtsbindung nach Art. 1 III – der vollziehenden Gewalt, der Rechtsprechung und der Gesetzgebung.

Dabei kann Beschwerdegegenstand auch ein Unterlassen sein (§§ 92 I, 94 I, 95 I). Daher kann auch eine grundrechtliche Schutzpflicht (vgl. Rn 112 ff.) mit der VB durchgesetzt werden.

792 **1.4 Beschwerdebefugnis = Behauptung einer Grundrechtsverletzung**

Nach Art. 93 I Nr. 4 a, § 90 I muss der Beschwerdeführer behaupten, durch den Hoheitsakt „in einem seiner Grundrechte oder in einem seiner in Artikel 20 Abs. 4, 33, 38, 101, 103 und 104 enthaltenen Rechte verletzt zu sein". Dass es sich bei den Art. 20 IV ff. – mit der Ausnahme des Art. 101 – trotz der Formulierung in Art. 93 I Nr. 4 a, § 90 I ebenfalls um Grundrechte handelt, ist oben Rn 89 klargestellt worden.

„Behaupten" bedeutet, dass die Grundrechtsverletzung möglich sein muss (BVerfGE 85, 205). Es gelten also ähnliche Grundsätze wie bei der Klagbefugnis des § 42 II VwGO. Nach dem Vortrag des Beschwerdeführers muss es also als möglich erscheinen, dass er selbst, gegenwärtig, unmittelbar und ggf. spezifisch in einem Grundrecht verletzt ist.

793 **1.4.1 Behauptung einer *eigenen* Grundrechtsverletzung**

Der Beschwerdeführer muss möglicherweise in einem *eigenen* Grundrecht verletzt sein. Eine Popularbeschwerde zugunsten Dritter oder der Allgemeinheit ist also nicht zulässig (BVerfGE 79, 14).

794 **1.4.2 Behauptung einer *gegenwärtigen* Grundrechtsverletzung**

Der Beschwerdeführer muss schon oder noch betroffen sein. Gegen künftige Grundrechtsverletzungen ist eine Verfassungsbeschwerde also nicht zulässig (BVerfGE 60, 371). Das Gleiche gilt für vergangene Verletzungen, soweit sie abgeschlossen sind, nicht aber wenn sie beeinträchtigende Folgewirkungen erzeugen (BVerfGE 15, 230) oder eine Wiederholungsgefahr besteht (BVerfGE 56, 106).

Beispiele : Ist ein Verwaltungsakt wegen seiner Grundrechtswidrigkeit aufgehoben worden, beschwert er den Adressaten nicht mehr gegenwärtig (BVerfGE 11, 338). Das Ingenieurgesetz, das den Absolventen bestimmter Ausbildungsgänge das Recht abspricht, die Berufsbezeichnung „Ingenieur" zu führen, beschwert auch schon gegenwärtig die in diesen Ausbildungsgängen Befindlichen (BVerfGE 26, 251).

1.4.3 Behauptung einer *unmittelbaren* Grundrechtsverletzung

795

Diese Voraussetzung ist relevant bei Verfassungsbeschwerden gegen Rechtsnormen. Sie fehlt, wenn nicht die angegriffene Rechtsnorm selbst, sondern erst ein auf sie gestützter Vollzugsakt in das Grundrecht eingreift (BVerfGE 70, 50).

Beispiele : Das gesetzliche Verbot, einen bestimmten Beruf ohne Zulassung auszuüben, beschwert unmittelbar (BVerfGE 1, 270), ebenso das Ladenschlussgesetz, die Verkehrsregelungen der StVO oder die Vorschriften des Wettbewerbs- und Urheberrechts.

Eine mittelbare Beschwer liegt dagegen z.B. vor bei den Regelungen der GewO über den Entzug von Erlaubnissen, da dieser erst begriffsnotwendig durch eine Rücknahmeverfügung erfolgt; ebenso bei der Steuerpflicht nach dem EkStG, da diese üblicherweise erst durch einen Steuerbescheid konkretisiert wird.

In diesen Fällen soll der Beschwerdeführer den Vollzugsakt abwarten und gegen ihn den Rechtsweg nach § 90 II beschreiten. Dort kann er die Verfassungswidrigkeit der Norm geltend machen und auf einen Vorlageschluss des Gerichts nach Art. 100 I hoffen. Anderenfalls muss er den Rechtsweg erschöpfen und danach die Verfassungsbeschwerde erheben. Das BVerfG kann jedoch analog § 90 II 2 (s.u. Rn 797), also insbesondere bei allgemeiner Bedeutung, von dem Erfordernis der Unmittelbarkeit absehen. Beispiel : BVerfGE 65, 38 (Volkszählung).

1.4.4 Behauptung einer *spezifischen* Grundrechtsverletzung

796

Diese Voraussetzung ist relevant bei Verfassungsbeschwerden gegen Gerichtsurteile und gegen Hoheitsakte, die durch Gerichtsurteil überprüft worden sind. Der Grund : Nur ein in vollem Umfang rechtmäßiger Hoheitsakt kann ein Grundrecht rechtmäßig einschränken. Leidet ein Verwaltungsakt an irgendeinem Rechtsfehler - und sei dieser noch so „harmlos" - so verletzt er immer das jeweils betroffene Grundrecht (vgl. Rn 156). Viele Grundrechtsverletzungen ergeben sich nun daraus, dass Verstöße gegen „einfaches" Recht vorliegen, also etwa gegen Zuständigkeits- oder Verfahrensanforderungen oder weil der Tatbestand der Ermächtigungsgrundlage nicht vorliegt (z.B. der zu Freiheitsstrafe Verurteilte die Straftat gar nicht begangen hat). Die Überprüfung solcher Verstöße gegen einfaches Recht ist aber nicht Aufgabe des BVerfG, es ist Verfassungsgericht, aber nicht eine zusätzliche „Superberufungs- bzw. Superrevisionsinstanz" der anderen Gerichtsbarkeiten ist (ausführlich dazu Zuck Rn 471 ff.). Das BVerfG überprüft Urteile und Hoheitsakte, die durch Urteil überprüft worden sind, daher nur im Hinblick auf spezifische Grundrechtsverstöße, die von dem Beschwerdeführer schon im Rahmen der Zulässigkeit der Verfassungsbeschwerde geltend gemacht werden müssen :

- Sind in dem gerichtlichen Verfahren selbst Grundrechte oder grundrechtsgleiche Rechte verletzt worden ? Beispiel : Nichtgewährung rechtlichen Gehörs entgegen Art. 103 I.
- Ist die Ermächtigungsgrundlage selbst verfassungswidrig ?
- Hat das Gericht nicht erkannt, dass Grundrechte anzuwenden waren ?
- Hat das Gericht die Bedeutung oder den Inhalt (Schutzbereich, Schranken) eines Grundrechts grundsätzlich falsch beurteilt ? BVerfG NJW 86, 1533: Hat das Gericht "Auslegungsfehler erkennen lassen, die auf einer grundsätzlich unrichtigen Auffassung von der Bedeutung eines Grundrechts beruhen ?"
  Beispiel : Das Gericht legt den Begriff „Wohnung" in einem Eingriffsgesetz im Sinne des engen allgemeinen Sprachgebrauchs, nicht aber im weiten Sinn des Art. 13 aus.
- Ist ein Grundrecht bei einer Güterabwägung (insbesondere bei der Prüfung der Verhältnismäßigkeit oder der Klärung immanenter Schranken) nicht richtig berücksichtigt worden ?
  Beispiel : Ein Gericht verhängt eine hohe Haftstrafe, obwohl das Vergehen nicht entsprechend schwerwiegend ist.

1.5 Erschöpfung des Rechtsweges

> § 90 II : „Ist gegen die Verletzung der Rechtsweg zulässig, so kann die Verfassungsbeschwerde erst nach Erschöpfung des Rechtswegs erhoben werden. Das Bundesverfassungsgericht kann jedoch über eine vor Erschöpfung des Rechtswegs eingelegte Verfassungsbeschwerde sofort entscheiden, wenn sie von allgemeiner Bedeutung ist oder wenn dem Beschwerdeführer ein schwerer und unabwendbarer Nachteil entstünde, falls er zunächst auf den Rechtsweg verwiesen würde."

Zu den Voraussetzungen des Satzes 1 :

- *Rechtsweg* ist jedes gesetzlich geregelte Verfahren der Anrufung eines Gerichts (BVerfGE 67, 170). Erfasst sind also nicht nur die Erhebung einer Klage und die Einlegung von Rechtsmitteln wie Berufung und Revision, sondern auch alle anderen Verfahren.

    Beispiele : die Verfahren des vorläufigen Rechtsschutzes wie z.B. nach den §§ 80 V, 123 VwGO (Pieroth/Schlinck Rn 1151), die Wiedereinsetzung in den vorigen Stand (BVerfGE 42, 257), die Wiederaufnahme des Verfahrens (BVerfG NJW 1992, 1030) oder das verwaltungsgerichtliche Normenkontrollverfahren nach § 47 VwGO (BVerfGE 70, 54)

- Ein Rechtsweg ist nicht *zulässig* bei Verfassungsbeschwerden gegen formelle Gesetze und gegen Rechtsverordnungen und Satzungen, die wegen fehlender landesrechtlicher Regelung nicht der Normenkontrolle nach § 47 VwGO unterliegen.

- *„Erschöpfung"* des Rechtsweges bedeutet zum einen, dass der Beschwerdeführer alle prozessualen Möglichkeiten ergriffen hat, um den vermeintlichen Grundrechtsverstoß zu beseitigen (BVerfGE 80, 45).

    Beispiele : Der Beschwerdeführer darf einen Rechtsbehelf nicht versäumt haben (BVerfGE 1, 13). Ist er mit einem Hauptantrag gescheitert und besteht die Möglichkeit, die Grundrechtsbeeinträchtigung durch einen Hilfsantrag zu beseitigen, so muss dieser gestellt und verfolgt werden (BVerfGE 78, 68).

Zu den Ausnahmen des Satzes 2 :

- *„Von allgemeiner Bedeutung"* ist eine Verfassungsbeschwerde, wenn sie „grundsätzliche verfassungsrechtliche Fragen" aufwirft (BVerfGE 19, 289) oder „wenn die zu erwartende Entscheidung über den Einzelfall hinaus Klarheit in einer Vielzahl gleichgelagerter Fälle" schafft (BVerfGE 68, 185).

    Beispiel : „Die Klärung ... betrifft eine Vielzahl von Fällen und hat erheblichen Einfluss auf den Wiederaufbau der Wirtschaft in den neuen Bundesländern. Solange die Eigentumsverhältnisse nicht feststehen, ist eine sinnvolle Verwertung der ehemals enteigneten Objekte erheblich beeinträchtigt. ... Eine Vorabentscheidung .. schafft insoweit eine im allgemeinen Interesse liegende Klarheit" (BVerfGE 84,116). Weitere Beispiele : E 93, 338; NJW 1996, 701.

- *„oder wenn dem Beschwerdeführer ein schwerer und unabwendbarer Nachteil entstünde, wenn er zunächst auf den Rechtsweg verwiesen würde"*. Anwendungsfälle für ein aus diesem Grund erfolgtes Absehen von der Erschöpfung Rechtsweges sind heute „nicht mehr vorstellbar" (Lechner-Zuck Rn 148), seit § 93 a II b vorsieht, dass eine Verfassungsbeschwerde zur Entscheidung anzunehmen ist, wenn *„wenn dem Beschwerdeführer durch die Versagung der Entscheidung zur Sache ein besonders schwerer Nachteil entsteht"*. Dass der Nachteil nach § 90 II auch unabwendbar sein muss, macht keinen Unterschied aus, da „unabwendbar" nur eine Tautologie zu „schwer" ist (Pestalozzi, DWiR 1992, 429).

- Auch wenn die Ausnahmen des S. 2 vorliegen, ist die Entscheidung, ob von der Notwendigkeit der vorherigen Erschöpfung des Rechtsweges abgesehen wird, eine Ermessentscheidung des Gerichts (BVerfGE 86, 26).

1.6 Subsidiarität

798

Dieser Aspekt geht über den der Rechtswegerschöpfung hinaus und besagt, dass in erster die Fachgerichte und u.U. auch andere staatliche Organe die Aufgabe haben, die Grundrechtsverletzung zu beseitigen. Nur wenn das in keiner Weise möglich war, ist die Verfassungsbeschwerde zulässig (BVerfG NVwZ-RR 2001, 209; Kreuder, NJW 2001, 1246).

Beispiel : Der Beschwerdeführer muss in dem gerichtlichen Verfahren alle Gesichtspunkte vorgetragen und alle nötigen Beweise angeboten haben, um der Klage unter dem Aspekt der Grundrechtsverletzung zum Erfolg zu verhelfen (BVerfG NJW 1990, 8235). Will er Verfassungsbeschwerde gegen eine Überwachung des Brief-, Post- und Fernmeldeverkehrs einlegen, muss er zuvor die G-10-Kommission anrufen (BVerfG NVwZ 1994, 367). Gegen einen unanfechtbaren Beschluss muss er eine Gegenvorstellung erhoben haben (BVerfGE 63, 79).

Eine genaue Abgrenzung des Grundsatzes der Subsidiarität gegenüber dem Erfordernis der Erschöpfung des Rechtsweges nach § 90 II 2 ist vielfach nicht möglich. Da die Rechtsfolgen beider Aspekte die gleichen sind, ist eine genaue Abgrenzung aber auch nicht von praktischer Bedeutung.

1.7 allgemeines Rechtsschutzbedürfnis

799

Dieses wird nur bedeutsam in den Fällen, in denen sich die Verfassungsbeschwerde gegen ein Unterlassen des Gesetzgebers richtet. Hier darf das BVerfG das Parlament nicht zum Erlass eines Gesetzes zwingen. Es kann jedoch die Verfassungswidrigkeit des Unterlassens einer gesetzlichen Regelung feststellen. Das aber auch nur bei einem offenkundigen Verstoß des Gesetzgebers gegen eine grundrechtliche Handlungspflicht (BVerfGE 54, 81). Nur wenn das möglich erscheint, liegt das allgemeine Rechtsschutzbedürfnis vor.

1.8 Form

800

Nach § 23 I ist die jeder Antrag, also auch die Verfassungsbeschwerde, schriftlich zu erheben, zu begründen und die Beweismittel zu benennen. Nach § 92 müssen in der Begründung das Recht, das verletzt sein soll und die Handlung oder Unterlassung des Organs oder der Behörde, durch die sich der Beschwerdeführer verletzt fühlt, bezeichnet sein.

1.9 Frist

801

Nach § 93 beträgt sie einen Monat ab Bekanntgabe der Entscheidung, bei einer Verfassungsbeschwerde gegen ein Gesetz oder sonstigen Hoheitsakt, gegen den ein Rechtsweg nicht offen steht, eine Jahr ab Inkrafttreten des Gesetzes oder Erlass des Hoheitsaktes.

2. ANNAHME ZUR ENTSCHEIDUNG, §§ 93 a - d

802

Das der Entlastung der Senate dienende Annahmeverfahren wurde bereits 1956 eingeführt, hat aber erst 1993 durch Art. 94 II 1 eine verfassungsrechtliche Grundlage erhalten. Seine Bedeutung ist im Laufe der Jahre immer mehr angewachsen. So wurden 1999 von den 4.789 Verfassungsbeschwerden 99,7 % von den – mit drei Richtern besetzten – Kammern und nur 0,3 % von den Senaten entschieden. Da bisher 97,4 % aller Verfassungsbeschwerden keinen Erfolg hatten, entscheiden die Kammern folglich auch über fast alle Zurückweisungen. Diese Entwicklung wird z.T. nicht nur kritisch gesehen (Lechner-Zuck vor § 93 a Rn 44ff.), sondern sogar für verfassungswidrig gehalten, da nach Art. 93 I Nr. 4 a das BVerfG, aber nicht eine Kammer des Gerichts angerufen werden kann (Lechner-Zuck vor § 93 a Rn 3).

Klausurhinweis : Die Voraussetzungen der Annahme können in einer Klausur in aller Regel nicht geprüft werden. Vielmehr ist daher grundsätzlich zu unterstellen, dass die Annahme erfolgt. Ist nur nach der Zulässigkeit und/oder Begründetheit einer Verfassungsbeschwerde gefragt, entfällt auch das, da das Annahmeverfahren nichts mit dem Problem zu tun hat, ob die Verfassungsbeschwerde zulässig oder begründet ist (Lechner-Zuck § 93 a Rn 4)

„§ 93 a (1) Die Verfassungsbeschwerde bedarf der Annahme zur Entscheidung.
(2) Sie ist zur Entscheidung anzunehmen,
 a) soweit ihr grundsätzliche verfassungsrechtliche Bedeutung zukommt,
 b) wenn es zur Durchsetzung der in § 90 Abs. 1 genannten Rechte angezeigt ist; dies kann auch der Fall sein, wenn dem Beschwerdeführer durch die Versagung der Entscheidung zur Sache ein besonders schwerer Nachteil entsteht."

„*Grundsätzliche verfassungsrechtliche Bedeutung*" i.S.d. Ziff. a) liegt vor, wenn die von der Verfassungsbeschwerde aufgeworfene Frage klärungsbedürftig und durch das BVerfG noch nicht geklärt ist oder aufgrund veränderter Verhältnisse erneut klärungsbedürftig ist und an der Klärung ein über den Einzelfall hinausgehendes Interesse besteht (BVerfG NJW 1994, 993). „*Angezeigt*" i.S.d. Ziff. b) ist die Annahme, wenn die geltend gemachte Grundrechtsverletzung besonders Gewicht hat, d.h. auf eine generelle Vernachlässigung von Grundrechten hindeutet, wegen ihrer Wirkung geeignet ist, von der Ausübung von Grundrechten abzuhalten, auf einer groben Verkennung des durch ein Grundrecht gewährten Schutzes beruht oder rechtsstaatliche Grundsätze erheblich verletzt (Lechner-Zuck Rn 26). Dass diese Voraussetzungen vom BVerfG nur selten bejaht werden, ergibt sich aus der hohen Zahl (ca. 97 %) der Nichtannahmen. Liegen die Voraussetzungen des § 93 a nicht vor, hat die jeweilige Kammer Ermessen, ob sie die Verfassungsbeschwerde ablehnt oder - im Fall des § 93 c – annimmt.

„§ 93 b Die Kammer kann die Annahme der Verfassungsbeschwerde ablehnen oder die Verfassungsbeschwerde im Falle des § 93 c zur Entscheidung annehmen. Im übrigen entscheidet der Senat über die Annahme.

§ 93 c (1) Liegen die Voraussetzungen des § 93 a Abs. 2 Buchstabe b vor und ist die für die Beurteilung der Verfassungsbeschwerde maßgebliche verfassungsrechtliche Frage durch das Bundesverfassungsgericht bereits entschieden, kann die Kammer der Verfassungsbeschwerde stattgeben, wenn sie offensichtlich begründet ist. Der Beschluss steht einer Entscheidung des Senats gleich. Eine Entscheidung, die mit der Wirkung des § 31 Abs. 2 ausspricht, dass ein Gesetz mit dem Grundgesetz oder sonstigem Bundesrecht unvereinbar oder nichtig ist, bleibt dem Senat vorbehalten."

Da die Voraussetzungen für Annahme nach § 93 c nur selten vorliegen und die Kammern ebenso die Annahmeentscheidung nach § 93 b S. 2 dem Senat überantworten, lehnen die Kammern in aller Regel die Annahme nach § 93 b ab. Hauptgründe : Die Verfassungsbeschwerde ist unzulässig oder offensichtlich unbegründet, ihr kommt keine grundsätzliche verfassungsrechtliche Bedeutung zu oder durch die Versagung der Entscheidung zur Sache entsteht dem Beschwerdeführer kein besonders schwerer Nachteil. Das Verfahren der Kammern regelt :

„§ 93 d (1) Die Entscheidung nach § 93 b und 93 c ergeht ohne mündliche Verhandlung. Sie ist unanfechtbar. Die Ablehnung der Annahme der Verfassungsbeschwerde bedarf keiner Begründung. ...(2) Die Entscheidungen der Kammer ergehen durch einstimmigen Beschluss. Die Annahme durch den Senat ist beschlossen, wenn mindestens drei Richter ihr zustimmen."

Trotz des Abs. 1 S. 2 werden die Ablehnungen in aller Regel – z.T. sehr ausführlich (z.B. EuGRZ 1994, 268 oder NJW 1999, 3399) – begründet. Es wird also weniger über die Nichtannahme, sondern in der Sache entschieden (Lechner-Zuck vor § 93 a Rn 3).

3. BEGRÜNDETHEIT

803

Ist die Verfassungsbeschwerde zulässig und zur Entscheidung angenommen, ist zu prüfen, ob sie begründet ist, d.h. die behauptete Grundrechtsverletzung tatsächlich vorliegt.

- Dabei ist zu beachten, dass das BVerfG bei Verfassungsbeschwerden gegen Urteile und gegen Hoheitsakte, zu denen Urteile ergangen sind, nur prüft, ob eine spezifische Grundrechtsverletzung vorliegt (s.o. Rn 796). Eine Verfassungsbeschwerde kann also – wenn sich der geltend gemachte Grundrechtsverstoß aus einem Verstoß gegen einfaches Recht ergibt – unbegründet sein, obwohl eine Grundrechtsverletzung vorliegt (s.o. Rn 796).
- Bei der Überprüfung ist das BVerfG nicht auf die Prüfung des Grundrechts beschränkt, das der Beschwerdeführer als verletzt rügt.
    Beispiel: Im Urteil NJW 1993, 1519 wurde Art. 5 I als verletzt gerügt, aber Art. 2 I geprüft.
- Zur Frage, welche Entscheidungen das BVerfG bei Begründetheit der Verfassungsbeschwerde trifft, s.u. Rn 808.

Grundfälle mit Musterlösungen zur Verfassungsbeschwerde: Rn 1068 (1077 ff.), 1069 (1092 ff.), 1070 (1103 ff.)
Weiterführende Literatur: siehe nach Rn 812

4.4.2 VERFASSUNGSBESCHWERDE VON GEMEINDEN, ART. 93 I NR. 4 b, §§ 90 ff. BVERFGG

804

Art. 93 I Nr. 4: „Das Bundesverfassungsgericht entscheidet über Verfassungsbeschwerden von Gemeinden und Gemeindeverbänden wegen Verletzung des Rechts auf Selbstverwaltung nach Artikel 28 durch ein Gesetz, bei Landesgesetzen jedoch nur, soweit nicht Beschwerde beim Landesverfassungsgericht erhoben werden kann;"

Für Verfassungsbeschwerden von Gemeinden gelten die Ausführungen zu Rn 789 ff. entsprechend mit dem Unterschied, dass Gemeinden sich nur auf ihr Recht auf Selbstverwaltung aus Art. 28 II berufen können.

4.5 Anklageverfahren

Auf zwei dieser Verfahren ist bereits an anderer Stelle eingegangen:

805

- Art. 18 S. 2: über die Verwirkung von Grundrechten auf Antrag des Bundestag, der Bundesregierung oder einer Landesregierung (§ 36 BVerfGG), siehe Rn 136 ff.
- Art. 21 II 2: über das Verbot von Parteien auf Antrag des Bundestages, des Bundesrates oder der Bundesregierung (§ 44 I BVerfGG), siehe Rn 601.

Die anderen sind bisher ohne konkrete Anwendung geblieben. Deshalb seien sie hier nur kurz erwähnt: Zum einen das Verfahren nach Art. 61 über die Anklage gegen den Bundespräsidenten wegen vorsätzlicher Verletzung des Grundgesetzes oder eines anderen Bundesgesetzes auf Antrag von zwei Dritteln der Mitglieder des Bundestages oder zwei Dritteln der Stimmen des Bundesrates; zum anderen das Verfahren nach Art. 98 II über die Entlassung eines Bundesrichters oder seine Versetzung in ein anderes Amt oder in den Ruhestand, wenn er gegen die Grundsätze des Grundgesetzes oder gegen die verfassungsmäßige Ordnung eines Landes verstoßen hat, mit 2/3-Mehrheit auf Antrag des Bundestages.

4.6 Wahlprüfungsverfahren

806 Nach Art. 41 II entscheidet das BVerfG über die Beschwerde gegen eine die Entscheidung des Bundestages zur Wahlprüfung oder zum Verlust der Bundestagsmitgliedschaft eines Abgeordneten. Im ersten Fall sind antragsberechtigt zum einen ein Wahlberechtigter, wenn dessen Einspruch vom Bundestag verworfen worden ist und sich seinem Antrag mindestens 100 Wahlberechtigte anschließen, eine Fraktion oder eine Minderheit von zumindest 10 % der Abgeordneten des Bundestages. Im zweiten Fall ist antragsberechtigt der Abgeordnete, dessen Mitgliedschaft bestritten wird. Der Antrag ist binnen eines Monats nach der Entscheidung des Bundestages zu erheben und zu begründen (§ 48).

4.7 durch Bundesgesetz zugewiesene Streitigkeiten

807 Nach Art. 93 II ist das BVerfG auch für ihm durch Bundesgesetz zugewiesene Streitigkeiten zuständig. Dabei handelt es sich um:

- § 105 BVerfGG : die - mit 2/3-Mehrheit zu treffende - Ermächtigung des Bundespräsidenten, einen Richter des Bundesverfassungsgerichts in den Ruhestand zu versetzen oder zu entlassen

- § 33 I PartG : die Feststellung, ob eine Organisation eine Ersatzorganisation einer verbotenen Partei ist

- § 50 VwGO : öffentlich-rechtliche Streitigkeiten zwischen Bund und Ländern und zwischen verschiedenen Ländern über Klagen gegen vom Bundesinnenminister ausgesprochene Vereinsverbote und über Klagen gegen den Bund, denen dienstrechtliche Vorgänge im Bereich des Bundesnachrichtendienstes zugrunde liegen, auf Antrag des Bundesverwaltungsgerichts, wenn es die Streitigkeit für eine solche verfassungsrechtlicher Art hält.

- § 39 II 2, 3 SGG : öffentlich-rechtliche Streitigkeiten zwischen Bund und Ländern und zwischen verschiedenen Ländern auf Antrag des Bundessozialgerichts, wenn es die Streitigkeit für eine solche verfassungsrechtlicher Art hält.

- § 26 III EuropawahlG : die Beschwerde gegen eine Wahlprüfungsentscheidung des Bundestages auf Antrag des Abgeordneten, dessen Mitgliedschaft bestritten wird, eines Wahlberechtigten, wenn dessen Einspruch vom Bundestag verworfen worden ist und sich seinem Antrag mindestens 100 Wahlberechtigte anschließen oder einer Gruppe von zumindest 8 Abgeordneten des Europäischen Parlaments aus der Bundesrepublik Deutschland.

5. INHALT UND WIRKUNG DER ENTSCHEIDUNGEN

5.1 Inhalt der Entscheidungen

808 Diese sind im BVerfGG in den einzelnen Abschnitten zu den einzelnen Verfahrensarten jeweils am Ende geregelt (§§ 39 ff., 46, 56, 59, 62, 67, 69, 72, 74, 78, 82, 89, 95). Besonders hingewiesen werden soll hier nur auf die Entscheidungen in den wichtigsten Verfahrensarten für den Fall, dass das BVerfG den jeweiligen Antrag für begründet hält.

- In den Organstreitverfahren nach Art. 93 I Nr. 1, 3 : Hier stellt das BVerfG in seiner Entscheidung fest, ob die beanstandete Maßnahme oder Unterlassung gegen eine Bestimmung des Grundgesetzes verstößt und klärt ggf. die für diese Feststellung einschlägige Rechtsfrage (§ 67).
- Im Organstreitverfahren nach Art. 93 I Nr. 4 : Hier stellt das BVerfG „die Zulässigkeit oder Unzulässigkeit einer Maßnahme, die Verpflichtung des Antragsgegners, eine Maßnahme zu unterlassen, rückgängig zu machen, durchzuführen oder zu dulden, oder die Verpflichtung, eine Leistung zu erbringen", fest (§ 72).
- Im abstrakten Normenkontrollverfahren nach Art. 93 I Nr. 2 : Hier erklärt das BVerfG das Gesetz „für nichtig" (§ 78).
- Im konkreten Normenkontrollverfahren nach Art. 100 : Hier entscheidet das BVerfG „nur über die Rechtsfrage" (§ 81), d.h. über die Vereinbarkeit der den Gegenstand der Vorlage bildenden gesetzlichen Vorschrift mit dem Grundgesetz. Die Entscheidung hat Gesetzeskraft (§ 31 II).
- Bei einer Verfassungsbeschwerde nach Art. 93 I Nr. 4 a, b : Hier stellt das BVerfG fest, welche Vorschrift des Grundgesetzes und durch welche Handlung oder Unterlassung verletzt wurde. Es kann zugleich aussprechen, dass auch jede Wiederholung der beanstandeten Maßnahme das Grundgesetz verletzt (§ 95 I). Im übrigen ist zu differenzieren :

  ➢ Wird der Verfassungsbeschwerde gegen eine Entscheidung (Urteil, Verwaltungsakt usw.) stattgegeben, so hebt das BVerfG diese auf. Bei vorheriger Erschöpfung des Rechtsweges verweist es die Sache an ein zuständiges Gericht zurück (§ 95 II).

  ➢ Wird der Verfassungsbeschwerde gegen ein Gesetz stattgegeben, so erklärt das BVerfG nach § 95 III das Gesetz „für nichtig". Das gleiche gilt nach § 95 III, wenn der Verfassungsbeschwerde gemäß § 95 II stattgegeben wird, weil die aufgehobene Entscheidung auf einem verfassungswidrigen Gesetz beruht. Das BVerfG stellt jedoch zum Teil auch, ohne das Gesetz für nichtig zu erklären, nur seine Unvereinbarkeit mit dem Grundgesetz fest. Damit soll in besonders gelagerten Fällen dem Gesetzgeber eine - i.d.R. vom BVerfG vorgegebene - Zeit für eine Neuregelung gegeben und für den Zeitraum bis zu dieser Neuregelung rechtlose oder sonst unhaltbare Zustände vermieden werden : „Es entspricht der Rechtsprechung des Bundesverfassungsgerichts, durch seine Entscheidungen keinen Zustand herbeizuführen, der mit der Verfassung noch weniger vereinbar wäre als der gegenwärtige" (BVerfG DVBl 92, 764).

5.2 Bindung der Entscheidungen

Die Entscheidungen des BVerfG binden die Verfassungsorgane des Bundes und der Länder sowie alle Gerichte und Behörden (§ 31 I). In den Fällen, in denen es ein Gesetz für nichtig erklärt, hat die entsprechende Entscheidung sogar Gesetzeskraft. Als Folge davon ist die Entscheidungsformel der Entscheidung im Bundesgesetzblatt zu veröffentlichen (§ 35 II).

5.3 Vollstreckung der Entscheidungen

Das BVerfG kann in seinen Entscheidungen bestimmen, wer sie vollstreckt. Es kann auch im Einzelfall die Art und Weise der Vollstreckung regeln (§ 35). Das BVerfG hat jedoch keine eigenen Möglichkeiten der Vollstreckung und ist insoweit auf die Loyalität anderer Staatsorgane angewiesen.

5.4 Kosten der Entscheidungen

811 Die Verfahren vor dem Bundesverfassungsgericht sind grundsätzlich kostenfrei. Stellt jedoch eine Verfassungsbeschwerde oder ein Wahlprüfungsantrag einen Missbrauch dar, kann eine Gebühr bis 5.000 DM auferlegt werden (§ 34 II). Missbrauch liegt vor, wenn das Verfahren ganz offensichtlich unzulässig oder unbegründet ist. Zu den Dimensionen : Von 1990 bis 1999 wurden solche Gebühren bei etwa 0,5 % aller Verfassungsbeschwerden erhoben.

812

6. BILANZ (Eingänge 1951 – 1999)	Zahl	Prozent aller Eingänge
Verwirkung von Grundrechten, Art 18[1]	4	0,003
Verfassungswidrigkeit von Parteien, Art. 21 II[2]	5	0,004
Wahl- und Mandatsprüfung, Art. 41 II	138	0,108
Präsidentenanklage, Art. 61	-	0,000
Organstreit, Art. 93 I Nr. 1	128	0,100
Abstrakte Normenkontrolle, Art. 93 I Nr. 2	140	0,110
Bund-Länder-Streit, Art. 93 I Nr. 3, 84 IV 2	33	0,025
andere öffentlich-rechtliche Streitigkeiten, Art. 93 I Nr. 4	73	0,057
Verfassungsbeschwerden, Art. 93 I Nr. 4 a, b[3]	122.257	96,136
durch Bundesgesetz zugewiesene Fälle, Art. 93 II	6	0,005
Richteranklage, Art. 98 II, V	-	0,000
Verfassungsstreitigkeiten innerhalb eines Lande, Art. 99	20	0,016
Konkrete Normenkontrolle, Art. 100 I	3.121	2,454
Nachprüfung von Völkerrecht, Art. 100 II	15	0,011
Vorlagen von Landesverfassungsgerichten, Art. 100 III	8	0,006
Fortgeltung von Recht als Bundesrecht, Art. 126[4]	151	0,119
Summe aller Verfahren	127.171	

Quelle : http://www.bundesverfassungsgericht.de

---

[1] Alle Anträge blieben ohne Erfolg.
[2] Verboten wurden die SRP 1953 und die KPD 1956.
[3] Die Erfolgsquote betrug lediglich 2,6 %. 96 % aller Verfassungsbeschwerden wurden von Kammern (bis 1985 : Vorprüfungsausschüssen) entschieden und nur 4 % von den Senaten. Diese – auf den gesamten obigen Zeitraum bezogene - Zahl hat sich seit Beginn der neunziger Jahre drastisch erhöht : So wurden z.B. 1999 von den 4.789 Verfassungsbeschwerden 99,7 % von den Kammern und nur 0,3 % von den Senaten entschieden.
[4] Alle vor 1985

Repetitorium zum BVerfG : Rn 1057

Grundfälle mit Musterlösungen :
- zur Verfassungsbeschwerde : Rn 1068 (1077), 1069 (1078), 107 (1079)
- zum konkreten Normenkontrollverfahren : Rn 1071(1080)
- zum Organstreitverfahren : Rn 1072 (1081)
- zum Bund-Länder-Streitverfahren : Rn 1073 (1082)

Weiterführende Literatur zum BVerfG allgemein :
- *Kommentare* : Lechner/Zuck, Kommentar zum BVerfGG; Maunz/Schmidt- Bleibtreu/Klein, Kommentar zum BVerfGG, Loseblatt-Kommentar
- *Lehrbücher/Monographien* : Pestalozza Verfassungsprozessrecht, 3. Aufl. 1991; Robbers, Verfassungsprozessuale Probleme in der öffentlich-rechtlichen Arbeit, 1996, 4. Aufl. 1996; Schlaich, Das Bundesverfassungsgericht, 4. Aufl. 1997, 610; Großfeld, Zur Stellung des Bundesverfassungsgerichts im Grundgesetz, NJW 1998, 3544; Säcker, Das Bundesverfassungsgericht, 5. Aufl. 1999; Böckenförde, Verfassungsgerichtsbarkeit : Strukturfragen, Organisation, Legitimation, NJW 1999, 9
- *Aufsätze* : Zuck, Der Zugang zum BVerfG, NJW 1993, 2641; Schnapp/Henkenötter, Zur Bindungswirkungen der Entscheidungen des BVerfG, JuS 1994, 121; Heun, Richtervorlagen in der Rechtsprechung des BVerfG, AöR 122 (1997); Stüwe, Die Opposition im Bundestag und das BVerfG, 1997; Brohm, Die Funktion des Bundesverfassungsgerichts – Oligarchie in der Demokratie ?, NJW 2000,1; Lamprecht, Ist das Bundesverfassungsgericht noch gesetzlicher Richter ?, NVwZ 2001, 419

Weiterführende Literatur speziell zur Verfassungsbeschwerde :
- *Lehrbücher/Monographien* : Zuck, Das Recht der Verfassungsbeschwerde, : 2. Aufl. 1988, Dörr, Die Verfassungsbeschwerde in der Prozesspraxis, 2. Aufl. 1997
- *Aufsätze* : Posser, Die Subsidiarität der Verfassungsbeschwerde, 1993; Warmke, Die Subsidiarität der Verfassungsbeschwerde, 1993; Klein, Konzentration durch Entlastung , NJW 1993, 2073; Benda, Kammermusik, NJW 1975, 429; Sendler, Kammermusik II, NJW 1995, 3291; Seegmüller, Praktische Probleme des Verfassungsbeschwerdeverfahrens, DVBl 1999, 758; Kreuder, Praxisfragen zur Zulässigkeit der Verfassungsbeschwerde, NJW 2001, 1243

Internet : http://www.bundesverfassungsgericht.de

TEIL 5
NOTSTANDSVERFASSUNG

813 Die 1968 nach heftigen innenpolitischen Kontroversen verabschiedete sogenannte "Notstandsverfassung" ist nicht etwa, wie diese üblich gewordene Bezeichnung vermuten lassen könnte, eine eigenständige Verfassung, sondern eine umfassende Änderung bzw. Ergänzung des Grundgesetzes. Ihr Ziel ist es, die staatlichen Organe in die Lage zu versetzen, auf Situationen eines äußeren oder inneren Notstandes adäquat reagieren zu können.

1. ÄUSSERER NOTSTAND

1.1 Spannungsfall (Art. 80 a)

814 Der Spannungsfall ist im Grundgesetz nirgends definiert. Man kann unter ihm einen Zustand erhöhter internationaler Spannungen verstehen, der eine erhöhte Verteidigungsbereitschaft erforderlich macht (Hesse Rn 744). Er kann auf zweierlei Weise in rechtsverbindlicher Weise festgestellt werden :

- vom Bundestag mit einer Mehrheit von zwei Dritteln der anwesenden Stimmen (I 2)
- von „einem internationalen Organ im Rahmen eines Bündnisvertrages" (also insbesondere der NATO) mit Zustimmung der Bundesregierung (III 1)

Die Folgen der Feststellung des Spannungsfalles sind insbesondere :

- Die bereits beschlossenen Sicherstellungsgesetze für Arbeit, Ernährung, Wirtschaft, Wasser und Verkehr treten gemäß Art. 80 a in Kraft.
- Beschränkungen der Berufsfreiheit können erfolgen (Art. 12 a V, VI).
- Die Bundeswehr kann zum Schutz ziviler Objekte eingesetzt werden (Art. 87 a III).

Der Bundestag kann nach Art. 80 a I auch, ohne den Spannungsfall festzustellen, der Anwendung von Notstandsrecht besonders zustimmen. Sinn ist, den spektakulären Schritt der Feststellung des Spannungsfalles zu vermeiden und zunächst mit kleineren Schritten zu versuchen, die Spannungssituation in den Griff zu bekommen.

1.2 Verteidigungsfall

815 Er liegt vor, wenn „ *das Bundesgebiet mit Waffengewalt angegriffen wird oder ein solcher Angriff unmittelbar bevorsteht"* (Art. 115 a I).

Rechtsverbindlich festgestellt wird er

- auf Antrag der Bundesregierung mit Zustimmung des Bundesrates durch den Bundestag mit einer Mehrheit von zwei Dritteln der abgegebenen Stimmen, mindestens der Mehrheit der Mitglieder des Bundestages,
- notfalls durch den Gemeinsamen Ausschuss (von Bundestag und Bundesrat, vgl. Art. 53 a) - mit einer Mehrheit von zwei Dritteln der abgegebenen Stimmen, mindestens der Mehrheit seiner Mitglieder.

Die Folgen der Feststellung des Verteidigungsfalles sind insbesondere :

- Zuständigkeitserweiterungen für

  - den Bundestag (Art. 115 c)

- die Bundesregierung (Art. 115 f)
- den Bundeskanzler (Art. 115 b),
- Verfahrensvereinfachungen im Gesetzgebungsverfahren (Art. 115 d),
- die Einrichtung eines Notparlaments (Art. 115 e, 53 a),
- der Ausschluss von Neuwahlen (Art. 115 h)
- besondere Einschränkungen von Grundrechten
  - Art. 115 c : Eigentum, Freiheit
  - Art. 10 II : Brief-, Post- und Fernmeldegeheimnis
  - Art. 11 II : Freizügigkeit
  - Art. 12 a III, IV, VI : Berufsfreiheit

2. Innerer Notstand

Noch nicht als inneren Notstand, sondern als gesteigerte Amtshilfe (v.Münch StR Rn 246), bezeichnet man die Regelung des Art. 35 I. Danach kann ein Land zur Aufrechterhaltung oder Wiederherstellung der öffentlichen Sicherheit und Ordnung in „Fällen von besonderer Bedeutung" Kräfte und Einrichtungen des Bundesgrenzschutzes anfordern, wenn die Polizei ohne diese Unterstützung eine Aufgabe nicht oder nur unter erheblichen Schwierigkeiten erfüllen könnte (Beispiel etwa : unfriedliche Großdemonstrationen). 816

Beim eigentlichen inneren Notstand sind zwei Situationen zu unterscheiden :

2.1 „drohende Gefahr für den Bestand oder die freiheitliche demokratische Grundordnung des Bundes oder eines Landes" 817

Hier kann

- ein Land „Polizeikräfte anderer Länder sowie Kräfte und Einrichtungen anderer Verwaltungen und des Bundesgrenzschutzes anfordern" (Art. 91 I),
- die Bundesregierung notfalls die Polizeien der Länder und den Bundesgrenzschutz einsetzen (vgl. im Einzelnen Art. 91 II),
- die Bundesregierung notfalls die Bundeswehr zum Schutz von zivilen Objekten und „bei der Bekämpfung organisierter und militärisch bewaffneter Aufständiger" einsetzen (vgl. im Einzelnen Art. 87 a IV).

2.2 „Naturkatastrophen und besonders schwere Unglücksfälle" 818

Beispiele : Flutkatastrophen, Großfeuer, Reaktorunglücke

Hier können die Länder nach Art. 35 II 2 Polizeikräfte anderer Länder, Kräfte und Einrichtungen anderer Verwaltungen sowie des Bundesgrenzschutzes und der Bundeswehr anfordern. Ist mehr als ein Land gefährdet, kann die Bundesregierung nach Art. 35 III den Landesregierungen die Weisung erteilen, Polizeikräfte anderen Ländern zur Verfügung zu stellen, sowie Einheiten des Bundesgrenzschutzes und der Bundeswehr zur Unterstützung der Polizeikräfte einsetzen.

Repetitorium : Rn 1058

TEIL 6
GRUNDZÜGE DES EUROPARECHTS

ABSCHNITT 1 :
EUROPARAT

819   Der Europarat ist die älteste und größte europäische Einrichtung. 1949 von 10 westeuropäischen Staaten gegründet, umfasst er mittlerweile 40 Mitglieder – von Portugal bis Russland und von Island bis zur Türkei.

Seine wichtigsten Organe sind :

- Das Ministerkomitee, das aus den Außenministern der Mitgliedsstaaten besteht. Es ist das Hauptentscheidungsorgan. Seine Beschlüsse sind für die Mitgliedsstaaten nur verbindlich, wenn diese sie in innerstaatliches Recht übernommen haben.
- Die Parlamentarische Versammlung, die aus Vertretern der nationalen Parlamente besteht. Sie verabschiedet allgemeine Entschließungen und richtet Empfehlungen an das Ministerkomitee.
- Der Europäische Gerichtshof für Menschenrechte, der über Verletzungen der Europäischen Menschenrechtskonvention zu entscheiden hat (s.u. Rn 823).

820   Die Zielsetzung des Europarats ergibt sich aus Art. 1 a seiner Satzung :

> *„Der Europarat hat zur Aufgabe, eine engere Verbindung zwischen seinen Mitgliedern zum Schutze und zur Förderung der Ideale und Grundsätze, die ihr gemeinsames Erbe bilden, herzustellen und ihren wirtschaftlichen und sozialen Fortschritt zu fördern."*

Zur Verwirklichung dieser Aufgabe hat sich der Europarat praktisch – mit Ausnahme der Verteidigung – mit allen Bereichen des Zusammenlebens in Europa beschäftigt. Seine Hauptarbeitsgebiete sind :

- Menschenrechte
- Massenmedien
- Soziale und ökonomische Probleme
- Bildung, Kultur und Sport
- Jugend
- Gesundheit
- Natur und bebaute Umwelt
- Gemeinden und Regionen
- Rechtliche Zusammenarbeit

821   Zu diesen Gebieten hat er Hunderte von internationalen Verträgen („Konventionen") beschlossen, die von den meisten Mitgliedern in Gesetzesform als innerstaatliches Recht übernommen worden sind und somit eine erhebliche Rechtsangleichung in Europa bewirkt haben (In Deutschland gelten sie nach Art. 59 II GG im Rang von Bundesrecht). Die bedeutsamste

Konvention ist die 1950 beschlossene Europäische Menschenrechtskonvention (EMRK) geworden. Sie wurde in den folgenden Jahren durch 11 Zusatzprotokolle ergänzt und 1998 – einschließlich der Protokolle - neu gefasst. Ihre Bedeutung liegt zum einen in der Anbindung aller europäischen Staaten an die europäische Menschenrechtstradition. Zum anderen ist sie mit zur Grundlage der Grundrechtsschutzes durch die Europäische Union geworden : Der Europäische Gerichtshof hat sie jeher in seiner Rechtsprechung herangezogen. Außerdem ist sie 1992 über Art. 6 II EUV auch formaler Bestandteil des Grundrechtsschutzes der Europäischen Union geworden (s.u. Rn 929). Die von ihr garantierten Grundrechte sind (einen vollständigen Abdruck der EMRK finden Sie in „Sartorius II", dem Kommentar von Golsong und im Internet unter http://www.europa.eu.int) :

Art. 2	Recht auf Leben (mit Einschränkungen)
Art. 3	Verbot von Folter, unmenschlicher oder erniedrigender Strafe oder Behandlung
Art. 4	Verbot der Sklaverei, Leibeigenschaft, Zwangs- oder Pflichtarbeit
Art. 5	Recht auf Freiheit vor Inhaftierungen (mit Einschränkungen)
Art. 6	Anspruch auf zeitlich angemessenen Rechtsschutz durch unabhängige Gerichte, Unschuldsvermutung, Rechte des Angeklagten auf wirksame Verteidigung
Art. 7	Verbot der Rückwirkung von Strafgesetzen
Art. 8	Schutz von Privat- und Familienleben, Wohnung und Briefverkehr (mit Einschränkungen)
Art. 9	Gedanken-, Gewissens- und Religions- und Weltanschauungsfreiheit (mit Einschränkungen)
Art. 10	Recht der freien Meinungsäußerung und Informationsfreiheit (mit Einschränkungen)
Art. 11	Versammlungs- und Vereinsfreiheit (mit Einschränkungen)
Art. 12	Recht der Eheschließung und Familiengründung
Art. 13	Recht auf Beschwerde bei einer nationalen Instanz bei Verletzung der Konvention
Art. 14	Verbot der Diskriminierung hinsichtlich der Wahrnehmung der Rechte der Konvention
Art. 15	zulässige Abweichungen von der Konvention im Notstandsfall
Art. 16	Verbot der Auslegung der Art. 10, 11 und 14 mit dem Ergebnis, dass die politische Tätigkeit von Ausländern Beschränkungen unterworfen wird.
Art. 17	Verbot von Maßnahmen, die auf Abschaffung oder Einschränkung der Konvention gerichtet sind
Art. 18	Verbot der missbräuchlichen Verwendung der in der Konvention vorgesehenen Einschränkungen
Art. 19	Errichtung des Europäischen Gerichtshofs für Menschenrechte (Regelung der Rechtsstellung der Richter und des Verfahrens der Anrufung des Gerichts ; Art. 20 – 53 (vgl. im Einzelnen unten Rn 823)

Protokoll Nr. 2 :

Art. 1	Schutz des Eigentums, Entzug des Eigentums nur, wenn das öffentliche Interesse es verlangt; Zulässigkeit der Regelung der Nutzung des Eigentums
Art. 2	Recht auf Bildung, Rücksichtnahme des Staates beider Wahrnehmung seines Bildungsauftrages auf die religiösen und weltanschaulichen Vorstellungen der Eltern

> **Protokoll Nr. 4 :**
> Art. 1 Verbot der Freiheitsentziehung wegen Nichterfüllung vertraglicher Pflichten
> Art. 2 Recht auf Freizügigkeit, Wohnsitzwahl und Ausreise (mit Einschränkungen)
> Art. 3 Verbot der Ausweisung eigener Staatsangehöriger, Einreisefreiheit für Staatsangehörige
> Art. 4 Verbot der Kollektivausweisung von Ausländern
>
> **Protokoll Nr. 6 :**
> Art. 1 Abschaffung der Todesstrafe
> Art. 2 Ausnahmen in Kriegszeiten und bei unmittelbarer Kriegsgefahr
>
> **Protokoll Nr. 7 :**
> Art. 1 verfahrensrechtliche Schutzvorschriften bei der Ausweisung von Ausländern
> Art. 2 Anspruch auf Rechtsmittel in Strafsachen
> Art. 3 Recht auf Entschädigung bei Fehlurteilen
> Art. 4 Recht, wegen derselben Tat nicht zweimal bestraft zu werden
> Art. 5 Gleichberechtigung der Ehegatten

822 Die EMRK ist von allen Mitgliedstaaten unterzeichnet worden, die Zusatzprotokolle dagegen nicht von allen. Man muss also, wenn man sich auf sie berufen will, klären, ob der betreffende Staat sie ratifiziert hat. Auch haben einige Staaten bei der Zustimmung zur EMRK Vorbehalte gemacht mit der Folge, dass die entsprechenden Teile für sie nicht gelten. Deutschland hat die EMRK und alle Zusatzprotokolle nach Art. 59 II GG durch Zustimmungsgesetz innerstaatlich wirksam gemacht. Die EMRK gilt in Deutschland somit als einfaches Bundesrecht. Einen Vorbehalt hat Deutschland gemacht : Art. 7 II EMRK darf nur in den Grenzen des Art. 103 II GG angewendet werden.

In anderen Mitgliedstaaten kann die EMRK einen anderen Rang haben : z.B. in Österreich und Griechenland den Rang von Verfassungsrecht oder in den Niederlanden einen Rang zwischen Verfassungs- und Gesetzesrecht.

Da die EMRK in Deutschland keinen Verfassungsrang besitzt, kann ihre Verletzung auch nicht mit einer Verfassungsbeschwerde zum BVerfG gerügt werden. Das BVerfG misst der EMRK jedoch eine Bedeutung für die Auslegung des Grundgesetzes zu :

> BVerfGE 74, 370 : „Bei der Auslegung des Grundgesetzes sind auch Inhalt und Entwicklung der Europäischen Menschenrechtskonvention in Betracht zu ziehen, sofern es nicht zu einer Einschränkung oder Minderung des Grundrechtsschutzes nach dem Grundgesetz führt..."

823 Zum Schutz der von der EMRK gewährten Grundrechte hat der Europarat den Europäischen Gerichtshof für Menschenrechte mit Sitz in Straßburg errichtet (Art. 19 EMRK). Er kann von jedem, der sich in einem dieser Grundrechte verletzt fühlt, aber auch von jedem Mitgliedstaat, angerufen werden. Eine Möglichkeit, seine Urteile zu vollstrecken, besitzt der Gerichtshof allerdings nicht. Struktur und Verfahren des Grundrechtsschutzes durch Gerichtshof sind seit 1998 völlig neu gestaltet worden (insbesondere ist die Kommission für Menschenrechte weggefallen) :[1,2]

---

[1] Einen Überblick über die früheren Regelungen gibt Schlette, Europäischer Menschenrechtsschutz nach der Reform der EMRK, JZ 1999, 219
[2] Artikel sind solche der EMRK

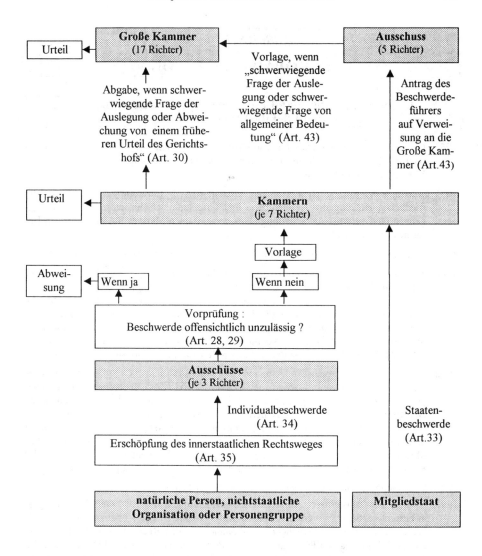

Urteile des EGMR werden in der Europäischen Grundrechte-Zeitschrift (EuGRZ), auch z.T. in anderen Zeitschriften abgedruckt. Internet : http://www.echr.coe.int (englisch, französisch)

Repetitorium : Rn 1059

Weiterführende Literatur : Golsong u.a., Internationaler Kommentar zur Europäischen Menschenrechtskonvention, Loseblatt; Staebe, Die Europäische Menschenrechtskonvention und ihre Bedeutung für die Bundesrepublik Deutschland, JA 1996, 75; Meyer-Ladewig, Ständiger Europäischer Gerichtshof für Menschenrechte in Straßburg, NJW 1998, 512; Eidenmüller, Die Überprüfung polizeilicher Maßnahmen durch den Europäischen Gerichtshof für Menschenrechte, NJW 1999, 762; Schlette, Europäischer Menschenrechtsschutz nach der Reform der EMRK, JZ 1999, 219; Peukert, Zur Reform des europäischen Systems zum Schutze der Menschenrechte, NJW 2000, 49; Bleckmann, Das europäische Demokratieprinzip, JZ 2001, 53; Wittinger, Die Einlegung einer Individualbeschwerde vor dem EGMR, NJW 2001, 1238

Internet : http://www.coe.int, http://www.echr.coe.int

ABSCHNITT 2 :
EUROPÄISCHE UNION

1. ENTWICKLUNG DER EUROPÄISCHEN GEMEINSCHAFTEN UND DER EUROPÄISCHEN UNION

824 1951 Gründung der Europäischen Gemeinschaft für Kohle und Stahl (EGKS, „Montanunion") durch Frankreich, Deutschland, Italien und die Benelux-Staaten zur Sicherung der Versorgung mit Kohle und Stahl

1957 Gründung der Europäischen Atomgemeinschaft (EAG, „Euratom") zur Förderung der friedlichen Nutzung der Kernindustrie und Gründung der Europäischen Wirtschaftsgemeinschaft (EWG) zur Schaffung eines gemeinsamen Marktes für alle sonstigen Bereiche der Wirtschaft

1968 Zollunion : Beseitigung der Binnenzölle, Einführung eines gemeinsamen Außenzolls

1986 Einheitliche Europäische Akte (EEA) : Errichtung des Europäischen Rats, neue Aufgaben für die EWG (Forschung, technologische Entwicklung, Umwelt, Zusammenarbeit in der Wirtschafts- und Währungspolitik), Festlegung eines Endtermins für die Vollendung der Binnenmarktes (31.12.1993), Erweiterung des Mehrheitsprinzips für Abstimmungen im Ministerrat, Erweiterung der Rechte des Europäischen Parlaments im Gesetzgebungsverfahren, Notwendigkeit der Zustimmung des Europäischen Parlaments zu Beitritten und Assoziierungen, Koordinierung der nationalen Außenpolitiken

1992 Vertrag über die Europäische Union (Vertrag von Maastricht) : Gründung der Europäischen Union, Unionsbürgerschaft, neue Ziele der EU (Zusammenarbeit in den Bereichen Justiz und Inneres, gemeinsame Außen- und Sicherheitspolitik), Bekenntnis zu Demokratie und Grundrechten, Änderung der „EWG" in „EG", neue Aufgaben der EG (Bildung, Kultur, Verbraucherschutz, transeuropäische Netze), Regelung der zweiten und dritten Stufe der Wirtschafts- und Währungsunion, neue Rechte des Parlaments : Mitentscheidung bei den neuen Aufgaben der EG und Zustimmung zur Ernennung der Kommission, Ausweitung des Mehrheitsprinzips für die Abstimmungen im Rat

1993 Vollendung des Binnenmarkts in den meisten Bereichen

1997 Vertrag von Amsterdam : zahlreiche Einzeländerungen des EU- und EG-Vertrages, insbesondere Sanktionsverfahren gegen Mitgliedsstaaten bei Verletzung der Grundrechte, Übernahme des Schengener Abkommens in den Rechtsrahmen der EU, Stärkung des Europäischen Polizeiamts (EUROPOL), Zuständigkeit der EU für Beschäftigungspolitik, stärkere Berücksichtigung des Umwelt-, Verbraucher- und Gesundheitsschutzes, Verbesserung der Außen- und Sicherheitspolitik, Erweiterung der Anwendungsbereiche des Mitentscheidungsverfahrens, weitgehende Reduzierung des Zusammenarbeitsverfahrens, Erweiterung des Anwendungsbereiches der qualifizierten Mehrheit im Rat, Zustimmung des Präsidenten der Kommission zur Ernennung der anderen Mitglieder der Kommission, Richtlinienkompetenz des Präsidenten der Kommission, Erweiterung der Zuständigkeiten des EuGH bzgl. Innen- und Rechtspolitik, Möglichkeit der engeren Zusammenarbeit einer Mehrheit von Mitgliedsstaaten

2000 Vertrag von Nizza : Vereinfachung der engeren Zusammenarbeit, Beschluss der Grundrechtscharta, Vorbereitung der Osterweiterung der EU : Veränderung der Stimmgewichtung und Erweiterung des Anwendungsbereiches der qualifizierten Mehrheit im Rat, Vertretung jedes Mitgliedsstaates in der Kommission mit je einem Mitglied ab 2005

Weiterführende Literatur : Müller-Brandeck-Bocquet, Der Amsterdamer Vertrag, Aus Politik und Zeitgeschichte B 47/97, S. 21 ff.; Pache, Der Vertrag von Amsterdam, NJW 1998, 705 ff.; Streinz, Der Vertrag von Amsterdam, EuZW 1998, 137 ff; Rohr, Der Vertrag der Europäischen Union von Amsterdam, DVP 1998, 229 ff; Pache/Schorkopf, Der Vertrag von Nizza, NJW 2001, 1377

2. STRUKTUR DER EUROPÄISCHEN UNION (EU)

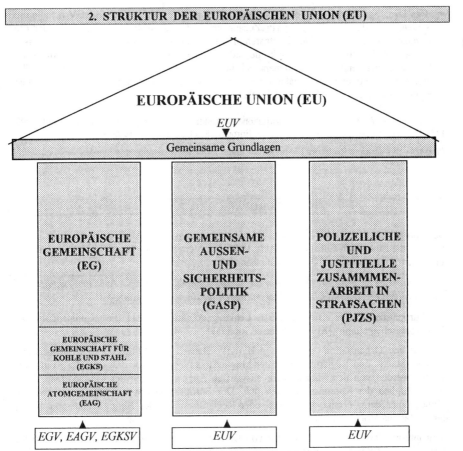

825

Die Struktur der EU ergibt sich aus der obigen 3-Säulen-Darstellung :
- Die erste Säule bildet vor allem die EG (früher „EWG"), daneben zur Zeit auch noch die EGKS und die EAG. Sie sind die „Grundlage der Union" (§ 1 EUV). Geregelt sind alle Fragen, die nur diese Säule betreffen, in den drei Gründungsverträgen, also dem EGV, dem EGKSV und dem EAGV (ergänzt durch zahlreiche Erklärungen und Protokolle). Über die vertraglichen Grundlagen hinaus sind die drei Gemeinschaften jedoch nicht zu unterscheiden, da sie gemeinsame Organe und einen gemeinsamen Haushalt besitzen. Die EGKS wird 50 Jahre nach ihrer Gründung, also 2002, in der EG aufgehen. Das Gleiche dürfte später mit der EAG erfolgen. Vorläufig muss man aber noch von den „Europäischen Gemeinschaften" sprechen (so z.B. auch der EUV in Art. 1). Etwas irreführend ist demgegenüber, dass die wichtigste seit 1992 „Europäische Gemeinschaft" heißt, obwohl es genau genommen drei europäische Gemeinschaften gibt. In dem öffentlichen Erscheinungsbild gibt es die Unterscheidung zwischen den drei Gemeinschaften (schon) nicht mehr.

- Die zweite und dritte Säule bilden die Gemeinsame Außen- und Sicherheitspolitik (Rn 836 ff.), und die polizeiliche und justitielle Zusammenarbeit in Strafsachen (Rn 839 ff.). Sie sind im EUV (Art. 11 ff. bzw. Art. 29 ff.) geregelt, fallen also nicht in den Zuständigkeitsbereich der EG. Zu ihrer Charakterisierung siehe Rn 836, 839.

- Das Dach bildet wiederum die EU mit gemeinsamen Bestimmungen im EUV für alle drei Säulen, etwa der Verpflichtung zur Zusammenarbeit und Abstimmung der EU, der drei Gemeinschaften und der Mitgliedstaaten in Art. 3, der Regelung der Europäischen Rats in Art. 4, dem Bekenntnis zur Demokratie und zu den Grundrechten in Art. 6 oder die Regelung über eine verstärkte Zusammenarbeit in Art. 43 ff.. Gemeinsame Regelungen zu allen drei Säulen enthalten auch zahlreiche Protokolle und Erklärungen zum EUV, in denen Konkretisierungen oder Ausnahmen enthalten sind.

Weiterführende Literatur : Winter, Institutionelle Strukturen der Europäischen Union, DVBl. 1993, 173; Everling, Überlegungen zur Struktur der Europäischen Union, DVBl 1993, 936

Internet : Das gesamte Recht der EU finden Sie unter http://www.europa.eu.int/eur-lex

3. EUROPÄISCHER RAT

826 Der Europäische Rat ist seit 1974 eine ständige Einrichtung der EU. Erstmals geregelt wurde er durch die Einheitlich Europäische Akte 1986. Der Vertrag von Maastricht 1992 knüpft daran an (Art. 4) und umschreibt seine Aufgaben so :

„*Der Europäische Rat gibt der Union die für ihre Entwicklung erforderlichen Impulse und legt die allgemeinen politischen Zielvorstellungen für diese Entwicklung fest.*"

Der Europäische Rat ist also das oberste Lenkungsgremium der EU, die „Kommandobrücke der europäischen Union" (Koenig/Haratsch Rn 595).

Struktur und Organisation regelt Art. 4 II EUV. Danach sind Mitglieder des Europäischen Rats die Staats- und Regierungschefs der Mitgliedstaaten sowie der Präsident der Kommission. Sie werden von den Ministern für auswärtige Angelegenheiten der Mitgliedstaaten und einem Mitglied der Kommission unterstützt. Der Europäische Rat tritt mindestens zweimal jährlich unter dem Vorsitz des Staats- oder Regierungschefs des Mitgliedstaats zusammen, der im Rat den Vorsitz innehat.

Dem intergouvernementalen Charakter von Beschlüssen des Europäischen Rates entspricht, dass seine Beschlüsse einstimmig erfolgen und keine unmittelbare Rechtswirkung gegenüber den Mitgliedstaaten erzeugen. Wegen seiner politischen Dominanz gegenüber dem Rat ist das in der Praxis kein Problem. Gegebenenfalls muss der Rat die Beschlüsse des Europäischen Rats durch verbindliche Beschlüsse umsetzen.

Der Europäische Rat ist eine Einrichtung der EU, aber kein Organ der Europäischen Gemeinschaften (deren Organe abschließend in Art. 7 I EGV aufgezählt sind). Er darf also insbesondere nicht mit dem Rat der EG verwechselt werden. Zu unterscheiden sind beide auch, wenn der Rat in der Zusammensetzung der Staats- und Regierungschefs (z.B. im Fall des Art. 121 II, IV EGV) zusammentritt. Der Rat wird dadurch nicht zum Europäischen Rat (Koenig/Haratsch Rn 597; unzutreffend daher Arndt S. 23). Erst recht darf der Europäische Rat nicht mit dem Europarat verwechselt werden (siehe Rn 819).

Weiterführende Literatur : Glaesner, Der Europäische Rat, EuR 1994, 22; Paechstein/Koenig, Die Europäische Union, 1998, S. 91; Callies/Ruffert/Wichard, Kommentar zum EU-Vertrag, 1999, Art. 4

4. RECHTSNATUR DER EUROPÄISCHEN UNION

Die EU ist eine Organisation, deren rechtliche Einordnung nicht ganz einfach ist. Der EUV selbst spricht von einer „immer engeren Union der Völker Europas" (Art. 1 EUV), sagt aber nicht, was darunter genau zu verstehen ist.

Ob die EU als organisatorischer Rahmen mit den beiden Politikbereichen Gemeinsame Außen- und Sicherheitspolitik (2.Säule) und Polizeiliche und Justitielle Zusammenarbeit in Strafsachen (3. Säule), eine eigene Rechtspersönlichkeit besitzt, wird von der bisher h.M. (vgl. die zahlreichen Literaturnachweise bei Callies/Ruffert/Cremer Art. 11 EUV Fn 7 und Callies/Ruffert/Wichard Art. 1 EGV Fn 13) und dem BVerfG (E 89, 155; siehe Rn 829) verneint. Nach dieser Auffassung stellen die zweite und dritte Säule – anders als die erste – keine echte Vergemeinschaftung von Kompetenzen durch eine supranationale Organisation dar, sondern lediglich eine „intergouvernementale" Zusammenarbeit der Mitgliedstaaten, da die in ihnen gefassten Beschlüsse grundsätzlich einstimmig erfolgen müssen (Art. 23 I, 34 II EUV) und gegenüber den Mitgliedstaaten keine unmittelbare Wirkung haben, sondern durch innerstaatliche Rechtsakte umgesetzt werden. Sie sind nach bisher h.M. daher nicht der EU, sondern den Mitgliedstaaten zuzurechnen. Folglich wird eine Rechtspersönlichkeit der EU verneint. Die im Vordringen befindliche Gegenmeinung bejaht dagegen überzeugend die Rechtspersönlichkeit der EU (z.B. Callies/Ruffert/Wichard Art. 1 EGV Rn 9 ff m.w.N. in Fn 11) insbesondere mit der Begründung, aufgrund des Vertrages von Amsterdam sei der Bereich der Mehrheitsbeschlüsse erweitert worden (Art. 23 II EUV), Beschlüsse nach Art. 34 II EUV würden die Mitgliedstaaten unmittelbar binden und nach Art. 24 EUV würde der Rat – und nicht die Mitgliedstaaten – nach außen hin handeln. Danach kann man nicht mehr entscheidend zwischen EG und EU unterscheiden, sondern muss sie zusammen als eine gestufte Organisation mit einer einheitlichen Rechtsordnung ansehen, deren unterschiedliche Teile miteinander verknüpft und aufeinander bezogen sind (Callies/Ruffert/Wichard Art. 1 EGV Rn 23). Deutlich wird das insbesondere durch das Kohärenzgebot (Art. 1 III, 3 II EUV) und die zahlreichen „Brückenklauseln" zwischen EG und EU (z.B. Art. 268, 301 EGV, 28 I, 41 I EUV).

Dass der Kern der EU, die Europäische Gemeinschaft[1], eine supranationale Rechtspersönlichkeit mit eigenständiger Handlungsfähigkeit gegenüber den Mitgliedstaaten und Drittstaaten ist, ist dagegen unstreitig. Die Frage, wie die EU – mit der EG als Kern - in die herkömmlichen Kategorien völkerrechtlicher Strukturen einzuordnen ist, ist dagegen nicht eindeutig zu bestimmen. Dass die EU insoweit mit ihrem jetzigen Integrationsgrad mehr ist als ein herkömmlicher Staatenbund, ist eindeutig. Das hat der EuGH schon vor dem Vertrag von Maastricht zum Ausdruck gebracht:

„Nach ständiger Rechtsprechung des Gerichtshofes haben die Gemeinschaftsverträge eine neue Rechtsordnung geschaffen, zu deren Gunsten die Staaten in immer weiteren Bereichen ihre Souveränitätsrechte eingeschränkt haben und deren Rechtssubjekte nicht nur deren Mitgliedstaaten, sondern auch deren Bürger sind ... Die wesentlichen Merkmale der so verfassten Rechtsordnung der Gemeinschaft sind ihr Vorrang vor dem Recht der Mitgliedstaaten und die unmittelbare Wirkung zahlreicher, für ihre Staatsangehörigen und für sich selbst geltenden Bestimmungen" (Slg. 1991, Tz. 21).

Das „Mehr" gegenüber einem Staatenbund hat auch das BVerfG in seinem Urteil zum Vertrag von Maastricht 1993 (E 89, 155 ff.) mit der Wortneuschöpfung „Staatenverbund" zum Ausdruck gebracht und dabei die Charakterisierung als Bundesstaat abgelehnt [2]:

---

[1] und auch die EGKS und die EAG
[2] In dem Urteilsauszug ist bei der Zitierung von Vorschriften des EUV und des EGV die alte Numerierung durch die aufgrund des Amsterdamer Vertrages 1996 erfolgte neue ersetzt worden.

„Der Vertrag begründet einen europäischen Staatenverbund, der von den Mitgliedstaaten getragen wird und deren nationale Identität achtet; er betrifft die Mitgliedschaft Deutschlands in supranationalen Organisationen, nicht eine Zugehörigkeit zu einem europäischen Staat ... Die Mitgliedstaaten haben die Europäische Union gegründet, um einen Teil ihrer Aufgaben gemeinsam wahrzunehmen und insoweit ihre Souveränität gemeinsam auszuüben... Dementsprechend nimmt der Unions-Vertrag auf die Unabhängigkeit und Souveränität der Mitgliedstaaten Bedacht, indem er die Union zur Achtung der nationalen Identität ihrer Mitgliedstaaten verpflichtet ... (Art. 6 Abs. 1 EUV ...), die Union und die Europäischen Gemeinschaften nach dem Prinzip der begrenzten Einzelzuständigkeit nur mit bestimmten Kompetenzen und Befugnissen ausstattet (Art. 5 EUV, Art. 5 Abs. 1 EGV) und sodann das Subsidiaritätsprinzip für die Union (Art. 5Abs. 2 EUV) und für die Europäische Gemeinschaft (Art. 5 Abs. 2 EGV) zum verbindlichen Rechtsgrundsatz erhebt. ...Wohin ein europäischer Integrationsprozess nach weiteren Vertragsänderungen letztlich führen soll, ...bleibt im gemeinten Ziel letztlich... offen ... Jedenfalls ist eine Gründung "Vereinigter Staaten von Europa", die der Staatswerdung der Vereinigten Staaten von Amerika vergleichbar wäre, derzeit nicht beabsichtigt ... Die Kompetenzen und Befugnisse, die der Europäischen Union und den ihr zugehörigen Gemeinschaften eingeräumt sind, bleiben, soweit sie durch Wahrnehmung von Hoheitsrechten ausgeübt werden, im wesentlichen Tätigkeiten einer Wirtschaftsgemeinschaft. Die zentralen Tätigkeitsfelder der Europäischen Gemeinschaft sind insoweit die Zollunion und die Freiheit des Warenverkehrs (Art. 3 Buchst. a EGV), der Binnenmarkt (Art. 3 Buchst. c EGV, die Rechtsangleichung zur Sicherung der Funktionsfähigkeit des Gemeinsamen Marktes (Art. 3 Buchst. h EGV), die Koordinierung der Wirtschaftspolitik der Mitgliedstaaten (Art. 3 a Abs. 1 EGV) und die Entwicklung einer Währungsunion (Art. 4 Abs. 2 EGV). Außerhalb der Europäischen Gemeinschaften bleibt die Zusammenarbeit intergouvernemental; dies gilt insbesondere für die Außen- und Sicherheitspolitik sowie für die Bereiche Justiz und Inneres ....Die Bundesrepublik Deutschland ist somit auch nach dem Inkrafttreten des Unions-Vertrags Mitglied in einem Staatenverbund, dessen Gemeinschaftsgewalt sich von den Mitgliedstaaten ableitet und im deutschen Hoheitsbereich nur kraft des deutschen Rechtsanwendungsbefehls verbindlich wirken kann. Deutschland ist einer der "Herren der Verträge", die ihre Gebundenheit an den "auf unbegrenzte Zeit" geschlossenen Unions-Vertrag (Art. 51 EUV) mit dem Willen zur langfristigen Mitgliedschaft begründet haben, diese Zugehörigkeit aber letztlich durch einen gegenläufigen Akt auch wieder aufheben könnten..."

830 Andere gehen darüber hinaus und erkennen der EU zwar nicht Staatscharakter, aber Staatsähnlichkeit zu : „staatsähnliche Züge" (Scholz NVwZ 1993, 818), „staatsähnliches Gemeinwesen" (Rupp NJW 93, 40), „sehr staatsähnlich" (Murswiek, Staat 1993, 161), „Dimensionen einer supranationalen Staatlichkeit" (Ossenbühl DVBl 1993, 629). Ein neues Argument für diese Meinung ist – von betreffenden Autoren (noch) nicht angesprochen – die Übertragung der Währungshoheit, ein Vorgang, der in der Geschichte immer mit der Schaffung eines Bundesstaates verbunden war, so dass die 1993 erfolgte Absage des BVerfG an die Qualifikation der EU als staatsähnliches Gebilde – zumindest aus heutiger Sicht – „vielleicht etwas schroff formuliert" war (Herdegen, Europarecht, Rn 86).

Weiterführende Literatur : Ress, Die EU und die neue juristische Qualität der Beziehungen zu den EG, JuS 1992, 985; Blanke, Der Unionsvertrag von Maastricht – Ein Schritt auf dem Weg zu einem europäischen Bundesstaat, DÖV 1993, 412; Scholz, Europäische Union und deutscher Bundesstaat, NVwZ 1993, 818; Ossenbühl, Maastricht und das GG – eine verfassungsrechtliche Wende ?, DVBl. 1993, 629; Bogdandy/Nettesheim, Die Verschmelzung der Europäischen Gemeinschaften in der Europäischen Union, NJW 1995, 2324; Koenig/Pechstein, Rechtspersönlichkeit für die Europäische Union ?, EuZW 1997, 225; Hilf, Amsterdam, Ein Vertrag für die Bürger ?, EuZW 1997, 347; Streinz, Der Vertrag von Amsterdam, EuZW 1998, 237; Häberle, Europa als werdende Verfassungsgemeinschaft, DVBl 2000, 840

5. ZIELE DER EUROPÄISCHEN UNION

Die allgemeinen Ziele der Europäischen Union – auf die im Einzelnen an späterer Stelle eingegangen wird – sind in Art. 2 EUV genannt: 831

„Die Union setzt sich folgende Ziele:	konkret geregelt in :
- Die Förderung des wirtschaftlichen und sozialen Fortschritts und eines hohen Beschäftigungsniveaus sowie die Herbeiführung einer ausgewogenen und nachhaltigen Entwicklung, insbesondere durch Schaffung eines Raumes ohne Binnengrenzen, durch Stärkung des wirtschaftlichen und sozialen Zusammenhalts und durch Errichtung einer Wirtschafts- und Währungsunion, die auf längere Sicht auch eine einheitliche Währung nach Maßgabe dieses Vertrags umfasst;	Art. 23 ff. EGV
- die Behauptung ihrer Identität auf internationaler Ebene, insbesondere durch eine Gemeinsame Außen- und Sicherheitspolitik, wozu nach Maßgabe des Artikels 17 auch die schrittweise Feststellung einer gemeinsamen Verteidigungspolitik gehört, die zu einer gemeinsamen Verteidigung führen könnte;	Art. 11 ff. EUV
- die Stärkung des Schutzes der Rechte und Interessen der Angehörigen ihrer Mitgliedstaaten durch Einführung einer Unionsbürgerschaft;	Art. 8 ff. EGV
- die Erhaltung und Weiterentwicklung der Union als Raum der Freiheit, der Sicherheit und des Rechts, in dem in Verbindung mit geeigneten Maßnahmen in bezug auf die Kontrollen an den Außengrenzen, das Asyl, die Einwanderung sowie die Verhütung und Bekämpfung der Kriminalität der freie Personenverkehr gewährleistet ist;	Art. 29 ff. EUV
- die volle Wahrung des gemeinschaftlichen Besitzstands und seine Weiterentwicklung, wobei geprüft wird, inwieweit die durch diesen Vertrag eingeführten Politiken und Formen der Zusammenarbeit mit dem Ziel zu revidieren sind, die Wirksamkeit der Mechanismen und Organe der Gemeinschaft sicherzustellen.	Art. 48 EUV
Die Ziele der Union werden nach Maßgabe dieses Vertrags entsprechend den darin enthaltenen Bedingungen und der darin vorgesehenen Zeitfolge unter Beachtung des Subsidiaritätsprinzips, wie es in Artikel 5 des Vertrags zur Gründung der Europäischen Gemeinschaft bestimmt ist, verwirklicht."	Art. 5 EGV

Weiterführende Literatur : Bodgandy/Nettesheim, Einheit und Kohärenz der Vertragsziele von EG und EU, EuR 1998 (Beiheft 2), 165

6. GRUNDWERTE DER EUROPÄISCHEN UNION

Die Grundwerte der Europäischen Union regelt der 1997 neu gefasste Art 6 EUV : 832

„(1) Die Union beruht auf den Grundsätzen der Freiheit, der Demokratie, der Achtung der Menschenrechte und Grundfreiheiten sowie der Rechtsstaatlichkeit; diese Grundsätze sind allen Mitgliedstaaten gemeinsam.
(2) Die Union achtet die Grundrechte, wie sie in der am 4. November in Rom unterzeichneten Konvention zum Schutze der Menschenrechte und Grundfreiheiten gewährleistet sind und wie sie sich aus den gemeinsamen Verfassungsüberlieferungen der Mitgliedstaaten als allgemeine Grundsätze des Gemeinschaftsrechts ergeben.
(3) Die Union achtet die nationale Identität ihrer Mitgliedstaaten."

833 Art. 6 I bekennt sich – wie schon die Präambel des EUV – zu den grundlegenden europäischen Grundwerten. Neu gegenüber dem Vertrag von Maastricht ist vor allem, dass nicht nur die Mitgliedstaaten auf die Grundwerte verpflichtet werden, sondern die Union selbst. „Freiheit" erhält seine Bedeutung durch die vielen Konkretisierungen im EUV und EGV und durch das Bekenntnis der EU zu den Grundrechten in Abs. 1 und 2. „Demokratie" und „Rechtsstaatlichkeit" sind in dem Sinn zu verstehen, wie sie oben zum Staatsrecht der Bundesrepublik dargestellt sind (Rn 574, 509). Die rechtsstaatlichen Grundsätze werden auch unten als Prinzipien der EG aufgezeigt (Rn 931).

834 Art. 6 II ist das Ergebnis einer langjährigen Rechtsprechung des EuGH und seit 1992 ausdrücklicher Bestandteil des EUV. Im Einzelnen sei auf die Darstellung der EMRK (Rn 821ff.) und die Grundrechtsgeltung innerhalb der EG (Rn 926 ff.) verwiesen. Verstärkt wird das Bekenntnis zu den Grundrechten durch die 2000 in Nizza beschlossene Grundrechtscharta (Rn 933), die jedoch noch kein geltendes Recht ist.

835 Art. 6 III stammt in seiner Kernaussage ebenfalls aus dem Jahr 1992. Die Achtung der nationalen Identität der Mitgliedstaaten ist schon seit langem ein Grundprinzip der europäischen Integration. Seine ausdrückliche Verankerung soll der Sorge Rechnung tragen, die weitere Entwicklung der EU könnte zu einer Entstaatlichung und schrittweisen Auflösung der Nationalstaaten führen. Art. 6 III wird vor allem durch das in Art. 5 II EGV geregelte Subsidiaritätsprinzip ergänzt, das die Ausübung von Kompetenzen der EG zugunsten der Mitgliedstaaten begrenzt, aber auch etwa durch die Verpflichtung der EG nach Art. 152 I EGV, einen „Beitrag zur Förderung der Kulturen der Mitgliedstaaten unter Wahrung ihrer nationalen und regionalen Vielfalt" zu leisten.

Weiterführende Literatur : Koenig, Ist die Europäische Union verfassungsfähig ?, DÖV 1998, 268; Zuleeg, Der Schutz der Menschenrechte im Gemeinschaftsrecht, DÖV 1992, 937; Bleckmann, Die Wahrung der 'nationalen Identität' im Unions-Vertrag, JZ 1997, 265; Gedanken zum Entstehen einer europäischen Rechtsordnung, NJW 1999, 125; Bleckmann, Das europäische Demokratieprinzip, JZ 2001, 53

7. GEMEINSAME AUSSEN- UND SICHERHEITSPOLITIK (GASP)

836 Die zweite Säule der EU, die Gemeinsame Außen- und Sicherheitspolitik, ist – anders als die erste Säule – kein Bereich der Vergemeinschaftung von Kompetenzen, sondern beinhaltet lediglich eine „intergouvernementale" Zusammenarbeit der Mitgliedstaaten. Beschlüsse entfalten daher im innerstaatlichen Recht der Mitgliedstaaten keine unmittelbare Wirkung, sondern müssen erst durch Rechtsakte der Mitgliedstaaten umgesetzt werden. Die GASP hat nach Art. 11 I EUV folgende Ziele :

- *„die Wahrung der gemeinsamen Werte, der grundlegenden Interessen, der Unabhängigkeit und der Unversehrtheit der Union im Einklang mit den Grundsätzen der Charta der Vereinten Nationen;*
- *die Stärkung der Sicherheit der Union in allen ihren Formen;*
- *die Wahrung des Friedens und die Stärkung der internationalen Sicherheit entsprechend den Grundsätzen der Charta der Vereinten Nationen sowie den Prinzipien der Schlußakte von Helsinki und den Zielen der Charta von Paris, einschließlich derjenigen, welche die Außengrenzen betreffen;*
- *die Förderung der internationalen Zusammenarbeit;*
- *die Entwicklung und Stärkung von Demokratie und Rechtsstaatlichkeit sowie die Achtung der Menschenrechte und Grundfreiheiten."*

Nach Art. 16 EUV findet zu jeder außen- und sicherheitspolitischen Frage von allgemeiner Bedeutung im Rat eine gegenseitige Unterrichtung und Abstimmung zwischen den Mitgliedstaaten statt, um zu gewährleisten, dass die Union notwendige Maßnahmen ergreifen kann. Die Aufgaben der Institutionen der EU und der Mitgliedstaaten und ihr Zusammenwirken ergeben sich aus folgender Übersicht.

		EUV:
PARLAMENT	Anhörung	Art. 21
KOMMISSION	Beteiligung	Art. 18 IV
EUROPÄISCHER RAT	Festlegung der Grundsätze, allgemeinen Leitlinien und gemeinsamen Strategien	Art. 13 I-III Art. 18 I, II
RAT	Beschluss der erforderlichen Entscheidungen und gemeinsamen Aktionen	Art. 13 III, 14 I, 18
WESTEUROPÄISCHE UNION (WEU)	Unterstützung der EU	Art. 17 I
	Durchführung der Entscheidungen der EU	Art. 17 III
MITGLIEDSTAATEN	Sofortmaßnahmen	Art. 14 VI
	Koordinierung des Handelns	Art. 19

Die obigen Organe sind unten (Rn 853 ff.) dargestellt. Die Westeuropäische Union (WEU) ist ein 1954 gegründetes Verteidigungsbündnis westeuropäischer Staaten. Ihm gehören heute alle EU-Staaten außer Großbritannien, Irland und Dänemark an. Da die WEU die vorrangige Zuständigkeit der NATO anerkannte, kam ihr in der Folgezeit keine nennenswerte Bedeutung zu. 1992 wurde sie jedoch durch den Vertrag von Maastricht als Element einer künftigen europäischen Verteidigung in die EU integriert. Sie ist damit „integraler Bestandteil der Entwicklung der Union" (Art. 17 I S. 3 EUV).

Wichtig ist der Hinweis, dass im Bereich der GASP nach Art. 23 I EUV das Einstimmigkeitsprinzip gilt. Zwar kann der Rat nach Art. 23 II S. 1 EUV mit qualifizierter Mehrheit beschließen, wenn er auf der Grundlage einer gemeinsamen Strategie gemeinsame Aktionen oder gemeinsame Standpunkte annimmt oder Beschlüsse zur Durchführung von Aktion oder Standpunkten fasst. Nach Art. 23 I S. 2 EUV kann jedoch ein Mitgliedstaat „aus wichtigen Gründen der nationalen Politik" einen solchen Beschluss ablehnen. Dann erfolgt keine Abstimmung. Der Rat kann dann mit qualifizierter Mehrheit beschließen, dass die Frage zur einstimmigen Beschlussfassung an den Europäischen Rat verwiesen wird. Das Einstimmigkeitsprinzip wird also nur auf eine höhere Ebene verlagert. Allerdings ist seit 1996 nach Art. 23 I EUV eine Blockademöglichkeit durch Stimmenthaltung ausgeschlossen. Neu ist auch, dass der Rat im Bereich der GASP aufgrund eines einstimmigen Beschlusses völkerrechtliche Übereinkünfte mit Drittstaaten und internationalen Organisationen abschließen kann.

Weiterführende Literatur : Auswärtiges Amt, Gemeinsame Außen- und Sicherheitspolitik der Europäischen Union, 1994; Jürgens, Die Gemeinsame Außen- und Sicherheitspolitik, 1994; Burghardt, Die Gemeinsame Außen- und Sicherheitspolitik der Europäischen Union, EuR 1995, 1; Lange, Die Gemeinsame Außen- und Sicherheitspolitik der Europäischen Union, JZ 1996, 422; Semrau, Die Gemeinsame Außen- und Sicherheitspolitik der Europäischen Union, 1998

8. POLIZEILCHE UND JUSTITIELLE ZUSAMMENARBEIT IN STRAFSACHEN (PJZS)

839 Auch die dritte Säule der EU, die Polizeiliche und Justitielle Zusammenarbeit in Strafsachen, ist – anders als die erste Säule – kein Bereich der Vergemeinschaftung von Kompetenzen, sondern beinhaltet lediglich eine „intergouvernementale" Zusammenarbeit der Mitgliedstaaten. In ihren Bereichen gefasste Beschlüsse entfalten daher – anders als solche der ersten Säule – im innerstaatlichen Recht der Mitgliedstaaten keine unmittelbare Wirkung, sondern müssen erst durch Rechtsakte der Mitgliedstaaten umgesetzt werden.

840 Im Vertrag von Maastricht 1992 hieß diese Säule noch „Zusammenarbeit in der Innen- und Rechtspolitik". Viele Bereiche dieser Säule sind 1996 durch den Vertrag von Amsterdam in die Zuständigkeit der EG überführt worden (jetzt Art. 61ff. EGV), so der Wegfall der Grenzkontrollen an Binnen- und die Verstärkung der Kontrollen an den Außengrenzen und die Bereiche Asyl, Einwanderung und justitielle Zusammenarbeit in Zivilsachen. Geblieben ist die polizeiliche und justitielle Zusammenarbeit in Strafsachen. Ihr Ziel ergibt sich aus

Art. 29 S. 1 EUV : „Unbeschadet der Befugnisse der Europäischen Gemeinschaft verfolgt die Union das Ziel, den Bürgern in einem Raum der Freiheit, der Sicherheit und des Rechts ein hohes Maß an Sicherheit zu bieten, indem sie ein gemeinsames Vorgehen der Mitgliedstaaten im Bereich der polizeilichen und justitiellen Zusammenarbeit in Strafsachen entwickelt sowie Rassismus und Fremdenfeindlichkeit verhütet und bekämpft."

841 Erreicht werden soll dieses Ziel nach Art. 29 S. 2 EUV durch die Verhütung und Bekämpfung der - organisierten oder nichtorganisierten - Kriminalität, insbesondere des Terrorismus, des Menschenhandels und der Straftaten gegenüber Kindern, des illegalen Drogen- und Waffenhandels, der Bestechung und Bestechlichkeit sowie des Betruges.

Als Mittel dienen nach Art. 29 S. 2, 30 I EUV ein enge Zusammenarbeit der Polizei-, Zoll- und anderer zuständiger Behörden in den Mitgliedstaaten, die Einschaltung des Europäischen Polizeiamts (Europol) nach Art. 30 II, eine enge Zusammenarbeit der Justizbehörden sowie anderer zuständiger Behörden der Mitgliedstaaten nach Art. 31 Buchstaben a bis d und – soweit erforderlich – die Annäherung der Strafvorschriften der Mitgliedstaaten nach Art. 31 Buchstabe e.

842 Die Aufgaben der Institutionen der EU und der Mitgliedstaaten und ihr Zusammenwirken ergeben sich aus folgender Übersicht. Die Ähnlichkeit mit dem Verfahren der Zusammenarbeit in der GASP (> Rn 837) wird hier deutlich. Hinzu kommt jedoch bei der ZBJI die Beteiligung des EuGH.

Weiterführende Literatur : Fischer, Die Zusammenarbeit in den Bereichen Justiz und Inneres, EuZW 1994, 747; Müller-Graff, Europäische Zusammenarbeit in den Bereichen Justiz und Inneres, 1996; Waechter, Demokratische Steuerung und Kontrolle einer Europäischen Polizei, ZRP 1996, 167; Baldus, Europol und Demokratieprinzip, ZRP 1997, 286;

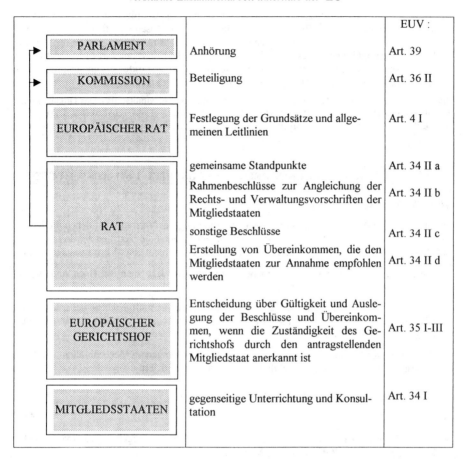

9. VERSTÄRKTE ZUSAMMENARBEIT

Art. 43 ff. EUV regeln erstmals seit 1997 die Möglichkeit einer verstärkten Zusammenarbeit von zumindest acht Mitgliedstaaten. Dadurch soll ihnen die Möglichkeit gegeben werden, den Integrationsprozess weiter voranzutreiben, auch wenn andere Mitgliedstaaten sich noch nicht dazu bereit oder in der Lage sehen. Voraussetzung ist nach Art. 43 I EUV insbesondere, dass die verstärkte Zusammenarbeit

- nur als letztes Mittel herangezogen wird, um die Ziele der Gemeinschaftsverträge zu erreichen en (Ziff. c),
- von der Mehrheit der Mitgliedstaaten praktiziert wird (Ziff. d),
- der Besitzstand der Gemeinschaft und die Zuständigkeiten, Rechte, Pflichten und Interessen der nicht an der Zusammenarbeit beteiligten Mitgliedstaaten nicht beeinträchtigt werden (Ziff. e, f).

Die nicht beteiligten Mitgliedstaaten haben das Recht, sich jederzeit der verstärkten Zusammenarbeit anzuschließen (Ziff. g). Damit soll also einem abgeschlossenen Kerneuropa entgegengewirkt werden. Weitere Regelung der verstärkten Zusammenarbeit enthalten Art. 43 II –

45 EUV. Für eine verstärkte Zusammenarbeit im Rahmen der EG regelt Art. 11 EGV zusätzliche Voraussetzungen. Eine Bedeutung wird die verstärkte Zusammenarbeit voraussichtlich aber nicht dort, sondern in den Bereichen der zweiten und dritten Säule, also in der Außen- und Sicherheitspolitik und in der polizeilichen und justitiellen Zusammenarbeit in Strafsachen erlangen. Neu nach dem Vertrag von Nizza ist, dass die verstärkte Zusammenarbeit nicht mehr durch ein Veto eines einzelnen Staates verhindert werden kann.

Weiterführende Literatur : Huber, Differenzierte Integration und Flexibilität als neues Ordnungsmuster der Europäische Union ?, EuR 1996, 347; Ost, Flexibilität des Gemeinschaftsrechts, DÖV 1997, 495; Ehlermann, Engere Zusammenarbeit nach dem Amsterdamer Vertrag, EuR 1997, 362

10. VERTRAGSÄNDERUNG, BEITRITT, AUSTRITT UND AUSSCHLUSS

844 **10.1 Die Vertragsänderung**

regelt Art. 48 EUV, genau : das Verfahren „zur Änderung der Verträge, auf denen die Union beruht." Davon werden also nicht nur der EUV, sondern auch die Verträge der drei Gemeinschaften, also der EG, der EAG und der EGKS erfasst. Der Ablauf einer Vertragsänderung :

- Die Kommission oder die Regierung eines Mitgliedstaates legt dem Rat einen Änderungsentwurf vor.

- Der Rat gibt nach Anhörung des Europäischen Parlaments und gegebenenfalls der Kommission bzw. der Europäischen Zentralbank eine Stellungnahme zugunsten der Einberufung einer Regierungskonferenz ab.

- Die von dieser Regierungskonferenz vereinbarten Änderungen werden von allen Mitgliedstaaten nach ihren verfassungsrechtlichen Vorschriften ratifiziert.

845 **10.2 Der Beitritt zur Europäischen Union**

wird von Art. 49 EUV geregelt :

- Danach kann jeder europäische Staat, der die in Art. 6 EUV geregelten Grundwerte (siehe Rn 832) achtet, beim Rat beantragen, Mitglied der Union zu werden.

- Dieser beschließt einstimmig nach Anhörung der Kommission und nach - mit der absoluten Mehrheit der Mitglieder erfolgten - Zustimmung des Europäischen Parlaments.

- Anschließend werden die Aufnahmebedingungen und die durch die Aufnahme notwendig werdenden Änderungen der Verträge in einem Abkommen zwischen den Mitgliedstaaten und dem antragstellenden Staat geregelt.

- Schließlich wird dieses Abkommen durch alle Mitgliedstaaten nach ihren verfassungsrechtlichen Vorschriften ratifiziert.

846 **10.3 Der Austritt bzw. der Ausschluss aus der Europäische Union**

ist im EUV nicht vorgesehen. Allerdings regelt Art. 7 EUV seit 1997, dass der Rat in der Zusammensetzung der Staats- und Regierungschefs – nach Zustimmung des Parlaments und nach Anhörung des betreffenden Staates – einstimmig feststellen kann, dass „eine schwerwiegende und anhaltende Verletzung von in Art. 6 Absatz 1 genannten Grundsätzen durch einen Mitgliedstaat vorliegt". Danach kann der Rat mit qualifizierter Mehrheit beschließen, bestimmte Rechte dieses Staates – einschließlich der Stimmrechte im Rat – auszuschließen bzw. sie – nach einer erfolgten Änderung der Lage – wieder in Kraft zu setzen.

Repetitorium zur Europäischen Union : Rn 1060

ABSCHNITT 3:
DIE EUROPÄISCHE GEMEINSCHAFT ALS KERN DER EUROPÄISCHENN UNION

1. AUFGABEN DER EUROPÄISCHEN GEMEINSCHAFT

1.1 Übersicht

Die allgemeinen Aufgaben der EG sind im – 1996 neu formulierten - Art. 2 EGV genannt : 847

allgemeine Aufgaben
„Aufgabe der Gemeinschaft ist es, ... • eine harmonische, ausgewogene und nachhaltige Entwicklung des Wirtschaftsleben, • ein hohes Beschäftigungsniveau und ein hohes Maß an sozialem Schutz, • die Gleichstellung von Männern und Frauen, • ein beständiges, nichtinflationäres Wachstum, • einen hohen Grad von Wettbewerbsfähigkeit und Konvergenz der Wirtschaftsleistungen, • ein hohes Maß an Umweltschutz und Verbesserung der Umweltqualität, • ein hohes Maß an sozialem Schutz, • die Hebung der Lebenshaltung und der Lebensqualität, • den wirtschaftlichen und sozialen Zusammenhalt und die Solidarität zwischen den Mitgliedstaaten zu fördern."

Alle konkreten Aufgaben sind generalklauselartig in Art. 3 und 4 EGV genannt und im Einzelnen in späteren Kapiteln geregelt : 848

konkrete Aufgaben	EGV
• Abschaffung der Binnenzölle und mengenmäßigen Beschränkungen bei der Ein- und Ausfuhr von Waren sowie aller sonstigen Maßnahmen gleicher Wirkung zwischen den Mitgliedstaaten	Art. 3 Ziff. a, 25 ff.
• gemeinsame Landwirtschafts- und Fischereipolitik	Art. 3 Ziff. e, 32 ff.
• Binnenmarkt, der durch die Beseitigung der Hindernisse für den freien Waren-, Personen-, Dienstleistungs- und Kapitalverkehr zwischen den Mitgliedstaaten gekennzeichnet ist	Art. 3 Ziff. c, 39 ff., 62
• Koordinierung der Visums-, Asyl- und Einwanderungspolitik	Art. 3 Ziff. d, 62 ff.
• justitielle Zusammenarbeit in Zivilsachen	Art. 3 Ziff. d, 65
• Zusammenarbeit der Verwaltungen der Mitgliedstaaten	Art. 3 Ziff. d, 66
• gemeinsame Politik auf dem Gebiet des übergreifenden Verkehrs	Art. 3 Ziff. f, 70 ff.
• gemeinsame Wettbewerbspolitik	Art. 3 Ziff. g, 81 ff.
• Angleichung der innerstaatlichen Rechtsvorschriften, soweit dies für das Funktionieren des Gemeinsamen Marktes erforderlich ist	Art. 3 Ziff. h, 94 ff.

konkrete Aufgaben	EGV
• Koordinierung der Wirtschaftspolitik der Mitgliedstaaten („Wirtschaftsunion")	Art. 4 I, 98 ff.
• gemeinsame Währungspolitik („Währungsunion")	Art. 4 II, 105 ff.
• Förderung und Koordinierung der Beschäftigungspolitik der Mitgliedstaaten	Art. 3 Ziff. i, 125 ff.
• gemeinsame Handelspolitik	Art. 3 Ziff. b, 131 ff.
• Unterstützung und Ergänzung der Sozialpolitik der Mitgliedstaaten	Art. 3 Ziff. j, 131 ff.
• Förderung und Ergänzung der allgemeinen und beruflichen Bildung	Art. 3 Ziff. q, 149 f.
• Förderung und Unterstützung der Kulturpolitik der Mitgliedstaaten	Art. 3 Ziff. q. 151
• Ergänzung und Koordinierung der Gesundheitspolitik der Mitgliedstaaten	Art. 3 Ziff. p, 152
• Förderung des Verbraucherschutzes	Art. 3 Ziff. t, 153
• Förderung transeuropäischer Netze in den Bereichen der Verkehrs-, Telekommunikations- und Energieinfrastruktur	Art. 3 Ziff. o, 154 ff.
• Stärkung der Wettbewerbsfähigkeit der Industrie der Gemeinschaft	Art. 3 Ziff. m, 157
• Stärkung des wirtschaftlichen und sozialen Zusammenhalts (Regionalpolitik)	Art. 3 Ziff. k, 158 ff.
• Förderung der Forschung und technologischen Entwicklung	Art. 3 Ziff. n, 163 ff.
• Umweltpolitik	Art. 3 Ziff. l, 174 ff.
• Politik auf dem Gebiet der Entwicklungszusammenarbeit	Art. 3 Ziff. r, 177 ff.
• Assoziierung der überseeischen Länder und Hoheitsgebiete	Art. 3 Ziff. s, 182 ff.
• Maßnahmen in den Bereichen Energie, Katastrophenschutz und Fremdenverkehr	Art. 3 Ziff. u

849   Zu den Maßnahmen in den Bereichen Energie, Katastrophenschutz und Fremdenverkehr sieht der EGV keine speziellen Regelungen vor. Sie sind daher im Rahmen anderer Aufgabenbereiche zu treffen. Notfalls können sie auf Art. 308 EGV gestützt werden.

Zu den obigen Aufgaben kommen noch die nach dem EGKS- und dem EAG-Vertrag hinzu :

• Sicherung der Versorgung mit Kohle und Stahl
• Förderung der friedlichen Nutzung der Kernindustrie

850   Schon teilweise aus dem obigen Aufgabenkatalog und erst recht aufgrund einer – unerlässlichen ! - Lektüre der einzelnen Kapitel wird deutlich, dass die einzelnen Aufgaben der EG eine unterschiedliche Regelungsdichte bedeuten und eine unterschiedliche Auswirkung auf die Kompetenzen der Mitgliedstaaten haben. So liegt die Regelungskompetenz einiger Bereiche wie z.B. der Landwirtschaftspolitik fast ausschließlich bei der EG. In anderen Bereichen wie z.B. der Gesundheitspolitik ist sie auf Ergänzung bzw. Koordinierung der Politik der Mitgliedstaaten beschränkt. Noch schwächer sind ihre Kompetenzen, wenn sie Politik der Mitgliedstaaten nur fördern darf wie z.B. im Bereich der Kultur.

1.2 insbesondere: Wirtschafts- und Währungsunion

Die Errichtung einer Wirtschafts- und Währungsunion ist in allgemeiner Form in § 4 EGV geregelt. Errichtet wurde sie in drei Stufen. Die dritte Stufe begann am 1.1.1999 (Art. 121 IV EGV) : Vor dem 1.7.1998 entschied der Rat in der Zusammensetzung der Staats- und Regierungschefs mit qualifizierter Mehrheit, welche Staaten die notwendigen Voraussetzungen („Konvergenzkriterien") für die Einführung einer einheitlichen Währung nach Art. 121 I EGV erfüllen. Die Wechselkurse dieser Staaten wurden im Verhältnis zueinander unwiderruflich festgelegt und die nationalen Währungen dieser Staaten werden schrittweise durch den Euro ersetzt. Mit Beginn der 3. Stufe wurde weiterhin die Europäische Zentralbank (EZB) errichtet. Sie führt im Hinblick auf die gemeinsame Währung eine einheitliche Geld- und Wechselkurspolitik durch (Art. 105, 117, 123 7 EGV).

851

Die Konvergenzkriterien bzw. „Referenzwerte" sind in Art. 121 I EGV genannt. Erläutert sind sie näher in dem „Protokoll über die Konvergenzkriterien", das als Anlage zum EU-Vertrag beschlossen wurde. Dieses wiederum ist im Hinblick auf das Kriterium des öffentlichen Defizits durch eine spätere Ratsentscheidung konkretisiert worden. Im Einzelnen handelt es sich um :

852

Preisstabilität : *„Das ... bedeutet, dass ein Mitgliedsstaat eine anhaltende Preisstabilität und eine während des letzten Jahres vor der Prüfung gemessene durchschnittliche Inflationsrate aufweisen muss, die um nicht mehr als 1 ½ Prozentpunkte über der Inflationsrate jener - höchstens drei - Mitgliedsstaaten liegt, die auf dem Gebiet der Preisstabilität das beste Ergebnis erzielt haben"*

Auf Dauer tragbare Finanzlage der öffentlichen Hand : Die Grenze des Verhältnisses des Haushaltsdefizits zum Bruttoinlandsprodukt beträgt 3 %. Das Defizit kann nach Art. 104 II a EGV jedoch höher sein, wenn entweder das Defizit *„erheblich und laufend zurückgegangen ist und einen Wert in der Nähe des Referenzwertes erreicht hat"* oder der Referenzwert *„nur ausnahmsweise und vorübergehend überschritten wird und das Verhältnis in der Nähe des Referenzwertes bleibt"*. Die Grenze der öffentlichen Gesamtverschuldung im Verhältnis zum Bruttoinlandsprodukt beträgt 60 %. Die Verschuldung kann jedoch höher sein, wenn das Defizit *„hinreichend rückläufig ist und sich rasch genug dem Referenzwert nähert."* Ob diese Voraussetzungen eingehalten sind, entscheidet nach Art. 104 VI EGV der Rat *„auf Empfehlung der Kommission und unter Berücksichtigung der Bemerkungen, die der betreffende Staat gegebenenfalls abzugeben wünscht, nach Prüfung der Gesamtlage"* mit qualifizierter Mehrheit.

Wechselkursstabilität : Das ... bedeutet, dass ein Mitgliedsstaat die ... normalen Bandbreiten des Wechselkursmechanismus des Europäischen Währungssystems seit mindestens zwei Jahren ohne Abwertung gegenüber der Währung eines anderen Mitgliedstaats eingehalten haben muss." (Protokoll)

Zinsstabilität : *„Das.... bedeutet, dass im Verlauf von einem Jahr vor der Prüfung in einem Mitgliedsstaat der durchschnittliche langfristige Nominalzins um nicht mehr als 2 Prozentpunkte über dem entsprechenden Satz in jenen - höchstens drei - Mitgliedsstaaten liegt, die auf dem Gebiet der Preisstabilität das beste Ergebnis erzielt haben."*

Weiterführende Literatur : Borries, Rechtsfragen der Einführung der Europawährung, EuZW 1996, 492; Hahn, Das Entstehen der Europawährung, JZ 1996, 321; Kortz, Die Entscheidung über den Übergang in die Endstufe der Währungsunion, 1996; Martewczuk, Der Europäische Rat und die Wirtschafts- und Währungsunion, EuR 1998, 151; Meier, Die Europäische Währungsunion als Stabilitätsgemeinschaft und das Grundgesetz, NJW 1996, 1027

2. ORGANE UND INSTITUTIONEN DER EUROPÄISCHEN GEMEINSCHAFT

2.1 Übersicht

853 Die Organe, durch die die EG handelt, sind nach Art. 7 I EGV das Europäische Parlament (Art. 189 ff. EGV), der Rat (Art. 202 ff. EGV), die Kommission (Art. 211 ff. EGV), der Gerichtshof (Art. 220 ff. EGV) und der Rechnungshof (Art. 246 ff. EGV). Diese Organe handeln nach Art. 7 I EGV nach Maßgabe der ihnen durch den EGV zugewiesenen Befugnisse. Ihre Handlungen sind also nur rechtmäßig, wenn sie sich auf eine genau festgelegte Einzelkompetenz stützen lassen (Prinzip der begrenzten Einzelermächtigung).

854 Die Organe der EG sind gleichzeitig – bei entsprechender Aufgabenwahrnehmung - auch Organe der EGKS und der EAG.

855 Schließlich üben sie nach Art. 5 EUV – ebenfalls nach dem Prinzip der begrenzten Einzelermächtigung – auch Befugnisse im Rahmen der EU aus. Erkennt man der EU keine Rechtspersönlichkeit zu (siehe Rn 827), so liegt insoweit eine Organleihe der EG an die EU vor (Koenig/Haratsch Rn 603). Handlungen dieser Organe werden also nicht der EU, aber auch nicht der EG, sondern den Mitgliedstaaten zugerechnet. Bejaht man die Rechtspersönlichkeit der EU, so sind die obigen Organe, wenn sie im Rahmen der EU in den Bereichen der zweiten und dritten Säule tätig sind, Organe der EU (wie der Europäische Rat auch). Da die EG-Organe im Bereich der zweiten und dritten Säule einen eigenständigen Willen bilden, der nicht notwendigerweise mit dem der Gesamtheit der Mitgliedstaaten identisch sein muss (vgl. Art. 23 I EUV, 41 I EUV i.V.m. Art. 205 III EGV, Art. 23 II, 34 II Ziff. c, 40 II EUV), ist die Auffassung vorzuziehen, die die Rechtspersönlichkeit der EU und damit die Eigenschaft der EG-Organe auch als EU-Organe bejaht (Callies/Ruffert/Wichard Art. 5 EUV Rn 8).

856 Die Aufgabenverteilung zwischen den Organen der EG verfolgt das Ziel des Gewaltenteilungsprinzips, durch Teilung und gegenseitige Hemmung und Kontrolle der Gewalten ein freiheitssicherndes System zu schaffen. Soweit es um das Verhältnis von Legislative und Exekutive geht, entspricht die Aufgabenverteilung allerdings nicht der Gewaltenteilung, wie sie den Verfassungsordnungen der Mitgliedstaaten zugrunde liegt. So ist primäres gesetzgebendes Organ der Rat, der aus Vertretern der Exekutiven der Mitgliedstaaten besteht. Das Parlament ist dagegen - anders als in den Mitgliedstaaten – nur nachrangig gesetzgebendes Organ, auch wenn seine Befugnisse in diesem Bereich im Laufe der Zeit ständig angewachsen sind.

857 Der Rat und die Kommission werden nach Art. 7 II EGV durch den Wirtschafts- und Sozialausschuss (Art. 257 ff. EGV), den Ausschuss der Regionen (Art. 263 ff. EGV) und den Beschäftigungsausschuss (Art. 130 EGV) beratend unterstützt (Schwarze Rn 1 : „Nebenorgane"). Weitere Institutionen sind die Europäische Zentralbank (Art. 105 ff. EGV), die nicht Organ der EG, sondern ein rechtlich selbständiger Hoheitsträger mit eigenen Organen ist (Schwarze Rn 1), und die Europäische Investitionsbank (Art. 266 ff. EGV).

Organe und Institutionen der EG 395

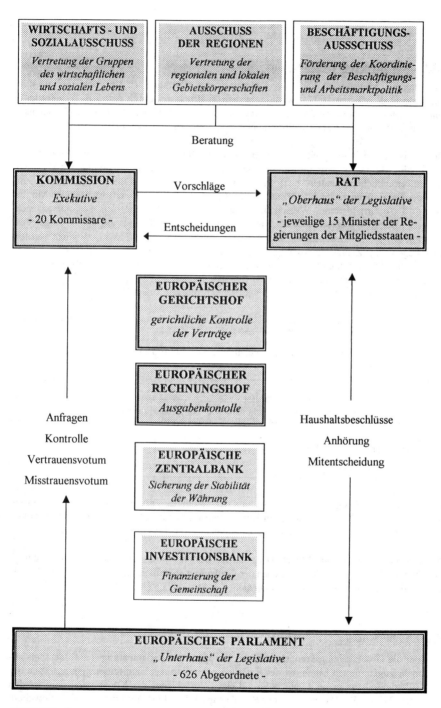

2.2 Rat

2.2.1 Bedeutung und Organisation

858 Ursprünglich „Ministerrat", heißt dieses Organ in den Verträgen seit 1992 schlicht nur „Rat". Selbst nennt er sich seit 1993 – wohl unter dem Eindruck des durch Art. 3 EUV geforderten einheitlichen institutionellen Rahmens – „Rat der Europäischen Union". Zu unterscheiden ist er von dem Europäischen Rat (Rn 826) und erst recht von dem Europarat (Rn 819).

Der Rat ist das wichtigste Leitungs- und Beschlussorgan der EG. Er besteht „aus je einem Vertreter jedes Mitgliedsstaates auf Ministerebene, der befugt ist, für die Regierung des Mitgliedsstaates verbindlich zu handeln" (Art. 203 EGV). Dieser Vertreter ist der je nach dem Gegenstand der Beratungen zuständige Minister. Der Rat ist also ein Organ mit wechselnden Mitgliedern (z.B. Agrarministerrat, Wirtschaftsministerrat). Ist eine Materie nicht bestimmten Fachressorts zuzuordnen, entscheidet der Rat der Außenminister („Rat für allgemeine Angelegenheiten"). Durch die Formulierung des Art. 203 „auf Ministerebene" soll ermöglicht werden, dass die jeweilige Zentralregierung auch einen Minister einer Landesregierung entsenden kann. Den Vorsitz im Rat führen abwechselnd die einzelnen Mitgliedsstaaten für jeweils sechs Monate. Dabei versucht die jeweils den Vorsitz führende Regierung i.d.R., europapolitische Initiativen zu entwickeln. Die Grundstruktur des Rats zeigt folgende Übersicht:

Besonders hinzuweisen ist auf den Ausschuss der Ständigen Vertreter („Coreper"). Er besteht aus Vertretern der Mitgliedsstaaten im Botschafterrang. Er bereitet – aufgrund der Vorarbeit von Arbeitsgruppen – vielfach die Entscheidungen des Rats bis zur Beschlussreife vor.

859 Neben seiner Stellung in der EG ist der Rat auch – nach h.M. im Wege der Organleihe – das Beschlussorgan der EU in den Bereichen der Gemeinsamen Außen- und Sicherheitspolitik und der polizeilichen und justitiellen Zusammenarbeit in Strafsachen (Art. 11 ff., 23 ff. EUV).

2.2.2 Kompetenzen

860 Obwohl die Gesetzgebungskompetenzen des Europäischen Parlaments im Laufe der Zeit immer mehr zugenommen haben, ist der Rat auch weiterhin das Hauptgesetzgebungsorgan der EG. Allerdings kann er i.d.R. nur aufgrund eines Vorschlages der Kommission tätig werden (vgl. Art. 250 EGV). Daneben hat der Rat aber nach dem EGV und dem EUV noch weitere Kompetenzen, so dass sich folgendes Gesamtbild ergibt:

- Rechtssetzung : Erlass von Verordnungen und Richtlinien, i.d.R. unter Mitwirkung der Kommission und des Europäischen Parlaments (Art. 249 ff EGV)
- Mitwirkung am Haushalt : Feststellung des Haushaltsplans (Art. 203 EGV)
- Mitgestaltung an der Außen- und Sicherheitspolitik : Mitwirkung beim Abschluss völkerrechtlicher Verträge (Art. 300 EGV), Erlass von Embargo-Maßnahmen (Art. 301 EGV), Verantwortung für die Kohärenz außenpolitischer Maßnahmen (Art. 3 EUV), von Entscheidungen zur Gemeinsamen Außen- und Sicherheitspolitik (Art. 13 f. EUV)
- Exekutivfunktionen : z.B. Gewährung von Ausnahmen vom Beihilfeverbot gemäß Art. 88 II, III EGV, Vorgehen gegen übermäßige Defizite gemäß Art. 101 VII ff. EGV
- Kreationsfunktionen : Ernennung der Mitglieder des Rechnungshofs (Art. 247 III EGV), des Wirtschafts- und Sozialausschusses (Art. 258 EGV) und des Ausschusses der Regionen (Art. 263 EGV).

2.2.3 Abstimmung

Dem Grundsatz nach beschließt der Rat mit einfacher Mehrheit, wobei jedes Land eine Stimme hat (Art. 118 I EGV). Dieses Prinzip bezieht sich in der Praxis jedoch nur auf Fragen geringerer Bedeutung wie z.B. den Erlass der Geschäftsordnung des Rats (Art. 207 III EGV). In den meisten Fällen ist dagegen für einen Beschluss des Rats eine qualifizierte Mehrheit notwendig bzw. ausreichend. Das ist eine Mehrheit von 62 der 87 Stimmen. Ist ein Beschluss zu fassen, der – selten (z.B. Art. 80 II, 104 XIII, 272 III EGV) – nicht einen Vorschlag der Kommission voraussetzt, muss diese Mehrheit außerdem von mindestens zehn Mitgliedern getragen werden (Art. 205 II EGV). Nach dem Vertrag von Nizza beträgt die qualifizierte Mehrheit nach der Ost-Erweiterung 255 von 345 Stimmen. Außerdem muss sie – wenn eine Mitgliedsstaat eine entsprechende Nachprüfung verlangt – mindestens 62 % der EU-Bevölkerung repräsentieren.

861

Die Gewichtung der Stimmen der Mitgliedsstaaten ist nach Art. 205 II EGV wie folgt :

	zur Zeit noch	nach der Osterweiterung
Deutschland, Frankreich, Italien, Großbritannien	10	29
Spanien	8	27
Polen		27
Rumänien		14
Niederlande	5	13
Belgien, Griechenland, Portugal	5	12
Tschechien, Ungarn		12
Österreich, Schweden	4	10
Bulgarien		10
Dänemark, Irland, Finnland	3	7
Slowakei, Litauen		7
Luxemburg	2	4
Estland, Lettland, Slowenien, Zypern		4
Malta		3

862 Durch den Beitritt neuer Mitglieder 1995 erhöhte sich die Sperrminorität des Art. 205 II EGV von 23 auf 26 Stimmen. Da Spanien und Großbritannien sich dadurch beeinträchtigt fühlten, verständigten sich die Mitgliedstaaten 1994 auf den „Kompromiss von Ioannia", der den Charakter einer Geschäftsordnungsregelung hat (Callies/Ruffert/Wichard Rn 6; Geiger Rn 18) :

> *„Falls Mitglieder des Rats, die über insgesamt 23 bis 25 Stimmen verfügen, erklären, dass sie beabsichtigen, sich einem Beschluss des Rates, für den eine qualifizierte Mehrheit erforderlich ist, zu widersetzen, so wird der Rat alles in seiner Macht Stehende tun, um innerhalb einer angemessenen Zeit ... eine zufriedenstellende Lösung zu finden, die mit mindestes 65 Stimmen angenommen werden kann ...*

863 Immer weiter zurückgedrängt worden ist dagegen das – früher durchgehend praktizierte – Einstimmigkeitsprinzip. Es besagt, dass alle Mitglieder einem Beschluss zustimmen müssen, wobei eine Stimmenthaltung einer Beschlussfassung nicht entgegensteht (Art. 205 III EGV). Es gilt heute noch in wichtigen Bereichen, insbesondere für Entscheidungen in den Bereichen Unionsbürgerschaft (Art. 18 EGV), Asyl (Art. 67), staatliche Beihilfen (Art. 88 EGV), Steuerharmonisierung (Art. 93 EGV), Währung (Art. 105 VI EGV), sozialer Schutz von Arbeitnehmern (Art. 137 III EGV), Strukturfonds (Art. 161 EGV), Kultur (Art. 251 EGV) und für grundlegende Entscheidungen in den Bereichen der Gemeinsamen Außen- und Sicherheitspolitik (Art. 23 EUV) und der polizeilichen und justitiellen Zusammenarbeit in Strafsachen (Art. 34 EUV).

864 Über diese Fälle hinaus haben sich die Mitgliedstaaten 1966 in der – nach h.M. rechtlich unverbindlichen – „Luxemburger Erklärung" zur Vermeidung einer Blockade-Politik darauf verständigt :

> *„Stehen bei Beschlüssen, die mit Mehrheit auf Vorschlag der Kommission gefasst werden können, sehr wichtige Interessen eines oder mehrerer Partner auf dem Spiel, so werden sich die Mitglieder des Rats innerhalb eines angemessenen Zeitraums bemühen, zu Lösungen zu gelangen, die von allen Mitgliedern des Rats unter Wahrung ihrer gegenseitigen Interessen und der Interessen des Rats ...angenommen werden können."*

Weiterführende Literatur : Streinz, Die Luxemburger Vereinbarung, 1984; Poensgen, Das Paradox von Ioannia, in Festschrift für Everling Bd. II 1995, 1133; Grams, Zur Gesetzgebung der Europäische Union, 1998

Internet : http://http://www.europa.eu.int/, http://www.uni-mannheim.de/users/ddz/edz/edz.html

Organe und Institutionen der EG : Das Europäische Parlament

2.3 Europäisches Parlament

2.3.1 Wahl, Sitz, Zusammensetzung und Organisation

Das Europäisches Parlament wird - nach unterschiedlichen Wahlgesetzen der Mitgliedsstaaten - seit 1979 in allgemeiner und unmittelbarer Wahl für fünf Jahre gewählt (Art. 190 EGV). Es hat drei Tagungsorte : Die Plenarsitzungen finden überwiegend in Straßburg, zum Teil aber auch in Brüssel statt. Ort für die Ausschuss- und Fraktionssitzungen ist Brüssel. Die Verwaltung befindet sich in Luxemburg. Das Parlament umfasst zur Zeit 626 Mitglieder. Nach dem – auf die Osterweiterung hin konzipierten – Art. 189 S. 2 EGV dürfen es nicht mehr als 700 sein.

Von den zur Zeit 626 Mandaten haben die einzelnen Mitgliedsstaaten (Art. 190 II EGV):

Deutschland	99	Niederlande	31	Österreich	21
Großbritannien	87	Griechenland	25	Dänemark	16
Frankreich	87	Belgien	25	Finnland	16
Italien	87	Portugal	25	Irland	15
Spanien	64	Schweden	22	Luxemburg	6

Fraktionen			
Europäische Volkspartei (EVP-CD) 233 (53)	Sozialdemokratische Partei Europas (SPE) 180 (33)	Liberale und Demokratische Partei Europas (LIBE) 50	Die Grünen 48 (7)
Vereinigte Europäische Linke (KVEL-NLG) 42 (6)	Europa der Demokratien und Unterschiede (EDU) 16	Europa der Nationen (UEN) 30	Fraktionslose 27

(Stand : 2001. In Klammern : Zahl der deutschen Vertreter)

ständige Ausschüsse				
Auswärtige Angelegenheiten, Sicherheit und Verteidigung	Umweltfragen, Volksgesundheit, Verbraucherschutz	Soziale Angelegenheiten und Beschäftigung	Wirtschaft, Währung und Industriepolitik	Forschung, technologische Entwicklung und Energie
Außenwirtschaftsbeziehungen	Recht und Bürgerrecht	Landwirtschaft und ländliche Entwicklung	Haushalt	Verkehr und Fremdenverkehr
Geschäftsordnung, Wahlprüfung und Immunität	Kultur, Jugend, Bildung und Medien	Entwicklung und Zusammenarbeit	Grundfreiheiten und innere Angelegenheiten	Haushaltskontrolle
Institutionelles	Fischerei	Petitionen	Rechte der Frauen	Regionalpolitik

2.3.2 Befugnisse

868

Kontrolle

- Anfragen an die Kommission (Art. 197 III EGV)
- Debatten über den Jahresbericht der Kommission (Art. 200 EGV)
- Möglichkeit des Sturzes der Kommission mit 2/3-Mehrheit (Art. 201 EGV)
- Einsetzung von Untersuchungsausschüssen (Art. 193 EGV)
- Klagerecht vor dem EuGH (Art. 230 EGV)
- Bearbeitung von Petitionen (Art. 21 EGV)
- Bestellung eines Bürgerbeauftragten (Art. 21, 195 EGV)

869

Haushaltsbefugnisse

- Verfügungsrecht über vertraglich nicht festgelegte Haushaltsmittel, Art. 272 IV EGV
- Zustimmung zum Haushalt (Art. 272 VI-VI EGV)
- Entlastung der Kommission für die Haushaltsführung s (Art. 272 VIII EGV)

870

Anhörung

Dass das Parlament vor Entscheidungen des Rats, insbesondere dem Erlass von Rechtsvorschriften, lediglich angehört wurde, war früher der Regelfall, ist aufgrund der Vertragsänderungen 1988, 1992 und 1997 aber zur Ausnahme geworden. Die erwähnenswerten Bereiche, in denen das Parlament (noch ?) lediglich angehört wird, sind :

- Landwirtschaft und Fischerei (Art. 37 EGV)
- Harmonisierung von Steuern (Art. 93 EGV)
- Währungsunion (Art. 104 XIV, 121 II EGV)
- Zuständigkeit des Gerichts 1. Instanz (Art. 225 II EGV)
- Grundentscheidungen der Gemeinsamen Außen- und Sicherheitspolitik (Art 21 EUV)
- wichtige Aspekte im Bereich der polizeilichen und justitiellen Zusammenarbeit in Strafsachen (Art. 39 EUV)

Der Ablauf des Anhörungsverfahrens sieht wie folgt aus :

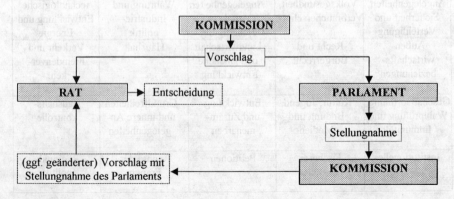

Zusammenarbeit

871

Das Zusammenarbeitsverfahren des Art. 252 EGV beim Erlass von Rechtsvorschriften sieht vor, dass der Rat einen mit absoluter Mehrheit erfolgten Änderungs- oder Ablehnungsbeschluss des Parlaments nur einstimmig zurückweisen kann. Ansonsten ist der Rechtsakt gescheitert. Nachdem durch den Amsterdamer Vertrag 1996 fast alle Anwendungsfälle des Zusammenarbeitsverfahrens dem Mitentscheidungsverfahren zugeordnet worden sind, verbleiben als Anwendungsfälle nur einige wenig bedeutsame Fragen im Bereich der Wirtschafts- und Währungspolitik. - Anwendungsbereiche des Zusammenarbeitsverfahrens finden sich in den Art. 102 II, 103 II, 106 II EGV.

Mitentscheidung

872

Das Mitentscheidungsverfahren des Art. 251 EGV beim Erlass von Rechtsvorschriften hatte schon nach dem Vertrag von Maastricht eine nennenswerte Bedeutung. Der Vertrag von Amsterdam hat es durch eine erhebliche Ausweitung seines Anwendungsbereichs zum Regelfall der Mitwirkung des Parlaments an der Gesetzgebung der EG gemacht und damit die Stellung des Parlaments erheblich gestärkt. Die wichtigsten Anwendungsbereiche sind :

- Verbot von Diskriminierungen (Art. 12 EGV)
- Unionsbürgerschaft (Art. 18 II EGV)
- Freizügigkeit der Arbeitnehmer (Art. 40 EGV)
- Niederlassungsfreiheit (Art. 44, 46 II, 47 II EGV)
- Binnenmarkt (Art. 95 I EGV)
- allgemeine Bildung (Art. 126 EGV)
- Beschäftigung (Art. 129 EGV)
- Europäischer Sozialfonds (Art. 148 EGV)
- Berufliche Bildung (Art. 150 IV EGV)
- Kultur (Art. 151 V EGV)
- Gesundheitswesen (Art. 152 IV EGV)
- Verbraucherschutz (Art. 153 IV EGV)
- Transeuropäische Netze (Art. 156 EGV)
- wirtschaftlicher und sozialer Zusammenhang (Art. 162 EGV)
- Forschung und technologische Entwicklung (Art. 166 I EGV)
- Forschung und Technologie (172 EGV)
- Umwelt (Art. 175 I EGV)
- Entwicklungszusammenarbeit (Art. 179 I EGV)

Was fehlt, sind die Bereiche, in denen das Parlament auch weiterhin nur angehört wird (s.o. Rn 870), also im Wesentlichen : Landwirtschaft und Fischerei, Steuerharmonisierung, Währung und die Bereiche der zweiten und dritten Säule, also die Gemeinsame Außen- und Sicherheitspolitik und die polizeiliche und justitielle Zusammenarbeit in Strafsachen.

Durch den Vertrag von Amsterdam wurde gleichzeitig der Ablauf des Mitentscheidungsverfahrens vereinfacht, auch wenn die folgende Übersicht nicht den Eindruck eines einfachen Verfahrens erweckt (Eine Übersicht zum Ablauf des Verfahrens nach dem Vertrag von Maastricht wäre dagegen noch erheblich komplizierter).

873

402 *Grundzüge des Europarechts : die Europäische Gemeinschaft*

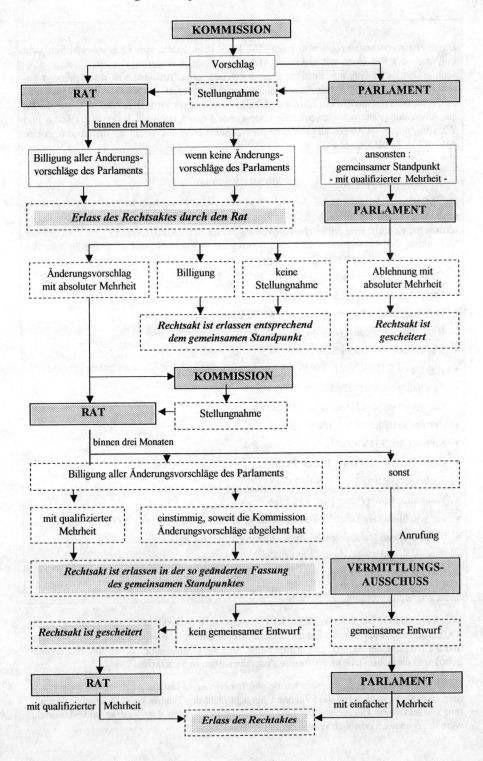

Auch wenn das Verfahren recht differenziert in vielen Schritten erfolgt, dürfte die Übersicht doch hoffentlich aus sich heraus verständlich sein. Ein Wort aber doch zum Vermittlungsausschuss. Er hat – wie auch der Vermittlungsausschuss des Art. 77 GG – zwischen den an der Gesetzgebung beteiligten Organen zu vermitteln. Er besteht nach Art. 251 IV EGV aus den Vertretern des Rats bzw. ihren Vertretern und ebenso vielen Vertretern des Europäischen Parlaments. Dabei hat die Kommission, die an den Sitzungen teilnimmt, die Aufgabe, alle erforderlichen Initiativen zu ergreifen, um zu einem solchen Entwurf zu kommen (Art. 251 IV 2 EGV). Er setzt eine qualifizierte Mehrheit der Ratsvertreter und eine absolute Mehrheit der Abgeordneten voraus (Art. 251 IV 1 EGV).

874

Zustimmung

Die Zustimmung ist als Verfahren im EGV nicht näher ausgestaltet. Im Unterschied zum Mitentscheidungsverfahren kann das Parlament keine Änderungen vornehmen. Es bleibt ihm nur die Möglichkeit, zuzustimmen oder abzulehnen. Anwendungsfälle sind :

- Zustimmung zur Benennung der Person, die zum Präsidenten der Kommission ernannt werden soll und Zustimmung zur Ernennung des Präsidenten und der anderen Mitglieder der Kommission (Art. 214 II EGV). Dieser Einfluss des Parlaments auf die personelle Zusammensetzung der Kommission ist schrittweise 1992 bzw. 1997 in den EGV aufgenommen und bedeutet einen nennenswerten – zuvor nicht bestehenden – Schritt hin zur demokratische Legitimation der Kommission.
- Ziele und Organisation der Strukturfonds und des Kohäsionsfonds (Art. 161 EGV)
- Übertragung besonderer Aufgaben an die EZB (Art. 105 VI EGV)
- Feststellung einer schwerwiegenden Verletzung von EU-Recht durch einen Mitgliedstaat (Art. 7 EUV)

875

Weiterführende Literatur : Doehring, Demokratiedefizit in der Europäischen Union, DVBl. 1997, 1133; Lange/Schütz, Grundstrukturen des Rechts der europäischen politischen Parteien, EuGRZ 1996, 299; Nessler, Deutsche und europäische Parteien, EuGRZ 1998, 191; Saalfrank, Funktionen und Befugnisse des Europäischen Parlaments, 1995; Tsatsos, Europäische politische Parteien ?, EuGRZ 1994, 45; Grams, Zur Gesetzgebung der Europäische Union, 1998; Bleckmann, Das europäische Demokratieprinzip, JZ 2001, 53

Internet : http://http://www.europa.eu.int/, http://www.uni-mannheim.de/users/ddz/edz/edz.html

2.4 Kommission

2.4.1 Mitglieder, Wahl und Abstimmung

876 Die Kommission besteht aus 20 Mitgliedern („Kommissare") mit dem Kommissionspräsidenten an der Spitze. Die Wahl erfolgt nach Art. 214 EGV für eine Amtszeit von fünf Jahren in einem vierstufigen Verfahren :

- Die Regierungen der Mitgliedstaaten benennen im gegenseitigen Einvernehmen die Persönlichkeit, die sie zum Kommissionspräsidenten zu ernennen beabsichtigen; diese Benennung bedarf der Zustimmung des Europäischen Parlaments.
- Die Regierungen der Mitgliedstaaten benennen im Einvernehmen mit dem designierten Präsidenten die übrigen Persönlichkeiten, die sie zu Mitgliedern der Kommission zu ernennen beabsichtigen.
- Der Präsident und die übrigen Mitglieder der Kommission, die auf diese Weise benannt worden sind, stellen sich als Kollegium einem Zustimmungsvotum des Europäischen Parlaments.
- Nach Zustimmung des Europäischen Parlaments werden der Präsident und die übrigen Mitglieder der Kommission von den Regierungen der Mitgliedstaaten im gegenseitigen Einvernehmen ernannt.

War die Bildung der Kommission bis 1992 ausschließlich eine Zuständigkeit der Regierungen der Mitgliedstaaten, konkret des Europäischen Rats, so ist seitdem schrittweise der Einfluss des Parlaments gewachsen : ab 1992 Zustimmung zu der Kommission und ab 1997 auch Zustimmung zur Benennung des Kommissionspräsidenten. Damit ist ein wichtiger Schritt auf dem Weg zu einer demokratischen Legitimation der Kommission geschaffen worden.

877 Die Verteilung der Sitze in der Kommission auf die Mitgliedsstaaten :

Belgien, Dänemark, Finnland, Griechenland, Irland, Luxemburg, Niederlande, Österreich, Portugal, Schweden	je 1 Mitglied
Deutschland, Frankreich, Großbritannien, Italien, Spanien	je 2 Mitglieder

Ab 2005 werden nach dem Vertrag von Nizza alle Mitgliedsstaaten je ein Mitglied haben. Wenn die EU nach der Osterweiterung 27 Mitglieder hat, soll über eine Verkleinerung der Kommission entschieden werden.

878 Die Mitglieder üben nach Art. 213 II EGV ihre Tätigkeit „in voller Unabhängigkeit zum allgemeinen Wohl der Gemeinschaften aus". Sie dürfen also „Anweisungen von einer Regierung oder einer anderen Stelle weder anfordern noch entgegennehmen." Auch eine Abberufung während der Amtszeit ist nicht möglich.

879 Die Kommission übt seit 1997 „ihre Tätigkeit unter der politischen Führung ihres Präsidenten aus". Damit ist das Kollegialitätsprinzip abgeschafft worden, nach dem der Präsident nur „primus inter pares" war. Inwieweit das neue Prinzip mit dem Kanzlerprinzip des Art. 65 GG vergleichbar ist, wird die Praxis zeigen. Dem Präsidenten sind ein oder zwei Vizepräsidenten zugeordnet (Art. 217 EGV). Beschlüsse werden mit der Mehrheit der Mitglieder gefasst (Art. 219 EGV). In der Praxis ist jeder Kommissar jedoch für einen bestimmten Sachbereich (s.u. : Generaldirektionen) federführend tätig, in dem er, wenn kein Widerspruch eines anderen Mitglieds erfolgt, in der Regel alleine entscheidet.

2.4.2 Organisation

880

KABINETTE
(20 Arbeitsgruppen zur persönlichen Beratung der Kommissare)

AUSSCHÜSSE
(zur Beratung der Kommission, z.Zt. über 100)

GENERALDIREKTIONEN			
Außenbeziehungen	Wirtschaft und Finanzen	Kredit und Investitionen	Zölle und indirekte Steuern
Landwirtschaft	Fischerei	Verkehr	Wettbewerb
Personal und Verwaltung	Binnenmarkt und Finanzdienste	Umwelt, nukleare Sicherheit und Katastrophenschutz	Wissenschaft, Forschung und Entwicklung
Telekommunikation, Informationsmarkt und Nutzung der Forschungsergebnisse	Beschäftigung, Arbeitsbeziehungen und soziale Angelegenheiten	Audiovisuelle Medien, Information, Kommunikation und Kultur	Unternehmenspolitik, Handel, Tourismus und Gemeinwirtschaft
Energie	Industrie	Haushalt	Finanzkontrolle
Entwicklung	Bildung, Berufsausbildung und Jugend	Regionalpolitik	Verbraucherpolitik

2.4.3 Aufgaben

Die Kommission ist die Vertreterin der Gemeinschaftsinteressen. Ihre wichtigsten sich daraus 881
ergebenden Aufgaben sind in Art. 211 EGV genannt. Darüber hinaus nennen der EGV und der
EUV an anderen Stellen weitere Aufgaben. Im Einzelnen handelt es sich um die Aufgaben:
Initiative, Durchführung, Rechtssetzung, „Hüterin der Verträge" und Außenwirkung.

Initiative	882

- Die Kommission hat Empfehlungen und Stellungnahmen abzugeben (Art. 211 EGV, 27 EUV). Obwohl diese ihrer Rechtsnatur nach unverbindlich sind (Art. 249 EGV), entfalten sie in der Praxis doch – jedenfalls soweit es sich um Aufgaben der EG handelt – i.d.R. erhebliche politische Wirkungen.

- Sie hat das alleinige Gesetzesinitiativrecht (Art. 251 II, 252 II EGV). Sie kann sogar im laufenden Gesetzgebungsverfahren ihren Vorschlag mit Bindungswirkung für die anderen Organe ändern. Der Rat kann das nur bei Einstimmigkeit (Art. 250 I EGV). Daraus ergibt sich im Gesetzgebungsverfahren eine starke Stellung, die über die der nationalen Regierungen weit hinausgeht. Die Kommission ist also nicht nur „Motor der Integration", sondern auch „Herrin des Verfahrens".

883

Durchführung

- Sie hat die Aufgabe der Verwaltung der Fonds, die den größten Teil der Ausgaben der EG ausmachen.
- Sie stellt den Haushaltsplan auf führt ihn durch : Art. 272, 274 EGV.
- Im Durchführungsbereich hat sie die Aufgabe der Rechtsetzung aufgrund von Ermächtigungen des Rats : Art. 211 EGV.
- In Kartell- und Wettbewerbsangelegenheiten hat sie Kontroll- und Entscheidungsaufgaben : Art. 211 EGV.

884

Rechtsetzung

Im Bereich der Gemeinschaften EGKS und EAG, z.T. aber auch im Bereich der EG (z.B. Art. 86 III EGV : Wettbewerbsrecht) hat sie nicht nur Durchführungsbefugnisse, sondern das Recht, eigenständig Verordnungen zu erlassen.

885

„Hüterin der Verträge"

Als solche hat sie die Anwendung des primären und sekundären Gemeinschaftsrechts durch Mitgliedsstaaten, Unternehmen und Gemeinschaftsorgane zu überwachen (Art. 211 EGV).

- Hierzu hat sie das Recht, Auskünfte einzuholen und Nachprüfungen auch in den Mitgliedsstaaten vorzunehmen (Art. 284 EGV).
- ‚Notfalls muss sie Klage vor dem EuGH erheben (Art. 226, 230, 232 EGV).
- Wird aufgrund einer Klage nach Art. 226 EGV der Mitgliedsstaat daraufhin verurteilt, muss die Kommission die Beachtung des Urteils überprüfen und notfalls erneut den Gerichtshof anrufen und ggf. die Verhängung eines Pauschalbetrages oder eines Zwangsgeldes beantragen (Art. 228 II, III EGV).
- Eigene Weisungsbefugnisse und Sanktionsmöglichkeiten besitzt die Kommission nur, soweit ihr eine entsprechende Befugnis ausdrücklich übertragen ist, wie z.B. in Wettbewerbsangelegenheiten (Art. 81 ff EGV) oder im EGKS-Bereich.

886

Vertretung der EG nach außen

Die Kommission vertritt die EU

- gegenüber Drittstaaten (Art. 133 III, 300 I EGV) und
- in internationalen Organisationen (Art. 302).

Internet : http://http://www.europa.eu.int/, http://www.uni-mannheim.de/users/ddz/edz/edz.html

2.5 Europäischer Gerichtshof (EuGH)

Der EuGH (in den Verträgen nur „Gerichtshof" genannt) mit Sitz in Luxemburg ist für die Rechtsprechungsaufgaben im Rahmen der EG und z.T. auch der EU zuständig. Er soll insbesondere gewährleisten, dass das Gemeinschaftsrecht einheitlich ausgelegt und angewandt wird. Geregelt ist er in Art. 220 ff. EGV, dem Beschluss des Rats zur Errichtung eines Gerichts erster Instanz vom 24.10.1988, in seiner Satzung und in seiner Verfahrensordnung. 887

2.5.1 Struktur und Zustandekommen (Art. 220 ff. EGV) 888

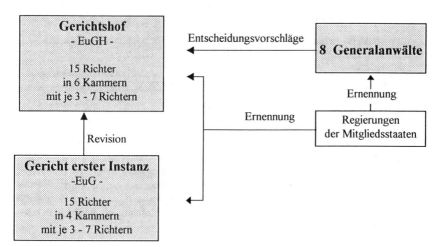

Nach Art. 221 EGV tagt der EuGH in Vollsitzungen nur, wenn ein Mitgliedstaat oder ein Organ der EG als Partei des Verfahrens dies verlangen. Im Übrigen tagt er in Kammern mit 3 – 7 Richtern. Der EuGH wird nach Art. 222 EGV von acht unparteilichen und unabhängigen Generalanwälten unterstützt. Diese haben dem EuGH begründete Schlussanträge zu unterbreiten, die in der Praxis gutachtenmäßig begründete Entscheidungsvorschläge sind. Die Richter und Generalanwälte werden nach Art. 223 EGV von den Regierungen der Mitgliedstaaten im gegenseitigen Einvernehmen auf sechs Jahre ernannt. Alle drei Jahre findet eine teilweise Neubesetzung der Richterstellen und der Generalanwälte statt. Eine Wiederernennung ausscheidender Richter und Generalanwälte ist zulässig.

Zur seiner Entlastung ist dem EuGH aufgrund des Art. 225 EGV seit 1989 ein Gericht erster Instanz (EuG) beigeordnet. Es ist für einzelne vom Rat einstimmig festgelegte Klagen zuständig (vgl. Beschlüsse des Rats vom 24.101988 und vom 1.1.1995). Gegen seine Entscheidungen ist ein auf Rechtsfragen beschränktes Rechtsmittel zum EuGH zulässig (Art. 225 EGV). Die Wahl der Richter und das Verfahren entsprechen den Regelungen zum EuGH.

2.5.2 Zuständigkeiten (Art. 226 ff. EGV)

889

Vertragsverletzungsklage, Art. 226 f. EGV

Sie dient der Beseitigung von Vertragsverletzungen durch die Mitgliedstaaten. Zuständig ist der EuGH.

1. Zulässigkeit

- Kläger können sein : die Kommission (Art. 226 I EGV) und jeder Mitgliedstaat (Art. 227 I EGV).
- Antragsgegner kann jeder Mitgliedstaat sein.
- Klagegegenstand ist Behauptung der Verletzung von Gemeinschaftsrecht durch den Mitgliedstaat
- Vorverfahren : Klagt die Kommission, hat sie zuvor dem Staat mit Fristsetzung Gelegenheit zur Äußerung zu geben (Art. 226 I EGV). Klagt ein Mitgliedstaat, muss er zuvor die Kommission damit befassen. (Art. 227 II EGV).

2. Begründetheit

Begründet ist die Klage, wenn der Mitgliedstaat gegen den EGV verstoßen hat. Dieser ist dann nach Art. 228 EGV verpflichtet, das Urteil zu befolgen. Tut er es nicht, kann die Kommission nach Anhörung und erfolglosem Ablauf einer Frist den Mitgliedstaat wegen Verletzung des Art. 228 EGV verklagen. Stellt der EuGH fest, dass der Mitgliedstaat dem Urteil nicht nachgekommen ist, kann er nach Art. 228 IV EGV auf Antrag der Kommission die Zahlung eines Pauschalbetrages oder Zwangsgeldes verhängen.

Grundfall mit Musterlösung zum Vertragsverletzungsverfahren : Rn 1075, 1136 ff.)

890

Nichtigkeitsklage, Art. 230 EGV

Sie dient der Klärung, ob Handlungen der EG-Organe rechtmäßig sind. Zuständig ist der EuGH, für Klagen natürlicher und juristischer Personen in Wettbewerbssachen das EuG.

1. Zulässigkeit

- Kläger können sein : die Mitgliedstaaten, der Rat, die Kommission, das Parlament, der Rechnungshof, die EZB und jede natürliche oder juristische Person.
- Klagegegner können sein : das Parlament, der Rat, die Kommission und die EZB.
- Klagegegenstand ist die Behauptung der Rechtswidrigkeit einer Maßnahme des Antragsgegners. Bei der Klage einer natürlichen oder juristischen Person muss es sich dabei um eine Entscheidung (Rn 921) handeln.
- Klagebefugnis : Sie ist nur notwendig bei Klagen
  > des Parlaments, des Rechnungshofs und der EZB. Diese können nach Abs. 3 eine Klage nur zur Wahrung ihrer eigenen Recht erheben (So kann das Parlament etwa rügen, dass es im Rechtssetzungsverfahren nicht ordnungsgemäß angehört bzw. beteiligt worden ist.)

> einer natürlichen oder juristischen Person. Ihre Klage ist nur zulässig, wenn die Entscheidung an sie ergangen ist oder wenn sie von ihr der sie – obwohl formal als Verordnung ergangen („Scheinverordnung") oder an eine andere Person gerichtet – „unmittelbar und individuell betroffen" ist.
- Frist : zwei Monate ab Bekanntgabe bzw. Kenntnis der Maßnahme (Art. 230 V EGV).

2. Begründetheit
Begründet ist die Klage, wenn die Maßnahme rechtswidrig ist. Der Rechtsakt wird dann vom EuGH bzw. dem EuG in allgemeinverbindlicher Weise für nichtig erklärt, bei einer Verordnung ggf. nur bestimmte Teile (Art. 231 EGV).

Grundfall mit Musterlösung zur Nichtigkeitsklage : Rn 1074 (1133 ff.)

Untätigkeitsklage, Art. 232 EGV

Mit ihr soll verhindert werden, dass EG-Organ es rechtswidrig unterlassen, einen Beschluss zu fassen. Zuständig ist der EuGH, für Klagen natürlicher und juristischer Personen in Wettbewerbssachen das EuG.

1. Zulässigkeit

- Kläger können sein : die Mitgliedstaaten, das Parlament, der Rat, die Kommission, die EZB und jede natürliche oder juristische Person sein

- Klagegegner können sein : das Parlament, der Rat, die Kommission und die EZB.

- Klagegegenstand ist die Behauptung, dass der Klagegegner es rechtswidrig unterlassen hat, einen Beschluss zu fassen. Hier gelten zwei Einschränkungen : Eine natürliche oder juristische Person muss geltend machen, dass der Klaggegner es unterlassen hat, einen anderen Akt als eine Empfehlung oder Stellungnahme an sie zu richten. Die EZB kann nur Unterlassungen in ihrem Zuständigkeitsbereich angreifen.

- Vorverfahren : Das betreffende Organ muss zuvor – mit einer Frist von zwei Monaten – aufgefordert worden sein, tätig zu werden. Hat es innerhalb von zwei Monaten dazu nicht Stellung genommen, kann innerhalb von weiteren zwei Monaten Klage erhoben werden.

2. Begründetheit
Begründet ist die Klage, wenn der Antragsgegner es rechtswidrig unterlassen hat, den Beschluss zu fassen. Das verurteilte Organ ist verpflichtet, die sich aus dem Urteil ergebenden Maßnahmen zu erlassen (Art. 233 EGV).

891

892

Vorabentscheidungsverfahren, Art. 234 EGV

Es dient der Konzentration der Auslegung des Gemeinschaftsrechts. Zuständig ist der EuGH.

1. Zulässigkeit
- Vorlageberechtigung besitzt jedes Gericht eines Mitgliedstaates, wenn es der Ansicht ist, dass eine Entscheidung des EuGH zum Erlass seines Urteils erforderlich ist. Handelt es sich dabei um ein letztinstanzliches Gericht, ist es nach Abs. 3 zur Anrufung des EuGH verpflichtet.
- Verfahrensgegenstand ist die Auslegung des EGV und die Gültigkeit und die Auslegung der Handlungen der EG-Organe und der EZB

2. Entscheidung
Ist die Vorlage zulässig, entscheidet der EuGH die vorgelegte Rechtsfrage. Das Urteil bindet das vorlegende Gericht und die Instanzgerichte des Ausgangsstreitverfahrens (EuGH Slg. 1969, 165). Stellt der EuGH die Ungültigkeit von Gemeinschaftsrecht fest, entfaltet sein Urteil Bindungswirkung gegenüber allen Gerichten, staatlichen Stellen und EG-Organen.

Grundfall mit Musterlösung zum Vorabentscheidungsverfahren : Rn 1076 (1139 ff.)

893

Amtshaftungsklagen, Art. 235 i.V.m. 288 II EGV

Mit ihnen sollen Schäden aus Amtspflichtverletzung der EG-Organe eingeklagt werden können. Zuständig ist das EuG. Für Schäden im vertraglichen Bereich sind dagegen nach Art. 240 EGV die Gerichte der Mitgliedstaaten zuständig.

1. Zulässigkeit
- Kläger kann jede natürliche oder juristische Person sein.
- Klagegegner ist die Gemeinschaft, vertreten durch das Organ, dem das schädigende Verhalten vorgeworfen wird (EuGH Slg. 1973, 1229)
- Klagegegenstand ist die Behauptung, durch EG-Organe, die EZB oder Bedienstete der EG in Ausübung ihrer Amtstätigkeit im außervertraglichen Bereich rechtswidrig einen Schaden erlitten zu haben.
- Subsidiarität : Die Klage ist nur zulässig, wenn der Kläger nicht vor nationalen Gerichten Rechtsschutz ergreifen konnte (etwa wenn er sich gegen eine Maßnahme eines Mitgliedstaates mit der Begründung wendet, die zugrunde liegende Rechtsnorm der EG stelle die Amtspflichtverletzung dar).

2. Begründetheit
Begründet ist die Klage, wenn der Antragsteller durch ein rechtswidriges (nicht unbedingt schuldhaftes) Verhalten eines EG-Organs, der EZB oder eines Bedienstete der Gemeinschaft in Ausübung seiner Amtstätigkeit im außervertraglichen Bereich rechtswidrig einen Schaden erlitten hat (EuGH Slg. 1990, 1183).

> **Klagen zwischen der EG und ihren Bediensteten, Art. 236 EGV** 894
>
> Mit ihnen sollen Rechtsstreitigkeiten aus dem Beschäftigungsverhältnis zwischen der Gemeinschaft und ihren Bediensteten gerichtlich entschieden werden. Zuständig ist das EuG.
>
> **1. Zulässigkeit**
> - Kläger können alle Bediensteten der EG sein.
> - Klagegegner ist nicht die Gemeinschaft, sondern die jeweilige Anstellungsbehörde (EuGH Slg. 1989, 3599), also z.B. die Kommission oder der Rat.
> - Klagegegenstand kann nach § 90 II des Beamtenstatus der Gemeinschaft (BSt) jede belastende Maßnahme oder Unterlassung sein.
> - Klagebefugnis : Der Bedienstete muss geltend machen, durch die Maßnahme oder Unterlassung unmittelbar und individuell in seinen Rechten verletzt zu sein
> - Vorverfahren : Nach § 91 II BSt ist vor Erhebung der Klage ein Vorverfahren durchzuführen.
>
> **2. Begründetheit**
> Sie ist gegeben, wenn die behauptete Rechtsverletzung vorliegt.

Repetitorium zum EuGH : Rn 1061

Grundfälle mit Musterlösungen :
- zum Vertragsverletzungsverfahren : Rn 1075 (1136 ff.)
- zur Nichtigkeitsklage : Rn 1074 (1133 ff.)
- zum Vorabentscheidungsverfahren : Rn 1076 (1139 ff.)

Weiterführende Literatur : Gündisch, Rechtsschutz in der Europäischen Gemeinschaft, 1994; Rengeling, Rechtsschutz in der Europäischen Union, 1994; Schockweiler, Die richterliche Kontrollfunktion des Europäischen Gerichtshofs, EuR 1995, 191; Allkemper, Der Rechtsschutz des Einzelnen nach dem EG-Vertrag, 1995; Dauses, Das Vorabentscheidungsverfahren nach Art. 177 EGV, 1995; Odendahl, Das Rechtsschutzsystem der Europäischen Union, JA 1996, 134; Haller, Der Rechtsweg zum EuGH, JuS 1996, 209; Koenig/Sander, Einführung in das EG-Prozessrecht, 1997; Kirschner/Klüpfel, Das Gericht erster Instanz der EG, 1998; Eiffler, Der Grundrechtsschutz durch BVerfG, EGMR und EuGH, JuS 1999, 1068

Internet : http://www.europa.eu.int/cj/index.htm, http://www.uni-mannheim.de/users/ddz/edz/edz.html

2.6 Rechnungshof

895 Die Aufgaben des - seit 1977 existierenden - Rechnungshofs nennt Art. 248 II EGV :

> *„Der Rechnungshof prüft die Rechtmäßigkeit und Ordnungsmäßigkeit der Einnahmen und Ausgaben und überzeugt sich von der Wirtschaftlichkeit der Haushaltsführung. Dabei berichtet er insbesondere über alle Fragen von Unregelmäßigkeiten."*

Das Verfahren der Überprüfung regelt Art. 248 III, die Folge Art. 248 IV EG. Danach erstattet der Rechnungshof nach Abschluss eines jeden Haushaltsjahres einen Jahresbericht. Dieser Bericht wird den anderen Organen der Gemeinschaft vorgelegt und im Amtsblatt der Europäischen Gemeinschaften zusammen mit den Antworten dieser Organe auf die Bemerkungen des Rechnungshofs veröffentlicht.

Dem Rechnungshof gehören 15 Mitglieder - aus jedem Mitgliedsstaat eines - an, die vom Rat nach Anhörung des Europäischen Parlaments einstimmig auf sechs Jahre ernannt werden. Sie sind unabhängig, unterliegen also keinen Weisungen (Art. 248 EGV).

2.7 Wirtschafts- und Sozialausschuss (WSA)

896 Der - seit 1957 existierende - Wirtschafts- und Sozialausschuss ist ein beratendes Organ (Art. 257 I EGV). Er besteht aus 222 Mitgliedern, die vom Rat durch einstimmigen Beschluss auf vier Jahre ernannt werden. Die Aufteilung auf die Mitgliedsstaaten erfolgt entsprechend der Größe (z.B. Luxemburg 6, Niederlande 12, Deutschland 24).

Die Mitglieder sind nach Art. 257 II EGV „Vertreter der verschiedenen Gruppen des wirtschaftlichen und sozialen Lebens, insbesondere der Erzeuger, der Landwirte, der Verkehrsunternehmer, der Arbeitnehmer, der Kaufleute und Handwerker, der freien Berufe und der Allgemeinheit." In der Praxis sind es zu je einem Drittel Vertreter der Arbeitgeber, der Arbeitnehmer und anderer Gruppen (Landwirte, Ärzte, Architekten usw.).

Angehört werden muss der WSA vom Rat oder der Kommission in folgenden Fällen :

- Agrarpolitik (Art. 37 II EGV)
- Binnenmarktregelungen (Art. 40, 44, 52, 71, 75, 94, 95 EGV)
- Beschäftigung (Art. 128 EGV)
- Sozialpolitik (Art. 138, 144, 148 EGV)
- allgemeine und berufliche Bildung (Art. 149 IV, 150 IV EGV)
- Gesundheitspolitik (Art. 152 IV EGV)
- Verbraucherschutz (Art. 143 II EGV)
- transeuropäische Netze (Art. 156 EGV)
- Strukturfonds (Art. 159, 160 II EGV)
- Forschungsprogramme (Art. 166, 172 EGV)
- Umwelt (Art. 175 EGV)

In allen anderen Fällen kann er vom Rat oder der Kommission angehört werden oder von sich aus eine Stellungnahme abgeben (Art. 262 EGV).

2.8 Beschäftigungsausschuss (BA)

Der durch Vertrag von Amsterdam 1997 geschaffene Beschäftigungsausschuss wird vom Rat eingesetzt. Jeder Mitgliedstaat und die Kommission entsenden zwei Mitglieder in den Ausschuss. Seine Aufgabe ist, mit beratender Funktion die „Koordinierung der Beschäftigungs- und Arbeitsmarktpolitik der Mitgliedstaaten" zu fördern (Art. 130 EGV). 897

2.9 Ausschuss der Regionen (ADR)

Der - seit 1993 existierende - Ausschuss der Regionen ist ein „beratender Ausschuss aus Vertretern der regionalen und lokalen Gebietskörperschaften" (Art. 263 EGV). Er besteht aus 222 unabhängigen Mitgliedern, die vom Rat auf Vorschlag der jeweiligen Mitgliedstaaten durch einstimmigen Beschluß auf vier Jahre ernannt werden. Die Zahl der Mitglieder pro Mitgliedstaat entspricht der Zusammensetzung des WSA. 898

Angehört werden muss der AdR vom Rat oder der Kommission in den im EGV vorgesehenen Fällen :

- Struktur- und Regionalpolitik (Art. 159, 160, 161 EGV)
- transeuropäische Netze (Art. 156 EGV)
- allgemeine und berufliche Bildung (Art. 149 EGV)
- Kultur (Art. 151 EGV)
- Gesundheitswesen (Art. 152 EGV)

In allen anderen Fällen kann er vom Rat oder der Kommission angehört werden oder von sich aus eine Stellungnahme abgeben (Art. 265 II EGV).

2.10 Europäische Investitionsbank

Die Aufgaben der - seit 1958 existierenden - Investitionsbank sind nach Art.266 EGV die Finanzierung von 899

„a) Vorhaben zur Erschließung der weniger entwickelten Gebiete;

b) Vorhaben zur Modernisierung oder Umstellung von Unternehmen oder zur Schaffung neuer Arbeitsmöglichkeiten, die sich aus der schrittweisen Errichtung des Gemeinsamen Marktes ergeben und wegen ihres Umfangs oder ihrer Art mit den in den einzelnen Mitgliedstaaten vorhandenen Mitteln nicht vollständig finanziert werden können;

c) Vorhaben von gemeinsamem Interesse für mehrere Mitgliedstaaten, die wegen ihres Umfangs oder ihrer Art mit den in den einzelnen Mitgliedstaaten vorhandenen Mitteln nicht vollständig finanziert werden können."

Mitglieder der - rechtlich selbständigen - Investitionsbank sind die Mitgliedsstaaten (Art. 198 d EGV).

2.11 Europäisches System der Zentralbanken (ESZB) und Europäische Zentralbank (EZB)

900 Mit dem Eintritt in die dritte Stufe der Wirtschafts- und Währungsunion wurden das Europäische System der Zentralbanken (ESZB) und die Europäischen Zentralbank (EZB) mit Sitz in Frankfurt wurde errichtet. Das ESZB ist eine nichtrechtsfähige Organisation, zu der sich die Europäische Zentralbank, die Rechtsfähigkeit besitzt, und die nationalen Zentralbanken zusammengeschlossen haben (Art. 107 I, II EGV). Geleitet wird es von den Organen der EZB : dem EZB-Rat und dem Direktorium /Art. 107 III RGV). Der EZB-Rat besteht aus den Mitgliedern des Direktoriums der EZB und den Präsidenten der nationalen Zentralbanken (Art. 112 I EGV). Die Mitglieder des Direktoriums, der Präsident, der Vizepräsident und vier weitere Mitgliedern, werden vom Europäischen Rat einvernehmlich ernannt. (Art. 112 II EGV). Die EZB und die Mitglieder ihrer Organe sind unabhängig. Sie dürfen also keine Weisungen von Einrichtungen der Gemeinschaft oder Regierungen der Mitgliedstaaten entgegennehmen. Diese sind ihrerseits verpflichtet, die Mitglieder der EZB nicht zu beeinflussen (Art. 108 EGV).

901 Das vorrangige Ziel des ESZB ist es, die Preisstabilität zu gewährleisten (Art. 105 I 1 EGV). Dazu hat es nach Art. 105 I 1 EGV die Aufgabe,

„die Geldpolitik der Gemeinschaft festzulegen und auszuführen, Devisengeschäfte ... durchzuführen, die offiziellen Währungsreserven der Mitgliedstaaten zu halten und zu verwalten und das reibungslose Funktionieren der Zahlungssysteme zu fördern"

Die EZB hat das ausschließliche Recht, die Ausgabe von Banknoten innerhalb der Gemeinschaft zu genehmigen. Ausgegeben werden diese von der EZB und den nationalen Zentralbanken und sind die einzigen Banknoten, die in der Gemeinschaft als gesetzliche Zahlungsmittel gelten (Art. 106 I EGV). Zur Erfüllung seiner Aufgaben kann die EZB Verordnungen und Entscheidungen erlassen und Empfehlungen und Stellungnahmen abgegeben (Art. 110 EGV).

Repetitorium zu den Aufgaben und Organen der EG : Rn 1061

Weiterführende Literatur : Stadler, Der rechtliche Handlungsspielraum des Europäischen Systems der Zentralbanken, 1996; Heun, Die Europäische Zentralbank in der Europäischen Währungsunion, JZ 1998, 866; Kilb, Das Europäische System der Zentralbanken, JA 1999, 262

Internet : http://http://www.europa.eu.int/, http://www.uni-mannheim.de/users/ddz/edz/edz.html

3. RECHTSQUELLEN DER EUROPÄISCHEN GEMEINSCHAFT

primäres Gemeinschaftsrecht		
Vertragsrecht	allgemeine Rechtsgrundsätze	Gewohnheitsrecht
> Rn 903 f.	> Rn 906 f.	> Rn 908

sekundäres Gemeinschaftsrecht				
Verordnungen	Richtlinien	Entscheidungen	Empfehlungen, Stellungnahmen	sonstige Rechtsakte
> Rn 917	> Rn 918 f.	> Rn 920	> Rn 921	> Rn 922

3.1 primäres Gemeinschaftsrecht

Das primäres Gemeinschaftsrecht ist das durch die Mitgliedstaaten – z.T. unter Mitwirkung der EG – geschaffene Recht. Es ist die rechtliche Grundordnung der EG, die ihre Ziele, Organe, Zuständigkeiten und Verfahren regelt. Zum primären Gemeinschaftsrecht gehören: 902

3.1.1 DAS VERTRAGSRECHT

Es besteht aus den Gründungsverträgen der EGKS 1951, der EAG 1957 und der EWG 1957 mit den dazu gehörenden Anlagen, Protokollen und Erklärungen und den späteren Änderungen, insbesondere durch die Einheitliche Europäische Akte 1988 und die Verträge von Maastricht 1992 und Amsterdam 1997, denen ebenfalls Anlagen, Protokolle und Erklärungen beigefügt sind. Das Vertragsrecht bindet - und berechtigt - in erster Linie die EG-Organe und die Mitgliedstaaten. Fraglich ist, ob die Normen des Vertragsrechts auch Einzelpersonen (Bürger, Unternehmen) unmittelbar berechtigen und verpflichten, ob diese sich also gegenüber den EG-Organen und den innerstaatlichen Behörden und Gerichten unmittelbar auf sie berufen bzw. diese sie im Verhältnis zu Einzelpersonen unmittelbar anwenden können.   903

Nach dem EuGH ist eine Norm des primären Gemeinschaftsrechts unmittelbar anwendbar, wenn sie "vollständig und rechtlich vollkommen" ist (EuGH Slg.1966, 257 = NJW 1966, 1630). Das ist unter folgenden - kumulativen - Voraussetzungen der Fall: 904

- Die Norm ist so formuliert, dass sie für die Mitgliedstaaten ein klares und uneingeschränktes Gebot oder Verbot enthält, also für sie die Verpflichtung zu einem Tun oder Unterlassen begründet.
- Die Norm ist an keine Bedingung geknüpft.
- Die Norm bedarf zu ihrer Wirksamkeit oder Durchführung keiner Maßnahmen der Gemeinschaft oder interner Rechtssetzungsakte der Mitgliedsstaaten.

Unmittelbar anwendbar ist eine Norm nach diesen Kriterien auch dann, wenn sie nicht die Einzelperson, sondern die Mitgliedstaaten als Adressaten bezeichnet (wie z.B. im Fall der Art. 25 und 90 EGV). Unmittelbar anwendbar sind im Wesentlichen folgende Normen des Vertragsrechts, die Einzelpersonen Rechte einräumen: 905

Art. 12 EGV	Allgemeines Diskriminierungsverbot (EuGH Slg. 1985, 593 = NJW 1985, 2085)
Art. 25 EGV	Verbot neuer Ein- und Ausfuhrzölle oder Abgaben gleicher Wirkung (EuGH Slg. 1966, 257 = NJW 1966, 1630)
Art. 28 EGV	Verbot mengenmäßiger Einfuhrbeschränkungen oder Maßnahmen gleicher Wirkung (EuGH EuZW 1990, 222)
Art. 39 EGV	Freizügigkeit der Arbeitnehmer (EuGH Slg. 1976, 1185 = NJW 1976, 2076)
Art. 43, 48 EGV	Niederlassungsfreiheit (EuGH Slg. 1974, 631 = NJW 1974, 513)
Art. 49 I, 50 EGV	Freiheit des Dienstleistungsverkehrs (EuGH Slg. 1974, 1299 = NJW 1975, 1095)
Art. 93 III EGV	Durchführungsverbot für Beihilfen (EuGH Slg. 1973, 1471 = NJW 1974, 439)
Art. 88 EGV	Verbot höherer inländischer Abgaben auf Waren aus anderen Mitgliedsstaaten (EuGH Slg. 1966, 257 = NJW 1966, 1630)
Art. 141 EGV	gleiches Entgelt für Männer und Frauen bei gleicher Arbeit (EuGH Slg 1976, 455 = NJW 1976, 2065)

Daneben gibt es auch unmittelbar anwendbare Normen des Vertragsrechts, die Pflichten für Einzelpersonen begründen, insbesondere Art. 81 und 82 EGV.

3.1.2 ALLGEMEINE RECHTSGRUNDSÄTZE

906 Der EuGH hat zur Füllung von Lücken im Gemeinschaftsrecht in erheblichem Maße auf allgemeine Rechtsgrundsätze der Mitgliedsstaaten zurückgegriffen. Anerkannt ist diese Methode der Rechtsgewinnung durch vergleichende Analyse der nationalen Rechtssysteme bereits durch Art. 288 II EGV, der eine Schadensersatzpflicht der Gemeinschaft "nach den allgemeinen Rechtsgrundsätzen" vorsieht, "die den Rechtsordnungen der Mitgliedsstaaten gemeinsam sind". Diese Vorschrift verzichtet für die außervertragliche Haftung der Gemeinschaft also auf eine genaue Regelung im Gemeinschaftsrecht und nimmt statt dessen auf gemeinsame Grundsätze der Rechtsordnungen der Mitgliedsstaat Bezug.

907 Der EuGH hat über Art. 288 II EGV hinaus in zwei weiteren Bereichen unter Rückgriff auf die nationalen Rechtsordnungen allgemeine Rechtsgrundsätze entwickelt, in denen sich das Gemeinschaftsrecht als lückenhaft erwiesen hat :

- beim Grundrechtsschutz gegen Handlungen der Gemeinschaftsorgane (vgl. Rn 929)

- bei der Regelung von rechtsstaatlichen Garantien für das Verwaltungsverfahren der Gemeinschaft (vgl. Rn 931)

Angesichts des Prinzips der enumerativen Einzelermächtigung (Art. 3 I EGV) muss sich eine solche Kompetenz aus dem Gemeinschaftsrecht selbst ableiten. Die Grundlage dafür bildet Art. 220 EGV : *"Der Gerichtshof sichert die Wahrung des Rechts bei der Auslegung und Anwendung dieses Vertrages"*. Der EuGH begründete das seit jeher damit, dass ansonsten Rechtsschutz in den nationalen Verfassungen gesucht würde, was aber die Einheitlichkeit des Gemeinschaftsrecht beeinträchtigen würde (z.B. Slg. 1970, 1135). Zumindest für den Bereich der Grundrechte ist diese Rechtsprechung in der Zwischenzeit durch geschriebenes Primärrecht bestätigt worden, und zwar durch Art. 6 EUV (vgl. Rn 929). Im Einzelnen wird auf Grundrechte und rechtsstaatlichen Garantien der Gemeinschaft unten Rn 926 ff. eingegangen.

3.1.3 GEWOHNHEITSRECHT

Ob Gewohnheitsrecht auf der Ebene des primären Gemeinschafsrechts existiert, wird zum Teil - mit der Begründung fehlender Notwendigkeit - bestritten (Emmert Rn 46). Zumindest hat sich der EuGH noch nie auf Gewohnheitsrecht berufen. Als Gewohnheitsrecht bezeichnen könnte man etwa das Recht der Minister, sich im Rat durch Staatssekretäre vertreten zu lassen (Arndt S. 48) oder das Fragerecht des Parlaments gegenüber dem Rat.

908

3.2 Sekundäres Gemeinschaftsrecht

Vom primären Gemeinschaftsrecht zu unterscheiden ist das sekundäre Gemeinschaftsrecht, das von den EG-Organen geschaffen wird. Es erfolgt aufgrund einer Ermächtigung entweder durch das primäre Gemeinschaftsrecht oder durch einen Rechtsakt eines anderen Organs (z.B. eine Verordnung der Kommission zur Durchführung einer Verordnung des Rats).

909

3.2.1 ZULÄSSIGKEIT VON SEKUNDÄREM GEMEINSCHAFTSRECHT

(1) Prinzip der enumerativen Einzelermächtigung

910

Art. 5 I EGV : *„Die Gemeinschaft wird innerhalb der Grenzen der ihr in diesem Vertrag zugewiesenen Befugnisse und gesetzten Ziele tätig."*

Die Gemeinschaft darf danach also nur tätig werden, wenn sie im EGV dazu ermächtigt worden ist. Eine Konkretisierung zu Art. 5 I EGV enthält Art. 7 I 2 EGV : *„Jedes Organ handelt nach Maßgabe der ihm in diesem Vertrag zugewiesenen Befugnisse."* Erweitert wird Art. 5 I EGV durch die von dem EuGH entwickelten Grundsätze des "effet utile" und der "implied powers" und durch Art. 308 EGV :

(2) Grundsatz des "effet utile"

911

Danach ist jede Norm so auszulegen, dass sie ihre volle Wirksamkeit entfalten kann (EuGH Slg.1970, 825).

(3) Grundsatz der "implied powers"

912

Danach ist eine Zuständigkeit, auch wenn sie im EGV nicht ausdrücklich geregelt ist, gegeben, wenn eine zugewiesene Aufgabe nur erfüllt werden kann, wenn die zusätzliche ungeschriebene Zuständigkeit wahrgenommen wird (EuGH Slg. 1971, 263).

(4) Generalermächtigung

913

Art. 308 EGV : *„Erscheint ein Tätigwerden der Gemeinschaft erforderlich, um im Rahmen des Gemeinsamen Marktes eines ihrer Ziele zu verwirklichen, und sind in diesem Vertrag die hierfür erforderlichen Befugnisse nicht vorgesehen, so erlässt der Rat einstimmig auf Vorschlag der Kommission und nach Anhörung des Europäischen Parlaments die geeigneten Vorschriften."*

Art. 308 EGV ist - wie sein Wortlaut ergibt - subsidiär, und zwar sowohl gegenüber Art. 5 I EGV als auch gegenüber den Grundsätzen der "effet utile" und der "implied powers" (Geiger Rn 10).

3.2.2 INHALTLICHE GRENZEN DES SEKUNDÄREN GEMEINSCHAFTSRECHTS

914 (1) Subsidiaritätsprinzip

> Art. 5 II EGV : *„In den Bereichen, die nicht in ihre ausschließliche Zuständigkeit fallen, wird die Gemeinschaft nach dem Subsidiaritätsprinzip nur tätig, sofern und soweit die Ziele der in Betracht gezogenen Maßnahmen auf Ebene der Mitgliedstaaten nicht ausreichend erreicht werden können und daher wegen ihres Umfangs oder ihrer Wirkung besser auf Gemeinschaftsebene erreicht werden können."*

Das Subsidiaritätsprinzip wurde durch den EUV 1993 eingeführt. Es ist nicht nur als allgemeines Prinzip in Art. 2 EUV und Art. 3 EGV enthalten, sondern kommt auch in etlichen spezielleren Vorschriften zum Ausdruck : Art. 138, 149, 150, 151, 153, 154, 157, 164 EGV. Es gilt nach Art. 5 II EGV nur für die konkurrierenden Zuständigkeiten der EU, nicht aber für die ausschließlichen. Da es keinen Katalog ausschließlicher Zuständigkeiten gibt, muss die Frage, ob eine Zuständigkeit eine ausschließliche ist, jeweils aus der Zielsetzung der einzelnen Regelungskomplexe ermittelt werden. Im Wesentlichen handelt es sich um :

- Unionsbürgerschaft
- Zölle
- Landwirtschaft und Fischerei
- Freizügigkeit der Arbeitnehmer
- Niederlassungsrecht
- Dienstleistungsfreiheit
- Freiheit des Kapital- und Zahlungsverkehrs
- Währungspolitik

Auf den Gebieten der ausschließlichen Zuständigkeiten ist die EG also für die Notwendigkeit ihres Handelns nicht beweispflichtig. Das Subsidiaritätsprinzip darf hier nicht herangezogen werden, um die Zweckmäßigkeit des Gemeinschaftshandelns in Frage zu stellen. Demgegenüber sind konkurrierende Zuständigkeiten solche, die der EU nicht ausschließlich vorbehalten sind.

Weiterführende Literatur : Hilz, Subsidiaritätsprinzip und Europäische Union – Gemeinschaftsordnung, 1998; Kenntner, Das Subsidiaritätsprotokoll des Amsterdamer Vertrages, NJW 1998, 2871

915 (2) Grundsatz der Verhältnismäßigkeit

> Art. 5 III EGV : *„Die Maßnahmen der Gemeinschaft gehen nicht über das für die Erreichung der Ziele dieses Vertrags erforderliche Maß hinaus."*

Der Grundsatz der Verhältnismäßigkeit gilt als allgemeines Prinzip nicht nur für die ausschließlichen Zuständigkeiten der Gemeinschaft i.S.d. Art. 5 II EGV, sondern auch für die konkurrierenden Zuständigkeiten (Lenz Rn 24).

Rechtsquellen der EG 419

3.2.3 ARTEN DES SEKUNDÄREN GEMEINSCHAFTSRECHTS

(1) Arten nach Art. 249 EGV 916

> Art. 249 II EGV : *„Zur Erfüllung ihrer Aufgaben und nach Maßgabe dieses Vertrages erlassen das Europäische Parlament und der Rat gemeinsam, der Rat und die Kommission Verordnungen, Richtlinien und Entscheidungen, sprechen Empfehlungen aus oder geben Stellungnahmen ab."*

Art. 249 EGV ist keine Kompetenznorm. Ob für die Gemeinschaft eine Handlungskompetenz besteht und in welcher Form die Gemeinschaftsorgane handeln können, ergibt sich nach dem Prinzip der enumerativen Einzelermächtigung (Art. 5 I EGV, s.o. Rn 910) aus der jeweiligen Kompetenzvorschrift des EGV (wonach dem jeweiligen Organ vielfach die Handlungsform vorgegeben wird, z.B. Art. 47 I), nicht aber aus Art. 249 EGV.

Art. 249 EG enthält nur die typischen Handlungsformen, ohne eine abschließende Regelung zu treffen. Zum einen können Rat, Kommission und Parlament in anderer Weise handeln : so kann z.B. der Rat rechtsverbindlich auch durch Beschluss entscheiden. Zum anderen ist die Aufzählung der Organe nicht abschließend : So kann auch die EZB Verordnungen und Entscheidungen erlassen und Empfehlungen und Stellungnahmen aussprechen (Art. 110 I EGV).

	Ziel	Adressat	Bindungswirkung
Verordnung	Regelung ausschließlicher Aufgaben der EG	Mitgliedsstaaten und Bürger	allgemein und unmittelbar in allen Teilen verbindlich
Richtlinie	Angleichung des Rechts der Mitgliedstaaten	Mitgliedsstaaten, bei unmittelbarer Wirkung auch Einzelpersonen	nur hinsichtlich der Ziele verbindlich, nicht hinsichtlich der Wahl der Form und der Mittel
Entscheidung	Durchsetzung des EG-Rechts im Einzelfall	einzelne Mitgliedsstaaten oder Einzelpersonen	in allen Teilen für den Adressaten verbindlich
Empfehlung	Anregung einer bestimmten Maßnahme	Gemeinschaftsorgane, Mitgliedsstaaten oder Einzelpersonen	nicht verbindlich
Stellungnahme	i.d.R. sachverständige Meinungsäußerung	Gemeinschaftsorgane oder Mitgliedsstaaten	nicht verbindlich

- **Verordnungen** 917

> Art. 249 II EGV : *„Die Verordnung hat allgemeine Geltung. Sie ist in allen ihren Teilen verbindlich und gilt unmittelbar in jedem Mitgliedstaat."*

Allgemeine Geltung bedeutet, dass die Verordnung eine unbestimmte Zahl von Fällen und eine unbestimmte Zahl von Personen betrifft. Das schließt nicht aus, dass sich die betroffenen Personen nach Zahl und Identität bestimmen lassen, wohl aber, dass sie bei Erlass des Rechtsaktes abschließend feststehen (EuGH Slg. 1982, 3230).

Unmittelbare Verbindlichkeit bedeutet, dass die Verordnung für alle Mitgliedsstaaten und die betroffenen Bürger bzw. Unternehmen unmittelbar geltendes Recht darstellt. Ein Transformationsakt in nationales Recht ist daher weder nötig noch zulässig. Auch nationale Regeln zur Interpretation von Verordnungen sind unzulässig (EuGH Slg. 1970, 459).

918 • **Richtlinien**

> Art. 189 III EGV : *„Die Richtlinie ist für jeden Mitgliedsstaat, an den sie gerichtet wird, hinsichtlich des zu erreichenden Zieles verbindlich, überlässt jedoch den innerstaatlichen Stellen die Wahl der Form und der Mittel."*

Richtlinien sind *an* die Mitgliedsstaaten, d.h. an deren Parlamente und Regierungen, nicht aber an die Behörden, Gerichte und Bürger *in* den Mitgliedsstaaten gerichtet. Sie müssen von den Mitgliedsstaat in nationales Recht umgesetzt werden. Je nach dem Spielraum, den die Richtlinie ihnen lässt, haben sie dabei einen mehr oder weniger großen Gestaltungsspielraum. Einen Anspruch auf inhaltliche Ausgestaltung haben sie dagegen nicht : Auch eine Richtlinie, die den Mitgliedsstaaten "keinerlei Ermessensspielraum einräumt", ist mit Art. 249 EGV vereinbar (EuGH Slg. 1977, 2203). Einen Anspruch haben die Mitgliedsstaaten lediglich auf *"die Wahl der Form und der Mittel"*. Soll eine Richtlinie über ihre Umsetzung in nationales Recht unmittelbar Rechte und Pflichten von Individuen begründen, ist diese Wahlfreiheit aber insoweit eingeschränkt, als die Umsetzung durch verbindliche und veröffentlichte Normen - also z.B. nicht durch Verwaltungsvorschriften - erfolgen muss (EuGH Slg. 1996, 4845). Während der Umsetzungsfrist dürfen die Mitgliedsstaaten keine Vorschriften erlassen, die den Zielen der Richtlinie zuwider laufen (EuGH Slg. 1997, 7411).

919 Unmittelbare Wirkung gegenüber Bürgern bzw. Unternehmen erzeugen Richtlinien grundsätzlich erst nach dieser Umsetzung, wobei sich die unmittelbare Wirkung dann aus dem Umsetzungsakt ergibt. Ausnahmsweise können Bürger bzw. Unternehmen sich unmittelbar auf eine Richtlinie berufen, wenn (EuGH Slg. 1974, 1349)

> • die für die Umsetzung der Richtlinie gesetzte Frist verstrichen ist oder die Umsetzung nicht ordnungsgemäß erfolgt ist,
>
> • die Richtlinie Rechte Einzelner enthält und
>
> • die Richtlinie "inhaltlich unbedingt" ist, d.h. den Mitgliedsstaaten im Hinblick auf das Ziel der Umsetzung keinen Ermessensspielraum einräumt (EuGH NJW 1992, 165). Ein solcher Spielraum besteht, wenn die Richtlinie es den Mitgliedsstaaten freistellt, sie in nationales Recht zu übernehmen. Räumt die Richtlinie dagegen Ermessen nur im Hinblick auf die Mittel der Umsetzung ein, nicht aber im Hinblick auf das Ziel, so ist sie hinsichtlich des Ziels unbedingt (EuGH Slg.1986, 2855).
>
> • die Richtlinie "hinreichend genau" - im Hinblick auf den Regelungsgegenstand und den erfassten Personenkreis - ist, so dass sie ohne Konkretisierung durch einen Umsetzungsakt anwendbar sind. Das ist nicht der Fall, wenn sie auslegungsfähig ist (Jarass NJW 1990, 2424). Fehlende Bestimmtheit ist erst gegeben, wenn die Richtlinie so allgemein gehalten ist, dass für ihre Anwendung normenkonkretisierende Maßnahmen der Gemeinschaft oder der Mitgliedsstaaten notwendig sind (EuGH NVwZ 1990, 253).

• **Entscheidungen**

> Art. 249 IV EGV : *„Die Entscheidung ist in allen ihren Teilen für diejenigen verbindlich, die sie bezeichnet."*

Rechtsquellen der EG

- **Entscheidungen** 920

> Art. 249 IV EGV: *„Die Entscheidung ist in allen ihren Teilen für diejenigen verbindlich, die sie bezeichnet."*

Entscheidungen regeln Einzelfälle gegenüber den in ihnen genannten Mitgliedsstaaten oder Bürgern und dienen damit in erster Linie dem Vollzug des Gemeinschaftsrechts. Sie wirken unmittelbar, können ihren Adressaten also unmittelbar Rechte und Pflichten auferlegen, die von den nationalen Behörden und Gerichten zu beachten sind.

- **Empfehlungen und Stellungnahmen** 921

> Art. 249 V EGV: *„Die Empfehlungen und Stellungnahmen sind nicht verbindlich."*

Stellungnahmen können sich an Gemeinschaftsorgane und Mitgliedsstaaten, Empfehlen darüber hinaus auch an einzelne Bürger richten. Trotz ihrer rechtlichen Unverbindlichkeit sind Empfehlungen rechtlich von Bedeutung, da sie z.T. Verfahrensvoraussetzung für ein Tätigwerden anderer Organe oder desselben Organs sind (z.B. Art. 97, 99, 104, 111, 226 EGV).

(2) sonstige Rechtshandlungen nach dem EGV 922

Über die Arten des Art. 249 hinaus gibt es weitere Arten von Rechtshandlungen, z.B. den Erlass der Geschäftsordnungen des Parlaments, des Rats und der Kommission (Art. 199, 207, 218 II EGV), den Erlass einer Verfahrensordnung durch den EuGH (Art. 245 I EGV) oder Beschlüsse des Rats, die nicht von Art. 249 erfasst sind (z.B. nach Art. 155 EGV).

(3) allgemeine Rechtsgrundsätze 923

sind denkbar, da die EG z.B. kein geschriebenes Verwaltungsverfahrensrecht kennt. Solche Grundsätze werden aus den in allen Mitgliedsstaaten gleichermaßen geltenden Vorschriften abgeleitet (Ahlt S. 10, Koenig-Haratsch, Rn 216).

(4) Gewohnheitsrecht 924

ist zwar denkbar, wenn auch bisher nicht bekannt geworden.

3.2.4 ENTSTEHUNG DES SEKUNDÄREN GEMEINSCHAFTSRECHTS

Die Verfahren, nach denen die wichtigsten Arten des sekundären Gemeinschaftsrechts entstehen, sind bereits oben dargestellt worden: 925

- das Anhörungsverfahren (> Rn 870),
- das Zusammenarbeitsverfahren (> Rn 871)
- Mitentscheidungsverfahren (> Rn 872 ff.)

Repetitorium: Rn 1062
Grundfall zur Umsetzung von Richtlinien mit Musterlösung: Rn 1075 (1136 f.)
Weiterführende Literatur: Jarass, Folgen der innerstaatlichen Wirkung von EG-Richtlinien, NJW 1991, 2665; ders., Grundfragen der innerstaatlichen Bedeutung des EG-Rechts, 1994; Langenfeld, Zur Direktwirkung von EG-Richtlinien, DÖV 1992, 955; Ress, Die richtlinienkonforme Interpretation innerstaatlichen Rechts, DÖV 1994, 489; Pietzcker, Die deutsche Umsetzung der Vergabe- und Nachprüfungsrichtlinien im Lichte der neueren Rechtsprechung, NVwZ 1996, 313; Fassbender, Anforderungen an die normative Umsetzung der neuen EG-Wasserrahmenrichtlinie, NVwZ 2001, 241
Internet: Das gesamte Recht der EU finden Sie unter http://www.europa.eu.int/eur-lex

4. GRUNDRECHTE UND RECHTSSTAATLICHE GARANTIEN DER EG

926 Die EG hat einige der von anerkannten Grundrechte ausdrücklich im EGV verankert :

Art. 19 EGV	Wahlrecht im kommunalen Bereich und zum Europäischen Parlament am jeweiligen Wohnsitz
Art. 18 EGV	diplomatischer und konsularischer Schutz durch alle Mitgliedstaten
Art. 21 EGV	Petitionsrecht zum Europäischen Parlament
Art. 141 EGV	gleiches Entgelt für Männer und Frauen für gleiche Arbeit

927 Zu den Grundrechten zählen auch die Grundfreiheiten des EGV, die sich von den obigen Grundrechten dadurch unterscheiden, dass sie im Wesentlichen nicht gegen die EG-Organe, sondern gegen die Mitgliedstaaten gerichtet sind. Auf sie wird unten Rn 934 ff. eingegangen :

Art. 39 ff. EGV	Freizügigkeit der Arbeitnehmer
Art. 43 ff. EGV	Niederlassungsfreiheit
Art. 49 ff. EGV	Dienstleistungsfreiheit
Art. 56 ff. EGV	Freiheit des Kapital- und Zahlungsverkehrs

928 Im übrigen hat der Europäische Gerichtshof (EuGH) seit jeher die Grundrechte, die sich aus der Europäischen Menschenrechtskonvention und aus den gemeinsamen Verfassungstraditionen der Mitgliedsstaaten ergeben, auch als Grundrechte der EG anerkannt. Dazu gehören über die Grundrechte der EMRK (s.o. Rn 821) hinaus :

• allgemeines Gleichheitsrecht	EuGH Slg. 1993, 3923
• Gleichberechtigung von Männern und Frauen	EuGH Slg. 1984, 1509
• gleicher Zugang zu einer Beschäftigung	EuGH Slg. 1984, 1891
• Allgemeine Handlungsfreiheit	EuGH Slg. 1985, 2289
• Freiheit der wirtschaftlichen Betätigung	EuGH Slg. 1991, 729
• Berufsfreiheit	EuGH Slg. 1997, 4315
• Recht auf informationelle Selbstbestimmung	EuGH Slg. 1985, 3539
• Wettbewerbsfreiheit	EuGH Slg. 1987, 2289

(Einen Überblick über die gesamte Rechtsprechung des EuGH zu den Grundrechten enthält Callies/Ruffert, Art. 6 EUV, Rn 93 ff.)

929 Dieses Bekenntnis ist 1993 durch den EU-Vertrag in Art. 6 II bestätigt worden, und zwar nicht nur bezogen auf die EG, sondern die gesamte EU.

„*Die Union achtet die Grundrechte, wie sie in der am 4. November 1950 in Rom unterzeichneten Europäischen Konvention zum Schutze der Menschenrechte und Grundfreiheiten gewährleistet sind und wie sie sich aus den gemeinsamen Verfassungsüberlieferungen der Mitgliedstaaten als allgemeine Grundsätze des Gemeinschaftsrechts ergeben.*"

930 Wen binden die Grundrechte der EG ? Zunächst natürlich die Organe der EG beim Erlass und der Durchführung von Rechtsakten. Gemeinschaftsrecht wird aber auch von nationalen Organen angewandt, da der Vollzug des Gemeinschaftsrechts in der Regel Aufgabe der Mitgliedstaaten ist. Inwieweit diese dabei die Grundrechte der EG und nicht die ihrer eigenen Verfassung anzuwenden haben, ist eine Frage des Anwendungsvorrangs des EG-Rechts gegenüber dem nationalen Recht. Diese wird an anderer Stelle behandelt (Rn 961 ff.). Deshalb wird auch dort auf diese Frage eingegangen.

Als rechtsstaatliche Garantien zur Ergänzung der Grundrechtsgarantien hat der EuGH insbesondere anerkannt: 931

• Grundsatz der Gesetzmäßigkeit	EuGH Slg. 1982, 2545
• Grundsatz der Verhältnismäßigkeit	EuGH Slg. 1983, 395
• Schutz gegen Ermessensmissbrauch	EuGH Slg. 1990, 4023
• Grundsatz der Rechtssicherheit	EuGH Slg. 1990, 4023
• Vertrauensschutzgrundsatz	EuGH Slg. 1982, 749
• Recht auf effektiven Rechtsschutz	EuGH Slg. 1987, 4097
• Anspruch auf rechtliches Gehör	EuGH Slg. 1989, 2859
• Recht auf fairen Prozess	EuGH Slg. 1980, 691
• Verbot der Doppelbestrafung	EuGH Slg. 1972, 1281

Die soeben dargestellte Grundrechtsgewährleistung ist einerseits natürlich positiv, da sie einen umfassenden Grundrechtsschutz garantiert. Andererseits ist sie aber auch unbefriedigend, da sie sich nicht aus einem – dem Normalbürger zugänglichen und verständlichen – Grundrechtskatalog der EG ergibt, sondern aus der – dem Normalbürger nicht bekannten – Rechtsprechung des EuGH und aus einem Verweis auf die – von einer anderen europäischen Institution stammende – Europäische Menschenrechtserklärung und aus den Verfassungen der Mitgliedsstaaten. 932

Auf dem Gipfeltreffen der Staats- und Regierungschefs in Nizza im Dezember 2000 ist daher eine umfangreiche Grundrechtscharta der EU beschlossen worden, die sich eng an der Europäischen Menschenrechtskonvention orientiert und bürgerliche, politische soziale und kulturelle Rechte enthält. Ihr Hauptziel ist, die Grundrechtsgewährleistung durch die EG verständlich zusammen zu fassen und zu systematisieren und damit für mehr Transparenz und Rechtssicherheit zu sorgen. Gedacht ist sie als Bestandteil einer künftigen EU-Verfassung. Zu ihrer Wirksamkeit bedarf es allerdings noch einer Ratifizierung durch alle Mitgliedsstaaten. Bis dahin wird der EuGH die Charta aber wahrscheinlich als „allgemeine Grundsätze des Gemeinschaftsrechts" heranziehen und ihr damit über Art. 6 II EUV Wirkung verleihen (Mitteilung der Kommission vom 11.10.2000, S. 6; ebenso Grabenwarter, DVBl 2001, 11). Ihre wesentlichen Inhalte sind: 933

Art. 1	Schutz der Menschenwürde
Art. 2	Recht auf Leben, Verbot der Todesstrafe
Art. 3	Recht auf körperliche und geistige Unversehrtheit; Verbot medizinischer Eingriffe ohne Freiwilligkeit und vorherige Aufklärung; Verbot eugenischer Praktiken; Verbot, den menschlichen Körper zur Erzielung von Gewinnen zu nutzen; Verbot des reproduktiven Klonens von Menschen
Art. 4	Verbot von Folter und unmenschlicher oder erniedrigender Strafe und Behandlung
Art. 5	Verbot von Sklaverei, Leibeigenschaft, Zwangs- und Pflichtarbeit und Menschenhandel
Art. 6	Recht auf Freiheit und Sicherheit
Art. 7	Recht auf Achtung des Privat- und Familienlebens, der Wohnung und der Kommunikation
Art. 8	Recht auf Schutz personenbezogener Daten
Art. 9	Recht, eine Ehe einzugehen und eine Familie zu gründen

Art. 10	Gedanken-, Gewissens- und Religionsfreiheit, Recht auf Wehrdienstverweigerung aus Gewissensgründen
Art. 11	Recht auf freie Meinungsäußerung, Informationsfreiheit, Freiheit der Medien und ihrer Pluralität
Art. 12	Versammlungs- und Vereinigungsfreiheit, Recht zur Gründung von Gewerkschaften
Art. 13	Freiheit von Kunst und Wissenschaft, Achtung der akademischen Freiheit
Art. 14	Recht auf Bildung, Zugang zur beruflichen Aus- und Weiterbildung, zur unentgeltlichen Teilnahme am Pflichtschulunterricht und zur Gründung von Lehranstalten
Art. 15	Berufsfreiheit, Freiheit der Arbeit und beruflichen Niederlassung in jedem Mitgliedsstaat
Art. 16	Schutz der unternehmerischen Freiheit
Art. 17	Schutz des Eigentums und des Erbrechts, Enteignungen nur aus Gründen des öffentlichen Wohls und nur gegen Entschädigung, Schutz des geistigen Eigentums
Art. 18	Recht auf Asyl entsprechend dem Genfer Flüchtlingsabkommen
Art. 19	Verbot von Kollektivausweisungen, Verbot der Abschiebung, Ausweisung oder Auslieferung an einen Staat, in dem Todesstrafe, Folter oder andere unmenschliche oder erniedrigende Strafe droht
Art. 20	Gleichheit vor dem Gesetz
Art. 21	Verbot der Diskriminierung wegen des Geschlechts, der Rasse, der Hautfarbe, der ethnischen oder sozialen Herkunft, der genetischen Merkmale, der Sprache, der Religion oder der Weltanschauung, der politischen oder sonstigen Anschauung, der Zugehörigkeit zu einer nationalen Minderheit, des Vermögens, der Geburt, einer Behinderung, des Alters, der sexuellen Ausrichtung und der Staatsangehörigkeit
Art. 22	Achtung der Vielfalt der Kulturen, Religionen und Sprachen
Art. 23	Gleichheit von Männern und Frauen
Art. 24	Recht von Kindern auf Schutz und Fürsorge, auf Meinungsfreiheit, auf regelmäßige persönliche Beziehungen zu beiden Elternteilen
Art. 25	Recht älterer Menschen auf ein würdiges und unabhängiges Leben und Teilnahme am sozialen und kulturellen Leben
Art. 26	Recht von Menschen mit Behinderung auf Maßnahmen zur Gewährleistung ihrer Eigenständigkeit, ihrer sozialen und beruflichen Eingliederung und ihrer Teilnahme am Leben der Gemeinschaft
Art. 27	Recht auf Unterrichtung und Anhörung der Arbeitnehmer im Unternehmen
Art. 28	Recht zum Abschluss von Tarifverträgen und zu Kollektivmaßnahmen, einschließlich Streiks
Art. 29	Recht auf Zugang zu einem unentgeltlichen Arbeitsvermittlungsdienst
Art. 30	Schutz von Arbeitnehmern vor ungerechtfertigter Entlassung
Art. 31	Recht auf gesunde, sichere und würdige Arbeitsbedingungen, Begrenzung der Höchstarbeitszeit, tägliche und wöchentliche Ruhezeiten und bezahlten Urlaub
Art. 32	Verbot von Kinderarbeit, Schutz Jugendlicher am Arbeitsplatz
Art. 33	Schutz der Familie, Kündigungsschutz bei Mutterschaft, Anspruch auf bezahlten Mutterschaftsurlaub und auf Elternurlaub
Art. 34	Recht auf Leistungen der sozialen Sicherheit und auf Unterstützung für eine menschengerechte Wohnung

Art. 35	Recht auf Gesundheitsvorsorge und ärztliche Versorgung
Art. 36	Recht auf Zugang zu Dienstleistungen von allgemeinem wirtschaftlichen Interesse
Art. 37	Verpflichtung zur Sicherstellung eines hohen Umweltschutzviveaus
Art. 38	Verpflichtung zur Sicherstellung eines hohen Verbraucherschutzniveaus
Art. 39	allgemeine, gleiche, unmittelbare, freie und geheime Wahl bei den Wahlen zum Europäischen Parlaments
Art. 40	Wahlrecht bei Kommunalwahlen am jeweiligen Wohnsitz
Art. 41	Recht auf unparteiische, gerechte und fristgerechte Behandlungen durch Organe und Einrichtungen der Europäischen Union, u.a. auf Anhörung, Akteneinsicht, Begründung und Schadensersatz
Art. 42	Recht auf Zugang zu den Dokumenten des Europäischen Parlaments, des Rats und der Kommission
Art. 43	Recht, sich an den Bürgerbeauftragten der Europäische Union zu wenden
Art. 44	Petitionsrecht zum Europäischen Parlament
Art. 45	Recht auf Freizügigkeit in den Mitgliedsstaaten
Art. 46	Recht auf diplomatischen und konsularischen Schutz durch die Stellen jedes Mitgliedsstaates
Art. 47	Rechtsschutz vor unabhängigen Gerichten in einem fairen, öffentlichen und zeitlich angemessenen Verfahren; Anspruch auf Prozesskostenhilfe für Minderbemittelte
Art. 48	Unschuldsvermutung und Recht auf Verteidigung in Strafverfahren
Art. 49	Verbot rückwirkender Strafrechtsnormen und Straferhöhungen, Verhältnismäßigkeit von Strafen
Art. 50	Verbot der Mehrfachbestrafung wegen derselben Tat
Art. 51	Geltung der Charta für die Organe und Einrichtungen der Union und die Mitgliedsstaaten beider Durchführung des Rechts der Union.
Art. 52	Einschränkungen der obigen Rechte und Freiheiten nur aufgrund eines Gesetzes und unter Achtung ihres Wesensgehaltes und der Verhältnismäßigkeit, keine Einschränkung des durch die Europäische Menschenrechtskonvention gewährten Schutzes durch diese Charta
Art. 53	keine Einschränkung des durch internationale Übereinkommen und die Verfassungen der Mitgliedsstaaten gewährten Schutzes durch diese Charta
Art. 54	Verbot des Missbrauchs der Rechte und Freiheiten der Charta

Repetitorium : Rn 1063

Weiterführende Literatur : Der Europäische Grundrechtsstandard in der Rechtsprechung des EuGH, EuGRZ 1993, 585; Chwolik-Laufermann, Grundrechtsschutz in der Europäischen Union, 1994; Cirkel, Gleichheitsrechte im Gemeinschaftsrecht, NJW 1998, 3332; Eiffler, Der Grundrechtsschutz durch BVerfG, EGMR und EuGH, JuS 1999, 1068; Eickmeier, Eine europäische Charta der Grundrechte, DVBl 1999, 1026; Kingreen, Die Gemeinschaftsgrundrechte, JuS 2000, 857; Magiwera, Die Grundrechtscharta der Europäischen Union, DÖV 2000, 1017; Koenig, EU-Grundrechtscharta – ein neuer supranationaler Kompetenztitel ?, EuZW 2000, 417; Grabenwarter, Die Charta der Grundrechte für die Europäische Union, DVBl 2001, 1; Bodgandy, Grundrechtsgemeinschaft als Integrationsziel ?, JZ 2001, 157; Peter, Die Charta der Grundrechte der Europäischen Union, NJW 2001, 1010

Internet : http://www.europa.eu.int

5. GRUNDFREIHEITEN DER EG

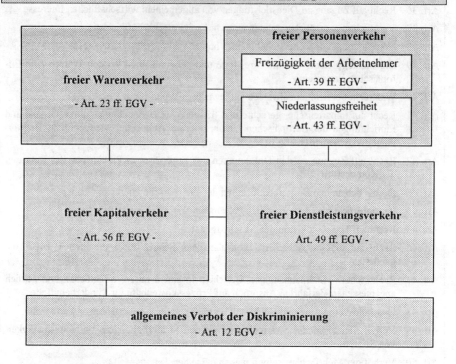

934 Die Grundfreiheiten des EGV sind von den vom EuGH als allgemeine Rechtsgrundsätze anerkannten Grundrechten (s.o. Rn 926 ff.) zu unterscheiden. Binden Letztere nur die Gemeinschaftsorgane, so richten sich die Grundfreiheiten nicht nur an die Gemeinschaftsorgane, sondern auch – und in erster Linie – an die Mitgliedsstaaten.

5.1 freier Warenverkehr

935 Grundlage des freien Warenverkehrs ist zum einen die Zollunion :

> Art. 23 I EGV : *„Grundlage der Gemeinschaft ist eine Zollunion, die sich auf den gesamten Warenaustausch erstreckt; sie umfasst das Verbot, zwischen den Mitgliedstaaten Ein- und Ausfuhrzölle und Abgaben gleicher Wirkung zu erheben, sowie die Einführung eines Gemeinsamen Zolltarifs gegenüber dritten Ländern."*

936 Die zweite Grundlage ist das Verbot mengenmäßiger Beschränkungen :

> Art. 28 EGV : *„Mengenmäßige Einfuhrbeschränkungen sowie alle Maßnahmen gleicher Wirkung sind ... zwischen den Mitgliedstaaten verboten."*
> Art. 29 EGV : *„Mengenmäßige Ausfuhrbeschränkungen sowie alle Maßnahmen gleicher Wirkung sind ... zwischen den Mitgliedstaaten verboten."*

Art. 28 und 29 EGV erfassen nur Maßnahmen der Mitgliedsstaaten, nicht aber privater Personen oder Unternehmen (auf die ggf. das Kartellrecht – Art. 81 ff. EGV – anwendbar ist).

Mengenmäßige Beschränkungen sind staatliche Maßnahmen, die sich als gänzliches oder teilweises Verbot der Einfuhr, Ausfuhr oder Durchfuhr darstellen (EuGHE 1986, 633). Erfasst sind davon nicht nur Verbote als solche, sondern auch Warenkontingente, die die Einfuhr usw. einer Ware ihrem Wert oder ihrer Menge nach begrenzen.

Maßnahmen gleicher Wirkung sind alle Handelsregelungen der Mitgliedsstaaten, *„die geeignet ist, den innergemeinschaftlichen Handel unmittelbar oder mittelbar, tatsächlich oder potentiell zu behindern"* (EuGH Slg. 1974, 837).

Verboten sind damit innerstaatliche Regelungen,

- die ausländische Waren gegenüber inländischen benachteiligen (etwa durch besondere Einfuhrerklärungen, Ursprungs- oder Qualitätsbescheinigungen)
- die identische Anforderungen an die Verkehrsfähigkeit von Waren stellen, unabhängig davon, ob diese im Inland hergestellt oder aus anderen Mitgliedsstaaten eingeführt werden.

Die Verbote der Art. 28, 29 EGV sind unmittelbar geltendes Recht, auf das sich die Teilnehmer am Warenverkehr unmittelbar gegenüber staatlichen Stellen berufen können (EuGH EuZW 1992, 248).

Von diesen Verboten gibt es jedoch Ausnahmen nach Art. 30 EGV : 937

„Die Bestimmungen der Artikel 28 und 29 stehen Einfuhr-, Ausfuhr- und Durchfuhrverboten oder -beschränkungen nicht entgegen, die aus Gründen der öffentlichen Sittlichkeit, Ordnung und Sicherheit, zum Schutz der Gesundheit und des Lebens von Menschen, Tieren oder Pflanzen, des nationalen Kulturguts von künstlerischem, geschichtlichem oder archäologischem Wert oder des gewerblichen und kommerziellen Eigentums gerechtfertigt sind. Diese Verbote oder Beschränkungen dürfen jedoch weder ein Mittel zur willkürlichen Diskriminierung noch eine verschleierte Beschränkung des Handels zwischen den Mitgliedstaaten darstellen."

Die öffentliche Ordnung und Sicherheit wird durch Warenverkehr nur in seltenen Fällen gestört werden (Beispiel : Unterbrechung der Versorgung mit Treibstoff, EuGH Slg. 1984, 2727). Der Handel mit Waffen, Munition und Kriegsmaterial wird hiervon nicht erfasst, sondern von Art. 296 EGV. Dem Schutz der Gesundheit und des Lebens dienen vor allen nationale Gesundheits- und Unfallverhütungsvorschriften, dem Schutz des gewerblichen und kommerziellen Eigentums etwa das Patentrecht (EuGH Slg. 1974, 1147). Weitere Bespiele finden sich bei Geiger Rn 5 ff. Alle Ausnahmen unterliegen in besonders strengem Maße dem Grundsatz der Verhältnismäßigkeit (EuGH Slg. 1997, 2971).

Über Art. 36 EGV hinaus anerkennt der EuGH - als immanente Schranken der Verbote der Art. 28, 29 EGV - Ausnahmen von dem Verbot mengenmäßiger Beschränkung, wenn diese unter Beachtung des Grundsatzes der Verhältnismäßigkeit "zwingenden Erfordernissen" dienen. Solche sind insbesondere (EuGH NJW 1979, 1766) : 938

- wirksame steuerliche Kontrolle
- Schutz der öffentlichen Gesundheit
- Lauterkeit des Handelsverkehrs
- Verbraucherschutz
- Umweltschutz (EuGH NVwZ 1989, 849)

5.2 freier Personenverkehr

5.2.1 Freizügigkeit der Arbeitnehmer

939   Art. 39 EGV : „(2) Sie umfasst die Abschaffung jeder auf der Staatsangehörigkeit beruhenden unterschiedlichen Behandlung der Arbeitnehmer der Mitgliedstaaten in bezug auf Beschäftigung, Entlohnung und sonstige Arbeitsbedingungen.
(3) Sie gibt - vorbehaltlich der aus Gründen der öffentlichen Ordnung, Sicherheit und Gesundheit gerechtfertigten Beschränkungen - den Arbeitnehmern das Recht,
a) sich um tatsächlich angebotene Stellen zu bewerben;
b) sich zu diesem Zweck im Hoheitsgebiet der Mitgliedstaaten frei zu bewegen;
c) sich in einem Mitgliedstaat aufzuhalten, um dort nach dem für die Arbeitnehmer dieses Staates geltenden Rechts- und Verwaltungsvorschriften eine Beschäftigung auszuüben;
d) nach Beendigung einer Beschäftigung im Hoheitsgebiet eines Mitgliedstaates unter Bedingungen zu verbleiben, welche die Kommission in Durchführungsverordnungen festlegt.
(4) Dieser Artikel findet keine Anwendung auf die Beschäftigung in der öffentlichen Verwaltung.

Arbeitnehmer
ist - als Begriff weit gefasst - jeder, der während einer bestimmten Zeit für einen anderen nach dessen Weisung Leistungen erbringt, für die er als Gegenleistung eine Vergütung erhält (EuGH NVwZ 1987, 41). Unerheblich ist, ob das Beschäftigungsverhältnis privatrechtlich oder öffentlich-rechtlich ausgestaltet ist (EuGH NJW 1983, 1249). Gewährt wird das Bleiberecht auch nach Beendigung der Tätigkeit (Art. 39 III d EGV i.V.m. § 6 a AufenthG/EWG)

Familienangehörige
werden von Art. 39 EGV zwar nicht erfasst. Das Recht der Freizügigkeit erstreckt sich nach der Richtlinie 68/360/EWG vom 15.10.1968 aber auch auf sie. Ihre Freizügigkeit ist danach aber abhängig von der Freizügigkeit des Arbeitnehmers und nicht losgelöst dieser gewährleistet.

940   Vorbehalt des Schutzes der öffentliche Ordnung, Sicherheit und Gesundheit nach Abs. 2
Diese Begriffe können von den Mitgliedsstaaten zwar "im wesentlichen frei nach ihren nationalen Bedürfnissen" bestimmt werden, aber nicht grenzenlos : Sie sind zugunsten der Arbeitnehmer zumindest so auszulegen, dass "ihre Anwesenheit oder ihr Verhalten eine tatsächliche und hinreichend schwergewichtige Gefährdung der öffentlichen Ordnung darstellt, die eine Grundinteresse der Gesellschaft berührt" (EuGH Slg. 1977, 1999). Gemeint sind damit offensichtlich Belange wie der Schutz vor erheblichen Straftaten, Drogenhandel, organisiertet Kriminalität usw. (Fischer S. 219). Nicht darunter fallen allein die Nichtbeachtung der für Ausländer geltenden Formalitäten für Einreise, Ortswechsel und Aufenthalt (EuGH Slg.1976, 497), ebenso nicht - nach § 12 II AufenthG/EWG - wirtschaftliche Gründe, etwa solche arbeitsmarktpolitischer Art.

941   Beschäftigte in der öffentlichen Verwaltung nach Abs. 4
Diese Ausnahme bezieht sich nach der engen Auslegung des EuGH nur auf Tätigkeiten mit hoheitlichem Charakter wie die bei der Polizei, den Streitkräften der Rechtspflege oder der Steuerverwaltung (EuGH Slg. 1986, 2121).

5.2.2 Niederlassungsfreiheit der Selbständigen

Art. 43 II EGV : *„Vorbehaltlich des Kapitels über den Kapitalverkehr umfasst die Niederlassungsfreiheit die Aufnahme und Ausübung selbständiger Erwerbstätigkeiten sowie die Gründung und Leitung von Unternehmen, insbesondere von Gesellschaften ..., nach den Bestimmungen des Aufnahmestaates für seine eigenen Angehörigen."*

942

Art. 48 EGV erweitert den Anwendungsbereich des Art. 43 EGV auf Gesellschaften. Als Gesellschaften gelten die Gesellschaften des bürgerlichen und des Handelsrechts einschließlich der Genossenschaften und die sonstigen juristischen Personen des öffentlichen und privaten Rechts mit Ausnahme derjenigen, die keinen Erwerbszweck verfolgen. Die Niederlassungsfreiheit umfasst in gleicher Weise wie die Freizügigkeit der Arbeitnehmer ein Recht auf Einreise und Aufenthalt. Auch das Verbleiberecht des § 6 a AufenthG/EWG und die Erweiterung auf die Familienangehörigen (s.o. Rn 939) gilt für Selbständige.

Um die Aufnahme und Ausübung selbständiger Tätigkeiten zu erleichtern, erlässt der Rat nach Art. 47 EGV Richtlinien für die gegenseitige Anerkennung der Diplome, Prüfungszeugnisse und sonstigen Befähigungsnachweise und zur Koordinierung der Rechts- und Verwaltungsvorschriften der Mitgliedstaaten über die Aufnahme und Ausübung selbständiger Tätigkeiten.

Auch die Niederlassungsfreiheit unterliegt Ausnahmen :

943

- Zum einen gilt sie nach Art. 45 EGV *„nicht für Tätigkeiten, die in einem Mitgliedstaat dauernd oder zeitweise mit der Ausübung öffentlicher Gewalt verbunden sind"*.
  Diese Vorschrift entspricht im wesentlichen dem Inhalt des Art. 39 IV EGV (vgl. Rn 941)
- Zum anderen ist sie nach Art. 46 EGV nachrangig gegenüber Vorschriften der Mitgliedstaaten, *„die eine Sonderregelung für Ausländer vorsehen und aus Gründen der öffentlichen Ordnung, Sicherheit oder Gesundheit gerechtfertigt sind"*.
  Diese Ausnahme entspricht der für die Freizügigkeit der Arbeitnehmer (s.o. Rn 940).

5.3 freier Dienstleistungsverkehr

Art. 49 I EGV : *„Die Beschränkungen des freien Dienstleistungsverkehrs innerhalb der Gemeinschaft für Angehörige der Mitgliedstaaten, die in einem anderen Staat der Gemeinschaft als demjenigen des Leistungsempfängers ansässig sind, sind nach Maßgabe der folgenden Bestimmungen verboten."*

944

Art. 50 EGV : *"(1) Dienstleistungen sind nach Art. 50 EGV Leistungen, die in der Regel gegen Entgelt erbracht werden, soweit sie nicht den Vorschriften über den freien Waren- und Kapitalverkehr und über die Freizügigkeit der Personen unterliegen.*

(2) Als Dienstleistungen gelten insbesondere : gewerbliche Tätigkeiten, kaufmännische Tätigkeiten, handwerkliche Tätigkeiten, freiberufliche Tätigkeiten.

(3) Unbeschadet des Kapitels über die Niederlassungsfreiheit kann der Leistende zwecks Erbringung seiner Leistungen seine Tätigkeit vorübergehend in dem Staat ausüben, in dem die Leistung erbracht wird, und zwar unter den Voraussetzungen, welche dieser Staat für seine eigenen Angehörigen vorschreibt."

Die Dienstleistungsfreiheit erfasst personell

Staatsangehörige der Mitgliedsstaaten. Gleichgestellt sind juristische Personen (Art. 55 i.V.m. Art. 48 EGV, s.o. Rn 942). Von der Möglichkeit nach Art. 49 II EGV, die Dienstleistungsfreiheit auch auf Angehörige von Drittstaaten auszudehnen, hat der Rat bisher keinen Gebrauch gemacht.

Die Dienstleistungsfreiheit erfasst inhaltlich

- die aktive Dienstleistungsfreiheit (in Art. 60 III ausdrücklich erwähnt) : Bei ihr begibt sich der Dienstleistungserbringer vorübergehend in einen anderen Mitgliedsstaat, um dort eine Dienstleistung zu erbringen. Sie wird durch zahlreiche Richtlinien konkretisiert, z.B. die über die Vergabe öffentlicher Aufträge.

- die passive Dienstleistungsfreiheit : Bei ihr begibt sich der Dienstleistungsempfänger in einen anderen Mitgliedsstaat, um dort eine Dienstleistung entgegenzunehmen.

945 Die Abgrenzung

- gegenüber dem freien Warenverkehr erfolgt bei gemischten Tätigkeiten (Lieferungen mit Dienstleistungen) entweder durch Aufspalten beider Bereiche (EuGH Slg. 1974, 409) bzw. - wenn eine Tätigkeit lediglich Annex der anderen ist - durch Zuordnung gesamten Tätigkeit zu der, die schwergewichtig wahrgenommen wird (EuGH Slg. 1991, 1223).

- gegenüber dem freien Personenverkehr, insbesondere der Niederlassungsfreiheit, danach, ob die eine dauernde (dann Personenverkehr) oder nur eine vorübergehende ist (dann - vgl. Art. 50 III EGV - Dienstleistungsverkehr).

946 Auch für die Dienstleistungsfreiheit sind Ausnahmen vorgesehen :

- Dienstleistungen auf dem Gebiet des Verkehrs. Für sie gelten nach Art. 51 I EGV die Bestimmungen des Titels für den Verkehr (= Art. 70 ff EGV).

- Dienstleistungen auf dem Gebiet des Kapitalverkehrs. Sie regeln die Art. 56 ff. EGV.

- Schutz der öffentlichen Ordnung, Sicherheit und Gesundheit (Art. 55 i.V.m. 46 EGV, vgl. Rn 943)

- Ausübung öffentlicher Gewalt (Art. 55 i.V.m. 45 EGV, vgl. Rn 943)

5.4 freier Kapital- und Zahlungsverkehr

947 Art. 56 EGV : „(1) Im Rahmen der Bestimmungen dieses Kapitels sind alle Beschränkungen des Kapitalverkehrs zwischen den Mitgliedstaaten sowie zwischen den Mitgliedstaaten und dritten Ländern verboten.
(2) Im Rahmen der Bestimmungen dieses Kapitels sind alle Beschränkungen des Zahlungsverkehrs zwischen den Mitgliedstaaten sowie zwischen den Mitgliedstaaten und dritten Ländern verboten."

Kapitalverkehr wird vom EGV nicht definiert. Man umschreibt ihn üblicherweise als einseitige Wertübertragung von einem Mitgliedsstaat in einen anderen, ohne dass sie Zug um Zug gegen eine andere Leistung erfolgt (Arndt S. 120). Zahlungsverkehr ist der einseitige Transfer von Kapitalmitteln, der als Gegenleistung im Rahmen eines Vertrages erfolgt (Arndt S.120).

Auch der freie Kapital- und Zahlungsverkehr unterliegt Schranken. Nach Art 58 EGV können die Mitgliedstaaten die Vorschriften ihres Steuerrechts anwenden, die Steuerpflichtige mit unterschiedlichem Wohnort oder Kapitalanlageort unterschiedlich behandeln. Auch können sie unerlässliche Maßnahmen treffen, um Zuwiderhandlungen gegen innerstaatliche Rechts- und Verwaltungsvorschriften, insbesondere auf dem Gebiet des Steuerrechts, zu verhindern, sowie Meldeverfahren über den Kapitalverkehr zur administrativen oder statistischen Information vorsehen und Maßnahmen ergreifen, die aus Gründen der öffentlichen Ordnung oder Sicherheit gerechtfertigt sind. 948

5.5 allgemeines Diskriminierungsverbot

Art. 12 I EGV : „Unbeschadet besonderer Bestimmungen dieses Vertrags ist in seinem Anwendungsbereich jede Diskriminierung aus Gründen der Staatsangehörigkeit verboten." 949

Art. 12 I EGV gilt "unbeschadet besonderer Bestimmungen dieses Vertrags". Solche Bestimmungen sind insbesondere die speziellen Grundfreiheiten des EGV (s.o. Rn 934 ff.). Art. 12 I EGV ist insoweit lediglich eine Auffangnorm. Das Diskriminierungsverbot gilt auch nur im Anwendungsbereich des EGV, setzt also voraus, das der betreffende Sachverhalt zumindest teilweise – wie z.B. das Bildungswesen, Art. 149, 150 EGV – im EGV geregelt ist (EuGH Slg. 1985, 611). Auf rein innerstaatliche Sachverhalte ist Art. 12 I also nicht anwendbar. Hier gelten dann eventuelle Diskriminierungsverbote der Verfassungen der Mitgliedstaaten.

Diskriminierung bedeutet unsachliche Benachteiligung. Art. 12 I EGV verbietet jede Benachteiligung aus Gründen der - ausländischen – Staatsangehörigkeit, für die es keinen rechtfertigenden sachlichen Grund gibt (EuGH Slg. 1994, 479). Art. 12 I EGV verbietet somit nur Ausländerdiskriminierung, nicht aber Inländerdiskriminierung (vgl. Art. 153 V, 176 EGV). Ihre Beseitigung ist alleine Angelegenheit der Mitgliedsstaaten (EuGH NJW 1983, 2751).

Repetitorium zu den Grundfreiheiten : Rn 1064

Weiterführende Literatur : Hailbronner, Die Dienstleistungsfreiheit in der Rechtsprechung des EuGH, EuZW 1992, 105; Arndt, Warenverkehrsfreiheit innerhalb der Europäischen Union, JuS 1994, 469; Petschke, Die Warenverkehrsfreiheit in der neuesten Rechtsprechung des EuGH, EuZW 1994, 107; Dubach, Freier Warenverkehr in der Europäische , DVBl. 1995, 595; Burgi, Freier Personenverkehr in Europa und nationale Verwaltung, JuS 1996, 958; Odendahl, Europarecht, Die Grundfreiheiten des Waren-, Kapital- und Zahlungsverkehrs, JA 1996, 221; Odendahl, Europarecht – Arbeitnehmerfreizügigkeit, Niederlassungs- und Dienstleistungsfreiheit, JA 1996, 309; Kühling, Staatliche Handlungspflichten zur Sicherung der Grundfreiheiten, NJW 1999, 403; Bartsch, Dienstleistungsfreiheit versus Monopolrechte, NJW 2000, 2251; Kainer, Grundfreiheiten und staatliche Schutzpflichten, JuS 2000, 431

6. UNIONSBÜRGERSCHAFT

950   Der EU-Vertrag sieht seit 1993 in den Art. 17 ff. eine Unionsbürgerschaft vor.

> *Art. 17 I 2, 3 EGV : Unionsbürger, wer die Staatsangehörigkeit eines Mitgliedsstaates besitzt.*
> *Die Unionsbürgerschaft ergänzt die nationale Staatsbürgerschaft, ersetzt sie aber nicht.*

Die Rechte, die sich aus ihr ergeben, sind :

951   **(1) Aufenthaltsrecht (Art. 18 EGV)**
Danach hat jeder Unionsbürger das Recht, sich im Hoheitsgebiet der Mitgliedstaaten vorbehaltlich der in diesem Vertrag und in den Durchführungsvorschriften vorgesehenen Beschränkungen und Bedingungen frei zu bewegen und aufzuhalten. Dieses Recht setzt im Gegensatz zu den Rechten der Freizügigkeit der Arbeitnehmer und der Niederlassungsfreiheit keinen spezifischen Aufenthaltszweck voraus. Es unterliegt nach Art. 19 I EGV jedoch den Beschränkungen und Bedingungen, die sich aus dem primären und sekundären Gemeinschaftsrecht ergeben. Von den sekundärrechtlichen Regelungen werden nahezu alle Unionsbürger erfasst. Als Bedingung sehen sie vor, dass die Aufenthaltskosten sichergestellt sein müssen. Ist diese Voraussetzung erfüllt, besteht das Aufenthaltsrecht. Eine etwaige von den Behörden erteilte Aufenthaltserlaubnis hat dann nur noch deklaratorischen Charakter.

Im Einzelnen handelt es sich um die :

- Richtlinie über das Aufenthaltsrecht der aus dem Erwerbsleben ausgeschiedenen Arbeitnehmer und selbständig Erwerbstätigen (RL 90/365 EWG).

- Richtlinie über das Aufenthaltsrecht der Studenten (RL 90/366 EWG). Sie setzt zusätzlich die Einschreibung an einer Hochschule voraus. Ein Anspruch auf Studienbeihilfen gewährt sie nicht.

- Richtlinie über das Aufenthaltsrecht (RL 90/364 EWG). Sie hat die Funktion der Lückenfüllung für den Fall, dass das Aufenthaltsrecht nicht bereits nach den obigen Richtlinien gewährt wird.

952   **(2) Aktives und passives Wahlrecht (Art. 19 EGV)**
Danach hat jeder Unionsbürger mit Wohnsitz in einem Mitgliedstaat, dessen Staatsangehörigkeit er nicht besitzt, in dem er aber seinen Wohnsitz hat, das aktive und passive Wahlrecht bei Kommunalwahlen und bei den Wahlen zum Europäischen Parlament, wobei für ihn dieselben Bedingungen gelten wie für die Angehörigen des betreffenden Mitgliedstaats.

953   **(3) Schutzrechte (Art. 20 EGV)**
Danach genießt jeder Unionsbürger im Hoheitsgebiet eines dritten Landes, in dem der Mitgliedstaat, dessen Staatsangehörigkeit er besitzt, nicht vertreten ist, den diplomatischen und konsularischen Schutz eines jeden Mitgliedstaats unter denselben Bedingungen wie Staatsangehörige dieses Staates.

954   **(4) Petitionsrecht (Art. 21 EGV)**
Danach kann jeder Unionsbürger sich an jedes Organ der EG und an den nach Artikel 195 eingesetzten Bürgerbeauftragten wenden und wird eine Antwort erhalten.

Weiterführende Literatur : Degen, Die Unionsbürgerschaft nach dem Vertag über die Europäische Union, DÖV 1993, 749; Fischer, Die Unionsbürgerschaft, Festschrift für Günter Winkler, 1997; Borchardt, Der soziale Gehalt der Unionsbürgerschaft, NJW 2000, 2057

7. VERHÄLTNIS ZWISCHEN DER EUROPÄISCHEN GEMEINSCHAFT UND DEN MITGLIEDSTAATEN

7.1 Übertragung von Kompetenzen auf die Europäische Gemeinschaft

Die Übertragung von Kompetenzen auf die frühere EWG erfolgte von Seiten der Bundesrepublik aufgrund des früheren Art. 24 GG : „Der Bund kann durch Gesetz Hoheitsbefugnisse auf zwischenstaatliche Einrichtungen übertragen." Diese Ermächtigung wurde angesichts der durch den Vertrag über die Europäische Union 1992 kommenden qualitativen und quantitativen Veränderung des europäischen Integrationsprozesses als nicht mehr ausreichend angesehen. Deshalb wurde zeitgleich mit dem Zustimmungsgesetz zu dem Vertrag der Art. 23 GG als neuer Europa-Artikel des Grundgesetzes ausgestaltet, der damit die allgemeine Vorschrift des Art. 24 verdrängt. Neu an ihm ist nicht nur die differenzierte Beteiligung von Bundestag und Bundesrat am Prozess der Übertragung von Hoheitsrechten auf die Europäische Union nach den Absätzen 2 – 7 (vgl. Rn 727, 740 ff.), sondern vor allem die in Absatz 1 geregelte Begrenzung dieser Übertragung :

955

Art. 23 I GG : „Zur Verwirklichung eines vereinten Europas wirkt die Bundesrepublik Deutschland bei der Entwicklung der Europäischen Union mit, die demokratischen, rechtsstaatlichen, sozialen und föderativen Grundsätzen und dem Grundsatz der Subsidiarität verpflichtet ist und einen diesem Grundgesetz im wesentlichen vergleichbaren Grundrechtsschutz gewährleistet. Der Bund kann hierzu durch Gesetz mit Zustimmung des Bundesrates Hoheitsrechte übertragen. Für die Begründung der Europäischen Union sowie für Änderungen ihrer vertraglichen Grundlagen und vergleichbare Regelungen, durch die dieses Grundgesetz seinem Inhalt nach geändert oder ergänzt wird oder solche Änderungen oder Ergänzungen ermöglicht werden, gilt Artikel 79 Abs. 2 und 3."

Das BVerfG hatte 1993 zu entscheiden, ob die Aufnahme des Art. 23 und damit das Zustimmungsgesetz zu dem Vertrag über die Europäische Union 1992 mit Art. 79 III vereinbar war. Die Antragsteller mehrerer Verfassungsbeschwerden hatten vor allem geltend gemacht, es liege ein Verstoß gegen das durch Art. 79 III garantierte Demokratieprinzip vor, weil dem Bundestag keine nennenswerten Kompetenzen mehr verblieben. Folglich würde das Wahlrecht des Art. 38, das die eigentliche Konkretisierung des Demokratieprinzips darstelle, ausgehöhlt. Außerdem sei die Entscheidung für die Währungsunion mit ihren Grundrechten nicht vereinbar. Das BVerfG hat diese Verfassungsbeschwerden zwar zurückgewiesen, gleichzeitig aber auch die rechtlichen Grenzen einer weiteren Kompetenzübertragung aufgezeigt. Dem umfangreichen Urteil (NJW 1993, 3047) sind die wesentlichsten Aussagen als Leitsätze vorangestellt :[1]

956

„1. Im Anwendungsbereich des Art. 23 GG schließt Art. 38 GG aus, die durch die Wahl bewirkte Legitimation und Einflussnahme auf die Ausübung von Staatsgewalt durch die Verlagerung von Aufgaben und Befugnissen des Bundestages so zu entleeren, dass das demokratische Prinzip, soweit es Art. 79 III i.V. mit Art. 20 I und II GG für unantastbar erklärt, verletzt wird.

2. Das Demokratieprinzip hindert die Bundesrepublik Deutschland nicht an einer Mitgliedschaft in einer - supranational organisierten - zwischenstaatlichen Gemeinschaft. Voraussetzung der Mitgliedschaft ist aber, dass eine vom Volk ausgehende Legitimation und Einflussnahme auch innerhalb des Staatenverbundes gesichert ist.

---

[1] Bei den zitierten Artikel des EU-Vertrages ist die neue Nummerierung berücksichtigt worden

3a Nimmt ein Verbund demokratischer Staaten hoheitliche Aufgaben wahr und übt dazu hoheitliche Befugnisse aus, sind es zuvörderst die Staatsvölker der Mitgliedsstaaten, die dies über die nationalen Parlamente demokratisch zu legitimieren haben. Mithin erfolgt demokratische Legitimation durch die Rückkoppelung des Handelns europäischer Organe an die Parlamente der Mitgliedsstaaten; hinzu tritt - im Maße des Zusammenwachsens der europäischen Nationen zunehmend - innerhalb des institutionellen Gefüges der Europäischen Union die Vermittlung demokratischer Legitimation durch das von den Bürgern der Mitgliedsstaaten gewählte Europäische Parlament.

3b Entscheidend ist, dass die demokratischen Grundlagen der Union schritthaltend mit der Integration ausgebaut werden und auch im Fortgang der Integration in den Mitgliedsstaaten eine lebendige Demokratie erhalten bleibt.

4. Vermitteln - wie gegenwärtig - die Staatsvölker über die nationalen Parlamente demokratische Legitimation, sind der Ausdehnung der Aufgaben und Befugnisse der Europäischen Gemeinschaften vom demokratischen Prinzip her Grenzen gesetzt. Dem Deutschen Bundestag müssen Aufgaben und Befugnisse von substantiellem Gewicht verbleiben.

5. Art. 38 GG wird verletzt, wenn ein Gesetz, das die deutsche Rechtsordnung für die unmittelbare Geltung und Anwendung von Recht der - supranationalen - Europäischen Gemeinschaften öffnet, die zur Wahrnehmung übertragenen Rechte und das beabsichtigte Integrationsprogramm nicht hinreichen bestimmbar festlegt (vgl. BVerfGE 58, 1, 37). Das bedeutet zugleich, dass spätere wesentliche Änderungen des im Unions-Vertrag angelegten Integrationsprogramms und seiner Handlungsermächtigungen nicht mehr vom Zustimmungsgesetz zu diesem Vertrag gedeckt sind. Das BVerfG prüft, ob Rechtsakte der europäischen Einrichtungen und Organe sich in den Grenzen der ihnen eingeräumten Hoheitsrechte halten oder aus ihnen ausbrechen (vgl. BVerfGE 75, 223).

6. Bei der Auslegung von Befugnisnormen durch Einrichtungen und Organe der Gemeinschaften ist zu beachten, dass der Unions-Vertrag grundsätzlich zwischen der Wahrnehmung einer begrenzt eingeräumten Hoheitsbefugnis und der Vertragsänderung unterscheidet, seine Auslegung deshalb in ihrem Ergebnis nicht einer Vertragserweiterung gleichkommen darf; eine solche Auslegung von Befugnisnormen würde für Deutschland keine Bindungswirkung entfalten.

7. Auch Akte einer besonderen, von der Staatsgewalt der Mitgliedsstaaten geschiedenen öffentlichen Gewalt einer supranationalen Organisation betreffen die Grundrechtsberechtigten in Deutschland. Sie berühren damit die Gewährleistungen des Grundgesetzes und die Aufgaben des Bundesverfassungsgerichts, die den Grundrechtsschutz in Deutschland und insoweit nicht nur gegenüber deutschen Staatsorganen zum Gegenstand haben (Abweichung von BVerfGE 58, 1, 27). Allerdings übt das Bundesverfassungsgericht seine Rechtsprechung über die Anwendbarkeit von abgeleitetem Gemeinschaftsrecht in Deutschland in einem "Kooperationsverhältnis" zum Europäischen Gerichtshof aus.

8. Der Unionsvertrag begründet einen Staatenverbund zur Verwirklichung einer immer engeren Union der - staatlich organisierten - Völker Europas (Art. 1 EUV), keinen sich auf ein europäisches Staatsvolk stützenden Staat.

9a Art. 6 III EUV ermächtigt die Union nicht, sich aus eigener Macht die Finanzmittel oder sonstige Handlungsmittel zu verschaffen, die sie zur Erfüllung ihrer Zwecke für erforderlich erachtet.

9b Art. 46 EUV schließt die Gerichtsbarkeit des Europäischen Gerichtshofes nur für solche Vorschriften des EU-Vertrages aus, die nicht zu Maßnahmen der Union mit Durchgriffswirkung auf den Grundrechtsträger im Hoheitsbereich der Mitgliedsstaaten ermächtigen.

> 9c Die Bundesrepublik Deutschland unterwirft sich mit der Ratifikation des Unions-Vertrages nicht einem unüberschaubaren, in seinem Selbstablauf nicht mehr steuerbaren "Automatismus" zu einer Währungsunion; der Vertrag eröffnet den Weg zu einer stufenweisen weiteren Integration der europäischen Rechtsgemeinschaft, der in jedem weiteren Schritt entweder von gegenwärtig für das Parlament voraussehbaren Voraussetzungen oder aber von einer weiteren parlamentarisch zu beeinflussenden Zustimmung der Bundesregierung abhängt."

Den Anforderungen des Art. 23 I 1 GG an eine fortschreitende europäische Integration trägt auch der 1997 neu gestaltete Art. 6 EUV Rechnung (vgl. Rn 929), der nicht nur in Absatz 2 das schon 1992 aufgenommene Grundrechtsbekenntnis wiederholt, sondern im Absatz 1 jetzt auch ausdrücklich erklärt, dass die EU auf den Grundsätzen der Freiheit, der Demokratie, der Achtung der Menschenrechte und Grundfreiheiten sowie der Rechtsstaatlichkeit beruht. 957

Weiterführende Literatur : Toschumat, Die Europäische Union unter der Aufsicht des Bundesverfassungsgerichts, EuGRZ 1993, 489; Haas, Rechtliche Grenzen für Kompetenzübertragungen auf die Europäische Union, JZ 1993, 760; Ossenbühl, Maastricht und das GG – eine verfassungsrechtliche Wende ?, DVBl. 1993, 629; Breuer, Die Sackgasse des neuen Europaartikels, NVwZ 1994, 417; Schröder, Das Bundesverfassungsgericht als Hüter des Staates im Prozess der europäischen Integration, DVBl. 1994, 316; Oppermann, Subsidiarität als Bestandteil des Grundgesetzes, JuS 1996, 1093, Fink, Garantiert das Grundgesetz die Staatlichkeit der Bundesrepublik Deutschland ?, DÖV 1998, 133

7.2 Verhältnis des Gemeinschaftsrechts zum nationalen Recht

7.2.1 Grundsatz vom Vorrang des Gemeinschaftsrechts

Der Grundsatz des Vorrangs des Gemeinschaftsrechts vor dem nationalen Recht ist vom EuGH, vom BVerfG und von der Literatur allgemein anerkannt. Der EuGH leitet den Vorrang aus den Gemeinschaftsverträgen ab, die eine eigene Rechtsordnung geschaffen hätten. In einem grundlegenden Urteil (Slg. 1964, 1251 = NJW 1964, 2371) stellt er fest : 958

> "Im Unterschied zu gewöhnlichen internationalen Verträgen hat der EWG-Vertrag eine eigene Rechtsordnung geschaffen, die ... in die Rechtsordnung der Mitgliedsstaaten aufgenommen worden und von ihren Gerichten anzuwenden ist. Denn durch die Gründung einer Gemeinschaft für unbegrenzte Zeit, die mit eigenen Organen, mit der Rechts- und Geschäftsfähigkeit, mit internationaler Handlungsfähigkeit und insbesondere mit echten, aus der Beschränkung der Zuständigkeit der Mitgliedsstaaten oder der Übertragung von Hoheitsrechten der Mitgliedsstaaten auf die Gemeinschaft herrührenden Hoheitsrechten ausgestattet ist, haben die Mitgliedsstaaten, wenn auch auf einem begrenzten Gebiet, ihre Souveränitätsrechte beschränkt und so einen Rechtskörper geschaffen, der für ihre Angehörigen und für sie selbst verbindlich ist... Es würde eine Gefahr für die Verwirklichung der ... Ziele des Vertrages bedeuten ..., wenn das Gemeinschaftsrecht je nach der nachträglichen innerstaatlichen Gesetzgebung von einem Staat zu anderen verschiedene Geltung haben könnte. ... Aus allem folgt, dass dem vom Vertrag geschaffenen, somit aus einer autonomen Rechtsquelle fließenden Recht wegen dieser seiner Eigenständigkeit keine wie immer gearteten innerstaatlichen Rechtsvorschriften vorgehen können, wenn ihm nicht sein Charakter als Gemeinschaftsrecht aberkannt und wenn nicht die Rechtsgrundlage der Gemeinschaft selbst in Frage gestellt werden soll".

959 Das BVerfG leitet den Vorrang dagegen nicht aus den Gemeinschaftsverträgen, sondern aus den innerstaatlichen Zustimmungsgesetzen zu den Gemeinschaftsverträgen ab (E 73, 339) :

> "Art. 24 Abs. 1 GG ermöglicht es ..., Verträgen, die Hoheitsrechte auf zwischenstaatliche Einrichtungen übertragen, und dem von einer solchen Einrichtung gesetzten Recht Geltungs- und Anwendungsvorrang vor dem innerstaatlichen Recht ... durch einen entsprechenden innerstaatlichen Anwendungsbefehl beizulegen. Dies ist für die europäischen Gemeinschaftsverträge und das auf ihrer Grundlage von den Gemeinschaftsorganen gesetzte Recht durch die Zustimmungsgesetze zu den Verträgen ... geschehen."

Bestätigt wurde dieser Vorrang auch durch das Maastricht-Urteil (s.o. Rn 956 Leitsatz 6).

960 Der Vorrang des Gemeinschaftsrechts vor nationalem Recht ist nach dem EuGH und der h.L. kein Geltungsvorrang, sondern lediglich ein Anwendungsvorrang mit der Folge, dass entgegenstehendes nationales Recht nicht nichtig, sondern lediglich - soweit es dem Gemeinschaftsrecht entgegensteht - unanwendbar ist. Das hat zur Folge, dass das nationale Recht für rein innerstaatliche Sachverhalte anwendbar bleibt (Arndt S. 62, Streinz Rn 200).

Weiterführende Literatur : Furrer, Die Sperrwirkung des sekundären Gemeinschaftsrechts auf die nationalen Rechtsordnungen, 1994; Hasselbach, Der Vorrang des Gemeinschaftsrecht vor dem nationalen Verfassungsrecht, JZ 1997, 942

7.2.2 Vorrang des Gemeinschaftsrechts vor den nationalen Grundrechten

Geklärt ist mittlerweile auch die Frage, ob dieser Vorrang des Gemeinschaftsrechts sich auch auf die Grundrechte des Grundgesetzes bezieht.

961 Noch 1974 hatte das BVerfG („**Solange-I-Beschluss**", NJW 1974, 1697) das verneint :

> "Solange der Integrationsprozess der Gemeinschaft nicht soweit fortgeschritten ist, dass das Gemeinschaftsrecht auch einen von einem Parlament beschlossenen und in Geltung stehenden formulierten Katalog von Grundrechten enthält, der dem Grundrechtskatalog des Grundgesetzes adäquat ist, ist ... die Vorlage eines Gerichts der Bundesrepublik Deutschland an das BVerfG im Normenkontrollverfahren zulässig und geboten, wenn das Gericht die für es entscheidungserhebliche Vorschrift des Gemeinschaftsrechts in der vom Europäischen Gerichtshof gegebenen Auslegung für unanwendbar hält, weil und soweit sie mit einem der Grundrechte des Grundgesetzes kollidiert."

962 In der Folgezeit wurden durch den EuGH in verstärktem Maße Grundrechte, die denen des Grundgesetzes im Wesentlichen gleich zu achten sind, als allgemeine Rechtsgrundsätze des Gemeinschaftsrechts herausgearbeitet (s.o. Rn 928). Die Folge davon war die Wende durch den "**Solange-II-Beschluss**" des BVerfG 1986 (E 73,376):

> "Solange die Europäischen Gemeinschaften, insbesondere die Rechtsprechung des Gerichtshofs der Gemeinschaften einen wirksamen Schutz der Grundrechte gegenüber der Hoheitsgewalt der Gemeinschaften generell gewährleisten, der dem vom Grundgesetz als unabdingbar gebotenen Grundrechtsschutz im wesentlichen gleich zu achten ist, zumal den Wesensgehalt der Grundrechte generell verbürgt, wird das BVerfG seine Gerichtsbarkeit über die Anwendbarkeit von abgeleitetem Gemeinschaftsrecht, das als Rechtsgrundlage für ein Verhalten deutscher Gerichte oder Behörden ... in Anspruch genommen wird, nicht mehr ausüben und dieses Recht mithin nicht mehr als Maßstab der Grundrechte des Grundgesetzes überprüfen; entsprechende Vorlagen nach Art. 100 Abs.1 GG sind somit unzulässig."

In dem **Maastricht-Urteil** 1993 (NJW 1993, 3049) hat das BVerfG von dem Solange-II-Beschluss bestätigt und z.T. konkretisiert:

> "Das BVerfG gewährleistet ... , dass ein wirksamer Schutz der Grundrechte ... auch gegenüber der Hoheitsgewalt der Gemeinschaften generell sichergestellt und dieser dem vom Grundgesetz als unabdingbar gebotenen Grundrechtsschutz im wesentlichen gleich zu achten ist, zumal den Wesensgehalt der Grundrechte generell verbürgt. Das BVerfG sichert so diesen Wesensgehalt auch gegenüber der Hoheitsgewalt der Gemeinschaft. Allerdings übt das BVerfG seine Gerichtsbarkeit über die Anwendbarkeit von abgeleitetem Gemeinschaftsrecht in Deutschland in einem "Kooperationsverhältnis" zum EuGH aus, in dem der EuGH den Grundrechtsschutz in jedem Einzelfall für das gesamte Gebiet der Europäischen Gemeinschaften garantiert, das BVerfG sich deshalb auf eine generelle Gewährleistung der unabdingbaren Grundrechtsstandards beschränken kann."

Hier wird zwar zum ersten Mal von dem Kooperationsverhältnis zwischen EuGH und BVerfG gesprochen. Damit wird aber nur die im „Solange-II-Beschluss" enthaltene Aussage konkretisiert, wonach das BVerfG für den (unwahrscheinlichen) Fall, dass der EuGH den bisherigen wirksamen Grundrechtsschutz nicht mehr gewährleisten sollte, seine Gerichtsbarkeit wieder ausüben wird. Mit diesem theoretischen Vorbehalt ist also gegenüber Rechtsakten der EG eine Berufung auf die Grundrechte des Grundgesetzes nicht möglich.

Dabei ist jedoch zu differenzieren : Gemeinschaftsrecht wird von EG-Organen nicht nur beschlossen, sondern vielfach selbst durchgeführt (s.u. Rn 969). Insoweit ist eine Berufung auf Grundrechte des Grundgesetzes ausgeschlossen. Gemeinschaftsrecht wird i.d.R. aber von den Mitgliedstaaten durchgeführt (vgl. Rn 970 ff.). So setzt primär der nationale Gesetzgeber Richtlinien der EG in nationales Recht um, nationale Verwaltungsbehörden wenden Verordnungen der EG an und setzen Entscheidungen der EG durch und nationale Gerichte entscheiden über Klagen gegen die verwaltungsmäßige Durchführung des EG-Rechts. Auch hierbei ist die Rechtmäßigkeit an den Grundrechten der EG, aber nicht an denen des Grundgesetzes zu orientieren.

Eine Ausnahme gilt jedoch, wenn das nationale Organ bei der Umsetzung von EG-Recht einen Gestaltungsspielraum besitzt, insoweit also keine gemeinschaftsrechtlichen Vorgaben existieren. Die Konkretisierung eines solchen Spielraums ist dann an den Grundrechten des Grundgesetzes zu orientieren. Diese Frage wird vor allem bei der Umsetzung von Richtlinien aktuell. Das BVerfG hat hierzu entschieden (NJW 1990, 974) :

> " Die ...Richtlinie verpflichtet die Mitgliedstaaten, ihren Inhalt in nationales Recht umzusetzen, und eröffnet dabei einen erheblichen Gestaltungsspielraum. Der nationale Gesetzgeber ist bei der Umsetzung an die Vorgaben des Grundgesetzes gebunden. Die Frage, ob er bei der Umsetzung im Rahmen des ihm von der Richtlinie eingeräumten Gestaltungsspielraums Grundrechte oder grundrechtsgleiche Rechte ...verletzt, unterliegt in vollem Umfang der verfassungsgerichtlichen Überprüfung."

966 Daraus ergibt sich folgende Übersicht :

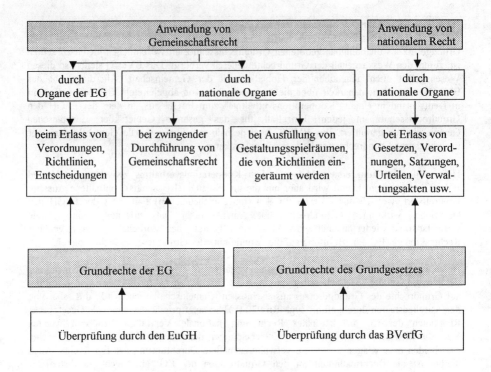

Repetitorium : Rn 1065

Weiterführende Literatur : Kirchhof, Die Gewaltenbalance zwischen staatlichen und europäischen Organen, JZ 1998, 965; Hirsch, Europäischer Gerichtshof und Bundesverfassungsgericht – Kooperation oder Konfrontation ?, NJW 1996, 2457; Vitzhum, Gemeinschaftsgericht und Verfassungsgericht – rechtsvergleichende Aspekte, JZ 1998, 161; Selmayr, Abschied von den „Solange"-Vorbehalten, DVBl 1999, 269; Zuleeg, Die föderativen Grundsätze der Europäischen Union, NJW 2000, 2846; Ost, Europarecht vor dem Bundesverfassungsgericht, NVwZ 2001, 399; Nicolaysen/Nowak, Teilrückzug des BVerfG aus der Kontrolle der Rechtmäßigkeit gemeinschaftlicher Rechtsakte, NJW 2001, 1233

8. UMSETZUNG UND DER VOLLZUG DES GEMEINSCHAFTSRECHTS

8.1 Pflicht zur Zusammenarbeit

Grundlage der Umsetzung und des Vollzuges des Gemeinschaftsrechts ist

Art. 10 EGV : „Die Mitgliedstaaten treffen alle geeigneten Maßnahmen allgemeiner oder besonderer Art zur Erfüllung der Verpflichtungen, die sich aus diesem Vertrag oder aus Handlungen der Organe der Gemeinschaft ergeben. Sie erleichtern dieser die Erfüllung ihrer Aufgabe. Sie unterlassen alle Maßnahmen, welche die Verwirklichung der Ziele dieses Vertrags gefährden könnten."

8.2 normative Umsetzung des Gemeinschaftsrechts

In erster Linie müssen Richtlinien durch die Mitgliedsstaaten normativ umgesetzt werden. Die Umsetzung kann aber auch bei Verordnungen notwendig sein, wenn diese - wie häufig bei Verordnungen im Agrarbereich - den Erlass von nationalen Durchführungsvorschriften vorsehen. Auch Entscheidungen sind - je nach ihrem Inhalt - zum Teil normativ umzusetzen. Im Folgenden wird nur auf die Umsetzung von Richtlinien eingegangen. Für die anderen Rechtsakte gilt aber Entsprechendes.

- Die Zuständigkeit zum Erlass des Durchführungsrechts ergibt sich aus einer entsprechenden Anwendung der Art. 70 ff. GG (Fischer S. 112). Der Bund ist demnach zuständig, wenn es sich um einen Gegenstand der ausschließlichen, der konkurrierenden oder der Rahmengesetzgebung handelt. Im übrigen sind die Länder zuständig.

- Richtlinien müssen so umgesetzt werden, dass dem Grundsatz der Rechtssicherheit Rechnung getragen wird. Es muss also eine vollständige Anwendung der Richtlinie in hinreichend bestimmter und klarer Weise gewährleistet sein (EuGH Slg. 1987, 1733).

- In Deutschland werden Richtlinien entweder durch förmliches Gesetz oder - aufgrund einer entsprechenden Ermächtigung i.S.d. Art. 80 I GG - durch Rechtsverordnung umgesetzt.

- Denkbar ist auch, dass bereits existierende Gesetze eine volle Anwendung der Richtlinie gewährleisten (EuGH EuZW 1991, 405), wenn sich aus ihnen die gleiche Rechtslage ergibt wie aus einer ordnungsgemäßen Umsetzung durch ein neues Gesetz.

- Verwaltungsvorschriften reichen, soweit die Richtlinie das Verhältnis Staat-Bürger betrifft, mangels Außenwirkung nicht aus. Etwas Anderes gilt jedoch, wenn die entsprechende Richtlinie sich nur auf den staatsinternen Bereich bezieht, etwa die Einrichtung innerstaatlicher Stellen verlangt.

- Eine tatsächliche Übung reicht zur Umsetzung in keinem Fall aus (EuGH Slg. 1986, 3645).

8.3 Vollzug des Gemeinschaftsrechts

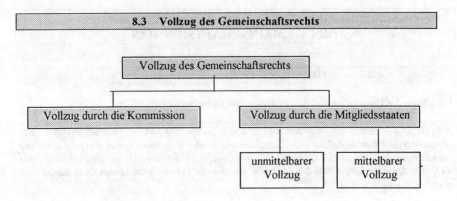

8.3.1 Vollzug durch die Kommission

969 Der Vollzug des Gemeinschaftsrechts erfolgt zum Teil durch die Kommission selbst. Im Wesentlichen handelt es sich dabei um folgende Bereiche :

- Vollzug des Kartellrechts (Art. 81 ff. EGV)
- Beihilfenaufsicht (Art. 87 ff. EGV)
- Verwaltung des Strukturfonds (Art. 159 - 161 EGV)
- Mittelvergabe im Bereich der beruflichen Bildung (Art. 150 EGV)
- Mittelvergabe im Bereich der Forschungs- und Technologiepolitik (Art. 163f. EGV)

8.3.2 Vollzug durch die Mitgliedsstaaten

970 Im Übrigen erfolgt der Vollzug durch die Verwaltungen der Mitgliedsstaaten. Hier ist zu unterscheiden : Unmittelbarer Vollzug liegt vor, wenn das Gemeinschaftsrecht unmittelbar vollzogen wird. Von mittelbarem Vollzug spricht man, wenn die zur Durchsetzung des Gemeinschaftsrechts erlassenen innerstaatlichen Vorschriften vollzogen werden.

8.3.2.1 Zuständigkeit und Organisation

971 Die Zuständigkeit richtet sich beim mittelbaren Vollzug nach den Art. 83 ff GG. Beim unmittelbaren Vollzug gelten die Art. 83 ff GG analog. Die Organisation der Verwaltungen muss in jedem Fall so organisiert sein, dass ein effektiver Vollzug des Gemeinschaftsrechts gewährleistet ist (EuGHE 1982, 153).

3.3.2.2 Auslegung

972 Die Auslegung des Gemeinschaftsrechts erfolgt zwar in verbindlicher Weise durch den EuGH. Soweit eine entsprechende Auslegung aber nicht existiert, muss sie von den unmittelbar vollziehenden Behörden - ggf. unter Rückgriff auf allgemeine Auslegungskriterien des EuGH - erfolgen (Fischer S. 119).

- Die Überprüfung von Sekundärrecht im Hinblick auf ihre Vereinbarkeit mit den Grundrechten der EG - nicht mit denen des Grundgesetzes (s.o. Rn 961 ff.) - ist dabei ggf. vorzunehmen. Eine Verwerfung darf aber wegen des Entscheidungsmonopols des EuGH nicht durch deutsche Behörden erfolgen (EuGH Slg. 1987, 4199).

- Entgegenstehendes deutsches Recht ist - soweit möglich - gemeinschaftskonform auszulegen. Ist das nicht möglich, ist nur das Gemeinschaftsrecht anzuwenden und das entgegenstehende deutsche Recht unangewendet zu lassen.
- Beim mittelbaren Vollzug muss die Auslegung von deutschem Durchführungsrecht richtlinienkonform sein, also Wortlaut und Zweck der entsprechende Richtlinie beachten (EuGH Slg. 1984, 1891).

3.3.2.3 Verfahren

Das Verfahren richtet sich, soweit sich aus dem Gemeinschaftsrecht nichts Anderes ergibt, nach deutschem Verwaltungsverfahrens- und Prozessrecht (VwVfG; VwGO). Dieses ist so anzuwenden, dass ein effektiver Vollzug des Gemeinschaftsrechts gewährleistet ist. Dabei kommen z.B. in Betracht

- die sofortige Vollziehung von Verwaltungsakten nach § 80 II Nr. 4 VwGO, um durch die aufschiebende Wirkung nach § 80 I VwGO die Zielsetzung des Gemeinschaftsrechts nicht zu vereiteln (EuGH EuZW 1990, 384).
- die Verneinung von Vertrauensschutz nach § 48 II VwVfG bei der Rücknahme rechtswidriger Verwaltungsakte, wenn sich der Empfänger nicht vergewissert hat, ob der Bescheid unter Beachtung des in Art. 88 III EGV vorgesehenen Verfahrens zustande gekommen ist (EuGH EuZW 1990, 481).
- der Ausschluss der Berufung des Mitgliedsstaates auf die Ausschlussfrist des § 48 IV VwVfG (EuGH Slg. 1990, 3456).

3.3.2.4 Aufsicht

Die Aufsicht über den Verwaltungsvollzug erfolgt nach dem Recht des Mitgliedsstaates. Die Kommission übt die Aufsicht grundsätzlich nur gegenüber den Mitgliedsstaaten aus, nicht aber gegenüber deren Behörden.

3.3.2.5 Mitteilungspflichten

Das Gemeinschaftsrecht enthält eine große Anzahl von Miteilungspflichten gegenüber der Kommission, damit diese ihre Aufgabe, die Durchführung des Gemeinschaftsrechts zu kontrollieren, wirksam wahrnehmen kann. Zum Teil ergeben sich diese Pflichten aus dem Primärrecht (z.B. Art. 93 III EGV) überwiegend aber aus dem Sekundärrecht, insbesondere aus Richtlinien. Die Mitteilungspflichten sind i.d.R. von den Mitgliedsstaaten zu erfüllen, nicht aber unmittelbar von den vollziehenden Behörden. Diese haben daher die notwendigen Informationen auf dem innerstaatlich vorgesehenen Weg der Bundesregierung zugänglich zu machen. Hiervon gibt es aber Ausnahmen. Ein wichtiges Beispiel : Bei der Vergabe öffentlicher Aufträge ab einer bestimmten Größenordnung haben die Behörden unmittelbar der Kommission die Angaben zu übermitteln, die diese benötigt, um den Auftrag gemeinschaftsweit auszuschreiben.

3.3.2.6 Amtshilfe

Eine generelle Pflicht zur Amtshilfe zwischen den Mitgliedsstaaten bei der Durchführung von Gemeinschaftsrecht gibt es nicht. Ausnahmen können in einzelnen Richtlinien oder in zwischenstaatlichen Verträgen geregelt sein.

Repetitorium : Rn 1065

Weiterführende Literatur : Zuleeg, Deutsches und europäisches Verwaltungsrecht, VVDStRL 53 (1994), 154; Schoch, Die Europäisierung des Allgemeinen Verwaltungsrechts, JZ 1995, 109; Scholz, Zum Verhältnis von europäischem Gemeinschaftsrecht und nationalem Verwaltungsrecht, DÖV 1998, 261; Zuleeg, Die föderativen Grundsätze der Europäischen Union, NJW 2000, 2846

9. EINWIRKUNGSMÖGLICHKEITEN DER BUNDESLÄNDER AUF DIE EG

977 Die Einwirkungsmöglichkeiten der Bundesländer auf die EG sind z.T. bereits an anderer Stelle angesprochen :

- Die Beteiligung des Bundesrates an der Willensbildung des Bundes in Angelegenheiten der Europäischen Union nach Art. 23 II, IV - VII GG : Rn 727, 740 ff.

- Die Mitwirkung der Länder im Ausschuss der Regionen : Rn 898

Zu erwähnen sind an dieser Stelle noch :

978 • **die Europaministerkonferenz der Länder (EMK)**

Seit 1992 treffen sich die Europaminister und -senatoren der Länder dreimal jährlich, um aktuelle europapolitische Themen zu erörtern. Beschlüsse können nur einstimmig erfolgen. Etwaige Verwaltungsaufgaben der EMK werden von dem jeweiligen Vorsitzland, das jährlich wechselt, wahrgenommen.

979 • **der Beobachter der Länder bei der EU**

Ihn gibt es aufgrund eines Staatsvertrages der Länder seit 1989. Seine Aufgabe ist es danach, als gemeinsame Einrichtung der Länder "den Bundesrat bei der Wahrnehmung seiner Rechte zu unterstützen und die Länder über für sie bedeutsame Vorgänge im Bereich der Europäischen Union zu informieren". Er wird bei dem Landesminister eingerichtet, der jeweils den Vorsitz im EU-Ausschuss des Bundesrates führt.

980 • **die Verbindungsbüros der Länder**

Alle Bundesländer sind in Brüssel durch Verbindungsbüros vertreten, die die Interessen ihres jeweiligen Landes gegenüber der EU vertreten. Die Büros besitzen keinen diplomatischen Status, sind jedoch inzwischen durch § 8 des Gesetzes über die Zusammenarbeit von Bund und Ländern in Angelegenheiten der Europäischen Union anerkannt.

Repetitorium : Rn 1065

Weiterführende Literatur : : Roller, Die Mitwirkung der deutschen Länder an EG-Entscheidungen, AöR 123 (1998), 21; Zuleeg, Die föderativen Grundsätze der Europäischen Union, NJW 2000, 2846

10. HAFTUNG FÜR VERSTÖSSE GEGEN EG-RECHT

Hier soll nur eingegangen werden auf die außervertragliche Haftung der EG bzw. der Mitgliedsstaaten bei Verstößen gegen Gemeinschaftsrecht. Auf die anderen Arten der Haftung sei nur kurz hingewiesen :

- Die vertragliche Haftung der EG bestimmt sich nach Art. 288 I EGV nach dem Recht, das auf den betreffenden Vertrag anzuwenden ist, die der Mitgliedsstaaten nach deren nationaler Rechtsordnung, in Deutschland also nach dem BGB. 981

- Die Haftung der Handelnden selbst bestimmt sich für EG-Bedienstete nach Art. 288 III EGV "nach den Vorschriften ihres Status oder der für sie geltenden Beschäftigungsbedingungen". Diese sehen keine unmittelbare Haftung, sondern nur eine Rückgriffshaftung bei schwerwiegendem Verschulden vor (§ 22 Beamtenstatut). Für deutsche Bedienstete sieht § 839 BGB i.V.m. Art. 34 GG im außervertraglichen Bereich ebenfalls nur eine Rückgriffshaftung bei Vorsatz und grober Fahrlässigkeit vor, im vertraglichen Bereich dagegen eine Eigenhaftung : für Angestellte und Arbeiter nach § 823 BGB, für Beamte eine subsidiäre Haftung nach § 839 BGB. 982

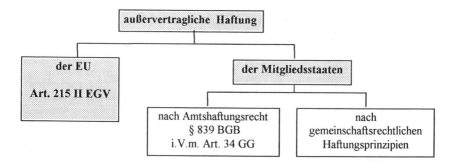

10.1 Haftung der Europäischen Gemeinschaft

Art. 288 II EGV : „(1) Die vertragliche Haftung der Gemeinschaft bestimmt sich nach dem Recht, das auf den betreffenden Vertrag anzuwenden ist. 983
(2) Im Bereich der außervertraglichen Haftung ersetzt die Gemeinschaft den durch ihre Organe oder Bediensteten in Ausübung ihrer Amtstätigkeit verursachten Schaden nach den allgemeinen Rechtsgrundsätzen, die den Rechtsordnungen der Mitgliedstaaten gemeinsam sind.
(3) Absatz 2 gilt in gleicher Weise für den durch die EZB oder ihre Bediensteten in Ausübung ihrer Amtstätigkeit verursachten Schaden.
(4) Die persönliche Haftung der Bediensteten gegenüber der Gemeinschaft bestimmt sich nach den Vorschriften ihres Status oder der für sie geltenden Beschäftigungsbestimmungen."

Das Recht, das nach Abs. 1 auf die vertragliche Haftung anzuwenden ist, ist das gemäß dem Kollisionsrecht des zuständigen nationalen Gerichts (vgl. Art. 240 EGV) maßgebliche Recht. Ist der EuGH zuständig (vgl. Art. 238 EGV), ist das maßgebliche Recht nach dem Willen der Vertragsparteien zu ermitteln (Geiger Rn 3). 984

985 Für die außervertragliche Haftung der Gemeinschaft nach Abs. 2 hat der EuGH hat folgende Voraussetzungen einer Haftung entwickelt (EuGH Slg. 1974, 675; Einzelheiten bei Geiger Rn 10 ff.) :

- Dem Anspruchsteller ist ein Schaden durch ein öffentlich-rechtliches Verhalten der Gemeinschaft adäquat kausal entstanden.
  Schaden ist jeder Vermögensschaden einschließlich des entgangenen Gewinns (EuGH Slg. 1967, 359), ebenso ein immaterieller Schaden (EuGH Slg. 1998, 2915)
- Das Verhalten stellt einen Verstoß gegen eine Norm des Gemeinschaftsrechts dar, die zumindest auch den Schutz des Einzelnen bezweckt
- Ist das Verhalten der Erlass oder das Unterlassen eines Gesetzes, so muss es eine "hinreichend qualifizierte Verletzung einer höherrangigen Norm" darstellen (EuGH Slg. 1971, 985). Hinreichend qualifiziert ist sie, wenn das handelnde Organ die Grenzen seiner Befugnisse offenkundig und erheblich überschritten hat (EuGH Slg. 1978, 1224).

986 Wenn die Gemeinschaft nach Art. 288 II, III EGV haftet, kann sie u.U. bei dem Bediensteten, der den Schaden verursacht hat, Regress nehmen. Insoweit verweist Art. 288 IV EGV auf die Beschäftigungsbedingungen, die für den Bediensteten gelten. In der Regel wird das der Beamtenstatus der Gemeinschaft sein. Nach dessen Art. 22 kann die Gemeinschaft den Beamten zum teilweisen oder vollen Ersatz des Schadens heranziehen, den die Gemeinschaft durch sein schwerwiegendes Verschulden in Ausübung oder anlässlich der Ausübung seines Amtes erlitten hat. Unmittelbar gegenüber dem Geschädigten haftet der Beamte dagegen nicht.

10.2 Haftung der Mitgliedstaaten

10.2.1 Haftung nach deutschem Amtshaftungsrecht

987 Bei Verstößen gegen Gemeinschaftsrecht durch deutsche Stellen kommt zunächst ein Amtshaftungsanspruch nach § 839 BGB i.V.m. Art. 34 GG in Betracht. Seine Voraussetzungen sind (im Einzelnen vgl. BGB-Kommentare zu § 839 BGB) :

- Schaden, der dem Geschädigten durch ein öffentlich-rechtliches Verhalten der deutschen Stelle adäquat kausal entstanden ist
- Das Verhalten stellt eine Verletzung einer dem Geschädigten gegenüber obliegenden Amtspflicht dar.
- Verschulden des Handelnden (auf dessen Status es nicht ankommt, also nicht nur Beamte)
- keine anderweitige Ersatzmöglichkeit (außer bei Vorsatz des Handelnden)

Auch beim deutschen Amtshaftungsanspruch haftet der handelnde Bedienstete nicht unmittelbar gegenüber dem Geschädigten, was sich aus Art. 34 S. 1 GG ergibt. Nach § 34 S. 2 GG bleibt jedoch bei Vorsatz und grober Fahrlässigkeit der Rückgriff vorbehalten. Geregelt ist er in den Vorschriften, die das jeweilige Beschäftigungsverhältnis regeln, also insbesondere in den Beamtengesetzen und dem BAT.

Gerichtet ist dieser Anspruch auf Geldersatz. Ausgeschlossen ist er für Ausländer aus EU-Staaten, falls die Gegenseitigkeit nicht verbürgt ist (BGH NJW 1985, 1287) und gegenüber einem Verhalten des Gesetzgebers (BGH NJW 1989, 101).

10.2.2 Haftung nach gemeinschaftsrechtlichem Haftungsrecht

Nach dem EuGH gehört der Grundsatz einer Haftung des Staates für Schäden, die dem Einzelnen durch – dem Staat zurechenbare – Verstöße gegen das Gemeinschaftsrecht entstehen, untrennbar zu der durch das EG-Recht geschaffenen Rechtsordnung : 988

> EuGH NJW 1992, 167 : "Der EWG-Vertrag hat eine eigene Rechtsordnung geschaffen, die in die Rechtsordnungen der Mitgliedsstaaten aufgenommen worden und von den nationalen Gerichten anzuwenden ist. Rechtssubjekte dieser Rechtsordnung sind nicht nur die Mitgliedsstaaten, sondern auch die Einzelnen, denen das Gemeinschaftsrecht, ebenso wie es ihnen Pflichten auferlegt, auch Rechte verleihen soll. Solche Rechte entstehen nicht nur, wenn der Vertrag dies ausdrücklich bestimmt, sondern auch aufgrund von eindeutigen Verpflichtungen, die der Vertrag den Einzelnen wie auch den Mitgliedsstaaten auferlegt... Die volle Wirksamkeit der gemeinschaftsrechtlichen Bestimmungen wäre beeinträchtigt und der Schutz der durch sie begründeten Rechte gemindert, wenn die Einzelnen nicht die Möglichkeit hätten, für den Fall eine Entschädigung zu erlangen, dass ihre Rechte durch einen Verstoß gegen das Gemeinschaftsrecht verletzt werden, der einem Mitgliedsstaat zuzurechnen ist. ... Die Verpflichtung der Mitgliedsstaaten zum Ersatz dieser Schäden findet auch in Art. 5 EWGV eine Stütze, nach dem die Mitgliedsstaaten alle geeigneten Maßnahmen allgemeiner oder besonderer Art zur Erfüllung ihrer Verpflichtungen aus dem Gemeinschaftsrecht zu treffen haben. Zu diesen Verpflichtungen gehört auch diejenige, die rechtswidrigen Folgen eines Verstoßes gegen das Gemeinschaftsrecht zu beheben."

Die einzelnen Voraussetzungen dieses Staatshaftungsanspruchs hängen von der Art des Verstoßes ab. Bisher hat der EuGH diese Voraussetzungen nur für den Fall der Nichtumsetzung einer Richtlinie konkretisiert. Die Voraussetzungen, die insoweit erfüllt sein müssen, sind (a.a.O. S. 167) : 989

> - Der Mitgliedsstaat hat die Richtlinie pflichtwidrig nicht umgesetzt.
> - Das durch die Richtlinie vorgeschriebene Ziel muss die Verleihung von Rechten an Einzelne beinhalten.
> - Der Inhalt dieser Rechte muss auf der Grundlage der Richtlinie bestimmt werden.
> - Zwischen dem pflichtwidrigen Unterlassen der Umsetzung und dem geltend gemachten Schaden muss ein Kausalzusammenhang bestehen.

Seinem Ziel nach ist der Anspruch in erster Linie darauf gerichtet, die Folgen des verursachten Schadens zu beheben. Nur für den Fall, dass das nicht möglich ist, ist eine finanzielle Entschädigung zu leisten (Prieß NVwZ 1993, 124). Die prozessuale Geltendmachung des Anspruchs erfolgt, da das Gemeinschaftsrecht insoweit keine näheren Regelungen enthält, im Rahmen des nationalen Haftungsrechts, in Deutschland also - entsprechend dem Amtshaftungsanspruch - vor den ordentlichen Gerichten. 990

Repetitorium : Rn 1066

Weiterführende Literatur : Ossenbühl, Der gemeinschaftsrechtliche Staatshaftungsanspruch, DVBl. 1992, 993; Albers, Die Haftung der Bundesrepublik Deutschland für die Nichtumsetzung von EG-Richtlinien, 1995; Cornils, Der gemeinschaftsrechtliche Haftungsanspruch, 1995; Danwitz, Zur Entwicklung der gemeinschaftsrechtlichen Staatshaftung, JZ 1994, 335; Ehlers, Die Weiterentwicklung des Staatshaftungsrechts durch das europäische Gemeinschaftsrecht, JZ 1996, 776; Weber, Neue Konturen des gemeinschaftsrechtlichen Staatshaftungsanspruchs, NVwZ 2001, 287

11. FINANZIERUNG DER AUFGABEN DER EG

991

Einnahmen der EG nach § 269 EGV (Soll 2001)	%	Betrag
1,27 % des Bruttosozialprodukts der Mitgliedsstaaten	48,42 %	45,45 Mrd Euro
Mehrwertsteuer-Anteile, die von den Mitgliedsstaaten an die EU abgeführt werden = 1 % der mehrwertsteuerpflichtigen Umsätze in den Mitgliedsstaaten	35,65 %	33,47 Mrd Euro
Zölle für Einfuhren aus Drittstaaten	13,10 %	12,29 Mrd Euro
Agrarzölle für Agrareinfuhren aus Drittstaaten	2,10 %	1,97 Mrd Euro
Sonstige (z.B. Zwangs- und Bußgelder)	0,73 %	0,69 Mrd Euro

Quelle : Finanzbericht 2001, S. 193

992

Ausgaben der EG (Soll 2001)	%	Betrag
Gemeinsame Agrarpolitik	43,92 %	40,97 Mrd Euro
Strukturpolitik	35,58 %	32,68 Mrd Euro
interne Politikbereiche (z.B. Umwelt, Verbraucherschutz)	6,49 %	6,05 Mrd Euro
externe Politikbereiche (z.B. Entwicklungszusammenarbeit)	5,14 %	4,79 Mrd Euro
Verwaltungsausgaben	5,04 %	4,70 Mrd Euro
Reserven	0,97 %	0,90 Mrd Euro
Vorbeitrittshilfe	3,41 %	1,70 Mrd Euro

Quelle : Finanzbericht 2001, S. 193

Repetitorium : Rn 1066

Weiterführende Literatur : Die Finanzverfassung der Europäischen Gemeinschaften, EuZW 1993, 401; Mähring, Der Haushalt der Europäischen Gemeinschaften, JA 1999, 777; Finanzbericht des Bundesfinanzministeriums 2001, S. 197 ff.

ABSCHNITT 4 :
ORGANISATION FÜR SICHERHEIT UND ZUSAMMENARBEIT IN EUROPA (OSZE)

Die OSZE wurde 1975 - als „Konferenz für Sicherheit und Zusammenarbeit in Europa (KSZE) - in Helsinki von den USA, Kanada und – mit Ausnahme von Albanien - allen Staaten West- und Osteuropas gegründet. Ausgangspunkt war der Wunsch der UdSSR, die Unverletzlichkeit der Grenzen in Europa zu sichern. 993

1. Schlussakten

1.1 Schlussakte von Helsinki 1975

Das wichtigste Dokument der OSZE ist die Schlussakte von Helsinki 1975. Sie befasst sich mit folgenden Fragen: 994

Fragen der Sicherheit in Europa
- Enthaltung von der Androhung oder Anwendung von Gewalt
- Unverletzlichkeit der Grenzen
- Territoriale Integrität der Staaten
- Friedliche Regelung von Streitfällen
- Nichteinmischung in innere Angelegenheiten
- Bekenntnis zu der Menschenrechtserklärung der UNO
- Gleichberechtigung und Selbstbestimmungsrecht der Völker
- Vorherige Ankündigung von größeren militärischen Manövern
- Abrüstung

Zusammenarbeit in den Bereichen Wirtschaft, Wissenschaft, Technik sowie Umwelt

Fragen der Sicherheit und Zusammenarbeit im Mittelmeerraum

Zusammenarbeit in humanitären und anderen Bereichen
- Familienzusammenführung
- Eheschließung zwischen Bürgern verschiedener Staaten
- Verbesserung der Bedingungen für den Tourismus
- Begegnungen der Jugend
- Sport

1.2 Schlussakte von Paris 1990

Ihre wesentlichen Inhalte : 995

Festlegung einer gleichen Wertordnung für alle Mitgliedsstaaten :
Schaffung eines neuen Europa auf der Grundlage von Menschenrechten, Demokratie, Rechtsstaatlichkeit, wirtschaftlicher Freiheit und sozialer Gerechtigkeit
starke Institutionalisierung :
u.a. ständige Treffen der Außenminister (KSZE-Ministerrat) und ein ständiges Sekretariat in Wien

1.3 Schlussakte von Moskau 1991

996 Sie löst die Verantwortung für demokratische Strukturen aus dem alleinigen Verantwortungsbereich der einzelnen Staaten heraus und begründet eine Verantwortung aller Teilnehmerstaaten :

> „Die Teilnehmerstaaten ... werden – in Übereinstimmung mit der Charta der Vereinten Nationen – im Falle eines durch undemokratische Mittel herbeigeführten Sturzes oder des versuchten Sturzes einer rechtmäßig gewählten Regierung eines Teilnehmerstaates die rechtmäßigen Organe dieses Staates, die für Menschenrechte, Demokratie und Rechtsstaatlichkeit stehen, mit großem Nachdruck unterstützen, um ihrer gemeinsamen Verpflichtung nachzukommen, sich jeglichem auf eine Verletzung dieser Grundsätze abzielenden Versuchs entgegenzustellen."

Damit soll – was schon der Hinweis auf die UN-Charta ergibt – keine Ermächtigung zu einem gewaltsamen Eingreifen begründet werden. Die Erklärung ermöglicht aber den Teilnehmerstaaten, sich bei solidarischen Aktionen – etwa wirtschaftlicher Art – von dem völkerrechtlichen Interventionsverbot zu lösen (Herdegen Rn 482).

1.4 Schlussakte von Helsinki 1992

997 Ihre wesentlichen Inhalte :

- die Einordnung der KSZE als „regionale Abmachung" der UNO
- das Recht der KSZE, friedenserhaltende Maßnahmen durchzuführen
- neue Mechanismen zur Frühwarnung, Konfliktverhütung und Krisenbewältigung
- die Annahme des Angebots der NATO, der KSZE zur Verfügung zu stehen

1.5 Schlussakte von Budapest 1994

998 Durch sie erfolgte eine weitere Institutionalisierung. Als Konsequenz daraus wurde die KSZE in „OSZE" umbenannt. Eine rechtsfähige Organisation mit eigenen Rechten und Pflichten sollte mit dieser neuen Bezeichnung allerdings (noch ?) nicht geschaffen werden. Ein Schritt in diese Richtung ist aber die Vereinbarung, die die OSZE 1998 mit Jugoslawien über die Überwachung der Befriedung des Kosovo abgeschlossen hat.

2. Organisation

999 Die wichtigste Einrichtung der OSZE sind die Gipfeltreffen der Staats- und Regierungschefs der Mitgliedstaaten. Das Beschlussorgan ist – auf der Ebene der Außenminister – der „Ministerrat". Unterhalb dieser Ebene angesiedelt ist der – aus Beamten der Außenministerien bestehende – „Hohe Rat", der zweimal im Jahr in Prag zusammen kommt und den Erlass politischer Richtlinien erörtert. Der – aus den ständigen Vertretern der Mitgliedstaaten bestehende – „Ständige Rat" tagt in Wien und ist für die laufende politische Konsultation und Entscheidungsfindung zuständig. Der vom Ministerrat ernannte „Generalsekretär" mit Sitz in Wien leitet die Verwaltung (das "Sekretariat") der OSZE und ist für die Vorbereitung und Durchführung der OSZE-Beschlüsse zuständig. Die – aus Abgeordneten der Mitgliedstaaten bestehende – „Parlamentarische Versammlung" wird von dem Vorsitzenden des Ministerrats über die Arbeit der OSZE unterrichtet.

Mit Ausnahme der Parlamentarischen Versammlung handeln alle Organe der OSZE nach dem Konsensprinzip. Beschlüsse können also nur einstimmig getroffen werden. Maßnahmen gegen einen Mitgliedstaat, der in grober Weise gegen die Menschenrechte oder demokratische oder rechtsstaatliche Prinzipien verstößt, können aber ohne Zustimmung des betreffenden Staates beschlossen werden.

3. Bedeutung

Trotz aller Leistungen der OSZE ist sie wegen des Konsensprinzips keine sehr handlungsfähige Organisation geworden. Im Hinblick auf die Europäische Union hat sie insoweit eine Bedeutung erlangt, als sich die Gemeinsame Außen- und Sicherheitspolitik der Europäischen Union hinsichtlich des Ziels der Wahrung des Friedens und der internationalen Sicherheit nicht nur auf die Charta der Vereinten Nationen, sondern auch auf die Schlussakten der KSZE/OSZE von Helsinki 1975 und von Paris 1990 bezieht (Art. 11 I EUV).

1000

Repetitorium : Rn 1067

Weiterführende Literatur : Fastenrath (Hrsg.) : Dokumente der Konferenz über Sicherheit und Zusammenarbeit in Europa (Stand 1998); Tretter, Von der KSZE zur OSZE, EuGRZ 1995, 296

TEIL 7
REPETITORIUM

Das Repetitorium soll Ihnen eine Selbstkontrolle ermöglichen. Es kann sich dabei leider nicht auf alle, sondern nur auf ausgewählte (aber immerhin 568) Inhalte des Buches beziehen. Sie sollten die einzelnen Teile nicht sofort durcharbeiten, nachdem Sie das entsprechende inhaltliche Kapitel gelesen haben. Lassen Sie etwas Zeit vergehen. Sehen Sie bei den angegebenen Randnummern erst nach, wenn Sie für sich eine Antwort gefunden haben oder auch nach langem Überlegen auf keine gekommen sind ! Tragen Sie die Antwort nicht in das Repetitorium ein, weil dieses dann seinen Sinn für künftige Eigenkontrollen verliert. Wenn Sie irgendwann der Ansicht sein sollten, Sie würden die Fragen in der angegebenen Reihenfolge im Wesentlichen richtig beantworten können, springen Sie in dem gesamten Repetitorium willkürlich hin und her. Sie werden sich wundern, was sich dabei für neue Lücken auftun.

1. Repetitorium zu den Grundfragen des Staatsrechts

1001 **Zum Begriff des Staates**

1. Ein Staat liegt vor, wenn drei Merkmale erfüllt sind. Welche ? > Rn 2

2. Der DDR wurde lange vorgehalten, sie sei gar kein Staat, weil sie aufgrund einer Wahlmanipulation entstanden sei, von der Mehrheit der Bevölkerung nicht gebilligt und von den meisten Staaten der Welt nicht als Staat anerkannt werde und außenpolitisch völlig von der Sowjetunion abhängig sei. Nehmen Sie hierzu Stellung ! > Rn 2

3. Wie weit reicht das Staatsgebiet zum Meer hin, wieweit nach oben hin ? > Rn 2

4. Die Gebietshoheit eines Staates umfasst einen positiven und einen negativen Aspekt. Wie lauten sie ? > Rn 3

5. Unterscheiden Sie Staatsvolk und Nation. Was ist dementsprechend ein Nationalstaat, was ein Nationalitätenstaat ? Was davon ist die Bundesrepublik Deutschland ? > Rn 4

6. Das Vorhandensein einer Staatsgewalt setzt drei Merkmale voraus. Welche ? > Rn 6

7. Sind Hamburg, Bremen und Hessen „nur" Länder der Bundesrepublik oder sind es „auch" Staaten ? Spricht gegen ihren Staatscharakter, dass sie im Verhältnis zum Bund nur über relativ wenige Kompetenzen verfügen und der Bund sogar im Rahmen einer Neugliederung des Bundesgebietes ihren Wegfall beschließen kann ? > Rn 6

8. In einem Bürgerkrieg stehen sich die beiden Gegner, von denen jeder einige Städte und Landstriche kontrolliert, unversöhnlich gegenüber. Einer der beiden Anführer fordert die Weltöffentlichkeit auf, ihn als neue Regierung anzuerkennen. Darf eine solche Anerkennung erfolgen ? > Rn 6

1002 **Zur Staatszugehörigkeit**

9. Es gibt im Völkerrecht drei Prinzipien, nach denen eine Staatsangehörigkeit erworben werden kann. Welche ? > Rn 5

10. Für welches hat sich die Bundesrepublik Deutschland entschieden ? Für eines der obigen Prinzipien in reiner Form oder für eine Verbindung zweier Prinzipien ? >Rn 8

Grundfragen des Staatsrechts

11. In welchem Gesetz sind Erwerb und Verlust der deutschen Staatsangehörigkeit geregelt ? > Rn 8

12. Welche Voraussetzungen müssen grundsätzlich erfüllt sein, damit ein Ausländer eingebürgert werden kann ? > Rn 14

13. Ist die Einbürgerung immer eine Ermessensentscheidung oder gibt es Fallsituationen, in denen Ausländer einen Anspruch auf Einbürgerung haben ? > Rn 16 ff.

14. Ein bedeutsames Hindernis für Ausländer, einen Einbürgerungsantrag zu stellen, war seit jeher, dass mit der Einbürgerung zwingend die Aufgabe der bisherigen Staatsangehörigkeit verbunden war. Gilt das heute auch noch oder ist die Möglichkeit einer doppelten Staatsangehörigkeit grundsätzlich – oder nur in bestimmten Fällen – eröffnet ? > Rn 19

15. Ein Deutscher heiratet eine Italienerin. Diese möchte jetzt auch Deutsche werden. Gelten für sie leichtere Voraussetzungen, um die deutsche Staatsangehörigkeit zu erlangen ? Gegebenenfalls welche ? > Rn 15

16. Kann ein Deutscher die deutsche Staatsangehörigkeit – ohne dass er einen entsprechenden Antrag gestellt hat – kraft Gesetzes verlieren ? Kann sie ihm entzogen werden, wenn er in krimineller Weise dem Ansehen der Bundesrepublik Schaden zufügt ? > Rn 22

17. Ist ein „Deutscher" gleichbedeutend mit „deutscher Staatsangehöriger" ? Wenn nein, worin besteht der Unterschied ? > Rn 23 ff.

18. Woran knüpft das Grundgesetz Berechtigungen wie z.B. die Berufung auf bestimmte Grundrechte oder die Berechtigung, Bundespräsident zu werden : An die Eigenschaft als Deutscher oder an die deutsche Staatsangehörigkeit ? > Rn 23, 32

19. Sind Aussiedler aus deutschstämmigen Gebieten in Russland oder Rumänien Deutsche i.S.d. Grundgesetzes ? Oder können sie es werden ? Oder haben sie sogar einen Anspruch darauf ? > Rn 26, 32

20. Was sind Aussiedler überhaupt ? Wie kommt es, dass Deutsche in Russland leben, ohne dass sie selbst oder ihre Eltern dahin gezogen sind ? > Rn 24

21. Kann ein deutscher Volkszugehöriger, der in Russland lebt, von dort aus mit Erfolg einen Antrag stellen, die deutsche Staatsangehörigkeit zu erhalten ? > Rn 31

Zum Verhältnis Staat-Gesellschaft und Staatsrecht-Verfassungsrecht 1003

22. Oft werden Staat und Gesellschaft klar gegeneinander abgegrenzt : Staat sind „die da oben", Gesellschaft, das sind wir alle. Ist das richtig ? Oder sind Staat und Gesellschaft identisch ? Oder stehen sie in einer Wechselbeziehung zueinander ? > Rn 33 f.

23. Dieses Buch hat den Titel „Staatsrecht". Warum nicht „Verfassungsrecht" ? Worin liegt der Unterschied zwischen diesen beiden Begriffen ? Warum gibt es ihn ? > Rn 43

Zur Entstehung und Entwicklung der Verfassung 1004

24. Das Grundgesetz ist 1948/49 als Provisorium konzipiert worden. Kommt das auch in der Art der Entstehung des Grundgesetzes zum Ausdruck ? > Rn 35

25. Im Parlamentarischen Rat, der das Grundgesetz geschaffen hat, gab es zu etlichen grundlegenden Fragen eine breite Übereinstimmung, zu anderen dagegen nicht. Zu welchen ? > Rn 37 f.

26. Ist die Bundesrepublik 1949 als souveräner Staat entstanden ? Wenn nicht : Als wann sonst ? > Rn 38 f.

27. Hat es alle heute existierenden Bundesländer auch schon 1949 gegeben ? > Rn 35, 39

28. War Berlin seit 1949 ein Bundesland wie alle anderen auch ? > Rn 38 f.

29. Die ebenfalls 1949 gegründete Deutsche Demokratische Republik wurde von Seiten der Bundesrepublik aus überwiegend nicht als demokratisch angesehen. Die DDR ihrerseits sah die Bundesrepublik nicht als demokratischen Staat an. Hat dieser Streit etwas mit unterschiedlichen Demokratietheorien zu tun ? > Rn 571 f.

30. In der DDR gab es ein Mehrparteiensystem, in der Bundesrepublik auch. Waren beide von der gleichen Art oder gab es Unterschiede zwischen ihnen ? > Rn 40

31. In der DDR gab es ein gewähltes Parlament (die Volkskammer), in der Bundesrepublik auch (den Bundestag). Waren beide von der gleichen Art oder gab es Unterschiede zwischen ihnen ? > Rn 40

32. Die Vereinigung Deutschlands 1990 ist im Wesentlichen erfolgt aufgrund von zwei grundlegenden Verträgen. Welchen ? Mit welchem Inhalt ? > Rn 41

33. 1994 wurde das Grundgesetz in einigen Punkten geändert. Fallen Ihnen drei Änderungen ein ? > Rn 42

34. Etliche weitere Vorschläge zur Änderung des Grundgesetzes wurden 1994 nicht realisiert, obwohl es in der beratenden Verfassungskommission und dem entscheidenden Bundestag für sie eine Mehrheit gab. Nehmen Sie zu diesem scheinbaren Widerspruch Stellung ? > Rn 42

1005 **Zum Wesen der Verfassung**

35. Eine Verfassung hat sechs Funktionen. Welche ? > Rn 45

36. Hat jeder Staat eine geschriebene Verfassung ? > Rn 46

37. Man hört manchmal : „Das sagt die Verfassung. Die Verfassungswirklichkeit sieht aber ganz anders aus." Soll damit – wenn der Begriff Verfassungswirklichkeit richtig benutzt wird – zum Ausdruck gebracht werden, dass es sich dabei um ein verfassungswidriges Verhalten handelt ? Erläutern Sie Ihre Antwort ggf. anhand eines Beispiels. > Rn 48

1006 **Zum Rang der Verfassung**

38. Welchen Rang hat das Grundgesetz im Verhältnis zum sonstigen nationalen Recht, zum Recht der Europäischen Union und zum Völkerrecht ? > Rn 49 ff.

39. Was sind „allgemeine Regeln des Völkerrechts" i.S.d. Art. 25 GG ? Welchen Rang besitzen sie im deutschen Rechtssystem ? > Rn 53

allgemeine Grundrechtslehren

40. Kann eine (von der Regierung erlassene) Rechtsverordnung einen höheren Rang haben als ein (vom Parlament erlassenes) Gesetz ? > Rn 54

Zur Auslegung der Verfassung

41. Es gibt vier Regeln zur Auslegung von Gesetzen. Welche ? > Rn 55 ff.

42. Daneben gibt es drei besondere Kriterien der Verfassungsauslegung ? Welche ? Erläutern Sie sie anhand von Beispielen. Kommen sie zu den vier allgemeinen Regeln hinzu, so dass bei der Verfassungsauslegung neun Regeln zu beachten sind ? > Rn 55, 60 ff.

43. Ein Künstler sprüht eine fremde Hauswand an. Gegenüber der herbeigeeilten Polizei, die das Strafgesetzbuch bemüht, beruft er sich darauf, dass das Grundrecht der Kunstfreiheit nach Art. 5 III nicht durch ein Gesetz, also auch nicht durch das StGB, eingeschränkt werden kann. Welches Prinzip der Verfassungsauslegung müsste die Polizei dem Künstler entgegenhalten ? Könnte sie ihm die Kunstausübung ganz verbieten ? Welches andere Prinzip der Verfassungsauslegung würde evtl. dagegen sprechen ? > Rn 62

Zur Änderung der Verfassung

44. Bei der Änderung des Grundgesetzes sind eine Formvorschrift, eine Verfahrensvorschrift und eine materiell-rechtliche Vorschrift zu beachten. Welche ? > Rn 64 ff.

45. Was verstehen Sie unter der „Ewigkeitsgarantie" ? Was wird dadurch garantiert ? Sind auch das Rechtsstaatsprinzip und die Rechtsschutzgarantie davon erfasst ? > Rn 66

46. Die Ewigkeitsgarantie spielt auch im Zusammenhang mit der europäischen Integration eine Rolle. Welche ? 955

2. Repetitorium zu den allgemeinen Grundrechtslehren

Zu Begriff, Geschichte und Schutz der Grundrechte

47. Sind „Grundrechte" und „Menschenrechte" zwei Begriffe mit dem gleichem oder mit unterschiedlichem Inhalt ? > Rn 69

48. Grundrechte haben sich, da der „Aristotelismus" nicht nur das Altertum, sondern auch das Mittelalter beherrscht hat, erst relativ spät entwickelt. Begründen Sie diese Aussage. > Rn 71

49. Welche philosophische Richtung – mit welcher Aussage ? – war die entscheidende Ursache für die moderne Grundrechtsentwicklung ? > Rn 75

50. Grundrechte waren nach den Verfassungen des 19. Jahrhunderts Schutzrechte gegen die Exekutive. Warum nicht auch gegen die Legislative ? > Rn 81

51. Der Grundsatz vom Vorbehalt des Gesetzes ist nicht nur ein zentraler Grundsatz des Grundgesetzes, sondern wurde bereits im 19. Jahrhundert als elementarer Schutz der Grundrechte verankert. Inwiefern ? > Rn 81

52. Den ersten großen Grundrechtskatalog einer gesamtdeutschen Verfassung enthielt die Weimarer Reichsverfassung. Waren diese Grundrechte mit denen des Grundgesetzes vergleichbar ? Worin lagen ggf. die Unterschiede ? > Rn 83

53. 1949 wurde durch das Grundgesetz eine grundlegende Wende im Grundrechtsverständnis vollzogen. Welche ? > Rn 84

54. 1948 wurde die Allgemeine Menschenrechtserklärung der UNO verkündet. Welche Arten von Menschenrechten schützt sie ? Welche Verbindlichkeit besitzt die Erklärung ? Welche Bedeutung hat sie erlangt ? > Rn 85

55. Hat die UNO noch weitere Menschenrechtserklärungen beschlossen ? > Rn 86

56. Sind Grundrechte nur im Grundgesetz geregelt oder auch in Landesverfassungen ? Wenn ja : In welchen ? Mit welchen Unterschieden gegenüber den Grundrechten des Grundgesetzes ? Wie regelt das Grundgesetz ihr Verhältnis zu den Grundrechten des Grundgesetzes ? > Rn 89 f.

57. Wo sind im Grundgesetz Grundrechte geregelt ? Nur in dem Grundrechtskatalog der Art. 1 – 19 ? > Rn 91

Zu Arten und Funktionen der Grundrechte

58. Welche der folgenden Grundrechtskategorien sind auf gleicher Stufe einzuordnen, welche auf einer höheren und damit abstrakteren bzw. einer niedrigeren und damit konkreteren ? Abwehrrechte, Einrichtungsgarantien, Gleichheitsrechte, subjektiv-öffentliche Rechte, Mitwirkungsrechte, objektive Wertentscheidungen, Freiheitsrechte, Mitwirkungsrechte, Verfahrensrechte, Leistungs- und Teilhaberechte > Rn 92

59. Ein PKW ist zu unrecht abgeschleppt worden. Hat der Eigentümer einen Anspruch aus Art. 14 darauf, dass der PKW wieder zurück gebracht wird ? Mit welcher Begründung ggf. ? > Rn 95

60. Sind Grundrechte nur Abwehrrechte oder ergeben sich aus ihnen z.T. auch unmittelbar Ansprüche ? > Rn 98 f.

61. E will ein Haus bauen und erfüllt alle Voraussetzungen der Bauordnung. Hat er aus Art. 14 einen Anspruch darauf, dass ihm die beantragte Baugenehmigung erteilt wird ? Mit welcher Begründung ggf. ? > Rn 98 f.

62. Arm will eine Klage erheben. Da er die Prozesskosten scheut, fragt er, ob er einen verfassungsrechtlichen Anspruch darauf hat, dass der Staat die Prozesskosten z.T. übernimmt. Mit welcher Begründung ggf. ? > Rn 99

63. Arbeitsloser A meint, das Grundrecht auf Berufsfreiheit könne in einem Sozialstaat nicht nur ein Grundrecht derjenigen sein, die einen Beruf hätten, sondern müsste ein Grundrecht für alle sein. Er verlange daher aus Art. 12, dass der Staat ihm einen Arbeitsplatz zur Verfügung stellt. Zu recht ? > Rn 100

64. Berufsgruppe A erhält eine Steuerermäßigung, Berufsgruppe B dagegen nicht, obwohl sie sich unter steuerrechtlichen Aspekten nicht von der Gruppe A unterscheidet. Kann sie aus dem Gleichheitssatz einen Anspruch darauf erheben, dass sie auch die Steuerermäßigung erhält ? > Rn 102

allgemeine Grundrechtslehren

65. Abiturient A ist nur ganz knapp am numerus clausus gescheitert. Er stellt nun fest, dass in dem von ihm gewünschten Studiengang aufgrund unzureichender Kapazitätsermittlungen etliche Studienplätze frei geblieben sind. Er kann nachweisen, dass bei er bei ordnungsgemäßer Kapazitätsermittlung noch einen Studienplatz bekommen hätte. Hat er einen grundrechtlichen Anspruch darauf ? > Rn 104 f.

66. Abiturient B hat ein miserables Abitur gemacht. Selbst bei noch so gewissenhafter Kapazitätsermittlung hätte er nie einen der vorhandenen Studienplätze erhalten. Er verlangt jetzt, dass für ihn ein Studienplatz geschaffen wird. Zur Begründung verweist er auf Art. 12, der u.a. einen Anspruch auf freie Wahl der Ausbildungsstätte gewähre. Er wähle jetzt die Ausbildungsstätte Universität Hamburg. Wenn die Universität ihm aber keinen Studienplatz zur Verfügung stelle, sei damit Art. 12 verletzt. Hat er recht ? > Rn 106

67. Grundrechte sind z.T. auch Einrichtungsgarantien. Was sind das für Garantien ? Welche Grundrechte kommen insoweit in Betracht ? Welche Rechtsfolgen ergeben daraus > Rn 107

68. Die Polizei muss das Leben der Bürger schützen. Das weiß jeder. Nur ergibt sich das nicht ausdrücklich aus den von der Polizei anzuwendenden gesetzlichen Vorschriften. Ergibt sich das evtl. aus den Grundrechten ? Mit welcher Begründung gegebenenfalls ? > Rn 109 ff.

69. Darf die Polizei ein Kernkraftwerk stilllegen mit der Begründung, sie habe Leben und körperliche Unversehrtheit der Bürger zu schützen und von dem Kraftwerk gehen ja immerhin im Hinblick auf diese Schutzgüter ein gewisses Risiko aus. > Rn 113

70. Der Gesetzgeber hat vor langer Zeit ein Gesetz zur Eindämmung des Fluglärms erlassen. In der Zwischenzeit hat sich die Technik so weit verändert, dass den Luftverkehrsunternehmen und den Flughäfen weitere wirksame und auch verhältnismäßige Auflagen gemacht werden könnten. Ist der Gesetzgeber aus den Grundrechten heraus verpflichtet, das Gesetz nachzubessern ? > Rn 114

71. A wird durch ruhestörenden Lärm eines Nachbarn häufiger in seiner Nachtruhe gestört. Hat er einen Anspruch gegen die Polizei darauf, dass diese etwas gegen den Nachbarn unternimmt ? > Rn 114

Zur Grundrechtsberechtigung

72. Eine Demonstration, an der auch Ausländer A teilnimmt, wird verboten. Wird A dadurch in einem Grundrecht eingeschränkt ? > Rn 119

73. Ist ein Embryo bereits Grundrechtsträger ? Wofür wäre das ggf. von Bedeutung ? > Rn 120

74. Aktiengesellschaft A verlangt, dass sie von dem Finanzamt genauso behandelt wird wie Aktiengesellschaft B. Kann sie sich dabei auf den Gleichheitssatz des Art. 3 I berufen, nach dem alle Menschen vor dem Gesetz gleich sind ? > Rn 123

75. Der G-GmbH droht der Konkurs. Kann sie sich demgegenüber auf das Recht auf Leben aus Art. 2 II 1 berufen ? > Rn

76. Eine amerikanische Aktiengesellschaft beruft sich vor einem deutschen Gericht auf den Gleichheitssatz des Art. 3 I, weil sie sich gegenüber deutschen Aktiengesellschaften ungerechtfertigt benachteiligt fühlt. Zu recht ? > Rn 124

77. Das Land L, das ein Bundesgesetz nach Art. 83 durchführen und dann nach Art. 104 a I auch noch die dadurch entstehenden Kosten tragen muss, beruft sich auf das Grundrecht aus Art. 2 I auf freie Entfaltung der Persönlichkeit, weil sie wegen der Kostenfolge die Finanzierung eigener Landesaufgaben einschränken muss. Zu recht ? > Rn 125

78. Eine Gemeinde, der privatrechtlich Weinberge gehören, beruft sich gegenüber dem Plan, in der Nähe ein Kohlekraftwerk zu errichten, auf ihr Grundrecht auf Schutz des Eigentums aus Art. 14. Zu Recht ? > Rn 125

79. Würde es einen Unterschiede machen, wenn die Weinberge nicht unmittelbar der Gemeinde gehören würden, sondern einer Beteiligungs-GmbH, die sich zu 100 % im Besitz der Gemeinde befinden würde ? > Rn 125

80. Eine Universität klagt gegen ihre Aufsichtsbehörde, durch die sie sich in unzulässiger Weise in ihrer Wissenschaftsfreiheit eingeengt sieht. Kann sie sich dabei auf Art. 5 III berufen ? > Rn 126

81. Kann sich auch eine OHG, obwohl keine juristische Person, auf Grundrechte berufen ? > Rn 127

82. Was verstehen Sie unter Grundrechtsmündigkeit ? > Rn 128

83. Gibt es spezielle gesetzliche Regelungen zur Grundrechtsmündigkeit ? > Rn 129

84. Der 17jährige Schüler S beruft sich gegenüber seinem Politik-Lehrer L auf das Grundrecht der Meinungsfreiheit, weil L die Meinungen des S immer als völlig unsinnig abtut. Kann S das alleine oder braucht er dafür die Zustimmung seiner Eltern ? > Rn 130

85. Ausländer A möchte eingebürgert werden. Um den zögernden Beamten B zu überzeugen, erklärt A, er würde auch auf den Schutz durch die Grundrechte des Grundgesetzes verzichten. Wäre ein solcher Verzicht möglich ? > Rn 132

86. Wann kann auf ein Grundrecht verzichtet werden ? Muss man je nach betroffenem Grundrecht unterscheiden ? Was ist evtl. zusätzlich zu berücksichtigen ? > Rn 134

87. Ein Wohnungsinhaber lässt Polizisten seine Wohnung durchsuchen. Auf den nach Art. 13 II nötigen richterlichen Durchsuchungsbefehl verzichtet er, da er nichts zu verbergen hat. Wäre ein solcher Verzicht zulässig ? > Rn 134

88. Können Grundrechte auch verwirkt werden ? Welche Voraussetzungen müssen dafür vorliegen ? Wer kann eine solche Verwirkung aussprechen ? Hat es bereits Fälle einer solchen Verwirkung gegeben ? > Rn ff.

1012 **Zur Grundrechtsbindung**

89. Muss ein als GmbH betriebenes Nahverkehrsunternehmen, das sich im Besitz der Gemeinde befindet, bei der Tarifgestaltung den Gleichheitssatz des Art. 3 I beachten ? Was spricht dafür, was dagegen ? > Rn 141

90. Muss eine Behörde bei der Anschaffung von Büromöbeln und Computern den Gleichheitssatz des Art. 3 I beachten ? Was spricht dafür, was dagegen ? > Rn 142 ff.

91. Vermieter V überlegt, ob er bei der Auswahl von Mietinteressenten den Gleichheitssatz des Art. 3 I beachten muss. Was spricht dafür, was dagegen ? > Rn 147 ff.

allgemeine Grundrechtslehren 457

92. Was verstehen Sie unter mittelbarer Drittwirkung der Grundrechte? Was ist daran mittelbar? > Rn 149

93. Zivilrechtliche Generalklauseln werden als „Einbruchstellen" der Grundrechte in das Zivilrecht bezeichnet. Inwiefern? Um welche Generalklauseln handelt es sich dabei? > Rn 150

94. Im Wege der mittelbaren Drittwirkung der Grundrechte sind von der Rechtsprechung quasi zwei neue Rechte im Zivilrecht entwickelt worden. Welche? > Rn 151

95. In einem Untermietvertrag heißt es: „Dem Untermieter ist jeglicher Damenbesuch in den gemieteten Räumen untersagt." Der Untermieter hält diese Klausel für unzulässig. Zu Recht? > Rn 151 f.

Zum Schutzbereich von Grundrechten 1013

96. Die Zulässigkeit der Einschränkung eines Freiheitsrechts prüft man in drei großen Schritten. Welchen? > Rn 153

97. Dabei prüft man in einer staatsrechtlichen Klausur bei Einschränkung eines Freiheitsrechts durch einen Einzelakt (Verwaltungsakt, Gerichtsurteil usw.) grundsätzlich nur spezifische Verfassungsverletzungen. Was sind das? > Rn 156 f.

98. Keine spezifischen Verfassungsverletzungen sind bei Einzelakten u.a. Verstöße gegen formelle Anforderungen. Warum nicht? > Rn 157

99. Dass eine Abbruchverfügung ein Eingriff in das Grundrecht aus Art. 14 ist, müsste im Ergebnis klar sein. Wie kommen Sie genau zu diesem Ergebnis? Welche Prüfungspunkte, die erfüllt sein müssen, sind hier erfüllt? Mit welcher Begründung? > Rn 166 ff.

100. Grob wird wegen Beleidigung seines Nachbarn zu einer Geldstrafe verurteilt. Eingriff in das Grundrecht aus Art. 5 I? > Rn 166

101. Neben einem Wohngebiet wird eine Mülldeponie errichtet. Eingriff in das Grundrecht aus Art. 2 II 1? > Rn 166

102. Abiturient A möchte in Hamburg studieren, erhält von der dortigen Universität aber eine Absage. Eingriff in das Grundrecht aus Art. 12, wenn er an anderen Universitäten studieren könnte? > Rn 167

103. U möchte ein Unernehmen als Zwischenform aus AG und GmbH gründen. Das Amtsgericht verweigert die Eintragung in das Handelsregister, da eine solche Rechtsform gesetzlich nicht vorgesehen ist. Eingriff in das Grundrecht aus Art. 9? > Rn 169

104. Zwei Homosexuelle möchten vor dem Standesamt die Ehe eingehen. Der Standesbeamte weigert sich, die Eheschließung vorzunehmen, da nach dem EheG eine Ehe zwischen gleichgeschlechtlichen Personen nicht zulässig ist. Eingriff in das Grundrecht aus Art. 6? > Rn 169

105. Autofahrer A muss halten, weil die Ampel auf rot zeigt. Eingriff in das Grundrecht aus Art. 2 II 2? > Rn 170

106. Ein Polizeifahrzeug rammt versehentlich das Auto des E. Eingriff in das Grundrecht des E aus Art. 14? > Rn 173

107. Die Bundesregierung warnt vor der religiösen Sekte S. Eingriff in das Grundrecht der Sekte aus Art. 4 ? > Rn 174

108. Ladenbesitzer L muss nach dem Ladenschlussgesetz um 20 Uhr seinen Laden schließen. Eingriff in das Grundrecht seiner Kunden aus Art. 2 I, wenn diese auch noch nach 20 Uhr einkaufen wollten ? > Rn 175

109. Eine Nebenstraße wird zur Hauptverkehrsstraße ausgebaut. Eingriff in Art. 2 II 1 der Anwohner ? > Rn 176

1014 **Zu den Grundrechtsschranken**

110. Es gibt drei Arten von Grundrechtsschranken. Welche ? > Rn 177 ff.

111. Nach Art. 5 II findet die Meinungsfreiheit „ihre Schranken in ...dem Recht der persönlichen Ehre." Kann der Staat – gestützt auf Art. 5 II – eine Ehrkränkung sanktionieren oder braucht er dafür eine gesetzliche Grundlage (die Art. 5 II nicht ausdrücklich vorsieht) ? > Rn 178, 226

112. Welche Arten von Gesetzesvorbehalten sind zu unterscheiden ? Wofür ist die Unterscheidung konkret wichtig ? > Rn 179 ff.

113. Künstler K sprüht – in künstlerischer Weise – eine fremde Hauswand an. Gegenüber der herbeigeeilten Polizei, die aufgrund des Sicherheits- und Ordnungsgesetzes und des Strafgesetzbuches gegen ihn vorgehen will, beruft K sich darauf, dass das Grundrecht auf Kunstfreiheit nach Art. 5 III – anders als viele andere Grundrechte – nicht einem Gesetzesvorbehalt unterliegt. Mit Erfolg ? > Rn 185

114. Was machen Sie, wenn – wie im vorangegangenen Beispiel – zwei Grundrechte miteinander kollidieren ? > Rn 186 f.

115. Braucht man, wenn man bei einer Grundrechtskollision ein Grundrecht auf Kosten des anderen zurückdrängen will, dafür eine gesetzliche Ermächtigungsgrundlage oder reicht der Schutz des vorrangigen Grundrechts als Ermächtigungsgrundlage aus ? > Rn 188

116. Was sind immanente Grundrechtsschranken ? Welche Grundrechte unterliegen nur solchen immanenten Schranken ? > Rn 185

1015 **Zum Schranken-Schranken-Bereich der Grundrechte**

117. Wenn ein Gesetz auf seine Vereinbarkeit mit einem Grundrecht (oder auch allgemein seine Vereinbarkeit mit der Verfassung) geprüft wird, müssen unter formellen Vereinbarkeit drei verschiedene Aspekte geprüft werden. Welche ? Wo sind sie geregelt ? > Rn 190 ff.

118. Wenn ein Grundrecht durch oder aufgrund eines Gesetzes eingeschränkt werden kann, muss nach Art. 19 I 2 das Grundrecht unter Angabe des Artikels nennen. Gilt dieses Zitiergebot für alle Grundrechte oder nur für einige ? > Rn 192

119. Der Gesetzgeber erlässt ein neues Steuergesetz. Muss er den eingeschränkten Art. 2 I zitieren ? > Rn 192

120. Der Gesetzgeber erhöht den Strafrahmen für Diebstahl von fünf auf sechs Jahre Freiheitsstrafe. Muss er den eingeschränkten Art. 2 II 2 zitieren ? > Rn 192

allgemeine Grundrechtslehren 459

121. Gilt das Zitiergebot auch für Rechtsverordnungen, auf Grund derer Grundrechte eingeschränkt werden? > Rn 192

122. Ein grundrechtseinschränkendes Gesetz muss u.a. am Bestimmtheitsgrundsatz gemessen werden. Was besagt dieser Grundsatz? Wo ist er geregelt? > Rn 195

123. Auch Verwaltungsakte müssen sich am Bestimmtheitsgrundsatz messen lassen. Gilt insoweit für Gesetze und Verwaltungsakte die gleiche Anforderung an die Bestimmtheit? > Rn 195, § 37 I VwVfG

124. Was besagt der Grundsatz der Wechselwirkung? Hat er etwas mit dem Bestimmtheitsgrundsatz zu tun? > Rn 198

125. Nach der Generalklausel des Ordnungsrechts können die Behörden zum Schutz der „öffentlichen Sicherheit und Ordnung" tätig werden. Vereinbar mit dem Bestimmtheitsgrundsatz? > Rn 199

126. Nach § 8 StAG „kann" ein Ausländer bei Vorliegen bestimmter Mindestanforderungen eingebürgert werden, ohne dass das Gesetz sagt, welche weiteren Anforderungen verlangt werden können. Vereinbar mit dem Bestimmtheitsgrundsatz? > Rn 202

127. Nach § 14 HmbFriedhofsG können Ausnahmen von der Friedhofsbestattung „in besonderen Fällen" zugelassen werden, ohne dass das Gesetz sagt, was besondere Fälle sind. Vereinbar mit dem Bestimmtheitsgrundsatz? > Rn 201

128. Woraus ergibt sich der Grundsatz der Verhältnismäßigkeit? > Rn 203

129. Bei was für Arten von Rechtsnormen ist er anzuwenden, bei was für Arten nicht? > Rn 203

130. Welchen Inhalt haben die drei Aspekte der Verhältnismäßigkeit? > Rn 204 ff.

131. Ist auch bei der Frage der Angemessenheit der Grundsatz der Wechselwirkung heranzuziehen? Mit welcher Folge gegebenenfalls? > Rn 206

132. Welche Kriterien prüfen Sie, wenn Sie die Angemessenheit einer staatlichen Maßnahme zu beurteilen haben? > Rn 206

133. Ist eine staatliche Maßnahme angemessen, obwohl es eine geringer belastende Maßnahme gibt, die den gleichen Erfolg erreicht (z.B. Abbruch eines einsturzgefährdenden Balkons zum Schutz der Passanten, obwohl auch eine Reparatur die Gefahr beseitigen würde)? > Rn 209

134. Woraus leiten Sie den Grundsatz des Vertrauensschutzes ab? Was besagt er? > Rn 210

135. Bei der Frage der Zulässigkeit der Beeinträchtigung von Vertrauen differenziert man zwischen zwei Arten der Rückwirkung von Regelungen. Welchen? Mit welchen unterschiedlichen Folgen? > Rn 211 f.

136. Der Gesetzgeber erhöht im Juni 2100 die Grundsteuer nicht nur für die Zukunft, sondern auch rückwirkend für das Jahr 2000. Um was für eine Art von Rückwirkung handelt es sich hierbei? Wäre sie zulässig? > Rn 211

137. Ist die Erhöhung auch für das laufende Jahr 2001 eine Art der Rückwirkung? Wäre sie zulässig? > Rn 212

138. Nach Art. 19 I 1 muss ein grundrechtseinschränkendes Gesetz „allgemein und nicht nur für den Einzelfall gelten". Gilt diese Vorschrift nur für formelle Gesetze oder auch für materielle? Was sind überhaupt formelle und materielle Gesetze? > Rn 213, 715 f.

139. Für welche Grundrechte gilt dieses Allgemeinheitsgebot : für alle oder nur für einige? > Rn 213

140. Als das Apothekengesetz u.a. mit einer speziellen Regelung für Bahnhofsapotheken erlassen wurde, machte ein Apotheker, der damals die einzige Bahnhofsapotheke in der Bundesrepublik betrieb, einen Verstoß des Gesetzes gegen Art. 19 I 1 geltend. Zu Recht ? > Rn 213

141. Der Gesetzgeber will eine Fusion zweier Unternehmen, die es aufgrund der besonderen Fallkonstellation in dieser Form nur einmal geben kann, verbieten und erlässt deshalb eine Änderung des Gesetzes gegen Wettbewerbsbeschränkungen, in der es abstrakt heißt : „Jedes Mal, wenn .....". Vereinbar mir Art. 19 I 1? > Rn 213

142. Für welche Grundrechte gilt die Wesensgehaltsgarantie des Art. 19 II ? Für die gleichen, für die auch das Allgemeinheits- und das Zitiergebot des Art. 19 I gelten? > Rn 214

143. Was besagt die Wesensgehaltsgarantie? Erläutern Sie die verschiedenen Ansichten dazu. Gehen Sie dabei darauf ein, ob Art. 19 II nur den Einzelnen oder auch die Allgemeinheit schützen soll und ob dadurch eine absoluter oder nur ein relativer Kern der Grundrechte geschützt werden soll. > Rn 216 ff.

144. Hesse meint in seinem Lehrbuch, Art. 19 II habe nur deklaratorische Bedeutung. Wie mag er zu dieser Behauptung kommen? > Rn 218

145. Schmalz schlägt in seinem Lehrbuch zu den Grundrechten vor, Art.19 II grundsätzlich nicht zu prüfen. Wie mag er diesen Vorschlag begründen? > Rn 222

146. Wenn man Art. 19 II prüft : Wie sollte man das richtigerweise tun? > Rn 221

147. Wenn Sie im Verwaltungsrecht die Rechtmäßigkeit eines belastenden Verwaltungsakts untersuchen, werden Sie in kaum einem Prüfungsschema finden, dass auch Art. 19 II zu prüfen ist, obwohl diese Vorschrift auch für Grundrechtseinschränkungen durch Verwaltungsakte gilt. Wie könnte man diesen (scheinbaren?) Widerspruch erklären? > Rn 224

148. Bei einem Grundrechtsfall kommen Sie zu der Erkenntnis, dass die Berufsfreiheit des Art. 12 eingeschränkt ist. Können Sie daneben auch Art. 2 I prüfen, da bei einer Einschränkung der Berufsfreiheit ja auch die freie Entfaltung der Persönlichkeit, die Art. 2 I schützt, eingeschränkt ist? > Rn 230

149. Ein Mann und eine Frau werden ohne sachlichen Grund ungleich behandelt. Können Sie neben Art. 3 II auch Art. 3 I prüfen? > Rn 230

150. Eine Demonstration wird verboten, weil aus ihr heraus massiv Gewalt angewandt wird. Deshalb kann die durch die Demonstration – auch – beabsichtigte Meinungsäußerung nicht mehr erfolgen. Eingeschränkt sind die Meinungsfreiheit des Art. 5 I und die Versammlungsfreiheit des Art. 8 I. Welche Schranken prüfen Sie : die des Art. 5 oder die des Art. 8 ? > Rn 231

einzelne Grundrechte

151. Eine Demonstration wird verboten, weil ihre Aussage eine Beleidigung darstellt. Eingeschränkt sind die Meinungsfreiheit des Art. 5 I und die Versammlungsfreiheit des Art. 8 I. Welche Schranken prüfen Sie : die des Art. 5 oder die des Art. 8 ? > Rn 232

152. Einem Künstler, der von seiner Kunst lebt, wird die Kunstausübung untersagt, weil sie beleidigende Inhalte hat. Eingeschränkt sind die Kunstfreiheit des Art. 5 III und die Berufsfreiheit des Art. 12 I. Welche Schranken prüfen Sie : die des Art. 5 III oder die des Art. 12 ? > Rn 232

3. Repetitorium zu den einzelnen Grundrechten

Zu Art. 1 I

153. Ist Art. 1 I, der die Menschenwürde für unantastbar erklärt, ein Grundrecht und/oder etwas Anderes ? > Rn 236 f.

154. Spielt es für den Schutz der Menschenwürde (z.B. Bindung des Staates, Geltendmachen im Rahmen einer Klage oder Verfassungsbeschwerde) eine konkrete Rolle, ob Art. 1 I ein Grundrecht ist ? > Rn 237

155. Menschenwürde wird – anders als die einzelnen Freiheitsrechte – i.d.R. nicht positiv umschrieben, sondern negativ vom Verletzungsvorgang her definiert. Warum ? > Rn 240 f.

156. Für diese negative Umschreibung, d.h. die Bestimmung, wann die Menschenwürde verletzt ist, hat sich eine bestimmte Formel durchgesetzt. Welche ? > Rn 241

157. Nennen Sie Fallgruppen, in denen eine Verletzung der Menschenwürde vorliegt, und für jede Fallgruppe zumindest ein Beispiel. > Rn 243 ff.

Zu Art. 2 I

158. Das Grundrecht des Art. 2 I auf freie Entfaltung der Persönlichkeit hat im Verhältnis zu den anderen Freiheitsrechten eine besondere Bedeutung. Welche ? > Rn 246

159. Inhaltlich ist Art. 2 I in zwei Einzelgrundrechte zu unterteilen. Welche mir welchem Inhalt ? > Rn 246 f., 250

160. Mit welcher Begründung lässt sich aus Art. 2 I ein Recht des Einzelnen ableiten, über die Preisgabe und Verwendung seiner persönlichen Daten zu bestimmen ? > Rn 255

161. Mit welcher Begründung lässt sich aus Art. 2 I ein Recht des Einzelnen ableiten, Kenntnis über seine eigene Abstammung zu erhalten ? > Rn 255

162. Art. 2 I spielt nicht nur als Abwehrrecht gegen den Staat, sondern auch im Rahmen der mittelbaren Drittwirkung der Grundrechte eine erhebliche Rolle. Inwiefern ? > Rn 151

163. Art. 2 I unterliegt u.a. der Schranke der verfassungsmäßigen Ordnung. Was ist darunter zu verstehen ? > Rn 258

164. Wie ist das Verhältnis der drei Schranken des Art. 2 I „verfassungsmäßige Ordnung", „Rechte anderer" und „Sittengesetz" zueinander ? Wenn Sie sie als Kreise darstellen müssten : Würden sich die Kreise eindeutig gegeneinander abgrenzen oder z.T. überschneiden oder sogar deckungsgleich sein ? > Rn 258 ff.

1018 **Zu Art. 2 II**

165. Art. 2 II 1 schützt das Recht auf Leben. Wann beginnt das Leben? Wenn bereits vor der Geburt : Inwieweit ist das von rechtlicher Bedeutung, da der Staat als Grundrechtsadressat dieses Leben ja nicht zerstören will? > Rn 268, 270

166. Nach Art. 2 II 3 kann in das Recht auf Leben aufgrund eines Gesetzes eingegriffen werden. Was für Fälle kommen in Betracht? Könnte danach auch die Todesstrafe wieder eingeführt werden? > Rn 271

167. Was verstehen Sie unter körperlicher Unversehrtheit i.S.d. Art. 2 II 1? Fällt darunter nur die Veränderung der Körpersubstanz (etwa durch Operationen oder Blutentnahmen)? > Rn 273 f.

168. Flughafenanlieger verlangen von dem Staat, das er ein Nachtflugverbot für Flugzeuge erlässt und berufen sich dabei auf Art. 2 II 1. Mit welcher möglichen Begründung? > Rn 275

169. Was heißt Freiheit der Person i.S.d. Art. 2 II 2? Grenzen Sie dieses Grundrecht ab gegenüber der freien Entfaltung der Persönlichkeit i.S.d. Art. 2 I und der Freizügigkeit i.S.d. Art. 11! > Rn 278, 248 f., 432

170. Ist Art. 2 II 2 eingeschränkt, wenn ein Zeuge verpflichtet wird, sich zu einer Gerichtsverhandlung zu begeben, um dort auszusagen? > Rn 278

171. Auch in Art. 2 II 2 kann nach Art. 2 II 3 aufgrund eines Gesetzes eingegriffen werden. Könnte dementsprechend eine Einschränkung des Art. 2 II 2 in einer – aufgrund eines Gesetzes erlassenen – Rechtsverordnung geregelt werden? > Rn 279

172. Aus Kriminalfilmen weiß man, dass die Polizei für Verhaftungen – und damit für Eingriffe in Art. 2 II 2 – grundsätzlich einen richterlichen Haftbefehl benötigt. Wo ist das geregelt? > Rn 280

173. Wann muss die Polizei, die am Montag morgen einen Verdächtigen vorläufig festnimmt, diesen einem Haftrichter vorführen? > Rn 280

174. Die Polizei soll einen Suchtkranken gegen dessen Willen zu einer amtsärztlichen Untersuchung bringen und muss ihn dazu während der Fahrt zwangsweise in einen Funkstreifenwagen festhalten. Ist das eine Freiheitsentziehung mit der Folge, dass die Polizei dafür vorher eine richterliche Entscheidung herbeiführen muss? > Rn 280

1019 **Zu Art. 3 I**

175. Art. 3 I regelt, das alle Menschen vor dem Gesetz gleich sind. Nur die Menschen und nicht auch Aktiengesellschaften? > Rn 123

176. Es gibt neben dem Art. 3 I noch andere Gleichheitsrechte, z.B. in Art. 3 II und III. In welchem Verhältnis steht Art. 3 I zu diesen Gleichheitsrechten? > Rn 284

177. Fallen Ihnen außer den eben erwähnten Art. 3 II und III noch weitere Gleichheitsrechte ein? > Rn 284

178. In welcher Beziehung steht Art. 3 I zu den Freiheitsrechten? In gar keiner? Oder stellt ein Verstoß gegen Art. 3 I – z.B. eine gleichheitswidrige Besteuerung einer einzelnen Berufsgruppe – gleichzeitig einen Verstoß gegen ein Freiheitsrecht dar? Auch umge-

einzelne Grundrechte 463

kehrt: Ist ein Verstoß gegen ein Freiheitsrecht – z.B. eine unverhältnismäßige Freiheitsstrafe – gleichzeitig ein Verstoß gegen Art. 3 I? > Rn 282

179. Was bedeutet es nun, dass alle Menschen vor dem Gesetz gleich sind? Sind alle gleich zu behandeln? > Rn 287 ff.

180. Kann sich aus Art. 3 I, obwohl es ein Gleichheitsgebot ist, u.U. auch die Verpflichtung zur Ungleichbehandlung ergeben? > Rn 287

181. Nach Art. 3 I sind alle Menschen „vor" dem Gesetz gleich, also bei der Anwendung der Gesetze. Ist der Gesetzgeber selbst auch an Art. 3 I gebunden? > Rn 286

182. Das Bundesland A erhebt eine Schankerlaubnissteuer, das benachbarte Bundesland B dagegen nicht. Vereinbar mit Art. 3 I? > Rn 289

183. Nach einer gesetzlichen Regelung beträgt die Gebühr für eine Einbürgerung immer 500 DM. Ist diese Regelung mit Art. 3 I vereinbar, obwohl für eine Einbürgerung manchmal mehr und manchmal weniger Zeit benötigt wird? > Rn 295

184. Wenn ein von der Verwaltung durchzuführendes Gesetz bestimmte Sachverhalte gleich behandelt (z.B. einen festen Betrag als Steuer für jeden Hund), dann wendet die Verwaltung dieses Gesetz an, aber nicht den Gleichheitssatz. Wendet sie irgendwann auch unmittelbar den Gleichheitssatz an? > Rn 297

185. Erläutern Sie die Problemkreise Selbstbindung durch bisherige Verwaltungspraxis und durch Verwaltungsvorschriften. > Rn 298 f.

186. Es heißt immer, es gebe „keine Gleichheit im Unrecht". Warum eigentlich nicht? Immerhin ist der Gleichheitssatz ein Verfassungsprinzip. > Rn 302

187. Der Gesetzgeber sieht eine steuerliche Subvention für die Wärmedämmung von Einfamilienhäusern vor. Eigentümer E, dem die Hälfte eines Zweifamilienhauses gehört, erhebt gegen die gesetzliche Regelung Verfassungsbeschwerde, gestützt auf Art. 3 I, weil es keinen sachlichen Grund dafür gebe, die Subvention nur für Ein- und nicht auch für Zweifamilienhäuser vorzusehen. Das BVerfG sieht das ebenso. Hat E jetzt einen Anspruch aus Art. 3 I darauf, auch die Subvention zu erhalten? > Rn 305

188. Gibt es zur Gleichberechtigung von Männern und Frauen nach Art. 3 II spezielle Regelungen im EG-Recht? > Rn 309 f.

189. Was ist der Unterschied zwischen Art. 3 II und Art. 3 I, abgesehen davon, dass Art. 3 II nur einen bestimmten Bereich der Gleichberechtigung regelt? > Rn 284, 287 f., 312

Zu Art. 3 II 1020

190. Verstößt die Wehrpflicht nur für Männer gegen Art. 3 II? > Rn 312

191. Der Gesetzgeber regelt zum Schutz der Frauen wegen ihrer schwächeren körperlichen Konstitution ein Nachtarbeitsverbot. Vereinbar mit Art. 3 II? > Rn 312

192. 1994 wurde in Art. 3 II ein Zusatz aufgenommen, wonach der Staat die tatsächliche Durchsetzung der Gleichberechtigung von Männern und Frauen fördert und auf die Beseitigung bestehender Nachteile hinwirkt. Hatte der Staat vor dieser Ergänzung eine solche Pflicht nicht? > Rn 313

193. Der Bund und die Länder haben Gleichstellungsgesetze erlassen, nach denen im öffentlichen Dienst bei Einstellungen und Beförderungen bei gleicher Qualifikation eines männlichen und eines weiblichen Bewerbers die Frau zu bevorzugen ist, bis in der betreffenden Dienststelle bzw. Behörde der Frauenanteil gleich hoch wie der Männeranteil ist. Sind diese Gesetze mit Art. 3 II vereinbar? Überhaupt nicht oder nur unter bestimmten Einschränkungen? Gibt es hierzu Entscheidungen des BVerfG oder des EuGH? > Rn 313

194. Frau F bekommt von dem privaten Arbeitgeber A für die gleiche Arbeit 5,--DM weniger als ihre männlichen Kollegen. Hat sie einen Anspruch aus Art. 3 II – oder einer anderen Norm – auf Gleichbehandlung? > Rn 314

195. Frau F hat sich bei dem privaten Arbeitgeber A um einen Arbeitplatz beworben. A stellt aber einen männlichen Mitbewerber ein, obwohl dieser weniger qualifiziert ist wie F. Hat F einen Anspruch aus Art. 3 II – oder einer anderen Norm – auf Einstellung oder zumindest auf Schadensersatz? > Rn 314

1021 **Zu Art. 3 III**

196. Art. 3 III regelt das Verbot der Benachteiligung oder Bevorzugung wegen bestimmter Merkmale. Welcher? Vor welchem historischen Hintergrund ist Art. 3 III in das Grundgesetz aufgenommen worden? > Rn 315

197. Gibt es ein ähnliches Verbot auch im EG-Recht? > Rn 315

198. Was ist der Unterschied zwischen dem Gleichheitssatz des Art. 3 I und dem des Art. 3 III, abgesehen davon, dass sich Art. 3 III nur auf bestimmte Aspekte bezieht? Erlaubt Art. 3 III eine Differenzierung aus den dort genannten Gesichtspunkten, wenn es dafür einen sachlichen Grund gibt? > Rn 284, 2897 f., 315

199. Art. 3 III verbietet u.a. eine Benachteiligung wegen der politischen Anschauungen. Darf deswegen eine Einstellungsbehörde einen Bewerber nicht ablehnen, weil dieser das Dritte Reich verherrlicht? > Rn 318

200. Darf der deutsche Staat zwischen einem Deutschen und einem Amerikaner aus Gründen der Staatsangehörigkeit differenzieren? Auch zwischen einem Deutschen und einem Franzosen? > Rn 318, 319

1022 **Zu Art. 4**

201. Zum Grundrecht der Glaubens- und Gewissensfreiheit des Art. 4 gibt es mehrere spezielle Regelungen. Welche? Unter anderem gibt es eine zur Rechtsstellung der Religionsgemeinschaften, insbesondere der Kirchen. Mit welchen wesentlichen Aussagen? > Rn 322

202. Ergänzt wird Art. 4 durch mehrere Gleichheitsrechte. Welche? > Rn 322

203. Ist es verengt zu sagen, dass Art. 4 die Glaubens- und Gewissensfreiheit garantiert? Immerhin ist in Art. 4 auch die Freiheit des religiösen und weltanschaulichen Bekenntnisses und die ungestörte Religionsausübung genannt. > Rn 325

204. Was sind begrifflich Glaube und Gewissen? > Rn 326, 330

205. Wird auch der Atheismus von Art. 4 geschützt? > Rn 328

einzelne Grundrechte 465

206. Die Eheleute E gehören einer Glaubensgemeinschaft an, die Operationen als Eingriff in den Willen Gottes strikt ablehnt. Als ihr fünfjähriger Sohn S aufgrund eines schweren Unfalls in einem Krankenhaus operiert werden soll, um sein Leben zu retten, verweigern E die Einwilligung zur Operation unter Berufung auf ihren Glauben. Würde eine dennoch durchgeführte Operation das Grundrecht der E aus Art. 4 verletzen ? > Rn 331

Zu Art. 5 I   1023

207. Was ist eine Meinung i.S.d. der Meinungsfreiheit des Art. 5 I ? Fällt darunter auch das Leugnen der Judenvernichtung im Dritten Reich, die sog. Auschwitzlüge ? > Rn 338

208. Die Meinungsfreiheit unterliegt nach Art. 5 II u.a. den Schranken der allgemeinen Gesetze ? Was sind „allgemeine" Gesetze ? Gehört dazu auch § 35 II BRRG, wonach ein Beamter sich bei politischer Betätigung diejenige Mäßigung und Zurückhaltung zu wahren hat, die sich aus seiner Stellung gegenüber der Gesamtheit und aus der Rücksicht auf die Pflichten seines Amtes ergeben ? Begründen Sie Ihre Ansicht. > Rn 345

209. Ist § 185 StGB, der die Beleidigung unter Strafe stellt, eine allgemeines Gesetz i.S.d. Art. 5 II ? Wenn nicht : Wie lässt sich diese Vorschrift dennoch mit Art. 5 vereinbaren ? > Rn 345

210. Was ist Presse i.S.d. Pressefreiheit des Art. 5 I ? Fallen darunter auch Flugblätter und Plakate ? > Rn 340

211. Auch die Pressefreiheit darf nur durch allgemeine Gesetze beschränkt werden. Gehören dazu auch die Pressegesetze der Länder. Welchen Inhalt habe sie ? Welchen dürfen sie nicht haben ? > Rn 341

212. Die Presse wird durch die Strafprozessordnung geschützt. Inwiefern ? > Rn 342

213. Ist es durch die Pressefreiheit gedeckt, wenn eine Zeitung wahrheitswidrige intime Berichte über einen Politiker veröffentlicht ? Mit welchem anderen Grundrecht würde die Pressefreiheit hier kollidieren ? Welches wäre höher zu bewerten ? > Rn 250, 254

214. Ist die Rundfunkfreiheit des Art. 5 I nur ein Abwehrrecht oder ergeben sich daraus auch Anforderungen an die Veranstaltung von privaten Rundfunksendern ? Wenn ja : Mit welcher Begründung und welchen Anforderungen ? > Rn 343

215. Hat der öffentlich-rechtliche Rundfunk neben dem privaten Rundfunk noch eine derartige Existenzberechtigung, die es rechtfertigt, dass er öffentlich-rechtliche Zwangsgebühren erheben kann ? > Rn 343

216. Ist auch das Fernsehen von Art. 5 geschützt ? > Rn 343

Zu Art. 5 III   1024

217. Wer kann sich auf die Kunstfreiheit des Art. 5 III berufen : Nur ein Künstler oder auch Personen, die Kunst der Öffentlichkeit zugänglich machen, Kunsthochschulen und diejenigen, die sich Kunst ansehen oder kaufen ? > Rn 354

218. Was ist Kunst ? Wenn Ihnen – verständlich – auf Anhieb keine perfekte Definition einfällt : Was spricht für das Vorliegen von Kunst ? Spricht gegen Kunst, wenn die Mehrheit der Bevölkerung das betreffende Objekt nicht als Kunst ansieht oder wenn es pornografische Elemente enthält ? > Rn 355

219. Ein Graffiti-Künstler sprüht eine fremde Hauswand an. Gegenüber der herbeigeeilten Polizei, die aufgrund des Sicherheits- und Ordnungsgesetzes und des Strafgesetzbuches gegen ihn vorgehen will, beruft er sich darauf, dass das Grundrecht auf Kunstfreiheit nach Art. 5 III – anders als viele andere Grundrechte – nicht einem Gesetzesvorbehalt unterliegt. Mit Erfolg ? > Rn 356

220. Art. 5 III schützt auch „Wissenschaft, Forschung und Lehre". Wie viele Grundrechte werden damit geschützt ? Was ist Wissenschaft, was Forschung ? > Rn 358

221. Wer kann sich auf die Wissenschaftsfreiheit berufen ? Nur der Wissenschaftler oder auch die Wissenschaftseinrichtung wie z.B. eine Universität oder ein Fachbereich als Teil der Universität ? Auch Fachhochschulen ? > Rn 357

222. Hat ein Universitätsprofessor einen Anspruch aus Art. 5 III auf Beteiligung an den Forschungsgeldern seines Fachbereichs ? Mit welcher Begründung ließe sich ein solcher Anspruch begründen ? > Rn 359

223. In einer Universität sind in allen Gremien alle Gruppen in gleichem Umfang vertreten : die Professoren, die wissenschaftlichen Mitarbeiter, die sonstigen Mitarbeiter und die Studenten zu je 25 %. Ist eine solche Regelung mit Art. 5 III vereinbar ? > Rn 359

224. Forscher A experimentiert mit menschlichen Embryonen. Gegenüber deswegen erfolgten Anfeindungen wehrt er sich der Aussage, nach Art. 5 III sei die Forschung frei und nicht durch ein Gesetz – und damit auch nicht durch das Embryonenschutzgesetz – einschränkbar. Zu Recht ? > Rn 360

225. Forscher B experimentiert mit Mäusen und Kaninchen in einer Weise, die mit dem Tierschutzgesetz nicht vereinbar ist. Als die Aufsichtsbehörde ihm das entgegenhält, beruft sich B darauf, dass nach Art. 5 III die Forschung frei und nicht durch ein Gesetz – und damit auch nicht durch das Tierschutzgesetz – einschränkbar sei . Zu Recht ? > Rn 360

1025 **Zu Art 6**

226. Art. 6 I stellt Ehe und Familie unter den besonderen Schutz des Staates. Was sind Ehe und Familie ? Fällt unter Ehe auch – in unmittelbarer oder analogen Anwendung des Art. 6 I – eine gleichgeschlechtliche Lebensgemeinschaft ? Gehören zur Familie auch Pflege- und Großeltern, Pflege- und Adoptivkinder ? > Rn 364

227. Das Grundgesetz hat Ehe und Familie in Art. 6 nicht näher ausgestaltet. Das hat der Gesetzgeber getan. Wo ? > Rn 365

228. Ausländer A, der seit 10 Jahren mit einer Deutschen D verheiratet ist, wird ausgewiesen. Liegt ein Eingriff in Art. 6 I vor ? > Rn 366

229. Welche Bedeutung hat es, dass Art. 6 I eine Einrichtungsgarantie ist ? > Rn 367

230. Art. 6 I ist auch eine wertentscheidende Grundsatznorm. Was bedeutet das ? > Rn 368

231. Nach Art. 6 II sind Pflege und Erziehung nicht nur das Recht der Eltern, sondern auch ihre Pflicht, aber nur „zuvörderst". Wer hat noch eine Erziehungspflicht ? Hat das Kind auch ein Grundrecht auf Erziehung ? > Rn 369, 372

einzelne Grundrechte

232. Können Eltern aufgrund des Art. 6 II bis zur Vollendung des 18. Lebensjahres ihres Kindes ihr elterliches Erziehungsrecht grenzenlos wahrnehmen? Wird es u.U. durch eine gegenläufiges Grundrecht des Kindes begrenzt? Welches? Wie ist ggf. die dadurch entstehende Konfliktsituation zu lösen? Hat der Gesetzgeber sie gelöst? > Rn 372

233. Eltern wehren sich gegen die Inhalte und die Art der Vermittlung des Fachs Gemeinschaftskunde in der Schule ihres Kindes. Dadurch würde ihr elterliches Erziehungsrecht, das im Hinblick auf Gemeinschaftskunde eine ganz andere Zielrichtung habe, beeinträchtigt. Sie verlangen daher Mitentscheidung über Inhalt und Form dieses Fachs. Zu Recht? > Rn 381

234. Das Bundesland L schafft die Gymnasien ab und macht die Gesamtschule zu der alleinigen weiterführenden Schulform. Eltern wehren sich dagegen unter Berufung auf ihr elterliches Erziehungsrecht aus Art. 6 II. Zu Recht? > Rn 381

235. Der Schutz- und Fürsorgeanspruch von Müttern nach Art. 6 IV und die Gleichstellung unehelicher nach Art. 6 V sind weitgehend erfüllt. Wodurch? > Rn 375 f.

Zu Art. 7   1026

236. Regelt Art. 7 das Schulwesen in verfassungsrechtlicher Hinsicht abschließend oder nur Teilaspekte? Wo könnten sich weitere verfassungsrechtliche Regelungen befinden? > Rn 378

237. Nach Art. 7 I steht das Schulwesen unter der „Aufsicht" des Staates. Was heißt das? Aufsicht über einen anderen Träger i.S.v. Fach- und Rechtsaufsicht? > Rn 380

238. Welche Schulen werden von Art. 7 erfasst? Alle? > Rn 379

239. Bei der Wahrnehmung der Schulaufsicht hat der Staat Grundrechte der Eltern und der Schüler zu beachten. Welche? > Rn 381

240. Nach Art. 7 III ist Religionsunterricht grundsätzliches ordentliches Lehrfach. Welche Grundrechte der Schüler, der Lehrer und der Eltern sind hierbei zu beachten? > Rn 383

241. Art. 7 IV ist für die Privatschulen ein Abwehrrecht gegen den Staat. Ist es noch mehr? Kann sich daraus evtl. sogar ein gegen den Staat gerichteter Leistungsanspruch ergeben? > Rn 386

Zu Art. 8   1027

242. Art. 8 schützt die Versammlungsfreiheit für Deutsche. Das Versammlungsgesetz auch? Können sich Ausländer, wenn sie sich versammeln wollen, auch auf ein Grundrecht berufen? Wenn ja: Darf dennoch im Hinblick auf das Recht, sich zu versammeln, zwischen Deutschen und Ausländern differenziert werden? Auch zwischen Deutschen und Franzosen? > Rn 391

243. Wann liegt nach der Rechtsprechung und der herrschenden Lehre eine Versammlung vor? Sind danach Fußballveranstaltungen, Parteitage, Mitgliederversammlungen von Vereinen, Schweigemärsche, Straßenfeste, Demonstrationen oder Konzerte Versammlungen? Was sagen die abweichenden Auffassungen zum Begriff der Versammlung? > Rn 392

244. Wann ist i.S.d. Art. 8 I eine Versammlung unfriedlich, wann werden Waffen mitgeführt? > Rn 394 f.

245. Art. 8 unterliegt nach seinem Absatz 2 für Versammlungen unter freiem Himmel einem Gesetzesvorbehalt. Unterliegen Versammlungen in geschlossenen Räumen keinen Einschränkungen ? Inwiefern könnte man auch gegen sie vorgehen ? Gibt es dafür evtl. sogar eine gesetzliche Regelung ? > Rn 397

246. Wird der Gesetzesvorbehalt des Art. 8 II nur durch das Versammlungsgesetz konkretisiert ? > Rn 396

247. Braucht der Leiter einer Demonstration, die auf einer Straße stattfinden soll, eine Sondernutzungs-Genehmigung nach dem Wegegesetz des Landes und eine nach der Straßenverkehrsordnung ? > Rn 396

248. Nach § 15 II VersG darf eine Versammlung u.a. aufgelöst werden, wenn entgegen § 14 VersG nicht angemeldet worden ist. Gilt das ausnahmslos ? > Rn 404

249. Ist die Auflösung einer Demonstration verhältnismäßig, wenn aus ihr heraus von einigen Teilnehmern Gewalt angewandt wird, etwa durch das Zerstören von Schaufensterscheiben durch Steine ? > Rn 403

250. Ist die Auflösung einer aus 30 Personen bestehenden Demonstration verhältnismäßig, wenn ihre Fortsetzung dazu führen würde, dass 500 Verkehrsteilnehmer zu spät zur Arbeit kommen ? > Rn 402

1028 **Zu Art. 9**

251. Art. 9 I garantiert das Recht, Vereinigungen („Vereine und Gesellschaften") zu bilden. Wann liegt begrifflich eine Vereinigung vor ? Schützt Art. 9 nur das Recht, eine Vereinigung zu „bilden" ? > Rn 410

252. Gewährt Art. 9 auch das Recht, einer Vereinigung fernzubleiben ? Auch einer öffentlich-rechtlichen Vereinigung wie z.B. einer Ärzte- oder Handwerkskammer ? > Rn 411

253. Nach § 56 BGB sind für die Gründung eines Vereins sieben Personen notwendig. Ist diese Regelung für sechs Personen, die einen Verein gründen wollen, ein Eingriff in Art. 9 ? > Rn 412

254. Nach Art. 9 II sind Vereinigungen u.a. dann verboten, wenn sich ihre Zwecke oder Tätigkeit gegen die „verfassungsmäßige Ordnung" richten. Was verstehen Sie darunter ? > Rn 413

255. Was heißt es, wenn Art. 9 II sagt, solche Vereinigungen „sind verboten" ? > Rn 413

256. Art. 9 III schützt die Koalitionsfreiheit. Welche Merkmale müssen vorliegen, damit von einer „Koalition" gesprochen werden kann ? > Rn 416

257. Schützt Art. 9 III als „Gegenwaffe" zum Streik auch die Aussperrung Nichtstreikender ? > Rn 417

258. Dürfen auch Beamte streiken ? Wenn nein : Warum nicht ? > Rn 417, 420

1029 **Zu Art. 10**

259. Was ist ein Brief i.S.d. Briefgeheimnisses des Art. 10 ? > Rn 414

260. Ist die Post an das Postgeheimnis gebunden ? > Rn 423

einzelne Grundrechte

261. Richtet sich das Brief- und Fernmeldegeheimnis des Art. 10 auch an Privatpersonen ? Wenn nein : Dürfen sie sanktionslos fremde Briefe öffnen und Telefongespräche mithören ? > Rn 423

262. Art. 10 II 1 regelt einen Gesetzesvorbehalt. Für welche Bereiche wird es entsprechende einschränkende Gesetze geben ? Der Gesetzesvorbehalt zugunsten der Verfassungsschutzbehörden ist einschränkend zu interpretieren. Inwiefern ? Wie lautet das entsprechende Gesetz ? > Rn 428

Zu Art. 11 1030

263. Was ist Freizügigkeit i.S.d. Art. 11 ? Grenzen Sie sie ab gegenüber der freien Entfaltung der Persönlichkeit i.S.d. Art. 2 I und der Freiheit der Person i.S.d. Art. 2 II 2. Bilden Sie Beispiele für die Beschränkung der Freizügigkeit. > Rn 432

264. Ist Art. 11 eingeschränkt durch die Residenzpflichten für bestimmte Berufe, also die Pflicht, am Ort der Berufsausübung seinen Wohnsitz zu haben, wie z.B. für Rechtsanwälte und Notare ? > Rn 432

265. Schützt Art. 11 auch die Ein- und Ausreisefreiheit ? > Rn 432

266. Der wichtigste Gesetzesvorbehalt des Art. 11 II ist der für „Fälle, in denen eine ausreichende Lebensgrundlage nicht vorhanden ist und der Allgemeinheit daraus besondere Lasten entstehen würden". Wann liegen diese Voraussetzungen vor ? Könnte man aufgrund dieses Vorbehalts die Freizügigkeit von Sozialhilfeempfängern einschränken ? > Rn 433

Zu Art. 12 1031

267. Was ist ein Beruf i.S.d. Art. 12 I ? Fällt darunter auch die Ausübung der Prostitution ? > Rn 437

268. Was ist eine Ausbildungsstätte i.S.d. Art. 12 I ? Ist das Recht auf freie Wahl der Ausbildungsstätte nur ein Abwehrrecht gegen den Staat ? > Rn 439

269. Der Gesetzesvorbehalt des Art. 12 I 2 bezieht sich dem Wortlaut nach nur auf die Berufsausübung, nicht aber auf die Wahl des Berufs, des Arbeitsplatzes und der Ausbildungsstätte. Kann das richtig sein ? Wenn ja : warum ? Wenn nein : Warum nicht ? > Rn 441

270. Zur Verhältnismäßigkeit der Einschränkung der Berufswahl hat das BVerfG eine „Drei-Stufen-Theorie" entwickelt. Um welche Stufen handelt es sich dabei ? Nennen Sie Beispiele für jede Stufe ! Welche unterschiedlichen Anforderungen sind auf der jeweiligen Stufe zu beachten ? > Rn 442 f.

271. Wo würden sie einordnen : das Ladenschlussgesetz, eine Altersgrenze, den numerus clausus, eine Zuverlässigkeitsprüfung, ein Staatsexamen, eine Bedürfnisprüfung, ein Werbeverbot für einen Beruf ? > Rn 443 ff.

272. Was sind i.S.d. Art. 12 II herkömmliche allgemeine und gleiche öffentliche Dienstleistungspflichten, was ist Arbeitszwang ? > Rn 450

1032 **Zu Art. 13**

273. Was ist eine Wohnung i.S.d. Art. 13 ? Fällt darunter auch ein Hotelzimmer, ein Wohnwagen oder eine Garage ? > Rn 453

274. Der Außendienstmitarbeiter eines Wirtschafts- und Ordnungsamtes kontrolliert aufgrund einer dazu ermächtigenden Vorschrift des Gaststättengesetzes die Hygiene in der Küche eines Restaurants. Handelt es sich bei der Küche überhaupt um eine Wohnung i.S.d. Art. 13 ? Wenn ja : Läge in Eingriff in die Wohnungsfreiheit vor ? > Rn 453

275. Durchsuchungen von Wohnungen dürfen nach Art. 13 II – außer bei Gefahr im Verzug – nur durch einen Richter angeordnet werden. Wann liegt eine solche Durchsuchung begrifflich vor ? Wo sind Durchsuchungen gesetzlich geregelt ? > Rn 454

276. 1998 sind in den Art. 13 die jetzigen Absätze 3 – 6 zur Ermöglichung technischer Mittel zur Überwachung von Wohnungen (von Kritikern „großer Lauschangriff" genannt) eingeführt worden. Was ist an diesen Vorschriften neu gegenüber dem bis dahin geltenden Rechtszustand ? > Rn 455 f.

1033 **Zu Art. 14, 15**

277. Was ist Eigentum i.S.d. Art. 14 ? Ist es identisch mit dem Eigentum i.S.d. BGB oder geht es darüber hinaus ? Fallen auch öffentlich-rechtliche Positionen – wie etwa Renten- oder Sozialhilfeansprüche – unter den Eigentumsbegriff ? > Rn 459

278. Art. 14 regelt zwei Arten der Beschränkung des Eigentums : die Inhalts- und Schrankenbestimmung i.S.d. Abs. 1 S. 2 und die Enteignung i.S.d. Abs. 3. Definieren Sie beide Arten und nennen Sie je ein Beispiel. Worin liegt für den Betroffenen der entscheidende Unterschied zwischen Inhalts- und Schrankenbestimmung und Enteignung ? > Rn 461 f.

279. Schließlich gibt es den enteignungsgleichen Eingriff und den enteignenden Eingriff. Umschreiben Sie diese beiden Eingriffsarten und nennen bilden sie jeweils ein Beispiel. Sind diese Eingriffe in Art. 14 geregelt ? > Rn 465 f.

280. Enteignungen werden normalerweise durch Verwaltungsakt vollzogen. Dürfen sie auch unmittelbar durch ein Gesetz erfolgen ? Hat der Staat ggf. die freie Wahl zwischen einer Enteignung durch Verwaltungsakt und einer durch Gesetz ? > Rn 472

281. Enteignungsgesetze müssen nach Art. 14 III „Art und Ausmaß der Entschädigung" der Enteignungen, die sie vornehmen oder zu denen sie ermächtigen, regeln. Was ist „Entschädigung" ? Das Gleiche wie Schadensersatz ? > Rn 471

282. Außerdem dürfen Enteignungen „nur zum Wohle der Allgemeinheit" erfolgen. Ist damit eine Enteignung zugunsten eines privaten Unternehmens ausgeschlossen ? > Rn 470

283. Art. 15 regelt als weiteren Eigentumseingriff die Überführung in Gemeinwirtschaft. Was ist das ? Auf welche Eigentumsobjekte bezieht sie sich ? Zu welchem Zweck darf sie erfolgen ? Welche praktische Bedeutung hatte bisher Art. 15 ? > Rn 468

1034 **Zu Art. 16, 16 a**

284. Was ist der Unterschied zwischen „Entziehung" und „Verlust" der deutschen Staatsangehörigkeit i.S.d. Art. 16 ? Sind beide gleichermaßen zulässig ? > Rn 476 f.

285. Einen Anspruch auf Asyl haben nach Art. 16 a I „politisch Verfolgte". Wann liegt in diesem Sinne Verfolgung vor ? Wann ist die Verfolgung politisch ? > Rn 485 ff.

286. Liegt politische Verfolgung vor bei einer Verfolgung aus religiösen Gründen, einem Bürgerkrieg in dem Heimatstaat, drohender Folter bei Rückkehr in den Heimatstaat, einem erst nach Verlassen des Heimatstaates selbst geschaffenen Verfolgungsgrund ? > Rn 485 ff.

287. Enthalten die 1993 in das Grundgesetz eingefügten Absätze 2 - 5 des Art. 16 a Einschränkungen des Asylrechts ? > Rn 494 ff.

288. Welches sind die sicheren Drittstaaten i.S.d. Abs. 2, welches die sicheren Heimatstaaten i.S.d. Abs. 3 ? > Rn 494

Zu Art. 17 1035

289. Sind Adressaten einer Petition i.S.d. Art. 17 nur die Petitionsausschüsse der Parlamente ? > Rn 499

290. Gibt es für Petitionen Formerfordernisse und Fristen ? > Rn 498

291. Welche Verpflichtung trifft den Staat, wenn ein Bürger von dem Petitionsrecht Gebrauch macht ? > Rn 499

292. Gibt es auf der europäischen Ebene auch ein Petitionsrecht ? > Rn 496

4. Repetitorium zum Rechtsstaatsprinzip

Zu den Grundlagen des Rechtsstaatsprinzip 1036

293. Erläutern Sie die Grundstruktur des bürgerlich-liberalen Rechtsstaates des 19. Jahrhunderts unter Verwendung der Begriffe „Grundrechtsbindung", Vorbehalt des Gesetzes", „besondere Gewaltverhältnisse", „allgemeines Gewaltverhältnis", „selbständiges Verordnungsrecht", „Rechtsschutz ". > Rn 81 ff., 501

294. Der Rechtsstaat des 19. Jahrhunderts wird regelmäßig auch als „formeller" Rechtsstaat bezeichnet. Was ist damit gemeint ? Was versteht man in diesem Zusammenhang unter „Gesetzespositivismus" ? > Rn 501

295. Erst ab 1945 erfolgte die Abkehr vom rein formellen hin zu einem (auch) materiellen Rechtsstaatsverständnis. Was war die Ursache dafür ? Worin kommt diese Änderung im Grundgesetz zum Ausdruck ? > Rn 503 f.

296. Wo ist das Rechtsstaatsprinzip im Grundgesetz geregelt ? > Rn 505

297. Der Rechtsstaat i.S.d. Grundgesetzes hat ein formelles Ziel (auch „formelle Komponente" oder „ formeller Rechtsstaat") und ein materielles Ziel („materielle Komponente", „materieller Rechtsstaat"). Erläutern Sie beide ! > Rn 507

298. Im Grundgesetz sind etliche Konkretisierung des Rechtsstaatsprinzips ausdrücklich geregelt. Welche ? > Rn 507

299. Der Grundsatz der Verhältnismäßigkeit, der Bestimmtheitsgrundsatz und das Prinzip des Vertrauensschutzes sind ebenfalls rechtsstaatliche Prinzipien, aber im Grundgesetz nicht ausdrücklich geregelt. Sie sind daher aus den beiden Zielsetzungen des Rechtsstaates abzuleiten. Mit welcher Begründung im Einzelnen ? > Rn 203, 194, 210

1037 **Zum Grundsatz der Gesetzmäßigkeit**

300. Der Grundsatz der Gesetzmäßigkeit besteht aus dem Vorrang und dem Vorbehalt des Gesetzes. Was verstehen Sie unter beiden ? Wo sind sie geregelt ? > Rn 510 ff.

301. Gilt der Vorbehalt des Gesetzes nur für belastende Maßnahmen ? > Rn 513 ff.

302. Was besagt die „Wesentlichkeitslehre" ? Woraus leitet das BVerfG sie ab ? > Rn 513 ff.

303. Was sind wesentliche Maßnahmen in diesem Sinn ? Nennen Sie Fallgruppen wesentlicher Maßnahmen mit je einem Beispiel. > Rn 516 ff.

304. Was bedeutet es, dass beim Eingreifen des Vorbehalts des Gesetzes eine gesetzliche Ermächtigungsgrundlage notwendig ist ? Reicht eine in einem Gesetz vorhandene pauschale Ermächtigung der Exekutive aus oder muss der Gesetzgeber selbst die notwendige Regelung treffen ? > Rn 523

1038 **Zum Rechtsschutz**

305. Nach Art. 19 IV steht der Rechtsweg offen, wenn jemand durch die öffentliche Gewalt in seinen Rechten verletzt ist. Was ist in diesem Zusammenhang „öffentliche Gewalt" ? Steht der Rechtsweg nur offen, wenn jemand in seinen Rechten „verletzt" ist, d.h. gehört zur Zulässigkeit einer Klage der Nachweis einer Rechtsverletzung ? > Rn 527

306. Bedeutet die Rechtsschutzgarantie, dass Gerichte jedes Verwaltungshandeln in vollem Umfang überprüfen können oder gibt es Spielräume für die Verwaltung, in die auch ein Gericht sich nicht „einmischen" kann ? > Rn 531

307. Ist Art. 19 IV – mit welcher Begründung ? – verletzt, wenn ein Gerichtsverfahren – ohne Verschulden des Klägers – 12 Jahre dauert ? Wie nennt man das insoweit einschlägige aus Art. 19 IV abgeleitete Prinzip ? Würde eine solche Prozessdauer noch gegen eine andere Regelung als die des Art. 19 IV verstoßen ? > Rn 532

308. Eine Ausländerbehörde weist einen Ausländer unter Anordnung der sofortigen Vollziehung aus und schiebt ihn noch am gleichen mit dem Flugzeug in seine Heimat ab. Vereinbar mit Art. 19 IV ? > Rn 532

309. Richter sind nach Art. 97 sachlich und persönlich unabhängig. Was heißt das ? > Rn 533 f.

310. Was ist ein gesetzlicher Richter i.S.d. Art. 101 ? > Rn 535

311. Der Anspruch auf rechtliches Gehör vor Gericht nach Art. 103 ist nicht nur Ausfluss des Rechtsstaatsprinzips, sondern auch eines anderen grundlegenden Verfassungsprinzips. Welches ? > Rn 536

312. Muss ein Gericht wegen des Anspruchs auf rechtliches Gehör das Vorbringen der Prozesspartei nur anhören oder auch bei seiner Entscheidung Erwägung ziehen ? > Rn 536

313. Das wichtigste Prinzip der Auslegung ist nicht das, das nach dem Wortlaut, sondern das, das nach dem Sinn und Zweck einer Vorschrift fragt (s.o. Rn 58), also auch grundsätzlich eine analoge Anwendung von Vorschriften zulässt. Gilt das auch im Strafrecht ? > Rn 537

314. Beamter B ist wegen Diebstahls vom Amtsgericht verurteilt worden. Anschließend wird er wegen derselben Tat noch einmal von dem Disziplinargericht verurteilt. Wogegen könnten das verstoßen ? Verstößt es dagegen ? > Rn 538

Zum Gewaltenteilungsprinzip

315. Wo ist das Gewaltenteilungsprinzip in allgemeiner Form im Grundgesetz geregelt ? > Rn 540

316. Welche Gewalten sind danach - mit welchen Definitionen - zu unterscheiden ? > Rn 540

317. Welches ist die vorrangige Funktion des Gewaltenteilungsprinzips ? Welche Funktionen hat es noch ? > Rn 541 f.

318. Nennen Sie im Grundgesetz geregelte Einwirkungen der Gesetzgebung auf die vollziehende Gewalt, der vollziehenden Gewalt auf die Gesetzgebung, der Gesetzgebung auf die rechtsprechende Gewalt, der rechtsprechenden Gewalt auf die Gesetzgebung, der vollziehenden Gewalt auf die Rechtsprechung und der Rechtsprechung auf die vollziehende Gewalt. > Rn 543 f.

319. Inwieweit sind Gewaltenüberschneidungen, die nicht im Grundgesetz, sondern vom Gesetzgeber geregelt sind, zulässig ? > Rn 551

320. Wäre danach eine Strafgewalt von Finanzbehörden bei geringfügigen Steuerdelikten zulässig ? > Rn 552

321. Was sagt das Grundgesetz zu der Frage, ob Gewaltenüberschneidungen in personeller Hinsicht zulässig sind ? > Rn 555

322. Können danach der Bundespräsident, der Bundeskanzler oder ein Bundesrichter gleichzeitig Mitglied des Bundestages sein ? > Rn 555 f.

323. Das Gewaltenteilungsprinzip hat auch die Aufgabe der sinnvollen Zuordnung staatlicher Aufgaben. Inwiefern ? > Rn 556

5. Repetitorium zum Sozialstaatsprinzip

324. Kennzeichnen Sie die geschichtliche Entwicklung des Sozialstaatsprinzips : Seit wann gibt es in Deutschland gesetzliche Regelungen zur sozialen Sicherheit ? Gab es bereits im 19. Jahrhundert verfassungsrechtliche Regelungen des Sozialstaatsprinzips ? Enthielt die Weimarer Reichsverfassung welche ? > Rn 557 f.

325. Enthält das Grundgesetz außer der allgemeinen Regelung des Sozialstaatsprinzips in Art. 20 I weitere Regelungen mit sozialstaatlichem Bezug ? > Rn 559

326. Was besagt das Sozialstaatsprinzip ? Welche fünf Bereiche mit welchen Zielsetzungen verfolgt es ? > Rn 560

327. Drei dieser Bereiche werden von dem Sozialrecht erfasst. Welche ? > Rn 561

328. Das Sozialrecht ist im Wesentlichen in einem Gesetz geregelt. Welchem ? > Rn 562

329. An wen wendet sich das Sozialstaatsprinzip in erster Linie ? An den Gesetzgeber, die Exekutive oder die Rechtsprechung ? > Rn 564

330. Lassen sich aus dem Sozialstaatsprinzip unmittelbar Ansprüche ableiten oder bedarf es dazu einer gesetzlichen Regelung ? > Rn 566

331. Welche unmittelbare Bedeutung hat das Sozialstaatsprinzip für die Verwaltung ? > Rn 567

6. Repetitorium zum Demokratieprinzip

1041 **Zu den Grundlagen des Demokratieprinzips**

332. Die neuere Geschichte des Demokratieprinzips ist durch die Auseinandersetzung zwischen zwei Demokratietheorien geprägt. Welchen ? Welche Inhalte haben sie ? Welche historische Bedeutung haben sie erlangt ? Welches davon war das Prinzip der Deutschen Demokratischen Republik, welches liegt dem Grundgesetz zugrunde ? > Rn 571 f.

333. Beim Demokratieprinzip unterscheidet man den Kernbereich des Art. 20 und den Randbereich. Worin liegt die praktische Bedeutung der Frage, ob ein bestimmter Aspekt zum Kern- oder zum Randbereich gehört ? Nennen Sie wichtige Aspekte, die zum Kernbereich und solche, die zum Randbereich gehören. > Rn 574 f.

1042 **Zur repräsentativen Demokratie**

334. Was bedeutet „repräsentative" Demokratie ? > Rn 577

335. Den Gegensatz, die unmittelbare Demokratie, gibt es in reiner Form zwar nirgends, wohl aber verschiedene Möglichkeiten der unmittelbar-demokratischen Mitwirkung der Bevölkerung an der staatlichen Willensbildung. Welche ? > Rn 577

336. Hat es solche Möglichkeiten in der Weimarer Republik und im Dritten Reich gegeben ? Wie würden Sie sie bewerten ? > Rn 578 f.

337. Nach Art. 20 II 2 wird die Staatsgewalt „vom Volk in Wahlen und Abstimmungen ... ausgeübt". Stehen damit repräsentative und unmittelbar-demokratische Elemente gleichberechtigt nebeneinander ? > Rn 581

338. Für welche Fälle regelt das Grundgesetz Abstimmungen durch die Bevölkerung ? > Rn 581

339. Welche Argumente werden für und welche gegen eine unmittelbare Beteiligung der Bevölkerung an der Gesetzgebung des Bundes angeführt ? > Rn 382 f.

340. Gibt es unmittelbar-demokratische Mitwirkungsmöglichkeiten der Bevölkerung in den Landesverfassungen ? 580

1043 **Zur pluralistischen Demokratie**

341. Was heißt es, wenn man die Bundesrepublik als „pluralistische" Demokratie bezeichnet ? > Rn 584

342. Politische Parteien werden in der Bevölkerungsmeinung weitgehend kritisch bis negativ gesehen. Haben Sie auch eine positive und konstruktive Funktion ? > Rn 585

343. Welche Vorschrift des Grundgesetz regelt die politischen Parteien mit welchen Grundaussagen ? > Rn 586

344. Wo ist geregelt, was eine Partei ist ? Was kennzeichnet danach eine Partei, etwa in Abgrenzung zu Vereinigungen nach Art. 9 ? > Rn 587

345. Die Parteien sind zur innerparteilichen Demokratie verpflichtet. Wo steht das ? Wo und wie wird diese Verpflichtung konkretisiert ? > Rn 588

346. Parteien haben gegenüber dem Staat das Recht auf Chancengleichheit. Im Grundgesetz ist das zwar nicht ausdrücklich geregelt, kann aber aus bestimmten Regelungen abgeleitet werden. Welchen ? Gibt es an anderer Stelle eine ausdrückliche Regelung der Chancengleichheit, mit welchem Inhalt ? > Rn 589 7f.

347. Haben Parteien danach gegenüber öffentlich-rechtlichen Fernsehanstalten einen Anspruch darauf, dass diese während der Wahlkämpfe Wahlspots der Parteien senden ? Wenn ja : Müssen die Sender jeder Partei die gleiche Sendezeit einräumen ? > Rn 590

348. Zeigen Sie die geltende Regelung der staatlichen Parteienfinanzierung in ihren Grundzügen auf ! > Rn 591

349. Welche Bedeutung haben Verbände in der Demokratie ? > Rn 592

350. Welche Bedeutung haben die Massenmedien in der Demokratie ? > Rn 593

Zur streitbaren Demokratie   1044

351. Was verstehen Sie unter „streitbarer" Demokratie ? Welches ist ihr historischer Hintergrund ? > Rn 592

352. Ein Kernelement der streitbaren Demokratie ist der Schutz der „freiheitlichen demokratische Grundordnung". Was ist darunter zu verstehen ? In welchen Vorschriften spielt dieser Begriff eine Rolle ? > Rn 597

353. Nennen und bewerten Sie die wichtigsten Konkretisierungen des Prinzips streitbarer Demokratie im Grundgesetz. > Rn 598 ff.

354. Unter welchen Voraussetzungen kann eine Partei verboten werden ? Von wem ? Wer ist insoweit berechtigt, einen Verbotsantrag zu stellen ? Hat es bereits Parteienverbote gegeben ? Was spricht für, was gegen das Verbot einer Partei ? > Rn 601

355. Können auch andere Vereinigungen verboten werden ? Von wem ? Unter den gleichen oder anderen Voraussetzungen ? Hat es bereits solche Verbote gegeben ? > Rn 600, 413

356. Eine weitere Konkretisierungen ist die politische Treuepflicht von Beamten. Woraus ergibt sie sich ? Was beinhaltet sie ? > Rn 603

7. Repetitorium zum republikanischen Prinzip

357. Was ist eine Republik ? Kennzeichnen Sie ihre historische Entwicklung. Seit wann ist   1045
Deutschland eine Republik ? Worin kommt es im Grundgesetz zum Ausdruck, dass die Bundesrepublik Deutschland eine Republik ist ? > Rn

358. Was ist demgegenüber eine Monarchie ? Kennzeichnen Sie die verschiedenen Arten von Monarchien. Welche Bedeutung haben Monarchien heute ? > Rn 607

8. Repetitorium zum Bundesstaatsprinzip

1046 **Zu den Grundlagen des Bundesstaatsprinzips**

359. Sind Bundesstaatlichkeit und Föderalismus das Gleiche ? > Rn 609

360. Kennzeichnen Sie die verschiedenen Erscheinungsformen des Föderalismus, grenzen Sie sie voneinander ab und nennen Sie je eine Beispiel. > Rn 609

361. Was ist der Gegenbegriff zum Föderalismus ? Wie bezeichnet man einen entsprechenden Staat ? > Rn 609

362. Wo würden Sie die USA, Frankreich, die Schweiz, Großbritannien, Schweden, Österreich und die Europäische Union einordnen ? > Rn 609 f.

363. Eine neuere Form des Zusammenschlusses von Staaten ist die internationale Organisation. Welches sind ihre Merkmale ? Nennen Sie Beispiele. > Rn 609

364. Kennzeichnen Sie die historische Entwicklung des Föderalismus in Deutschland. Erläutern Sie insbesondere die föderalistische Struktur des Deutschen Reiches 1871 und 1919 und zeigen Sie auf, welche Rolle der Föderalismus bei der Entstehung des Grundgesetzes gespielt hat. > Rn 611

365. Nach dem Begriff des Bundesstaates sind Bundesländer Staaten innerhalb eines Gesamtstaates. Was haben sie konkret davon, dass sie Staaten sind ? > Rn 613 f.

366. In einem Bundesstaat muss der Grundsatz gelten : Bundesrecht bricht Landesrecht. Wo steht das im Grundgesetz ? Gibt es noch weitere Regelungen des Grundgesetzes, die diesen Vorrang zum Ausdruck bringen ? > Rn 616

367. Im Grundgesetz gibt es etliche Regelungen, die für das Verhältnis zwischen dem Bund und den Ländern, aber auch für das Verhältnis der Länder zueinander, Pflichten zur gegenseitigen Rücksichtnahme und Hilfe enthalten. Welche ? > Rn 618

368. Gibt es darüber hinaus auch ein ungeschriebenes Gebot zur gegenseitigen Rücksichtnahme und Hilfe ? Wie nennt man es ? Fallen Ihnen dazu Fallsituationen ein ? > Rn 619

1047 **Zur Zuständigkeitsverteilung**

369. Wie lautet der Grundsatz, nach dem die Zuständigkeiten auf den Bund und die Länder verteilt sind. Wo ist er geregelt ? Diese Vorschrift wird für die drei Funktionsbereiche Gesetzgebung, Verwaltung und Rechtsprechung an späterer Stelle konkretisiert. Wo ? > Rn 620

370. Gibt es auch ungeschriebene Zuständigkeiten ? Kennen Sie Beispiel dafür ? > Rn 621 f.

371. Im Bereich der Gesetzgebung gibt es zunächst die ausschließliche Gesetzgebungszuständigkeit des Bundes. Was heißt „ausschließlich" ? Vorsicht : Die Antwort ist nicht so einfach wie es scheint ! Kennen Sie Beispiele für diese Art der Zuständigkeit ? > Rn 624

Bundesstaatsprinzip

372. Was heißt „konkurrierende" Gesetzgebungszuständigkeit ? Kennen Sie Beispiele für diese Art der Zuständigkeit ? Was ist – warum ? – die konkurrierende Gesetzgebungszuständigkeit in der politischen Praxis ? > Rn 625 f.

373. Was heißt Rahmen-Gesetzgebungszuständigkeit des Bundes ? Kennen Sie Beispiele für diese Art der Zuständigkeit ? > Rn 627 f.

374. Schließlich gibt es noch die Grundsatz-Gesetzgebungszuständigkeit des Bundes. Was bedeutet das ? Kennen Sie Beispiele für diese Art der Zuständigkeit ? > Rn 629 f.

375. Was verbleibt danach den Ländern an Gesetzgebungszuständigkeiten ? Bewerten Sie Umfang und Bedeutung dieser Zuständigkeiten ? > Rn 631

376. Im Bereich der Verwaltung unterscheidet das Grundgesetz zwischen fünf Verwaltungstypen. Welchen ? > Rn 632

377. Wenn die Länder Bundesgesetze durchführen, dann entweder als Auftrags- oder als eigene Angelegenheit. Was von beiden ist der Grundsatz, was die Ausnahme ? Worin besteht der Unterschied zwischen beiden Durchführungsarten ? > Rn 634 f.

378. Nennen Sie Fälle der Auftragsverwaltung. > Rn 634

379. Was verstehen Sie unter Gemeinschaftsaufgaben ? Welche gibt es und wo sind sie geregelt ? Zeigen Sie das Verfahren der Beschlussfassung und die Finanzierung der Gemeinschaftsaufgaben auf. > Rn 638 ff.

380. Zeigen Sie auf, wie die Rechtsprechungskompetenzen auf Bund und Länder verteilt sind. Gibt es ausschließliche Kompetenzen des Bundes und der Länder ? Wird die Rechtsprechung auch vom Bund und den Ländern gemeinsam ausgeübt ? Welche Gerichtsbarkeiten muss man dabei ggf. unterscheiden ? > Rn 641 ff.

Zur Finanzverfassung

1048

381. Ist die „Finanzverfassung" eine eigenständige Verfassung oder ein Teil des Grundgesetzes ? > Rn 645

382. Wer trägt im Bund-Länder-Verhältnis die Kosten der staatlichen Maßnahmen ? Der, der sie beschließt oder der, der sie durchführt ? > Rn 646

383. Wie ist die Kostentragung bei der Auftragsverwaltung und wie bei den Geldleistungsgesetzen (wie WohngeldG oder BaföG) geregelt ? > Rn 647 f.

384. Was sind Finanzhilfen des Bundes ? Auf welche Bereiche beziehen sie sich ? Welche Funktionen haben sie ? Inwiefern könnten sie problematisch sein ? > Rn 649

385. Wer hat im Verhältnis Bund-Länder die Gesetzgebungskompetenz über die Steuern ? > Rn 650 ff.

386. Für die Verteilung der Steuererträge auf Bund und Länder gibt es zwei unterschiedliche Systeme. Welche ? Für welches hat sich das Grundgesetz – in welcher Vorschrift – entschieden ? > Rn 653

387. Geben Sie einen Überblick über die danach geregelte Steuerverteilung. Welche besondere Rolle spielt dabei die Umsatzsteuer ? > Rn 653 ff.

388. Wie werden die Steuererträge, die den Ländern insgesamt zustehen, auf die einzelnen Länder verteilt ? > Rn 663

389. Welches Ziel verfolgt der Finanzausgleich ? Welche drei Arten des Finanzausgleichs gibt es ? > Rn 664 f.

390. Welche Grundsätze gelten, soweit Länder im Rahmen des Finanzausgleichs anderen Ländern Ausgleichszahlungen leisten müssen ? Nennen Sie Beispiele für „Geber"- Länder und „Nehmer"-Länder. > Rn 665 f.

391. Welches Ziel haben Ergänzungszuweisungen des Bundes ? Welche Arten sind dabei zu unterscheiden ? > Rn 668

392. Die geltende Regelung des Finanzausgleichs wird von einigen Ländern vehement kritisiert. Mit welcher Begründung ? Hat das BVerfG hierzu bereits eine Entscheidung getroffen. Mit welcher Aussage ggf. ? > Rn 671

1049 **Zum Kooperativen Föderalismus und zur Neugliederung**

393. Was verstehen Sie unter kooperativem Föderalismus ? Welchen Sinn hat er ? Welche Arten sind dabei zu unterscheiden ? > Rn 672 ff.

394. Warum ist 1949 in das Grundgesetz ein Auftrag aufgenommen worden, das Bundesgebiet neu zu gliedern ? > Rn 678

395. Hat es bereits einen Versuch gegeben, das Bundesgebiet neu zu gliedern ? Mit welchem Inhalt und welcher Folge ? > Rn 679

1050 **9. Repetitorium zum Staatsziel Umweltschutz**

396. Seit wann gibt es im Grundgesetz ein Staatsziel Umweltschutz ? Schützt es die Umwelt als Wert an sich oder in seiner dem Menschen dienenden Funktion ? > Rn 682 f.

397. Was bedeutet es, dass Umweltschutz Staatsziel ist ? Hat der Einzelne einen Anspruch auf Einhaltung dieses Ziels ? Welche Bedeutung besitzt es für die drei staatlichen Gewalten ? > Rn 684 ff.

398. Unterliegt das Staatsziel Umweltschutz Begrenzungen ? Welchen ggf. ? > Rn 687

10. Repetitorium zum Bundestag

1051 **Zum Wahlrecht**

399. Zeigen Sie die geschichtliche Entwicklung des Wahlrechts auf. Gehen Sie dabei u.a. auf folgende Fragen ein : Um welche Wahlgrundsätze wurde im 19. Jahrhundert gerungen ? Welches war das beherrschende Wahlsystem des 19. Jahrhunderts ? Wie sah die Grundstruktur des Preußischen Dreiklassenwahlrechts als eines typischen Übergangswahlrechts aus ? Seit wann gibt es in Deutschland das allgemeine und gleiche Wahlrecht ? > Rn 688 f.

400. Nach welchen Wahlgrundsätzen wird der Bundestag gewählt ? Welches ist ihre inhaltliche Aussage ? > Rn 691 ff.

401. Läge ein Verstoß gegen einen dieser Grundsätze vor ? Wenn ja : gegen welchen ? Wenn nein : Warum nicht ? > Ausschluss von Frauen vom Wahlrecht, Ausschluss von Ausländern vom Wahlrecht, Mindestalter für die Ausübung des Wahlrechts, Wahlzwang, doppelter Zählwert einer Stimme, eine Prozentklausel beim Verhältniswahlrecht, Öffentlichkeitsarbeit der Regierung, die Wahl von Landeslisten, die Kündigung eines Arbeitnehmers wegen dessen Stimmabgabe ? > Rn 692 ff.

402. Es gibt zwei Grundwahlsysteme. Welches ist ihr wesentlicher Inhalt ? Gibt es dabei Abwandlungen ? > Rn 697 f.

403. Welches dieser Systeme liegt dem Wahlrecht des BWahlG zugrunde ? Wenn beide : In welchem Verhältnis stehen sie zueinander ? Welches davon ist das für die politische Zusammensetzung des Bundestages entscheidende System ? Warum ? > Rn 699

404. Skizzieren Sie den Ablauf des Wahlverfahrens nach dem BWahlG. Erläutern Sie dabei auch die Begriffe „Oberverteilung" und „Unterverteilung". > Rn 699 ff.

405. Erläutern Sie Geschichte und Inhalt der Sperrklausel und nehmen Sie zu der Frage Stellung, ob sie mit dem Grundsatz der Gleichheit der Wahl vereinbar ist . > Rn 704

406. Was sind Überhangmandate ? Welche Bedeutung haben sie in der Geschichte der Bundesrepublik gehabt ? > Rn 708

Zu Gliederung, Arbeitsweise und Abgeordneten 1052

407. Geben Sie einen Überblick über die Gliederung des Bundestages. > Rn 709

408. Welche vier Prinzipien kennzeichnen die Arbeitsweise des Bundestages ? > Rn 710

409. Was bedeutet das „freie Mandat" der Abgeordneten ? > Rn 711

410. Die Wahrnehmung des freien Mandats kann leicht in Konflikt geraten mit der Stellung der Partei und Fraktion, der der Abgeordnete angehört. Welche Einflüsse von Partei und Fraktion auf den Abgeordneten sind dabei nach h.M. zulässig, welche nicht ? > Rn 711

411. Was sind Indemnität und Immunität des Abgeordneten ? > Rn 712 f.

412. Welchem Ziel dienen die immer wieder in der öffentlichen Diskussion befindlichen Diäten ? Sind es Aufwandsentschädigungen oder Berufseinkommen der Abgeordneten ? Wofür spielt der Unterschied eine Rolle ? > Rn 714

413. Welche weiteren Rechte hat der Abgeordnete nach dem Grundgesetz ? > Rn 714

Zu den Funktionen 1053

414. Welche Funktionen hat der Bundestag ? > Rn 715 f.

415. Eine wichtige Funktion des Bundestages ist der Erlass von Gesetzen. Man unterscheidet formelle und materielle Gesetze. Worin liegt der Unterschied ? Kann ein Gesetz nur formell oder nur materiell oder sowohl formell als auch materiell sein ? Was für Gesetze wird der Bundestag i.d.R. beschließen ? Darf er in bestimmten Fällen eine der beiden Arten von Gesetzen nicht beschließen ? > Rn 715

416. Welche Arten von materiellen Gesetzen gibt es ? Wer erlässt sie ? Gibt es besondere Rechtmäßigkeitsanforderungen für ihren Erlass ? > Rn 716

417. Erläutern Sie den Ablauf des Gesetzgebungsverfahrens. Unterscheiden Sie dabei danach, ob es um den Erlass eines Einspruchsgesetzes oder eines Zustimmungsgesetzes geht. > Rn 721

418. Können Einspruchsgesetze in bestimmten Situationen faktisch zu Zustimmungsgesetzen werden ? > Rn 723

419. Wann bedarf ein Gesetz der Zustimmung des Bundesrates ? Wie hoch schätzen Sie den Anteil an Zustimmungsgesetzen an der Gesamtheit der Gesetze ? Woraus erklärt sich dieser Anteil schwergewichtig ? > Rn 724

420. Kennzeichnen Sie den Vermittlungsausschuss : Wann wird er angerufen ? Wie ist er zusammengesetzt ? Welches ist seine Aufgabe ? Gibt es auf europäischer Ebene ebenfalls einen Vermittlungsausschuss ? > Rn 722

421. Der Bundestag hat die Aufgabe, andere Bundesorgane zu wählen bzw. an ihrer Wahl mitzuwirken. Welche ? > Rn 735

422. Wodurch übt der Bundestag seine Kontrollfunktion aus ? > Rn 726

423. Inwieweit hat der Bundestag die Aufgabe, in Angelegenheiten der Europäische Union mitzuwirken ? > Rn 727

424. Ist der Bundestag in seiner sozialen Zusammensetzung ein Spiegelbild der Bevölkerung ? Wenn nein : Inwieweit nicht ? > Rn 728

11. Repetitorium zum Bundesrat

425. Zeigen Sie Stellung und Zusammensetzung der beiden Vorgänger des Bundesrats, des Bundesrats des Kaiserreichs 1871 und des Reichsrates der Weimarer Republik 1919, auf. > Rn 730 ff.

426. Wie ist demgegenüber der Bundesrat zusammengesetzt ? > Rn 733

427. Geben Sie einen Überblick über Gliederung des Bundesrats. > Rn 734

428. Durch welche Prinzipien ist die Arbeitsweise des Bundesrats gekennzeichnet ? > Rn 735

429. Der Bundesrat ist nach Art. 50 nicht nur an der Gesetzgebung (s.o.), sondern auch an der Verwaltung des Bundes beteiligt. Inwiefern ? > Rn 737 f.

430. Der Bundesrat wirkt nach Art. 50 auch in Angelegenheiten der Europäische Union mit. In welcher Vorschrift ist diese Mitwirkung im Einzelnen geregelt ? Geben Sie einen Überblick über die drei unterschiedlichen Arten der Mitwirkung. > Rn 739 ff.

12. Repetitorium zur Bundesregierung

431. Es gibt zwei Grundformen von Regierungssystemen : das präsidielle und das parlamentarische. Zeigen ihre wesentlichen Unterschiede auf und nennen Sie Beispiele. > Rn 747 f.

432. Wo würden Sie die Weimarer Republik einordnen ? Erläutern Sie die Stellung der Reichsregierung der Weimarer Republik im Verhältnis zum Reichspräsidenten und zum Reichstag. > Rn 746

Bundesrat / Bundesregierung / Bundespräsident / Bundesverfassungsgericht 481

433. Zeigen Sie auf, wie die Bundesregierung nach dem Grundgesetz zustande kommt. > Rn 748 ff.

434. Nach welchen drei Prinzipien erfolgt die Willensbildung der Bundesregierung ? Welches davon ist das dominierende ? > Rn 752 ff.

435. Welche Aufgaben hat die Bundesregierung ? > Rn 756

436. Worin besteht der Unterschied zwischen der parlamentarischen Abhängigkeit und der parlamentarischen Verantwortung der Bundesregierung ? Worin kommen beide zum Ausdruck ? > Rn 757

437. Welche Möglichkeiten sieht das Grundgesetz zur Lösung von Regierungskrisen vor, die dadurch entstehen, dass der Bundeskanzler nicht bzw. nicht mehr von einer Mehrheit im Bundestag unterstützt wird ? > Rn 758 ff.

| 12. Repetitorium zum Bundespräsidenten | 1056 |

438. Wie ist der Vorgänger des Bundespräsidenten, der Reichspräsident der Weimarer Republik, hinsichtlich seiner Stellung und Kompetenzen zu kennzeichnen ? > Rn 763

439. Wie ist im Unterschied dazu der Bundespräsident zu kennzeichnen ? > Rn 764

440. Von wem und wie wird der Bundespräsident gewählt ? Kann der Bundespräsident während seiner Amtszeit abgewählt werden ? > Rn 765

441. Erläutern Sie Ziel und Inhalt der Gegenzeichnungspflicht des Bundespräsidenten. > Rn 766

442. Welche Funktionen hat der Bundespräsident ? Nennen Sie jeweils Beispiele dazu. > Rn 767

443. In welchen Fällen hat der Bundespräsident einen politischen Ermessensspielraum, den er eigenverantwortlich auszufüllen hat ? > Rn 769

444. Hat er auch im Übrigen bei ihm zur Unterzeichnung vorgelegten Rechtsakten nicht nur die Pflicht, die Einhaltung der formellen Voraussetzungen zu prüfen, sondern auch ein materielles Prüfungsrecht, etwa ob ein ernannter Bundesminister politisch zu verantworten ist oder ob ein beschlossenes Gesetz inhaltlich mit dem Grundgesetz vereinbar ist ? > Rn 770 ff.

| 14. Repetitorium zum Bundesverfassungsgericht | 1057 |

445. Hat es bereits in der Weimarer Republik ein Verfassungsgericht gegeben ? Wenn ja : Mit welchem Unterschied zum BVerfG ? > Rn 776

446. Ist das BVerfG nur ein Gericht ? > Rn 777

447. Von wem und wie werden die Richter des BVerfG gewählt ? Durch welche Regelungen hat der Gesetzgeber versucht, politische Einseitigkeiten und Abhängigkeiten der Richter des BVerfG zu verhindern ? > Rn 780

448. Geben Sie einen Überblick über die Organisation des BVerfG. > Rn 781

449. Wodurch ist die Arbeitsweise des BVerfG gekennzeichnet ? > Rn 782

450. Gibt es für die Zuständigkeiten des BVerfG eine Generalklausel wie für andere Gerichte (z.B. § 40 VwGO) ? Wen nein : Warum nicht ? Wo sind die Zuständigkeiten geregelt ? Nennen Sie die wichtigsten Zuständigkeiten. > Rn 783 ff.

451. Sind für ein „Organstreitverfahren" nach Art. 93 I Nr. 1 antragsberechtigt der Bundeskanzler, der Bundesrat, die Bundesversammlung, Fraktionen, einzelne Abgeordnete, Parteien ? Begründen Sie jeweils ihre Ansicht. > Rn 784

452. Entscheidet das BVerfG auch in Streitigkeiten zwischen dem Bund und den Ländern ? > Rn 385

453. Hat die Opposition im Bundestag die Möglichkeit, das BVerfG anzurufen, wenn sie der Auffassung ist, ein gerade von der Mehrheit des Bundestages beschlossenes Gesetz verstoße gegen das Grundgesetz ? > Rn 786

454. Ein Gericht hält eine Vorschrift eines Gesetzes, auf die sich eine Klage stützt, für verfassungswidrig. Muss es nach dem Grundsatz der Gesetzmäßigkeit die Vorschrift unangewendet lassen und dementsprechend die Klage abweisen oder muss es das BVerfG anrufen ? Welche Entscheidung trifft dieses ggf. ? Gibt es ggf. im Hinblick auf das EG-Recht eine ähnliche Regelung ? > Rn 787, 892

455. Wie viel Prozent aller Verfahren des BVerfG machen die Verfassungsbeschwerden aus ? Wie viel Prozent der Verfassungsbeschwerden haben Erfolg ? > Rn 788, 812

456. Nennen Sie die Anforderungen an die Zulässigkeit einer Verfassungsbeschwerde. > Rn 789 ff.

457. Die Verfassungsbeschwerde richtet sich Art. 93 I Nr. 4 a GG bzw. § 90 I BVerfGG gegen Maßnahmen der öffentlichen Gewalt. Fallen darunter auch der Gesetzgeber und die Rechtsprechung oder – wie in Art. 19 IV – nur die Exekutive ? > Rn 791

458. Sind auch Minderjährige, Aktiengesellschaften, staatliche Universitäten und Gemeinden berechtigt, eine Verfassungsbeschwerde zu erheben ? > Rn 789, 804

459. Die wichtigste Zulässigkeitsvoraussetzung der Verfassungsbeschwerde ist die Behauptung einer Grundrechtsverletzung. Was heißt „Behauptung" genau ? > Rn 792

460. Nach Art. 93 I Nr. 4 a GG bzw. § 90 I BVerfGG kann jemand eine Verfassungsbeschwerde nicht nur mit der Behauptung erheben, „in einem seiner Grundrechte", sondern auch „in einem seiner in Art. 20 Abs. 4, 33, 38, 101, 103 und 104 enthaltenen Rechte" verletzt zu sein. Handelt es sich, was der Wortlaut nahe legt, nicht um Grundrechte ? Spielt diese Frage für das Verfahren der Verfassungsbeschwerde eine Rolle ? > Rn 89, 792

461. Bei einer Verfassungsbeschwerde gegen eine Rechtsnorm muss der Beschwerdeführer geltend machen, unmittelbar durch die Rechtsnorm in seinen Grundrechten verletzt zu sein. Erläutern Sie anhand von Beispielen, wann das der Fall ist und wann nicht. > Rn 795

462. Kann jemand, der unmittelbar nicht durch eine Rechtsnorm, sondern erst durch einen aufgrund der Rechtsnorm erlassenen Vollzugsakt in seinen Grundrecht einschränkt wird, eine verfassungsgerichtliche Überprüfung der Rechtsnorm nicht herbeiführen, wenn er diese für verfassungswidrig hält ? > Rn 795

463. Bei einer Verfassungsbeschwerde gegen ein Gerichtsurteil oder gegen einen Hoheitsakt, der durch ein Gerichtsurteil überprüft worden ist, muss der Beschwerdeführer eine spezifische Grundrechtsverletzung behaupten. Wann ist eine Grundrechtsverletzung „spezifisch"? Warum dieses Erfordernis? Was überprüft das BVerfG hier und was nicht? > Rn 796

464. Wenn gegen eine Grundrechtsverletzung der Rechtsweg zulässig ist, kann eine Verfassungsbeschwerde nach § 90 II BVerfGG erst nach Erschöpfung des Rechtsweges erhoben werden. Wann ist ein Rechtsweg nicht zulässig mit der Folge, dass sofort eine Verfassungsbeschwerde erhoben werden kann? Was bedeutet nach der Rechtsprechung des BVerfG genau „Erschöpfung des Rechtsweges"? Kann das BVerfG von diesem Erfordernis Ausnahmen zulassen? > Rn 797

465. Eine davon zu unterscheidende Voraussetzung ist die der Subsidiarität. Was besagt sie? Erläutern Sie sie anhand von Beispielen. > Rn 798

466. Bei einer gegen ein Unterlassen des Gesetzgebers gerichteten Verfassungsbeschwerde ist eine weitere Voraussetzung zu prüfen. Welche? > Rn 799

467. Gelten für die Verfassungsbeschwerde Formerfordernisse und Fristen? > Rn 800 f.

468. Nach §§ 93 a ff. BVerfGG bedarf die Verfassungsbeschwerde der Annahme zur Entscheidung. Was soll damit erreicht werden? Welche Bedeutung hat dieser Verfahrensschritt in der Praxis des BVerfG? Ist er in einer Klausur immer zu prüfen? > Rn 802

469. Unter welchen – formellen und materiellen – Voraussetzungen erfolgt die Annahme zur Entscheidung? > Rn 802

470. In der Regel nehmen die Senate Verfassungsbeschwerden zur Entscheidung an, unter bestimmten Voraussetzungen aber auch Kammern der Senate. Wie sind dieses Kammern zusammengesetzt? Wie wird in ihnen abgestimmt? > Rn 802

471. Wenn die Annahmevoraussetzungen nicht vorliegen, kann die Annahme durch die Kammern abgelehnt werden. Welches sind i.d.R. die Ablehnungsgründe? > Rn 802

472. Wann ist eine Verfassungsbeschwerde begründet? Überprüft das BVerfG im Rahmen der Prüfung der Begründetheit jede Grundrechtsverletzung? > Rn 803

473. Wie lautet die Entscheidung des BVerfG im Falle der Begründetheit? Ist dabei danach zu differenzieren, ob einer Verfassungsbeschwerde gegen ein Gesetz oder gegen einen anderen Hoheitsakt stattgegeben wird? 808

474. Für welche sonstigen Verfahren ist das BVerfG zuständig? > Rn 805 ff.

475. Wer ist an die Entscheidungen des BVerfG gebunden? > Rn 809

476. Wer vollstreckt die Entscheidungen des BVerfG? > Rn 810

477. Wer trägt die Kosten der Verfahren des BVerfG? > Rn 811

15. Repetitorium zur Notstandsverfassung 1058

478. Ist die Notstandsverfassung eine eigenständige Verfassung oder ein Teil des Grundgesetzes? Welches ist ihr Ziel? > Rn 813

479. Zeigen Sie die Struktur der Notstandsverfassung auf. > Rn 814 ff.

480. Wann liegt ein Spannungsfall vor ? Wer stellt verbindlich fest, dass einer vorliegt ? Welches sind seine Folgen ? > Rn 814

481. Wann liegt ein Verteidigungsfall vor ? Wer stellt verbindlich fest, dass einer vorliegt ? Welches sind seine Folgen ? > Rn 815

482. Beim inneren Notstand sind zwei verschiedene Fallsituationen zu unterscheiden. Welche ? Mit welchen Rechtsfolgen ? > Rn 817 f.

16. Repetitorium zum Europarecht

1059 **Zum Europarat**

483. Welches sind die Mitglieder des Europarats ? Grenzen Sie den Europarat unter dem Gesichtspunkt der Mitglieder von der Europäische Union ab. > Rn 819

484. Welches sind die Ziele und wesentlichen Aufgabengebiete des Europarats ? > Rn 820

485. Eine der wichtigsten Konventionen des Europarats ist die Europäische Menschenrechtskonvention (EMRK). Wann ist sie beschlossen worden ? Gilt sie in der Bundesrepublik als unmittelbar geltendes Recht ? Wenn ja : Mit welchem Rang ? > Rn 821 f.

486. Hat die EMRK eine Bedeutung für die Europäische Union ? > Rn 821

487. Was für Arten von Grundrechten enthält die EMRK ? Bürgerliche, politische, soziale oder kulturelle Rechte ? > Rn 821

488. An welches Organ des Europarats kann sich ein Bürger eines Mitgliedstaates wenden, wenn er sich in einem Grundrecht der EMRK verletzt fühlt ? Schildern Sie das Verfahren der Überprüfung ? > Rn 823

1060 **Zur Europäischen Union**

489. Die Europäische Union hat sich aus den drei ursprünglichen europäischen Gemeinschaften entwickelt : Welche waren es ? Wann wurden sie gegründet ? Welche Zielsetzungen hatten sie ? Welche davon hat die weitaus größte Bedeutung erlangt ? Besitzt sie heute noch ihre ursprüngliche Bezeichnung ? > Rn 824

490. Kennzeichnen Sie die drei wichtigsten Entwicklungsstufen der Europäischen Union, die Einheitliche Europäische Akte, den Vertrag von Maastricht und den Vertrag von Amsterdam. Beantworten Sie dabei u.a. die Frage, seit wann es die Europäische Gemeinschaft gibt und wann die Europäische Union gegründet wurde > Rn 824

491. Wann wurde die Zollunion errichtet, wann der Binnenmarkt in den meisten Bereichen vollendet ? > Rn 824

492. Die Europäische Union wird üblicherweise als 3-Säulen-Konstruktion dargestellt. Wie heißen die drei Säulen ? Woraus besteht das Dach, das auf den drei Säulen ruht ? > Rn 825

493. Was ist der Europäische Rat ? Welches sind seine Mitglieder, welches seine Aufgaben ? Ist der „Europäische Rat" nur eine andere Bezeichnung für „Europarat" ? > Rn 826

Europarecht 485

494. Kennzeichnen Sie die Rechtsnatur der Europäische Union : Ist sie ein Bundesstaat, ein Staatenbund oder etwas Anderes ? > Rn 827

495. Von welchen Grundwerten geht die Europäische Union aus ? > Rn 832

496. Welches sind Ziele und Organisation der Gemeinsamen Außen- und Sicherheitspolitik der Europäische Union ? > Rn 836 ff.

497. Kennzeichnen Sie Ziele und Mittel der Polizeilichen und justitiellen Zusammenarbeit der Europäische Union in Strafsachen ? > Rn 839 ff.

498. Was verstehen Sie unter der „verstärkten Zusammenarbeit einzelner Mitgliedstaaten" ? > Rn 843 ff.

499. Wie erfolgt eine Änderung des EU- und des EG-Vertrages ? > Rn 843

500. Wie erfolgt ein Beitritt zur Europäische Union ? > Rn 844

501. Kann ein Mitgliedstaat aus der Europäische Union austreten oder aus ihr ausgeschlossen werden ? > Rn 845

Zu Aufgaben und Organen der Europäischen Gemeinschaft 1061

502. Geben Sie einen Überblick über die wichtigsten Aufgaben der Europäischen Gemeinschaft. Welches sind ihre ursprünglichen Aufgaben, welche sind später hinzugekommen ? > Rn 847 f.

503. Welches sind die Kriterien für die Teilnahme eines Mitgliedstaates an der Wirtschafts- und Währungsunion ? > Rn

504. Kennzeichnen Sie die Bedeutung und die Organisation des Rats der Europäischen Gemeinschaft. Welche Kompetenzen hat er ? Wie wird in ihm abgestimmt ? > Rn 858 ff.

505. Wie wird das Europäische Parlament gewählt ? Wo ist sein Sitz ? Wie ist es zusammengesetzt ? > Rn 865 ff.

506. Welche Kotrollbefugnisse hat das Europäische Parlament ? Hat es auch Einfluss auf den Haushalt der Europäische Union ? > Rn 868 f.

507. Geben Sie einen Überblick über die Beteiligung des Europäischen Parlaments an den Entscheidungen der EG, insbesondere an der Gesetzgebung. Sind hier verschiedene Arten der Beteiligung zu unterscheiden ? Wo liegt das Schwergewicht der Beteiligung ? > Rn 870 ff.

508. Woraus besteht die Kommission der EG ? Wie werden ihre Mitglieder gewählt ? Wie wird in der Kommission abgestimmt ? Wie ist die Kommission organisiert ? > Rn 876 ff.

509. Welche Aufgaben hat die Kommission ? > Rn 881 ff.

510. Kennzeichnen Sie Aufgabe und die Struktur des Europäischen Gerichtshofs (EuGH). Wie kommen die Richter in ihr Amt ? > Rn 887 ff.

511. Welches sind die Zulässigkeitsvoraussetzungen der Vertragsverletzungsklage ? Wann ist sie begründet ? Gibt es eine ähnliche Klage im nationalen Bereich ? > Rn 889

512. Welches sind die Zulässigkeitsvoraussetzungen der Nichtigkeitsklage ? Wann ist sie begründet ? Gibt es eine ähnliche Klage im nationalen Bereich ? > Rn 890

513. Welches sind die Zulässigkeitsvoraussetzungen der Untätigkeitsklage ? Wann ist sie begründet ? Gibt es eine ähnliche Klage im nationalen Bereich ? > Rn 891

514. Welches sind die Zulässigkeitsvoraussetzungen des Vorabentscheidungsverfahrens ? Welche Entscheidung trifft der EuGH bei Zulässigkeit eines Antrages auf Vorabentscheidung ? Gibt es ein ähnliches Verfahren im nationalen Bereich ? > Rn 892

515. Für welche Verfahren ist der EuGH sonst noch zuständig ? > 893 ff.

516. Welche der Verfahren fallen in die Zuständigkeit des Gerichts erster Instanz ? > Rn 890 ff.

517. Kennzeichnen Sie Zusammensetzung und Aufgaben des Rechnungshofes der EG. > Rn 895

518. Kennzeichnen Sie Zusammensetzung und Aufgaben des Wirtschafts- und Sozialausschusses der EG. > Rn 896

519. Kennzeichnen Sie Zusammensetzung und Aufgaben des Beschäftigungsausschusses der EG. > Rn 897

520. Kennzeichnen Sie Zusammensetzung und Aufgaben des Ausschusses der Regionen der EG. > Rn 898

521. Kennzeichnen Sie Zusammensetzung und Aufgaben der Europäischen Investitionsbank. > Rn 899

522. Kennzeichnen Sie Zusammensetzung und Aufgaben des Systems der Zentralbanken (ESZB) und der Europäischen Zentralbank (EZB). > Rn 900 f.

Zu den Rechtsquellen der Europäischen Gemeinschaft

523. Was ist der Unterschied zwischen primärem und sekundärem Gemeinschaftsrecht ? > Rn 902, 909

524. Binden bzw. berechtigen die Normen des Vertragsrechts, also insbesondere des EU- und des EG-Vertrages, nur die EG-Organe und die Mitgliedstaaten oder auch unmittelbar die Bürger der Mitgliedstaaten ? > Rn 903 ff.

525. Gibt es auf der Ebene des primären Gemeinschaftsrechts auch ungeschriebenes Recht ? > Rn 903

526. Welche Zulässigkeitsvoraussetzungen gibt es für den Erlass von sekundärem Gemeinschaftsrecht durch die Organe der EG ? > Rn 910 ff.

527. Ein wichtiger Grundsatz des Gemeinschaftsrechts ist das Subsidiaritätsprinzip. Was besagt es ? Für welche Arten der Zuständigkeiten der EGH gilt es ? > Rn 914

528. Gibt es im deutschen Verfassungsrecht auch so etwas wie das Subsidiaritätsprinzip ? > Rn 626

529. Für das Gemeinschaftsrecht gilt ein weiterer wichtiger Grundsatz, der auch ein bedeutsamer Grundsatz des deutschen Verfassungsrechts ist. Welcher ist gemeint ? > Rn 915

Europarecht

530. Unterscheiden Sie Verordnungen, Richtlinien und Entscheidungen der EG hinsichtlich ihres Ziels, ihres Adressaten und ihrer Bindungswirkung. Gibt es ähnliche Rechtsakte auch im nationalen Recht ? > Rn 916 ff.

531. Worin besteht demgegenüber der wesentliche Unterschied zu Empfehlungen und Stellungnahmen ? > Rn 916, 921

532. Unter welchen Voraussetzungen kann sich ein Bürger eines Mitgliedstaates unmittelbar auf eine Richtlinie berufen ? > Rn 919

Zu den Grundrechten der Europäischen Gemeinschaft 1063

533. Der EG-Vertrag enthält ausdrücklich nur wenige Grundrechte. Welche z.B. ? > Rn 934

534. Im übrigen hat der EuGH die Grundrechte, die in einer europäischen Konvention geregelt sind, als Grundrechte auch der EG anerkannt. Welche Konvention ist gemeint ? > Rn 928

535. Ebenso hat er die Grundrechte als EG-Rechte angewandt, die sich aus den gemeinsamen Verfassungstraditionen der Mitgliedstaaten ergeben. Beispiele ? > Rn 928

536. Mittlerweile ist diese Rechtsprechung im Recht der Europäische Union ausdrücklich bestätigt worden. Wo ? > Rn 929

537. Gibt es mittlerweile einen umfassenden Grundrechtskatalog der Europäische Union ? Welchen Rechtsgehalt hat er ggf. ? > Rn 933

538. Der EuGH hat auch etliche rechtsstaatliche Garantien als ungeschriebene Grundsätze des EG-Rechts anerkannt. Welche zum Beispiel ? > Rn 931

539. Wer ist an die Grundrechte und rechtsstaatlichen Garantien des EG-Rechts gebunden ? Nur die EG oder auch die Mitgliedstaaten ? > Rn 930

Zu den Grundfreiheiten der Europäischen Gemeinschaft 1064

540. Zu den Grundrechten des EG-Rechts gehören zwar auch die vier Grundfreiheiten der EG, die von den sonstigen Grundrechten jedoch insoweit zu unterscheiden sind, als sie sich schwergewichtig an einen anderen Adressaten wenden. Welchen ? > Rn 934

541. Der freie Warenverkehr basiert auf zwei grundlegenden Verboten ? Welchen ? Gibt es Ausnahmen von ihnen ? > Rn 935 ff.

542. Der freie Personenverkehr unterteilt sich in den Schutz von zwei Berufsgruppen. Welchen ? Was beinhaltet er ? Unterliegt er Schranken ? > Rn 939 ff.

543. Verstößt es gegen den freien Personenverkehr, wenn der deutsche Staat als Polizisten oder Lehrer nur deutsche Staatsangehörige einstellt ? > Rn 939, 941

544. Was umfasst der freie Dienstleistungsverkehr ? Grenzen Sie ihn ab gegenüber dem freien Personenverkehr anhand von Beispielen (etwa : Eine Maschine wird nach Frankreich verkauft, dorthin geliefert und dort aufgestellt. Ein Architekt lässt sich in Paris nieder, um dort seine Architektenleistungen anzubieten. Ein Straßenbauunternehmer repariert in Amsterdam eine Straße.). > Rn 944 f.

545. Unterliegt der freie Dienstleistungsverkehr Schranken ? > Rn 945

546. Was schützt der freie Kapital- und Zahlungsverkehr ? Fällt auch die Überweisung des Kaufpreises für eine in Schweden gekaufte Maschine darunter ? > Rn 947

547. Unterliegt der freie Kapital- und Zahlungsverkehr Schranken ? > Rn 948

548. Gibt es zu den Grundfreiheiten eine Auffangnorm, die unsachliche Benachteiligungen von Angehörigen anderer Mitgliedstaaten der EU verbietet ? > Rn 949

549. Ist die 1993 eingeführte Unionsbürgerschaft die Staatsbürgerschaft der EU ? Welche Rechte beinhaltet sie ? > Rn 950 ff.

Zum Verhältnis der Europäischen Gemeinschaft zu den Mitgliedsstaaten

550. Unterliegt die Übertragung von Hoheitsrechten auf die EU nach dem Grundgesetz Schranken ? Welchen ggf. ? > Rn 955

551. Das BVerfG hatte 1993 über die Verfassungsmäßigkeit des Zustimmungsgesetzes zum Vertrag von Maastricht zu entscheiden gehabt. Die Beschwerdeführer hatten darin einen Verstoß gegen das Demokratieprinzip gesehen, da dem Bundestag nach Inkrafttreten des Vertrages von Maastricht keine nennenswerten Kompetenzen mehr verblieben. Wie hat das BVerfG die Vereinbarkeit mit dem Demokratieprinzip begründet ? > Rn 956

552. Hat es rechtliche Grenzen für eine weitere Übertragung von Kompetenzen auf die EU aufgezeigt ? > Rn 956

553. Woraus wird abgeleitet, dass das Gemeinschaftsrecht Vorrang vor dem nationalen Recht hat ? > Rn 958 f.

554. Hat es – angesichts der Tatsache, dass der EG-Vertrag keinen dem Grundgesetz vergleichbaren Grundrechtskatalog enthält – auch Vorrang vor den Grundrechten des Grundgesetzes ? Gibt es hierzu Aussagen des BVerfG ? > Rn 961 ff.

555. Welche Arten von Gemeinschaftsrecht werden durch nationales Recht umgesetzt : Verordnungen, Richtlinien oder Entscheidungen ? > Rn 968

556. Wer ist in Deutschland für die Umsetzung zuständig : der Bund oder die Länder ? > Rn 968

557. Wie erfolgt die Umsetzung : durch Gesetz, durch Rechtsverordnung oder durch Verwaltungsvorschrift ? > Rn 968

558. Wer vollzieht das Gemeinschaftsrecht : die EG durch die Kommission oder die Mitgliedstaaten ? Soweit letztere : Nach welchem Verfahrensrecht erfolgt die Umsetzung ? Wer übt die Aufsicht über die Umsetzung aus ? > Rn 969 ff.

559. Haben die deutschen Bundesländer – über ihre Mitwirkung im Bundesrat und im Ausschuss der Regionen hinaus – Einwirkungsmöglichkeiten auf die EG ? > Rn 977 ff.

Zur Haftung und Finanzierung der Europäischen Gemeinschaft

560. Wenn die EG einem Bürger oder Unternehmen eines Mitgliedstaates rechtswidrig einen Schaden zufügt : Unter welchen Voraussetzungen haftet sie ? Welches ist die Anspruchsgrundlage ? Welches sind die Anspruchsvoraussetzungen > Rn 981 ff.

561. Haften die Bediensteten der EG auch persönlich ? >Rn 982

562. Wenn eine deutsche Stelle bei Durchführung oder Umsetzung von EG-Recht einem Bürger oder Unternehmen rechtswidrig einen Schaden zufügt : Unter welchen Voraussetzungen haftet sie ? Welches ist die Anspruchsgrundlage ? > Rn 987 ff.

563. Wie finanziert die EG ihre Aufgaben ? > Rn 991

564. Wofür gibt die EG ihre Mittel aus ? > Rn 992

Zur Organisation für Sicherheit und Zusammenarbeit in Europa 1067

565. Die OSZE hat 1975 (damals noch „KSZE") die bedeutsame Schlussakte von Helsinki verabschiedet. Mit welchem Inhalt ? Warum ist sie bedeutsam geworden ? > Rn 994

566. Danach hat die OSZE weitere Schlussakten verabschiedet. Mit welchen wesentlichen Inhalten ? > Rn 996 ff.

567. Kennzeichnen Sie die Organisation der OSZE. > Rn 991

568. Hat die OSZE über die Schlussakte von Helsinki hinaus eine wesentliche Bedeutung erlangt ? Wenn ja : welche ? Wenn nein : Warum nicht ? > Rn 1000

TEIL 8
GRUNDFÄLLE MIT MUSTERLÖSUNGEN

Die folgenden Fälle sollen Ihnen grundlegende Fallkonstellationen im Bereich des Staatsrechts, insbesondere der Grundrechte, vorstellen und Ihnen aufzeigen, wie man solche Fälle lösen kann : In welchen Strukturen, in welcher Reihenfolge, in welcher Ausführlichkeit bzw. Kürze der einzelnen Aspekte und mit welchen Formulierungen. Zu den Einzelaspekten, die in den folgenden Falllösungen nicht vorkommen, finden Sie oben bei der Darstellung des Staatsrechts ausreichend Beispiel und Fälle, so dass Sie keine Schwierigkeiten haben werden, sie fallorientiert zu behandeln. Die folgenden Fälle sollten Sie erst bearbeiten, wenn Sie zu allen – jeweils am Ende – angegebenen inhaltlichen Themen ausreichende Kenntnisse besitzen. Und Sie sollten sich, bevor Sie in die Lösungen sehen, eine genaue Vorstellung von dem Lösungsweg gemacht haben ! Die – sonst hier im Buch nicht üblichen – Fußnoten erklären sich daraus, dass ihr Inhalt nicht zum Inhalt der Falllösung gehört.

Grundfall 1

1068 Das am 1. 12. 1997 in Kraft getretene Transplantationsgesetz regelt die rechtlichen Voraussetzungen für die Spende, Entnahme und Übertragung von menschlichen Organen. Bei der Entnahme von Organen unterscheidet das Gesetz zwischen der Organentnahme bei toten und bei lebenden Organspendern. Nach § 8 I 1 TPG ist die Entnahme von Organen einer lebenden Person nur unter bestimmten Voraussetzungen zulässig. Unter anderem muss die Person, der das Organ entnommen werden soll, volljährig und einwilligungsfähig sein, in die Entnahme eingewilligt haben und als Spender nach ärztlicher Beurteilung geeignet sein. Es darf kein geeignetes postmortal entnommenes Spenderorgan zur Verfügung stehen und die ärztlich vorgenommene Organübertragung für den vorgesehenen Empfänger muss zur Lebenserhaltung oder Krankheitslinderung geeignet sein. Weiterhin regelt § 8 I 2 TPG : „Die Entnahme von Organen, die sich nicht wieder bilden können, ist darüber hinaus nur zulässig zum Zwecke der Übertragung auf Verwandte ersten oder zweiten Grades, Ehegatten, Verlobte oder andere Personen, die dem Spender in besonderer persönlicher Verbundenheit offenkundig nahe stehen". Nach § 8 II TPG muss der Spender über die gesundheitlichen Risiken der Organentnahme und die zu erwartende Erfolgsaussicht der Organübertragung aufgeklärt worden sein. Nach § 8 III TPG muss eine Kommission eine Stellungnahme dazu abgeben, „ob begründete tatsächliche Anhaltspunkte dafür vorliegen, dass die Einwilligung in die Organspende nicht freiwillig erfolgt oder das Organ eines verbotenen Handeltreibens ... ist." § 19 II TPG regelt u.a., dass der, der ein Organ entgegen § 8 I 2 TPG entnimmt, mit Freiheitsstrafe bis zu fünf Jahren oder mit Geldstrafe bestraft wird.

Am 15.6.1998 hat B gegen § 8 I 2 TPG Verfassungsbeschwerde beim BVerfG erhoben. Ihr liegt folgender Sachverhalt zu Grunde : B ist 46 Jahre alt und leidet an einer schweren Nierenkrankheit. Er muss sich seit Anfang 1996 regelmäßig einer Dialysebehandlung unterziehen. Dies könne seine Krankheit und seine Schmerzen aber nicht beheben, sondern nur mindern. Deshalb ist er dringend auf eine Spenderniere angewiesen. Im familiären Umfeld gibt es keinen geeigneten Spender. Jedoch steht mit dem 61jährigen S ein Spender zur Verfügung. Dieser ist jedoch nicht von dem Personenkreis des § 8 I 2 TPG erfasst, da er mit B nicht verwandt sei und auch kein sonstiges persönliches Näheverhältnis zwischen ihnen besteht. S will aus rein altruistischen und humanitären Gründen die dringend benötigte Niere spenden, ohne dafür eine Bezahlung erhalten zu wollen. Er hat sich deshalb an A, den Leiter der Sektion Organtransplantation der Medizinischen Universität Lübeck gewandt. Dieser hat ihn über die

Grundfall 1

Art und den Umfang des Eingriffs, die möglichen Folgen einer Organentnahme und darüber aufgeklärt, dass das Transplantationsgesetz einer fremdgerichteten altruistischen Lebendspende entgegensteht. Gleichwohl hat S seine Bereitschaft zur Organspende aufrechterhalten. Er hat sich auch bereit erklärt, sich vor einer Organentnahme jedem angemessenen Verfahren zu unterziehen, in dem festgestellt würde, dass er freiwillig in die Organentnahme einwilligt und sein Organ kein Gegenstand verbotenen Handels ist. Er ist auch bereit, seine Niere an die gemeinnützige Stiftung Eurotransplant, die zu einer Vermittlung tatsächlich auch bereit und in der Lage ist, zu spenden. A hat daraufhin allein nach medizinischen Kriterien den P als den optimalen Empfänger für die Niere des S ausgewählt.

B hält § 8 I 2 TPG, der der geplanten Transplantation entgegensteht, für einen Verstoß gegen seine Grundrechte aus Art. 1 I, Art. 2 I und Art. 2 II 1GG. Zur Begründung trägt er vor, § 8 I 2 TPG leide zunächst an mangelnder Bestimmtheit, da der Begriff der "besonderen persönlichen Verbundenheit" zu unbestimmt sei. § 8 I 2 TPG verstoße vor allem aber gegen den Grundsatz der Verhältnismäßigkeit. Zum einen sei er nicht geeignet, die von ihm verfolgten gesetzgeberischen Ziele zu fördern, da zwischen Verwandten und nahen Bekannten aufgrund der vielfältigen psychischen und faktischen Abhängigkeiten die Risiken der Einflussnahme Dritter auf die Entscheidung des Spenders nicht kleiner, sondern größer als zwischen fremden Personen seien. § 8 I 2 TPG sei auch unangemessen. Das Grundrecht auf körperliche Unversehrtheit nehme einen besonders hohen Rang ein. P werde durch das Verbot der fremdgerichteten Lebendspende gesundheitlichen Beeinträchtigungen ausgesetzt. Demgegenüber seien Gefahren für die Freiwilligkeit der Spenderentscheidung und die mit dem Verbot der Kommerzialisierung verfolgten Ziele im vorliegenden Fall nach menschlichem Ermessen ausgeschlossen. Auch soweit § 8 I 2 TPG den Spender schützen wolle, liege ein Verstoß gegen die Angemessenheit vor, weil die grundrechtlich geschützte Entfaltungsfreiheit auch selbstgefährdendes Verhalten schütze. Der Staat dürfe dem Einzelnen nicht vorschreiben, was dieser zum Selbstschutz zu unterlassen habe.

§ 8 I 2 TPG sei auch nicht erforderlich, da mit einer Einzelfallprüfung in einem geeigneten Verfahren ein gleich wirksames, aber weniger belastendes Mittel zur Verfügung stehe. Auch bei Spenden unter Verwandten sehe § 8 III TPG eine entsprechende Prüfung der Freiwilligkeit der Organspende vor. In gleicher Weise sei es möglich, bei der fremdgerichteten altruistischen Lebendspende die Freiwilligkeit und Motivation des Spenders zu prüfen. Geringer belastend mit gleichem Erfolg wäre auch die Möglichkeit, die Niere an die gemeinnützige Stiftung "Eurotransplant" zu spenden, die zu einer Vermittlung der Niere bereit und in der Lage sei. Damit wäre auch die Gefahr eines Organhandels durch die Anonymität der Vermittlung praktisch ausgeschlossen. Auch dürfte dabei die Freiwilligkeit der Spenderentscheidung gesichert sein.

Weiterhin verstoße § 8 I 2 TPG gegen den Gleichheitssatz, da § 8 I 2 TPG eine folgenschwere Ungleichbehandlung von Lebendspenden zwischen Personen, die in einem Näheverhältnis stünden, und solchen, bei denen das nicht der Fall sei, regele, ohne dass es dafür einen sachlichen Grund gebe. Im übrigen sei § 8 I 2 TPG auch wegen Verstoßes gegen das Zitiergebot des Art. 19 I 2 GG nichtig, da Art. 2 I und Art. 2 II 1 GG als eingeschränkte Grundrechte im TPG nicht zitiert seien.

Hat die Verfassungsbeschwerde Aussicht auf Erfolg?

Inhaltliche Themen : Verfassungsbeschwerde nach Art. 93 I Nr. 4 a GG gegen ein Gesetz (> Rn 788 ff.), Einschränkbarkeit von Grundrechten durch Gesetz (> Rn 160 ff.), Unverletzlichkeit der Menschenwürde nach Art. 1 I GG (> Rn 235 ff.), allgemeine Handlungsfreiheit nach Art. 2 I GG (> Rn 247 ff.), Recht auf körperliche Unversehrtheit nach Art. 2 II 1 GG (> Rn 273 ff.)

Grundfall 2

1069 G ist Geschäftsführer und Hauptgesellschafter der Modellstrickwaren-GmbH in München. Mitgesellschafter mit einem Geschäftsanteil von 1000 DM war seine mit zusammen wohnende 89 Jahre alte Mutter. Als Geschäftsführer hatte er wiederholt Fragebogen der Handwerkskammer, zu deren Beantwortung er sich nicht verpflichtet glaubte, nicht ordnungsgemäß ausgefüllt, sondern – wie die Staatsanwaltschaft vermerkte – "mit ungenügenden, zynischen und teils völlig sinnlosen Vermerken versehen". Deshalb wurden gegen die Gesellschaft zwei Bußgelder von je 500 DM verhängt. Da G diese Bußbescheide verschuldet und somit der Gesellschaft einen Schaden von über 1.000 DM zugefügt hatte, wurde gegen ihn wegen eines strafrechtlichen Vergehens der Organuntreue gemäß § 81 a GmbHG Anklage erhoben. In der Hauptverhandlung ordnete der Amtsrichter aufgrund des § 81 a StPO die ärztliche Untersuchung des B zur Prüfung seiner Zurechnungsfähigkeit an. Der Gerichtsarzt stellte nach ambulanter Untersuchung einen Verdacht auf Erkrankung des Zentralnervensystems fest. Zur Klärung hielt er eine Blutuntersuchung und eine Untersuchung des Liquor (Gehirn- und Rückenmarkflüssigkeit) für notwendig, wozu es eines Einstichs in den Wirbelkanal mit einer langen Hohlnadel entweder im Bereich der oberen Lendenwirbel (Lumbalpunktion) oder im Nacken zwischen Schädel- und oberstem Halswirbel (Okzipitalpunktion) bedarf. Da G die Durchführung dieser Untersuchungen verweigerte, ordnete das Amtsgericht durch Beschluss ihre Vornahme durch die Nervenklinik der Universität an. G legte dagegen Beschwerde ein, die das Landgericht jedoch durch Beschluss als unbegründet verwarf. G legte zwei Wochen danach Verfassungsbeschwerde beim BVerfG ein. Zur Begründung trägt er vor, die Beschlüsse der Gerichte würden ihn in seinem Grundrecht auf körperliche Unversehrtheit aus Art. 2 II 1 GG verletzen, da die Liquorentnahme mit ihrer schweren Gesundheitsgefährdung völlig unverhältnismäßig sei. Das Grundrecht des Art. 2 II 1 GG werde auch nirgends in der StPO als einschränkbar genannt.

Das BVerfG hat zu der Bedeutung und zu den Folgen einer Liquorentnahme ein Sachverständigengutachten eingeholt. Dieses kommt zu dem Ergebnis, dass eine Liquor-Untersuchung das wissenschaftlich präziseste Verfahren darstellt, eine etwaige Unzurechnungsfähigkeit festzustellen. Bei sachgemäßer Durchführung hat sie – außer u.U. Kopfschmerzen über mehrere Tage bei der Lumbalpunktion – keine nennenswerten Folgen. Bei nicht sachgemäßer Durchführung kann sie allerdings zu ernsten Komplikationen führen. In einem dem BVerfG (E 17, 116) vorgelegenen Fall hat sie durch Anstechen eines anormal verlaufenden Blutgefäßes sogar zu einer Sickerblutung mit anschließendem Tod des Patienten geführt.

§ 81 a StPO lautet : „Eine körperliche Untersuchung des Beschuldigten darf zur Feststellung von Tatsachen angeordnet werden, die für das Verfahren von Bedeutung sind. Zu diesem Zweck sind Entnahmen von Blutproben und andere körperliche Eingriffe, die von einem Arzt nach den Regeln der ärztlichen Kunst zu Untersuchungszwecken vorgenommen werden, ohne Einwilligung des Beschuldigten zulässig. Die Anordnung steht dem Richter zu."

Hinweis : Die StPO ist zwar vorkonstitutionelles Recht. § 81 a selbst ist aber erst 1950, also nach Inkrafttreten des Grundgesetzes, in die StPO eingefügt worden. Die in § 81 a StPO enthaltenen Befugnisse sollten keine Eingriffsmöglichkeiten schaffen, sondern nur das wiederholen, was bereits früher im Strafprozessrecht galt.

Hat die Verfassungsbeschwerde Aussicht auf Erfolg ?

Inhaltliche Themen : Verfassungsbeschwerde nach Art. 93 I Nr. 4 a GG gegen einen Einzelakt (> Rn 788 ff.), Einschränkbarkeit eines Grundrechts durch einen Einzelakt (> Rn 223 ff.), inzidente Überprüfung der Verfassungsmäßigkeit des ermächtigenden Gesetzes (> Rn 226), Recht auf körperliche Unversehrtheit nach Art. 2 II 1 GG (> Rn 273 ff.)

Grundfall 3

B war in einem christlichen Elternhaus, in dem das religiöse Leben sehr gepflegt wurde, aufgewachsen. Seit seiner Jugend hatte er sich der Glaubensgemeinschaft des evangelischen Brüdervereins eng angeschlossen. Das geschah, als er, nach seiner Überzeugung durch das Gebet in dieser Gemeinschaft, von einem angeborenen Leiden geheilt worden war. Bei den Versammlungen hat er seine spätere Ehefrau E kennen gelernt, die ebenfalls überzeugte Anhängerin dieser Gemeinschaft war. Die bald geschlossene Ehe verlief harmonisch verlaufen und wurde von beiden Ehegatten getreu den Geboten ihres Glaubens geführt. Ein patriarchalisches Verhältnis bestand nicht. Probleme wurden im gegenseitigen Einvernehmen gelöst.

1070

Ihr viertes Kind bekam die E zu Hause in Anwesenheit einer Hebamme. Wegen des unregelmäßigen Verlaufs der Geburt empfahl diese die Zuziehung eines Arztes. E erklärte jedoch, sie würde niemals, was auch immer geschehe, in ein Krankenhaus gehen. Der von B herbeigerufene Arzt diagnostizierte eine derart schwere Blutarmut, dass Lebensgefahr gegeben sei, und schlug dem B sowie der E eine Einweisung ins Krankenhaus vor, damit eine Blutübertragung vorgenommen werden könne. Er machte dabei deutlich, dass sie ohne eine derartige Behandlung sterben könnte. B sagte daraufhin dem Arzt, dass seine Frau auch ohne Krankenhausbehandlung wieder gesund werde, wenn man sich an Gott um Hilfe wende und wenn man stark im Glauben sei. Sie seien beide gläubige Menschen, die gelehrt worden seien, das Wort Gottes zu glauben und ihm zu vertrauen. Er selbst sei deshalb gegen eine Krankenhausbehandlung. Daraufhin wandte er sich an E und erklärte, er überlasse ihr die Entscheidung. Sie könne in ein Krankenhaus gehen, wenn sie wolle. In der Glaubensgemeinschaft werde jedoch ein anderer Weg gelehrt, denn in der Hl. Schrift stehe: "Ist jemand krank, der rufe zu sich die Ältesten der Gemeinde und lasse über sich beten und das Gebet des Glaubens wird dem Kranken helfen." E erklärte daraufhin, sie lehne die Behandlung im Krankenhaus ab und bitte darum, einen Bruder ihrer Glaubensgemeinschaft zu rufen, damit dieser mit ihnen bete. Dies geschah auch. Kurze Zeit darauf verstarb die E.

B wurde deswegen durch Urteil des Landgerichts Ulm wegen unterlassener Hilfeleistung zu 2000 DM Geldstrafe verurteilt. Die dagegen eingelegte Revision beim Oberlandesgericht Stuttgart hatte keinen Erfolg. Mit der Verfassungsbeschwerde rügt der Beschwerdeführer die Verletzung seiner Grundrechte aus Art. 2 Abs. 1 und Art. 4 Abs. 1 GG durch die Urteile. Zur Begründung trägt er vor : Es stehe jedermann frei, ob er sich im Krankenhaus behandeln lassen wolle. Deshalb habe er seine Ehefrau auch nicht gegen ihren Willen ins Krankenhaus bringen dürfen. Die Handlungsfreiheit dürfe nicht unter Berufung auf allgemeine Vernunftgründe eingeschränkt werden, zumal öffentliche Interessen nicht berührt seien. Er habe nicht gezwungen werden dürfen, entgegen seiner eigenen tiefen Glaubensüberzeugung zu handeln. Es sei unzulässig, die "biblische Heilmethode" grundsätzlich abzulehnen und im Beschreiten dieser Heilmethode einen Verzicht auf Hilfeleistung zu erblicken. Hat die Verfassungsbeschwerde Aussicht auf Erfolg ? Prüfen Sie dabei nicht die Verfassungsmäßigkeit des § 323 c StGB als Grundlage der Strafurteile.[1]

§ 323 c StGB lautet : Wer bei Unglücksfällen oder gemeiner Gefahr oder Not nicht Hilfe leistet, obwohl dies erforderlich und ihm den Umständen nach zuzumuten ist, insbesondere ohne erhebliche eigene Gefahr und ohne Verletzung anderer wichtiger Pflichten möglich ist, wird mit Freiheitsstrafe bis zu einem Jahr oder mit Geldstrafe bestraft.

Inhaltliche Themen : Verfassungsbeschwerde nach Art. 93 I Nr. 4 a GG gegen ein Gerichtsurteil (> 788 ff.), Ausstrahlungswirkung der Grundrechte auf das einfache Recht (> Rn 111), immanente Schranken von Grundrechten (> Rn 185 ff.), Grundrecht auf Leben aus Art. 2 II 1 GG (> Rn 268 ff.), Grundrecht auf Glaubensfreiheit aus Art. 4 I GG (> Rn 322 ff.)

---

[1] Ohne diesen Hinweis müsste diese Prüfung – ähnlich wie im Grundfall 2 die des § 81 a StGB – erfolgen.

Grundfall 4

1071 M befand sich in Untersuchungshaft. Seine Frau F besuchte ihn dort und steckte ihm einen Brief mit 1,12 Gramm Haschisch zu, was ein Aufsichtsbeamter bemerkte. F wurde daraufhin vom Landgericht Lübeck zu einer Freiheitsstrafe von zwei Monaten verurteilt, ihr Mann zu einer Geldstrafe von 500 DM. Grundlage war in beiden Fällen § 29 I 1 Nr. 1 i.V.m. § 1 I BtMG. F und M legten dagegen Berufung beim Landgericht Lübeck ein. Dieses kam zu der Ansicht, dass die angewandte Strafvorschrift verfassungswidrig sei. Es setzte deshalb das Verfahren aus und rief das BVerfG an mit dem Antrag, über die Verfassungsmäßigkeit § 29 I 1 Nr. 1 i.V.m. § 1 I BtMG zu entscheiden. Das Landgericht begründete den Antrag damit, seiner Überzeugung nach verstoße die Vorschrift gegen Art. 2 I GG. Diese Vorschrift erfasse auch das Recht auf Rausch als zentralen Teil menschlicher Selbstbestimmung. Eine Einschränkung dieses Rechts sei nur im Rahmen der Verhältnismäßigkeit zulässig. Diese sei aber zumindest insoweit nicht gegeben, als § 29 I 1 Nr. 1 i.V.m. § 1 I BtMG Handlungen unter Strafe stelle, die darauf abzielten, Eigen- oder Fremdkonsum in geringem Umfang zu ermöglichen. Schließlich verstoße § 29 I 1 Nr. 1 i.V.m. § 1 I BtMG gegen das Recht auf körperliche Unversehrtheit aus Art. 2 II 1 GG, da der Bürger, der sich in Ausübung seines Grundrechts aus Art. 2 I GG berauschen wolle, durch das strafrechtliche Verbot des Erwerbs von Cannabisprodukten in die gesundheitsschädlichere Alternative des nicht strafbaren Alkoholkonsums gezwungen werde. Schließlich liege auch ein Verstoß gegen Art. 3 I GG vor, da in § 1 I BtMG Haschisch, nicht aber auch Alkohol und Nikotin aufgeführt seien. Diese seien aber gefährlicher als Cannabisprodukte, weil sie in weitaus höherem Maß zu physischen, psychischen und gesellschaftlichen Schäden führen würden. Auch werde nicht zwischen weichen und harten Drogen differenziert. Der Gesetzgeber sehe vielmehr für beide Arten den gleichen Strafrahmen vor. Dafür gebe es angesichts der unterschiedlichen Gefährlichkeit von Drogen – wie z.B. Heroin einerseits und Cannabis andererseits – keine sachliche Rechtfertigung. Hat der Antrag des Landgerichts Aussicht auf Erfolg ?

Hinweise :

§ 1 I BtMG führt in seiner Anlage die vom BtMG erfassten Betäubungsmittel auf. Dazu gehören u.a. „Cannabis (Marihuana), Cannabisharz (Haschisch) und Tetrahydrocannabilol (THC)."

§ 29 BtMG lautet im Auszug :
„(1)   Mit Freiheitsstrafe bis zu fünf Jahren oder mit Geldstrafe wird bestraft, wer
1. Betäubungsmittel ohne Erlaubnis nach § 3 Abs. 1 Nr.1 anbaut, herstellt, mit ihnen Handel treibt, sie, ohne Handel zu treiben, einführt, ausführt, veräußert, abgibt, sonst in den Verkehr bringt, erwirbt oder sich in sonstiger Weise verschafft,
2. ...
3. Betäubungsmittel besitzt, ohne sie auf Grund einer Erlaubnis nach § 3 Abs. 1 erlangt zu haben,
4. ....
(5) Das Gericht kann von einer Bestrafung nach den Absätzen 1, 2 und 4 absehen, wenn der Täter die Betäubungsmittel lediglich zum Eigenverbrauch in geringer Menge anbaut, herstellt, einführt, ausführt, durchführt, erwirbt, sich in sonstiger Weise verschafft oder besitzt."
In der Begründung des BtMG 1971 hieß es noch : Bei Cannabis und Haschisch „handelt es sich um ein Halluzinogen, das nach in der medizinischen Wissenschaft überwiegenden Meinung bei Dauergebrauch zu Bewusstseinsveränderungen und zu psychischer Abhängigkeit führen kann... Mit großer Wahrscheinlichkeit ist davon auszugehen, dass die Droge eine Schrittmacherfunktion ausübt." In der Begründung des BtMG 1981 heißt es dagegen abschwächend : „Die gesundheitlichen Risiken beim Verbrauch von Cannabis-Produkten sind von der Wissenschaft immer wieder betont worden, zumindest kann die Unschädlichkeit nicht

nachgewiesen werden." Heute werden in der wissenschaftlichen Literatur die physischen und psychischen Auswirkungen des Cannabiskonsums unterschiedlich beschrieben mit der Folge, dass auch die Bewertung der sich daraus ergebenden Gefahren unterschiedlich ausfällt. Weitgehende Übereinstimmung besteht darin, dass Cannabiskonsum keine körperliche Abhängigkeit hervorruft. Auch werden die unmittelbaren Gesundheitsschäden bei mäßigem Genuss als eher gering angesehen. Andererseits wird die Möglichkeit einer psychischen Abhängigkeit kaum bestritten. Dabei wird aber das Suchtpotential von Cannabis als sehr gering eingestuft. Einig ist man darin, das der Dauerkonsum von Cannabis zu Verhaltensstörungen, Lethargie, Gleichgültigkeit, Angstgefühl, Realitätsverlust und Depressionen führen kann und dies gerade die Persönlichkeitsentwicklung von Jugendlichen nachhaltig stören kann. Überwiegend abgelehnt wird heute dagegen die Auffassung, Cannabis habe eine „Schrittmacherfunktion" auf härtere Drogen hin, soweit damit die stoffliche Eigenschaft von Cannabisprodukten bezeichnet werden soll. Damit wird aber nicht ausgeschlossen, dass aufgrund der Einheitlichkeit des Drogenmarktes in bestimmten Fällen der Genuss von Cannabis einen „Umsteigeeffekt" auf harte Drogen zur Folge hat.[1]

Inhaltliche Themen : konkretes Normenkontrollverfahren nach Art. 100 GG (> Rn 787), Vereinbarkeit eines Gesetzes mit den Grundrechten (> Rn 160 ff.), allgemeine Handlungsfreiheit des Art. 2 I GG (> Rn 247 ff.), allgemeines Gleichheitsrecht des Art. 3 I GG (> Rn 281 ff.)

Grundfall 5

A gehörte als Mitglied des Bundestages der Fraktion „Die Grünen" an und vertrat diese im Innenausschuss und im Rechtsausschuss. Nachdem er sich mit seinem Landesverband überworfen und daraufhin aus der Partei ausgetreten war, wurde er von seiner Fraktion als Mitglied am 27.1.1988 ausgeschlossen. Die Fraktion teilte daraufhin dem Präsidenten des Bundestages mit, wer für den ausgeschlossenen A die Mitgliedschaft in den Ausschüssen übernehmen werde. Der Antrag des A, ihm einen Zuschuss zu gewähren, wie ihn Fraktionen erhielten, wurde von dem Bundestagspräsidenten zurückgewiesen.

Am 25. 7. 1988 hat A beim BVerfG den Antrag gestellt, festzustellen, der Deutsche Bundestag bzw. sein Präsident bzw. die Fraktion der „Grünen" verstoße dadurch gegen 38 I 2 GG und das Prinzip der repräsentativen Demokratie,

1. dass nach den Regelungen der Geschäftsordnung des Bundestages die Zusammensetzung der Ausschüsse im Verhältnis der Stärke der einzelnen Fraktionen vorzunehmen ist und die Mitglieder der Ausschüsse ausschließlich von den Fraktionen benannt würden,

2. dass er aus dem Innen- und dem Rechtsausschuss abberufen worden sei,

3. dass für fraktionslose Abgeordnete kein Mindestrederecht vorgesehen sei und

4. dass sein Antrag auf eine finanzielle Ausstattung zurückgewiesen sei.

Hat der Antrag Aussicht auf Erfolg ?

Inhaltliche Themen : Organstreitverfahren nach Art. 93 I Nr. 1 GG (> Rn 784), Rechtsstellung der Fraktionen und der einzelnen Abgeordneten, Bedeutung von Ausschüssen (> Rn 709, 711)

1072

---

[1] nach BVerfGE 90, 180 ff.

Grundfall 6

1073 Ende der 50er Jahre verfolgte die von der CDU/CSU geführte Bundesregierung das Ziel, für den Fall des Scheiterns einer allgemeinen und kontrollierten Abrüstung, insbesondere eines allgemeinen und durch ausreichende Garantien gesicherten internationalen Verbots von Atomwaffen, im Rahmen der NATO die Bundeswehr mit solchen Waffen auszurüsten. Diese Politik wurde von der oppositionellen SPD für falsch erklärt und leidenschaftlich bekämpft. Im Zuge dieser politischen Auseinandersetzungen forderte sie u. a. die Durchführung einer Volksbefragung über Atomwaffen. Ein entsprechender Antrag wurde von der Mehrheit des Bundestages jedoch abgelehnt.

Daraufhin wurden ähnliche Gesetzesentwürfe in den Landtagen mehrerer Länder von den Fraktionen der SPD eingebracht. Da der Antrag der SPD-Fraktion im hessischen Landtag nicht sofort zum Erfolg führte, beschlossen einige hessische Gemeinden, darunter Frankfurt/M., Darmstadt, Kassel und Offenbach durch ihre zuständigen Organe, die wahlberechtigten Gemeindebürger amtlich in dem für Wahlen vorgeschriebenen Verfahren zu befragen, ob sie der Ausrüstung der Bundeswehr mit Atomwaffen zustimmen. Der auf einen gemeinsamen Antrag der Fraktionen der SPD und der FDP ergangene Beschluss der Stadtverordnetenversammlung von Frankfurt/M. vom 10.4.1958 lautet: »Der Magistrat wird beauftragt, in Frankfurt/M. eine Volksbefragung über die atomare Bewaffnung der Bundesrepublik durchzuführen. Die Volksbefragung soll organisatorisch in gleicher Weise durchgeführt werden wie allgemeine Wahlen. Bei der Befragung ist folgende Frage zur Entscheidung zu stellen: ‚Sollen auf deutschem Boden Streitkräfte mit atomaren Sprengkörpern ausgerüstet und atomare Abschussbasen eingerichtet werden?'«.

Die Bundesregierung wies durch Schreiben des Bundeskanzlers vom 2.5.1958 die Hessische Landesregierung darauf hin, dass sie die Beschlüsse der hessischen Gemeinden für grundgesetzwidrig halte, und ersuchte die Landesregierung, die Beschlüsse durch den Hessischen Minister des Innern aufzuheben und die auf Grund dieser Beschlüsse getroffenen Maßnahmen rückgängig machen zu lassen. Falls dies nicht geschehe, werde die Bundesregierung das Bundesverfassungsgericht anrufen. Die Hessische Landesregierung antwortete durch Schreiben des Ministerpräsidenten vom 13.5.1958, nach ihrer Auffassung stünden die beanstandeten Beschlüsse der hessischen Gemeinden mit der Rechtsordnung in Einklang. Sie sehe sich deshalb außerstande, dem Ersuchen der Bundesregierung zu entsprechen.

Daraufhin beantragte die Bundesregierung beim Bundesverfassungsgericht, zu erkennen: „Das Land Hessen verletzt die ihm nach dem Grundgesetz obliegende Pflicht zur Bundestreue, indem die Landesregierung es unterlässt, die Beschlüsse der hessischen Gemeinden zur Durchführung von Volksbefragungen über Atomwaffen in der Bundesrepublik aufzuheben." Zur Begründung berief sich die Bundesregierung darauf, dass die Gemeinden mit ihren Beschlüssen in den Bereich der ausschließlichen Zuständigkeit des Bundes eingegriffen hätten. Da dem Bund eine Aufsicht über die Gemeinden nicht zustehe, sei das Land dem Bund gegenüber verpflichtet, im Wege seiner Gemeindeaufsicht dafür zu sorgen, dass die Gemeinden das Grundgesetz beachten. Hat der Antrag Aussicht auf Erfolg ?

Hinweise : Das Recht der kommunalen Selbstverwaltung des Art. 28 II GG ist auch in der hessischen Gemeindeordnung geregelt (§§ 1, 2, 5). Die Aufsicht über die Gemeinden erstreckt sich nach Art. 137 III 2 der hessischen Verfassung nur auf die Rechtmäßigkeit des Handelns der Gemeinden. Nach Art. 138 hessVerf kann die Landesregierung der Minister des Innern rechtswidrige Beschlüsse der Gemeinden aufheben.

Inhaltliche Themen : Bund-Länder-Streitverfahren nach Art. 93 I Nr. 3 GG (> Rn 785), Zuständigkeitsverteilung zwischen Bund und Ländern (> Rn 620 ff.), Grundsatz der Bundestreue (> Rn 618 f.)

Grundfall 7

Nach dem Beitritt Schwedens zur Europäischen Union am 1.1.1995 beschloss K zu prüfen, wie die schwedischen Behörden das Recht der schwedischen Bürger auf Information in Bezug auf Dokumente handhabten, die im Zusammenhang mit der Tätigkeit der Europäischen Union standen. Er setzte sich zu diesem Zweck mit 46 schwedischen Behörden in Verbindung. Er beantragte bei ihnen den Zugang zu einer Reihe von Dokumenten des Rates im Zusammenhang mit der Einrichtung des Europäischen Polizeiamtes Europol. K wurde Zugang zu 18 der 20 verlangten Dokumente gewährt. Der Zugang zu zwei Dokumenten wurde ihm wegen darin angedruckter Verhandlungsstandpunkte einiger Regierungen verweigert. Außerdem waren bestimmte Teile der Dokumente, zu denen der Zugang gewährt wurde, unleserlich gemacht worden. Am 2.5.1995 beantragte K auch beim Rat den Zugang zu den gleichen 20 Dokumenten. Das Generalsekretariat des Rates gab mit Schreiben vom 1.6.1995 dem Antrag auf Zugang nur für zwei Dokumente statt. Er verweigerte den Zugang zu den 18 anderen Dokumenten mit der Begründung, dass die Offenlegung dieser Dokumente das öffentliche Interesse beeinträchtige bzw. dass die Dokumente die Beratungen des Rates beträfen und aus diesem Grund der Pflicht zur Geheimhaltung unterlägen. K erhob einen Monat später Klage vor dem EuGH mit dem Antrag festzustellen, dass der Rat verpflichtet ist, ihm den Zugang zu den verbleibenden 16 Dokumenten zu gewähren. Mit Aussicht auf Erfolg?

1074

Hinweis : Nach dem Beschluss 93/731 kann grundsätzlich jeder Bürger die Einsicht in jedes beliebige Ratsdokument verlangen, ohne seinen Antrag begründen zu müssen. Art. 4 des Beschlusses enthält jedoch zwei Ausnahmen : Die erste sieht vor, dass der Zugang zu einem Dokument des Rates nicht gewährt werden darf, wenn seine Verbreitung den Schutz des öffentlichen Interesses (öffentliche Sicherheit, internationale Beziehungen, Währungsstabilität, Rechtspflege, Inspektions- und Untersuchungstätigkeiten) verletzen könnte. Nach der zweiten kann der Rat den Zugang zu Dokumenten auch zum Schutz der Geheimhaltung seiner Beratungen verweigern.

Inhaltliche Themen : Nichtigkeitsklage vor dem EuGH nach Art. 230 EGV (> Rn 890), Anforderungen an die Begründung von Entscheidungen der Organe der EG

Grundfall 8

Die vom Rat am 28.6.1990 erlassene Richtlinie 90/365/EWG sieht in Art. 1 vor, dass die Mitgliedstaaten den Angehörigen anderer Mitgliedstaaten, die in der Gemeinschaft als Arbeitnehmer oder Selbständige tätig waren, sowie deren Familienangehörigen, ein Daueraufenthaltsrecht zu gewähren haben. Voraussetzung ist, dass sie zum einen eine Invaliditäts-, Vorruhestands- oder Altersrente beziehen, so dass sie nicht die Sozialhilfe des aufnehmenden Mitgliedstaates in Anspruch nehmen müssen, und zum anderen einen Krankenversicherungsschutz genießen, der im aufnehmenden Mitgliedstaat alle Risiken abdeckt. Nach Art. 5 haben die Mitgliedstaaten bis zum 30.6.1992 die erforderlichen Rechts- und Verwaltungsvorschriften zu erlassen und die Kommission davon in Kenntnis zu setzen.

1075

Nachdem die Kommission bis zum Ablauf der Frist von der Bundesregierung keine Information über die Umsetzung der Richtlinie erhalten hatte, forderte sie die Bundesregierung zu einer entsprechenden Stellungnahme auf. Diese verwies auf § 2 II AuslG, wonach das AuslG auf Ausländer, die nach EG-Recht Freizügigkeit genießen, nur dann Anwendung findet, soweit das EG-Recht keine abweichenden Bestimmungen enthält. Damit sei der Vorrang des

Gemeinschaftsrechts gegenüber dem nationalen Recht verbindlich angeordnet. Außerdem weise die Richtlinie eine hohe Regelungsdichte auf, die den nationalen Behörden eine Entscheidung über die Zuerkennung des Freizügigkeitsrechts anhand klar normierter Prüfungskriterien ermögliche. Auch seien die Verwaltungen der Länder ordnungsgemäß auf die veränderte Rechtslage hingewiesen worden. Damit sei die Richtlinie lückenlos umgesetzt.

Da die Kommission diese Auffassung nicht überzeugte, gab sie gegenüber der Bundesregierung eine entsprechende Stellungnahme ab mit der Aufforderung, binnen zwei Monaten der Stellungnahme nachzukommen. Da die Bundesregierung das ablehnte, erhob die Kommission vor dem EuGH Klage auf Feststellung, dass die Bundesrepublik Deutschland dadurch gegen ihre Pflichten aus dem EG-Vertrag verstoßen habe, dass sie nicht innerhalb der vorgeschriebenen Frist die erforderlichen Rechts- und Verwaltungsvorschriften erlassen habe, um die Richtlinie 90/365/EWG in innerstaatliche Recht umzusetzen. Mit Aussicht auf Erfolg?

Inhaltliche Themen: Vertragsverletzungsverfahren vor dem EuGH nach Art. 226 EGV (> Rn 889), Notwendigkeit der Umsetzung von Richtlinien in innerstaatliches Recht (> Rn 918 f.)

Grundfall 9

1076   Die K war sei 1990 vollzeitbeschäftigte Krankenschwester im Kreiskrankenhaus B. Das Arbeitsverhältnis fiel unter den Bundesangestelltentarifvertrag von 1961 (BAT). Nachdem K am 24.4.1995 ein Kind geboren hatte, wurden ihr nach dem Bundeserziehungsgeldgesetz (BErzG) Erziehungsurlaub vom 20.6.1995 bis 23.4.1998 sowie Erziehungsgeld gewährt. Seit dem 20.9.1995 übte sie in dem Krankenhaus B eine geringfügige Beschäftigung i.S. von § 8 SGB IV aus. Eine solche liegt vor, wenn die Beschäftigung regelmäßig weniger als 15 Stunden in der Woche ausgeübt wird und das Arbeitsentgelt regelmäßig einen bestimmten Bruchteil der monatlichen Bezugsgröße nicht übersteigt. Geringfügige Beschäftigungen sind sozialversicherungsfrei. K verlangte von ihrem Arbeitgeber B Zahlung der Jahressonderzuwendung für das Jahr 1995. Dabei handelt es sich um eine zu Weihnachten gewährte Gratifikation in Höhe eines Monatsgehalts, deren Zahlung im Zuwendungs-Tarifvertrag von 1973 (ZTV) vorgesehen ist. B verweigerte ihr diese Zuwendung mit der – zutreffenden – Begründung, dass der ZTV nur für Personen gelte, deren Arbeitsverhältnis unter den BAT falle, und dass gem. § 3 lit. n BAT geringfügig Beschäftigte i.S. von § 8 SGB IV vom Geltungsbereich des BAT ausgenommen seien. K erhob daraufhin am 14.6.1996 bei dem zuständigen Arbeitsgericht München Klage auf Zahlung der Jahressonderzuwendung mit der Begründung, § 3 lit. n BAT sei eine mittelbare Diskriminierung von Frauen, da davon auszugehen sei, dass über 90% der Personen, die Leistungen nach dem BErzG bezögen, Frauen seien. Außerdem würden Frauen im Erziehungsurlaub, die Kinder erzögen und arbeiteten, schlechter gestellt als solche, die auf ihre Erwerbstätigkeit verzichten. Damit sei § 3 lit. n BAT mit dem EG-Recht unvereinbar. B meinte dagegen, die Vorschrift habe nicht eine Diskriminierung von Frauen zum Ziel, sondern sei von dem sozial- und beschäftigungspolitischen Ziel getragen, dem wachsenden Bedarf an Teilzeitarbeit Rechnung tragen. Das Gericht schloss sich der Argumentation der K an. Es setzte deshalb das Verfahren aus und ersuchte – mit der obigen Begründung – den EuGH zu entscheiden, ob § 3 lit. n BAT mit dem Diskriminierungsverbot des Art. 141 EGV vereinbar sei. Wie wird der EuGH in dieser Sache entscheiden?

Inhaltliche Themen : Vorabentscheidungsverfahren vor dem EuGH nach Art. 234 EGV (> Rn 892), Grundsatz des gleichen Entgelts für Männer und Frauen bei gleicher Arbeit nach Art. 141 EGV.

Musterlösung zum Grundfall 1

1. Zulässigkeit der Verfassungsbeschwerde

Die Zulässigkeit richtet sich nach Art. 93 I Nr. 4 a GG und §§ 90 ff. BVerfGG.[1]

1.1 <u>Beschwerdefähigkeit und Prozessfähigkeit</u> : Die Beschwerdefähigkeit entspricht der Grundrechtsträgerschaft, die Prozessfähigkeit der Grundrechtsmündigkeit.[2] Beide liegen bei B vor.

1.2 <u>Beschwerdegegenstand</u> muss nach Art. 93 I Nr. 4 a GG bzw. § 90 I BVerfGG ein Akt öffentlicher Gewalt sein. Darunter ist jede Maßnahme einer der drei staatlichen Gewalten zu verstehen. Die Verfassungsbeschwerde richtet sich gegen ein Gesetz und damit gegen einen Akt öffentlicher Gewalt.

1.3 <u>Beschwerdebefugnis</u> : Sie würde bei B nach Art. 93 I Nr. 4 a GG bzw. § 90 I BVerfGG vorliegen, wenn er behaupten würde, in einem Grundrecht oder einem der in Art. 20 IV, 33, 38, 101, 103 und 104 GG genannten Rechte verletzt zu sein. Das bedeutet, dass eine Verletzung einer dieser Rechte möglich sein muss. Da die Verfassungsbeschwerde sich gegen ein Gesetz richtet, muss B möglicherweise selbst, gegenwärtig und unmittelbar in einem dieser Rechte verletzt sein.[3] Als betroffene Grundrechte kommen Art. 2 I, Art. 2 II 1 und Art. 3 I GG in Betracht.

Die Selbstbetroffenheit könnte bei B zweifelhaft sein. § 8 I 2 TPG regelt nämlich nur die Entnahme von Organen, so dass B, der das entnommene Organ erhalten soll, nicht als Adressat der Regelung in Betracht kommt. Eine Selbstbetroffenheit liegt aber auch dann vor, wenn ein Beschwerdeführer nicht selbst Adressat des Gesetzes ist, durch dieses jedoch in rechtlich erheblicher Weise betroffen wird. Das ist hier der Fall : Die Rechtssphäre des B wird durch § 8 I 2 TPG über eine reine Reflexwirkung hinaus berührt, weil die vorgesehene Organentnahme bei S gerade im Interesse der grundrechtlich geschützten Gesundheit des B erfolgen soll. Auf Grund der konkreten Umstände des Falles ist er folglich selbst von § 8 I 2 TPG betroffen.

B ist auch gegenwärtig betroffen. Dem steht nicht entgegen, dass es möglicherweise noch andere lebenserhaltende Maßnahmen – wie eine fortgesetzte Dialysebehandlung oder die Transplantation einer Leichenniere – gibt.

B ist schließlich auch unmittelbar betroffen, da das PTG ohne weiteren vermittelnden Akt, insbesondere ohne besonderen Vollzugsakt der Verwaltung, in seinen Rechtskreis eingreift.[4]

1.4 <u>Erschöpfung des Rechtsweges</u> : Sie ist nach § 90 II BVerfGG notwendig, wenn gegen die Verletzung der Rechtsweg zulässig ist. Das ist bei formellen Gesetzen jedoch nicht der Fall.

1.5 <u>Grundsatz der Subsidiarität</u> : Danach haben in erster Linie nicht das BVerfG, sondern die Fachgerichte und andere staatliche Organe die Aufgabe, Grundrechtsverletzungen zu beseitigen. Hier besteht zwar die Möglichkeit, eine verwaltungsgerichtliche Klage auf Feststellung zu erheben, dass B nicht dem Verbot des § 8 I 2 TPG unterliegt. Das angerufene Verwaltungsgericht könnte, wäre es von seiner Verfassungswidrigkeit überzeugt, § 8 I 2 TPG

---

[1] vgl. Rn 788 ff.
[2] vgl. Rn 789 f.
[3] vgl. Rn 793, 794, 795
[4] BVerfG NJW 1999, 3399

aber nicht unangewendet lassen, sondern müsste wegen Art. 100 GG das BVerfG anrufen. Auch der Gesichtspunkt einer sachgerechten Aufgabenverteilung zwischen dem BVerfG und den Fachgerichten scheidet aus, da für die Entscheidung über die Erfolgsaussicht der Verfassungsbeschwerden weder in tatsächlicher Hinsicht Aufklärungsbedarf noch im Bezug auf das TPG Auslegungsbedarf besteht.

1.6 Form und Frist : Dass B die Formvorschrift des § 23 I BVerfGG eingehalten hat, ist zu unterstellen. Die Anforderung des § 92 BVerfGG, dass der Beschwerdeführer die als verletzt gerügten Rechte und den angegriffenen Hoheitsakt benennen muss, ist erfüllt. § 93 BVerfGG, wonach eine Verfassungsbeschwerde gegen ein Gesetz innerhalb eines Jahres nach Inkrafttreten erhoben werden muss, ist eingehalten worden.

2. Annahme der Verfassungsbeschwerden zur Entscheidung

Die Annahme zur Entscheidung ist zu unterstellen. [5]

3. Begründetheit der Verfassungsbeschwerden

Die Verfassungsbeschwerde wären begründet, wenn die behaupteten Grundrechtsverletzungen tatsächlich vorliegen würden.

3.1 Grundrecht des P aus Art. 2 II 1 GG

3.1.1 Schutzbereich

3.1.1.1 Schutzgut

Schutzgut des Art. 2 II 1 GG ist u.a. die körperliche Unversehrtheit. Diese als die gesamte körperliche, gesundheitliche und seelische Beschaffenheit des Menschen ist berührt, da die verweigerte Transplantation zumindest zu einer erheblichen Schmerzlinderung, möglicherweise sogar zu einer längerfristigen Gesundung führen würde.[6]

3.1.1.2 Eingriff

Ein Grundrechtseingriff setzt immer voraus, dass die Beeinträchtigung nachteilig und nicht völlig unerheblich ist [7]. Beide Voraussetzungen sind bei der Verweigerung einer Transplantation nach § 8 I 2 TPG offenkundig erfüllt.

Ein Eingriff liegt darüber hinaus jedenfalls dann vor, wenn die Beeinträchtigung die Voraussetzungen des klassischen Eingriffsbegriffs erfüllt, d.h. wenn sie normativ, unmittelbar und zielgerichtet ist [8]. Daran fehlt es hier aber, da der Gesetzgeber mit § 8 I 2 TPG nicht unmittelbar und zielgerichtet in die körperliche Unversehrtheit eingreift. Art. 2 II 1 GG muss als Abwehrrecht aber auch gegen staatliche Maßnahmen schützen, die nur mittelbar und unbeabsichtigt zu einer Verletzung der körperlichen Unversehrtheit führen. Voraussetzung ist jedoch, dass die Grundrechtsbeeinträchtigung als adäquate Folge staatlichem Handeln zuzu-

---

[5] Im Original-Fall hat die 1. Kammer des Ersten Senats die Annahme mit der Begründung abgelehnt, der Verfassungsbeschwerden würde keine grundsätzliche verfassungsrechtliche Bedeutung zukommen. Sie würde sich zwar unmittelbar gegen gesetzliche Vorschriften richten, die bisher noch nicht Gegenstand verfassungsrechtlicher Prüfung gewesen seien. Die Verfassungsbeschwerde ließe sich jedoch anhand der in der Rechtsprechung des BVerfG entwickelten Maßstäbe, insbesondere des Verhältnismäßigkeitsprinzips, entscheiden.
[6] BT-Dr 13/4355, S.10; BVerfG NJW 1999, 3399
[7] vgl. Rn 166 ff., 170
[8] vgl. Rn 171

rechnen ist [9]. Innerhalb der grundgesetzlichen Ordnung stellt das Grundrecht auf körperliche Unversehrtheit einen hohen Wert dar, den der Staat in besonderem Maße schützen muss. Der Gesetzgeber hat dagegen durch das TPG, insbesondere durch dessen § 8 I 2, die Möglichkeiten einer Organentnahme bei Lebenden erheblich verschärft. Die Folge ist, dass Personen, die – wie hier B – auf ein Ersatzorgan, insbesondere eine Ersatzniere, angewiesen sind, ein solches Organ nicht oder nur später erhalten. Der Gesetzgeber hat also kausal zurechenbar die Therapiemöglichkeiten einer bestimmten Gruppe erheblich erschwert und damit die Wahrscheinlichkeit einer weiteren Beeinträchtigung der Gesundheit erhöht. Die dem B drohende Beeinträchtigung seines Grundrechts aus Art. 2 II 1 GG ist daher dem Staat zuzurechnen und stellt damit einen Eingriff dar.[10]

3.1.2 Schranken-Bereich

1081

Das Grundrecht des Art. 2 II 1 GG kann nach Art. 2 II 3 GG aufgrund eines Gesetzes eingeschränkt werden. § 8 I 2 TPG wäre also mit Art. 2 II 1 GG vereinbar, wenn er – sowohl formell als auch materiell – verfassungsmäßig wäre.

3.1.2.1 formelle Verfassungsmäßigkeit [11]

(1) Zuständigkeit

1082

Regelungen zur Transplantation von Organen sind nach Art. 74 I Nr. 26 GG Gegenstand der konkurrierenden Gesetzgebung. Der Bund hat nach Art. 72 II GG das Gesetzgebungsrecht, wenn die Wahrung der Rechtseinheit im gesamtstaatlichen Interesse eine bundesgesetzliche Regelung erforderlich macht. Das ist hier der Fall, da eine Regelung des Transplantationsrechts auf Landesebene zu unbefriedigenden Ausweichmöglichkeiten in Länder mit milderen Regelungen führen könnte.

(2) Verfahren

1083

Verfahrensanforderungen ergeben sich aus Art. 77 GG und eventuell einschlägigen Vorschriften, die die Notwendigkeit der Zustimmung des Bundesrates vorsehen. Ob diese Anforderungen beim Erlass des TPG beachtet worden sind, kann angesichts des Sachverhalts, der dazu keine Aussagen macht, nicht beantwortet werden, ist also zu unterstellen.

(3) Form

1084

Davon, dass das Gesetz gemäß Art. 82 GG ordnungsgemäß im Bundesgesetzblatt veröffentlicht worden ist, ist auszugehen. Fraglich könnte jedoch die Vereinbarkeit mit dem Zitiergebot des Art. 19 I 2 GG sein. Dieses verlangt, dass ein Gesetz, welches ein Grundrecht einschränkt, das Grundrecht unter Angabe des Artikels nennt. Das TPG nennt Art. 2 II 1 GG als eingeschränktes Grundrecht jedoch nicht. Art. 19 I GG gilt jedoch nur mit Einschränkungen[12], von denen hier zwei relevant sind : Es findet nur Anwendung auf Grundrechte, die aufgrund eines Einschränkungsvorbehalts eingeschränkt werden dürfen. Einen solchen stellt Art. 2 II 3 dar.[13] Weiterhin gilt es nur für zielgerichtete normative Einschränkungen.[14] Eine solche liegt im Fall des § 8 II 2 TPG jedoch nicht vor. Zum einen sind

---

[9] vgl. Rn 172
[10] BVerfG NJW 1999, 3401
[11] B rügt zwar keinen Verstoß gegen die formelle Verfassungsmäßigkeit. Ein entsprechender Verstoß würde jedoch zur Verfassungswidrigkeit des TPG führen. Dieses wäre dann nichtig und könnte nicht in wirksamer Weise das Grundrecht des B aus Art. 2 II 1 GG einschränken. Deshalb sind auch die formellen Anforderungen hier zu prüfen.
[12] vgl. Rn 192
[13] BVerfGE 83, 130, 154 = NJW 1991 1471
[14] BVerfG NJW 1999, 3400; Menger BK Rn. 144

potentielle Organempfänger wie B nicht Adressat der Regelung. Zum anderen geht es bei dem TPG nicht darum, um bestimmter Ziele willen das Grundrechte des Art. 2 II 1 GG einzuschränken. Das TPG ist vielmehr im Gegenteil von dem – gesundheitsschützenden – Ziel getragen, durch einen klaren rechtlichen Handlungsrahmen Rechtsunsicherheit auszuräumen. Ein Verstoß gegen Art. 19 I 2 GG liegt daher nicht vor.[15]

3.1.2.2 materielle Verfassungsmäßigkeit

1085 (1) Bestimmtheitsgrundsatz

Danach darf in den Rechtskreis des Einzelnen nur eingegriffen werden, wenn der Eingriff nach Inhalt, Zweck und Ausmaß hinreichend bestimmt und begrenzt ist, so dass er messbar und in gewissem Ausmaß für den Betroffenen voraussehbar und berechenbar ist.[16]

Unter diesem Gesichtspunkt problematisch könnte in § 8 I 2 TPG nur das Tatbestandsmerkmal „Personen, die dem Spender in besonderer persönlicher Verbundenheit offenkundig nahe stehen" sein. Die notwendige Bestimmtheit einer Norm muss sich aber nicht alleine aus dem Wortlaut ergeben, sondern kann auch im Wege der Auslegung gewonnen werden.[17] Sowohl die systematische als auch die teleologische Auslegung sprechen dafür, dass zwischen Personen, die sich in besonderer persönlicher Verbundenheit offenkundig nahe stehen, ein Assoziationsgrad in äußerer und innerer Hinsicht bestehen muss, bei dem sich – wie etwa Verwandten – typischerweise die Vermutung aufstellen lässt, dass der Entschluss zur Organspende ohne äußeren Zwang und frei von finanziellen Erwägungen getroffen wurde.[18] Insofern ist die Unbestimmtheit der Vorschrift in ausreichendem Maße gemindert.[19] Ein Verstoß gegen den Bestimmtheitsgrundsatz liegt daher nicht vor.

1086 (2) Grundsatz der Verhältnismäßigkeit

Gegen den Grundsatz der Verhältnismäßigkeit wäre verstoßen, wenn § 8 I 2 TPG nicht geeignet, nicht angemessen oder nicht erforderlich wäre.[20]

Geeignet wäre § 8 I 2 TPG, wenn die Vorschrift ihr Ziel erreichen oder zumindest fördern würde. Ziel ist zum einen, durch Reduzierung des Empfängerkreises von Spenden von Lebenden unfreiwillige Organspenden und einen Organhandel zu unterbinden. Dieses Ziel wird durch die Vorschrift zumindest gefördert. Die Argumentation, bei dem geregelten Personenkreis seien die Gefahren besonders groß, kann demgegenüber die Geeignetheit der Vorschrift nicht in Frage stellen, sondern könnte allenfalls dafür sprechen, Lebendspenden generell zu untersagen.[21] Das weitere Ziel, den Vorrang der postmortalen Organentnahme gegenüber der Entnahme eines Organs unter Lebenden zum Ausdruck zu bringen, wird durch die Vorschrift sogar erreicht. § 8 I 2 TPG ist daher geeignet.

Angemessen wäre § 8 I 2 TPG, wenn seine Regelung voraussichtlich keinen Nachteil herbeiführen würde, der erkennbar außer Verhältnis zu dem von ihr verfolgten Zweck stehen würde. Die durch den Eingriff verursachten Nachteile dürfen also voraussichtlich nicht schwerer wiegen als die Vorteile der Maßnahme. Vorteil des § 8 I 2 TPG ist zum einen, dass durch Reduzierung des Empfängerkreises von Spenden von Lebenden unfreiwillige

---

[15] ; BVerfG NJW 1999, 3400; a.A. Gutmann, NJW 1999, 3388
[16] vgl. Rn 194
[17] vgl. Rn 194
[18] Auch eine historische Auslegung käme zu diesem Ergebnis, da in der Begründung des Entwurfs des TPG ausführliche Hinweise zur Auslegung des Begriffs der „besonderen persönlichen Merkmale" enthalten sind (BT-Dr 13/4355, S. 20 f.). Hierauf ist im Rahmen der Falllösung jedoch nicht eingegangen, da sich diese Informationen nicht aus dem Klausurtext ergeben.
[19] BVerfG NJW 1999, 3401
[20] vgl. Rn 204 ff.
[21] BVerfG NJW 1999, 3401

schwerer wiegen als die Vorteile der Maßnahme. Vorteil des § 8 I 2 TPG ist zum einen, dass durch Reduzierung des Empfängerkreises von Spenden von Lebenden unfreiwillige Organspenden und ein Organhandel zumindest reduziert werden. Zum anderen wird der Vorrang der postmortalen Organentnahme gegenüber einer Entnahme eines Organs bei einer lebenden Person sichergestellt und damit verdeutlicht, dass die Organentnahme für den lebenden Spender kein Heileingriff ist, sondern ihm grundsätzlich schadet und ihn gesundheitlich gefährden kann.[22] Die Nachteile sind, dass Organspenden unter Lebenden außerhalb des geregelten Empfängerkreises nicht zulässig sind und somit Patienten, die im konkreten Fall – mangels einer Spende aufgrund einer postmortalen Organentnahme – auf eine Spende angewiesen sind, u.U. längere Zeit auf eine postmortale Spende warten und damit weiter Leiden ertragen müssen. Bei der Abwägung ist davon auszugehen, dass „jede Regelung von Organtransplantationen in einem Grenzbereich von medizinischen Möglichkeiten, ethischen Anforderungen und gesellschaftlichen Vorstellungen einen Ausgleich schaffen muss. Dabei sind in zunehmendem Maße auch internationale Entwicklungen zu beachten, wie etwa der sog. 'Transplantationstourismus' zeigt. Dieser Ausgleich einander widerstreitender, zudem jeweils grundrechtlich geschützter Interessen ist in erster Linie Aufgabe des Gesetzgebers, der dabei einen weiten Beurteilungs- und Gestaltungsspielraum hat".[23] Er hat sich mit der Schaffung der restriktiven Regelung des § 8 I 2 TPG für Gemeinwohlbelange von hoher Bedeutung entschieden, indem er in einem sensiblen Bereich wie der Transplantationsmedizin ein Höchstmaß an Seriosität und Rechtssicherheit geschaffen hat. Das aber ist unabdingbare Voraussetzung dafür, um die Bereitschaft zur Organspende langfristig zu fördern. Hinzu kommt, dass die Lebendspende für den Organempfänger in aller Regel nicht das einzige Mittel zur Gesundheitsförderung bzw. Lebenserhaltung ist. Regelmäßig kann er auch ein postmortal entnommenes Organ transplantiert bekommen und damit eine vielleicht nicht optimale, aber doch ausreichende Gesundheitsförderung erreichen. Dass der Gesetzgeber mit diesen Erwägungen seinen Beurteilungs- und Gestaltungsspielraum überschritten hat und die Regelung damit eindeutig unangemessen ist, ist nicht ersichtlich. Fraglich ist, ob das auch für das Ziel gilt, den Vorrang der postmortalen Organentnahme gegenüber der Entnahme eines Organs unter Lebenden zum Ausdruck zu bringen und damit klarzustellen, dass die Organentnahme für den lebenden Spender kein Heileingriff ist, sondern ihm grundsätzlich schadet und ihn gesundheitlich gefährden kann. Zwar ist auch selbstgefährdendes Verhalten Ausdruck der allgemeinen Handlungsfreiheit des Spenders gemäß Art. 2 I GG. Der Schutz des Menschen vor sich selbst bedarf daher einer verfassungsrechtlichen Rechtfertigung. Diese ergibt sich aber daraus, dass es ein legitimes Gemeinwohlanliegen ist, Menschen davor zu bewahren, sich selbst einen größeren persönlichen Schaden zuzufügen."[24] Auch unter diesem Gesichtspunkt ist § 8 I 2 TPG angemessen. Unangemessenheit könnte nur noch dann vorliegen, wenn ein Verstoß gegen die Menschenwürde vorliegen würde. Dass die Regelung des § 8 I 2 TPG die von ihr ausgeschlossenen potentiellen Organempfänger unter Verletzung ihres verfassungsrechtlich geschützten Wert- und Achtungsanspruchs zu bloßen Objekten herabwürdigt[25], ist jedoch nicht erkennbar.[26] Nach allem ist § 8 I 2 TPG als angemessen zu beurteilen.

---

[22] Das ist zwar ein Ziel, das den Spender und nicht den Empfänger – wie hier den B – schützen soll. Allerdings ist ein Grundrechtseingriff – hier der Eingriff in Art. 2 II 1 GG – nur dann rechtmäßig, wenn er unter allen Gesichtspunkten den rechtlichen Anforderungen entspricht (siehe auch Fußnote 11).
[23] BVerfG NJW 1999, 3401
[24] BVerfG NJW 1999, 3401; a.A. Gutmann NJW 1999, 3388, der das – entsprechend der bisherigen Rechtsprechung des BVerfG nur auf Situationen beziehen will, in denen der Betroffene nicht hinreichend selbstverantwortlich handeln kann wie z.B. ein psychisch Kranker (BVerfGE 22, 180 = NJW 1967, 179) oder potentiell auch fremdschädigend handelt wie z.B. beim Auto fahren ohne Gurt (BVerfG NJW 1987, 180) oder beim Motorrad fahren ohne Helm (BVerfGE 59, 275 = NJW 1982, 1276).
[25] vgl. Rn 242

§ 8 I 2 TPG müsste auch erforderlich sein. Geringer belastend mit gleichem Erfolg könnte die Möglichkeit sein, die Niere an die gemeinnützige Stiftung "Eurotransplant" zu spenden, die zu einer Vermittlung der Niere bereit und in der Lage ist. Damit wäre auch die Gefahr eines Organhandels durch die Anonymität der Vermittlung praktisch ausgeschlossen. Auch dürfte dabei die Freiwilligkeit der Spenderentscheidung gesichert sein. Es bliebe aber das Problem, dass jede Organentnahme für den Spender mit gesundheitliche Risiken verbunden ist. Der vom Gesetzgeber mit der Regelung des § 8 I 2 TPG auch verfolgte „Schutz des Spenders vor sich selbst" wäre bei einer anonymen Vermittlung eines Organs aber nicht gesichert.

Auch unter der Zielsetzung, potentielle Organspender vor Gesundheitsgefahren möglichst zu schützen und damit den Vorrang der postmortalen Organentnahme zu verdeutlichen, ist § 8 I 1 TPG erforderlich. Dieses Ziel ließe sich nicht gleich wirksam erreichen, wenn eine Organentnahme bei einer lebenden Person generell zulässig wäre und nur unter dem Vorbehalt der Prüfung der Freiwilligkeit stünde. § 8 I 1 TPG ist also auch erforderlich und damit insgesamt verhältnismäßig.

1087 **(3) Allgemeinheitsgebot**[27]

Nach Art. 19 I 1 GG muss ein grundrechtseinschränkendes Gesetz allgemein und nicht nur für den Einzelfall gelten. Das ist bei § 8 I 1 TPG, da abstrakt-generell gefasst, der Fall. Ein Verstoß liegt daher nicht vor.

1088 **(4) Wesensgehaltsgarantie**[28]

Nach Art. 19 II GG darf kein Grundrecht in seinem Wesensgehalt angetastet werden. Allgemeinbezogen ist Art. 19 II GG zum einen dann verletzt, wenn die Allgemeinheit von dem Grundrecht keinen Gebrauch mehr machen kann, wovon bei § 8 I 2 TPG keine Rede sein kann. Zum anderen liegt ein Verstoß vor, wenn eine Einrichtungsgarantie verletzt ist. Eine solche enthält Art. 2 II 1 GG aber nicht. Einzelbezogen liegt ein Verstoß gegen Art. 19 II GG zum einen vor, wenn der Grundsatz der Verhältnismäßigkeit verletzt ist, was hier aber – s.o. – nicht der Fall ist. Zum anderen liegt ein Verstoß bei Verletzung der Menschenwürde vor, was bereits oben abgelehnt worden ist. Ein Verstoß gegen Art. 19 II GG liegt also nicht vor.

1089 **3.2 Grundrecht des P aus Art. 2 I GG**

Das Grundrecht der allgemeinen Handlungsfreiheit des Art. 2 I GG ist gegenüber dem hier eingeschränkten Art. 2 II 1 GG nachrangig und kommt deshalb nicht zur Anwendung. Deswegen geht auch der Einwand des P fehl, das TPG zitiere den Art. 2 I GG nicht.

1090 **3.3 Grundrecht des P aus Art. 3 I GG**[29]

Art. 3 I GG verbietet ohne sachlichen Grund erfolgte Ungleich- und Gleichbehandlungen[30]. Hier könnte eine unsachliche Ungleichbehandlung zwischen dem von § 8 I 2 TPG geregelten Personenkreis und den davon nicht erfassten Patienten, zu denen auch P gehört, vorliegen. Das es für die durch § 8 I 2 TPG erfolgte Einengung des Personenkreises einen sachlichen Grund gibt, ist bereits oben bei der Prüfung der Angemessenheit der Einschränkung des Art. 2 II 1 GG bejaht worden. Ein Verstoß gegen Art. 3 I GG liegt daher nicht vor.[31]

1091 **4. Entscheidung des BVerfG**

Das BVerfG weist die Verfassungsbeschwerde als unbegründet zurück.

---

[26] Hierauf könnte auch erst bei der Prüfung der Wesensgehaltsgarantie eingegangen werden.
[27] vgl. Rn 213
[28] vgl. Rn 214 ff.
[29] vgl. Rn 281 ff.
[30] BVerfGE 83, 23
[31] vgl. BVerfGE 98, 1, 12 = NVwZ 1998, 1058 = NJW 1998, 3560 L

Musterlösung zum Grundfall 2

1. Zulässigkeit der Verfassungsbeschwerde

Die Zulässigkeit richtet sich nach Art. 93 I Nr. 4 a GG und §§ 90 ff. BVerfGG.[1]

1.1 Beschwerdefähigkeit und Prozessfähigkeit : Die Beschwerdefähigkeit entspricht der Grundrechtsträgerschaft, die Prozessfähigkeit der Grundrechtsmündigkeit.[2] Beide liegen bei G vor.

1.2 Beschwerdegegenstand muss nach Art. 93 I Nr. 4 a GG bzw. § 90 I BVerfGG ein Akt öffentlicher Gewalt sein. Darunter ist jede Maßnahme einer der drei staatlichen Gewalten zu verstehen. Die Verfassungsbeschwerde richtet sich gegen gerichtliche Beschlüsse und damit gegen Akte öffentlicher Gewalt.

1.3 Die Beschwerdebefugnis würde bei G nach Art. 93 I Nr. 4 a GG bzw. § 90 I BVerfGG vorliegen, wenn er behaupten würde, in einem Grundrecht oder einem der in Art. 20 IV, 33, 38, 101, 103 und 104 GG genannten Rechte verletzt zu sein, d.h. möglicherweise darin verletzt wäre.[3] Hier macht G eine Verletzung seiner insoweit erfassten Rechte aus Art. 2 II 1 und 103 I GG geltend. Er müsste zunächst behaupten, selbst und gegenwärtig darin verletzt zu sein. Das ist hier der Fall. Da die Verfassungsbeschwerde sich gegen eine gerichtliche Entscheidung richtet, muss G weiterhin eine spezifische Grundrechtsverletzung behaupten.[4] Eine solche liegt vor, da G dem Gericht nicht eine isolierte Verletzung der Strafprozessordnung, sondern einen unverhältnismäßigen Eingriff in sein Grundrecht auf körperliche Unversehrtheit vorwirft.

1.4 Die Erschöpfung des Rechtsweges als Erfordernis nach § 90 II BVerfGG ist erfolgt, da B mit der Beschwerde an das Landgericht die einzige mögliche Rechtsschutzmöglichkeit ergriffen hat.

1.5 Der Grundsatz der Subsidiarität[5] ist nach dem Sachverhalt nicht verletzt worden.

1.6 Form und Frist : Dass B die Formvorschrift des § 23 I BVerfGG eingehalten hat, ist zu unterstellen. Die Anforderung des § 92 BVerfGG, dass der Beschwerdeführer die als verletzt gerügten Rechte und den angegriffenen Hoheitsakt benennen muss, ist erfüllt. Die Monatsfrist des § 93 BVerfGG ist ebenfalls eingehalten.

Die Verfassungsbeschwerde ist danach zulässig.

2. Annahme der Verfassungsbeschwerde zur Entscheidung

Die Annahme zur Entscheidung ist zu unterstellen.[6]

---

[1] vgl. Rn 788 ff.
[2] vgl. Rn 789
[3] vgl. Rn 792
[4] vgl. Rn 796
[5] vgl. Rn 798
[6] vgl. Rn 802

3. Begründetheit der Verfassungsbeschwerde

Die Verfassungsbeschwerde wäre begründet, wenn sie behauptete Verletzung des Grundrechts aus Art. 2 II 1 GG tatsächlich vorliegen würden.

3.1 Schutzbereich

Der persönliche Schutzbereich des Art. 2 II 1 GG weist keine Einschränkungen auf. G wird daher als natürliche Person davon erfasst. Schutzgut des Art. 2 II 1 GG ist u.a. die körperliche Unversehrtheit. Das ist die gesamte körperliche, gesundheitliche und seelische Beschaffenheit des Menschen. In sie greifen die Beschlüsse des Amts- und des Landgerichts ein, da die Beeinträchtigung des Körpers des G durch die Liquorentnahme nachteilig, nicht völlig unerheblich, normativ, unmittelbar und zielgerichtet ist.[7]

Die Gefährdung des ebenfalls durch Art. 2 II 1 GG geschützten Lebens ist ebenfalls nachteilig und nicht völlig unerheblich. Allerdings ist sie nicht normativ, zielgerichtet und unmittelbar, sondern lediglich eine faktische und mittelbare Folge der angeordneten Liquorentnahme. Damit wäre sie aber dennoch ein Eingriff, wenn ernsthaft zu befürchten wäre, dass das Leben als Folge der Liquorentnahme eingebüßt wird. Ob das hier der Fall ist, kann nicht eindeutig beantwortet werden, da insoweit erst ein Todesfall bekannt geworden ist. Das Vorliegen eines Eingriffs in das Leben muss daher offen bleiben.

3.2 Schranken-Bereich

Das Grundrecht des Art. 2 II 1 GG kann nach Art. 2 II 3 GG aufgrund eines Gesetzes eingeschränkt werden. Die Beschlüsse sind aufgrund eines Gesetzes, der StPO, erfolgt. Insofern liegt eine ausreichende Schrankenregelung vor.

3.3 Schranken-Schranken-Bereich

Verstöße der Beschlüsse gegen formelle Rechtmäßigkeitsanforderungen wären „nur" Verstöße gegen einfaches Recht. Solche überprüft das BVerfG im Rahmen einer Verfassungsbeschwerde jedoch nicht.[8]

3.3.1 Verfassungsmäßigkeit der gesetzlichen Ermächtigungsgrundlage [9]

Unter dem Gesichtspunkt der materiellen Rechtmäßigkeitsanforderungen an die Beschlüsse müsste zunächst ihre Ermächtigungsgrundlage, § 81 a StPO, ihrerseits verfassungsmäßig sein.

3.3.1.1 formelle Verfassungsmäßigkeit

Zur Zuständigkeit: Das Strafprozessrecht ist nach Art. 74 I Nr. 1 GG Gegenstand der konkurrierenden Gesetzgebung. Der Bund hat hier nach Art. 72 II GG das Gesetzgebungsrecht, wenn die Wahrung der Rechtseinheit im gesamtstaatlichen Interesse eine bundesgesetzliche Regelung erforderlich macht. Das ist alleine schon deshalb der Fall, weil auch der Bundesgerichtshof als Bundesgericht Strafprozessrecht anwendet.

---

[7] vgl. Rn 171
[8] vgl. Rn 796
[9] B rügt zwar keinen Verstoß des § 81 a StPO gegen das Grundgesetz. Ein entsprechender Verstoß würde jedoch zur Verfassungswidrigkeit des § 81 a StPO. Dieser wäre dann nichtig und könnte nicht in wirksamer Weise das Grundrecht des B aus Art. 2 II 1 GG einschränken. Deshalb ist auch die Verfassungsmäßigkeit des § 81a StPO hier zu prüfen.

Zum Verfahren : Die StPO ist zwar ein vorkonstitutionelles Gesetz, auf das grundsätzlich die Verfahrensvorschriften des Grundgesetzes nicht Anwendung finden können. § 81 a, um den es hier geht, ist aber nachkonstitutionelles Recht. Ob bei seiner Einfügung in die StPO die Anforderungen, die sich aus Art. 77 GG und eventuell einschlägigen Vorschriften, die die Notwendigkeit der Zustimmung des Bundesrates vorsehen, beachtet wurden, ist zu unterstellen.

Zur Form : Davon, dass das Gesetz zur Einfügung des § 81 a in die StPO gemäß Art. 82 GG ordnungsgemäß im Bundesgesetzblatt veröffentlicht worden ist, ist auszugehen. Fraglich könnte jedoch die Vereinbarkeit mit dem Zitiergebot des Art. 19 I 2 GG sein, nach dem ein Gesetz, welches ein Grundrecht einschränkt, das Grundrecht unter Angabe des Artikels nennen muss. Art. 19 I 2 GG findet auf Art. 2 II 1 GG grundsätzlich Anwendung, da dieses Grundrecht in Art. 2 II 3 GG einem Einschränkungsvorbehalt unterliegt. Es findet aber keine Anwendung auf vorkonstitutionelle Gesetze wie hier die StPO. Allerdings ist § 81 a StPO selbst eine nachkonstitutionelle Vorschrift, so dass das Zitiergebot wieder Anwendung finden könnte. Dieses gilt jedoch nicht bei Gesetzen, die lediglich bereits geltende Grundrechtsbeschränkungen unverändert oder nur mit geringen Abweichungen wiederholen.[10] Das ist bei § 81 a StPO nach dem Hinweis im Sachverhalt der Fall. Ein Verstoß gegen § 19 I 2 GG liegt somit nicht vor.

3.3.1.2 materielle Verfassungsmäßigkeit

(1) § 81 a StPO müsste zunächst mit dem Bestimmtheitsgrundsatz[11] vereinbar sein. Danach darf in den Rechtskreis des Einzelnen nur eingegriffen werden, wenn der Eingriff nach Inhalt, Zweck und Ausmaß hinreichend bestimmt und begrenzt ist, so dass er messbar und in gewissem Ausmaß für den Betroffenen voraussehbar und berechenbar ist.[12] Danach könnte die notwendige Bestimmtheit des § 81a StPO fraglich sein, da die Vorschrift nicht regelt, wie schwer die Beschuldigung und wie stark der Tatverdacht sein muss, um einen körperlichen Eingriff zu rechtfertigen und die körperlichen Eingriffe selbst in ihrer Intensität auch nicht begrenzt. Nach der Wechselwirkungslehre[13] ist jedes ein Grundrecht einschränkendes Gesetz jedoch im Lichte der Bedeutung dieses Grundrechts zu sehen und so zu interpretieren, dass der besondere Wertgehalt dieses Grundrechts auf jeden Fall gewahrt bleibt. Das bedeutet u.a., dass § 81 a StPO nur solche Untersuchungen zulässt, die in einem angemessenen Verhältnis zur Schwere der Beschuldigung und zur Stärke des Tatverdachts stehen.[14] Hinzu kommt, dass die Entscheidung nach § 81 a StPO von einem Richter getroffen werden muss. Von ihm erwartet das Gesetz, dass er dieselbe spezifisch richterliche Denkweise anwendet wie bei der Nachprüfung von Handlungen, die Verwaltungsbehörden im Rahmen ihres Ermessens vorgenommen haben.[15] Nach allem ist § 81 a StPO hinreichend bestimmt.

1097

(2) § 81 a StPO müsste weiterhin mit dem Grundsatz der Verhältnismäßigkeit vereinbar sein. Das wäre der Fall, wenn die Vorschrift geeignet, angemessen und erforderlich wäre.[16] Geeignet wäre § 81 a StPO, wenn die Vorschrift ihr Ziel erreichen oder zumindest fördern würde. Das Ziel, für das Verfahren bedeutsame Tatsachen festzustellen, wird durch eine körperliche Untersuchung des Beschuldigten zumindest gefördert. § 81 a StPO ist daher geeignet.

1098

---
[10] BVerfGE 5, 16
[11] vgl. Rn 194
[12] BVerfG 56, 12; vgl. Rn 194
[13] vgl. Rn 198
[14] BVerfG 16, 200
[15] BVerfG 16, 200
[16] vgl. Rn 204 ff.

Angemessen wäre § 81 a StPO, wenn diese Regelung voraussichtlich keinen Nachteil herbeiführen würde, der erkennbar außer Verhältnis zu dem von ihr verfolgten Zweck stehen würde. Die durch den Eingriff verursachten Nachteile dürfen also voraussichtlich nicht schwerer wiegen als die Vorteile der Maßnahme. Vorteil ist die Feststellung von Tatsachen, die für das Verfahren von Bedeutung sind wie etwa die Feststellung der Zurechnungsfähigkeit des Beschuldigten. Nachteil ist eine körperliche Untersuchung bei dem Beschuldigten. Aufgrund der Wechselwirkungslehre ist das in § 81 a StPO geregelte Ermessen jedoch derart zu begrenzen, dass nur solche Untersuchungen zugelassen sind, die in einem angemessenen Verhältnis zur Schwere der Beschuldigung und zur Stärke des Tatverdachts stehen (s.o.). Auch ist durch die Einschaltung eines Richters dafür gesorgt, dass – zumindest im Normalfall – nur verhältnismäßige Untersuchungen erfolgen.[17] Schließlich ist ausdrücklich geregelt, dass Eingriffe nur durch einen Arzt und nur nach den Regeln der ärztlichen Kunst vorgenommen werden dürfen. Insofern wiegen die durch die Anwendung des § 81a StPO entstehenden Nachteile voraussichtlich nicht schwerer als die erreichten Vorteile. § 81 a StPO ist daher angemessen.

§ 81 a StPO müsste schließlich auch erforderlich sein. Das wäre er, wenn es kein geringer belastendes Mittel mit gleichem Erfolg gäbe, für das Verfahren bedeutsame Tatsachenfestzustellen als durch eine körperliche Untersuchung des Beschuldigten. Da ein solches nicht ersichtlich ist, ist § 81 a StPO auch erforderlich.

Insgesamt ist § 81 a StPO also verhältnismäßig.

1099 (3) Nach dem Allgemeinheitsgebot [18] des Art. 19 I 1 GG muss ein grundrechtseinschränkendes Gesetz allgemein und nicht nur für den Einzelfall gelten. Das ist bei § 81 a StPO, da abstrakt-generell gefasst, der Fall.

1100 (4) Nach der Wesensgehaltsgarantie des Art. 19 II GG [19] darf kein Grundrecht in seinem Wesensgehalt angetastet werden. Allgemeinbezogen ist Art. 19 II GG zum einen dann verletzt, wenn die Allgemeinheit von dem Grundrecht keinen Gebrauch mehr machen kann, wovon bei § 81 a StPO keine Rede sein kann. Zum anderen liegt ein Verstoß vor, wenn eine Einrichtungsgarantie verletzt ist. Eine solche enthält § 81 a StPO aber nicht. Einzelbezogen liegt ein Verstoß zum einen bei einer Verletzung der Menschenwürde vor, was hier aber nicht ersichtlich ist, da G nicht unter Verletzung seines verfassungsrechtlich geschützten Wert- und Achtungsanspruchs zu bloßen Objekten herabgewürdigt worden ist[20]. Zum anderen ist Art. 19 II GG verletzt bei einem Verstoß gegen des Grundsatz der Verhältnismäßigkeit. Da ein solcher Verstoß oben bejaht wurde, verstoßen die Beschlüsse der Gerichte nicht gegen Art. 19 II GG.

§ 81a StPO als gesetzliche Ermächtigungsgrundlage der angegriffenen Beschlüsse ist somit verfassungsmäßig.

1101 (1) Dass der Tatbestand des § 81 a StPO nicht verfassungskonform ausgelegt worden ist, ist nicht ersichtlich.

---

[17] Die letzten Ausführungen sind – obwohl auch schon bei der Prüfung der Bestimmtheit erfolgt – keine unnötige Doppelprüfung, sondern zeigen vielmehr die enge Verbindung zwischen Bestimmtheit und Verhältnismäßigkeit auf.
[18] vgl. Rn 213
[19] vgl. Rn 214 ff.
[20] vgl. Rn 242

(2) Es könnte aber ein Verstoß gegen die Verhältnismäßigkeit vorliegen.[21] Geeignet waren die Beschlüsse zwar, da sie die Feststellung der Zurechnungsfähigkeit zumindest förderten. Sie waren auch erforderlich, da ein geringes belastendes Mittel, um mit gleicher Sicherheit die Zurechnungsfähigkeit festzustellen, nicht ersichtlich ist.[22] Fraglich ist jedoch die Angemessenheit. Vorteil der Beschlüsse ist Klärung der Zurechnungsfähigkeit des G. Damit wird erreicht, dass die Entscheidung des Gerichts hinsichtlich der Schuldfähigkeit des G richtig wird, je nachdem, ob diese voll, verringert oder gar nicht festgestellt wird. Nachteil für B ist der nicht unerhebliche körperliche Eingriff. „Bei der Abwägung ist zu berücksichtigen, dass an der Gesellschaft, als deren Geschäftsführer G gehandelt hat, außer ihm nur noch seine betagte Mutter mit einem sehr kleinen Bruchteil des Geschäftskapitals beteiligt war. Es liegt nahe, dass sie sein Handeln gegenüber der Handwerkskammer gebilligt hat oder dass der G doch wenigstens mit einer solchen Billigung rechnen durfte. Die Zustimmung aller Gesellschafter schließt allerdings eine Untreue gegenüber der Gesellschaft nach der Rechtsprechung zu § 81a GmbHs nicht aus, denn das Vermögen der Gesellschaft haftet den Gläubigern und muss ihnen als Kreditunterlage erhalten werden. ... Im ganzen handelt es sich aber um eine Bagatellsache, derentwegen nur eine geringe Strafe, unter Umständen sogar Einstellung wegen Geringfügigkeit in Betracht kommen dürfte. Demgegenüber ist die Liquorentnahme in ihren beiden Formen ein nicht belangloser körperlicher Eingriff; wegen einer Bagatellangelegenheit den Beschuldigten gegen seinen Willen einem solchen Eingriff zu unterwerfen, ist nicht gerechtfertigt."[23] Die Beschlüsse des Amts- und des Landgerichts stellen damit einen unverhältnismäßigen und damit rechtswidrigen Eingriff in das Grundrecht des G auf körperliche Unversehrtheit aus Art. 2 II 1 GG dar. Die Verfassungsbeschwerde ist daher begründet.

4. Entscheidung des BVerfG

Da die Verfassungsbeschwerde begründet ist, hebt das BVerfG die Beschlüsse auf und verweist die Sache nach § 95 II BVerfGG an das Amtsgericht zurück.

---

[21] Die Definitionen der Aspekte der Verhältnismäßigkeit sind bereits bei der Prüfung des § 81 a StPO dargestellt, brauchen also hier nicht nochmals wiederholt werden.
[22] I.d.R. wird die Erforderlichkeit nach der Angemessenheit geprüft. Ist sie aber im Unterschied zur Angemessenheit unproblematisch, kann sie auch vorgezogen werden.
[23] BVerfGE 20, 203

Musterlösung zum Grundfall 3

1103 **1. Zulässigkeit der Verfassungsbeschwerde**

Die Zulässigkeit richtet sich nach Art. 93 I Nr. 4 a GG und §§ 90 ff. BVerfGG.[1]

1.1 Beschwerdefähigkeit und Prozessfähigkeit : Die Beschwerdefähigkeit entspricht der Grundrechtsträgerschaft, die Prozessfähigkeit der Grundrechtsmündigkeit.[2] Beide liegen bei B vor.

1.2 Beschwerdegegenstand muss nach Art. 93 I Nr. 4 a GG bzw. § 90 I BVerfGG ein Akt öffentlicher Gewalt sein. Darunter ist jede Maßnahme einer der drei staatlichen Gewalten zu verstehen. Die Verfassungsbeschwerde richtet sich gegen gerichtliche Urteile und damit gegen Akte öffentlicher Gewalt.

1.3 Die Beschwerdebefugnis würde bei B nach Art. 93 I Nr. 4 a GG bzw. § 90 I BVerfGG vorliegen, wenn er behaupten würde, in einem Grundrecht oder einem der in Art. 20 IV, 33, 38, 101, 103 und 104 GG genannten Rechte verletzt zu sein, d.h. möglicherweise darin verletzt wäre.[3] Hier macht B eine Verletzung seines Grundrechts aus Art. 4 I GG geltend. Er müsste zunächst behaupten, selbst und gegenwärtig darin verletzt zu sein. Das ist hier der Fall. Da die Verfassungsbeschwerde sich gegen Gerichtsurteile richtet, muss B weiterhin eine spezifische Grundrechtsverletzung behaupten.[4] Eine solche liegt vor, da B den Gerichten nicht eine isolierte Verletzung des Strafrechts, sondern eine Verkennung der Bedeutung seines Grundrechts der Glaubensfreiheit vorwirft.

1.4 Die Erschöpfung des Rechtsweges als Erfordernis nach § 90 II BVerfGG ist erfolgt, da B mit der Revision an das Oberlandesgericht die einzige mögliche Rechtsschutzmöglichkeit ergriffen hat.

1.5 Der Grundsatz der Subsidiarität[5] ist nach dem Sachverhalt nicht verletzt worden.

1.6 Form und Frist : Dass B die Formvorschrift des § 23 I BVerfGG eingehalten hat, ist zu unterstellen. Die Anforderung des § 92 BVerfGG, dass der Beschwerdeführer die als verletzt gerügten Rechte und den angegriffenen Hoheitsakt benennen muss, ist erfüllt. Die Monatsfrist des § 93 BVerfGG ist ebenfalls eingehalten.

Die Verfassungsbeschwerde ist danach zulässig.

1104 **2. Annahme der Verfassungsbeschwerde zur Entscheidung**

Die Annahme zur Entscheidung ist zu unterstellen.[6]

---

[1] vgl. Rn 788 f.
[2] vgl. Rn 789 f.
[3] vgl. Rn 792
[4] vgl. Rn 796
[5] vgl. Rn 798
[6] vgl. Rn 802

3. Begründetheit der Verfassungsbeschwerde

Die Verfassungsbeschwerde wäre begründet, wenn sie behauptete Verletzung des Grundrechts aus Art. 4 GG tatsächlich vorliegen würde. Das Grundrecht aus Art. 2 I GG schützt die allgemeine Handlungsfreiheit und ist als solches nachrangig gegenüber allen speziellen Ausprägungen der Handlungsfreiheit, also auch gegenüber der Glaubensfreiheit des Art. 4 GG. Deshalb ist dieser vorrangig zu prüfen.

1105

3.1 Schutzbereich

1106

Der persönliche Schutzbereich des Art. 4 GG weist keine Einschränkungen auf. B wird daher als natürliche Person davon erfasst. In sachlicher Hinsicht schützt Art. 4 GG u.a. die Glaubensfreiheit. Der Glaube ist hier in Form der religiösen Überzeugung betroffen. Die Glaubensfreiheit umfasst nicht nur die (innere) Freiheit, zu glauben oder nicht zu glauben, sondern auch die äußere Freiheit, sich zu dem Glauben zu bekennen und zu verbreiten und das Recht, sein gesamtes Verhalten an den Lehren seines Glaubens auszurichten, soweit dieses Verhalten für den Betreffenden aufgrund seines Glaubens innerlich verpflichtend ist[7]. Dazu kann auch das Unterlassen einer ärztlichen Behandlung gehören. Fraglich ist, ob in die insoweit betroffene Glaubensfreiheit eingegriffen wird. Eine nachteilige Beeinträchtigung liegt vor, obwohl die Strafe an einen in der Vergangenheit liegenden Grundrechtsgebrauch anknüpft, vor, da die Strafe in die Zukunft wirken soll. Die Beeinträchtigung ist auch nicht völlig unerheblich. Als zusätzliche Merkmale verlangt der klassische Eingriffsbegriff, dass die Beeinträchtigung normativ, unmittelbar und zielgerichtet sein muss[8]. Daran fehlt es hier aber, da die Gerichte nicht zielgerichtet in die Glaubensfreiheit eingegriffen haben. Art. 4 GG muss als Abwehrrecht aber auch gegen staatliche Maßnahmen schützen, die nicht zielgerichtet zu einer Verletzung der Glaubensfreiheit führen. Voraussetzung ist jedoch, dass die Grundrechtsbeeinträchtigung als adäquate Folge staatlichem Handeln zuzurechnen ist.[9] Das ist u.a. der Fall, wenn die Beeinträchtigung – wie hier - unmittelbar erfolgt.[10]

3.2 Schranken-Bereich

1107

Das Grundrecht des 4 GG unterliegt weder einer ausdrücklichen Schranke noch einem Gesetzesvorbehalt. Aus der Einheit der Verfassung [11] folgt jedoch, dass alle Grundrechte immanenten Schranken dergestalt unterliegen, dass sie also durch im Einzelfall höherrangige andere Verfassungswerte begrenzt werden.[12] Als solcher anderer Verfassungswert kommen hier das Grundrecht auf Leben aus Art. 2 II 1 GG in Betracht. Das Leben der E hätte möglicherweise gerettet werden können, wenn G auf E mit der Zielsetzung eingewirkt hätte, sich ins Krankenhaus zu begeben. Allerdings war die Entscheidung der E, sich nicht im Krankenhaus behandeln zu lassen, selbst Ausdruck grundrechtlicher Werte, zum einen der durch Art. 2 I GG geschützten Handlungsfreiheit, zum anderen der durch Art. 4 GG geschützten religiösen Überzeugung. Eine Pflicht des B, die E von dieser grundrechtlich geschützten Entscheidung zugunsten der Lebenserhaltung abzubringen, müsste bejaht werden, wenn die E nicht mehr für sich selbst hätte entscheiden können. Ihre Überzeugung, dass eine Krankenhausbehandlung abzulehnen sei, beruhte jedoch auf ihrer eigenen, freien Entscheidung. B wusste sich mit E durch die Überzeugung verbunden, dass das Gebet zu Gott der "bessere Weg" sei. Sein Verhalten und das

---

[7] BVerfGE 69, 33
[8] vgl. Rn 171
[9] vgl. Rn 172
[10] vgl. Rn 173
[11] vgl. Rn 62
[12] BVerfGE 83, 139, vgl. Rn 63, 186

seiner Frau waren ein Bekenntnis zu dieser gemeinsamen Überzeugung. Es war getragen von dem gegenseitigen Respekt gegenüber der Einstellung des Ehepartners in einer Frage, wo es um Leben und Tod ging, und der subjektiven Gewissheit, dass diese Einstellung "richtig" sei. In einem solchen Fall kann strafrechtlich nicht gefordert werden, dass zwei Personen gleicher Glaubensrichtung aufeinander einwirken, um sich von der Gefährlichkeit ihrer glaubensmäßigen Entscheidung zu überzeugen. Auch ist zu bedenken, dass sich in der Ehe zwei autonome Persönlichkeiten mit dem Recht auf freie Entfaltung gegenüberstehen. Dieser grundsätzliche Freiheitsraum beider Ehepartner umfasst auch die Freiheit, sich einer der eigenen Überzeugung gemäßen Glaubensrichtung anzuschließen und sein Leben diesem Glauben entsprechend einzurichten. Die Grundrechte der E aus Art. 4 und Art. 2 GG sind also höher zu bewerten als der Schutz des Lebens aus Art. 2 II 1 GG. Eine Verpflichtung für G, durch Einwirken auf E deren Leben zu retten, ergibt sich also nicht aus Art. 2 II 1 GG. Ein im Verhältnis zu dem eingeschränkten Grundrecht des G aus Art. 4 GG höherrangiger Verfassungswert ist also nicht ersichtlich. Das bedeutet, dass es dem G i.S.d. § 323 c StGB nach den Umständen nicht zuzumuten war, zum Schutz ihres Lebens auf E einzuwirken. Die dennoch erfolgte strafgerichtliche Verurteilung ist daher eine Verletzung des Grundrechts des B aus Art. 4 I GG. Eine Prüfung des gegenüber dem einschlägigen Art. 4 I GG nachrangigen Art. 2 I GG kommt nicht mehr in Betracht. Die Verfassungsbeschwerde ist somit wegen Verletzung des Art. 4 GG begründet.

4. Entscheidung des BVerfG

Das BVerfG hebt die beiden Gerichtsurteile auf.

Musterlösung zum Grundfall 4

Bei dem Antrag handelt es sich um eine Vorlage im Rahmen konkreten Normenkontrollverfahrens nach Art. 100 I GG, §§ 13 Nr. 11, 80 ff. BVerfGG.

1. Zulässigkeit der Vorlage

1.1 Vorlagebefugnis : Sie besitzt nach Art. 100 GG jedes Gericht. Diese Voraussetzung ist daher erfüllt.

1.2 Zulässiger Vorlagegegenstand ist nach Art. 100 GG u.a. die Überprüfung eines Bundesgesetzes auf seine Vereinbarkeit mit dem Grundgesetz. Dabei muss es sich um ein formelles[1] und nachkonstitutionelles[2] Gesetz handeln, was bei dem BtMG der Fall ist. Auch soll es auf Antrag des Landgerichts anhand des Grundgesetzes überprüft werden soll. Der Vorlagegegenstand ist also zulässig.

1.3 Vorlagevoraussetzungen sind nach Art. 100 GG :

1.3.1 Das vorlegende Gericht muss von der Verfassungswidrigkeit der Norm überzeugt sein [3]. Das hat das Landgericht in seiner Vorlage zum Ausdruck gebracht.

1.3.2 Die Gültigkeit der zu prüfenden Rechtsnorm muss für das Ausgangsverfahren entscheidungserheblich sein. Es muss also für den Ausgang des Verfahrens auf die Gültigkeit der Norm ankommen. Das ist der Fall, wenn das Gericht im Fall der Ungültigkeit der Norm eine andere Entscheidung treffen würde als im Fall ihrer Gültigkeit.[4] So liegt der Fall hier. Wäre § 29 I 1 Nr. 1 i.V.m. § 1 I BtMG verfassungswidrig, müssten M und F freigesprochen werden. Wäre sie verfassungsmäßig, müssten sie verurteilt werden.

1.4 Form und Frist : Nach § 80 II BVerfGG müssen in der Vorlage die Vorlagevoraussetzungen begründet sein. Das ist hier geschehen. Ein einzuhaltende Frist gibt es für ein Vorlage nach Art. 100 GG nicht.

Die Vorlage des Landgerichts ist somit zulässig.

2. Begründetheit der Vorlage

Die Vorlage wäre begründet, wenn § 29 I 1 Nr. 1 i.V.m. § 1 I BtMG nicht mit dem Grundgesetz vereinbar wäre. Als Prüfungsgegenstand kommen hier nur die Grundrechte aus Art. 2 I, Art. 2 II und Art. 3 I GG in Betracht.

---

[1] BVerfGE 71, 337
[2] BVerfGE 70, 57
[3] BVerfGE 80, 58
[4] BVerfGE 80, 65; 90, 166

2.1 Grundrechte aus Art. 2 I und Art. 2 II 2 GG[5]

1110 ### 2.1.1 Schutzbereich

2.1.1.1 Schutzgut

(1) Schutzgut des Art. 2 I GG ist die freie Entfaltung der Persönlichkeit. Damit schützt Art. 2 I GG die allgemeine Handlungsfreiheit[6]. Da diese gegenüber speziellen Ausprägungen der Handlungsfreiheit durch die nachfolgenden Grundrechte nachrangig ist, kommt Art. 2 I GG als Prüfungsmaßstab nur insoweit in Betracht, als § 29 BtMG Geldstrafe androht. Soweit die Vorschrift Freiheitsstrafe androht, kommt dagegen Art. 2 II 2 GG, der die Freiheit der Person, d.h. die körperliche Bewegungsfreiheit schützt, als spezielleres Grundrecht in Betracht.

2.1.1.2 Eingriff

Ein Grundrechtseingriff setzt immer voraus, dass die Beeinträchtigung nachteilig und nicht völlig unerheblich ist [7]. Das ist bei § 29 BtMG der Fall. Ein Eingriff liegt darüber hinaus jedenfalls dann vor, wenn die Beeinträchtigung die Voraussetzungen des klassischen Eingriffsbegriffs erfüllt, d.h. wenn sie normativ, unmittelbar und zielgerichtet ist [8]. Auch diese Voraussetzungen sind erfüllt. § 29 BtMG greift also in Art. 2 I GG und in Art. 2 II 2 GG ein.

1111 ### 2.1.2 Schranken-Bereich

Art. 2 I GG unterliegt mehreren Schranken, von denen hier nur die der verfassungsmäßigen Ordnung in Betracht kommt. Darunter ist die gesamte verfassungsmäßige Rechtsordnung zu verstehen[9], was einem Gesetzesvorbehalt gleichkommt. Art. 2 II 2 GG unterliegt nach Art. 2 II 3 GG ebenfalls einem Gesetzesvorbehalt. § 29 BtMG wäre also mit Art. 2 I und Art. 2 II 2 GG vereinbar, wenn er – sowohl formell als auch materiell – verfassungsmäßig wäre.

1112 #### 2.1.2.1 formelle Verfassungsmäßigkeit [10]

(1) Zuständigkeit

Gegenstand der konkurrierenden Gesetzgebung nach Art. 74 sind u.a. nach Abs. 1 Nr. 1 das Strafrecht und nach Abs. 1 Nr. 19 der Verkehr mit Betäubungsmitteln. § 29 BtMG wird daher von Art. 74 GG erfasst. Der Bund hat hier nach Art. 72 II GG das Gesetzgebungsrecht, wenn die Wahrung der Rechtseinheit im gesamtstaatlichen Interesse eine bundesgesetzliche Regelung erforderlich macht. Das ist hier der Fall, da eine Regelung des Betäubungsmittelrechts auf Landesebene zu unbefriedigenden Ausweichmöglichkeiten in Länder mit milderen Regelungen führen könnte.

---

[5] Hier bietet sich eine gemeinsame Prüfung beider Grundrechte an, da die Prüfung der zu untersuchenden Vorschrift nur schlecht in eine Art. 2 I – und eine Art. 2 II 2 – Problematik zu trennen ist. So ist auch das BVerfG in dem zugrunde liegenden Fall verfahren (vgl. E 90,172 ff.). Vertretbar wäre aber natürlich auch eine getrennte Prüfung. Dann müsste bei der Prüfung des zweiten Grundrechts allerdings weitgehend auf die Prüfung des ersten verwiesen werden.
[6] std. Rspr. seit BVerfGE 6, 36; vgl. Rn 247
[7] vgl. Rn 166 ff., 170
[8] vgl. Rn 171
[9] std. Rspr. seit BVerfGE 6, 32; z.B. BVerfGE 90, 172
[10] Das Landgericht rügt zwar keinen Verstoß gegen die formelle Verfassungsmäßigkeit. Ein entsprechender Verstoß würde jedoch zur Verfassungswidrigkeit des BtMG führen. Dieses wäre dann nichtig und könnte nicht in wirksamer Weise das Grundrecht aus Art. 2 I GG einschränken. Deshalb sind auch die formellen Anforderungen hier zu prüfen. Vertretbar wäre es aber auch, sie vor die Grundrechtsprüfung vorzuziehen.

(2) Verfahren

Verfahrensanforderungen ergeben sich aus Art. 77 GG und eventuell einschlägigen Vorschriften, die die Notwendigkeit der Zustimmung des Bundesrates vorsehen. Ob diese Anforderungen beim Erlass des BtMG beachtet worden sind, ist zu unterstellen.

(3) Form

Davon, dass das Gesetz gemäß Art. 82 GG ordnungsgemäß im Bundesgesetzblatt veröffentlicht worden ist, ist auszugehen. Fraglich könnte jedoch die Vereinbarkeit mit dem Zitiergebot des Art. 19 I 2 GG sein, da das BtMG weder Art. 2 I noch Art. 2 II 2 GG als eingeschränktes Grundrecht zitiert. Das Grundrecht aus Art. 2 I GG unterliegt jedoch nicht dem Zitiergebot, da dieses nur für Grundrechte gilt, die über die im Grundrecht selbst angelegten Grenzen hinaus eingeschränkt werden können. Dazu gehört Art. 2 I GG aber nicht.[11] Art. 2 II 2 GG unterliegt dagegen grundsätzlich dem Zitiergebot. Es soll lediglich verhindern, dass neue, dem bisherigen Recht fremde Möglichkeiten des Eingriffs in Grundrechte geschaffen werden, ohne dass der Gesetzgeber sich darüber Rechenschaft legt und dies ausdrücklich zu erkennen gibt.[12] Wiederholt – wie im vorliegenden Fall – ein Gesetz lediglich bereits geltende Grundrechtsbeschränkungen unverändert oder mit geringen Abweichungen, greift Art. 19 I 2 GG nicht ein. Ein Verstoß gegen Art. 19 I 2 GG liegt daher nicht vor.

2.1.2.2 materielle Verfassungsmäßigkeit

(1) Bestimmtheitsgrundsatz

1113

Danach darf in den Rechtskreis des Einzelnen nur eingegriffen werden, wenn der Eingriff nach Inhalt, Zweck und Ausmaß hinreichend bestimmt und begrenzt ist, so dass er messbar und in gewissem Ausmaß für den Betroffenen voraussehbar und berechenbar ist.[13] Der Tatbestand des § 29 i.V.m. § 1 I BtMG ist danach hinreichend bestimmt. Dass die Vorschrift auf der Rechtsfolgeseite einen weiten Strafrahmen enthält, verstößt nicht gegen den Bestimmtheitsgrundsatz, da dieser Rahmen nur unter Beachtung des Grundsatzes der Verhältnismäßigkeit und des Gleichheitssatzes angewandt werden darf und insoweit in einer dem Bestimmtheitsgrundsatz genügenden Maße eingeschränkt ist.

(2) Grundsatz der Verhältnismäßigkeit

1114

Gegen den Grundsatz der Verhältnismäßigkeit wäre verstoßen, wenn § 29 I Nr. 1 i.V.m. § 1 I BtMG nicht geeignet, nicht angemessen oder nicht erforderlich wäre.[14]

Geeignet wäre die Vorschrift, wenn sie ihr Ziel erreichen oder zumindest fördern würde. Ziel ist, die Verbreitung von Cannabis einzuschränken und damit die von ihm ausgehenden Gefahren zu verringern.[15] Dieses Ziel wird durch die Strafandrohung des § 29 I Nr. 1 BtMG zumindest gefördert. Die Vorschrift ist daher geeignet.[16]

Erforderlich wäre § 29 I Nr. 1 i.V.m. § 1 I BtMG, wenn es zur Erreichung des Gesetzesziels kein geringer belastendes Mittel mit gleichem Erfolg gäbe. Ein solches könnte die völlige Freigabe von Cannabis sein. Das wird zum Teil damit begründet, die bisherige Strafandrohung habe ihr Ziel nicht vollständig erreicht. Eine Freigabe würde dagegen zu einer Trennung der Drogenmärkte und damit zu einem Wegfall des „Umsteigeeffekts" führen. Allerdings ist auch – so

---

[11] BVerfGE 64, 79
[12] BVerfGE 5, 16; vgl. Rn 192
[13] BVerfGE 5, 16; vgl. Rn 194
[14] vgl. Rn 204 ff.
[15] Bundestag-Dr 8/3551, S. 23 f.
[16] BVerfGE 90, 175, 182

die Ansicht des Gesetzgebers – denkbar, dass die Bundesrepublik dadurch zu einem neuen Mittelpunkt des internationalen Drogenhandels werden könnte. Auch ist ungewiss, inwieweit der Wegfall des „Reizes des Verbotenen" oder staatliche Aufklärungsmaßnahmen über die Gefahren von Cannabis zu einer Verringerung des Verbrauchs führen würden. Wenn der Gesetzgeber bei dieser Ungewissheit an der Auffassung festhält, das strafbewährte Cannabisverbot schrecke mehr potentielle Konsumenten ab als die Aufhebung der Strafandrohung, ist dies unter dem Gesichtspunkt der Erforderlichkeit vertretbar, da der Gesetzgeber bei der Wahl zwischen mehreren potentiell geeigneten Wegen zur Erreichung eines Gesetzesziels einen Einschätzungsspielraum besitzt. § 29 I Nr. 1 i.V.m. § 1 I BtMG ist daher als erforderlich anzusehen.[17]

Angemessen wäre § 29 I Nr. 1 i.V.m. § 1 I BtMG, wenn diese Regelung voraussichtlich keinen Nachteil herbeiführen würde, der erkennbar außer Verhältnis zu dem von ihr verfolgten Zweck stehen würde. Die durch den Eingriff verursachten Nachteile dürfen also voraussichtlich nicht schwerer wiegen als die Vorteile der Maßnahme. Obwohl die von Cannabis ausgehenden Gefahren sich aus heutiger Sicht geringer darstellen als es der Gesetzgeber bei Erlass des Gesetzes angenommen hat, verbleiben dennoch nicht unbeträchtliche Gefahren für die Gesundheit sowie die Gefahr der psychischen Abhängigkeit von der Droge. Diesen Gemeinschaftsbelangen stehen keine gleichwertigen Interessen an einer Freigabe des Umgangs mit Cannabis gegenüber. Das gilt auch, soweit der Gesetzgeber zur Durchsetzung das Mittel der Kriminalstrafe einsetzt, da Verstöße gegen das Verbot des Umgangs mit Cannabis nicht nur Ungehorsam gegenüber Verwaltungsvorschriften, sondern Gefährdungen wichtiger Gemeinschaftsbelange darstellen. Allerdings erfasst § 29 I Nr. 1 i.V.m. § 1 I BtMG Sachverhalte, die Unterschiede hinsichtlich der Art und Intensität der Gefährdung aufweisen, vom gewerbsmäßigen Handel bis zum Erwerb und Besitz geringer Mengen von Cannabis zum Eigenkonsum. Dem trägt jedoch der nennenswerte Spielraum der Strafandrohung Rechnung, bei dessen Anwendung der Grundsatz der Verhältnismäßigkeit zu beachten ist. Auch besteht bei reinem Eigenverbrauch in geringer Menge nach § 29 V BtMG die Möglichkeit, völlig von Strafe abzusehen. § 29 I Nr. 1 i.V.m. § 1 I BtMG ist daher angemessen und damit insgesamt verhältnismäßig.[18]

1115 (3) Allgemeinheitsgebot [19]

Nach Art. 19 I 1 GG muss ein grundrechtseinschränkendes Gesetz allgemein und nicht nur für den Einzelfall gelten. Das ist bei § 29 I Nr. 1 i.V.m. § 1 I BtMG der Fall. Ein Verstoß liegt daher nicht vor.

1116 (4) Wesensgehaltsgarantie [20]

Nach Art. 19 II GG darf kein Grundrecht in seinem Wesensgehalt angetastet werden. Allgemeinbezogen wäre Art. 19 II GG zum einen dann verletzt, wenn die Allgemeinheit von dem Grundrecht des Art. 2 I GG keinen Gebrauch mehr machen kann, wovon bei § 29 I Nr. 1 i.V.m. § 1 I BtMG keine Rede sein kann. Zum anderen würde ein Verstoß vorliegen, wenn eine Einrichtungsgarantie verletzt ist. Eine solche enthält Art. 2 I GG aber nicht. Einzelbezogen würde ein Verstoß gegen Art. 19 II GG zum einen vorliegen, wenn der Grundsatz der Verhältnismäßigkeit verletzt ist, was hier aber – s.o. – nicht der Fall ist. Zum anderen würde ein Verstoß bei Verletzung der Menschenwürde vorliegen, was nicht ersichtlich ist, da durch § 29 I Nr. 1 i.V.m. § 1 I BtMG niemand unter Verletzung seines verfassungsrechtlich geschütz-

---

[17] BVerfGE 90, 183
[18] so BVerfGE 90, 183 ff.. In einem abweichenden Votum bejaht Richter Sommer dagegen die Unangemessenheit der Regelung
[19] vgl. Rn 213
[20] vgl. Rn 214 ff.

ten Wert- und Achtungsanspruchs zum bloßen Objekt herbabwürdigt wird. Ein Verstoß gegen Art. 19 II GG liegt also nicht vor.

2.2 Grundrecht aus Art. 2 II 1 GG

Ein Eingriff in das Recht auf körperliche Unversehrtheit aus Art. 2 II 1 GG wird von dem Landgericht mit der Begründung bejaht, dass der Bürger, der sich in Ausübung seines Grundrechts aus Art. 2 I GG berauschen wolle, durch das strafrechtliche Verbot des Erwerbs von Cannabisprodukten in die gesundheitsschädlichere Alternative des nicht strafbaren Alkoholkonsums gezwungen werde. Das Verbot des Verkehrs mit Cannabis zwingt den Einzelnen jedoch nicht, auf andere, von dem BtMG nicht erfasste Rauschmittel wie z.B. Alkohol zurückzugreifen. Der Entschluss, sich durch den Missbrauch solcher Rauschmittel selbst gesundheitlich zu schädigen, liegt dagegen im Verantwortungsbereich des Konsumenten selbst. Ein Eingriff in Art. 2 II 1 GG liegt daher nicht vor.[21]

2.3 Grundrechte aus Art. 3 I GG

Der allgemeine Gleichheitssatz des Art. 3 I GG verbietet, wesentlich Gleiches ungleich, und gebietet, wesentlich Ungleiches entsprechend seiner Eigenart ungleich zu behandeln. Dabei ist es grundsätzlich Sache des Gesetzgebers, diejenigen Sachverhalte auszuwählen, an die er dieselbe Rechtsfolge knüpft, die er also im Rechtssinn als gleich ansehen will. Diese Auswahl muss allerdings sachgerecht erfolgen. Was dabei sachgerecht ist, lässt sich nicht abstrakt und allgemein feststellen, sondern nur stets in Bezug auf die Eigenart des konkreten Sachbereichs, der geregelt werden soll.[22]

Ein Verstoß gegen Art. 3 I liegt nicht darin, dass der Gesetzgeber den Umgang mit Cannabis, nicht aber den mit Alkohol und Nikotin unter Strafe gestellt hat. Im Hinblick auf Nikotin ist insoweit ein sachlicher Grund für die unterschiedliche Behandlung „schon darin, dass Nikotin kein Betäubungsmittel ist. Für die unterschiedliche Behandlung von Cannabisprodukten und Alkohol sind ebenfalls gewichtige Gründe vorhanden. So ist zwar anerkannt, dass der Missbrauch von Alkohol Gefahren sowohl für den Einzelnen wie auch die Gemeinschaft mit sich bringt, die denen des Konsums von Cannabis gleichkommen oder sie sogar übertreffen. Gleichwohl ist zu beachten, dass Alkohol eine Vielzahl von Verwendungsmöglichkeiten hat, denen auf Seiten der rauscherzeugenden Bestandteile und Produkte von Cannabis nichts Vergleichbares gegenübersteht. Alkoholhaltige Substanzen dienen als Lebens- und Genussmittel; in Form von Wein werden sie auch im religiösen Kult verwandt. In allen Fällen dominiert eine Verwendung des Alkohols, die nicht zu Rauschzuständen führt; seine berauschende Wirkung ist allgemein bekannt und wird durch soziale Kontrolle überwiegend vermieden. Demgegenüber steht beim Konsum von Cannabisprodukten typischerweise die Erzielung einer berauschenden Wirkung im Vordergrund. Weiterhin sieht sich der Gesetzgeber auch vor die Situation gestellt, dass er den Genuss von Alkohol wegen der herkömmlichen Konsumgewohnheiten in Deutschland und im europäischen Kulturkreis nicht effektiv unterbinden kann. Art. 3 Abs. 1 gebietet daher nicht, deswegen auf das Verbot des Rauschmittels Cannabis zu verzichten."[23]

Ein Verstoß gegen Art. 3 I liegt auch insoweit nicht vor, als der Gesetzgeber im BtMG nicht entsprechend der Gefährlichkeit der einzelnen Betäubungsmittel zwischen sogenannten weichen und harten Drogen unterscheidet. „Das Gesetz bewirkt keine strafrechtliche Gleichbehandlung von harten Drogen wie Heroin und von weichen Drogen wie Cannabisprodukten, die

---

[21] BVerfGE 90, 195
[22] BVerfGE 90, 196
[23] BVerfGE 90, 197

wegen der unterschiedlichen Gefährlichkeit der Betäubungsmittel als willkürlich angesehen werden könnte. Zwar hat der Gesetzgeber einheitliche Strafvorschriften für alle Arten von Betäubungsmitteln geschaffen. Er hat jedoch in den Grenzen des Art. 103 Abs. 2 GG durch wertungsbedürftige Tatbestandselemente, weite Strafrahmen sowie die Vorschriften über das Absehen von Strafverfolgung oder Bestrafung die Gerichte ermächtigt, dem unterschiedlichen Unrechts- und Schuldgehalt im Einzelfall und damit auch der Gefährlichkeit der jeweils in Rede stehenden Droge Rechnung zu tragen. Entsprechendes gilt für die Berücksichtigung des unterschiedlichen Unrechts- und Schuldgehalts der einzelnen im Gesetz aufgeführten Begehungsformen des unerlaubten Umgangs mit Betäubungsmitteln."[24]

1119 **3. Entscheidung des Gerichts**

Da die vom Landgericht Lübeck geltend gemachten Verfassungsverstöße nicht vorliegen, stellt das BVerfG fest, dass § 29 I Nr. 1 i.V.m. § 1 I BtMG verfassungsmäßig ist.[25]

---

[24] BVerfGE 90. 197
[25] Das Landgericht muss deshalb von dieser Rechtslage ausgehen und M und F nach § 29 I Nr. 1 i.V.m. § 1 I BtMG bestrafen.

Musterlösung zum Grundfall 5

Der Antrag könnte als Antrag in einem Organstreitverfahren nach Art. 93 I Nr. 1 GG i.V.m. §§ 13 I Nr. 5, 63 ff. BVerfGG oder als Verfassungsbeschwerde nach Art. 93 I Nr. 1 GG i.V.m. §§ 13 I Nr. 8 a, 90 ff. BVerfGG gestellt worden sein. Will ein Abgeordneter vor dem BVerfG eine Verletzung eine Verletzung seiner Abgeordnetenrechte durch ein Staatsorgan geltend machen, ist das richtige Verfahren das Organstreitverfahren. Die Verfassungsbeschwerde ist in diesem Fall unzulässig, auch wenn der Abgeordnete als Verfassungsverstoß gleichzeitig – wie im vorliegenden Fall – eine Grundrechtsverletzung geltend macht.[1] Der Antrag des A ist daher als Antrag im Organstreitverfahren zu werten. Danach entscheidet das BVerfG aus Anlass von Streitigkeiten über den Umfang der Rechte und Pflichten eines obersten Bundesorgans oder anderer Beteiligter, die durch das Grundgesetz oder in der Geschäftsordnung eines obersten Bundesorgans mit eigenen Rechten ausgestattet sind (Art. 93 I Nr. 1 GG i.V.m. §§ 13 I Nr. 5, 63 ff. BVerfGG). Dabei ist der Antrag so zu verstehen, das er sich zu 1., 3. und 4. gegen den Bundestag bzw. dessen Präsidenten und zu 2. gegen die Fraktion der „Grünen" richtet.

1. Zulässigkeit des Antrages

1.1 Parteifähigkeit

Nach § 63 BVerfGG sind in dem Organstreitverfahren als Antragsteller und als Antragsgegner parteifähig der Bundespräsident, der Bundestag, der Bundesrat, die Bundesregierung und die im Grundgesetz oder in den Geschäftsordnungen des Bundestages und des Bundesrates mit eigenen Rechten ausgestatteten Teile dieser Organe. Diese Vorschrift wird zwar allgemein als zu eng angesehen, da sie nicht alle "Beteiligten" i.S.d. Art. 93 I Nr. 1 GG, § 13 I Nr. 5 BVerfGG erfasst. Der einzelne Abgeordnete fällt aber auf jeden Fall darunter, da er als Teil des Bundestages durch Art. 38 ff. GG und durch §§ 13 ff. GeschOBT mit eigenen Rechten ausgestattet ist. Der Bundestag und sein Präsident sind auch zulässige Antragsgegner, ebenso die Fraktion der Grünen, da Fraktionen in der Geschäftsordnung des Bundestages mit eigenen Rechten ausgestattet sind (§§ 10 ff.).

1.2 Antragsbefugnis

Nach § 64 BVerfGG ist der Antrag u.a. zulässig, wenn der Antragsteller geltend macht, dass er durch eine Maßnahme oder Unterlassung des Antragsgegners in seinen ihm durch das Grundgesetz übertragenen Rechten und Pflichten verletzt oder unmittelbar gefährdet ist. Geltend machen bedeutet in diesem Sinn, dass eine Verletzung bzw. Gefährdung nach dem Sachvortrag möglich sein muss. Im Hinblick auf die Anträge zu 1. bis 3. ist die Antragsbefugnis zu bejahen, da insoweit nicht auszuschließen ist, dass A durch die beanstandeten Maßnahmen in seiner durch Art. 38 I 2 GG eingeräumten Rechtsstellung, wonach er als Abgeordnete Vertreter des ganzen Volkes ist, verletzt ist. Dem steht nicht entgegen, dass sich die Anträge zu 1. und 3. gegen die Geschäftsordnung wenden. Diese kann auch dann alleiniger Angriffsgegenstand sein, auch wenn – wie hier – erst auf ihrer Grundlage Entscheidungen getroffen werden. Unzulässig sind die Anträge aber insoweit, als mit ihnen eine Verletzung des Prinzips der repräsentativen Demokratie geltend gemacht wird, da im Organstreitverfahren nur die Verletzung eigener Rechte des Antragstellers, nicht aber die gesamte Verfassungsmäßigkeit beanstandeter Maßnahmen überprüft wird.[2]

---

[1] BVerfGE 43, 148; 64, 312
[2] BVerfGE 73, 29

1123 **1.3 Form und Frist § 64**

Nach § 64 II BVerfGG ist in dem Antrag die Bestimmung des Grundgesetzes zu bezeichnen, gegen die durch die beanstandete Maßnahme oder Unterlassung des Antragsgegners verstoßen wird. Das ist durch A erfolgt.

Nach § 64 III BVerfGG muss der Antrag binnen sechs Monaten, nachdem die beanstandete Maßnahme oder Unterlassung dem Antragsteller bekannt geworden ist, gestellt werden. Das ist der Fall, und zwar auch hinsichtlich der Anträge zu 1. und 2. : Zwar ist die Geschäftsordnung dem A schon sei mehr als sechs Monaten bekannt. Die beanstandeten Vorschriften betreffen ihn jedoch als fraktionsloser Abgeordneter und wirken ihm gegenüber erst ab dem Fraktionsausschluss am 27.1.1988.

2. Begründetheit des Antrages

Der Antrag wäre begründet, wenn die beanstandeten Maßnahmen gegen ein sich aus dem Grundgesetz ergebendes Recht des A verstoßen würden. Als solches kommt nur die Rechtsstellung nach Art 38 I 2 GG, wonach der Abgeordnete Vertreter des ganzen Volkes ist, in Betracht.

1124 **2.1 Begründetheit der Antrages zu 1**

(zur Zusammensetzung der Ausschüsse im Verhältnis der Stärke der einzelnen Fraktionen und zur Benennung der Ausschussmitglieder durch die Fraktionen)

„Der Bundestag ist unmittelbares Repräsentationsorgan des Volkes. Er besteht aus den als Vertretern des ganzen Volkes gewählten Abgeordneten, die insgesamt die Volksvertretung bilden. Der durch Art. 38 Abs. 1 GG gewährleistete repräsentative verfassungsrechtliche Status des Abgeordneten ist daher Grundlage für die repräsentative Stellung des Bundestages. ... Seine Aufgaben nimmt der Bundestag somit nicht losgelöst von seinen Mitgliedern, sondern in der Gesamtheit seiner Mitglieder wahr. Jeder Abgeordnete ist daher berufen, an der Arbeit des Bundestages, seinen Verhandlungen und Entscheidungen, teilzunehmen. Dem Bundestag selbst obliegt es, ... seine Arbeit und die Erledigung seiner Aufgaben auf der Grundlage des Prinzip der Beteiligung aller zu organisieren (Art. 40 Abs. 1 Satz 2 GG). Zu den sich so ergebenden Befugnissen des Abgeordneten rechnen vor allem das Rederecht, das Stimmrecht, die Beteiligung an der Ausübung des Frage- und Informationsrechts des Parlaments, das Recht, sich an den vom Parlament vorzunehmenden Wahlen zu beteiligen und parlamentarische Initiativen zu ergreifen, und schließlich das Recht, sich mit anderen Abgeordneten zu einer Fraktion zusammenzuschließen. Indem die Abgeordneten diese Befugnisse ausüben, wirken sie an der Erfüllung der Aufgaben des Bundestages... mit und genügen so den Pflichten ihres Amtes... Alle Mitglieder des Bundestages haben dabei gleiche Rechte und Pflichten. Dies folgt vor allem daraus, dass die Repräsentation des Volkes sich im Parlament darstellt, daher nicht von einzelnen oder einer Gruppe von Abgeordneten, auch nicht von der parlamentarischen Mehrheit, sondern vom Parlament als Ganzem, d.h. in der Gesamtheit seiner Mitglieder als Repräsentanten, bewirkt wird. Dies setzt die gleiche Mitwirkungsbefugnis aller voraus."[3]

Die Geschäftordnung dient der Erfüllung der Aufgaben des Bundestages. Sie zu erlassen und zu gestalten, kommt dem Bundestag selbst als eine ihm von der Verfassung verliehene autonome Befugnis zu (Art. 40 Abs. 1 Satz 2 GG). ... So entscheidet der Bundestag in der Geschäftsordnung beispielsweise über den Ablauf des Gesetzgebungsverfahrens, soweit es nicht in der Verfassung selbst geregelt ist, und im Zusammenhang damit über Funktion, Zusammensetzung und Arbeitsweise der Ausschüsse, über die Wahrnehmung von Initiativ-,

---

[3] BVerfG 56, 405

Informations- und Kontrollrechten, über Bildung und Rechte von Fraktionen und die Ausübung des parlamentarischen Rederechts.... Sie setzt grundlegende Bedingungen für die geordnete Wahrnehmung dieser Rechte, die nur als Mitgliedschaftsrechte bestehen und verwirklicht werden können und daher einander zugeordnet und aufeinander abgestimmt werden müssen; nur so wird dem Parlament eine sachgerechte Erfüllung seiner Aufgaben möglich. Das bedingt zugleich auch Beschränkungen der Rechte des einzelnen Abgeordneten, weil sie sich - als Mitgliedschaftsrechte - in deren notwendig gemeinschaftliche Ausübung einfügen müssen. Allerdings darf...das Recht des einzelnen Abgeordneten, an der Willensbildung und Entscheidungsfindung des Bundestages mitzuwirken ..., dabei nicht in Frage gestellt werden; die Rechte des einzelnen Abgeordneten dürfen zwar im einzelnen ausgestaltet und insofern auch eingeschränkt, ihm jedoch grundsätzlich nicht entzogen werden. Richtmaß für die Ausgestaltung der Organisation und des Geschäftsgangs muss das Prinzip der Beteiligung aller Abgeordneten bleiben.

Politisches Gliederungsprinzip für die Arbeit des Bundestages sind heute die Fraktionen. Im Zeichen der Entwicklung zur Parteiendemokratie sind sie notwendige Einrichtungen des Verfassungslebens und maßgebliche Faktoren der politischen Willensbildung. Ihre Bildung beruht auf der in Ausübung des freien Mandats getroffenen Entscheidung der Abgeordneten (Art. 38 Abs. 1 Satz 2 GG). Der Bundestag hat daher in der Geschäftsordnung die Befugnisse der Fraktionen im parlamentarischen Geschäftsgang unter Beachtung der Rechte der Abgeordneten festzulegen. (Dabei) ist davon auszugehen, dass es ...Sache des Bundestages ist, näher zu bestimmen, auf welche Weise seine Mitglieder an der parlamentarischen Willensbildung mitwirken und welche Befugnisse die Fraktionen bei der Ausgestaltung des parlamentarischen Verfahrens haben... Allgemein lässt sich sagen, dass das Parlament bei der Entscheidung darüber, welcher Regeln es zu seiner Selbstorganisation und zur Gewährleistung eines ordnungsgemäßen Geschäftsgangs bedarf, einen weiten Gestaltungsspielraum hat. Verfassungsgerichtlicher Kontrolle unterliegt jedoch, ob dabei das Prinzip der Beteiligung aller Abgeordneten an den Aufgaben des Parlaments gewahrt bleibt..." [4]

Dagegen könnten die §§ 12 Satz 1, 57 Abs. 2 GOBT verstoßen, nach denen die Zusammensetzung der Ausschüsse im Verhältnis der Stärke der einzelnen Fraktionen vorzunehmen ist und die Fraktionen die Ausschussmitglieder benennen. „Wie es parlamentarischer Tradition in Deutschland entspricht, wird im Bundestag ein wesentlicher Teil der anfallenden Arbeit außerhalb des Plenums, vor allem in den Ausschüssen, geleistet. Die Ausschüsse bereiten Verhandlungen und Beschlüsse des Plenums vor (§ 54 Abs. 1 Satz 1 GOBT), arbeiten also stets auf die endgültige Beschlussfassung durch das Plenum hin und nehmen damit zugleich einen Teil des Entscheidungsprozesses entlastend vorweg. ... Auch ein wesentlicher Teil der Informations-, Kontroll- und Untersuchungsaufgaben des Bundestages wird durch die Ausschüsse wahrgenommen (vgl. Art. 43 Abs. 1 GG, § 62 Abs. 1 Satz 3 GOBT). ... Deshalb muss grundsätzlich jeder Ausschuss ein verkleinertes Abbild des Plenums sein und in seiner Zusammensetzung die Zusammensetzung des Plenums widerspiegeln..." Deshalb ist die Regelung des § 12 Satz 1 GOBT, wonach die Zusammensetzung der Ausschüsse im Verhältnis der Stärke der einzelnen Fraktionen vorzunehmen ist, dem Grunde nach nicht zu beanstanden... Grundsätzlich ist es mit dem Grundgesetz ebenfalls vereinbar, die Benennung der Ausschussmitglieder entsprechend § 57 Abs. 2 BOBT den Fraktionen zu überlassen. Die Geschäftsordnung folgt mit dieser Regelung zum einen den Traditionen des deutschen Parlamentsrechts und trägt zum anderen der Bedeutung der Fraktionen als maßgeblicher Faktoren der parlamentarischen Willensbildung Rechnung...

---

[4] BVerfGE 80, 217 ff.

Dies hat allerdings zur Folge, dass fraktionslosen Abgeordneten die Mitarbeit in einem Ausschuss fast stets verwehrt bleiben wird. ... Die prinzipielle Möglichkeit, in einem Ausschuss mitzuwirken, hat allerdings für den einzelnen Abgeordneten angesichts des Umstandes, das ein Großteil der eigentlichen Sacharbeit des Bundestages von den Ausschüssen bewältigt wird, eine der Mitwirkung im Plenum vergleichbare Bedeutung; vor allem in den Ausschüssen eröffnet sich den Abgeordneten die Chance, ihre eigenen politischen Vorstellungen in die parlamentarische Willensbildung einzubringen. Von daher darf ein Abgeordneter nicht ohne gewichtige, an der Funktionstüchtigkeit des Parlaments orientierte Gründe von jeder Mitarbeit in den Ausschüssen ausgeschlossen werden. Unter diesen Umständen wird durch die Regelung des § 57 Abs. 2 GOBT dem fraktionslosen Abgeordneten die Ausübung seiner mitgliedschaftlichen Befugnisse in einer Weise beschnitten, die sein Recht aus Art. 38 Abs. 1 Satz 2 GG verletzt. Weder im Blick auf die Notwendigkeit sachgemäßer Erfüllung der dem Bundestag obliegenden Aufgaben noch auf Rechtsstellung und Funktion der Fraktionen kann eine so weitgehende Einschränkung des Rechts eines Abgeordneten auf gleichen Zugang zur Mitwirkung an der parlamentarischen Willensbildung in den Ausschüssen gegenwärtig gerechtfertigt sein. Jeder einzelne Abgeordnete hat mithin Anspruch darauf, jedenfalls in einem Ausschuss mitzuwirken; dies folgt auch aus der Erwägung, dass ihm die Möglichkeit belassen bleiben muss, sich bestimmten Sachgebieten, denen sein Interesse gilt und für die er Sachverstand besitzt, besonders eingehend zu widmen..." Insoweit ist der Antrag begründet.

Hingegen ist es verfassungsrechtlich nicht geboten, dem nichtfraktionsangehörigen Abgeordneten im Ausschuss ein - notwendigerweise überproportional wirkendes - Stimmrecht zu geben. Der fraktionslose Abgeordnete spricht nur für sich, nicht auch für die Mitglieder einer Fraktion; das unterscheidet ihn von den fraktionsangehörigen Ausschussmitgliedern. Seinem Einfluss auf die Beschlussempfehlung an das Plenum kommt deshalb nicht das gleiche Gewicht zu wie bei den auch für andere Abgeordnete sprechenden Ausschussmitgliedern. Eine trotz dieser Ungleichgewichtigkeit gleichwohl von Verfassungs wegen bestehende Verpflichtung des Bundestages, dem fraktionslosen Abgeordneten ein Stimmrecht im Ausschuss einzuräumen, bedürfte daher einer verfassungsrechtlichen Rechtfertigung, die sich nur aus Art. 38 Abs. 1 Satz 2 GG gewinnen ließe. Diese Vorschrift gibt jedoch dafür nichts her : Das dem Abgeordneten aus seinem verfassungsrechtlichen Status zukommende Stimmrecht wird in der Sache nicht verkürzt, wenn er im Ausschuss nicht mitstimmen kann; sein Stimmrecht als Abgeordneter kann er vielmehr wie jedes Mitglied des Bundestages im Gesetzgebungsverfahren geltend machen, wenn.. er in zweiter Lesung Änderungsanträge stellt und für die von ihm für richtig gehaltene Fassung der Vorlage stimmt, ferner auch bei den Abstimmungen in dritter Lesung. Dem fraktionslosen Abgeordneten das Stimmrecht im Ausschuss zu geben, ist noch weniger mit Rücksicht auf die Funktion der Ausschüsse geboten, die Mehrheitsfähigkeit einer Vorlage im Plenum sicherzustellen. Auch in bezug auf diese Funktion gebührt der Stimme des fraktionslosen Abgeordneten eine wesentlich geringere Bedeutung als der des fraktionsangehörigen. Im Gegensatz dazu bekäme seine Stimme sogar zusätzliches, möglicherweise ausschlaggebendes Gewicht, wenn sie bestehende Mehrheitsverhältnisse im Ausschuss in Frage stellen könnte. Dem ließe sich nur durch eine Änderung der Zusammensetzung des Ausschusses begegnen, die den mit dem Stimmrecht verbundenen Einfluss des fraktionslosen Abgeordneten neutralisiert. Auf solch schwierige Korrekturen allein kann der Bundestag nicht von Verfassungs wegen verwiesen sein...." [5]

---

[5] BVerfGE 80, 221 ff.

2.2 Begründetheit des Antrages zu 2.
(zur Abberufung des Antragstellers aus den Ausschüssen)

„Nach § 57 Abs. 2 GOBT benennen die Fraktionen die Ausschussmitglieder. Dieses Verfahren entspricht, wie dargelegt, der Bedeutung, die den Fraktionen für den politischen Willensbildungsprozess im Parlament zukommt, und begegnet - mit der Einschränkung, dass auch fraktionslosen Abgeordneten eine Möglichkeit zur Mitarbeit in den Ausschüssen eröffnet werden muss - keinen verfassungsrechtlichen Bedenken. Es ist nur folgerichtig, dass nach der im Bundestag geübten Praxis Abgeordnete, die aus ihrer Fraktion ausgetreten oder ausgeschlossen worden sind, regelmäßig von dieser aus den Ausschüssen abberufen werden, in die sie von ihrer bisherigen Fraktion entsandt worden waren. Ein Abgeordneter wird durch eine solche Abberufung nicht in der Freiheit seines Mandats beeinträchtigt. Art. 38 Abs. 1 Satz 2 GG gewährt ihm zwar bei der gegenwärtigen Arbeitsorganisation des Bundestages einen Anspruch auf Mitarbeit in einem Ausschuss. Es erwächst ihm daraus aber kein Recht, für eine Fraktion, der er nicht (mehr) angehört, in einem Ausschuss tätig zu sein, selbst wenn er, wie der Antragsteller, die politischen Ziele der Fraktion als seine eigenen weiterhin zu verfolgen behauptet. Der Antrag ist daher unbegründet.

2.3 Begründetheit des Antrages zu 3.
(zur fehlenden Regelung einer Mindestredezeit für fraktionslose Abgeordnete)

Bei der Aufteilung der festgelegten Dauer der Aussprache auf die Fraktionen pflegt der Bundestag einen Verteilungsschlüssel zugrunde zu legen, der nicht streng am Stärkeverhältnis der Fraktionen ausgerichtet ist, sondern die kleinen Fraktionen relativ begünstigt. Folglich kann auch der Antragsteller nicht darauf verwiesen werden, dass er nur weniger als ein Fünfhundertstel der Gesamtdauer einer Debatte beanspruchen könne. Andererseits steht der fraktionslose Abgeordnete einer Fraktion nicht gleich; im Gegensatz zu denjenigen Abgeordneten, die für ihre Fraktion sprechen und damit den Standpunkt einer Vielzahl von Abgeordneten zum Ausdruck bringen, spricht der fraktionslose Abgeordnete im Bundestag nur für sich selbst. Daraus folgt, dass der Antragsteller nicht verlangen kann, die gleiche Redezeit wie die kleinste Fraktion zu erhalten. Bei der Bemessung der Redezeit eines fraktionslosen Abgeordneten ist daher auf das Gewicht und die Schwierigkeit des Verhandlungsgegenstandes wie auf die Gesamtdauer der Aussprache und darauf Bedacht zu nehmen, ob er gleichgerichtete politische Ziele wie andere fraktionslose Mitglieder des Bundestages verfolgt und sich damit auch für diese äußert".[6] ... Nut insoweit ist der Antrag begründet.

2.4 Begründetheit des Antrages zu 4.
(zur Verweigerung der beantragten Finanzausstattung)

A beantragt eine Finanzausstattung ähnlich der, die für Fraktionen gewährt wird. Dann müsste ein fraktionsloser Abgeordneter hinsichtlich seiner Aufwendungen mit einer Fraktion vergleichbar sein. „Fraktionen dürfen mit staatlichen Zuschüssen finanziert werden, weil sie als ständige Gliederungen des Bundestages der „organisierten Staatlichkeit" eingefügt sind.[7] Die Fraktionszuschüsse dienen ausschließlich der Finanzierung von Tätigkeiten des Bundestages, die den Fraktionen nach Verfassung und Geschäftsordnung obliegen. Die Fraktionen steuern

---

[6] BVerfGE 80, 228 f.
[7] BVerfGE 20, 104; 62, 202

und erleichtern in gewissem Grade die parlamentarische Arbeit [8], indem sie insbesondere eine Arbeitsteilung unter ihren Mitgliedern organisieren, gemeinsame Initiativen vorbereiten und aufeinander abstimmen sowie eine umfassende Information der Fraktionsmitglieder unterstützen. Auf diese Weise fassen sie unterschiedliche politische Positionen zu handlungs- und verständigungsfähigen Einheiten zusammen. ... Im Falle des fraktionslosen Abgeordneten fehlt es an einem solchen Koordinationsbedarf und dementsprechend auch an einem Anspruch auf finanzielle Gleichstellung. Aus der Arbeit der Fraktionen erwächst ihren ‚Mitgliedern allerdings eine Reihe von Vorteilen, die sie nicht nur für die Mitwirkung in der Fraktion, sondern auch für ihre eigene politische Arbeit nutzen können. So bringt es die Einbindung in eine Fraktion mit sich, dass dem Abgeordneten zahlreiche – auch schon politisch aufgearbeitete – Informationen zufließen, die er sich ohne diese Hilfestellung der Fraktion nur mühsam zu verschaffen vermöchte. Die insoweit dem fraktionslosen Abgeordneten entstehenden Nachteile hat der Deutsche Bundestag im Blick auf die gleiche Rechtsstellung aller, der fraktionsangehörigen wie der fraktionslosen Abgeordneten auszugleichen. Hierzu bedarf es jedoch keiner finanziellen Zuwendungen an den Antragsteller; es genügt, das ihm der Deutsche Bundestag durch seine Verwaltung und insbesondere durch seine wissenschaftlichen Dienste die für einen solchen Ausgleich erforderlichen Leistungen anbietet. Dabei ist zu berücksichtigen; dass der fraktionslose Abgeordnete auf eine Zuarbeit in größerem Maße angewiesen ist als der fraktionsangehörige. Dem fraktionslosen Abgeordneten dürfen daher, soweit in zumutbarem Rahmen begehrt, juristischer Rat oder Hilfestellung bei der Formulierung von Anträgen und Initiativen nicht versagt werden...." [9] Nur in dieser Einschränkung ist der Antrag begründet.

---

[8] vgl. BVerfGE 20, 104
[9] BVerfGE 80, 233 f.

Musterlösung zum Grundfall 6

Der Antrag ist als Antrag nach Art. 93 I Nr. 3 GG i.V.m. §§ 13 Nr.7, 68 ff. BVerfGG, wonach das BVerfG bei Meinungsverschiedenheiten zwischen dem Bund und den Ländern entscheidet, zu werten.

1128

1. Zulässigkeit des Antrages

1.1 Parteifähigkeit

Nach § 68 BVerfGG sind in dem Bund-Länder-Streitverfahren parteifähig für den Bund die Bundesregierung und für eine Land die Landesregierung. Die Parteifähigkeit des Antragstellers und des Antragsgegners ist somit gegeben.

1.2 Antragsbefugnis

Nach § 69 i.V.m. § 64 BVerfGG ist der Antrag u.a. zulässig, wenn der Antragsteller geltend macht, dass er durch eine Maßnahme oder Unterlassung des Antragsgegners in seinen ihm durch das Grundgesetz übertragenen Rechten und Pflichten verletzt oder unmittelbar gefährdet ist. Geltend machen bedeutet in diesem Sinn, dass eine Verletzung bzw. Gefährdung nach dem Sachvortrag möglich sein muss. Das ist zu bejahen, da nicht auszuschließen ist, dass durch das Unterlassen der hessischen Landesregierung, gegen die betreffenden Gemeinden vorzugehen, das Bundesstaatsprinzip verletzt ist.

1.3 Form und Frist § 64

Nach § 69 i.V.m. § 64 II BVerfGG ist in dem Antrag die Bestimmung des Grundgesetzes zu bezeichnen, gegen die durch die beanstandete Maßnahme oder Unterlassung des Antragsgegners verstoßen wird. Das ist durch die Bundesregierung erfolgt.

Nach § 69 i.V.m. § 64 III BVerfGG muss der Antrag binnen sechs Monaten, nachdem die beanstandete Maßnahme oder Unterlassung dem Antragsteller bekannt geworden ist, gestellt werden. Das ist nach dem Sachverhalt der Fall.

2. Begründetheit des Antrages

Begründet wäre der Antrag nach Art. 93 I Nr. 3 GG i.V.m. §§ 69, 64 BVerfGG, wenn die hessische Landesregierung mit der Weigerung, gegen die Gemeinden vorzugehen, Rechte oder Pflichten, die dem Bund durch das Grundgesetz übertragen sind, unmittelbar verletzt oder gefährdet hätte. Dafür müssten zunächst die Beschlüsse der Gemeinden rechtswidrig sein. Weiterhin müsste die hessische Landesregierung verpflichtet gewesen sein, dagegen vorzugehen. Schließlich müsste die Weigerung, das zu tun, Rechte oder Pflichten des Bundes unmittelbar verletzt oder gefährdet haben.

1129

2.1 Rechtswidrigkeit der Beschlüsse der Gemeinden

1130

Die hessischen Gemeinden sind Gebietskörperschaften des öffentlichen Rechts mit dem Recht, alle Angelegenheiten der örtlichen Gemeinschaft im Rahmen der Gesetze in eigener Verantwortung zu regeln (Art. 28 II 1 GG, §§ 2, 2, 5 hessGO). Darunter fallen nur solche Aufgaben, die in der örtlichen Gemeinschaft wurzeln oder auf die örtliche Gemeinschaft einen spezifischen Bezug haben. „Die Gemeinde kann zwar gegen eine sie speziell berührende staatliche Maßnahme protestieren; sie überschreitet aber die ihr gesetzten rechtlichen Schranken, wenn sie zu allgemeinen, überörtlichen, vielleicht hochpolitischen Fragen Resolutionen fasst oder für oder gegen eine Politik Stellung nimmt, die sie nicht als einzelne Gemeinde besonders trifft, sondern der Allgemeinheit - ihr nur so wie allen Gemeinden - eine

Last aufbürdet oder sie allgemeinen Gefahren aussetzt. Die Abgrenzung im Einzelnen kann hier offen bleiben. Jedenfalls gehört die Stellungnahme zur Frage der Ausrüstung der Bundeswehr nicht zu den Angelegenheiten des örtlichen Wirkungskreises und deshalb nicht zu den hoheitlich zu erledigenden Aufgaben der Gemeinde. Die Gemeinde mag berechtigt sein, sich mit einer Entschließung ihrer Organe gegen die konkrete Absicht zu wenden, auf ihrem Gemeindegebiet einen Atomreaktor, einen Flugplatz, eine militärische Anlage, z.B. eine Abschussbasis für Atomsprengkörper, zu errichten, sie ist aber nicht befugt, sich in derselben Weise gegen die Anlage von Atomreaktoren, Flugplätzen, militärischen Anlagen schlechthin zu wenden."[1] Die Beschlüsse der Gemeinden waren daher rechtswidrig.

1131 **2.2 Verpflichtung der Landesregierung, gegen die Gemeinden vorzugehen**

Die Aufsicht über die Gemeinden steht nicht dem Bund, sondern ausschließlich den Ländern, in Hessen dem Landesminister des Innern zu. Dabei ist die Rechtsaufsicht nach Art. 137 III 2 HessVerf so ausgestaltet, dass bei Rechtsverstößen der Innenminister keine Verpflichtung zum Einschreiten, sondern insoweit einen Ermessensspielraum hat. Dieser Spielraum nach Landesrecht könnte aber aufgrund von Bundesrecht derart eingeengt sein, dass eine Pflicht zum Einschreiten besteht. Als Grundlage dafür kommt nur der Grundsatz der Bundestreue in Betracht, den das Bundesverfassungsgericht in Übereinstimmung mit der Rechtslehre aus dem Wesen des Bundesstaates entwickelt hat. Danach haben Bund und Länder die gemeinsame Pflicht zur Wahrung und Herstellung der grundgesetzlichen Ordnung in allen Teilen und Ebenen des Gesamtstaates. Insbesondere werden dem Bund und den Ländern Schranken beim Gebrauchmachen ihrer Zuständigkeiten gezogen. Bei jeder Wahrnehmung einer Kompetenz des Bundes oder der Länder ist also zu beachten, dass sie neben der Rücksicht auf die eigenen Belange auch die Rücksicht auf die Belange der übrigen Teile des Bundesstaates zu wahren haben.[2] Im vorliegenden Fall sollen die Beschlüsse der Gemeinden Teil einer umfassenden Aktion sein, die sich über das ganze Bundesgebiet erstrecken soll. Sie sollen einen „politischen Effekt erzielen, den eine Befragung des Bundesvolkes hätte"[3.] Damit überschreiten die Gemeinden nicht nur die Grenzen des Landesrechts, sondern greifen gleichzeitig auch in die Willensbildung des Bundes ein, da dieser nach Art. 73 Nr. 1 GG auf dem Gebiet des Verteidigungswesens die ausschließliche Zuständigkeit besitzt. Damit verstoßen die Beschlüsse Bundesrecht. Da der Bund zur Abwehr dieses Übergriffs mangels eigener Aufsichtsbefugnisse über die Gemeinden auf die Mitwirkung der Landesregierung angewiesen ist, ist diese aufgrund des Grundsatzes der Bundestreue zum Einschreiten gegen die Gemeinden verpflichtet.[4]

1132 **2. Entscheidung des BVerfG**

Das BVerfG stellt fest, dass die hessische Landesregierung durch ihre Weigerung, durch den Minister des Innern im Wege der Rechtsaufsicht gegen die grundgesetzwidrigen Beschlüsse der Gemeinden vorzugehen, gegen den Grundsatz der Bundestreue verstoßen hat.[5]

---

[1] BVerfGE 8, 133 f.
[2] BVerfGE 31, 314
[3] BVerfGE 8, 135
[4] BVerfGE 8, 139
[5] Die Entscheidung ist nach §§ 69, 67 S. 1 BVerfGG lediglich eine Feststellung. Das BVerfG hebt also nicht selbst die Beschlüsse auf.

Musterlösung zum Grundfall 7

Bei der erhobenen Klage handelt es sich um eine Nichtigkeitsklage nach Art. 230 EGV.

1. Zulässigkeit der Klage

1.1 Zuständigkeit : Der EuGH ist als angerufenes Gericht zuständig, nicht dagegen das Gericht erster Instanz (EuG).

1.2 Aktive Parteifähigkeit für die Erhebung einer Nichtigkeitsklage sind nach Art. 230 II, III EGV die Organe der EG und die Mitgliedstaaten und nach Art. 230 IV EGV auch jede natürliche und juristische Person. K ist als natürliche Person somit parteifähig.

1.3 Klaggegner können nach Art. 230 II, III EGV das Parlament, der Rat, die Kommission und die EZB sein. Der Rat ist daher zulässiger Klagegegner.

1.4 Klagegegenstand können bei Klagen natürlicher oder juristischer Personen nur auf Grund des Gemeinschaftsrechts ergangene Entscheidungen sein, die an sie ergangen sind. Die Verweigerung des Zugangs zu den Dokumenten ist eine konkret-individuelle Maßnahme und damit eine Entscheidung i.S.d. Art. 249 und folglich auch eine i.S.d. Art. 230 EGV.

1.5 Klagebefugnis : Sie liegt bei einer Klage einer natürlichen oder juristischen Person nach Art. 230 IV EGV insbesondere dann vor, wenn die Entscheidung an sie ergangen ist, d.h. wenn sie unmittelbar und individuell von ihr betroffen ist .[1] Das ist hier bei K der Fall. K ist daher klagebefugt.

1.6 Klagefrist : Sie beträgt nach Art. 230 V EGV zwei Monate ab Bekantgabe der bettreffenden Handlung, hier der ablehnenden Entscheidung des Rats. Dieses Frist ist nach dem Sachverhalt eingehalten worden.

Nach allem ist die Klage des K zulässig.

2. Begründetheit der Klage

Die Klage wäre begründet, wenn die angegriffene Entscheidung wegen einer der in Art. 230 II EGV genannten Gründe rechtswidrig wäre. Hier kommt die Verletzung des EG-Vertrages, und zwar des Art. 253 in Betracht. Danach sind Rechtsakte des Parlaments, der Kommission und des Rats zu begründen. Hier könnte fraglich sein, ob die vom Rat dem K gegebene Begründung den Anforderungen des Art. 253 EGV entspricht.

Die Verpflichtung zur Begründung soll zum einen den Betroffenen ermöglichen, zur Wahrung ihrer Rechte die tragenden Gründe für die ergriffene Maßnahme kennen zu lernen, und zum anderen dem EuGH ermöglichen, die Rechtmäßigkeit der Entscheidung zu kontrollieren.[2] Die Begründung einer Entscheidung, mit der der Zugang zu Dokumenten verweigert wird, muss somit die spezifischen Gründe enthalten, aus denen die Offenlegung der gewünschten Dokumente nach Ansicht des Rates unter eine der Ausnahmen nach dem Beschluss 93/731 fällt.[3] In der angefochtenen Entscheidung gibt der Rat einfach an, dass die Offenlegung der 16 fraglichen Dokumente das öffentliche Interesse beeinträchtige und dass diese Dokumente die Beratungen des Rates beträfen und aus diesem Grund der Pflicht zur Geheimhaltung unterlägen. Ob diese pauschale Begründung ausreicht, erscheint fraglich : Nach dem Beschluss

---
[1] Geiger Rn 26
[2] EuGH Slg. 1990, 395; NJW 1999, 59
[3] EuGH Slg. 1997, 11-313

93/731 ist der Grundsatz der Zugang zu den Dokumenten. Ausnahmen davon müssen daher eng ausgelegt werden.

Danach ergibt sich unter mehreren Aspekten ein Verstoß gegen Art. 253 EGV :

- Zum einen kann nach der ersten Ausnahme kann die Einsicht verweigert werden, wenn die Verbreitung den Schutz des öffentlichen Interesses verletzen „könnte". Daraus folgt, dass der Rat diesen Nachweis nur in der Weise führen kann, dass er für jedes Dokument, zu dem der Zugang beantragt ist, prüft, ob dessen Offenlegung nach den ihm vorliegenden Informationen tatsächlich geeignet ist, das öffentliche Interesses zu verletzen. Dass der Rat diese Prüfung vorgenommen hat, ist jedoch nicht ersichtlich.

- Nach der zweiten Ausnahme verfügt der Rat über ein Ermessen, das es ihm erlaubt, einen Antrag auf Zugang zu Dokumenten, die seine Beratungen betreffen, abzulehnen. Er muss daher im Rahmen dieses Ermessens das Interesse des Bürgers am Zugang zu den Dokumenten gegen sein etwaiges Interesse an Geheimhaltung der Beratungen abwägen[4]. Dass er diese Abwägung vorgenommen hat, ist ebenfalls nicht ersichtlich.

- Obwohl sich der Rat gleichzeitig auf die Ausnahme zum Schutz des öffentlichen Interesses und die der Geheimhaltung seiner Beratungen beruft, gibt er nicht genau an, ob er sich in bezug auf sämtliche verweigerten Dokumente auf beide Ausnahmen zugleich beruft, oder ob er der Ansicht ist, dass bestimmte Dokumente von der ersten Ausnahme und andere von der zweiten gedeckt seien.

Die Klage ist daher begründet.[5]

3. Entscheidung des EuGH

Da die Klage begründet ist, erklärt der EuGH nach Art. 231 EGV die abgefochtene Entscheidung für nichtig. Der Rat hat dann nach Art. 233 EGV „die sich aus dem Urteil ergebenden Maßnahmen zu ergreifen. Er muss also entweder dem K eine neue – dem Art. 253 EGV entsprechende – Begründung erteilen oder ihm den Zugang zu den Dokumenten gestatten.

---

[4] EuGH EuZW 1996, 152
[5] EuGH NVwZ 1999, 60

Musterlösung zum Grundfall 8

Es handelt sich um eine Vertragsverletzungsklage nach Art. 226 EGV.

1. Zulässigkeit der Klage

1.1 Zuständigkeit: Der EuGH ist als angerufenes Gericht zuständig, nicht dagegen das Gericht erster Instanz (EuG).

1.2 Aktive Parteifähigkeit im Rahmen eines Vertragsverletzungsverfahren besitzen nach Art. 226 EGV die Kommission du nach Art. 227 jeder Mitgliedsstaat. Die Kommission ist daher aktiv parteifähig.

1.3 Passive Parteifähigkeit besitzen nach Art. 226 f. EGV die Mitgliedsstaaten. Die Bundesrepublik Deutschland ist somit passiv parteifähig.

1.4 Klagegegenstand können Handlungen oder Unterlassungen der Mitgliedsstaaten sein, also auch – wie hier – eine nicht rechtzeitige Umsetzung einer Richtlinie.

1.5 Klagebefugnis ist bei der Vertragsverletzungsklage nicht erforderlich. Der Kläger muss lediglich – was hier der Fall ist – von dem Vertragsverstoß überzeugt sein.

1.6 Klagbegründung: Nach Art. 38 § 1 VerfO EuGH ist die Klage zu begründen. Davon, dass Kommission ihre Klage begründet hat, ist auszugehen.

1.7 Vorverfahren: Nach Art. 226 EGV muss die Kommission vor Erhebung einer Vertragsverletzungsklage dem Staat Gelegenheit zur Stellungnahme geben. Soweit diese nicht zur Ausräumung der Bedenken ausreicht, muss die Kommission gegenüber dem Staat eine entsprechende Stellungnahme abgeben und ihn auffordern, der Stellungnahme innerhalb einer gesetzten Frist nachzukommen. Diese Voraussetzungen sind im vorliegenden Fall erfüllt.

1.8 Klagefrist ist nicht einzuhalten.

Nach allem ist die Klage zulässig.

2. Begründetheit der Klage

Begründet wäre die Klage, wenn die Bundesrepublik Deutschland gegen ihre Pflicht nach Art. 10 EGV zur Erfüllung der sich aus dem EG-Vertrag ergebenden Pflichten verstoßen hätte, indem sie die Richtlinie 90/365/EWG nicht innerhalb der vorgeschriebenen Frist in innerstaatliche Recht umgesetzt hätte.

Nach Art. 249 III EGV ist eine Richtlinie für den Mitgliedsstaat, an den sie gerichtet ist, verbindlich, überlässt jedoch den innerstaatlichen Stellen die Wahl der Form und der Mittel. Das erfordert nach der Rechtsprechung des EuGH zwar nicht, dass „ihre Bestimmungen förmlich und wörtlich in einer ausdrücklichen Gesetzesvorschrift wiedergegeben werden; je nach dem Inhalt der Richtlinie kann ein allgemeiner rechtlicher Rahmen genügen, wenn er tatsächlich die vollständige Anwendung der Richtlinie in so klarer und bestimmter Weise gewährleistet, dass – soweit die Richtlinie Ansprüche des Einzelnen begründen soll – die Begünstigten in der Lage sind, von allen ihren Rechten Kenntnis zu erlangen und diese gegebenenfalls vor den nationalen Gerichten geltend zu machen. Diese Voraussetzung ist besonders wichtig, wenn die Richtlinie – wie hier – darauf abzielt, den Angehörigen anderer

Mitgliedsstaaten Rechte zu verleihen. Im vorliegenden Fall stellt die bloße allgemeine Verweisung auf das Gemeinschaftsrecht, die § 2 II AuslG vorsieht, keine Umsetzung dar, die die vollständige Anwendung der Richtlinie, die darauf abzielt, den Angehörigen anderer Mitgliedsstaaten Rechte zu verleihen, tatsächlich in hinreichend klarer und bestimmter Weise gewährleistet. Die Tatsache, dass die deutschen Rechtsvorschriften die Bestimmungen des Gemeinschaftsrechts auf dem Gebiet der Freizügigkeit anderer als der von der Richtlinie erfassten Personengruppen ausdrücklich beabsichtigt, macht es für die letztgenannten Personengruppen zudem noch schwerer, von ihren Rechten Kenntnis zu erlangen. Das Vorbringen der deutschen Regierung, die Richtlinie enthielte eine so ausführliche Regelung, dass die innerstaatlichen Behörden und der Einzelne das Recht auf Freizügigkeit nur aufgrund der Vorschriften dieser Richtlinie erkennen können, ist insoweit unbeachtlich. Das Recht des Einzelnen, sich unter besonderen Umständen vor Gericht gegenüber einem Mitgliedsstaat auf eine Richtlinie zu berufen, stellt nämlich nur eine Mindestgarantie dar, die sich aus dem zwingenden Charakter der Verpflichtung ergibt, die den Mitgliedsstaaten nach Art. 249 III EGV durch die Richtlinien auferlegt ist, und die keinem Mitgliedstaat als Rechtfertigung dafür dienen kann, dass er es versäumt hat, rechtzeitig zur Erreichung des Zieles der jeweiligen Richtlinie geeignete Durchführungsmaßnahmen zu ergreifen." [1]

3. Entscheidung des EuGH

Da die Klage somit zulässig und begründet ist, stellt der EuGH fest, dass die Bundesrepublik Deutschland dadurch gegen ihre Pflichten aus Art. 10 EGV verstoßen hat, dass sie nicht innerhalb der vorgeschriebenen Frist die erforderlichen Rechts- und Verwaltungsvorschriften erlassen hat, um die Richtlinie 90/365/EWG in innerstaatliche Recht umzusetzen.

---

[1] EuGH NJW 1998, 49 f.

Musterlösung zum Grundfall 9

Bei dem Ersuchen handelt es sich um eine Vorlage im Vorabentscheidungsverfahren vor dem EuGH nach Art. 234 EGV.

1. Zulässigkeit der Vorlage

Zuständig für Vorabentscheidungsverfahren nach Art. 234 EGV ist der EuGH, nicht dagegen das Gericht erster Instanz. Das zuständige Gericht ist daher angerufen worden.

Zulässige Vorlagegenstände sind nach Art. 234 I EGV die Auslegung des EG-Vertrages, die Gültigkeit und Auslegung der Handlungen der Organe der Gemeinschaft und der EZB und die Auslegung der Satzungen der durch den Rat geschaffenen Einrichtungen, soweit dieses Satzungen dies vorsehen. Hier liegt ein zulässiger Vorlagegenstand vor, da das Arbeitsgericht eine verbindliche Auslegung des Art. 141 EGV begehrt.

Die Voraussetzung nach Art. 234 II EGV, dass ein nationales Gericht eines Mitgliedstaates die Vorlage stellen muss, liegt vor. Auch die weitere Voraussetzung, dass das Gericht eine Entscheidung darüber zum Erlass seines Urteils für erforderlich hält, ist erfüllt, da es für den Ausgang des Verfahrens vor dem Arbeitsgericht auf die Vereinbarkeit des § 3 lit. n BAT mit Art. 141 EGV ankommt.

Die weitere Voraussetzung, dass die Vorlage begründet worden ist[1], liegt vor. Auch das Erfordernis, dass die Vorlage abstrakt formuliert ist, da der EuGH nicht den konkreten Fall zu entscheiden hat[2], ist erfüllt.

1. Sachentscheidung aufgrund der Vorlage

Nach Art. 141 I EGV stellt jeder Mitgliedstaat „die Anwendung des Grundsatzes des gleichen Entgelts für Männer und Frauen bei gleicher oder gleichwertiger Arbeit sicher". Unter „Entgelt" sind nach Art. 141 II EGV „die üblichen Grund- und Mindestlöhne und -gehälter sowie alle sonstigen Vergütungen zu verstehen, die der Arbeitgeber aufgrund des Dienstverhältnisses dem Arbeitnehmer unmittelbar oder mittelbar in bar oder in Sachleistungen zahlt." Eine Zuwendung, die der Arbeitnehmer nach Maßgabe eines Tarifvertrages am Jahresende von seinem Arbeitgeber erhält, wird aufgrund des Dienstverhältnisses gezahlt und fällt damit unter den Begriff des Entgelts.[3]

Art. 141 EGV verbietet zum einen – in staatlichen Vorschriften oder privatrechtlichen Verträgen enthaltene – Regelungen, die unmittelbar Diskriminierungen aufgrund des Geschlechts beinhalten.[4] Dazu zählt § 3 lit. n BAT nicht. Verboten sind nach der Rechtsprechung des EuGH aber auch Vorschriften, die zwar unabhängig vom Geschlecht der Arbeitnehmer angewandt werden, im Ergebnis jedoch einen erheblich höheren Prozentsatz der Frauen als der Männer benachteiligt, es sei denn, dass sie aus objektiven Gründen, die nichts mit einer Diskriminierung aufgrund des Geschlechts zu tun haben, gerechtfertigt sind.[5] Einen solchen Grund hat der Beklagte des Arbeitsgerichtsverfahrens mit der Argumentation geltend

---
[1] Geiger, Art. 141 EGV, Rn 20
[2] EuGH Slg 1964, 1251
[3] EuGH NJW 2000, 647
[4] EuGH NVwZ 1991, 461
[5] EuGH Slg, 1999, 214

gemacht, die Regelung habe nichts mit einer Diskriminierung aufgrund des Geschlechts zu tun, sondern sei von dem sozial- und beschäftigungspolitischen Ziel getragen, dem wachsenden Bedarf an Teilzeitarbeit Rechnung tragen. Würde dieser Einwand zutreffen, wäre in der Tat ein Vorrang des Art. 141 EGV zu verneinen, da nicht die EG, sondern die Mitgliedstaaten für die Sozialpolitik zuständig sind. Dabei haben sie einen weiten Entscheidungsspielraum, die Maßnahmen zu wählen, die zur Verwirklichung ihrer sozial- und beschäftigungspolitischen Ziele geeignet sind.[6] Im Ausgangsverfahren geht es jedoch weder um eine Maßnahme, die der nationale Gesetzgeber im Rahmen seines Ermessens getroffen hat noch um einen tragenden Grundsatz des deutschen Systems sozialer Sicherheit. Ein objektiver Grund, der mit einer Diskriminierung aufgrund des Geschlechts nichts zu tun hat, ist daher nicht ersichtlich.[7]

Es ist daher festzustellen, „dass Art. 141 EGV so auszulegen ist, dass der tarifvertragliche Ausschluss unselbständig Erwerbstätiger, die eine Beschäftigung von regelmäßig weniger als 15 Stunden in der Woche ausüben, bei der das Arbeitsentgelt regelmäßig einen bestimmten Bruchteil der monatlichen Bezugsgröße nicht übersteigt und die deshalb sozialversicherungsfrei ist, von einer in diesem Tarifvertrag vorgesehenen Jahressonderzuwendung, die zwar unabhängig vom Geschlecht der Arbeitnehmer erfolgt, jedoch im Ergebnis prozentual erheblich mehr Frauen als Männer trifft, eine mittelbare Diskriminierung aufgrund des Geschlechts darstellt" und damit gegen Art. 141 EGV verstößt.[8]

3. Folge der Entscheidung

Das Arbeitsgericht wird § 3 lit. n BAT wegen Verstoßes gegen den höherrangigen Art. 141 EGV unangewendet lassen und der Klage der K stattgeben.

---

[6] EuGH Slg 1999, 4625
[7] EuGH NJW 2000, 648
[8] EuGH NJW 2000, 648

SACHREGISTER

Die Stichworte beziehen sich nicht auf das Repetitorium.
Auf dessen Inhalte ist lediglich unter dem Stichwort „Repetitorium" hingewiesen.

- Die Zahlen bezeichnen die Randnummern -

A

Abgeordnete – Rechtsstellung 711 ff.,
  1072 (1124 ff.)
Abstammungsprinzip 5
Abstraktes Normenkontrollverfahren 786
Abwehrrechte 93
Allgemeine Gesetze 345
Allgemeine Handlungsfreiheit
- historischer Hintergrund 245
- internationaler Schutz 245
- europäischer Schutz 245
- Bedeutung 246
- als Grundrecht des Art. 2 I 246
- Bezug zur Menschenwürde 252
- Subsidiarität 248
- Schutzbereich 247
- Schranken-Bereich 258 ff.
- Schranken-Schranken-Bereich 261 ff.
Allgemeine Rechtsgrundsätze der EG 907
Allgemeines Persönlichkeitsrecht 250 ff.
- historischer Hintergrund 245
- internationaler Schutz 245
- europäischer Schutz 245, 933
- Bedeutung 246
- als Grundrecht des Art. 2 I 246, 250
- Bezug zur Menschenwürde 252
- Subsidiarität 251
- Schutzbereich 253
- Schranken-Bereich 258 ff.
- Schranken-Schranken-Bereich 261 ff.
Allgemeinheit der Wahl 692
Allgemeinheitsgebot 213, 1087, 1099, 1115
Ältestenrat 708
Amtshaftung 987
Amtshaftungsklage zum EuGH 893
Änderung der Verfassung 65 ff.
Angemessenheit 206
Anhörungsverfahren 870
Anklageverfahren 805
Annahmeverfahren 802
Annexkompetenz 622
Antike - Demokratie 569
Arbeitsplatz, Wahl des 438
Arbeitszwang 449 ff.

Aristokratie 569
Aristoteles 70
Asylrecht
- historischer Hintergrund 479
- internationaler Schutz 479, 85
- europäischer Schutz 480 f., 933
- Bedeutung 482 f.
- Schutzbereich 485 ff.
- Schranken-Bereich 494 ff
- Anerkennungsverfahren 495
Asylverfahrensgesetz 489, 495
Aufklärung 75
Aufopferung 467, 465, 466
Auftragsverwaltung
- Grundsätze 635
- Bereiche 634
- Finanzierung 647
Aufwandssteuern 652 f.
Aufzug 392, 400
Ausbildungsstätte, Wahl der 439
Ausgestaltung von Grundrechten 164, 169
Ausländer
- Einbürgerung 13 ff.
- zahlenmäßige Umfang 13
- Grundrechtsträger 119, 248
- Diskriminierungsverbot der EG 948
Auslegung
- allgemeine Auslegungsmethoden 55 ff.
- Auslegung der Verfassung 56 ff.
Auslieferungsverbot 474
Ausnahmegerichte 535, 248
Ausreisefreiheit 432
ausschließliche Gesetzgebung
- der Länder 631
- des Bundes 624
- der Europäischen Gemeinschaft 914
Ausschuss der Regionen der EG 898
Ausschüsse
- des Bundestages 709
- des Bundesrats 734
- des Europäischen Parlaments 867
Aussiedler 24 ff.
Aussperrung 417

Sachregister

B

Bannkreisgesetze 396, 405
Bannmeilengesetze 396, 405
Beamte
- Streikrecht 420
- Treuepflicht 603 ff.
- Berufsbeamtentum 345 f., 360, 603 ff.

Behinderte 43, 318
Berufsbeamtentum 345 f., 360, 603 ff.
Berufsfreiheit
- historischer Hintergrund 435
- internationaler Schutz 435, 85
- europäischer Schutz 435, 821, 933
- Bedeutung 436
- Schutzbereich 437 ff.
- Schranken-Bereich 441
- Schranken-Schranken-Bereich 442 ff.

Berufsverbote 447
Beschäftigungsausschuss der EG 897
besondere Gewaltverhältnisse 81
Bestimmtheitsgrundsatz 194 ff., 537
- Inhalt 194 ff.
- Aspekt des Rechtsstaatsprinzips 509
- Bestimmtheit von Strafgesetzen 537
- Falllösungen 1085, 1097, 1113

Bildung 377 ff.
Brief-, Post- und Fernmeldegeheimnis
- historischer Hintergrund 421
- internationaler Schutz 421
- europäischer Schutz 421
- Bedeutung 422
- Schutzbereich 424 ff.
- Schranken-Bereich 428 f.

bundeseigene Verwaltung 633
Bundeskanzler
- Wahl 749
- bisherige 751
- Rechtsstellung 752 ff.
- Abhängigkeit und Verantwortung 752
- Sturz 760
- Vertrauensfrage 761

Bundesländer
- Entstehung 36
- Verfassungsautonomie 613
- repräsentative Staatsform 608
- Bundestreue 618
- Gesetzgebungskompetenzen 614, 652
- Verwaltungskompetenzen 634 ff.
- Rechtsprechungskompetenzen 643 f.
- Kostentragung 646 ff., 670 ff.
- Steuererträge 653 ff.
- Steuerzerlegung 663
- Finanzausgleich 664 ff.
- Finanzhilfen 649
- Ergänzungszuweisungen 668 f.
- Grundrechte 89
- Volksbegehren und –entscheide 580
- sozialstaatliche Regelungen 558
- Neugliederung 678 ff.

Bundesminister 750, 753
Bundespräsident
- historischer Hintergrund 763
- Wahl 765
- bisherige 765
- Rechtsstellung 766 ff.
- Aufgaben 767
- Prüfungsrecht 768 ff.

Bundesrat
- geschichtlicher Hintergrund 730
- Zusammensetzung 733
- Gliederung und Arbeitsweise 734
- Mitwirkung an der Gesetzgebung 736, 721 ff.
- Mitwirkung an der Verwaltung 751
- Mitwirkung an der EU 739
- Bilanz 745

Bundesregierung
- geschichtlicher Hintergrund 746
- parlamentarisches Regierungssystem 747
- Zustandekommen 748 ff.
- bisherige 751
- Willensbildung 752 ff.
- Aufgaben 756
- Lösung von Regierungskrisen 758
- Abhängigkeit und Verantwortung 757

Bundesstaatsprinzip
- geschichtliche Entwicklung 38, 611
- Begriff 609
- Wesen 612 ff.
- Staatlichkeit der Länder 612 ff.
- Vorrang des Bundesrechts 616
- Bundeszwang 617
- Bundestreue 618
- Gesetzgebungszuständigkeiten 623 ff.
- Verwaltungszuständigkeiten 632 ff.
- Rechtsprechungszuständigkeiten 641 ff.
- Finanzverfassung 645 ff.
- Kooperativer Föderalismus 672 ff.
- Neugliederung 678 ff.
- Bundesrat 730 ff.

Bundessteuern 653

Sachregister

Bundestag
- geschichtlicher Hintergrund 688 ff.
- Wahlrecht 699 ff.
- Gliederung 709
- Arbeitsweise 710
- Rechtsstellung der Abgeordneten 711 ff.
- Gesetzgebungsfunktion 715 ff., 721 ff.
- Wahlfunktion 725
- Kontrollfunktion 726
- Artikulationsfunktion 728
- Mitwirkung an der EU 727
- Bilanz 729

Bundestreue 618, 1073, 1130
Bundesverfassungsgericht
- historischer Hintergrund 776
- Stellung 777
- Gliederung und Arbeitsweise 781f
- Zuständigkeiten 783 ff.
- Organstreitverfahren 784, 1072 (1120 ff.)
- Bund-Länder-Streitigkeiten 785, 1073 (1128 f.)
- Normenkontrollverfahren 786 f., 1071 (1109 ff.)
- Verfassungsbeschwerden 788 ff., 1068 (1077 ff.), 1069 (1092 ff.), 1070 (1103 ff.)
- Anklageverfahren 805
- Wahlprüfungsverfahren 806
- Inhalt, Wirkung der Entscheidungen 808
- Bilanz 812

Bundesversammlung 765
Bundesvertriebenengesetz 27 ff.
Bundeswahlgesetz 699 ff.
Bundeswehr 349, 396, 434, 500
Bundeszwang 617
Bund-Länder-Streitigkeiten 785, 1073 (1128 f.)
Bürgerlicher Rechtsstaat 78 ff.

C

Chancengleichheit von Parteien 589 f.

D

Daseinsvorsorge 560
Datenschutz 255
DDR 40 f.
Demokratieprinzip
- geschichtliche Entwicklung 568 ff.
- Theorien 571 f.
- Grundmerkmale 574 f.
- repräsentative Demokratie 677 ff.
- pluralistische Demokratie 584 ff.
- streitbare Demokratie 594 ff.

Demonstrationsfreiheit > *Versammlungsfreiheit*
Deutsche 7, 24, 26
Deutsche Demokratische Republik 40 f.
Deutsches Reich 1871
- bundesstaatliche Struktur 611
- Bundesrat 730
- Grundrechte 82
- Sozialstaatlichkeit 558

Deutschlandvertrag 40
Diäten 714
Dienstleistungsverkehr, freier 944 ff.
Differenzierungsverbote
- historischer Hintergrund 315
- internationaler Schutz 315, 85
- europäischer Schutz 315, 821, 929, 933
- Bedeutung 316
- Inhalt 317

Diskriminierungsverbot der EG 949
Drei-Elementen-Theorie 1
Drei-Stufentheorie 442, 448
Drittes Reich
- Aufhebung der Grundrechte 83
- Ermächtigungsgesetz 502
- Rassegesetze 502
- Sozialstaatlichkeit 558
- Rechtsstaatsverständnis 502
- Volksentscheide 579
- Einheitsstaat 611

Drittstaaten, sichere 494
Drittwirkung von Grundrechten 147 ff.
Durchsuchungen 454

E

echte Rückwirkung 211
Effektivitätsprinzip 6
effet utile 911
EG > *Europäische Gemeinschaft*
EGKS 824
Ehe und Familie
- historischer Hintergrund 361
- internationaler Schutz 361
- europäischer Schutz 361, 929, 933
- Schutz von Ehe und Familie 363 ff.
- Elternrecht 369 ff.
- Mutterschutz 375
- Gleichstellung unehelicher Kinder 376

Ehescheidungen 362
Ehre
- Schranke des Art. 5 348
- Schranke des Art. 2 I 255
Eigentum
- historischer Hintergrund 457
- internationaler Schutz 457, 85
- europäischer Schutz 457, 821, 933
- Bedeutung 458
- Schutzbereich 459
- Schranken-Bereich 461 ff.
- Inhaltsbestimmung 461, 469
- Enteignung 462 ff., 470 ff.
- enteignungsgleicher Eingriff 465
- enteignender Eingriff 466
- Überführung in Gemeinwirtschaft 468, 473
Einbürgerung 13 ff.
Eingriff in Grundrechte 165 ff.
Einheit der Verfassung 61
Einheitsstaat 609
Einigungsvertrag 42
Einkommensteuer 654, 658, 663
Einrichtungsgarantien 107
Einschränkbarkeit von Grundrechten 153 ff., 1068 (1077 ff.), 1069 (1092 ff.), 1070 (1103 ff.)
Einwohnerveredelung 666
Elterliches Erziehungsrecht 369
Elternrecht 369 ff.
Empfehlungen der EG 921
Enquete-Kommissionen 709, 726
Enteignender Eingriff 466
Enteignung 462 ff., 470 ff.
Enteignungsgleicher Eingriff 465
Entschädigung
- wegen Enteignung 462 ff., 470 ff.
- wegen enteignungsgleichen Eingriffs 465
- wegen enteignenden Eingriffs 406
- wegen Aufopferung 467
- als rechtsstaatlicher Aspekt 509
- als sozialstaatlicher Aspekt 560 ff.
Entscheidungen der EG 920
Entstehung des Grundgesetzes 36 ff.
Entstehung von Staaten 6
Erbrecht 460
Erforderlichkeit 209
Ergänzungszuweisungen 668
Ermächtigungsgesetz 502
Erschöpfung des Rechtsweges 797
Erststimme 699, 702 ff.
Erziehungsrecht
- der Eltern 369

- der Schule 380 f.
Euro 851 ff.
Europäische Atomgemeinschaft 824
Europäische Gemeinschaft - Grundfragen
- Entwicklung 824
- Aufgaben 847 ff.
- Teil der Europäischen Union 825
- Rechtsnatur 827
- Organe > *Europäische Gemeinschaft - Organe*
- Rechtsquellen > *Europäische Gemeinschaft - Rechtsquellen*
- Gesetzgebung 870 ff.
- Grundrechte
- Grundfreiheiten > *Europäische Gemeinschaft - Grundfreiheiten*
- Unionsbürgerschaft
- Verhältnis zu Mitgliedsstaaten 955 ff.
- Verhältnis Gemeinschaftsrecht – nationales Recht 958 ff.
- Umsetzung und Vollzug des Gemeinschaftsrechts 967 ff.
- Einwirkungsmöglichkeiten der Bundesländer
- Haftung 981
- Finanzierung 991 f.
Europäische Gemeinschaft - Grundfreiheiten
- freier Warenverkehr 935 ff.
- freier Dienstleistungsverkehr 944 ff.
- freier Kapitalverkehr 947 ff.
- freier Personenverkehr 939 ff.
- freier Kapitalverkehr 947 f.
- allgemeines Diskriminierungsverbot 949
Europäische Gemeinschaft - Organe
- Übersicht 853
- Rat > *Rat der EU*
- Parlament > *Europäisches Parlament*
- Gerichtshof > *Europäischer Gerichtshof*
- Kommission > *Kommission*
- Rechnungshof 895
- Wirtschafts- und Sozialausschuss 896
- Ausschuss der Regionen 898
- Beschäftigungsausschuss 897
- Investitionsbank 899
- System der Zentralbanken 900
- Zentralbank 900
Europäische Gemeinschaft - Rechtsquellen
- primäres Gemeinschaftsrecht 902 ff.
- sekundäres Gemeinschaftsrecht 909 ff.
- Verordnungen 917
- Richtlinien 918 f.
- Entscheidungen 920

- Empfehlungen 921
- Stellungnahmen 921
Europäische Gemeinschaft für Kohle und Stahl 824
Europäische Investitionsbank 899
Europäische Menschenrechtskonvention 503, 812 ff.
Europäische Union
- Mitwirkung des Bundesrats 739 ff.
- Mitwirkung der Bundesregierung 756, 739
- Entwicklung 824
- Struktur 825
- *Europäische Gemeinschaft (siehe dort)*
- Europäischer Rat 826
- Rechtsnatur 827
- Ziele 831
- Grundwerte 832
- Gemeinsame Außen- und Sicherheitspolitik 836
- polizeiliche und justitielle Zusammenarbeit in Strafsachen 839
- Beitritt 845
- Austritt 846
- Vertragsänderung 844
- verstärkte Zusammenarbeit 843
Europäische Zentralbank 900
Europäischer Gerichtshof
- Struktur und Zustandekommen 888
- Gericht erster Instanz 888
- Zuständigkeiten 889 ff.
Europäischer Gerichtshof für Menschenrechte 823
Europäischer Rat 826
Europäischer Rechnungshof 895
Europäisches Parlament
- Geschichte 824
- Wahl, Sitz, Zusammensetzung 865
- Fraktionen 865
- Ausschüsse 865
- Kontrollbefugnisse 868
- Haushaltsbefugnisse 869
- Anhörung 870
- Zusammenarbeit 871
- Mitentscheidung 872 ff.
- Zustimmung 875
Europäisches System der Zentralbanken 900
Europakammer des Bundesrats 734
Europarat 819 ff.
- Organe, Ziele, Arbeitsbereiche 819 ff.
- Menschenrechtskonvention 821 ff.
- Gerichtshof für Menschenrechte 823
Europol 841

Ewigkeitsgarantie 84
Existenzminimum 244

F

Fälle
- Verfassungsbeschwerde 1068 (1077 ff.), 1069 (1092 ff.), 1070 (1103 ff.)
- Organstreitverfahren 1072 (1120 ff.)
- Bund-Länder-Streitverfahren 1073 (1128 ff.)
- konkretes Normenkontrollverfahren 1071 (1109 ff.)
- Nichtigkeitsklage 1074 (1133 ff.)
- Vertragsverletzungsverfahren 1076 (1136 ff.)
- Vorabentscheidungsverfahren 1076 (1139 ff.)
- Einschränkbarkeit von Grundrechten durch Gesetz 1068 (1077)
  Einschränkbarkeit von Grundrechten durch Einzelakt 1069 (1092), 1070 (1103)
- immanente Schranken 1070 (1107)
- Menschenwürde 1068 (1086)
- allgemeine Handlungsfreiheit 1068 (1089), 1071 (1110)
- körperliche Unversehrtheit 1068 (1079)
- Recht auf Leben 1070 (1107)
- Gleichheitsgrundsatz 1071 (1118)
- Glaubensfreiheit 1070, 1079
- Bundestreue 1070 (1105)
- Zuständigkeitsverteilung 1073, 1082, 1096, 1112
- Fraktionen 1072 (1124)
- Abgeordnete 1072 (1126 f.)
- Richtlinien der EG 1075 (1137)
Familie 361 ff.
Fernmeldegeheimnis
- historischer Hintergrund 421
- internationaler Schutz 421
- europäischer Schutz 421, 821
- Bedeutung 422
- Adressaten 423
- Schutzbereich 424 ff.
- Schranken-Bereich 428
Filmfreiheit 344
Finanzausgleich 664 ff.
Finanzhilfen 649, 661
Finanzmonopole 650
Finanzverfassung 645 ff.

- Kostentragung 646
- Gesetzgebungskompetenzen 650 ff.
- Steuerverteilung 653 ff.
- Steuerzerlegung 663
- Finanzausgleich 664 ff.
- Finanzhilfen 649, 661
- Ergänzungszuweisungen 668
Fiskalgeltung der Grundrechte 142 ff.
Fluchtalternativen 491
Flüchtling 16, 480, 385
Flüchtlingskonvention, Genfer 480, 485
Föderalismus 609
Formeller Rechtsstaat 81, 507
Forschungsfreiheit 358
Fraktionen
- des Bundestages 709
- des Europäischen Parlaments 866
- Grundfall 1072 (1124 ff.)
Freie Entfaltung der Persönlichkeit
- historischer Hintergrund 245
- internationaler Schutz 245
- europäischer Schutz 245, 933
- Bedeutung 246
- Schutzbereich 247 ff.
- Allgemeine Handlungsfreiheit 247 ff.
- Allgemeines Persönlichkeitsrecht 250 ff.
- Schranken-Bereich 258 ff.
- Schranken-Schranken-Bereich 261 ff.
Freier Dienstleistungsverkehr 944 ff.
Freier Kapitalverkehr 947 f.
Freier Personenverkehr 939 ff.
Freier Warenverkehr 935 ff.
Freies Mandat 711
Freiheit der Person
- historischer Hintergrund 266
- internationaler Schutz 266, 85
- europäischer Schutz 266 821, 933
- Bedeutung 267
- Schutzbereich 278
- Schranken-Bereich 279
- Schranken-Schranken-Bereich 280
Freiheit der Wahl 694
Freiheitliche demokratische Grundordnung 597
Freiheitsentziehung 280
Freizügigkeit
- historischer Hintergrund 430
- internationaler Schutz 430, 85
- europäischer Schutz 430, 933, 939 ff.
- Bedeutung 431
- Schutzbereich 432
- Schranken-Bereich 433

Fünf-Prozent-Klausel 704
Funktionen der Verfassung 46

G

Gebietshoheit 3
Geeignetheit 205
Gegenzeichnung 766
Geheimheit der Wahl 696
Geldleistungsgesetze 648
Gemeinden
- Gemeinderecht 631
- Gemeindesteuern 652 ff.
- Verfassungsbeschwerde 804
Gemeinsame Außen- und Sicherheitspolitik der Europäischen Union 836
Gemeinsame Verfassungskommission 43
Gemeinschaftsaufgaben 638 ff.
Gemeinschaftssteuern 653 ff., 663
Gemeinwirtschaft 468, 473
Gemengelagen 517
Generalanwälte 888
Genfer Flüchtlingskonvention 480, 485
Gerechtigkeit 506
Gerichte
- Gerichtsbarkeiten 642 ff.
- Gerichtszuständigkeiten 641 ff.
- Gerichte für besondere Sachgebiete 535
- Rechtsschutzgarantie 527 ff.
- Rechtsstellung der Richter 533 ff.
- Verfahrensgarantien 535 ff.
Gerichtshof der Europäische Union
> *Europäischer Gerichtshof*
Gericht erster Instanz 888
Gesellschaft, Verhältnis zum Staat 33 f.
Gesellschaftsvertrag 75
Gesetze
- formelle 715, 719
- materielle 715 f.
- Zuständigkeitsverteilung 620 ff.
- Gesetzgebungsverfahren 719
- Zustimmungsgesetze 724
Gesetzespositivismus 501 f.
Gesetzesvorbehalte 179 ff.
Gesetzgebung
- Begriff 715 ff.
- Kompetenzen 620 ff.
- Verfahren auf Bundesebene 721 ff.
- Verfahren der EG 870 ff.
Gesetzgebungskompetenzen
- kraft Natur der Sache 621

Sachregister

- kraft Sachzusammenhang 622
- Annexkompetenz 622
- ausschließliche des Bundes 624
- konkurrierende Gesetzgebung 625
- Rahmengesetzgebung 627
- Grundsatzgesetzgebung 629
- ausschließliche der Länder 631
- ausschließliche der EG 848, 914

Gesetzgebungsnotstand 762
Gesetzlicher Richter 535
Gesetzmäßigkeit
- preußische Verfassung 1850 81
- Drittes Reich 502
- Vorrang des Gesetzes 510
- Vorbehalt des Gesetzes 511
- Wesentlichkeitslehre 513 ff.
- Grundsatz der EG 931

Gesundheit 274
Gewaltenteilung
- historischer Hintergrund 539
- Aspekt des Rechtsstaatsprinzips 509
- Funktion 541
- Regelung des Grundgesetzes 540
- Gewaltentrennung 550 f.
- Gewaltenüberschneidung 552 ff.
- Gewaltenhemmung 542 ff.
- Inkompatibilität 555

Gewerbebetrieb 459, 161
Gewerbefreiheit 437
Gewerbesteuer 653
Gewerbesteuerumlage 653, 655
Gewissensfreiheit
- historischer Hintergrund 320
- internationaler Schutz 320, 85
- europäischer Schutz 320, 821, 933
- Bedeutung 321
- Schutzbereich 330
- Schranken-Bereich 334

Gewohnheitsrecht im EG-Recht 908, 924
Glaubens- und Gewissensfreiheit
- historischer Hintergrund 320
- internationaler Schutz 320, 85
- europäischer Schutz 320, 821, 928, 933
- Bedeutung 321
- Schutzbereich 326
- Schranken-Bereich 331

Gleichberechtigung
- historischer Hintergrund 308
- internationaler Schutz 308, 85
- europäischer Schutz 308, 821, 933
- Bedeutung 311
- Diskriminierungsverbot 312

- Gleichbehandlungsgebot 313 f.
- internationaler, europäischer Schutz 308

Gleichgeschlechtliche Lebenspartnerschaften 362 f.
Gleichheit der Wahl 695
Gleichheitsgrundsatz
- historischer Hintergrund 281
- internationaler Schutz 281, 85
- europäischer Schutz 281, 933
- Bedeutung 282
- Grundaussage 285 ff.
- Prüfung 289 ff.
- Verstoß durch den Gesetzgeber 292 ff.
- Verstoß durch die Exekutive 296 ff.
- Selbstbindung der Verwaltung 298 ff.
- Gleichheit im Unrecht ? 302
- Verstoß durch die Rechtsprechung 303
- spezielle Gleichheitsrechte 284
- Aspekt des Demokratieprinzips 575
- Chancengleichheit der Parteien 598 f.
- Gleichheit im Unrecht 302

Gnadenentscheidungen 531
Grundfälle > *Fälle*
Grundfreiheiten der EG > *Europäische Gemeinschaft - Grundfreiheiten*
Grundgesetz-Entstehung 35 ff.
Grundmandatklausel 704
Grundrechte
- Begriff 69
- geschichtliche Entwicklung 70 ff.
- internationaler Schutz 85 ff.
- europarechtlicher Schutz 87, 926 ff.
- Landesverfassungen 89
- Grundgesetz 91 ff.
- als rechtsstaatliche Elemente 509
- Arten und Funktionen 92 ff.
- Abwehrrechte 93
- Mitwirkungsrechte 96
- Leistungsrechte 97 ff.
- Teilhaberechte 107 ff., 519
- Einrichtungsgarantien 107
- objektive Wertentscheidungen 109 ff.
- Schutzverpflichtungen 112 ff.
- Berechtigung 117 ff.
- Trägerschaft 117 ff.
- Mündigkeit 117 ff.
- Verzicht 132 ff.
- Verwirkung 136 ff.
- Bindung des Staates 140 ff.
- Bindung von Privatpersonen 147 ff.
- Einschränkbarkeit 153 ff., 1068 (1077 ff.), 1069 (1092 ff.), 1070 (1103 ff.)

- Schutzbereich 161 ff.
- Eingriffe 165 ff., 1080, 1094, 1106, 1110
- Schranken-Bereich 177 ff.
- Gesetzesvorbehalte 179 ff.
- Schrankenvorbehalte 183
- Regelungsvorbehalte 184
- immanente Schranken 185 ff., 1107
- Schranken-Schranken-Bereich 189 ff.
- Einschränkungsvorbehalte 182
- verfassungsunmittelbare Schranken 178
- Verhältnismäßigkeit von Eingriffen 203 ff.
- Bestimmtheit von Eingriffen 194 ff.
- Vertrauensschutz bei Eingriffen 210 ff.
- Wesensgehaltsgarantie 214 ff.
- Allgemeinheitsgebot 213
- Zitiergebot für Einschränkungen 192
- Mehrheit 230 ff.
- einzelne Grundrechte 234 ff.
Grundsatz der Verhältnismäßigkeit
- bei Grundrechtseingriffen 203 ff.
- im EG-Recht 915, 931
Grundsatzgesetzgebung 629

H

Haftung für Verstöße gegen EG-Recht
- Haftung der EG 981 ff.
- Haftung der Mitgliedsstaaten 987 ff.
Handlungsfreiheit 247
Hare-Niemeyer-Verfahren 705
Herkunftsstaaten, sichere 494
Hochschulen 357
Hochschullehrer 359
Homogenitätsprinzip 613
Horizontaler Finanzausgleich 665 ff.

I

Identitätstheorie der Demokratie 571
Immanente Schranken 185 ff.
Immunität 713
Implied powers 912
Indemnität 712
Informationelle Selbstbestimmung 255, 265
Informationsfreiheit 339
Inhaltsbestimmung des Eigentums 461, 469
Inkompatibilität 555
Intimsphäre 254, 262

J

Jugendschutz 347

K

Kabinettsprinzip 754
Kanzlerprinzip 752
Kapitalverkehr, freier 947 f.
Kirchen 323, 328, 332 f.
Koalitionsfreiheit 416
Koalitionsvereinbarungen 755
Kommission der EG
- Mitglieder, Wahl, Abstimmung 876 ff.
- Organisation 882
- Aufgaben 883 ff.
- Beteiligung an der Gesetzgebung 870 ff.
Konkretes Normenkontrollverfahren 787
Konkurrenztheorie der Demokratie 572
konkurrierende Gesetzgebung 625 ff.
Konstruktives Misstrauensvotum 760
Konvergenzkriterien 851 ff.
Kooperativer Föderalismus 672 ff.
Körperliche Unversehrtheit
- historischer Hintergrund 266
- internationaler Schutz 266, 85
- europäischer Schutz 266, 821, 933
- Bedeutung 267
- Schutzbereich 273 ff.
- Schranken-Bereich 276
- Schranken-Schranken-Bereich 277
Körperschaftssteuer 653
Kostentragung zwischen Bund und Ländern 646
KSZE 993 ff.
Kunstfreiheit
- historischer Hintergrund 351
- internationaler Schutz 351
- europäischer Schutz 351, 929, 933
- Bedeutung 352
- Schutzbereich 355 f.
- Schranken-Bereich 356

L

Landeslisten 701
Landessteuern > *Bundesländer*
Landeskompetenzen > *Bundesländer*
Landesverfassungen > *Bundesländer*
Lauschangriff 455

Sachregister

Leben, Recht auf
- historischer Hintergrund 112
- internationaler Schutz 112, 85
- europäischer Schutz 266, 821, 933
- Bedeutung 267
- Schutzbereich 268 f.
- Schranken-Bereich 271
- Schranken-Schranken-Bereich 272

Lebenspartnerschaft 367 f.
Leichen 121, 238, 360
Leistungsrechte 97 ff.
Lohnsteuer 653, 658, 663

M

Magna Charta 73
Massenmedien
- Presse 340 ff., 593
- Rundfunk 343, 593

Mehrheit von Grundrechten 230 ff.
Mehrheitsprinzip 575
Mehrheitswahlrecht 697
Mehrparteiensystem 575
Mehrwertsteuer 653, 659, 663
Meinungsfreiheit
- historischer Hintergrund 335
- internationaler Schutz 335, 85
- europäischer Schutz 355, 821, 933
- Bedeutung 366
- Schutzbereich 338
- Schranken-Bereich 345
- Demokratie-Aspekt 575

Menschenrechte
- Abgrenzung zu Grundrechten 69
- Entwicklung 75 ff.
- Europäische Menschenrechtskonvention 503, 812 ff.
- Europäischer Gerichtshof für Menschenrechte 823
- Bekenntnis der EU 929
- UNO-Menschenrechtserklärung 85

Menschenwürde 235 ff.
- internationaler, europäischer Schutz 235
- Regelung in Art. 1 I GG 236 ff.

Minderheitenschutz 572
Minister 750, 753
Misstrauensvotum 760
Mitentscheidungsverfahren 872 ff.
Mittelalter - Demokratie 570
Mittelbare Drittwirkung von Grundrechten 149 ff.

Mitwirkungsrechte 96
Monarchie 697
Montanunion 824
Montesquieu 539
Mutterschutz 375

N

Nachfluchtgründe 492
Nationale Front 41
Nationalitätenstaat 4
Nationalsozialismus > *Drittes Reich*
Nationalstaat 4
Naturrecht 75, 84
Natur der Sache 621
Neugliederung 678 ff.
Nichteheliche Kinder 376
Nichtigkeitsklage zum EuGH 890, 1074 (1133 ff.)
Niederlassungsfreiheit in der EG 942 f.
Norddeutscher Bund - Bundesstaat 611
Norddeutscher Bund 82
Normenkontrollverfahren 786 f., 1071 (1109 ff.)
Notstandsverfassung 40, 813 ff.
Notverordnungsrecht 746

O

Öffentlichkeitssphäre 255, 262
Oligarchie 569
Opposition 747
Organisation für Sicherheit und Zusammenarbeit in Europa 993 ff.
Organstreitverfahren 784, 1072 (1120 ff.)
Örtliche Verbrauchs- und Aufwandssteuern 652, 656
OSZE 993 ff.

P

Parlamentarischer Rat
- Entstehung 35
- Übereinstimmungen 36
- Auseinandersetzungen 37
- Einfluss der Alliierten 38
- Demokratie 37
- Bundesstaat 38, 611
- Länderkammer 732
- Staatsoberhaupt 764

- Regierungssystem 748
- Rechtsstaat 37
- Grundrechte 37
- Verfassungsgerichtsbarkeit 776
Parlamentarisches Regierungssystem 747
Parteien
- Bedeutung 585
- Begriff 587
- Regelung durch Art. 21 586
- Parteiengesetz 586 ff.
- innerparteiliche Demokratie 588
- Chancengleichheit 589 f.
- Finanzierung 591 ff.
- Verbot 600, 586
Paulskirchenverfassung 79
Personalhoheit 3
Personenverkehr, freier 835 ff.
Persönlichkeitsrecht 250 ff.
Petitionsrecht
- historischer Hintergrund 430
- internationaler Schutz 430, 85
- europäischer Schutz 430, 821, 933, 939
- Bedeutung 431
- Schutzbereich 432
- Schranken-Bereich 433
Platon 70
Plebiszit 576 ff.
Pluralismus 572
Pluralistische Demokratie
- Begriff 584
- Parteien 585 ff.
- Verbände 592
- Massenmedien 593
Positivismus 501 f.
Politische Parteien > *Parteien*
Politische Verfolgung 479 ff., 485
Polizeiliche und justitielle Zusammenarbeit in Strafsachen 839
Postgeheimnis
- historischer Hintergrund 421
- internationaler Schutz 421, 85
- europäischer Schutz 421, 821
- Bedeutung 422
- Adressat 423
- Schutzbereich 425 f.
- Schranken-Bereich 428
  praktische Konkordanz 63
Präsidielles Regierungssystem 748
Pressefreiheit
- historischer Hintergrund 335
- internationaler Schutz 335, 85
- europäischer Schutz 335, 821, 933

- Bedeutung 336
- Schutzbereich 340 ff.
- Schranken-Bereich 345 ff.
- Aspekt des Demokratieprinzips 593
Pressegesetze 341
Preußen
- als Teil des Deutschen Reiches 611
- Verfassung 81
- Grundrechte 81
- Rechtsstaatlichkeit 81
- Wahlrecht 688
Primäres Gemeinschaftsrecht 902 ff.
Privatschulen 384
Privatsphäre 254, 262

R

Rahmengesetzgebung 627
Rat der Europäische Union
- Bedeutung und Organisation 858
- Abstimmung 861 ff.
- Kompetenzen 860
- insbesondere Gesetzgebung 870 ff.
Rechnungshof der EG 895
Recht am eingerichteten und ausgeübten Gewerbebetrieb
- Drittwirkung 151
- Schutz nach Art. 14 459
Rechte anderer 258
Rechtliche Gehör 536
Rechtsgrundsätze des EG-Rechts 907 ff.
Rechtsschutz
- Rechtsweg 529
- Gerichte 643 f.
- richterliche Unabhängigkeit 533 ff.
- gerichtliche Verfahrensgarantien 535 ff.
Rechtsschutzbedürfnis 799
Rechtssicherheit 506, 194, 210, 931
Rechtsstaat
- formeller 501 f., 507 f.
- materieller 503, 507 f.
Rechtsstaatsprinzip
- geschichtliche Entwicklung 501
- Regelungsort 505
- Begriff und Ziele 506
- Merkmale 509
- Grundrechtsgeltung 509
- Gesetzmäßigkeit 510 ff.
- Verhältnismäßigkeit 203 ff.
- Bestimmtheit 194 ff.
- Vertrauensschutz 210 ff.

Sachregister

- Entschädigungssystem 509
- Rechtsschutz 527 ff.
- Gewaltenteilung
Rechtsverordnungen 716 ff., 751
Rechtsweg
- Zugang 529 ff.
- Erschöpfung bei der Verfassungsbeschwerde 798
Referendum 576 ff.
Reformation 74
Regelungsvorbehalte 184
Reichspräsident 746, 763
Reichsverfassung 1871 > Deutsches Reich 1871
Religionsfreiheit
- historischer Hintergrund 320
- internationaler Schutz 320, 85
- europäischer Schutz 320, 821, 928, 933
- Bedeutung 321
- Schutzbereich 326
- Schranken-Bereich 331
Religionsunterricht 383
religiöse Neutralität des Staates 323
Repetitorium :
- Grundfragen des Staatsrechts 1001 ff.
- allgemeine Grundrechtslehren 1009 ff.
- einzelne Grundrechte 1016 ff.
- Rechtsstaatsprinzip 1036 ff.
- Sozialstaatsprinzip 1040 ff.
- Demokratieprinzip 1041ff.
- republikanisches Prinzip 1045 ff.
- Bundesstaatsprinzip 1046 ff.
- Umweltschutz 1051
- Bundestag 1051 ff.
- Bundesrat 1054
- Bundesregierung 1055
- Bundespräsident 1056
- Bundesverfassungsgericht 1057
- Notstandsverfassung 1058
- Europarat 1059
- Europäische Union 1060
- Europäische Gemeinschaft 1061 ff.
Repräsentative Demokratie
- Begriff und Abgrenzung 577
- Weimarer Republik 578
- Drittes Reich 579
- Bundesländer 580
- Grundgesetz 581 ff.
Republik 607 f.
Residenzpflichten 432
Ressortprinzip 753
Rheinbund 611

Richter
- richterliche Unabhängigkeit 533 ff.
- Richter des BVerfG 781
- gesetzlicher Richter 535
- Vorbehalt bei Freiheitsentziehungen 280
Richtlinien der EG 918 f., 1075 (1177 ff.)
Richtlinienkompetenz 760
Rückwirkung von Gesetzen 210 ff.
Rundfunk- und Fernsehanstalten 343
Rundfunkfreiheit
- historischer Hintergrund 335
- internationaler Schutz 335
- europäischer Schutz 335, 821, 933
- Bedeutung 336
- Schutzbereich 343 ff.
- Schranken-Bereich 345 ff.
- Aspekt des Demokratieprinzips 593

S

Saarland 40
Satzungen 720
Scheidungen 362
Schlussakten der OSZE 994 f.
Schranken-Bereich der Grundrechte 177 ff.
Schranken-Schranken-Bereich der Grundrechte 189 ff.
Schrankenvorbehalte 183
Schulwesen
- internationaler, europäischer Schutz 377
- Regelung in Art. 7 GG 378 ff.
Schutzbereich von Grundrechten 161 ff.
Schutzverpflichtung
- gegenüber Grundrechten 112 ff.
- gegenüber der Menschenwürde 239
- gegenüber der Umwelt 684 ff.
SED 40
Seerechtskonvention 2
Sekundäres Gemeinschaftsrecht
- Zulässigkeit 910 f.
- inhaltliche Grenzen 914 ff.
- Arten 916 ff.
Selbstbindung der Verwaltung 297
Selbstverwaltung 576
Sittengesetz 260
Solange-Beschlüsse des BVerfG 961 ff.
Soldaten 349, 396, 434, 500
Souveränität
- innere 6
- Deutschlands 40
- der Bundesländer 6, 612

Sozialisierung 468
Sozialistische Einheitspartei 41
Sozialrecht
- als Teil des Sozialstaatsprinzips 561 ff.
- als Aspekt der Europäischen Union 848
Sozialsphäre 255, 262
Sozialstaatsprinzip
- geschichtliche Entwicklung 557 f.
- Inhalt 559 f.
- Sozialrecht 561 ff.
- Rechtswirkungen 564 ff.
Spannungsfall 815
Spenden 591
Sperrklausel 704
Spezifische Grundrechtsverletzung 796
Spontanversammlungen 404
Staatenbund 609
Staatenverbund 609, 829
Staatsangehörigkeit
- Geschichte 8
- Erwerbsprinzipien 5
- Erwerb 9 ff.
- doppelte 16
- Verlust 22, 477
- Verbot des Entzuges 474
Staatsbegriff 1
Staatsgebiet 2
Staatsgewalt 6
Staatsrecht : Verhältnis zum Verfassungsrecht 44
Staatsverträge 676
Staatsvolk 4
Staatsziel Umweltschutz 682 ff.
Statusdeutsche 23 ff.
Stellungnahmen der EG 921
Steuern 650 ff.
- Steuerhoheit 650 ff.
- Steuerverteilung 653
- Steuerzerlegung 663
- Bundessteuern 653
- Landessteuern 653
- Gemeindesteuern 653
- Gemeinschaftssteuern 653 ff., 663
- Lohnsteuer 653, 658, 663
- Einkommensteuer 653, 658, 663
- Körperschaftssteuer 653
- Umsatzsteuer 653, 659, 663
- Mehrwertsteuer 653, 659, 663
- Gewerbesteuer 653, 655
- Gewerbesteuerumlage 653
- Grundsteuer 653

- örtliche Verbrauchs- und Aufwandssteuern 650, 653
Stoiker 70
Streikrecht 417
streitbare Demokratie
- Begriff und Abgrenzung 594
- geschichtlicher Hintergrund 595
- Haltung des Grundgesetzes 596
- freiheitliche demokratische Grundordnung 597
- Konkretisierungen 598 ff.
Subsidiaritätsprinzip
- als Prinzip der Europäische Union 914
- des ordentlichen Rechtsweges 530
- der Verfassungsbeschwerde 798

T

Tarifautonomie 417
Teilhaberechte 103 ff.359, 436, 446
Territorialitätsprinzip 5
Tierschutz 185
Träger von Grundrechten 117 ff.
Todesstrafe 271
Tote 121, 238, 360
Trennsystem 653

U

Überhangmandate 708
Umsatzsteuer 653, 659, 663
Umsatzsteuerausgleich 664
Umweltschutz 682 ff.
Unabhängigkeit der Richter 533 ff.
Unechte Rückwirkung 212
Uneheliche Kinder 376
Unionsbürgerschaft 950 ff.
Unitarismus 609
Unmittelbare Demokratie > *repräsentative Demokratie*
Unmittelbarkeit der Wahl 693
UNO 85, 503
Untätigkeitsklage zum EuGH 891
Untersuchungsausschüsse 709
USA
- Grundrechtsentwicklung 76 ff.
- Regierungssystem 747

V

Verbände 592

Sachregister

Verbrauchssteuern 652 f.
Verbundsystem 653
Vereinigte Staaten von Amerika > *USA*
Vereinigung Deutschlands 42
Vereinigungen 410
Vereinigungsfreiheit
- historischer Hintergrund 406
- internationaler Schutz 406, 85
- europäischer Schutz 406, 821, 928, 933
- Bedeutung 407
- Trägerschaft 409
- allgemeine Vereinigungsfreiheit 410 ff.
- Koalitionsfreiheit 416 ff.
- Schranken-Bereich 331
- Aspekt des Demokratieprinzips 575, 592
Vereinsverbote 413 f.
Vereinte Nationen > *UNO*
Verfassung
- Entstehung 36 ff.
- Wesen 44 ff.
- Funktionen 45
- ungeschriebene 47
- Wandel 47
- Wirklichkeit 48
- Rang 49 ff.
- Verhältnis zum Staatsrecht 43
- Verhältnis zum Völkerrecht 52 f.
- Verhältnis zum EU-Recht 51
- Änderung 64 ff.
Verfassungsauslegung 55 ff.
- allgemeine Auslegungsmethoden 56 ff.
- Einheit der Verfassung 61
- praktische Konkordanz 62
- staatliche Integration 63
Verfassungsautonomie der Länder 613
Verfassungsbeschwerde 788 ff., 1068 (1077 ff.), 1069 (1092 ff.), 1070 (1103 ff.)
Verfassungskommission 43
Verfassungskonforme Auslegung 58, 151
Verfassungsmäßige Ordnung
- Schranke des Art. 2 I 258
- Schranke des Art. 9 I 413
- Bindung des Gesetzgebers 510
Verfassungsschutz 428 f.
Verfassungsunmittelbare Schranken 178
Vergesellschaftung 468
Verhältnismäßigkeit
- Aspekt des Rechtsstaatsprinzips 509
- Grundrechtsschranke 203
- Kriterium des Gleichheitssatzes 293, 295
- Grundsatz des EG-Rechts 915, 931

- Grundfälle : 1068 (1086), 1069 (1098, 1101)
Verhältniswahlrecht 698
Vermittlungsausschuss
- von Bundestag und Bundesrat 721 f.
- der Europäischen Gemeinschaft 873 f.
Vermögensschutz
- durch Art. 2 I 248
- durch Art. 14 459
Verordnungen der EG 917
Versammlungsfreiheit
- historischer Hintergrund 388
- internationaler Schutz 388, 85
- europäischer Schutz 388, 821, 928, 933
- Bedeutung 389
- Grundrechtsträgerschaft 391
- Schutzbereich 392 ff.
- Schranken-Bereich 396 ff.
- Schranken-Schranken-Bereich 400 ff.
Versammlungsgesetz 391 ff.
Verteidigungsfall 815
Vertrag
- von Maastricht 824
- von Amsterdam 824
- von Nizza 824
Vertragsverletzungsklage zum EuGH 889, 1075 (1136 ff.)
Vertrauensschutz-Grundsatz 210 ff, 507 ff.
Vertriebene 24 ff.
Verwaltungsmonopole 447
Verwaltungsvorschriften 299 ff., 738
Verwaltungszuständigkeiten 632 ff.
- bundeseigene Verwaltung 633
- Durchführung von Bundesgesetzen durch die Länder 634
- landeseigene Verwaltung 637
- Gemeinschaftsaufgaben 638 ff.
Verwirkung von Grundrechten 136 ff.
Verzicht auf Grundrechte 132 ff.
Volksbefragung 576
Volksbegehren 576 ff.
Volksentscheid 572, 576 ff.
Volksinitiative 576 ff.
Volkszugehörige 24 ff.
Vorabentscheidungsverfahren 892, 1076 (1139 ff.)
Vorbehalt des Gesetzes 81
Vorbehalt des Gesetzes 511 f.
Vorrang des Gesetzes 510
Vorschulen 387

W

Wahlgrundsätze 691 ff.
Wahlkampfkostenerstattung 591
Wahlprüfungsverfahren 806
Wahlrecht 699 ff.
Wahlsysteme 697 f.
Warenverkehr, freier 935 ff.
Wechselwirkungslehre
- bei der Bestimmtheit 198, 58
- bei der Angemessenheit 206
- bei der Einschränkung des Art. 5 346
Wehrdienst
- Meinungsfreiheit 349
- Versammlungsfreiheit 396
- Freizügigkeit 434
- Petitionsrechts 500
wehrhafte Demokratie > streitbare Demokratie
Weimarer Republik
- Grundrechte 83
- Rechtsstaatlichkeit 501 f.
- Sozialstaatlichkeit 558
- bundesstaatliche Struktur 611
- Volksentscheide 578
- liberale Demokratie 595
- Reichspräsident 746
- Reichsregierung 746
- Reichsrat 731
- Staatsgerichtshof
weltanschauliche Neutralität des Staates 323
Weltanschauungsfreiheit 320 ff.
Wertordnung der Grundrechte 109 ff.
Wesensgehaltsgarantie 214
Wesentlichkeitslehre 513 ff., 575
Widerstandsrecht 68, 75
Wiedervereinigung Deutschlands 42
Willkürverbot 293 f.
Wirtschafts- und Sozialausschuss 898
Wirtschafts- und Währungsunion 851 ff.
Wissenschaftsfreiheit
- internationaler, europäischer Schutz 351
- Regelung in Art. 5 III GG 352, 358 ff
Wohnsitzprinzip 5
Wohnung, Grundrecht auf Schutz
- internationaler, europäischer Schutz 451
- Regelung in Art. 13 GG 452 ff.

Z

Zensurverbot 350
Zitiergebot 192, 1084, 1096
Zölle 650, 653 f.
Zollunion 935
Zusammenarbeitsverfahren 871
Zuständigkeiten Bund-Länder
- Grundsatz 620
- ungeschriebene 621 f.
- Gesetzgebung 623 ff.
- Verwaltung 632 ff.
- Rechtsprechung 641 ff.
- Finanzverfassung 645 ff.
Zustimmungsgesetze 724
Zustimmungsverfahren 875
Zwangsarbeit 449 ff.
Zweck-Mittel-Relation 206
Zwecktauglichkeit 205
Zwei-plus-vier-Vertrag 42
Zweitstimme 699, 702 ff.